কৃত্তিবাসী রামায়ণ

(KRITTIVASI RAMAYANA)

কৃত্তিবাসী রামায়ণ

(KRITTIVASI RAMAYANA)

কৃত্তিবাস ওঝা

(KRITTIVAS OJHA)

INTRODUCTION BY DR. PINKY PURKAYASTHA (CHANDRANI)

ড. পিংকী পুরকায়স্থ (চন্দ্রানী)

GYAN

Published by

Gyan Publishing House
5, Ansari Road
Daryaganj, New Delhi-110002
Phone: 011-47034999, 9811692060
E-mail: books@gyanbooks.com

Distribution Network
gyanbooks.com
India, USA, Canada, UK, Australia, France

ISBN: 978-93-6920-503-5 (PB)

First Published, 1940

2nd Impression 2023

Printed at: Gyan Press, Delhi.

কৃত্তিবাসী রামায়ণ

কৃত্তিবাস ওঝা

কৃত্তিবাসী রামায়ণ

কৃত্তিবাস ওঝা

কৃত্তিবাসী রামায়ণ:

রামায়ণ ভারতের সবচেয়ে প্রাচীন মহাকাব্য। সংস্কৃত ভাষায় রচিত এই মহাকাব্য মানবজীবনের আদর্শ, ন্যায়পরায়ণতা, এবং ধর্মের বার্তা বহন করে। রামায়ণের রচয়িতা মহর্ষি বাল্মীকি "আদিকবি" বা ভারতীয় সাহিত্যের প্রথম কবি হিসেবে পরিচিত। রামায়ণ শুধু ভারতবর্ষেরই নয়, পৃথিবীর সর্বাধিক পঠিত ও শ্রদ্ধেয় গ্রন্থগুলোর অন্যতম। মজার কথা হচ্ছে মহর্ষি বাল্মীকি শুধুমাত্র রচয়িতাই নন, রামায়ণ কথার উল্লেখযোগ্য পাত্রও বটে। রামায়ণের কাহিনিতে দেখা যাচ্ছে, রামের সাথে বাল্মিকির দেখা হচ্ছে স্থানে স্থানে , বাল্মীকির কাছে শিক্ষা লাভ করে রাম পুত্র লব-কুশ প্রথমবার অযোধ্যার জনসমক্ষে গেয়ে শোনাচ্ছে রামায়ণ। রামায়ণ এবং রামায়ণের রচয়িতা দু'য়ের জীবনগাথারই ভারতীয় ধর্ম, সংস্কৃতি, এবং সাহিত্যের উপর প্রভাব গভীর।

রামায়ণ মূলতঃ শ্রীরামের জীবনকথা। বাল্মীকির শ্রীরাম, দেবতা নন, তিনি দেবতুল্য। শক্তি, সাহস,সামর্থ্য, নীতিপ্রিয়তা, ধৈর্য, ত্যাগ, প্রেম, বীরত্বে তিনি দেবপম। তাঁর জীবন ও কর্ম মানবজীবনের আদর্শ , তাইতো মানুষ আজও রাম রাজ্যের স্বপ্ন দেখে। বাল্মীকির রামায়ণ,ভারতবর্ষের রন্ধ্রে রন্ধ্রে। ভারত তথা বিশ্বের বিভিন্ন দেশের লোকসংস্কৃতিতে এর উপস্থিতি অনুপ্রেরণা হয়ে জন্ম দিয়েছে কয়েকশত সংস্করণের।

মহর্ষি বাল্মীকি নিজেও মানবতার জন্য এক আদর্শ। তিনি প্রমান করেছেন , জীবনের যেকোনো পর্যায়ে মানুষ নিজেকে পুরোপুরি পাল্টে, মহত্ব অর্জন করতে পারে। চেতনার পরিবর্তনের মাধ্যমে যে জীবনকে সৎ পথে নিয়ে গিয়ে উজ্জ্বলতম নক্ষত্র হয়ে ওঠা যায়, তার প্রকৃষ্ট উদাহরন মহর্ষি বাল্মীকি। তাঁকে আদি নারীবাদীও বলা যায়। শৈশবে সীতার হরধনু তুলে নেবার কাহিনি থেকে শুরু করে, পরবর্তী সময়ে সীতা চরিত্রের দৃঢ়টা, একাহাতে সন্তানের প্রতিপালন এবং সশক্তিকরণ, তাঁর সঙ্গে সমাজের আচরণ, সমাজ এবং পরিবারের সঙ্গে নারীর শক্তি ও মর্যাদার লড়াই নিয়ে কথা বলেছেন মহর্ষি সেই সুপ্রাচীন সময়েই। আদিকবি বাল্মীকি যুগ যুগ ধরে আমাদের অনুপ্রাণিত করে চলেছেন মানবজীবনের আলোকবর্তিকা হয়ে।

কিংবদন্তি অনুসারে,মহর্ষি বাল্মীকি জন্মগ্রহণ করেছিলেন একটি অতি সাধারণ পরিবারে এবং তাঁর শৈশবকালীন নাম ছিল রত্নাকর। তিনি একসময় ডাকাত ছিলেন। একদিন পরম বিষ্ণুভক্ত নারদ মুনির

সাক্ষাতে তিনি নিজের কর্মের ফল সম্পর্কে সচেতন হন এবং নারদ মুনিরই নির্দেশনায় "রাম" নাম জপ করে আধ্যাত্মিক জ্ঞান অর্জনের মাধ্যমে দস্যু রত্নাকর থেকে মহর্ষি বাল্মীকিতে পরিণত হন। একবার মহর্ষি বাল্মীকি তমসা ন্দীর জলে স্নান করতে এসে দেখতে পেলেন , একজোড়া 'ক্রৌঞ্চ' পাখীর প্রেমময় নৃত্য। ওদের দেখে ঋষি যখন অবিভুত, ঠিক তখনই , ঝোপের আড়ালে লুকিয়ে থাকা ব্যাধের তীরে বিদ্ধ হয়ে, মৃত্যু হল একটি পাখীর। সঙ্গী পাখীটি নেমে এসে আর্তস্বরে ডাকাডাকি করতে লাগলো। বাল্মীকি ওই করুণ দৃশ্যটি দেখে শোকে আচ্ছন্ন হয়ে পড়লেন এবং অবশেষে তীরধনুক হাতে ব্যাধকে ও দেখতে পেলেন। বাল্মীকি ব্যাধকে অভিশাপ দিলেন।

"মা নিষাদ প্রতিষ্ঠাং ত্বমগমঃ শাশ্বতীঃ সমাঃ
যৎ ক্রৌঞ্চমিথুনাদেকমবধীঃ কামমোহিতমঃ" ।।

এর সাধারণ অর্থ ,হে নিষাদ, তুই কোনোদিনও প্রতিষ্ঠা লাভ করবি না, কারণ তুই কামমোহিত ক্রৌঞ্চমিথুনের একটিকে বধ করেছিস। এই শ্লোক সংস্কৃত সাহিত্যের প্রথম শ্লোক বলে চিহ্নিত। বাল্মীকির শোক থেকেই নাকি শ্লোকের উৎপত্তি। ক্রৌঞ্চমিথুনের মত, এক দম্পতির প্রেম এবং বিরহই রামায়ণের থিম। লোকবিশ্বাস মতে,তখনকার রাজা রামচন্দ্রের চরিত্র অনুসারে এই কাহিনিকে কাব্যিক সম্ভারে, সাজিয়ে তুলেন মহর্ষি ।

বাল্মীকির রামায়ণ নানা সময়ে নানা ভাষায় অনুবাদিত হয়েছে ভিন্ন ভিন্ন কবি এবং লেখকদের দ্বারা। আর শুধু ভারতেই নয়, এটি এশিয়ার বিভিন্ন দেশ যেমন ইন্দোনেশিয়া, থাইল্যান্ড, মালয়েশিয়া, ম্যানমার, লাওস এবং কম্বোডিয়াতে ভিন্ন ভিন্ন সংস্করণে ছড়িয়ে রয়েছে। কৃত্তিবাসী রামায়ণ বাংলা সাহিত্যের প্রথম পূর্ণাঙ্গ রামায়ণ কাব্য, যা মধ্যযুগে রচিত হয়। কৃত্তিবাসী রামায়ণ বাঙলার ঘরে ঘরে শ্রীরাম পাঁচালী নামেও পরিচিত। কৃত্তিবাস ওঝা, যিনি এই মহাকাব্যটির রচয়িতা, তাঁর এই রামায়ণ রচনার প্রধান উদ্দেশ্য ছিল সনাতন ধর্মের মহাকাব্য 'রামায়ণ'-কে বাংলাভাষী সাধারণ মানুষের কাছে পৌঁছে দেওয়া।এটি শুধু একটি ধর্মীয় কাব্য নয়, এটি বাংলার লৌকিক ঐতিহ্যের প্রতিফলন, জীবনের দিশারি, মধ্যযুগীয় সাহিত্যিক ও ধর্মীয় চেতনার ধারক এবং সংস্কৃতির বাহক।

কৃত্তিবাস ওঝার জীবন সম্পর্কে বিস্তারিত তথ্য পাওয়া যায় না। তবে কৃত্তিবাসী রামায়ণে উল্লেখিত ভনিতা অনুসারে, ধারণা করা হয় যে, তাঁর জন্ম পশ্চিমবঙ্গের নবদ্বীপ অঞ্চলের ফুলিয়া গ্রামে।

গবেষকদের মতে, চতুর্দশ থেকে পঞ্চদশ শতকের মধ্যবর্তী সময়ে তিনি জন্মগ্রহণ করেন। কৃত্তিবাসের পিতার নাম বনমালী, মাতা মালিনী এবং তাঁরা ছিলেন ছয় ভাই , এক বোন। কৃত্তিবাসের পূর্বপুরুষের আদি বাসস্থান ছিল পূর্ববঙ্গে। সেখানে ঘনঘন আক্রমন এবং বিশৃঙ্খলার কারনে তাঁর প্রপিতামহ নরসিংহ ওঝা সপরিবারে পূর্ববঙ্গ ছেড়ে এসে পশ্চিমবঙ্গের নদীয়া (নবদ্বীপ) জেলার ফুলিয়া গ্রামে বসতি স্থাপন করেন। নরসিংহের পুত্র গর্ভেশ্বর; গর্ভেশ্বরের তিন পুত্রের মধ্যে জ্যেষ্ঠ পুত্রের নাম মুরারি; মুরারি অনেক পুত্রের মধ্যে একজন বনমালী, ইনিই কৃত্তিবাসের পিতা।

কৃত্তিবাসের মতেঃ

"আদিত্যবার শ্রীপঞ্চমী পূণ্য মাঘমাস।
তথি মধ্যে জন্ম লইলাম কৃত্তিবাস॥"

সেই সময় নবদ্বীপ বাংলার ধর্মীয় ও সাংস্কৃতিক চেতনার কেন্দ্র হিসেবে আত্মপ্রকাশ করেছিল। কৃত্তিবাসের যুগ ছিল শ্রীচৈতন্যদেবের সময়কালের পূর্ববর্তী বা সমসাময়িক। এই সময় বাঙালির মধ্যে ধর্মীয় চেতনা প্রবল ছিল এবং মানুষ মহাকাব্যগুলিকে বাঙলা ভাষায় জানা এবং বোঝার জন্যে উন্মুখ হয়ে উঠেছিল। কিন্তু তখনকার পণ্ডিতেরা মাতৃভাষায় শাস্ত্র গ্রন্থ এবং মহাকাব্যগুলোর অনুবাদ এবং পঠন পাঠনের স্বপক্ষে ছিলেন না। এখানে কৃত্তিবাস সাহসের পরিচয় দিয়ে, মানুষের কাছে সরল সহজ ভাষায় রামায়নের কাহিনি তুলে ধরেন। কবির নিজের ভাষায় "লোক বুঝাইতে কইলা কৃত্তিবাস পণ্ডিত"। বেশীরভাগ গবেষকের মতেই গৌড়েশ্বর গনেশনারায়ণ ভাদুড়ির পৃষ্ঠপোষণায় তিনি বাংলা রামায়ণ রচনা করেন, তবু কোন কোন গবেষকের মতে আবার কৃত্তিবাসের পৃষ্ঠপোষক রুকনুদ্দিন বারবক শাহ্। কৃত্তিবাস ওঝা সংস্কৃতজ্ঞ ছিলেন তবু, সহজ অনুবাদের পথটুকু বেছে না নিয়ে, দুরূহ ভাবানুবাদের পথে হেঁটেছেন। কৃত্তিবাসের রাম, নররূপী নারায়ণ। সৃষ্টি-স্থিতি-প্রলয় তাঁর অঙ্গুলিহেলনে, তিনি বজ্রের মতন কঠোর, কিন্তু ভক্তের দুঃখে অশ্রুসজল। ভক্তিযুগের ছায়া কৃত্তিবাসী রামায়ণে সুস্পষ্ট।

কৃত্তিবাসী রামায়ণ শান্ত এবং করুণ রসে সিক্ত। মূল রামায়ণের রাম উত্তর ভারতের রুক্ষ শুষ্ক মাটির সুগঠিত বীর্যবান নীতিপ্রিয় রাজকুমার, এদিকে বাঙলার রাম রসসিক্ত ভুমিতে লীলাময় পরমাত্মা। বাল্মীকির সীতা, ক্ষাত্র তেজ ধারন করেন, এদিকে বাঙলার সীতা, লাজে রাঙা কুলবধু। বীর ক্ষত্রিয় রাজকুমার লক্ষ্মণও বাঙলার মাটিতে অগ্রজ এবং বধু ঠাকুরানীকে সমীহ করে চলা, আমাদের চির

পরিচিত বাঙালি অনুজ। বীর হনুমানের মধ্যে কৃত্তিবাস ঢেলেছেন বাঙলার চিরায়ত ভক্তিরস ধারা, আকুল বাঙালির প্রাণের উৎস।

বাল্মীকি রামায়ণের মতনই, কৃত্তিবাসী রামায়ণেও রয়েছে সাতটি কাণ্ড (অনেকের মতে যদিও বাল্মীকি রামায়ণে বালকাণ্ড এবং উত্তরকাণ্ড প্রক্ষেপিত) । প্রতিটি কাণ্ডে বিভিন্ন ঘটনার বর্ণনা রয়েছে, যা রামের জীবন এবং কাহিনির মূল বিষয়কে স্পষ্ট করে। কাণ্ডগুলোর নাম, আদিকাণ্ড, অযোধ্যাকাণ্ড, অরণ্যকাণ্ড, কিষ্কিন্ধ্যাকাণ্ড, সুন্দরকাণ্ড, লঙ্কাকাণ্ড এবং উত্তরকাণ্ড।

কৃত্তিবাস নিজের রচনায় কোথাও কোথাও বাল্মীকির অনুসরন করেছেন, কোথাও বা মূল অর্থ ঠিক রেখে সংক্ষেপ করেছেন, কখনো ঘটিয়েছেন বাল্মীকির রূপান্তর, কোন কোন জায়গায় বাল্মীকির বর্জনও করেছেন আবার কিছু কিছু অংশে নিজস্ব সংযোজনও করেছিলেন। । মূল রামায়ণ ছাড়া কৃত্তিবাস "স্কন্দপুরাণ, "জৈমিনি মহাভারত" , "মার্কণ্ডেয় পুরান" , "দেবী ভাগবত" , "অদ্‌ভুত রামায়ণ" ইত্যাদি গ্রন্থকেও অনুসরণ করেছেন।

কার্তিকের জন্ম, বশিষ্ঠ -বিশ্বামিত্র মুনির বিরোধ, অম্বরীশ উপাখ্যান, বিশ্বামিত্রের কাহিনি, শ্রীরামের আদিত্য হৃদয় স্তোত্র পাঠ আদি বিষয় নিজের রামায়ণ থেকে বর্জন করেছেন কৃত্তিবাস। আবার গনেশের জন্ম, দিলীপ-রঘু- সৌদাস কাহিনি, বীরবাহুর জন্ম, শম্বরাসুর বধ, অহিরাবণ-মহীরাবণের কাহিনি, দশরথের রাজ্যে শনির দৃষ্টি, শ্রীরামের দুর্গাপূজা ইত্যাদি বিষয় তিনি সংযোজন করেছেন তাঁর রামায়ণে। সেতুবন্ধনে রামেশ্বরম শিবলিঙ্গ স্থাপনের গল্পটি ও তিনি সংযোজন করছেন কূর্ম পুরাণ থেকে। আধ্যাত্ম রামায়ণ থেকেও বেশ কিছু অংশ সংযোজন করেছেন কৃত্তিবাস, যেমন বিশল্যকরনী আনতে যাবার সময় কালনেমীর বাধাদান।

তাছাড়া রামায়ণটিকে বাঙলার মানুষের গ্রহনযোগ্য করে তোলার জন্য অনুপ্রবেশ ঘটিয়েছেন বাঙলার লোক ঐতিহ্যের বিভিন্ন উপাদানের। যখনই সুস্বাদু খাদ্যসামগ্রীর উল্লেখ করা হয়েছে কৃত্তিবাসী রামায়ণে, দেখা গেছে সেগুলোর সাথে মূল রামায়ণের কোন যোগ নেই। খুরমা, কচুরি,সরু চাকুলি, চিতই পিঠা, নারকেলের পুলি, গুড়পিঠে, রুটি, লুচি, ছানা বড়া, সুগন্ধি কোমল অন্ন, পায়স, চন্দ্রমতি বড়া, পিষ্টক, নারকেলের সন্দেশ রসকরা, মুগডালের সাউলি, তাল বড়া, খাজা, গজা জাতীয় খাবার সর্বান্তকরণে চিরাচরিত বাঙলার। রাম-সীতার বিবাহ প্রসঙ্গে অধিবাস, নান্দীমুখ ইত্যাদি বাঙলার চিরায়ত অনুষ্ঠানের

উল্লেখ পাওয়া যায়। মধ্যযুগে যখন বাঙলায় পর্দা প্রথা চরমে, সেই সময় বনবাস যাত্রার বর্ণনা কবির লেখনীতে ,"যেই সীতা নাহি দেখে সূর্যের কিরন/ হেন সীতা পথ বহেন, দেখে সর্বজন"। কৃত্তিবাস ওঝা সমাজ বিজ্ঞানীর দৃষ্টি নিয়ে, নানা জনজাতির নাম উল্লেখ করেছেন যারা সেই সময় সমাজে বঞ্চনার শিকার এবং নিম্নবর্গ নামে পরিচিত, যেমন ডোম, হাড়িয়া, চাঁড়াল, কৈবর্ত্য। ম্লেচ্ছ জাতির নামেরও উল্লেখ রয়েছে কৃত্তিবাসী রামায়ণে। তাছাড়া মধ্যযুগীয় সময়ে বঙ্গের জাতিগত সমীকরণের খতিয়ান রামকথার মাধ্যমেই তুলে ধরেছেন কৃত্তিবাস এই গ্রন্থে।

কৃত্তিবাস বলেছেন, "মনুষ্য গোহত্যা আদি যত পাপ করে/ একবার রাম-নামে সর্ব পাপে তরে"। ভয় পেলে "রাম রাম", ভুল করলে "হে রাম"থেকে শুরু করে রাম গান, ভক্তির জোয়ার বাঙলায় আর এর পেছনে কৃত্তিবাসী রামায়ণই, কারণ প্রথমবার বাঙালি আপন করে রাম-সীতাকে পেয়েছে, কৃত্তিবাসের হাত ধরেই। এই রামায়ণ, রাম, সীতা, লক্ষ্মণ এবং হনুমানের মতো চরিত্রগুলিকে নৈতিকতার প্রতীক হিসেবে প্রতিষ্ঠিত করেছে। জ্ঞানী ব্যাক্তিও যে অহঙ্কার আর অনীতির জন্যে পতিত হতে পারে এর উদাহরণ রাবণ। এখান থেকেই পিতৃভক্তি, মাতৃভক্তি, ভাতৃপ্রেম, মিত্রতা, জাতি-বর্ণ-ধর্ম নির্বিশেষে সমতা, পতিভক্তি, পত্নীপ্রেমের শিক্ষা পেয়েছে বাঙালী। বাঙলার কবিগানেও রামায়ণের প্রভাব লক্ষণীয়। বাঙালি গ্রামে-গঞ্জে কীর্তন ও পালাগানে রামায়ণের কাহিনিগুলি তুলে ধরা হয়। বিশেষতঃ সুন্দরকাণ্ড ও লঙ্কাকাণ্ডের কাহিনিগুলি বাংলা নাট্যশিল্প এবং যাত্রাপালায় বিশেষ গুরুত্ব পেয়েছে। এছাড়াও, এই রামায়ণের কাহিনিগুলি বাঙালির সামাজিক ও ধর্মীয় আচারে প্রভাব বিস্তার করেছে। দুর্গাপূজা, কালীপূজা এবং বিভিন্ন লোকাচারে রামায়ণের কাহিনির ছাপ দেখা যায়। কৃত্তিবাসী রামায়ণ বাংলা সাহিত্যের একটি মাইলফলক। এটি শুধু ধর্মীয় গ্রন্থ নয়, এটি বাংলা ভাষার প্রথম পূর্ণাঙ্গ মহাকাব্য। এর মাধ্যমে বাংলা ভাষার শৈলী, শব্দভাণ্ডার এবং কাব্যরীতির বিকাশ ঘটেছে। কৃত্তিবাসের কাব্যশৈলী পরবর্তী বাংলা সাহিত্যিকদের অনুপ্রাণিত করেছে যুগ যুগ ধরে।

ড. পিংকি পুরকায়স্থ (চন্দ্রানী)

MSc (Environment), MA (Folklore and Culture), UGC NET, PhD, PGDCA, PGDRD

সূচীপত্র

আদিকাণ্ড

অযোধ্যাকাণ্ড

অরণ্যকাণ্ড

কিষ্কিন্ধ্যাকাণ্ড

সুন্দরকাণ্ড

লঙ্কাকাণ্ড

উত্তরকাণ্ড

কৃত্তিবাসী সপ্তকাণ্ড রামায়ণ

আদিকাণ্ড

রামং লক্ষ্মণপূর্বজং রঘুবরং সীতাপতিং সুন্দরং,
কাকুৎস্থং করুণাময়ং গুণনিধিং বিপ্রপ্রিয়ং ধার্মিকম্।
রাজেন্দ্রং সত্যসন্ধং দশরথতনয়ং শ্যামলং শান্তমূর্তিং,
বন্দে লোকাভিরামং রঘুকুলতিলকং রাঘবং রাবণারিম্ ॥
দক্ষিণে লক্ষ্মণো ধন্বী বামতো জানকী শুভা।
পুরতো মারুতির্যস্য তং নমামি রঘূত্তমম্ ॥
রামায় রামচন্দ্রায় রামভদ্রায় বেধসে।
রঘুনাথায় নাথায় সীতায়াঃ পতয়ে নমঃ ॥

নারায়ণের চারি অংশে প্রকাশ

গোলোক বৈকুণ্ঠ পুরী সবার উপর
লক্ষ্মী সহ তথায় আছেন গদাধর ॥
তথায় অদ্ভুত বৃক্ষ দেখিতে সুচারু।
যাহা চাই, তাহা পাই, নাম কল্পতরু ॥
দিবানিশি সদা চন্দ্র-সূর্যের প্রকাশ।
তার তলে আছে দিব্য বিচিত্র আবাস ॥
নেতপাট সিংহাসন-উপরেতে তুলি।
বীরাসনে বসিয়া আছেন বনমালী ॥
মনে মনে প্রভুর হইল অভিলাষ।
এক অংশ চারি অংশে হইতে প্রকাশ ॥
শ্রীরাম ভরত আর শত্রুঘ্ন লক্ষ্মণ।
এক অংশে চারি অংশ হৈলা নারায়ণ ॥
লক্ষ্মীমূর্ত্তি সীতাদেবী বসেছেন বামে।
স্বর্ণ-ছত্র ধরেছেন লক্ষ্মণ শ্রীরামে ॥
ভরত শত্রুঘ্ন তাঁরে ঢুলায় চামর।
হনুমান স্তব করে যুড়ি দুই কর ॥
এইরূপে বৈকুণ্ঠে আছেন গদাধর ॥
হেনকালে আসিলেন নারদ মুনিবর ॥
বীণাযন্ত্র হাতে করি হরিগুণ গান।
উত্তরিল গিয়া মুনি প্রভু-বিদ্যমান ॥
রূপ দেখি বিহ্বল নারদ চান ধীরে।
বসন তিতিল তাঁর নয়নের নীরে ॥
হেন রূপ কেন ধরিলেন নারায়ণ।
ইহা জিজ্ঞাসিব গিয়া যথা পঞ্চানন ॥
ভাবী ভূত বর্ত্তমান শিব ভাল জানে।
এ-কথা কহিব গিয়া মহেশের স্থানে ॥

এতেক ভাবিয়া যাত্রা করে মুনিবর।
উত্তরিলা পথমেতে ব্রহ্মার গোচর ।।
বিধাতাকে ল'য়ে যান কৈলাস-শিখরে।
শিবকে বন্দিয়া পরে বন্দিল দুর্গারে ।।
নিরখিয়া দুই জনে তুষ্ট মহেশ্বর।
জিজ্ঞাসা করেন তবে তাঁদের গোচর ।।
কহ ব্রহ্মা, কহ হে নারদ তপোধন।
দোঁহে আনন্দিত আজি, দেখি কি কারণ ।।
বিরিঞ্চি বলেন, শুন দেব ভোলানাথ।
দেখিলাম গোলোকে অপূর্ব জগন্নাথ ।।
দেখিতাম পূর্ব্বেতে কেবল নারায়ণ।
চারি অংশে দেখিলাম কিসের কারণ ।।
ব্রহ্মবাক্য শুনিয়া কহেন কৃত্তিবাস।
সেই রূপ ইহকালে হইবে প্রকাশ ।।
যেরূপে আছেন হরি গোলোক ভিতর।
জন্ম ল'তে আছে ষাটি সহস্র বৎসর ।।
রাবণ-রাক্ষস হবে পৃথিবী-মণ্ডলে।
তাহারে বধিতে জন্ম লবেন ভূতলে ।।
দশরথ-ঘরে জন্মিবেক চারিজন।
শ্রীরাম ভরত আর শত্রুঘ্ন লক্ষ্মণ ।।
এক অংশে নারায়ণ চারি অংশ হয়ে।
তিন গর্ভে জন্মিবেন শুভক্ষণ পেয়ে ।।
জানকী সহিত রাম লইয়া লক্ষ্মণ।
পিতৃসত্য-পালনার্থ যাইবেন বন ।।
সীতা উদ্ধারিবে রাম মারিয়া রাবণ।
লব-কুশ নামে হবে সীতার নন্দন ।।
মনুষ্য, গো-হত্যা আদি যত পাপ করে।
একবার রামনামে সর্ব্বপাপে তরে ।।
মহাপাপী হয়ে যদি রামনাম লয়।
সংসার-সমুদ্র তরে গোষ্পদের প্রায় ।।

হাসিয়ে বলেন ব্রহ্মা, শুন ত্রিলোচন।
পৃথিবীতে হেন পাপী আছে কোন্ জন ।।
ধূর্জ্জটি বলেন, মোর বাক্যে দেহ মন।
মধ্যপথে মহাপাপী আছে এক জন ।।
তারে গিয়া রামনাম দেহ একবার।
তবে সে হইবে মুক্ত দুর্জ্জয় সংসার ।।
বিধাতা নারদ তবে ভাবেন দুজন।
পৃথিবীতে মহাপাপী আছে সে কেমন ।।
চ্যবন মুনির পুত্র নাম রত্নাকর।
দস্যুবৃত্তি করে সেই বনের ভিতর ।।
বিরিঞ্চি নারদ দোঁহে সন্ন্যাসী হইয়া।
রত্নাকর-কাছে উভে মিলিল আসিয়া ।।
বিধাতার মায়া হ'ল রত্নাকর প্রতি।
সেই দিনে সেই পথে কারো নাহি গতি ।।
উচ্চবৃক্ষে চড়িয়া সে চতুর্দিকে চায়।
ব্রহ্মা-নারদেরে পথে দেখিবারে পায় ।।
ভাবে মুনি রত্নাকর লুকাইয়া বনে।
সন্ন্যাসী মারিয়া বস্ত্র লইব এক্ষণে ।।
বিধাতা-নারদ দোঁহে যান সেই পথে।
লোহার মুদ্গর তোলে ব্রহ্মারে বধিতে ।।
ব্রহ্মার মায়াতে তার মুদ্গর না চলে।
মায়ায় মুদ্গর বদ্ধ তার করতলে ।।
না পারে মারিতে দস্যু ভাবে মনে-মন।
ব্রহ্মা জিজ্ঞাসেন, বাপু, তুমি কোন্ জন ।।
রত্নাকর বলে, তুমি না চিন আমারে।
লইব তোমার বস্ত্র মারিয়া তোমারে ।।
ব্রহ্মা বলে মোরে মারি কত পাবে ধন।
করিয়াছ যত পাপ, কহিব এখন ।।
শত-শত্রু মারিলে যতেক পাপ হয়।
এক গো বধিলে তত পাপের উদয় ।।

এক শত ধেনু-বধ যেই জন করে।
তত পাপ হয়, যদি এক নারী মারে ॥
এক শত নারী হত্যা করে যেইজন।
তত পাপ হয় এক মারিলে ব্রাহ্মণ ॥
এক শত ব্রহ্ম-বধে যত পাপোদয়।
এক ব্রহ্মচারী বধে তত পাপ হয় ॥
ব্রহ্মচারী মারিলে পাতক হয় রাশি।
সংখ্যা নাই কত পাপ মারিলে সন্ন্যাসী ॥
যেই পথ দিয়া গতি করেন সন্ন্যাসী।
আড়ে দীর্ঘে চারি ক্রোশ তুল্য বারাণসী ॥
সে-পাপ করিতে যদি থাকে তব মন।
করহ এতেক পাপ, কহিনু এখন ॥
শুনিয়া কহিল দস্যু রত্নাকর হাসি।
মারিয়াছি তোমা হেন কতেক সন্ন্যাসী ॥
ব্রহ্মা বলিলেন, যদি না ছাড়িবে মোরে।
ভাল স্থল দেখিয়া হে বধহ আমারে ॥
যথা কীট-পতঙ্গাদি পিপীলিকা গন্ধে।
লোভে না আইসে মৃত খাইতে আনন্দে ॥
মারিয়া দণ্ডের বাড়ি পাড়িবে ভূমিতে।
পিপীলিকা মরিবেক আমার চাপেতে ॥
ব্রহ্মা বলিলেন, পাপ কর কার লাগি।
তোমার এ পাতকের কেহ আছে ভাগী ॥
দস্যু বলে, আমি যত লয়ে যাই ধন।
মাতা পিতা পত্নী আমি খাই চারিজন ॥
যেবা কিছু বেচি কিনি খাই চারি জনে।
আমার পাপের ভাগী সকলে এক্ষণে ॥
শুনিয়া হাসিয়া ব্রহ্মা কহিলেন তবে।
তোমার পাপের ভাগী তারা কেন হবে ॥
করিয়াছ যত পাপ আপনার কায়।
আপনি করিলে পাপ আপনার দায় ॥
জিজ্ঞাসা করিয়া তুমি আইস নিশ্চয়।
তোমার পাপের ভাগী তারা যদি হয় ॥
নিতান্ত আমারে বধ কর যদি তুমি।
এই বৃক্ষতলেতে বসিয়া থাকি আমি ॥
হরিষে-বিষাদে মুনি লাগিল ভাবিতে।
বুঝিলাম এই যুক্তি কর পলাইতে ॥
ব্রহ্মা বলে সত্য করি না পালাব আমি।
মাতা পিতা পত্নীরে জিজ্ঞাসি এস তুমি ॥
অতঃপর যায় মুনি ফিরি ফিরি চায়।
ভাবে বুঝি ভাঁড়াইয়া সন্ন্যাসী পলায় ॥
প্রথমে পিতার কাছে করে নিবেদন।
আদিকাণ্ড গান কৃত্তিবাস বিচক্ষণ ॥

রামনামে রত্নাকরের পাপক্ষয়।

মানুষ মারিয়া আমি আনি যত ধন।
মম পাপভাগী তুমি হও এক জন ॥
পুত্রের বচন শুনি কুপিল চ্যবন।
হেন কথা তোমায় বলিল কোন্ জন ॥
কোন্ শাস্ত্রে শুনিয়াছ, কে কহে তোমারে।
পুত্রকৃত পাপভাগ লাগিবে পিতারে ॥
অজ্ঞান বালক তোরে কি কহিব কথা।
কভু পিতা পুত্র হয়, পুত্র হয় পিতা ॥
পূর্ব্বেতে বালক ছিলে পিতা ছিনু আমি।
এখন বালক আমি পিতা হ'লে তুমি ॥
যখন বালক ছিলে না ছিল যৌবন।
বহু দুঃখ করি তব করেছি পালন ॥
যত করিয়াছি পাপ আপনি সংসারে।
সে সব পাপের ভাগ না লাগে তোমারে ॥
এবে পিতা হইয়াছ, পুত্র তুল্য আমি।
কোনরূপে আমাকে পোষিবে নিত্য তুমি ॥
মনুষ্য মারিতে তোমা বলে কোন্ জন।
তোমার পাপের ভাগী হব কি কারণ ॥

শুনিয়া বাপের বাক্য মাথা হেঁট ক'রে।
কান্দিতে কান্দিতে কহে মায়ের গোচরে ॥
সত্য করি আমারে গো কহিবে জননী।
আমার পাপের ভাগী হবেন আপনি ॥
জননী কহিছে ক্রুদ্ধা হইয়া অপার।
এক দিবসের ধার কে শোধে মাতার ॥
দশ মাস গর্ভে ধরি পুষেছি তোমায়।
তব কৃত পাপ পুত্র, না লাগে আমায়।
শুনিয়া মায়ের বাক্য মাথা হেঁট কৈল।
পত্নীর নিকট গিয়া সকল কহিল ॥
জিজ্ঞাসি তোমারে প্রিয়ে, সত্য করি কও।
আমার পাপের ভাগী হও কি না হও ॥
শুনিয়া স্বামীর বাক্য কহিছে রমণী।
নিবেদন করি প্রভু শুন গুণমণি ॥
বিধাতা করেছে মোরে অর্দ্ধাঙ্গের ভাগী।
অন্য পাপ নিতে পারি এই পাপ তেয়াগী ॥
যখন করিলে তুমি আমারে গ্রহণ।
সর্ব্বদা করিবে মোর ভরণ পোষণ ॥
আর যত পাপ-পুণ্য ভাগ লাগে মোরে।
পোষণার্থে পাপভাগ না লাগে আমারে ॥
মনুষ্য মারিতে কেবা বলিল তোমাকে।
এইমাত্র জানি তুমি পালিবে আমাকে ॥
শুনিয়া ভার্য্যার কথা রত্নাকর ডরে।
কেমনে তরিব আমি এ পাপ-সাগরে ॥
ডুবিনু পাপেতে, মোর কি হইবে গতি।
কাঁদিতে লাগিল মুনি স্মরিয়া দুষ্কৃতি ॥
লোহার মুদ্গর নিজ মাথায় মারিল।
অচেতন হয়ে তবে ভূমিতে পড়িল ॥
চেতন পাইয়া দস্যু ভাবিল অন্তরে।
সেই মহাজন যদি মোরে কৃপা করে ॥
ইহা ভাবি উভয়ের সন্নিধানে গিয়ে।
কহিল ব্রহ্মার পায় দণ্ডবৎ হয়ে ॥
একে একে জিজ্ঞাসিনু আমি সবাকারে।
মম পাপভাগী কেহ নাহিক সংসারে ॥
আপনি করিয়া কৃপা দিলে দিব্যজ্ঞান।
এ সকল পাপে কিসে হব পরিত্রাণ ॥
কহিলেন পিতামহ, মুনির কুমারে।
স্নান করি এস তুমি অই সরোবরে ॥
শুনিয়া চলিল মুনি সরোবর-পাড়ে।
তার দৃষ্টিমাত্র জল ভস্ম হয়ে উড়ে ॥
শুষ্ক স্থলে মরে মীন মকর কুম্ভীর।
কহিল ব্রহ্মার কাছে না পাইয়া নীর ॥
ছিল সে অগাধ জল এই সরোবরে।
মম দৃষ্টিমাত্রে জল রহিল অন্তরে ॥
শুনিয়া কহেন ব্রহ্মা রত্নাকরে তবে।
হইয়াছে পূর্ণ পাপ কেমনে তরিবে ॥
কমণ্ডলু-জল ছিল, দিলেন মাথায়।
মহামন্ত্র মুনি তারে কহিবারে যায় ॥
নিকটে আসিয়া ব্রহ্মা কহে তার কাণে।
একবার রাম-নাম বল রে বদনে ॥
পাপে জড় জিহ্বা, রাম বলিতে না পারে
কহিল আমার মুখে ও কথা না স্ফুরে ॥
শুনিয়া ব্রহ্মার বড় চিন্তা হ'ল মনে।
উচ্চারিবে রামনাম এ মুখে কেমনে ॥
মকার করিলে অগ্রে, রা করিলে শেষে।
তবে বা পাপীর মুখে রাম নাম আসে ॥
ব্রহ্মা বলিলেন তারে, উপায় চিন্তিয়া।
মনুষ্য মরিলে বাপু ডাক কি বলিয়া ॥
শুনিয়া ব্রহ্মার কথা বলে রত্নাকর।
মৃত-মনুষ্যেরে মড়া বলে সব নর ॥

মড়া নয় মরা বলি জপ অবিরাম।
তবে মুখে তখনি স্ফুরিবে রামনাম ॥
শুষ্ক কাষ্ঠ দেখিলেন বৃক্ষের উপরে।
অঙ্গুলি ঠারিয়া ব্রহ্মা দেখান তাহারে ॥
বহুক্ষণে রত্নাকর করি অনুমান।
বলিল অনেক কষ্টে মরা কাষ্ঠখান ॥
মরা মরা বলিতে আইল রামনাম।
পাইল সকল পাপে মুনি পরিত্রাণ ॥
তূলারাশি যেমন অনলে ভস্ম হয়।
একবার রামনামে সর্ব্বপাপ-ক্ষয় ॥
নামের মহিমা দেখি ব্রহ্মার তরাস।
আদিকাণ্ড গাহিল পণ্ডিত কৃত্তিবাস ॥

ব্রহ্মা কর্ত্তৃক রত্নাকরের বাল্মীকি নাম ও রামায়ণ রচনা-করণের বরদান।

বিশ্বস্রষ্টা নারদেরে কহেন তখন।
যে কহিল মিথ্যা নহে শিবের বচন ॥
রামনাম ব্রহ্মা স্থানে পেয়ে রত্নাকর।
সেই নাম জপে ষাটি হাজার বৎসর ॥
এক নাম জপে এক স্থানে একাসনে।
সর্ব্বাঙ্গ খাইল বল্মীকের কীটগণে ॥
মাংস খেয়ে তার পিণ্ড করিল সোসর।
হইল কণ্টক কুশ তাহার উপর ॥
খাইল সকল মাংস অস্থিমাত্র থাকে।
বল্মীকের মধ্যে মুনি রামনাম ডাকে ॥
ব্রহ্মার মুহূর্ত্ত ষাটি হাজার বৎসর।
পুনঃ আইলেন ব্রহ্মা, যথা মুনিবর ॥
সেখানে আসিয়া ব্রহ্মা চতুর্দ্দিকে চায়।
মনুষ্য নাহিক, কিন্তু রামনাম গায় ॥
রামনাম শোনে মাত্র পিণ্ডের ভিতর।
জানিল ইহার মধ্যে আছে মুনিবর ॥
আজ্ঞা করিলেন ব্রহ্মা, ডাকি পুরন্দরে।
সাত দিন বৃষ্টি কর পিণ্ডের উপরে ॥
বৃষ্টিতে মৃত্তিকা গেল গলিয়া সকল।
কেবল দেখিল অস্থি আছে অবিকল ॥
সৃষ্টিকর্ত্তা করিলেন তাহারে আহ্বান।
পাইয়া চৈতন্য মুনি উঠিয়া দাঁড়ান ॥
ব্রহ্মারে কহিল মুনি করিয়া প্রণাম।
মোরে মুক্ত কৈলে তুমি দিয়া রামনাম ॥
ব্রহ্মা বলে তব নাম রত্নাকর ছিল।
আজি হতে তব নাম বাল্মীকি হইল ॥
বল্মীকেতে ছিলা যেই তেঁই এই এ বিধান
সাত কাণ্ড কব গিয়া রামের পুরাণ ॥
সেই রাম নাম হতে হইলে পবিত্র।
রচ গিয়া রামায়ণে রামের চরিত্র ॥
যোড়হাতে বলে মুনি ব্রহ্মা বিদ্যমান।
কেমন হইবে গ্রন্থ কেমন পুরাণ ॥
কেমন কবিতা ছন্দ আমি নাহি জানি।
শুনিয়া বিধাতা তাঁরে কহিলেন বাণী ॥
সরস্বতী রহিবেন তোমার জিহ্বাতে।
হইবে কবিতা রাশি তোমার মুখেতে ॥
শ্লোকচ্ছন্দে পুরাণ করিবে তুমি যাহা।
জন্মিয়া শ্রীরামচন্দ্র করিবেন তাহা ॥
এত বলি ব্রহ্মা গেল আপন ভবন।
আদিকাণ্ড গান কৃত্তিবাস বিচক্ষণ ॥

নারদ কর্ত্তৃক বাল্মীকিকে রামায়ণের আভাস প্রদান।

এক দিন সে বাল্মীকি সরোবরকূলে।
রামনাম জপেন বসিয়া বৃক্ষমূলে ॥

ক্রৌঞ্চ-ক্রৌঞ্চী বসিয়া আছিল বৃক্ষডালে।
এক ব্যাধ দুই পক্ষী বিন্ধিলেক নলে॥
বিন্ধিলেক ব্যাধ পক্ষী শৃঙ্গারের কালে।
ব্যাকুল হইয়া পড়ে বাল্মীকির কোলে॥
রামে স্মরি বলে মুনি কানে দিয়া হাত।
জীবহত্যা কৈলি পাপী আমার সাক্ষাৎ॥
শৃঙ্গারে মারিলি পক্ষী বড়ই কুকর্ম।
পাপিষ্ঠ নারকী তুই নাহি কোন ধর্ম॥
বিনা অপরাধে হিংসা কর পক্ষিজাতি।
বুঝিলাম তোমার নরকে হবে স্থিতি॥
এতেক বলিয়া মুনি শাপ দিল তাকে।
এই শোকে এক শ্লোক নিঃসরিল মুখে॥
শোক হতে শ্লোকের হইল উপাদান।
'মা নিষাদ' বলিয়া তাহার উপাখ্যান॥
চারি পদ ছন্দ মুনি লিখিলেন পাতে।
আপনি লিখিয়া মূল না পারে বুঝিতে॥
ভরদ্বাজ সন্নিধানে করিল গমন।
গুরু শিষ্য বসিয়া আছেন দুই জন॥
ব্রহ্মা পাঠাইয়া দিল তথা নারদেরে।
বাল্মীকিরে উপদেশ করিবার তরে॥
যেখানে বাল্মীকি মুনি ভবনে বসিয়া।
সেখানে নারদমুনি উত্তরিল গিয়া॥
নারদে দেখিয়া মুনি সম্ভ্রমে উঠিল।
দণ্ডবৎ হইয়া আসন তাঁরে দিল॥
সেই শ্লোক শুনাইল মুনি নারদেরে।
নারদ করিয়া অর্থ বুঝাইল তাঁরে॥
এই শ্লোকচ্ছন্দে তুমি রচ রামায়ণ।
উপদেশ কহি, জানি তুমি সে ভাজন॥
সূর্য্যবংশে দশরথ হবে নরপতি।
রাবণে বধিবে জন্মিবেন লক্ষ্মীপতি॥
শ্রীরাম লক্ষ্মণ ও ভরত শত্রুঘন।
তিন গর্ভে জন্মিবেন এই চারি জন॥
সীতাদেবী জন্মিবেন জনকের ঘরে।
ধনুর্ভঙ্গপণে তাঁর বিবাহ তৎপরে॥
পিতার আজ্ঞায় রাম যাইবেন বন।
সঙ্গেতে যাবেন তাঁর জানকী লক্ষ্মণ॥
সীতারে হরিয়া লবে লঙ্কার রাবণ।
সুগ্রীব সহিত রাম করিবে মিলন॥
বালিকে মারিয়া তারে দিবে রাজ্যভার।
সুগ্রীব করিয়া দিবে সীতার উদ্ধার॥
দশ মুখ বিশ হাত মারিয়া রাবণ।
অযোধ্যায় রাজা হবে প্রভু নারায়ণ॥
কহিবেন অগস্ত্য রাবণ দিগ্বিজয়।
পুনরপি সীতাকে বর্জ্জিবে মহাশয়॥
পঞ্চমাস গর্ভবতী সীতারে গোপনে।
লক্ষ্মণ রাখিবে তাঁরে তব তপোবনে॥
'কুশ' 'লব' নামে হবে সীতার নন্দন।
উভয়ে শিখাবে তুমি বেদ রামায়ণ॥
এগার সহস্র বর্ষ পালিবেন ক্ষিতি।
পুত্রে রাজ্য দিয়া স্বর্গে করিবেন গতি॥
জন্ম হতে কহিলাম স্বর্গ আরোহণ।
জন্মি করিবেন ইহা প্রভু নারায়ণ॥
এত বলি নারদ গেলেন স্বর্গবাস।
আদিকাণ্ড গাহিলেন পণ্ডিত কৃত্তিবাস॥

চন্দ্রবংশের উপাখ্যান।

সাগর মন্থনে চন্দ্র হইলে উৎপন্ন।
হইল চন্দ্রের পুত্র বুধ অতি ধন্য॥
পুরুরবা নামে হ'ল তাঁহার নন্দন।
তাঁর পুত্র শতাবর্ত্ত জানে সর্ব্বজন॥
স্বর্গ নামে তাঁহার হইল এক সুত।
হইল তাঁহার পুত্র শ্বেতনামযুত॥

নামেতে হইল নিমি তাঁহার নন্দন।
নিমিকে প্রশংসা করে যত দেবগণ॥
সকলে মিলিয়া তাঁর মথিল শরীর।
তাহাতে জন্মিল মিথি নামে বীর॥
সেই বসাইল এই মিথিলানগর।
বীরধ্বজ কুশধ্বজ তাঁহার কোঙর॥
এ সৃষ্টি সৃজন করিয়াছে মুনিবরে।
কহিল লক্ষ্মীর জন্ম জনকের ঘরে॥
কৃত্তিবাস পণ্ডিতের কবিত্ব সুন্দর।
চন্দ্রবংশ রচনা করিল কবিবর॥

সূর্য্যবংশের উপাখ্যান ও মান্ধাতার জন্ম।

আদি পুরুষের নাম হ'ল নিরঞ্জন।
ব্রহ্মা বিষ্ণু মহেশ্বর পুত্র তিন জন॥
তিন পুত্র হইল তনয়া এক জানি।
সকলে তাঁহার নাম রাখিল কন্দিনী॥
জরৎকারু মুনিপুত্রে সে নারদ আনি।
তাঁহার বিবাহ দিল কন্দিনী ভগিনী॥
সবে গায় বাজায় নারদ মুনি বেণু।
তাহাতে জন্মিল কন্যা নাম হৈল ভানু॥
তাঁহারে বিবাহ দিল জামদগ্ন্য বরে।
এক অংশে বিষ্ণু জন্মিলেন তাঁর ঘরে॥
ব্রহ্মার কাছেতে তাঁর পড়িলেক বীজ।
তাহাতে জন্মিল পুত্র নামেতে মরীচ॥
মরীচের নন্দন কশ্যপ নাম ধরে।
তাঁর পুত্র সূর্য্য ইহা বিদিত সংসারে॥
সূর্য্যের হইল পুত্র মনু নাম তাঁর।
সুষেণ তাঁহার পুত্র রূপে চমৎকার॥
প্রসন্ন তাঁহার পুত্র অতি সে সুঠাম।
হইল তাঁহার পুত্র যুবনাশ্ব নাম॥
যুবনাশ্ব হল রাজা অযোধ্যানগরে।
বিবাহ করিতে গেল কন্দকের ঘরে॥
কালনিমি নামে কন্যা কন্দকরাজার।
বিবাহ করিল যুবনাশ্ব গুণাধার॥
বিবাহ করিল মাত্র সম্ভাষ না করে।
লজ্জা ঘুচাইয়া কন্যা বলিল পিতারে॥
বিশেষ জানিয়া সে কন্দক মহাপতি।
অভিশাপ করিলেন জামাতার প্রতি॥
তপস্যা করিয়া যবে আইল ভূপতি।
প্রণতি করিয়া দ্বিজে মাগিল সন্ততি॥
আশীর্বাদ কর মম হউক নন্দন।
শুনিয়া ঈষৎ হাসি বলে দ্বিজগণ॥
পত্নী সহ তোমার নাহিক দরশন।
কেমনে বলিব তব হইবে নন্দন॥
এক যুক্তি কর রাজা যদি লয় মন।
যজ্ঞ কর তবে তব হইবে নন্দন॥
যজ্ঞজল করাইবে রাণীকে ভক্ষণ।
হইবে তোমার পুত্র অতি বিচক্ষণ॥
যজ্ঞ করি জল রাজা রাখে নিজ ঘরে।
শয়ন করিল রাজা খাটের উপরে॥
যখন হইল রাত্রি দ্বিতীয় প্রহর।
জল আন বলি রাজা হইল কাতর॥
তৃষ্ণায় পীড়িত রাজা আকুল হইল।
পুংসবন-জল ছিল মুখেতে ঢালিল॥
প্রভাতে প্রকাশ হ'ল সূর্য্যের কিরণ।
জল আন বলি ডাকে যতেক ব্রাহ্মণ॥
রাজা বলে দ্বিজগণ করি নিবেদন।
রাত্রিকালে জল আমি করেছি ভক্ষণ॥
এ কথা শুনিয়া বলে যত মহামতি।
রাত্রিকালে জল পানে হবে গর্ভবতী॥

শ্বশুরের অভিশাপ তাহাতে লাগিল।
যুবনাশ্ব মহারাজ গর্ভ যে ধরিল॥
দশ মাস গর্ভ পূর্ণ হইল রাজার।
বাহির হইল পেট চিরিয়া কুমার॥
নৃপতি ত্যজিল প্রাণ পেয়ে নানা ব্যথা।
ব্রহ্মা আসি পুত্র-নাম রাখিল মান্ধাতা॥
অযোধ্যানগরে রাজা হইল মান্ধাতা।
সপ্তদ্বীপ-অধিপতি পুণ্যশীল দাতা॥
কৃত্তিবাস পণ্ডিতের কবিত্ব সুগান।
আদিকাণ্ডে গান মান্ধাতার উপাখ্যান॥

——

সূর্য্যবংশ নির্ব্বংশ এবং অযোধ্যায় হারীতের রাজা হওন বৃত্তান্ত।

মান্ধাতার তনয় হইল মুচুকুন্দ।
সমর পাইলে তাঁর হৃদয়ে আনন্দ॥
তাঁহার তনয় নামে পৃথু নৃপবর।
যাঁর রথচক্রে সপ্ত হইল সাগর॥
তাঁর পুত্র হইল ইক্ষাকু নরপতি।
বশিষ্ঠ নারদে কৈল রথের সারথি॥
শতাবর্ত্ত নামে তাঁর হইল কুমার।
আর্য্যাবর্ত্ত নামে পুত্র হইল তাঁহার॥
ভরত তাঁহার পুত্র অতি বলবান্।
যাহা হইতে উপজিল ভারত পুরাণ॥
জন্মিল তাঁহার পুত্র নামেতে ভূধর।
খাণ্ড নামে তাঁর পুত্র অতি ধনুর্দ্ধর॥
খাণ্ডের হইল পুত্র দণ্ড নাম ধরে।
প্রজার কামিনী কন্যা বলাৎকার করে॥
সব প্রজা বলিলেন রাজার গোচর।
তব পুত্র হেতু ছাড়ি অযোধ্যানগর॥
এ-কথা শুনিয়া খাণ্ড বিষাদিত-মন।
পুত্রের বিবাহ রাজা দিল সেইক্ষণ॥
পরে পাঠাইল রাজা দণ্ডেরে কাননে।
প্রবেশ করিল দণ্ড সেই মহাবনে॥
কানন মধ্যেতে গিয়া দণ্ড নৃপবর।
বসাইল দণ্ডকারণ্য নামেতে নগর॥
সেই বনে বাস করে শুক্র মুনিবর।
পড়িবারে দণ্ড নিত্য যায় তাঁর ঘর॥
এক দিন শুক্র গেল তপস্যা করিতে।
হেনকালে দণ্ড রাজা গেলেন পড়িতে॥
শুক্রকন্যা অজা যায় পুষ্প আহরণে।
দণ্ড তারে বলে, মোরে তোষ আলিঙ্গনে
অজা বলে শুন রাজা কহি তব ঠাঁই।
পিতৃশিষ্য তুমি ত সম্বন্ধে হও ভাই॥
বিবাহ করিতে যদি লয় তব মন।
পিতৃ-বিদ্যমানে তবে কর নিবেদন॥
রাজা বলে এ কথায় স্থির নহে মন।
পাছে বিয়া হবে আগে দেহ আলিঙ্গন॥
গুরুকন্যা বলি রাজা না করে বিচার।
পুষ্পবাটিকাতে তারে করে বলাৎকার॥
প্রথম যুবক রাজা যুবতী- মিলন।
নখাঘাতে রক্তপাত কৈল সেইক্ষণ॥
তপস্যা করিয়া মুনি শুক্র এল ঘরে।
আসন সলিল অজা দিল মুনি বরে॥
দিনান্তে অভুক্ত মুনি পোড়ে কলেবর।
কন্যারে দেখিয়া মুনি কুপিত অন্তর॥
মুনি বলে অজা কন্যা এ দেখি কেমন।
সর্ব্বাঙ্গে তোমার দেখি শৃঙ্গার-লক্ষণ॥
লজ্জা ঘুচাইয়া কন্যা কহে তাঁর পাশ।
তব শিষ্য দণ্ডরাজা কৈল জাতি-নাশ॥
এই কথা শুনিয়া কুপিল মুনিবর।
দণ্ডক দণ্ডক বলি ডাকিল সত্বর॥

ভয়ে ভয়ে দণ্ড রাজা আসি প্রণমিল।
দেখিয়া কুপিত মুনি তাঁহারে কহিল॥
পড়াইয়া তোমারে যে দিয়াছি চেতন।
তাহার দক্ষিণা ভাল দিলে হে এখন॥
এমন কুপুত্র যার বংশে জনময়।
সে বংশ নির্ব্বংশ হবে বলিনু নিশ্চয়॥
কোপদৃষ্টে চাহিল তখন মহাঋষি।
রাজ্যশুদ্ধ হইল সে দণ্ড ভস্মরাশি॥
অযোধ্যাতে দণ্ড রাজা ত্যজিল জীবন।
নির্ব্বংশ হইল সূর্য্যবংশের রাজন॥
অযোধ্যাতে হ'ল রাজা বশিষ্ঠ ব্রাহ্মণ।
পুত্রের সমান করি পালে প্রজাগণ॥
মুনি বলে জপ তপ সব নষ্ট হ'ল।
মিছা রাজ্য করি মোর জন্ম কাটি গেল॥
ধ্যান করি জানিলেন, বশিষ্ঠ ব্রাহ্মণ।
হইবে অজার এক উত্তম নন্দন॥
যেই কালে অজা কন্যা ঋতুমতী ছিল।
দণ্ডরাজা বলাৎকার তখন করিল॥
ধ্যানে জানি বশিষ্ঠ কহেন শুক্র প্রতি।
শীঘ্র পাঠাইয়া দেহ হবে তব নাতি॥
তথ্য জানি শুক্র মুনি হ'ল হৃষ্ট-মন।
কন্যা পাঠাবার সজ্জা করিল তখন॥
অজাকে পাঠান শুক্র অযোধ্যানগর।
অজার হইল এক অপূর্ব্ব কোঙর॥
হরণে হইল তার নাম সে হারীত।
মুনি তারে আশিস করিল যথোচিত॥
দিনে দিনে বাড়ে শিশু যেন শশধর।
ছয়-মাস মধ্যে অন্ন দিল মুনিবর॥
এক বৎসরের হ'ল রাজার কুমার।
বসাইল লয়ে সিংহাসনের উপর॥

হারীত বলেন মাতঃ; করি নিবেদন।
অল্পকালে বিধবা হইলে কি কারণ॥
এই কথা শুনি রাণী নিশ্চয় বলিল।
তোমার পিতার সঙ্গে বিবাহ না হ'ল॥
তব পিতা আমাকে করিল বলাৎকার।
মম পিতা কৈল তব পিতার সংহার॥
কৃত্তিবাস পণ্ডিতের কবিত্ব সুঠাম।
আদিকাণ্ডে গাহিল দণ্ডক উপাখ্যান॥

রাজা হরিশ্চন্দ্রের উপাখ্যান।

হারীতের পুত্র হরিবীজ নাম ধরে।
বসতি করিল সেই অযোধ্যানগরে॥
পরবধূ হরি, হরিবীজ রাজ্য করে।
তাঁর পুত্র হরিশ্চন্দ্র খ্যাত চরাচরে॥
হরিশ্চন্দ্রে সমর্পণ করি সর্ব্বদেশ।
স্বরূপ গঙ্গাতে গিয়া করিল প্রবেশ॥
পিতৃমৃত্যু পরে হরিশ্চন্দ্র হ'ল রাজা।
পুত্রের সমান পালে আপনার প্রজা॥
সোমদত্ত-রাজকন্যা শৈব্যা নাম তাঁর।
হরিশ্চন্দ্র সহ বিয়া হইল তাঁহার॥
সুন্দরী পাইয়া জায়া অন্তরে উল্লাস।
তাঁহার হইল পুত্র নামে রুহিদাস॥
সুখে রাজ্য করে হরিশ্চন্দ্র মহীপতি।
ইন্দ্রের সম্বন্ধে কিছু শুনহ সম্প্রতি॥
একদিন সভাতে বসিল সুরপতি।
পঞ্চ কন্যা নৃত্য করে সকলে যুবতী॥
নাচিতে নাচিতে অতি বাড়িল তরঙ্গ।
একবার করিলেক তারা তাল ভঙ্গ॥
দেখিয়া করিল কোপ দেব পুরন্দর।
অভিশাপ দিল পঞ্চ কন্যার উপর॥

যেমন গর্ব্বিতা তোরা হয়েছিস মনে।
বদ্ধ হয়ে থাক্ বিশ্বামিত্র তপোবনে॥
চরণে ধরিয়া সবে করেন ক্রন্দন।
কত কালে হবে প্রভু শাপ-বিমোচন॥
ইন্দ্র বলে বন্দিরূপে থাক তপোবনে।
মুক্ত হবে রাজা হরিশ্চন্দ্র-দরশনে॥
প্রতিদিন পুষ্প তারা করে আহরণ।
ডাল ভাঙ্গে, ফুল তোলে, কে করে বারণ॥
শিষ্য সহ বিশ্বামিত্র গেল তপোবনে।
ডাল-ভাঙ্গা গাছ সব দেখিল নয়নে॥
এমন করিয়া ডাল ভাঙ্গে যেই জনে।
আইলে পড়িবে কাল-লতার বন্ধনে॥
এত বলি অভিশাপ দিল মুনিবরে।
প্রভাতে আইলা তারা পুষ্প তুলিবারে॥
যখন তাহারা আসি ডালে ভর দিল।
লতার বন্ধন হাতে অমনি লাগিল॥
প্রভাতে আসিয়া বিশ্বামিত্র তপোবনে।
কন্যাগণে দেখি হৃষ্ট হইলেন মনে॥
কন্যাগণে রীতিমত করিয়া ভর্ৎসন।
নিজস্থানে মুনিবর করিল গমন॥
হেনকালে তথা হরিশ্চন্দ্র যশোধন।
মৃগয়া করিতে করিলে আগমন॥
মৃগ না পাইয়া অতি ব্যাকুলিত মন।
ক্লান্ত হন নানা স্থানে করিয়া ভ্রমণ॥
মনস্তাপ পাইয়া বসিল তরুতলে।
কন্যাগণ ডাকে উচ্চে হরিশ্চন্দ্র বলে॥
ক্রন্দন শুনিয়া রাজা গেল তপোবন।
স্পর্শমাত্র মুক্ত হয়ে গেল পঞ্চজন॥
অনন্তর রাজা হরিশ্চন্দ্র যশোধন।
সৈন্য সহ নিজ রাজ্যে করিল গমন॥
প্রাতঃকালে আসিলেন গাধির নন্দন।
কন্যাগণে না দেখিয়া রুষ্ট হ'ল মন॥
আমি যে বন্ধিনু, ছাড়াইল কোন্ জন।
সর্ব্বনাশ হ'ল তার সংশয় জীবন॥
ধ্যান করি জানিলেন গাধির নন্দন।
হরিশ্চন্দ্র ছাড়াইয়া দিল কন্যাগণ॥
বিশ্বামিত্র ক্রোধ করি চলিল সত্বর।
উত্তরিল গিয়া মুনি রাজার গোচর॥
মুনিরে দেখিয়া রাজা কৈল অভ্যর্থন।
আসুন বলিয়া দিল বসিতে আসন॥
সফল ভবন মোর সফল জীবন।
মোর গৃহে আসিলেন গাধির নন্দন॥
জ্বলন্ত অনল যেন বলে তপোধন।
কন্যাগণে বান্ধিনু ছাড়িলে কি কারণ?
রাজা কহে কন্যাগণ কৈল আমন্ত্রণ।
মিথ্যা না বলিব প্রভু করেছি মোচন॥
দান করি পুণ্য করি তুষি যে ব্রাহ্মণ।
আমা প্রতি ক্রোধ কেন কর অকারণ॥
এ কথা শুনিয়া কহে গাধির কুমার।
দান পুণ্য কর ব'লে কর অহঙ্কার?
কি দান করিবে তুমি, দেখি তব মন।
আমারে কিঞ্চিৎ দান দেহ ত রাজন!
রাজা বলে গৃহধর্ম্ম সফল জীবন।
মোর দান লবে প্রভু গাধির নন্দন॥
যাহা চাহ তাহা দিব না করিব আন।
নানা দানে গোসাঞি রাখিব তব মান॥
মুনি বলে দান দেহ যদ্যপি রাজন্।
আগেতে করহ তুমি সত্য নির্ব্বন্ধন॥
রাজা বলে, সত্য সত্য না করিব আন।
এ সত্য লঙ্ঘিলে নাহি পাব পরিত্রাণ॥

ভূপতি করিল সত্য, না বুঝিল মায়া।
মৃগ বন্দী হ'ল যেন ফাঁদ না বুঝিয়া॥
মুনি বলে, দেখহ তোমরা দেবগণ।
রাজা করিবেন স্বীয় সত্যের পালন॥
মুনি বলে, দিবে যদি করেছ অন্তরে।
রাজন! পৃথিবী দান করহ আমারে॥
দানের করিল রাজা অতি পরিপাটি।
হাতে করি আনিলেন তিন তোলা মাটি॥
ভূদান করিল হরিশ্চন্দ্র শ্রদ্ধাযুত।
স্বস্তি স্বস্তি বলিয়া লইল গাধিসুত॥
মুনি বলে, দিলে দান পাইনু এখন।
দানের দক্ষিণা রাজা আনহ কাঞ্চন॥
রাজা বলে, দক্ষিণাতে না করিও ঘৃণা।
দানের দক্ষিণা দিব সাত কোটি সোনা॥
মুনি বলে, বিলম্বে নাহিক প্রয়োজন।
সাত কোটি কাঞ্চন করহ সমর্পণ॥
ভূপতি করেন আজ্ঞা ভাণ্ডারীর প্রতি।
আমারে আনিয়া দেহ স্বর্ণ শীঘ্রগতি॥
দৃঢ় করি বলে মুনি, গাধির কুমার।
ভাণ্ডারী-উপর তব কিবা অধিকার?
সকল পৃথিবী দান করিলে আমারে।
ভাণ্ডারী কাহার ধন দিবেক তোমারে?
শুনিয়া ভাবিত রাজা ছাড়িল নিশ্বাস।
আপনা আপনি করিলাম সর্ব্বনাশ॥
মুনি বলে, ভূপতি মজিলে অহঙ্কারে।
পৃথিবী ছাড়িয়া রাজা যাও স্থানান্তরে॥
পাত্র মিত্র সবে বলে করি যোড়পাণি।
হরিশ্চন্দ্র ভূপে দিতে পটী একখানি॥
সূচ্যগ্র খননে যত উঠে বসুমতী।
উহাকে না দিল বিশ্বামিত্র মহামতি॥
পাত্র মিত্র বলে শুন গাধির তনয়!
কোথায় যাইবে হরিশ্চন্দ্র নিরাশ্রয়?
এত শুনি ক্রোধ করি বলে মহাঋষি।
পৃথিবীর বহির্ভাগে আছে বারাণসী॥
শৈব্যা নারী আর নিজ পুত্র রুহিদাস।
তিন জন যাউক করিতে কাশীবাস॥
বিশ্বামিত্র বাক্য শুনি সূর্য্যবংশধন।
দারা পুত্র সহ কাশী করিল গমন॥
মুনি বলে, শুন রাজা আমার বচন।
দিয়া যাও সাত কোটি আমাকে কাঞ্চন॥
রাজা বলে, হে গোসাঞি না করিও ঘৃণা।
সাত দিন পরে দিব সাত কোটি সোনা॥
সাত দিন পথে রাজা বাহিয়া চলিল।
পথ আগুলিয়া মুনি কহিতে লাগিল॥
মম কথা শুন হরিশ্চন্দ্র যশোধন।
আগে দেহ সাত কোটি আমারে কাঞ্চন॥
শৈব্যার সহিত রাজা করিল মন্ত্রণা।
কি দিয়া শোধিব আমি ব্রাহ্মণের সোনা॥
শৈব্যা বলে, শুন প্রভু, নিবেদি তোমারে।
বিক্রয় করহ হাট মাঝারে আমারে॥
স্ত্রী লইয়া চলে রাজা হাটের ভিতরে।
দাসী কে কিনিবে ব'লে ডাকে উচ্চৈঃস্বরে॥
এক বিপ্র ছিল, সে পণ্ডিত সাধুজন।
ছিল তার একটি দাসীর প্রয়োজন॥
ব্রাহ্মণ বলে ওহে পুরুষরতন!
লইবে দাসীর মূল্য কতেক কাঞ্চন?
রাজা বলে, নাহি জানি মিথ্যা প্রবঞ্চনা।
এ দাসীর মূল্য চাই চারি কোটি সোনা॥
এ কথা শুনিযা বিপ্র স্বীকার করিল।
চারিকোটি সোনা দিয়া শৈব্যারে কিনিল॥

দাসী লয়ে দ্বিজ যায় আপনার বাস।
মায়ের কাপড় ধরি কাঁদে রুহিদাস ॥
অঞ্চলে ধরিয়া পুত্র যায় গড়াগড়ি।
ছাড় ছাড় বলি বিপ্র দেখাইল বাড়ি ॥
শৈব্যা বলে, হে গোসাঞি! করি নিবেদন।
বিনা পণে ক্রয় কর আমার নন্দন ॥
শুনিয়া কহিল বিপ্র ক্রোধেতে বাতুল।
দুজনের তরে কোথা পাইব তণ্ডুল ॥
শৈব্যা বলে তুমি অন্ন দিবে যে আমাকে।
আমি কিছু খাব আর দিব এ বালকে ॥
ব্রাহ্মণ বলেন ক্রোধে, তাহাই হইবে।
প্রতিদিন এক সের তণ্ডুল পাইবে ॥
দাসী কিনি বিপ্র যায় আপনার স্থানে।
স্বর্ণ লয়ে গেল রাজা মুনি বিদ্যমানে ॥
অত্যল্প দেখিয়া স্বর্ণ কহে তপোধন
হীন জ্ঞান কর তুমি গর্ব্বিত রাজন্!
সাত কোটি লব, কম নহে সাত রতি।
বিশ্বামিত্রে অবজ্ঞা না কর মহামতি!
এ কথা শুনিয়া রাজা প্রমাদ ভাবিল।
শিরে হাত দিয়া রাজা হাটে চলি গেল ॥
হাটখানি বসে বারাণসীর গোচরে।
তৃণ বান্ধি প্রবেশিল হাটের ভিতরে ॥
নফর কিনিবে কেবা বলে উচ্চৈঃস্বরে।
কালু নামে হাড়ি এক ছিল সে নগরে ॥
সে বলে আমার কর্ম্ম আছে ত নফরে।
চাহি এক নফর, সে রাখিবে শূকরে ॥
এ কথা শুনিয়া রাজা বলিছে বচন।
আমি যাহা কহি তাহা করিবে পালন ॥
কালু বলে, শুন ওহে পুরুষরতন!
আপনার মূল্য লবে কতেক কাঞ্চন?
রাজা বলে নাহি জানি মিথ্যা ব্যবহার।
স্বর্ণ লব তিন কোটি মূল্য আপনার ॥
এ কথা শুনিয়া কালু বিলম্ব না করে।
তিন কোটি স্বর্ণ দিয়া কিনিল নফরে ॥
সাত কোটি সোনা লয়ে দিল মুনিবরে।
ধন পেয়ে গেল মুনি অযোধ্যানগরে ॥
কালু বলে, শুন ওহে পুরুষরতন!
কি নাম তোমার, কহ কাহার নন্দন?
হেঁয়ালি করিয়া রাজা কহিতে লাগিল।
হরিশ্চন্দ্র নাম বাপ-মায়েতে রাখিল ॥
কত বা বেড়াবে হরিশ্চন্দ্র নাম ধ'রে।
কখন বলিও হরি কখন বা হরে ॥
নফর লইয়া কালু যায় নিজ বাস।
হরিশ্চন্দ্র ঘুচাইয়া হ'ল হরিদাস ॥
হরিদাস বলে প্রভু করি নিবেদন;—
খাইতে উচ্ছিষ্ট মোরে না দিও কখন ॥
কালু বলে, হরিদাস শুনহ বচন।
বারাণসীপুরে রাখ শূকরের পণ ॥
বারাণসী-তীরে যত মড়া দাহ হয়।
পঞ্চাশ কাহন লহ প্রত্যেক মড়ায় ॥
বুঝায়ে কর্ত্তব্য কর্ম্ম হাড়ি গেল ঘরে।
ডাকিয়া আনিল রাজা সকল শূকরে ॥
বলিতে লাগিল হরিশ্চন্দ্র মহীপাল;—
এক কথা শুন মম হে শূকরপাল!
দান পুণ্য করিলাম এ দক্ষিণ ক'রে।
তোমাদের মল-মূত্র মুছিব কি ক'রে?
এক সত্য পালিবে হে শূকর সকল।
পরিত্যাগ করিও অন্তরে মূত্রমল ॥
পালিল রাজার বাক্য শূকর সকল।
মল-মূত্র পরিত্যাগ অন্তরে করিল ॥

উভ ঝুঁটি চুল বান্ধে রাজা উচ্চ ক'রে।
বারাণসী-তীরে নিত্য দৌড়াদৌড়ি করে॥
রাজচিহ্ন রাজার অন্তরে পলাইল।
পাটনীর বেশ রাজা তখন ধরিল॥
শৈব্যা রহিলেন হেথা ব্রাহ্মণ-আগারে।
এক সের তণ্ডুল ব্রাহ্মণ দেয় তারে॥
তিন পোয়া রুহিদাস খান তিনবারে।
এক পোয়া খান শৈব্যা দ্বিজের আগারে॥
বিপ্র বলে শুন শৈব্যা আমার বচন।
খাইল তোমার ভাগ তোমার নন্দন॥
কালি হতে আমি যে করিব দেবার্চ্চন।
তব পুত্রে পুষ্প হেতু পাঠাইব বন॥
পুষ্প আহরণে যাক্ বালক তোমার।
বাড়াইয়া দিব ত তণ্ডুল কিছু আর॥
শৈব্যা বলে, যেই আজ্ঞা করিবে যখন।
সেই আজ্ঞা পালিবেক আমার নন্দন॥
স্বর্ণ-সাজি লইল সে স্বর্ণের আঁকড়ি।
বিশ্বামিত্র-তপোবন যায় তাড়াতাড়ি॥
ডাল ভাঙ্গে, ফুল তোলে, আপনার মনে।
এক দিন এল মুনি সে বন-ভ্রমণে॥
ডাল ভাঙ্গা দেখিয়া কুপিল মুনি মনে।
এমন কুকর্ম্ম আসি করে কোন্ জনে?
ধ্যান করি বিশ্বামিত্র জানিল কারণ।
পুষ্প ল'তে আসে হরিশ্চন্দ্রের নন্দন॥
বিপ্রঘরে জননী হাড়ির ঘরে বাপ।
কল্য যদি আসে তার বুকে খাবে সাপ॥
এত বলি শাপ দিল ক্রোধে তপোধন।
রাত্রিকালে হেথা শৈব্যা দেখিছে স্বপন॥
প্রাতঃকালে প্রকাশিত সূর্য্যের কিরণ।
তুলিতে কুসুম যায় রাজার নন্দন॥

তপোবনে রাজার কুমার যবে চলে।
হেনকালে শৈব্যা তারে স্নেহ করি বলে॥
না যাইও তুলিতে কুসুম তপোবন।
নিতান্ত করিবে তোরে ভুজঙ্গে দংশন॥
রুহিদাস বলে, নাহি যাইলে তথায়।
দুর্ম্মুখ ব্রাহ্মণ অন্ন না দিবে তোমায়॥
কৃতী পুত্র করে মাতাপিতার পালন।
খাইয়া তোমার অন্ন থাকি সর্ব্বক্ষণ॥
না রাখিল শিশুপুত্র মায়ের বচন।
কুসুম তুলিতে গেল রাজার নন্দন॥
রুহিদাস প্রবেশিল সেই তপোবনে।
নানা জাতি পুষ্পতুলে যাহা লয় মনে॥
জাতী যূথি মল্লিকা সে তুলিল রঙ্গণ।
পারিজাত শেফালিকা শিউলী কাঞ্চন॥
অশোক কিংশুক জবা অতসী কেশর।
গোলাপ আকন্দ তোলে বকুল টগর॥
অবশেষে শ্রীফলে আঁকড়ি ভেজাইল।
ডালেতে আছিল সাপ বুকেতে দংশিল॥
সর্ব্বাঙ্গেতে শিশুর বেড়িল বিষজাল।
ভূমিতে পড়িয়া শিশু মুখে ভাঙ্গে লাল॥
আকাশে হইল বেলা দ্বিতীয় প্রহর।
তবু সে রাজার পুত্র না আইল ঘর॥
অন্দর-বাহির করি কহিছে ব্রাহ্মণ;—
এখনো না এল কবে হবে দেবার্চ্চন?
শৈব্যা বলে প্রভু এই করি নিবেদন।
আপনি দেখিয়া আসি কোথা সে নন্দন॥
তনয় দেখিতে শৈব্যা করিল গমন।
তপোবন মুনির করিল দরশন॥
বালকেরে খুঁজিয়া বেড়ান তপোবনে।
দেখে বৃক্ষপাশে পড়ে আপন নন্দনে॥

পুত্রকে দেখিয়া শৈব্যা পড়িল ভূতলে।
যেমন কলার পাত ভাঙ্গে ডালে মূলে ॥
পুত্র কোলে করি শৈব্যা করিছে ক্রন্দন।
কোথা গেল মম পুত্র কহিত নন্দন ॥
ধর্ম্ম সাধিবারে দুঃখ দিল নারায়ণ।
অগ্নিতে পড়িয়া আজি ত্যজিব জীবন ॥
পুত্র কোলে করি শৈব্যা করিছে গমন।
পলাইয়া গেল বলি ভাবিছে ব্রাহ্মণ ॥
পুত্র কোলে করি শৈব্যা ছাড়িল নিশ্বাস।
কান্দিতে কান্দিতে কহে ব্রাহ্মণের পাশ ॥
নিবেদন করি শুন সকল ব্রাহ্মণে।
কেমনে বাঁচিবে পুত্র বাঁচাব কেমনে ?
শুনিয়া প্রবোধ বাক্য কহে দ্বিজগণ।
সর্পের দংশনে প্রাণ ছাড়িল নন্দন ॥
মড়া কোলে করি কেন করিছ ক্রন্দন।
মরিলে অবশ্য জন্ম, জন্মিলে মরণ ॥
বারাণসীপুরে তুমি মড়া লয়ে যাহ।
কাষ্ঠচিতা করি এই মৃত দেহ দাহ ॥
মড়া লয়ে গেল শৈব্যা কাতর অন্তরে।
নিরুদ্বেগ নিশ্চিন্ত ব্রাহ্মণ থাকে ঘরে ॥
মৃত লয়ে গেল শৈব্যা বারাণসী বাস।
হাতেতে মুদ্গর করি আছে হরিদাস ॥
হরিদাস বলে মড়া করিব দাহন।
মড়া-প্রতি লই পঞ্চাশৎ কার্ষাপণ ॥
হরিদাস বলে, তোমা কহিনু নিশ্চয়।
তোমারে বলি যে সত্য আন নাহি হয় ॥
অন্যের ঘাটেতে লয়ে পোড়াও কুমার।
বিধাতা করিল মোরে হাড়ির আচার ॥
শৈব্যা বলে গোসাঞি বলিতে ভয় বাসি।
বিধাতা করিল মোরে ব্রাহ্মণের দাসী ॥
শৈব্যা বলে, আজ্ঞা কর ঘাটের পাটনি।
দিব আমি চিরিয়া এ বস্ত্র অর্দ্ধখানি ॥
এতেক শুনিয়া তবে শৈব্যার বচন।
হাতেতে মুদ্গর লয়ে আইসে রাজন্ ॥
পড়িলেন পুত্র লয়ে শৈব্যা আথান্তরে।
হরিশ্চন্দ্র বলিযা সে কান্দে উচ্চৈঃস্বরে ॥
প্রভু হরিশ্চন্দ্র রাজা গেল কোথাকারে।
আসিয়া দেখহ মৃত আপন কুমারে ॥
হরিশ্চন্দ্র বলি শৈব্যা কান্দে উভরায়।
রাজার হইল এবে পুর্ব্ব জ্ঞানোদয় ॥
হরিশ্চন্দ্র বলে রাণি ! করো না ক্রন্দন।
আমি সেই হরিশ্চন্দ্র কর নিরীক্ষণ ॥
শৈব্যা বলে, হরি হরি কপালে এ ছিল।
ঘাটের পাটনি মম রূপেতে মোহিল ॥
অযোধ্যায় ছিলাম যে রাজার রমণী।
এবে পরিহাস করে ঘাটের পাটনি ॥
হরিদাস বলে, প্রিয়ে ! বলি তব ঠাঁই।
পাসরিলে সকলি কিছুই মনে নাই ?
সোমদত্ত রাজকন্যা শৈব্যা তব নাম।
তোমারে বিবাহ প্রিয়ে ! আমি করিলাম ॥
রুহিদাস নামে তব হইল নন্দন।
মম রাজ্য নিল বিশ্বামিত্র তপোধন ॥
এ কথা শুনিয়া রাণী চাহিতে লাগিল।
কপালে নিশানা ছিল তখনি চিনিল ॥
পুত্র কোলে করি রাজা করিছে ক্রন্দন।
কোথা গেলি কোথা গেলি রুহিত নন্দন !
মর্ম্মভেদী দুঃখ আজি দিল নারায়ণ।
অগ্নিতে পুড়িয়া আজি ত্যজিব জীবন ॥
তখন চন্দনকাষ্ঠে সাজাইয়া চিতা।
মধ্যেতে রাখিল পুত্র পাশে মাতাপিতা ॥

যে কালে জ্বলন্ত অগ্নি দিবেন চিতাতে।
হেনকালে ধর্ম্মরাজ কহেন সাক্ষাতে।
অগ্নিতে পুড়িয়া কেন ত্যজিবে জীবন ?
আমি জীয়াইয়া দিব তোমার নন্দন ॥
পদ্মহস্ত বুলাইল বালকের গায়।
সব জ্বালা দূরে গেল চক্ষু মেলি চায় ॥
হেনকালে কালু আসি রাজারে সম্ভাষে।
তোমায় আমার স্বর্ণ দায় না আইসে ॥
ব্রাহ্মণ আসিয়া বালে রাজার সদনে।
তোমাতে আমাতে দায় ঘুচিল কাঞ্চনে ॥
রাজা বলে, গোসাঞি করি গো নিবেদন।
ব্রাহ্মস্ব লইব বল কিসের কারণ ?
রাণীর হাতেতে স্বর্ণ–কঙ্কণ যে ছিল।
তাহা দিয়া রাজা নিজ দায় ঘুচাইল ॥
মুনি বলে, জপ তপ সব নষ্ট হ'ল।
মিথ্যা রাজ্য করিয়া যে জন্ম কাটি গেল ॥
যেখানে আছেন হরিশ্চন্দ্র যশোধন।
সেইখানে মুনি আসি দিল দরশন ॥
মুনি বলে, শুন হরিশ্চন্দ্র মহীপতি !
আপনার রাজ্যে তুমি যাও শীঘ্রগতি ॥
রাজা বলে, গোসাঞি ! শুনহ নিবেদন।
কেমন করিলে রাজ্য কহ তপোধন ॥
মুনি বলে সে কথায় নাহি প্রয়োজন।
গমন করহ রাজ্যে এক্ষণে রাজন্ !
স্ত্রী পুত্র লইয়া রাজা করিল গমন।
প্রসন্নমানস মুনি প্রফুল্ল-বদন ॥
অযোধ্যায় রাজা আসি দিল দরশন।
রাজসূয় যজ্ঞ রাজা করিল তখন ॥
রাজ্যভার পুত্রেরে করিয়া সমর্পণ।
হরিশ্চন্দ্র পরলোকে করিল গমন ॥

কুক্কুর বিড়াল আদি যত পশুগণ।
সশরীরে সবে গেল বৈকুণ্ঠ ভুবন ॥
দেব গদাধর তাহে কুপিত অন্তরে।
কহিলেন ডাকিয়া নারদ মুনিবরে ॥
স্বর্গ নষ্ট করে হরিশ্চন্দ্র নৃপবর।
এ কথা শুনিয়া মুনি চলিল সত্বর ॥
বীণা বাজাইয়া যায় মহাতপোধন।
দেখে রথে স্বর্গে রাজা করিছে গমন ॥
প্রণমিয়া রাজা তবে স্বর্গে যাই বলে।
মুনি বলে স্বর্গে যাও কোন্ পুণ্যফলে ?
সুবুদ্ধি রাজার তবে কুবুদ্ধি ঘটিল।
আপনার পুণ্য সব কহিতে লাগিল ;—
বাপী কূপ তড়াগাদি নানাস্থানে করি।
দিয়াছি জাঙ্গাল আর বৃক্ষ সারি সারি ॥
মম রাজ্য নিল বিশ্বামিত্র তপোধন।
আপনারে বেচি শুধিলাম সে কাঞ্চন ॥
পুণ্যকথা যেই রাজা কহিতে লাগিল।
কহিতে কহিতে রথ নামিয়া পড়িল ॥
নামিল রাজার রথ দুঃখিত অন্তর।
ভাল মন্দ নাহি বলে হইল কাতর ॥
স্বর্গে থাকি যুক্তি করে যত দেবগণ।
রাজার কটক কিবা করিবে ভক্ষণ ॥
যে শস্য সঞ্চয় করে, না করিয়া ব্যয়।
হরিশ্চন্দ্র রাজার কটকে তাহা লয় ॥
ক্ষেত্র হ'তে যেই শস্য আনিয়া ফেলায়।
হরিশ্চন্দ্র রাজার কটকে তাহা খায় ॥
নূতন বসন রাখে করিয়া যতন।
রাজার কটক পরে সেই সে বসন ॥
এ নিয়ম করিল তখন দেবগণ।
অর্দ্ধপথে হরিশ্চন্দ্র রহিল তখন ॥

স্বর্গে নাহি গেল রাজা মর্ত্ত্য না পাইল।
হরিশ্চন্দ্র রাজা মধ্য-পথেতে রহিল ॥
কৃত্তিবাস পণ্ডিত কবিত্বে বিচক্ষণ।
আদ্যকাণ্ডে গা'ন হরিশ্চন্দ্র-বিবরণ ॥

সগরবংশ-উপাখ্যান।

রুহিদাস রাজা হইলেন অতঃপর।
পুত্রতুল্য প্রজাগণে পালে নরবর ॥
তাঁহার নন্দন সে সগর নাম ধরে।
সগর হইল রাজা অযোধ্যানগরে ॥
মন দিয়া শুন সগরের বিবরণ।
যে কথা শুনিলে হয় পাপ-বিমোচন ॥
অপুত্রক রাজা রাজ্য করে মনোদুঃখে।
অপুত্রের মুখ লোকে প্রাতে নাহি দেখে ॥
দুঃখেতে সগর বনে করিল গমন।
বহুকাল করিল শিবের আরাধন ॥
সন্তুষ্ট হইয়া শিব বলেন সগরে ;—
বর মাগি লহ রাজা যা চাহ অন্তরে ॥
সগর বলেন, পুত্র বিনা বড় দুখ।
বর দেহ, দেখি আমি বহু পুত্রমুখ ॥
হাসিয়া দিলেন বর ভোলা মহেশ্বরে।
ষাটি হাজার পুত্র হইবে তব ঘরে ॥
বর পেয়ে আসিলেন সগর নৃপতি।
শিব -বরে দুই নারী হ'ল গর্ভবতী ॥
কেশিনী সুমতি নামে রাজার মহিলা।
দিনে দিনে গর্ভমাস বাড়িতে লাগিলা ॥
দশ মাস গর্ভ হ'ল প্রসব-সময়।
কেশিনী প্রসব কৈল সুন্দর তনয় ॥
তনয় হইল যেন অভিনব কাম।
অসমঞ্জ বলিয়া রাখিল তার নাম ॥
সুমতির গর্ভব্যথা হইল যখন।
চর্ম্মের অলাবু এক প্রসবে তখন ॥
দেখিয়া অলাবু রাজা কুপিল অন্তরে।
ভাঙ্গড় বলিয়া গালি দিল মহেশ্বরে ॥
কোপে লাউ ভাঙ্গিয়া করিল খান খান।
ষাটি হাজার পুত্র হ'ল তিলের প্রমাণ ॥
উষিমিষি করে সব দেখিতে রূপস।
ষাটি হাজার আনে রাজা দুধের কলস ॥
খাইতে খাইতে দুগ্ধ নররূপ ধরে।
ষাটি হাজার পুত্রে তবে সগর হাঁকারে ॥
ষাটি হাজার পুত্রে শাপ দিলেন বিশাই।
অচিরে মরিবি তোরা না হবি চিরাই ॥
দিনে দিনে বাড়ে সেই সগরনন্দন।
ছয় মাস বয়স্ক হইল পুত্রগণ ॥
যখন সগর রাজা হাতে মারে তুড়ি।
সকলে আইসে কোলে দিয়া হামাগুড়ি ॥
যখন হইল তারা দ্বাদশ বৎসর।
সকলের বিবাহ দিলেন নরবর ॥
ষাটি সহস্র পুত্র একমাত্র নাতি।
দেখিয়া সগর রাজা আনন্দিত অতি ॥
অসমঞ্জ সদাই ভাবেন মনে মন।
সংসার অসার, সার সত্যনারায়ণ ॥
অসার সংসারে কেন বদ্ধ হয়ে মরি ?
নিভৃতে বসিয়া আমি ভজিব শ্রীহরি ॥
ভাবিল সংসারে আমি না থাকিব আর।
অনুচিত কর্ম্ম সব করে দুরাচার ॥
যতেক বালক সব নগরে খেলায়।
হাতে গলে বান্ধি সবে জলেতে ফেলায় ॥
যত নারীগণ লইবারে আসে জল।
আছাড়িয়া ভাঙ্গি ফেলে কলসী কেবল ॥

অগ্নি দিয়া পোড়ায় সকল প্রজাঘর।
কহিল সকল প্রজা রাজার গোচর ॥
পুত্রের চরিত্র শুনি লাগিল তরাস।
অসমঞ্জ পুত্রে রাজা দিল বনবাস ॥
বনে গিয়া অসমঞ্জ হরষিত-মন।
সংসারের বন্ধন কাটিল নারায়ণ ॥
অসমঞ্জে পাঠাইয়া বনের ভিতরে।
অপর সন্তান লয়ে সুখে রাজ্য করে ॥
কৃত্তিবাস পণ্ডিতের সুললিত গান।
অমৃত সমান সগরের উপাখ্যান ॥

সগরের অশ্বমেধ-যজ্ঞারম্ভ ও
বংশনাশের বিবরণ।

একদিন সগর ভাবিয়া মনে মনে।
অশ্বমেধ-যজ্ঞ করে অযোধ্যা-ভুবনে ॥
কত পুত্র রাখে রাজা স্বর্গের উপর।
কতক রাখিল লয়ে পাতাল ভিতর ॥
পৃথিবীর রাজা যত মম নামে কাঁপে।
মম বংশজাত যেন তিন লোকে ব্যাপে ॥
এতেক ভাবিয়া যজ্ঞ কৈল আরম্ভণ।
তুরঙ্গ রাখিতে দিল যতেক নন্দন ॥
বাপের সম্মুখে তারা করিল উত্তর।
ঘোড়া সহ যাব ষাটি হাজার সোদর ॥
পুত্রবাক্য শুনিয়া সগর বলে তায়।
আনিতে পারিলে ঘোড়া যজ্ঞ হবে সায় ॥
ইন্দ্রের সহিত মম হইল বিবাদ।
এই যজ্ঞে নানারূপ হইবে প্রমাদ ॥
যজ্ঞাশ্ব রাখিতে যায় সগরনন্দন।
শুনিয়া হইল ইন্দ্র বড় ভীত-মন ॥
বলেন বাসব ব্রহ্মা কোন্ বুদ্ধি করি।
বিরিঞ্চি বলেন, তুমি ঘোড়া কর চুরি ॥
দিনে দুই প্রহরে হইল নিশাপ্রায়।
ঘোড়া চুরি করি ইন্দ্র পাতালে পলায় ॥
তপস্যা করেন মুনি কপিল যেখানে।
ঘোড়া লয়ে রাখিল তাহার বিদ্যমানে ॥
যোগেতে আছেন মুনি কেহ নাহি কাছে।
ইন্দ্র ঘোড়া বান্ধিয়া গেলেন তাঁর পাছে ॥
অন্ধকার বৃষ্টি সব ঘুচিল যখন।
ঘোড়া হারাইল তবে সগরনন্দন ॥
চাহিয়া না পাইলেন পৃথিবীমণ্ডলে।
পৃথিবী খুঁজিয়া তারা চলে রসাতলে ॥
ষাটি হাজার ভাই কোদালি হাতে ধরে।
চারি ক্রোশ একেক কোদালি পরিসরে ॥
ক্রোধ করি যেই ধরে কোদালির মুষ্টে।
এক চোটে ভেজায় পাতালে কূর্ম্মপৃষ্ঠে ॥
চারি দণ্ডে খুঁজিলেক সে চারি সাগর।
সাগর খুঁজিয়া গেল পাতাল-ভিতর ॥
পূর্ব্ব ও দক্ষিণ দিকু তার মধ্যখানে।
ঘোড়া বান্ধা দেখিল তাহার বিদ্যমানে ॥
ডাকাডাকি করিয়া কহিল সব ভাই।
ঘোড়াচোরে দেখিতে পাইনু এক ঠাঁই ॥
মুনির গায়েতে মারে কোদালির পাশি।
ধ্যান ভঙ্গ হইয়া চাহেন মহাঋষি ॥
ক্রোধেতে নয়ন-অগ্নি সরে রাশি রাশি।
পুড়ে ষাটি হাজার হইল ভস্মরাশি ॥
এককালে ক্ষয় হ'ল সগরনন্দন।
আদিকাণ্ড গা'ন কৃত্তিবাস বিচক্ষণ ॥

কপিল ঋষি কর্ত্তৃক সগরবংশ উদ্ধারের
উপায়কথন।

এক বর্ষ না হইল যজ্ঞ অবশেষ।
তুরঙ্গ লইয়া পুত্র না আইল দেশ ॥

শ্রীঅসমঞ্জের পুত্র নাম অংশুমান।
পুত্রের করিতে তত্ত্ব তাহারে পাঠান ॥
রাজ-আজ্ঞা পাইয়া চড়িয়া নিজ রথে।
একে একে পৃথিবীতে খুঁজে নানা পথে ॥
যে পথে প্রবেশ করে দেখে খান খান।
সেই পথ দিয়া তবে পাতালে সন্ধান ॥
আগেতে দেখিল পূর্ব্বদিকের সাগর।
দেখে নীলবর্ণ হস্তী পরম সুন্দর ॥
ধরিয়াছে পৃথিবী যে দশন-উপরে।
প্রণাম করিয়া তারে বলিল সত্বরে ॥
হস্তী বলে এই পথে যাহ অংশুমান।
ঘোড়াচোর নিকটে হইও সাবধান ॥
পূর্ব্ব হ'তে চলিলেন উত্তর-সাগর।
শ্বেতবর্ণ এক হস্তী দেখিল সুন্দর ॥
অংশুমান তাহারে লাগিল শুধাইতে।
এ পথে সগরপুত্রে দেখেছ ধাইতে ?
শুনিয়া তাহার কথা লাগিল কহিতে।
পাইবেক ঘোড়া যাও এই পদবীতে ॥
তথা যদি ঘোড়া না পাইল দরশন।
পশ্চিম-সাগরে গিয়া দিল দরশন ॥
রক্তবর্ণ এক হস্তী দেখিল সুন্দর।
ধরিয়াছে মেদিনী সে দশন-উপর ॥
সে সব হস্তীর শুন অপূর্ব্ব কথন।
মস্তক নাড়িলে হয় মেদিনী-কম্পন ॥
পূর্ব্ব ও দক্ষিণ দিক তার মধ্যখানে।
ঘোড়া বান্ধা দেখিল কপিল-বিদ্যমানে ॥
দণ্ডবৎ হয়ে তাঁরে লাগিল কহিতে।
এ পথে সগরপুত্রে দেখেছ যাইতে ?
মহাঋষি কপিল সে বলিল তখন।
মম কোপানলে ভস্ম হ'ল সর্ব্বজন ॥
শুনিয়া ত অংশুমান যুড়িল স্তবন।
সেই বংশে তপোধন আমার জনম ॥
অসমঞ্জপুত্র আমি সগরের নাতি।
তোমার মহিমা বলে কাহার শকতি ?
অংশুমান কহিলেন, শুন মহামতি !
কেমনে হইবে মোর বংশের সদ্গতি ?
ব্রাহ্মণের কোপ নাহি থাকে এক তিল।
প্রসন্ন হইয়া তারে কহেন কপিল ॥
মর্ত্ত্যলোকে যদি বহে প্রবাহ গঙ্গার
তবে যে তোমার বংশ হইবে উদ্ধার ॥
বিনয়েতে অংশুমান কহে তাঁর প্রতি।
কোথায় জন্মিল গঙ্গা কোথায় বসতি ॥
কোথা গেলে পাইব সে গঙ্গা দরশন।
কহ মুনি শুনি সেই গঙ্গার জনম ॥
গঙ্গার জন্মের কথা করেন প্রকাশ।
আদিকাণ্ড রচিল পণ্ডিত কৃত্তিবাস ॥

গঙ্গার জন্মবিবরণ ও মর্ত্ত্যলোকে সগরের গঙ্গা আনয়নের উপায় এবং ভগীরথের জন্ম।

এক দিন গোলোকে বসিয়া নারায়ণ।
পঞ্চমুখে গান করে দেব ত্রিলোচন ॥
শিঙ্গা বলে শ্রীরাম, ডম্বুর বলে হরি।
পঞ্চমুখে স্তুতি গান ত্রিপুরের অরি ॥
লক্ষ্মী সহ বসিয়া আছেন মহাশয়।
শুনিয়া সে গান হইলেন দ্রবময় ॥
দ্রবরূপ হইলেন নিজে নারায়ণ।
পতিতপাবনী গঙ্গা তাহাতে জনন ॥
সেই জল কমণ্ডলু পূরিয়া আদরে।
রাখিলেন বিধাতা তুলিয়া নিজ ঘরে ॥

সেই গঙ্গা যদি পার আনিতে নৃপতি।
তবে সেই সগরবংশ পাইবে সদ্গতি॥
অংশুমান তোমারে দিলাম এই বর।
তব বংশ হেতু গঙ্গা হবেন গোচর॥
ঘোড়া লয়ে অংশুমান অযোধ্যাতে যায়।
বিবরণ কহে আসি সগরের পায়॥
কপিলের স্থানে পাইলাম অশ্বধনে।
তাঁর কোপাস্ত্রেতে মরিয়াছে সর্ব্বজনে॥
শুনিয়া সগর রাজা শোকাকুল-মন।
পুত্রশোকে নিরবধি করেন ক্রন্দন॥
রাহুর দশায় জন্ম হইল যখন।
সবার আশা আমি ছেড়েছি তখন॥
ষাটি হাজার পুত্রে শাপ দিলেন বিশাই।
অল্পকালে মরিল, না হইল চিরাই॥
অশুচি হইলে যজ্ঞ, না হইল সায়।
কিমতে পাবেন মুক্তি ভাবেন উপায়॥
স্বর্গেতে আছেন গঙ্গা করি কি প্রকার।
তিনি বিনে কিসে হবে বংশের উদ্ধার?
অংশুমানে রাজ্য রাজা করি সমর্পণ।
গঙ্গারে আনিতে তবে করিল গমন॥
গঙ্গা না পাইয়া তাঁর নিত্য বাড়ে শোক।
মরিয়া সগর রাজা গেল ব্রহ্মলোক॥
অংশুমান রাজ্য করে অযোধ্যানগরে।
তাঁর পুত্র হইল দিলীপ নাম ধরে॥
পুত্রে রাজ্য দিয়া গেল গঙ্গা আনিবারে।
তপ দশ হাজার বৎসর অনাহারে॥
গঙ্গা না পাইয়া গেল স্বর্গের উপর।
তাহারে দেখিয়া তুষ্ট দেব পুরন্দর॥
অপুত্রক রাজা দুঃখ ভাবেন অন্তরে।
দুই নারী থুয়ে গেল অযোধ্যানগরে॥

চলিল দিলীপ রাজা গঙ্গা অনুসারে।
কঠোর তপস্যা করে থাকি অনাহারে॥
কভু জলাহার করে, কভু অনাহার।
অযুত বৎসর সেবা করিল ব্রহ্মার॥
তথাপি না পায় গঙ্গা না হয় অশোক।
মরিয়া দিলীপ রাজা গেল ব্রহ্মলোক॥
অরাজক হ'ল রাজ্য অযোধ্যানগর।
স্বর্গেতে চিন্তিত ব্রহ্মা আর পুরন্দর॥
শুনিয়াছি জন্মিবেন বিষ্ণু সূর্য্যকুলে।
কেমনে বাড়িবে বংশ নির্ম্মূল হইলে॥
ভাবিয়া সকল দেব যুক্তি করি মনে।
অযোধ্যাতে পাঠাইল প্রভু ত্রিলোচনে॥
দিলীপ-কামিনী দুই আছিলেন বাসে।
বৃষ-আরোহণে শিব গেলেন সকাশে॥
দোঁহাকার প্রতি কহিলেন ত্রিপুরারি।
মম বরে পুত্রবতী হবে এক নারী॥
দুই নারী কহে, শুনি শিবের বচন।
বিধবা আমরা, কিসে হইবে নন্দন?
শঙ্কর বলেন, দুই জনে কর রতি।
মম বরে একের হইবে সুসন্ততি॥
এই বর দিয়া গেল দেব ত্রিপুরারি।
স্নান করি গেল দুই দিলীপের নারী॥
সম্প্রীতিতে আছিলেন সে দুই যুবতী।
কত দিনে এক জন হ'ল ঋতুমতী॥
দোঁহেতে জানিল যদি দোঁহার সন্দর্ভ।
দোঁহে কেলি করিতে একের হ'ল গর্ভ॥
দশ মাস হ'ল গর্ভ প্রসব সময়।
মাংসপিণ্ড মাত্র পুত্র হইল উদয়॥
পুত্র কোলে করিয়া কান্দেন দুই জন।
হেন পুত্র বর কেন দিল ত্রিলোচন॥

অস্থি নাহি মাংসপিণ্ড চলিতে না পারে।
দেখিয়া হাসিবে লোক সকল সংসারে ॥
কোলে করি নিল তাহা চুপড়ি ভিতরে।
ফেলিবারে লয়ে গেল সরযূর তীরে ॥
হেনকালে দেখিল বশিষ্ঠ তপোধন।
ধ্যানেতে জানিল তার সকল লক্ষণ ॥
মুনি বলে রেখে যাও পথে শোয়াইয়া।
করুণা করিবে কেহ আতুর দেখিয়া ॥
পুত্রে পথে শোয়াইয়া দোঁহে গেল ঘরে।
স্নান করিবারে অষ্টাবক্র মুনি সরে ॥
আট ঠাঁই বাঁকা মুনি গমনে কাতর।
বালক তেমন করে পথের উপর ॥
একদৃষ্টে অষ্টাবক্র তার পানে চায়।
মনে ভাবে আমারে এ দেখিয়া ভেঙ্গায় ॥
আমারে দেখিয়া যদি কর উপহাস।
ব্রহ্মশাপে হবে তোর শরীর বিনাশ ॥
যদি তব দেহ হয় স্বভাবে এমন।
মম বরে হও তুমি মদনমোহন ॥
অষ্টাবক্র মুনি সে যে বিষ্ণুর সমান।
যারে বর শাপ দেন কভু নহে আন ॥
অষ্টাবক্র মুনির মহিমা চমৎকার।
উঠিয়া দাঁড়ান সেই রাজার কুমার ॥
ধ্যানে জানিলেন অষ্টাবক্র তপোধন।
মহান্ পুরুষ এই দিলীপনন্দন ॥
উভয় রাণীকে ডাকি আনে মুনিবর।
পুত্র দিল আনন্দেতে দোঁহে গেল ঘর ॥
আসিয়া সকল মুনি করিল কল্যাণ।
ভগে ভগে জন্ম হেতু ভগীরথ নাম ॥
কৃত্তিবাস পণ্ডিত কবিত্বে বিচক্ষণ।
আদিকাণ্ডে গান ভগীরথের জনম ॥

ভগীরথের দেব-আরাধনা দ্বারা মর্ত্ত্যে গঙ্গা আনয়নের বৃত্তান্ত।

পাঁচ বৎসরের হ'ল হাতে খড়ি দিল।
বশিষ্ঠের বাড়ী পড়িবারে পাঠাইল ॥
বালকে বালকে দ্বন্দ্ব যখন বাড়িল।
জারজ বলিয়া গালি এক শিশু দিল ॥
মনে ভগীরথ দুঃখী, না দিল উত্তর।
বিষাদে আইল শিশু আপনার ঘর ॥
কাতর অস্থির হয়ে সজল নয়নে।
শয়নমন্দিরে শিশু গেলেন শয়নে ॥
আকাশে হইল বেলা দ্বিতীয় প্রহর।
মাতা বলে, পুত্র কেন না আসিল ঘর?
ডম্বুর হারায়ে যেন ফুকারে বাঘিনী।
মুনি কাছে কান্দি যায় দিলীপ-কামিনী ॥
বশিষ্ঠ বলেন, মাতঃ! না কর ক্রন্দন।
রোষের মন্দিরে পুত্রে পাবে দরশন ॥
আসি রাণী ভগীরথে কোলে করি নিল।
বস্ত্রের অঞ্চলে তার মুখ মুছাইল ॥
বলিতে লাগিল ভগীরথের জননী;—
কোন্ দুঃখে দুঃখী তুমি কহ যাদুমণি!
কারে বাড়াইব, কারে করিব কাঙ্গাল?
বন্দী মুক্ত করি যদি থাকে বন্দিশাল ॥
কোন্ রোগে রোগী তুমি, আমি ত না জানি।
এখনি করিব সুস্থ শত বৈদ্য আনি ॥
ভগীরথ বলে, মাতা করি নিবেদন;—
রোগ শোক নহে আজি পাই অপমান ॥
বালকের সনে এক বিরোধ বাধিল।
জারজ বলিয়া গালি সে বালক দিল ॥
কোন্ বংশজাত আমি কাহার নন্দন?
পিতা বা কোথায় মা গো! কহ বিবরণ ॥
পুত্রের হইলে দুঃখ মনে লাগে ব্যথা।
পুত্রে সম্বোধিয়া মাতা কহে সত্য কথা;—

সগরের ছিল ষাটি হাজার তনয়।
কপিল মুনির শাপে হ'ল ভস্মময় ॥
গঙ্গা যদি স্বর্গ হ'তে আইসেন ক্ষিতি।
তবে যে সগরবংশ পাইবে নিষ্কৃতি ॥
ক্রমে তিন পুরুষ করিল আরাধন।
তবু গঙ্গা আনিতে নারিল কোন জন ॥
দিলীপ তোমার পিতা গেল স্বর্গপুরে।
পাইলাম তোমা পুত্র মহেশের বরে ॥
ভগে ভগে জন্ম হেতু ভগীরথ নাম।
সূর্য্যবংশে জন্ম তব অযোধ্যায় ধাম ॥
শুনিয়া মায়ের কথা প্রফুল্ল হইল।
জননীর পাশে আসি হাসিয়া কহিল ;—
সূর্য্যবংশ-ভূপতিরা কি করিল হায়!
অল্পশ্রমে গঙ্গাদেবী কে কোথায় পায়?
যদি আমি ধরি মা গো ভগীরথ নাম।
গঙ্গা আনি করিব সগরবংশ ত্রাণ ॥
কান্দিয়া কহিছে ভগীরথের জননী।
তপস্যায় এখন যেও না বংশমণি ॥
মায়ের বচনে ভগীরথ না টলিল।
বশিষ্ঠের স্থানে মন্ত্রদীক্ষা সে লইল ॥
যাত্রাকালে করে পুত্র মায়েরে বন্দন।
দক্ষিণ-নয়ন তার হতেছে স্পন্দন ॥
মায়ের চরণে আসি করিয়া প্রণতি।
প্রথমে সেবিতে গেল দেব সুরপতি ॥
অনাহারে ইন্দ্রমন্ত্র জপে নিরন্তর।
ইন্দ্রসেবা করে সাত হাজার বৎসর ॥
মন্ত্রবশ দেবতা রহিতে নারে ঘর।
আসিলেন বাসব তাঁহারে দিতে বর ॥
কোন্ বংশে জন্ম তব কাহার তনয়?
বর মাগি লহ, যাহা অভিপ্রেত হয় ॥

প্রণাম করিয়া ইন্দ্রে বলিল বচন ;—
সূর্য্যবংশজাত আমি দিলীপনন্দন ॥
সগরের ছিল ষাটি সহস্র তনয়।
কপিল মুনির শাপে হ'ল ভস্মময় ॥
স্বর্গেতে আছেন গঙ্গা দেহ সুরপতি।
তাহে মম বংশের হইবে সদ্গতি ॥
ইন্দ্র বলে, শুন বলি দিলীপকুমার।
আমা হ'তে দরশন না পাবে গঙ্গার ॥
গঙ্গাকে আনিবে যদি আমি দেই বর।
একমনে ভজ গিয়া দেব মহেশ্বর ॥
পাষণ্ড হইবে মুক্ত গঙ্গারে আনিলে।
গুহা মুক্ত করি আমি দিব সেইকালে ॥
ইন্দ্রের চরণে রাজা করিয়া প্রণতি।
কৈলাসে সেবিতে গেল দেব পশুপতি ॥
ওকড়া ধুতুরা যে আকন্দ বিল্বপাত।
ইহাতেই তুষ্ট হন ত্রিদশের নাথ ॥
কভু অল্পাহার করে, কভু অনাহার।
দৃঢ় তপ করে দশ হাজার বৎসর ॥
মহেশ বলেন, শুন রাজার নন্দন!
অনাহারে এ তপস্যা কর কি কারণ?
গঙ্গারে আনিবে তুমি, আমি দিব বর।
একভাবে সেব গিয়া দেব গদাধর ॥
শিবের চরণে পুনঃ করিয়া প্রণতি।
গোলোকে চলিয়া গেল যথা লক্ষ্মীপতি ॥
এক দিন ভগীরথ কোটি মন্ত্র জপে।
গ্রীষ্মকালে তপ করে রৌদ্রের আতপে ॥
শীত চারি মাস থাকে জলের ভিতর।
করিল এমন তপ চল্লিশ বৎসর ॥
মন্ত্রবশ দেবতা রহিতে ঘরে নারে।
বর দিতে আসিয়া কহেন হরি তারে ;—

চমৎকৃত হয়েছি তব তপস্যায়।
মাগ ইষ্ট বর তুমি রাজার তনয়!
ভগীরথ বলে, প্রভু করি নিবেদন;
সগরের ছিল ষাটি হাজার নন্দন॥
কপিলের শাপে তারা হ'ল ভস্মময়।
গঙ্গারে পাইলে তারা মুক্তিপদ পায়॥
কহিলেন সহাস্য বদনে চক্রপাণি।
গঙ্গার মহিমা বৎস! আমি কিবা জানি?
ভগীরথ বলে গঙ্গা নাহি দিবে দান।
তব পাদপদ্মে তবে ত্যজিব পরাণ॥
শুনিয়া তাঁহারে হরি কহেন আশ্বাস।
ব্রহ্মলোকে আছে গঙ্গা চল তাঁর পাশ॥
ব্রহ্মলোকে আছিল সামান্য যত জল।
মায়া করি হরিলেন হরি সে সকল॥
ব্রহ্মার সদনে প্রভু দিলেন দর্শন।
সম্ভ্রমে উঠিয়া ব্রহ্মা দিলেন আসন॥
পাদ্য দিতে যান ব্রহ্মা জল নাহি ঘরে।
জলহীন পাত্র মাত্র আছে তথা পড়ে॥
কমণ্ডলু মধ্যে গঙ্গা, পড়ে তাঁর মনে।
আস্তে-ব্যস্তে গিয়া ব্রহ্মা আনেন যতনে॥
গঙ্গাজলে বিষ্ণুপদ করেন ক্ষালন।
অঙ্ঘ্রিজা বলিয়া নাম এই সে কারণ॥
ভগীরথ রাজারে বলেন চিন্তামণি।
লয়ে যাও এই গঙ্গা পতিত পাবনী॥
ব্রহ্মহত্যা গোহত্যা প্রভৃতি পাপ করে।
কুশাগ্রে পরশে যদি সব পাপে তরে॥
স্নানেতে কতেক পূণ্য বলিতে না পারি।
বংশের উদ্ধার কর লয়ে গঙ্গাবারি॥
শ্রীহরি বলেন, গঙ্গা করহ প্রস্থান।
অবিলম্বে মুক্ত কর সগর-সন্তান॥
এত যদি কহিলেন প্রভু জগন্নাথ।
কান্দিয়া কহেন গঙ্গা প্রভুর সাক্ষাৎ॥
পৃথিবীতে কত শত আছে পাপিগণ।
আমাতে আসিয়া পাপ করিবে অর্পণ॥
হইয়া তাহারা মুক্ত যাবে স্বর্গবাসে।
আমি মুক্ত হব প্রভো! কাহার পরশে?
শ্রীহরি বলেন যত বৈষ্ণব জগতে।
তাহারা আসিয়া স্নান করিবে তোমাতে॥
বৈষ্ণবের সঙ্গতি বাসনা করি আমি।
বৈষ্ণবের সঙ্গেতে পবিত্র হবে তুমি॥
গঙ্গাকে কহিয়া এই বাক্য জগৎপতি।
শঙ্খ দিয়া কহিলেন ভগীরথ প্রতি;—
আগে আগে যাহ তুমি শঙ্খ বাজাইয়া।
পশ্চাতে যাবেন গঙ্গা তোমাকে দেখিয়া॥
বিরিঞ্চি বলেন রাজা, তুমি পূণ্যবান্।
তোমা হতে তিন লোক পাবে পরিত্রাণ॥
ভগীরথ আমার এ রথ তুমি লও।
এই রথে চড়িয়া আগেতে তুমি যাও॥
রথে চড়ি যায় আগে শঙ্খ বাজাইয়া।
চলিলেন গঙ্গা তার পাছু গড়াইয়া॥
স্বর্গবাসী আসি করে গঙ্গাজলে স্নান।
দেয় ভগীরথের মাথায় দূর্ব্বা ধান॥
আদিকাণ্ড কৃত্তিবাস করিল বাখান।
স্বর্গে গঙ্গা মন্দাকিনী হইল আখ্যান॥

গঙ্গার মর্ত্ত্যে আগমন।

ব্রহ্মলোক হতে গঙ্গা আনে ভগীরথ।
আসিয়া মিলিল গঙ্গা সুমেরু পর্ব্বত॥
সুমেরুর চূড়া ষাটি সহস্র যোজন।
বত্রিশ সহস্র তার গোড়ার পত্তন॥

এই আদি কহিলাম, ঐ তার মূল।
সুমেরু পর্ব্বত যেন ধুতূরার ফুল ।।
তার মধ্যে আছে এক দারুণ গহ্বর।
তাহাতে ভ্রমেন গঙ্গা দ্বাদশ বৎসর ।।
না পায় গঙ্গার দেখা নাহি কোন পথ।
যোড়হাতে স্তুতি করে রাজা ভগীরথ ;—
সুমেরুতে অবস্থান হইল তোমার।
না করিলে তুমি মম বংশের উদ্ধার ।।
বলিলেন গঙ্গা, শুন বাছা ভগীরথ!
কোন্ দিকে যাব আমি, নাহি পাই পথ ।।
ঐরাবত হস্তী যদি আনিবারে পার।
তবে ত পর্ব্বত হ'তে পাইব নিস্তার ।।
ঐরাবত পর্ব্বত চিরিয়া দিবে দাঁতে।
তবে ত বাহির হব আমি সেই পথে ।।
গঙ্গার চরণে রাজা করিয়া প্রণতি।
পুনর্ব্বার গেল যথা দেব সুরপতি ।।
প্রণাম করিয়া বন্দে যোড় করি হাত।
কহিতে লাগিল কথা ইন্দ্রের সাক্ষাৎ ।।
ব্রহ্মলোক হইতে আসিয়া কোনমতে।
পড়িয়া আছেন গঙ্গা সুমেরু পর্ব্বতে ।।
ঐরাবত পর্ব্বত চিরিয়া দিবে দাঁতে।
তবে যে বাহির হবে গঙ্গা সেই পথে ।।
শুনিয়া চলিল ইন্দ্র চাপি ঐরাবতে।
আসিয়া মিলিল সেই সুমেরু পর্ব্বতে ।।
হইল যে গর্ব্ব ঐরাবতের অন্তরে।
মোর অভিপ্রায় তুমি কহ ত গঙ্গারে ।।
মোর সহ গঙ্গা যদি বঞ্চে এক রাতি।
তবে ত পর্ব্বত হ'তে করি অব্যাহতি ।।
যখন কহিল ঐরাবত এই কথা।
ভগীরথ লজ্জা পেয়ে হেঁট করে মাথা ।।
মুখে নাহি বাক্য সরে, চক্ষে বহে জল।
হিয়া দুরু দুরু করে, অত্যন্ত বিকল ।।
দশা দেখি দয়াময়ী জিজ্ঞাসেন তায় ;—
কি হেতু এমন দশা ঘটিল তোমায়?
আনিতে নারিলে বাছা হস্তী ঐরাবত।
কোন দুঃখে কান্দ বাপু আমাকে কহ ত ।।
ভগীরথ বলে, মাতা করি নিবেদন।
সুরমণি মনোবাঞ্ছা করিল পূরণ ।।
ঐরাবত যা কহিল আমার গোচরে।
পুত্র হয়ে জননীকে বলিব কি ক'রে?
জাহ্নবী বলেন তার বুঝিলাম তত্ত্ব।
কামরাগে ঐরাবত হইয়াছে মত্ত ।।
যদ্যপি আড়াই ঢেউ সে সহিতে পারে।
তার ঘরে সপ্ত রাত্রি রব বল তারে ।।
এই কথা ভগরথ কহে হস্তিবরে।
শুনিয়া গঙ্গার কথা আপনা পাসরে ।।
চারিখান করিয়া পর্ব্বত চিরে দাঁতে।
চারি ধারা হ'ল গঙ্গা সুমেরু পর্ব্বতে ।।
বসু ভদ্রা শ্বেতা ও অলকনন্দা আর।
পড়িলেন পর্ব্বত হইতে চারিধার ।।
বসুনামে গঙ্গা হ'ল পূর্ব্বের সাগরে।
ভদ্রা নামে সুরধুনী চলিল উত্তরে ।।
শ্বেতা নামে চলিলে পশ্চিম সাগরে।
গেলেন অলকনন্দা পৃথিবী-উপরে ।।
এক ঢেউ মারিলেন ঐরাবত পরে।
নাকে মুখে জল গেল হাঁসফাঁস করে ।।
আর ঢেউ মারিলেন প্রায় গতপ্রাণ।
হস্তী বলে, গঙ্গামাতা কর পরিত্রাণ ।।
মা বলিয়া হস্তী যদি দাঁতে খড় করে।
আর ঢেউ রাখিলেন পর্ব্বত-উপরে ।।

পলাইল ঐরাবত পাইয়া তরাস।
আদিকাণ্ড রচিল পণ্ডিত কৃত্তিবাস॥

——

মহাদেব কর্ত্তৃক গঙ্গার বেগধারণ।

ভগীরথ সুমেরু হইতে গঙ্গা লয়ে।
কৈলাস পর্ব্বতে গঙ্গা মিলিল আসিয়ে॥
কৈলাস হইতে পড়ে পৃথিবী-উপরে।
তার ভরে বসুমতী টলমল করে॥
বেগবতী হয়ে গঙ্গা চলে রসাতলে।
যোড়হাতে দাঁড়াইয়া ভগীরথ বলে ;—
পাতালেতে হইল তোমার আগুসার।
হইবে কেমনে মম বংশের উদ্ধার ?
গঙ্গা বলে, শুন বৎস ! আমার বচন।
ধরিত্রী সহিতে বেগ নারিবে কখন॥
শিব যদি আসিয়া সহেন জলাধার।
তবে পারি ক্ষিতিতে করিতে অবতার॥
গঙ্গার চরণে পুনঃ করিয়া প্রণতি।
আর বার গেল যথা দেব পশুপতি॥
এক বর্ষ করিল শিবের আরাধন।
মহেশ বলেন, পুনঃ এলে কি কারণ ?
ভগীরথ বলে গঙ্গা বলিলেন মোরে।
পৃথিবী আমার বেগ ধরিতে না পারে॥
শিব যদি আসি শিরে ধরে জলাধার।
পৃথিবীতে হবে তবে গঙ্গা অবতার॥
গৌরীর সহিত তবে নাচে ত্রিলোচন।
তোমা হ'তে পাব আজি গঙ্গা দরশন॥
পাতিলেন মস্তক দেবেশ পঞ্চশিরে।
পড়িলেন পতিতপাবনী শম্ভু শিরে॥
শিবের মাথায় জটা বড় ভয়ঙ্কর।
বেড়ান জটার মধ্যে দ্বাদশ বৎসর ?
ভগীরথ বলেন, মা ! এ কি ব্যবহার ?
কেমনে হইবে মম বংশের উদ্ধার ?
গঙ্গা বলিলেন, বাপু শুন ভগীরথ !
জটা হ'তে বাহির হইতে নাহি পথ॥
ভোলানাথ বলিয়া ডাকেন যোড়হাত।
ধ্যান ভঙ্গ হইলে চাহেন বিশ্বনাথ॥
মহেশ চিরিয়া জটা দিলেন গঙ্গারে।
সেইখানে তীর্থস্থান হ'ল হরিদ্বারে॥
যেবা নর স্নান দান করে হরিদ্বারে।
তার পুণ্যসীমা ব্রহ্মা বলিতে না পারে॥
একধারা গেল গঙ্গা পাতালমণ্ডলে।
ভোগবতী ব'লে নাম হ'ল রসাতলে॥
পশ্চাতে চলেন গঙ্গা, ভগীরথ আগে।
মিলিলেন আসি গঙ্গা ত্রিবেণীর ভাগে॥
সরস্বতী গঙ্গা আর যমুনার পানী।
এই তিন ধারা বহে নামেতে ত্রিবেণী॥
মকরে প্রয়াগে যেবা নর স্নান করে।
সর্ব্বপাপে মুক্ত হয়ে যায় স্বর্গপুরে॥
আগে যায় ভগীরথ শঙ্খ বাজাইয়া।
বারাণসীপুরে গঙ্গা উত্তরিল গিয়া॥
মন দিয়া শুন বারাণসীর আখ্যান।
বারাণসী তীর্থ যাহে হইল নির্ম্মাণ॥
এক কালে কাটিলেন হর দ্বিজ-মাথা।
ব্রহ্মহত্যা-পাপ তাঁর না হয় অন্যথা॥
ব্রহ্মহত্যা-পাপে পাপী গিরিশ হইল।
কার্ত্তিক গণেশ গৌরী কাঁদিতে লাগিল॥
গৌরী বলে কেন বা কাটিলে বিপ্রমাথা।
ব্রহ্মবধ হইল, কে করিবে অন্যথা ?
শুনিয়া গৌরীর কথা শিব হাসি ভাষে।
পৃথিবীতে গেল গঙ্গা সর্ব্বপাপ নাশে॥

বৃষভে চাপিয়া তবে শঙ্করী শঙ্কর।
দাঁড়াইল সুরধুনী-তীরেতে সত্বর॥
কুশাগ্রে করিয়া হর কৈল পরশন।
ব্রহ্মহত্যা-পাপ তাঁর হইল মোচন॥
ধূর্জ্জটী বলেন, দেখ গঙ্গার পরীক্ষা।
পঞ্চক্রোশ জুড়ি হর দেন গণ্ডীরেখা॥
সেই পঞ্চক্রোশ তীর্থ নাম বারাণসী।
তাহাতে ত্যজিলে তনু শিবলোকে বসি॥
এক রাত্রি গঙ্গা তথা করি অবস্থান।
করিলেন ভগীরথ সহিত প্রস্থান॥
আগে যায় ভগীরথ শঙ্খ বাজাইয়া।
জহ্নুর নিকটে গঙ্গা মিলিল আসিয়া॥
জহ্নুর আবাস কৃত পাতাতে লতাতে।
গঙ্গা স্রোতে ভেসে যায় দেখিতে দেখিতে॥
চক্ষু মেলিলেন মুনি ভাঙ্গিল যে ধ্যান।
গণ্ডুষ করিয়া সব জল করে পান॥
কিছু দূরে গিয়া ভগীরথ ফিরে চায়।
কোথা গেল গঙ্গাদেবী দেখিতে না পায়॥
অকস্মাৎ গঙ্গাদেবী নিল কোন্ জনে।
দেখে মুনি বটতলে বসিয়াছে ধ্যানে॥
জহ্নুরে জিজ্ঞাসে ভগীরথ বিনয়েতে।
অকস্মাৎ গঙ্গা মোর কেবা নিল পথে॥
মুনি বলিলেন, শুন রাজা ভগীরথ।
গঙ্গারে আনিতে তব নাহি ছিল পথ॥
মম ঘর ভাঙ্গে গঙ্গা কেমন মহৎ।
ব্রহ্মার নিকটে গিয়া কহ ভগীরথ॥
আন গিয়া ব্রহ্মা মোর কি করিতে পারে।
গণ্ডুষ করিয়া গঙ্গা রেখেছি উদরে॥
মুনির বচন শুনি লাগিল তরাস।
আদিকাণ্ড রচিল পণ্ডিত কৃত্তিবাস॥

কাণ্ডার মুনির বৈকুণ্ঠে গমন।

যোড়-হাতে ভগীরথ করেন স্তবন;—
তুমি ব্রহ্মা তুমি বিষ্ণু তুমি ত্রিলোচন॥
তোমার মহিমা-গুণ জানে কোন্ জন।
সামান্য মনুষ্য আমি কি জানে স্তবন॥
সগররাজার ষাট হাজার তনয়।
কপিলের শাপেতে হইল ভস্মময়॥
তোমর উদরে হ'ল গঙ্গা অবতার।
আমার বংশের কিসে হইবে উদ্ধার?
ব্রাহ্মণের কোপ নাহি থাকয়ে কখন।
কৃপাতে বলিলেন তারে জহ্নু তপোধন॥
মুখ হ'তে বাহির করিলে গঙ্গাজল।
উচ্ছিষ্ট বলিয়া তবে ঘুষিবে সকল॥
চিরিল দক্ষিণ জানু সেইক্ষণে মুনি।
জানু দিয়া বাহির হইল সুরধুনী॥
ছিলেন কিঞ্চিৎকাল জহ্নুর উদরে।
জাহ্নবী বলিয়া নাম হইল সংসারে॥
শাপভ্রষ্ট সেইখানে গঙ্গামাতা শুনি।
সেইখানে হয়ে যান উত্তরবাহিনী॥
কাণ্ডার নামেতে মুনি ছিল এক জন।
তার তুল্য পাপী নাই এ তিন ভুবন॥
জন্মাবধি সেই মুনি বেশ্যা-সেবা করে।
তারি বশীভূত হয়ে থাকে তারি ঘরে॥
কাষ্ঠ কাটিবার হেতু গিয়াছিল বন।
ব্যাঘ্রেতে ধরিয়া তার বধিল জীবন॥
যমদূত আসি তারে করিয়া বন্ধন।
লইয়া চলিল তবে যমের ভবন॥
ব্যাঘ্রেতে সকল মাংস গেল ত খাইয়া।
বনের মধ্যেতে অস্থি রহিল পড়িয়া॥
কাকেতে লইয়া যায় গঙ্গা মধ্য দিয়া।
হেনকালে সঞ্চান সে কাকেরে দেখিয়া॥

মহাবেগে যায় পক্ষী কাকে খেদাড়িয়া।
গঙ্গা দিয়া যায় কাক ভয়ে পলাইয়া॥
দুই জনে তারা তথা জড়াজড়ি করে।
দৈবযোগে সেই অস্থি পড়ে গঙ্গানীরে॥
যখন করিল অস্থি গঙ্গা পরশন।
চতুর্ভুজ হইয়া সে চলিল ব্রাহ্মণ॥
হেনকালে নারায়ণ বৈকুণ্ঠে থাকিয়া।
কাড়িয়া নিলেন যমদূতেরে মারিয়া॥
কান্দিতে কান্দিতে সব যমের কিঙ্কর।
জিজ্ঞাসা করিতে গেল যমের গোচর॥
বিষয় ছাড়িনু প্রভু আর নাহি কাজ।
আজি বড় যমরাজ পাইলাম লাজ॥
কাণ্ডার নামেতে পাপী ত্রিভুবনে জানে।
তাহারে বৈকুণ্ঠে হরি নিলেন কি গুণে?
শুনিয়া দূতের কথা যমরাজ রোষে।
জিজ্ঞাসা করিতে গেল শ্রীহরির পাশে॥
কান্দিতে লাগিল যম ধরি প্রভু পায়।
বিষয় ছাড়িনু বিষয়ের নাহি দায়॥
পাপীর উপরে হ'ল মম অধিকার।
আজি কেন হইল তাহাতে অবিচার?
কাণ্ডার ব্রাহ্মণ পাপী ত্রিভুবনে জানে।
তাহারে বৈকুণ্ঠে আনিলেন কোন্ গুণে?
শুনিয়া যমের কথা হরি হাসি কয়;—
গঙ্গা যথা তথা কভু পাপ নাহি রয়॥
গঙ্গার মহিমা কত কি বলিতে জানি।
মন দিয়া শুন তবে কহি দণ্ডপাণি॥
যত দূরে যাইবেক গঙ্গার বাতাস।
আমার দোহাই যদি যাও তার পাশ॥
পুড়ে ম'রে অস্থি লয়ে গেল গঙ্গানীরে।
চতুর্ভুজ হইয়া আসিবে স্বর্গপুরে॥
গঙ্গাতীরে থাকি গঙ্গাজল করে পান।
সে শরীর জেনো তুমি আমার সমান॥
নিষেধ করহ গিয়া যত দূতগণে।
আমার দোহাই যদি যাও সেই স্থানে॥
শুনিয়া প্রভুর কথা শমনের ত্রাস।
আদিকাণ্ড রচিল পণ্ডিত কৃত্তিবাস॥

সগর-বংশ উদ্ধার।

কাণ্ডারের প্রতি গঙ্গা মুক্তিপদ দিয়া।
গৌড়ের নিকটে গঙ্গা মিলিল আসিয়া॥
পদ্ম নামে এক মুনি পূর্ব্বমুখে যায়।
ভগীরথ বলি গঙ্গা পশ্চাতে গোড়ায়॥
যোড়হাত করিয়া বলিলেন ভগীরথ;—
পূর্ব্বদিক্ যাইতে আমার নাহি পথ॥
পদ্মমুনি লয়ে গেল নাম পদ্মাবতী।
ভগীরথ সঙ্গেতে চলিল ভাগীরথী॥
শাপবাণী সুরধুনী দিলেন পদ্মারে।
মুক্তিপদ যেন নাহি হয় তব নীরে॥
একবার গেল গঙ্গা ভৈরববাহিনী।
আরবার ফিরিলেন সাগরগামিনী॥
অজয় গঙ্গার জল হইল দর্শন।
শঙ্খধ্বনি করেন যতেক দেবগণ॥
শঙ্খধ্বনি ঘাটে যেবা নর স্নান করে।
অযুত বৎসর সেই থাকে স্বর্গপুরে॥
নিমেষেতে আসিলেন নাম ইন্দ্রেশ্বর।
গঙ্গা লয়ে ভগীরথ চলিল সত্বর॥
গঙ্গাজলে যথা ইন্দ্র করিলেন স্নান।
ইন্দ্রেশ্বর বলি নাম হইল সে স্থান॥
ইন্দ্রেশ্বর ঘাটে যেবা নর স্নান করে।
সর্ব্বপাপে মুক্ত হয়ে যায় স্বর্গপুরে॥

চলিলেন গঙ্গা মাত্তা করি বড় ত্বরা।
মেড়াতলা নাম স্থানে যায় সরিদ্বরা॥
মেড়ায় চড়িয়া বৃদ্ধ আইল ব্রাহ্মণ।
মেড়াতলা বলি নাম এই সে কারণ॥
গঙ্গারে লইয়া যান আনন্দিত হৈয়া।
আসিয়া মিলিল গঙ্গা তীর্থ যে নদীয়া॥
সপ্তদ্বীপমধ্য আর নবদ্বীপ গ্রাম।
এক রাত্রি গঙ্গা তথা করিল বিশ্রাম॥
রথে চড়ি ভগীরথ যান আগুয়ান।
আসিয়া মিলিল গঙ্গা সপ্তগ্রাম স্থান॥
সপ্তগ্রাম তীর্থ জেনো প্রয়াগ সমান।
সেখান হইতে গঙ্গা করেন প্রয়াণ॥
আকনা মাহেশ গঙ্গা দক্ষিণ করিয়া।
বিহরোদের ঘাটেতে উত্তরিল গিয়া॥
গঙ্গা বলিলেন, বাপু শুন ভগীরথ!
কত দূরে তোমার দেশের আছে পথ?
ভ্রমিতেছি এক বর্ষ তোমার সংহতি।
কোথা আছে ভস্মময় সগরসন্ততি॥
ভগীরথ বলেন, মা এই পড়ে মনে।
পূর্ব ও দক্ষিণ দিক্ তার মধ্যস্থানে॥
যেইখানে আছিল কপিল মহামুনি।
সেইখানে মম বংশ মাতৃমুখে শুনি॥
এই কথা যেখানে গঙ্গারে রাজা বলে।
হইলেন শতমুখী গঙ্গা সেই স্থলে॥
আছিল সগরবংশ ভস্মরাশি হয়ে।
বৈকুণ্ঠে চলিল সবে গঙ্গাজল পেয়ে॥
হস্ত তুলি গঙ্গা ভগীরথেরে দেখান।
ওই তব বংশ দেখ স্বর্গবাসে যান॥
এক জন রহিল জলের অধিকারী।
আর সব চতুর্ভুজে গেল স্বর্গপুরী॥
বংশ মুক্ত হইল দেখিয়া ভগীরথ।
গঙ্গাকে প্রণাম করি হইল হর্ষিত॥
গঙ্গা বলে দেশে যাও রাজার নন্দন।
সাগরের সঙ্গে আমি করিব মিলন॥
মহাতীর্থ হইল সে সাগরসঙ্গম।
তাহাতে যতেক পুণ্য কে করে বর্ণন॥
যে গঙ্গাসাগরে নর স্নান দান করে।
সর্বপাপে মুক্ত হয়ে যায় স্বর্গপুরে॥
কৃত্তিবাস পণ্ডিতের কবিত্ব অদ্ভুত।
গঙ্গা আনি লোক মুক্ত কৈল ভগীরথ॥

গঙ্গার মাহাত্ম্য বর্ণন।

জাহ্নবী জননী দেবী, আইলেন এই ভুবি,
এ তিন ভুবনে প্রতীকার।
সুর-নর-নিস্তারিণী, পাপ-তাপ-নিবারিণী,
কলিযুগে হেন অবতার॥
ধন্য ধন্য বসুমতী, যাহাতে গঙ্গার স্থিতি,
ধন্য ধন্য ধন্য কলিযুগ।
শতেক যোজনে থাকে, গঙ্গা গঙ্গা বলি ডাকে,
শুনে যমে চমৎকার লাগে॥
পক্ষিগণ থাকে যত, তাহা বা কহিব কত,
করে সদা গঙ্গাজল পান।
দূরে রাজচক্রবর্ত্তী, যার আছে কোটি হস্তী,
সেই নহে পক্ষীর সমান॥
গয়াক্ষেত্র বারাণসী, দ্বারকা মথুরা কাশী,
গিরিরাজ গুহা যে মন্দর।
এ সব যতেক তীর্থ, বিষ্ণুর সম মহত্ত্ব,
সর্বতীর্থ গঙ্গাদেবী সার॥

রাজা সৌদাসের উপাখ্যান ।

গঙ্গা হেতু গেল ষাটি হাজার বৎসর ।
পুনর্ব্বার গেল রাজা অযোধ্যানগর ॥
রাজা হয়ে করিলেন প্রজার পালন ।
হইল সৌদাস নামে তাঁহার নন্দন ॥
অযোধ্যাতে করিলেন রাজত্ব সৌদাস ।
ভগীরথ করিলেন গঙ্গাতীরে বাস ॥
কিছুকাল ভগীরথ ভাগীরথী-তটে ।
থাকি হইলেন মুক্ত সংসার-সঙ্কটে ॥
করিল রাজার শ্রাদ্ধ-তর্পণ সৌদাস ।
ব্রাহ্মণেরে দিল ধন যার যত আশ ॥
মন দিয়া শুন সবে সৌদাস-চরিত্র ।
শুনিলে যে পাপ-ক্ষয় শরীর পবিত্র ॥
একদিন গেল রাজা মৃগয়া করিতে ।
চারিদিকে মৃগ খোঁজে বনেতে বনেতে ॥
আইল রাক্ষস এক সঙ্গে লয়ে জায়া ।
সৌদাস-সমীপে উত্তরিল সে আসিয়া ॥
ছাড়িয়া রাক্ষস-রূপ ব্যাঘ্র-রূপ ধরে ।
দুই জনে কেলি করে প্রভাসের তীরে ॥
হেনকালে সৌদাস সে ব্যাঘ্রকে দেখিয়া ।
শৃঙ্গারের কালে তারে মারিল বিন্ধিয়া ॥
হেনকালে রাক্ষসী রাজার প্রতি বলে ।
বিনা দোষে স্বামী মার শৃঙ্গারের কালে ॥
পরিণামে জানিবে হইবে যত পাপ ।
মহাপাপ ভুঞ্জিবে, হইবে ব্রহ্মশাপ ॥
এতেক বলিয়া সে রাক্ষসী গেল বন ।
মনোদুঃখে গৃহে রাজা করিল গমন ॥
পাত্র মিত্রগণে রাজা করিল আহ্বান ।
বশিষ্ঠ মুনিরে আগে করিল সম্মান ॥
মুনিরে কহিল রাজা সব বিবরণ ।
এই পাপ কেমনে হইবে বিমোচন ?
পুরোহিত বশিষ্ঠের অনুজ্ঞা শ্রবণে ।
অশ্বমেধ করিলেন শাস্ত্রের বিধানে ॥
যজ্ঞ পূর্ণে দিল রাজা যজ্ঞের দক্ষিণা ।
বিদায় হইয়া যবে গেল সর্ব্বজনা ॥
হেনকালে সে রাক্ষসী ভাবে মনে মন ।
মম বাক্য ব্যর্থ হবে বুঝেছি এখন ॥
আপন রাক্ষসী-রূপ দূরে তেয়াগিয়া ।
বশিষ্ঠ মুনির রূপ ধরিয়া আসিয়া ॥
সৌদাস রাজার কাছে কহিল বচন ;—
আজি মাংস খাব রাজা তোমার সদন ॥
রাজা বলে মৃগমাংস করি আহরণ ।
সেই মাংস খাইবারে গেল তব মন ॥
স্নান-সন্ধ্যা করিয়া আইস মহামুনি ।
করাইব তবে মাংস রন্ধন তখনি ॥
বশিষ্ঠের রূপ তবে দূরে তেয়াগিয়া ।
প্রাচীন বিপ্রের বেশ ধরিয়া আসিয়া ॥
মনুষ্যের মাংস লয়ে করিল রন্ধন ।
বশিষ্ঠকে ডাকে রাজা করিতে ভোজন ॥
যজমান-বাক্য মুনি লঙ্ঘিতে না পারে ।
উপস্থিত হইলেন রন্ধন-আগারে ॥
বসিলেন মুনি তবে করিতে ভোজন ।
রাক্ষসী মনুষ্য-মাংস দিল সেইক্ষণ ॥
থাল কোলে থুইয়া রাক্ষসী গেল ঘরে ।
দেখিয়া মুনির ক্রোধ বাড়িল অন্তরে ॥
মনুষ্যের মাংস দিয়া কর উপহাস ।
তুমি ব্রহ্মরাক্ষস যে হও হে সৌদাস ॥
এতেক বশিষ্ঠ মুনি যদি শাপ দিল ।
মুনিকে শাপিতে রাজা হাতে জল নিল ॥
অকারণে শাপ দিলে আমি নহি দোষী ।
এই জল পোড়াইয়া করি ভস্মরাশি ॥

হেনকালে রাক্ষসী রাজার শাপ শুনি।
ঘর হ'তে পলাইয়া চলিল আপনি ॥
ধ্যান করি জানিল বশিষ্ঠ তপোধন।
রাক্ষসী আসিয়া মাংস মাগিল ভোজন ॥
মুনিকে দিবারে শাপ রাজা নিল পানী।
নিষেধ করেন তারে দময়ন্তী রাণী ॥
ক্রোধ সংবরিয়া রাজা ভাবে মনে মনে।
এই জল এখনই থুইব কোন্ স্থানে ?
স্বর্গে যদি থুই তবে দেবগণ মরে।
নাগগণ মরে যদি ফেলি নাগপুরে ॥
পৃথিবীতে ফেলিলে সকল শস্য যায়।
সেই জল ফেলে রাজা আপনার পায় ॥
রাজার পুড়িয়ে গেল দুখানি চরণ।
রাজার কল্মাষপাদ নাম সে কারণ ॥
বশিষ্ঠ বলেন, শাপ দিনু নৃপবর।
রাক্ষস হইয়া থাক এগার বৎসর ॥
লোটায় ধরিয়া রাজা বশিষ্ঠ-চরণ।
কত দিনে হবে তব শাপ-বিমোচন ?
মুনি বলে পাবে যবে গঙ্গা-দরশন।
তবে মম অভিশাপ হইবে মোচন ॥
সৌদাস ভূপতি ব্রহ্মরাক্ষস হইয়া।
দেশে দেশে নিত্য ফেরে ব্রাহ্মণ খাইয়া ॥
এগার বৎসর পূর্ণ হইল যখন।
তিন দিন আহার না মিলিল তখন ॥
উত্তরিল গিয়া রাজা প্রভাসের কূলে।
শ্রমযুক্ত হইয়া বসিল বৃক্ষমূলে ॥
ক্ষুধায় আকুল রাজা বৃক্ষোপরি চায়।
এক ব্রহ্মদৈত্য ছিল সে বৃক্ষশাখায় ॥
ব্রহ্মদৈত্য বলে, ওহে তুমি কেন হেথা ?
মম স্থান তুমি নিলে আমি যাব কোথা ?
শুনিয়া তাহার কথা সৌদাস হাসিল।
ব্রহ্মদৈত্যে দেখি এটা খাইতে আসিল ॥
ব্রহ্মদৈত্য-রাক্ষসে বিবাদ দুই জনে।
ছয় মাস মল্লযুদ্ধ করিল এমনে ॥
দুই জন যুদ্ধে সম, ন্যূন নহে কেহ।
মিত্রতা করিয়া পরস্পর করে স্নেহ।
সর্বদুঃখ দুই জন করেন প্রকাশ।
বশিষ্ঠ শাপিল মোরে বলেন সৌদাস ॥
ব্রহ্মদৈত্য বলে, মিত্র শুন বিবরণ।
বরদত্ত নামে আমি ছিলাম ব্রাহ্মণ ॥
বহুকাল বেদ পড়িলাম গুরু-ঘরে।
চাহিলেন গুরু কিছু দক্ষিণা আমারে ॥
করিলাম উপহাস শুনিয়া গুরুরে।
গুরু বলে ব্রহ্মদৈত্য হও অতঃপরে ॥
যখন গঙ্গার তুমি পাবে দরশন।
তখন পাইবে মুক্তি ব্রাহ্মণনন্দন ॥
সৌদাস বলেন, মিত্র জ্ঞান দিলে মোরে।
তেঁই সে গঙ্গার তত্ত্ব দুই জনে করে ॥
গঙ্গাস্নান করি যান সে ভার্গব ঋষি।
মাথায় করিয়া গঙ্গাজলের কলসী ॥
হেনকালে দোঁহে বলে আগুলিয়া তাঁরে।
এক বিন্দু গঙ্গাজল দাও উভয়েরে ॥
লাগিলেন বলিতে ভার্গব তপোধন।
অগ্রভাগ শিবের তা দিব হে কেমন ?
দোঁহে কহে মুনি তব নাহি বিদ্যালেশ।
গঙ্গাজলে নাহি হয় শেষ অবশেষ ॥
জানিলেন তখন ভার্গব তপোধন।
মহাজন বটে ভগীরথের নন্দন ॥
কুশাগ্রে করিয়া জল দিল তার গায়।
ব্রহ্মহত্যা আদি পাপ ত্যজিয়া পলায় ॥

ছিলেন সৌদাস ব্রহ্মরাক্ষস হইয়ে।
বৈকুণ্ঠে চলিয়া গেল গঙ্গাজল পেয়ে ॥
ব্রহ্মদৈত্য আর ব্রহ্মরাক্ষস সত্বরে।
দুই জনে মুক্ত হয়ে গেল নিজ ঘরে ॥
গঙ্গার মহিমা সব বলিতে কি জানি।
আদিকাণ্ড রচে কৃত্তিবাস মহাগুণী ॥

দিলীপের অশ্বমেধ-যজ্ঞ বিবরণ।

সৌদাস গেলেন আয়ুঃশেষে স্বর্গস্থলে।
হইলেন সুদাস ভূপতি ভূমণ্ডলে ॥
সুদাস করেন রাজ্য অনেক বৎসর।
দিলীপ হইল রাজা রাজ্যের উপর ॥
দিলীপের নন্দন হইল রঘু রাজা।
পুত্রের সমান পালে পৃথিবীর প্রজা ॥
একে ত দিলীপ রাজা মহাবলবান্।
তদ্রূপ হইল পুত্র পিতার সমান ॥
পুত্রের বিক্রম দেখি ভাবে মনে মন।
অশ্বমেধ-যজ্ঞ করিলেন আরম্ভণ ॥
অশ্ব রাখিবার ভার দিলেন রঘুরে।
যেখানে সেখানে যাবে নিকটে কি দূরে ॥
অশ্ব দিয়া দিলীপ কহিল তার ঠাঁই,—
যজ্ঞপূর্ণ-কালে যেন এই অশ্ব পাই ॥
অশ্বভার লয়ে রঘু করিল প্রস্থান।
সঙ্গেতে চলিল তুল্য যোদ্ধা বলবান্ ॥
ইন্দ্রদেব বলে ব্রহ্মা কোন্ বুদ্ধি করি?
অশ্বমেধ করি রাজা লবে-স্বর্গপুরী ॥
কিসে নিবারণ হয় বল কৃপা করি।
বিরিঞ্চি বলেন, তাঁর অশ্ব কর চুরি ॥
অশ্ব বিনা রাজা যজ্ঞ করিতে না পারে।
চলিলেন ইন্দ্র, ঘোড়া চুরি করিবারে ॥
দ্বিতীয় প্রহর দিবা অন্ধকার করি।
লইলেন দেবরাজ যজ্ঞ-অশ্ব হরি ॥
ঘোড়া হারাইয়া ভাবে দিলীপ-নন্দন।
ইন্দ্র বিনা ঘোড়া মোর লবে কোন্ জন?
নয় বৎসরের শিশু তেজ সহকারে।
রথ চালাইয়া দিল ইন্দ্রের উপরে ॥
সহস্র ঘোড়ায় বহে স্বর্গে রথখান।
পলকে প্রবেশে গিয়ে ইন্দ্র-বিদ্যমান ॥
'ইন্দ্র কোথা' বলি রঘু ঘন ঘন ডাকে।
আজি ইন্দ্র পড়িলেন বিষম বিপাকে ॥
মার মার বলি রঘু লাগিল ডাকিতে।
বাহির হইল ইন্দ্র চড়ি ঐরাবতে ॥
রঘুরে দেখিয়া ইন্দ্র বলে কটুভাষে ;—
মরিবারে ইচ্ছা করি এলে স্বর্গবাসে ॥
মাছি হয়ে সহিবে কি পর্ব্বতের ভার?
গলায় কলসী বাঁধি নদীতে সাঁতার?
সহিতে ক্ষুরের ধার কেবা বল পারে?
বালক হৈয়া আইস আমার উপরে?
রঘু বলে গর্ব কর, রণ নাহি জিনি।
যার যত বল-বুদ্ধি জানিব এখনি ॥
আমাকে বালক বল আপনি কি বীর?
বালকের রণে আজি হও দেখি স্থির?
তিন বাণ মারে রঘু বাসবের বুকে।
ঐরাবত সহ ইন্দ্র ফিরে ঘোর পাকে ॥
ইন্দ্র বলে আর না হইও আগুয়ান।
এড়িলেক বাণ যেন অগ্নির সমান ॥
দশ বাণ ইন্দ্র যবে পূরিল সন্ধান।
দশ বাণে কাটিল ইন্দ্রের দশ বাণ ॥
দুই জনে বাণ-বৃষ্টি যেন জল ঘনে।
দুই জনে যুদ্ধ করে কেহ নাহি জিনে ॥

রঘুরাজ জানে বাণ পাশুপত-সন্ধি।
হাতে গলে দেবরাজে করিলেক বন্দী ॥
ঐরাবত হইতে পড়িল ভূমিতলে।
লোহার শিকলে বান্ধি রথে লয়ে তোলে॥
ঘোড়া লয়ে আইল বাপের বিদ্যমানে।
সাত দিন ইন্দ্র বন্দী অযোধ্যাভুবনে॥
সঙ্গেতে লইয়া ব্রহ্মা যত দেবগণ।
আপনি চলিয়া এল অযোধ্যাভুবন॥
বিধাতা বলেন, রাজা তুমি পুণ্যবান্।
তোমার তনয় রঘু তোমার সমান॥
আর কিবা বর দিব তোমার রঘুরে।
রঘুবংশ বলি যশ ঘুষিবে সংসারে॥
এত যদি বলিলেন, ব্রহ্মা সৃষ্টিধর।
তবে মুক্ত হইলেন দেব পুরন্দর॥
রঘু বলিলেন, সত্য কর পুরন্দর।
অনাবৃষ্টি নাহি হবে অযোধ্যা-উপর॥
ইন্দ্র বলিলেন, চিন্তা না করিও তুমি।
যা কিছু ক্ষেত্রের কর্ম্ম সে করিব আমি॥
করিলেন এই সত্য দেব পুরন্দর।
ইন্দ্রসহ স্বর্গে গেল সকল অমর॥
রঘুর বিক্রম শুনি শত্রুপক্ষে ত্রাস।
আদিকাণ্ড রচিল পণ্ডিত কৃত্তিবাস॥

রঘুরাজার দানকীর্ত্তি।

দিলীপ রাজত্ব করে অযুত বৎসর।
পুত্রে রাজ্য দিয়া গেল অমর-নগর॥
পিতৃশ্রাদ্ধ করিলেন রঘু যশোধন।
দ্বিজে দেন ভাণ্ডারের ছিল যত ধন॥
অন্নভক্ষ্য রঘুরাজা নাহি রাখে ঘরে।
মৃত্তিকার পাত্রে রাজা জল পান করে॥

বরদত্ত নামে এক ব্রাহ্মণ-নন্দন।
কশ্যপ মুনির ঠাঁই করে অধ্যয়ন॥
গুরুগৃহে বসতি করিয়া বহু দিন।
চতুঃষষ্টি বিদ্যাতে সে হইল প্রবীণ॥
অতঃপর গুরু যাচে দক্ষিণা তাঁহারে।
কি দক্ষিণা দিব গুরু আজ্ঞা কর মোরে॥
গুরু বলে অল্প মাগি কর বিবেচনা।
চৌষট্টিবিদ্যার দাও চৌদ্দ কোটি সোনা॥
দ্বিজ ভাবিলেন ইহা অসম্ভব কথা।
মনে ভাবে এতেক সুবর্ণ পাব কোথা?
সবে বলে রঘুরাজা বড় পুণ্যবান্।
তাঁর ঠাঁই আমি গিয়া মাগি স্বর্ণদান॥
সাত দিবসের তরে সময় লইল।
গুরু-আজ্ঞা লয়ে শিষ্য বিদায় হইল॥
সাত পাঁচ ভাবিয়া সে দ্বিজ অকিঞ্চন।
অযোধ্যানগরে আসি দিল দরশন॥
ব্রাহ্মণে নিষেধ নাহি রঘুর দুয়ারে।
উত্তরিল গিয়া সে রঘুর অন্তঃপুরে॥
মৃত্তিকার পাত্রেতে করিছে জল পান।
দেখিয়া ব্রাহ্মণপুত্র করে অনুমান॥
মৃত্তিকার পাত্রেতে করিছে জলপান।
কিরূপে করিবে চৌদ্দ কোটি স্বর্ণ দান?
দেখিয়া ব্রাহ্মণ-পুত্র যায় পাছু হয়ে।
আসিল ব্রাহ্মণ রঘু দ্বারেতে দেখিয়ে॥
জড়ায়ে ধরিল রাজা তাহার চরণ।
বিবিধ মিষ্টান্ন দিয়া করায় ভোজন॥
কর্পূর তাম্বুল মাল্য দিলেন চন্দন।
জিজ্ঞাসা করেন করি পাদসংবাহন॥
ব্রাহ্মণ বলেন, রাজা তুমি পুণ্যবান্।
আসিয়াছি তব স্থানে লইবারে দান॥

দেখিলাম ঘটিয়াছে যে দশা তোমায়।
আপনার নাহি কিছু কি দিবে আমায়॥
তোমার অধীন রাজা ধরণী অশেষ।
ঐশ্বর্য্য তোমার দেখি মৃতপাত্রে শেষ॥
দেখি তব দশা ডর লাগিল আমারে।
এসেছি তোমার ঠাঁই ধন মাগিবারে॥
ভূপতি বলেন, তুমি কত চাহ ধন ?
যাহা মাগ তাহা দিব ঠাকুর ব্রাহ্মণ!
শুনিয়া রাজার কথা দ্বিজবর ভাবে।
মৃতপাত্রে জল খায় আমাকে কি দিবে ?
রাজা বলে যেবা মাগ না করিব আন।
বল বল কিবা চাই ব্রাহ্মণসন্তান॥
শ্রীবিষ্ণু বলিয়া বিপ্র কানে দিল হাত।
চৌদ্দ কোটি সোনা মাগি তোমার সাক্ষাৎ॥
রাজা বলে, এক রাত্রি থাক মহামুনি।
প্রাতঃকালে ধন দিব লয়ে যেও তুমি॥
এত বলি ব্রাহ্মণে রাখিল নিজ ঘরে।
আপনি জিজ্ঞাসা করে সাধু সদাগরে॥
চৌদ্দ কোটি সোনা ধরে যেবা দিতে পারে।
চৌদ্দ দশ কোটি কালি শুধিব তাহারে॥
যোড়হাত করিয়া কহিছে প্রজাগণ ;—
তোমার নগরে নাই এক কোটি ধন॥
হেঁট মাথা করি রাজা ভাবিল বিপদ।
হেনকালে তথা মুনি আইল নারদ॥
পাদ্য অর্ঘ্য দিল রাজা বসিতে আসন।
মুনি বলে, কেন রাজা বিরস-বদন ?
রাজা বলে, মহাশয়! শুন কহি কথা।
ব্রাহ্মণ চাহিল ধন আজি পাব কোথা॥
লাগিলেন হাসিতে নারদ মহামুনি।
উহার উপায় কহি শুনহ আপনি॥
বল কালি কুবেরে করিব সম্ভাষণ।
ঘরেতে বসিয়া পাবে যত চাহ ধন॥
তার পরে গেলেন নারদ তপোধন।
অযোধ্যানগরে রাজা আনন্দে মগন॥
আজ্ঞা করিলেন রাজা পাত্র পরিবারে।
সবে সাজ যাইব কুবেরে দেখিবারে॥
কটক সাজিল, বাজে দুন্দুভি-বাজন।
কৈলাসে কুবের তাহা করেন শ্রবণ॥
কুবেরের দূত ছিল অযোধ্যাভুবনে।
জিজ্ঞাসা করিল সব পাত্র-মিত্রগণে॥
পাত্র-মিত্র বলে, কি বেড়াও শুধাইয়া ?
প্রমাদ পড়িবে কালি কুবেরে লইয়া॥
শুনিয়া ধাইল দূত চলিল অমনি।
কৈলাসে নারদ গিয়া কহেন তখনি॥
কি কর কুবের তুমি নিশ্চিন্ত বসিয়া।
তোমার উপরে রঘু আসিছে সাজিয়া॥
সুবর্ণ নাহিক রঘুরাজার ভাণ্ডারে।
চৌদ্দ কোটি স্বর্ণ বিপ্র চেয়েছে তাঁহারে॥
এত যদি বলিল নারদ মহামুনি।
কুবের বলেন, আমি পাঠাই এখনি॥
আপনি কুবের ধন দিলেন গণিয়া।
দূত গিয়া ভাণ্ডারেতে দিল ফেলাইয়া॥
প্রভাতে কহেন রঘু ব্রাহ্মণ-কুমারে।
ভাণ্ডার সহিত স্বর্ণ দিলাম তোমারে॥
শ্রীবিষ্ণু বলিয়া মুনি ছুঁইল দুই কান।
চৌদ্দ কোটি মাত্র লব না লইব আন॥
চৌদ্দ কোটি স্বর্ণ তাঁরে দিলেন গণিয়া।
শত শত জনে বোঝা দিলেন বাঁধিয়া॥
ধন লয়ে গুরুকে করিল সমর্পণ।
গুরু বলে, এত ধন দিলে কোন্ জন ?

শিষ্য বলে, রঘুরাজা বড় পুণ্যবান্।
করিলেন তিনি চৌদ্দ কোটি স্বর্ণদান॥
মুনি বলে, থাকি আমি গহন কাননে।
ধন আছে শুনে দস্যু বধিবে জীবনে॥
এই ধন রাখ লয়ে ইন্দ্রের ভাণ্ডারে।
যজ্ঞকালে যেন ধন আনি দেন মোরে॥
কাঞ্চন লইয়া গেল ইন্দ্রের সদনে।
সম্ভ্রমে উঠিল ইন্দ্র দেখিয়া ব্রাহ্মণে॥
দ্বিজ বলে, গুরুদেব পাঠালেন মোরে।
রঘুরাজা স্বর্ণ দান দিল ভারে ভারে॥
সে মহামুনির ধন রাখহ ভাণ্ডারে।
এত বলি ধন তথা রাখে মুনিবরে॥
বাসব বলেন বাপু সত্য কহ কথা।
মহামুনি তিনি সোনা পাইলেন কোথা?
দ্বিজ বলে, দক্ষিণা চাহিল স্বর্ণ গুরু।
আমারে দিলেন রঘুরাজা কল্পতরু॥
রাম নাম বলি ইন্দ্র কানে দিল হাত।
রঘু নাম না করিও আমার সাক্ষাৎ॥
নিশাতে না যাই নিদ্রা রঘুর ভয়েতে।
অযোধ্যা নগরে সদা ভ্রমি ক্ষেতে ক্ষেতে॥
স্থানান্তরে লয়ে প্রভু! রাখ এই ধন।
ধনের কারণে রঘু বধিবে জীবন॥
ধন লয়ে বরদত্ত গেল গুরুপাশে।
গুরু বলে রাখ লয়ে পর্ব্বত কৈলাসে॥
নিজ ধন দেখিয়া কুবের মনে হাসে।
গিয়াছে যাহার ধন এল তার পাশে॥
রঘু ভূপতির যশ ত্রিভুবনে ঘোষে।
রচিলেন আদিকাণ্ড জ্ঞানী কৃত্তিবাসে॥

অজ রাজার বিবাহ ও দশরথের জন্মবিবরণ।

রঘু রাজ্য করে দশ হাজার বৎসর।
অজ নামে তনয় তাঁহার মনোহর॥
পুত্রের দেখিয়া রাজা প্রথম যৌবন।
পুত্রে রাজ্য দিয়া গেল বৈকুণ্ঠভুবন॥
অজের সমান রাজা নাহিক সংসারে।
পুত্রের সমান পালে রাজ্যের প্রজারে॥
মাথর রাজার কন্যা ইন্দুমতী নাম।
পরমা সুন্দরী সেই লাবণ্যের ধাম॥
স্বয়ংবর হইতে কন্যার গেল মন।
কহিল পিতার কাছে সব বিবরণ॥
স্বয়ংবরা হইতে আমার আছে মন।
সকল রাজারে পিতঃ! কর নিমন্ত্রণ॥
যত রাজা মহারাজ পৃথিবীতে বসে।
মাথরের নিমন্ত্রণে সকলেই আসে॥
প্রথম যৌবন কিবা দেখিতে সুন্দর।
সকলে আসিল কেহ না রহিল ঘর॥
অযোধ্যা হইতে হ'ল অজের গমন।
সভামধ্যে অজ গিয়া বসিল তখন॥
পশুর সভাতে যেন বসিল কেশরী।
বসিল সকল রাজা অজে মধ্যে করি॥
রঘুর তনয় অজ দিলীপের নাতি।
পৃথিবীমণ্ডলে যাঁর এক দণ্ড ছাতি॥
বসিল করিয়া সভা যত নৃপগণ।
তখন মাথর রাজা করে নিবেদন॥
এক কন্যা দানযোগ্যা আছে মোর ঘরে।
আজ্ঞা কর সেই কন্যা আনি স্বয়ংবরে॥
পরিণামে দ্বন্দ্ব যেন না হয় ঘটন।
সকলের কাছে মোর এই নিবেদন॥
মোর কন্যা বরমাল্য দিবেক যাঁহারে।
জামাতা বলিয়া আমি রাখিব তাঁহারে॥

ভাল ভাল কহিল যতেক নৃপগণ।
শীঘ্র ইন্দুমতী আন করিয়া সাজন ॥
কেশ আঁচড়িয়া তার বাঁধিল কুন্তল।
বিবিধ পুষ্পের মালা করে ঝলমল ॥
কপালে সিন্দুর দিল নয়নে কজ্জল।
চন্দ্রের সমান রূপ অতীব বিমল ॥
সুচিত্র বিচিত্র পরে পায়েতে পাশুলি।
বিধাতা গড়েছে যেন কনক-পুত্তলী ॥
সহচরীগণ সঙ্গে চলিল ঘেরিয়া।
মত্তগজগতি বামা চলিল সাজিয়া ॥
যেই জন করে ইন্দুমতী নিরীক্ষণ।
মদনের বাণে হরে তাহার চেতন ॥
চেতন পাইয়া উঠে বলে নৃপগণ।
এ কন্যা যে পাবে তার সার্থক জীবন ॥
কেহ বলে, কন্যা মোরে করে নিরীক্ষণ।
কেহ বলে, কন্যার আমাতে আছে মন ॥
যারে পাছু করি কন্যা করয়ে গমন।
দীর্ঘশ্বাস ফেলে সেই বিষণ্ণ বদন ॥
কন্যা কি কুৎসিত রূপ দেখিল আমারে ?
আমারে এড়িয়া সে ভজিবে কোন্ বরে ?
একে একে দেখিয়া যতেক রাজগণ।
অজের নিকটে আসি দিল দরশন ॥
ধন পেয়ে তুষ্ট যেন দরিদ্রের মতি।
গলে মাল্য দিয়া বলে তুমি মোর পতি ॥
বরমাল্য দিয়া যদি কন্যা ঘরে গেল।
লজ্জিত হইয়া যত রাজা পলাইল ॥
বনেতে আসিয়া সবে হয়ে একমতি।
অজকে মারিতে সবে করিল যুকতি ॥
এক্ষণে সবাই থাকি বনে লুকাইয়া।
অজে মারি ইন্দুমতী লইব কাড়িয়া ॥
লুকাইয়া বনে তারা রহে স্থানে স্থান।
হেথায় মাথর রাজা করে কন্যাদান ॥
কন্যাদান করে রাজা করিয়া কৌতুক।
নানা রত্ন অশ্ব হস্তী দিলেন যৌতুক ॥
তিন দিন ছিল রাজা মাথরের ঘরে।
চতুর্থ দিবসে যান অযোধ্যানগরে ॥
ইন্দুমতী সহ রথে করে আরোহণ।
কত সেনা সঙ্গে রঙ্গে চলে অগণন ॥
নিদ্রায় কাতর রাজা চলিতেছে রথ।
এইকালে রাজগণ আগুলিল পথ ॥
মার মার বলি সবে আগুলিল তথা।
ইন্দুমতী তা দেখি করিল হেঁট মাথা ॥
নিদ্রা-অচেতন পতি জাগান কেমনে।
নিদ্রাভঙ্গ হ'ল ইন্দুমতীর ক্রন্দনে ॥
রাজগণ ডাকে তাতে ভীত নহে মন।
মলিন দেখিল ইন্দুমতীর বদন ॥
ইন্দুমতী বলে নাথ! কি ভাব এখন।
দেখ না তোমাকে ঘেরিলেক নৃপগণ ॥
তিন কোটি রাজা আছে পথ আগুলিয়া।
আমায় কাড়িয়া লবে তোমায় মারিয়া ॥
অজ বলে, প্রসন্ন করহ প্রিয়ে মুখ।
এক বাণে সবে মারি দেখহ কৌতুক ॥
এক বাণ বিনা যদি দুই বাণ মারি।
রঘুর দোহাই তবে বৃথা অস্ত্র ধরি ॥
এত বলি ধনু লয়ে দাঁড়াইল রথে।
অজে দেখি রাজগণ লাগিল ডাকিতে ॥
তিন কোটি ভূপতিরে করি তৃণজ্ঞান।
এড়িলেন অজ সে গন্ধর্ব নামে বাণ ॥
এক বাণে গন্ধর্ব হইল তিন কোটি।
আপনা আপনি মরে ক'রে কাটাকাটি ॥

গন্ধর্ব-বাণেতে রণে নাহি যায় আঁটা।
এক বাণে তিন কোটি রাজা গেল কাটা॥
তিন কোটি রাজা সেই যুদ্ধেতে মারিয়ে।
অযোধ্যাতে গেল অজ ইন্দুমতী লয়ে॥
অজ রাজা তনু তার প্রাণ ইন্দুমতী।
হইলেন কিছু কাল পরে গর্ভবতী॥
দশ মাস গর্ভ হ'ল প্রসব-সময়।
হইল তনয় যেন চন্দ্রের উদয়॥
রূপে গুণে দেখি যেন অভিনব কাম।
দশরথ বলিয়া রাখিল তার নাম॥
কহনে না যায় দশরথ-গুণ গ্রাম।
তাঁর পুত্র হইবেন আপনি শ্রীরাম॥
কৃত্তিবাস পণ্ডিত কবিত্বে বিচক্ষণ।
গান দশরথ-উৎপত্তি-বিবরণ॥

দশরথের রাজা হইবার বিবরণ।

এক বর্ষ বয়ঃ দশরথের যখন।
অজ-ইন্দুমতী ক্রীড়া করে উপবন॥
পুষ্পবনে ক্রীড়া করে হাস্য-পরিহাসে।
নারদ চলিয়া যান উপর আকাশে॥
পারিজাত মালা ছিল তাঁহার বীণায়।
বাতাসে উড়িয়া পড়ে ইন্দুমতী-গায়॥
পারিজাত যখন হইল পরশন।
ইন্দুমতী ছাড়িলেন তখনি জীবন॥
প্রাণ ছাড়ি ইন্দুমতী গেল স্বর্গপুরে।
কাঁদে অজ, লোচন ভরিল আঁখি-নীরে॥
কত বা কহিব সেই রাজার বিলাপ।
না পারে সহিতে ইন্দুমতীর সন্তাপ॥
সেই পারিজাত মারে আপনার গায়।
অজ ইথে মুক্তি হয়ে স্বর্গপুরে যায়॥
নর্ত্তক-নর্ত্তকী ছিল দোঁহে স্বর্গপুরে।
শাপভ্রষ্ট জন্মেছিল পৃথিবী-উপরে॥
দুই জন যখন গেলেন স্বর্গপথ।
এক বর্ষ-বয়স্ক তখন দশরথ॥
অল্পকালে মাতাপিতা মরিল দুজন।
দেখিয়া চিন্তিত বশিষ্ঠ তপোধন॥
সেই পুত্র লয়ে গেল ঘরে আপনার।
পড়াইল নানা শাস্ত্র, শাস্ত্র অনুসার॥
হইলেন পঞ্চবর্ষ বয়স্ক যখন।
লইলেন আপনার পিতৃসিংহাসন॥
ভৃগুরাম পুনঃ তাঁরে অস্ত্র দিল দান।
যত্ন করি শিখাইল শব্দভেদী বাণ॥
রাজ্য করে দশরথ যেন পুরন্দর।
পুত্রতুল্য পালে প্রজা মহাধনুর্দ্ধর॥
রাজার বয়স হ'ল পনর বৎসর।
আদিকাণ্ড রচে কৃত্তিবাস কবিবর।

রাজা দশরথের সহিত কৌশল্যার বিবাহ।

দশরথ মহারাজ জন্ম সূর্য্যবংশে।
সর্ব্বগুণেশ্বর রাজা সকলে প্রশংসে॥
রাজচক্রবর্ত্তী রাজা সবার উপর।
বিবাহ না হয় বয়ঃ ত্রিংশৎ বৎসর॥
দৈবের ঘটনে রাজা হইল নির্ব্বন্ধ।
হেনকালে ঘটে তাঁর বিবাহ-সম্বন্ধ॥
কোশলের রাজা সে কোশল দণ্ডধর।
কৌশল্যা নামেতে কন্যা আছে তাঁর ঘর॥
কৌশল্যার রূপ রাজা দেখিয়া মোহিত।
কারে কন্যা দিব বলি রাজা সুচিন্তিত॥
পুরোহিত ব্রাহ্মণেরে কহিল সত্বর।
দশরথে আনিবারে যাহ দ্বিজবর॥

আমার সংবাদ কহ রাজার গোচরে।
কৌশল্যা নামেতে কন্যা সমর্পিব তাঁরে॥
তাঁহা বিনা কৌশল্যার বর নাহি দেখি।
দশরথে দিয়া কন্যা হইব যে সুখী॥
সংবাদ লইয়া বিপ্র চলিল সত্বর।
শীঘ্রগতি গেল দ্বিজ অযোধ্যানগর॥
ব্রাহ্মণে দেখিয়া রাজা করেন প্রণাম।
আশিস্ করিয়া কহে আপনার নাম॥
কোশল দেশেতে ঘর রাজপুরোহিত।
তোমারে লইতে রাজা আমি নিয়োজিত॥
পরমা সুন্দরী কন্যা আছে তাঁর ঘরে।
সেই কন্যা অর্পিবেন আপনার করে॥
তব তুল্য রূপবান্ নাহি কোন দেশে।
তোমারে দিবেন কন্যা মনের হরষে॥
রাজার সংবাদ এই বলিনু তোমারে।
বিবাহ করিতে চল কোশলের ঘরে॥
এতেক শুনিয়া রাজা ব্রাহ্মণবচন।
পাত্রবর্গ লয়ে তবে করেন মন্ত্রণ॥
যাবৎ বিবাহ করি নাহি আসি ঘরে।
তাবৎ পালহ রাজ্য অযোধ্যানগরে॥
রথ লয়ে যোগাইল রথের সারথি।
সেনাগণ-সঙ্গে রাজা চলে শীঘ্রগতি॥
নানা বাদ্য বাজে নাচে বিদ্যাধরীগণ।
তুরী ভেরী ঝাঁঝরি তা না যায় গণন॥
পাখোয়াজ পঞ্চাশ সহস্র পরিমাণ।
তিন কোটি শিঙ্গা বাজে অতি খরসান॥
বাজে শতকোটি শঙ্খ আর ঘণ্টাজাল।
ভোরঙ্গ সহস্রকোটি শুনিতে রসাল॥
সহস্র সানাই বাজে ডম্ফ কোটি কোটি।
কোটি কোটি দামামায় ঘন পড়ে কাঠি॥

তবল বিশাল বাদ্য বাজে জয়ঢোল।
মহাপ্রলয়ের কালে যেন গণ্ডগোল॥
বাদ্যভাণ্ড মহাকাণ্ড করিল প্রচুর।
রথবেগে গেল রাজা কোশলের পুর॥
পাইয়া তাঁহার বার্তা কোশলের রাজা।
পাদ্য অর্ঘ্য দিয়া করে নৃপতির পূজা॥
রাজা কন্যাদান করে শাস্ত্র-ব্যবহারে।
আমোদ করিল বামাগণ স্ত্রী-আচারে॥
শুভক্ষণে দুই জনে শুভদৃষ্টি করে।
উভয়ের রূপে ধরা কত শোভা ধরে॥
নানা রত্ন দিয়া রাজা করে কন্যাদান।
শাস্ত্রের বিহিত মতে করিল সম্মান॥
আপনি অর্দ্ধেক রাজ্য দিল অধিকার।
বিতরিতে দিল রাজা অনেক ভাণ্ডার॥
কৌশল্যা লইয়া রাজা আসিলেন বাস।
আদিকাণ্ড গাহিল পণ্ডিত কৃত্তিবাস॥

দশরথের সহিত কৈকেয়ীর বিবাহ।

গিরিরাজ নগরেতে কেকয়ের ঘর।
সুখে রাজ্য করে রাজা অনেক বৎসর॥
কৈকেয়ী নামেতে কন্যা পরমা সুন্দরী।
তাঁর রূপে আলো করে সেই রাজপুরী॥
স্বয়ংবরা হবে কন্যা হেন আছে মন।
পৃথিবীর রাজগণে করে নিমন্ত্রণ॥
দূত যায় দশরথে আনিতে সত্বর।
শীঘ্রগতি গেল দূত অযোধ্যানগর॥
ব্রাহ্মণে দেখিয়া রাজা প্রণাম করিল।
আশিস্ করিয়া দ্বিজ কহিতে লাগিল;—
গিরিরাজ নগরেতে আমার বসতি।
রাজকন্যা স্বয়ংবরা হবে নরপতি।

রাজগণ আসিয়াছে তথায় প্রচুর।
রাজা তুমি শীঘ্র চল গিরিরাজপুর॥
স্বয়ংবর-স্থান যে করিল সুশোভন।
সংবাদ পাইয়া রাজা চলিল তখন॥
রথবেগে দশরথ গেল সভাস্থানে।
সভা ক'রে রাজগণ বসেছে যেখানে॥
স্বয়ংবর-স্থানে এল কৈকেয়ী সুন্দরী।
তাঁর রূপে আলো করে গিরিরাজপুরী॥
কৈকেয়ীরে দেখি সবে করে অনুমান।
আইল কি বিদ্যাধরী স্বয়ংবরস্থান॥
কিংবা রম্ভা উর্ব্বশী আইল তিলোত্তমা।
ত্রিভুবনে নিরুপমা কি দিব উপমা॥
পূর্ব্বে রাজকন্যা যেন ছিল ইন্দুমতী।
সেই যেন বরিলেক অজ মহামতি॥
তাঁহার রূপের কথা গেল দেশে দেশে।
বিবাহার্থে রাজগণ এলেন হরিষে॥
ইন্দুমতী বরিলেক অজ মহারাজে।
সব রাজা গেল দেশ পড়িয়া সে লাজে॥
পরম সুন্দর রাজা রাজচক্রবর্ত্তী।
দশরথ তুল্য নাহি ভূমিতে ভূপতি॥
দশরথ থাকিতে বরিবে কোন্ জনে।
এই যুক্তি অধোমুখে করে রাজগণে॥
একে একে কন্যা রাজগণেরে দেখিল।
দশরথ দরশনে সবারে ভুলিল॥
ধন পেলে তুষ্ট যেন দরিদ্রের মতি।
গলে মাল্য দিয়া বলে তুমি মম পতি॥
দশরথ ভূপতির গলে মাল্য দোলে।
লজ্জায় ভূপতিগণ মাথা নাহি তোলে॥
রাজগণ বলে কন্যা বড় বিচক্ষণা।
দশরথ থাকিতে বরিবে কোন্ জনা?
রাজগণ পরস্পর করিয়া সম্মান।
বিদায় হইয়া গেল নিজ নিজ স্থান॥
কন্যাদান করে রাজা পরম কৌতুকে।
মন্থরা নামেতে দাসী দিলেন যৌতুকে॥
মাণিক-মুকুতা রাজা পাইল বিস্তর।
অশ্ববেগে নিজদেশে চলিল সত্বর॥
কৈকেয়ী লইয়া রাজা আসে নিজ দেশে।
আদিকাণ্ড রচিল পণ্ডিত কৃত্তিবাসে॥

রাজা দশরথের সহিত সুমিত্রার বিবাহ ও রাজার সর্ব্বদা স্ত্রীসংসর্গে থাকাতে রাজ্যে অনাবৃষ্টি ও অনাবৃষ্টি-নিবারণ জন্য ইন্দ্রের নিকট রণ-যাচ্ঞা।

কৌশল্যা কৈকেয়ী এই সপত্নী উভয়।
উভয়ে লইয়া ক্রীড়া করে মহাশয়॥
সিংহল-রাজ্যের যে সুমিত্র মহীপতি।
সুমিত্রা তনয়া তাঁর অতি রূপবতী॥
কন্যারে দেখিয়া পিতা ভাবে মনে মন।
কন্যাযোগ্য বর কোথা পাইব এখন?
রাজচক্রবর্ত্তী দশরথ লোকে জানে।
রাক্ষস গন্ধর্ব্ব কাঁপে যাঁর নাম শুনে॥
ব্রাহ্মণ ডাকিয়া রাজা কহিল সত্বর;—
দশরথে আন হ'তে অযোধ্যানগর॥
রাজার আজ্ঞায় দ্বিজ চলিল হরিষে।
শীঘ্রগতি গেল দ্বিজ অযোধ্যার দেশে॥
ব্রাহ্মণে দেখিয়া রাজা করেন প্রণাম।
আশিস্ করিয়া দ্বিজ কহে নিজ নাম;
সিংহল দেশের আমি রাজপুরোহিত।
তোমারে লইতে রাজা আমি উপস্থিত॥
রাজকন্যা সুমিত্রা যে পরমা সুন্দরী।
তার রূপে আলো করে সিংহলনগরী॥

সেরূপ রূপসী কন্যা নাহি কোন দেশে।
তোমারে দিবেন রাজা পরম হরষে॥
শুনিয়া কন্যার কথা হৃষ্ট দশরথ।
হইতে সুমিত্রাপতি ছিল মনোরথ॥
কৌশল্যা কৈকেয়ী তারা জানে দুই জন।
মৃগয়ার ছলে রাজা করিল গমন॥
নানা বাদ্যে দশরথ চলে কুতূহলে।
উত্তরিল গিয়া রাজা নগর সিংহলে॥
বার্ত্তা শুনি হরষিত সিংহলের রাজা।
পাদ্য অর্ঘ্য দিয়া তাঁরে করিলেক পূজা॥
দেখি দশরথের লাবণ্য মনোহর।
লোকে বলে বিধি দিল কন্যাযোগ্য বর॥
নান্দীমুখ করি দোঁহে বিশেষ হরষে।
বৃদ্ধিশ্রাদ্ধ দুই জনে করে অবশেষে॥
গোধূলিতে দুই জনে শুভদৃষ্টি করে।
দোঁহাকার রূপে আলো বসুমতী করে॥
কুসুমশয্যায় রাজা শয়ন করিল।
নিদ্রার অলসে প্রায় অচেতন হ'ল॥
শয্যা ছাড়ি উঠে দশরথ নৃপবর।
শয্যার উত্থান করি দিলেন বিস্তর॥
বাসি বিয়া সেই স্থানে কৈল দশরথ।
যৌতুক পাইল বহু ধন মনোমত॥
বিদায় হইল রাজা শ্বশুর-সাক্ষাতে।
সুমিত্রা সহিত রাজা চড়ে নিজ রথে॥
সুমিত্রার রূপে রাজা মদনে মোহিত।
অধীর হইয়া রাজা হইল মূর্চ্ছিত॥
বিলম্ব না সহে তাঁর করে ইচ্ছাচার।
রথের উপরে রাজা করেন শৃঙ্গার॥
বাসি-বিয়া পরদিন হয় কালরাত্তি।
স্ত্রী-পুরুষ এক ঠাঁই না থাকে সংহতি॥
কালরাত্রে যে নারীকে করে পরশন।
সেই স্ত্রী দুর্ভগা হয়, না হয় খণ্ডন॥
সুমিত্রা লইয়া রাজা আসি নিজ দেশে।
অন্তঃপুরে প্রবেশিল পরম হরষে॥
কৌশল্যা কৈকেয়ী তারা রাণী দুই জন।
সুমিত্রার রূপ দেখি ভাবে মনে মন॥
নিরবধি সেবে তারা পার্ব্বতী-শঙ্কর।
সুমিত্রা দুর্ভগা হ'ক এই মাগে বর॥
তিন রাণী লয়ে রাজা আছে কুতূহলে।
সুখে রাজ্য করে বহুকাল ভূমণ্ডলে॥
পুত্রহীন মহারাজ মনে দুঃখদাহ।
করিলেন সাত শত পঞ্চাশ বিবাহ॥
সাত শত পঞ্চাশের মুখ্যা তিন গণি।
কৌশল্যা সুমিত্রা আর কৈকেয়ী সতিনী॥
তার মধ্যে সুমিত্রা সে পরমা সুন্দরী।
তাঁর রূপে আলো করে অযোধ্যানগরী॥
হেন স্ত্রী দুর্ভগা হ'ল রাজার বিষাদ।
কালরাত্রি দোষে হ'ল এতেক প্রমাদ॥
প্রাণের অধিক রাজা কৈকেয়ীকে দেখে।
দিবারাত্র দশরথ তারে লয়ে থাকে॥
এ তিনের ভাগ্য কত বর্ণিব সম্প্রতি।
যা সবার গর্ভে জন্ম লবেন শ্রীপতি॥
সতত ভাসেন রাজা সুখের সাগরে।
দৈবে অনাবৃষ্টি হ'ল অযোধ্যানগরে॥
রোহিণীতে বৃষে হ'ল শনির গমন।
সে কারণে বৃষ্টি নাহি হয় বরিষণ॥
কৌতুকে থাকেন রাজা ভার্য্যা-সম্ভাষণে।
রাজ্যেতে প্রমাদ হ'ল ইহা নাহি জানে॥
সকল অযোধ্যা-রাজ্যে হইল আপদ।
হেনকালে আসিলেন তথায় নারদ॥

পাদ্য অর্ঘ্য দেন রাজা বসিতে আসন।
মুনির করিয়া পূজা বসিল রাজন্ ॥
নারদ বলেন নৃপ করি নিবেদন।
আসিলাম তোমারে করিতে বিজ্ঞাপন ॥
ইন্দ্রের বৃষ্টিতে বাঁচে সকল সংসার।
তব রাজ্যে অনাবৃষ্টি দুঃখ সবাকার ॥
কামিনী লইয়া রাজা ভুঞ্জিতেছ সুখ।
নরকে ডুবিলে, প্রজাগণ পায় দুখ ॥
রাজা বলে কারে আমি নাহি করি দণ্ড।
কি কারণে মন্দ মোরে বলে রাজ্যখণ্ড ?
দুঃখ পায় প্রজাগণ নিজ কর্ম্মফলে।
কোন্ দোষে প্রজাগণ মোরে মন্দ বলে ?
নারদ বলেন, শুন নৃপ-চূড়ামণি !
রোহিণী নক্ষত্রে দৃষ্টি দিয়া গেল শনি ॥
এই হেতু অনাবৃষ্টি হইল রাজ্যেতে।
প্রজাগণ দুঃখ পায় সেই কারণেতে ॥
এত বলি করিলেন নারদ গমন।
রথে চড়ি রাজ্য দেখি বেড়ান রাজন্ ॥
গেলেন উত্তরদিকে গহন কানন।
জলজন্তু দেখে রাজা পশু-পক্ষিগণ ॥
নদনদী দেখে রাজা নাহি তাহে জল।
দীঘি সরোবর দেখে শুষ্ক সে সকল ॥
বেলা অবসানে রাজা বসে বৃক্ষতলে।
শারী শুক পক্ষী আছে সেই বৃক্ষডালে ॥
শেষ রাত্রি হইলে পক্ষীর নিদ্রা ভাঙ্গে।
পক্ষিণী কহিল কথা পক্ষিরাজ সঙ্গে ॥
বহুকাল হ'ল মোরা এই বনবাসী।
কত আর পাব কষ্ট, নিত্য উপবাসী।
সূর্য্যবংশ-রাজ্যে কভু দুঃখ নাহি জানি।
চৌদ্দবর্ষ-অনাহারে নাহি পাই পানী ॥
অনাবৃষ্টি হেতুতে বৃক্ষেতে নাহি ফল।
নদনদী সরোবর তাহে নাহি জল ॥
ভূপতি হইয়া রাজ্যে চেষ্টা নাহি করে।
দিবারাত্র স্ত্রী লইয়া থাকে অন্তঃপুরে ॥
কষ্ট পাই আর কত থাকি অনাহারে।
অতএব চল নাথ ! যাই স্থানান্তরে ॥
পক্ষিরাজ বলে প্রিয়ে ! শুন মোর বাণী।
প্রিয় জন্মভূমি কি ছাড়িব অরণ্যানী ?
সত্যযুগ হ'তে মোর এই বনে বাস।
কাটাইনু এই বনে পুরুষ পঞ্চাশ ॥
মোর দুঃখ নহে দুঃখ হয়েছে সংসারে।
এই দুঃখে আছে রাজা দুঃখিত অন্তরে ॥
এইখানে জন্ম মোর এখানে মরণ ॥
তব বাক্যে ছাড়িতে নারিব এই বন ॥
পক্ষিণী বলিল পক্ষি ! শুন বিবরণ।
পাতকীর রাজ্যে থাকি হারাবে জীবন ?
জল বিনা শ্বাসগত ব্যাকুলিত প্রাণ।
সমুদ্রের তীরে গিয়া করি জল পান ॥
এই কথাবার্ত্তা তারা করে দুই জনে।
বৃক্ষতলে থাকি তাহা দশরথ শোনে ॥
রাজা বলে, নারদের বচন প্রত্যক্ষ।
পক্ষী মোরে নিন্দা করে পেয়ে উপলক্ষ ॥
বুঝিলাম ইন্দ্র রাজা বড়ই চতুর।
মুখে এক কহে সে অন্তরে বহু দূর ॥
মম পিতামহ যেই রঘু নাম ধরে।
ইন্দ্রে আনি খাটাইল অযোধ্যানগরে ॥
তবে আজি হয় মম দশরথ নাম।
ইন্দ্রেরে বাঁধিয়া আনি যদি নিজ ধাম ॥
রজনী প্রভাত করে রাজা মনোদুঃখে।
প্রভাত হইলে রাজা দুই পক্ষী দেখে ॥

পক্ষী বলে, পাপিনী পক্ষিণি ! শুন বাণী।
রাজারে নিন্দিলে কেন অয়ি অভাগিনি !
সকল যে দশরথ শুনিয়াছে কানে।
শব্দভেদী বাণে রাজা মারিবে পরাণে॥
পক্ষীর পরাণ ফাটে এতেক বলিয়া।
ডিম্ব লয়ে ঠোঁটেতে আকাশে উঠে গিয়া॥
পক্ষী পলাইয়া যায় পাইয়া তরাস।
উর্দ্ধবাহু করি রাজা করেন আশ্বাস॥
দশরথ বলে পক্ষি ! না পলাও ডরে।
ফিরিয়া আসিয়া ব'স বাসার উপরে॥
স্ত্রীর বাক্যে অপরাধ নাহিক তোমার।
তোমার বচনে জ্ঞান হইল আমার॥
এই বনে যত আম্র-কাঁটালের ভার।
আজি হ'তে তোমারে দিলাম অধিকার॥
পক্ষী সম্বোধিয়া রাজা রাখি বাসাঘরে।
আপনি গেলেন পরে ইন্দ্রের নগরে॥
স্বর্গেতে যাইয়া রাজা দেবের সমাজে।
কোথা ইন্দ্র বলিয়া ডাকেন দেবরাজে॥
তর্জ্জন করেন দশরথ মহারাজ।
রণ দাও রণ দাও কোথা সুররাজ !
দেবগণ বলে রাজা ক্রোধ কি কারণ ?
তব সঙ্গে বাসব না করিবেন রণ॥
ভূপতি বলেন, মম রাজ্যে নাই বৃষ্টি।
অনাবৃষ্টি হেতু মোর নষ্ট হ'ল সৃষ্টি॥
মম রাজ্যে বৃষ্টি নাহি হয় কোন্ কাজে।
অনাবৃষ্টি হেতু যত প্রজাগণ মজে॥
চৌদ্দবর্ষ অনাবৃষ্টি নাহি হয় ধান।
প্রজাগণ দুঃখে মরে প্রাণ অবসান॥
সুবৃষ্টি করিয়া সৃষ্টি রাখুন সম্প্রতি।
নতুবা জিনিয়া লব এ অমরাবতী॥

এতেক শুনিয়া যান যত দেবগণ।
ইন্দ্রকে কহেন তাঁরা সব বিবরণ॥
বাসব বলেন, রাজা এলো কি কারণে ?
মনুষ্য হইয়া নিন্দে শঙ্কা নাহি মনে ?
দেবগণ বলেন, ইন্দ্র ত্যজ অহঙ্কার।
রাজার যুদ্ধেতে কারো নাহিক নিস্তার॥
শব্দভেদী বাণ রাজা শব্দমাত্র হানে।
আপনি মরিবে যুদ্ধ করি তার সনে॥
যাহাতে মনেতে রাজা নাহি পায় তাপ।
রাজার সহিত কর মধুর আলাপ॥
দেবতার বাক্য ইন্দ্র নাহি করে আন।
পাদ্য অর্ঘ্য দিয়া তাঁর করেন সম্মান॥
কহিলেন দশরথ করি সম্বোধন ;—
মম রাজ্যে অনাবৃষ্টি হয় কি কারণ ?
বাসব বলেন, রাজা শুন একচিত্তে।
পড়িল শনির দৃষ্টি রোহিণী নক্ষত্রে॥
ছাড়াইতে পার যদি রোহিণীতে দৃষ্টি।
হইবে তোমার দেশে তবে মহাবৃষ্টি॥
চলিলেন দশরথ ইন্দ্রের বচনে।
রথ চালাইয়া যান শনির সদনে॥
শনি ঘরে আছ বলি ডাকিলেন তায়।
বাহির হইয়া শনি সম্মুখে দাঁড়ায়॥
শনির দৃষ্টিতে হায় ছিঁড়ে রথ-দড়া।
আকাশ হইতে পড়ে তার অষ্ট ঘোড়া॥
ছিঁড়িল রথের দড়া নাহি পায় স্থল।
পাকে পাকে পড়ে রথ করে টলমল॥
চক্রবৎ ফিরে রথ গগন-উপরে।
হেন জন নাহি যে রাজাকে রক্ষা করে॥
জটায়ু নামেতে পক্ষী উড়ে অন্তরীক্ষে।
আকাশে থাকিয়া পক্ষী রথ যে নিরখে॥

ভূমিতে পড়িবে রাজা না পাইয়া স্থল।
রাজার হইবে চূর্ণ শরীর সকল॥
হেনকালে করি যদি রাজার উদ্ধার।
ঘুষিতে থাকিবে যশ আমার অপার॥
দশরথ মহারাজ ধর্ম্ম-অধিষ্ঠান।
হেন রাজা ত্যজে প্রাণ মম বিদ্যমান॥
কাতর হইবে রাজা পড়িলে ভূমিতে।
ইহা ভাবি পক্ষিরাজ দুই পাখা পাতে॥
পাখা পাতি রহিল জটায়ু মহাবীর।
হইলেন তাহার উপর রাজা স্থির॥
স্থির হয়ে দশরথ রথে যোড়ে ঘোড়া।
ধ্বজা আর পতাকা বান্ধেন যোড়া যোড়া॥
সারথি ঘোড়ার গায় মারিলেক ছাট।
আরবার চলে ঘোড়া আকাশের বাট॥
রাজা বলিলেন, রথ রাখ এইখানে।
রাখিল আমার প্রাণ এই কোন্ জনে॥
রঘু পিতামহ কিবা সেই অজ পিতা।
এমন বিপদে কেবা আমার রক্ষিতা॥
তুলিলেন পক্ষিরাজে রথের উপরে।
মধুর সম্ভাষে রাজা জিজ্ঞাসেন তারে॥
আছাড় খাইয়া পড়িতাম ভূমিতলে।
করিলে আমারে রক্ষা তুমি হেনকালে॥
কোন্ দেশে থাক তুমি কাহার নন্দন?
পরিচয় দেহ মোরে তুমি কোন্ জন?
পক্ষিরাজ বলিলেন, আমি পক্ষিজাতি।
মম জ্যেষ্ঠ ভাই পক্ষী ভূপতি সম্পাতি॥
জটায়ু আমার নাম গরুড়-নন্দন।
অন্তরীক্ষে ভ্রমি আমি উপর-গগন॥
আছাড় খাইয়া পড় দেখিয়া রাজন্।
পাখা পাতি রাখিলাম তোমার জীবন॥
দশরথ বলিলেন, তুমি মোর মিত্র।
প্রাণদান দিলে মোরে কি কব চরিত্র॥
তার পর রথকাষ্ঠ খসাইয়া আনি।
জ্বালিলেন হুতভুক্ নৃপতি আপনি॥
উভয়ে মিত্রতা করে অগ্নি করি সাক্ষী।
হইল রাজার মিত্র সে জটায়ু পক্ষী॥
জটায়ু পক্ষীর কথা শুনে যেই জন।
সর্ব্বত্র তাহারে রাখে দেব নারায়ণ॥
বিদায় লইয়া পক্ষী গেল নিজ দেশে।
আদিকাণ্ড গাহিল পণ্ডিত কৃত্তিবাসে॥

রাজা দশরথের পুনর্ব্বার শনির নিকটে গমন ও শনি কর্ত্তৃক গণেশের জন্মবৃত্তান্ত কথন।

পুনশ্চ গেলেন রাজা শনির ভবনে।
রাজারে দেখিয়া শনি ভীত হ'ল মনে॥
শনি বলেন, দশরথ আসিলে আবার।
তুমি সে আমার দৃষ্টে পাইলে নিস্তার॥
দশরথ তুমি সূর্য্যবংশের ভূষণ।
লবেন তোমার ঘরে জন্ম নারায়ণ॥
রাজচক্রবর্ত্তী তুমি ধর্ম্ম অবতার।
তে কারণে মোর দৃষ্টে পাইলে নিস্তার॥
মুদিয়া নয়ন শনি দশরথে বলে;—
সম্মুখ ছাড়িয়া এস তুমি পৃষ্ঠমূলে।
কোপদৃষ্টে সুদৃষ্টে যাহার পানে চাই।
শরীরের কথা থাক্ হয়ে যায় ছাই॥
পূর্ব্বকথা কহি রাজা তাহে দেহ মন।
যেমন শিবের পুত্র হ'ল গজানন॥
জন্মিলেন গণপতি গৌরীর নন্দন।
দেখিতে গেলেন তথা যত দেবগণ॥

দেবগণ বলে, দেবি ! তোমার আদেশে।
আসিল সকল দেব শনি না আইসে ॥
দূত পাঠাইয়া দিল আমার গোচর।
দেখিতে গেলাম পুত্র কৈলাস-শিখর ॥
শুভদৃষ্টে গিয়া যেই মুখপানে চাই।
সবে বলে গণেশের মুণ্ড দেখি নাই ॥
তাহা দেখি দেবগণ হইল বিস্মিত।
পার্ব্বতীর মনোদুঃখ মহেশ চিন্তিত ॥
পার্ব্বতী বলেন, হেথা আছে দেবগণ।
আমার পুত্রের মুণ্ড নিল কোন্ জন ॥
দেবগণ বলেন, শুনহ বিশ্বমাতা।
শনির দৃষ্টিতে ভস্ম গণেশের মাথা ॥
দেবতার বাক্য শুনি রুষিয়া ভবানী।
আমারে বধিতে যান হয়ে শূলপাণি ॥
পলাইয়া যাই আমি স্থান নাহি পাই।
দেবতার অন্তরালে তখন লুকাই ॥
শূল-হস্তে আইলেন দেবী মহাকোপে।
পার্ব্বতীর কোপ দেখি দেবগণ কাঁপে ॥
সকল দেবতা তাঁর করিল স্তবন।
আপনি সৃজিয়া শনি মার কি কারণ ?
তুমি আদ্যাশক্তি মাতা জগতের গতি।
তোমার মহিমা বলে কাহার শকতি ?
আপনি দিয়াছ বর পরম কৌতুকে।
শনি যারে দেখে তার মাথা নাহি থাকে ॥
পাইয়া তোমার বর তোমারে পরীক্ষা।
তুমি যদি মার তারে, কে করিবে রক্ষা ॥
বিধাতা বলেন, তারে মার কি কারণ ?
স্থির হও জীয়াইব তোমার নন্দন ॥
আজ্ঞা করিলেন ব্রহ্মা তবে পবনেরে।
মুণ্ড কাটি আন যেবা উত্তর-শিয়রে ॥

গঙ্গা নীর খাইয়া ইন্দ্রের ঐরাবত।
উত্তর-শিয়রে শুয়ে ছিল নিদ্রাগত ॥
কাটিয়া তাহার মুণ্ড আনিল পবন।
রক্তমাংসে জীয়াইল হ'ল গজানন ॥
শরীর নরের মত বদন করীর।
দেখিয়া হইল বড় দুঃখ পার্ব্বতীর ॥
সকল দেবের পুত্র দেখিতে সুন্দর।
গজমুখ বসিবেক তাহার ভিতর ॥
বিরিঞ্চি বলেন করি গণেশেরে রাজা।
আগে গণেশের পূজা পিছে অন্য পূজা ॥
গণেশ থাকিতে যেবা অন্য দেবে পূজে।
পূর্ব্বধর্ম্ম নষ্ট তার হয় সব কাজে ॥
ঐরাবত-মুখে জীয়াইল লম্বোদর।
হস্তীর শোকেতে কান্দি কহে পুরন্দর ॥
উচ্চৈঃশ্রবা ঘোড়া আর ঐরাবত হাতী।
এ সব সম্পদে মম নাম সুরপতি ॥
আজ্ঞা করিলেন চতুর্ম্মুখ পবনেরে।
মুণ্ড কাটি আন যেবা পশ্চিম শিয়রে ॥
পশ্চিম-শিয়রে শুয়ে শ্বেতহস্তী যথা।
পবন কাটিয়া আনি দিল তার মাথা ॥
প্রাণ পেয়ে ঐরাবত গেল নিজ ঘরে।
এ হেতু শুইবে নাহি পশ্চিম-শিয়রে ॥
দেবীরে বিদায় করি গেল দেবগণে।
গণেশের জন্ম শনি কহিল রাজনে ॥
শুভদৃষ্টে কোপদৃষ্টে যার পানে চাই।
আমার দৃষ্টিতে কেহ রক্ষা পাবে নাই ॥
মনুষ্য হইয়া তুমি আইস বারে বার।
সূর্য্যবংশে জন্ম হেতু পাইলে নিস্তার ॥
সূর্য্যবংশ-জাত আমি সূর্য্যের কুমার।
এক বংশে জন্ম তেঁই পাইলে নিস্তার ॥

কি কারণে আসিয়াছ তুমি মোর পাশ ?
বর চাহ তোমার পুরাব অভিলাষ ।।
তখন বলেন দশরথ যশোধন ।
রোহিণীতে তব দৃষ্টে নহে বরিষণ ।।
শনি বলে, আজি হ'তে ছাড়িব রোহিণী ।
অবিলম্বে দেশে চলে যাও নৃপমণি !
আজি হ'তে তব রাজ্যে হবে বরিষণ ।
ঘুষিবে তোমার যশ এ তিন ভুবন ।।
রোহিণী বৃষভ রাশি হবে যেই জন ।
সেই রাজ্যে হবে না আমার আগমন ।।
হইয়া রাজারে তুষ্ট শনি দিল বর ।
চলিলেন রাজা ইন্দ্র-নিকটে সত্বর ।।
সভাতে বসিয়া ইন্দ্র সহ দেবগণে ।
দশরথ বসিলেন তাঁর একাসনে ।।
কহিলেন সে সব বৃত্তান্ত পুরন্দরে ।
শনিকে প্রসন্ন করিলেন যে প্রকারে ।।
শুনিয়া রাজার কথা দেবরাজ ভাষে ।
এক্ষণে হইবে বৃষ্টি যাও তুমি দেশে ।।
সাত দিন বৃষ্টি মাত্র ঝড় না করিব ।
তোমার রাজ্যতে জল যথাকালে দিব ।।
বিদায় হইয়া রাজা গেলেন স্বদেশে ।
আদিকাণ্ড গাহিল পণ্ডিত কৃত্তিবাসে ।।

মৃগজ্ঞানে রাজা দশরথ কর্তৃক অন্ধক মুনির
পুত্র সিন্ধু বধ-বিবরণ ।

অনুজ্ঞা করিল ইন্দ্র চারি জলধরে ।
সাত দিন বৃষ্টি কর অযোধ্যানগরে ।।
আবর্ত্ত সংবর্ত্ত দ্রোণ আর যে পুষ্কর ।
চারি মেঘে বৃষ্টি করে পৃথিবী-উপর ।।
নদনদী সরোবর পূর্ণ হ'ল জল ।
অনাবৃষ্টি ঘুচিল বৃক্ষেতে হ'ল ফল ।।
জীবন পাইয়া সব জীবের সমৃদ্ধি ।
তপস্যার অন্তে যেন মনোরথ-সিদ্ধি ।।
দান ধ্যান সদা করে রাজ্যে প্রজাগণ ।
সুখে রাজা রাজ্য করে সম্পদ্ ভাজন ।।
রাজ্য করে দশরথ যেন পুরন্দর ।
রাজার বয়স নয় হাজার বৎসর ।।
সাত শত পঞ্চাশ যে নৃপতি-রমণী ।
কারু পুত্র নাহি হ'ল বন্ধ্যা সব রাণী ।।
ভার্গব রাজার কন্যা ছিল এক জন ।
তাঁর গর্ভে এক কন্যা জন্মিল তখন ।।
পরমা সুন্দরী কন্যা অতি সুচরিতা ।
স্বর্ণ-মূর্ত্তি দেখে তার নাম হেমলতা ।।
দশরথ-সখা অঙ্গদেশের নৃপতি ।
লোমপাদ অঙ্গদেশে করেন বসতি ।।
জন্মিয়াছে কন্যা দশরথের শুনিয়া !
লোমপাদ আনে তারে লোক পাঠাইয়া ।।
সত্য ছিল পূর্ব্বেতে করিতে নারে আন ।
লোমপাদ পুণ্যবান্ ধর্ম্ম-অধিষ্ঠান ।।
কন্যা রহে লোমপাদ ভূপতির ঘরে ।
দশরথ রাজত্ব করেন নিজ পুরে ।।
দৈবের নির্ব্বন্ধ আছে না হয় খণ্ডন ।
মৃগয়া করিতে রাজা করেন গমন ।।
হস্তী অশ্ব রাজার চলিল শতে শতে ।
মৃগ অন্বেষিয়া রাজা ভ্রমেন বনেতে ।।
ভ্রমিয়া ভ্রমিয়া রাজা নিবিড় কানন ।
অন্ধকের তপোবনে গেলেন তখন ।।
শ্রমযুক্ত হইয়া বসেন বৃক্ষতলে ।
দিব্য সরোবর দেখিলেন সেই স্থলে ।।

অন্ধক-মুনির পুত্র সিন্ধু নাম ধরে।
কলসীতে ভরে জল সেই সরোবরে ॥
কলসীর মুখ করে বক্-বক্ ধ্বনি।
রাজা ভাবে জল পান করিছে হরিণী ॥
লতা-পাতা খাইয়া পশেছে সরোবর।
ইহা ভাবি বধিতে যুড়েন ধনুঃশর ॥
শব্দভেদী বাণ রাজা শব্দমাত্র হানে।
মুনি-পুত্রোপরি বাণ এড়ে সেইক্ষণে ॥
মৃগজ্ঞানে বাণ হানে রাজা দশরথ।
বাণাঘাতে মুনি পড়ে প্রাণ ওষ্ঠাগত ॥
মৃগের উদ্দেশে রাজা যান দৌড়াদৌড়ি।
মৃগ নহে মুনিপুত্র যায় গড়াগড়ি ॥
দেখেন সিন্ধুর বুকে বিঁধিয়াছে বাণ।
দশরথ ভীত হ'ল উড়িল পরাণ ॥
বুকে বাণ বিঁধিয়াছে কথা নাহি সরে।
ইঙ্গিত করিয়া বলে জল দেহ মোরে ॥
অঞ্জলি ভরিয়া রাজা আনিয়া জীবন।
মুখে দিবামাত্র মুনি পাইল চেতন ॥
শিরে হাত দিয়া রাজা করে অনুতাপ।
ব্যাকুল দেখিয়া মুনি নাহি দিল শাপ ॥
মুনি বলে, দশরথ ভীত কি কারণ?
যেরূপ অদৃষ্টলিপি সেরূপ ঘটন ॥
কপালে যা থাকে, তাহা না হয় খণ্ডন।
পূর্ব্ব-জনমের কথা হইল স্মরণ ॥
পূর্ব্বেতে ছিলাম আমি রাজার কুমার।
মারিতাম বাঁটুলেতে পক্ষী অনিবার ॥
কপোতী কপোত পক্ষী ছিল এক ডালে।
কপোতেরে মারিলাম একই বাঁটুলে ॥
মৃত্যুকালে কপোত আমারে দিল শাপ।
পরজন্মে পাবে এইরূপ মনস্তাপ ॥
ব্যর্থ না হইল সেই পক্ষীর বচন।
হইল তোমার বাণে আমার মরণ ॥
নাই ইথে মহারাজ! তব অপরাধ।
পরন্তু আমারে মারি পড়িবে প্রমাদ ॥
অন্ধ মাতাপিতা মম শ্রীফলের বনে।
আজি তাঁরা মরিবেন আমার বিহনে ॥
এই বড় দুঃখ মোর রহিল যে মনে।
মৃত্যুকালে সাক্ষাৎ না হ'ল দোঁহা সনে ॥
আমি অন্ধকের প্রাণ জননী-জীবন।
কে সলিল দিবে দোঁহে কে আর অশন ॥
আর কেবা ফল জল দিবেক দোঁহাকে।
অনাহারে মরিবেন হায় পুত্রশোকে ॥
মহারাজ দশরথ শুন নিবেদন।
আমা লয়ে যাও মাতাপিতার সদন ॥
মৃত্যুকালে সিন্ধুমুনি নারায়ণে ডাকে।
নারায়ণ বলিতে উঠিল রক্ত মুখে ॥
দেখি দশরথ হইলেন কম্পমান।
তাড়াতাড়ি খসালেন বুক হ'তে বাণ ॥
ভূপতি ভাবেন আসি মৃগ মারিবারে।
ঘটিল তপস্বিহত্যা আমার উপরে ॥
মৃত মুনি তুলি রাজা লইল কাঁধেতে।
অন্ধকের বনে গেল কাঁদিতে কাঁদিতে ॥
হেথা তপোবনে বসি অন্ধক অন্ধকী।
বামনেত্র-ভুজস্পন্দে অমঙ্গল দেখি ॥
গৃহিণী বলেন, নাথ! এ কি কুলক্ষণ।
আজি কেন পুত্রের বিলম্ব এতক্ষণ?
অন্ধক বলেন, শুন উতলা গৃহিণি!
আজ বুঝি কাছে না পাইলে ফল পানী ॥
আজ বুঝি গিয়াছে সে দূরস্থ কানন।
সেই হেতু বিলম্ব হইল এতক্ষণ ॥

এইরূপ কথাবার্ত্তা কহেন দুজন।
মরা কোলে করি রাজা এলেন তখন ॥
শুষ্ক শ্রীফলের পাতা মড় মড় করে।
অন্ধক বলেন, এই পুত্র এল ঘরে ॥
চক্ষু নাই মুনির, সে দেখিতে না পায়।
এস পুত্র পুত্র বলি ডাকে উভরায় ॥
কালি হ'তে উপবাসী করিব পারণ।
ফল জল দেহ বাপু! রাখহ জীবন ॥
দুই জন ডাক ছাড়ে রাজার তরাস।
আদিকাণ্ড রচিল পণ্ডিত কৃত্তিবাস ॥

দশরথ রাজার প্রতি অন্ধকের শাপবিবরণ।

দেখি দুই অন্ধে রাজা সন্দেহ অন্তরে।
যাইতে নারেন অগ্রে, পাছু যান ধীরে ॥
কহিল অন্ধক মুনি ফেলিয়া নিশ্বাস।
কেবা মাতাপিতা সনে করে উপহাস ॥
দেখিতে না পায় মুনি বসিলেন ধ্যানে।
সকল বৃত্তান্ত মুনি ক্ষণেকেতে জানে ॥
চক্ষু ভাসে নীরে, করে করাঘাত শিরে।
বলে, রাজা মারিয়াছে পুত্রে এক তীরে ॥
মুনি বলে, দশরথ। কি আর বলিব।
পুত্র বিনে এইক্ষণে এ প্রাণ ত্যজিব ॥
আর কিবা দশরথ! বলিব তোমাকে।
এইমত তব প্রাণ যাবে পুত্রশোকে ॥
পুত্রশোকে মরিব আমরা দুই প্রাণী।
পুত্রশোক কি যন্ত্রণা জানিবে আপনি ॥
মুনি শাপ দিল যদি রাজার উপর।
দশরথ কহিলেন প্রফুল্ল অন্তর ;

মুনিবাক্য কভু প্রভু না হইবে আন।
দেখিয়া পুত্রের মুখ যায় যাবে প্রাণ ॥
হে মুনি! তোমারে দেখি বিষ্ণুর সমান।
তব বাক্য সত্য হ'ক নাহি হবে আন ॥
হে মুনি! শুনিয়া শাপ হরষ অন্তর।
শাপ নাহি দিলে তুমি, দিলে পুত্রবর ॥
অন্ধ বলে, দশরথ বঞ্চিত সন্তানে।
পুত্রশোকে শাপ দিনু বর করি মনে ॥
ধ্যান করি জানিল অন্ধক তপোধন।
ইহাঁর ঘরেতে জন্মিবেন নারায়ণ ॥
যাও রাজা! তোমারে দিলাম আমি বর।
চারি পুত্র হবেন তোমার গদাধর ॥
মম শাপে পুত্রশোকে তোমার মরণ।
পুত্র হ'লে একাদশ বৎসর জীবন ॥
ব্যর্থ নাহি হবে কভু মুনির বচন।
মুনির শাপেতে অন্ধ আমার লোচন ॥
পূর্ব্বকথা কহি রাজা শুন দিয়া মন।
যে শাপে হইল মম অন্ধ এ লোচন ॥
ত্রিজট মুনির দুই চরণ ডাগর।
মাগিতে আসিল ভিক্ষা মম পিতৃঘর ॥
মুনিরে দেখিয়া পিতা উঠিল তখন।
পাদ্য অর্ঘ্য দেন তাঁরে বসিতে আসন ॥
জিজ্ঞাসা করেন তাঁরে কেন আগমন।
মুনি কহে, আসিলাম ভিক্ষার কারণ ॥
গতকল্য হ'তে আমি আছি উপবাসী।
ভোজন করাও মোরে তুমি, মহা-ঋষি!
অতিথি বলিয়া পিতা করান ভোজন।
বিদায় লইয়া মুনি যান তপোবন ॥
পিতা আসি কহিলেন, মোরে এই কালে।
দণ্ডবৎ করহ মুনির পদতলে ॥

গোদা পা দেখিয়া তাঁর ঘৃণা হ'ল মনে।
এমন পায়ের ধুলা লইব কেমনে॥
আশীর্ব্বাদ দিল মুনি এবমস্তু বলি।
লইলাম নয়ন মুদিয়া পদধূলি॥
ব্যর্থ না হইল সেই মুনির বচন।
ইহাতে হইল অন্ধ আমার লোচন॥
সেইমত করিলেক আমার গৃহিণী।
দোঁহারে করিয়া অন্ধ ঘরে গেল মুনি॥
আমার শাপের রাজা পাইলে প্রমাণ।
শাপে বর হইল হইবে পুত্রবান্॥
এই কার্য্য দশরথ! করিবে পালন।
ঋষ্যশৃঙ্গে আনি কর যজ্ঞ আরম্ভন॥
শ্রীফল লভিনু আমি ভ্রমিতে কানন।
এই ফল করিলাম তোমাকে অর্পণ॥
এই ফলে জন্মিবেন দেব চক্রপাণি।
চরুর ভিতরে এই ফল দিও তুমি॥
পুনশ্চ কহেন মুনি তাঁরে ধীরে ধীরে;—
মহারাজ! সিন্ধুপুত্র আনি দেহ মোরে॥
মৃতপুত্র দশরথ দিলেন আনিয়া।
পুত্র কোলে করি মুনি কান্দে লোটাইয়া॥
নয়নবিহীন মুনি দেখিতে না পায়।
কোলেতে করিয়া হস্ত শরীরে বুলায়॥
জন্মিলে হে পুত্র! তুমি তপের সঞ্চারে।
তোমার মরণে মৃত্যু ঘটিল আমারে॥
অন্ধকের নয়ন তুমি হয়েছিলে জানি।
ফল দিতে ক্ষুধায়, তৃষ্ণায় দিতে পানী॥
গুরুনিন্দা নাহি করি নহে সন্ধ্যা বাদ।
দধির সংযোগে রাত্রে নাহি খাই ভাত॥
পূর্ব্বজন্মে কার কি করেছি বিঘটন।
গুরুনিন্দা করেছি, হয়েছি স্থাপ্যধন॥

এতেক বলিয়া মুনি নারায়ণে ডাকে।
নারায়ণ মন্ত্র জপি মরে পুত্রশোকে॥
পতিব্রতা নাহি জীয়ে পতির মরণে।
অন্ধকী ছাড়িল প্রাণ অন্ধকের সনে॥
তিন মৃত লয়ে রাজা গেল সরোবরে।
অগুরু চন্দনকাষ্ঠ আনিল আদরে॥
করিলেন চিতা রাজা উত্তর শিয়রে।
তিন জনে শোয়াইল চিতার উপরে॥
দুই জন দুই দিকে পুত্র মধ্যখানে।
পোড়াইল তিন জনে বেষ্টিত আগুনে॥
চিতা প্রক্ষালিয়া সেই সরোবর তীরে।
কাঁদিয়া গেলেন রাজা অযোধ্যানগরে॥
মুনিহত্যা করি রাজা অজের নন্দন।
অমনি কান্দিয়া গেল বশিষ্ঠ-ভবন॥
গিয়াছেন বশিষ্ঠ তপস্যা করিবারে।
বামদেব পুত্র তাঁর আছেন আগারে॥
সকল বৃত্তান্ত রাজা কহিলেন তাঁরে।
মুনিহত্যা করিয়াছি বনের ভিতরে॥
প্রায়শ্চিত্ত ইহার বলুন মহাশয়!
কিরূপে হইব মুক্ত কিসে পাপক্ষয়?
মুনি বলে অকালেতে নাহি যজ্ঞদান।
এই পাপে কেমনে পাইবে পরিত্রাণ?
বিচার করয়ে মুনি আগম পুরাণ।
বাল্মীকি যে মন্ত্র জপি পাইলেন ত্রাণ॥
তিনবার বলাইল সেই রামনাম।
পাইলেন ভূপতি সে পাপেতে বিরাম॥
রাজা মুক্ত হইয়া গেলেন নিজ ঘর।
আইলেন সন্ধ্যায় বশিষ্ঠ মুনিবর॥
ফল-মূল ভক্ষণে মুনির সুস্থ মন।
পিতা-পুত্রে কথাবার্ত্তা কন দুইজন॥

পিতারে কহেন বামদেব নীতিক্রমে।
দশরথ আসিলেন আজি এ আশ্রমে।।
অন্ধক মুনির পুত্র সিন্দু বলে যাঁরে।
মারিলেন রাজা শব্দভেদী শরে তাঁরে।।
দীনভাবে কহিলেন রাজা এ বচন ;—
মুনিহত্যা-পাপ মোর কর বিমোচন।।
যোগ যাগ স্নান দান নাহি করিলাম।
তিন বার রাজাকে বলানু রামনাম।।
জল ফেলাইয়া যেন তিপ্ত তৈলে।
কুপিয়া বশিষ্ঠ মুনি পুত্র প্রতি বলে।।
এক রামনামে কোটি ব্রহ্মহত্যা হরে।
তিনবার রামনাম বলালি রাজারে।।
মোর পুত্র হয়ে তোর অজ্ঞান বিশাল।
দুর হরে বামদেব হবি রে চণ্ডাল।।
লোটাইয়া ধরিল সে পিতার চরণ।
কেমনে হইব মুক্ত কহ বিবরণ।।
না থাকে মুনির মনে কোপ বহুক্ষণ।
বলিলেন তাহারে বশিষ্ঠ তপোধন।।
যেই রামনাম তুমি বলিলে রাজারে।
তিনি জন্মিবেন দশরথের আগারে।।
গঙ্গা স্নানে রঘুনাথ যাবেন যখন।
আগুলিও তুমি পথ রামেরে তখন।।
তাঁহার চরণপদ্ম করিও স্পর্শন।
তখনি হইবে মুক্ত চণ্ডাল-জনম।।
বলিলেন এরূপ বশিষ্ঠ মহামুনি।
গুহক চণ্ডাল হয়ে রহিলেন তিনি।।
কৃত্তিবাস পণ্ডিত কবিত্বে বিদ্যমান্।
আদিকাণ্ডে গাহিলেন অন্ধকোপাখ্যান।।

সম্বর অসুর-বধ।

রাজ্য করে দশরথ যেন পুরন্দর।
হইল অসুর স্বর্গ নামেতে সম্বর।।
হইল সম্বর সর্ব্বদেবতার অরি।
জিনিল অমরাবতী বৈজয়ন্তী পুরী।।
তার ভয়ে স্বর্গে দেব রহিতে না পারে।
মহেন্দ্র বলেন, ব্রহ্মা বাঁচি কি প্রকারে?
ব্রহ্মা বলিলেন, রাজা আন দশরথে।
অসুর সম্বর মরিবেক তাঁর হাতে।।
আপনি আইল ইন্দ্র অযোধ্যানগর।
পাদ্য অর্ঘ্যে দশরথ পূজে পুরন্দর।।
ইন্দ্র বলে, মহারাজ! পড়িয়া সঙ্কটে।
আসিয়াছি মর্ত্ত্যে আজ তোমার নিকটে।।
সর্ব্বদেবতার অরি সম্বর সে নাম।
তাড়াইয়া দেবগণে নিল স্বর্গধাম।।
আমার সহায় হয়ে যদি কর রণ।
তোমার প্রসাদে তবে বাঁচে দেবগণ।
সম্বরে মারিতে রাজা সাজে দশরথে।
নিশ্চিন্ত হইয়া ইন্দ্র গেলেন স্বর্গেতে।।
সাজ সাজ বলিয়া পড়িয়া গেল সাড়া।
রাহুত মাহুত সাজাইল হাতী ঘোড়া।।
মুদগর মুষল কেহ বান্ধিল কামান।
ধানুকী সাজিছে রথ লয়ে ধনুর্ব্বাণ।।
সাজিছে কটক সব নাহি দিশপাশ।
কটকের পদধূলি লাগিল আকাশ।।
গায়েতে পরিল শানা মাথায় টোপর।
ধনুর্ব্বাণ হাতে রাজা চলিল সত্বর।।
দিব্য রথ যোগাইল রথের সারথি।
রথে চড়ি দশরথ চলে শীঘ্রগতি।।
সম্বরে জিনিতে রাজা করিল গমন।
দশরথে দেখিয়া কাঁপিল ত্রিভুবন।।
চতুর্দ্দোলে চড়ি রাজা চলে কুতূহলে।
রথ রথী পদাতি তুরঙ্গ হাতী চলে।।

উত্তরিল গিয়া রাজা ইন্দ্রের নগরী।
দেখিয়া রাজার সাজ ক্রোধে দেব-অরি॥
দশরথে বাণে বিন্ধি করিল জর্জ্জর।
ভঙ্গ দিলা সেনা, রাজা রহে একেশ্বর॥
কোপে কাঁপি দশরথ পূরিল সন্ধান।
অস্ত্রাঘাতে দৈত্যসেনা ত্যজিল পরাণ॥
নানা অস্ত্র বরিষণ করে দশরথ।
ছাইল অমরাবতী পবনের পথ॥
সম্বরের সেনাগণ সমরে প্রখর।
ভূপতির সেনা বিন্ধে করিল জর্জ্জর॥
লক্ষ লক্ষ বাণ পূরে সম্বরের সেনা।
পড়িলেক স্বর্গপুরী ছাইয়া ঝঞ্ঝনা॥
পড়িল গান্ধর্ব্ব অস্ত্র ভূপতির মনে।
এমন অস্ত্রের শিক্ষা নাহি ত্রিভুবনে॥
এক বাণ প্রসবে গন্ধর্ব্ব তিন কোটি।
আপনা আপনি রিপু করে কাটাকাটি॥
আপনা আপনি করে বাণ বরিষণ।
এক বাণে পড়িল যতেক সেনাগণ॥
সম্বরের সেনা দেয় রক্তেতে সাঁতার।
ত্রাহি ত্রাহি করি সবে করে হাহাকার॥
পড়িল সকল সেনা দৈত্য একেশ্বর।
দশরথ-বাণে সেনা পড়িল বিস্তর॥
দুই জন বাণবৃষ্টি করে ঝাঁকে ঝাঁকে।
উভয়ের বাণেতে অমরাবতী ঢাকে॥
হইল অমরাবতী বাণে অন্ধকার।
দৈত্যের রণেতে রাজা না দেখে নিস্তার॥
শব্দভেদী দশরথ শব্দ শুনি হানে।
দেখিতে না পায় দৈত্য থাকে কোন্‌খানে॥
কালপ্রাপ্ত দানবের নিকটে মরণ।
দূরে থাকি দশরথ করিছে তর্জ্জন॥
সম্বরের পেয়ে শব্দ রাজা পূরে বাণ।
ছুটিল রাজার বাণ অগ্নির সমান॥
এড়িলেক বাণ রাজা তার শুনে কথা।
কাটে রাজা দশরথ সম্বরের মাথা॥
নর হয়ে মারিলেন অসুর সম্বর।
দেব সহ সুখে রাজ্য পালে পুরন্দর॥
ইন্দ্র বলে দশরথ রক্ষিলে আমারে।
বর মাগ দিব যাহা প্রার্থনা অন্তরে॥
দশরথ বলে, ইন্দ্র! দেহ এই বর।
যেন মুনিহত্যা নাহি থাকে মমোপর॥
শুনিয়া রাজার কথা ইন্দ্রদেব হাসে।
সে পাপ তোমাতে নাই যাও তুমি দেশে॥
অন্ধক মুনির কথা অপূর্ব্ব কাহিনী।
ব্রাহ্মণ তাঁহার পিতা শূদ্রাণী জননী॥
এতেক শুনিয়া দশরথ এল দেশে।
আদিকাণ্ড গাহিল পণ্ডিত কৃত্তিবাসে॥

সম্বর সহ যুদ্ধে অঙ্গক্ষত হওয়ায় কৈকেয়ী আরোগ্য করাতে রাজার বর দিবার অঙ্গীকার।

পাত্র মিত্রে মহারাজ বিদায় প্রদানি।
অন্তঃপুরে দশরথ চলিল অমনি॥
সবার অধিক ভালবাসে কৈকেয়ীরে।
সেই হেতু আগে যান কৈকেয়ীর ঘরে॥
অস্ত্র-সঞ্জীবনী-বিদ্যা জানেন কৈকেয়ী।
দেখিল রাজার তনু অস্ত্রক্ষতময়ী॥
মন্ত্র পড়ি জল দিল ভূপতির গায়।
জ্বালা ব্যথা গেল দূরে শরীর জুড়ায়॥
মৃতদেহ যেন পুনঃ পাইল জীবন।
সুস্থ হয়ে দশরথ বলেন তখন;—

হে কৈকেয়ি! প্রাণ রক্ষা করিলে আমার।
তোমার সমান মোর কেহ নাহি আর॥
বর মাগি লহ যেবা অভীষ্ট তোমার।
তোমারে অদেয় কিছু নাহিক আমার॥
হাসিয়া কহিল রাণী রাজার সকাশে।
মহারাজে সেবি নাই বর অভিলাষে॥
মহারাজ আজি বরে নাহি প্রয়োজন।
প্রয়োজনে পূরাইও মাগিব তখন॥
আমার সত্যেতে বন্দী রহিলে গোসাঞি।
প্রয়োজন অনুসারে বর যেন পাই॥
নৃপতি বলেন, দিব যাহা চাবে দান।
আছুক অপর দান দিব নিজ প্রাণ॥
রাজ্য করে দশরথ আনন্দিত মন।
করেন পুত্রের তুল্য প্রজার পালন॥
যখন যা হবে তাহা দৈবে সব করে।
হইল রাজার ব্রণ নখের ভিতরে॥
কৃত্তিবাস কহে কথা অমৃত সমান।
রাম নাম বিনা তাঁর মুখে নাহি আন॥

কৈকেয়ী দশরথের ব্রণ আরোগ্য করিলে পুনর্ব্বার বরপ্রাপ্তির বিবরণ।

ব্রণের ব্যথায় রাজা কাতর হইল।
পাত্র-মিত্র ডাকি সবে কহিতে লাগিল,—
এ ব্যথায় বুঝি মম নিকট মরণ।
সূর্য্যবংশে রাজা হবে নাহি কোন জন॥
ধন্বন্তরি-তনয় সে পদ্মাকর নাম।
আসিয়া রাজার কাছে করিল প্রণাম॥
কহিলেন, শুন রাজা পাইবে নিস্তার।
দুই মতে আছয়ে ইহার প্রতীকার॥
শামুকের ঝোল খাও না করিও ঘৃণা।
নহে নখদ্বারে চুম্ব দিক এক জনা॥
রক্ত-পূয ঝরিতেছে নখের দুয়ারে।
তাহাতে চুম্বন দিতে কোন জন পারে?
কৈকেয়ী রাজার কাছে দিবানিশি থাকে।
রাজা যত দুঃখ পান কৈকেয়ী তা দেখে॥
রাজার শুশ্রূষা রাণী করে রাত্রিদিনে।
কহিল কৈকেয়ী রাণী রাজা বিদ্যমানে,—
স্বামী বিনা স্ত্রীলোকের নাহি অন্য গতি।
ব্রণে মুখ দিব নাথ! পাবে অব্যাহতি॥
পাকিয়া আছিল সেই নখের ব্রণ।
মুখের অমৃত পেয়ে গলিল তখন॥
সুস্থ হইলেন রাজা ব্যথা গেল দূরে।
রক্ত-পূয ফেলি দেহ বলে কৈকেয়ীরে॥
কর্পূর তাম্বুল প্রিয়ে! করহ ভক্ষণ।
বর লহ যাহা চাও দিব এইক্ষণ॥
কৈকেয়ী বলেন শুনি রাজার বচন।
যখন মাগিব বর হবে প্রয়োজন॥
দুইবারে দুই বর মাগ মম ঠাঁই।
পশ্চাতে মাগিব বর এখন না চাই॥
শুনিয়া রাণীর কথা দশরথ হাসে।
আদিকাণ্ড রচিল পণ্ডিত কৃত্তিবাসে॥

পুত্রের জন্য ঋষ্যশৃঙ্গকে আনিয়া যজ্ঞ-করণের চিন্তা ও উক্ত মুনির উৎপত্তি কাহিনী।

রাজ্য করে দশরথ অনেক বৎসর।
একচ্ছত্র মহারাজ যেন পুরন্দর॥
পাত্র মিত্র ভাই বন্ধু সবাকারে আনি।
বশিষ্ঠাদি আসিলেন যত মুনি জ্ঞানী॥
সভা করি বসে রাজা অমাত্য সহিতে।
অতি খেদ করি রাজা লাগিল কহিতে;—
ইহলোকে না হইল আমার সন্ততি।
পরকালে কিরূপে পাইব অব্যাহতি?

সন্ততি থাকিলে করে শ্রাদ্ধাদি তর্পণ।
আমার মরণে বংশে নাহি এক জন॥
নবম হাজার বর্ষ বয়স হইল।
এত কালে আমার সন্তান না জন্মিল॥
অপুত্রক আমি পাই মনে বড় দুখ।
প্রভাতে না দেখে লোক অপুত্রের মুখ॥
তর্পণের কালে আমি পিতৃলোক আনি।
অঞ্জলি করিয়া দেই তর্পণের পানী॥
শীতল সলিল উষ্ণ নাকের নিঃশ্বাসে।
জল দিতে কেহ না রহিল মোর বংশে॥
বর দিলেন মোরে অন্ধক মহামুনি;—
যজ্ঞ কর তুমি ঋষ্যশৃঙ্গ মুনি আনি॥
ঋষ্যশৃঙ্গ মুনিবর কোন্ দেশে বৈসে।
কার্য্যসিদ্ধি হয় যদি সেই মুনি আসে।
কহিতে লাগিল যে বশিষ্ঠ মহামুনি;
শুন ঋষ্যশৃঙ্গের যে উৎপত্তি-কাহিনী॥
বিভাণ্ডক মুনি ভয়ে সর্ব্বলোক কাঁপে।
ত্রিভুবন ভস্ম হয় যদি মুনি শাপে॥
তাঁহার তপস্যা দেখি ইন্দ্র ভাবে মনে।
পাঠাইয়া দিল ইন্দ্র দেবতা পবনে॥
মুনির নিকটে বায়ু লুকাইয়া থাকে।
বৃক্ষফল খায় মুনি পবন তা দেখে॥
ফলেতে অমৃত মাখি রাখিল পবন।
ফলযোগে সুধা মুনি করিল ভক্ষণ॥
ফলের সহিত সুধা খেয়ে মহামুনি।
বলবান অতিশয় হইল তখনি॥
শুদ্ধ দেহ পেয়ে সুধা মহাবলবান্।
তপস্যা করেন বনে চারিদিকে চান॥
তপস্যা করেন মুনি নর্ম্মদার জলে।
উর্ব্বশী চলিয়া যায় গগনমণ্ডলে॥
অঙ্গের বসন তার বাতাসেতে উড়ে।
দৈবযোগে তার দৃষ্টি সেথা গিয়া পড়ে॥
তাহাকে দেখিয়া মুনি কামে অচেতন।
মুনির হইল রেতঃস্খলন তখন॥
আস্তে-ব্যস্তে মুনি তাহা ধরে বাম হাতে।
জলে না ফেলিয়া রেতঃ ফেলিল কূলেতে॥
পুনর্ব্বার মহামুনি করি আচমন।
তপস্যা করেন বিভাণ্ডক তপোধন॥
বিধির লিখন কভু না হয় খণ্ডন।
তৃষ্ণায় হরিণী জল খায় সেইক্ষণ॥
জল খেয়ে হরিণী কূলেতে ঘাস চাটে।
ঘাসের সহিত রেতঃ প্রবেশিল পেটে॥
দৈবযোগে হরিণী আছিল ঋতুমতী।
মুনিবীর্য্য খাইয়া হইল গর্ভবতী॥
দিনে দিনে গর্ভ তার উদরে বাড়িল।
ছয়মাসে পশুবৎ প্রসব হইল॥
মনুষ্য-আকার হ'ল হরিণী-বদন।
হরিণী দেখিয়া পুত্র ভাবিল তখন॥
মনুষ্যের ডরে আমি ভ্রমি বনে বন।
আমার গর্ভেতে হ'ল শত্রুর জনম॥
পুত্র ফেলি দিয়া সে হরিণী বনে গেল।
অঙ্গুলী চুষিয়া শিশু ক্রন্দন যুড়িল॥
তপস্যা করিয়া বিভাণ্ডকের গমন।
কাননে পড়িয়া শিশু করিছে রোদন॥
বালক দেখিয়া মুনি ভাবে মনে মনে।
মনুষ্য-আকার দেখি হরিণী-বদনে॥
ধ্যানে জানিলেন বিভাণ্ডক তপোধন।
হরিণীর গর্ভে হ'ল আমার নন্দন॥
পুত্র কোলে করিয়া গেলেন নিজ ঘরে।
পুষ্পমধু দিয়া মুনি পোষেন তাহারে॥

নবীন কুশের মূলে করায় শয়ন।
দিনে দিনে বাড়ে বিভাণ্ডকের নন্দন ॥
কিছু দিন পরে শৃঙ্গ উঠিল কপালে।
ঋষ্যশৃঙ্গ বলি নাম রাখিল সকলে ॥
যারে বর শাপ দেন কভু নহে আন।
তার আশীর্বাদে রাজা হবে পুত্রবান্ ॥
কৃত্তিবাসকৃত কাব্য অমৃত সমান।
রাম-কথা বিনা যাঁর মুখে নাহি আন ॥

লোমপাদ রাজ্যে অনাবৃষ্টি নিবারণার্থ
ঋষ্যশৃঙ্গকে আনয়ন।

বশিষ্ঠের বচন হইলে অবসান!
সুমন্ত্র বলেন রাজা কর অবধান ॥
লোমপাদ নৃপতি অঙ্গদের ঈশ্বর।
ঋষ্যশৃঙ্গে আনিয়াছিলেন নিজঘর ॥
দশরথ বলে, পাত্র কহ বিবরণ।
লোমপাদ আনাইল কিসের কারণ?
সুমন্ত্র বলেন, দশরথ নৃপবর!
সেই দেশে অনাবৃষ্টি দ্বাদশ বৎসর ॥
লোমপাদ ব্রাহ্মণ-পণ্ডিতে জিজ্ঞাসিল।
মম রাজ্যে অনাবৃষ্টি কি হেতু হইল?
তব রাজ্যে কুমারী হইল ঋতুমতী।
এই পাপে বৃষ্টি নাহি হয় নরপতি!
বিভাণ্ডক-পুত্র যদি ঋষ্যশৃঙ্গ আসে।
পাপ দূর হয় আর দেবতা বরষে ॥
নগরেতে লোমপাদ দিলেন ঘোষণা।
ঋষ্যশৃঙ্গ মুনিকে আনিবে কোন্ জনা ॥
তাহারে আনিয়া মোর যেবা দিতে পারে।
অর্দ্ধরাজ্য আমি দিব অবশ্য তাহারে ॥

তখন কহিল তথা বুড়ী এক জন।
আমি আনি দিব সেই মুনির নন্দন ॥
স্ত্রী-পুরুষভেদ সেই মুনি নাহি জানে।
ভুলাইয়া আনিব সে মুনির নন্দনে ॥
নৌকা এক সাজাইয়া দেহ ত আমারে।
ফলবান বৃক্ষ রোপ তাহার উপরে ॥
চৌদ্দ বৎসরের সেই মুনির সন্ততি।
কৌতুকেতে ভুলাইবে যতেক যুবতী ॥
বৃত্তান্ত শুনিয়া রাজা লোমপাদ হাসে।
ভাল যুক্তি বলিয়া সে বুড়ীরে সম্ভাষে ॥
সুবর্ণের নৌকা রাজা করিয়া গঠিত।
বিচিত্র পতাকা তাহে করিয়া সজ্জিত ॥
নৌকার উপরে করে স্বর্ণে দুই ঘর।
পরমা সুন্দরী কন্যা অতি মনোহর ॥
উপরেতে শোভা করে সুবর্ণের তারা।
চারি ভিতে শোভে গজমুক্তার ঝারা ॥
সন্দেশ দিলেন নানা খাইতে রসাল।
নারিকেল ফল আর কাঁটাল ও তাল ॥
গঙ্গাজলে শীতল শর্করা মিশ্র করি।
কর্পূরবাসিত দিল পাত্র পূরি পূরি ॥
বাছিয়া বাছিয়া দিল পরমা সুন্দরী।
চিনা ভার অপ্সরী কি অমরী কিন্নরী ॥
কান্দিতে লাগিল সবে মুখে নাহি হাসি।
মুনি-কোপানলে আজি হয় ভস্মরাশি ॥
বুড়ী বলে, কেন ভয় করিছ যুবতি।
তোমরা সকলে চল আমার সংহতি ॥
যখন আমার ছিল নবীন যৌবন।
কত শত ভুলাইয়েছি মহামুনিগণ ॥
নর্মদা বহিয়া যায় পরম হরিষে।
উপস্থিত হয় ঋষ্যশৃঙ্গ যেই দেশে ॥

যেখানে তপস্যা করে বিভাণ্ডক মুনি।
সেই বনে তরুণীরা রাখিল তরণী ॥
বিভাণ্ডকে দেখিয়া সকলে ভয়ে কাঁপে।
ভস্মরাশি করে পাছে শাপ দিয়া কোপে ॥
তপোবনে আছে যথা ঋষ্যশৃঙ্গ মুনি।
আসিয়া মিলিল তথা সকল রমণী ॥
তরী হ'তে উত্তরিল সকল নবীনা।
কেহ বংশী পূরয়ে বাজায় কেহ বীণা ॥
বুড়ীকে বেড়িয়া গান করে নারীগণ।
মুনির নিকটে গিয়া দিল দরশন ॥
কামিনীর মুখে গীত কোকিলের ধ্বনি।
শুনি মুনি বেদধ্বনি ছাড়িল অমনি ॥
স্ত্রী-পুরুষ-ভেদ সেই মুনি নাহি জানে।
স্বর্গের অমরগণ মুনি মনে মানে ॥
ব্যাকুল হইয়া মুনি দ্বার হ'তে উলে।
প্রণিপাত করিল বুড়ীর পদতলে ॥
মুনিপুত্র পায়ে পড়ে ধরি করে কোলে।
বার বার চুম্ব দিল বদনকমলে ॥
এস এস সবে, মুনি তা সবাকে বলে।
আনন্দে গদগদ সে আসন দিতে চলে ॥
একখানি কুশাসন ছিল মাত্র ঘরে।
ব'স বলি আনিয়া দিলেন সে বুড়ীরে ॥
ফলমূল জল ঘরে ছিল যে সম্বল।
বুড়ীর ভক্ষণ হেতু দিলেন সকল ॥
শ্রীবিষ্ণু বলিয়া বুড়ী স্পর্শে দুই কান।
বিষ্ণুপূজা বিনা নাহি করি জলপান ॥
ইতর যেমন করে আমি কি তেমন ?
বিষ্ণুর প্রসাদ বিনা না করি ভক্ষণ ॥
মুনি বলে, হোক্ মোর সফল জীবন।
এইখানে কর আজি বিষ্ণু আরাধন ॥

দিব্য কুশাসন পাতি দিলেন বুড়ীরে।
পূজা করিবারে বসে তাহার উপরে ॥
চক্ষু উলটিয়া বুড়ী নাকে দিল হাত।
মুনি বলে বিষ্ণু আজি করিল সাক্ষাৎ ॥
কতক্ষণে নাসিকার হাত ঘুচাইল।
এ প্রসাদ লহ বলি মুনিরে ডাকিল ॥
মুনি বলে আজি মোর সফল জীবন।
বিষ্ণুর প্রসাদ দেহ করিব ভক্ষণ ॥
ফল ব'লে হাতে দিল গঙ্গাজলে নাড়ু।
জল বলি খাওয়াইল মধু গাড়ু গাড়ু ॥
মুনি বলে এই ফল কোথা গেলে পাই।
সঙ্গে করে ল'য়ে গেলে তব সঙ্গে যাই ॥
খাওয়াইল কামেশ্বর খাইতে সুস্বাদ।
কামেশ্বর খাইয়া সে হইল উন্মাদ ॥
কন্যাগণ বলয়ে খাইলে যে সন্দেশ।
ইহার অধিক আছে চল সেই দেশ ॥
মুনি বলে, ইহার অধিক যদি পাই।
তোমরা চলহ দেশে আমি সঙ্গে যাই ॥
মদনে ভুলিল যদি মুনির নন্দন।
অঙ্গের বসন খসাইল কন্যাগণ ॥
আসিয়া মুনির পুত্রে কেহ করে কোলে।
কেহ কেহ চুম্ব দেন বদনকমলে ॥
মুনি লয়ে করে যবে হাস্য-পরিহাস।
দেখিয়া মুনির পুত্র হইল উল্লাস ॥
কোন নারী ভুলাইল স্তন-পরশনে।
কেহ বা ভুলায় তাঁকে ভক্ষ্যদ্রব্য দানে ॥
কেহ বা হরিল মন চাহিয়া নয়নে।
কেহ বা করিল মত্ত গাঢ় আলিঙ্গনে ॥
বুড়ী ভাবে আজি যদি লয়ে যাই হরে।
পাছে বিভাণ্ডক মুনি কোপে ভস্ম করে ॥

আজি পিতা-পুত্রেতে থাকুক এক স্থান।
কহিবে এ কথা পুত্র পিতা বিদ্যমান ॥
পুত্র প্রতি যদি স্নেহ করে তপোধন।
তবে কালি তপস্যায় না যাবে কখন ॥
পুত্র এড়ি যায় যদি তপস্যার তরে।
তবে কালি লয়ে যাব মুনির কুমারে ॥
এই যুক্তি সে বুড়ী ভাবিয়া মনে মনে।
কহিতে লাগিল সেই মুনির নন্দনে ;—
তপোবনে বৈস হে তোমারে ভালবাসি।
অন্য এক শিষ্যের আশ্রম দেখে আসি ॥
বলিতে লাগিল তবে ঋষ্যশৃঙ্গ ঋষি ;—
তোমার সেবক হয়ে তব সঙ্গে আসি ॥
আমারে এড়িয়া যদি যাবে কোন দেশে।
ব্রহ্মহত্যা হবে তবে মরিব হুতাশে ॥
বুড়ী বলে, এইক্ষণে ঘরে থাক তুমি।
সন্ধ্যাকালে তোমারে লইয়া যাব আমি ॥
এতেক বলিয়া তারে রেখে নিজ ঘরে।
সকল কামিনী চড়ে নৌকার উপরে ॥
দিবাকর অস্তগত হইল যখন।
মুনি বলে না আইল কেন ঋষিগণ ॥
শিরোমণি হারাইল অঞ্চলের নিধি।
বুঝিলাম আমারে বঞ্চিত কৈল বিধি ॥
কান্দিতে কান্দিতে মুনি ব'সে বৃক্ষতলে।
বিভাণ্ডক তপ করি এল হেনকালে ॥
পুত্রেরে দেখিয়া মুনি বিচলিত মন।
জিজ্ঞাসিল, কেন বাপু! করিছ ক্রন্দন ?
ঋষ্যশৃঙ্গ বলে, আগে খাও ফল জল।
আজিকার বিবরণ কহিব সকল ॥
ফল জল খাইয়া হইল সুস্থ মন।
পিতা-পুত্রে কথাবার্ত্তা কন দুই জন ॥

তুমি যেই গেলে পিতা তপস্যার তরে।
স্বর্গ হ'তে ঋষিগণ এল মম ঘরে ॥
সেইমত ফল নাহি খাই এ জীবনে।
এত রূপ দেখি নাহি এ তিন ভুবনে ॥
কত বা ছন্দেতে জটা ধরেছে মাথায়।
কত কুসুমের মালা দিয়েছে তাহায় ॥
কি জাতি মৃত্তিকা-ফোটা কপালে শোভিত।
গগনমণ্ডলে যেন ভাস্কর উদিত ॥
কি জাতি বৃক্ষের ফল সবার গলায়।
শ্বেত পীত নীল কত শোভিছে তাহায় ॥
তেমন না দেখি পিতা গাছের বাকল।
শ্বেত রক্ত পীত নীল বরণ উজ্জ্বল ॥
কি জাতি বৃক্ষের লতা সবাকার হাতে।
কতেক মানিক গাঁথা আছে ত তাহাতে ॥
পরম ব্রাহ্মণ কারো লোম নাহি মুখে।
তুলার সমান দুটা মাংসপিণ্ড বুকে ॥
তাতে যদি হস্তটি করাই পরশন।
স্বর্গবাস হাতে পাই হেন লয় মন ॥
মনে ভাবে মহামুনি পুত্রের বচনে।
স্ত্রী-পুরুষ ঋষ্যশৃঙ্গ কভু নাহি জানে ॥
বিভাণ্ডক বলে, বাপু! তারা নারীগণ।
কামচারী রাক্ষসী বেড়ায় বনে বন ॥
মম পুণ্যে প্রাণ আজি রেখেছে তোমার।
পুনঃ পেলে ধ'রে খাবে না পাবে নিস্তার ॥
ঋষ্যশৃঙ্গ বলে, পিতা! না বল এমন।
এমন দয়ালু নাই তাহারা যেমন ॥
সারা রাত্রি ছিল মুনি পুত্র ল'য়ে ঘরে।
বুঝাইতে তথাপি না পারিল পুত্রেরে ॥
প্রভাতে হইল নিশি রবির কিরণ।
পুত্রের বিষয়ে মুনি ভাবে মনে মন ॥

যদি আমি ঘরে থাকি পুত্র করি সাধ।
ধর্ম্ম নষ্ট হবে মম হবে অপরাধ ॥
কার পুত্র কার পত্নী সব অকারণ।
সংসার অসার সব সত্য নারায়ণ ॥
পুত্রেরে প্রবোধ করিলেন মহামুনি।
কারো সঙ্গে কথা বাপু না কহিও তুমি ॥
তাম্রবাটী হাতে নিল তুলিল তুলসী।
তপস্যা করিতে গেল বিভাণ্ডক ঋষি ॥
বুড়ী বলে, বুড়া মুনি ছাড়িল আগার।
সবে চল আনি গিয়া মুনির কুমার ॥
তাল করতাল বীণা কেহ পূরে বাঁশী।
আইল মুনির কাছে সকল রূপসী ॥
দরিদ্র পাইল যেন হারান সে ধন।
ব্যস্ত মুনি কহে ধরি বুড়ীর চরণ ;—
আমারে এড়িয়া কালি গেলে পলাইয়া।
সারারাত্রি কান্দিয়াছি তোমার লাগিয়া ॥
সেই জল ফল দেহ করিতে ভক্ষণ।
সঙ্গে করি লয়ে যাও করিব গমন ॥
মর্ম্ম বুঝ সবে কৃত্তিবাসের সুবাণী।
নারীর কথায় ভুলে ঋষ্যশৃঙ্গ মুনি ॥

ঋষ্যশৃঙ্গের লোমপাদ রাজ্যে গমন ও অনাবৃষ্টি-নিবারণ।

কোলে করি বসাইল নৌকার উপর।
বাহ বাহ বলি বুড়ী ডাকিছে সত্বর ॥
তরণী বাহিয়া যায় মুনি নাহি জানে।
ঋষ্যশৃঙ্গে বলে বৈস ব্যাঘ্র আছে বনে ॥
লোমপাদ-রাজ্যে মুনি দিল দরশন।
অনাবৃষ্টি ছিল বৃষ্টি হইল তখন ॥
লোমপাদ জানিল মুনির আগমন।
পাদ্য অর্ঘ্য দিয়া পূজে মুনির নন্দন ॥
কন্যাহীন লোমপাদ শান্তা অভিধান।
দশরথ-কন্যাকে মুনিরে দিল দান ॥
সম্বন্ধে যে মুনি রাজা তোমার জামাই।
তাঁহাকে চাহিয়া আন লোমপাদ-ঠাঁই।
দশরথ বলিলেন, কহ হে নায়ক !
পুত্রশোকে কেমনে বাঁচিল বিভাণ্ডক ?
যেই দেশে হয় ঋষ্যশৃঙ্গ-উপাখ্যান।
অনাবৃষ্টি ঘুচে হয় সে দেশে কল্যাণ ॥
কৃত্তিবাস পণ্ডিতের কাব্য অভিরাম।
সানন্দে বসিয়া সবে শুন রাম নাম ॥

ঋষ্যশৃঙ্গের অদর্শনে বিভাণ্ডক-মুনির খেদ।

সুমন্ত্র বলেন, শুন রাজা দশরথ !
লোমপাদ-নিকটে বুড়ীর বাক্য যত ॥
বুড়ী বলে, লোমপাদ ! শুনহ বচন ;—
ভুলাইয়া আনিয়াছি মুনির নন্দন ॥
যদি শাপ দেন কোপে বিভাণ্ডক ঋষি।
রাজ্য সহ আপনি হইবে ভস্মরাশি ॥
তাঁর ঠাঁই যদি তুমি পাবে পরিত্রাণ।
পথেতে করিয়া রাখ বিহিত বিধান ॥
স্থানে স্থানে মহিষ গো রাখহ সত্বর।
গীত-বাদ্য নৃত্যোৎসব হউক বিস্তর ॥
যত ক্রোধ জন্মে থাকে হবে পাসরণ।
গীত-বাদ্য দেখিয়া তখনই তপোধন।
বুড়ীর বচন রাজা না করিল আন।
পথে পথে করে গ্রাম বড় বড় স্থান ॥
শ্রীঋষ্যশৃঙ্গের গ্রাম বলি তার নাম।
সর্ব্বশস্যযুতা পুরী দিব্য দিব্য গ্রাম ॥
ঋষ্যশৃঙ্গ রহিলেন লোমপাদ-ঘরে।
বিভাণ্ডক তপ করি গেলেন কুটীরে ॥

আর দিন দূর হ'তে শোনে বেদধ্বনি।
সে দিন না শুনে শব্দ ব্যস্ত হ'ল মুনি॥
আকুল হইয়া মুনি দাণ্ডাইল তথা।
কান্দিয়া বলেন, বাছা ঋষ্যশৃঙ্গ কোথা?
তপস্যাতে শ্রান্ত হয়ে আসিলাম ঘরে।
হেথা আসি কহ কথা দুঃখ যাক্ দূরে॥
বলিতে বলিতে গেল কুটীরের দ্বারে।
পুত্র পুত্র বলি ডাকে পুত্র নাই ঘরে॥
কমণ্ডলু আছাড়িয়া ফেলে ভূমিতলে।
অজ্ঞান হইয়া মুনি পড়ে বৃক্ষমূলে॥
ক্ষণেক পরেতে জ্ঞান পাইলেক মুনি।
কোথা ঋষ্যশৃঙ্গ বলি ডাকয়ে অমনি॥
অপত্যের স্নেহ সম নাহিক সংসারে।
যাহারে দেখেন মুনি জিজ্ঞাসেন তারে॥
মুনি বলে আছ বনে যত তরুলতা।
দেখেছ তোমরা মম পুত্র গেল কোথা?
মৃগ-পশু-পক্ষীরে লাগিল শুধাইতে;—
তোমরা দেখেছ ঋষ্যশৃঙ্গেরে যাইতে?
কান্দিয়া কান্দিয়া যান বিভাণ্ডক মুনি।
কতদূর গিয়া পান গ্রাম একখানি॥
সকল লোকেরে মুনি শোকেতে শুধান।
কাহার এ গ্রামখানি কহ বিদ্যমান॥
যোড়হাত ক'রে প্রজাগণ কহে বাণী।
ঋষ্যশৃঙ্গ মুনিবর ইথে রাজা তিনি॥
লোমপাদ তাঁরে কন্যা দিয়াছে কৌতুকে।
গ্রাম পশু অশ্ব গজ দিয়াছে যৌতুকে॥
এই কথা কহিলেক যত প্রজাগণ।
ক্রোধমন গেল মুনি হ'ল হৃষ্ট মন॥
সংসার করিতে পুত্র করিয়াছে সাধ।
পুত্রের কুশল শুনি খণ্ডিল বিষাদ॥

ভাবে অপুত্রক রাজা অজের নন্দন।
ঋষ্যশৃঙ্গ করিবেন যজ্ঞ আরম্ভণ॥
নিমন্ত্রণ হইবেক মম সে যজ্ঞেতে।
সেইকালে হবে দেখা পুত্রের সহিতে॥
এতেক ভাবিয়া মুনি গেল নিজবাস।
আদিকাণ্ড রচিল পণ্ডিত কৃত্তিবাস।

দশরথ রাজার যজ্ঞ ও ভগবানের চারি অংশে জন্মগ্রহণ।

দশরথ রাজারে সুমন্ত্র ইহা বলে।
মুনিকে আনিতে রাজা দশরথ চলে॥
দশরথ লোমপাদ নৃপতির ঘরে।
চতুরঙ্গ সঙ্গে যান হরিষ অন্তরে॥
রাজার পাইয়া বার্ত্তা লোমপাদ রাজা।
রাজ-উপচারে যত্নে করে তাঁরে পূজা॥
মিষ্টান্ন প্রভৃতি দিয়া করান ভোজন।
জিজ্ঞাসেন কোন্ কার্য্যে তব আগমন?
দশরথ বলিলেন শুন মোর বাণী।
অযোধ্যায় লয়ে যাব ঋষ্যশৃঙ্গ মুনি॥
অন্ধকের উক্তি আছে যে অতীতকালে।
পুত্রবান্ হব আমি ঋষ্যশৃঙ্গ গেলে॥
এমন কহিলে দশরথ নৃপবর।
লোমপাদ লয়ে গেল মুনির গোচর॥
প্রণাম করিল দশরথ যোড়হাতে।
লোমপাদ পরিচয় লাগিল কহিতে;—
দশরথ এই রাজা শুনেছ আখ্যান।
তুমি কৃপা কর যদি হন পুত্রবান॥
শান্তা কন্যা বিবাহ যে দিয়াছি তোমারে।
সেই কন্যা জন্মেছিল ইহার আগারে॥
ইহার জামাতা তুমি তোমার শ্বশুর।
অপুত্রক তাপিত, এ তাপ কর দূর॥

ধ্যানেতে জানিয়া মুনি মনেতে প্রশংসে ।
এই ঘরে জন্মিবেন বিষ্ণু চারি অংশে ॥
অন্ধক মুনির কথা কভু নহে আন ।
এতেক জানিয়া মুনি করিল প্রস্থান ॥
তনয়া জামাতা সঙ্গে চাপে নিজ রথে ।
অযোধ্যা আসিল রাজা লোমপাদ সাথে ॥
দেখে মুনি শৃষ্যশৃঙ্গ হৃষ্ট যত প্রজা ।
আরতি করিয়া তাঁর সবে করে পূজা ॥
বশিষ্ঠাদি আসিল যতেক মুনিগণ ।
ঋষ্যশৃঙ্গ বলে, কর যজ্ঞ আরম্ভণ ।
অশ্বমেধ যজ্ঞে কর বিষ্ণু আরাধন ।
যত মুনিগণে তুমি কর নিমন্ত্রণ ॥
দশরথ নিমন্ত্রণ করে দেশে দেশে ।
নিমন্ত্রণ পাইয়া যতেক মুনি আসে ॥
অগস্ত্য আগস্ত্য আর পুলস্ত্য পুলোম ।
আইলেন বৈশম্পায়ন দুর্ব্বাসা গোতম ॥
জৈমিনি গৌতম পিপীলিক পরাশর ।
পুলক কৌণ্ডীন্য মুনি এল নিশাকর ॥
মার্কণ্ডেয় মরীচি ভরত ভরদ্বাজ ।
অষ্টাবক্র মুনি ভৃগু কূর্ম্ম দক্ষরাজ ॥
গর্গমুনি দধীচি আইল শরভঙ্গ ।
পূজে রাজা মুনিগণে বাড়ে মনে রঙ্গ ॥
পাতালেতে আসিল কপিল রাজ-ঋষি ।
সগরসন্তানে যে করিল ভস্মরাশি ॥
বেদবান্ চক্রবাণ আইল সাবর্ণি ।
জল-ভিতরের আর মুনি মৎস্যকর্ণী ॥
সনাতন সনক যে সনন্দকুমার ।
সৌরভি আসিল মুনি বিষ্ণু-অবতার ॥
আসিল বাল্মীকি যমুনার কূলে ধাম ।
কশ্যপের পুত্র এল বিভাণ্ডক নাম ॥

কতেক আসিল মুনি নাম নাহি জানি ।
রাজার যজ্ঞেতে এল বহু শত মুনি ॥
বহু শত মুনি করে বেদ উচ্চারণ ।
সবাকার বদনে নিঃসরে হুতাশন ॥
পৃথিবীতে কেহ আছে এক পদে ভর ।
কেহ অনাহারে আছে সহস্র বৎসর ॥
এখন আসিল তথা বহুশত মুনি ।
সঙ্গে কত শিষ্য তার সংখ্যা নাহি জানি ॥
মুনিগণ বাসার্থ দিলে বাসাঘর ।
পৃথিবীর রাজা এল অযোধ্যানগর ॥
মিথিলার আসিল জনক রাজ-ঋষি ।
মল্ল মহারাজ এল রাজ্য যাঁর কাশী ॥
অঙ্গদেশ-অধিপতি লোমপাদ নাম ।
রাজা বঙ্গদেশের আসিল ঘনশ্যাম ॥
মরীচিপুরের রাজা ভোগ পুরন্দর ।
চম্পাপুর হইতে আসিল চম্পেশ্বর ॥
আসিল তৈলঙ্গ রাজা তেজেতে অসীমে ।
আসিলেক শত শত যে ছিল পশ্চিমে ॥
মাগধ মগধ এল গান্ধার কর্ণাট ।
এক শত রাজা এল ছাড়ি গুজরাট ॥
উদয়াস্ত গিরিতে যতেক রাজা বৈসে ।
দশরথ-নিমন্ত্রণে সব রাজা আইসে ॥
মেদিনীভুবনে বৈসে যত রাজগণ ।
নানা রঙ্গে আসিলেন সঙ্গী অগণন ॥
প্রত্যেক কহিতে নাম নিতান্ত অশক্য ।
রাজা যত আসিল গণনে এক লক্ষ ॥
যত রাজা গেল দশরথের গোচরে ।
রাজচক্রবর্ত্তী দশরথ সর্ব্বোপরে ॥
আসিয়া করিল দশরথ সহ দেখা ।
দিলেন বার্ষিক কর সমুচিত লেখা ॥

যত ধন এনেছিল রাখিল ভাণ্ডারে।
প্রত্যেকে প্রত্যেক বাসা দিল সবাকারে॥
যজ্ঞ করিছেন রাজা সরযূর তীরে।
মুনিগণ গেলেন রাজার যজ্ঞ-ঘরে॥
একাদশ যোজন ঘর অতি দীর্ঘতর।
দ্বাদশ যোজন তার আড়ে পরিসর॥
চারিক্রোশ বান্ধিয়াছে যজ্ঞের মেখলা।
শতেক যোজন উভে সেই যজ্ঞশালা॥
মুনিগণ বৈসে গিয়া ঘরের ভিতরে।
শুভক্ষণে শুভলগ্নে যজ্ঞারম্ভ করে॥
স্বস্তিকাদি অগ্রেতে করয়ে মুনিগণ।
সঙ্কল্প করিল তবে অজের নন্দন॥
দাণ্ডাইল দশরথ যোড় করি হাত।
কহিতে লাগিল সব মুনির সাক্ষাৎ॥
ছোট বড় নাহি জানি তুল্য সর্ব্বজন।
আজ্ঞা কর কারে আগে করিব বরণ?
ঋষ্যশৃঙ্গ বলিলেন, শুন হে রাজন্!
আগেতে করহ গুরু বশিষ্ঠে বরণ॥
ব্রহ্মার তনয় আর কুলপুরোহিত।
উঁহার বরণ আগে শাস্ত্রের বিহিত॥
বশিষ্ঠেরে বরিয়া ঘুচাও অভিমান।
বড় ছোট কেহ নহে সকলি সমান॥
ভাল ভাল বলিয়া সকল মুনি বলে।
বস্ত্র অলঙ্কার রাজা দিলেন সকলে॥
সকলে করিল এককালে বেদধ্বনি।
মুনি-মুখে নিঃসরিল পাবক তখনি॥
সেই অগ্নি পবিত্র করিল মুনিগণ।
অগ্নির কুণ্ডেতে লয়ে করিল স্থাপন॥
আতপ তণ্ডুল তিল যব রাশি রাশি।
একে একে দিল ঘৃত সহস্র কলসী॥

এক বর্ষ যজ্ঞ করে রাজা দশরথে।
দেবতার ভয় হোথা হইল স্বর্গেতে॥
বিশ্রবার পুত্র হয় রাজা দশানন।
হীন জ্ঞানে লঙ্কাতে খাটায় দেবগণ॥
মহেন্দ্র বলেন ব্রহ্মা কোন্ বুদ্ধি করি?
এই কালে জন্ম কি হে লবেন শ্রীহরি?
পুত্রের লাগিয়ে দশরথ যজ্ঞ করে।
তাঁর পুত্র হ'লে তবে দশানন মরে॥
এই যুক্তি করিয়া যতেক দেবগণ।
ক্ষীরোদ-সমুদ্রে গেল যথা নারায়ণ॥
চারি মুখে ব্রহ্মা গিয়া করেন স্তবন।
কত নিদ্রা যান প্রভু দেব নারায়ণ?
পদতলে লক্ষ্মীদেবী করিছেন স্তুতি।
অনন্তশয্যায় শুয়ে আছেন শ্রীপতি॥
সকল দেবতা গিয়া দাঁড়াইল কূলে।
দেখিল যেমন মেঘ ভাসিছে সলিলে॥
শুইয়া আছেন হরি অনন্ত-উপরে।
বাসুকি সহস্র ফণা তদুপরি ধরে॥
সেবকগণের প্রতি প্রভু দেহ মন।
তোমার নিদ্রায় নিদ্রা চেতনে চেতন॥
বিপত্তি করহ দূর শ্রীমধুসূদন।
চারিমুখে ব্রহ্মা যদি করিল স্তবন॥
ক্ষীরোদে উঠিয়া বসিলেন নারায়ণ।
চারিদিকে দেখিলেন যত দেবগণ॥
বসিয়া শ্রীহরি করিলেন এক শব্দ।
সে শব্দে হইল শ্লোক চারিপদ মুগ্ধ॥
হরি করিলেন চারিদিকে নিরীক্ষণ।
ম্লান দেখিলেন সব দেবের বদন॥
মলিন দেখিয়া জিজ্ঞাসেন নারায়ণ।
তোমা সবাকার শত্রু হ'ন কোন্ জন॥

বিধাতা বলেন, শুন দেব পুরন্দর।
তুমি গিয়া কহ কথা প্রভুর গোচর॥
আমি বর দিয়াছি দুর্দ্দান্ত রাবণেরে।
তুমি গিয়া কহ দুঃখ প্রভুর গোচরে॥
দেবগুরু বৃহস্পতি যোড় করি হাত।
প্রভুর আগেতে করিলেন প্রণিপাত॥
হে ঠাকুর ভগবান্! অবধান কর।
দেবতার মন তব নহে অগোচর॥
আগম নিগম তুমি ভারত পুরাণ।
অনাথের নাথ তুমি কর পরিত্রাণ॥
বিশ্রবা মুনির পুত্র রাজা দশানন।
পাইল ব্রহ্মার বর করি আরাধন॥
তার তেজে স্বর্গে দেব রহিতে না পারে।
দেবের দেবস্ব হরে সতী বলাৎকারে॥
ঘুচাইল যমের যতেক অধিকার।
সূর্য্যের উদয় নাই সদা অন্ধকার॥
চন্দ্রদেব প্রভাহীন নাহি তাঁর জ্যোতি।
বহুকাল প্রভু স্বর্গে অন্ধকার রাতি॥
বরুণের ঘুচিল অগাধ যত জল।
নির্ব্বাণ হইল অগ্নি নাহিক প্রবল॥
কুবেরের হরে ধন পাইল তরাস।
গ্রহগণ-অধিকার হইল বিনাশ॥
নিশ্চল হইল বায়ু পেয়ে মহাভয়।
সমুদ্রের বেগ অতি মন্দ মন্দ বয়॥
ছাড়ে বীণা নারদ বীণায় ছাড়ে গীত।
অমঙ্গল স্বর্গে যত হ'ল বিপরীত॥
বসন্তাদি অধিকার ছাড়ে ছয় ঋতু।
নিত্য ভয় পাই সবে রাবণের হেতু॥
ব্রহ্মার বরেতে সেই হইল দুর্জ্জয়।
তারে বর দিয়া ব্রহ্মা নিজে পান ভয়॥

তাঁর বর পেয়ে লঙ্ঘে তাঁহারি বচন।
স্বর্গ হ'তে তাড়াইয়া দিল দেবগণ॥
কাড়িয়া লইল সে দেবের কন্যা যত।
দেবের শরীরে অপমান সহে কত?
ত্রিভুবনে রহিতে কোথাও নাহি স্থান।
যথা যাই তথা দুষ্ট করে অপমান॥
নিবেদন মহাশয়! তোমার চরণে।
রাবণে বধিয়া রক্ষ দেবদেবীগণে॥
শুনিয়া প্রভুর ক্রোধ অন্তরে বাড়িল।
ঘৃত পেয়ে অগ্নি যেন প্রজ্বলিত হ'ল॥
বিনতানন্দনে হরি করেন স্মরণ।
চক্র হাতে করি, পক্ষে করি আরোহণ॥
কহিলেন দেবগণে ভয় নাহি আর।
রাবণেরে এখনি যে করিব সংহার॥
গরুড়ে চড়িয়া চলিলেন জগন্নাথ।
তখন কহেন ব্রহ্মা প্রভুর সাক্ষাৎ॥
আমি বর দিয়াছি যে পূর্ব্বে রাবণেরে।
এখন করিলে রণ রাবণ না মরে॥
নরের উদরে যদি লও হে জনন।
নর-বানরের হাতে তাহার মরণ॥
প্রভুর সাক্ষাতে ব্রহ্মা কহেন এ কথা।
জন্মের নামেতে প্রভু হেঁট করে মাথা॥
বরের সময় ব্রহ্মা হন আগুয়ান।
বিপদে পড়িলে বলে রক্ষ ভগবান্॥
কতবার দুঃখ পাব কতবার আর।
পৃথিবীতে যাব স্বর্গ করি পরিহার॥
পুনশ্চ হরিরে ব্রহ্মা কহেন বচন;—
দুষ্ট রাবণের ক্রিয়া করহ শ্রবণ॥
হাতে অস্ত্র সূর্য্যদেব লঙ্কার দুয়ারী।
ইন্দ্র মালা গাঁথি দেন চন্দ্র ছত্রধারী॥

আপনি ত অগ্নিদেব করেন রন্ধন।
মন্দ মন্দ বাতাস করেন সমীরণ॥
বরুণ বহিয়া জল দেন নিতি নিতি।
করেন মার্জ্জনা গৃহ নিজে বসুমতী॥
শুনিলে যমের কথা হইবেক হাস।
কাটিয়া আনেন তার ঘোটকের ঘাস॥
শনিদৃষ্টে ত্রিভুবন ভস্ম হয়ে উড়ে।
কাপড় ধুইয়ে দেন শনি লঙ্কাপুরে॥
জগতের কর্ত্তা আমি ব্রহ্মা মহামুনি।
পড়াই বালকগণে লঙ্কাতে আপনি॥
রাবণের আগে দেব গায়ক নারদ।
রাবণ ভুবন জিনি করেছে সম্পদ॥
জন্ম লতে হরি যদি হইলে কাতর।
আপনার সৃষ্টি সব লহ চক্রধর॥
অন্য ব্রহ্মা অন্য ইন্দ্র করহ সৃজন।
আপনার সৃষ্টি সব লহ নারায়ণ॥
এতেক বলিল ব্রহ্মা করুণ-বচন।
ভকতবৎসল প্রভু দিল তাহে মন॥
হে ব্রহ্মণ! ইহার উপায় বল মোরে।
কোন বংশে জন্ম আমি লব কার ঘরে?
কাহার উদরে আমি লইব জনন?
আমারে বা অপত্য বলিবে কোন্ জন॥
ব্রহ্মা বলে জন্ম লও দশরথ ঘরে।
দশরথ-ললনা সে কৌশল্যা উদরে॥
বিধাতার বচনে বলেন চক্রপাণি;—
দশরথ কৌশল্যা উভয়ে আমি জানি॥
পূর্ব্বেতে আমার সেবা করেছে বিস্তর।
জন্মিব তাদের ঘরে দিয়াছি এ বর॥
নারীর গর্ভেতে আমি লইব জনম।
বানরীর গর্ভে জন্ম লহ দেবগণ॥
আমি নর হই হও তোমরা বানর।
রাবণে মারিতে সবে হইও দোসর॥
ব্রহ্মবাক্যে স্বীকার করেন নারায়ণ।
পদতলে পড়ি লক্ষ্মী যুড়িল ক্রন্দন॥
তব অবতার হবে পৃথিবীমণ্ডলে।
তোমা দরশন আমি পাব কত কালে?
আমারে ছাড়িয়া কোথা যাইবে শ্রীহরি!
বিচ্ছেদ-যন্ত্রণা আমি সহিতে না পারি॥
লক্ষ্মীর রোদনেতে কান্দেন কম্বুগ্রীব।
ব্রহ্মারে জিজ্ঞাসে কোথা লক্ষ্মীরে রাখিব॥
শুনিয়া সে বাক্য ব্রহ্মা নিবেদন করে;—
উনি নাহি গেলে কি রাবণ রাজা মরে?
অযোনিসম্ভবা হয়ে জন্মিবেন চাষে।
জনকের ঘরে জন্ম মিথিলার দেশে॥
এতেক বলিলেন যদি ব্রহ্মা তপোধন।
আদিকাণ্ড গান কৃত্তিবাস বিচক্ষণ॥

জনক ঋষির ক্ষেত্রে লক্ষ্মীর জন্ম।

শ্রীহরির জন্মকথা থাকুক এখন।
আগেতে কহিব মাতা লক্ষ্মীর জনন॥
যেখানেতে বেদবতী ছাড়িল জীবন।
সেখানে হইল দিব্য মিথিলা ভুবন॥
তার রাজা হইল জনক নামে ঋষি।
পুত্রের কারণে রাজা যজ্ঞভূমি চষি॥
স্বহস্তে লাঙ্গলে রাজা ক্ষেত্রভূমি চষে।
উর্ব্বশী চলিয়া যায় উপর আকাশে॥
তাহাকে দেখিয়া কামে জনক মোহিত।
হঠাৎ ঋষির বীর্য্য হইল স্খলিত॥
দৈবযোগে পৃথিবী আছিল ঋতুমতী।
ঋষি-বীর্য্য পড়িয়া হইল গর্ভবতী॥

ডিম্বরূপে ভূমিমধ্যে ছিল বহুকালে।
ভাসিয়া উঠিল ডিম্ব লাঙ্গল-সীরালে ॥
ডিম্ব ভাঙ্গি জনক করিল খান খান!
কন্যারত্ন দেখে তাহে লক্ষ্মীর সমান ॥
উ মা উ মা করি কান্দে যেন সৌদামিনী।
আচম্বিতে আকাশে হইল দৈববাণী ॥
ক্ষেত্রভূমি হ'তে এই কন্যার জনন।
তব কন্যা বটে এই, করহ পালন ॥
শুনিয়া জনক বড় হরিষ অন্তরে।
কন্যা কোলে করি তবে আইলেন ঘরে ॥
দেখি কন্যা রাজরাণী জিজ্ঞাসে তখন।
দুঃখ দিয়া কাহারে আনিলে কন্যাধন?
জনক বলেন, ক্ষেত্রে কন্যার জনম।
মম কন্যা বটে, তুমি করহ পালন ॥
অপত্য নাহিক, স্নেহ বাড়িল অন্তরে!
দিনে দিনে বাড়ে লক্ষ্মী জনকের ঘরে ॥
ঘন কেশপাশ তাঁর যেমন চামর।
পাকা বিম্বফল তুল্য তাঁর ওষ্ঠাধর ॥
মুষ্টিতে ধরিতে পারি তাঁহার কাঁকালি।
হিঙ্গুলে মণ্ডিত পাদপদ্মের অঙ্গুলী ॥
পরমা সুন্দরী কন্যা যেন হেমলতা।
সীতাতে হইল জন্ম তাই নাম সীতা ॥
লক্ষ্মীর রূপের কিবা কহিব তুলন।
যাঁর রূপে ভুলিলেন প্রভু নারায়ণ ॥
যেই জন শুনে এই লক্ষ্মীর জনন।
ধন পুত্র লক্ষ্মী তাঁরে দেন নারায়ণ ॥
কৃত্তিবাস পণ্ডিত কবিত্বে বিচক্ষণ।
গাহিল এ আদিকাণ্ডে লক্ষ্মীর জনন ॥

দশরথের যজ্ঞ সাঙ্গ ও যজ্ঞের চরু তিন রাণীর ভক্ষণ এবং তিনের গর্ভে নারায়ণের চারি অংশে জন্মবৃত্তান্ত।

মিথিলায় হ'ল যদি লক্ষ্মীর উৎপত্তি ॥
অযোধ্যায় জন্ম ল'তে যান লক্ষ্মীপতি ॥
দশরথ যজ্ঞ করে একই বৎসর।
যজ্ঞস্থলে আসি দেখা দিলেন শ্রীধর ॥
শঙ্খ চক্র গদা পদ্ম চতুর্ভুজকলা।
কিরীট কুণ্ডল কর্ণে হৃদে বনমালা।
এইরূপে আসি দেখা দিল নারায়ণ।
কেবল দেখিল ঋষ্যশৃঙ্গ তপোধন ॥
মুনি বলে, দশরথ! তুমি পুণ্যবান্।
তব ঘরে জন্মিতে আসিল ভগবান্ ॥
হেনকালে দৈববাণী হ'ল চমৎকার।
বিষ্ণু জন্মে রাবণেরে করিতে সংহার ॥
ঋষ্যশৃঙ্গ মুনি দিল যজ্ঞেতে আহুতি।
যজ্ঞ হ'তে উঠে চরু বিষ্ণুর আকৃতি ॥
বিষ্ণুমন্ত্রে ঋষ্যশৃঙ্গ তাতে দিল কাঠি।
তাতে ফেলে দিল অম্বকের ফল গুটি ॥
সেই ফলে নারায়ণ করেন প্রবেশ।
চরুতে মিশ্রিত হন প্রভু কমলেশ ॥
তুলিলেক চরু মুনি সুবর্ণের থালে।
দশরথ-হাতে দিয়া কহে শুভকালে ॥
প্রথমা নারীকে ল'য়ে করাও ভক্ষণ।
এই চরু হ'তে হবে তোমার নন্দন ॥
মুনি চরু হাতে দিল রাজা বন্দে মাথে।
অন্তঃপুরে গেল রাজা সুপবিত্র পথে ॥
কৌশল্যা কৈকেয়ী তাঁরা মুখ্য দুই রাণী।
একভাগ ছিল চরু কৈল দুইখানি ॥

অগ্রভাগ দিল রাজা কৌশল্যা রাণীরে।
শেষ ভাগখানি দিল কৈকেয়ী দেবীরে ॥
চরু দিয়া যজ্ঞশালে দশরথ গেল।
হেনকালে সুমিত্রা সে কাঁদিতে লাগিল ॥
উৰ্দ্ধশ্বাসে আসি কহে নিশ্বাস ছাড়িয়া।
রাজা-কাছে অপরাধী কিসের লাগিয়া ?
শুনিয়া কৌশল্যা রাণী হয়ে দয়াবতী।
বলিতে লাগিল রাণী সুমিত্রার প্রতি ;—
মনে মানিয়াছি যেন তিনটি ভগিনী।
আপন হইতে অংশ দিব অৰ্দ্ধখানি ॥
ইহাতে তোমার যদি জন্ময়ে নন্দন।
আমার পুত্রের সনে রহিবে সে জন ॥
সুমিত্রা বলেন, দিদি এই দেহ বর।
মম পুত্র হবে তব পুত্র-সহচর ॥
অগ্রভাগ কৌশল্যা রাখিয়া নিজ ঘরে।
শেষ ভাগ দিল তবে সুমিত্রা দেবীরে ॥
তাহা দেখে বসিয়া কৈকেয়ী ক্রুরমতি।
কপটে ডাকিয়া কহে সুমিত্রার প্রতি ॥
তোমারে চরুর অৰ্দ্ধ-অংশ দিব আমি।
সুমিত্রা ভগিনী এই সত্য কর তুমি ;
আমার চরুর অংশে হবে যে নন্দন।
আমার পুত্রের ভৃত্য হবে সেই জন ॥
সুমিত্রা বলেন, দিদি করিলাম পণ।
তোমার পুত্রের দাস আমার নন্দন ॥
এই বলি শেষ ভাগ দিলেন তাঁহারে।
তিন জন খাইলেন চরু একবারে ॥
এক অংশে নারায়ণ চারি অংশ হয়ে।
তিন গর্ভে জন্মিলেন শুভক্ষণ পেয়ে ॥
হেথা যজ্ঞসাঙ্গ করি রাজা দশরথ।
ব্রাহ্মণেরে ধনদান করে বিধিমত ॥
ব্রাহ্মণে তুষিল করি নানা ধনদান।
সবে আশীৰ্ব্বাদ করে হও পুত্রবান্ ॥
বিদায় হইয়া মুনি নিজ দেশে যায়।
আদিকাণ্ড গাহিল পুত্রেষ্টি যজ্ঞ সায় ॥

শ্রীরামের জন্ম-বিবরণ।

হেথা তিন রাণী চরু করিল ভক্ষণ।
কোটি সূৰ্য্য জিনি সেই তিনের বরণ ॥
হইয়াছিলেন বৃদ্ধা শিরে পাকা কেশ।
চরুর ভক্ষণে যেন যৌবন-উন্মেষ ॥
বিধাতা সকল মায়া করেন ঘটন।
এই কালে ঋতুমতী হ'ল তিন জন ॥
দশরথ জানিলেন এ সব সন্দৰ্ভ।
ঋতুর লক্ষণে জানা গেল সেই গৰ্ভ ॥
এইমত তিন গৰ্ভ বাড়ে দিনে দিনে।
দুই মাস গর্ভ জানা গেল সুলক্ষণে ॥
চারি মাস গর্ভেতে প্রতীত হ'ল মন।
পঞ্চমাস গর্ভেতে শুনিল ত্রিভুবন ॥
প্রথম গর্ভেতে লজ্জাযুক্ত অহর্নিশি।
বদন হইল যেন প্রভাতের শশী ॥
কুচাগ্র হইল কাল, উদর ডাগর।
মৃত্তিকায় শয়নেতে সদা সমাদর ॥
ঘন ঘন হাই উঠে অলস নয়ন।
পাণ্ডুবর্ণ হ'ল অঙ্গ খসে আভরণ ॥
কৃষ্ণবর্ণ প্রকাশ হইল স্তনবোঁটে।
শরীরে না রহে বস্ত্র, নিত্য বল টুটে ॥
এইমতে হইল সে গর্ভের বৰ্দ্ধন।
নয় মাস গর্ভবতী হ'ল তিন জন ॥
দেখি দশরথ রাজা আনন্দিত মন।
পঞ্চামৃত দিয়া কৈল গর্ভের শোধন ॥

যে ছিল প্রাক্তনে পুণ্য তাহার কারণ।
কৌশল্যারে দেখা দেন প্রভু নারায়ণ॥
স্বপ্নে শঙ্খ-চক্র-গদা-পদ্ম-শার্ঙ্গধারী।
চতুর্ভুজরূপে দেখা দিলেন শ্রীহরি॥
পুত্রভাবে হরিকে করিল রাণী কোলে।
কহিলেন কৌশল্যারে ডাকিয়া মা ব'লে॥
পূর্ব্বেতে আমার সেবা করেছ আদরে।
সেই পুণ্যে জন্মিলাম তোমার উদরে॥
আপনি তোমার গর্ভে লয়েছি জনন।
পুত্র বলি স্তন দিয়া করহ পালন॥
এত বলি অদর্শন হ'ন নারায়ণ।
কৌশল্যা বলেন, কিবা দেখিনু স্বপন॥
কহিল সকল কথা দশরথ প্রতি।
মা বলিয়া আমাকে যে ডাকেন শ্রীপতি॥
শুনি দশরথ রাজা হরষিত মন।
ভাবে বুঝি সত্য হবে অন্ধক-বচন॥
দীন দ্বিজগণেরে দিলেন কত স্বর্ণ।
এইরূপে দশ মাস হইল সম্পূর্ণ॥
প্রসব-সময় যত নিকট হইল।
দশরথ ভূপতির আনন্দ বাড়িল॥
এখন তখন রাণী প্রসব হইবে।
প্রজা সব গান করে সদা এই রবে॥
যেই দিন ভূমিষ্ঠ হবেন নারায়ণ।
আকাশ জুড়িয়া বসিলেন দেবগণ॥
শুভগ্রহ সকল উদিত স্থানে স্থানে।
দশদিক্ মঙ্গল সকল তারাগণে॥
প্রথমে প্রথমা স্ত্রীর গর্ভের বেদন।
অন্তঃপুরে প্রবেশ করিল নারীগণ॥
মধুচৈত্রমাস শুক্লা শ্রীরামনবমী।
শুভক্ষণে ভূমিষ্ঠ হলেন জগৎ-স্বামী॥

গর্ভব্যথা নাহি তাঁর নাহিক শোণিত।
শুভক্ষণে শ্রীহরি হইল উপনীত॥
অন্ধকার ঘুচে যেন জ্বালিলেক বাতি।
কোটি সূর্য্য জিনিয়া তাঁহার দেহ-দ্যুতি॥
শ্যামল শরীর প্রভু চাঁচর কুন্তল।
সুধাংশু জিনিয়া মুখ করে ঝলমল॥
আজানুলম্বিত দীর্ঘ ভুজ সুললিত।
নীলোৎপল জিনি চক্ষু আকর্ণ পূর্ণিত॥
কে বর্ণিতে শক্ত তাঁর রক্ত ওষ্ঠাধর।
নবনীত জিনিয়া কোমল কলেবর॥
সংসারের রূপ যত একত্র মিলন।
কিসে বা তুলনা দিব নাহিক তেমন॥
জয় জয় হুলাহুলি দিল নারীগণ।
সাবধানে করিলেক নাড়িকা ছেদন॥
কৌশল্যার দাসী সেই শুভবার্ত্তা লয়ে।
শুভ সমাচার দিল রাজধামে গিয়ে॥
শুনি দশরথ পূর্ণ পুলক শরীরে।
অষ্ট আভরণ তিনি দিলেন দাসীরে॥
পরম আনন্দে রাজা পাসরে আপনা।
কত ধন দিল দ্বিজে কে করে গণনা॥
গণক আনিয়া করিলেন শুভকাল।
পুত্রমুখ দেখিবারে যান মহীপাল॥
ইন্দ্র যেন চলিলেন শচীর মন্দিরে।
চন্দ্র যেন আসিয়াছে রোহিণীর ঘরে॥
কৌশল্যা বসিয়া আছে নারায়ণ কোলে।
পুত্র দেখিবারে রাজা গেল হেন কালে॥
ধীরে ধীরে দশরথ পুত্র নিল বুকে।
ঘন ঘন চুম্ব তাঁর দিল চাঁদমুখে॥
দরিদ্র পাইল যেন নিধির কলস।
ততোধিক আনন্দিত রাজার মানস॥

অন্ধ জন যেমন নয়ন-লাভে হয়।
ততোধিক দশরথ পাইয়া তনয় ॥
এত দিনে দশরথ-মনেতে উল্লাস।
রামজন্ম রচিল পণ্ডিত কৃত্তিবাস ॥

ভরত, লক্ষ্মণ ও শত্রুঘ্নের জন্ম এবং দেবগণের আনন্দ।

এক অংশে জন্ম লইলেন নারায়ণ।
শুনিয়া দুঃখিত বড় কৈকেয়ীর মন ॥
আজি হ'তে কৌশল্যা যে বাড়িল সোহাগে।
মোরে পুত্র কেন বিধি নাহি দিল আগে ?
জ্যেষ্ঠ পুত্র রাজা হয় সর্ব্বশাস্ত্রে বলে।
মম পুত্র বিধি আগে কেন নাহি দিলে ?
বলিতে বলিতে হ'ল গর্ভের বেদন।
কৈকেয়ী বলেন, কুঁজী গা করে কেমন ॥
ছিলেন মায়ের গর্ভে করি পদ্মাসন।
শুভক্ষণে জন্মিলেন প্রভু নারায়ণ ॥
কৌশল্যা নারীর পুত্র যেরূপ লাবণ্য।
সেই নাক সেই মুখ কিছু নাই ভিন্ন ॥
কুঁজী গিয়া জানাইল দ্রুত ভূপতিরে।
হইল তোমার পুত্র কৈকেয়ী-উদরে ॥
শুনি দশরথ রাজা আপনা পাসরে।
পুত্রমুখ দেখে গিয়া কৈকেয়ীর ঘরে ॥
পুত্রমুখ দেখি রাজা অতি হৃষ্টমতি।
ধন-বিতরণে করিলেন অনুমতি ॥
সুমিত্রার হ'ল যবে গর্ভের বেদন।
যমজ উভয় পুত্র প্রসবে তখন ॥
গৌরবর্ণ হ'ল দোঁহে বিষ্ণু-অবতার!
সুমিত্রা প্রসব কৈল যমজ কুমার ॥
যখন যমজ পুত্র প্রসবে সুন্দরী।
জয় জয় হুলাহুলি দিল সব নারী ॥
দাসী গিয়া দশরথে কহিল গৌরবে।
আর দুই পুত্র রাজা সুমিত্রা প্রসবে ॥
শুনিয়া হইল তাঁর আনন্দ অপার!
ব্রাহ্মণেরে লুটাইল সকল ভাণ্ডার ॥
চলিলেন দশরথ পরম কৌতুক।
তিন ঘরে দেখিলেন চারি পুত্রমুখ ॥
তিন দণ্ড বেলা হ'ল গণকের মেলা।
খড়িতে গণিয়া চাহে শুভক্ষণ বেলা ॥
সূর্য্যবংশে আছে বহু রাজার সুকীর্ত্তি।
সবা হ'তে এই পুত্র রাজচক্রবর্ত্তী ॥
ইহার কোষ্ঠীর কিবা করিব গণন।
এমন লক্ষণে বুঝি প্রভু নারায়ণ ॥
যেই জন শুনে প্রভু রামের জনম।
ধন পুত্র লক্ষ্মী হয় ভয় পায় যম ॥
অযোধ্যায় হইল আনন্দ-কোলাহল।
ক্ষত্র বৈশ্য শূদ্র সবে করিল মঙ্গল ॥
গণকে তুষিল রাজা দিয়া নানা ধন।
আদিকাণ্ড গান কৃত্তিবাস বিচক্ষণ ॥

ত্রিপদী।

রামের জনম শুনি, নাচয় সকল মুনি,
দণ্ড-কমণ্ডলু করি হাতে।
স্বর্গে নাচে দেবগণ, মর্ত্ত্যে নাচে মর্ত্ত্যজন,
হরিষে নাচিছে দশরথে ॥
শ্রীদেবযানীর সঙ্গে, নাচিছেন ব্রহ্মা রঙ্গে,
শচী সঙ্গে নাচে শচীপতি।
স্থাবর জঙ্গম আর, সবে নাচে চমৎকার,
উল্লাসিত নাচে বসুমতী ॥

দিব্য দিব্য আভরণ, পরি যত নারীগণ,
চলি যায় অনেক সুন্দরী।
চলি যায় রাজপথে, শ্রীরামেরে নিরখিতে
সম্মুখেতে নাচে বিদ্যাধরী॥
রত্নের প্রদীপ জ্বলে, পুরী পূর্ণা কোলাহলে,
কৌশল্যা হইল পুত্রবতী।
গগনমণ্ডলে থাকি, দেবগণ বলে ডাকি,
জয় জয় জয় রঘুপতি॥
জন্মিলেন নারায়ণ, বধিবারে দশানন,
দেবেরে করিতে অব্যাহতি।
ইহা শুনে যেই জন, কিংবা করে পারায়ণ,
ভবমুক্ত হয় সেই কৃতী॥
বৈকুণ্ঠ করিয়া শূন্য প্রকাশিতে নর পূণ্য,
অবতীর্ণ পুত্র ভগবান্।
রচিল যে কৃত্তিবাস, পূর্ণ করি অভিলাষ,
বন্দিয়া সে বাল্মীকি-পুরাণ॥

শ্রীরামের জন্মে রাবণের বিপদানভব ও তন্নিবারণ-উপায়করণ।

অযোধ্যাতে জন্ম যদি নিলেন শ্রীপতি।
লঙ্কায় আতঙ্ক দেখে সদা লঙ্কাপতি॥
আচম্বিতে রাবণের সিংহাসন দোলে।
মাথার মুকুট খসি পড়ে ভূমিতলে॥
দশমুখে হায় হায় করে দশানন।
আচম্বিতে মুকুট খসিল কি কারণ?
কোথা গেল ইন্দ্রজিৎ আন গণ্ডীবাণ।
পৃথিবী বাসুকি কাটি কর খান খান॥
হেনকালে কহেন ধার্ম্মিক বিভীষণ।
জন্মিয়াছে যে তোমার বধিবে জীবন॥
পৃথিবীর প্রতি ক্রোধ কর কি কারণ?
তোমারে বধিতে জন্ম নিল নারায়ণ॥
এই কালে আকাশে হইল দৈববাণী।
দশরথ-ঘরেতে জন্মিল চক্রপাণি॥
শুনিয়া চিন্তিত বড় রাজা দশানন।
ডাক দিয়া বলে, শুন শুক ও সারণ!
একে একে দেখে এস পৃথিবী ভুবনে।
আমার শত্রুর জন্ম হ'ল কোন্‌খানে?
এখনি মারিব তারে অতি শিশুকালে।
বাড়িবে জঞ্জাল সেই প্রবল হইলে॥
রাবণের আজ্ঞা চর বন্দিলেক মাথে।
সমুদ্রের পার হয়ে লাগিল ভাবিতে॥
পরম বৈষ্ণব দূত শুক ও সারণ।
বাসবের দ্বারী তারা জানে ত্রিভুবন॥
শুক বলে, শুন মোর ভাই রে সারণ।
অযোধ্যায় বুঝি জন্মিলেন নারায়ণ॥
আজি শুভদিন হ'ল আমা দোঁহাকার।
ভাগ্যবলে দেখিব যে চরণ তাঁহার॥
এত বলি অযোধ্যায় দিল দরশন।
দেখিল অযোধ্যা যেন বৈকুণ্ঠ ভুবন॥
রতন-প্রদীপ জ্বলে প্রতি ঘরে ঘরে।
তৈল-হরিদ্রায় পথে চলিতে না পারে॥
অলক্ষিতে প্রবেশিল কৌশল্যার ঘরে।
বসেছেন কৌশল্যা শ্রীরামে কোলে ক'রে॥
যাহার মানসে থাকে যেরূপ বাসনা।
সেইরূপে প্রভুরে দেখয়ে সেই জনা॥
পরম বৈষ্ণব তারা ভাই দুই জন।
চতুর্ভুজরূপে দেখিলেন নারায়ণ॥
শঙ্খ-চক্র-গদা-পদ্ম চতুর্ভুজকলা।
কিরীট কুণ্ডল কানে হৃদে বনমালা॥
কত কোটি ব্রহ্মা তাঁরে করিছে স্তবন।
প্রভুর শরীরে দেখে এ তিন ভুবন॥

প্রসঙ্গেতে দেখিল যে সর্ব্ব-পরিষদ।
সনক-সনাতন আদি প্রহ্লাদ নারদ॥
এইরূপে দুই ভাই প্রভুরে দেখিয়া।
সহস্র প্রণাম করে ধূলি লোটাইয়া॥
ভক্তিভাবে করয়ে অনেক প্রণিপাত।
স্তবন করিছে তারা করি যোড় হাত॥
রাক্ষসের জাতি মোরা বড়ই অধম।
তোমার মহিমা-জ্ঞানে আমরা অক্ষম॥
যে পদ ব্রহ্মাদি দেব নাহি পায় ধ্যানে।
হেন পাদপদ্ম দেখি প্রত্যক্ষ প্রমাণে॥
এই নিবেদন করি শুন মহাশয়।
তব পাদপদ্মে যেন সদা মন রয়॥
কৃপার সাগর প্রভু! তুমি গুণধাম।
এত বলি গেল তারা করিয়া প্রণাম॥
পথে যেতে দুই ভাই ভাবিলেক মনে।
এ কথা না কব পাপী দশানন সনে॥
চক্ষুর নিমিষে তারা লঙ্কাপুরে গিয়া।
রাবণে বর্ণিল সব মাঙ্গে সম্ভাষিয়া॥
একে একে দেখিলাম এ তিন ভুবনে।
তোমার যে শত্রু আছে নাহি লয় মনে॥
দশ মুখ মেলিয়া রাবণ রাজা হাসে।
কেতকী-কুসুম যেন ফাটে ভাদ্র মাসে॥
না বুঝিয়া কথা কহ ভাই বিভীষণ।
আমার নাহিক শত্রু শুনিলে এখন॥
রাবণের কথা শুনি বলে বিভীষণ;—
পরিণামে এই কথা করিবে স্মরণ॥
রাবণ সমুদ্র বলি লাগিল ডাকিতে।
আসিয়া সমুদ্র দাঁড়াইল যোড়হাতে॥
রাজা বলে, পৃথিবীতে যত তীর্থ আছে।
সকল তীর্থের জল আন মোর কাছে॥
বাক্যমাত্র বলিতে না বিলম্ব হইল।
সকল তীর্থের জল সম্মুখে আইল॥
তীর্থজলে দশানন করিলেন স্নান।
দরিদ্র দুঃখীরে রাজা করে স্বর্ণ দান॥
যতেক কাঞ্চন দিল নাম লব কত।
ধেনু দান শিলা দান করে শত শত॥
দান পুণ্য করিয়া বসিল দশানন।
ভাবিল অমর আমি নাহিক মরণ॥
কৃত্তিবাস পণ্ডিতের শ্লোক বিচক্ষণ।
রামের প্রীতিতে হরি বল সর্ব্বজন॥

বানরগণের জন্মবিবরণ।

নররূপে জন্মিলেন প্রভু নারায়ণ।
বানররূপেতে জন্ম নিল দেবগণ॥
বিধাতা বলেন, শুন যত দেবগণ।
যে যথা বানরী পাও কর আলিঙ্গন॥
এক বানরীতে রতি ইন্দ্র-সূর্য্য করে।
দুই পুত্র জন্মিলেক তাহার উদরে॥
হইল ইন্দ্রের তেজে বালী কপিবর।
সুগ্রীব বীরের জন্ম দিলেন ভাস্কর॥
কিষ্কিন্ধ্যার ফল-মূল খাইতে রসাল।
ফল-মূল খায় দোঁহে বিক্রমে বিশাল॥
তেজ হ'তে তেজ বাড়ে সম্পদ সম্পদ।
হইল বালীর পুত্র কুমার অঙ্গদ॥
হইল ব্রহ্মার তেজে মন্ত্রী জাম্বুবান্।
হইলেন পবনের তেজে হনূমান॥
হেমকূট নামে কপি বরুণনন্দন।
পঞ্চ পুত্র যমের সে যমদরশন॥
জন্মিল শিবের তেজে কেশরী বানর।
দিনে দিনে বাড়ে যেন শাল তরুবর॥

অগ্নি-তেজে হইলেন নীল সেনাপতি।
কুবেরের তেজে জন্মে বানর প্রমাথী ॥
সুষেণের জন্ম হয় ধন্বন্তরি-তেজে।
অহিবিদ্যা বিশ্বশাস্ত্র দিল তার মাঝে ॥
মহেন্দ্র দেবেন্দ্র হইল সুষেণ-নন্দন।
চন্দ্র-তেজে দধিগান হইল তখন ॥
প্রত্যেক বর্ণিলে হয় পুস্তক বিস্তর।
একৈক দেবের তেজে একৈক বানর ॥
কৃত্তিবাস পণ্ডিত যে সুখী সর্ব্বদণ্ডে।
বানরের জন্ম এবে গায় আদ্যকাণ্ডে ॥

দশরথের চারি পুত্রের অন্নপ্রাশন।

একৈক গণনে যে হইল চারিজন।
পাঁচ দিনে পাঁচটি করিল সুপ্রবীণ ॥
ছয় দিনে ষষ্ঠীপূজা নিশি জাগরণে।
দিল অষ্ট কলাই অষ্টাহে শিশুগণে ॥
ডাক দিয়া আনে রাজা বালকগণেরে।
কাপড় পুরিয়া সোনা দিল সবাকারে ॥
ত্রয়োদশে রাজার হইল অশৌচান্ত।
কতেক করিল দান তার নাহি অন্ত ॥
ছয় মাস-বয়স্ক হইলে চারিজন।
করাইল সবাকার ওদনপ্রাশন ॥
আমন্ত্রণ করিয়া সকল ক্ষত্রগণে।
আনাইল দশরথ আপন ভবনে ॥
আসিয়া বশিষ্ঠ মুনি মহানন্দমনে।
চারি পুত্রমুখে অন্ন দিল শুভক্ষণে ॥
দশরথ চারি পুত্র ল'য়ে নিজ কোলে।
মিষ্ট-অন্ন-জল দিল বদনকমলে ॥
বসিলেন চারি ভাই সুচারুবদন।
কৌতুকে যৌতুক দিল সবে রত্ন-ধন ॥
সকলে যৌতুক দিল আসি রাজধাম।
বিচার করেন সবে রাখেন কি নাম ॥
বিচারিল চারিবেদ আগম-পুরাণ।
যে মন্ত্র হইতে লোক পাবে পরিত্রাণ ॥
যেই মন্ত্র বাল্মীকি জপেন অবিরাম।
কৌশল্যাপুত্রের নাম রাখিল শ্রীরাম ॥
পৃথিবীর ভর সহিবেন অবিরত।
সেই হেতু তাঁর নাম হইল ভরত ॥
সুমিত্রার হইয়াছে যমজনন্দন।
শত্রুঘ্ন কনিষ্ঠ তার জ্যেষ্ঠ শ্রীলক্ষ্মণ ॥
ব্রাহ্মণেরে দিল দান গ্রাম কত শত।
রজত কাঞ্চন দিল নাম লব কত ॥
নানা দান দিয়া করে বশিষ্ঠের মান।
দুগ্ধবতী গাভী দিল সহস্র-প্রমাণ ॥
আশীর্ব্বাদ করি ঘরে গেল মুনিগণ।
আদিকাণ্ডে শ্রীরামের নাম সঙ্কলন ॥

রাম-লক্ষ্মণাদির বাল্যক্রীড়া।

ষণ্মাস-বয়স্ক রাম দেন হামাগুড়ি।
হাসিয়া মায়ের কোলে যান গড়াগড়ি ॥
ক্ষণেক মায়ের কোলে ক্ষণে পিতৃকোলে
বদনে না আসে কথা আধ আধ বোলে।
শ্রীরামের চন্দ্রাননে অমৃত-বচন।
প্রকাশিত মন্দ মন্দ হাসিছে দশন ॥
এক বর্ষ-বয়স্ক হইলে ভাই কটি।
পীতধড়া পরিধান গলে স্বর্ণকাঁঠি ॥
কাঁঠির মধ্যেতে দিল সোনার কিঙ্কিণী।
রত্নের নূপুর পায় রুণুরুণু ধ্বনি ॥
করেন শ্রীরাম খেলা বালকের সনে।
পরস্পর সম্প্রীতি হইল চারিজনে ॥

শ্রীরামের অনুগত শ্রীমান্ লক্ষ্মণ।
ভরতের অনুগামী সতত শত্রুঘ্ন॥
যার যে চরুর অংশ জানিল তাহাতে।
শ্রীরাম লক্ষ্মণে মিলে শত্রুঘ্ন ভরতে॥
যথা তথা যান রাজা রাম যান সাথে।
এক তিল অদর্শনে প্রমাদ তাহাতে॥
ব্রহ্মা আদি যাঁর পদ না পায় মননে।
পুনঃ পুনঃ চুম্ব দেন তাঁহার বদনে॥
চন্দ্রকলা যেমন বর্দ্ধিত দিনে দিনে।
সেইরূপ লাবণ্য বাড়িল চারি জনে॥
এক বিষ্ণু চারি ভাই মায়ার কারণ।
রামে দেখি দশরথ ভাবে মনে মন॥
সর্ব্বক্ষণ দশরথ রামেরে নেহারে।
অন্ধক মুনির শাপ মনে চিন্তা করে॥
শাপ দিল মুনি মোরে গৌরব কারণ।
এই পুত্র না দেখিলে আমার মরণ॥
ন হাজার বর্ষ রাজ্য করে কুতূহলে।
রাম হেন পুত্র পাইলাম পুণ্যফলে॥
পুত্রমুখ দেখি সদা জীবন সফল।
আদিকাণ্ড কৃত্তিবাস পণ্ডিত গাহিল॥

—

শ্রীরামের শাস্ত্র ও অস্ত্রশিক্ষা।

পঞ্চবর্ষ গত হয় হাতে দিল খড়ি।
পড়িতে পাঠান রাজা বশিষ্ঠের বাড়ী॥
ক খ গ আঠার ফলা বানান প্রভৃতি।
অষ্ট শব্দ পাঠ করিলেন রঘুপতি॥
ব্যাকরণ কাব্যশাস্ত্র পড়িলেন স্মৃতি।
অবশেষে পড়িলেন রাম চতুঃশ্রুতি॥
কোন শাস্ত্র নাহি তাঁর হয় অগোচর।
চৌদ্দ দিনে চতুঃষষ্টি বিদ্যাতে তৎপর॥
বিদ্যা পড়ি করিলেন গুরুকে প্রণাম।
অস্ত্রবিদ্যা সেইক্ষণে শিখিলেন রাম॥
প্রাতঃকালে চারি ভাই যান মালঘরে।
মল্লবিদ্যা শিখিল সকলে সমাদরে॥
গুলী দাঁড়া লয়ে রাম লাঠরি খেলান।
রামের বিক্রমে সব মালের পয়াণ॥
রামসঙ্গে কোন মাল নাহি ধরে তাল।
সুমেরু পর্ব্বতে যান করিতে সাতাল॥
ধনু হাতে করি রাম যারে এড়ে বাণ।
ত্রিভুবন মধ্যে তার নাহি পরিত্রাণ॥
দশরথ রাজার বিপক্ষ যত ছিল।
রামের বিক্রম দেখি সবে পলাইল॥
যতনে খেলেন রাম ফুলধনু হাতে।
এক দিন বনে গেল লক্ষ্মণ সহিতে॥
মৃগ খুঁজি দুই জন বেড়ান কানন।
তখন মারীচ সঙ্গে হইল মিলন॥
কোন্‌খানে ছিল সে মারীচ নিশাচর।
মৃগরূপ হয়ে গেল রামের গোচর॥
মৃগ দেখি রামের কৌতুকী হ'ল মন।
ধনুকে অব্যর্থ বাণ যুড়িল তখন॥
ছুটিল রামের বাণ তারা যেন খসে।
মহাভীত মারীচ পলায় মহাত্রাসে॥
শ্রীরামের বাণশব্দে ছাড়িল সে বন।
জনকের দেশে গেল মিথিলা-ভুবন॥
রামের বিক্রম দেখি দেবগণ ভাষে।
এত দিনে রাবণ মরিবে অনায়াসে॥
সূর্য্য অস্ত গেল তথা বেলার বিরাম।
রণশ্রান্ত লক্ষ্মণেরে দেখিলেন রাম॥
মলিন হইয়া গেল লক্ষ্মণের মুখ।
দেখিয়া শ্রীরাম পান অন্তরেতে দুখ॥

একদিন দুঃখে ভাই হইলে এমন।
কেমনে মারিয়া বৈরী রাখিবে ব্রাহ্মণ ॥
আমলকী ফল পাড়ি দেন তাঁর মুখে।
ক্ষুধা-তৃষ্ণা দূরে গেল খান মনসুখে ॥
হেনকালে দেখেন নিকটে সরোবর।
নানা পক্ষী জলে করে কল কল স্বর ॥
এমন সময়ে ব্রহ্মা কন পুরন্দরে।
জন্মেন আপনি হরি দশরথ-ঘরে ॥
নররূপী আপনাকে বিস্মৃত আপনি।
রাবণ মারিতে মাত্র অবতীর্ণ তিনি ॥
চতুর্দ্দশ বর্ষ তিনি থাকিবেন বনে।
ফল-মূলাহারে যুদ্ধ করিবে কেমনে ?
মৃণাল-ভিতরে তুমি রাখ গিয়া সুধা।
সুধাপানে রামের না হইবেক ক্ষুধা ॥
এই আজ্ঞা পাইলেন দেব পুরন্দর।
রাখিয়া গেলেন সুধা মৃণাল-ভিতর ॥
হেনকালে লক্ষণেরে বলেন শ্রীরাম,—
মৃণাল তুলিয়া আন করি জলপান ॥
লক্ষণ আনিয়া দিল শ্রীরামের হাতে।
দুই ভাই সুধা খান মৃণাল সহিতে ॥
ক্ষুধা-তৃষ্ণা দূরে গেল সুস্থ হ'ল মন।
বৃক্ষপত্র পাতিয়া যে করিল শয়ন ॥
পরিশ্রমে সুনিদ্রা হইল বৃক্ষতলে।
আছেন শ্রীরাম যেন শুয়ে পিতৃকোলে ॥
না দেখিয়া শ্রীরামেরে হইয়া কাতর।
আস্তে আস্তে যায় রাণী রাজার গোচর ॥
হেথা রাজা রামে না দেখিয়া বহুক্ষণ।
রামেরে দেখিতে যান কৌশল্যা-সদন ॥
দুইজন পথেতে হইল দরশন।
শ্রীরামের লাগি উভে বিষাদে মগন ॥

চিন্তিতা হইয়া রাণী জিজ্ঞাসে তখন ;—
রামে না দেখিতে পাই আমি বহুক্ষণ ॥
দশরথ বলে, রাণি, কি কহিলে কথা।
দেখিতে না পাই রাম তারা গেল কোথা ?
বুঝি রাম আছেন কৈকেয়ীর আবাসে।
তাড়াতাড়ি উভয়ে কৈকেয়ীরে জিজ্ঞাসে ॥
আজি আমি দেখি নাহি শ্রীরামের মুখ।
প্রাণ নাহি রহে মোর বিদরয়ে বুক ॥
কৈকেয়ী বলিল, আমি কিছু নাহি জানি।
আজি হেথা না আসিল রাম গুণমণি ॥
আজি বুঝি ভুলিয়া রহিল কোন্‌খানে।
লক্ষ্মণ যে স্থানে আছে রাম সেই স্থানে ॥
ভরত সহিতে হেথা মিলিয়া শত্রুঘ্ন।
অযোধ্যানগরে ভ্রমে ভাই দুই জন ॥
যেই যেই বালক খেলায় তাঁর সনে।
তাহারে জিজ্ঞাসে রাম আছে কোন্‌খানে।
কৌশল্যা সুমিত্রা আর কৈকেয়ী কামিনী।
ডম্বুর হারায়ে যেন ফুকারে বাঘিনী ॥
হৃদে হানে দশরথ ভালে মারে হাত।
কোথা গেলে পাব আমি রাম রঘুনাথ ॥
অন্ধক মুনির শাপ ঘটিল এখন।
রামে না দেখিলে মম রবে না জীবন ॥
পুত্রশোকে মৃত্যু আজি হইল বিধাতা।
রাম নাহি দেখি যদি মরণ সর্ব্বথা ॥
দিবসে সকল দেখি ঘোর অন্ধকার।
শ্রীরাম-লক্ষ্মণে বুঝি না দেখিব আর ॥
এইরূপ কান্দে রাণী, বেলা অবশেষে।
হেনকালে দুই ভাই অযোধ্যা প্রবেশে ॥
বনপুষ্পে ভূষিত ধনুক বামহাতে।
নাচিতে হাসিতে যান লক্ষ্মণের সাথে ॥

ভরত শত্রুঘ্ন গিয়া কহে কৌশল্যারে।
হের মাতা আসিলেন রাম পুরদ্বারে ॥
তার মুখে এই বাক্য শুনিতে শুনিতে।
বাহির হইল রাণী শ্রীরামে দেখিতে ॥
ধেয়ে গিয়ে দশরথ রামে করে বুকে।
পুনঃ পুনঃ চুম্ব দিল তাঁর চাঁদমুখে ॥
অন্ধকের শাপ মনে করে ধুক্ ধুক্।
কি জানি বা হন কবে বিধাতা বিমুখ ॥
কৌশল্যা ধাইয়া গিয়া রামে নিল কোলে।
সাদরে চুম্বন দিল বদনকমলে ॥
দরিদ্রের নিধি তুমি নয়নের তারা।
পলকে প্রলয় ঘটে যদি হই হারা ॥
ভরত শত্রুঘ্ন তবে দেখেন শ্রীরাম।
দুই ভাই আসি রামে করিল প্রণাম ॥
কৃত্তিবাস পণ্ডিতের মধুর ভণিত।
শ্রীরামের অরণ্যবিহার সুললিত ॥

সীতার বিবাহপণ জন্য হরধনু দেওন-বিবরণ।

সাত বৎসরের রাম অযোধ্যানগরে।
লক্ষ্মী হেথা জন্মিলেন জনকের ঘরে ॥
চাষের ভূমিতে কন্যা পায় মহাঋষি।
মিথিলা হইল আলো পরম রূপসী ॥
অদ্ভুত সীতার রূপ-গুণ মনে মানি।
এ নহে সামান্য কন্যা কমলা আপনি ॥
কন্যারূপ জনক দেখেন দিনে দিনে।
উমা কি কমলা বাণী ভ্রম হয় তিনে ॥
হরিণী-নয়নে কিবা শোভিত কজ্জল।
তিল-ফুল জিনি তাঁর নাসিকা উজ্জ্বল ॥
সুললিত দুই বাহু দেখিতে সুন্দর।
সুধাংশু জিনিয়া রূপ অতি মনোহর ॥
মুষ্টিতে ধরিতে পারি সীতার কাঁকলি।
হিঙ্গুলে মণ্ডিত তাঁর পায়ের আঙ্গুলী ॥
অরুণ-বরণ তাঁর চরণ-কমল।
তাহাতে নূপুর বাজে শুনিতে কোমল ॥
রাজহংসী ভ্রম হয় দেখিলে গমন।
অমৃত জিনিয়া তাঁর মধুর বচন ॥
দশ দিক্ আলো করে জানকীর রূপে।
লাবণ্য নিঃসরে কত প্রতি লোমকূপে ॥
জনক ভাবেন মনে সীতা দিব কারে।
সীতাযোগ্য বর নাহি দেখি এ সংসারে ॥
পুরোহিতে আনি রাজা কহেন বিশেষে।
জানকীর যোগ্য বর পাব কোন্ দেশে ?
জানকীরে বিবাহ করিবে কোন্ জন ?
স্বর্গেতে করেন চিন্তা যত দেবগণ ॥
বিধাতা বলেন, শুন দেব পুরন্দর !
রামের বয়স মাত্র সপ্তম বৎসর ॥
দিনে দিনে জানকীর রূপ বৃদ্ধিমান।
পাছে অন্য বরে রাজা সীতা করে দান ॥
এই যুক্তি দেবগণ করিয়া মনন।
কৈলাস-পর্ব্বতে গেল যথা ত্রিলোচন ॥
ব্রহ্মা বলিলেন, শুন শিব অন্তর্য্যামী।
জনকের ঘরে সীতা রক্ষা কর তুমি ॥
সে তব সেবক আজ্ঞা লঙ্ঘিতে না পারে।
রাম বিনা অন্যে যেন না দেয় সীতারে ॥
এতেক বলিয়া ব্রহ্মা করিল গমন।
ভৃগুরামে ডাকিয়া কহেন ত্রিলোচন ;—
আমার ধনুক লয়ে করহ পয়াণ।
জনকের ঘরে রাখ করি সাবধান ॥
আমার এ ধনুর্ভঙ্গ করিতে যে পারে।
কহ জনকেরে যেন সীতা দেয় তারে ॥

এ তিন ভুবনে ইহা তোলে কোন্ জন।
একমাত্র তুলিবেন প্রভু নারায়ণ ॥
পাইয়া শিবের আজ্ঞা বীর ভৃগুপতি।
ধনুক করিয়া হাতে করিলেন গতি ॥
মাথায় জটার ভার পৃষ্ঠে দুই তূণ।
এক হাতে কুঠার অন্যেতে ধনুর্গুণ ॥
ব্রহ্মারে যেমন দেবে করেন সম্ভ্রম।
জনক পরশুরামে করেন সে ক্রম ॥
প্রণাম করিয়া তাঁরে দিলেন আসন।
পাদ্য অর্ঘ্য দিয়া তাঁরে করেন পূজন ॥
ভৃগুরামে দেখি সব মুনির তরাস।
আদিকাণ্ড রচিল পণ্ডিত কৃত্তিবাস ॥

জনক রাজার ধনুর্ভঙ্গ পণ।

জিজ্ঞাসিতে লাগিলেন জনক রাজন্।
কোন্ কার্য্যে মহাশয় হেথা আগমন ?
বলেন পরশুরাম দুহিতা তোমার।
বিবাহ করিতে হ'ল মনন আমার ॥
জনক বলেন, এ কি শুনি চমৎকার।
এত কি সৌভাগ্য আছে কপালে সীতার ॥
সীতার বিবাহকাল হইবে যখন।
করা যাবে যুক্তিমত কহিলে যেমন ॥
ভৃগু বলে, তপস্যায় করিব গমন।
দেখো যেন অন্য মত না হয় রাজন ॥
এতেক বলিয়া যদি ভৃগুরাম যান।
ভৃগুর চরণ ধরি জনক শুধান ॥
তোমার সাক্ষাৎ আর পাব কত কালে ?
কারে দিব কন্যা আমি তুমি না আইলে ?
বলেন পরশুরাম আমার ধনুক।
রাখি যাই তব স্থানে দেখিবে কৌতুক ॥
ধনুক তুলিয়া যেবা গুণ দিতে পারে।
রহিল আমার আজ্ঞা কন্যা দিও তারে ॥
এত বলি ভার্গব গেলেন স্থানান্তরে।
পড়িয়া রহিল ধনু জনকের ঘরে ॥
হরের ধনুক সেই অপূর্ব্ব নির্ম্মাণ।
সত্তর যোজন উভে ধনুক-প্রমাণ ॥
যোজন দশক ধনু আড়ে পরিসর।
করিলেক প্রতিজ্ঞা জনক ঋষিবর ॥
এ ধনুকে গুণ দিতে যে জন পারিবে।
সেই জন জানকীরে বিবাহ করিবে ॥
যতন করিয়া কৈল ধনুকের ঘর।
একাশী যোজন সেই ঘর দীর্ঘতর ॥
এগার যোজন দ্বার আড়ে পরিসর।
ধনুক পড়িয়া রহে তাহার ভিতর ॥
সেই ধনুকের কথা গেল দেশে দেশে।
আদিকাণ্ড রচিল পণ্ডিত কৃত্তিবাসে ॥

রাজগণ ও রাবণ ধনু তুলিতে অপারগ ও পলায়ন।

ধনুকের কথা যদি গেল দেশে দেশে।
জানকীর পাণিপ্রার্থী সকলে আইসে ॥
পৃথিবীতে আছে যত রাজা মহত্তর।
একে একে আসে সবে জনকের ঘর ॥
আসিয়া সকল রাজা অহঙ্কার করে।
জনক পাঠাইয়া দেন ধনুকের ঘরে ॥
জনক বলেন, যেবা তুলিবে ধনুক।
তাঁরে সীতা কন্যা দিব পরম কৌতুক ॥
যত রাজপুত্র যায় ধনুক তুলিতে।
পিছু পিছু লোক যায় ব্যাপার দেখিতে ॥
ঘরের দ্বারেতে গিয়া উঁকি দিয়া চায়।
তুলিবার শক্তি কোথা দেখিয়া পলায় ॥

কেহ বা ধনুক ধরি টানাটানি করে।
তুলিবার সাধ্য কিবা নাড়িতে না পারে॥
লজ্জা পেয়ে রাজা তব যায় পলাইয়া।
বালক সকল দেখে হাসিয়া হাসিয়া॥
পলাইয়া যায় সবে আপনার দেশে।
বিবাহ করিতে অন্য রাজগণ আসে।
পথমধ্যে দেখা হয় সে সবার সনে।
ধনুকের পরাক্রম তারা সব শুনে॥
দেখিবারে কাজ শুনিয়া ডরায়।
শুনিয়া শুনিয়া পথে অমনি পলায়॥
ধনুক তুলিতে না পারিল কোন জন।
লঙ্কায় থাকিয়া শুনে লঙ্কার রাবণ।
অকম্পন প্রহস্ত মারীচ মহোদর।
চারি পাত্র লয়ে রথে চড়ে লঙ্কেশ্বর॥
আসিল সকলে তারা মিথিলা-ভুবন।
জনক শুনিল রাবণের আগমন॥
জনক বলেন, শুন পাত্র-মিত্রগণ!
রাবণ আইল আজি হইবে কেমন?
স্বেচ্ছাতে বিবাহ যদি না দিব রাবণে।
কাড়িয়া লইবে সীতা রাখে কোন্ জনে॥
চলিল জনকরাজ রাবণে আনিতে।
দেখিয়া রাবণ রাজা লাগিল হাসিতে॥
প্রহস্ত ডাকিয়া বলে রাবণ রাজারে ;—
জনক আসিল দেখ লইতে তোমারে॥
দেখিয়া রাবণ তাঁরে ভূমিতলে উলি।
দুই বাহু প্রসারিয়া করে কোলাকুলি॥
বসাইল রাবণেরে দিব্য সিংহাসনে।
মিষ্টালাপ করিলেন বসিয়া দুজনে॥
জনক বলেন, আজি সফল জীবন।
কোন্ কার্য্যে মহাশয় তব আগমন?

দশানন বলে, রাজা তব কন্যা সীতা।
আমারে করহ দান আমি সে গ্রহীতা॥
জনক বলেন, ইহা সৌভাগ্য-লক্ষণ।
তোমা বিনা পাত্র আর আছে কোন্ জন?
আনিলেন ভৃগুরাম ধনু একখান।
হেন বীর নাহি যে তাহাতে দেয় টান॥
তুলিয়া ধনুকখান ভাঙ্গ গিয়া তুমি।
ধনুকের ঘরে সীতা সমর্পিব আমি॥
শুনিয়া সে দশমুখে হাসিল রাবণ।
আমার সাক্ষাতে বল ধনুর বিক্রম॥
কৈলাস তুলেছি আমি পর্ব্বত মন্দর।
তাহাকে জিনিয়া কি ধনুকে হবে ডর?
আগে সীতা আনিয়া আমারে কর দান।
যাত্রাকালে ভাঙ্গিয়া যাইব ধনুখান॥
জনক বলেন, কর প্রতিজ্ঞা পূরণ।
দেখুক সকল লোক ধনুক ভঞ্জন॥
প্রহস্ত বলেন, শুন রাজা দশানন!
যার যে প্রতিজ্ঞা ভঙ্গ না করো কখন॥
ধনুক ভাঙ্গিলে রাজা জানকীরে দিবে।
ইচ্ছাধীনে নাহি দেয় বলে কাড়ি লবে॥
দশানন বলে, মামা, রাখি তব কথা।
ধনুক ভাঙ্গিলে যেন না হয় অন্যথা॥
অহঙ্কার করিয়া চলিল লঙ্কেশ্বর।
দেখাইতে চলিল জনক নৃপবর॥
শুনিয়া ধাইল সব মিথিলানগর।
সবে বলে জানকীর আজ এল বর॥
যুবা বৃদ্ধ শিশু এক নাহি রহে ঘরে।
কৌতুক দেখিতে গেল রাজার মন্দিরে॥
একাশী যোজন ঘর অতি দীর্ঘতর।
একাদশ যোজন তাহার পরিসর॥

ধনুক পড়িয়া আছে তাহার ভিতরে।
আসিয়া রাবণ রাজা দাঁড়াইল দ্বারে ॥
দ্বারেতে দাঁড়ায়ে বীর উঁকি দিয়া চায়।
দেখিয়া দুর্জ্জয় ধনু অন্তরে ডরায় ॥
মনে ভাবে আমার ঘুচিল জারিজুরি।
যে দেখি ধনুকখান পারি কি না পারি ॥
অন্তরে আতঙ্ক অতি মুখে আস্ফালন।
ধনুক তুলিতে যায় বীর দশানন ॥
আঁটিয়া কাপড় বীর বান্ধিল কাঁকালে।
কুড়ি হস্তে ধরিল সে ধনু মহাবলে ॥
আঁকাড়ি করিয়া সে ধনুকখান টানে।
তুলিতে না পারে লাজে চায় চারিপানে ॥
নাকে হাত দিয়া বলে কি করি উপায়।
কি হইবে মামা ধনু তুলা নাহি যায় ॥
প্রহস্ত বলিল, শুন রাজা লঙ্কেশ্বর !
লোক হাসাইলে আসি মিথিলানগর ॥
চিন্তা না করিও তুমি না করিও ডর।
গাত্রে বল করি আর একবার ধর ॥
পুনশ্চ ধনুকখান টানাটানি করে।
তথাপি ধনুকখান নাড়িতে না পারে ॥
দশানন বলে আর নাড়িতে না পারি।
প্রাণ যায় মামা তবু তুলিতে না পারি ॥
কৈলাস তুলিনু আমি পর্ব্বত মন্দর।
তাহারে জিনিয়া দেখি ধনুকের ভর ॥
এই যুক্তি মাতুল তোমার ঠাঁই মাগি।
সবাই মিলিয়া তুলি ধনুখান ভাঙ্গি ॥
প্রহস্ত বলিল, শুন বীর দশানন !
তা হ'লে সীতার বর হবে কোন্ জন ?
পার বা না পার আর একবার টান।
যায় প্রাণ রাখ মান এই বাক্য মান ॥
রাবণ বলিল, মামা, শুন মোর বাণী ;—
তুলিতে না পারি, শীঘ্র রথ আন তুমি ॥
ঈষৎ হাসিয়া বলে প্রহস্ত তাহারে ;—
রথ লয়ে এই আমি রহিলাম দ্বারে ॥
আরবার রাবণ ধনুকখান টানে।
তুলিতে না পারে চায় প্রহস্তের পানে ॥
কটিদেশে হাত দিয়া আকাশ নিরখে।
মনে ভাবে পাছে আসি ইন্দ্রদেব দেখে ॥
বুঝিয়া প্রহস্ত রথ দিল যোগাইয়া।
লাফ দিয়া রথে উঠে ধনুক এড়িয়া ॥
পলাইয়া চলিল লঙ্কার অধিকারী।
সকল বালক দেয় তারে টিট্‌কারী ॥
লঙ্কায় শঙ্কায় গেল লজ্জায় রাবণ।
আকাশে থাকিয়া দেখে যত দেবগণ ॥
শ্রীলক্ষ্মীপতির লক্ষ্মী লবে কোন্ জন।
তুলিবেন ধনুক কেবল নারায়ণ ॥
কৃত্তিবাস পণ্ডিতের কি কহিব শিক্ষা।
আদ্যকাণ্ড গাহিল সীতার হ'ল রক্ষা ॥

শ্রীরামের গঙ্গাস্নান ও গুহকের মুক্তি এবং উভয়ে মিতালি ও ভরদ্বাজ মুনির গৃহে ধনুর্ব্বাণ প্রাপ্ত হওন বিবরণ।

এক দিন দশরথ পুণ্য তিথি পেয়ে।
গঙ্গাস্নানে যান রাজা চারি পুত্র লয়ে ॥
হইবেক অমাবস্যা তিথিতে গ্রহণ।
রামের কল্যাণে রাজা দিলেন কাঞ্চন ॥
তুরঙ্গ মাতঙ্গ চলে সঙ্গে শতে শতে।
চারি পুত্র সহ রাজা চাপিলেন রথে ॥
চলিল কটক সব নাহি দিশ-পাশ।
কটকের শব্দে পূর্ণ হইল আকাশ ॥

চলেছেন দশরথ চড়ি দিব্য রথে।
নারদ মুনির সঙ্গে দেখা হয় পথে ॥
মুনি বলে কোথা রাজা করিছ পয়াণ।
ভূপতি কহেন সবে যাই গঙ্গাস্নান ॥
মুনি কহে দশরথ তুমি ত অজ্ঞান।
রাম মুখ দেখিলে কে করে গঙ্গাস্নান ?
পতিতপাবনী গঙ্গা পৃথিবীমণ্ডলে।
সেই গঙ্গা জন্মিলেন যাঁর পদতলে ॥
সেই দান সেই পুণ্য সেই গঙ্গাস্নান।
পুত্রভাবে দেখ তুমি প্রভু ভগবান্ ॥
এত যদি নৃপতিরে কহিলেন মুনি।'
রাজা বলে চল ঘরে রাম রঘুমণি ॥
বাপের বচন শুনি বলেন শ্রীরাম।
অনেক পাষণ্ড আছে ধর্ম্মপথে বাম ॥
গঙ্গার মহিমা আমি কি বলিতে জানি ?
না শুনিও মহারাজ ! নারদের বাণী ॥
এত যদি বলিলেন কৌশল্যাকুমার।
চলিলেন রাজা দশরথ আরবার ॥
চলিছে রাজার সৈন্য আনন্দিত হয়ে।
গুহক চণ্ডাল আছে পথ আগুলিয়ে ॥
তিন কোটি চণ্ডালেতে গুহক বেষ্টিত।
হুড়াহুড়ি বাধে দশরথের সহিত ॥
গুহক চণ্ডাল বলে, শুন দশরথ !
ভাঙ্গিয়া আমার দেশ করিবে কি পথ ?
বারে বারে যাহ তুমি এই পথ দিয়া।
সৈন্যেতে আমার রাজ্য ফেলিল ভাঙ্গিয়া ॥
গঙ্গাস্নান করিতে তোমার থাকে মন।
আর পথ দিয়া তুমি করহ গমন ॥
যদি ইচ্ছা থাকে হে যাইবে এই পথে।
দেখাও প্রথমে তব পুত্র রঘুনাথে ॥

রাম রাম বলিয়া যে গুহক ডাকিল।
রথমধ্যে রামেরে ভূপতি লুকাইল ॥
নিল দশরথ রাজা ধনুর্ব্বাণ হাতে।
রথের দ্বারেতে রাজা লাগিল ভাবিতে ॥
চণ্ডালেরে মারি কিবা হইবেক যশ।
নীচ জনে জিনিলে কি হইবে পৌরুষ ॥
যদি পরাজিত হই চণ্ডালের বাণে।
অপযশ ঘুষিবেক এ তিন ভুবনে ॥
আমি যদি ছাড়ি, নাহি ছাড়িবে চণ্ডাল।
কি করিব পথে এক বাধিল জঞ্জাল ॥
দুই জনে বাণবৃষ্টি করে মহাকোপে।
উভয়ের বাণেতে দোঁহার প্রাণ কাঁপে ॥
এইমত বাণবৃষ্টি হইল বিস্তর।
উভয়ের সংগ্রাম হইল বহুতর ॥
দশরথ রাজা এড়ে পাশুপত শর।
হাতে গলে গুহকে বান্ধিল নরেশ্বর ॥
গুহকে বান্ধিয়া রাজা তুলিলেন রথে।
বন্ধনে পড়িয়া গুহ লাগিল ভাবিতে ॥
যাঁহার লাগিয়া আমি আগুলিনু পথ।
দেখিতে না পাইলাম সে রাম কিমত ॥
এতেক ভাবিয়া গুহ করে অনুমান।
পায়েতে ধনুক টানে পায়ে এড়ে বাণ ॥
ভরত কহিল গিয়া রামের গোচরে।
এমন অপূর্ব্ব শিক্ষা নাহি চরাচরে ॥
পায়েতে ধনুক টানে পায়ে এড়ে বাণ।
দেখিতে কৌতুক রাম গেলেন সে স্থান ॥
যেইমাত্র গুহক দেখিল রঘুনাথে।
দণ্ডবৎ হইয়া রহিল যোড়হাতে ॥
শ্রীরাম বলেন, ধনু টানহ কেমন।
গুহ বলে, তোমাকে কহিব সে কারণ ॥

প্রাক্তন জন্মের কথা শুন নারায়ণ।
যে পাপে হইল মোর চণ্ডাল-জনম ॥
অপুত্রক ছিলেন যখন দশরথ।
অন্ধক মুনির পুত্র করিলেন হত ॥
মুনিহত্যা করিয়া আসিয়া তপোবনে।
লুটাইয়া ধরিলেন আমার চরণে ॥
বশিষ্ঠের পুত্র আমি বামদেব নাম।
তিনবার রাজারে বলানু রাম-নাম ॥
শুনিয়া বশিষ্ঠ শাপ দিলেন বিশাল।
যাহ বামদেব পুত্র হও গে চণ্ডাল ॥
এক রামনামে কোটি ব্রহ্মহত্যা হরে।
তিনবার রাম-নাম বলালি রাজারে ॥
লুটায়ে ধরিনু আমি পিতার চরণে।
চণ্ডালত্ব হবে মুক্ত কাহার দর্শনে ॥
পিতা বলিলেন, যবে শ্রীরাম দর্শনে।
তবে ত হইবে মুক্ত চণ্ডাল-জনমে ॥
সেই রাম জন্মিয়াছে দশরথ-ঘরে।
চরণ-পরশ দিয়া মুক্ত কর মোরে ॥
অনাথের নাথ তুমি ভকতবৎসল।
করুণাসাগর হরি তুমি সে কেবল ॥
চণ্ডাল বলিয়া যদি ঘৃণা কর মনে।
পতিতপাবন নাম তবে কি কারণে ?
এতেক বলিয়া গুহ লাগিল কাঁদিতে।
গুহকে কাঁদিতে দেখি কাঁদে রাম রথে ॥
করপুটে দাণ্ডাইয়া পিতার সাক্ষাৎ।
ভিক্ষা দেহ গুহকে বলেন রঘুনাথ ॥
রাজা বলে প্রাণ চাহ প্রাণ পারি দিতে!
চণ্ডালে তোমাকে দিব বাধা নাই ইথে ॥
পাইয়া রাজার আজ্ঞা কৌশল্যানন্দন।
খসালেন নিজ হস্তে গুহক-বন্ধন ॥

শ্রীরাম বলেন অগ্নি জ্বালহ লক্ষ্মণ।
গুহকের সহ করি মিত্রতা এখন ॥
লক্ষ্মণ জ্বালেন অগ্নি অগ্নির সাক্ষাৎ।
গুহ সহ মিত্রতা করেন রঘুনাথ ॥
যেই তুমি সেই আমি বলেন শ্রীরাম।
গুহ বলে, ঘুচাইতে নারি নিজ নাম ॥
শ্রীরামের জগতে হইল ঠাকুরালি।
প্রথমে করেন রাম চণ্ডালে মিতালি ॥
বিদায় করিয়া রামে গুহ গেল ঘরে।
পুত্র লয়ে দশরথ গেল গঙ্গাতীরে ॥
অপূর্ব্ব অনন্ত ফল সূরয-গ্রহণ।
স্নান করি রাজা দান করিল কাঞ্চন ॥
ধেনু দান শিলা দান কৈল শত শত।
রজত কাঞ্চন তার নাম লব কত ॥
দানধর্ম্ম করিতে হইল বেলা ক্ষয়।
প্রদোষে গেলেন ভরদ্বাজের আলয় ॥
বসিয়া আছেন মুনি আপনার ঘরে।
চারিপুত্র সহ রাজা নমস্কার করে ॥
যোড়হাতে বলে রাজা মুনির গোচর ;—
আনিয়াছি চারি পুত্র দেখ মুনিবর!
আশীর্ব্বাদ কর চারি পুত্রে তপোধন!
বড় ভাগ্যে দেখিলাম তোমার চরণ ॥
দেখিয়া রামেরে ভাবে ভরদ্বাজ মুনি।
বৈকুণ্ঠ হইতে বিষ্ণু আসিল আপনি ॥
মুনি বলে, রাজা, তব সফল জীবন।
জগতের পিতা রাম তোমার নন্দন ॥
ভরদ্বাজ এতকালে দেখে চমৎকার।
দূর্ব্বাদলশ্যাম তনু পরম আকার ॥
ধ্বজ বজ্র অঙ্কুশে শোভিত পদাম্বুজ।
শঙ্খ-চক্র-গদা-পদ্মধারী চতুর্ভুজ ॥

শঙ্কর বিরিঞ্চি আদি যত দেবগণ।
রামের শরীরে আরো দেখেন ভুবন॥
সমুচিত আতিথ্য করেন ভরদ্বাজ।
সুখে রহিলেন সৈন্য সহ মহারাজ॥
রামেরে লইয়া মুনি অন্তঃপুরে গিয়া।
শয়ন করেন দোঁহে একত্র হইয়া॥
যখন হইল রাত্রি দ্বিতীয় প্রহর।
শিয়রে রাখেন দেবরাজ ধনুঃশর॥
স্বপ্নে উপদেশ এই করেন মুনিরে।
অক্ষয় ধনুকতূণ দেহ শ্রীরামেরে॥
এত বলি করিলেন বাসব পয়াণ।
প্রাতে রাম শিয়রে দেখেন ধনুর্ব্বাণ॥
কহিলেন শ্রীরামেরে মুনি ভরদ্বাজ।
তোমারে দিলেক ধনুর্ব্বাণ দেবরাজ॥
মুনির চরণে রাম করি প্রণিপাত।
আনিলেন সেই ধনু পিতার সাক্ষাৎ॥
শুনি রাজা দশরথ সানন্দ হইয়া।
আইলেন দেশে চারি কুমারে লইয়া॥
কৃত্তিবাস করে আশ পাই পরিত্রাণ।
আদিকাণ্ডে গাহিল রামের গঙ্গাস্নান॥

রাক্ষসের দৌরাত্ম্যে মুনিদের যজ্ঞ পূর্ণ না হওয়াতে তাহা নিবারণের উপায়।

এইরূপে দশরথ চারি পুত্র লয়ে।
সাম্রাজ্য করেন ভোগ সাবধান হয়ে॥
হেথা মিথিলায় যজ্ঞ করে মুনিগণ।
যজ্ঞ পূর্ণ নাহি হয় রাক্ষস কারণ॥
যজ্ঞ আরম্ভণ যেই করে মুনিবর।
করে রক্ত বর্ষণ মারীচ নিশাচর॥
যজ্ঞহীন হইলেক মিথিলাভুবন।
করেন জনক যুক্তি লয়ে মুনিগণ॥
তার মধ্যে বলিলেন বিশ্বামিত্র মুনি।
অযোধ্যায় গিয়া রামচন্দ্রে আমি আনি॥
রাক্ষস-বধের হেতু ধরি রাম-বেশ।
দশরথ-গৃহে অবতীর্ণ হৃষীকেশ॥
বলিলেন, জনক শুন হে মহাশয়।
তুমি রক্ষা করিলে এ যজ্ঞ রক্ষা হয়॥
বিশ্বামিত্র সকলেরে করিয়া আশ্বাস।
চলিলেন যথা রাম অযোধ্যা-নিবাস॥
উপস্থিত হইলেন অযোধ্যার দ্বারে।
দ্বারী গিয়া জানাইল তখনি রাজারে॥
ভূপতি শুনিবামাত্র বিশ্বামিত্র নাম।
চিন্তিত হইয়া বলে বিধি আজি বাম॥
বিশ্বামিত্র মুনি এই বড়ই বিষম।
প্রমাদ ঘটায় কিম্বা করে কোন ক্রম॥
সূর্য্যবংশে ছিল হরিশ্চন্দ্র মহারাজ।
ভার্য্যা পুত্র বেচাইয়া দিল তারে লাজ॥
আসি বন্দিলেন রাজা মুনির চরণ।
শিষ্টাচার পূর্ব্বক করেন নিবেদন ;—
তব আগমনে মম পবিত্র আলয়।
আজ্ঞা কর কোন্ কার্য্য করি মহাশয়॥
বিশ্বামিত্র বলেন, শুন হে দশরথ।
শ্রীরামেরে দেহ যদি হয় অভিমত॥
মুনিগণ যজ্ঞ করে করিয়া প্রয়াস।
রাক্ষস আসিয়া সদা করে যজ্ঞ নাশ॥
এই ভার মহারাজ! দিলাম তোমারে।
শ্রীরাম-লক্ষ্মণে দেহ যজ্ঞ রাখিবারে॥
যেইমাত্র বিশ্বামিত্র কহিল এ কথা।
ভূপতি ভাবেন মনে হেঁট করি মাথা॥

পুত্রশোকে মৃত্যু মম লিখন কপালে।
না জানি হইবে মৃত্যু মোর কোন্ কালে॥
প্রাণ চাহ যদি মুনি প্রাণ দিতে পারি।
এক দণ্ড রামচন্দ্রে না দেখিলে মরি॥
অতএব রামচন্দ্রে না দিব তোমারে।
এক দণ্ড না দেখিয়া হৃদয় বিদরে॥
আদিকাণ্ড গান কৃত্তিবাস বিচক্ষণ।
রাম ধ্যান রাম জ্ঞান রাম সে জীবন॥

শ্রীরামকে রাক্ষসসহ যুদ্ধে প্রেরণে
দশরথের অঙ্গীকার।

যখন শুইয়া থাকি, রামকে হৃদয়ে রাখি,
ভূমে রাখি নাহিক প্রতীত।
স্বপ্নে না দেখিলে তায়, প্রাণ ওষ্ঠাগতপ্রায়,
চমকিয়া চাহি চারিভিত॥
যেমতে পেয়েছি রামে, কহি সে সকল ক্রমে,
মৃগয়া করিতে গিয়া বনে।
সিন্ধু নামে মুনিবরে, সরোবরে জল ভরে,
তাঁরে মারি শব্দভেদী বাণে॥
মৃত মুনি কোলে করি, গেলাম অন্ধকপুরী,
দেখি মুনি অগ্নির সমান।
পুত্র পুত্র বলি ডাকে, মরা পুত্র দিনু তাঁকে,
পুত্রশোকে সে ছাড়িল প্রাণ॥
ছিলাম সন্তানহীন, মনোদুঃখী রাত্রিদিন,
বধিলাম সিন্ধুর জীবন।
কুপিয়া সিন্ধুর বাপ, দিল মোরে অভিশাপ,
তেঁই পাইলাম এই ধন॥
অতএব তপোধন! শুন মম নিবেদন,
আমি যাব সহিত তোমার।
বিনা শ্রীরাম-লক্ষ্মণ, অন্য কিছু প্রয়োজন,
যাহা চাহ দিব শতবার॥
রাজার বচন শুনি, কুপিলেন মহামুনি,
শীঘ্র দেহ তোমার কুমার।
আপন মঙ্গল চাহ, শ্রীরাম-লক্ষ্মণে দেহ,
নহে বংশ নাশিব তোমার॥

দশরথ কর্ত্তৃক কৌশলে ভরত-শত্রুঘ্নকে
প্রেরণ ও বিশ্বামিত্রের কোপ।

রাজা বলিলেন, মুনি, করি নিবেদন।
ধনুর্ব্বাণ নাহি জানে কি করিবে রণ?
অন্য সৈন্য যত চাহ লহ তপোধন।
তাহারা করিবে নিশাচর নিবারণ॥
শুনিয়া কহেন বিশ্বামিত্র তপোধন।
কটকে খাইবে এত কোথা পাব ধন?
একা রাম গেলে হয় কার্য্যের সাধন।
সহস্র কটকে মম নাহি প্রয়োজন॥
তব বংশে ছিলেন যে হরিশ্চন্দ্র রাজা।
পৃথিবী আমাকে দিয়া করিলেন পূজা॥
তথাপি না পাইলেন মনের সান্ত্বনা।
স্ত্রী-পুত্র বেচিয়া শেষে দিলেন দক্ষিণা॥
রামে একা দিতে তুমি ইতস্ততঃ কর।
সূর্য্যবংশ আজি বুঝি হইল সংহার॥
চিন্তিত হইয়া রাজা ভাবে মনে মনে।
ডাকিলেন ভরত শত্রুঘ্ন দুই জনে॥
দোঁহে দাঁড়াইল সেই মুনির সাক্ষাতে।
রাজা বলিলেন যাহ মুনির সঙ্গেতে॥
ভূপতির বঞ্চনায় ভ্রান্ত তপোধন।
মনে ভাবিলেন এই শ্রীরাম-লক্ষ্মণ॥

আগে যান মহামুনি পাছে দুই জন।
সরযূ নদীর তীরে দিল দরশন ॥
মুনি বলিলেন, শুন ভূপতিকুমার।
হেথা গমনের পথ আছে দ্বি-প্রকার ॥
এই পথে গেলে তিন দিনে যাই ঘর।
এই পথে গেলে লাগে তৃতীয় প্রহর ॥
তৃতীয় প্রহর পথে কিন্তু আছে ভয়।
সেই পথে রাক্ষসী তাড়কা নামে রয় ॥
তাড়কা ধরিয়া খায় যত মুনিগণে।
কোন্ পথে যাইতে তোমার লাগে মনে ॥
বলিলেন ভরত, শুনহ তপোধন !
দুষ্ট ঘাঁটাইয়া পথে কোন্ প্রয়োজন ?
এ কথা শুনিয়া মুনি ভাবিলেন মনে।
ইনি কি হবেন যোগ্য রাক্ষস নিধনে ?
এক রাক্ষসের নাম শুনি এত ডর।
মারিবেন কিসে ইনি কোটি নিশাচর ?
রাজার শঠতা মুনি ভাবেন অন্তরে।
শ্রীরামে না দিয়া রাজা দিল ভরতেরে ॥
আমার সহিত রাজা করে উপহাস।
অযোধ্যা সহিত আজি করিব বিনাশ ॥
ক্রোধে ফিরিলেন পুনঃ বিশ্বামিত্র ঋষি।
নির্গত হইল তাঁর নেত্রে অগ্নিরাশি ॥
সেই অগ্নি লাগে গিয়া অযোধ্যানগরে।
প্রজার তাবৎ ঘর-দ্বার দগ্ধ করে ॥
কান্দিয়া চলিল প্রজা রামের গোচরে।
বিশ্বামিত্র মুনি আসি সর্ব্বনাশ করে ॥
তোমারে না দিয়া রাজা দিল ভরতেরে।
তে কারণ এ আপদ অযোধ্যানগরে ॥
প্রজার বিপদ শুনি রামের তরাস।
ধাইয়া গেলেন রাম বিশ্বামিত্র-পাশ ॥
মুনির চরণ ধরি বলে রঘুমণি ;—
প্রজালোকে রক্ষা প্রভু করহ আপনি ॥
অপরাধ যেই করে দণ্ড কর তার।
নিরপরাধের দণ্ড করা অবিচার ॥
মুনি হয়ে যেই জন রাগে মত্ত হয়।
পূর্ব্বধর্ম্ম নষ্ট তার হইবে নিশ্চয় ॥
পুত্রে পাঠাইতে পিতা হলেন কাতর।
যজ্ঞ রক্ষা করি গিয়া মিথিলা নগর ॥
হাসিলেন মুনিরাজ রামের বচনে।
অযোধ্যার পানে চান অমৃত-নয়নে ॥
সকল করিতে পারে তপের কারণ।
যেমন অযোধ্যাপুরী হইল তেমন ॥
মুনির চরিত্র দেখি রামের তরাস।
আদিকাণ্ড গাহিল পণ্ডিত কৃত্তিবাস ॥

যজ্ঞরক্ষার্থে শ্রীরাম-লক্ষ্মণের মিথিলায় গমন ও মন্ত্রদীক্ষা।

শিরে পঞ্চঝুঁটি রাম বিষ্ণু অবতার।
মুগ্ধ হইলেন মুনি রূপেতে তাঁহার ॥
পূর্ণিমার চন্দ্র যেন উদয় আকাশে।
মুনি বলিলেন রাম ! চল মোর দেশে ॥
জানিলেন মহারাজ রামের গমন।
লক্ষ্মণ সহিত রামে করেন অর্পণ ॥
বলিলেন বিশ্বামিত্র রাজার গোচর।
রাম লাগি চিন্তা না করিও নরেশ্বর !
তুমি নাহি জানহ রামের গুণলেশ।
রাক্ষস বধিতে অবতীর্ণ হৃষীকেশ ॥
শ্রীরাম-লক্ষ্মণে লয়ে আমি দেশে যাই।
মহারাজ ! ইথে তব কোন চিন্তা নাই ॥

রাজারে কহিয়া এই প্রবোধ-বচন।
মুনি বলিলেন, চল শ্রীরাম-লক্ষ্মণ!
শ্রীরাম বলেন, মুনি! যদি বল তুমি।
মাতৃস্থানে বিদায় লইয়া আসি আমি॥
মায়ে না কহিয়া যাব মিথিলানগর।
কান্দিবেন অন্ন-জল ছাড়ি নিরন্তর॥
গেলেন শ্রীরামচন্দ্র মায়ের মন্দিরে।
প্রণাম করিয়া পদে বলেন মায়েরে॥
আসিলেন বিশ্বামিত্র লইতে আমারে।
মিথিলায় যাই আমি যজ্ঞ রাখিবারে॥
শুদ্ধমনে মাতা মোরে আশীর্ব্বাদ কর।
যুদ্ধে জয়ী হই যেন প্রসাদে তোমার॥
প্রথম যুদ্ধেতে যাত্রা করিতেছি আমি।
আমার লাগিয়া শোক না করিও তুমি॥
শুনিয়া কৌশল্যা দেবী রোদন করিল।
নয়নের নীরে তাঁর বসন ভিজিল॥
কাতরা কৌশল্যা কোলে করিয়া রামেরে।
আশীর্ব্বাদ করিলেন কর দিয়া শিরে॥
মায়েরে কহেন রাম প্রবোধ-বচন।
নেত্র-নীর নেত্রেতে হইল নিবারণ॥
মাতৃপদধূলি রাম মাখিলেন মাথে।
শুভযাত্রা করিলেন ধনুর্ব্বাণ হাতে॥
শ্রীরাম-লক্ষ্মণে লয়ে বিশ্বামিত্র যান।
মহারাজ নেত্র-নীরে ধরণী ভাসান॥
কত দূরে গিয়া রাম হন অদর্শন।
ভূমিতে পড়িয়া রাজা করেন ক্রন্দন॥
রাজাকে প্রবোধ দানে যত পাত্রগণ।
কে করে অন্যথা যাহা বিধির লিখন?
আগে মুনিবর যান পাছে দুই জন।
ব্রহ্মার পশ্চাতে যেন অশ্বিনীনন্দন॥
কান্দিতে কান্দিতে সবে গেল নিজবাসে।
রামে লয়ে বিশ্বামিত্র বনেতে প্রবেশে॥
আগে মুনি যান পিছে শ্রীরাম-লক্ষ্মণ।
আতপে হইল ম্লান দোঁহার আনন॥
তাহা দেখি বিশ্বামিত্র অন্তরে চিন্তিত।
এত দিনে শ্রীরামের দুঃখ উপস্থিত॥
তপনের আতপেতে হ'ল মুখে ঘাম।
বহুকাল কিরূপে ভ্রমিবে বনে রাম?
বিশ্বামিত্র এই মত ভাবিয়া অন্তরে।
করাইল মন্ত্রদীক্ষা শ্রীরামচন্দ্রেরে॥
বিশ্বামিত্র বলেন, শুনহ রঘুবীর!
স্নান কর গিয়া জলে সরযূ নদীর॥
যত রাজা পূর্ব্বে সূর্য্যবংশে জন্মেছিল।
এই স্থানে প্রাণ ছাড়ি স্বর্গবাসে গেল॥
এই পুণ্যতীর্থে রাম! স্নান কর তুমি।
তোমারে সুমন্ত্রদীক্ষা করাইব আমি॥
শোক-দুঃখ কখন না পাইবে অন্তরে।
ক্ষুধা-তৃষ্ণা না হইবে সহস্র বৎসরে॥
করিলেন রামচন্দ্র সে মন্ত্র গ্রহণ।
রামের নিকট তাহা শিখিল লক্ষ্মণ॥
দৃঢ় করি শিখিলেন ভাই দুই জন।
আনন্দিত হইল দেখিয়া দেবগণ॥
বহুকাল অনাহারে থাকিবে লক্ষ্মণ।
এককালে হবে ইন্দ্রজিতের মরণ॥
কৃত্তিবাস পণ্ডিতের কবিত্বের শিক্ষা।
আদিকাণ্ডে লিখিল রামের মন্ত্রদীক্ষা॥

শ্রীরাম কর্ত্তৃক তাড়কা রাক্ষসী বধ ও অহল্যার উদ্ধার।

গুরুর চরণে রাম করিলেন নতি।
রামে লয়ে বিশ্বামিত্র করিলেন গতি॥

তাড়কার বনে আসি দিল দরশন।
পুনঃ মুনি বলিলেন এ দুটি গমন॥
এই পথে যাই ঘর তৃতীয় প্রহরে।
এই পথে তিন দিনে যাই মম ঘরে॥
তিন প্রহরের পথে কিন্তু ভয় করি।
তাড়কা রাক্ষসী আছে মহাভয়ঙ্করী॥
রাক্ষসী ধরিয়া খায় যত জীবগণ।
কোন্ পথে যাই বল শ্রীরাম-লক্ষ্মণ।
করিলেন রাম গুরুবাক্যের উত্তর ;—
তিন দিন ফেরে কেন যাব মুনিবর ?
যদি সে রাক্ষসী পথে আইসে খাইতে।
বিচারে নাহিক দোষ তাহারে মারিতে॥
রামেরে কহেন বিশ্বামিত্র মুনিবর।
ও পথের নামে মোর গায়ে আসে জ্বর॥
তোমার বাসনা রাম না পারি বুঝিতে।
মোরে লয়ে যাও বুঝি রাক্ষসেরে দিতে॥
যখন রাক্ষসী মোরে আসিবে তাড়িয়া।
আমারে এড়িয়া দোঁহে যাবে পলাইয়া॥
গুরুর বচনে হাসিলেন প্রভু রাম।
বিফল ধনুক ব্যর্থ ধরি রাম নাম॥
এক বাণ বিনা যে দ্বিতীয় বাণ ধরি।
তোমার দোহাই যদি তিন বাণ মারি॥
এইরূপ রঘুনাথ প্রতিজ্ঞা করাতে।
চলিলেন মুনি সে তাড়কা দেখাইতে॥
উভয় ভ্রাতার মধ্যে থাকি মুনিবর।
দূর হতে দেখালেন তাড়কার ঘর॥
কর বাড়াইয়া তার ঘর দেখাইয়া।
অতি ত্রাসে মুনিবর যান পলাইয়া॥
শ্রীরাম বলেন, ভাই, মুনির সহিত।
যাও শীঘ্র গুরু একা যান অনুচিত॥
লক্ষ্মণ বলেন রামে যোড় করি হাত।
থাকুক সেবক সঙ্গে প্রভু রঘুনাথ॥
শুনিলা যে সব কথা বড়ই বিষম।
একাকী কেমনে রাম করিবে বিক্রম ?
শ্রীরাম বলেন ভাই ভয় নাহি মনে।
কি করিতে পারে ভাই রাক্ষসীর প্রাণে॥
সকল রাক্ষসী যদি হয় এক মেলি।
লঙ্ঘিতে না পারে মম কনিষ্ঠ অঙ্গুলি॥
গেলেন মুনির সঙ্গে লক্ষ্মণ তখন।
তাড়কার প্রতি রাম করেন গমন॥
বাম হাঁটু দিয়া রাম ধনু-মধ্যখানে।
দক্ষিণ হস্তেতে তূণ দিলেন সে স্থানে॥
আঁটিয়া সুপীতবস্ত্র বান্ধিলেন রাম।
বামহাতে ধনুর্ব্বাণ দূর্ব্বাদলশ্যাম॥
প্রথমে দিলেন রাম ধনুকে টঙ্কার।
স্বর্গ মর্ত্ত্য পাতালে লাগিল চমৎকার॥
শুয়েছিল রাক্ষসী সে সুবর্ণের খাটে।
ধনুক-টঙ্কার শুনি চমকিয়া উঠে॥
বসিয়া রাক্ষসী যেই একদৃষ্টে চায়।
দূর্ব্বাদলশ্যামরূপ দেখিল তথায়॥
উঠিয়া চলিল সেই রাম-বিদ্যমান।
ডাকিয়া বলিল আজি লব তোর প্রাণ॥
ব্রাহ্মণের চর্ম্ম তার গায়ের কাপড়।
চলিতে তাহার বস্ত্র করে হড়মড়॥
ব্রাহ্মণের মুখ তার কর্ণের কুণ্ডল।
মনুষ্যের মুণ্ডমালা করে ঝলমল॥
বসিতে আসন নাই ভাবে মনে-মনে।
ইহার চর্ম্মেতে হবে বসিতে আসনে॥
রক্ত-মাংস মুনির শরীরে নাহি পাই।
অস্থিচর্ম্মসারমাত্র শুধু হাড় খাই॥

তাম্রবর্ণ দেখি তার গায় রোমাবলী।
দন্ত গোটা দেখি যেন লোহার শিকলি ॥
বদন ব্যাদান করি আসিল খাইতে।
পাঠাইব তোরে আজি যমের ঘরেতে ॥
মনুষ্য খাইয়া চেড়ী দেশ কৈল বন।
তোর ডরে পথে নাহি চলে সাধুজন ॥
শুনিয়া রামের বাক্য অন্তরে কুপিয়া।
বিকট আকার ধরে নিকটে আসিয়া ॥
রামকে খাইতে চায় ডরে নাহি পারে।
শালগাছ উপাড়িয়া আনিল হুঙ্কারে ॥
শালগাছ উপাড়িয়া ঘন দিল পাক।
দুর দুর করিয়া তাড়কা দিল ডাক ॥
তাহা দেখি রঘুনাথ এড়িলেন বাণ।
বাণাঘাতে করিলেন গাছ খান খান ॥
গাছ কাটা দেখিয়া কাঁপিয়া গেল মনে।
শিংশপার গাছ ধরি ঘন ঘন টানে ॥
শিংশপার গাছ তোলে রামে মারিবারে।
তার মুখ ভেদিলেন রাম এক শরে ॥
তথাপি তাড়িয়া যায় রামে গিলিবারে।
মহাবীর তবু ভয় নাহি করে তারে ॥
বাণের উপরে বাণ শব্দ ঠন্‌ঠন্‌।
বর্ষাকালে কুলিশের যেন গরজন ॥
শ্রীরামেরে ডাকিয়া বলিল দেবগণ ;—
বজ্রবাণে তাড়কার বধহ জীবন ॥
বজ্রবাণ এড়ে রাম রাক্ষসীর দিকে।
নির্ঘাত বাজিল বাণ তাড়কার বুকে ॥
বুকে বাণ বাজিতে হইল অচেতন।
তাড়কা পড়িল গিয়া পঞ্চাশ যোজন ॥
বিপরীত ডাক ছাড়ি ত্যজিলেক প্রাণ।
শব্দ শুনি বিশ্বামিত্র হ'ল হতজ্ঞান ॥

পাঠাইয়া তাড়কারে যমের সদন।
করিলেক রাম মুনিচরণ বন্দন ॥
চেতন পাইয়া বলে গাধির নন্দন ;—
তাড়কা মারিলে বাছা কৌশল্যাজীবন !
শ্রীরাম বলেন, গুরু ! কি শক্তি আমার ?
তাড়কারে বধিলাম প্রসাদে তোমার ॥
মুনি বলিলেন, শুন, কৌশল্যানন্দন !
তাড়কাকে দেখি গিয়া তাড়কা কেমন ॥
তাড়কা দেখিতে মুনি করেন গমন।
মরেছে তাড়কা তবু মুনি ভীত হন ॥
তাড়কারে দেখিয়া ভাবেন মুনি মনে।
এমন বিকট মূর্ত্তি না দেখি নয়নে ॥
তাড়কা মারিয়া রাম রাজীবলোচন।
পবনের জন্মভূমি করেন গমন ॥
বিশ্বামিত্র কহে, শুন শ্রীরাম-লক্ষ্মণ।
এইখানে হ'ল উনপঞ্চাশ পবন ॥
পবনের জন্মভূমি পশ্চাৎ করিয়া।
অহল্যার তপোবনে গেলেন চলিয়া ॥
মুনি বলিলেন, রাম কমললোচন !
পাষাণ-উপরে পদ করহ অর্পণ ॥
শুনিয়া বলেন রাম মুনির বচনে।
পাষাণেতে পদ দিব কিসের কারণে ?
মুনি বলিলেন, শুন পুরাতন কথা।
সহস্র সুন্দরী সৃষ্টি করিলেন ধাতা ॥
সৃজিলেন তা সবার রূপেতে অহল্যা।
ত্রিভুবনে সৌন্দর্য্য না ছিল তার তুল্যা ॥
করিলেন অহল্যাকে বিবাহ গৌতম।
গৌতমের শিষ্য ইন্দ্র অতি প্রিয়তম ॥
এক দিন গৌতম গেলেন তপস্যায়।
গৌতমের বেশে ইন্দ্র প্রবেশে তথায় ॥

অহল্যা গৌতম জ্ঞানে করে সম্ভাষণ ;—
আজিকে সকালে কেন ঘরে আগমন ?
ইন্দ্র বলে, তব রূপ হইল স্মরণ।
কেমনে করিব প্রিয়ে! তপ আচরণ॥
মদন-দহনে দগ্ধ হয় মম হিয়া।
নির্ব্বাণ করহ প্রিয়ে! আলিঙ্গন দিয়া॥
পতিব্রতা নাহি লঙ্ঘে পতির বচন!
তখন শয়ন-গৃহে করিল শয়ন॥
গুরুপত্নী বলিয়া না করিল বিচার।
ধর্ম্মলোপ করিল বাসব অহল্যার॥
তপস্যা করিয়া মুনি আইলেন ঘরে।
অহল্যা আসন দিল অতি সমাদরে॥
গৌতম বলেন, প্রিয়ে! জিজ্ঞাসি তোমারে।
শৃঙ্গার-লক্ষণ কেন তোমার শরীরে ?
অহল্যা বলেন, প্রভু! নিবেদি তোমারে।
আপনি করিয়া কর্ম্ম দোষহ আমারে॥
এ কথা শুনিয়া মুনি হেঁট কৈল তুণ্ডে।
আকাশ ভাঙ্গিয়া পড়ে গৌতমের মুণ্ডে॥
জানিলেন ধ্যানেতে গৌতম মুনিবর।
জাতিনাশ করিল আসিয়া পুরন্দর॥
ইন্দ্র ইন্দ্র বলিয়া ডাকেন মুনিবর।
ভয়ে ভয়ে তথায় আসিল পুরন্দর॥
দিনান্তে অভুক্ত মুনি কুপিত অন্তরে।
দ্বিগুণ জ্বলিয়া কহিলেন পুরন্দরে॥
তোকে পড়াইলাম যে আমি শাস্ত্র নানা।
এত দিনে ভাল দিলি গুরুর দাক্ষণা॥
জাতি নষ্ট কৈলি তুই ও রে পুরন্দর!
যোনিময় হোক্ তোর সর্ব-কলেবর॥
অহল্যাকে শাপিলেন ক্রোধে মুনিবর।
কোনমতে তোর তনু হউক প্রস্তর॥

অহল্যা চরণে ধরি কহিল তখন ;—
কত কালে হবে প্রভু! শাপ-বিমোচন ?
অহল্যাকে কাতরা দেখিয়া তপোধন।
কহিলেন মম শাপ না হয় খণ্ডন॥
জন্মিবেন যবে রাম দশরথ-ঘরে।
বিশ্বামিত্র লয়ে যাবে যজ্ঞ রাখিবারে॥
তোমার মাথায় পদ দিবেন যখন।
তখনি হইবে মুক্ত না কর ক্রন্দন॥
ইহা শুনি লক্ষ্মণ বলেন, শুন মুনি।
কেমনে দিবেন পদ উনি যে ব্রাহ্মণী॥
বিশ্বামিত্র কহিলেন, শুন রঘুবর।
ব্রাহ্মণী নহেন উনি এখন প্রস্তর॥
এ কথা শুনিয়া রাম কমললোচন।
তদুপরি করিলেন চরণ অর্পণ॥
তাহাতে হইল তাঁর শাপ-বিমোচন।
আহ্লাদিত শুনিয়া গৌতম তপোধন॥
অহল্যাকে দেখিয়া সানন্দ মহামুনি।
পুনর্ব্বার করিলেন পুষ্পের ছাউনি॥
কৃত্তিবাস কীর্ত্তিবাস রচে রামায়ণ।
আদ্যকাণ্ডে গাহিল অহল্যা-বিবরণ॥

শ্রীরামচন্দ্র কর্ত্তৃক তিন কোটি রাক্ষস বধ ও মুনিগণের যজ্ঞসমাধান এবং হরধনু ভাঙ্গিবার জন্য শ্রীরামচন্দ্রের মিথিলায় গমন।

শ্রীরাম বলেন, প্রভু! করি নিবেদন।
কেমনে হইল মুক্ত সহস্রলোচন ?
মুনি বলিলেন, শুন দশরথসুত।
হইলেন বাসব সহস্র-যোনিযুত॥
লজ্জাযুত হইলেন দেব পুরন্দর।
কি হবে উপায় সব ভাবেন অমর॥

অশ্বমেধ করিলেন তখন বাসব।
যোনি ছিল ঘুচিয়া হইল নেত্র সব॥
এইরূপে কথাবার্ত্তা কহিতে কহিতে।
তিনজনে চলিলেন গঙ্গার কূলেতে॥
পাষাণ হইল মুক্ত কৈবর্ত্ত তা শুনে।
নৌকাখানি লইয়া সে পলাইল বনে॥
কৈবর্ত্তকে ডাকিয়া কহেন তপোধন ;—
না আসিলে ভস্ম আমি করিব এখন॥
এত শুনি কৈবর্ত্তের উড়িল জীবন।
আসিয়া মুনির কাছে দিল দরশন॥
মুনি বলিলেন বলি কৈবর্ত্ত তোমারে।
গঙ্গায় করহ পার এ তিন জনারে॥
কাতর কৈবর্ত্ত কহে করিয়া বিনয় ;—
নৌকাখানি জীর্ণ মম শতচ্ছিদ্রময়॥
তবে যদি আজ্ঞা কর মোরে তপোধন।
স্কন্ধে করি পার করি তোমা তিন জন॥
কোথা হ'তে আসিল এ পুরুষ-সুন্দর।
পায়ের পরশে মুক্ত করিল প্রস্তর॥
এ কথা শুনিয়া আমি সভয় অন্তর।
চরণধূলিতে মুক্ত হইল পাথর॥
নৌকা মুক্ত হয় যদি লাগে পদধূলি।
কি দিয়া পুষিব আমি মোর পোষ্যগুলি ?
করিবেক গৃহিণী আমারে গালাগালি।
বলিবে মুনির বোলে নৌকা হারাইলি॥
যদি বল শ্রীরামের চরণ ধোয়াই।
নতুবা লাগিলে ধূলি তরণী হারাই॥
তরণীতে ত্বরায় করিতে আরোহণ।
ধোয়াইল কৈবর্ত্ত শ্রীরামের চরণ॥
শ্রীরাম-লক্ষ্মণ বিশ্বামিত্র এই তিনে।
পাটনী করিয়া পার দিল তিন জনে॥

শ্রীরাম বলেন, শুন প্রাণের লক্ষ্মণ।
ইহার সমান নাহি দেখি অকিঞ্চন॥
শুভদৃষ্টে শ্রীরাম চাহেন তার পানে।
হইল সুবর্ণময়ী তরণী তৎক্ষণে॥
হইলেন গঙ্গা পার শ্রীরাম-লক্ষ্মণ।
কত দূরে মিথিলা জিজ্ঞাসেন তখন॥
মুনি বলিলেন, রাম, চলহ সত্বর।
এখনো মিথিলা আছে তিন ক্রোশান্তর॥
পার হয়ে যান রাম সহিত লক্ষ্মণ।
কহিতে লাগিল দেখি মুনিপত্নীগণ॥
দ্বাদশবর্ষের রাম শিরে পঞ্চ ঝুঁটী।
মারিবেন রাক্ষস কেমনে তিন কোটি ?
কোন্ ভাগ্যবতী পুত্র ধরিয়াছে গর্ভে।
কত শত পুণ্য সে যে করিয়াছে পূর্ব্বে॥
মুনিগণ আসিলেন করিতে কল্যাণ।
আশিস করেন সবে হাতে দূর্ব্বাধান॥
শ্রীরামেরে নিরখিয়া যত মুনিগণ।
আনন্দসাগরে মগ্ন যত তপোধন॥
সে দিন বঞ্চিয়া সুখে শ্রীরাম-লক্ষ্মণ।
প্রাতঃকালে মুনিরে করেন নিবেদন ;—
যে কার্য্য করিতে আসিলাম দুই ভাই।
সেই কার্য্যে অনুমতি করহ গোঁসাই॥
মুনিরা বলেন, শুন শ্রীরাম-লক্ষ্মণ।
এখনি করিব যজ্ঞ সকল ব্রাহ্মণ॥
আমরা যখন করি যজ্ঞ আরম্ভণ।
রক্তবৃষ্টি করে দুষ্ট তাড়কানন্দন॥
না পারি করিতে ক্রোধ আমরা ব্রাহ্মণ।
যদি ক্রোধ করি হয় ধর্ম্ম উল্লঙ্ঘন॥
শ্রীরাম বলেন, প্রভু! করি নিবেদন।
অবিলম্বে কর যজ্ঞক্রিয়া আরম্ভণ॥

শুনিয়া রামের কথা তপস্বী সকলে।
খোলা কুশ লইয়া গেলেন যজ্ঞস্থলে ॥
কেহ ব্যাঘ্রচর্ম্মে বসে কেহ কুশাসনে।
বসিলেন পূর্ব্বমুখ হইয়া আসনে ॥
বেদপাঠ করিতে লাগিলেন সকলে।
মন্ত্রের প্রভাবেতে আপনি অগ্নি জ্বলে ॥
যজ্ঞের যতেক ধূম উড়য়ে আকাশে।
দেখিয়া রাক্ষসগণ মনে মনে হাসে ॥
আমরা জীবন্তে থাকি মুনি যজ্ঞ করে।
তিন কোটি নিশাচর সাজিয়া চল রে ॥
তিন কোটি লইয়া মারীচ নিশাচর।
সাজিয়া আইল তারা যজ্ঞের ভিতর ॥
সঙ্কেতে শ্রীরামেরে জানান মুনিগণ।
আসিছে রাক্ষসগণ কর নিরীক্ষণ ॥
দেখিলেন রঘুবীর নিশাচরগণ।
ব্যাপিয়াছে বসুমতা না যায় গণন ॥
শ্রীরাম-লক্ষ্মণ করে ধরি ধনুর্ব্বাণ।
আকর্ণ পূরিয়া বাণ করেন সন্ধান ॥
পাদপ পাথর লয়ে আসিল বিস্তর।
ভয়ঙ্কর কলেবর যত নিশাচর ॥
কটাক্ষেতে নিক্ষেপ করেন রাম শর।
তাহাতে পড়িল এক কোটি নিশাচর ॥
এক কোটি পড়ে যদি রণের ভিতর।
অন্য কোটি আসিল লইয়া ধনুঃশর ॥
হীরা বাণ জীরা বাণ অতি খরধার।
মারেন ইন্দ্রের বাণ কৌশল্যাকুমার ॥
ক্ষুরূপা সুরূপা বাণ পাশুপত আর।
রাক্ষস-উপরে পড়ে বলি মার মার ॥
গলাতে নির্ম্মিত মণি-মাণিকের-কাঁঠি।
রামবাণে পড়িল রাক্ষস দুই কোটি ॥

শ্রীরামেরে আশীর্ব্বাদ করে মুনিগণ।
সবে বলে জয়ী হোক্ শ্রীরাম-লক্ষ্মণ ॥
ব্রাহ্মণের আশিসে না হয় হেন নাই।
মার মার করিয়া যুঝেন দুই ভাই ॥
বারুণাস্ত্র পাশ বায়ু বাণ কালানল।
এড়িলেন বহু বাণ সমরে অটল ॥
মারিলেন শ্রীরাম গন্ধর্ব্ব নামে শর।
রামময় দেখিল সকল নিশাচর ॥
আপনা আপনি সব কাটাকাটি করে।
সকল দেবতা দেখি হাসয়ে অন্তরে ॥
শ্রীরাম করেন যুদ্ধ কাঁপাইয়া মাটি।
রামবাণে পড়িল রাক্ষস তিন কোটি ॥
তিন কোটি পড়ে যদি রণের ভিতর।
রামের উপর মারে তীক্ষ্ণ সব শর ॥
নিরন্তর বাণ মারে নিশাচরগণ।
কত সহিবেন আর ভাই দুই জন ॥
হইলেন জর্জ্জর বাণেতে রঘুবীর।
শোণিত-শোভিত অতি শ্যামল শরীর ॥
আশীর্ব্বাদ করেন অমর দ্বিজচয়।
হউক রামের জয় রাক্ষসের ক্ষয় ॥
ব্রাহ্মণের আশীর্ব্বাদে বাড়িল যে বল।
মার মার করিয়া গেলেন রণস্থল ॥
আকর্ণ পূরিয়া বাণ মারেন রাঘব।
বরিষয়ে বর্ষায় যেমন মেঘ সব ॥
অর্দ্ধচন্দ্র বিশিখের কি কহিব কথা।
তাহাতে কাটেন রাম দুই পাত্র-মাথা ॥
দুই পাত্র পড়ে যদি রণের ভিতর।
মারীচ রুষিল তবে তাড়কাকোঙর ॥
কোথা গেল রাম কোথা গেল বা লক্ষ্মণ।
তিন কোটি রাক্ষস মারিল কোন্ জন ?

মারীচ সে মহাবীর কুপিয়া অন্তরে।
ঘন ঘন বাণ মারে রামের উপরে ॥
মহাবীর রামচন্দ্র না হন কাতর।
শরবৃষ্টি করেন যেমন জলধর ॥
মারীচেরে রক্ষা করে যত দেবগণ।
মারীচ মরিলে নহে সীতার হরণ ॥
বজ্রবাণ বলি রাম করিল স্মরণ।
আসিয়া সে বজ্রবাণ দিল দরশন ॥
শ্রীরামের বজ্রবাণ বজ্র সে হুড়ুকে।
নির্ঘাত পড়িল দুষ্ট মারীচের বুকে ॥
বুকে বাণ বাজিয়া নাটাই হেন ঘুরে।
ডানাভাঙ্গা পাখী যেন উড়ে ধীরে ধীরে ॥
ভ্রমিতে ভ্রমিতে যায় মারীচ কাতর।
সাত দিনে উত্তরিল লঙ্কার ভিতর ॥
বহুজীব খাইয়া মারীচ লঙ্কাবাসী।
বিবেকে সংসার ত্যজি হইল সন্ন্যাসী ॥
কহে যদি মরিতাম বালকের বাণে।
কি করিত দস্যুবৃত্তি কি করিত ধনে?
শিরে জটা ধরিয়া বাকল পরিধান।
শয়নে স্বপনে করে রামময় ধ্যান ॥
বটবৃক্ষতলে তপ কৈল আরম্ভণ।
রাম বিনা মারীচের অন্যে নাহি মন ॥
হেথা যজ্ঞ মুনিরা করিল সমাধান।
আশিস করেন রামে দিয়া দূর্ব্বাধান ॥
যজ্ঞ অবশেষে যেই ফলমূল ছিল।
খাইতে সে সব ফল দুই ভায়ে দিল ॥
সে রাত্রি বঞ্চেন রাম মুনির আশ্রমে।
প্রভাতে একত্র হন মুনিগণ ক্রমে ॥
সভাতে বসিয়া যুক্তি করে সর্ব্বজন।
সামান্য মনুষ্য নহে রাম নারায়ণ ॥
যিনি যজ্ঞেশ্বর, যজ্ঞে রাখিলেন তিনি।
দশরথ-পুণ্যফলে অবতীর্ণ ইনি ॥
রাক্ষসের ভয় কর কি কারণে আর?
রাক্ষস-বধার্থে হরি নিজে অবতার ॥
করিলেন এই পণ জনক ভূপতি।
রাম বিনা তাহাতে না হবে অন্যে কৃতী ॥
বিশ্বামিত্র বলেন, শুনহ রঘুবর।
মিথিলাতে হইবে সীতার স্বয়ংবর ॥
করেছে প্রতিজ্ঞা এই জানকীর পিতা।
হরধনু ভাঙ্গিবে যে, তাকে দিবে সীতা ॥
কত শত নরপতি আসে আর যায়।
দেখিয়া হরের ধনু হারিয়া পলায় ॥
দেখিলাম যে তোমারে বীর বলবান্।
মনে হয় ধনুক করিবে দুইখান ॥
শ্রীরাম বলেন, আজ্ঞা কর যে এখন।
তাহা করি তব আজ্ঞা লঙ্ঘে কোন জন?
এ কথা কহেন যদি কৌশল্যানন্দন।
রামেরে লইয়া যান সকল ব্রাহ্মণ ॥
হাতে ধনু করি যান শ্রীরাম-লক্ষ্মণ।
আগে পাছে চলিলেন সকল ব্রাহ্মণ ॥
বিশ্বামিত্র বলিলেন, শুন রঘুবর!
অগ্রেতে গমন করি জনকের ঘর ॥
এ কথা শুনিয়া রাম বলেন তাঁহারে।
আগে গিয়া বার্ত্তা দেহ জনক রাজারে ॥
বিশ্বামিত্র দেখিয়া উঠিল সর্ব্বজন।
আইস বলিয়া দিল বসিতে আসন ॥
মুনি বলিলেন, শুন জনক রাজন্।
তব ঘরে আইলেন শ্রীরাম-লক্ষ্মণ ॥
তাড়কারে মারিলেন হেলায় যে জন।
অহল্যার করিলেন শাপ-বিমোচন ॥

কৈবর্ত্তকে তারিলেন কৃপা বিতরণে।
তিন কোটি রাক্ষস মরিল যাঁর বাণে॥
সেই রাম দ্বাদশ বৎসর বয়ঃক্রম।
লক্ষ্মণ তাঁহার ভাই দুই অনুপম॥
এ কথা শুনিয়া রাজা রাজসভাজন।
কহিল সীতার বর আসিল এখন॥
আসিল সমস্ত লোক করিতে দর্শন।
বন্ধুকর ধরিয়া ধাইল অন্ধজন।
সবে বলে দেখিব লক্ষ্মণ আর রাম।
মিথিলার সব লোক ছাড়ে গৃহকাম॥
উচ্চ করি বান্ধিয়াছে শিরে পঙ্কঝুঁটী।
গলাতে নির্ম্মিত মণি-মাণিক্যের কাঁঠী॥
বিশ্বামিত্র লয়ে যান জনকের ঘরে।
অনুব্রজে রামেরে লইল সমাদরে॥
উল্লাসিত কহেন, জনক নৃপবর;
আসিল সীতার বর এতদিন পর॥
কৌশিক বলেন শুন শ্রীরাম-লক্ষ্মণ।
জনকেরে প্রণাম করহ দুই জন॥
গুরুবাক্য অনুসারে শ্রীরাম-লক্ষ্মণ।
করিলেন শ্রীরাম রাজাকে সম্ভাষণ॥
আলিঙ্গন দিলেন জনক দোঁহাকারে।
ভাসিলেন তখন আনন্দ-পারাবারে॥
মহাযোগী জনক জানেন অভিপ্রায়।
গোলোক ছাড়িয়া হরি দেখি মিথিলায়॥
ধূর্জ্জটির দুর্জ্জয় ধনু আছে যেইখানে।
সভা সহ গেল সেই স্বয়ংবর-স্থানে॥
হেনকালে জনক বলেন কুতূহলে।
সভায় বসিয়া কথা শুনেন সকলে॥
যে জন শিবের ধনু ভাঙ্গিবারে পারে।
সীতা নামে কন্যা আমি সমপিব তারে॥

একথা শুনিয়া রাম কমললোচন।
ধনুকের সন্নিকটে করেন গমন॥
হেনকালে সীতাদেবী সহ সখীগণ।
অট্টালিকা পরি উঠি করে নিরীক্ষণ॥
জানকী বলেন, সখি! করি নিবেদন।
কোন্ জন রাম বা লক্ষ্মণ কোন্ জন?
সীতারে দেখায় সখীগণ তুলি হাত।
দূর্ব্বাদলশ্যাম অই রাম রঘুনাথ॥
রামেরে দেখিয়া সীতা ভাবিলেন মনে।
হে বিরিঞ্চি! করিও না বঞ্চিত এ ধনে॥
দেবগণে প্রার্থনা করেন সীতা মনে।
স্বামী করি দেহ রাম কমললোচনে॥

সীতাদেবীর দেবগণের নিকট বর প্রার্থনা।

কৃতাঞ্জলি সুচিন্তিতা, প্রার্থনা করেন সীতা,
শুনহ যতেক দেবগণ!
যদি রাম গুণনিধি, মিলাইয়া দেহ বিধি,
তবে হয় কামনা পূরণ॥
শুন দেব হুতাশন, আর শুন গজানন,
শুনহ আমার পরিহার।
মহেন্দ্র বরুণ কাল, শুন সবে দিক্‌পাল,
মহাদেব করহ নিস্তার॥
কাত্যায়নী ভগবতী, করযোড়ে করি স্তুতি,
পতি দেহ রাম গুণমণি।
তুমি শিব তুমি ধাতা, সকল দেবের মাতা,
বেদমাতা হরের ঘরণী॥
চণ্ড মুণ্ড আদি যত, বধিলা যে কত শত,
দেবগণে করিলা নিস্তার।
শ্রীরামেরে পতি দেহ, ঘুচাও মনের মোহ,
রাম বিনা গতি নাহি আর॥

কমঠ-কঠোর ধনু, শ্রীরাম কোমল-তনু,
কেমনে তুলিবে শরাসন।
কত শত বীরগণে, না পারিল উত্তোলনে,
দারুণ পিতার এই পণ ॥
সীতার এমন মন, বুঝিলেন দেবগণ,
আকাশে হইল দৈববাণী।
শুন গো জনকসুতা, না হইও দুঃখযুতা,
স্বামী তব রাম রঘুমণি ॥
ফুলের ধনুক প্রায়, হেলায় তুলিয়া তায়,
ভাঙ্গিবেন কৌশল্যানন্দন।
দেবতাগণের কথা, কভু না হইবে বৃথা,
এই কৃত্তিবাসের বচন ॥

শ্রীরাম কর্ত্তৃক হরধনুভঙ্গ, শ্রীরাম-লক্ষ্মণ-ভরত-শত্রুঘ্নের বিবাহ ও পরশুরামের শর শ্রীরামের প্রাপ্ত হওন বিবরণ।

ধনুকের ঘরে রাম গেলেন যখন।
ধনুক তোলহ রাম! বলে সর্ব্বজন ॥
যত যত রাজা আছে ভাবিল অন্তরে।
দেখিব কেমন শিশু ধনুর্ভঙ্গ করে ॥
বিস্মিত হইয়া সবে করে নিরীক্ষণ।
ধনুক তোলহ রাম! বলে সর্ব্বজন ॥
লক্ষ্মণ বলেন, শুন জ্যেষ্ঠ মহাশয়!
ঘুচাও ধনুক ধরি সবার বিস্ময় ॥
শ্রীরাম বলেন, শুন গাধির নন্দন!
আজ্ঞা কর করিব কি ধনুক ধারণ?
এতেক বলিয়া রাম সহাস্য-বদনে।
ধনুক ধরেন করে দেখে সর্ব্বজনে ॥
ধনুক তুলিয়া রাম বলেন লক্ষ্মণে।
ভাঙ্গিব শিবের ধনু ভয় হয় মনে ॥
ধনুতে অর্পিয়া গুণ বলেন মুনিরে।
তাহা করি যাহা আজ্ঞা করিবে আমারে ॥
মুনি বলিলেন, রাম! দেখাও কৌতুক।
মনোরথ পূর্ণ কর ভাঙ্গিয়া ধনুক ॥
আজ্ঞা পেয়ে শ্রীরাম দিলেন গুণে টান।
মড় মড় শব্দে ধনু হৈল দুইখান ॥
সভায় সকল লোক হারাইল জ্ঞান।
ত্রিভুবন সঘনে হইল কম্পমান ॥
হইলেন জনক ভূপতি হরষিত।
বাদ্য বাজে মিথিলানগরে অগণিত ॥
গলে বস্ত্র দিয়া রাজা অতি সমাদরে।
নিমন্ত্রণ একে একে সবাকারে করে ॥
সুমন্ত্র ব্রাহ্মণ রামে লয়ে গেল ঘরে।
সুমন্ত্রের ব্রাহ্মণী কৌশল্যা নাম ধরে ॥
কৌশল্যার তুল্য কেহ নহে ভাগ্যবতী।
মা মা বলিয়া যাঁরে ডাকেন শ্রীপতি ॥
সুমন্ত্র মুনির ঘরে রাখিয়া রামেরে।
বিশ্বামিত্র গেলেন যে জনকের পুরে ॥
সীতাদেবী বন্দিলেন মুনির চরণ।
আনন্দিত হইল জনক যশোধন ॥
জনক বলেন, প্রভু! করি নিবেদন।
সীতার বিবাহ জন্য কর শুভক্ষণ ॥
এ কথা শুনিয়া মুনি গাধির নন্দন।
অমনি আইল যথা শ্রীরাম-লক্ষ্মণ ॥
মুনি বলিলেন, রাম! এই আমি চাই।
বিবাহ করিয়া ঘরে যাবে দুই ভাই ॥
শ্রীরাম কহেন, প্রভু! নিবেদি তোমারে।
আমা দোঁহে লয়ে চল অযোধ্যানগরে ॥
বহুদিন আসিয়াছি তোমার সহিত।
বিলম্ব হইলে পিতা হবেন চিন্তিত ॥

চারি ভাই জন্ম লইয়াছি একদিনে।
সে সবারে ছাড়ি করি বিবাহ কেমনে॥
এ চারি ভ্রাতারে যেই কন্যা দিবে চারি।
চারি ভাই বিবাহ করিব ঘরে তারি॥
এই বাক্য নিঃসরিল শ্রীরামের তুণ্ডে।
আকাশ ভাঙ্গিয়া পড়ে কৌশিকের মুণ্ডে॥
দুঃখিত হইয়া মুনি গেলেন তখন।
জনকের নিকটে দিলেন দরশন॥
জনক বলেন, প্রভু! করি নিবেদন।
সীতার বিবাহ-দিন কর শুভক্ষণ॥
বিশ্বামিত্র বলেন, শুনহ নরপতে।
রামের মনন নহে বিবাহ করিতে॥
কহিলেন বহুকাল ছাড়িয়াছি ঘর।
বিলম্ব হইলে পিতা হবেন কাতর॥
যে চারি ভাইকে চারি কন্যা সমর্পিবে।
তাঁর ঘরে রামচন্দ্র বিবাহ করিবে॥
শুনিয়া ভাবেন রাজা করি হেঁটমাথা।
সীতা বিনা কন্যা নাই আর পাব কোথা?
এতেক ভাবিয়া রাজা বিষণ্ণ-বদন।
শতানন্দ পুরোহিত কহিছে তখন;—
কেন রাজা! হইয়াছ বিচলিত-মন।
তব ঘরে চারি কন্যা হইবে ঘটন॥
তোমার কনিষ্ঠ ভাই কুশধ্বজ নাম।
তাঁর দুই কন্যা আছে রূপগুণধাম॥
তোমার দুহিতা দুই পরমা সুন্দরী।
চারি ভায়ে সমর্পণ কর কন্যা চারি॥
শ্রীরামের যে বাসনা হবে সেইমত।
তাঁহারে জানাও গিয়া সমাচার যত॥
হরষিত হয়ে মুনি গাধির কোঙর।
বার্ত্তা গিয়া দেন তবে রামের গোচর॥

শুন রাম! নাহি দেখি ইহাতে বাধক।
চারি ভায়ে চারি কন্যা দিবেন জনক॥
রাম বলিলেন, প্রভু! করি নিবেদন।
সব ভাই হেথা নাই করিব কেমন॥
ইহাতে বাধক আরো আছে মুনিবর।
বিবাহ করিতে নারি পিতৃ-অগোচর॥
আমারে বিবাহ দিতে যদি আছে মন।
অযোধ্যাতে মনুষ্য পাঠাও এক জন॥
এতেক শুনিয়া গিয়া গাধির নন্দন।
কহিলেন জনকেরে সর্ব্ব-বিবরণ॥
শুনিয়া ভাবেন রাজা ভাবে গদগদ।
বচন-মনের অগোচর এ সম্পদ॥
মুনি বলিলেন, শুন জনক রাজন্!
আনিবারে রাজারে পাঠাও এক জন॥
রাজা বলিলেন, মুনি! করি নিবেদন।
তোমা ভিন্ন কে যাইবে অযোধ্যাভুবন?
এ কথা শুনিয়া মুনি ভাবিলেন মনে।
ঘটক হইয়া যাই অযোধ্যা-ভুবনে॥
এই যশ আমার ঘুষিবে ত্রিভুবনে।
বিবাহ দিলাম আমি শ্রীরাম-লক্ষ্মণে॥
এতেক ভাবিয়া মুনি করিল গমন।
সিদ্ধাশ্রমে প্রথমতঃ দিল দরশন॥
শুধায় সকল মুনি কি শুনি কৌতুক?
রাম না কি ভাঙ্গিয়াছে হরের ধনুক?
মুনি বলে, করিবারে সীতার কল্যাণ।
শিবধনু আপনি হইল দুইখান॥
বিশ্বামিত্র সিদ্ধাশ্রম পশ্চাৎ করিয়া।
গঙ্গার কূলেতে মুনি উত্তরিল গিয়া॥
গঙ্গাপার হইয়া চলেন মুনিবর।
অহল্যা যেখানে ছিল হইয়া পাথর॥

অহল্যার তপোবন পশ্চাৎ করিয়া।
পবনের জন্মভূমি উত্তরিল গিয়া॥
পবনের জন্মভূমি থুয়ে কত দূর।
তাড়কার বনে যান কাছে সরযূর॥
করিলেন সরযূর নীর সংস্পর্শন।
দূরেতে থাকিয়া দেখে অযোধ্যার জন॥
আসিয়া যে মুনিরাজ রামে লয়ে গেল।
একা মুনি আসিতেছে রাম না আসিল॥
এ কথা কহিল গিয়া দশরথ প্রতি।
বজ্রপাত মত জ্ঞান করেন ভূপতি॥
কান্দিয়া বাহিরে আসি অজের নন্দন।
রামে না দেখিয়া কহে কাতর-বচন॥
একা যে আসিলে মুনি! রাম মোর কোথা।
হইল প্রত্যক্ষ বুঝি অন্ধকের কথা॥
কোথা রাম কোথা বা লক্ষ্মণ গুণনিধি।
দরিদ্রেরে দিয়া নিধি হরিলেন বিধি॥
যজ্ঞরক্ষা হেতু লয়ে গেলে নিজবাস।
ছলেতে করিলে মুনি! মম সর্ব্বনাশ॥
রাক্ষস-বধের হেতু লইয়া কুমার।
কে জানে বধিবে মুনি! পরাণ আমার?
বার্ত্তা পেয়ে আসিল রাজার যত রাণী।
ডম্বুর হারায়ে যেন ফুকারে বাঘিনী॥
কৌশল্যা সুমিত্রা রাণী হাহাকার করে।
প্রমাদ পড়িল আজি অযোধ্যানগরে॥
অষ্ট বৎসরের রাম দশ নাহি পূরে।
হেন রামে খাইল কি বনে নিশাচরে?
আকুল হইল রাজা অজের কুমার।
বিশ্বামিত্র ভাবিলেন এ কি চমৎকার॥
রাজারে বুঝায় যবে পাত্রমিত্রগণ।
হেনকালে আইলেন বশিষ্ঠ ব্রাহ্মণ॥

বশিষ্ঠ বলেন, কহ গাধির নন্দন!
রামের মঙ্গল শুনি জুড়াক জীবন॥
এই কথা শুনিয়া কহেন তপোধন;—
ভাল মন্দ না শুনিয়া কাঁদ কি কারণ?
বশিষ্ঠ বলেন, মুনি! কহ কি আশ্চর্য্য।
রামে না দেখিয়া কারো মন নহে ধৈর্য্য॥
রাম ধ্যান রাম জ্ঞান রাম সে জীবন।
রাম বিনা অন্ধকার অযোধ্যাভুবন॥
লোটায়ে পড়েন রাজা মুনি-পদতলে।
কোথায় লক্ষ্মণ কোথা রাম সদা বলে॥
বিশ্বামিত্র বলেন, শুনহ যশোধন!
পুত্রের বিক্রম-কথা করহ শ্রবণ॥
তাড়কাকে মারিলেন কৌশল্যানন্দন।
অহল্যাকে করিলেন শাপে বিমোচন॥
কৈবর্ত্তকে কৃতার্থ করিলেন শ্রীরাম।
রাক্ষস মারিয়া পূর্ণ করিলেন কাম॥
জনক করিয়াছিল ধনুর্ভঙ্গ-পণ।
তাহাতে হারিয়া গেল যত রাজগণ॥
শঙ্করের ধনুক করিয়া দুইখান।
লক্ষ্মীরূপা কন্যা রাম পাইলেন দান॥
চারি কন্যা দিবেক জনক চারি ভায়ে।
চল মহারাজ! শীঘ্র দুই পুত্র লয়ে॥
এ কথা শুনিয়া রাজা আনন্দ-বিহ্বলে।
প্রণতি করেন মুনিচরণকমলে॥
অযোধ্যাতে তখন পড়িয়া গেল সাড়া।
লক্ষ লক্ষ হস্তী সাজে লক্ষ লক্ষ ঘোড়া॥
নানারূপে রথ সাজে অতি সুশোভন।
ডাকিয়া আনিল রাজা ভরত শত্রুঘ্ন॥
ত্বরা করি সবারে করিল নিমন্ত্রণ।
অযোধ্যার লোক সব করিল সাজন॥

অগ্রে রথে চড়িলেন যতেক ব্রাহ্মণ।
চড়িলেন রথে রাজা সহ পুত্রগণ॥
বলেন কৌশল্যাদেবী সুমিত্রাদেবীরে।
না পাই হরিদ্রা দিতে রামের শরীরে॥
সুমিত্রা বলেন, দিদি! কেন ভাব আর।
রামের নামেতে করি মঙ্গল-আচার॥
লক্ষ লক্ষ পদাতিক চলিলেক সঙ্গে।
চক্রবর্ত্তী চলিলেন সৈন্য চতুরঙ্গে॥
রায়বার পড়ে ভাট বেদ বিপ্রগণ।
মিথিলার এবে কিছু শুন বিবরণ॥
সীতারূপে লক্ষ্মী নিজে তথায় জন্মিল।
মিথিলানগর ধনে পূর্ণিত হইল॥
ঘৃত-দুগ্ধে জনক করিল সরোবর।
স্থানে স্থানে ভাণ্ডার করিল মনোহর॥
চাল রাশি রাশি সুমিষ্টান্ন কাঁড়ি কাঁড়ি।
স্থানে স্থানে রাখে রাজা লক্ষ লক্ষ হাঁড়ি॥
হেথা সৈন্যগণ লয়ে অজের নন্দন।
সরযূ নদীর তীরে দিল দরশন॥
সরযূ নদীতে রাজা করি স্নান দান।
মিষ্টান্ন ভোজন করে মিষ্ট জলপান॥
ত্বরিতে সরযূ নদী উত্তীর্ণ হইয়া।
তাড়কার অরণ্যেতে প্রবেশেন গিয়া॥
কৌশিক বলেন, শুন অজের নন্দন।
এই বনে তাড়কা হইল নিপাতন॥
শুনিয়া বলেন রাজা অজের নন্দন।
তাড়কা রাক্ষসী প্রভু! দেখিব কেমন॥
তাড়কার নিকটে গেলেন দশরথ।
দেখেন পড়িয়া আছে আগুলিয়া পথ॥
তাড়কা দেখিয়া রাজা ভাবিলেন মনে।
ইহারে বালক রাম মারিল কেমনে?

তাড়কার বন রাজা পশ্চাৎ করিয়া।
পবনের জন্মভূমি দেখিলেন গিয়া॥
পবনের জন্মভূমি পশ্চাৎ করিয়া।
অহল্যার আশ্রমেতে উত্তরিল গিয়া॥
অহল্যার তপোবন পশ্চাৎ করিয়া।
গঙ্গাতীরে উপনীত হইলেন গিয়া॥
যে কৈবর্ত্ত শ্রীরামেরে পার করেছিল।
রাজার সে নাম শুনি নৌকা সাজাইল॥
নৌকাতে হইল পার যত সৈন্যগণ।
সিদ্ধাশ্রম দর্শন করেন যশোধন॥
ভূপতি বলেন, মুনি! নিবেদন করি।
কত দূর আছে আর মিথিলানগরী?
বিশ্বামিত্র বলেন, শুনহ নৃপবর!
আছে আর তিন ক্রোশ মিথিলানগর॥
মুনি-পত্নী সবে বলে রাজা পূর্ণকাম।
যাহার ঔরসে জন্ম লইলেন রাম॥
সিদ্ধাশ্রম দশরথ পশ্চাৎ করিয়া।
মিথিলার সন্নিকটে উপস্থিত গিয়া॥
আহ্লাদিত প্রজা সব আর সৈন্যগণ।
নানাজাতি অস্ত্র খেলে বাজয়ে বাজন॥
দূত গিয়া বার্ত্তা দিল জনক রাজারে।
অনুব্রজে লও রাজা অজের কুমারে॥
রথ হ'তে নামিলেন অযোধ্যার পতি।
করিলেন জনক আদরে বহু স্তুতি॥
জনক বলেন, রাজা! যদি কর দয়া।
তব চারি পুত্রে দেই চারিটি তনয়া॥
দশরথ বলিলেন, শুন হে জনক।
সম্বন্ধ হইল স্থির তবে কি বাধক॥
উভয়ে হইল শিষ্টাচার সম্ভাষণ।
বিদায় হইয়া রাজা করেন গমন॥

যেই ঘরে বসিয়া আছেন রঘুবীর।
সেই ঘরে চলিলেন দশরথ ধীর ॥
পিতার আদেশ পেয়ে হইয়া বাহির।
বন্দিলেন পিতৃপদদ্বয় রঘুবীর ॥
লক্ষ্মণ বন্দিল গিয়া পিতার চরণ।
রামের চরণ বন্দে ভরত শত্রুঘ্ন ॥
লক্ষ্মণ বন্দিল গিয়া ভরতে তখন।
শত্রুঘ্ন আসিয়া বন্দে সোদর লক্ষ্মণ ॥
চারি ভ্রাতা পরস্পরে করে আলিঙ্গন।
সুখে পুলকিত অঙ্গ অজের নন্দন ॥
ঘাটেতে উতরে কেহ উতরে বা মাঠে।
কেহ পাক করি খায় সরোবর-ঘাটে ॥
গেলেন বশিষ্ঠ মুনি জনকের ঘর।
সভা করি বসেছেন জনক নৃপবর ॥
বশিষ্ঠে দেখিয়া রাজা করে অভ্যর্থন।
পাদ্য অর্ঘ্য দিল আর বসিতে আসন ॥
কহিতে লাগিল রাজা জনক তখন।
সীতার বিবাহ-লগ্ন কর শুভক্ষণ ॥
বশিষ্ঠ সভার মধ্যে জ্যোতিষ মেলিল।
পুনর্ব্বসু কর্কটেতে কন্যালগ্ন হৈল ॥
তাহাতে বিবাহ-বিধি হইলে ঘটন।
স্ত্রী-পুরুষে বিচ্ছেদ না হয় কদাচন ॥
সেই লগ্ন করিল যে যত বন্ধুজন।
স্বর্গে থাকি যুক্তি করে যত দেবগণ ॥
স্ত্রী-পুরুষে বিচ্ছেদ না হয় কালান্তরে।
কেমনে মারিবে তবে লঙ্কার ঈশ্বরে ?
করহ মন্ত্রণা এই বলি সারোদ্ধার ॥
লগ্ন ভ্রষ্ট কর গিয়া শ্রীরাম-সীতার ॥
নর্ত্তক হইয়া তবে যাও শশধর।
নৃত্য কর গিয়া তুমি জনকের ঘর ॥
তব নৃত্য দেখিলে ভুলিবে সর্ব্বজন।
অতীত হইবে তবে কর্কট লগন ॥
শুভলগ্ন করিয়া বশিষ্ঠ মুনিবর।
বার্ত্তা লয়ে দিলেন যে ভূপতি-গোচর ॥
আনন্দিত হইলেন অজের নন্দন ॥
আয়োজন করিলেন সর্ব্ব-আভরণ ॥
ভারে ভারে দধি দুগ্ধ ভারে ভারে কলা।
ভারে ভারে ক্ষীর ঘৃত শর্করা উজ্জ্বলা ॥
সন্দেশের ভার লয়ে গেল ভারীগণ।
অধিবাস করিবারে চলেন ব্রাহ্মণ ॥
সভা করি বসেছেন জনক ভূপতি।
সেইখানে গেলেন বশিষ্ঠ মহামতি ॥
দ্রব্যের যতেক ভার এড়িলেক গিয়া।
বসেন বশিষ্ঠ কুশ-আসন পাতিয়া ॥
ঘট সংস্থাপন করে যেমন বিধান।
উপরেতে আম্রশাখা নীচে দূর্ব্বাধান ॥
বেদধ্বনি করিতে লাগিলেন ব্রাহ্মণ।
সীতারে আনিল দিয়া নানা আভরণ ॥
বসিলেন সীতাদেবী সুবর্ণের পাটে।
বেদমন্ত্রে দিল গন্ধ সীতার ললাটে।
চারিজন অধিবাস করিল তখন।
বস্ত্র পরাইল আর নানা আভরণ ॥
জলধারা দিয়া কন্যা লইলেক ঘরে।
জনক ভূপতি সর্ব্বদ্রব্য ব্যয় করে ॥
অধিবাসদ্রব্য লয়ে চলিল ব্রাহ্মণে।
শ্রীরামের অধিবাস করে সর্ব্বজনে ॥
বশিষ্ঠ কহেন দশরথে সম্বোধিয়া।
চারি তনয়ের কর অধিবাসক্রিয়া ॥
রাজা বলে, শুনহ বশিষ্ঠ তপোধন।
অযজ্ঞোপবীত এই চারিটি নন্দন ॥

ক্ষৌরকর্ম্ম করিলেন চারিটি নন্দনে।
পরে যজ্ঞোপবীত হইল চারি জনে ॥
রামচন্দ্র বসিলেন বাপের নিকটে।
চন্দন দিলেন চারি পুত্রের ললাটে ॥
চারিজনের অধিবাস করিল রাজন্।
বসন পরায়ে দিল নানা আভরণ ॥
নান্দীমুখ করিলেন যেমন বিধান।
নান্দীমুখ উপলক্ষে করিলেন দান ॥
কৌশল্যা ব্রাহ্মণী আর যত দাসী লয়ে।
আনন্দ করেন সবে রামকে দেখিয়ে ॥
হরিদ্রা মাথায় চারি বরে কুতূহলে।
অঙ্গেতে পিঠালি দিল সখীরা সকলে ॥
তোলা জলে স্নান করাইল চারি বরে।
মঙ্গলসূতা বাঁধিল তাহাদের করে ॥
মঙ্গল করিয়া বসিলেন চারি জন।
দেখিয়া সকলে ভাবে এ চারি মদন ॥
বান্ধিল অপূর্ব্ব পাগ মস্তকমণ্ডলে।
মনোহর মুক্তাহার শোভে বক্ষঃস্থলে ॥
অঙ্গুলে অঙ্গুরী করে অঙ্গদ বলয়।
কর্ণেতে কুণ্ডল দিল শোভে অতিশয় ॥
দিব্য বস্ত্র পরিধান ভাই চারি জন।
অপর অঙ্গেতে দিল নানা আভরণ ॥
ক্ষত্রিয় বিবাহ করে চতুর্দ্দোলোপরে।
সাজাইতে চতুর্দ্দোল কহে নৃপবরে ॥
চতুর্দ্দোল সাজাইল অতি সে রূপস।
উপরে তুলিয়া দিল সুবর্ণ-কলস ॥
চারিদিকে দিল নানা সুবর্ণের ধারা।
ঝলমল করে গজমুকুতার ঝারা ॥
গঙ্গাজলী চামর দিলেক ঠাঁই ঠাঁই।
চতুর্দ্দোল সাজাইল হেন আর নাই ॥
আপনার সুসাজ করেন দশরথ।
পরিধান পরিচ্ছদ যত মনোমত ॥
রথোপরি চড়িলেন হাতে ধনুঃশর।
শুভযাত্রা করিলেন সানন্দ অন্তর ॥
ভাটে রায়বার পড়ে নাচে নটগণ।
বাজনা বাজায় কত না যায় গণন ॥
দামামা দগড় বাজে বেয়াল্লিশ বাজনা।
চতুর্দ্দোলে আরোহণ করে চারিজনা ॥
ঢাক ঢোল বাজিতেছে ডম্ফ কোটি কোটি।
চারিদিকে উঠিল বীণার ছটছটি ॥
কত ঠাঁই বাজাইছে যোড়া যোড়া সানি।
কাঁশী বাঁশী কত বাজে নিয়ম না জানি ॥
চন্দ্র নৃত্য করিছেন জনক-সভায়।
হেনকালে দশরথ গেলেন তথায় ॥
তাঁরে অনুব্রজিয়া সে লয়েন জনক।
দ্বারে ঠেলাঠেলি করে উভয় কটক ॥
প্রথমেতে উভয়ে হইল ঠেলাঠেলি।
ঠেলাঠেলি হইতে হইল গালাগালি ॥
চন্দ্র-নৃত্য দেখিতে ভুলিল সর্ব্বজন।
তাহে মগ্ন কোথা লগ্ন কে করে গণন ॥
আগে আইলেন রাম পশ্চাতে লক্ষ্মণ।
শতানন্দ বলে কন্যা কর সমর্পণ ॥
ভালমন্দ কেহ কারো না শুনে বচন।
অতীত হইল লগ্ন সবে বিস্মরণ ॥
লয়ে গেল সকলেরে বিবাহের স্থলে।
চারি ভাই বৈসে ছায়ামণ্ডপের তলে ॥
প্রণাম করেন সবে সকল ব্রাহ্মণে।
বরণ করিল রামে বসন-চন্দনে ॥
নারীগণ করিলেন বরণ-বিধান।
পায়ে দধি দিলেন মাথায় দূর্ব্বাধান ॥

বরণ করিয়া গেল যত সখীগণ।
দুই পুরোহিত করে কথোপকথন॥
শতানন্দ বলেন, বশিষ্ঠ মহাশয়।
সূর্য্যবংশ কি প্রকার দেহ পরিচয়॥
বশিষ্ঠ বলেন, মুনি! হবে বোঝাবুঝি।
কহ দেখি তুমি চন্দ্রবংশের কুলজী॥
শতানন্দ মুনি বলে সভার ভিতর।
শুন চন্দ্রবংশের বিস্তার মুনিবর॥
সিন্ধুনীর দেবাসুরে মন্থন করিল।
তাহে লক্ষ্মী জগন্মাতা উত্থিত হইল॥
সাগর-মথনেতে জন্মিল শশধর।
চন্দ্র নাম হইল তাহার মনোহর॥
হইল চন্দ্রের পুত্র বুধ মতিমান্।
পুরূরবা নামে হৈল তাঁহার সন্তান॥
পুরুকুৎস নামে হৈল তাঁহার কুমার।
শতাবর্ত্ত নামে পুত্র বিদিত সংসার॥
আর্য্যবর্ত্ত নামে হৈল তাঁহার তনয়।
সেপদী নামেতে তাঁর পুত্র মহাশয়॥
বাণ নামে পুত্র হ'ল জানে সর্বজন।
রেত নামে তাঁর পুত্র অতি বিচক্ষণ॥
ধব নামে তাঁর পুত্র বিদিত ভূতলে।
স্বর্গ নামে পুত্র তাঁর সর্বলোকে বলে॥
পুত্র স্বর্গ রাজার সে সর্ব নামধর।
হৈহয় নামেতে তাঁর পুত্র মনোহর॥
হৈহয়ের নন্দন অর্জ্জুন নাম ধরে।
নিমি নামে তাঁর পুত্র তুলনা অমরে॥
নিমির কীর্ত্তিতে ব্যাপ্ত সকল সংসার।
মিথি নামে তাহার হইল যে কুমার॥
সকলে মিলিয়া তাঁর মথিল শরীর।
তাহাতে জন্মিল পুত্র মিথি নামে বীর॥
মিথিলানগর এই সেই বসাইল।
কুশধ্বজ জনক তাঁর তনয় হৈল॥
বশিষ্ঠ বলেন, শুনিলাম বিবরণ।
সূর্য্যবংশ-বার্ত্তা বলি তাহে দেহ মন॥
আদিপুরুষের নাম হৈল নিরঞ্জন।
ব্রহ্মা বিষ্ণু মহেশ্বর পুত্র তিন জন॥
তিন পুত্র হইল তনয়া এক জানি।
সকলে তাহার নাম রাখিল কন্দিনী॥
জরৎকারু মুনিপুত্র নারদ বীণাপাণি।
তাহাকে বিবাহ দিল কন্দিনী ভগিনী॥
সবে গীত গায় নারদ বাজায় বেণু।
তাহাতে জন্মিল কন্যা নাম তার ভানু॥
তাহাকে বিবাহ দিল জামদগ্ন্য বরে।
ক অংশে নারায়ণ জন্মে তাঁর ঘরে॥
ব্রহ্মার কাছেতে তার পড়িলেক বীজ।
তাহাতে জন্মিল পুত্র নামেতে মরীচ॥
কশ্যপ নামেতে পুত্র মরীচির হ'ল।
তাহার তনয় সূর্য্য প্রাপ প্রবল॥
সূর্য্যের হইল পুত্র মনু নাম তার।
মনুর নামেতে সর্ব্ব ব্যাপিল সংসার॥
মনুর হইল পুত্র সুষেণ নামেতে।
প্রসেন তাহার পুত্র বিদিত জগতে॥
প্রসেনের পুত্র ধরে যুবনাশ্ব নাম।
রাজা হয় যুবনাশ্ব অযোধ্যায় ধাম॥
যুবনাশ্ব রাজার কহিব কিবা কথা।
তাহার জন্মিল পুত্র নাম যে মান্ধাতা॥
মান্ধাতার পুত্র হৈল মুচুকুন্দ নাম।
তার পুত্র নাম ধুন্ধুমার গুণধাম॥
তাহার হইল পুত্র ইলা নাম ধরে।
তার পুত্র শতাবর্ত্ত অযোধ্যানগরে॥

আর্য্যাবর্ত্ত নামে তার হইল নন্দন।
ভরত তাহার পুত্র জানে সর্ব্বজন ॥
ভরত রাজার কি কব আখ্যান।
যার নামে পৃথিবীতে ভারত পুরাণ ॥
তাঁর পুত্র হইল ইক্ষ্বাকু নরপতি।
বশিষ্ঠ পুরোধা যার সুমন্ত্র সারথি ॥
তাঁহার ভূধর নামে হইল নন্দন।
খাণ্ড নামে তার পুত্র অযোধ্যাভূষণ ॥
হইল খাণ্ডের সুত দণ্ড নাম ধরে।
হরিবীজ তার পুত্র বিদিত সংসারে ॥
হরিবীজ-পুত্র-নামে হরিশ্চন্দ্র রাজা।
যার দান লৈল বিশ্বামিত্র মহাতেজা ॥
হরিশ্চন্দ্র রাজ্য করে পূর্ণ অভিলাষ।
তাহার হইল পুত্র নামে রুহিদাস ॥
সে রুহিদাসের পুত্র নাম মৃত্যুঞ্জয়।
ত্রিশঙ্কু তাহার পুত্র যিনি তপোময় ॥
তার পুত্র রুক্মাঙ্গদ অযোধ্যানিবাসী।
দ্বাদশ বৎসর কাল করে একাদশী ॥
রুক্মাঙ্গদ জন্মাইল ধর্ম্মাদ তনয়।
তার পুত্র হইল মরুৎ মহাশয় ॥
অনরণ্য তার সুত জানে সর্বজন।
তাহাকে মারিয়া গেল লঙ্কার রাবণ ॥
তাহার হইল পুত্র বাহু নৃপবর।
শিবভক্ত নাম তার হইল সগর ॥
অসমঞ্জ নামে তার হইল নন্দন।
তার সুত অংশুমান্ ধর্ম্মপরায়ণ ॥
অংশুমান্ রাজা রাজ্য করিয়া কৌতুকে।
মরিলেন তার বংশ আর নাহি থাকে ॥
ভগীরথ তার সুত অযোধ্যানগরে।
গঙ্গা আনি উদ্ধারিল দেব-দৈত্য-নরে ॥
বিতপত নামে তার হইল নন্দন।
বিকর্ণ তাহার পুত্র অযোধ্যাভূষণ ॥
তাহার হইল সুত অমর্ষি রাজন্।
দিলীপ তাহার পুত্র জানে সর্ব্বজন ॥
দিলীপ-তনয় রঘু বড় বলবান্।
রঘুবংশ বলি যার বংশের আখ্যান ॥
রঘুর তনয় অজ পিতার সমান।
তার পুত্র দশরথ দেখ বিদ্যমান ॥
দশরথ রাজা শৌর্য্যবীর্য্য-গুণধাম।
তাঁর জ্যেষ্ঠ পুত্র এই ধার্মিক শ্রীরাম ॥
এতেক বশিষ্ঠ মুনি বলিল সবাকে।
শুনি শতানন্দ মুনি হাত দিল নাকে ॥
গলে বস্ত্র দিয়া বলে জনক রাজন্।
তব পুত্রে কন্যা দিয়া লইনু শরণ ॥
দশরথ বলিলেন জনক রাজারে।
শরণ লইনু দিয়া এ চারি কুমারে ॥
দুই রাজা উঠি তবে কৈল সম্ভাষণ।
কন্যা আন আন বলে যত বন্ধুগণ ॥
হেন বেশ-ভূষণ পরায় সখীগণ।
যাহাতে মোহিত হয় শ্রীরামের মন ॥
চিরুণীতে কেশ আঁচড়িয়া সখীগণ।
চুল বান্ধি পরাইল অঙ্গে আভরণ ॥
কপালে তিলক আর নির্ম্মল সিন্দুর।
বালসূর্য্য সম তেজ দেখিতে প্রচুর ॥
উপর-হাতেতে দিল তাড় স্বর্ণময়।
সুবর্ণের কর্ণফুলে শোভে কর্ণদ্বয় ॥
দুই বাহু শঙ্খেতে শোভিল বিলক্ষণ।
শঙ্খের উপরে সাজে সোনার কঙ্কণ ॥
বসন পরায় তাঁরে সুন্দর প্রচুর।
দুই পায়ে দিল তাঁর বাজন নূপুর ॥

চারি ভগিনীতে বেশ করে বিলক্ষণ।
তখন মণ্ডপে গিয়া দিল দরশন ॥
পুষ্পাঞ্জলি দিয়া তবে নমস্কার করে।
প্রদক্ষিণ সাতবার করিল রামেরে ॥
অন্তঃপট ঘুচাইল যত বন্ধুগণ।
সীতা-রামে পরস্পর হৈল দরশন ॥
জলধারা দিয়া তারা কন্যা নিল পরে।
শোয়াইল জানকীরে অন্ধকার ঘরে ॥
বরকে আনিতে আজ্ঞা করে সখীগণ।
আসিয়া করুন রাম ষষ্ঠীর পূজন ॥
হাতে ধরি আনাইল রামেরে তখন।
'হাতে ধরি তোল সীতা' বলে বন্ধুজন ॥
তখন ভাবেন মনে সীতা ঠাকুরাণী।
পায়ে হাত দেন পাছে রাম গুণমণি ॥
করিলেন সীতা বাম-হস্তে শঙ্খধ্বনি।
হাতে ধরি সীতারে তোলেন রঘুমণি ॥
স্ত্রীলোকেরা পরিহাস করে ছল পেয়ে।
কেহ বলে হাতে ধরে কেহ বলে পায়ে ॥
পূর্ব্বাপর বর-কন্যা আসে দুই জনে।
রোহিণীর সহ চন্দ্র যেমন গগনে ॥
কন্যাদান করে রাজা বিবিধ প্রকারে।
পঞ্চ হরীতকী দিয়া পরিহাস করে ॥
বহু দাস-দাসী রাজা দিল কন্যা-বরে।
জলধারা দিয়া কন্যা বর লৈল ঘরে ॥
রাজরাণী গিয়া পরে করিল রন্ধন।
কন্যা বর দুই জনে করিল ভোজন ॥
সাজায় বাসর-ঘর যত সখীগণ।
রাম-সীতা তাহাতে বঞ্চেন দুই জন ॥
উর্ম্মিলা সহিত তথা রহেন লক্ষ্মণ।
মাণ্ডবীর সহিত ভরত বিচক্ষণ ॥
শ্রুতকীর্ত্তি সহিত আছেন শত্রুঘন।
এইরূপে বাসর বঞ্চিল চারি জন ॥
সানন্দ হইল সব মিথিলা-ভুবন।
রামকে দেখিতে যায় যত নারীগণ ॥
পরিহাস করে সবে রামের সহিত।
তুমি যে জানকীপতি এ নহে উচিত ॥
হে রাম! তোমাকে এই কথা কহি ভাল
সীতা বড় সুন্দরী, তুমি যে বড় কাল ॥
হাসিয়া বলেন রাম সবার গোচর ;—
সুন্দরীর সহবাসে হইব সুন্দর ॥
পরিহাস করিবে কি হারাইল জ্ঞান।
শ্রীরামের চরণে মজায় মন প্রাণ ॥
যেখানে বসিয়া আছে অনুজ লক্ষ্মণ।
সেখানে চলিয়া যায় যত সখীগণ ॥
অগ্রজ যেমন তাঁর অনুজ তেমন।
ভুলিল রামেরে তারা হেরিয়া লক্ষ্মণ ॥
এইরূপে চারি স্থানে করি দরশন।
মানিল কামিনীগণ সফল নয়ন ॥
চারি ভাই তুল্য চারি লইয়া সুন্দরী।
নানা সুখে কৌতুকে বঞ্চেন বিভাবরী ॥
প্রভাত হইল নিশি উদিত তপন।
সভা করি বসিলেন যত বন্ধুগণ ॥
বাজিল আনন্দবাদ্য জনকভবনে।
বিদায় মাগেন গিয়া বশিষ্ঠ ব্রাহ্মণে ॥
জনক বলেন অতি হইয়া কাতর ;—
রাম-সীতা রাখি যাও একটি বৎসর ॥
হাসিয়া বলেন তবে অজের নন্দন।
শরীর লইয়া যাব রাখিয়া জীবন ?
বলেন জনক রাজা, শুন হে রাজন্!
সকলে আমার ঘরে করিবে ভোজন ॥

ভাল ভাল বলিয়া দিলেন অনুমতি।
আয়োজন করিলেন জনক ভূপতি॥
রাজা রাণী ঘরে গিয়া দেখেন রন্ধন।
সুপক্ক অন্ন সহ আর পঞ্চাশ ব্যঞ্জন॥
স্নান করি আসিয়া যতেক প্রজাগণ।
আনন্দিত হয়ে সবে করেন ভোজন॥
ভোজন করেন রাম পরম হরষে।
দধি দুগ্ধ দিল রাজা ভোজনাবশেষে॥
সুতৃপ্ত হইল রাজা করে আচমন।
কর্পূর তাম্বূলে করে মুখের শোধন॥
সে রাত্রি থাকেন রাম তথা পূর্ব্ববৎ।
প্রাতঃকালে বিদায় মাগেন দশরথ॥
রাম-সীতা চতুর্দ্দোলে করি আরোহণ।
দীন দ্বিজ দুঃখীরে করেন বিতরণ॥
দিব্যবস্ত্র পরিধান মাথায় টোপর।
দূর্বাদলশ্যাম রাম হাতে ধনুঃশর॥
পরে তিন ভ্রাতা চাপিলেন চতুর্দ্দোলে।
পরম আনন্দে রাজা অযোধ্যায় চলে॥
দেবরথে চড়িলেন বশিষ্ঠ ব্রাহ্মণ।
কিন্তু চতুর্দ্দিকে রাজা দেখে অলক্ষণ॥
রাজা বলিলেন, শুন বশিষ্ঠ ব্রাহ্মণ।
চারিদিকে দেখি কেন এত অলক্ষণ?
কি জানি কেমন হবে বিপদ্ ঘটন।
বশিষ্ঠ বলেন, শুন অজের নন্দন!
চারিদিকে চারিপুত্র দেখ বিদ্যমান।
কে করিতে পারে তব অশুভবিধান?
বাজনার মহাশব্দ উঠিল আকাশ।
পরশুরামের চিত্তে লাগিল তরাস॥
মিথিলাতে শুনি কেন বাদ্যের বাজন।
সীতাকে বিবাহ করে বুঝি কোন জন?

মনে মনে যুক্তি করে সেথা মুনিবর।
ওথা রাজা বিদায় করেন কন্যাবর॥
লক্ষ লক্ষ চুম্ব দিয়া বদনকমলে।
জানকীরে জনক করিয়া কোলে বলে॥
করিলাম বহু দুঃখে তোমাকে পালন।
বারেক মিথিলা বলি করিও স্মরণ॥
শ্বশুর শাশুড়ী প্রতি রাখিবে সুমতি।
রাগ দ্বেষ অসূয়া না করো কারো প্রতি॥
সুখ দুঃখ না ভাবিও যে আছে কপালে।
স্বামিসেবা কভু না ছাড়িও কোন কালে॥
ঝিয়ারী বহুরী সব আসিয়া তখন।
গলায় ধরিয়া সব যুড়িল ক্রন্দন॥
আমা সবা ছাড়িয়া কি চলিলে জানকি!
আর কি হইবে দেখা সীতা চন্দ্রমুখি॥
রাম সীতা বিদায় করিলেন জনক।
দ্বিজেরে দিলেন দান সহস্র সংখ্যক॥
হেনকালে জামদগ্ন্য হাতেতে কুঠার।
রহ রহ বলিয়া ডাকিছে বার বার॥
খড়্গ চর্ম্ম ধনুঃশর শরীরে গ্রথিত।
ভীমবেশ ভার্গব হইল উপস্থিত॥
মহাভয়ানক বেশ দেখিয়া মুনির।
দশরথ ভূপতির কম্পিত শরীর॥
একহাতে ধরি রামে উতরে লক্ষ্মণে।
মুনির চরণে রাজা দিল সেইক্ষণে॥
মুনি বলে, দশরথ! বলি হে তোমারে।
ধনুক ভাঙ্গিল কেবা জনকের ঘরে?
দশরথ কহেন, আমার পুত্র রাম।
গুণ দিতে ধনুকে ভাঙ্গিল ধনুখান॥
মহাকোপে জ্বলিয়া বলেন ভৃগুরাম।
মম সম করি রাখিয়াছ পুত্র-নাম?

আমি ত পরশুরাম বিদিত ভূতলে।
হেন জন আছে কে যে রামনাম বলে ?
এ কথা শুনিয়া রাম বলেন বচন ;—
ক্ষমা কর দোষ প্রভু তপস্বী ব্রাহ্মণ !
বলেন পরশুরাম আরক্ত নয়ন।
তুচ্ছ জ্ঞান কর দেখি তপস্বী ব্রাহ্মণ ?
নিঃক্ষত্রিয় ভূমি করি তিন সাতবার।
রক্তে নদী বহাইল আমার কুঠার ॥
সমস্ত পৃথিবী করি কশ্যপেরে দান।
তপস্বী ব্রাহ্মণ বলি কর অপমান ?
আমার গুরুর ধনু ভাঙ্গিলেক যেই।
তাহাকে বধিয়া তার প্রতিফল দেই ॥
ভূপতি বলেন, ভয়ে কম্পিত শরীর।
বালকের অপরাধ ক্ষম মহাবীর ॥
রুষিয়া কহেন বীর সুমিত্রা-কুমার।
কথায় কি ফল, কর বীরের আচার ॥
ক্ষত্রিয় বিনাশ তুমি করেছ যখন।
তখন না জন্মেছিল শ্রীরাম-লক্ষ্মণ ॥
এতেক বলিল যদি সুমিত্রানন্দন।
কুপিত পরশুরাম কহেন বচন ;
জীর্ণ ধনু ভাঙ্গিয়া যে দেখাইলে গুণ।
আমার ধনুকে রাম ! দেহ দেখি গুণ ?
এতেক কহিয়া ধনু দিলেন তখন।
জানকী ভাবেন নম্র করিয়া বদন ॥
একবার ধনুক ভাঙ্গিয়া অকস্মাৎ।
করিলেন আমারে বিবাহ রঘুনাথ ॥
আরবার ধনুক আনিল ভৃগুমুনি।
না জানি হইবে মোর কতেক সতিনী ॥
ধনুখান ভৃগুরাম দিল বড় দাপে।
মরে ত মরুক রাম ধনুকের চাপে ॥
ধনুক দেখিয়া অতি প্রসন্ন অন্তরে।
হাসিয়া ধরেন রাম ধনু বাম করে ॥
শ্রীরাম বলেন, হে লক্ষ্মণ ধনুর্দ্ধর !
এ ধনুকের গরিমা করেন মুনিবর ॥
শ্রীরাম বলেন, শুন ওহে বীরবর !
ধনু যদি দিলে তবে দেহ এক শর ॥
সুবুদ্ধি পরশুরামে কুবুদ্ধি ঘটিল।
তখন রামের হাতে শর যোগাইল ॥
যেই শ্রীরামের হাতে মুনি শর দিল।
মুনির সে তেজ রাম সকল হরিল ॥
মুনির সমস্ত তেজ লইল যখন।
হইল মুনির পুত্র সামান্য ব্রাহ্মণ ॥
শ্রীরাম বলেন, শুন মুনির নন্দন।
ধনুকেতে গুণ দিব কিসের কারণ ?
তোমার ধনুকে যদি গুণ দিতে পারি।
তোমার ধনুক-বাণে তোমারে সংহারি ॥
লক্ষ্মণেরে জিজ্ঞাসা করেন রাম শেষে ;—
ধনুকে ত গুণ দিই মুনির আদেশে ॥
লক্ষ্মণ বলেন, শুন জ্যেষ্ঠ মহাশয় !
ধনুকেতে গুণ দিয়া দূর কর ভয় ॥
এ কথা শুনিয়া রাম হাসিল কৌতুকে।
ধনু নোঙাইয়া গুণ দিলেন ধনুকে ॥
ধনুক-টঙ্কার গিয়া লাগিল গগন।
পাতালে বাসুকি কাঁপে স্বর্গে দেবগণ ॥
পাতালে বাসুকি বলে, দেব রঘুবীর !
ধনুখান তোল মোর বুক হোক্ স্থির ॥
লক্ষ্মণ বলেন, শুন অগ্রজ শ্রীরাম !
ধনুখান তোল যে বাসুকি পায় ত্রাণ ॥
এই কথা শুনিয়া হাসিয়া রঘুনাথ।
তুলিলেন সেই ধনু সবার সাক্ষাৎ ॥

শ্রীরাম বলেন, শুন মুনির নন্দন।
তোমারে না মারি ব্রহ্মবধের কারণ ॥
অব্যর্থ আমার বাণ হইবে কেমনে।
স্বর্গ রোধ করি কিংবা পাতালভুবনে ॥
'যে আজ্ঞা' বলিয়া বলে মুনির নন্দন।
চিনিলাম তোমারে যে তুমি নারায়ণ ॥
ধর্ম্ম দ্বারা স্বর্গ পায় নাহি হয় আন।
স্বর্গপথ রুদ্ধ কর, দেব ভগবান্!
এক শর মারিলেন না করিয়া ক্রোধ।
পরশুরামের করে স্বর্গপথ রোধ ॥
শ্রীরামেরে স্তুতি করে শ্রীপরশুরাম।
তপস্যা করিতে মুনি যান নিত্যধাম ॥
দশরথ পাইলেন যেন হারাধন।
আনন্দিত তেমনি হইল তাঁর মন ॥
পুত্র পুত্র বলিয়া করেন রামে কোলে।
লক্ষ লক্ষ চুম্ব দেন বদনকমলে ॥
ভূপতি বলেন, শুন বশিষ্ঠ ব্রাহ্মণ।
বাজনায় আর কিছু নাহি প্রয়োজন ॥
চতুর্দ্দোলে শ্রীরাম করেন আরোহণ।
অযোধ্যায় দ্রুততরে করেন গমন ॥
সিদ্ধাশ্রমে তবে রাম দিলেন দর্শন।
প্রণাম করেন সবে মুনির চরণ ॥
মুনিপত্নী আসিল শ্রীরামে দেখিবারে।
রাম-সীতা দেখে তাঁরা হরষ অন্তরে ॥
ইহার জননী ধন্যা ধন্য এর পিতা।
যেমন গুণের রাম তেমনি এ সীতা ॥
তথা হ'তে চলিলেন পরম হরষে।
উতরিল গিয়া সবে আপনার দেশে ॥
অযোধ্যার যে শোভা তা বর্ণিতে না পারি।
আনন্দ-সাগরে মগ্ন বাল-বৃদ্ধ নারী ॥
নানাবর্ণ পতাকা উড়িছে নানা স্থলে।
উপরে চাঁদোয়া-শোভা গগনমণ্ডলে ॥
কুলবধূ আর যত প্রজার কুমারী।
ঘৃতের প্রদীপ জ্বালে দ্বারে সারি সারি ॥
সুবর্ণের পূর্ণকুম্ভে দিল আম্রসার।
গুবাক কদলী নারিকেল রাখে আর ॥
কৌশল্যা কৈকেয়ী আর সুমিত্রা রমণী।
চারি বধূ আনিতে চলিল তিন রাণী ॥
সঙ্গেতে চলিল রঙ্গে পুরবাসী নারী।
সানন্দ সকল পুরী বাজে তূরী ভেরী ॥
দেবগণ বরষণ করে পুষ্পরাশি।
জয় দিয়া নাচে সবে আনন্দে উল্লাসি ॥
চারি বধূ-কক্ষে দিল সুবর্ণ-কলসী।
ব্যবহারমত কর্ম্ম করে পুরবাসী।
কক্ষে দিল কলসী মস্তকে দিল ডালা।
ছড়াইয়া ফেলে সেইখানে খই কলা ॥
শুভক্ষণে রাণীরা দেখিল বধূমুখ।
নিরখিয়া চন্দ্রমুখ জুড়াইল বুক ॥
নানাবিধ যৌতুক দিলেন সর্ব্বজন।
মণিময় আভরণ বসন ভূষণ ॥
যৌতুকেতে রাম পান যত অলঙ্কার।
তাহাতে হইল পূর্ণ তাঁহার ভাণ্ডার ॥
পাইলেন সীতাদেবী যতেক যৌতুক।
নিজে লক্ষ্মী তিনি, তাঁর এ নহে কৌতুক ॥
শ্রীরাম লক্ষ্মণ আর ভরত শত্রুঘ্ন।
বন্দিলেন গিয়া সবে মায়ের চরণ ॥
চারি পুত্রে আশীর্ব্বাদ করে রাণীগণ।
চিরজীবী হও, লভ বহু পুত্র ধন ॥
চারি পুত্র লয়ে রাজা সুখী বহুতর।
সুখে রাজ্য করে যেন স্বর্গে পুরন্দর ॥
কৃত্তিবাস রচে গীত অমৃত সমান।
এত দূরে আদিকাণ্ড হৈল সমাধান ॥

কৃত্তিবাসী সপ্তকাণ্ড রামায়ণ

অযোধ্যাকাণ্ড

শ্রীরামচন্দ্রের রাজা হইবার প্রস্তাব।

দ্বিতীয় অযোধ্যাকাণ্ড শুন সর্ব্বজন।
কৈকেয়ীর বাক্যে রাম যাইবেন বন॥
বৃদ্ধ রাজা দশরথ শিরে শুভ্র কেশ।
আসন বসন শুভ্র শুভ্র সর্ব্ববেশ॥
রাজত্ব করেন রাজা বসি সিংহাসনে।
আসিল সকল রাজা রাজসম্ভাষণে॥
হস্তী ঘোড়া নানা রত্ন নানা আভরণ।
বিবাহ-যৌতুক রামে দেন রাজগণ॥
নমস্কার করি বলে যোড় করি হাত ;—
মহারাজ দশরথ! তুমি লোকনাথ॥
এক নিবেদন করি শুন নৃপবর।
শ্রীরামেরে রাজা কর সর্ব্বগুণাকর॥
বালক শ্রীরাম চুলে পঞ্চঝুঁটি ধরে।
মারীচ রাক্ষস পলাইল যাঁর ডরে॥
রামতুল্য বীর আর নাহি ত্রিভুবনে।
রাম রাজা হইলে আনন্দ সর্ব্বজনে॥
অন্তরে সানন্দ রাজা শুনিয়া বচন।
বাক্যচ্ছলে বুঝে রাজা সবাকার মন॥
শ্রীরাম হইলে রাজা সবার সন্তোষ।
বৃদ্ধকালে আমি করিলাম কিবা দোষ॥
পুত্রবৎ পালি প্রজা দুষ্টের শাসন।
মোরে রাজ্যচ্যুত কর কেন অকারণ॥
আনন্দিত অন্তরে বাহিরে ওষ্ঠ চাপে।
ভূপতির কোপ দেখি সর্ব্বরাজা কাঁপে॥
সবারে ভয় দেখি দশরথ কয়।
পরিহাস করিলাম না করিহ ভয়॥
বশিষ্ঠেরে ডাকি আনি কুলপুরোহিত।
রামে রাজা কর সবে হয়ে হরষিত॥
ভূপতির অনুজ্ঞা পাইয়া সর্ব্বজন।
করিল সকলে তাঁর চরণ-বন্দন॥
ভূপতি বলেন শুন পাত্র-মিত্রগণ।
রামে রাজা করিব করহ আয়োজন॥
নানা পুষ্প বিকাশ বসন্ত চৈত্র মাস।
রাম কালি রাজা হবে আজি অধিবাস॥
অধিবাস করিতে যতেক দ্রব্য লাগে।
সে সকল দ্রব্য আহরণ কর আগে॥
শ্রীরামের অধিবাসে যত দ্রব্য চাই।
সে সকল আনি দেহ বশিষ্ঠের ঠাঁই॥
সুমন্ত্র সারথি! তুমি চলহ সত্বর।
রথে করি আন রামে আমার গোচর॥
আজ্ঞা পেয়ে সুমন্ত্র চলিল শীঘ্রগতি।
শ্রীরামেরে আনিল যেখানে মহীপতি॥
কতদূরে রথ হৈতে উতরিল রাম।
পিতার চরণে পড়ি করিল প্রণাম॥
আশীর্ব্বাদ করিলেন রাজা শ্রীরামেরে।
সিংহাসনে বসাইল হরিষ অন্তরে॥
পিতা-পুত্রে বসিলেন সিংহাসনোপরে।
পাত্র মিত্র সকলে বেষ্টিত নৃপবরে॥
নক্ষত্রে বেষ্টিত যেন পূর্ণ শশধর।
সেইমত শোভিত হইল রঘুবর॥

পুত্রেরে শিখান বিদ্যা সভা বিদ্যমান।
রাজনীতি ধর্ম্ম আর বিবিধ বিধান॥
প্রথমা রাণীর তুমি প্রথম নন্দন।
ভূপতি হইয়া কর প্রজার পালন॥
লোকের আদেশ তুমি শুনিও যতনে।
তোমার মহিমা যেন সর্বত্র বাখানে॥
রাজনীতি ধর্ম তুমি শিখ সাবধানে।
যাহাতে মহিমা যশ বাড়ে দিনে দিনে॥
পরের দেখহ যদি পরমা সুন্দরী।
না দেখিও সে সবারে উর্দ্ধদৃষ্টি করি॥
রাজা যদি পরদার করে ব্যবহার।
আপনি সে মজে পাপে মজায় সংসার॥
পরহিংসা পরপীড়া না করিবে মনে।
কভু না করিও রাম লোভ পরধনে॥
শরণ লইলে শত্রু করো পরিত্রাণ।
অপরাধ বিনা কারো না লইও প্রাণ॥
তপ জপ ধর্মকর্ম করিবে বিহিত।
না হইও দেব-দ্বিজে ভক্তিতে রহিত॥
যজ্ঞাদিতে নানা যশ বরিবে সঞ্চয়।
সর্বলোকে দয়ালু হইও সদাশয়॥
পরদার পরপীড়া করে যেই জন।
শাস্ত্র অনুসারে তারে করিও শাসন॥
অপরাধমত দণ্ড করো সাবধানে।
দোষ নাহি রাজার সে শাস্ত্রের বিধানে॥
দরিদ্র অনাথ, রাম! যদি কেহ হয়।
তাহারে পালিলে পুণ্য সর্বশাস্ত্রে কয়॥
দেব-গুরু-ব্রাহ্মণে তুষিও ভক্তিমনে।
দেখ সর্বলোকে যেন দুঃখ নাহি জানে॥
রাজনীতি ধর্ম্ম রাজা শিখান রামেরে।
শুনিয়া কৌশল্যা রাণী হরিষ অন্তরে॥

রামের কল্যাণে রাণী করে নানা দান।
স্বর্ণ রৌপ্য অন্ন বস্ত্র সহস্র-প্রমাণ॥
মুনি ব্রহ্মচারী যত ভট্ট বিপ্রগণ।
সবাকারে দেন রাণী নানাবিধ ধন॥
যত যত লোক আছে যত যত স্থানে।
সবারে আনিয়া রাণী তোষে নানা ধনে॥
আসিল যতেক লোক রাজ-বিদ্যমানে।
রামচন্দ্র রাজা হবে শুনি ভাগ্য মানে॥
যত যত লোক আছে অযোধ্যানগরে।
রামের নিকটে যায় হরিষ অন্তরে॥
সমাদরে সকলেরে করিয়া সম্মান।
জননী-দর্শনে রাম করেন প্রয়াণ॥

রামচন্দ্রের রাজা হওনোদ্যোগ ও অধিবাস।

সুখেতে বঞ্চিয়া রাত্রি উদিত অরুণে।
আনন্দে গেলেন রাম পিতৃসম্ভাষণে॥
ভক্তিভাবে পিতার বন্দেন শ্রীচরণ।
রামেরে কহিল রাজা শুভাশীর্ব্বচন॥
সিংহাসনে বসাইল রাজা শ্রীরামেরে।
পিতা পুত্র উভয়ের আনন্দ অন্তরে॥
রাজা বলিলেন, রাম! কর অবধান।
যতকর্ম্ম করিয়াছি কহি তব স্থান॥
যজ্ঞ করি তুষিলাম যত দেবগণে।
তুষিলাম পিতৃলোক শ্রাদ্ধ ও তর্পণে॥
রাজা হয়ে করিলাম লোকের পালন।
তোমা হেন পুত্র পাই যজ্ঞের কারণ॥
পালিলাম রাজনীতি ধর্ম্ম আনিবার।
তোমারে করিব রাজা ভাবিয়াছি সার॥
বৃদ্ধ হৈনু এবে আমি মরিব কখন্।
তোমারে করিব রাজা পাল সর্বজন॥

আজি হতে তোমারে দিলাম রাজ্যভার।
স্বপক্ষ পালন কর বিপক্ষ সংহার॥
কিন্তু আজি কুস্বপন দেখেছি উৎপাত।
আকাশ হইতে ভূমে পড়ে উল্কাপাত॥
পূর্ণিমায় চন্দ্রগ্রাস শাস্ত্রের বিহিত।
দেখি অমাবস্যায় এ অতি বিপরীত॥
এ সব জঞ্জাল আমি দেখিনু স্বপনে।
গন্ধর্ব্বের পৃষ্ঠে চড়ি গেলাম দক্ষিণে॥
কুস্বপ্ন দেখিনু আজি নিকট মরণ।
তুমি রাজা হও তবে সফল জীবন॥
কনিষ্ঠ ভরত তার না জানি আশয়।
তারে রাজ্য দিতে কভু উপযুক্ত নয়॥
জ্যেষ্ঠ সত্ত্বে কনিষ্ঠের নাহি অধিকার।
তুমি রাজা হও রাম! কর অঙ্গীকার।
কত শত শত্রু তব আছে কত স্থানে।
কেবা শত্রু কেবা মিত্র কেবা তাহা জানে?
আমি বিদ্যমানে ধর ছত্র নব দণ্ড।
কি জানি আসিয়া কেহ হয় বা পাষণ্ড॥
আজি অধিবাস পুনর্ব্বসু নক্ষত্র।
পুষ্যা কল্য হইবে ধরিবারে দণ্ডছত্র॥
এতেক বলিয়া রামে দিলেন বিদায়।
অন্তঃপুরে রামচন্দ্র গেলেন তথায়॥
বসেছেন কৌশল্যা বেষ্টিত সখীবৃন্দে।
সাত শত রাণী তথা আছেন আনন্দে॥
দেবপূজা করে রাণী নানা উপহারে।
হেনকালে শ্রীরাম গেলেন তথাকারে॥
রামেরে দেখেন রাণী সহাস্য বদন।
মায়ের চরণে রাম করেন বন্দন॥
মায়ের সম্মুখে দাঁড়াইয়া রঘুনাথ।
কহেন সকল কথা করি যোড়হাত;—
আমারে দিলেন পিতা সর্ব্ব রাজ্যখণ্ড।
আজি অধিবাস কালি পাব ছত্রদণ্ড॥
আমা রাজা করিতে সবার অভিলাষ।
শুভবার্ত্তা কহিতে আসিনু তব পাশ॥
নানা উপহারে মাতা! কর ইষ্টপূজা।
মম প্রতি তুষ্টা যেন হন দশভুজা॥
এতেক শুনিয়া রাণী হরষিত মন।
রামের কল্যাণ করিলেন অগণন॥
কৌশল্যা বলেন, রাম! হও চিরজীব।
তোমার সহায় হোন পার্ব্বতী ও শিব॥
অনেক কঠোরে আমি পূজিয়া শঙ্করে।
তোমা হেন পুত্র রাম! ধরিনু উদরে॥
শুভক্ষণে জন্ম নিলে আমার ভবনে।
রাজমাতা হইলাম তোমার কারণে॥
সুমিত্রা সপত্নী সে আমাতে অনুরক্ত।
তার পুত্র লক্ষ্মণ তোমার বড় ভক্ত॥
তোমার কুশল সে যে চাহে অনুক্ষণ।
অতি হিতকারী তব সুমিত্রানন্দন॥
এতেক কৌশল্যাদেবী কহিলেন কথা।
হেনকালে শ্রীলক্ষ্মণ আইলেন তথা॥
লক্ষ্মণেরে দেখিয়া হাসেন রঘুনাথ।
কৌশল্যারে বন্দেন লক্ষ্মণ যোড়হাত॥
লক্ষ্মণেরে প্রেমভরে দিয়া রাম কোল।
সহাস্য-বদনে রাম বলে মিষ্ট বোল॥
মম ভক্ত ভাই তুমি পরম সুধীর।
তুমি আমি ভিন্ন নহি, একই শরীর॥
আমার হিতৈষী তুমি, যদি পাই রাজ্য।
উভয়েতে মিলিয়া করিব রাজকার্য্য॥
এতেক বলিয়া রাম হইল বিদায়।
আশীর্ব্বাদ করিল সকল রাণী তায়॥

গেলেন পিতার কাছে শ্রীরাম-লক্ষ্মণ।
রাজা বলে, রাম এল হ'ল শুভক্ষণ ॥
বশিষ্ঠ নারদ আদি আসিল সে স্থানে।
আজ্ঞা পেয়ে আয়োজন করে সর্ব্বজনে ॥
নিমন্ত্রণ করিয়া আনিল রাজগণ।
রাম রাজা হবেন সকলে হৃষ্টমন ॥
বিদ্যাধরী নাচে গায় গন্ধর্ব্বে সঙ্গীত।
চারিদিকে জয়ধ্বনি শুনি সুললিত ॥
লক্ষ লক্ষ পতাকা উড়িছে নানা রঙ্গে।
রাজগণ আইল কটক সব সঙ্গে ॥
নানা রঙ্গে রথ রথী হস্তী ঘোড়া সাজে।
নানা জাতি বাদ্য শুনি নানা দিকে বাজে ॥
অধিবাস করিতে আসিল ঋষি মুনি।
রামজয় বলিয়া করিছে বেদধ্বনি ॥
নারিকেল গুবাক রোপিল সারি সারি।
ঘৃতের প্রদীপ জ্বালে প্রজার কুমারী ॥
নানা রত্নে নির্ম্মাইল লক্ষ লক্ষ ঘর।
বিবিধ পতাকা উড়ে চালের উপর ॥
পৃথিবীতে আছে যত নানা উপহার।
তাহা আনি লক্ষ লক্ষ ভরিল ভাণ্ডার ॥
নানা রত্নে শোভিত বসনে পরিহিত।
অযোধ্যার যত লোকে সবে আনন্দিত ॥
আসিল দেশের লোকে অযোধ্যানগরে।
কেহ নাচে কেহ গায় হরিষ অন্তরে ॥
অধিবাস দেখিতে আসিল দেবগণ।
অন্তরীক্ষে রহে সবে চাপিয়া বাহন ॥
ব্রহ্মা শিব আদি করি যত দেবগণ।
ভগবতী আদি করি দেবী অগণন ॥
অধিবাস দেখিতে বসিল সর্ব্বজন।
কৌতুকেতে পুষ্পবৃষ্টি করেন তখন ॥

ঋষিগণে দেখিয়া উঠিয়া রঘুনাথ।
পাদ্য অর্ঘ্য দিয়া পূজে করি প্রণিপাত ॥
বশিষ্ঠ বলেন, রাম ! শাস্ত্রের বিহিত।
তব অধিবাস আমি করি যে উচিত ॥
পিতৃবিদ্যমানে ধর দণ্ড আর ছাতি।
নহুষ রাজার যেন তনয় যযাতি ॥
বশিষ্ঠ করেন সুমঙ্গল বেদধ্বনি।
অখিল ভুবনে শব্দ রামজয় শুনি ॥
অধিবাস রামের হইল সমাপন।
আনন্দে দেখিয়া স্বর্গে গেল দেবগণ ॥
জয় জয় হুলাহুলি করে রামাগণ।
নৃত্য-গীতে আনন্দিত অযোধ্যা-ভুবন ॥
রাম সীতা উপবাসী রহে দুই জন।
চন্দনে চর্চ্চিত অঙ্গ সকৌতুক মন ॥
নানা রত্ন ধন সবে দিলেক যৌতুক।
নিজালয়ে গেল সব দেখিয়া কৌতুক ॥
বলেন বশিষ্ঠ মুনি রাজার সদনে ;—
অধিবাস রামের হইল শুভক্ষণে ॥
শুনিয়া হাসেন রাজা আনন্দিত মনে।
নানা রত্ন-দানে রাজা তুষিল ব্রাহ্মণে ॥
বেলার হইল শেষ নক্ষত্র গগনে।
অধিবাস দেখি ঘরে গেল সর্ব্বজনে ॥
সুগন্ধি পুষ্পের গন্ধ বহে চতুর্ভিত।
দেবতুল্য বেশ সবে শুইয়া নিদ্রিত ॥
রাত্রি অবসান হয় সূর্য্যের উদয়।
শয়ন ত্যজিল সবে আনন্দ হৃদয় ॥

শ্রীরামচন্দ্রের রাজ্যপ্রাপ্তি-সংবাদে সকলের আনন্দ।

রথ রথী ঘোড়া সাজে, নানারঙ্গে বাদ্য বাজে,
মুনি সব করে জয়ধ্বনি।

জয় জয় হুলাহুলি, করে সবে কোলাকুলি,
সর্ব্বলোকে কি দুঃখী কি ধনী ॥
শিশু নারী জয়ান্বিত, পুষ্পগন্ধে সুশোভিত,
আমোদ-প্রমোদ সব ঘরে।
স্বর্গপুরী তুল্য বেশ, অযোধ্যার সর্বদেশ,
নাচে গায় হরিষ অন্তরে ॥
সবে ভাবে রঘুপতি, হইবেন মহীপতি,
ঘুচিল সবার আজি ক্লেশ।
না হইবে দুঃখ শোক, আনন্দিত সর্বলোক,
নিস্তার পাইল সর্বদেশ ॥
ঘুচিল সকল ভয়, সবাই আনন্দময়,
রাম নামে পাইবে নিষ্কৃতি।
রাম বিষ্ণু-অবতার, লবেন সবার ভার,
বৈকুণ্ঠেতে করিবে বসতি ॥
এতেক ভাবিয়া মনে, আনন্দিত সর্বজনে,
আনন্দেতে পাসরে আপনা।
অযোধ্যার যত লোক, ভুলিল সকল শোক,
আনন্দে পূরিত সর্বজনা ॥
নানা বস্ত্র অলঙ্কার, পরিধান সবাকার,
রূপে বেশে দেব-অবতার।
আনন্দে বিহ্বল প্রায়, রামগুণ সবে গায়,
জয় জয় করে বারে বার ॥
অযোধ্যানগরবাসী, বলে সবে দাসদাসী,
মনে হয় অতি হরষিত।
ঘুচিবে সবার দুঃখ, ভুঞ্জিব বিবিধ সুখ,
এত বলি সবে আনন্দিত ॥
মধুর অযোধ্যাকাণ্ড, শুনিতে অমৃতভাণ্ড,
যাতে হয় পাপের বিনাশ।
রামায়ণ আকর্ণনে, ইহা কৃত্তিবাস ভণে,
হয় অন্তকালে স্বর্গে বাস ॥

ভরতকে রাজা করিয়া রামকে বনে পাঠাইতে কুব্জার কৈকেয়ীকে মন্ত্রণাদান।

পূর্ণ স্বর্ণকুম্ভ উপরে আম্রসার।
শাস্ত্রের বিহিত সব মঙ্গল আচার ॥
নানা রঙ্গে নির্ম্মাইল টুঙ্গী শতে শতে।
নানা বর্ণে পতাকা উড়িছে প্রতি পথে ॥
নানা রত্নে নির্ম্মিত আগার সারি সারি।
জিনিয়া অমরাবতী রম্যবেশধারী ॥
ইন্দ্রপুরে যেমন সবার রম্যবেশ।
তেমন মঙ্গলযুক্ত অযোধ্যার দেশ ॥
দৈবের নির্ব্বন্ধ কভু না যায় খণ্ডন।
কে জানে ঘটিবে আসি প্রমাদ কখন্ ॥
পূর্ব্বজন্মে ছিল নামে দুন্দুভি অপ্সরা।
জন্মিল সে কুব্জা হয়ে নামেতে মন্থরা ॥
কৈকেয়ীর চেড়ী ভরতের ধাত্রী মাতা।
রামের দুঃখের হেতু সৃজিল বিধাতা ॥
দশরথ বিবাহে সে চেড়ী পেয়েছিল।
রাম রাজা হন দেখি ব্যাকুলিত হ'ল ॥
রামের দুঃখের হেতু তার উপাদান।
রাজার মরণ, কৈকেয়ার অপমান ॥
মরিবে রাবণ যাতে বিধাতা সে জানে।
বিধাতা সৃজিল তারে এই সে কারণে ॥
আচম্বিতে কুঁজী চেড়ী আইল বাহিরে।
প্রজা আনন্দিত সব দেখিল নগরে ॥
টুঙ্গীর উপরে উঠি কুঁজী তাহা দেখে।
রাম রাজা হবে মহা হরষিত লোকে ॥
বহু চেড়ী এক ঠাঁই টুঙ্গীর উপরে।
কুঁজী চেড়ী জিজ্ঞাসিল অপর চেড়ীরে ॥
কি কারণ হরষিত অযোধ্যানগর ?
কি হেতু কৌশল্যা রাণী হর্ষিত অন্তর ?

কি জন্ম রামের মাতা করে বহু দান ?
সবে মেলি তোমরা কি কর অনুমান ?
আর চেড়ী বলে, তুমি না জান মন্থরা !
যৌবরাজ্যে অভিষিক্ত হবে রাম ত্বরা ॥
এ কথা শুনিয়া কুঁজী সে চেড়ীর মুখে ।
বজ্রাঘাত হ'ল যেন মন্থরার বুকে ॥
বিধাতার লেখা কেবা করিবে খণ্ডন ।
কৈকেয়ীরে গালি দিতে করিল গমন ॥
কৈকেয়ী আপন ঘরে ছিলেন শয়নে ।
সত্বর মন্থরা গিয়াকহিল সেখানে ॥
নির্ব্বুদ্ধি কৈকেয়ি ! শুয়ে আছ কোন্ লাজে ।
তো হেন পুত্রের সনে কেহ নাহি মজে ॥
মানেতে মরিবি তুই শোকের সাগরে ।
ভরতে এড়িয়া রাজা রামে রাজা করে ॥
ভরতেরে রাজা কর, রাখ নিজ পণ ।
রাজারে কহিয়া রামে পাঠাও কানন ।
রাম রাজা হইলে কিসের অধিকার ?
ভরত হইলে রাজা সকলি তোমার ॥
একে ত রাজার হও তুমি মুখ্যা রাণী ।
ভরত হইলে রাজা রাজার জননী ॥
কৈকেয়ী বলেন, রাম ধাৰ্ম্মিক সুজন ।
কোন্ দোষে করিব অনিষ্ট-সংঘটন ?
আমার গৌরব রাম রাখে অতিশয় ।
করিতে রামের মন্দ উচিত ত নয় ॥
গুণের সাগর রাম বিচারে পণ্ডিত ।
পিতৃরাজ্য জ্যেষ্ঠ পুত্র পাইতে উচিত ॥
রাম রাজা হইলে সন্তুষ্ট সর্ব্বজনে ।
তুষিবেন সবাকারে রাম বহু মানে ॥
ভরতেরে রাজ্য রাম দিবেন আপনি ।
রাখিবেন আমার গৌরব বড় রাণী ॥
রাম রাজা হইলে আমার বহু মান ।
শুভবার্ত্তা কহিলি কি দিব তোরে দান ?
রাম রাজা হবেন হরিষ সর্ব্বজন ।
হরিষে বিষাদ কুঁজী কর কি কারণ ॥
অঙ্গ হ'তে অলঙ্কার খুলি শশব্যস্তে ।
আদরে কৈকেয়ী দেন মন্থরার হস্তে ॥
কৈকেয়ী বলেন, কুঁজী ! না কর উত্তর ।
রাম রাজা হ'লে ধন দিব ত বিস্তর ॥
কুপিলা মন্থরা চেড়ী দুই ওষ্ঠ কাঁপে ।
কৈকেয়ীরে গালি পাড়ে অতুল প্রতাপে ॥
হাত হ'তে অলঙ্কার ছড়াইয়া ফেলে ।
দুই চক্ষু লাল করি কৈকেয়ীরে বলে ;—
কৈকেয়ি ! তোমার দুঃখ আমার অন্তরে ।
বলি হিত, বিপরীত বুঝাও আমারে ॥
সপত্নী-তনয় রাজা, তুমি আনন্দিতা ।
কৌশল্যা তোমার চেয়ে বুদ্ধিতে পণ্ডিতা ॥
নিজ পুত্রে রাজা করে স্বামীর সোহাগে ।
থাকিবে দাসীর ন্যায় কৌশল্যার আগে ॥
থাকিল কৌশল্যা রাণী সীতার সম্পদে ।
দাঁড়াইতে নারিবি সীতার পরিচ্ছদে ॥
কৌশল্যে জিনিলে তুমি সোহাগের দাপে ।
নিজ পুত্রে রাজা করে সেই মনস্তাপে ॥
ভরত থাকিল গিয়া মাতামহ ঘরে ।
রাজার কি দোষ দিব না দেখি তাহারে ॥
সতীনের আনন্দেতে সানন্দ সতিনী ।
হেন অপরূপ কভু না হেরি না শুনি ॥
লালিয়া পালিয়া বড় করিনু ভরতে ।
মাতা-পুত্রে পড়িল সে কৌশল্যার হাতে ॥
শ্রীরাম লক্ষ্মণ দুই একই শরীর ।
উভয়ে করিবে রাজ্য ভরত বাহির ॥

তবে ত ভরত তোর হইল বঞ্চিত।
হিত কথা বলিলাম বুঝিলি অহিত ॥
ভরত না পেলে রাজ্য না আসিবে দেশে।
না দেখিবে মুখ তব থাকিবে প্রবাসে ॥
মন্ত্রণা করিয়া রামে পাঠাও কানন।
ভরতেরে রাজ্য দেহ যদি লয় মন ॥
শুনিয়া কুঁজীর কথা কৈকেয়ীর আশ।
কুঁজীর বচনে তার বুদ্ধি হ'ল নাশ ॥
দেব দৈত্য আদি লোক রাম হেতু সুখী।
প্রমাদ পাড়িল চেড়ী কোথাও না দেখি ॥
কৈকেয়ী বলেন, কুঁজী! তুমি হিতৈষিণী।
রাম মম মন্দকারী কিছুই না জানি ॥
ভরত প্রবাসে রাম রাজা হবে আজি।
কেমনে অন্যথা করি যুক্তি বল কুঁজী ॥
নৃপতির প্রাণ রাম গুণের সাগর।
কেমনে পাঠাব তারে বনের ভিতর?
ঘরেতে রাখিব তারে রাজ্য নাহি দিব।
কোন দোষে শ্রীরামেরে বনে পাঠাইব?
চারি পুত্র আছে তাঁর ভরত বিদেশে।
অংশ অনুসারে ভাগ পাইবেন শেষে ॥
জ্যেষ্ঠ ভাই আছে তার কর বিবেচনা।
কর দেখি কুঁজী! তুমি ভাল কি মন্ত্রণা ॥
সবে তুষ্ট শ্রীরামের মধুর বচনে।
হেন রামে কেমনে পাঠাবে রাজা বনে ॥
ভরত পাইবে রাজ্য না দেখি উপায়।
যুক্তি বল ভরত কিরূপে রাজ্য পায় ॥
কি প্রকারে রামের হইবে বনবাস?
ভরতেরে রাজ্য দিয়া পুরাইব আশ?
কুঁজী বলে যুক্তি চাহ যুক্তি দিতে পারি।
হেন যুক্তি দিব যে ভরতে রাজা করি ॥

পূর্ব্বকথা সকল আমার আছে মনে।
সে সকল কথা কহি শুন সাবধানে ॥
পূর্ব্বে যুদ্ধ করিল যে দানব সম্বর।
সেই যুদ্ধে মহারাজ ক্ষতকলেবর ॥
তাহাতে করিলে তুমি তাঁর সেবা পূজা।
সুস্থ হয়ে বর দিতে চাহিলেন রাজা ॥
আরবার রাজার যে হইল বিস্ফোট।
তাপ দিতে মুখের ঠেকিল দুই ঠোঁঠ ॥
রক্তপূয় যতেক লাগিল তব মুখে।
তব যত দুঃখ রাজা দেখিল সম্মুখে ॥
তোমার সেবায় রাজা পাইল নিস্তার।
বর দিতে চাহিল তোমায় পুনর্ব্বার ॥
তখন বলিলে তুমি রাজার গোচর।
কুঁজী যবে বর চাহে তবে দিও বর ॥
দুই বারে দুই বর থাকৃ তব ঠাঁই।
কুঁজা যবে বর চাহে তবে যেন পাই ॥
এ কথা কহিলে তুমি আসি মোর স্থানে।
তুমি পাসরিলে মোর সব আছে মনে ॥
আজি রাম রাজা হবে বেলা অবশেষে।
আগে আসিবেন রাজা তোমার সম্ভাষে ॥
পট্টবস্ত্র এড়ি পর মলিন বসন।
খসাইয়া ফেল যত গায়ের ভূষণ ॥
ভূমিতে পড়িয়া থাক ত্যাজিয়া আহার।
রাজা জিজ্ঞাসিবে তব দেখিয়া আকার ॥
জিজ্ঞাসা করিবে রাজা কোপের কারণ।
না দিও উত্তর তুমি করিও রোদন ॥
বিবিধ প্রকারে তোমা করিবে সান্ত্বনা।
যাচিবে তোমায় বস্ত্র অলঙ্কার নানা ॥
তবে পূর্ব-নির্বন্ধ কহিবে তাঁর স্থান।
আগে সত্য করাইয়া পিছে মাগ দান ॥

পূর্বকথা রাজার অবশ্য হবে মনে।
দুই বর মাগিবে রাজার বিদ্যমানে॥
এক বরে করাইবে রাজা ভরতেরে।
আর বরে পাঠাইবে অরণ্যে রামেরে॥
চতুর্দ্দশ বর্ষ যদি রাম থাকে বনে।
পৃথিবী পূরাবে তুমি ভরতের ধনে॥
তুমি যদি প্রাণ চাহ রাজা প্রাণ দেয়।
রাম হেন প্রিয় পুত্র বনে উপেক্ষয়॥
এমনি আসক্ত রাজা তোমার উপর।
সত্যবদ্ধ আছে কেন নাহি দিবে বর?
ফিরিল কৈকেয়ী রাণী কুঁজীর বচনে।
অধর্ম্ম অযশ কিছু নাহি করে মনে॥
ঘোর ব্রহ্মশাপ আছে কৈকেয়ীর তরে।
সেই দোষে কৈকেয়ী প্রমাদ এত করে॥
পিত্রালয়ে কৈকেয়ী ছিলেন শিশুকালে।
করিয়াছিলেন ব্যঙ্গ ব্রাহ্মণেরে ছলে॥
তাহাতে জন্মিল মনে ব্রাহ্মণের তাপ।
কুপিয়া ব্রাহ্মণ তাঁরে দিল ব্রহ্মশাপ॥
দেখিয়া করিস্ ব্যঙ্গ কহিলি কর্কশ।
সর্বলোকে গায় যেন তব অপযশ॥
ব্রহ্মশাপ কৈকেয়ীর না হয় খণ্ডন।
সেই হেতু ঘটিলেক এ সব ঘটন॥
অনন্তর কৈকেয়ীর প্রসন্ন বদন।
করে ধরি কুঁজীরে করিল আলিঙ্গন॥
কুঁজীরে কৈকেয়ী কহে অতি হৃষ্টমনে।
তব তুল্য গুণবতী না দেখি ভুবনে॥
যেখানে যে আছে মোর সকলি কুৎসিত।
সকলি অহিত মম তুমি মাত্র হিত॥
গৌরবর্ণ ধর তুমি যেন চন্দ্রকলা।
গলায় তুলিয়া দেহ দিব্য পুষ্পমালা॥

রত্নহার লও পর কুঁজের উপর।
ভরত হইলে রাজা দিব ত বিস্তর॥
যেমন বিস্তর সেবা করিলি আমার।
যদি দিন পাই তবে শুধিব সে ধার॥
যদি রাজা রামেরে পাঠায় আজি বন।
তবে সে করিব স্নান করিব ভোজন॥
প্রতিজ্ঞা করিনু আমি তব বিদ্যমানে।
কাননে পাঠাই রামে দেখ এইক্ষণে॥
কৈকেয়ীর কথা শুনি কুঁজীর উল্লাস।
রচিল অযোধ্যাকাণ্ড কবি কৃত্তিবাস॥

ভরতকে রাজ্য দান ও শ্রীরামচন্দ্রকে বনবাস দিবার জন্য দশরথের নিকটে কৈকেয়ীর প্রার্থনা।

কুঁজী বলে, কৈকেয়ি! বিলম্ব নাহি সাজে।
রাম রাজা হইলে নহিবে কোন কাজে॥
যাবৎ না দেয় রাজা রামে সিংহাসন।
তাবৎ রাজার ঠাঁই কর নিবেদন॥
এক্ষণে আসিবে রাজা তোমা সম্ভাষণে।
যেরূপ কহিবে তাহা চিন্তা কর মনে॥
শুনিয়া কুঁজীর বাক্য কৈকেয়ী সে কালে।
আভরণ ফেলি দিয়া লুটে ভূমিতলে॥
হেথা দশরথ রাজা হরষিত মনে।
চলিলেন কৌতুকে কৈকেয়ী সম্ভাষণে॥
ভাবিলেন সম্ভাষিয়া আসিয়া সত্বর।
শ্রীরামে করিব আমি ছত্রদণ্ডধর॥
নাহি গেলে কৈকেয়ী করিবে অনুযোগ।
ধন জন বিফল আমার রাজ্য ভোগ॥
দশরথ নৃপতির নিকট মরণ।
সমাদরে কৈকেয়ীকে করে সম্ভাষণ॥

যে ঘরে কৈকেয়ীদেবী লোটে ভূমিপরে।
বিধির নির্ব্বন্ধ রাজা গেল সেই ঘরে ॥
পূর্ব্বজ্ঞানে গেল রাজা না জানে প্রমাদ।
গড়াগড়ি যায় রাণী করিছে বিষাদ ॥
সরল হৃদয় রাজা এই নাহি বুঝে।
অজগর সর্প যেন কৈকেয়ী গরজে ॥
প্রাণের অধিক রাজা কৈকেয়ীরে দেখে।
প্রাণ উড়ে যায় দেখি কৈকেয়ীর দুখে ॥
ধীরে ধীরে জিজ্ঞাসেন কম্পিত অন্তরে।
বনে মৃগ কাঁপে যেন বাঘিনীর ডরে ॥
কি হেতু করিলে ক্রোধ বল কার বোলে ?
কোন্ ব্যাধি শরীরে লুটিছ ভূমিতলে ?
ব্যাধি-পীড়া হয় যদি তোমার শরীরে।
বৈদ্য আনি সুস্থ করি বলহ আমারে ॥
পৃথিবীমণ্ডলে আমি বসুমতী-পতি।
আমার সমান রাজা নাহি গুণবতী ॥
শুনিয়া আমার নাম দেব ডরে কাঁপে।
ত্রিভুবন দ্বারে খাটে আমার প্রতাপে ॥
সকল পৃথিবীমধ্যে মম অধিকার।
ধন জন যত আছে সকলি তোমার ॥
কোন্ কার্য্যে কৈকেয়ি ! করহ অভিমান ?
আজ্ঞা কর তাহাই তোমারে করি দান ॥
এত যদি কৈকেয়ী রাজার পায় আশ।
পূর্ব্বকথা তাঁর কাছে করিল প্রকাশ ॥
রোগ-পীড়া নহে মোর পাই অপমান।
আগে সত্য কর তবে পিছে মাগি দান ॥
কৈকেয়ী প্রমাদ পাড়ে রাজা নাহি জানে।
সত্য করে দশরথ কৈকেয়ী-বচনে ॥
মহাপাপ লাগি যেন বনে মৃগ ঠেকে।
প্রমাদে পড়িবে রাজা পাছু নাহি দেখে ॥

ভূপতি বলেন, প্রিয়ে ! নিজ কথা বল।
সত্য করি যদ্যপি তোমারে করি ছল ॥
যেই দ্রব্য চাহ তুমি তাহা দিব দান।
আছুক অন্যের কাজ দিব নিজ প্রাণ ॥
কৈকেয়ী বলেন সত্য কবিলা আপনি।
অষ্টলোকপাল সাক্ষী শুন সত্যবাণী ॥
নক্ষত্র ভাস্কর চন্দ্র যোগ তিথি বার।
রাত্রি দিবা সাক্ষী হও সকল সংসার ॥
একাদশ রুদ্র সাক্ষী দ্বাদশ আদিত্য।
স্থাবর জঙ্গম সাক্ষী যারা আছে নিত্য ॥
স্বর্গ মর্ত্ত্য পাতাল শুনহ বাপ ভাই।
সবে সাক্ষী রাজার নিকটে বর চাই ॥
স্মরণ করহ রাজা ! যে আমার ধার।
পূর্ব্বে ছিল তাহা শোধি সত্যে হও পার ॥
যুদ্ধে তব হয়েছিল ক্ষত কলেবর।
সেবিলাম তাহে দিতে চেয়েছিলে বর ॥
কহিলাম পুনর্ব্বার বিস্ফোটে তারণ !
তুষ্ট হয়ে বর দিতে চাহিলে রাজন্ ॥
তবে আমি বলিলাম তোমার গোচর।
কুঁজী যবে বর চাহে তবে দিও বর ॥
দুইবারে দুই বর আছে তব ঠাঁই।
সেই দুই বর রাজা ! এইক্ষণে চাই ॥
এক বরে ভরতেরে দেহ সিংহাসন।
আর বরে শ্রীরামেরে পাঠাও কানন ॥
চতুর্দ্দশ বৎসর থাকুক রাম বনে।
তত কাল ভরত বসুক সিংহাসনে ॥
নিষ্ঠুর বচনে রাজা হইল কম্পিত।
অচেতন হইলেন নাহিক সংবিৎ ॥
কৈকেয়ী-বচন যেন শেল বুকে ফুটে।
চেতন পাইয়া রাজা ধীরে ধীরে উঠে ॥

মুখে ধূলা উঠে, রাজা কাঁপিছে অন্তরে।
হতজ্ঞান দশরথ বলে ধীরে ধীরে ;—
পাপীয়সি ! আমারে বধিতে তব আশা।
স্ত্রীপুরুষ যত লোক কহিবে কুভাষা ॥
রাম বিনা আমার নাহিক অন্য গতি।
আমারে বধিতে তোরে কে দিল দুর্ম্মতি ?
রাজ্য ছাড়ি যখন শ্রীরাম যাবে বন।
সেই দিনে সেই ক্ষণে আমার মরণ ॥
স্বামী যদি থাকে তবে নারীর সম্পদ।
তিন কুল মজাইলি স্বামী করি বধ ॥
স্বামী বধ করিযা পুত্রেরে দিবি রাজ্য।
চণ্ডালহৃদযে ! তুই কবিলি কি কার্য্য ?
এই কথা ভরত যদ্যপি আসি শুনে।
আপনি মরিবে কি মারিবে সেইক্ষণে ॥
মাতৃবধ-ভযে যদি না লয় পরাণ।
করিবে তথাপি তোর বহু অপমান ॥
বিষদন্তে দংশিলি, ও কালভুজঙ্গিনি।
তোরে ঘরে আনিযা মজিলাম আপনি ॥
কোন্ রাজা আছে হেন কামিনীর বশ ?
কামিনীব কথাতে কে ত্যজিবে ঔরস ?
দশ হাজার বর্ষ লোক জীয়ে ত্রেতাযুগে।
ন' হাজার বর্ষ রাজ্য করি নানা ভোগে ॥
অবশিষ্ট হাজার বৎসর আয়ু আছে।
পরমায়ু থাকিতে মজিনু তোর কাছে ॥
পরমায়ু থাকিতে মজিল মম প্রাণ।
হাতে ধরি কৈকেযি ! কর প্রাণদান ॥
কৈকেয়ীর পায়ে রাজা লোটে ভূমিতলে।
সর্ব্বাঙ্গ তিতিল তাঁর নয়নের জলে ॥
প্রভাতে বসিব কল্য সভা বিদ্যমানে।
পৃথিবীর যত রাজা আসিবে সে স্থানে ॥
অধিবাস রামের হইল সবে জানে।
কি বলিয়া ভাণ্ডাইব সে সকল জনে ?
ক্ষমা কর কৈকেয়ি ! করহ প্রাণ রক্ষা।
নিজ সোহাগের তুমি বুঝিলে পরীক্ষা ॥
আমার এ বংশে কেহ স্ত্রীবাধ্য না হয়।
নিজ দোষে আমি মজি তোর দোষ নয় ॥
স্ত্রীবশ যে জন তার হয় সর্ব্বনাশ।
গাহিল অযোধ্যাকাণ্ড কবি কৃত্তিবাস ॥

বিমাতার নিকট পিতৃসত্যপালনার্থ শ্রীরামচন্দ্রের বনে গমনোদ্যোগ।

কৈকেয়ী বলেন সত্য আপনি করিলে।
সত্য করি বর দিতে কাতর হইলে ॥
সত্য ধর্ম্ম তপ রাজা করে বহু শ্রমে।
সত্য নষ্ট করিলে কি করিবেক রামে ?
সত্য লঙ্ঘে যে তাহার হয় সর্ব্বনাশ।
সত্য যে পালন করে স্বর্গে তার বাস ॥
যত রাজা হইলেন চন্দ্র-সূর্য্যবংশে।
সে সবার যশ গুণ সকলে প্রশংসে ॥
যযাতি নামেতে রাজা পালিল পৃথিবী।
দেবযানী নামে তার মুখ্য মহাদেবী ॥
শর্ম্মিষ্ঠার পুত্র হ'ল সবার কনিষ্ঠ।
পত্নীর বচনে রাজা তারে দিল রাষ্ট্র ॥
শিবি নামে রাজা ছিল পৃথিবীর পাতা।
অসমসাহসী বীর নহে কম দাতা ॥
এক দ্বিজ ছিল তাঁর অন্ধ দুই আঁখি।
অত্যন্ত দরিদ্র কিছু উপায় না দেখি ॥
সে অন্ধ শিবিরাজে সত্য করাইল।
নিজ দুই চক্ষু শিবি তাঁরে দান দিল ॥

আপনি হইল অন্ধ চক্ষে নাহি দেখে।
সত্য পালি সেই রাজা গেল স্বর্গলোকে ॥
ইক্ষ্বাকু নামেতে রাজা ছিল সূর্য্যবংশে।
ইক্ষ্বাকুর বংশ বলি সকলে প্রশংসে ॥
পিতৃসত্য করিলেন ইক্ষ্বাকু পালন।
কনিষ্ঠ ভায়ের তরে দিল রাজ্যধন ॥
পৃথ্বী ডুবাইতে পারে সাগরের নীরে।
সাগর না প'রে পূর্ব-সত্য পালিবারে ॥
দিবে সত্য করিলে আমারে দিলে বর।
এখন কাতর কেন হও নৃপবর ?
নারীর মাথায় সন্ধি পুরুষে কি পায়।
দশরথ পরিলেন কৈকেয়ী-মায়ায় ॥
ভূমে গড়াগড়ি রাজা যায় অভিমানে।
এতেক প্রমাদ-কথা কেহ নাহি জানে ॥
অধিবাস হইয়াছে জানে সর্বজন।
সবে বলে বশিষ্ঠ! হইল শুভক্ষণ ॥
কালি শ্রীরামের হইয়াছে অধিবাস।
আর কেন বিলম্ব না জানি সে আভাস ॥
রাজার প্রতাপে হয় ত্রিভুবন বশ।
ভিতরে যাইতে কেহ না করে সাহস ॥
পাত্র মিত্র বলে, শুন সুমন্ত্র সারথি!
তোমা বিনা অন্তঃপুরে কারো নাহি গতি ॥
শীঘ্র যাও সুমন্ত্র সারথি! অন্তঃপুরে।
সকল দেশের রাজা আসিয়াছে দ্বারে ॥
রাম-অভিষেকে আসিয়াছে দেবগণ।
এতক্ষণ বিলম্ব রাজার কি কারণ ?
সুমন্ত্র সারথি গেল সকলের বোলে।
দেখে রাজা অজ্ঞান লুটিছে ভূমিতলে ॥
সুমন্ত্র বলিছে, কেন ভূমিতে রাজন্।
রামে রাজা করিতে হইল শুভক্ষণ ॥

শত শত রাজগণ আসিয়াছে দ্বারে।
বিলম্ব না কর প্রভু! চলহ বাহিরে ॥
রাজা বলিলেন, পাত্র! না জান কারণ।
মোরে বধ করিতে কৈকেয়ীর যতন ॥
বুকে শেল মারিয়াছে বলিয়া কুবাণী।
তার সত্যে বন্দী আমি হয়েছি আপনি ॥
শীঘ্র রামে আন গিয়া আমার বচনে।
তুমি আমি রাম যুক্তি করি তিনজনে ॥
কৈকেয়ী বলেন, যাহ সুমন্ত্র! ত্বরিত।
শীঘ্র রামে আন, নহে বিলম্ব উচিত ॥
শুনিয়া চলিল রথ লইয়া সারথি।
উপস্থিত হইল যেখানে রঘুপতি ॥
বাহিরে রাখিয়া রথ গেল অন্তঃপুরে।
যোড়হাতে কহে গিয়া রামের গোচরে ;—
কৈকেয়ীর সঙ্গে রাজা যুক্তি ক'রে ঘরে।
আমারে পাঠাইলেন লইতে তোমারে ॥
মুখ্যপাত্র সুমন্ত্র শ্রীরাম তাহা জানি।
গৌরবে দিলেন তারে আসন আপনি ॥
শ্রীরাম বলেন, পিতৃ-আজ্ঞা শিরে ধরি।
বিলম্ব না করি আর চল যাত্রা করি ॥
যাত্রাকালে শ্রীরাম বলেন, শুন সীতা!
আমি রাজ্য পাইব বিমাতা চিন্তান্বিতা ॥
কোন্ যুক্তি কুঁজী দিল বিমাতার তরে।
না জানি বিমাতা আজ কোন্ যুক্তি করে।
রাজা সহ কৈকেয়ী কি করে অনুমান।
জেনে আসি পিতা কি করেন সংবিধান।
বাটীর বাহির হইলেন রঘুনাথ।
চারিভিতে ধায় লোক করি যোড়হাত ॥
শ্রীরাম লক্ষ্মণ দোঁহে চড়িলেন রথে।
দেখিতে সকল লোক ধায় চারিভিতে ॥

ঊর্দ্ধশ্বাসে ধাইলেক নারী গর্ভবতী।
লজ্জা ভয় নাহি মানে কুলের যুবতী ॥
কি করিবে স্বামী কি করিবে ধনে জনে।
ঘুচিবে সকল পাপ রাম-দরশনে ॥
সারি সারি লোক সরে দাণ্ডাইয়া চায়।
শ্রীরামের যত গুণ সর্ব্বলোকে গায় ॥
বহু ভাগ্যে পাইলাম তোমা হেন রাজা।
জন্মে জন্মে রাম! যেন করি তব পূজা ॥
সর্ব্বক্ষণ দেখি যেন তোমার বদন।
সর্ব্বলোক মুক্ত হবে দেখিয়া চরণ ॥
রামরূপে নারীগণ মজাইল চিত।
নয়নে না চান রাম পরনারী-ভিত ॥
রূপ দেখি নারী সব মনে পুড়ে মরে।
কপাল নিন্দিয়া সবে গেল নিজ ঘরে ॥
ঘরে গিয়া স্ত্রী সবার মন নহে স্থির।
পিতৃ কাছে প্রবেশ করেন রঘুবীর ॥
এক প্রকোষ্ঠের দ্বারে রহেন লক্ষ্মণ।
ঘরের ভিতর রাম করেন গমন ॥
দশরথ রাজা ভূমে লোটে অভিমানে।
কৈকেয়ী রাজার কাছে আছে সেইখানে ॥
শ্রীরাম বলেন, মাতা! কহ ত কারণ।
কেন পিতা বিষাদিত ভূমিতে শয়ন?
কোপ যদি করেন, হাসেন আমা দেখে।
আজি কেন জিজ্ঞাসিলে কথা নাহি মুখে ॥
কোন্ দোষ করিলাম পিতার চরণে।
উত্তর না দেন পিতা কিসের কারণে?
ভরত শত্রুঘ্ন দুই ভাই নাহি দেশে।
মাতুলের আলয়েতে রহিল প্রবাসে ॥
বহু দিন গত, না আইল দুই জন।
সেই মনোদুঃখে বুঝি বিরস বদন?
কোন্ জন কিংবা করিয়াছে অপরাধ।
ভূমে লোটাইয়া তেঁই করেন বিষাদ?
তুমি বুঝি পিতারে কহিলে কটুবাণী।
সত্য করি কহ গো বিমাতা-ঠাকুরাণি।
কি করিবে রাজ্যভোগে পিতার অভাবে।
আমারে কহ গো সত্য প্রাণ পাই তবে ॥
কি আজ্ঞা পিতার আমি করিব পালন।
সেই কথা মাতা! মোরে কহ বিবরণ ॥
আছুক পিতার কার্য্য তোমার বচনে।
রাজ্য ছাড়ি প্রাণ ছাড়ি কি ছার জীবনে ॥
শ্রীরাম সরল সে কৈকেয়ী পাপহিয়া।
কহিতে লাগিল কথা নিষ্ঠুর হইয়া ॥
দৈত্যযুদ্ধে মহারাজ ঘায়েতে জর্জ্জর।
তাহে সেবিলাম দিতে চাহিলেন বর ॥
বিস্ফোট হইল পুনঃ করি সেবা-পূজা।
তাহে অন্য বর দিতে চাহিলেন রাজা ॥
এক বরে ভরতে করিব দণ্ডধর।
আর বরে রাম! তুমি হও বনচর ॥
দুইবারে দুই বর আছে মম ধার।
মম ধার শুধি তাঁরে সত্য কর পার ॥
শিরে জটা ধরি তুমি পরিবে বাকল।
বনে চৌদ্দ বৎসর খাইবে ফুল-ফল ॥
শুনিয়া কহেন রাম সহাস্য-বদনে।
তোমার আজ্ঞায় মাতা! যাব আমি বনে ॥
করিয়াছ কোন্ কাজে পিতারে মূর্চ্ছিত।
লঙ্ঘিতে তোমার আজ্ঞা নহে ত উচিত ॥
আছুক পিতার কাজ তুমি আজ্ঞা কর।
তব আজ্ঞা সকল হইতে মহত্তর ॥
তব প্রীতি হবে রবে পিতার বচন।
চতুর্দ্দশ বৎসর থাকিব গিয়া বন ॥

ভরতেরে ত্বরিতে আনাও মাতা দেশ।
ভরত হইলে রাজা আনন্দ অশেষ॥
কোন দোষ নাহি মাতা তাহার শরীরে।
ধন জন রাজ্যভোগ দেহ ভরতেরে॥
কৈকেয়ী বলেন, রাম! আগে যাহ বন।
ভরত আসিবে তবে এই নিকেতন॥
আমার কথাতে কোপ না করিও মনে।
শিরে জটা ধরি তুমি আজি যাও বনে॥
হেঁটমাথা করিয়া শুনেন মহারাজ।
কি করিব কৈকেয়ীর নাহি ভয় লাজ॥
কৈকেয়ীর প্রতি রাম করেন আশ্বাস।
বিলম্ব নাহিক আমি যাব বনবাস॥
যাবৎ মায়েরে সীতা করি সমর্পণ।
তাবৎ বিলম্ব মাতা! সহিবে এখন॥
ভূমে লোটাইয়া রাজা আছেন বিষাদে।
শুনেন দোঁহার বাক্য স্বপ্ন হেন বোধে॥
রামচন্দ্র পিতার চরণদ্বয় বন্দে।
দশরথ ক্রন্দন করেন নিরানন্দে॥
পিতারে প্রণমি রাম চলেন ত্বরিত।
হা রাম বলিয়া রাজা হলেন মূর্চ্ছিত॥
মুখে নাহি শব্দ হয় নাহিক চেতন।
হইলেন বাহির যে শ্রীরাম-লক্ষ্মণ॥
রামের এ সব কথা কেহ নাহি শুনে।
প্রাণের দোসর মাত্র লক্ষ্মণ সে জানে॥
করেন কৌশল্যাদেবী দেবতা-পূজন।
ধূপ ধুনা ঘৃতদ্বীপ জ্বালিল তখন॥
নানা উপহারে রাণী পূরিয়াছে ঘর।
সাত শত সপত্নী সে ঘরের ভিতর॥
সবে মাত্র কৈকেয়ী নাহিক এক জন।
সাত শত রাণী আর বহু নারীগণ॥
কৌশল্যার কাছে থাকে সাত শত রাণী।
রাজ্যময় এই মাত্র শব্দ সদা শুনি॥
হেনকালে শ্রীরাম মায়ের পদ বন্দে।
আশীর্ব্বাদ করে রাণী মনের আনন্দে॥
তোমারে দিলেন রাজা নিজ রাজ্য দান।
সুপ্রসন্না রাজলক্ষ্মী করুন কল্যাণ॥
নানাবিধ সুখ ভুঞ্জ হও চিরজীবী।
চিরকাল রাজ্য কর পালহ পৃথিবী॥
সেবিলাম শিব-শিবা-চরণকমলে।
তুমি পুত্র! রাজা হও সেই পুণ্যফলে॥
শ্রীরাম বলেন, মাতা হর্ষ হও কিসে?
হাতেতে আসিল নিধি গেল দৈবদোষে॥
তুমি আমি সীতা আর অনুজ লক্ষ্মণ।
শোকসিন্ধু-নীরে আজি মজি চারি জন॥
তোমারে কহিতে কথা আমি ভীত হই।
প্রমাদ পাড়িল মাতা বিমাতা কৈকেয়ী॥
বিমাতার বচনে যাইতে হ'ল বন।
ভরতেরে রাজ্য দিতে বিমাতার মন॥
শুনিয়া পড়িল রাণী মূর্চ্ছিত হইয়া।
মা! মা! বলে ডাকে রাম ব্যাকুল হইয়া॥
মা! মা! বলিয়া রাম উচ্চৈঃস্বরে ডাকে।
মাতৃবধ করি বুঝি ডুবিনু নরকে॥
কৌশল্যারে ধরি তোলে শ্রীরাম-লক্ষ্মণ!
বহুক্ষণে কৌশল্যার হইল চেতন॥
চৈতন্য পাইয়া রাণী বলে ধীরে ধীরে।
সকল বৃত্তান্ত সত্য বলহ আমারে।
মোর দিব্য লাগে যদি ভাঁড়াও আমায়।
কি দোষে কৈকেয়ী বনে তোমারে পাঠায়?
শ্রীরাম বলেন, মাতা! দৈবের ঘটন।
বিমাতার দোষ নাই, বিধির লিখন॥

পিতৃসেবা বিমাতা করিল বারে বার।
দুই বর দিতে ছিল পিতার স্বীকার॥
আজি আমি রাজা হব সকলের আগে।
শুনিয়া বিমাতা সেই দুই বর মাগে॥
এক বরে ভরতে করিতে দণ্ডধর।
আর বরে আমি যাই বনের ভিতর॥
স্বামী বিনা স্ত্রীলোকের আর নাই গতি।
বিমাতার সেবায় পিতার প্রীতি অতি॥
তুমি যদি সেবা মাতা! করিতে পিতারে।
তবে কেন এত পাপ ঘটিবে তোমারে?
এত যদি কহিলেন, শ্রীরাম মায়েরে।
ফুটিল দারুণ শেল কৌশল্যা-অন্তরে॥
কাটিলে কদলী যেন লোটায় ভূতলে।
হা পুত্র! বলিয়া রাণী রাম প্রতি বলে;—
গুণের সাগর পুত্র যার যায় বন।
সে নারী কেমনে আর রাখিবে জীবন?
রাজার প্রথমা জায়া আমি মহারাণী।
চণ্ডালী হইল মোর কৈকেয়ী সতিনী॥
ঘটাইল প্রমাদ কৈকেয়ী পাপীয়সী।
রাজারে কহিয়া রামে করে বনবাসী॥
সূর্য্যবংশ-রাজ্যে নাই অকাল-মরণ।
এই সে কারণে মম না যায় জীবন॥
পূজিলাম কত শত দেবদেবীগণে।
তার কি এ ফল বাছা তুমি যাবে বনে?
যত যত সূর্য্যবংশে রাজা জন্মেছিল।
বল দেখি স্ত্রীর বাক্যে কে হেন করিল?
অযশ রাখিল রাজা নারীর বচনে।
স্ত্রীবাধ্য পিতার বাক্যে কেন যাবে বনে?
স্ত্রীর বাক্যে যিনি পুত্রে পাঠান কাননে।
এমন পিতার কথা না শুনিও কানে॥

লক্ষ্মণ বলেন সত্য তব কথা পূজি।
স্ত্রীবশ পিতার বাক্যে কেন রাজ্য ত্যজি॥
জ্যেষ্ঠ পুত্র রাজ্য পায় ইহা সবে ঘোষে।
হেন পুত্র বনে রাজা পাঠান কি দোষে?
আগে রাজ্য দিয়া পরে পাঠান কাননে।
হেন অপযশ পিতা রাখেন ভুবনে॥
যাবৎ এ সব কথা না হয় প্রচার।
তাবৎ শ্রীরামচন্দ্র! লহ রাজ্যভার॥
বার্দ্ধক্যে দুর্ব্বুদ্ধি রাজা নিতান্ত পাগল।
করিয়াছে বাধ্য তাঁরে কৈকেয়ী কেবল॥
যদি রঘুনাথ! আমি তব আজ্ঞা পাই।
ভরতে খণ্ডিয়া রাজ্য তোমাকে দেওয়াই॥
আমি এই আছি রাম! তোমার সেবক।
আজ্ঞা কর ভরতের কাটিব কটক॥
তুমি যদি হস্তে প্রভু! ধর ধনুর্ব্বাণ।
তব রণে কোন্ জন হবে আগুয়ান?
কৌশল্যা বলেন শুন কি বলে লক্ষ্মণ।
বিমাতার বাক্যে তুমি কেন যাবে বন?
এক সত্য পালহ পিতার অঙ্গীকার।
ভরতের তরে দেহ সব রাজ্যভার॥
অন্য সত্য পালিতে নহিক প্রয়োজন।
দেশে থাক রাম! তুমি না যাইও বন॥
মায়ের বচন লঙ্ঘি পিতৃবাক্য ধর।
পিতা হ'তে মাতা তব অতি মহত্তর॥
গর্ভে ধরি দুঃখ পায় স্তন দিয়া পোষে।
হেন মাতৃ-আজ্ঞা রাম! লঙ্ঘ তুমি কিসে?
বাপের বচন রাখ লঙ্ঘ মাতৃবাণী।
কোন্ শাস্ত্রে হেন কথা কোথাও না শুনি॥
শ্রীরাম বলেন মাতা! শুন এক কথা।
পিতা অতিশয় মান্য তোমার দেবতা॥

দেখহ পরশুরাম পিতার কথায়।
অস্ত্রাঘাত করিলেন মাতার মাথায় ॥
পিতার আজ্ঞায় অষ্টাবক্রের গোবধ।
সগর জন্মায় পুত্রগণের আপদ ॥
সত্য না লঙ্ঘেন পিতৃসত্যেতে তৎপর।
মম দুঃখে পিতা কত হবেন কাতর ॥
পিতৃসত্য আমি যদি না করি পালন।
বৃথা রাজ্যভোগ মম বৃথাই জীবন ॥
বর্জ্জিবেন বিমাতারে পিতা লয় মনে।
করিও তাঁহার সেবা তুমি রাত্রিদিনে ॥
কৌশল্যা বলেন রাম! তুমি যাও বন।
তুমি বনে গেলে আমি ত্যজিব জীবন ॥
মাতৃবধ করিলে হইবে তব পাপ।
মাতৃবধপাপে রাম! বড় পাবে তাপ ॥
পিতৃসত্য পালিবে সে মায়ের মরণে।
কোন্ পাপ বড় রাম! ভাব দেখি মনে?
আস্ফালন লক্ষ্মণ করেন অতিশয়।
শ্রীরাম বলেন তব বুদ্ধি ভাল নয় ॥
যত যত্ন কর তুমি রাজ্য লইবারে।
তত যত্ন করি আমি যাইতে কান্তারে ॥
বিমাতার দোষ নাহি দোষী নহে কুঁজী।
সকলি বুঝিবে ভাই! বিধাতার বাজী ॥
বিমাতা জানেন ভাল আমার চরিত।
জানিয়া শুনিয়া কহিলেন বিপরীত ॥
ভরত হইতে তাঁর আমা প্রতি আশা।
বিমাতার দোষ নাহি আমার দুর্দ্দশা ॥
যে দিন যা হবে তাহা বিধি সব জানে।
দুঃখ না ভাবিও ভাই! ক্ষমা দেহ মনে ॥
দুঃখ না ভুঞ্জিলে কর্ম্ম না হয় খণ্ডন।
সুখ দুঃখ দেখ ভাই! ললাট-লিখন ॥

প্রবোধ না মানে কালসর্প যেন গর্জ্জে।
সুমিত্রাকুমার শিশু ঘন ঘন তর্জ্জে ॥
ধনুকেতে গুণ দিয়া ফিরে চারি ভিতে!
কুপিয়া লক্ষ্মণ বীর লাগিল কহিতে ;—
রাজ্যখণ্ড ছাড়িয়া হইব বনবাসী।
রাজ্যভোগ ত্যজি ফল-মূল অভিলাষী ॥
সন্ন্যাস তপস্যা যত ব্রাহ্মণের কর্ম।
ক্ষত্রিয়ের সদা যুদ্ধ সেই তার ধর্ম্ম ॥
ক্ষত্রিয় কোথায় কে করেছে বনবাস।
শত্রুর বচনে কেন ছাড়ি রাজ্য-আশ?
সবে জানে বিমাতা শত্রুর মধ্যে গণি।
তার বাক্যে রাজ্য ছাড়ে কোথাও না শুনি ॥
তোমা বিনা পিতার মনেতে নাহি আন।
তুমি বনে গেলে রাজা ত্যজিবেন প্রাণ ॥
তোমা বিনা রাজা যাইবেন পরলোকে।
প্রাণ ত্যজিবেন মাতা হেন পুত্রশোকে ॥
এই শোকে মাতাপিতা ত্যজিবে জীবন।
মাতৃপিতৃহত্যা তুমি কর কি কারণ?
অকারণে হের এ আজানু বাহুদণ্ড।
অকারণে ধরি আমি ধনুক প্রচণ্ড ॥
অকারণে ধরি খড়্গ চর্ম্ম ভল্ল শূল।
আজ্ঞা কর ভরতেরে করিব নির্ম্মূল ॥
সকল হইল ব্যর্থ এ সব সম্পদ।
আমি দাস থাকিতে প্রভুর এ আপদ ॥
শ্রীরাম বলেন, তার নাহি অপরাধ।
ভরত না জানে কিছু এ সব প্রমাদ ॥
অকারণ ভরতেরে কেন কর রোষ?
বিধির নির্ব্বন্ধ ইহা তাহার কি দোষ?
রামেরে প্রবোধ দেন কৌশল্যা লক্ষ্মণ।
দয়াময় রাম নাহি শুনেন বচন ॥

মায়েরে কহেন রাম প্রবোধ বচন।
আজ্ঞা কর মাতা তুমি! যাই আমি বন॥
কৌশল্যা কহেন রামে সজল-নয়নে।
না জানি হইবে কবে দেখা তব সনে॥
যে মন্ত্র কৌশল্যা পেয়েছিল আরাধনে।
সেই মন্ত্র দিল পুত্র শ্রীরামের কানে॥
চতুর্দ্দশ বর্ষ বনে কুশলে থাকিবে।
রক্ষা করো রামচন্দ্রে লোকপাল সবে॥
ব্রহ্মা বিষ্ণু রাখুন কার্ত্তিক গণপতি।
লক্ষ্মী সরস্বতী রক্ষা করুন পার্ব্বতী॥
একাদশ রুদ্র আর দ্বাদশ যে রবি।
জলে স্থলে রক্ষা কর জননী পৃথিবী॥
চৌদ্দবর্ষ যদি রহে আমার জীবন।
তবে তোমা সনে রাম! হবে দরশন॥
বিদায় লইয়া যান মায়ের চরণে।
গেলেন লক্ষ্মণ সহ সীতা সম্ভাষণে॥
শ্রীরাম বলেন, সীতা! নিজ কর্ম্মদোষে।
বিমাতার বাক্যে আমি যাই বনবাসে॥
বিবাহ করিয়া আছি এক বর্ষ ঘরে।
হেনকালে বিমাতা ফেলিল মহা ফেরে॥
তাঁহার বচনে আমি যাই বনবাস।
ভরতেরে রাজ্য দিতে বিমাতাব আশ॥
চতুর্দ্দশ বর্ষ আমি থাকি গিয়া বনে।
তাবৎ মায়ের সেবা কর রাত্রি-দিনে॥
জানকী বলেন, সুখে হইয়া নিরাশ।
স্বামী বিনা আমার কিসের গৃহবাস?
তুমি যে পরমগুরু তুমি যে দেবতা।
তুমি যাও যথা প্রভু! আমি যাই তথা॥
স্বামী বিনা স্ত্রীলোকের আর নাহি গতি।
স্বামীর জীবনে জীয়ে মরণে সংহতি॥

প্রাণনাথ! কেন একা হবে বনবাসী?
পথের দোসর হব ক'রে লও দাসী॥
বনে প্রভু! ভ্রমণ করিবে নানা ক্লেশে।
দুঃখ পাসরিবে যদি দাসী থাকে পাশে॥
যদি বল, সীতা! বনে পাবে নানা দুখ।
শত দুঃখ ঘুচে যদি দেখি তব মুখ॥
তোমার কারণে রোগ শোক নাহি জানি।
তোমার সেবায় দুঃখ সুখ হেন মানি॥
শ্রীরাম বলেন, শুন জনকদুহিতে!
বিষম দণ্ডক বন না যাইও সীতে!
সিংহ ব্যাঘ্র আছে তথা রাক্ষসী রাক্ষস।
বালিকা হইয়া কেন কর এ সাহস?
অন্তঃপুরে নানা ভোগে থাক মনসুখে।
ফল-মূল খেয়ে কেন ভ্রমিবে দণ্ডকে?
তোমার সুসজ্জা শয্যা পালঙ্ক কোমল।
কুশাঙ্কুরে বিদ্ধ হবে চরণ-কমল॥
তুমি আমি দোঁহে হব বিকৃত-আকৃতি।
দোঁহে দোঁহাকারে দেখি না পাইব প্রীতি॥
চতুর্দ্দশ বর্ষ গেলে দেখ বুঝি মনে।
এই কাল গেলে সুখে থাকিব দুজনে॥
চিন্তা পরিহরি প্রিয়ে! ক্ষান্ত হও মনে।
বিষম রাক্ষসগুলা আছে সেই বনে॥
শ্রীরামের বচনে সীতার ওষ্ঠ কাঁপে।
কহেন রামের প্রতি কুপিত সন্তাপে॥
পণ্ডিত হইয়া বল নির্ব্বোধের প্রায়।
কেন হেন জনে পিতা দিলেন আমায়?
নিজ নারী রাখিতে যে করে ভয় মনে।
তারে বীর বলে নাকো কোন ধীর জনে॥
রাজ্য নিতে ভরত না করিল অপেক্ষা।
তার রাজ্যে স্ত্রী তোমার কিসে পায় রক্ষা?

পেয়েছিলে রাজ্য তুমি লইল যে জন।
স্ত্রী লইতে বিলম্ব তাহার কতক্ষণ?
তব সঙ্গে বেড়াইতে কুশ কাঁটা ফুটে।
তৃণ হেন বাসি তুমি থাকিলে নিকটে॥
তব সঙ্গে থাকি যদি লাগে ধূলি গায়।
অগুরু চন্দন চুয়া জ্ঞান করি তায়॥
তব সহ থাকি যদি পাই তরুমূল।
স্বর্গ কিংবা গৃহ নহে তার সমতুল॥
তব দুঃখে দুঃখ মম সুখে সুখভার।
আহারে আহার আর বিহারে বিহার॥
ক্ষুধা তৃষ্ণা যদি লাগে ভ্রমিয়া কানন।
শ্যামরূপ নিরখিয়া করিব বারণ॥
বহুতীর্থ দেখিব অনেক তপোবন।
নানাবিধ পর্ব্বতে করিব আরোহণ॥
যখন পিতার ঘরে ছিলাম শৈশবে।
বলিতেন আমারে দেখিয়া মুনি সবে॥
শুন হে জনকরাজ! তোমার দুহিতা।
করিবেন বনবাস পতির সহিতা॥
ব্রাহ্মণের কথা কভু না হয় খণ্ডন।
বনবাস আছে মম ললাটে লিখন॥
তুমি ছাড়ি গেলে আমি ত্যজিব জীবন।
স্ত্রীবধ হইলে নহে পাপ বিমোচন॥
শ্রীরাম বলেন, বুঝিলাম তব মন।
তোমার পরীক্ষা করিলাম এতক্ষণ॥
বনে বাস করিবার হইয়াছে মন।
খুলে ফেল শরীরের যত আভরণ॥
এতেক শুনিয়া সীতা হরিষ অন্তরে।
খুলিলেন অলঙ্কার যা ছিল শরীরে॥
সম্মুখে দেখেন যত ব্রাহ্মণ সজ্জন।
সে সকলে দেন তিনি নিজ আভরণ॥
আভরণ অর্পিয়া বলেন সীতা বাণী ;—
ভূষণ পরেন যেন তোমার ব্রাহ্মণী॥
সীতার ভাণ্ডারে ছিল বহু বস্ত্র ধন।
সে সকল করিলেন তিনি বিতরণ॥
শ্রীরাম বলেন, শুন অনুজ লক্ষ্মণ।
দেশেতে থাকিয়া কর সবার পালন॥
দাস-দাসী সবাকারে করিও জিজ্ঞাসা।
রাজ্য লইবারে ভাই না করিও আশা॥
মাতাপিতা কাতর হইবেন মম শোকে।
কতক হবেন শান্ত তব মুখ দেখে॥
যেন তুমি সেই আমি শুনহ লক্ষ্মণ!
একেরে দেখিলে হবে শোক পাসরণ॥
লক্ষ্মণ বলেন আমি হই অগ্রসর।
আমি সঙ্গে থাকিব হইয়া অনুচর॥
যেই তুমি সেই আমি বিধাতা তা জানে।
যদি আমি থাকি তুমি কি করিবে বনে।
সীতা সঙ্গে কেমনে ভ্রমিবে বনে বনে?
সেবকে ছাড়িলে দুঃখ পাবে দুই জনে॥
রাজার কুমারী সীতা দুঃখ নাহি জানে।
সেবক বিহনে দুঃখ পাবেন কাননে॥
শ্রীরাম বলেন, ভাই! যদি যাবে বন।
বাছিয়া ধনুক-বাণ লহ রে লক্ষ্মণ॥
বিষম রাক্ষস সব আছে সেই বনে।
ধনুর্ব্বাণ লহ যেন জয়ী হই রণে॥
পাইয়া রামের আজ্ঞা লক্ষ্মণ সত্বর।
ভাল ভাল বাণ সব বান্ধিল বিস্তর॥
শ্রীরাম বলেন, বলি, লক্ষ্মণ! তোমারে।
সন্ধান করহ ধন কি আছে ভাণ্ডারে॥
ধনে আর আমার নাহিক প্রয়োজন।
ব্রাহ্মণ-সজ্জনে দেহ যত আছে ধন॥

মুনি ঋষি আদি করি কুল-পুরোহিত।
তা সবারে ধন দিয়া তোষহ ত্বরিত॥
বাছিয়া বাছিয়া আন কুলীন ব্রাহ্মণ।
যেবা যত চাহে তারে দেহ তত ধন॥
যতেক দরিদ্র আছে ভিক্ষা মাগি খায়।
তা সবারে দেহ ধন যেবা যত চায়॥
মম দুঃখে যত লোক হইবেক দুঃখী।
চতুর্দ্দশ বৎসর যেন হয় তারা সুখী॥
পাইলেন লক্ষ্মণ শ্রীরামের আদেশ।
তাঁহার সম্মুখে ধন আনেন অশেষ॥
ভাণ্ডার করেন শূন্য ধন-বিতরণে।
সবারে তোষেন রাম মধুর-বচনে॥
আমা লাগি তোমরা না করিও ক্রন্দন।
করিবে ভরত ভাই সবার পালন॥
কোন দোষ নাহি ভাই ভরত-শরীরে।
বড় তুষ্ট আছি আমি তার ব্যবহারে॥
নানা রত্ন দান করিলেন পরিহার।
দানে শূন্য করিলেন শতেক ভাণ্ডার॥
সকল ভাণ্ডার শূন্য আর নাহি ধন।
হেনকালে বার্ত্তা পায় ত্রিজটা ব্রাহ্মণ॥
বড়ই দরিদ্র সে ত্রিজটা নাম ধরে।
দান-কথা শুনিয়া সে ধড়ফড় করে॥
চলিতে শকতি নাই চক্ষু ক্ষীণ হয়।
ব্রাহ্মণী তাঁহাকে হিত উপদেশ কয়;—
দীনেরে করেন ধনী দিয়া রাম ধন।
তুমি আমি বুড়া বুড়ী মরি দুই জন॥
তুমি বৃদ্ধ আমি নারী দুঃখ যে অপার।
কে আর পুষিবে কোথা মিলিবে আহার?
শুনিয়া ব্রাহ্মণ তবে নড়ী ভর ক'রে।
অতি কষ্টে গিয়া কহে রামের গোচরে;—
আমি দ্বিজ দরিদ্র ত্রিজটা নাম ধরি।
বৃদ্ধকালে ব্রাহ্মণীকে পালিতে না পারি॥
পুত্র নাই আমার কে করিবে পালন?
অনাহারে বুড়া বুড়ী মরি দুই জন॥
নড়ী ভর করিয়া আসিলাম সম্প্রতি।
তোমা বিনা দারিদ্রের আর নাহি গতি॥
শ্রীরাম বলেন, দ্বিজ! আসিয়াছ শেষে।
ধন নাই লক্ষ ধেনু লয়ে যাও দেশে॥
ধেনু-দান পেয়ে দ্বিজ হরিষ অন্তরে।
কাপড় আঁটিয়া যায় পালের ভিতরে॥
দৃঢ় করি চুল বান্ধি নড়ী করি হাতে।
পালেতে প্রবেশ করে উঠিতে পড়িতে॥
বুড়ার বিক্রম দেখি ভাবে সর্ব্বজনে।
ধেনুতে মারিবে নাকি এ বৃদ্ধ ব্রাহ্মণে॥
হাসিয়া বিহ্বল কেহ কেহ বা বিষাদে।
ব্রহ্মবধ হেতু রাম পড়িল প্রমাদে॥
শ্রীরাম বলেন, দ্বিজ কহিতে ডরাই।
না পারিবে লইবারে এক লক্ষ গাই॥
এক ধেনু লইতে তোমার এ সঙ্কট।
মরিবারে যাও কেন ধেনুর নিকট?
ধেনুর সহিত দান দিলাম গোশাল।
গোশালে রাখিবে ধেনু থাকে যত কাল॥
অনুমানে জানি তুমি বড়ই নির্ধন।
আজ্ঞা কর দিতে পারি আর কিছু ধন॥
দ্বিজ বলে প্রভু! আর নাহি চাহি ধন।
ধেনু-ধন বিনা নাহি অন্য প্রয়োজন॥
এক লক্ষ ধেনু লয়ে দ্বিজ গেল দেশ।
রচিল অযোধ্যাকাণ্ড কবি কৃত্তিবাস॥

লক্ষ্মণ ও সীতা সহ শ্রীরামের বনগমন।

রামের প্রসাদে বাড়ে সবার ঐশ্বর্য্য।
দরিদ্র হইল ধনী শুনিতে আশ্চর্য্য ॥
রাজ্যখণ্ড ছাড়ি রাম যান বনবাস।
শিরে হাত দিয়ে কাঁদে সবে নিজ বাস ॥
মাঝে সীতা আগে পাছে দুই মহাবীর।
তিন জন হইলেন পুরীর বাহির ॥
স্ত্রী-পুরুষ কাঁদে যত অযোধ্যানগরী।
জানকীর পাছে যায় অযোধ্যার নারী ॥
যে সীতা না দেখিতেন সূর্য্যের কিরণ।
হেন সীতা বনে যান দেখে সর্বজন ॥
যেই রাম ভ্রমেন সোনার চতুর্দ্দোলে।
হেন প্রভু রাম পথ বহেন ভূতলে ॥
কোথাও না দেখি হেন কোথাও না শুনি।
হাহাকার করে বৃদ্ধ বালক রমণী ॥
জগতের নাথ রাম যাইবেন বনে।
বিদায় লইতে যান পিতার চরণে ॥
বুদ্ধি নাই ভূপতির হরিয়াছে জ্ঞান।
রাম বনে গেলে তাঁর বাঁচিবে কি প্রাণ?
রাজারে পাগল কৈল কৈকেয়ী রাক্ষসী।
রাম হেন পুত্রে হায় কৈল বনবাসী ॥
মনে বুঝি রাজার সে নিকট মরণ।
বিপরীত বুদ্ধি হয় এই সে কারণ ॥
জানকী সহিত রাম যান তপোবন।
রাজ্যসুখভোগ ছাড়ি চলিল লক্ষ্মণ ॥
পুরীশুদ্ধ সবে ইচ্ছে শ্রীরামের সনে।
চৌদ্দবর্ষ এক ঠাঁই থাকে গিয়া বনে ॥
অযোধ্যার ঘর-দ্বার ফেলিবে ভাঙ্গিয়া।
কৈকেয়ী করুক রাজ্য ভরতে লইয়া ॥
শৃগাল ভল্লুক থাক্ অযোধ্যানগরে।
মাতা-পুত্রে রাজত্ব করুক একেশ্বরে ॥
এইরূপ শ্রীরামেরে সকলে বাখানে।
রাজার নিকটে যান দ্রুত তিন জনে ॥
প্রকোষ্ঠ-বাহিরে এক রহে তিন জন।
আবাস-ভিতরে রাজা করেন ক্রন্দন ॥
ভূপতি বলেন রে কৈকেয়ি ভুজঙ্গিনি।
তোরে আনি মজিলাম সবংশে আপনি ॥
রঘুবংশ-ক্ষয় হেতু আসিলি রাক্ষসী।
রাম হেন পুত্রেরে করিলি বনবাসী ॥
কেমনে দেখিব আমি রাম যাবে বন?
রাম বনে গেলে আমি ত্যজিব জীবন ॥
প্রাণ যাক তাহে মম নাহি কোন শোক।
আমারে স্ত্রীবশ বলি ঘুষিবেক লোক ॥
বড় বড় রাজা আমি জিনিলাম রণে।
দেব দৈত্য গন্ধর্ব কাঁপয়ে মোর বাণে ॥
যেই রাজা জিনিলেক দৈত্য সে সম্বর।
যারে অর্দ্ধাসনে স্থান দেন পুরন্দর ॥
হেন দশরথ রাজা স্ত্রী লাগিয়া মরে।
এই অপকীর্ত্তি মম থাকিল সংসারে ॥
স্ত্রীর বশ না হইবে অন্য কোন নর।
আমার মরণে লোক শিখিল বিস্তর ॥
বর্জ্জিবে ভরত তোরে এই অনাচারে।
আমি বর্জ্জিলাম তোরে আর ভরতেরে ॥
আজি হ'তে তোরে আমি করিনু বর্জ্জন।
ভরতের না লইব শ্রাদ্ধ বা তর্পণ ॥
থাকি অন্য প্রকোষ্ঠেতে তাঁরা তিন জন।
শুনেন রাজার সর্ব বিলাপ-বচন ॥
রাজার দুঃখেতে দুঃখী শ্রীরাম-লক্ষ্মণ।
রাজার ক্রন্দন দেখি কাঁদে দুই জন ॥

আবাস ভিতরে দেখে লুটায় ভূপতি।
হেনকালে উপনীত সুমন্ত্র সারথি ॥
যোড়হাতে বার্ত্তা কহে রাজার গোচর,—
নিবেদন অবধান কর নৃপবব !
শ্রীরাম লক্ষ্মণ সীতা যায় আজি বনে।
বিদায় লইতে আসিলেন তিন জনে ॥
ভূপতি বলেন মন্ত্রি ! নাহি মম জ্ঞান।
মহারাণীগণে তুমি আন মোর স্থান ॥
রাজার পাইযা আজ্ঞা সুমন্ত্র সারথি।
সাত শত মহারাণী আনে শীঘ্রগতি ॥
সুমন্ত্র রাজাজ্ঞামতে চলিল তখন।
শ্রীরাম লক্ষ্মণ সীতা আনে তিন জন ॥
বন্দনা করেন রাম পিতার চরণে।
আজ্ঞা কর বনে যাই মোরা তিন জনে ॥
কহিলেন নৃপতি করিয়া হাহাকার।
মম সঙ্গে দেখা বাছা ! না হইবে আর ॥
এথা না রহিব আমি না রবে জীবন।
তোমার সহিত রাম ! যাব তপোবন ॥
শ্রীরাম বলেন পিতা ! এ নহে বিহিত।
পুত্র সঙ্গে পিতা যায এই কি উচিত ?
ভূপতি বলেন রাম ! থাক এক রাতি।
এক রাত্রি একত্র করিব নিবসতি ॥
ভালমতে দেখিব তোমার সুবদন।
পুনর্ব্বার না হইবে রাম-দরশন ॥
শ্রীরাম বলেন যদি নিশ্চিত গমন।
এক রাত্রি লাগি কেন সত্য উল্লঙ্ঘন ॥
আজি আমি বনে যাব আছে এ নির্ব্বন্ধ।
না গেলে বিমাতা মনে ভাবিবেন মন্দ ॥
আজি হতে অন্ন করিলাম বিসর্জন।
বনে গিয়া ফল-মূল করিব ভক্ষণ ॥

তারে পুত্র বলি যে কুলের অলঙ্কার।
পিতৃসত্য পালিয়া শোধয়ে পিতৃধার ॥
ভূপতি বলেন শুন সুমন্ত্র ! বচন।
অশ্ব হস্তী সঙ্গে নাও বহুমূল্য ধন ॥
অরণ্যের মধ্যে আছে বহু পুণ্যস্থান।
ব্রাহ্মণ তপস্বী দেখি করিও প্রদান ॥
ধন দিতে রাজা যদি করেন আশ্বাস।
কৈকেয়ী অন্তরে দুঃখী ছাড়িল নিশ্বাস ॥
সর্ব্বাঙ্গ হইল শুষ্ক ম্লান হল মুখ।
রাজারে পাড়িল গালি পেযে মনে দুখ ॥
ভরতেরে রাজ্য দিতে করি অঙ্গীকার।
কুটিল হৃদয় ! কর অন্যথা তাহার ॥
তব বংশে ছিলেন সগর মহাশয়।
অসমঞ্জ পুত্রে বর্জ্জে প্রধান তনয় ॥
রামেরে বর্জ্জিতে আজি মনে লাগে ব্যথা।
আপনি করিয়া সত্য করিছ অন্যথা ॥
এত যদি ভূপতিরে কৈকেযী বলিল।
শুন পাপীয়সি ! তবে নৃপতি বলিল ॥
সগরের পুত্র অসমঞ্জ দুরাচার।
গলা টিপে বালকেরে করিত সংহার ॥
তার মাতাপিতা দুঃখ পায় পুত্রশোকে।
জানাইল সগর রাজারে প্রজালোকে ॥
তব রাজ্য ছাড়ি রাজা যাব অন্য দেশ।
অসমঞ্জ প্রজাগণে দেয় বড় ক্লেশ ॥
কেমনে থাকিবে প্রজা যে দেশে এমন।
প্রজা যদি চাও পুত্রে করহ বর্জ্জন ॥
অসমঞ্জে বর্জ্জে রাজা লোক-অনুরোধে।
শ্রীরামেরে বর্জ্জি আমি কোন্ অপরাধে ?
জগতের হিত রাম জগৎ-জীবন !
হেন রামে কে বলিবে যাও তুমি বন ?

তখন বলেন রাম পিতৃবিদ্যমানে।
ভাল যুক্তি মাতা বলিলেন তব স্থানে॥
রাজ্য ছাড়ি যাহার যাইতে হয় বন।
অশ্ব হস্তী ধনে তার কোন্ প্রয়োজন?
গাছের বাকল পরি দণ্ড করি হাতে।
জানকী লক্ষ্মণ মাত্র যাইবেক সাথে॥
বাকল পরিবে রাম কৈকেয়ী তা শুনে।
বাকল রাখিয়াছিল দিল ততক্ষণে॥
বাকল আনিয়া দিল শ্রীরামের হাতে।
কাঁদেন বাকল দেখি রাজা দশরথে॥
লক্ষ্মণের সীতার বাকল তিনখানি।
রোদন করেন দে'খে যতেক রমণী॥
অশ্রুজল সবাকার করে ছল ছল।
কেমনে পরিবে সীতা গাছের বাকল?
হরি হরি স্মরণ করয়ে সর্ব্বলোকে।
বজ্রাঘাত হয় যেন ভূপতির বুকে॥
সবে বলে কৈকেয়ি! পাষাণ তোর হিয়া।
তিলেক না হয় দয়া রামেরে দেখিয়া?
এক জনে দংশিয়া দংশিলি তিন জনে।
লক্ষ্মণ সীতারে কেন পাঠাইলি বনে?
পিতৃসত্য পালিতে শ্রীরাম যান বন।
জানকী লক্ষ্মণ যান কিসের কারণ?
বধূর বাকল দেখি রাজার ক্রন্দন।
পাত্র মিত্র বলে সীতা পরুন বসন॥
পিতৃসত্য পুত্র পালে বধূর কি দায়?
পতিব্রতা সীতাদেবী পিছে কেন যায়?
নানা রত্নে পূর্ণিত যে রাজার ভাণ্ডার।
সুমন্ত্র শুনিয়া আনে দিব্য অলঙ্কার॥
জানকী পরেন তাড় তোড়ন নূপুর।
মকর-কুণ্ডল হার অপূর্ব্ব কেয়ূর॥
মণিময় মালা আর বিচিত্র পাশুলি।
হীরক-অঙ্গুরী তাতে শোভিত অঙ্গুলী॥
দুই হাতে শঙ্খ তাঁর অদ্ভুত নির্ম্মাণ।
করিলেন যতেক ভূষণ পরিধান॥
পট্টবস্ত্র পরিলেন অতি মনোহর।
ত্রৈলোক্য জিনিয়া রূপ ধরিল সুন্দর॥
যেমন ভূষণ তাঁর তেমনি আকার।
শ্বশুরে জানকী দেবী করে নমস্কার॥
বিদায় লইয়া সীতা শ্বশুর-চরণে।
রহে যোড়হাতে শাশুড়ীর বিদ্যমানে॥
কৌশল্যা বলেন, সীতা! শুন সাবধানে।
স্বামিসেবা সতত করিবে রাত্রি-দিনে॥
নৃপতির বধূ তুমি রাজার কুমারী।
তোমার আচরে আচরিবে অন্য নারী॥
নির্ধন হউক স্বামী অথবা সধন।
স্বামী বিনা স্ত্রীলোকের নাহি অন্য ধন॥
সীতা বলিলেন, মা গো! শ্বশ্রু ঠাকুরাণি!
স্বামিসেবা করিতে যে আমি ভাল জানি॥
স্বামিসেবা করি মাত্র এই আমি চাই!
সেকারণে ঠাকুরাণী বনবাসে যাই॥
তাঁর কথা শুনিয়া কহেন মহারাণী।
তোমা হেন বধূ আমি ভাগ্য বলি মানি॥
বধূরে প্রবোধ দিয়া বুঝান শ্রীরামে।
সতর্ক থাকিও রাম। মুনির আশ্রমে॥
জানকীর রূপে চমৎকৃত ত্রিভুবন।
সাবধানে থেকো রাম। ভয়ানক বন॥
সুমিত্রা বলেন, শুন তনয় লক্ষ্মণ!
দেবজ্ঞান রামেরে করিও সর্ব্বক্ষণ॥
জ্যেষ্ঠভ্রাতা পিতৃতুল্য সর্ব্বশাস্ত্রে জানি।
আমার অধিক তব সীতাঠাকুরাণী॥

শ্রীরাম বলেন, শুন সুমিত্রা জননি!
আশীর্ব্বাদ কর বনবাসে যাই আমি॥
বনেতে তিনেতে তিন থাকিব দোসর।
ত্রিভুবনে আমার কাহারে নাই ডর॥
বন্দেন সবারে রাম যত রাজরাণী।
সবাকার ঠাঁই রাম মাগেন মেলানি॥
নমস্কার করেন কৈকেয়ীর চরণে।
অনুমতি কর মাতা! যাই আমি বনে॥
ভাল মন্দ বলিযাছি নিরদয় বাণী।
মনে কিছু না করিও দেহ মা মেলানি॥
পাপিষ্ঠা কৈকেয়ী তাহে অতি ক্রুরমতি।
ভাল মন্দ না বলিল শ্রীরামের প্রতি॥
মায়েরে সঁপেন রাম নৃপতির পায়।
যাবৎ না আসি পিতা! পালিও মাতায়॥
রাজা বলিলেন, যদি রহে এ জীবন।
তবে ত তোমার বাক্য করিব পালন॥
আমার এ আজ্ঞা রাম! না কর লঙ্ঘন।
তিন দিন রথে চড়ি করহ গমন॥
রাজাজ্ঞায় রথ আনে সুমন্ত্র সারথি।
তিন দিন রথে যাইবেন রঘুপতি॥
শ্রীরাম লক্ষ্মণ সীতা উঠিলেন রথে।
তোলেন আয়ুধ নানা লক্ষ্মণ তাহাতে॥
রাজ্য খণ্ড ছাড়িয়া শ্রীরাম যান বনে।
পাছে পাছে ধায় যত স্ত্রীপুরুষগণে॥
ভাঙ্গিল সকল রাজ্য অযোধ্যানগরী।
শ্রীরামের পাছে ধায় সব অন্তঃপুরী॥
ডাক দিয়া সুমন্ত্রে বলিছে সর্ব্বজন;—
রথ রাখ রথ রাখ দেখি চন্দ্রানন॥
শ্রীরাম বলেন, শুন সুমন্ত্র সারথি!
দেখিতে না পারি আমি পিতার দুর্গতি॥
রথের করাও তুমি ত্বরিতে গমন।
পিতার সহিত যেন না হয় দর্শন॥
সুমন্ত্র বলিল, আজ্ঞা না করিব আন।
এক বাক্য বলি আমি কর অবধান॥
ভাঙ্গিল রাজার সঙ্গে অযোধ্যানগরী।
রথের পশ্চাতে এই দেখ সর্ব্বপুরী॥
রাজার সহিত যদি হয় দরশন।
রবে না দেশেতে লোক করিবে গমন॥
শ্রীরাম বলেন, বলি, সুমন্ত্র! তোমারে।
প্রয়োজন নাহি মোর রাজ্য পরিবারে॥
মম বাক্য তুমি না পারিবে লঙ্ঘিবারে।
শীঘ্র রথ চালহ না দেখা দিব কারে॥
শ্রীরামের আজ্ঞামতে সুমন্ত্র সারথি।
রথখান চালাইল পবনের গতি॥
কত দূরে গিয়া রথ হ'ল অদর্শন।
ভূমিতে পড়েন রাজা হয়ে অচেতন॥
রাজারে ধরিয়া তোলে অমাত্য সকল।
শরীরের ধূলি ঝাড়ে মুখে দেয় জল॥
এক দিন শোকে তাঁর মূর্ত্তি হ'ল ম্লান।
রাজার জীবন নাই করে অনুমান॥
রাজারে ধরিয়া সবে লয়ে গেল দেশ।
অন্তঃপুরমধ্যে তাঁরে করায় প্রবেশ॥
গড়াগড়ি দশরথ যান ভূমিতলে।
হেনকালে কৈকেয়ী রাজারে ধরি তোলে॥
নরপতি বলেন, ছুঁস না পাতকিনি!
স্ত্রী হইয়া স্বামীকে বধিলি চণ্ডালিনি!
প্রথমে যখন ছিলি নবীনা যুবতী।
দিবারাত্র থাকিতিস্ আমার সংহতি॥
তাহার কারণ এই হইল প্রকাশ।
রাম ছাড়া করিয়া করিলি সর্ব্বনাশ॥

গেলেন শোকার্ত্ত রাজা কৌশল্যার ঘর।
দোঁহার হইল শোক একই সোসর॥
রাত্রি-দিন নাহি ঘুচে দোঁহার ক্রন্দন।
এক শোকে কাতর হ'লেন দুই জন॥
মুনি বেদ ছাড়িলেন যোগী ছাড়ে যোগ।
পাবক আহুতি ছাড়ে প্রজা ছাড়ে ভোগ॥
মাতঙ্গ আহার ছাড়ে ঘোড়া ছাড়ে ঘাস।
প্রজার ভোজন নাই করে উপবাস॥
যামিনীতে কামিনী না যায় পতি-পাশ।
সংসার হইল শূন্য সকলে নিরাশ॥
রাত্রি দিন কান্দে লোক করে জাগরণ।
গেলেন তমসাকূলে শ্রীরাম লক্ষ্মণ॥
নানা বনফুল দেখি সে নদীর কূলে।
রাজহংস ক্রীড়া করে তমসার জলে॥
সুমন্ত্রের প্রতি আজ্ঞা করিলেন রাম।
তমসার কূলে আজি করিব বিশ্রাম॥
রথ-অশ্ব স্নান করাইল তার জলে।
জল পান করাইয়া বান্ধে তার কূলে॥
অস্তগিরি-গত রবি বেলার বিরাম।
তমসার জলে স্নান করেন শ্রীরাম॥
লক্ষ্মণ বৃক্ষের তলে বিস্তারিল পাতা।
করিলেন তাহাতে শয়ন রাম সীতা॥
কমণ্ডলু ভরি জল আনিল লক্ষ্মণ।
রাম-সীতা প্রক্ষালন করেন চরণ॥
হাতে ধনু লক্ষ্মণ রহিল জাগরণে।
প্রীতি পাইলেন রাম লক্ষ্মণের গুণে॥
তমসার কূলেতে বঞ্চেন এক রাতি।
প্রভাতে যোগায় রথ সুমন্ত্র সারথি॥
প্রাতঃস্নান আদি করি নিয়ম আচার।
হইলেন শ্রীরাম তমসানদী পার॥

যেখানে যেখানে শ্রীরামের রথ রয়।
তথাকার লোক আসি দেয় পরিচয়॥
বৃদ্ধকালে দশরথ বাধ্য বনিতার।
হেন পুত্র পুত্রবধূ পাঠায় কান্তার॥
তমসা ছাড়িয়া আর গোমতী প্রভৃতি।
নদী পার হইলেন রাম মহামতি॥
জলে হংস কেলি করে অতি সুশোভন।
দেখি আপ্যায়িত হন শ্রীরাম-লক্ষ্মণ॥
শ্রীরাম বলেন সীতা! সর্ব্বত্র বিদিত।
ইক্ষ্বাকুর রাজ্য এই দেখ সুশোভিত॥
এই দেশে ইক্ষ্বাকু ধরিল ছত্রদণ্ড।
মম পূর্ব্বপুরুষের দেখ রাজ্যখণ্ড॥
যথা যথা যান রাম প্রসন্ন হৃদয়।
সে দেশের যত লোক আসি নিবেদয়॥
তোমার বিহনে রাম রাজ্যের বিনাশ।
কোন্ বিধি সৃজিল তোমার বনবাস?
সবাকারে রামচন্দ্র দিলেন মেলানি।
ভালবাস আমারে তোমরা ভাল জানি॥
করিয়া রাজার নিন্দা সবে যায় ঘরে।
পিতৃনিন্দা শুনি রাম বিমর্ষ অন্তরে॥
পক্ষী হেন উড়ে রথ যায় নানা দেশ।
কোশলের রাজ্যে রাম করেন প্রবেশ॥
শ্রীরাম বলেন, শুন জানকী সুন্দরি!
মম মাতামহের আছিল এই পুরী॥
পুত্রবৎ করিলেন প্রজার পালন।
গঙ্গাতীরে প্রদানিল ব্রাহ্মণ শাসন॥
নগরের মধ্যে গঙ্গা শোভে কুতূহলে।
সারি সারি যজ্ঞকুণ্ড তার দুই কূলে॥
কদলী গুবাক নারিকেল আম্র আর।
দুই তীরে রোপিয়াছে শোভিত অপার॥

দুই কূলে বিপ্রগণ করে বেদধ্বনি।
দুই কূলে স্নান করে যত ঋষি মুনি॥
সুমন্ত্রের প্রতি তবে বলেন শ্রীরাম ;—
গঙ্গাতীরে রহি আজি করিব বিশ্রাম॥
সুমন্ত্র লক্ষ্মণ দোঁহে দিল অনুমতি।
রথ হ'তে নামিলেন চারি মহামতি॥
রাম সীতা লক্ষ্মণ বসেন বৃক্ষমূলে।
সুমন্ত্র চালায় অশ্ব জাহ্নবীর কূলে॥
ভাস্কর পশ্চিমে যান বেলা অবশেষে।
তখন গেলেন রাম শৃঙ্গবের দেশে॥
শৃঙ্গবের দেশ দেখি রাম হৃষ্টমতি।
লাগিলেন বলিতে শ্রীলক্ষ্মণের প্রতি॥
গুহক চণ্ডাল হেথা আছে মম মিত্র।
আমারে পাইলে হবে আনন্দিতচিত্ত॥
শ্রীরাম বলেন, শুন সুমন্ত্র সারথি!
মিত্রের বাটীতে আমি থাকি এক রাতি॥
কহিব শুনিব বাক্য দোঁহে দোঁহাকার।
বিশেষতঃ জানিব পথের সমাচার॥
নানাবিধ ফল খাব কদলী কাঁটাল।
সুরঙ্গ নারঙ্গী আদি পাইব রসাল॥
রাম বনে যাইতে রহেন সেই দেশে।
গাইল অযোধ্যাকাণ্ড কবি কৃত্তিবাসে॥

শ্রীরামচন্দ্রের সহিত গুহকের সন্দর্শন ও জয়ন্ত
কাকের এক চক্ষু বিদ্ধকরণ।

যোড়হাত করি বলে সুমন্ত্র সারথি ;—
আমাকে কি আজ্ঞা কর করি অবগতি॥
শুনিয়া বলেন রাম কমললোচন।
রথ লয়ে দেশে তুমি করহ গমন॥
তিন দিন রথে আসি পিতার আদেশে।
তিন দিন গত হ'ল যাও তুমি দেশে॥
আর তিন দিনে যাবে অযোধ্যানগর।
সকল কহিবে গিয়া পিতার গোচর॥
বৃদ্ধ পিতা ছাড়ি আসিলাম দেশান্তরে।
এমত দারুণ শোক কিমতে পাসরে?
পিতৃসেবা না করিলাম থাকিয়া নিকটে।
কোথাও না দেখি হেন কোন জনে ঘটে॥
প্রাণের ভরত ভাই থাকে সে বিদেশে।
ভরতে আনিয়া রাজ্য করিবে হরিষে॥
যত দিন ভরত এ কথা নাহি শুনে।
তত দিন রবে মাতামহের ভবনে॥
মায়ের চরণে জানাইবে নমস্কার।
আমা হেতু শোক যেন না করেন আর॥
রাত্রিদিন সেবা যেন করেন পিতার।
মোরে পাসরিবে মাতা দেখিয়া সংসার॥
পরিহার জানাইবে কৈকেয়ীর প্রতি।
তাঁর কিছু দোষ নাই সব দৈবগতি॥
পিতার চরণে জানাইও সমাচার।
অস্থির হইলে তিনি মজিবে সংসার॥
তুমি হেন মহাপাত্র সুমন্ত্র সারথি!
ইষ্ট-কুটুম্বের কাছে জানাবে মিনতি॥
রামেরে সুমন্ত্র কহে করিয়া ক্রন্দন।
পুনঃ কত দিনে রাম! হবে দরশন?
বিদায় হইয়া যায় সুমন্ত্র কান্দিয়া।
অতি শীঘ্রগতি গেল রথ চালাইয়া॥
সুমন্ত্রে বিদায় দিয়া শ্রীরাম চিন্তিত।
মন্ত্রণা করেন সীতা লক্ষ্মণ সহিত॥
হেথা হ'তে অযোধ্যা নিকট বড় পথ।
এখানে থাকিলে নিতে আসিবে ভরত॥

সুমন্ত্র কহিবে রাখি শৃঙ্গবের পুরে।
শুনিলে ভরত নিতে আসিবে সত্বরে ॥
যাবৎ সুমন্ত্র পাত্র নাহি যায় দেশে।
গঙ্গাপার হয়ে চল যাই বনবাসে ॥
গুহকের প্রতি তবে বলেন শ্রীরাম।
চিত্রকূট শৈলে গিয়া করিব বিশ্রাম ॥
দেখিয়া আতঙ্ক হয় গঙ্গার তরঙ্গ।
ত্বরা পার কর যেন সত্যে নহে ভঙ্গ ॥
সাত কোটি নৌকা তার গুহক চণ্ডাল।
আনিল সোনার নৌকা সোনার কেরাল ॥
গুহ বলে করিলাম তরণী সাজন।
এক রাত্রি রাম! হেথা বঞ্চ তিন জন ॥
এক রাত্রি থাকি রাম! তোমার সহিত।
শ্রীরাম বলেন মিত্র! এ নহে উচিত ॥
এখানে রহিতে আজি মনে শঙ্কা পায়।
ভরত আসিয়া পাছে প্রমাদ ঘটায় ॥
প্রাতঃকালে গুহ নৌকা করিল সাজন।
পার হয়ে কূলেতে উঠেন তিন জন ॥
মাঝে সীতা আগে পাছে দুই মহাবীর।
দুই ক্রোশ পথ বাহি যান গঙ্গাতীর ॥
শ্রীরাম বলেন ভরদ্বাজের নিকটে।
আজি বাসা করি গিয়া থাকি নিঃসঙ্কটে ॥
মুনিগণে বেষ্টিত হইয়া ভরদ্বাজ ॥
তারাগণমধ্যে যেন শোভে দ্বিজরাজ ॥
হেনকালে সেখানে গেলেন তিন জন।
তিন জনে বন্দিলেন মুনির চরণ ॥
শ্রীরাম বলেন শুন মুনি মহাশয়!
তিন জন তব ঠাঁই কহি পরিচয় ॥
দশরথরাজ পুত্র মোরা দুই জন।
শ্রীরাম আমার নাম কনিষ্ঠ লক্ষ্মণ ॥
পিতৃসত্য পালিতে হয়েছি বনবাসী।
জনককুমারী সীতা সহিত প্রেয়সী ॥
রামকথা শুনি মুনি উঠেন সম্ভ্রমে।
পাদ্য অর্ঘ দিয়া পূজা করেন শ্রীরামে ॥
মুনি বলিলেন, তুমি বিষ্ণু-অবতার।
বিষ্ণু আরাধনে তপ করয়ে সংসার ॥
যাঁর তপ আরাধন করে মুনিগণে ॥
সেই বিষ্ণু আসিলেন আমার ভবনে ॥
শ্রীরাম লক্ষ্মণ লক্ষ্মী দেখি তিন জনে।
আপনারে ধন্য বলি মানি এত দিনে ॥
গঙ্গা-যমুনার মধ্যে আমার বসতি।
বনবাস বঞ্চ এথা থাকিব সংহতি ॥
শ্রীরাম বলেন মুনি! অযোধ্যা সন্নিধি।
অযোধ্যার লোকেরা আসিবে নিরবধি ॥
এথা হ'তে কোন্ স্থান হয় ত নির্জ্জন।
যমুনার পারে সে অদ্ভুত হয় বন ॥
কহ মুনি! কোথায় করিব নিবসতি?
শুনি ভরদ্বাজ কহে শ্রীরামের প্রতি ॥
যথা মুনিগণ বসে বটবৃক্ষতলে।
মৃগ পক্ষী বনজন্তু আছে কুতূহলে ॥
নানা ফল-মূল পাবে বড়ই সুস্বাদ।
তপোবন দেখি রাম! ঘুচিবে বিষাদ ॥
মুনি সকলের সঙ্গে থাক সেই দেশ।
ভরত তোমার তথা না পাবে উদ্দেশ ॥
এই দেশে নাহি রাম! নৌকার সঞ্চার।
ভেলা বান্ধি যমুনায় হও তুমি পার ॥
ত্রিশ হস্ত যমুনা আড়েতে পরিসর।
নিম্নেতে না জানে লোক গভীর বিস্তর ॥
এক রাত্রি রাম! হেথা বঞ্চ তিন জন।
কালি তুমি যাইও মুনির তপোবন ॥

এথা হ'তে তপোবন ছুইটি যোজন।
ছুই প্রহরের মধ্যে যাবে তিন জন ॥
সেইখানে শ্রীরাম বঞ্চেন এক রাতি।
বিদায় লইয়া রাম যান শীঘ্রগতি ॥
উভয় বীরের হাতে দিব্য ধনুঃশর।
মধ্যে সীতা ছুই পার্শ্বে ছুই ধনুর্দ্ধর ॥
অগ্রে রাম যান পাছে শ্রীরামরমণী।
সজল জলদ সহ যেন সৌদামিনী ॥
জয়ন্ত নামেতে কাক ছিল সে আকাশে।
দেখিয়া সীতার রূপ আসে সীতা-পাশে ॥
অচেতন হইল ধরিতে নারে মন।
ছুই নখে আঁচড়ে সীতার ছুই স্তন ॥
উড়িয়া চলিল কাক পাইয়া তরাস।
ছ' মাসের পথ গেল পর্ব্বত কৈলাস ॥
ডাকেন জনকসুতা ভয়ে উচ্চৈঃস্বরে।
শ্রীরাম বলেন ভাই ! সীতাকে কে মারে ॥
শুনিয়া রামের কথা কহেন লক্ষ্মণ ;—
সীতারে প্রহারে হেন আছে কোন্ জন ?
সুমিত্রার অধিক সীতা ঠাকুরাণী মা।
পলাইয়া গেল কাক আঁচড়িয়া যে গা ॥
দেখিতে না পাই কাক গেল কোন্‌খানে।
বাণেতে বিন্ধিয়া তারে মারিব পরাণে ॥
হেনকালে রামচন্দ্রে বলে দেবী সীতা।
আঁচড়িয়া গেল কাক হয়েছি ব্যথিতা ॥
কাক মারিবারে রাম পূরেন সন্ধান।
যে দেশে চলিল কাক তথা যায় বাণ ॥
কৈলাস ছাড়িয়া কাক স্বর্গপুরে যায়।
মারিতে রামের বাণ পাছু পাছু ধায় ॥
ইন্দ্রের নিকটে কাক লইল শরণ।
রামের ঐষিক বাণ হইল ব্রাহ্মণ ॥
ব্রাহ্মণ-বেশেতে গেল সে ইন্দ্রের ঠাঁই।
কহিলেন আমি সে জয়ন্ত কাক চাই ॥
করিয়াছে মন্দ কর্ম্ম বধিব জীবন।
রাখিবে যে জন কাক তাহারি মরণ ॥
রাখিতে নারিল কাকে দেব পুরন্দর।
আনিয়া দিলেন কাকে বাণের গোচর ॥
জয়ন্তরে দেখি রোষে শ্রীরামের বাণ।
বিন্ধিয়া করিল তার এক চক্ষু কাণ ॥
শ্রীরামের কাছে দিল বিন্ধি এক আঁখি।
করুণাসাগর রাম না মারেন পাখী ॥
শ্রীরাম বলেন সীতা ! দেখ অপমান।
যে চক্ষে দেখিল সেই চক্ষু হৈল কাণ ॥
অপমান পেয়ে কাক গেল নিজ দেশে।
রচিল অযোধ্যাকাণ্ড কবি কৃত্তিবাসে ॥

দশরথ রাজার মৃত্যু।

দিবাকর-কিরণ-উত্তাপে উত্তাপিতা।
চলিল কাতরা অতি জনকদুহিতা ॥
হিঙ্গুলমণ্ডিত তাঁর পায়ের অঙ্গুলি।
আতপে মিলায় যেন ননীর পুত্তলী ॥
মুনির নগর দিয়া যান তিন জন।
দেখিতে আইল পথে মুনিপত্নীগণ ॥
জিজ্ঞাসা করেন সবে জানকীর প্রতি ;—
পদব্রজে কেন যাও তুমি রূপবতি ?
অনুভব করি তুমি রাজার নন্দিনী।
সত্য পরিচয় দেহ কে বট আপনি ॥
দূর্ব্বাদলশ্যাম অগ্রে অতি মনোহর।
আজানুলম্বিত ভুজ রক্ত ওষ্ঠাধর ॥
সুন্দর বদন দেখি অতি মনোহর।
ধনুর্ব্বাণ করে উনি কে হন তোমার ?

নবীন কমল মুখ ভ্রূভঙ্গ রচিত।
পুলকে মণ্ডিত গণ্ড অল্প বিকসিত॥
লাজে অধোমুখী সীতা না বলেন আর।
ইঙ্গিতে বুঝান স্বামী ইনি যে আমার॥
কমলিনী সীতা পথে যান ধীরে ধীরে।
তবে উপস্থিত হন যমুনার তীরে॥
তাহার গভীর জল পাতাল-প্রমাণ।
রামের প্রভাবে হয় হাঁটুর সমান॥
না জানিয়া ভেলা তাহে বান্ধেন লক্ষ্মণ।
হাঁটু জল পার হয়ে অক্লেশে গমন॥
মুনির চরণ রাম বন্দেন তখন।
রামেরে দেখিয়া মুনি হরষিত-মন॥
বলিলেন হে রাম! আপনি নারায়ণ।
তপস্বীর বেশে কেন আইলেন বন?
শ্রীরাম বলেন মুনি! পিতার আদেশে।
বিপিনে করিব বাস তপস্বীর বেশে॥
তিন জন তথায় রহিলেন অক্লেশে।
এ দিকে সুমন্ত্র গিয়া উত্তরিল দেশে॥
ছয় দিনে উত্তরিল অযোধ্যানগরে।
যোড়হাতে দাণ্ডাইল রাজার গোচরে॥
কহিতে লাগিল পাত্র নমস্কার ক'রে।
রামে রাখি আসিলাম শৃঙ্গবের পুরে॥
সেথা হ'তে আসিলাম রাজা! তিন দিনে।
রাম সীতা লক্ষ্মণ রহেন সেই স্থানে॥
বিদায় নিলেন রাম মধুর-বচনে।
প্রণিপাত করিয়াছে তোমার চরণে॥
রামের যেমন শীল তেমনি বচন।
গর্জ্জন করিয়া কিছু বলিল লক্ষ্মণ॥
প্রচণ্ড কোদণ্ড ধরি গর্জ্জে যেন ফণী।
কিছুমাত্র না বলিল সীতা ঠাকুরাণী॥

এতেক সুমন্ত্র যদি বলিল বচন।
পুরীর সহিত সবে করিল ক্রন্দন॥
সাত শত মহারাণী রাজার ঘরণী।
কান্দিয়া বিকল সবে পোহায় রজনী॥
কেহ কারে না সান্ত্বয়ে সবে অচেতন।
পূর্ব্বকথা রাজার যে হইল স্মরণ॥
কৌশল্যার ঠাঁই রাজা কহে পূর্বকথা।
মহাজন যাহা বলে না হয় অন্যথা॥
মৃগয়াতে প্রবেশিনু সরযূর তীরে।
অন্ধ মুনি তনয় কলসে জল ভরে॥
মম জ্ঞান হ'ল মৃগ করে জলপান।
পূরিলাম শব্দমাত্র পাইয়া সন্ধান॥
সলিল ভরিছে যবে ফুটে বাণ বুকে।
প্রাণ গেল বলিয়া মুনির পুত্র ডাকে॥
কোন্ অপরাধে প্রাণ নিল কোন্ জনে?
এতেক শুনিয়া আমি গেলাম সে স্থানে॥
মুনিপুত্র বলে রাজা পাড়িলে প্রমাদ।
আমারে মারিলে কি পাইয়া অপরাধ?
অন্ধ মাতাপিতা আমি পালি রাত্রি-দিনে।
মাতাপিতা মরিবেক আমার মরণে॥
অন্ধ মাতাপিতা আছে শ্রীফলের বনে।
আমা লয়ে রাজা! তুমি চল সেইখানে॥
যাবৎ আমার পিতা নাহি দেন শাপ।
আমা লয়ে চল তুমি যথা বৃদ্ধ বাপ॥
ইহা বিনা তব আর নাহি প্রতীকার।
এতেক বলিল মোরে মুনির কুমার॥
অন্ধ বৃদ্ধ-বৃদ্ধা বসিয়াছে সেইখানে।
শিশু কোলে করি আমি গেলাম সে বনে॥
মুনি বলিলেন রাজা বড়ই নির্দ্দয়।
কি দোষে মারিলে বল আমার তনয়?

আমারে লইয়া চল সরযূর কূলে।
পুত্রের তর্পণ আমি করি সেই জলে ॥
মুনি ধরি আনিলাম সরযূর নীরে।
পুত্রের তর্পণ করি শাপিল আমারে ॥
পুত্রশোকে মরিয়া করিল স্বর্গবাস।
দেশে আসিলাম আমি পাইয়া তরাস ॥
সে মুনির বাক্য কভু না হয় খণ্ডন।
আজিকার রাত্রে রাণি! আমার মরণ ॥
সে অন্ধ মুনির শাপ-ফলে অতঃপরে।
ছট্‌ফট করে রাজা মুখে বাক্য হরে ॥
হাহাকার করি রাজা ত্যজিল জীবন।
নিদ্রা যায় দশরথ হেন লয় মন ॥
পুরীর সহিত কাঁদি পোহায় রজনী।
রাজার নিকট গেল সাত শত রাণী ॥
দুই দণ্ড বেলা হয় সূর্য্যের উদয়।
এতক্ষণ নিদ্রা যায় রাজা মহাশয় ॥
অনন্তর রাজারে করিল মৃতজ্ঞান।
নাড়িয়া চাড়িয়া দেখে নাহি তাঁর প্রাণ ॥
আছাড় খাইয়া পড়ে কদলী যেমনি।
রাজার চরণ ধরি কান্দে সব রাণী ॥
একে পুত্রশোকে রাণী পরম দুঃখিতা।
পতিশোকে ততোধিক হইল মূর্চ্ছিতা ॥
সত্যবাদী রাজা তুমি সত্যে বড় স্থির।
সত্য পালি স্বর্গে গেলে ত্যজিয়া শরীর ॥
সত্য না লঙ্ঘিলে তুমি বড় পুণ্যশ্লোক।
স্বর্গবাসী হয়ে এড়াইলে পুত্রশোক ॥
রাজা স্বর্গে গেল আর রাম গেল বন।
দুই শোকে প্রাণ মোর থাকে কি কারণ?
ভূমে গড়াগড়ি যায় কৌশল্যা তাপিনী।
কৌশল্যারে বুঝান বশিষ্ঠ মহামুনি ॥
তোমারে বুঝাব কত নহে ত উচিত।
মৃত হেতু কাঁদ যত সব অনুচিত ॥
স্বর্গেতে গেলেন রাজা পালিয়া পৃথিবী।
তাঁর ধর্ম্মকর্ম্ম কর তুমি মহাদেবি!
রাজারে রাখহ করি তৈলমধ্যগত।
দেশে আসি অগ্নিকার্য্য করিবে ভরত ॥
বাসি মড়া হইয়া আছেন মহারাজ।
প্রাতঃকালে যুক্তি করে অমাত্য-সমাজ ॥
সত্য পালি ভূপতি গেলেন স্বর্গবাস।
অরাজক হ'ল রাজ্য বড় পাই ত্রাস ॥
অরাজক রাজ্যের সর্ব্বদা অকুশল।
অরাজক পৃথিবীতে নাহি হয় জল ॥
অরাজক রাজ্যে বৃক্ষে নাহি ধরে ফল।
রাজক রাজ্যে ধর্ম্ম সকলি বিফল ॥
অরাজক রাজ্যে ভৃত্য বশ নাহি রয়।
অরাজক রাজ্যে সর্ব্বক্ষণ দস্যুভয় ॥
অরাজক রাজ্যেতে তুরঙ্গ হস্তী ছোটে।
অরাজক রাজ্যেতে প্রজার ধন লোটে ॥
অরাজক রাজ্যে সদা হয় ডাকা চুরি।
অরাজক রাজ্য দেখি বড় ভয় করি ॥
অরাজক রাজ্যে অন্য নৃপতি গরজে।
অরাজক রাজ্যে প্রজালোক দুঃখে মজে ॥
অরাজক রাজ্যে না বরিষে পুরন্দর।
অরাজক রাজ্যের অশুভ বহুতর ॥
অরাজক রাজ্যে নারী নাহি রহে পাশে।
অরাজক রাজ্যে স্বামী অন্য নারী তোষে ॥
অরাজক রাজ্যে সদা হিতে বিপরীত।
অরাজক রাজ্যে থাকা অতি অনুচিত ॥
রাজ্য করিলেন বৃদ্ধ রাজা মহাশয়।
তাঁহার প্রতাপে লোক থাকিত নির্ভয় ॥

স্বর্গ মর্ত্ত পাতাল কাঁপিত তাঁর ভরে।
রাজ্যের কুশল ছিল রাজার আদরে॥
হেন রাজা বিনা রাজ্য করে টলমল।
রাজা হৈলে রাজ্যরক্ষা প্রজার কুশল॥
রাজ্য দিতে ভরতেরে সর্ব্ব অঙ্গীকার।
ভরতেরে আনি দেশে দেহ রাজ্যভার॥
ভরত আছেন মাতামহের বসতি।
দূত পাঠাইয়া তাঁরে আন শীঘ্রগতি॥
রাজা স্বর্গগত রাম চলিলেন বনে।
এত ঘোর প্রমাদ ভরত নাহি জানে॥
ভরতেরে না কহিবে এ সব ঘটন।
তবে না করিবে সেও দেশে আগমন॥
মাতৃদোষ শুনিলে ভরত না আসিবে।
পিতৃশোকে মনোদুঃখে দেশান্তরী হবে॥
বুদ্ধির সাগর পাত্র মন্ত্রণাবিশেষে।
চলিলেন ভরতেরে আনিবারে দেশে॥
করিলেন অনুজ্ঞা বশিষ্ঠ পুরোহিত।
ভরতে আনিতে সবে চলিল ত্বরিত॥
হস্তিনানগরে গেল তৃতীয় দিবসে।
পরদিন গেল তারা কুরঙ্গের দেশে॥
নাহারের রাজ্যে গেল ত্বরিতগমনে।
লক্ষ্মী অধিষ্ঠান সদা জ্ঞান হয় মনে॥
রাত্রি দিন সবে পথে চলিল সত্বর।
পুনবের রাজ্যে গেল দেখে মনোহর॥
আড়িকুল দেশে গেল যেন সুরপুর।
কুকর্ম্ম-বর্জ্জিত লোক সুকর্ম্ম প্রচুর॥
বহুবেণু নদী পার হৈল সর্ব্বজন।
যার দুই কূলে বৈসে অনেক ব্রাহ্মণ॥
নদ নদী কন্দর হইল বহু পার।
বহু দেশ-দেশান্তর এড়ায় অপার॥
গিরিরাজ দেশেতে কেকয় রাজা বৈসে।
উত্তরিল গিয়া পাত্র পঞ্চম দিবসে॥
রাত্রি-দিন পথশ্রমে হইয়া বিকল।
রন্ধন ভোজন করে পেয়ে রম্যস্থল॥
ভরতের সঙ্গে নাহি হয় দরশন।
পথশ্রমে নিদ্রা যায় হয়ে অচেতন॥
কৃত্তিবাস পণ্ডিতের বাণী অধিষ্ঠান।
রচিল অযোধ্যাকাণ্ড অমৃত সমান॥

ভরতের পিতৃশ্রাদ্ধকরণানন্তর রামকে বন হইতে
গৃহে আনিবার জন্য গমন এবং
অযোধ্যায় প্রত্যাগমন।

নিদ্রাগত ভরত পালঙ্কের উপরে।
উঠেন কুস্বপ্ন দেখি শঙ্কিত অন্তরে॥
প্রভাতে ভরত আসি বসেন দেওয়ানে।
আইল অমাত্যগণ তাঁর সম্ভাষণে॥
যথাযোগ্যে নমস্কার করে পাত্রগণ।
ব্রাহ্মণ-পণ্ডিত করে শুভাশীর্ব্বচন॥
মিত্রগণ আসিয়া আলাপ করে কত।
ইতরে সন্তোষ করে ব্যবহারমত॥
ভরত বিষণ্ণ অতি মুখে নাহি শব্দ।
নিশ্বাস প্রবল বহে রহে অতি স্তব্ধ॥
ভরতেরে জিজ্ঞাসা করেন পাত্রগণ।
শুনিয়া ভরত বাক্য বলেন তখন ;—
কুস্বপ্ন দেখেছি আজি রাত্রি অবশেষে।
যেন চন্দ্র-সূর্য্য খসি পড়িল আকাশে॥
স্বপ্নে এক বৃদ্ধ আসি কহিল বচন।
শ্রীরাম লক্ষ্মণ সীতা গিয়াছেন বন॥
দেখিলাম মৃত পিতা তৈলের ভিতর।
এই স্বপ্ন দেখি আমি কম্পিত-অন্তর॥

চারি ভাই আর পিতা এই পাঁচ জন।
পাঁচের মধ্যেতে দেখি পিতার মরণ॥
ভরতের কথা শুনি সবাকার ত্রাস।
পাত্র মিত্র ভরতেরে করিছে আশ্বাস॥
দেখিয়াছ কুস্বপন নৃপতিকুমার!
শুনহ ভরত! কহি তার প্রতীকার॥
দেবতার পূজা তুমি কর সাবধানে।
ব্রাহ্মণ দরিদ্রে তুষ্ট কর নানা দানে॥
ইহা বিনা ভরত! নাহিক উপদেশ।
দান দ্বারা তোমার ঘুচিবে সর্ব্বক্লেশ॥
পাত্র মিত্র করিলেক এতেক মন্ত্রণা।
স্নান করি ভরত আনেন দ্রব্য নানা॥
পূজিলেন আগে দেব দিয়া উপহার।
করেন ভরত দান সকল ভাণ্ডার॥
ভরতের যত ছিল ধনের ভাণ্ডার।
দিলেন সকল দ্বিজে সীমা নাহি তার॥
সকল ভাণ্ডার শূন্য নাই আর ধন।
তথাপি তাঁহার কিছু স্থির নহে মন॥
প্রবল প্রতাপশালী কেকয় ভূপতি।
দেওয়ানে বসিল গিয়া যেন সুরপতি॥
ভরত বসেন গিয়া ভূপতির পাশে।
অযোধ্যার দূত গিয়া তখন প্রবেশে॥
কেকয় রাজার প্রতি নত করি মাথা।
ভরতের আগে দূত কহে সব কথা॥
আসিলাম তোমাকে লইতে সর্ব্বজন।
ভরত! সত্বর দেশে কর আগমন॥
রাজার নিশান দেখ হাতের অঙ্গুরী।
শীঘ্র চল আমরা রহিতে নাহি পারি॥
এক দণ্ড না রহিব আছে বড় কাজ।
ভরতেরে পাঠাও কেকয় মহারাজ!
কথার প্রবন্ধে তারা কহিল বিশেষ।
দেখিতে তোমায় বাঞ্ছা রাজার অশেষ॥
শুনিয়া ভরত কিছু না হন প্রতীত।
যত স্বপ্ন দেখিলাম সব বিপরীত॥
ভরত বলেন, বল পিতার মঙ্গল।
শ্রীরাম লক্ষ্মণ ভাই আছেন কুশল?
কৈকেয়ী কৌশল্যা আর সুমিত্রা জননী।
সকলের মঙ্গল বল হে দূত! শুনি॥
দূত বলে, রাজপুত্র! সবার কুশল।
সবারে দেখিবে যদি শীঘ্র দেশে চল॥
প্রণাম করিয়া মাতামহের চরণে।
হইলেন ভরত বিদায় সেইক্ষণে॥
হাতী ঘোড়া দিল রাজা বহুমূল্য ধন।
অশন বসন আর নানা আভরণ॥
শত্রুঘ্ন ভরত দোঁহে চড়িলেন রথে।
কত শত সৈন্য চলে তাঁহার সহিতে॥
সূর্য্য যান অস্তগিরি বেলা অবশেষে।
হেন কালে সবে তারা অযোধ্যা প্রবেশে॥
শ্রীরামের শোকে লোক করিছে ক্রন্দন।
অযোধ্যার সর্ব্বলোক বিরস বদন॥
জিজ্ঞাসেন ভরত হইয়া বিষাদিত।
প্রজালোক কাঁদে কেন নহে হরষিত?
অনেক দিনের পরে আসিলাম দেশে।
কাছে না আইসে কেন কেহ না সম্ভাসে॥
এত শুনি দূতগণ হেঁট করে মাথা।
কেন নাহি কহে কোন ভাল মন্দ কথা॥
অযোধ্যার সর্ব্বলোক আছে এ নিয়মে।
অশুভ সংবাদ নাহি কেহ কোন ক্রমে॥
ভরত চিন্তিত অতি মানিয়া বিস্ময়।
প্রথমে গেলেন তিনি পিতার আলয়॥

দেখিল নাহিক পিতা শূন্য নিকেতন।
ভরত ভাবিয়া কিছু না পান কারণ ॥
মৃত্যুকালে দশরথ কৌশল্যার ঘরে।
তথা তাঁর মৃতদেহ তৈলের ভিতরে ॥
ভরত পিতার গৃহ শূন্যময় দেখি।
মায়ের আবাসে যান হয়ে মনোদুখী ॥
কৈকেয়ী বসিয়া আছে রত্ন-সিংহাসনে।
পড়িয়াছে প্রমাদ মনেতে নাহি গণে ॥
পুত্রের রাজত্ব-লাভে আছে মন-সুখে।
ভরত গেলেন তবে মায়ের সম্মুখে ॥
ভরতেরে দেখিয়া ত্যজিল সিংহাসন।
ভরত করেন তাঁর চরণ বন্দন ॥
মুখে চুম্ব দিয়া রাণী পুত্রে কৈল কোলে।
কুশল জিজ্ঞাসা করে তাঁরে কুতূহলে ;—
কেকয়-ভূপতি পিতা আছেন কুশলে ?
কুশলে আছেন মম সোদর সকলে ?
মঙ্গলে আছেন ভাল বিমাতা সকল ?
পিতৃরাজ্য রাজগিরি দেশের মঙ্গল ?
ভরত বলেন, মাতঃ! না হও বিকল।
মাতা পিতা ভ্রাতা তব সবার কুশল ॥
তোমার বান্ধব যত সকল কুশল।
তব জনকের ঘরে সকল মঙ্গল ॥
তুমি যত জিজ্ঞাসিলে দিলাম উত্তর।
আমি যে জিজ্ঞাসি তাহা কহ ত সত্বর ॥
অযোধ্যার রাজ্য কেন দেখি বিপরীত।
সকলে বিষণ্ণ কেন নহে হরষিত ?
চতুর্দ্দিকে লোক কেন করিছে ক্রন্দন ?
আমারে দেখিয়া কেন করিছে নিন্দন ?
পিতার আলয়ে কেন না দেখি পিতারে ?
অযোধ্যানগর কেন পূর্ণ হাহাকারে ?

যে কথা কহিতে কারো মুখে না আইসে।
হেন কথা কহে রাণী পরম হরিষে ;—
সত্যবাদী তব পিতা সত্যে বড় স্থির।
সত্য পালি স্বর্গেতে গেলেন সত্যবীর ॥
শূন্যরাজ্য আছে তব পিতার মরণে।
ভরত আছাড় খেয়ে পড়েন সে ক্ষণে ॥
কাটিলে কদলী যেন ভূমেতে লোটায়।
ধূলায় পড়িয়া বীর গড়াগড়ি যায় ॥
মূর্চ্ছাগত ভরত হ'লেন পিতৃশোকে।
কাঁদিয়া বিকল তাঁরে দেখি অন্য লোকে ॥
কৈকেয়ী বলিল, পুত্র! কর অবধান।
তোমার ক্রন্দনে মোর বিদরে পরাণ ॥
সর্ব্বশাস্ত্র জান তুমি ভরত! অন্তরে।
মাতাপিতা ল'য়ে কেবা কোথা রাজ্য করে ?
ভরত বলেন, শুনি পিতার মরণ।
শ্রীরাম লক্ষ্মণ তাঁরা কোথা দুই জন ॥
মহারাজ রামেরে অর্পিয়া রাজ্যভার।
করিবেন আপনি কেবল সদাচার ॥
এই সব যুক্তি পূর্ব্বে ছিল আমি জানি।
তাহার অন্যথা কেন কহ ঠাকুরাণী!
অযুত বৎসর জানি পিতার জীবন।
নয় হাজার বর্ষে তাঁর মৃত্যু কি কারণ ?
রাজার মরণে তব নাহিক বিষাদ।
অনুমানে বুঝি তুমি করেছ প্রমাদ ॥
রাজকন্যা কৈকেয়ী বাড়িছে নানা সুখে।
কত শত কথা বলে যত আসে মুখে ॥
রাম বনে গেলেন লক্ষ্মণ তার সাথে।
মনে কি করিয়া সীতা গেলেন পশ্চাতে ॥
ভরত বলেন, কেন রাম যান বনে ?
পরাণ বিদরে মাতা! তোমার বচনে ॥

হরিলেন কার ধন কার বা সুন্দরী ?
কোন্ দোষে হইলেন রাম বনচারী ?
কৈকেয়ী সকল কহে ভরতের স্থানে।
রামের অশেষ গুণ প্রথমে বাখানে॥
ভকতবৎসল রাম ধর্ম্মেতে তৎপর।
জনক-জননী প্রাণ গুণের সাগর॥
শ্রীরাম হইলে রাজা সবার কৌতুক।
রামের প্রসাদে লোক পায় নানা সুখ॥
কালি রাম রাজা হবে আজি অধিবাস।
হেনকালে রামেরে দিলাম বনবাস॥
তোমারে রাজত্ব দিয়া রাম গেল বন।
হা রাম বলিয়া রাজা ত্যজিল জীবন॥
মাতৃঋণ পুত্র কভু শুধিতে না পারে।
রাম লয়েছিল রাজ্য দিলাম তোমারে॥
রাজা হয়ে রাজ্য কর বস রাজ-পাটে।
রাজলক্ষ্মী আছে পুত্র! তোমার ললাটে॥
ঘায়েতে লাগিলে ঘা যেন বড় জ্বলে।
ভরত তেমন জ্বালাতন হয়ে বলে ;—
নিজগুণ বল মাতা! আপনার মুখে।
আপনি মজিলে মাতা! ডুবিলে নরকে॥
রাজকুলে জন্মিলে শুনিলে কোনখানে ?
কনিষ্ঠ হইবে রাজা জ্যেষ্ঠ বিদ্যমানে ?
তব পিতা পিতামহ করে ধর্ম্মকর্ম্ম।
সে বংশেতে কেন হৈল রাক্ষসীর জন্ম ?
নিশাচরী হয়ে তুমি হইলে মানুষী।
রঘুবংশ ক্ষয় হেতু হইলে রাক্ষসী॥
শ্রীরামের শোকে রাজা তজ্যেন জীবন।
তুমি কেন শ্রীরামেরে পাঠাইলে বন ?
রাজার প্রসাদে তব এতেক সম্পদ।
তিনকুল মজাইলে স্বামী করি বধ॥
পূর্ব্বজন্মে করিলাম কত কদাচার।
সেই পাপে তব গর্ভে জনম আমার॥
মা হইয়া তনয়েরে দিলে এত শোক।
ইচ্ছা হয় কাটিয়া পাঠাই পরলোক॥
যেমন পরশুরাম কাটিল মায়েরে।
তেমনি করিতে বাঞ্ছা কিন্তু মরি ডরে॥
রাম পাছে বর্জ্জেন বলিয়া মাতৃঘাতী।
তবে ত নরকে মম হবে নিবসতি॥
ভরত জ্বলন্ত অগ্নি তুল্য ক্রোধে জ্বলে।
দেখিয়া কৈকেয়ী তবে যায় অন্য স্থলে॥
যাইতে যাইতে রাণী করেন বিষাদ।
কার লাগি করিলাম এতেক প্রমাদ ?
আসিলেন শত্রুঘ্ন করিতে সম্ভাষণ।
ভরতের ক্রন্দনে কান্দেন দুই জন॥
ভাই ভাই বলিয়া ভরত নিল কোলে।
দুজনার অঙ্গ ভিজে নয়নের জলে॥
অনুমানে বুঝিলেন কুঁজীর এ ক্রিয়া।
কহিতে লাগিল দোঁহে কুপিত হইয়া,—
রাজা নিজ ছত্রদণ্ড রামে প্রদানিল।
কোথা হতে কুঁজী চেড়ী প্রমাদ পাড়িল ?
পাইলে কুঁজীর দেখা বধিব জীবন।
বিধির নির্ব্বন্ধ কুঁজী এল সেইক্ষণ॥
শোভা পায় পট্টবস্ত্রে আর আভরণে।
সর্ব্বাঙ্গ ভূষিতা কুঁজী সুগন্ধ চন্দনে॥
মুক্তাহার শোভে তার কুঁজের উপর।
শ্রীরামের বনবাসে প্রফুল্ল অন্তর॥
এতেক প্রমাদ হবে কুঁজী নাহি জানে।
ভরতের নিকট আসিল হৃষ্টমনে॥
হেনকালে শত্রুঘ্নে সম্ভাষি দ্বারী বলে।
এই কুঁজী হেতু রাজা মরিল অকালে॥

এই কুঁজী মজাইল অযোধ্যানগরী।
এই কুঁজী মরিলে সকল দুঃখে তরি॥
শত্রুঘ্ন বলেন ভাই! ইচ্ছা করে মন।
এখনি কুঁজীর আমি বধিব জীবন॥
শত্রুঘ্ন কুপিত হয়ে ধরে তার চুলে।
চুলে ধরি কুঁজীরে সে ফেলে ভূমিতলে॥
হিঁছড়িয়া লয়ে যায় তাহারে ভূতলে।
কুমারের চাক হেন ঘুরাইয়া ফেলে॥
মরি মরি বলে কুঁজী পরিত্রাহি ডাকে।
চুল ছিঁড়ি গেল, সে কৈকেয়ী-ঘরে ঢোকে॥
কুঁজী বলে, কৈকেয়ি! করহ পরিত্রাণ।
ভরত শত্রুঘ্ন মোর লইল পরাণ॥
শত্রুঘ্ন প্রবেশে ক্রোধে কৈকেয়ীর ঘরে।
চুল ধরি কুঁজীরে সে আনিল বাহিরে॥
তবু তার হার আছে কুঁজের শোভন।
ছিঁড়িয়া পড়িল যেন দীপ্ত তারাগণ॥
তোর লাগি পিতা মরে ভাই বনবাসী।
সৃষ্টিনাশ করিলি হইয়া তুই দাসী॥
চুল ধরি লয়ে যায় কুঁজে যায় ছড়।
শত্রুঘ্নে দেখিয়া কৈকেয়ী দিল রড়॥
চেড়ীরে মারিল পাছে প্রহারে আমায়।
এই ত্রাস মনে করি কৈকেয়ী পলায়॥
শত্রুঘ্ন বলেন শুন কৈকেয়ী বিমাতা।
পলাইয়া নাহি যাও কহি এক কথা॥
সাত শত রাণী জিনি তোমার প্রতাপ।
তুমি যা বলিতে তাই করিতেন বাপ॥
রাজার মহিষী তুমি রাজার নন্দিনী।
তোমা সম দুর্ভগা স্ত্রী না দেখি না শুনি॥
শচীর অধিক সুখ বলে সর্ব্বলোকে।
আমি কি মারিয়া মাতা! ডুবিব নরকে॥
দাসীর কথায় বুদ্ধি গেল রসাতল।
দোষ অনুরূপ আমি কি বলিব ফল॥
যদি তোমা বধি প্রাণে দুঃখ নাহি ঘুচে।
মাতৃবধ করিয়া নরকে ডুবি পাছে॥
তোমার চেড়ীরে মারি তোমার সম্মুখে।
জ্বলিয়া পুড়িয়া যেন মর এই শোকে॥
চুলে ধরি চেড়ীর মাটীতে মুখ ঘষে।
দেখিয়া কৈকেয়ী দেবী কাঁপিছে তরাসে॥
বুকে হাঁটু দিয়া সে কুঁজীর ধরে গলা।
মুদ্গরের ঘায়ে ভাঙ্গিল পায়ের নলা॥
একে ত কুৎসিতা কুঁজী তায় হৈল খোঁড়া।
সর্ব্বগায়ে ছড় গেল যেন রক্তবোড়া॥
অচেতন হৈল কুঁজী শ্বাস মাত্র আছে।
ভরত ভাবেন নারীহত্যা হয় পাছে॥
বারে বারে ভরত বলেন সুবচন।
নারীহত্যা হয় পাছে শুন রে শত্রুঘ্ন॥
রক্ত-চর্ম্ম নাহি আর অস্থিমাত্র সার।
নারীবধ হয় পাছে না মারিও আর॥
নারীহত্যা মহাপাপ শুনহ শত্রুঘ্ন।
যদি এই পাপে রাম করেন বর্জ্জন॥
মাতৃহত্যা নাহি করি শ্রীরামের ডরে।
এত শুনি শত্রুঘ্ন সে ছাড়িল কুঁজীরে॥
লইলেন কুঁজীরে কৈকেয়ী বিদ্যমান।
এতেক প্রহারে তার রহিল পরাণ॥
ভরত বলেন, ভাই! দেব সব জানে।
এতেক হইবে ভাই জানিবে কেমনে॥
রামেরে দিলেন পিতা রাজসিংহাসন।
কে জানে করিবে মাতা অন্যাচরণ?
সংসারের ভোগ ভুঞ্জে তবু নাহি আঁটে।
রাজার মহিষী কি চেড়ীর বাক্যে খাটে॥

আমি দুষ্ট হইলাম জননীর দোষে।
কৌশল্যার কাছে যাব কেমন সাহসে ?
শত্রুঘ্ন বলেন, তিনি না করিবে রোষ।
আপনি জানেন মাতা যার যত দোষ ॥
ভরত শত্রুঘ্ন হেথা করেন রোদন।
কৌশল্যা বসিয়া ঘরে করেন শ্রবণ ॥
ভরত শত্রুঘ্ন গিয়া ভাই দুইজন।
করিলেন কৌশল্যার চরণ বন্দন ॥
পুত্র বলি কৌশল্যা ভরতে নিল কোলে।
উভয়ের সর্ব্বাঙ্গ তিতিল নেত্রজলে ॥
কৌশল্যা কহেন শুন কৈকেয়ীনন্দন।
মায়ে পোয়ে রাজ্য কর তোমরা এখন ॥
কালি রাজা হবে রাম আজি অধিবাস।
হেনকালে তব মাতা দিল বনবাস ॥
হরিল কাহার ধন রাম কার নারী ?
কোন্ দোষে পুত্রে মোর করে দেশান্তরী ॥
আমারে করিয়া দূর ঘুচাও এ কাঁটা।
পাঠাও রামের কাছে শিরে ধরি জটা ॥
দুঃখভাগী যেই জন সেই পায় দুখ।
মায়ে পোয়ে তোমরা করহ রাজ্যসুখ ॥
কাতর ভরত অতি কৌশল্যার বোলে।
রামের সেবক আমি তুমি জান ভালে ॥
মম মতে যদি রাম গিয়াছেন বনে।
দিব্য করি মাতা ! আমি তোমার চরণে ॥
রাজা যদি প্রজা পীড়ে না করে পালন।
আমারে করুন বিধি সে পাপভাজন ॥
প্রজা হয়ে রাজদ্রোহ করে সেই লোকে।
সেই পাপে পাপী হয়ে ডুবিব নরকে ॥
বিদ্যা পেয়ে গুরুকে যে না করে সেবন।
কর্ম্ম করি দক্ষিণা না দেয় যেই জন ॥
আপনা বাখানে যেবা পরনিন্দা করে।
সেই মহাপাপরাশি ঘটুক আমারে ॥
স্থাপ্যধন হরণেতে যে হয় পাতক।
তত পাপে পাপী হয়ে ভুঞ্জিব নরক ॥
রামেরে বঞ্চিয়া রাজ্য আমি যদি চাই।
ইহপরকাল নষ্ট শিবের দোহাই ॥
শপথ করেন এত ভরত তখন।
কৌশল্যা বলেন পুত্র ! জানি তব মন ॥
রামের হৃদয় ধর্ম্মে যেমন তৎপর।
তোমার হৃদয় পুত্র ! একই সোসর ॥
চৌদ্দবর্ষ গেলে রাম আসিবেন দেশ।
তত দিন মম প্রাণ হইবে নিঃশেষ ॥
মৃতদেহ আছে ঘরে বড় পাই লাজ।
শীঘ্র কর ভরত ! পিতার অগ্নি-কাজ ॥
পিতৃশোক ভ্রাতৃশোক মায়ের অযশ।
ভরত করেন খেদ রজনী-দিবস ॥
আমা হেতু পিতা মরে ভ্রাতা বনবাসী।
এতেক জানিলে কি দেশেতে আমি আসি ?
বশিষ্ঠ বলেন, তুমি ভরত ! পণ্ডিত।
তোমারে বুঝাব কত এ নহে উচিত ॥
সত্য পালি ভূপতি গেলেন স্বর্গবাস।
কাঁদিলে তাহার জন্য হবে ধর্ম্মনাশ ॥
রাম হেন পুত্র যার গুণের নিধান।
কে বলে মরিল রাজা, আছে বিদ্যমান ॥
এইরূপে বুঝান বশিষ্ঠ মহামুনি।
ভরত না কহে কিছু কহে খেদ-বাণী ॥
কিরূপে ধরিব প্রাণ পিতার মরণে ?
কিরূপে ধরিব প্রাণ রামের বিহনে ?
কিরূপে হইব স্থির কাহারে নিরখি ?
এত শোকে প্রাণ রহে কোথাও না দেখি ॥

শশধর যেমন হইল মেঘাচ্ছন্ন।
বিবর্ণ ভরত অতি তেমনি বিষণ্ণ ।।
পাত্র মিত্র সহিত বশিষ্ঠ পুরোহিত।
পিতার নিবাসে যান ভরত বেষ্টিত ।।
সাত শত রাণী তারা শোকেতে নিরাশ।
ভরতের সঙ্গে গেল রাজার নিবাস ।।
ভরত বলেন, পিতা! এই তব গতি।
উঠি সম্ভাষণ কর ভরতের প্রতি ।।
তোমারে দেখিতে আসিয়াছে পুরজন।
উঠিয়া সবারে কহ প্রবোধ-বচন ।।
মাতৃদোষে আমা সহ না কহ বচন।
যদি থাকে অপরাধ কর বিমোচন ।।
বশিষ্ঠ বলেন, ত্যজ ভরত! ক্রন্দন।
পিতৃ-অগ্নিকার্য্য শ্রাদ্ধ করহ তর্পণ ।।
পিতৃকার্য্যে জ্যেষ্ঠ তনয়ের অধিকার।
রাম দেশে নাহি তুমি করহ সংকার ।।
অগুরু চন্দন-কাষ্ঠ আনে ভারে ভারে।
ঘৃত মধু কুম্ভ পূরি আনিল সত্বরে ।।
মুকুতা প্রবাল আনে বহুমূল্য ধন।
চতুর্দ্দোল আনিল বিচিত্র সিংহাসন ।।
সুগন্ধি পুষ্পের মাল্য গন্ধ মনোহর।
চতুর্দ্দোলে চড়াইল রাজারে সত্বর ।।
অযোধ্যানগরে যত স্ত্রীপুরুষ আছে।
শিরে হাত দিয়া যায় ভরতের পাছে ।।
মহারাজ আছিলেন তৈলের ভিতরে।
লয়ে যায় বন্ধু প্রজা সরযূর তীরে ।।
তাঁরে স্নান করাইল সরযূর জলে।
দেখিয়া কাতর অতি হইল সকলে ।।
শুভ্র বস্ত্র পরাইল সুন্দর উত্তরী।
সর্ব্বাঙ্গ ভরিয়া দিল সুগন্ধি কস্তূরী ।।
নানাবিধ কুসুমের মাল্য মনোহর।
যথাস্থানে দিল তাঁর গলার উপর ।।
চিতার উপর ল'য়ে করায় শয়ন।
নিম্নে ঊর্দ্ধে কাষ্ঠ দিল অগুরু চন্দন ।।
তিন লক্ষ ধেনু দান করেন ভরত।
রাজার সম্মুখে আনি যথা শাস্ত্র মত ।।
পিতারে করেন দাহ ঘৃতের অনলে।
করিলেন তর্পণাদি সরযূর জলে ।।
তর্পণ করিয়া পিণ্ড দিয়া নদী-পাড়ে।
ভরত মূর্চ্ছিত হয়ে মৃত্তিকাতে পড়ে ।।
ভরত বলেন, সবে যাহ নিজ দেশ।
চিতার অগ্নিতে আমি করিব প্রবেশ ।।
পিতা পরলোকগত, ভ্রাতা গেল বনে।
দেশেতে যাইব আমি কোন্ প্রয়োজনে?
বশিষ্ঠ বলেন হে ভরত! যুক্তি নয়।
জন্মিলে মরণ আছে এ কথা নিশ্চয় ।।
মরণকে এড়াইতে না পারে সংসার।
মরিলে সবার জন্ম হয় আরবার ।।
সকলে মরেন, কেহ নহে ত অমর।
সংবরিয়া ক্রন্দন ভরত! চল ঘর ।।
শূন্যরূপা আছে অদ্য অযোধ্যানগরী।
ভরতেরে নিলেন বশিষ্ঠ রাজপুরী ।।
কান্দিয়া ভরত পোহাইলেন রজনী।
বিলাপ করেন সদা কোথা রঘুমণি ।।
ত্রয়োদশ দিবসে করেন শ্রাদ্ধদান।
নানা দান করেন সে শাস্ত্রের বিধান ।।
তুরঙ্গ মাতঙ্গ আর পুরী ভূমি গ্রাম।
বিবিধ বসন শাল আর শালগ্রাম ।।
বিপ্রে দান করে সোনা সাত লক্ষ তোলা।
ধেনু দান করিলেন সোনার মেখলা ।।

ত্রি-অশীতি লক্ষ মণ সোনার ভাণ্ডার।
বিতরণ করিলেন ধন নাহি আর ॥
অষ্টাশীতি লক্ষ ধেনু করিলেন দান।
পৃথিবীতে দাতা নাহি ভরত সমান ॥
যত যত রাজা হৈল চন্দ্র-সূর্য্য-কূলে।
হেন দান কেহ কোথা না করে ভূতলে ॥
সমাপ্ত হইল শ্রাদ্ধ নিবারিল দান।
পাত্র মিত্র কহে গিয়া ভরতের স্থান ॥
আসমুদ্র রাজ্য আর অযোধ্যানগরী।
দিয়া রাজা তোমারে গেলেন স্বর্গপুরী ॥
পিতৃদত্ত রাজ্য তুমি ছাড় কি কারণ?
রাজা হয়ে কর তুমি প্রজার পালন ॥
তোমা বিনে রাজকর্ম্ম অন্যে নাহি সাজে।
তুমি রাজা না হইলে পিতৃরাজ্য মজে ॥
ভরত বলেন, পাত্র! না বলিও আর।
জ্যেষ্ঠ সত্ত্বে কনিষ্ঠের নাহি অধিকার ॥
রাজা হয়ে আমি যদি-বসি রাজপাটে।
মায়ের যতেক দোষ আমাতে সে ঘটে ॥
রাজ্যের প্রকৃত রাজা রামচন্দ্র ভাই।
রামেরে করিব রাজা চল তথা যাই ॥
যত অভিষেক-দ্রব্য লহ রাজ্যখণ্ড।
তথা গিয়া রামেরে অর্পিব ছত্রদণ্ড ॥
রামে রাজা করিয়া পাঠাই নিজ দেশে।
রামের বদলে আমি যাব বনবাসে ॥
ঘোড়া হাতী রথ চলে সাজায়ে সারথি।
ভরত আনিতে রামে যায় শীঘ্রগতি ॥
দাস-দাসী চলিল রাজার যত নারী।
ছোট বড় সকল চলিল অন্তঃপুরী ॥
শ্রীরামে আনিতে যায় সকল কটক।
বাল-বৃদ্ধ কেহ কার না মানে আটক ॥
অনন্ত সামন্ত চলে বৃদ্ধ সেনাপতি।
ভরতের মতে চলে বহু রথ রথী ॥
কৌশল্যা সুমিত্রা যায় উভয় সতিনী।
আর সবে চলিল রাজার যত রাণী ॥
বশিষ্ঠাদি করিয়া যতেক মুনিগণ।
রাজ্যশুদ্ধ চলিল সকল পুরীজন ॥
কৈকেয়ী না যান মাত্র ভরতের ডরে।
কুটিলা কুঁজীর সহ রহিলেন ঘরে ॥
কত দূর গিয়া পথে হইল গিয়ান।
বলিলেন বশিষ্ঠ ভরত-বিদ্যমান ॥
যত্ন করি আপনি বিধাতা যদি আসে।
রামেরে আনিতে তবু না পারিবে দেশে ॥
রামেরে আনিতে কেন করিলে উদ্যোগ?
না পারিবে আনিতে কেবল দুঃখভোগ ॥
পিতৃসত্য পালিতে গেলেন রাম বন।
পিতা দিল রাজ্য তুমি ছাড় কি কারণ?
ভরত বলেন, মুনি! তুমি পুরোহিত।
পুরোহিত হয়ে কেন করহ অহিত?
তোমার চরণে মোর শত নমস্কার।
হেন অমঙ্গল বাক্য না কহিও আর ॥
রামের চরণ বিনা গতি নাহি আর।
রামেরে আনিয়া আমি দিব রাজ্যাগার ॥
প্রবোধিয়া ভরতেরে না পারে রাখিতে।
শ্রীরাম স্মরিয়া যান ভরত ত্বরিতে ॥
আছেন যমুনা-পারে রাম বনবাসে।
ভরত গেলেন তথা শৃঙ্গবের দেশে ॥
পৃথিবী জুড়িয়া ঠাট এক চাপে যায়।
গঙ্গাতীরে বসি গুহ করে অভিপ্রায় ॥
কোন্ রাজা আইসে সমর করিবারে।
আপনার ঠাট গুহ এক ঠাঁই করে ॥

চিনিলেক বিলম্বে সে অযোধ্যার ঠাট।
নিজের কটকে গুহ আগুলিল বাট॥
গুহ বলে দেখি ভরতের সেনাগণ।
শ্রীরামের সহিত করিতে আসে রণ॥
পরাইয়া বাকল সে পাঠাইল বনে।
রাজ্যখণ্ড নিল তবু ক্ষমা নাহি মানে॥
সাজ রে চণ্ডাল ঠাট চাপে দিয়া চাড়া।
বিষম শরেতে মুই কাটি হাতী ঘোড়া॥
সর্ব্বসৈন্য কাটিয়া করিব ভূমিগত।
দেশে বাহুড়িয়া যেন না যায় ভরত॥
মার মার বলিয়া দগড়ে দিল কাঠি।
হেনকালে গুহ বলে ভরতেরে ভেটি॥
শুন রে চণ্ডালগণ ব্যস্ত হও নাই।
আসিয়াছে ভরত রামের ছোট ভাই॥
দধি দুগ্ধ ঘৃত মধু কলসী কলসী।
অমৃত সমান ফল আন রাশি রাশি॥
নারিকেল গুবাক কদলি আম্র আর।
দ্রাক্ষা-ফল পনস আনহ ভারে ভার॥
ভাল মৎস্য আন সবে রোহিত চিতল।
শিরে বোঝা স্কন্ধে ভার বহ রে সকল॥
যদ্যপি ভরত করে শ্রীরামেরে রাজা।
ভালমতে কর তবে ভরতেরে পূজা॥
ভরত আসিয়া থাকে শত্রুভাবে যদি।
ভরতের ঠাট কাটি বহাইব নদী॥
সাত পাঁচ গুহক ভাবিছে মনে মন।
হেনকালে সুমন্ত্র কহেন সুবচন;—
আইলেন শ্রীরামেরে লইতে ভরত।
বল গুহ। শ্রীরাম গেলেন কোন্ পথ?
গুহ বলে হেথা দেখা না পাবে ভরত।
শ্রীরাম লক্ষ্মণ সীতা বহুদূরগত॥

ভরতেরে তবে গুহ নত করি মাথা।
ভেট দিয়া সমাদরে কহে সব কথা॥
গুহ বলে ঠাট তব বনের ভিতরে।
আজ্ঞা কর থাকুক অতিথি ব্যবহারে॥
ভরত বলেন ঠাট আছে অনশন।
যাবৎ রামের সনে নহে দরশন॥
যে দেখি গঙ্গার ঢেউ পড়িনু প্রমাদে।
তুমি যদি পার কর যাই নিরাপদে॥
গুহ বলে আমার কটক পথ জানে।
কটক সহিত আমি যাই তব সনে॥
তোমার বচনে আমি না পাই প্রতীত।
মনে তোলপাড় করি দেখি বিপরীত॥
কোন্ রূপ ধরি এলে ভাই দরশনে।
সাজন কটক দেখি ভয় হয় মনে॥
ভরত বলেন মন না জান আমার।
রামের চরণ বিনা গতি নাহি আর॥
রাম বিনা রাজত্ব লইতে অন্যে নারে।
রাজ্যসহ আসিলাম রামে লইবারে॥
গুহ বলে ধন্যবাদ তোমারে আমার।
তব যশ ঘুষিবেক সকল সংসার॥
তোমা হেন ধন্য ভাই রঘুনাথ মিত্র।
রঘুবংশ ধন্য তুমি করিলে পবিত্র॥
ভরত বলেন শুন চণ্ডালের রাজা।
কত দিন শ্রীরামের করিলে হে পূজা?
আমি দুষ্ট হইলাম জননীর দোষে।
বল গুহ! শ্রীরাম গেলেন কোন্ দেশে?
গুহ বলে এখানে ছিলেন দুই রাতি।
দুই রাত্রি এক ঠাঁই ছিলাম সংহতি॥
লক্ষ্মণ রামের ভক্ত সেবে রাত্র দিনে।
ধনুঃশর হাতে করি থাকে সর্ব্বক্ষণে॥

সুমন্ত্রে বিদায় দিয়া চিন্তিলেন মনে।
হেথা ভরতের হাত এড়ান কেমনে?
হেথা হতে যাই আমি অন্য কোন্ স্থলে।
ভরত না দেখা পাবে সেখানে থাকিলে॥
এই পথে তাঁহারা গেলেন মহাবনে।
গঙ্গাপার করিয়া রাখিনু তিন জনে॥
গুহ স্থানে পাইয়া সকল সমাচার।
সেই পথে গমন হইল সবাকার॥
তাহা এড়ি ভরত কতক দূরে গেলে।
তৃণশয্যা দেখিলেন এক বৃক্ষতলে॥
তদুপরি শুইলেন রাম বনবাসী।
তৃণ-লগ্ন আছে পট্ট-কাপড়ের দশী॥
কাপড়ের দশীতে স্খলিত আভরণ।
ঝিকিমিকি করে যেন সূর্য্যের কিরণ॥
তাহা দেখি ভরত চিন্তেন সকাতরে।
কেমনে শুইলা প্রভু খড়ের উপরে?
কেমনে লক্ষ্মণ ছিল কেমনে জানকী?
চিনিলাম আভরণ করে ঝিকিমিকি॥
আছাড় খাইয়া পড়ে ভরত ভূতলে।
সুমন্ত্র ধরিয়া তারে লইলেক কোলে॥
ভরত দারুণ শোকে হইল অজ্ঞান।
ভরতের ক্রন্দনেতে বিদরে পাষাণ॥
অনেক প্রবোধবাক্যে উঠেন ভরত।
শ্রীরামের শোকে দুঃখ পান অবিরত॥
অশ্ব হস্তী পদাতিক সাত শত রাণী।
উপবাসে সেইখানে বঞ্চিল রজনী॥
প্রভাতে ভরত যান মহাকোলাহলে।
কটক সমেত রহে জাহ্নবীর কূলে॥
গুহক চণ্ডাল আছে ভরতের সঙ্গে।
নৌকা আনি পার করে গঙ্গার তরঙ্গে॥
বহু কোটি নৌকার গুহক অধিপতি।
আনাইয়া তরণী ছাইল ভাগীরথী॥
তরণী-মানুষে গঙ্গা পূর্ণ দুই কূলে।
হইল কটক গঙ্গা পার একতিলে॥
হইল সামন্ত সৈন্য শীঘ্র নদী পার।
তার পর ঘোড়া হাতী কটক অপার॥
সাজান নৌকায় পার হন যত রাণী।
পরে পার হইলেক সাত অক্ষৌহিণী॥
গুহ বলে, আমার সেখানে নাহি কার্য্য।
বিদায় করহ আমি যাই নিজ রাজ্য॥
ফিরিয়া যখন দেশে করিবে গমন।
আমারে আপন জ্ঞানে করিও স্মরণ॥
ভরত বলেন, গুহ শ্রীরামের মিত!
করিতে তোমার পূজা আমার উচিত॥
যারে কোল দিয়েছেন আপনি শ্রীরাম।
তাঁহারে উচিত হয় করিতে প্রণাম॥
আপনি ভরত তাঁরে দেন আলিঙ্গন।
সুগন্ধি চন্দন দেন বহুমূল্য ধন॥
প্রসাদ পাইয়া গুহ গেল নিজ দেশে।
চলিলেন ভরত শ্রীরামের উদ্দেশে॥
মাধব তীর্থের কাছে আছে যেই পথ।
তাহারে দক্ষিণ করি চলেন ভরত॥
হস্তী হয় প্রভৃতি রাখিয়া সেই স্থানে।
অল্প লোকে গেলেন মুনির তপোবনে॥
ভরদ্বাজ মহামুনি আছেন বসিয়া।
ভরত জানান তাঁর চরণ বন্দিয়া॥
আমি রাজতনয় ভরত মম নাম।
লক্ষ্মণ কনিষ্ঠ মম জ্যেষ্ঠ হন রাম॥
রামের উদ্দেশে আমি আসিয়াছি বন।
কহ মুনি! কোথা তাঁর পাব দরশন?

জিজ্ঞাসেন মুনি তাঁরে কোথা আগমন।
একেশ্বর আসিয়াছ না বুঝি কারণ ॥
কটক সকল তুমি রাখিয়াছ পথে।
কোন্ ভাবে আসিয়াছ না পারি বুঝিতে ॥
ভরত বলেন, আমি কপট না জানি।
ধ্যান করি মুনি সব জানহ আপনি ॥
সর্বশুদ্ধ আসিলে আশ্রমে হবে ক্লেশ।
সে কারণে সৈন্য মম বাহিরে অশেষ ॥
সকল কটক মম সাত অক্ষৌহিণী।
কোন্‌খানে রবে ঠাট ভয় করি মুনি !
তোমার পীড়াতে মুনি ! করি বড় ভয়।
তাই সব বাহিরে আছয়ে মহাশয় ॥
রাজ্যশুদ্ধ আসিয়াছে অযোধ্যানগরী।
রামেরে লইয়া যাব এই বাঞ্ছা করি ॥
অতিশয় শ্রান্ত সৈন্য পথপরিশ্রমে।
কোন্‌খানে রবে ঠাট তোমার আশ্রমে ?
ভরতের কথা শুনি আজ্ঞা দেন মুনি।
আপন ইচ্ছায় আন যত অক্ষৌহিণী ॥
দিব্য পুরী দিব আমি দিব্য দিব বাসা।
অতিথি সবায় আমি করিব জিজ্ঞাসা ॥
ভরত বলেন, দেখি খানকত ঘর।
কেমনে রহিবে ঠাট কটক বিস্তর ?
ভরতের কথাতে কহেন হাসি মুনি।
প্রয়োজন যত ঘর পাইবে এখনি ॥
কটক আনিতে যান ভরত আপনি।
হেথা চমৎকার করে ভরদ্বাজ মুনি ॥
যজ্ঞশালে গিয়া মুনি ধ্যান করি বৈসে।
যখন যাহারে ডাকে তখনি সে আসে ॥
বিশ্বকর্ম্মা প্রথমতঃ হয় আগুয়ান।
আশ্রম অপূর্ব্ব পুরী করিতে নির্ম্মাণ ॥

মুনি বলে, বিশ্বকর্ম্মা ! শুনহ বচন।
নির্ম্মাণ করহ যেন মহেন্দ্র-ভবন ॥
অশীতি যোজন করে পুরীর পত্তন।
সোনার আবাস-ঘর করিল গঠন ॥
সোনার প্রাচীর আর সোনার আয়ারী।
সোনার বান্ধিল ঘাট দীঘি সারি সারি ॥
পুরীর ভিতর করে দিব্য সরোবর।
শ্বেতপদ্ম নীলপদ্ম শোভে নিরন্তর ॥
সুবর্ণ-পালঙ্ক করে রত্ন-সিংহাসন।
দেবকন্যা লয়ে ঠাট করিবে শয়ন ॥
করিল সোনার বাটা সোনার ডাবর।
কস্তুরী কুঙ্কুম রাখে গন্ধ মনোহর ॥
যত যত নদী আছে পৃথিবীমণ্ডলে।
যোগবলে আনাইল মুনি সেই স্থলে ॥
সাত শত নদী আর নদ যত ছিল।
সেখানে প্রভাস আদি যমুনা আসিল ॥
আসিল নর্ম্মদা নদী কৃষ্ণা গোদাবরী।
আসিল ভৈরব সিন্ধু গোমতী কাবেরী ॥
সরযূতনয়া নদী আর মহানদ।
তর্পণে যাহার জলে পায় মোক্ষপদ ॥
কালিন্দী পুষ্কর নদী আসিল গণ্ডকী।
শ্বেতগঙ্গা স্বর্গগঙ্গা আসিল কৌশিকী ॥
ইক্ষুরস নদী এল সুগন্ধি সুস্বাদ।
মধুরস নদী এল ঘুচে অবসাদ ॥
দধি দুগ্ধ ঘৃত আদি রহে চারিভিতে।
ঘৃতনদী বহিয়া আসিল শুধু ঘৃতে ॥
সাত শত নদী তথা অতি বেগবতী।
আসিলেন আশ্রমে আপনি ভাগীরথী ॥
ভরদ্বাজ ঠাকুরের তপস্যা বিশাল।
আসিলেন সর্ব্বদেব দশদিক্‌পাল ॥

দেবকন্যা লইয়া আসিল পুরন্দরে।
যে কন্যার রূপেতে পৃথিবী আলো করে॥
হেমকূট দেখি যেন সূর্য্যের কিরণ।
থাকুক অন্যের কথা ভুলে মুনিগণ॥
আসিলেন কুবের ধনের অধিকারী।
সোনার বাসন থালে আলো করে পুরী॥
সুমেরু পর্ব্বত হ'তে আসিল পবন।
মলয়ের বায়ুতে সবার হরে মন॥
আসিলেন সুধাকর সুধার নিধান।
পরম কৌতুকে সবে করে সুধাপান॥
আসিলেন অগ্নি আর জলের ঈশ্বর।
শনি আদি নব গ্রহ সঙ্গে দিবাকর॥
মরুদগণ বসুগণ কেবা কোথা রয়।
আসিল সকল দেব মুনির আলয়॥
তুম্বুরু নারদ আদি স্বর্গের গায়ক।
আসিল নর্ত্তকী কত কত বা নর্ত্তক॥
দেবতুল্য হইল যে ইন্দ্রের নগরী।
ভরদ্বাজ-আশ্রম হইল স্বর্গপুরী॥
হেনকালে সৈন্যসহ ভরত আইসে।
এতেক করিল মুনি চক্ষুর নিমিষে॥
নিরখিয়া ভরতের লাগিল বিস্ময়।
তখন মন্ত্রণা করে স্বর্গে দেবচয়॥
ভরতের সঙ্গে যদি রাম যান দেশে।
দেবগণ মুনিগণ মরিবেন ক্লেশে॥
রাম দেশে গেলে নাহি মরিবে রাবণ।
সাধুলোক সকলের নিতান্ত মরণ॥
যেরূপে না যান রাম অযোধ্যাভুবন।
তেমন করহ যুক্তি মরুক রাবণ॥
দেবগণ মুনিগণ করেন মন্ত্রণা।
ভুবনমণ্ডল ঘেরে রহে সর্ব্বজনা॥

যার যোগ্য যে আবাস যায় সেই জন।
যে দিকে যে চাহে তার তাহে রহে মন॥
মাখিয়া সুগন্ধি তৈল স্নান করিবারে।
কেহ যায় নদীতে কেহ বা সরোবরে॥
কোন পুরুষেতে গঙ্গা যে জন না দেখে।
করে স্নান তর্পণ সে পরম কৌতুকে॥
হস্তী হয় কটক চলিল সুবিস্তর।
জলকেলি করে সবে গিয়া সরোবর॥
ভরদ্বাজ মুনির কি অপূর্ব্ব প্রভাব।
কত নদী আশ্রমে আপনি আবির্ভাব॥
স্নান করি পরে সবে বিচিত্র বসন।
সর্ব্বাঙ্গে লেপিয়া দিল সুগন্ধি চন্দন॥
বহুবিধ পরিচ্ছদ পরে সৈন্যগণ।
যার যাতে বাসনা পরিল আভরণ॥
সবার সমান বেশ সমান ভূষণ।
কেবা প্রভু কেবা দাস নাহি নিরূপণ॥
ভোজনে বসিল সৈন্য অতি পরিপাটী।
স্বর্ণপীঠ স্বর্ণথাল স্বর্ণময় বাটি॥
স্বর্ণের ডাবর আর স্বর্ণময় ঝারি।
স্বর্ণময় ঘরেতে বসিল সারি সারি॥
দেবকন্যা অন্ন দেয় সৈন্যগণ খায়।
কে পরিবেশন করে জানিতে না পায়॥
নির্ম্মল কোমল অন্ন যেন যুথিফুল।
খাইল ব্যঞ্জন কিন্তু মনে হৈল ভুল॥
ঘৃত দধি দুগ্ধ মধু মধুর পায়স।
নানাবিধ মিষ্টান্ন খাইল নানা রস॥
চর্ব্ব্য চষ্য লেহ্য পেয় সুগন্ধি সুস্বাদ।
যত পায় তত খায় নাহি অবসাদ॥
কণ্ঠাবধি পেট হৈল বুক পাছে ফাটে।
আচমন করি ঠাট কষ্টে উঠে খাটে॥

খাটে গিয়া প্রিয়া লয়ে করিল শয়ন।
দেবীরা আসিয়া করে শরীর-মর্দ্দন॥
মন্দ মন্দ গন্ধবহ বহে সুললিত।
কোকিল পঞ্চম স্বরে গায় কুহু-গীত॥
মধুকর মধুকরী ঝঙ্কারে কাননে।
অপ্সরারা নৃত্য করে মাতিয়া মদনে॥
অনন্ত সামন্ত সৈন্য লইয়া রমণী।
পরম আনন্দে বঞ্চে বসন্ত-রজনী॥
সবে বলে দেশে যাই হেন সাধ নাই।
অনায়াসে স্বর্গ মোরা পাইনু হেথাই॥
এই সুখ এ সংসারে কেহ নাহি করে।
যে যায় সে যাক আমি না যাইব ঘরে॥
এত সুখ ঠাট করে ভরত না জানে।
রামের চরণ বিনা অন্য নাহি জানে॥
এতেক করেন মুনি ভরত কারণ।
ভরত ভাবেন মাত্র রামের চরণ॥
প্রভাতে ভরত গিয়া মুনিরে জিজ্ঞাসে।
ছিলাম পরম সুখে তোমার নিবাসে॥
কহ মুনি! কোথা গেলে পাইব শ্রীরাম?
উপদেশ কহিয়া পুরাও মনস্কাম॥
মুনি বলে জানিলাম ভরত! তোমারে।
তব তুল্য ভক্ত আমি না দেখি সংসারে॥
বর মাগ ভরত! আমি হে ভরদ্বাজ।
যারে যেই বর দিই সিদ্ধ হয় কাজ॥
ভরত বলেন মুনি! অন্যে নাহি মন।
বর দেহ শ্রীরামের পাই দরশন॥
মুনি বলে শ্রীরামের জানি সবিশেষ।
দেখা পাবে কিন্তু রাম না যাবেন দেশ॥
চিত্রকূট পর্ব্বতে আছেন রঘুবীর।
তথা গেলে দেখা হবে এই জেনো স্থির॥

অন্য অন্য মুনিগণ দিল তাহে সায়।
ভরতের সৈন্যগণ চিত্রকূটে যায়॥
দশদিক্ হইল ধূলায় অন্ধকার।
হইল ভরত-সৈন্য যমুনার পার॥
রামের সন্ধান পেয়ে প্রফুল্ল কটক।
বায়ুবেগে চলে সবে না মানে আটক॥
যত হয় চিত্রকূট পর্ব্বত নিকট।
তত তথাকার লোক ভাবয়ে বিকট॥
চিত্রকূট-পর্ব্বতনিবাসী মুনিগণ।
শ্রীরামের সহবাসে সদা হৃষ্ট-মন॥
সৈন্য-কোলাহল শুনি সভয় অন্তরে।
রক্ষা কর রামচন্দ্র! বলে উচ্চৈঃস্বরে॥
হেনকালে ভরত শত্রুঘ্ন উপনীত।
সবার তপস্বিবেশ অযোধ্যা সহিত॥
শ্রীরাম লক্ষ্মণ আর জনকের বালা।
বসতি করেন নির্ম্মাইয়া পর্ণশালা॥
তার দ্বারে বসিয়া আছেন রঘুবীর।
জানকী তাহার মধ্যে লক্ষ্মণ বাহির॥
হেনকালে ভরত শত্রুঘ্ন দীনবেশে।
শ্রীরামের আশ্রমেতে যাইয়া প্রবেশে॥
গলবস্ত্র ভরত নয়নে বহে নীর।
পথ-পর্য্যটনে অতি মলিন শরীর॥
পড়িলেন শ্রীরামের চরণকমলে।
আনন্দে শ্রীরাম তাঁরে লইলেন কোলে॥
পরস্পর সম্ভাষণ করে সর্ব্বজন।
যথাযোগ্য আলিঙ্গন পাদাদি বন্দন॥
ভরত কহেন, ধরি রামের চরণ।
কার বাক্যে রাজ্য ছাড়ি বনে আগমন?
বামা জাতি স্বভাবতঃ বামা-বুদ্ধি ধরে।
তার বাক্যে কে কোথা গিয়াছে দেশান্তরে?

অপরাধ ক্ষমা কর চল প্রভু ! দেশ ।
সিংহাসনে বসিয়া ঘুচাও মনঃক্লেশ ॥
অযোধ্যাভূষণ তুমি অযোধ্যার সার ।
তোমা বিনা অযোধ্যা দিবসে অন্ধকার ॥
চল প্রভু ! অযোধ্যায় লহ রাজ্যভার ।
দাসবৎ কর্ম্ম করি আজ্ঞা অনুসার ॥
শ্রীরাম বলেন তুমি ভরত ! পণ্ডিত !
না বুঝিয়া কেন বল এ নহে উচিত ॥
মিথ্যা অনুযোগ কেন কর বিমাতার ।
বনে আসিলাম আমি আজ্ঞায় পিতার ॥
চতুর্দ্দশ বৎসর পালিয়া পিতৃবাক্য ।
অযোধ্যা যাইব আমি দেখিবে প্রত্যক্ষ ॥
থাকুক সে সব কথা শুনিব সকল ।
বলহ ভরত ! আগে পিতার কুশল ॥
বশিষ্ঠ কহেন রাম ! না কহিলে নয় ।
স্বর্গবাসে গিয়াছেন রাজা মহাশয় ॥
শুনি মূর্চ্ছাগত রাম জানকী লক্ষ্মণ ।
ভূমিতে লুটিয়া বহু করেন রোদন ॥
বশিষ্ঠ বলেন রাম ! ব্যবস্থা ইহাতে ।
তিন দিন তোমার অশৌচ শাস্ত্রমতে ॥
পিতৃশ্রাদ্ধ করিতে জ্যেষ্ঠের অধিকার ।
তিন দিন গেলে শ্রাদ্ধ করিবে রাজার ॥
সকল ভাণ্ডার আছে ভরতের সাথে ।
লহ ধন কর ব্যয় প্রয়োজনমতে ॥
সংবর সংবর শোক রাম মহামতি ।
তোমা বুঝাইতে পারে আছে কোন্ কৃতী ?
সত্য হেতু ভূপতি গেলেন স্বর্গবাস ।
রোদন করিয়া কেন পুণ্য কর নাশ ?
ছিলেন তৈলের মধ্যে মৃত মহারাজ ।
ভরত আসিয়া করিলেন অগ্নিকাজ ॥
আরো যে কর্ত্তব্য কর্ম্ম করিয়া ভরত ।
কত শত দান করিলেন অবিরত ॥
তাঁহার দানের কথা শুনি পরিপাটি ।
একৈক ব্রাহ্মণে দেন ধন এক কোটি ॥
যতযত রাজা হইলেন চরাচরে ।
ভরত সমান দান কেহ নাহি করে ॥
শ্রীরাম বলেন, হে বশিষ্ঠ পুরোহিত ।
আজ্ঞা কর পিতৃশ্রাদ্ধ করি যে বিহিত ॥
শ্রীরাম লক্ষ্মণ সীতা চলেন ত্বরিত ।
হইলেন ফল্গুনদী তীরে উপনীত ॥
সকলে সলিলে স্নান করিল তখন ।
করিলেন নাম গোত্র লইয়া তর্পণ ॥
স্নান করি তীরেতে বসেন তিন জন ।
তখন বসিল সবে আত্মবন্ধুগণ ॥
যথা রাম তথা হয় অযোধ্যানগরী ।
রামচন্দ্রে বেড়িয়া বসিল সব পুরী ॥
শ্রীরাম বলেন, মুনি ! জিজ্ঞাসি কারণ ।
আয় সত্ত্বে পিতা মরিলেন কি কারণ ?
অযুত বৎসর লোক সূর্য্যবংশে জীয়ে ।
কাল পূর্ণ না হইতে মৃত্যু কি লাগিয়ে ?
বশিষ্ঠ বলেন, রাজা গিয়া পরলোকে ।
রক্ষা পাইলেন রাম ! তোমা পুত্র-শোকে ॥
সুমন্ত্র কহিল গিয়া তুমি গেলে বন ।
হা রাম বলিয়া রাজা ত্যজিল জীবন ॥
পিতৃকথা শুনিয়া কান্দেন তিন জন ।
এ দিকে শ্রাদ্ধের দ্রব্য হয় আয়োজন ॥
তপোবনে ছিলেন যতেক মুনিগণ ।
পিতৃশ্রাদ্ধে শ্রীরাম করেন নিমন্ত্রণ ॥
পিতৃশ্রাদ্ধ করিলেন ফল্গুনদী-তীরে ।
পিতৃপিণ্ড সমর্পণ করেন সে নীরে ॥

মুনিগণ কহে কি রাজার পরিণাম।
তিনি পিণ্ড দেন যিনি নিজে মোক্ষধাম॥
শ্রীরামেরে বলেন বশিষ্ঠ মহাশয় ;—
ভরতের প্রতি রাম! কি অনুজ্ঞা হয়?
তোমা বিনা ভরতের আর নাহি গতি।
বুঝিয়া ভরতে রাম! কর অনুমতি॥
শ্রীরাম বলেন, মুনি! হইলাম সুখী।
প্রাণের অধিক আমি ভরতেরে দেখি॥
ভরতে আমাতে নাহি করি অন্যভাব।
ভরতের রাজত্বে আমার রাজ্যলাভ॥
যাও ভাই ভরত! ত্বরিত অযোধ্যায়।
মন্ত্রিগণ লয়ে রাজ্য করহ তথায়॥
সিংহাসন শূন্য আছে ভয় করি মনে।
কোন্ শত্রু আপদ ঘটাবে কোন্ ক্ষণে॥
তোমারে জানাব কত আছ যে বিদিত।
বিবেচনা করিবে সর্ব্বদা হিতাহিত॥
চতুর্দ্দশ বৎসর জানহ গতপ্রায়।
চারি ভাই একত্র হইব অযোধ্যায়॥
যোড়হাতে ভরত বলেন সবিনয় ;—
কেমনে রাখিব রাজ্য মম কার্য্য নয়॥
তোমার পাদুকা দেহ করি গিয়া রাজা।
তবে সে পারিব রাম! পালিবারে প্রজা॥
তোমার পাদুকা যদি থাকে রাম ঘরে।
ত্রিভুবনে আমার কি করে কার ডরে॥
শ্রীরাম বলেন, হে ভরত প্রাণাধিক!
পাদুকা লইয়া যাও কি কব অধিক॥
নন্দীগ্রামে পাট করি কর রাজকার্য্য।
সাবধান হইয়া পালহ পিতৃরাজ্য॥
শ্রীরামের পাদুকা ভরত শিরে ধরে।
ভাবে পুলকিত অঙ্গ প্রফুল্ল অন্তরে॥
পাদুকা অভিষেক করিয়া তথায়।
চলিলেন ভরত শ্রীরামের আজ্ঞায়॥
যাত্রাকালে উঠে মহা ক্রন্দনের রোল।
কোন জন শুনিতে না পায় কার বোল॥
কান্দেন কৌশল্যারাণী রামে করি কোলে।
বসন ভিজিল তাঁর নয়নের জলে॥
সুমিত্রা কান্দেন কোলে করিয়া লক্ষ্মণে।
সকলে ক্রন্দন করে সীতার কারণে॥
ভরতেরে বিদায় করিয়া রঘুবীর।
চিত্রকূটে কিছু দিন রহিলেন স্থির॥
সৈন্যগণ সহিত ভরত অতঃপরে।
তিন দিনে আসিলেন অযোধ্যানগরে॥
বিশ্বকর্ম্মে পাঠাইয়া দেন ভগবান্।
নন্দীগ্রামে অট্টালিকা করিল নির্ম্মাণ॥
রত্নসিংহাসনেতে ভরত পট্টি পাতি।
তদুপরি পাদুকা থুইয়া ধরে ছাতি॥
তার নীচে শ্রীভরত কৃষ্ণসার-চর্ম্মে।
পাত্রমিত্র সহিত থাকেন রাজকর্ম্মে॥

অযোধ্যাকাণ্ড সম্পূর্ণ

কৃত্তিবাসী সপ্তকাণ্ড রামায়ণ

অরণ্যকাণ্ড

চিত্রকূটপর্ব্বতে শ্রীরাম, সীতা ও লক্ষ্মণের স্থিতি এবং রাক্ষসের উৎপাত জন্য তথা হইতে মুনিগণের প্রস্থান।

করিলেন অযোধ্যায় ভরত গমন।
চিত্রকূট পর্ব্বতে রহেন তিন জন॥
চিত্রকূট পর্ব্বতে অনেক মুনি বৈসে।
ভাল মন্দ যখন যে রামেরে জিজ্ঞাসে॥
মুনিগণ এক দিন করে কানাকানি।
জিজ্ঞাসা করেন রাম ধনুর্ব্বাণপাণি॥
কহ কহ মুনিগণ! কি কর মন্ত্রণা?
আমারে না কহ কেন বাড়াও যন্ত্রণা?
আমরা সকলে করি একত্র বসতি।
একের ক্ষতিতে হয় সবাকার ক্ষতি॥
যদি কোন বিপদ হয়েছে উপস্থিত।
আমারে জানাও আমি করিব বিহিত॥
মুনিরা রামের বাক্যে পড়িলেন লাজে।
বৃদ্ধ মুনি উঠিয়া বলেন তার মাঝে॥
যে মন্ত্রণা করিতেছিলাম রঘুবর!
তাহার বৃত্তান্ত কহি তোমার গোচর॥
রাবণের দুই ভাই দুষ্ট নিশাচর।
তার মধ্যে জ্যেষ্ঠ খর দূষণ অপর॥
তাহার সামন্তগণ চতুর্দ্দিকে ভ্রমে।
উপদ্রব করে সদা প্রবেশি আশ্রমে॥
যজ্ঞ আরম্ভণমাত্র আসিয়া নিকটে।
যজ্ঞ নষ্ট করে, দ্বিজ পলায় সঙ্কটে॥
রাক্ষসের ডরে লুকাইয়া ঘরে আসি।
ফল-মূল কাড়ি খায় ভাঙ্গয়ে কলসী॥
এই বন ছাড়িয়া যাইব অন্য বন।
কানাকানি করিলাম এই সে কারণ॥
মুনিগণ ছাড়ে যদি শূন্য হবে বন।
শূন্য বনে কেমনে রহিবে তিন জন?
সীতা অতি রূপবতী এই বনমাঝে।
কেমনে রাখিবে রাম! রাক্ষসসমাজে?
বিক্রমে বিশাল তুমি আমি জানি মনে।
কত সংবরিয়া রাম! থাকিবে কাননে?
আমরা এ সব ছাড়ি অন্য বনে যাই।
তোমার সহিত আর দেখা হবে নাই॥
স্ত্রী-পুরুষে মুনিগণ চলেন সত্বর।
যার যথা ছিল স্থান কুটুম্বাদি ঘর॥
উঠে গেল মুনিগণ শূন্য দেখা যায়।
শ্রীরাম ভাবেন তবে তাহার উপায়॥
কৃত্তিবাস পণ্ডিতের মধুর পাঁচালী।
গাহিল অরণ্যকাণ্ডে প্রথম শিকলি॥

অত্রি মুনির আশ্রমে শ্রীরামের গমন ও উক্ত মুনিপত্নীর নিকট সীতার জন্মাদি কথন এবং রামচন্দ্র কর্ত্তৃক বিরাধ বধ।

আমা ল'তে ভরত আসিবে পুনর্ব্বার।
কেমনে অন্যথা করি বচন তাহার?
চিত্রকূট অযোধ্যা নহে ত বহু দূর।
ভরত ভ্রাতার ভক্তি আমাতে প্রচুর॥

রঘুনাথ এমত চিন্তিয়া মনে মনে।
চিত্রকূট ছাড়িয়া চলিলেন দক্ষিণে॥
কত দূর যান তাঁরা করি পরিশ্রম।
সম্মুখে দেখেন অত্রি মুনির আশ্রম॥
প্রবেশিয়া তিন জন পুণ্য তপোবন।
বন্দনা করেন অত্রি মুনির চরণ॥
রামে দেখি মুনিবর উঠিয়া যতনে।
পাদ্য অর্ঘ্য প্রদানিয়া বসায় আসনে॥
আপনার পত্নী-ঠাঁই সমর্পিলা সীতা।
পালন করহ যেন আপন দুহিতা॥
দেখি মুনিপত্নীকে ভাবেন মনে সীতা।
মূর্তিমতী করুণা কি শ্রদ্ধা উপস্থিতা॥
শুক্লবস্ত্র-পরিধানা শুক্ল সর্ব্ববেশ।
করিতে করিতে তপ পাকিয়াছে কেশ॥
তপস্যা ধরিয়া মূর্ত্তি করেন তপস্যা।
জ্ঞান হয় গায়ত্রী কি সবার নমস্যা॥
কৃতাঞ্জলি নমস্কার করিলেন সীতা।
আশীর্বাদ করিলেন অত্রির বনিতা॥
মুনিপত্নী বসাইয়া সম্মুখে সীতারে।
কহেন মধুর বাক্য প্রফুল্ল অন্তরে॥
রাজকুলে জন্মিয়া পড়িলে রাজকুলে।
দুই কুল উজ্জ্বল করিলে গুণে শীলে॥
এ সব সম্পদ্ ছাড়ি পতিসঙ্গে যায়।
হেন স্ত্রী পাইল রাম বহু তপস্যায়॥
সীতা কহিলেন, মাতঃ! সম্পদে কি কাম।
সকল সম্পদ্ মম দূর্বাদলশ্যাম॥
স্বামী বিনা স্ত্রীলোকের কার্য্য কিবা ধনে।
অন্য ধনে কি করিবে পতির বিহনে?
জিতেন্দ্রিয় প্রভু মম সর্বগুণে গুণী।
হেন পতিসেবা করি ভাগ্য বলি মানি॥
ধন জন সম্পদ্ না চাহি ভগবতি!
আশীর্বাদ কর যেন রামে থাকে মতি॥
শুনিয়া সীতার বাক্য তুষ্ট মুনিদারা।
আপনার যেমন সীতার সেই ধারা॥
সমাদরে সীতারে দিলেন আলিঙ্গন।
দিব্য অলঙ্কার আর বহুমূল্য ধন॥
তুষ্টা হয়ে সীতারে কহেন ভগবতী।
তোমার পূব-বৃত্তান্ত কহ সীতা সতি!
জানকী বলেন, দেবি! কর অবধান।
আমার জন্মের কথা অপূব আখ্যান॥
এক দিন মেনকা যাইতে বস্ত্র উড়ে।
তাহা দেখি জনকরাজের বীর্য্য পড়ে॥
সেই বীর্য্যে জন্ম মোর হইল ভূমিতে।
উঠিল আমার তনু লাঙ্গল চষিতে॥
অযোনিসম্ভবা মম জন্ম মহীতলে।
লাঙ্গল ছাড়িয়া রাজা মোরে নিল কোলে॥
নিজ কন্যা বলি রাজা মনে অনুমানি।
হেন কালে আকাশে হইল দৈববাণী॥
দেবগণ ডাকি বলে, জনক ভূপতি!
জন্মিল তোমার বীর্য্যে কন্যা রূপবতী॥
অযোনিসম্ভবা এই তোমার দুহিতা।
লাঙ্গলের মুখে জন্ম নাম রাখ সীতা॥
এতেক শুনিয়া রাজা হরষিত-মন।
দীন দ্বিজ দুঃখীরে দিলেন বহু ধন॥
প্রধান দেবীর ঠাঁই দিলেন আমারে।
আমারে পালেন দেবী বিবিধ প্রকারে॥
দিনে দিনে বাড়ি আমি মায়ের পালনে।
আমা দেখি জনক চিন্তেন মনে মনে॥
যেই জন গুণ দিবে শিবের ধনুকে।
তাঁরে সমর্পিব সীতা পরম কৌতুকে॥

দারুণ প্রতিজ্ঞা এই ভুবনে প্রচার।
তের লক্ষ বর এল রাজার কুমার॥
ধনুক দেখিয়া সবাকার প্রাণ কাঁপে।
না সম্ভাবি পিতারে পলায় মনস্তাপে॥
প্রতিজ্ঞা করিয়া আগে না পান ভাবিয়া।
কেমনে সম্পন্ন হবে জানকীর বিয়া?
হেন কালে উপস্থিত শ্রীরাম-লক্ষ্মণ।
ধনুক দেখিয়া হাস্য করেন তখন॥
ধনুকেতে দিতে গুণ সর্ব্বলোকে বলে।
ধনুখান ধরি রাম বামহাতে তোলে॥
গুণযোগ করিতে সে ধনুখান ভাঙ্গে।
সবে স্তব্ধ তার শব্দ ত্রিভুবনে লাগে॥
ধনুকের শব্দ যেন পড়িল ঝঞ্ঝনা।
স্বর্গ মর্ত্ত্য পাতালে কাঁপিল সর্ব্বজনা॥
শিরে পঞ্চঝুঁটী তার বিক্রম বিস্তার।
চূড়া কর্ণবেধ হয় লোকে চমৎকার॥
বিবাহ করিতে পিতা বলিল আমারে।
না করেন স্বীকার পিতার অগোচরে॥
রাজ্য সহ দশরথ আসিয়া সংবাদে।
রামের বিবাহ দেন পরম আহ্লাদে॥
শ্রীরাম করিলেন আমার পাণিগ্রহ।
লক্ষ্মণের দারকর্ম্ম উর্ম্মিলার সহ॥
কুশধ্বজ খুড়ার যে দুই কন্যা ছিল।
ভরত শত্রুঘ্ন দোঁহে বিবাহ করিল॥
ভগবতি! পূর্ব্বকথা এই কহিলাম।
হেনমতে মিলিলেন মম স্বামী রাম॥
এত যদি সীতাদেবী কহেন কাহিনী।
পরিতোষ পাইলেন মুনির গৃহিণী॥
ব্রাহ্মণী সীতার ভালে দিলেন সিন্দুর।
কণ্ঠে মণিময় হার বাহুতে কেয়ূর॥
কর্ণেতে কুণ্ডল করে কাঞ্চন-কঙ্কণ।
নূপুরে শোভিত হয় কমলচরণ॥
প্রদোষ হইল গত প্রবেশে রজনী।
রামের নিকটে যান শ্রীরামরমণী॥
উমা রমা নাহি পান সীতার উপমা।
চরাচরে জনক-দুহিতা নিরুপমা॥
দেখিয়া সীতার রূপ হৃষ্ট রঘুমণি।
মুনির আশ্রমে সুখে বঞ্চেন রজনী॥
প্রভাতে করিয়া স্নান আর যে তর্পণ।
তিন জন বন্দিলেন মুনির চরণ॥
আশীর্ব্বাদ করিলেন অত্রি মহামুনি।
কহিলেন উপদেশ উপযুক্ত বাণী॥
শুন রাম! রাক্ষস-প্রধান এই দেশ।
সদা উপদ্রব করে দেয় বহু ক্লেশ॥
অগ্রেতে দণ্ডকারণ্য অতি রম্য স্থান।
তথা গিয়া রঘুবীর! কর অবস্থান॥
মুনির চরণে রাম করিয়া প্রণতি।
দণ্ডককানন-মধ্যে করিলেন গতি॥
আগে যান রঘুমণি পশ্চাৎ লক্ষ্মণ।
জনকতনয়া মধ্যে কি শোভা তখন॥
ফল-পুষ্প দেখেন গন্ধেতে আমোদিত।
ময়ূরের কেকাধ্বনি ভ্রমরের গীত॥
নানা পক্ষিকলরব শুনিতে মধুর।
সরোবরে কত শত কমল প্রচুর॥
বনমধ্যে অনেক মুনির নিবসতি।
শ্রীরামেরে দেখিয়া হরষে করে স্তুতি॥
রাজ্যে থাক বনে থাক তোমার সমান।
যথা তথা থাক রাম! তুমি ভগবান্॥
রম্য জল রম্য ফল মধুর সুস্বাদ।
আহার করিয়া দূরে গেল অবসাদ॥

দেখিতে হইল ইচ্ছা দণ্ডক-কানন।
তিন জন মনসুখে করেন ভ্রমণ॥
আগে রাম মধ্যে সীতা পশ্চাৎ লক্ষ্মণ।
নানা স্থলে কৌতুক করেন নিরীক্ষণ॥
হেনকালে দুর্জ্জয় রাক্ষস আচম্বিত।
বিকট আকারেতে সম্মুখে উপস্থিত॥
রাঙ্গা দুই আঁখি তার কঠোর হৃদয়।
বনজন্তু ধরে মারে কারে নাহি ভয়॥
দুর্জ্জয় শরীর ধরে পর্বত সমান।
জ্বলন্ত আগুন যেন রাঙ্গা মুখখান॥
শিরে দীর্ঘ জটা, কটা দীর্ঘ সর্ব্বকায়।
লম্বোদর অস্থিসার শিরা গণা যায়॥
বান্ধিয়া লইয়া যায় মাংসভার স্কন্ধে।
পলায় লইয়া প্রাণ সবে তার গন্ধে॥
মেঘের গর্জ্জন ন্যায় ছাড়ে সিংহনাদ।
মহাভয়ঙ্কর মূর্ত্তি রাক্ষস বিরাধ॥
সীতায় রাক্ষস গিয়া লইলেক কক্ষে।
তর্জ্জন-গর্জ্জন করে থাকি অন্তরীক্ষে॥
সীতারে খাইতে চাহে মেলিয়া বদন।
শ্রীরামেরে কটু কহে করিয়া তর্জ্জন॥
তপস্বীর বেশে রাম! ভ্রমিস কাননে।
দেখাইয়া কামিনী ভুলাস মুনিগণে॥
বলিল মনুষ্য আজি করিব ভক্ষণ।
শীঘ্র পরিচয় দেহ তোরা কোন্ জন?
শ্রীরাম বলেন আমি ক্ষত্রিয়-কুমার।
লক্ষ্মণ অনুজ, জায়া জানকী আমার॥
দেখি হে তোমার কেন বিকৃত আকৃতি।
বনেতে বেড়াও তুমি হও কোন্ জাতি?
রাক্ষস বলিল, আমি যে হই সে হই।
সবারে খাইব আজি ছাড়িবার নই॥

বিরাধ আমার নাম থাকি যথা তথা।
কাল নামে মম পিতা বিদিত সর্বথা॥
কত মুনি বধিলাম বিধাতার বরে।
অভেদ্য শরীর মোর ভয় করি কারে॥
লক্ষ্মণেরে শ্রীরাম কহেন পেয়ে ভয়।
জানকীরে খায় বুঝি রাক্ষস দুর্জ্জয়॥
আসিলাম নিজ দেশ ছাড়িয়া বিদেশে।
সীতারে খাইল আজি দারুণ রাক্ষসে॥
লক্ষ্মণ বলেন দাদা! না ভাবিও তাপ।
রাক্ষসেরে মারিয়া ঘুচাও মনস্তাপ॥
লক্ষ্মণের বাক্যেতে রামের বল বাড়ে।
মারিলেন সাত বাণ রাম তার ঘাড়ে॥
সাত বাণ খাইয়া সে কিছু নাহি জানে।
হাতে ছিল জাঠাগাছ মারিল লক্ষ্মণে॥
তাহা দেখি শ্রীরাম ছাড়েন এক বাণ।
জাঠাগাছ তখনি হইল খান খান॥
জাঠাগাছ কাটা গেল রাক্ষসের ত্রাস।
অস্ত্র নাহি নিশাচর উঠিল আকাশ॥
ছাড়েন ঐষীক বাণ দশরথ সুত।
পড়িল বিরাধ যেন কৃতান্তের দূত॥
খণ্ড খণ্ড হইয়া শরীর রক্তে ভাসে।
মার মার করি যায় শ্রীরামের পাশে॥
আছাড়িয়া পড়ে সীতা আঘাতে ব্যগ্রতা।
ভূমেতে পড়েন সীতা হইয়া মূর্চ্ছিতা॥
যোড়হাতে রাক্ষস শ্রীরামে করে স্তুতি।
তব বাণ-স্পর্শে রাম! পাই অব্যাহতি॥
শাপে মুক্ত করিলে আমার এ শরীর।
লইলাম শরণ চরণে রঘুবীর॥
ধন্য ধন্য সীতাদেবী রাম যার পতি।
তোমা পরশিয়া হয় শাপে অব্যাহতি॥

পূর্ব্বকথা আমার শুনহ রঘুপতি !
কুবেরের শাপেতে আমার এ দুর্গতি ॥
কিশোর আমার নাম কুবেরের চর।
আমারে সর্ব্বদা তুষ্ট ধনের ঈশ্বর ॥
এক দিন কুবের লইয়া নারীগণে।
রঙ্গস্থলে কেলি করে মাতিয়া মদনে ॥
কর্ম্মদোষে আমি তথা হই উপনীত।
আমারে দেখিয়া তাঁরা হইল লজ্জিত ॥
কোপে শাপ আমাকে দিলেন ধনেশ্বর।
দণ্ডক কাননে গিয়া হও নিশাচর ॥
পশ্চাতে করুণা করি বলেন বচন।
শ্রীরামের শরে হবে শাপবিমোচন ॥
পাইলাম তোমার দর্শনে অব্যাহতি।
মৃতদেহ পোড়াইলে পাইব নিষ্কৃতি ॥
লক্ষ্মণের উদ্‌যোগে দানবদেহ পুড়ে।
দিব্য দেহ ধরিয়া সে দিব্যরথে চড়ে ॥

শরভঙ্গ মুনির আশ্রমে রামচন্দ্রের গমন ও
মুনি কর্ত্তৃক ইন্দ্রের ধনুর্ব্বাণ দান
এবং মুনির স্বর্গে গমন।

শ্রীরাম বলেন, চল জানকী লক্ষ্মণ।
গোমতীর পারে শরভঙ্গ-নিকেতন ॥
হেথা হ'তে সেই স্থান দ্বাদশ যোজন।
অদ্ভুত দেখিবে সে মুনির তপোবন ॥
তপের প্রতাপে যেন জ্বলন্ত অনল।
শরভঙ্গ মুনির বিখ্যাত সেই স্থল ॥
সেই দিন শ্রীরাম রহেন সেই স্থানে।
প্রভাতে উঠিয়া যান মুনি দরশনে ॥
হেনকালে উপনীত তথা শচীনাথ।
করিবারে শরভঙ্গ মুনির সাক্ষাৎ ॥

রথোপরে পুরন্দর আসে শুদ্ধবেশে।
দেবগণ বেষ্টিত তাঁহার চারিপাশে ॥
রথ-শোভা করে মণিমুকুতার ঝারা।
বায়ুবেগে চলে ঘোড়া সারথির ত্বরা ॥
চারিদিকে শোভে নীল পীত পতাকায়।
দূরে থাকি রামচন্দ্র দেখিলেন তাঁয় ॥
অনুজেরে বলেন থাকহ এইক্ষণ।
জানি আগে আশ্রমে প্রবেশে কোন্ জন ?
ইন্দ্র আসি মুনিরে করিয়া নমস্কার।
নিবেদন করেন যে কার্য্য আপনার ॥
শুন মুনি ! রামরূপী ত্রিলোকের নাথ।
আসিবেন তব সহ করিতে সাক্ষাৎ ॥
রাক্ষস-বধের হেতু তাঁর অবতার।
ত্রিকালজ্ঞ আপনি জানাইব কি আর ?
তব স্থানে রাখিলাম এই ধনুর্ব্বাণ।
আসিলে তাঁহারে তুমি করিও প্রদান ॥
এত বলি স্বর্গপুরী যান পুরন্দর।
প্রবেশ করেন রাম যথা মুনিবর ॥
প্রণাম করেন শরভঙ্গ মুনিবরে।
আশীর্ব্বাদ পূর্ব্বক কহেন মুনি তাঁরে ;—
অনাথ ছিলাম বনে হইনু সনাথ।
যোগে যাঁরে দেখা ভার তিনিই সাক্ষাৎ ॥
আসিলা আপনি বিষ্ণু আমার নিবাস।
তোমা দরশনে মম হবে স্বর্গবাস ॥
শত বৎসরের তপ করিলাম দান।
এই লহ ইন্দ্রদত্ত দিব্য ধনুর্ব্বাণ ॥
শরীর ছাড়িব আমি অতি পুরাতন।
প্রাণ রাখিয়াছি রাম ! তোমার কারণ ॥
ক্ষণেক লক্ষ্মণ সহ বস এইখানে।
অগ্নিতে শরীর ত্যজি তব বিদ্যমানে ॥

শরভঙ্গ কুণ্ড কাটি জ্বালেন অনল।
জ্বলিয়া উঠিল অগ্নি গগনমণ্ডল॥
রাম রাম উচ্চারিয়া মুনি ঊর্দ্ধতুণ্ডে।
অগ্নি প্রদক্ষিণ করি ঝাঁপ দেন কুণ্ডে॥
পুড়িয়া মুনির দেহ হইল অঙ্গার।
অগ্নি হ'তে উঠে এক পুরুষ-আকার॥
গোলোকে গেলেন মুনি পুণ্যফলোদয়।
দেখিয়া সবার মনে হইল বিস্ময়॥
রাম-দরশনে মুনি যান স্বর্গবাস।
রচিল অরণ্যকাণ্ড দ্বিজ কৃত্তিবাস॥

দশবৎসরকাল রামচন্দ্রের নানা বনে ভ্রমণ, পরে পঞ্চবটীবনে অবস্থিতিকালে লক্ষ্মণ কর্ত্তৃক সূর্পণখার নাসিকাচ্ছেদন এবং রামচন্দ্র কর্ত্তৃক চতুর্দ্দশ রাক্ষসবধ।

সম্ভাষিতে রামচন্দ্রে এল বনবাসী।
কেহ কেহ ফল খায় কেহ উপবাসী॥
উপবাসী কেহ বা বরষা চারি মাস।
কেহ কেহ বারো মাস করে উপবাস॥
গাছের বাকল পরে শিরে জটা ধরে।
মৃগচর্ম্ম ধরে কেহ কমণ্ডলু করে॥
মুনিগণে দেখিয়া উঠিল রঘুনাথ।
করেন প্রণতি স্তুতি ক'রে যোড়হাত॥
মুনিরা করেন স্তুতি রামের গোচর।
শ্রীরাম বলেন, প্রভু! না করিহ ডর॥
তপোবনে না রাখিব রাক্ষস সঞ্চার।
অবিলম্বে হইবেক রাক্ষস সংহার॥
মুনিগণ সঙ্গে সঙ্গে শ্রীরাম-লক্ষ্মণ।
তপোবন-দরশনে করেন গমন॥
ধনুকে টঙ্কার দেন রাম রঘুবীর।
দেখিয়া সীতার মন হইল অস্থির॥
বনে প্রবেশেন রাম হাতে ধনুর্ব্বাণ।
নিষেধ করেন সীতা রাম-বিদ্যমান॥
রাক্ষসের সনে কেন করহ বিবাদ?
অকারণে প্রাণিবধে ঘটিবে প্রমাদ॥
পূর্ব্বের বৃত্তান্ত এক কহি তব স্থান।
দূর্বাদলশ্যাম প্রভু! কর অবধান॥
শিশুকালে যখন ছিলাম পিতৃঘরে।
কহিলেন পিতা পূর্ব-আখ্যান আমারে॥
দক্ষ নামে এক মুনি ছিল তপোবনে।
তাঁর স্থানে স্থাপ্য খড়্গ রাখে এক জনে॥
পাপ হয় হরিলে পরের স্থাপ্য ধন।
তেঁই যত্নে খড়্গখানি রাখেন ব্রাহ্মণ॥
এক বৃদ্ধ পক্ষী সেই তপোবনে বৈসে।
নড়িতে চড়িতে নারে প্রাচীন বয়সে॥
মুনিরে কুবুদ্ধি পায় দৈবের লিখন।
খড়্গের আঘাতে বধে পাখীর জীবন॥
হাতে অস্ত্র করিলে লোকের জ্ঞান নাশে।
হইল মুনির পাপ সে অস্ত্রের দোষে॥
সত্য পালি দেশে যাবে এইমাত্র পণ।
রাক্ষস মারিয়া তব কোন্ প্রয়োজন?
সরলা জনকবালা কহিলে এমতি।
বুঝান প্রবোধ-বাক্যে তাঁরে সীতাপতি॥
কনককমলমুখী জনককুমারি!
আমার নাহিক ভয় কি ভয় তোমারি?
মহাতেজা মুনিগণ যাহার সহিতে।
তাহার কিসের ভয় বল দেখি সীতে!
যাইতে দেখেন তাঁরা দিব্য সরোবর।
শুনেন অপূর্ব গীত তাহার ভিতর॥

বিস্মিত হইয়া জিজ্ঞাসেন রঘুমণি।
জলের ভিতর গীত কেন শুনি মুনি ?
মুনি বলিলেন, হেথা ছিল এক মুনি।
করিত কঠোর তপ দিবসরজনী ॥
তপোভঙ্গ করিতে তাহার পুরন্দর।
পাঠায় অপ্সরাগণে যথা মুনিবর ॥
আইল অপ্সরাগণ মুনির নিকটে।
দেখিয়া পড়িল মুনি মদন-সঙ্কটে ॥
সে স্থানের খ্যাতি পঞ্চ অপ্সরা বলিয়া।
অদ্যাপি আইসে তারা তথা লুকাইয়া ॥
নৃত্য-গীত করে তারা নাহি যায় দেখা।
এমন অপূর্ব কথা পুরাণেতে লেখা ॥
শুনিয়া মুনির কথা কৌতুকী শ্রীরাম।
তপোবন দেখিয়া গেলেন নিজধাম।
আতিথ্য করেন মুনি সমাদর করি।
তিন জন বঞ্চিলেন সুখে বিভাবরী ॥
কোথা পাঁচ সাত মাস কোথা দশ মাস।
কোথাও বৎসর রাম করেন প্রবাস ॥
এইরূপে বনে বনে করেন ভ্রমণ।
অতীত হইল দশ বৎসর তখন ॥
এক দিন সীতা সহ শ্রীরাম-লক্ষ্মণ।
করপুটে বন্দিলেন মুনির চরণ ॥
সুতীক্ষ্ণ মুনিরে রাম কহেন সুভাষ।
অগস্ত্যেরে প্রণাম করিতে করি আশ ॥
মুনি বলে যাহ রাম ! অগস্ত্যের ধাম।
তথা গিয়া তাঁহার পূরাও মনস্কাম ॥
তাঁহার কনিষ্ঠ আছে পিপ্‌পলীর বনে।
অদ্য গিয়া বাস কর তাঁর তপোবনে ॥
কল্য গিয়া পাইবে অগস্ত্য-তপোবন !
তাহাতে আছেন মুনি দ্বিতীয় তপন ॥
বিদায় লইয়া রাম চলেন দক্ষিণে।
উপনীত হইলেন পিপ্‌পলীর বনে ॥
রামেরে পাইয়া মুনি পাইলেন প্রীতি।
তথা সেই রাত্রি রাম করিলেন স্থিতি ॥
প্রভাতে উঠিয়া রাম করেন গমন।
লক্ষ্মণে দেখান রাম অগস্ত্যের বন ॥
এই বনে ছিল এক রাক্ষস দুর্জ্জয়।
তারে বধি মুনি করিলেন এ আলয় ॥
শুনিয়া লাগিল লক্ষ্মণের চমৎকার।
মুনি হয়ে রাক্ষস মারেন কি প্রকার ?
শ্রীরাম বলেন, ভাই ! শুন অতঃপর।
ইল্বল বাতাপি ছিল দুই সহোদর ॥
মায়াবী রাক্ষস তারা নানা মায়া ধরে।
বাতাপি হইয়া মেষ ব্রহ্মবধ করে ॥
তার ভাই ইল্বল সে জানিত শতাঙ্গ।
লোকমধ্যে ভ্রমে যেন অদ্ভুত মাতঙ্গ ॥
আদর করিয়া দ্বিজ করে নিমন্ত্রণ।
সেই মেষমাংস দিয়া করায় ভোজন ॥
ব্রাহ্মণের উদরে মেষের মাংস রয়।
ইল্বল ডাকিলে বাতাপি বাহির হয় ॥
পেট চিরি বাহিরায় বিপ্রগণ মরে।
এইরূপ করি ভ্রমে দুই সহোদরে ॥
ব্রহ্মবধ শুনিয়া অগস্ত্য মহামুনি।
ইল্বলের ঠাঁই দান মাগিল আপনি ॥
দূর হ'তে আসিলাম পথিক ব্রাহ্মণ।
মেষমাংস মোরে আজি করাও ভোজন ॥
মুনির বচন শুনি ইল্বল উল্লাস।
কহিল কতেক মুনি ! খাবে মেষমাস ?
বাতাপি ছাগল হয় মায়ার প্রবন্ধে।
ছাগল কাটিয়া মাংস রাঁধিল আনন্দে ॥

বড় আশা করি মুনি ভোজনেতে বসে।
হাতে থালা করিয়া ইল্বল আসে পাশে ॥
গঙ্গাদেবী বলি মুনি মনে মনে ডাকে ॥
অলক্ষিতে গঙ্গাদেবী কমণ্ডলু ঢোকে।
মুনি বলে, বহু দিন মম উপবাস।
ভোজন করিব আজি ছাগলের মাস ॥
গঙ্গাপান করি মুনি ব্রহ্মমন্ত্র জপে।
মুষ্টি মুষ্টি মাংস সে ভোজন করে কোপে ॥
মুনির উদরে মাংস প্রায় হয় পাক।
বাহিরে ইল্বল ডাকে ঘন ঘন ডাক ॥
মুনি বলে, তুমি কোথা দেখ বাতাপিরে।
ইল্বল বলিল এস বাতাপি বাহিরে ॥
যেমন গর্জ্জিয়া সিংহ ধরে ভক্ষ্য হাতী।
ইল্বলে মারিতে যুক্তি করে মহামতি ॥
পণ্ডিত হইয়া তোর বুদ্ধি নাই ঘটে।
তোমার বাতাপি এই আছে মম পেটে ॥
সে কথায় পাসরিল রাক্ষস আপনা।
মুনি বায়ুকর্ম্ম করে যেমন ঝঞ্চনা ॥
সে অগ্নিতে ইল্বল পুড়িয়া তবে মরে।
এইমতে মুনি দুই রাক্ষসেরে মারে ॥
এরূপে মারিয়া সেই রাক্ষস দুর্জ্জয়।
তপোবন রক্ষা করিলেন মহাশয় ॥
আসিলাম সেই অগস্ত্যের তপোবনে।
সর্ব্বকার্য্য সিদ্ধ হয় যাঁর দরশনে ॥
যাইতেছিলেন রাম অগস্ত্যের দ্বারে।
হেনকালে শিষ্য এক আসিল বাহিরে ॥
তাঁহারে দেখিয়া বলিলেন শ্রীলক্ষ্মণ।
আসিলেন রাম অদ্য সম্ভাষ কারণ ॥
এতেক বচনে শিষ্য গেল অভ্যন্তরে।
কহিল রামের কথা মুনির গোচরে ॥
শ্রীরাম লক্ষ্মণ সীতা দ্বারে তিন জন।
আজ্ঞা বিনা কেমনে করেন আগমন ?
রামের সংবাদে মুনি হয়ে আনন্দিত।
আজ্ঞা করিলেন শিষ্যে আনহ ত্বরিত ॥
সবাকার পূজ্য রাম আসিলেন দ্বারে।
যোগিগণ অনুক্ষণ ধ্যান করে যাঁরে ॥
সবারে লইয়া গেল মুনির আজ্ঞায়।
দেখিয়া মুনির মনোভ্রম দূরে যায় ॥
অগস্ত্য বলেন, কি অপূর্ব্ব দরশন।
অগস্ত্যের চরণ বন্দেন তিন জন ॥
গোলোক ছাড়িয়া হরি কর বনবাস।
না জানি তোমার আর কিসে অভিলাষ ॥
লক্ষ্মণের চরিত্রে আমার চমৎকার।
দুঃখে দুঃখী সুখে সুখী লক্ষ্মণ তোমার ॥
পথশ্রান্ত আছ রাম! করহ ভোজন।
আজ্ঞামতে শিষ্যে করিল আয়োজন ॥
মুনির আদরে রাম করেন ভোজন।
নিশীথিনী তথায় বঞ্চেন তিন জন ॥
করিয়া প্রভাতকৃত্য শ্রীরঘুনন্দন।
অগস্ত্যের সহিত করেন আলাপন ॥
পিতৃসত্য পালিবারে আসিয়াছি বনে ॥
আজ্ঞা কর অগস্ত্য! থাকিব কোন্ স্থানে ॥
অগস্ত্য বলেন শুনি রামের বচন।
যেখানে থাকিবে সেই মহেন্দ্র-ভবন ॥
গোদাবরী-তীরে রাম! দিব্য আয়োজন।
পঞ্চবটী গিয়া তথা থাক তিন জন ॥
দিব্য ধনুর্ব্বাণ বিশ্বকর্ম্মার নির্ম্মাণ।
রামেরে অগস্ত্যমুনি করিলেন দান ॥
নানা আভরণ আর সোনার টোপর।
বস্ত্র রত্ন দিয়া মুনি করেন আদর ॥

অগস্ত্যের স্থানে রাম লইয়া বিদায়।
চলেন দক্ষিণে সীতা-লক্ষ্মণ-সহায় ॥
জটায়ু নামেতে পক্ষী সে দেশে বসতি।
পাইয়া রামের বার্ত্তা আসে শীঘ্রগতি ॥
শ্রীরামের সম্মুখে হইয়া উপস্থিত।
আপনার পরিচয় দেয় যথোচিত ;—
জটায়ু আমার নাম গরুড় নন্দন।
তোমার পিতার মিত্র আমি পুরাতন ॥
পক্ষীরাজ সম্পাতি আমার ছোট ভাই।
আরো পরিচয় রাম! তোমারে জানাই ॥
পূর্ব্বে দশরথের করেছি উপকার।
তেঁই সে তাঁহার সহ মিত্রতা আমার ॥
এস এস রাম-সীতা! এস মোর ঘরে।
ইহা কহি বাসা দিল অতি সমাদরে ॥
তিন জন অনুব্রজি লয়ে গেল পাখী।
পঞ্চবটী দেখিয়া শ্রীরাম বড় সুখী ॥
লক্ষ্মণে বলেন রাম বাঁধ বাসাঘর।
গোদাবরী-জলে স্নান করি নিরন্তর ॥
লক্ষ্মণ বলেন, প্রভু! আপনি প্রধান।
কোন্ স্থানে বাঁধি ঘর কর সংবিধান ॥
দেখেন শ্রীরাম স্থান গোদাবরী-তীরে।
সুশোভিত শ্বেত পীত লোহিত প্রস্তরে ॥
নিকটে প্রশস্ত ঘাট তাতে নানা ফুল।
মধুপানে মাতিয়া গুঞ্জরে অলিকুল ॥
শ্রীরাম বলেন, হেথা বাঁধ বাসাঘর।
জানকীর মনোমত করহ সুন্দর ॥
শ্রীরামের আজ্ঞাতে বাঁধেন দিব্য ঘর।
এক দিনে লক্ষ্মণ সে অতি মনোহর ॥
পূর্ণকুম্ভ দ্বারে কুসুম রাশি রাশি।
অগ্নিপূজা করি হইলেন গৃহবাসী ॥
পাতা-লতা-নির্ম্মিত সে কুটীর পাইয়া।
অযোধ্যার অট্টালিকা গেলেন ভুলিয়া ॥
জটায়ু বলেন, রাম! আসি হে এখন।
যখন করিবে আজ্ঞা আসিব তখন ॥
এত বলি পক্ষীরাজ উঠিল আকাশে।
দুই পাখা সারি গেল আপনার দেশে ॥
রজনী বঞ্চিয়া রাম উঠি প্রাতঃকালে।
স্নান করিবারে যান গোদাবরী-জলে ॥
সুগন্ধ সুদৃশ্য নানা কুসুম তুলিয়া।
নিত্য নিত্য করেন শ্রীরাম নিত্যক্রিয়া ॥
ফল মূল আহরণ করেন লক্ষ্মণ।
অযত্নসুলভ গোদাবরীর জীবন ॥
ঋষিগণ সহিত সর্ব্বদা সহবাস।
করেন কুরঙ্গগণ সহ পরিহাস ॥
সীতার কখন যদি দুঃখ হয় মনে।
পাসরেন তখনি শ্রীরাম-দরশনে ॥
রামের যেমন দেশ তেমনি বিদেশ।
আত্মারাম শ্রীরাম নাহিক কোন ক্লেশ ॥
লক্ষ্মণের চরিত্র বিচিত্র মনে বাসি।
শ্রীরামের বনবাসে তিনি বনবাসী ॥
রহেন এরূপে পঞ্চবটী তিন জন।
হেনকালে ঘটে এক অপূর্ব্ব ঘটন ॥
রাবণের ভগ্নী সেই নাম সূর্পণখা।
অকস্মাৎ রামের সম্মুখে দিল দেখা ॥
ভ্রমিতে ভ্রমিতে গেল রামের সদনে।
শ্রীরামেরে দেখিয়া সে মাতিল মদনে ॥
শত কাম জিনিয়া শ্রীরাম রূপবান্।
সুখ হয় যদি মিলে সমানে সমান ॥
এত ভাবি মায়াবিনী দুষ্ট নিশাচরী।
নররূপ ধরে নিজ রূপ পরিহরি ॥

জিতেন্দ্রিয় শ্রীরাম ধার্ম্মিক-শিরোমণি।
রামে ভুলাইবে কিসে অধর্ম্মাচারিণী ?
পর্ব্বতে নাড়িতে চাহে হইয়া দুর্ব্বলা।
ভুলাইতে রামেরে পাতিল নানা ছলা॥
হাবভাব আবির্ভাব করিয়া কামিনী।
রামেরে জিজ্ঞাসা করে সহাস্যবদনী॥
রাজপুত্র বটে, কিন্তু তপস্বীর বেশ।
এমন কাননে কেন করিলে প্রবেশ॥
দণ্ডক-কাননে আছে দারুণ রাক্ষস।
হেন বনে ভ্রম তুমি এ বড় সাহস॥
বহু দূর নহে তারা আছয়ে নিকটে।
হেন রূপবান্ তুমি পড়িবে সঙ্কটে॥
সঙ্গে দেখি চন্দ্রমুখী ইনি কে তোমার ?
এ পুরুষ কে তোমার সমান আকার ?
সরল-হৃদয় রাম দেন পরিচয়।
মম পিতা দশরথ রাজা মহাশয়॥
ইনি ভ্রাতা লক্ষ্মণ প্রেয়সী সীতা ইনি।
সত্য হেতু বনে ভ্রমি শুন লো কামিনি!
শুনিলে আমার দেহ নিজ পরিচয়।
কে বট আপনি কোথা তোমার আলয় ?
পরমা সুন্দরী তুমি লোকে নিরুপমা।
মেনকা উর্ব্বশী কি হইবে তিলোত্তমা ?
জিজ্ঞাসা করিল রাম সরল-হৃদয়।
সূর্পণখা আপনার দেয় পরিচয় ;—
লঙ্কাতে বসতি মোর রাবণভগিনী।
নানা দেশে ভ্রমি আমি হয়ে একাকিনী॥
দেশে দেশে ভ্রমি আমি কারে নাহি ভয়।
তোমার কামিনী হই এই বাঞ্ছা হয়॥
লঙ্কাপুরে থাকে ভাই দশানন রাজা।
নিদ্রা যায় কুম্ভকর্ণ ভ্রাতা মহাতেজা॥
অন্য ভ্রাতা সুশীল ধার্ম্মিক বিভীষণ।
ভাই খর দূষণ এখানে দুই জন॥
অতি আহ্লাদের আমি কনিষ্ঠা ভগিনী।
তোমার হইলে কৃপা ধন্য বলি মানি॥
সুমেরু পর্ব্বত আর কৈলাস মন্দর।
তোমা সহ বেড়াইব দেখিব বিস্তর॥
সেথা যাব যথা নাই মনুষ্যসঞ্চার।
তুমি আমি কৌতুকেতে করিব বিহার॥
মনসুখে বেড়াইব অন্তরীক্ষগতি।
এত গুণ না ধরে তোমার সীতা সতী॥
প্রতিবাদী হয় যদি জানকী-লক্ষ্মণ।
রাখিয়া নাহিক কার্য্য করিব ভক্ষণ॥
আমার দেখহ রাম! কেমন সুবেশ।
সীতার আমার রূপ অনেক বিশেষ॥
কুবেশ তোমার সীতা বড়ই ঘৃণিত।
হেন ভার্য্যা সহ থাক মনে পেয়ে প্রীত ?
যখন যেখানে ইচ্ছা সেখানে তখনি।
বিহার করিব গিয়া দিবসরজনী॥
শ্রীরাম বলেন, সীতা! না করিও ত্রাস।
রাক্ষসীর সহিত করিব পরিহাস॥
পরিহাস করেন শ্রীরাম সুচতুর।
রাক্ষসীকে বাড়াইতে বলেন মধুর॥
আমার হইলে জায়া পাবে যে সতিনী।
লক্ষ্মণের ভার্য্যা হও এই বড় গুণী॥
সুচারু লক্ষ্মণ ভাই মনোহর বেশ।
যৌবন সফল কর কহি উপদেশ॥
লক্ষ্মণ কনকবর্ণ পরম সুন্দর।
লক্ষ্মণের ভার্য্যা নাই তুমি কর বর॥
তোমা হেন রূপবতী পাবে কোন্ স্থলে ?
সত্যজ্ঞানে নিশাচরী লক্ষ্মণেরে বলে॥

তুমি যুবা হইয়া একেলা বঞ্চ রাতি।
রাসক্রীড়া ভুঞ্জ তুমি আমার সংহতি ॥
লক্ষ্মণ বলেন আমি শ্রীরামের দাস।
সেবকের প্রতি কেন কর অভিলাষ ?
ভুবনের সার রাম অযোধ্যার রাজা।
তুমি রাণী হইলে করিবে সবে পূজা ॥
কি গুণ ধরেন সীতা তোমার গোচর।
তোমায় সীতায় দেখি অনেক অন্তর ॥
রামেরে ভজহ তুমি হয়ে সাবধান।
মানুষী কি করিবেক তোমা বিদ্যমান ?
উপহাস না বুঝে বচনমাত্রে ধায়।
লক্ষ্মণেরে ছাড়িয়া রামের কাছে যায় ॥
পুনর্ব্বার আসিলাম রাম তব পাশে।
ঘুচাইব ব্যাঘাতে সীতারে গিলি গ্রাসে ॥
বদন মেলিয়া যায় সীতা গিলিবারে।
ত্রাসেতে বিকল সীতা রাক্ষসীর ডরে ॥
ক্ষণে বামে ক্ষণেতে দক্ষিণে যায় সীতা।
দেখিলেন রঘুবীর সীতারে ব্যথিতা ॥
যেই দিকে যান সীতা সে দিকে রাক্ষসী।
রাক্ষসীর ডরে কাঁপে জানকী রূপসী ॥
শ্রীরাম বলেন ভাই! ছাড় উপহাস।
ইঙ্গিতে বলেন কর ইহারে বিনাশ ॥
ক্রোধেতে লক্ষ্মণ বীর মারিলেন বাণ।
এক বাণে তাহার কাটিল নাক-কান ॥
খাঁদানাকে ধান্দা লেগে রক্ত পড়ে স্রোতে।
ওষ্ঠাধর রাক্ষসীর ভিজিল শোণিতে ॥
সূর্পণখা যায় খর-দূষণের পাশে।
নাকে হাত দিয়া কাঁদে গাত্র রক্তে ভাসে ॥
কহে খর দূষণ রাক্ষস-সেনাপতি।
কোন্ বেটা করিল ভগিনীর দুর্গতি ?

এ দেখি বাঘের ঘরে ঘোগের বসতি।
মরিবার ঔষধ কে বাঁধিল দুর্ম্মতি ?
রাবণেরে নাহি মানে আমারে না জানে।
মরিবার উপায় সৃজিল কোন্ জনে ?
অতঃপর সূর্পণখা কহে ধীরে ধীরে।
আসিয়াছে দুই নর বনের ভিতরে ॥
মুনিতুল্য বেশ ধরে কিন্তু নহে মুনি ॥
সঙ্গে লয়ে ভ্রমে এক সুন্দরী কামিনী ॥
এক কার্য্যে গিয়া ভ্রষ্টা কহে অন্য কাজ।
মনের বাসনা সে বলিতে বাসে লাজ ॥
গেলাম মনুষ্যমাংস খাইবারে সাধে।
নাক-কান কাটে মোর এই অপরাধে ॥
ছিল চৌদ্দ জন যে প্রধান সেনাপতি।
যুঝিবারে খর সবে দিল অনুমতি ॥
রামেরে মারিয়া আন লক্ষ্মণ সহিত।
গৃধ্র আর কাক খাক তাহার শোণিত ॥
যার ঠাঁই ভগিনী পাইল অপমান।
তার রক্তমাংস সবে কর গিয়া পান ॥
লইয়া ঝগড়া শেল মূষল মুদ্গর।
সেনাপতি ধায় যেন যমের কিঙ্কর ॥
মার মার করিয়া ধাইল নিশাচর।
কোলাহলে পূর্ণিত হইল দিগন্তর ॥
সকলে আসিল যথা শ্রীরাম-লক্ষ্মণ।
বাহিরে আসিয়া রাম কহেন তখন ॥
ফল-মূল খাই মাত্র বাস করি বনে।
বিনা অপরাধে আসি যুদ্ধ কি কারণে ?
এইরূপ বিনয়ে কহিল রঘুবর।
রামেরে ডাকিয়া বলে দুষ্ট নিশাচর ॥
তপস্বীর মত থাক কে করে বারণ।
ভগিনীর নাক-কান কাট কি কারণ ?

যেই কর্ম্ম করিলি জীবনে নাহি সাধ।
কোন্ মুখে বলিস না করি অপরাধ?
তোরা দুই মানুষ আমরা বহু জন।
আমাদের অস্ত্রাঘাতে মরিবি এখন॥
এইরূপ কহিয়া সে সকল রাক্ষস।
করে অস্ত্র বরিষণ করিয়া সাহস॥
এক বাণে রামচন্দ্র কাটেন সকল।
খণ্ড খণ্ড হইল সে মুদ্গর মুষল॥
চতুর্দ্দশ বাণ রাম পূরেন সন্ধান।
চতুর্দ্দশ নিশাচর ত্যজিল পরাণ?
ফিরিয়া আসিল বাণ শ্রীরামের তূণে।
রাক্ষস বিনাস হয় শ্রীরামের গুণে॥
কৃত্তিবাস পণ্ডিত বিদিত সর্বলোকে।
পুরাণ শুনিয়া গীত রচিল কৌতুকে॥

খর-দূষণের যুদ্ধে আগমন।

চৌদ্দ জন যুদ্ধে পড়ে সূর্পণখা দেখে।
ত্রাস পেয়ে কহে গিয়া খরের সম্মুখে॥
যুঝিবারে পাঠাইলে ভাই! চৌদ্দ জন।
রামের বাণেতে তারা হারাইল প্রাণ॥
খর বলে, দেখ তুমি আমার প্রতাপ।
ঘুচাইব এখনি তোমার মনস্তাপ॥
লইয়া চলিল নিজ অস্ত্র খরশাণ।
নিশাচর চতুর্দ্দশ হাজার প্রধান॥
প্রবাল প্রস্তরচ্ছটা তাহে নানা মণি।
বিচিত্র পতাকা ধ্বজ রথের সাজনি॥
রথগুলা চন্দ্র সূর্য্য জিনিয়া উজ্জ্বল।
প্রবাল-মুক্তার হার করে ঝলমল॥
কনকরচিত রথ বিচিত্র নির্ম্মাণ।
বায়ুবেগে অষ্ট ঘোড়া রথের যোগান॥
অস্ত্র-শস্ত্র তাবৎ তুলিয়া রথোপর।
রথস্তম্ভ ধরি উঠে মহাবলী খর॥
আচম্বিতে গৃধিনী পড়িল রথধ্বজে।
না চলে রথের ঘোড়া চলে মন্দ তেজে॥
মেঘের গর্জ্জনে গর্জ্জে রাক্ষস দূষণ।
রামেরে মারিব আগে পশ্চাৎ লক্ষ্মণ॥
রাক্ষস আসিল যত পরম কৌতুকে।
কৃত্তিবাস রামায়ণ রচে মনসুখে॥

শ্রীরামের সহ যুদ্ধে দূষণের মৃত্যু।

শ্রীরাম বলেন, শুন সৈন্য-কলকলি।
সীতা লয়ে লক্ষ্মণ! ত্যজহ রণস্থলী॥
থাকিলে আমার কাছে হইতে দোসর।
কিন্তু হেথা থাকিলে পাইবে সীতা ডর॥
বিলম্ব না কর ভাই চলহ সত্বর।
সীতারে রাখহ গিয়া গুহার ভিতর॥
এত যদি লক্ষ্মণে বলেন রঘুপতি।
দূরেতে লক্ষ্মণ সীতা গেলেন ঝটিতি॥
দেব দৈত্য গন্ধর্ব আসিল সর্ব্বজন।
অন্তরীক্ষে থাকিয়ে সকলে দেখে রণ॥
একা রাম চতুর্দ্দশ সহস্র রাক্ষস।
কেমনে জিনিবে রাম বড়ই সাহস॥
ডাকিয়া রামেরে বলে তখন দূষণ।
মনুষ্য হইয়া তোর মোর সনে রণ?
দূষণের বচন শুনিয়া খর হাসে।
রাক্ষস হাজার ছয় সহিত আইসে॥
ত্রিশিরার সঙ্গে দুই হাজার রাক্ষস।
খর-সৈন্য যত তত দূষণের বশ॥
চতুর্দ্দশ সহস্র রাক্ষস কলকলি।
রামেরে রুষিয়া যায় খর মহাবলী॥

বেষ্টিত রাক্ষসগণ মধ্যে রাম একা।
শৃগাল-বেষ্টিত যেন সিংহ যায় দেখা॥
সারথি চালায় রথ তাহে অষ্ট ঘোড়া।
রামের উপরে ফেলি মারিল ঝগড়া॥
সন্ধান পূরিয়া রাম ছাড়িলেন বাণ।
তার বাণ কাটিয়া করিল খান খান॥
দুই জনে বাণ বর্ষে দোঁহে ধনুর্দ্ধর।
দোঁহে দোঁহা বিন্ধি বাণে করিল জর্জ্জর॥
উভয়ের গা বহিয়া রক্ত পড়ে স্রোতে।
উভয় গায়ের রক্তে দুই বার তিতে॥
যুড়িয়া সহস্র বাণ শ্রীরাম ধনুকে।
অতি ক্রোধে মারিলেন রাক্ষসের বুকে॥
নিশাচরগণের উঠিল কলকলি।
মরি মরি বলিয়া পলায় কতগুলি॥
সহস্র রাক্ষস পড়ে শ্রীরামের বাণে।
যোড়েন গান্ধর্ব্ব অস্ত্র ধনুকের গুণে॥
সকল রাক্ষস হৈল যেন রক্তময়।
আপনা আপনি কারো নাহি পরিচয়॥
আপনা আপনি করে নির্ঘাত প্রহার।
খরের হাজার ছয় রাক্ষস সংহার॥
সকল বীর পড়িল খর মাত্র আছে।
দূষণের সেনাপতি দেখে তার কাছে॥
আপনি নিকট হয়ে প্রবেশে সংগ্রামে।
মহাশূল নিক্ষেপ সে করিল শ্রীরামে॥
যে বাণ ছাড়েন রাম শূল কাটিবারে।
শূলে ঠেকি পড়ে কিছু করিতে না পারে॥
পেয়েছে অক্ষয় শূল বিধাতার বরে।
ত্রিভুবনে সেই বর অন্যথা কে করে॥
বাণেতে পণ্ডিত রাম নানা বুদ্ধি ঘটে।
শূল সহ দূষণের দুই হাত কাটে॥
দূষণের দুই হাত চন্দনে ভূষিত।
কাটা গেল পড়িল সে হইয়া মূর্চ্ছিত॥
জ্বালায় দূষণ বীর ত্যজিল পরাণ।
দেবগণ শ্রীরামের করিছে বাখান॥
দূষণ পড়িলে খর লাগিল ভাবিতে।
কাতর হইল বীর নেত্রজলে তিতে॥
হাতে অস্ত্র করিয়া ধাইল আগুসারে।
এত সেনাপতি মোর একা রাম মারে॥
রাম আর খর বীর অগ্নির আকার।
দশ দিক্ জলস্থল বাণে অন্ধকার।
অর্ব্বুদ অর্ব্বুদ বাণ এড়িয়া সে খর।
ডাক দিয়া খর বীর করিছে উত্তর॥
মানুষ হইয়া তোর এত অহঙ্কার।
দেবগণ নাহি পারে তুই কোন্ ছার?
কত বাণ মারিস অগ্রেতে যাক্ দেখা।
আমার হস্তেতে তোর মৃত্যু আছে লেখা॥
শ্রীরাম বলেন খর! লব তোর প্রাণ।
মুনি-স্থানে পেয়েছি অক্ষয় ধনুর্বাণ॥
শরভঙ্গ দিয়াছেন এ অক্ষয় তূণ।
যত চাই তত পাই নাহি হয় ন্যূন॥
শ্রীরামের বচনেতে লাগে চমৎকার।
ত্রাসে খর চিন্তিল সংশয় আপনার॥
ত্রাস বুঝি খরের এড়েন রাম বাণ।
খান খান করেন খরের ধনুখান॥
কাটা গেল ধনুক চিন্তিত হয়ে খর।
লইল ধনুক আর অতি শীঘ্রতর॥
রামের উপরে করে বাণ বরিষণ।
চতুর্দ্দিকে জলস্থল ছাইল গগন॥
নানা অস্ত্রে দশদিক্ করিল প্রকাশ।
জিনিলাম রামেরে বলিয়া মনে হাস॥

যে ধনুকে রঘুনাথ করিলেন রণ।
রাক্ষসের বাণে তাহা হইল ছেদন ॥
যে ধনুক দিলেন অগস্ত্য মুনিবর।
সে ধনুকে সন্ধান পূরেন রঘুবর ॥
স্বয়ং বিষ্ণু রঘুবীর পূরিল সন্ধান।
কাটিলেন খরের হাতের ধনুর্ব্বাণ ॥
রথধ্বজ পতাকা করেন খণ্ড খণ্ড।
ভূমিতে লোটায় রণে সারথির মুণ্ড ॥
অগ্নিবাণ এড়েন ধনুকে দিয়া চাড়া।
কাটিলেন শ্রীরাম রথের অষ্ট ঘোড়া ॥
রামের দুর্জ্জয় বাণ তারা যেন ছোটে।
আরবার খরের হাতের ধনু কাটে ॥
মন্ত্র পড়ি খরবীর মহা গদা এড়ে।
যত দূর যায় গদা তত দূর পোড়ে ॥
গাছের নিকট গেলে গাছ সব জ্বলে।
আলো করি আসে গদা গগন মণ্ডলে ॥
অগ্নি জ্বলে গদাতে না হয় শান্ত বাণে।
ত্রিভুবন একাকার ছাইল আগুনে ॥
আর বাণ ছাড়েন শ্রীরাম মন্ত্র প'ড়ে।
পৃথিবীতে কত ধরে অন্তরীক্ষ যোড়ে ॥
অগ্নিসম বাণ জ্বলে পর্ব্বত-আকার।
অগ্নিবাণে তার গদা হইল সংহার ॥
পাইলেন শ্রীরাম তখন অবসর।
খরের শরীর বাণে করেন জর্জ্জর ॥
সর্ব্ব-কলেবর তার ভিজিল শোণিতে।
রক্তে রাঙ্গা হয়ে বীর চাহে চারি ভিতে ॥
রামেরে কামড় দিতে যায় মহারোষে।
শ্রীরাম ঐষীক বাণ যুড়িলেন ত্রাসে ॥
বজ্রাঘাতে যেমন পর্ব্বত দুই চির।
গায়ে প্রবেশিতে বাণ পড়ে খর বীর ॥
চতুর্দ্দশ সহস্র রাক্ষস পড়ে রণে।
শ্রীরামেরে বাখানে আসিয়া দেবগণে ॥
বিরিঞ্চি বলেন, রাম! কর অবধান।
সকল দেবতা করে তোমার কল্যাণ ॥
আসিলেন শঙ্কর তোমায় হয়ে সুখী।
মহেন্দ্র তোমাতে তুষ্ট তব রণ দেখি ॥
কুবের বরুণ আদি যত দেবগণ।
অষ্ট লোকপাল আসি করেন স্তবন ॥
তোমার প্রসাদে এবে বেড়াবে স্বচ্ছন্দে।
যথা তথা দেবদেবী রহিবে আনন্দে ॥
রামেরে বন্দেন গিয়া জানকী-লক্ষ্মণ।
করেন সকলে বসি ইষ্ট সম্ভাষণ ॥
অস্ত্রক্ষত দেখিয়া রামের কলেবরে।
জানকীর নেত্রনীর ঝর-ঝর-ঝরে ॥
তাঁহারে কহেন রাম রণ-বিবরণ।
শুনি সীতা কৈকেয়ীকে করিল স্মরণ ॥
রামের সংগ্রাম যত সূর্পণখা দেখে।
শঙ্কাকুলা লঙ্কায় চলিল মনোদুঃখে ॥
রাবণে কহিতে যায় আত্ম-সমাচার।
নাক কান কাটা তার বীভৎস আকার ॥
যার কাছে যায় রাঁড়ী সেই ভয় পায়।
খেয়ে খর-দূষণে রাবণে খেতে যায় ॥
সভা করি বসিয়াছে রাবণ ভূপতি।
সুরগণ সহিত যেমন সুরপতি ॥
নিজ নিজ স্থানে বসিয়াছে মন্ত্রিগণ।
হেনকালে সূর্পণখা দিল দরশন ॥
নাক কান কাটা তার মূর্ত্তিখানি কালি।
সভামধ্যে রাবণেরে দেয় গালাগালি ॥
শৃঙ্গার-কৌতুকে রাজা! থাক রাত্রি-দিনে।
রাক্ষস করিতে নাশ রাম এল বনে ॥

স্ত্রীমাত্র তাহার সঙ্গে কেহ নাহি আর।
যত ছিল দণ্ডকেতে করিল সংহার॥
হাতী ঘোড়া নাহি তার জানকী দোসর।
কতেক রাক্ষস মারে রাম একেশ্বর॥
শুনি সূর্পণখার মুখেতে বিবরণ।
হাহাকার করিয়া জিজ্ঞাসে দশানন॥
কতেক কটক তার কি প্রকার বেশ?
ভয়ঙ্কর বনে কেন করিল প্রবেশ?
কাহার নন্দন রাম কেমন সম্মান।
কেন বিক্রমী সে কেমন ধনুর্ব্বাণ?
সূর্পণখা বলে দশরথের নন্দন।
পিতৃসত্য পালিয়া বেড়ায় বনে বন॥
তপস্বীর বেশ ধরে নহে কোন মুনি।
সঙ্গে করি লয়ে ভ্রমে সুন্দরী রমণী॥
চতুর্দ্দশ সহস্র রাক্ষস বনে ছিল।
একা রাম সকলেরে সংহার করিল॥
রামের কনিষ্ঠ সে লক্ষ্মণ মহাবীর।
তার সহ সমরে হইবে কেবা স্থির?
রামের মহিষী সীতা সাক্ষাৎ পদ্মিনী।
ত্রৈলোক্যমোহিনী রূপে পরম কামিনী॥
সীতা তুল্য রূপবতী আর নাই নারী।
উর্ব্বশী মেনকা রম্ভা হারে রূপে তারি॥
যেমন মহৎ তুমি পুরুষ-সমাজে।
তার রূপ কেবল তোমাতে মাত্র সাজে॥
রামেরে ভাঁড়াও আর ভাঁড়াও লক্ষ্মণে।
আনহ রমণীরত্ন যত্নে এইক্ষণে॥
যেমন সন্তাপ দিল সে রাক্ষসকুলে।
তেমনি মরুক সে সীতার শোকানলে॥
সূর্পণখা যত বলে রাজা সব শুনে।
সুন্দরী সীতার কথা ভাবে মনে মনে॥
যুক্তি করে রাবণ বসিয়া সভাস্থানে।
রামে প্রবঞ্চিয়া সীতা আনিবে কেমনে॥
রাক্ষসের মায়া নর বুঝিতে কে পারে।
সূর্পণখা কাঁদিল রাবণ বধিবারে॥
কেহ সূর্পণখার কথায় মন্দ হাসে।
গাহিল অরণ্যকাণ্ড গীত কৃত্তিবাসে॥

সীতা হরণে মারীচের পরামর্শ।

আর দিন দশানন আসিল বাহিরে।
বুঝিয়া রাজার মন সারথি সত্বরে॥
আনিল পুষ্পকরথ অপূর্ব্বগঠন।
সে রথের সারথি আপনি সমীরণ॥
হীরা মুক্তা মাণিক্য প্রভৃতি রত্নগণে।
খচিত রচিত কত সঞ্চিত কাঞ্চনে॥
মনোরথে না আইসে রথের সৌন্দর্য্য।
অষ্ট অশ্ব বদ্ধ তাহে দেখিতে আশ্চর্য্য॥
সেই রথে আরোহণ করে লঙ্কেশ্বর।
বিদ্যুতের প্রায় রথ চলিল সত্বর॥
নানা দেশ নদ নদী ছাড়িয়া রাবণ।
সাগর লঙ্ঘিয়া যায় শতেক যোজন॥
শ্যামবট পাদপ যোজন শত ডাল।
অশীতি যোজন মূল গিয়াছে পাতাল॥
তপ করে বালখিল্য আদি মুনিগণ।
মারীচ উদ্দেশে তথা চলিল রাবণ॥
যথা তপ করে সে মারীচ নিশাচর।
রথে চাপি তথা গেল রাজা লঙ্কেশ্বর॥
মারীচ আসিল ভয়ে রাবণেরে দেখি।
সর্প যেন ভীত হয় গরুড় নিরখি॥
ত্রাস পায় লোক যেন যম দরশনে।
পাইল মারীচ ত্রাস দেখিয়া রাবণে॥

রাবণ বলিল তুমি মারীচ ! প্রধান ।
লঙ্কায় না দেখি পাত্র তোমার সমান ॥
অযুত হস্তীর বল তোমার শরীরে ।
দেবতা গন্ধর্ব সদা ভীত তব ডরে ॥
বড় দুঃখে আসিলাম তোমার গোচর ।
সাগর লঙ্ঘিয়া আসি বনের ভিতর ॥
দণ্ডকারণ্যেতে ছিল যত নিশাচর ।
সবাকারে সংহারিল রাম একেশ্বর ॥
ত্রিশিরা দূষণ খর আদি যত ভাই ।
সবারে মারিল রাম আর কেহ নাই ॥
সূর্পণখা ভগিনীর কাটে নাক-কান ।
হইয়া মনুষ্য-কীট করে অপমান ॥
আপনি রাবণ আমি পুত্র মেঘনাদ ।
ঘটাইল ক্ষুদ্র রাম এতেক প্রমাদ ?
না করি ইহার যদি আমি প্রতীকার ।
ত্রিলোকের আধিপত্য বিফল আমার ॥
আজি লইলাম আমি তোমার শরণ ।
পাত্রকার্য্য কর পাত্র ! শুনহ বচন ॥
শুনি তার পরমা সুন্দরী এক নারী ।
তার রূপ-গুণ আমি কহিতে না পারি ॥
তাহারে হরিব করি তোমারে সহায় ।
শুনিয়া মারীচ কহে করি হায় হায় ॥
অবোধ রাবন ! এ কি তোমার যুকতি ।
কে দিল এ কুমন্ত্রণা তোমারে সংপ্রতি ?
প্রাণাধিক রামের সে জানকী সুন্দরী ।
হরিলে তাঁহারে কি রহিবে লঙ্কাপুরী ?
রাম সহ বিবাদে যাইবে যমপুরী ।
শ্রীরামের নিকটে না খাটিবে চাতুরী ॥
কুম্ভকর্ণ বিভীষণ হইবে বিনাশ ।
মরিবে কুমারগণ হবে সর্ব্বনাশ ॥

লঙ্কাপুরী মনোহরা নাহিক উপমা ।
সৃষ্টি নষ্ট না করিও চিত্তে দেহ ক্ষমা ॥
করযোড়ে লঙ্কানাথ ! করি হে মিনতি ।
ক্ষমা কর রক্ষা কর লঙ্কার বসতি ॥
আনহ যদ্যপি সীতা করহ বিবাদ ।
সবাকার উপরেতে পড়িবে প্রমাদ ॥
কুমন্ত্রীর বচনেতে রাজলক্ষ্মী ত্যজে ।
সুমন্ত্রী মন্ত্রণা দিলে লক্ষ্মী তারে ভজে ॥
যেমন ছুটিলে হস্তী না রহে অঙ্কুশে ।
লঙ্কাপুরী তেমনি মজিবে তব দোষে ॥
বিদিত রামের গুণ আছে সর্ব্বলোকে ।
প্রাণ দিল দশরথ রাম-পুত্রশোকে ॥
সীতা বিনা রামের না যায় অন্যে মন ।
সীতার শ্রীরামপদে মন সমর্পণ ॥
কুমার তোমার সব থাকুক কুশলে ।
জ্ঞাতি পাত্র তোমার থাকুক কুতুহলে ॥
বহু ভোগ করিবে হইবে চিরজীবী ।
আনিতে না কর মনে শ্রীরামের দেবী ॥
রাম বিনা সীতাদেবী অন্যে নাহি ভজে ।
তবে তারে রাবণ হরিবে কোন্ কাজে ?
পরস্ত্রী দেখিলে তুমি বড় হও সুখী ।
সবংশে মরিবে রাজা ! অন্যথা না দেখি ॥
রাজা বলে মারীচ ! হরিণ হও তুমি ।
প্রবঞ্চিয়া রামেরে হরিব সীতা আমি ॥
মৃগবেশে যাব যদি আমি তাঁর কাছে ।
আগেতে আমার মৃত্যু তব মৃত্যু পাছে ॥
কার্য্যসিদ্ধি না হইবে পড়িবে সঙ্কটে ।
অপরাধ না করিও রামের নিকটে ॥
পরিণাম ভাল মন্দ বিভীষণ জানে ।
জিজ্ঞাসা করিও সেই ভাই বিভীষণে ॥

ধার্ম্মিক ত্রিজটা আছে বুদ্ধিতে পণ্ডিতা।
যদি বলে আনিতে সে তবে আন সীতা॥
নহেন মনুষ্য রাম নিজে নারায়ণ।
নতুবা অন্যের কার এত পরাক্রম?
মনে না করিও সূর্পণখার অবস্থা।
মরিল রাক্ষস বহু তাহাতে কি আস্থা?
দূষণ-ত্রিশিরাবধে না ভাবিও দুখ।
আপনি বাঁচিলে হে ভুঞ্জিবে কত সুখ॥
চতুর্দ্দশ সহস্র রাক্ষস যেই মারে।
সবংশে মরিবে রাজা! রাগালে তাহারে॥
তোমার বিক্রম জানি শুন লঙ্কেশ্বর।
শ্রীরামে তোমায় দেখি অনেক অন্তর॥
আপন বিক্রম তুমি বাখান আপনি।
তোমা হেন লক্ষ লক্ষ জিনে রঘুমণি॥
ছাড়িলাম ভার্য্যা পুত্র স্বর্ণ-লঙ্কাপুরী।
তপস্বী হইয়া তবু শ্রীরামেরে ডরি॥
তথাপি তোমার স্থানে নাহিক এড়ান।
পাঠাও রামের কাছে নাশিতে পরাণ॥
আমার বচন তুমি শুন লঙ্কেশ্বর!
সীতা-লোভ ছাড়িয়া চলিয়া যাও ঘর॥
যত বলে মারীচ রাবণ তত রোষে।
রচিল অরণ্যকাণ্ড দ্বিজ কৃত্তিবাসে॥

মারীচের সুমন্ত্রণা প্রদান।

ঔষধ না খায় যার নিকট মরণ।
যত বলে মারীচ তা না শুনে রাবণ॥
রুষিয়া রাবণ কহে মারীচের প্রতি।
কুবুদ্ধি ঘটিল তোর শুনরে দুর্ম্মতি!
নরের গৌরব রাখ মন্দ বল মোরে।
আমি তোরে মারিলে কে কি করিতে পারে?
আমার প্রতাপে সদা কম্পিতা মেদিনী।
মনুষ্যের কিবা কথা দেব-দৈত্যে জিনি॥
আসিলাম তোর কাছে কর তিরস্কার।
আমার সম্মুখে মনুষ্যের পুরস্কার?
বলবুদ্ধিহীন রাম হয় নরজাতি।
নিশাচর কুলে তুমি রাখিলে অখ্যাতি?
নিষেধ করেন যদি দেব পঞ্চানন।
তথাপি আনিব সীতা না হবে খণ্ডন॥
রামেরে লইয়া যাও দূরে ভাণ্ডাইয়া।
শূন্য ঘর পেয়ে সীতা আনিব হরিয়া॥
আমার সহিত যাবে তোমার কি ভয়?
যুদ্ধ না করিব আমি দেখিবে নিশ্চয়॥
মারীচ শুনিয়া তাহা বলিল বচন।
সীতারে আনিলে হবে সবংশে মরণ॥
হরেছ অনেক নারী পেয়েছ নিস্তার।
না দেখি নিস্তার সীতা হরিলে এবার॥
পুত্র মিত্র একত্র বান্ধব পরিবার।
এইবার সবাকার হইবে সংহার॥
এক স্ত্রী আনিয়া মজাইবে যত নারী।
এই লোভ ছাড়িয়া চলহ লঙ্কাপুরী॥
সাগরের দর্প কর সাগর কি করে।
সবংশে তোমারে রাম ডুবাবে সাগরে॥
আগেতে মরিব আমি রাম দরশনে।
পশ্চাৎ মরিবে তুমি পরে পুরীজনে॥
শ্রীরাম-লক্ষ্মণেরে ভাণ্ডাব কি মায়ায়।
না দেখি উপায় কিছু ঠেকিলাম দায়॥
আমার মায়ায় রাম যদি ছাড়ে ঘর।
একা না রহিবে রাম থাকিবে দোসর॥
যে ঘরে থাকিবে বীর সুমিত্রানন্দন।
সে ঘরে প্রবেশ করে হেন কোন্ জন?

যাহা ইচ্ছা কর তুমি শুন লঙ্কেশ্বর।
না করো সীতার চেষ্টা চলি যাও ঘর ॥
হরিতে গেলাম সীতা না হরিনু তায়।
দেশে গিয়া এই কথা জানাও সবায় ॥
যদি সীতা আনিতে নিতান্ত কর মন।
পরিণামে মম কথা করিবে স্মরণ ॥
রাজা পাত্র করে যুক্তি হয়ে একমতি।
রথে চাপি উত্তরেতে চ.ল শীঘ্রগতি ॥
ফুলিয়ার কৃত্তিবাস গায় সুধাভাণ্ড।
রাবণেরে মজাইতে বিধাতার কাণ্ড ॥

মারীচের মৃগরূপ-ধারণ।

তিন কাণ্ড পুথি গেল শ্রীরাম-মাহাত্ম্য।
আর তিন কাণ্ড শুন রাবণ-চরিত ॥
সূর্পণখা বলে, ভাই! এই পঞ্চবটী।
এই স্থানে কাটা গেল নাক কান দুটি ॥
রাবণ চড়িয়া রথে চলিল গগনে।
রথ হ'তে ভূমিতে নামিল দুই জনে ॥
মারীচের করে ধরি কহে লঙ্কেশ্বর ;—
মৃগরূপ ধর তুমি দেখিতে সুন্দর ॥
মৃগরূপ ধরিল মারীচ নিশাচরে।
বিচিত্র সুচিত্র তার সুবর্ণ শরীরে ॥
নবনীত সদৃশ কোমল কলেবর।
শ্বেতবর্ণ চারি খুর দেখিতে সুন্দর ॥
দুই শৃঙ্গে তার যেন প্রবাল প্রস্তর।
সোনার বিম্বকি গলে যেন নিশাকর ॥
ত্রৈলোক্য জিনিয়া স্বর্ণমৃগ মনোহর।
দুই ওষ্ঠ শোভে তাহে যেন দিবাকর ॥
স্থানে স্থানে রাঙ্গা মধ্যে কজ্জলের রেখা।
রাঙ্গা জিহ্বা মিলে যেন বিজলী-ঝলকা ॥
লোমাবলি দেখি যেন মুকুতার জ্যোতি।
দুই চক্ষু জ্বলে যেন রতনের বাতি।
নানা মায়া ধরে দুষ্ট মায়ার পুতুলি।
রত্নের কিরণ কিংবা শোভিছে বিজলী ॥
মৃগরূপ দেখিয়া রাবণ রাজা হাসে।
গাহিল অরণ্যকাণ্ড গীত কৃত্তিবাসে ॥

মায়ামৃগরূপধারী মারীচ-বধ।

বনমধ্যে লুকাইয়া রহিল রাবণ।
আলো করি মায়ামৃগ করিল গমন ॥
দেখিয়া আপন মূর্ত্তি আপনি উলটে।
চলিতে চলিতে গেল রামের নিকটে ॥
রাম সীতা বসিয়া আছেন দুই জন।
সেইখানে মৃগ গিয়া দিল দরশন ॥
রাক্ষস-বংশের ধ্বংস করিবার তরে।
ডুবাইতে জানকীরে বিপদ-সাগরে ॥
দেবগণে বিপদে করিতে পরিত্রাণ।
বিধাতা করিল হেন মৃগের নির্ম্মাণ।
রামেরে বলেন সীতা মধুর বচন।
অনুমতি যদি হয় করি নিবেদন ॥
এই মৃগচর্ম্ম যদি দাও ভালবাসি।
কুটীরে কৌতুকে প্রভো! বিছাইয়া বসি।
এতেক শুনিয়া রাম সীতার বচন।
ডাক দিয়া লক্ষ্মণেরে বলেন তখন ;—
অদ্ভুত হরিণ ভাই! দেখ বিদ্যমান।
অপূর্ব্ব সুন্দর রূপ কাহার নির্ম্মাণ ॥
দুই পাশে শোভা করে চন্দ্রের মণ্ডলী।
ধবল কিরণ যেন গায়ে লোমাবলী ॥
রাঙ্গা জিহ্বা মেলে যেন অগ্নি হেন দেখি।
আকাশের তারা যেন শোভে দুই আঁখি।

দুই শৃঙ্গ অগ্র দেখি প্রবালের বর্ণ।
রূপে আলো করিতেছে রম্য দুই কর্ণ॥
জানকী চাহেন এই হরিণের চর্ম।
বুঝ দেখি লক্ষ্মণ! ইহার কিবা মর্ম॥
লক্ষ্মণ মৃগের রূপ করি নিরীক্ষণ॥
রামের বলেন কিছু প্রবোধ-বচন;—
মায়াবী রাক্ষস শুনিয়াছি মুনি-মুখে।
পাতিয়া মায়ার ফাঁদ আপনার সুখে॥
রূপে ভুলাইয়া আগে মন সবাকার।
বনে গিয়া রক্তমাংস করিবে আহার॥
নানা মায়া ধরে দুষ্ট মায়ার পুত্তল।
বিপদে ফেলিতে পারে ঘোর মায়াজাল॥
অবশ্য রাক্ষস আছে সহিত ইহার।
নতুবা না দেখি হেন মৃগের সঞ্চার॥
ভালমতে ইহা আগে করিব নির্ণয়।
মারীচের মায়া কি স্বরূপ মৃগ হয়॥
লক্ষ্মণ সুবুদ্ধি অতি বুদ্ধি নাহি টুটে।
নানা যুক্তি বলিলেন ছিল যত ঘটে॥
লক্ষ্মণের বচনে কহেন রঘুবীর।
মারীচ আসিল কিসে কর ভাই! স্থির॥
যদ্যপি মারীচ হয় ব্রহ্মবধী পাপী।
মারিব তাহারে যেন অগস্ত্য বাতাপি॥
সে না হয়ে যদ্যপি রাক্ষস অন্য জন।
মারিয়া করিব নিষ্কণ্টক তপোবন॥
রাক্ষস না যদি হয় মৃগজাতি।
রত্ন মৃগ ধরিলে পাইব মন-প্রীতি॥
ধরিতে না পারি যদি মারিব পরাণে।
মৃগচর্ম লইয়া আসিব এইখানে॥
যাবৎ মারিয়া মৃগ নাহি আসি ঘরে।
তাবৎ করহ রক্ষা লক্ষ্মণ! সীতারে॥
আমার বচন কভু না করিও আন।
প্রমাদ না পড়ে যেন হবে সাবধান॥
বৃক্ষ-আড়ে থাকিয়া রাবণ সব শুনে।
মনে ভাবে জানকীরে হরিব এক্ষণে॥
শ্রীরাম করেন সজ্জা হাতে ধনুঃশর।
যান মৃগ মারিতে লক্ষ্মণে রাখি ঘর॥
শ্রীরামেরে দেখিয়া মারীচ ভাবে মনে।
পলাইয়া গেলে মোরে মারিবে রাবণে॥
আমারে মারিবে রাম নতুবা রাবণ।
আমার কপালে আজি অবশ্য মরণ॥
বরঞ্চ রামের হাতে মরণ মঙ্গল।
রাবণের হাতে মৃত্যু নরক কেবল॥
মারীচ শঙ্কিত হয়ে যায় ধীরে ধীরে।
আগে ধায় পিছে ধায় চায় ফিরে ফিরে॥
ক্ষণে যায় ক্ষণে চায় ক্ষণে হয় দূর।
নানা রঙ্গে চলে মৃগ মায়ার প্রচুর॥
ক্ষণেক নিকটে যায় ক্ষণেক অন্তরে।
শ্রীরাম নিকটে গেলে সে পলায় দূরে॥
প্রাণে মরিবেক মৃগ না মারেন বাণ।
নিকটে পাইলে মৃগ ধরি দুই কান॥
এমন চিন্তিয়া রাম বুঝেন কারণ।
বাস্তবিক মৃগ নহে হবে দুষ্ট জন॥
ক্ষণে অদর্শন হয় ক্ষণে মৃগ দেখি।
মায়ারূপ ধরিয়াছে মারীচ পাতকী॥
ঐষীক বিশিখ রাম পূরেন সন্ধান।
মারীচের বুকে বাজে বজ্রের সমান॥
বেদনায় মারীচ সে পড়িল অন্তরে।
রাক্ষসের মূর্তি ধরি হাহাকার করে॥
তখন মারীচ করে রাবণের হিত।
রামের ডাকের তুল্য ডাকে আচম্বিত॥

আইস লক্ষ্মণ ভাই ! কর পরিত্রাণ।
রাক্ষস মিলিয়া ভাই ! লয় মোর প্রাণ ॥
মারীচ ভাবিল ইহা ডাকিলে এমনি।
রামের বচন মানি আসিবে এখনি ॥
লক্ষ্মণ লক্ষ্মণ বলি ডাকে উচ্চৈঃস্বরে।
শুনিয়া রামের হয় কম্প কলেবরে ॥
মারীচেরে সংহারিয়া বাণ লয়ে হাতে।
সীতার নিকটে রাম চলেন ত্বরিতে ॥

রাবণ কর্ত্তৃক সীতাহরণ।

দূরেতে রাক্ষস করে রামতুল্য ধ্বনি।
রাক্ষসের মায়ায় রামের শব্দ শুনি ॥
হেথা শুনিলেন সীতা করুণ বচন।
বলিলেন শীঘ্র যাও দেবর লক্ষ্মণ !
আর্ত্তস্বরে শ্রীরাম যে ডাকেন তোমারে।
দেখ গিয়া তাঁরে কোন রাক্ষসেতে মারে ॥
লক্ষ্মণ বলেন, নাই শ্রীরামের ভয়।
মৃগ মারি আসিবেন কিসের বিস্ময় ?
শ্রীরামের মুখে নাই কাতর বচন।
এত ব্যস্ত হও মাতা ! কিসের কারণ ?
রামেরে মারিতে পারে আছে কোন্ জন।
তুমি কি জান না মাতা ! ধনুক-ভঞ্জন ?
রামের বচন মাতা ! আমি নাহি শুনি।
প্রাণ গেলে রামের কাতর নহে বাণী ॥
কারে রাখি তোমার নিকটে কেবা রহে।
শূন্য ঘরে থাকা তব উপযুক্ত নহে ॥
তাহা না মানেন সীতা হয়ে উতরোলী।
শিরে ঘা হানেন সীতা দেন গালাগালি ॥
বৈমাত্রেয় ভাই কভু নহে ত আপন।
আমা প্রতি লক্ষ্মণ ! তোমার বুঝি মন ?
ভরত লইল রাজ্য তুমি লবে নারী।
ভরতের সনে তব আছে ভারীভুরী ॥
মনের বাসনা কি সাধিবে এই বেলা।
আমার আশাতে কি রামেরে কর হেলা ?
অপর পুরুষে যদি যায় মম মন।
গলায় কাটারি দিয়া ত্যজিব জীবন ॥
লক্ষ্মণ ধার্ম্মিক অতি মনে নাহি পাপ।
সকলেরে সাক্ষী করে পেয়ে মনস্তাপ ॥
জলচর স্থলচর অন্তরীক্ষচর।
সবে সাক্ষী হও সীতা বলে দুরক্ষর ॥
প্রবোধ না মানে সীতা আরও বলে রোষে।
আজি মজিবেক সীতা আপনার দোষে ॥
গণ্ডি দিয়া বেড়িলেন লক্ষ্মণ সে ঘর।
প্রবেশ না করে কেহ ঘরের ভিতর ॥
স্বয়ং বিষ্ণু রঘুনাথ তাঁর পত্নী সীতা।
শূন্য ঘরে রাখি ওহে সকল দেবতা ॥
আমারে বিদায় দাও সীতা ঠাকুরাণি !
আর কিছু না বলিও দুরক্ষর বাণী ॥
শিরে ঘা হানেন সীতা নেত্র-জলে তিতে।
সীতা প্রণমিয়া যান লক্ষ্মণ ত্বরিতে ॥
হইল বিমুখ বিধি চলেন লক্ষ্মণ।
থাকিয়া বৃক্ষের আড়ে দেখিছে রাবণ ॥
এতক্ষণে রাবণের সিদ্ধ অভিলাষ।
তপস্বীর বেশ ধরি যায় সীতা-পাশ।
ভিক্ষাঝুলি করি স্কন্ধে করে ধরে ছাতি।
সকল বসন রাঙ্গা ধরে নানা গতি ॥
পরমা সুন্দরী সীতা বচন মধুর।
তাঁর রূপ দেখিয়া রাবণ কামাতুর ॥
রাবণ মধুর-বাক্যে সীতারে সম্ভাষে ;—
কোন্ জাতি নারী তুমি থাক কোন্ দেশে ?

কাহার ঝিয়ারী তুমি কার প্রিয়তমা ?
মনুষ্য নহে ত তুমি সোনার প্রতিমা ॥
সুললিত দুই স্তন শোভা করে হারে।
উত্তম বসন শোভে তোমার শরীরে ॥
বিষম দণ্ডক-বনে হিংস্র ব্যাঘ্র বৈসে।
এমন সুন্দরী থাক কেমন সাহসে ?
পরিচয় দেন সীতা তপস্বীর জ্ঞানে।
অমৃত সেচিল যেন মধুর-বচনে ॥
জনকনন্দিনী আমি নাম ধরি সীতা।
দশরথ পুত্রবধূ রামের বনিতা ॥
রহ দ্বিজ! ফল আনি দিবেন লক্ষ্মণ।
সেই ফল দিব তুমি করিও ভক্ষণ ॥
অতিথিরে ভক্তি রাম করেন যতনে।
বড় প্রীতি পাইবেন তোমা দরশনে ॥
জিজ্ঞাসি তোমারে মুনি! কোথা তব ঘর।
কি জাতি কি নাম ধর ভিক্ষা কেন কর ?
এতেক বলেন সীতা তপস্বীর জ্ঞানে।
নিজ পরিচয় দেয় রাজা দশাননে ॥
জ্যেষ্ঠ ভাই কুবের ধনের অধিকারী।
এই বনে বহুকাল আমি তপ করি ॥
রাবণ আমার নাম জানে মুনিগণে।
বড় প্রীতি পাইলাম তোমা দরশনে ॥
ফল-মূল দিয়া করি উদর পূরণ।
গৃহস্থের ঘরে গেলে করায় ভোজন ॥
তোমার সহিত আজি অপূর্ব্ব দর্শন।
ভিক্ষা দিলে যাই চ'লে নিজ নিকেতন ॥
হইল অনেক বেলা কর যে বিধান।
তোমার পুণ্যেতে গিয়া করি স্নানদান ॥
শ্রীরামের আসিতে বিলম্ব বহু দেখি।
হইল স্নানের বেলা দেখ চন্দ্রমুখি!

জানকী বলেন দ্বিজ! করি নিবেদন।
পঞ্চ ফল ঘরে আছে করহ ভক্ষণ ॥
রাবণ বলিল, সীতা! ব্রত করি বনে।
আশ্রমে না লব ভিক্ষা জানে মুনিগণে ॥
জানকী বলেন, দ্বিজ! এক কথা কহি।
প্রভু-আজ্ঞা বিনা ঘরের বাহির নহি ॥
রাবণ বলেন, ভিক্ষা আনহ সত্বর।
নতুবা উত্তর দাও যাই নিজ ঘর ॥
জানকী বলেন ব্যর্থ অতিথি যাইবে।
ধর্ম্ম কর্ম নষ্ট হবে প্রভু কি বলিবে ?
বিধির নির্ব্বন্ধ কভু না হয় অন্যথা।
বিধির লিখনমত ঘটিবেক তথা ॥
ফল হাতে বাহির হইলেন জানকী।
লইতে আসিল দুষ্ট রাবণ পাতকী ॥
ধরিয়া সীতার হাত লইল ত্বরিত।
জানকী বলেন, হায়! এ কি বিপরীত ?
দুরাচার দূর হ রে পাপিষ্ঠ দুর্জ্জন!
আমা লাগি হবে তোর সবংশে মরণ ॥
রাবণ বলিল সীতা! শুনহ বচন।
আত্মপরিচয় কহি আমি দশানন ॥
রাক্ষসের রাজা আমি লঙ্কা নিকেতন।
কুড়ি হাত কুড়ি চক্ষু দশটি বদন ॥
তপস্বীর বেশ ধরি আসি তপোবন।
অনুগ্রহ কর মোরে আমি দাসজন ॥
ইন্দ্রের অমরাবতী জিনি লঙ্কাপুরী।
জগৎ-দুর্লভ ঠাঁই দেখিবে সুন্দরি ॥
তোমার সৌন্দর্য্য আমি বড় ভালবাসি।
অন্য যত মহিষী তোমার হবে দাসী ॥
সর্ব্বোপরি তোমাকে করিব ঠাকুরাণী।
তুমি অন্ন দিলে পাবে অপর ঘরণী ॥

হইবে তোমার পূজা বাড়িবে সম্মান।
সুবর্ণ-মাণিক্য সব রবে তব স্থান॥
করিয়া রামের সেবা জন্ম গেল দুঃখে।
করিলে আমার সেবা রবে নানা সুখে॥
ত্রিভুবন আমার বাণেতে কম্পমান।
মনুষ্য রামেরে আমি করি কীটজ্ঞান॥
অল্পবুদ্ধি সে রামের অত্যল্প জীবন।
যুগে যুগে চিরজীবী আমি দশানন॥
সীতে! তুমি সুন্দরী লাবণ্য আর বেশে।
তোমা হেন সুন্দরী আমাকে অভিলাষে॥
কোপান্বিতা সীতাদেবী রাবণ-বচনে।
রাবণেরে গালি দেন যত আসে মনে॥
অধার্ম্মিক অগণ্য অধম দুরাচার।
করিবেন রাম তোরে সবংশে সংহার॥
শ্রীরাম কেশরী তুই শৃগাল যেমন।
কি সাহসে তাঁহারে বলিস্ কুবচন॥
বিষ্ণু-অবতার রাম তুই নিশাচর।
রাম আর তোরে দেখি অনেক অন্তর॥
যদি রাম থাকিতেন অথবা লক্ষ্মণ।
করিতিস কেমনে এ দুষ্ট আচরণ?
একাকিনী পাইয়া আমারে বনমাঝ।
হরিলি আমারে দুষ্ট! নাহি তোর লাজ?
করে দুষ্ট কুড়ি পাটি দন্ত কড়মড়ি।
জানকী কাঁপেন যেন কলার বাগুড়ি॥
প্রকাশে রাক্ষস-মূর্ত্তি অতি ভয়ঙ্কর।
অধিক তর্জ্জন করে রাজা লঙ্কেশ্বর॥
কি গুণে রামের প্রতি মজে তব মন?
বল্কল পরিয়া সে বেড়ায় বনে বন॥
দেখিবে কেমন করি তোমার পালন।
তাহা শুনি জানকীর উড়িল জীবন॥

জানকী বলেন আরে পাতকী রাবণ!
আপনি মজিলি দুষ্ট! আমার কারণ॥
দৈবের নির্ব্বন্ধ কভু না হয় খণ্ডন।
নতুবা এমন কেন হবে সংঘটন?
যিনি জনকের কন্যা রামের কামিনী।
যাঁহার শ্বশুর দশরথ নৃপমণি॥
আপনি ত্রিলোকমাতা লক্ষ্মী-অবতার।
তাঁহারে রাক্ষসে হরে অতি চমৎকার॥
ত্রাসেতে কাঁদেন সীতা হইয়া কাতর।
কোথা গেলে প্রভু রাম গুণের সাগর॥
সিংহের বিক্রম সম দেবর লক্ষ্মণ!
শূন্যঘর পেয়ে মোরে হরিল রাবণ॥
তুমি যাহা বলিলে হইল বিদ্যমান।
শীঘ্র এস দেবর! করহ পরিত্রাণ॥
অত্যন্ত চিন্তিয়া সীতা করেন রোদন।
এমন সময় রক্ষা করে কোন্ জন?
সীতারে ধরিয়া রথে তুলিল রাবণ।
মেঘের উপরে শোভে চপলা যেমন॥
বিপদে পড়িয়া সীতা ডাকেন শ্রীরাম।
চক্ষু মুদি ভাবেন সে দূর্ব্বাদলশ্যাম॥
সীতা লয়ে রাবণ পলায় দিব্যরথে।
রাম এল বলিয়া দেখেন চারিভিতে॥
জানকী বলেন, শুন যত দেবগণ!
প্রভুরে কহিও সীতা হরিল রাবণ॥
হায় বিধি! কি করিলে ফেলিলে বিপাকে।
এমন না দেখি বন্ধু সীতারে যে রাখে॥
বনের ভিতর যত আছে বৃক্ষলতা।
রামেরে কহিও গেল তাঁহার বনিতা॥
মধুর-বচনে যত বুঝায় রাবণ।
শোকেতে জানকী তত করেন রোদন॥

আগে যদি জানিতাম এ রাক্ষস বীর।
তবে কেন হব আমি গণ্ডীর বাহির?
হায় কেন লক্ষ্মণেরে দিলাম বিদায়।
লক্ষ্মণ থাকিলে কি ঘটিত হেন দায়॥
রাবণ বলিল সীতা! ভাব অকারণ।
পাইলে এমন রত্ন ছাড়ে কোন্ জন॥
জানকী বলেন শুন দুষ্ট নিশাচর।
অল্পায়ু হইয়া তুই যাবি যমঘর॥
কুপিল রাবণ রাজা সীতার বচনে।
চালাইল রথখান ত্বরিত-গমনে॥

জটায়ুর সহিত রাবণের যুদ্ধ

জটায়ু নামেতে পক্ষী গরুড়নন্দন।
দূর হ'তে শুনিল সে সীতার ক্রন্দন॥
আকাশে উঠিয়া পক্ষী চতুর্দ্দিকে চায়।
দেখিল রাবণ রাজা সীতা লয়ে যায়॥
ত্রিভুবনে যত বীর পক্ষীর গোচর।
দেখিয়া চিনিল পক্ষী রাজা লঙ্কেশ্বর॥
দুই পাখা প্রসারিয়া আগুলিল বাট।
রাবণেরে গালি দিয়া মারে পাখসাট॥
ডাক দিয়া বলে পক্ষী শুন নিশাচর!
সীতা লয়ে যাস্ কোন পাপী দুরাচার?
কোন্ দোষে হরিলি রে রামের সুন্দরী?
রঘুনাথ নাহি হিংসে তোর লঙ্কাপুরী॥
সূর্পণখা গিয়াছিল রমণের সাধে।
নাক-কান কাটা গেল সেই অপরাধে॥
দশরথ রাজা বড় ধর্ম্মেতে তৎপর।
পুত্রবধূ হরিলি তাঁহার নাহি ডর?
কি কব হয়েছি বৃদ্ধ ঠোঁট হৈল ভোঁতা।
নতুবা ফলের মত ছিঁড়িতাম মাথা॥
পাখসাট মারে পক্ষী আর দেয় গালি।
রাবণের সঙ্গে যুদ্ধ করে মহাবলী॥
আকাশে উঠিয়া দেখে রাম বহু দূর।
আঁচড়ে কামড়ে তার রথ হ'ল চুর॥
আকশে উঠিয়া পক্ষী ছোঁ দিয়া সে পড়ে।
রাবণের পৃষ্ঠমাংস থাকে থাকে ফাড়ে॥
ছিঁড়িল ঠোঁটের ঘায় সারথির মুণ্ড।
রথধ্বজ ভাঙ্গিয়া করিল খণ্ড খণ্ড॥
অতি ব্যস্ত দশানন জ্বলে ক্রোধানলে।
রথ হ'তে সীতারে রাখিল ভূমিতলে॥
ভূমে রাখি সীতারে সে উঠিল আকাশে।
সংবরেন বস্ত্র সীতা পলায়ন আশে॥
পলাইতে চান সীতা নাহি পান পথ।
চতুর্দ্দিকে মহাবন-বেষ্টিত পর্ব্বত॥
ভয়েতে কাঁদেন সীতা করিয়া ব্যগ্রতা।
অন্তরীক্ষে হাহাকার করেন দেবতা॥
যুঝে পক্ষিরাজ কিন্তু অন্তরেতে ত্রাস।
বৃক্ষডালে বৈসে তার ঘন বহে শ্বাস॥
বলহীন পক্ষিরাজে দেখিয়া রাবণ।
মায়া করি রথখান করিল সাজন॥
আরবার রাবণ সীতারে তোলে রথে।
চলিল সে মহাবলী পূর্ণ-মনোরথে॥
আরবার জটায়ু সাহসে করে ভর।
মহাযুদ্ধ করে পক্ষী অতি ঘোরতর॥
রাবণ বলিল, পক্ষি! শুনহ বচন।
পর লাগি প্রাণ কেন দেহ অকারণ?
অতঃপর পক্ষিরাজ! নিজ প্রাণ রক্ষ।
যাবৎ তোমার নাহি কাটি দুই পক্ষ॥
দুই জনে ঘোর-রবে হৈল গালাগালি।
দুই জনে যুদ্ধ করে দোঁহে মহাবলী॥

অঙ্কুশ না মানে মত্ত মাতঙ্গ যেমন।
কেহ কারে করিতে নারিল নিবারণ ॥
রাবণের মুকুট সে রত্নেতে নির্ম্মাণ।
ঠোঁট দিয়া পক্ষী তাহা করে খান খান ॥
পূর্ব্বপুণ্যে রাবণের রহে দশ মাথা।
শিবের প্রসাদে তাহা না হয় অন্যথা ॥
কিন্তু কেশ ছিঁড়িয়া করিল খণ্ড খণ্ড।
নিষ্কেশ হইল রাবণের দশ মুণ্ড ॥
পক্ষিযুদ্ধে তাহার হইল অপমান।
ধরিয়াছে সীতারে কেমনে ছাড়ে বাণ?
আরবার সীতারে রাখিল ভূমিতলে।
রথ শুদ্ধ রাবণ উঠিল নভঃস্থলে ॥
বত্রিশ হাজার বাণ রাবণ এড়িল।
সর্ব্বাঙ্গে ফুটিয়া পক্ষী কাতর হইল ॥
দুর্জ্জয় রাবণ রাজা ত্রিভুবন জিনে।
কি করিতে পারে তারে পক্ষীর পরাণে
রামের অপেক্ষা করি রহে পক্ষিবর।
প্রাণপণে যুঝিল সাহসে করি ভর ॥
রাবণ দেখিল পক্ষী বলে নাহি টুটে।
অর্দ্ধচন্দ্র বাণে তার দুই পাখা কাটে ॥
ভূমিতে পড়িয়া পক্ষী করে ছট্‌ফট্‌।
আসিয়া কহেন সীতা পক্ষীর নিকট ॥
আমা লাগি শ্বশুর হারালেন জীবন।
রাবণের হাতে আছে আমার মরণ ॥
আমার হইল জন্ম রাবণকারণ।
আর না পাইব শ্রীরামের দরশন ॥
যাবৎ না দেখা পান শ্রীরাম-লক্ষ্মণ।
তাবৎ কহিবে তুমি সব বিবরণ ॥
প্রভুরে দেখহ যদি বনের ভিতর।
বলিও তোমার সীতা নিল লঙ্কেশ্বর ॥
সাগরের পার ঘর বৈসে লঙ্কাপুরী।
অন্তরীক্ষে লয়ে গেল তোমার সুন্দরী ॥
জটায়ু বলেন, সীতা! নাহি মোর হাত।
যত যুদ্ধ করিলাম দেখিলে সাক্ষাৎ ॥
আমার বচন শুন না কর ক্রন্দন।
তোমারে উদ্ধারিবেন শ্রীরাম-লক্ষ্মণ ॥
উভয়ের কথা শুনি দশানন হাসে।
রথ দেখি জানকী কাঁপেন মহাত্রাসে ॥
পুনর্ব্বার সীতারে তুলিল রথোপরে।
সীতার বিলাপ শুনি পাষাণ বিদরে ॥
অকূল পাথারে সীতা নাহি পান কূল।
অতি কৃশা দীনবেশা কাঁদিয়া আকুল ॥
সীতার বিলাপ কত লিখিবে লেখনী।
গরুড়ের মুখে যেন পড়িল সাপিনী ॥
সীতা যত গালি দেন রাবণ না শুনে।
রথে চড়ি বায়ুবেগে উঠিল গগনে ॥
রাবণ পাখীর যুদ্ধে হৈল লণ্ডভণ্ড।
কি জানি আসিয়া রাম কাটিবেন মুণ্ড ॥
এই ভয়ে রাবণ পলায় উর্দ্ধশ্বাসে।
তার সহ যাইতে না পারিল বাতাসে ॥
রামে জানাইতে সীতা ফেলেন ভূষণ।
সীতার ভূষণ-পুষ্পে ছাইল গগন ॥
আভরণ গলার ফেলেন সীতাদেবী।
সে ভূষণে সুশোভিত হইল পৃথিবী ॥
ছিঁড়িয়া ফেলেন মণি-মুক্তার সে ঝারা।
হিমালয়-শৈলে যেন বহে গঙ্গাধারা ॥
শ্রীরাম বলিয়া সীতা করেন ক্রন্দন।
অন্তরীক্ষে হাহাকার করে দেবগণ ॥
জানকী বলেন, কোথা শ্রীরাম-লক্ষ্মণ।
এ অভাগিনীকে দেখা দেহ এইক্ষণ ॥

ঋষ্যমূক নামে গিরি অতি উচ্চতর।
চারি পাত্র সহিত সুগ্রীব তদুপর ॥
নল নীল গবাক্ষ ও পবননন্দন।
জাম্বুবান সুগ্রীব বসেছে পাঁচ জন ॥
পক্ষী যেন বসিয়াছে পর্ব্বতের মাঝ।
ডাকিয়া বলেন সীতা শুন মহারাজ!
শ্রীরামের নারী আমি সীতা নাম ধরি।
গায়ের ভূষণ ফেলে গলার উত্তরী ॥
শ্রীরামের সনে যদি হয় দরশন।
তাঁহাকে কহিও সীতা হরিল রাবণ ॥
হেনকালে সুগ্রীবেরে কহে হনূমান্।
সীতা রাখী রাবণের করি অপমান ॥
এই যুক্তি দশানন শুনিল আকাশে।
সীতা লয়ে পলাইল দশানন ত্রাসে ॥
সীতা লয়ে দক্ষিণেতে চলিল রাবণ।
দৈবে পথে সুপার্শ্বের সহ দরশন ॥
সম্পাতির নন্দন সুপার্শ্ব নাম তার।
বিন্ধ্যাচলে থাকি ভক্ষ্য যোগায় পিতার ॥
জটায়ুর ভ্রাতুষ্পুত্র সম্পাতিনন্দন।
সে না জানে জটায়ুরে মারিল রাবণ ॥
জটায়ুর মরণ সুপার্শ্ব যদি জানে।
রাবণেরে মারিত সেদিন সেই ক্ষণে ॥
শূকর মহিষ হস্তী যত পায় বনে।
সহস্র সহস্র জন্তু ঠোঁটে করি আনে ॥
সাগরের জলজন্তু যখন সে ধরে।
তিন ভাগ জল তারে আচ্ছাদন করে ॥
এক ভাগ সাগরের জলমাত্র রয়।
এমন বৃহৎ-কায় বিহঙ্গ দুর্জ্জয় ॥
জটায়ুর ভ্রাতুষ্পুত্র গরুড়ের নাতি।
অন্তরীক্ষে উড়িয়া আইসে শীঘ্রগতি ॥

পাটসাট মারে পাখী ঝড় যেন বহে।
ত্রাসেতে রাবণ মাথা তুলি উর্দ্ধে চাহে ॥
শ্রীরাম বলিয়া সীতা করেন ক্রন্দন।
শুনিল সে পক্ষিরাজ উপর গগন ॥
পাথসাট মারে পাখী তর্জ্জে গর্জ্জে ডাকে।
দুই পক্ষ দিয়া রাবণের রথ ঢাকে ॥
তার প্রতি ডাক দিয়া বলে দেবগণ।
সীতারে হরিয়া লয়ে যায় দশানন ॥
দেবতার বাক্য শুনি পক্ষী কোপে জ্বলে।
রথশুদ্ধ গিলিবারে দুই ঠোঁট মেলে ॥
রথমধ্যে দেখে পক্ষী আছেন জানকী।
ভাবে নারীহত্যা করি হব কি নারকী?
রথখান বদ্ধ করি রাখে পাখা দিয়া।
রাবণ বলিল তারে বিনয় করিয়া ॥
রাবণ আমার নাম বসতি লঙ্কায়।
তোমার না দেখি কোন শত্রুতা আমায় ॥
করিয়াছে রাঘব আমার অপমান।
সূর্পণখা ভগিনীর কাটে নাক-কান ॥
ভাই খর-দূষণের রাম মহা অরি।
সেই ক্রোধে হরিলাম রামের সুন্দরী ॥
ত্রিভুবনে খ্যাত তুমি বিক্রমে দুর্জ্জয়।
তব ঠাঁই পক্ষিরাজ মানি পরাজয় ॥
সুপার্শ্ব করিয়া ক্ষমা ছাড়িল তখন।
সেইক্ষণে রথ লয়ে চলিল রাবণ ॥
এই সব কথা কিছু না জানেন সীতা।
সমুদ্র দেখিয়া হন ভয়েতে মূর্চ্ছিতা ॥
দেখিয়া সমুদ্রতীর রাবণ উল্লাস।
জলনিধি উত্তরিল করিয়া প্রয়াস ॥
ভাবেন জানকী দেখি সাগর অপার।
কূপার আধার রাম করিবেন পার ॥

অধোমুখী জানকী কাঁদেন আশঙ্কায়।
উত্তরিল দশানন তখন লঙ্কায় ॥
রথ হ'তে সীতারে নামায় লঙ্কেশ্বর।
কোথায় রাখিব বলি চিন্তিল অন্তর ॥
শক্রতা হইল-রাম লক্ষ্মণের সনে।
নিদ্রা নাহি যাবৎ না মারি দুই জনে ॥
রাজার নিকটে বলে চৌদ্দ নিশাচর।
এতেক রাক্ষস মারে রাম একেশ্বর ॥
কেমনে যুঝিব রাম-লক্ষ্মণের সনে।
কি করিতে পারি মোরা বীর যত জনে ॥
রাজা বলে, শুন বলি চৌদ্দ নিশাচর!
সাগরের পারে থাক সতর্ক অন্তর ॥
রাক্ষস হইয়া এত ভয় হয় নরে।
ধিক্ ধিক্ তো সবারে যা রে স্থানান্তরে ॥
রাবণের কোপ দেখি পলায় তরাসে।
লঙ্কা ছাড়ি বীরগণ গেল অন্য দেশে ॥
রাবণের নাহি নিদ্রা নাহিক ভোজন।
সীতারে রাখিব কোথা ভাবে সর্ব্বক্ষণ ॥
সীতারে প্রবোধবাক্য কহে দশানন।
লঙ্কাপুরী দেখ সীতা! তুলিয়া বদন ॥
চন্দ্র-সূর্য্য দুয়ারে আসিয়া সদা খাটে।
মোর আজ্ঞা বিনা কেহ না আসে নিকটে ॥
চারি ভিতে সাগর মধ্যেতে লঙ্কা গড়!
দেব দৈত্য না আইসে লঙ্কার নিয়ড় ॥
দেব-দানবের কন্যা আছে মোর ঘরে।
দাসী করি রাখিব তোমার সে সবারে ॥
নানা ধনে পূর্ণ দেখ আমার ভাণ্ডার।
আজ্ঞা কর সীতাদেবী! সকলি তোমার ॥
তোমার সেবক আমি তুমি তো ঈশ্বরী।
আজ্ঞা কর সীতা! লয়ে যাই অন্তঃপুরী ॥
সীতার চরণে পড়ে করিয়া ব্যগ্রতা।
কোপ না করিও মোরে চন্দ্রমুখী সীতা!
রাবণের বাক্যে সীতা কুপিত অন্তরে।
বিমুখ হইয়া বলিলেন ধীরে ধীরে ॥
রাম ধ্যান রাম প্রাণ শ্রীরাম দেবতা।
রাম বিনা অন্য জনে নাহি জানে সীতা ॥
শুনিয়া সীতার বাক্য নিরস্ত রাবণ।
তাঁর কাছে নিযুক্ত করিল চেড়ীগণ ॥
সীতারে রাখিল লয়ে অশোক-কাননে।
সীতারে বেষ্টিল গিয়া যত চেড়ীগণে ॥
সূর্পণখা আসি বলে নিষ্ঠুর বচন।
গলে নখ দিয়া তোর বধিব জীবন ॥
কাটিল দেবর তোর মোর নাক-কান।
সেই কোপে তোর আজি বধিব পরাণ ॥
খান্দা মুখে গর্জ্জে খান্দী সভয় অন্তরে।
রাবণের ডরে কিছু বলিতে না পারে ॥
শোকাকুল থাকে সীতা অশোক-কাননে।
হৃদয়ে সর্ব্বদা রাম সলিল নয়নে ॥
জানকীর দুঃখে দুঃখী সদা দেবগণ।
ইন্দ্রেরে ডাকিয়া ব্রহ্মা বলেন বচন ॥
লঙ্কামধ্যে থাকিবেন সীতা দশ মাস।
এত দিন কেমনে করেন উপবাস?
জানকী মরিলে সিদ্ধ না হইবে কাজ।
এই পরমান্ন লয়ে যাও দেবরাজ!
ব্রহ্মার বচনে ইন্দ্র গেলেন তখন।
জানকী আছেন যথা অশোক-কানন ॥
বাসব বলেন সীতা! না ভাবিও চিত্তে।
আমি ইন্দ্র আসিয়াছি তোমা সম্ভাষিতে ॥
শ্রীরাম-লক্ষ্মণ গেল মৃগ মারিবারে।
হরিল তোমাকে সে রাবণ শূন্য ঘরে ॥

সাগর বাঁধিয়া রাম সৈন্য করি পার।
রাবণেরে মারিয়া করিবেন উদ্ধার॥
শোক পরিহর সীতে! স্থির কর মন।
পরমান্ন আনিয়াছি তোমার কারণ॥
জানকী বলেন লঙ্কা নিশাচরময়।
ইন্দ্র যদি হও তবে দেহ পরিচয়॥
সীতার বচনে ইন্দ্র ভাবিলেন মনে।
সহস্রলোচন হইলেন ততক্ষণে॥
ইন্দ্রকে দেখেন সীতা সহস্রলোচন।
প্রতীতি তাঁহার মনে জন্মিল তখন॥
দিলেন সীতাকে ইন্দ্র পরমান্ন-সুধা।
যাহা ভক্ষণেতে হরে তৃষ্ণা আর ক্ষুধা॥
আগে পরমান্ন দেন রামের উদ্দেশে।
আপনি ভক্ষণ সীতা করিলেন শেষে॥
পায়স-ভক্ষণে তৃপ্ত কি হবে তাঁহার।
রামের বিরহানল জ্বলে অনিবার॥
মহেন্দ্র বলেন, সীতা! না হও বিকল।
প্রতিদিন আমি যোগাইব সুধা-ফল॥
সীতারে আশ্বাস করি যান পুরন্দর।
অন্তরে জানকী দুঃখ পান নিরন্তর॥
লঙ্কাতে রহেন সীতা অশোক-কাননে।
বনে রাম আসিলেন শূন্য নিকেতনে॥
কৃত্তিবাস পণ্ডিতের বড় অভিমান।
অরণ্যেতে গান রামশোকের নিদান॥
স্থানের প্রধান সে ফুলিয়ায় নিবাস।
রামায়ণ গান দ্বিজ মনে অভিলাষ॥

শ্রীরামচন্দ্রের বিলাপ ও সীতার অন্বেষণ।

হাতে ধনুর্ব্বাণ রাম আসিছেন ঘরে।
পথে অমঙ্গল যত দেখেন গোচরে॥
বামে সর্প দেখিলেন শৃগাল দক্ষিণে।
তোলাপাড়া করেন শ্রীরাম কত মনে॥
বিপরীত ধ্বনি করিলেন নিশাচর।
লক্ষ্মণ আইসে পাছে শূন্য রাখি ঘর॥
মারীচের আহ্বানে কি লক্ষ্মণ ভুলিবে?
সীতারে রাখিয়া একা অন্যত্র যাইবে?
দুঃখের উপরে দুঃখ দিবে কি বিধাতা?
যা ছিল কপালে তাহা দিলেন বিমাতা॥
বলেন শ্রীরাম শুন সকল দেবতা।
আজিকার দিনে মোর রক্ষা কর সীতা॥
যেমন চিন্তেন রাম ঘটিল তেমন।
আসিতে দেখেন পথে সম্মুখে লক্ষ্মণ॥
লক্ষ্মণেরে দেখিয়া বিস্ময় মনে মানি।
ব্যস্ত হয়ে জিজ্ঞাসা করেন রঘুমণি॥
কেন ভাই! আসিতেছ তুমি যে একাকী॥
শূন্যঘরে জানকীরে একাকিনী রাখি?
প্রমাদ পাড়িল বুঝি রাক্ষস পাতকী।
জ্ঞান হয় হারালাম অভাগী জানকী॥
আসিলাম তোমায় করিয়া সমর্পণ।
রাখিয়া আসিলে কোথা মম স্থাপ্যধন?
মম বাক্য অন্যথা করিলে কেন ভাই?
আর বুঝি সীতার সাক্ষাৎ নাহি পাই॥
কি হইল লক্ষ্মণ! কি হইল আমারে।
যে দুঃখিত আমি কহিব কাহারে॥
শুন রে লক্ষ্মণ! সেই সোনার পুতলী!
শূন্যঘরে রাখিয়া কাহারে দিলে ডালি॥
দুরন্ত দণ্ডকারণ্য মহাভয়ঙ্কর।
হিংস্রজন্তু কতমত কত নিশাচর॥
কোন্ দণ্ডে কোন্ দুষ্ট পাড়িবে প্রমাদ।
কি জানি রাক্ষসগণে সাধিবেক বাদ॥

এই বনে দুই জন রাক্ষসের থানা।
মুনিগণ সকলে করেন সদা মানা॥
তোমারে কি দিব দোষ মম কর্ম্মফল।
যেমন বিধির লিপি ঘটিবে সকল॥
আমার অধিক ভাই তব বুদ্ধিবল।
কর্ম্মযোগে হেন বুদ্ধি গেল রসাতল॥
মায়ামৃগ ছলে আমা লইল কাননে।
হের সেই রাক্ষস পড়েছে মম বাণে॥
ভয়ঙ্কর বিকট মুষল ডানি হাতে।
দেখ ভাই! মারীচ পড়িয়া আছে পথে॥
এইমত কহিতে কহিতে দুই ভাই।
বায়ুবেগে চলিলেন অন্য জ্ঞান নাই॥
উপনীত হইলেন কুটীরের দ্বারে।
সীতা সীতা বলিয়া ডাকেন বারে বারে॥
শূন্যঘর দেখেন না দেখেন জানকী।
মূর্চ্ছাপন্ন অবসন্ন শ্রীরাম ধানুকী॥
শ্রীরাম বলেন, ভাই! এ কি চমৎকার।
সীতা না দেখিলে প্রাণ না রাখিব আর॥
তখনি বলিনু ভাই সীতা নাই ঘরে।
শূন্যঘর পাইয়া হরিল কোন্ চোরে॥
প্রতি বন প্রতি স্থান প্রতি তরুমূল।
দেখেন সর্ব্বত্র রাম হইয়া ব্যাকুল॥
পাতি পাতি করিয়া চাহেন দুই বীর।
উলটি পালটি যত গোদাবরী-তীর॥
গিরিগুহা দেখেন মুনির তপোবন।
নানা স্থানে সীতারে করেন অন্বেষণ॥
একবার যেখানে করেন অন্বেষণ।
পুনর্ব্বার যান তথা সীতার কারণ॥
এইরূপে এক স্থান যান শতবার।
তথাপি না পান দেখা শ্রীরাম সীতার॥
কান্দিয়া বিকল রাম জলে ভাসে আঁখি।
রামের ক্রন্দনে কাঁদে বন্য পশু-পাখী॥
রামের আশ্রমে আসি যত মুনিগণ।
রামেরে কহেন যত প্রবোধ-বচন॥
উপদেশ-বাক্য নাহি মানেন শ্রীরাম।
সদা মনে পড়ে সে সীতার গুণগ্রাম॥
সীতা সীতা বলিয়া পড়েন ভূমিতলে।
করেন লক্ষ্মণ বীর শ্রীরামেরে কোলে॥
রঘুবীর নহে স্থির জানকীর শোকে।
হাহাকার বারে বার করে দেবলোকে॥
বিলাপ করেন রাম লক্ষ্মণের আগে।
ভুলিতে না পারি সীতা সদা মনে জাগে
কি করিব কোথা যাব অনুজ লক্ষ্মণ!
কোথা গেলে সীতা পাব কর নিরূপণ॥
মন বুঝিবারে বুঝি আমার জানকী।
লুকাইয়া আছেন লক্ষ্মণ! দেখ দেখি॥
বুঝি কোন মুনিপত্নী সহিত কোথায়।
গেলেন জানকী না জানাইযা আমায়॥
গোদাবরী-তীরে আছে কমল-কানন।
তথা কি কমলমুখী করেন ভ্রমণ?
পদ্মালয় পদ্মমুখী সীতারে পাইয়া।
রাখিলেন বুঝি পদ্মবনে লুকাইয়া॥
চিরদিন পিপাসিত করিয়া প্রয়াস।
চন্দ্রকলা ভ্রমে রাহু করিলে কি গ্রাস॥
রাজ্যচ্যুত আমাকে দেখিয়া চিন্তান্বিতা।
হরিলেন পৃথিবী কি আপন দুহিতা?
রাজ্যহীন যদ্যপি হয়েছি আমি বটে।
রাজলক্ষ্মী তথাপি ছিলেন সন্নিকটে॥
আমার সে রাজলক্ষ্মী হারাইল বনে।
কৈকেয়ীর মনোভীষ্ট সিদ্ধ এত দিনে॥

সৌদামিনী যেমন লুকায় জলধরে।
লুকাইল তেমনি জানকী বনান্তরে॥
কনকলতার প্রায় জনকদুহিতা।
বনে ছিল কে করিল তারে উৎপাটিতা?
দিবাকর নিশাকর দীপ্ত তারাগণ।
দিবানিশি করিতেছে তমঃ নিবারণ॥
তারা না হরিতে পারে তিমির আমার।
এক সীতা বিহনে সকল অন্ধকার॥
দশদিক্ শূন্য দেখি সীতা অদর্শনে।
সীতা বিনা কিছু নাহি লয় মম মনে॥
সীতা ধ্যান সীতা জ্ঞান সীতা চিন্তামণি।
সীতা বিনা আমি যেন মণিহারা ফণী॥
দেখ রে লক্ষ্মণ ভাই! কর অন্বেষণ।
সীতারে আনিয়া দেহ বাঁচাও জীবন॥
আমি জানি পঞ্চবটী! তুমি পুণ্যস্থান।
তেঁই সে এখানে করিলাম অবস্থান॥
তাহার উচিত ফল দিলে হে আমারে।
শূন্য দেখি তপোবন সীতা নাই ঘরে॥
শুন পশু-মৃগ-পক্ষি! শুন বৃক্ষ লতা!
কে হরিল আমার সে চন্দ্রমুখী সীতা?
কান্দিয়া কান্দিয়া রাম ভ্রমেন কানন।
দেখিলেন পথমধ্যে সীতার ভূষণ॥
দেখিলেন প'ড়ে আছে ভগ্ন রথ-চাকা।
কনকরচিত আছে পতিত পতাকা॥
রথচূড়া পড়িয়াছে আর তার জাঠী।
মণিমুক্তা পড়িয়াছে সুবর্ণের কাঠী॥
শ্রীরাম বলেন, দেখ ভাই রে লক্ষ্মণ!
এইখানে সীতার কর অন্বেষণ॥
সম্মুখে পর্ব্বত বড় অতি উচ্চ দেখি।
লুকাইয়া পর্ব্বত রাখিল চন্দ্রমুখী॥
যমদণ্ড সম আমি ধরি ধনুর্ব্বাণ।
পর্ব্বত কাটিয়া আমি করি খান খান॥
মহাযুদ্ধ হইয়াছে করি অনুমান।
লক্ষ্মণ! লক্ষ্মণ তার দেখ বিদ্যমান॥
লক্ষ্মণ বলেন, ইহা নহে কোনমতে।
সীতা কেন রহিবেন এ ঘোর পর্ব্বতে॥
পর্বত কাটিতে প্রভু! চাহ অকারণ।
সীতা লয়ে অন্তরীক্ষে গেল কোন্ জন॥
নানামতে শ্রীরামেরে বুঝান লক্ষ্মণ।
শোকাকুল শ্রীরাম না মানেন বচন॥
ধনুকে দিলেন গুণ সর্প যেন গর্জ্জে।
বলেন দহিব বিশ্ব আছে কোন্ কার্য্যে॥
বিশ্ব পুড়াইতে রাম পূরেন সন্ধান।
দক্ষযজ্ঞ-বিনাশে যেমন মহেশান॥
লক্ষ্মণ চরণে ধরি করেন মিনতি।
এক কথা অবধান কর রঘুপতি॥
সৃষ্টিকর্ত্তা সৃষ্টি করিলেন চরাচর।
কেন সৃষ্টি নষ্ট কর দেব রঘুবর?
সবংশে মারিবে যে হইবে অপরাধী।
অপরাধে একের অন্যকে নাহি বধি॥
তোমার বাণেতে কারো নাহিক নিস্তার।
অকারণে কেন প্রভু! পোড়াও সংসার?
কোথায় আছেন সীতা করহ বিচার।
দুই ভাই অন্বেষণ করিব সীতার॥
গ্রাম আর তপোবন পর্বতশিখর।
নদ নদী দেখি আর দীঘি সরোবর॥
তবে যদি সীতার না পাই দরশন।
পশ্চাৎ করিও চেষ্টা যেবা লয় মন॥
শুনি অস্ত্র সংবরিয়া রাখিলেন তূণে।
সীতার উদ্দেশে চলিলেন দুই জনে॥

ক্ষণেক উঠেন রাম বসেন ক্ষণেক।
কখন উন্মত্ত রাম বলেন অনেক ॥
জলে স্থলে অন্তরীক্ষে করেন উদ্দেশ।
বনে বনে ভ্রমিয়া অনেক পান ক্লেশ ॥
যাইতে দেখেন যাকে জিজ্ঞাসেন তাকে।
দেখিয়াছ তোমরা কি এ পথে সীতাকে ?
ওহে গিরি! এ সময়ে কর উপকার।
কহিয়া বাঁচাও জানকীর সমাচার ॥
হে অরণ্য! তুমি ধন্য বন্য বৃক্ষগণ!
কহিয়া সীতার কথা রাখহ জীবন ॥
এইরূপে শ্রীরাম ভ্রমেন চারিদিকে।
রক্তে রাঙ্গা জটায়ুকে দেখেন সম্মুখে ॥
পক্ষীকে কহেন রাম করি অনুমান।
খাইলি সীতারে তুই বধি তোর প্রাণ ॥
পক্ষিরূপে আছিস রে তুই নিশাচর।
পাঠাইব এক বানে তোরে যমঘর ॥
সন্ধান পূরেন রাম তাকে মারিবারে।
মুখে রক্ত উঠে বীর বলে ধীরে ধীরে ;—
অন্বেষিয়া সীতারে পাইলে বহু ক্লেশ।
এই দেশে না পাইবে সীতার উদ্দেশ ॥
সীতার লাগিয়া রাম! আমার মরণ।
সীতাকে লইয়া লঙ্কা গেল সে রাবণ ॥
দুই ভাই তোমরা যে নাহি ছিলে ঘর।
শূন্য ঘর পেয়ে সীতা হরে লঙ্কেশ্বর ॥
আমি বৃদ্ধ যুদ্ধ করি রুদ্ধ করি তায়।
রাখিয়াছিলাম রাম! তোমার আশায় ॥
দুই পাখা কাটিলেক পাপিষ্ঠ রাবণ।
মুখে রক্ত উঠে রাম! যায় এ জীবন ॥
ইতস্ততঃ ভ্রমণে নাহিক প্রয়োজন।
চিন্তা কর রাম! যাতে মরিবে রাবণ ॥
তোমার পিতার মিত্র তোমা লাগি মরি।
আপনি মারিলে রাম! কি করিতে পারি ॥
প্রাণ আছে তোমারে করিতে দরশন।
সম্মুখে দাঁড়াও রাম! দেখি এক ক্ষণ ॥
আপনা নিন্দেন রাম জানি পরিচয়।
দুই ভাই রোদন করেন অতিশয় ॥
জটায়ু বলিল যত লিখিব তা কত।
রামের নয়নে বহে বারি অবিরত ॥
শ্রীরাম বলেন পক্ষি! তুমি মম বাপ।
কহিয়া সীতার বার্ত্তা দূর কর তাপ ॥
রাবণের সঙ্গে মম নাহিক বৈরিতা।
বিনা দোষে হরে কেন আমার বনিতা ?
কোন্ বংশে জন্ম তার বৈসে কোন্ পুরে।
কোন্ দোষে হরিল সে মম জানকীরে ?
অনেক চেষ্টাতে পক্ষী তুলিলেক মাথা।
কহিতে লাগিল শ্রীরামেরে সর্বকথা ॥
সংহারিলে চতুর্দ্দশ সহস্র রাক্ষস।
লক্ষ্মণ করেন সূর্পণখার অযশ ॥
এই কোপে রাবণ হরিল জানকীরে।
রাখিল লঙ্কায় লয়ে সমুদ্রের তীরে ॥
বিশ্রবার পুত্র সে রাবণ দুষ্ট রাজা।
বিধাতার বরেতে হইল মহাতেজা ॥
কোন চিন্তা না করিও সংবর ক্রন্দন।
জানকীরে উদ্ধারিবে মারিয়া রাবণ ॥
তব পাদোদক রাম! দেহ মোর মুখে।
সকল কলুষ নাশি যাই পরলোকে ॥
মৃত্যুকালে বন্দে পক্ষী শ্রীরাম-লক্ষ্মণ।
দিব্যরথে চাপি স্বর্গে করিল গমন ॥
জটায়ুর মরণ-শ্রবণে ধর্মজ্ঞান।
কৃত্তিবাস গান ইহা শুনিয়া পুরাণ ॥

জটায়ুর উদ্ধার।

শ্রীরাম বলেন ইনি পিতার সমান।
সীতার কারণে পক্ষী হারাইল প্রাণ॥
তবে ত লক্ষ্মণ দিব্য অগ্নিকুণ্ড কাটি।
জ্বালিলেন কুণ্ড বীর করি পরিপাটি॥
তুলিলেন চিতায় জটায়ু পক্ষিরাজ।
দুই ভাই তাহার করেন অগ্নিকাজ॥
সৎকার করেন তার ব্যবস্থা যেমন।
গোদাবরী-জলে তার করেন তর্পণ॥
রাম-দরশনে পক্ষী গেল স্বর্গবাস।
অরণ্যেতে গাহিল পণ্ডিত কৃত্তিবাস॥

কবন্ধ এবং শবরীর স্বর্গে গমন।

রজনী আসিল স্থান থাকিবার নাই।
শূন্য ঘরে পুনঃ আসিলেন দুই ভাই॥
বাহিরে ছিলেন রাম বরঞ্চ আশ্বস্ত।
শূন্য ঘর দেখি হইলেন আরো ব্যস্ত॥
শ্রীরাম বলেন শুন ভাই রে লক্ষ্মণ।
গোদাবরী জীবনেতে ত্যজিব জীবন॥
এতেক বলিয়া লক্ষ্মণেরে করি কোলে।
গাঁথিল মুক্তার হার নয়নের জলে॥
রজনীতে নিদ্রা নাহি ঘন বহে শ্বাস।
সে ঘরে করেন রাম তিন উপবাস॥
সীতার বিচ্ছেদে রাম পাইল যে ক্লেশ।
বিশেষ লিখিতে গেলে হয় সে অশেষ॥
রজনী-প্রভাতে হয় অরুণ আকাশে।
দক্ষিণে চলেন রাম সীতার উদ্দেশে॥
ঘর ছাড়ি যান রাম দুই ক্রোশ পথে।
প্রবেশেন দুই ভাই কুশর-বনেতে॥
সিংহ-ব্যাঘ্র-মহিষাদি চরে পালে পালে।
দুই ভাই বসিলেন এক বৃক্ষতলে॥
বুদ্ধিতে বিক্রমে বড় চতুর লক্ষ্মণ॥
রামেরে বলেন কিছু প্রবোধ-বচন॥
কেন জ্যেষ্ঠ! হয় হস্ত-লোচন-স্পন্দন?
বামদিকে করিতেছে খঞ্জন গমন?
বিষম কুশর-বন দেখি করি ভয়।
নানা অমঙ্গল দেখি না জানি কি হয়॥
দুই ভাই করেন চলিতে অনুবন্ধ।
পথ আগুলিয়া রাখে রাক্ষস কবন্ধ॥
পেটের ভিতর নাক কান চোখ মাথা।
শতেক যোজন দীর্ঘ অপূর্ব্ব সে কথা॥
রাম-লক্ষ্মণেরে দেখি করিয়া তর্জ্জন।
দুই হাত প্রসারিয়া রাখে দুই জন॥
কবন্ধ বলিল তোরা আমার আহার।
মোর হাতে পড়িলে কি পাইবি নিস্তার?
এ বিষম বনে তোরা এলি কি কারণ?
পরিচয় দে রে শুনি তোরা কোন্ জন॥
শ্রীরাম কহেন ভাই! হইল সংশয়।
প্রাণরক্ষা কর ভাই! দেহ পরিচয়॥
লক্ষ্মণ বলেন জ্যেষ্ঠ! বুদ্ধি কেন ঘাটি॥
রাক্ষসের দুই হাত দুই ভাই কাটি॥
কবন্ধের ডান হাত কাটেন শ্রীরাম।
খড়্গাঘাতে লক্ষ্মণ কাটেন হস্ত বাম॥
দুই ভাই কাটিলেন তার হস্তদুটি।
পড়িয়া কবন্ধ বীর করে ছটফটি॥
ডাক দিয়া রামেরে সে করে সম্ভাষণ॥
কোন্ দেশে থাক তুমি হও কোন্ জন?
লক্ষ্মণ বলেন রাম জগতের রাজা।
রাজা দশরথ-পুত্র সবে করে পূজা॥

শ্রীরামের ভাই আমি নামেতে লক্ষ্মণ।
পিতৃসত্য পালিতে বেড়াই বনে বন ॥
তুমি কোন্ নিশাচর বিকৃত-আকৃতি।
বনের ভিতরে থাক হও কোন্ জাতি ?
এত যদি লক্ষ্মণ করেন সম্ভাষণ।
পূর্ব্বকথা কবন্ধের হইল স্মরণ ॥
কুবের নামেতে দৈত্য ছিলাম সুন্দর।
কন্দর্প জিনিয়া রূপ যেন নিশাকর ॥
সকল দেবতা নিন্দা করি নিজ রূপে।
ক্রোধে মুনিবর মোরে শাপ দিল কোপে ॥
যেমন রূপের তেজে কর উপহাস।
বিরূপ হউক সব রূপ যাক নাশ ॥
যখন হবেন বিষ্ণু রাম অবতার।
তাঁর বাণ-স্পর্শে তোর হইবে নিস্তার ॥
আমার উপরে ক্রুদ্ধ দেব শচীনাথ।
করিলেন আমার শরীরে বজ্রাঘাত ॥
বজ্রাঘাত প্রবেশিল আমার উপরে।
চক্ষু কর্ণ নাসা পদ না রহে বাহিরে ॥
গতিশক্তি নাই কিসে মিলিবেক ভক্ষ্য।
তেঁই মম দুই হস্ত দীর্ঘে দুই লক্ষ ॥
দুই হস্ত মোর যেন দুইটা পর্ব্বত।
দুই হস্তে যুড়ি আমি বহুদূর পথ ॥
দুই প্রহরের পথে যত বনচর।
দুই হাতে সাপটিয়া ভরি হে উদর ॥
কুৎসিত আকার মোর কুৎসিত ভোজন।
তোমা দরশনে মোর শাপ বিমোচন ॥
তব কিছু হিত করি যাই ইন্দ্রবাস।
কেন রাম! বনে ভ্রম কোন্ অভিলাষ ?
শ্রীরাম বলেন সীতা হরিল রাবণ।
যুক্তি বল কেমনে পাইব দরশন ?

কবন্ধ বলিল রাম! কহি উপদেশ।
যাহা হতে পাবে তুমি সীতার উদ্দেশ ॥
যাবৎ আমার তনু না হয় সংহার।
তাবৎ না দেখি কিছু সব অন্ধকার ॥
রাক্ষস-শরীর গেলে পাব অব্যাহতি।
তবে ত বলিতে পারি ইহার যুকতি ॥
তখন লক্ষ্মণ বীর অগ্নিকুণ্ড কাটি।
কবন্ধেরে দহিলেন করি পরিপাটি ॥
শরীর পুড়িয়া তার হইল অঙ্গার।
অগ্নি হ'তে উঠে বীর অদ্ভুত আকার ॥
আকাশে উঠিয়া করে রামে সম্ভাষণ।
দেবমূর্ত্তি সে পুরুষ দ্বিতীয় তপন ॥
পুরুষ বলেন ওহে শ্রীরাম-লক্ষ্মণ।
সাবধান হয়ে শুন আমার বচন ॥
সুগ্রীবের উদ্দেশ করিও ঋষ্যমূকে।
আজ্ঞা কর রামচন্দ্র! যাই স্বর্গলোকে ॥
রাম দরশনে কবন্ধের স্বর্গবাস।
কুশর-বনেতে রাম করেন প্রবাস ॥
প্রভাত হইল নিশা উদয় মিহির।
চলিলেন দুই ভাই পম্পানদী-তীর ॥
কেলি করে নানা পক্ষী পক্ষিণী সহিত।
দেখিলেন মৃগ মৃগী বিচ্ছেদ-বঞ্চিত ॥
রাজহংস রাজহংসী ক্রীড়া করে জলে।
দেখিয়া রামের শোক-সাগর উথলে ॥
জিজ্ঞাসা করেন রাম ওহে মৃগ-পাখি!
দেখিয়াছ তোমরা আমার চন্দ্রমুখী ?
পম্পাতে করি স্নান সাধিয়া তর্পণ।
সুগ্রীব উদ্দেশে রাম করেন গমন ॥
প্রবেশ করেন রাম মতঙ্গ-আশ্রমে।
তথায় শবরী ছিল দেখিল শ্রীরামে ॥

শবরী আনন্দবারি বারিতে না পারে।
শ্রীরামের প্রতি বলে আজ্ঞা অনুসারে॥
মতঙ্গ মুনির সেবা করি বহুকাল।
বৈকুণ্ঠ গেলেন মুনি হয়ে প্রাপ্তকাল॥
কহিলেন আমার আশ্রমে কর স্থিতি।
আসিবেন এখানে অবশ্য রঘুপতি॥
শবরী! যখন পাবে রাম-দরশন।
তখনি হইবে তব পাপবিমোচন॥
রাম রাম শ্রীরাম রাঘব রঘুপতি!
হইয়া প্রসন্ন এ দাসীরে দেহ গতি॥
শবরী রামের আগে অগ্নিকুণ্ড কাটে।
আনিয়া জ্বালিল অগ্নি নানা শুষ্ক কাঠে॥
করে অগ্নি-প্রবেশ স্মরিয়া নারায়ণ।
তাহার চরিতে রাম চমকিত-মন॥
অগ্নিতে পুড়িয়া তনু হইল অঙ্গার।
তাহার ভাগ্যের কথা কহিতে বিস্তার॥
যাঁহার স্মরণমাত্রে মুক্তি সঙ্গে ধায়।
তাঁহার সম্মুখে দেখি ত্যজিল সে কায়॥
শ্রীরাম-প্রসাদে তার হয় পাপ-নাশ।
অনায়াসে শবরী করিল স্বর্গবাস॥
শ্রীরাম-চরিত্র কথা অমৃতের ভাণ্ড।
এত দূরে সমাপ্ত হৈল অরণ্যকাণ্ড॥

অরণ্যকাণ্ড সমাপ্ত।

কৃত্তিবাসী সপ্তকাণ্ড রামায়ণ

কিষ্কিন্ধ্যাকাণ্ড

শ্রীরাম-লক্ষ্মণ দোঁহে ভ্রমেন দণ্ডকে।
সহায় করিতে যান বানর-কটকে॥
দুই ভাই উঠিলেন পর্ব্বত-শিখরে।
দেখিয়া বানর-পঞ্চ শঙ্কিত অন্তরে॥
সুগ্রীব বলিল দেখ আসে দুই নর।
মনে হয় বালি রাজা পাঠাইল চর॥
বুদ্ধির সাগর বালি বুদ্ধি ধরে নানা।
তত্ত্ব কর সত্য মিথ্যা তথ্য যাবে জানা॥
সুগ্রীবের বচনে বানর পালে পালে।
লাফে লাফে উঠে সব বড় বড় ডালে॥
সে গাছ সহিতে নারে সবার আস্ফাল।
ফল-ফুল ভাঙ্গে কত শাল তাল ডাল॥
বন্যজন্তু যত ছিল পর্ব্বত-শিখরে।
সিংহ-ব্যাঘ্র মহিষ পলায় উচ্চৈঃস্বরে॥
হনুমান্ বলে রাজা! না হও চিন্তিত।
না দেখিয়া বালিরে হইলে কেন ভীত?
বানর চঞ্চল জাতি লোকে উপহাসে।
চঞ্চল হইলে রাজা! লোকে আরো দোষে॥
আমি গিয়া জেনে আসি কোথাকার বীর।
তথ্য না জানিয়া কেন হইলে অস্থির?
সুগ্রীব বলিল, দেখি তপস্বী উভয়।
কিন্তু ধনুর্ব্বাণ ধরে মনে লাগে ভয়॥
হইবে তপস্বিবেশ রাজার কুমার।
শীঘ্র যাও হনূমান্! আনুন সমাচার॥
যান হনূমান্ বীর তপস্বীর বেশে।
পরম গৌরবভাবে উভয়ে সম্ভাষে॥
কৃত্তিবাস পণ্ডিতের মধুর পাঁচালী।
রচেন কিষ্কিন্ধ্যাকাণ্ডে প্রথম শিকলি॥
রাম নাম স্মরণে যমের দায় তরি।
অনায়াসে মুক্তি হবে মুখে বল হরি॥

সুগ্রীবের সহিত শ্রীরামের মিত্রতাবন্ধন।

মুনিবেশ হনূমান্ দেখে দুই জন।
তপস্বীর বেশ ধরি করে সম্ভাষণ॥
হনূমান্ বলে প্রভু! যে দেখি আকার!
অবশ্য হইবে কোন রাজার কুমার॥
চন্দ্র-সূর্য্য জিনি রূপ ভ্রম ভূমিতলে।
গগনমণ্ডল ছাড়ি কেন বনস্থলে?
কোথা ঘর কি কারণে হেথা আগমন?
বিশেষিয়া কহ প্রভু! সব বিবরণ॥
সুগ্রীব বানররাজ লোকে খ্যাতিমান্।
তাঁহার সচিব আমি নাম হনূমান্॥
তোমা সহ মিত্রতা করিতে অভিলাষ।
পাঠাইল সুগ্রীব আমারে তব পাশ॥
শ্রীরাম বলেন শুন লক্ষ্মণ! বচন।
সুগ্রীবের পাত্র সহ কর সম্ভাষণ॥
এতেক কহেন যদি কমললোচন।
নিজ পরিচয় দেন তাহারে লক্ষ্মণ;—

মহারাজ দশরথ পৃথিবী-ভূষণ।
আমরা তাঁহার পুত্র শ্রীরাম-লক্ষ্মণ॥
আসিলাম পিতৃসত্য পালিতে কানন।
শূন্য ঘরে সীতা পেয়ে হরিল রাবণ॥
কোন সিদ্ধপুরুষ কহিল উপদেশ।
সুগ্রীব হইতে সব খণ্ডিবেক ক্লেশ॥
ভ্রমিতেছি বনে বনে সুগ্রীব উদ্দেশে।
দোঁহারে লইয়া চল সুগ্রীবের পাশে॥
হনূমান্ বলেন উভয় দরশনে।
পরস্পর তুষ্ট হবে উভয়ের মনে॥
সুগ্রীবের রাজ্য নাহি নাহি তব নারী।
বালি রাজ্য হরিল করিল দেশান্তরী॥
সুগ্রীব পাইবে রাজ্য সাহায্যে তোমার।
সে পুনঃ করিবে তব সীতার উদ্ধার॥
হারাইয়া রাজ্য ভ্রমে কাননে কাননে।
মহানন্দ পাইবে সে তব দরশনে॥
শ্রীরাম বলেন কপি! করহ গমন।
সুগ্রীবের সহ মোর করাও মিলন॥
শুনিয়া রামের বাক্য যান হনূমান।
কহেন সকল সুগ্রীবের বিদ্যমান॥
ঋষ্যমূক পর্ব্বতে উঠিয়া সেইক্ষণে।
হনূমান্ কহেন সুগ্রীব রাজা শুনে!
ছাড়হ বানর-মূর্ত্তি কুৎসিত আকার।
ধরহ মনুষ্যরূপ দেখিতে সুসার॥
পাদ্য অর্ঘ লইয়া করহ শিষ্টাচার॥
আসিলেন রাম দশরথের কুমার॥
তাঁহারে সহায় যদি কর মহারাজ।
ইহ-পরকালে তব সিদ্ধ হবে কাজ॥
রামের অনুজ সে লক্ষ্মণ সুলক্ষণ।
সুবর্ণ কুবর্ণ মানি করি নিরীক্ষণ॥

রামের রমণী সীতা হরিল রাবণ।
সেই হেতু তোমাকে তাঁহার প্রয়োজন॥
রাজন্! তোমাকে আজি অনুকূল বিধি।
কোথা হতে মিলাইল রাম গুণনিধি॥
এত দিনে তোমার দুঃখের বিমোচন।
তোমারে সহায় রামরূপী জনার্দ্দন॥
যাঁর তত্ত্ব চারিবেদে না হয় কিঞ্চিৎ।
বিরিঞ্চিবাঞ্ছিত যাতে শঙ্কর-বাঞ্ছিত॥
যোগে যাগে যোগিগণ না পায় যাঁহারে।
সেই রাম রমানাথ উপস্থিত দ্বারে॥
শুনিয়া বানররাজ আপনা পাসরে।
ফল-পুষ্প লয়ে গেল রামের গোচরে॥
বড় ভাগ্য আজি তার বিধির লিখন।
শুভক্ষণে করিল সে রাম দরশন॥
পাদ্য অর্ঘ্য দিয়া শ্রীরামের পূজা করে।
প্রেমানন্দে কপিবর-নেত্র-নীর ঝরে॥
কৃতাঞ্জলি হইয়া কহিল কপিরাজ;—
হইয়াছি জ্ঞাত রাম! তোমার সে কাজ॥
কহিলেক সকল আমারে হনূমান্।
সীতার উদ্ধার হেতু আসিলে এ স্থান॥
মিত্রতা করিবে রাম! পশুর সহিত।
এ হনূমানের বাক্য না হয় প্রতীত॥
পশু প্রতি যদি রাম! হয় অনুগ্রহ।
মিত্র বলি রঘুবর! হস্তে হস্ত দেহ॥
দাসযোগ্য নহি আমি জাতিতে বানর।
করুণা প্রকাশ কর করুণাসাগর!
পাষাণের উপরে অর্পিয়া নিজ পদ।
অনায়াসে দিলে তারে মনুষ্যের পদ॥
চণ্ডালেরে সখ্যভাবে করিলে উদ্ধার।
নীচের নিস্তার হেতু তব অবতার॥

দয়াল শ্রীরামচন্দ্র কমললোচন।
বানরের হাতে হাত দেন নারায়ণ॥
পুঞ্জ পুঞ্জ পূর্ব্ব-পুণ্য সুগ্রীবের ছিল।
বিরিঞ্চিবাঞ্ছিত পদ প্রত্যক্ষ পাইল॥
বানরেরে হাত দিতে নহেন বিমর্ষ।
দিলেন দক্ষিণ হাত শ্রীরাম সহর্ষ॥
মুনিবেশ ছাড়ি হয়ে কপি হনূমান।
কাষ্ঠ আনে বাছিয়া ডাগর দুইখান॥
দুই কাষ্ঠ ঘর্ষণ করিতে অগ্নি জ্বলে।
অগ্নি সাক্ষী করি দোঁহে মিত্র মিত্র বলে॥
পরস্পর বৈরী মারি উদ্ধারিব নারী।
অগ্নি সাক্ষী এই সত্য হইল দোঁহারি॥
বিধির নির্ব্বন্ধ কেবা করিবে খণ্ডন।
বানরের সঙ্গে সত্যবদ্ধ নারায়ণ॥
সবা হ'তে সুগ্রীবের অধিক কপাল।
মিতালি করেন রাম পরম দয়াল॥
উভয়ে কহেন কথা শুনেন উভয়।
উভয়ে উভয় প্রতি প্রীতি অতিশয়॥
উভয়ের মিত্রতা যে শুনে কিংবা কয়।
কপিরাজ মত তার হয় ভাগ্যোদয়॥
সুগ্রীব বলেন প্রভু কহি অবশেষ॥
পাইয়াছিলাম বুঝি সীতার উদ্দেশ॥
আমরা বানর-পঞ্চ ছিলাম পর্ব্বতে।
দেখিলাম এক কন্যা রাবণের রথে॥
হাত-পা আছাড়ে করে কঙ্কণের ধ্বনি।
গরুড়ের মুখে যেন বদ্ধা ভুজঙ্গিনী॥
গলার উত্তরীয় গায়ের আভরণ।
রথ হৈতে পড়িল যেমন তারাগণ॥
অনুমানে বুঝি তিনি জনক-কুমারী।
যত্ন করি রাখিয়াছি ভূষণ উত্তরী॥
যদি আজ্ঞা হয় তব আনি তা এখন।
হয় নয় চিন মিত্র! সীতার ভূষণ॥
শ্রীরাম বলেন, মিত্র! কর সে বিধান।
দেখাও সীতার চিহ্ন রাখ মম প্রাণ॥
কপিবর আভরণ আনে সেই স্থলে।
দেখিয়া রামের শোক-সাগর উথলে॥
অবশ হইয়া রাম পড়েন ভূতলে।
বদন ভাসিল তাঁর নয়নের জলে॥
বিলাপ করেন কোথা রহিলে জানকি!
ভূষণ উত্তরী এই তোমার যে দেখি॥
বাল্মীকি বন্দিয়া কৃত্তিবাস বিচক্ষণ।
শুভক্ষণে বিরচিল ভাষা রামায়ণ॥
রাম-নাম স্মরণে যমের দায়ে তরি।
ভবসিন্ধু তরিবারে রামপদ তরী॥

সীতা উদ্ধারে সুগ্রীবের অঙ্গীকার।

সুগ্রীব বলেন, সখে! না জান বিশেষ।
কি জানি কেমন বীর গেল কোন্ দেশ॥
যথায় যাউক তার নাহিক এড়ান।
বানর লইয়া তার বধিব পরাণ॥
সংবর সংবর মিত্র! মনে দেহ ক্ষমা।
অবিলম্বে উদ্ধারিব তব প্রিয়তমা॥
যথা ইচ্ছা যাউক সে পাপিষ্ঠ রাবণ।
সবংশে মারিব তার জ্ঞাতি বন্ধুজন॥
বিলাপ সংবর রাম! শোকে বাড়ে শোক।
শোকেতে কাতর নাহি হয় বিজ্ঞ লোক॥
রাজ্য হারাইলাম হারাইলাম নারী।
অজ্ঞ আমি তথাপি তা মনে নাহি করি॥
তুমি রাম হইয়াছ ভুবন-পূজিত।
ভার্য্যা লাগি কর খেদ অতি অনুচিত॥

মিথ্যা না বলিব মিত্র ! অগ্নি সাক্ষী করি ।
উদ্ধার করিব আমি জানকী সুন্দরী ॥
অশেষ প্রকারে রাজা জন্মায় প্রবোধ ।
তথাপি বিষম শোক নাহি হয় রোধ ॥
এতেক বলিল যদি সুগ্রীব ভূপতি ।
প্রত্যুত্তর করেন আপনি রঘুপতি ;—
জ্ঞাতি-গোত্র-পুত্র-মিত্র-শোক পায় লোক ।
সে সবার হইতে অধিক ভার্য্যা-শোক ॥
কলত্রে গৃহীর সুখ কলত্রে সংসার ।
কলত্র হইতে হয় পুত্র-পরিবার ॥
গয়াশ্রাদ্ধ করে পুত্র বংশের উদ্ধার ।
পুত্রদারা পারত্রিক ঐহিক নিস্তার ॥
অশেষ প্রকারে মিত্র ! বুঝাও আমায় ।
তথাপি কলত্র-শোক ভোলা নাহি যায় ॥
সুগ্রীব বলেন, সখে ! কি কহিতে পারি ।
করিব আদেশমত আমি আজ্ঞাকারী ॥
করিব তোমার কার্য্য আমি সখা জান ।
কৃত্তিবাস রচে গীত অমৃতসমান ॥

শ্রীরামচন্দ্রের নিকট সুগ্রীবের আত্মকাহিনী ।

শ্রীরাম বলেন, মিত্র ! বিনা প্রয়োজন ।
হেনকালে হেন কথা কহে কোন্ জন ॥
আপনি দেখিলে মিত্র ! আমার যে ক্লেশ ।
অবশ্য করিবে তুমি সীতার উদ্দেশ ॥
আমাতে তোমার যে হইবে প্রয়োজন ।
অকপটে সেই কর্ম্ম করিব সাধন ॥
সুগ্রীব বলেন, তুমি স্থির কর মন ।
সম্প্রতি করিব কিছু আত্মনিবেদন ॥
বসিতে আসন রাজা দেখে চারিভিতে ।
আসিলেন শালবৃক্ষ ফলের সহিতে ॥
তদুপরি আনন্দে বসেন দুই জন ।
চন্দনের ডাল ভাঙ্গি বসেন লক্ষ্মণ ॥
সুগ্রীব বলেন, বালি বিক্রমে প্রধান ।
রাজ্য জায়া হরিয়া করিল অপমান ॥
এ পর্ব্বতে থাকি সখে ! না দেখি উপায় ।
অনুকূল হয়ে বিধি তোমারে মিলায় ॥
আশ্বাস করেন সুগ্রীবেরে রঘুবর ।
বালিকে মারিয়া তব ঘুচাইব ডর ॥
মম ভার্য্যা তব রাজ্য যেই জন হরে ।
অবিলম্বে তাহারে পাঠাব যমঘরে ॥
উভয় ভ্রাতায় কেন হইল বিবাদ ।
বিশেষ শুনিতে চাহি কার অপরাধ ?
সুগ্রীব বলেন, আমি বিবাদ না জানি ।
বিশেষ করিয়া কহি শুন রঘুমণি ॥
ছিলেন অক্ষয় নামে রাজা মহামতি ।
আমরা উভয় ভ্রাতা তাঁহার সন্ততি ॥
কিছু কাল পরে পিতা পাইলেন স্বর্গ ।
রাজ্য দিতে উভয়ে আসিল পাত্রবর্গ ॥
জ্যেষ্ঠ ভ্রাতা বালিরাজ বিক্রম-সাগর ।
ধর্ম্মকর্ম্মে রত সদা সমরে তৎপর ॥
মান্ত্রগণ তাঁহারে দিলেন রাজ্যভার ।
পরে বালি দিল মোরে রাজ্য-অধিকার ॥
পরস্পর পরম সৌহৃদ্যে করি বাস ।
না জানি বিরোধ সদা হাস্য-পরিহাস ॥
বিধির নির্ব্বন্ধ, কভু না হয় খণ্ডন ।
বিবাদের কথা শুন কমললোচন ॥
প্রীতিরূপে দোঁহে করিলাম রাজ্যভোগ ।
হেনকালে করিলেন বিধাতা দুর্য্যোগ ॥
মায়াবী দুন্দুভি নামে দুই সহোদর ।
পাইয়া ব্রহ্মার বর দানব দুর্দ্ধর ॥

দুই ভাই মায়ায় মহিষরূপ ধরে।
মায়াবী নিশিতে আসে জিনিতে তাঁহারে ॥
যুঝিবারে যায় বালি সবার নিষেধে।
পশ্চাতে গেলাম আমি ভাই অনুরোধে ॥
পালাইল দানব দেখিয়া দুই জনে।
আমরা ভ্রমণ করি তার অন্বেষণে ॥
চন্দ্র আলো করিয়াছে যাই দেখাদেখি।
সুড়ঙ্গে প্রবেশ করে দানব পাতকী ॥
বালি বলে ভাই থাক সুড়ঙ্গের দ্বারে।
যাবৎ দানব মারি নাহি আসি ফিরে ॥
আমি কহিলাম দৈত্য হ'ল নিরুদ্দেশ।
সংশয় স্থানেতে তুমি না কর প্রবেশ ॥
করযোড়ে বলিলাম তবু নাহি মানে।
সুড়ঙ্গে প্রবেশ করে দানব যেখানে ॥
বারে বারে নিষেধিনু না শুনে বচন।
প্রবেশ করিল গিয়া পাতাল ভুবন ॥
দৈত্য-অন্বেষণে ভ্রমে সে এক বৎসর।
সাক্ষাৎ হইলে পরে বাধিল সমর ॥
মহাবীর দানব সে করিল আঘাত।
আমি ভাবি বালিরাজ হইল নিপাত ॥
বালিকে মারিয়া দৈত্য পাছে মোরে মারে।
দিলাম পাথর এক সুড়ঙ্গের দ্বারে ॥
সংবৎসর না দেখিয়া হইল সংশয়।
সবে বলে বালির সে মরণ নিশ্চয় ॥
কান্দিলাম ভ্রাতৃশোকে আপনি বিস্তর।
কোথা গেল বালিরাজ জ্যেষ্ঠ সহোদর ?
অন্ত্যক্রিয়া করিলাম তাঁহার বিধানে।
আমারে করিল রাজা যত পাত্রগণে ॥
তার পর দৈত্যে মারি ঘরে এল বালি।
মোরে রাজা দেখিয়া করিল গালাগালি ॥
পাত্র মিত্র বন্ধুগণে ডাকে সবাকারে।
সবার সম্মুখে গালি দিলেন আমারে ॥
দানব মারিতে আমি গেলাম পাতালে।
রাখিয়া সুড়ঙ্গ-দ্বারে সুগ্রীব চণ্ডালে ॥
সুগ্রীব পাথর দিয়া তার দ্বার রোধে।
রাজ্য মহাদেবী হরে শৃঙ্গারের সাধে ॥
ছত্রদণ্ড নিল মোর নিল মহাদেবী।
হেন পাতকীর ভার ধরিল পৃথিবী ॥
অবশেষে দৈত্য মারি দেশে আসিবারে।
সুগ্রীব বলিয়া ডাকি সুড়ঙ্গের দ্বারে ॥
বহু ডাকিলাম তবু না পাই উত্তর।
পদাঘাতে ঘুচাইনু সুড়ঙ্গ-পাথর ॥
সহোদর ভাই হয়ে করিল অন্যায়।
মাথা কাটি ইহার তবে ত দুঃখ যায় ॥
দূর হ রে অধার্ম্মিক দুষ্ট দুরাচার।
এ জীবনে তোর মুখ না দেখিব আর ॥
পায়ে পড়ি করিলাম বহু স্তুতিবাদ।
সেবক হইয়া থাকি ক্ষম অপরাধ ॥
আমার না ছিল ইচ্ছা হই আমি রাজা।
মন্ত্রিগণ করিলেন পালিবারে প্রজা ॥
বহু স্তব করিলাম না শুনে বচন।
বলিল আমার লাগি বহু পাত্রগণ ॥
পায়ে পড়ি যত বলি বালি নাহি শুনে।
ক্রোধে বলে যা রে দুষ্ট! যেখানে সেখানে ॥
বারে বারে বলি তবু না শুনিস্ কথা।
একটা চাপড়ে ভাঙ্গি আয় তোর মাথা ॥
দেখিয়া বালির কোপ ভীত হয়ে মনে।
পলাইয়া আসিলাম এই অপমানে ॥
এই অপরাধে প্রভু! আমি অপরাধী।
বনে বনে ফিরি দুঃখে আমি তদবধি ॥

বলিল সুগ্রীব পূর্ব্ব-বিবাদ-কথন।
একচিত্তে শুনিলেন শ্রীরাম-লক্ষ্মণ ॥
শ্রীরাম বলেন মিত্র! পড়েছ সঙ্কটে।
কেমন সাহসে থাক দেশের নিকটে?
সুগ্রীব কহেন কথা শ্রীরামের পাশ।
ঋষ্যমূক পর্ব্বতের শুন ইতিহাস ॥
মায়াবীর কনিষ্ঠ সে দুন্দুভি মহিষ।
অগ্রজের বার্ত্তা শুনি ক্রুদ্ধ অহর্নিশ ॥
বিক্রমে মহিষাসুর কারে নাহি গণে।
সমুদ্রে হাঁকারে গিয়া যুঝিবার মনে ॥
সমুদ্র বলিল, মম যুদ্ধ না আইসে।
যাও হিমালয়াচলে রণের উদ্দেশে ॥
হিমালয় পর্ব্বত শঙ্করের শ্বশুর।
তাঁর ঠাঁই গেলে তব দর্প হবে চূর ॥
ধনুকের গুণেতে যেমন বাণ ছোটে।
চক্ষুর নিমেষে গেল পর্ব্বত-নিকটে ॥
শৃঙ্গাঘাতে পর্ব্বতেরে করে খান খান।
চিন্তিত হইয়া গিরি করে অনুমান ॥
পর্বত জানিল তবে চিন্তিয়া সংসার।
যাহাতে মহিষাসুর হইবে সংহার ॥
বলিল মহিষাসুর! তুমি মহাবলী।
কিষ্কিন্ধ্যায় যাও তুমি যথা আছে বালি ॥
বল বুদ্ধি চূর্ণ হবে শুন উপদেশ।
বালির মধুর বনে করহ প্রবেশ ॥
রাজভোগ মধুবন রাজার ভাণ্ডার।
বন ভাঙ্গি মধু খেয়ে করহ সংহার ॥
বালি রাজা না সহিবে মধু-অপচয়।
প্রাণেতে মারিবে তোরে বালি মহাশয় ॥
তোর জ্যেষ্ঠ মায়াবী যে ছিল মহাবলী।
তাহারে মারিল সে বানররাজ বালি ॥

শুনিয়া জ্যেষ্ঠের কথা কুপিত অন্তরে।
তখনি চলিল বালি ভূপতির পুরে ॥
শৃঙ্গাঘাতে করিল কানন খণ্ড খণ্ড।
কুপিত হইল বালি সংগ্রামে প্রচণ্ড ॥
বীরধড়া পরে বীর কাঁকালি বেড়িয়া।
দ্বিগুণ ইন্দ্রের মালা পরিল বেড়িয়া ॥
স্ত্রীগণ-বেষ্টিত বালি আসিল নির্ভয় ॥
তারাগণমধ্যে যেন চন্দ্রের উদয় ॥
রুষিল মহিষাসুর আরক্ত লোচন।
স্ত্রীগণ-সম্মুখে করে তর্জ্জন-গর্জ্জন ॥
মধুপানে মত্ত তুমি ঘূর্ণিত লোচন।
মত্ত জন মারি নাহি মোর প্রয়োজন ॥
প্রাণদান দিনু তোরে আজিকার তরে।
আজি রাত্রি বঞ্চ গিয়া কৌতুক-শৃঙ্গারে ॥
সুখে রাত্রি বঞ্চ গিয়া প্রত্যুষে সমরে।
বল বুদ্ধি চূর্ণ করি বধিব তোমারে ॥
স্ত্রীগণেরে বালি পাঠাইল অন্তঃপুর।
বীরদাপ করি বলে শুনরে অসুর ॥
রণে প্রবেশিলে বুঝি রণের পরীক্ষা।
পড়িলে বালির হাতে তোর নাহি রক্ষা ॥
যমরাজ যদি ধরে আছে প্রতীকার।
বালির স্থানেতে কারো নাহিক নিস্তার ॥
স্বর্গ মর্ত্ত্য পাতালে যতেক বীরগণ।
আসিলে আমার যুদ্ধে অবশ্য মরণ ॥
কপটে বাঁচিতে চাহ কালিকার তরে।
সে কথা থাকুক আজি যাও যমঘরে ॥
কুবুদ্ধি হইল তোর মোর সঙ্গে রণ।
মোর দোষ নাহি তোর ললাট লিখন।
পলাইয়া যা রে তুই লইয়া পরাণ।
আজিকার দিবস দিলাম প্রাণদান ॥

কোপেতে মহিষাসুর কাঁপে থর থর।
পুনশ্চ বলিছে তারে বালি কপীশ্বর ॥
আগে মোরে বধ পরে বুঝিব বিক্রম।
তোর ঘা সহিয়া তোরে দেখাইব যম ॥
যত তোর শক্তি থাকে তত শক্তি হান।
এই দণ্ডে আমি তোর বধিব পরাণ ॥
রুষিয়া ত্বন্দুভি দৈত্য ত্বই শৃঙ্গ মারে।
খান খান করিয়া বালির অঙ্গ চিরে ॥
সর্বাঙ্গ বিদীর্ণ বালি তবু নাহি হটে।
অশোক কিংশুক যেন বসন্তেতে ফুটে ॥
দৈত্যের বিক্রম দেখি বালিরাজ হাসে।
গাহিল কিষ্কিন্ধ্যাকাণ্ড কবি কৃত্তিবাসে ॥

বালি ও সুগ্রীবের বিবাদ-বিবরণ এবং বালিবধে শ্রীরামের প্রতিজ্ঞা।

মহিষ বালির সঙ্গে যুঝে চমৎকার।
পাদপ-পাথরে বালি করে মহামার ॥
মারে গাছ পাথর সে মহিষ উপর।
পরাভব নহে দৈত্য যুঝে নিরন্তর ॥
ত্বই শৃঙ্গ নত করি বালিরে বধিতে।
বালির সম্মুখে দৈত্য গেল আচম্বিতে ॥
ত্বই শৃঙ্গ বালি তার ধরিলেক রোষে।
শৃঙ্গ ধরি মহিষেরে তুলিল আকাশে ॥
ত্বই শৃঙ্গ ধরি তার ঘন দেয় পাক।
ঘন পাকে ফেরে যেন কুমারের চাক ॥
পাথর-উপরে তারে মারিল আছাড়।
ভাঙ্গিল মাথার খুলি চূর্ণ হ'ল হাড় ॥
পড়িল মহিষাসুর হয়ে অচেতন।
পদাঘাতে ফেলে তারে একটি যোজন ॥
চতুর্দিকে ছড়াইয়া রক্ত পড়ে স্রোতে।
মতঙ্গ মুনির গাত্র তিতিল রক্তেতে ॥
মুনি বলে, কোন্ বেটা করিল এমন ?
গায়ে রক্ত দেয় সে যে পাপিষ্ঠ কেমন ?
রক্ত পাখালিয়া করিলেন আচমন।
পবিত্র হইল মুনি স্মরি নারায়ণ ॥
মহাক্রোধ করি মুনি জল নিল হাতে।
অভিশাপ দিল তারে হইয়া কুপিতে ॥
মুনি বলে, হেন কর্ম করিল যে জন।
এ পর্ব্বতে এলে তার অবশ্য মরণ ॥
পরম্পরা শুনে বালি শাপবাক্য তার।
দূর হ'তে মুনিপদে করে নমস্কার ॥
দূরে থাকি মুনিস্থানে যাচে পরিহার।
সঙ্কট-সাগরে প্রভু! করহ নিস্তার ॥
মতঙ্গ বলেন, মম শাপ অখণ্ডন।
এ পর্বতে কভু তুমি এসো না কখন ॥
সেই শাপে বালি না আইসে ঋষ্যমূকে।
দেশ-দেশান্তরে থাকি শুনি লোকমুখে ॥
ঋষ্যমূকে আসিলে সে হারাবে পরাণ।
বালিকে, মুনির শাপ তেঁই মম প্রাণ ॥
শ্রীরাম বলেন মিত্র! কহিলে সকল।
বালিকে মারিয়া করি তোমাকে প্রবল ॥
সুগ্রীব বলেন, বালি বিক্রমসাগর।
বালির বিক্রম-কথা শুন রঘুবর!
যখন রজনী যায় অরুণ-উদয়।
চারি সাগরেতে সন্ধ্যা করে মহাশয় ॥
আকাশে তুলিয়া ফেলে পর্বতশিখর।
ত্বই হাতে লোফে তাহা বালি কপীশ্বর ॥
উপাড়িয়া পর্ব্বত আকাশোপরি ফেলে।
আপনারে পরীক্ষিতে নিত্য লোকে বলে ॥

সপ্তদ্বীপা পৃথিবী সে নিমেষে বেড়ায়।
কি কব পবন তার সঙ্গে না গড়ায়॥
তাকে মারিতে যদি না পার একবাণে।
তবে বালিরাজ মোরে বধিবে পরাণে॥
মহাবীর বালিরাজ এ তিন ভুবনে।
পরাভব পায় সর্ববীর তার রণে॥
সুগ্রীবের কথা শুনি বলেন লক্ষ্মণ ;—
কোন্ কর্মে তোমার প্রতীতি হয় মন ?
দেব দৈত্য গন্ধর্ব্ব কোথায় হেন বীর।
শ্রীরামের এক বাণে কে রহিবে স্থির ?
হেন রাম প্রতি তব না হয় প্রতীত।
কি কর্ম্ম করিলে তুমি হও হরষিত ?
সুগ্রীব বলেন, দেখ দুন্দুভি-পাঁজর।
পায়ে করি ফেলাইল বালি কপীশ্বর॥
নেত্রনীরে সুগ্রীবের তিতিল বদন।
আশ্বাসিয়া তুষিলেন শ্রীরাম-লক্ষ্মণ॥
সুগ্রীবের প্রত্যয় নিমিত্ত রঘুবর।
পদাঘাতে ফেলিলেন দুন্দুভি-পাঁজর॥
ফেলিয়াছিলেন বালি একটি যোজন।
ফেলেন যোজন শত কমললোচন॥
সুগ্রীব বলেন শুন রাম রঘুবর!
যখন ফেলিয়াছিল বালি সে পাঁজর॥
রক্ত-চর্ম্মে ছিল ভারি তুলিতে দুষ্কর।
এখন হয়েছে শুষ্ক নহে তত ভর॥
ইহাতে কেমনে সখে! করি অনুমান।
বালিরাজ হইতে যে হবে বলবান্ ?
শুন প্রভু রঘুনাথ! আমার বচন।
বালির বিক্রম শুন করি নিবেদন॥
দিগ্বিজয় করিতে চলিল দশানন।
বালির সহিত যুদ্ধ হইল ঘটন॥

সন্ধ্যা করে বালিরাজ সাগরের তীরে।
হেনকালে দশানন চৌদিকে নেহারে॥
তপ করে বালিরাজ মুদিত নয়ন।
পশ্চাতে ধরিতে যায় রাজা দশানন॥
যুদ্ধ নাহি করে বালি তপ নাহি ত্যজে।
পৃষ্ঠদিকে রাবণেরে জড়াইল লেজে॥
লাঙ্গুলে বান্ধিয়া ফেলে সাগরের জলে।
একবার ডুবাইয়া আরবার তোলে॥
এইরূপে তপ করে চারি পারাবারে।
জল খেয়ে দশানন বাঁচিতে না পারে॥
চারি সাগরেতে করি সন্ধ্যা সমাপন।
উঠিলেন বালি লেজে বান্ধা দশানন॥
রজনী হইল বালি চলি গেল ঘর।
কাতরে রাবণ বলে ক্ষম কপীশ্বর!
বহু স্তরে ক্ষমে বালি তারঅপরাধ।
রাবণ হইল মুক্ত পরম আহ্লাদ॥
এক যুক্তি শুন প্রভু! কমললোচন!
বালি সঙ্গে মিলন করহ এইক্ষণ॥
মিলন হইলে রাম! দুই সহোদরে।
দোঁহে মিলি মারি গিয়া রাজা লঙ্কেশ্বরে॥
ভ্রাতা দুই জনে যদি করাও মিলন।
কোন্ ছার গণি তবে রাজা দশানন॥
পৃথিবীর মধ্যে কেবা বালিরাজে আঁটে।
রাবণে আনিবে বালি ধরে তার জটে॥
এতেক বলিল যদি সুগ্রীব তখন।
শুনিয়া শ্রীরামচন্দ্র কহেন বচন॥
করিয়াছি প্রতিজ্ঞা যে অগ্নি সাক্ষী করি।
বালি বধি তোমারে করিব অধিকারী॥
আমার বচন কভু না হয় খণ্ডন।
পিতৃবাক্যক্রমে কেন আসিলাম বন ?

এতেক বলিল রাম কমললোচন।
সুগ্রীবেরে ডাক দিয়া বলেন লক্ষ্মণ ॥
সাত তাল গাছ আছে একই সোসর।
প্রত্যয়েতে তোমার বিন্ধেন রঘুবর ॥
সুগ্রীব বলেন তবে শুন নরবর!
নখের চাপনে বিন্ধে তাহা কপীশ্বর ॥
সাত তাল গাছ যদি বিন্ধ এক শরে।
তবে সে বালিকে তুমি জিনিবে সমরে ॥
হাসেন শ্রীরঘুনাথ আলো দশদিকে।
তালগাছ বিন্ধিমাত্র কোন্ কাজে লাগে?
সুচিত্র বিচিত্র বাণ কনকরচিত।
তূণ হৈতে লইলেন শ্রীরাম ত্বরিত ॥
দৃঢ়মুষ্টি করি নিল দক্ষিণ হস্তেতে।
ছুটিল রামের বাণ সে সাত তালেতে ॥
সপ্ত তাল ভেদ করি বাণ হ'ল পার।
ঋষ্যমূক পর্ব্বত বিন্ধিয়া আগুসার ॥
এক বাণে শৈল বিন্ধে সপ্ত গাছ তাল।
বজ্রঘাত-শব্দে বাণ প্রবেশে পাতাল ॥
রাজহংস মূর্ত্তিমান্ আসিবার কালে।
পুনর্ব্বার বাণ এল শ্রীরামের কোলে ॥
নিজ মূর্ত্তি ধরি বাণ তূণমধ্যে ঢোকে।
রামের বিক্রমে সবে হাত নিল নাকে ॥
সকল বানর নিল রাম-পদধূলি।
তুমি পার মারিবারে শত শত বালি ॥
সুগ্রীব বলেন, তব বিক্রমেতে জানি।
বৈকুণ্ঠ ছাড়িয়া প্রভু এসেছ আপনি ॥
তোমা হেন মিত্র মোরে দিলেন বিধাতা।
তোমার প্রতাপে পাব রাজদণ্ডছাতা ॥
শ্রীরাম বলেন, কি বিলম্বে প্রয়োজন?
বালির সহিত শীঘ্র করাও দর্শন ॥
দেখিলে শত্রুকে মারি ঘুচাইব ভয়।
সুখে রাজ্য করিবে তোমরা মিত্রবর!
সুগ্রীবেরে দেন রাম আশ্বাস-বচন।
সাত জন কিষ্কিন্ধ্যায় করেন গমন ॥
রাজদ্বার নিকটে চলেন রাম ধীরে।
বৃক্ষ-আড়ে লুকাইয়া থাকে দুই বীরে ॥
বালি-দ্বারে সুগ্রীব ছাড়ে সিংহনাদ।
তাহাতে অবশ্য বালি শুনিবে সংবাদ ॥
করিবে তোমার সঙ্গে সমর আরম্ভ।
এক বাণে বালিকে করিব আমি স্তব্ধ ॥
বালিদ্বারে সুগ্রীব ছাড়িল সিংহনাদ।
বাহির হইল বালি দেখিয়া প্রমাদ ॥
বীরদর্প করে বালি অতি ভয়ঙ্কর।
বিক্রমে আক্রম করে সুগ্রীব-উপর ॥
হাতে হাতে মাথে মাথে বাধিল সমর।
দুই ভাই মল্লযুদ্ধ করে বহুতর ॥
ক্ষণে হেঁটে পড়ে বালি ক্ষণেক উপরে।
ক্ষিতি টলমল করে উভয়ের ভরে ॥
দুই সিংহ যুদ্ধে যেন ছাড়ে সিংহনাদ।
দুই ভাই যুদ্ধ করে নাহি অবসাদ ॥
দেখেন শ্রীরাম বাণ করিয়া সন্ধান।
উভয়ের বেশ-ভূষা বয়স সমান ॥
চিনিতে নারেন রাম সুগ্রীব বানরে।
বালিকে মারিতে পাছে নিজ মিত্র মরে ॥
সুগ্রীবেরে মারে বালি বজ্রসম চড়।
সহিতে না পারি তাহা উঠি দিল রড় ॥
মহাবল বালিরাজ অতুলপ্রতাপ।
তাহার সহিত যুদ্ধ সহে কার বাপ?
বড় বড় বীরগণে করে যে সংহার।
যুদ্ধারম্ভে সুগ্রীব বানর কোন্ ছার?

তখনি সে সুগ্রীবের বধিত পরাণ।
সহোদর ভাই বলি দিল প্রাণ দান ॥
রক্তে রাঙ্গা অঙ্গ ভাঙ্গা পলায় সুগ্রীব।
আগে যায় ফিরে চায় প্রায় সে নির্জ্জীব ॥
ঋষ্যমূকে তিষ্ঠিতে সুগ্রীব পলাইল।
মুনি-শাপ বালি মনে করিয়া ফিরিল ॥
না পারিয়া সুগ্রীবের প্রাণ বিনাশিতে।
ঘরে যায় বালিরাজ গর্জ্জিতে গর্জ্জিতে ॥
ভাল পলাইয়া গেলি লইয়া জীবন।
কি বলে করিস বল্ মোর সঙ্গে রণ ?
ভাল হৈল পলাইল হয় মোর ভাই।
প্রাণেতে মারিব যদি পুনঃ দেখা পাই ॥
সিংহাসনে বসি বালি ভাবে মনোছঃখে।
সুগ্রীব জর্জ্জর ঘায়ে রহে ঋষ্যমূকে ॥
চলিলেন শ্রীরাম প্রভৃতি সেইখানে।
আছে হেঁটমুণ্ডেতে সুগ্রীব অপমানে ॥
মাথা তুলি সুগ্রীব রামেরে নাহি দেখে।
বহু অনুযোগ করে সবার সম্মুখে ॥
আজি যদি মরিতাম বালির সংগ্রামে।
কে করিত রাজ্যভোগ কি করিত রামে ॥
মারিতে নারিবে আগে না বলিবে কেন ?
বালি সঙ্গে তবে কেন প্রবেশিব রণ ?
তখনি বলেছি বালি বিষম দুর্জ্জয়।
তাহারে সংহার করা ক্ষুদ্র কর্ম্ম নয় ॥
বড় বড় বীর হত মধ্যে পৃথিবীর।
বালিকে মারিতে পারে হেন কোন্ বীর ?
আছুক যুদ্ধের কাজ দরশনে মরে।
সে বালির আগে কোন্ জন যুদ্ধে করে ?
কেন বা গেলাম পাইলাম অপমান।
এতক্ষণ থাকিলে বধিত মোর প্রাণ ॥
ঋষ্যমূক পর্ব্বত নিকটে ছিল যেই।
এ সঙ্কটে রক্ষা আমি পাইলাম তেঁই ॥
বালিকে মারিব বলি করিলে আশ্বাস।
আমাকে ফেলিয়া রণে হ'লে এক পাশ ॥
এখনি মারিবে বাণ হেন মোর মনে।
কোথা বাণ কোথা রাম ভাগ্যে আছি প্রাণে।
শ্রীরাম বলেন, মিত্র! না বল বিস্তর।
উভয়েরে দেখিলাম একই সোসর ॥
বয়সে সাহসে বেশে একই সমান।
মিত্রবধ ভয়ে নাহি এড়িলাম বাণ ॥
চিহ্ন দিয়া মিত্র! যেন রণে গেলে চিনি।
বালিকে মারিব রাজা হইবে আপনি ॥
পুনঃ গেলে যখন আসিবে রণে বালি।
ঘুচাইবে তখনি মনের যত কালি ॥
বঞ্চিল সুগ্রীব রাত্রি রামের আশ্বাসে।
রচিল কিষ্কিন্ধ্যাকাণ্ড কবি কৃত্তিবাসে ॥

বালি বধ

চিহ্ন বিনা নাহি চিনা যায় সুগ্রীবেরে।
চিহ্ন দিতে শ্রীরাম কহেন লক্ষ্মণেরে ॥
পুষ্পমালা দিলেন লক্ষ্মণ তার গলে।
করিলেন সাত বীর যাত্রা শুভকালে ॥
রাজ্যলোভে সুগ্রীব মারিতে সহোদরে।
আগে আগে চলিল বিলম্ব নাহি করে ॥
শ্রীরাম-লক্ষ্মণ যান হাতে ধনুঃশর।
তাহার পশ্চাতে চলে অপর বানর ॥
মৃগ পক্ষী বনচর দেখে স্থানে স্থান।
লক্ষ লক্ষ হস্তী দেখে পর্ব্বত প্রমাণ ॥
বনের ভিতর দেখে অতি বিচক্ষণ।
মুনির আশ্রম-মাঝে কদলীর বন ॥

শ্রীরাম বলেন, মিত্র! অদ্ভুত কদলী।
কাহার সৃজন এই আশ্রমমণ্ডলী?
সুগ্রীব বলেন, হেথা ছিল সপ্ত মুনি।
করিত কঠোর তপ লোকমুখে শুনি॥
দশ হাজার বৎসর তারা অনাহারে।
করি তপ সশরীরে গেল স্বর্গপুরে॥
সকলে বন্দেন গিয়া আশ্রম মণ্ডল।
যাহারে বন্দিলে হয় সর্ব্বত্র মঙ্গল॥
সুগ্রীব বলিল, রাম! হও সাবধান।
কালিকার মত যেন না হয় বিধান॥
আপন শপথে মিত্র! আজি হও পার।
অবশ্য করিব আমি সীতার উদ্ধার॥
আমার বচন মিথ্যা না ভাবিও মনে।
সীতা উদ্ধারিব আমি মারিয়া রাবণে॥
শ্রীরাম বলেন, তুমি ভূষিত মালায়।
বালিকে বধিব আজি বাঁচাব তোমায়॥
বালিকে দেখিবামাত্র চালাইব শর।
পুনরায় বালি আজি না যাইবে ঘর॥
সপ্ত তাল বিন্ধিলাম আমি যেই বাণে।
সেইবাণ স্মরিয়া নিশ্চিত হও মনে॥
মিথ্যা না বলিব সত্য না করিব আন।
বালিরাজ নিতান্ত হারাবে আজি প্রাণ॥
সিংহনাদ ছাড়িল সুগ্রীব বালি-দ্বারে।
আকাশ ভাঙ্গিয়া পড়ে যেন মহীধরে॥
পাইয়া রামের বল সুগ্রীব প্রবল।
সিংহনাদে কাঁপাইল ধরা রসাতল॥
সিংহনাদে কুপিল বানররাজ বালি।
সম্মুখে যাহারে দেখে তারে দেয় গালি॥
জ্বলন্ত অঙ্গার হেন মুখখান মেলে।
চন্দ্র-সূর্য্য জিনিয়া চক্ষুর তারা জ্বলে॥

সত্তর যোজন তনু আড়ে পরিসর।
তিন শত যোজন দীরঘ কলেবর॥
যদি বাঞ্ছা হয় হয় নকুল-প্রমাণ।
কখন আকাশ-যোড়া হয় পরিমাণ॥
লাঙ্গুল করিতে পারে যোজন পঞ্চাশ।
উভ যদি করে তবে পরশে আকাশ॥
তারা মহারাণী তার অতি বুদ্ধি ধরে।
বালিকে বারণ করে যাইতে সমরে॥
কোপ সংবরহ, রণে না কর গমন।
আমার বচন শুন জীবনকারণ॥
এক দিন যুদ্ধে যার বৎসর বিশ্রাম।
কি সাহসে এল পুনঃ করিতে সংগ্রাম?
যুদ্ধে ভঙ্গ দিয়া যেই যুঝিতে হাঁকারে।
হইলে পণ্ডিত লোক অবশ্য বিচারে॥
আপনা পাসর তুমি মত্ত হও কোপে।
ভাবিতে তোমার কর্ম্ম ভয়ে প্রাণ কাঁপে॥
যুদ্ধে না যাইও প্রভু! শুন মোর বাণী।
আজিকার যুদ্ধে আমি অমঙ্গল গণি॥
কালি গেল তব স্থানে সুগ্রীব হারিয়া।
কি ব'লে আসিল আজ প্রবল হইয়া?
অবশ্য কাহার ঠাঁই পাইয়াছে বল।
নতুবা আসিবে কেন নিজে সে দুর্ব্বল॥
যুদ্ধে না যাইও তুমি থাক অন্তঃপুরে।
ডাকিছে সুগ্রীব দ্বারে ডাকুক বাহিরে॥
সূর্য্যবংশে রাজা ছিল দশরথ নাম।
রাজপুত্র দুই ভাই লক্ষ্মণ শ্রীরাম॥
পিতৃসত্য পালিতে হইল বনবাসী।
বল্কল পরণে শিরে জটা সে সন্ন্যাসী॥
রাজ্য হারাইয়া তারা ভ্রমে বনে বনে।
মিলিয়াছে তারা বুঝি সুগ্রীবের সনে॥

রাজ্যভ্রষ্ট সুগ্রীব বিবিধ বুদ্ধি ধরে।
সহায় করিয়া বুঝি আনিল রামেরে ॥
যদ্যপি এমত হয় তবে বড় ভার।
নাহি দেখি অদ্য যুদ্ধে মঙ্গল তোমার ॥
ভাল মন্দ হউক সে তবু সহোদর।
সহোদর সনে যুদ্ধ অযোগ্য বিস্তর ॥
ক্ষান্ত হও মহারাজ! কাজ নাই রাগে।
সুগ্রীব সহিত রাজ্য কর একযোগে ॥
সকলে রাজত্ব করে সুগ্রীব বঞ্চিত।
সহিতে না পারে দুঃখ ভাবে বিপরীত ॥
আমার বচন তুমি না করিও হেলা।
অহঙ্কারে না যাইও সংগ্রামের বেলা ॥
আর এক কথা প্রভু করি নিবেদন।
পিতৃসত্য হেতু রাম আসিলেন বন ॥
কৈকেয়ী বিমাতা তাঁরে দিল সত্যভার।
কনিষ্ঠেরে রাজ্য রাম দেন অধিকার ॥
শত্রু হয়ে যেই জন পাঠাইল বনে।
তাহারে করেন রাজা কিসের কারণে ?॥
তোমার পিতার পুত্র কনিষ্ঠ সোদর।
দুই ভাই রাজ্য কর হয়ে একত্তর ॥
বালি বলে না ভাবিও তারা চন্দ্রমুখি!
সুগ্রীব লাগিয়া যত বল নহি দুঃখী ॥
দানব মারিতে আমি গেলাম পাতালে।
রাখিলাম সুড়ঙ্গের দ্বারে সে চণ্ডালে ॥
বৃক্ষ-প্রস্তরেতে সে সুড়ঙ্গদ্বার ঢাকে।
আমার মহিলা হরে জাতি নাহি রাখে ॥
তোমার কথায় তারে না মারিব প্রাণে।
হাতে গলে বান্ধি দিব তোমা বিদ্যমানে ॥
তারা বলে শুন রাজা! করি নিবেদন।
সুগ্রীবের দোষ নাই দোষী পাত্রগণ ॥
পাত্রগণ রাজ্য দিল করিয়া সন্তোষ।
সুগ্রীব হইল রাজা তার নাহি দোষ ॥
করহ আমারে ক্ষমা রাখহ বচন।
আজিকার দিন তুমি না করিও রণ ॥
ক্ষিতি খান খান হয় পর্ব্বত উপাড়ে ॥
চন্দ্র-সূর্য্য আদি শ্রীরামের বাণে পোড়ে ॥
রামেরে সহায় করি যদি সে আইসে।
তবে বল প্রাণনাথ! রক্ষা পাবে কিসে ?
বালি বলে বল কেন অসত্য বচন।
মারিবেন শ্রীরাম আমারে কি কারণ ?
পরের কথায় কি করিবেন অধর্ম্ম ?
রামকে না ভয় করি শুন তার মর্ম ॥
সত্যবাদী রাম বড় সত্যধর্মে মন।
সত্যের কারণে তিনি আসিলেন বন ॥
কখন রামের সঙ্গে মোর নাহি বাদ।
তিনি কেন করিবেন মিথ্যা বিসংবাদ ?
আমি দোষী নহি রাম রুষিবেন কিসে ?
পুনঃ পুনঃ কহ কেন রাম বুঝি আসে ?
তবে যদি সুগ্রীব-সাহায্যে আসে রাম।
তবু নাহি দিব ভঙ্গ করিব সংগ্রাম ॥
রুষিয়া চলিল বালি সিংহের গর্জ্জনে।
না রহিল তারা মহারাণীর বচনে ॥
যাত্রাকালে তারাদেবী করিল মঙ্গল।
কিন্তু তার নেত্রজল করে ছলছল ॥
অন্তরে জানিয়া তারা কাঁদিল বিস্তার।
এবার নিস্তার নাহি সমর দুস্তর ॥
বাহির হইয়া বালি চতুর্দিকে চায়।
একা সুগ্রীবেরে মাত্র দেখিবারে পায় ॥
বালি-সুগ্রীবের যুদ্ধ লাগে হুড়াহুড়ি।
হুড়াহুড়ি দুই জনে করে বেড়াবেড়ি ॥

বেড়াবেড়ি দুই জনে করে জড়াজড়ি।
জড়াজড়ি দুই জনে করে মারামারি॥
কেহ কারে নাহি পারে উভয়ে সোসর।
দুই জনে মল্লযুদ্ধ একটি প্রহর॥
সুগ্রীব হইতে বালি দ্বিগুণ প্রখর।
একটি চাপড়ে তারে করিল কাতর॥
বালি বজ্রমুষ্টি যে মারিল তার বুকে।
অচেতন সুগ্রীব শোণিত উঠে মুখে॥
সুগ্রীবেরে অচেতন দেখিয়া সম্মুখে।
শ্রীরাম ঐষীক বাণ যুড়েন ধনুকে॥
সুগ্রীব সশঙ্ক হয়ে করে পলায়ন।
আড়ে থাকি রাম বাণ করেন ক্ষেপণ॥
দশদিক্ আলো করি সেই বাণ ছুটে।
বজ্রাঘাত সম বাণ বালি-বুকে ফুটে॥
বুক ধরি বালিরাজ করে হাহাকার।
কোন্ জন করিল এ দারুণ প্রহার?
বুকে পৃষ্ঠে ভার সে নাড়িতে নারে পাশ।
এক বাণে পড়ে বালি ঘন বহে শ্বাস॥
পড়িলেক বালিরাজ ইন্দ্রের নন্দন।
গায়ের ভূষণ খসে অঙ্গের বসন॥
কৃত্তিবাস পণ্ডিতের থাকিল বিষাদ।
ধার্ম্মিক রামের কেন হইল প্রমাদ?

বালি কর্ত্তৃক শ্রীরামকে ভর্ৎসনা।

ভূমে পড়ি বালিরাজ করে ছট্‌ফট।
ধাইয়া গেলেন রাম তাহার নিকট॥
মৃগ মারি ব্যাধ যেন ধাইল উদ্দেশে।
ধাইয়া গেলেন রাম সে বালির পাশে॥
রক্তনেত্রে শ্রীরামের পানে চাহি বালি॥
দন্ত কড়মড় করে দেয় গালাগালি॥
নিষেধিল তারা মোরে বিবিধ বিধানে।
করিলাম বিশ্বাস চণ্ডালে সাধু জ্ঞানে॥
রাজকুলে জন্মিয়াছ নাহি ধর্ম্মজ্ঞান।
আমারে মারিলে রাম! এ কোন্ বিধান?
সজারু গণ্ডার কূর্ম্ম গোধিকা শল্লকী।
ভক্ষণীয় পশু পঞ্চ এই পঞ্চনখী॥
তার মধ্যে কেহ নহি শুন রঘুবীর।
আমার শোণিত মাংস ভক্ষ্যের বাহির॥
আমার চর্ম্মেতে নাহি হইবে আসন।
মৃগ নহি শাখামৃগে কোন্ প্রয়োজন?
নির্দ্দোষ বানর আমি মার কোন্ কার্য্যে।
এই হেতু অধিকার না পাইলে রাজ্যে॥
কোন্ দেশ লুটায়ে দিলাম কারে ক্লেশ?
কোন্ দোষে করিলে আমার আয়ুঃশেষ?
অন্য বংশে জন্ম নহে জন্ম রঘুবংশে।
ধার্ম্মিক বলিয়া তোমা সকলে প্রশংসে॥
এ কোন্ ধর্ম্মের কর্ম করিলে না জানি।
বিনা অপরাধে তুমি বিনাশিলে প্রাণী?
সবে বলে রামচন্দ্র দয়ার নিবাস।
যত দয়া তোমার তা আমাতে প্রকাশ॥
তপস্বীর ছলে রাম! ভ্রম এই বনে।
কাহার বধিব প্রাণ সদা ভাব মনে॥
সর্ব্বলোকে বলে রাম ধর্ম্ম-অবতার।
ভাল দেখাইলে রাম! সেই ব্যবহার॥
ভাই ভাই দ্বন্দ্ব করি দেখহ কৌতুক।
আমারে মারিয়া রাম! কি পাইলে সুখ?
কোথাও না দেখি হেন কখন না শুনি।
অন্যের সহিত যুদ্ধে অন্যে হয় হানি॥
সম্মুখাসম্মুখি যদি মারিতে হে বাণ।
একটি চপেটাঘাতে বধিতাম প্রাণ॥

সম্মুখ-সংগ্রাম বুঝি বুঝিলে কঠোর।
তেঁই রাম! আমারে বধিলে হয়ে চোর?
জ্ঞাত আছ আমারে যেমন আমি বীর।
আমার সহিত যুদ্ধে হইতে কি স্থির?
সুগ্রীব আমার বাদী সাধি তার বাদ।
অবিবাদে তুমি কেন করিলে প্রমাদ?
কেমনে দেখাবে মুখ সাধুর সমাজে?
বিনা দোষে কপটে বধিয়া বালিরাজে?
দশরথ রাজা তিনি ধর্ম্ম-অবতার।
তাঁর পুত্র হইয়াছে কুলের অঙ্গার॥
মহারাজ দশরথ ধর্ম্মে রত মন॥
তাঁর পুত্র তুমি না হইবে কদাচন॥
ধর্ম্মহীন মান্য ছিলে বাপের গৌরবে।
মিলিলে সাধিতে ইষ্ট পাপিষ্ঠ সুগ্রীবে॥
পাপী পাপী মিলনেতে পাপের মন্ত্রণা।
নতুবা আমার কেন হইবে যন্ত্রণা?
বানর হইতে কার্য্য করিবে উদ্ধার।
তবে কেন আমারে না দিলে এই ভার?
এক লাফে পারাবার হইতাম পার।
এক দিনে করিতাম সীতার উদ্ধার॥
রাজপুত্র তুমি রাম! নাহি বিবেচনা।
কোন্ ছার মন্ত্রিসহ করিলে মন্ত্রণা?
করিলাম কত শত বীরের সংহার।
আমার সম্মুখেতে রাবণ কোন্ ছার?
রাবণ আসিয়াছিল রণ করিবারে।
লেজে বান্ধি ডুবালাম চারি পারাবারে॥
লেজের বন্ধন তার কিষ্কিন্ধ্যায় খসে।
পায়ে পড়ি আমার সে উঠিল আকাশে॥
ত্রিলোকবিজয়ী শিবভক্ত দশগ্রীব।
কি করিবে তাহার নিকটে এ সুগ্রীব?
যদি হয় হইবে বিলম্বে বহুতর।
মধ্যে এক ব্যবধান প্রবল সাগর॥
যদ্যপি আমারে রাম! দিতে এই ভার।
এক দিনে করিতাম সীতার উদ্ধার॥
আনিতাম রাবণেরে ধরিয়া গলায়।
সেবক হইয়া রাম! সেবিত তোমায়॥
এ হেন বিচিত্র ভাব আমি বালিরাজ।
আমারে না জানে কোন্ বীরের সমাজ?
বিস্তর ভর্ৎসিল রামে রণস্থলে বালি।
কৃত্তিবাস বলে কেন রামে দেহ গালি?

বালির বিনয়।

শ্রীরাম বলেন, বালি! শুন হয়ে স্থির।
বানরজাতির মধ্যে তুমি বড় বীর॥
আমারে করিলে তুমি অনেক ভর্ৎসন।
আর যদি কিছু থাকে কহ কুবচন॥
পৃথিবীতে যত রাজা আছে যুগে যুগে।
দয়া করি কোন্ রাজা ছাড়িয়াছে মৃগে?
ঘাস খায় বনে চরে নাহি অপরাধ।
তবু মৃগ মারিতে রাজারা হয় ব্যাধ॥
মৎস্যগণ জলে থাকে তারা হিংসে কাকে?
তারে বধ করে কেন বড় বড় লোকে॥
পশু পক্ষী সর্ব্বস্থানে থাকে সর্ব্ববনে।
ব্যাধগণ অবিরত কেন তারে হানে?
আমার রাজ্যেতে থাকি কর পরদার।
সেই পাপে মম রাজ্যে পাপের সঞ্চার॥
মম বাণে তোমার হইল মুক্ত পাপ।
স্বর্গে যাও বালি! কেন করিছ সন্তাপ?
ভক্ত হেন সুগ্রীবেরে করিব পালন।
তাহার যে শত্রু তার বধিব জীবন॥

করিয়াছি মিত্রতা পাবক সাক্ষী করি।
কোথা না রাখিব আমি সুগ্রীবের অরি ॥
সুগ্রীবের জ্যেষ্ঠ ভাই তুমি ত গর্ব্বিত।
তোমারে অধিক বলা না হয় উচিত ॥
তোমার সহিত যুদ্ধ মোর নাহি সাজে।
ক্ষমা কর কপিরাজ! কেন পাড় লাজে?
ক্ষমা কর বীর! তব দৈবের লিখন।
আমার প্রসাদে যাও মহেন্দ্র-ভুবন ॥
ইন্দ্রপুত্র তুমি হও মহেন্দ্রের বেশ।
অমরাবতীতে যাও আপনার দেশ ॥
বালি বলে, ত্রিভুবনে তুমি ত পূজিত।
ব্যথিত হইয়া বলিলাম অনুচিত ॥
ক্ষমা কর ধরি রাম! তোমার চরণ।
সুগ্রীব অঙ্গদে তুমি করিও রক্ষণ ॥
সুগ্রীবেরে রাজ্য দিতে করিলে স্বীকার।
অঙ্গদেরে দিবে তুমি কোন্ অধিকার?
তুমি দাতা তুমি কর্ত্তা তুমি ত বিধাতা।
সুগ্রীব অঙ্গদের ধর্ম্মতঃ হও পিতা ॥
সুষেণ-দুহিতা তারা আছে গৃহমাঝে।
সুগ্রীব না দুঃখ দেয় তারে কোন কাজে ॥
শ্রীরাম বলেন, গতি চিন্ত কপিরাজ!
পবিত্র হইলে তুমি কথায় কি কাজ?
শ্রীরামে বিনয়ে কহে বালি যোড় হাত
বিরূপ বচন ক্ষমা কর রঘুনাথ!
বালির বচন শুনি রামের উল্লাস।
রচিল কিষ্কিন্ধ্যাকাণ্ড কবি কৃত্তিবাস ॥

বালির সৎকার।

রণে পড়ে বালিরাজ শ্রীরামের বাণে।
অন্তঃপুরে থাকি তাহা তারাদেবী শুনে ॥
বস্ত্র না সংবরে রাণী আলুলিত-কেশে।
অঙ্গদেরে ল'য়ে যায় বালির উদ্দেশে ॥
পথে দেখে মন্ত্রিগণ পলাইছে ত্রাসে।
অশ্রুমুখী তারাদেবী সবারে জিজ্ঞাসে ॥
তোমরা রাজার পাত্র ছিলে তাঁর সাথী।
তবে ছাড়ি যাও কেন রাখিয়া অখ্যাতি?
কপিগণ বলে, শুন তারা ঠাকুরাণী!
দুই ভাই বিস্তর করেন হানাহানি ॥
তুমি যত বলিলে হইল বিদ্যমান।
শ্রীরামের বাণে বালি হারাইল প্রাণ ॥
চারি ভিতে সৈন্য গিয়া রাখ অন্তঃপুরী।
অঙ্গদেবে রাজা কর শোক পরিহরি ॥
তারা বলে, রাজ্য ল'য়ে থাকুক অঙ্গদ্।
স্বামী সঙ্গে যাব আমি এই সে সম্পদ্ ॥
শিরে করে করাঘাত বস্ত্র না সংবরে।
রণস্থলে চতুর্দ্দিকে রাণী দৃষ্টি করে ॥
ধনুর্ব্বাণ ছাড়িয়া বসিয়া রঘুনাথ।
লক্ষ্মণ সম্মুখে তাঁর করি যোড়হাত ॥
কারো মুখে নাহি শুনা যায় কোন কথা।
সকলে বসিয়া আছে হেঁট করি মাথা ॥
বালির নিকটে তারা চলিল সত্বরে।
স্বামীর দুর্গতি দেখি হাহাকার করে ॥
মেঘের গর্জ্জন তুল্য তোমার গর্জ্জন।
বড় বড় বীর সহে কে তোমার রণ?
শ্রীরামের এক বাণে লোটাও ভূতলে।
এ কি অসম্ভব কর্ম্ম বিধি দেখাইলে?
মম বাক্য না শুনিলে করিলে সাহস।
তোমার নাহিক দোষ বিধাতা বিরস ॥
মুদিলে নয়ন নাথ! ত্যজিয়া আমায়।
তোমা বিনা অঙ্গদের না দেখি উপায় ॥

চন্দ্র যান অস্ত তাঁর সঙ্গে যায় তারা।
তোমার হইল অস্ত রহে কেন তারা?
রাজ্যলোভে সুগ্রীব করিল হেন কাজ।
কাঁদাইল কিষ্কিন্ধ্যার বিশিষ্ট সমাজ ॥
এতেক বলিয়া কাঁদে তারা কৃশোদরী।
তাহার ক্রন্দনে কাঁদে কিষ্কিন্ধ্যানগরী ॥
বালক অঙ্গদ কাঁদে মৃত্তিকা-শয়নে।
পশু পক্ষী আদি কাঁদে বালির মরণে ॥
থাকুক অন্যের কথা কাঁদেন লক্ষ্মণ।
শ্রীরাম সুগ্রীব দোঁহে বিরস-বদন ॥
তারা বলে, রাম! তব জন্ম রঘুকুলে।
আমার স্বামীকে কেন বিনাশিলে ছলে?
সম্মুখে মারিতে যদি দেখিতে প্রতাপ।
লুকাইয়া মারিলে পাইনু বড় তাপ ॥
শ্রীরাম! তোমারে সবে বলে দয়াবান্।
ভাল দেখাইলে আজি তাহার প্রমাণ ॥
একেবারে আমার করিলে সর্বনাশ।
সুগ্রীবের প্রতি দয়া করিলে প্রকাশ ॥
বিচ্ছেদ-যাতনা যত জান ত আপনি।
তবে কেন আমারে দিলে হে রঘুমণি?
প্রভু শাপ না দিলেন সদয়-হৃদয়।
আমি শাপ দিব তোমা ফলিবে নিশ্চয় ॥
সীতা উদ্ধারিবে রাম! আপন বিক্রমে।
সীতারে আনিবে ঘরে বহু পরিশ্রমে ॥
কিন্তু সীতা না রহিবে সদা তব পাশ।
কিছু দিন থাকিয়া করিবে স্বর্গবাস ॥
কাঁদাইলে যেইরূপ কিষ্কিন্ধ্যানগরী।
কাঁদাইয়া তোমারে যাইবে স্বর্গপুরী ॥
আমি যদি সতী হই ভারত-ভিতরে।
কাঁদিবে সীতার হেতু কে খণ্ডিতে পারে ॥
আমি শাপ দিলাম না হইবে খণ্ডন।
সীতার কারণে তুমি হবে জ্বালাতন ॥
সীতার কারণে তুমি প্রাণ হারাইবে।
এ জন্মের মত দুঃখে কাল কাটাইবে ॥
বানরী হইয়া তারা রামেরে গরজে।
এতেক সম্পদ মোর তোমা হেতু মজে ॥
ইহা মনে না করিও আমি নারায়ণ।
কর্ম্মমত ভোগ-ফল করে সর্ব্ব জন ॥
বিনা দোষে মারিলে যেমন কপীশ্বরে।
মারিবে তোমারে রাম! সে-ই জন্মান্তরে ॥
সতীর বচন কভু না হয় খণ্ডন।
যাহা বলি তাহা হবে নাহি বিমোচন ॥
খেদে তারা কাঁদে কোলে করিয়া বালিরে।
তাহার ক্রন্দনে বালি বলে ধীরে ধীরে;—
শুন তারা প্রেয়সি! তোমারে আমি বলি।
আমি বহু রামেরে দিয়াছি গালাগালি ॥
আমার বচনে বড় পাইলেন লাজ।
তুমি মন্দ বলিয়া সাধিবে কোন্ কাজ?
সীতারে হরিয়া নিল লঙ্কার রাবণ।
রাবণের অপরাধে আমার মরণ ॥
বিধির নির্ব্বন্ধ ছিল রামের কি দোষ।
গালি দিলে শ্রীরাম হবেন অসন্তোষ ॥
তারা প্রতি দিল বালি প্রবোধ-বচন।
মৃত্যুকালে সুগ্রীবেরে করে সম্ভাষণ ॥
বালি বলে, সুগ্রীব! তুমি যে সহোদর।
তব সঙ্গে বিসংবাদ হইল বিস্তর ॥
তোমার বিবাদে মোর এই ফল হয়।
তুমি রাজ্য কর আমি মরি হে নিশ্চয় ॥
তব দোষ নাহি, মোরে বিধাতা বিমুখ।
একত্র না হইল দোঁহার রাজ্যসুখ ॥

রাজ্যভোগে বাড়ালাম অঙ্গদ সুন্দর।
পদতলে লুটে পুত্র ধূলায় ধূসর॥
অঙ্গদেরে ভাই! তুমি নাহি দিও তাপ।
আমার বিহনে তুমি অঙ্গদের বাপ॥
অঙ্গদেরে ভয়েতে অভয় দিও দান।
পালন করিও এরে পুত্রের সমান॥
আমি যদি থাকিতাম হইত পালন।
এই লহ অঙ্গদেরে করি সমর্পণ॥
দারুণ-রামের বাণে পোড়ে এ শরীর।
ক্ষণেক থাকিয়া প্রাণ হইবে বাহির॥
ইন্দ্র মালা দিয়াছেন পুত্রের সন্দেশ।
সুগ্রীবেরে দিই যে দেখুক এই দেশ॥
শ্রীরামের ঠাঁই বালি লয় অনুমতি।
সুগ্রীবের গলে দিল ধরে নানা জ্যোতি॥
সুগ্রীবেরে মালা দিয়া পুত্র পানে চাহে।
মৃত্যুকালে অঙ্গদেরে পরিমিত কহে॥
বাড়িলে যেমন পুত্র আমার গৌরবে।
সেইমত বাড়াইবে তোমারে সুগ্রীবে॥
অহঙ্কার না করিও আমার কথনে।
খুড়ার করিও সেবা বিবিধ বিধানে॥
সুগ্রীবের বিপক্ষ যে জানিও বিপক্ষ।
সুগ্রীবের যেই পক্ষ সেই তব পক্ষ॥
অধর্ম না করিও করিও সেবা-কর্ম।
খুড়ার করিও সেবা পরাপর ধর্ম॥
এত বলি বালিরাজ ত্যজিল পরাণ।
প্রেরণ করেন ইন্দ্র তখনি বিমান॥
কালের কুটিল গতি কে বুঝিবে স্থির।
রণস্থলে শয়ন করিল মহাবীর॥
বিমানে চড়িয়া গেল অমরাবতীতে।
হাহাকার করি তারা লাগিল কাঁদিতে॥

শিরে করি করাঘাত ত্যজে আভরণ।
ক্ষণে হাহাকার করে ক্ষণে অচেতন॥
ছিঁড়িল মুক্তার মালা খসিল কবরী।
ধরিয়া রাখিতে তারে নারে সহচরী॥
পতি হারাইয়া তারা নেত্রে ধারা বহে।
বলে প্রভু তোমার বিহনে প্রাণ দহে॥
কোথায় রহিল তব রাজ্যপাট ধন?
কোথায় তোমার দিব্য রত্নসিংহাসন?
সুগ্রীব হইল তব প্রাণের আপদ।
কোথায় রহিল তব প্রাণের অঙ্গদ?
কোথায় রহিল তব এ রাজ্য সংসার?
তোমার বিহনে দেখি সব অন্ধকার॥
ত্রিভুবন কম্পমান তোমার বিক্রমে।
তোমার এমন দশা মম ভাগ্যক্রমে॥
রামের দারুণ বাণ বিদ্ধ বক্ষঃস্থলে।
সুগ্রীবের যত পাপ আমায় তা ফলে॥
বুক হৈতে সুগ্রীব তুলিয়া নিল বাণ।
বালির রক্তেতে নদী বহে খরশাণ॥
কাঁদিতে কাঁদিতে তারা হইল কাতর।
পাত্র মিত্র মিলি দেয় প্রবোধ উত্তর॥
কাঁদে মহাদেবী তারা না মানে প্রবোধ।
হনুমান বলে কত করি অনুরোধ॥
শোক পরিহর রাণি! সংবর ক্রন্দন।
এমনি কালের ধর্ম্ম, কে করে খণ্ডন?
সুগ্রীব ধার্ম্মিক বালি ইন্দ্রের সন্তান।
রামের প্রসাদে যাইলেন পিতৃস্থান॥
অঙ্গদেরে পালহ, পালহ সবাকারে।
সকলি তোমার রাণি! যে আছে সংসারে॥
অঙ্গদ হইবে রাজা দেখিবে নয়নে।
পরিত্যাগ কর শোক ধৈর্য্য ধর মনে॥

নেত্রনীর ঝরে যেন শ্রাবণের ধারা।
না কহিলে নহে তেঁই কহে রাণী তারা ;—
শুন বীর ! রাজা যদি অঙ্গদ হইবে।
শ্রীরামের কি সাহায্য করিবে সুগ্রীবে ?
ভাল মন্দ পুত্রের যে নাহি মনে করি।
স্বামী সহ মরিলে সকল দায় তরি ॥
নারীর গৌরব কত স্বামী সব জানে।
কি করিতে পারে পুত্র স্বামীর বিহনে ?
পুত্রেরে বলিলে মন্দ অবশ্য সে রোষে।
স্বামীরে বলিলে মন্দ মনে মনে হাসে ॥
সর্ব্বধর্ম কর্ম স্বামী নারীর বিধাতা।
কামিনীর স্বামী হয় সুখ-মোক্ষদাতা ॥
স্বামি সেবা করিবেক যদি হই সতী।
স্বামী বিনা স্ত্রীলোকের আর নাই গতি ॥
স্বামী দাতা স্বামী কর্ত্তা স্বামী মাত্র ধন।
স্বামী বিনা গুরু নাই বলে জ্ঞানী জন ॥
শত পুত্রবতী যদি স্বামিহীনা হয়।
তথাপি সকলে তারে অভাগিনী কয় ॥
কাঁদিতে কাঁদিতে তারা হইল বিহ্বল !
তাহার ক্রন্দনে হয় সুগ্রীব বিকল ॥
শ্রীরাম বলেন, মিত্র ! না কর বিষাদ।
কারো দোষ নাই দৈব পাড়িল প্রমাদ ॥
সংবরহ শোক তুমি বানরের রাজ।
ত্বরা করি করহ বালির অগ্নিকাজ ॥
শুষ্ককাষ্ঠ আন মিত্র ! অগুরু চন্দন।
রাজ-আভরণ আন বসন ভূষণ ॥
বৃহৎ শরীর তার করিতে বহন।
বাছিয়া কটক আন বালির বাহন ॥
লক্ষ্মণ বলেন হনূমান্ ! হও স্থির।
সর্ব-আয়োজন তুমি আনহ বালির ॥
হনূমান্ প্রবেশিল ভাণ্ডার ভিতরে।
নানা রত্ন আভরণ আনিল বাহিরে ॥
রাজচতুর্দ্দোলে আনে বিচিত্র বসন।
বিলাইতে আনে আরো বহুমূল্য ধন ॥
রাজচতুর্দ্দোলে লয়ে তুলিল বালিরে।
সকলে লইয়া গেল পম্পানদী-তীরে ॥
চন্দন-কাষ্ঠের চিতা করিল সে তীরে।
বালিরাজে শোয়াইল তাহার উপরে ॥
রাজযোগ্য চিতা করে নানা পুষ্পজাতি।
তারা মহাদেবী করে বৈশ্বানরে স্তুতি ॥
অগ্নিকার্য্য বালির করিল বন্ধুগণ।
তারার ক্রন্দন কত করিব বর্ণন ?
রামনাম স্মরণেতে পাপের বিনাশ।
রচিল কিষ্কিন্ধ্যাকাকাণ্ড কবি কৃত্তিবাস ॥
রাম না জন্মিতে ষাটি হাজার বৎসর।
অনাগত বাল্মীকি রচিল কবিবর ॥
বাল্মীকি বন্দিয়া কৃত্তিবাস বিচক্ষণ।
পাঁচালী প্রবন্ধে রচে বেদ রামায়ণ ॥
রামনাম স্মরিলে যমের দায় তরি।
শ্রীরামের প্রীতে ভাই মুখে বল হরি ॥

সুগ্রীবের রাজ্যপ্রাপ্তি

সকল বানর গেল রাম-বিদ্যমান।
সুগ্রীবের ইঙ্গিতে বলেন হনূমান্ ॥
তোমার প্রসাদে সুগ্রীব হইল রাজা।
বাঞ্ছা করে সুগ্রীব তোমারে করে পূজা ॥
পাইলে তোমার আজ্ঞা যায় অন্তঃপুরে।
অন্তঃপুরে শ্রীরাম আইস রাজপুরে ॥
শ্রীরাম বলেন পুরে না করি প্রবেশ।
বনবাস করিবারে পিতার আদেশ ॥

চতুর্দ্দশ বৎসর ভ্রমিব বনে বন।
নগরে কেমনে আমি করিব গমন?
সুগ্রীবেরে শ্রীরাম বলেন লও ভার।
রাজা হয়ে তুমি রাজ্য কর অধিকার॥
বালিকে মারিয়া বড় পাইলাম লাজ।
এইবার অঙ্গদেরে কর যুবরাজ॥
মহাদেবী তারার করিও পুরস্কার।
তাহার মন্ত্রণায় করিও ব্যবহার॥
আসিল শ্রাবণ মাস বরষা প্রবেশ।
শাখামৃগ কটক থাকুক নিজ দেশ॥
বনে বনে ভ্রমিয়া পাইলে বড় দুখ।
বরষায় কিছু দিন কর রাজ্যসুখ॥
বর্ষা গেলে ঘরে যে থাকিবে এক দণ্ড।
তাহার করিব মিত্র! সমুচিত দণ্ড॥
শ্রীরামের আজ্ঞাতে সে গেল অন্তঃপুর।
নানা বস্ত্র রত্ন দান করিল প্রচুর॥
সুগ্রীবে করিতে রাজা এল রাজ্যখণ্ড।
সিংহাসন বাহির করিল ছত্রদণ্ড॥
শুভক্ষণে সুগ্রীব বসিল সিংহাসনে।
চারি ভিতে চামর ঢুলায় কপিগণে॥
শ্রীরামের আজ্ঞা যেন পাষাণের রেখ।
সাগরের জলে তার করে অভিষেক॥
ছত্রদণ্ড দিল আর কিষ্কিন্ধ্যানগরী।
অভিষেক করি দিল তারা কৃশোদরী॥
রাজপত্নী রাজা লবে ইহাতে কি দোষ?
তারা পেয়ে সুগ্রীবের বড়ই সন্তোষ॥
শ্রীরামের অলঙ্ঘিত বচন-প্রমাণে।
অঙ্গদের অভিষেক করে অবসানে॥
করিল অঙ্গদে যুবরাজ পাত্রগণ।
রাম জয় বলি ডাকে যত কপিগণ॥

সীতার লাগিয়া রাম সদা মুহ্যমান।
বরষা বঞ্চিতে যান গিরি মাল্যবান্॥
দুই ক্রোশ অন্তরে থাকেন রঘুবীর।
যথা বহে পর্ব্বতেতে সুগন্ধি সমীর॥
বাসা করি থাকিবেন পর্ব্বতশিখর।
স্থানে স্থানে পর্ব্বতের দিব্য সরোবর॥
নানাবিধ বৃক্ষেতে বিচিত্র ফুল-ফল।
ধবল রজনী পূর্ণচন্দ্র সুশীতল॥
রামের সুখের হেতু না হ'লো কিঞ্চিত।
সীতা বিনা সর্ব্বসুখে শ্রীরাম বঞ্চিত॥
শয়ন ভোজন তাঁর কিছু নাহি মনে।
দিন যায় রোদনেতে রাত্রি জাগরণে॥
রাজ্যভোগ সুগ্রীবের বাড়ে দিন দিন।
রাত্রিদিন শ্রীরাম সীতার শোকে দীন॥
সুবর্ণ-পালঙ্কে শোয় সুগ্রীব ভূপতি।
তরুতলে রামচন্দ্র করেন বসতি॥
দিব্য সুন্দরীতে সুগ্রীবের অভিলাষ।
সীতা লাগি কাঁদেন শ্রীরাম চারি মাস॥
কাঁদিতে কাঁদিতে রাম হ'লেন কাতর।
তাঁহারে লক্ষ্মণ দেন প্রবোধ উত্তর॥
তুমি বীর হও স্থির ত্যজহ প্রমাদ।
মহাপুরুষেরা হেন না করে বিষাদ॥
কাতর হইলে শোকে নিন্দা করে লোকে।
শোকে বুদ্ধি নাশ হয় ক্ষিপ্ত হয় শোকে॥
শোকেতে আচ্ছন্ন হয় যে জন অজ্ঞান।
শোক কর কেন জ্যেষ্ঠ! হয়ে জ্ঞানবান্?
তুমি বীর কাম ক্রোধ কর পরাজয়।
শোক-স্থানে পরাভব তব কেন হয়?
ক্ষান্ত হও রঘুবীর! চিন্তা কর দূর!
লঙ্কেশ্বর সহিত আনিব লঙ্কাপুর॥

আজ্ঞা কর বিজ্ঞবর ! সেবক লক্ষ্মণে।
জানকী উদ্ধার করি নাশিয়া রাবণে ॥
কোন্ ছার লঙ্কা সে রাবণ কোন্ ছার।
একা আমি করি জ্যেষ্ঠ ! সকল সংহার ॥
কাঁদিতে কাঁদিতে গেল সে শ্রাবণ মাস।
রামের ক্রন্দনে গীত গায় কৃত্তিবাস ॥

সীতাবিরহে শ্রীরামের শোকপ্রকাশ।

অষ্টমাসের নীর বরষাকালে পোষে।
মেঘ সঞ্চারিয়া চারি সাগর বরষে ॥
বরিষার ধারেতে পৃথিবী ছাড়ে তাপ।
সীতারে স্মরিয়া রাম করেন সন্তাপ ॥
আমার বচনে কর লক্ষ্মণ ! আরতি।
দুরন্ত বরষা ঋতু স্থির নহে মতি ॥
সূর্য্য চন্দ্র দোঁহে বরিষার মেঘে ঢাকে।
আমি ত মরিব ভাই ! জানকীর শোকে ॥
সজল জলদে শোভে বিদ্যুৎ যেমন।
জানকী আমার কোলে ছিলেন তেমন ॥
চতুর্দ্দিকে জল স্থল সব একাকার।
কেমনে হইবে কপিসৈন্য আগুসার ?
জলধর নিরন্তর বরষে আকাশে।
জলমগ্না ধরণী যে ধরাধর ভাসে ॥
এ সময়ে সুগ্রীবেরে কহিব কিমতে।
কটক লইয়া চল সীতা উদ্ধারিতে ॥
নদ-নদী শুকাইবে শুষ্ক হবে পথ।
তবে সে হইবে মম সিদ্ধ মনোরথ ॥
তত দিন সীতা হবে অস্থিচর্ম্মসার।
কি জানি তজ্যে বা প্রাণ বিরহে আমার ॥
একাকিনী অনাথিনী শত্রুমধ্যে বাস।
কেমনে বাঁচিবে সীতা এই কয় মাস ?
আমা বিনা জানকীর আর নাহি মন।
এই ক্রোধে পাছে তারে বধে দশানন ॥
কাঁদিতে কাঁদিতে সীতা নিশ্চিত মরিবে।
কি করিবে ভাই ! তুমি মিতা কি করিবে ॥
পক্ষী হয়ে উড়ে যাই সাগরের পার।
অভাগী সীতার দেখি শয়ন আহার ॥
কাঁদেন সর্ব্বদা রাম করিয়া হুতাশ।
রামের ক্রন্দন রচে কবি কৃত্তিবাস ॥

সীতা উদ্ধারের জন্য সুগ্রীবের প্রতি তাড়না।

বরষা হইল গত শরৎ প্রবেশ।
তথাপি না হ'ল হায় জানকী-উদ্দেশ ॥
ভেকের নিনাদ গেল মেঘের গর্জ্জন।
নির্ম্মল চন্দ্রমা তারা প্রকাশে গগন ॥
মম প্রাণ স্থির নহে সীতার লাগিয়ে।
মরিবেক সীতা বুঝি দিন গেলে বয়ে ॥
কি করিবে ভাই ! তুমি কি করিবে মিতে।
সব অন্ধকার মোর সীতার মৃত্যুতে ॥
স্ত্রী পুরুষ দুই জনে ধরেছে সংসার।
ভার্যাতে সন্ততি হয় বাড়ে পরিবার ॥
স্ত্রী থাকিলে পুত্র হয় সংসারের সার।
পুত্র না হইলে তার গতি নাহি আর ॥
পিণ্ড দেয় গয়ায় সে করয়ে তর্পণ।
সংসারের মধ্যে তাই পুত্র বড় ধন ॥
স্ত্রী পুত্র পরিবার কেহ নহে ছাড়া।
পুত্র না থাকিলে লোক বলে আঁটকুড়া ॥
তার মুখ দেখি যেবা শ্রাদ্ধে দেয় মন।
শ্রাদ্ধক্রিয়া বৃথা তার শাস্ত্রে কয় হেন ॥
অতএব শুন ভাই ! ভার্য্যা বড় ধন।
তাহাতে সন্ততি হয় সংসার-পালন ॥

নাহি ভাবে আমাকে সে সুগ্রীব নির্দ্দয়।
স্ত্রী পাইয়া ভুলে আছে আপন আলয়॥
তাহার লাগিয়া আমি মারিলাম বালি।
আমাকে না স্মরে কপি রাজ্যভোগে ভুলি॥
বালিকে বধিয়া আমি পাইলাম লাজ।
ধর্ম্মাধর্ম্ম না ভাবিয়া সাধি তার কাজ॥
কিষ্কিন্ধ্যা পাইল কপি আমার কারণে।
এখন আমার কর্ম নাহি করে মনে॥
এইক্ষণে যাও ভাই! কিষ্কিন্ধ্যানগর।
সমক্ষে বলিবে তারে উচিত উত্তর॥
লক্ষ্মণ বলেন, যাই কিষ্কিন্ধ্যানগরে।
দেখিব কেমন আজি সুগ্রীব বানরে॥
জ্ঞাতি বন্ধু তাহার কুটুম্ব যত আর।
পাঠাইব সবাকারে শমনের দ্বার॥
নিশ্চিন্ত বসিয়া আছে আপনা না চিনে।
সুগ্রীবে মারিয়া আছি পাড়ি এক বাণে॥
তুমি প্রভু রঘুনাথ! বেড়াও কাঁদিয়া।
কৌতুকে সুগ্রীব থাকে পালঙ্কে শুইয়া॥
বুঝাইয়া লক্ষ্মণে কহেন রঘুবর ;—
মিত্রবধ না করিও দেখাইও ডর॥
লক্ষ্মণ বিদায় হয় শ্রীরামের স্থান।
বামহস্তে ধনুক দক্ষিণ-হস্তে বাণ॥
মহাকোপে চলিলেন ঘূর্ণিতলোচন।
স্বর্গ মর্ত্ত্য পাতাল কাঁপিল ত্রিভুবন॥
কিষ্কিন্ধ্যানগরে বীর হয়ে উপনীত।
দ্বারে দেখে অঙ্গদেরে কটক-বেষ্টিত॥
লক্ষ্মণের কোপ দেখি হইয়া ফাঁফর।
প্রণতি করিল তাঁরে সকল বানর॥
হইলেক ক্ষুদ্র ক্ষুদ্র বানর অস্থির।
লাফে লাফে হয় তারা প্রাচীর-বাহির॥
লক্ষ্মণ বলেন শুন বালির নন্দন!
সুগ্রীবেরে জানাও আমার আগমন॥
বনে বনে ভ্রমিতেছি আমরা কাঁদিয়া।
সুগ্রীব থাকেন সিংহাসনেতে শুইয়া॥
সীতা লাগি দুই ভাই ভ্রমি বনে বনে।
নিশ্চিন্ত আছেন তিনি রত্নসিংহাসনে॥
বালিরে মারিয়া রাম দিলেন রাজত্ব।
সুগ্রীব পাইয়া রাজ্য হইয়াছে মত্ত॥
অতি দুষ্ট মিষ্টবাক্যে রাখে আশ্বাসিয়া।
কোন্ লাজে থাকে ঘরে নিশ্চিন্ত বসিয়া?
পিঁপিড়ার পাখা উঠে মরিবার তরে।
রাজ্যসহ পোড়াইব আজি এক শরে॥
সাহায্য করিতে আগে করিয়া স্বীকার।
এখন না মনে.করে তাহা একবার॥
বালিভয়ে অতি ভীত বেড়াইত বনে।
সে সকল সুগ্রীবের নাহি কিছু মনে॥
সুগ্রীবেরে কহ গিয়া এই সমাচার।
রামের অনুজ ভাই আসিয়াছে দ্বার॥
মারিলেন রে রাম বালিকে অনায়াসে।
সুগ্রীব তাঁহারে তুচ্ছ করে কি সাহসে?
পশুজাতি বানর সুগ্রীব দুরাচারী।
তাহাকে বলেন মিত্র আপনি মুরারি॥
আপনি শ্রীরঘুনাথ দয়ার সাগর।
তাঁর যোগ্য মিত্র কি এ সুগ্রীব বানর?
কত যোগী জিতেন্দ্রিয় মুনি ব্রহ্মঋষি।
অনাহারে কত তপ করে দিবানিশি॥
হেন রাম কোল দেন সুগ্রীব বানরে।
সুগ্রীবের কত পুণ্য ছিল জন্মান্তরে॥
অঙ্গদ বলেন, শুন ঠাকুর লক্ষ্মণ!
স্থির হও মহাশয়! করি নিবেদন॥

পাদ্য অর্ঘ্য দিল তাঁরে বসিতে আসন।
যোড়হাতে স্তুতি করে বালির নন্দন ॥
লক্ষ্মণের কোপ দেখি বড় ভয় মনে।
অন্তঃপুরমধ্যে যায় পরম সম্ভ্রমে ॥
সুগ্রীবে প্রণতি বন্দে মায়ের চরণ।
যোড়হাতে বলে প্রভু! দ্বারেতে লক্ষ্মণ ॥
ঘূর্ণিতলোচন রাজা শৃঙ্গারের মদে।
শোভা পায় শরীর কুঙ্কুম-মৃগমদে ॥
কামরসে বিহ্বল সুগ্রীব অন্যমন।
কিছু নাহি শুনিলেন অঙ্গদ-বচন ॥
জাগাইতে রাজারে করিল পাঁচাপাচি।
অনেক বানর মেলি করে কিচিমিচি ॥
বানরের কোলাহল হইলেক দ্বারে।
কার সাধ্য স্থির থাকে এ ঘোর চীৎকারে?
শব্দ শুনি কপিবর শয্যা পরিহরি।
পাত্রমিত্র দেখি রাজা বলে ক্রোধ করি ॥
অন্তঃপুরে গোল কেন কর ঘোরতর?
অঙ্গদ সম্মুখে গিয়া করিছে উত্তর ;—
পাঠান শ্রীরাম আজি আপন ভ্রাতারে।
সুমিত্রানন্দন বীর উপস্থিত দ্বারে ॥
মহাকোপান্বিত দেখি ঠাকুর লক্ষ্মণ।
বলিব কতেক যত করিল ভৎর্সন ॥
সাধিলে আপন কর্ম করিয়া মিত্রতা।
রামের কর্মের কালে করিলে খলতা ॥
সুগ্রীব বলেন, রাম করিয়া মিতালি।
পাঠাইয়া লক্ষ্মণেরে দেন গালাগালি ॥
অপরাধ নাহি করি কারে মোর ডর?
কেন কোপ করেন লক্ষ্মণ ধনুর্দ্ধর?
করিয়াছি মিত্রতা সে নহে অপ্রমাণ।
রাখিবারে মিত্রতা কি হারাইব প্রাণ?

ত্রিলোকবিজয়ী সে রাবণ মহাবীর।
যাহার ভয়েতে যত দেবতা অস্থির ॥
তাহার সহিত যুদ্ধে নর কি বানর।
আসিবেক পুনঃ প্রাণ লইয়া কি ঘর?
এখন ফিরিয়া যান স্বস্থানে লক্ষ্মণ।
আগু-পাছু যাহা হবে বলিব তখন ॥
মহামন্ত্রী হনূমান্ অতি তীক্ষ্ণমতি।
কহিলেন হিতবাক্য সুগ্রীবের প্রতি ॥
নিজে বিষ্ণু রমানাথ কমললোচন।
হেন বাক্য বল কেন না বুঝি কারণ ॥
যাঁহার প্রসাদে তুমি পাইলে রাজত্ব।
তাঁহারে এমত বল হয়েছ কি মত্ত?
রাত্রি-দিন কর তুমি শৃঙ্গার-বিলাস।
না দেখ রামের দুঃখ নাহি যাও পাশ ॥
কুপিত লক্ষ্মণ বীর আসিলেন দ্বারে।
অবিলম্বে যাও রাজা! সান্ত্ব গিয়া তাঁরে ॥
যাঁর বাণে ত্রিভুবনে কেহ নাহি আঁটে।
তাঁর আজ্ঞা না মানিলে পড়িবে সঙ্কটে ॥
আমি তব মন্ত্রী কহি শুন মহাশয়!
হিত উপদেশ বলি হইয়া নির্ভয় ॥
বালি হেন মহাবীর পড়ে যাঁর বাণে।
তাঁহার শরণ লও বাঁচিবে পরাণে ॥
রামের দুর্দ্দশা শুনি বুক হয় চির।
শোকেতে কাতর অতি নহেন সুস্থির ॥
পরমা সুন্দরী লয়ে ঘরে কর ক্রীড়া।
রাজভোগে মত্ত থাক নাহি হয় ব্রীড়া?
রাবণের ভয়ে যদি রামেরে ছাড়িবে।
লক্ষ্মণের হাতে তুমি কেমনে বাঁচিবে?
রাবণ সাগর-পারে দ্বারেতে লক্ষ্মণ।
লক্ষ্মণের বাণাগ্নিতে মরিবে এখন ॥

লক্ষ্মণের বাণে কারো নাহিক নিস্তার।
বধিতে বানরগণে কি তাঁহার ভার ?
আমার বচন রাখ হবে তব হিত।
রামের শরণ লহ নহে বিপরীত ॥
সত্য করিয়াছ তুমি অগ্নি সাক্ষী করি।
শ্রীরামের কার্য্য কর চল ত্বরা করি ॥
সত্যবাদী লোকে করে সত্যের পালন।
সত্যের কারণে রাম আসিলেন বন ॥
যেই রাম আসিলেন সত্য পালিবারে।
তেঁই সে রামের বানে বালিরাজ মরে ॥
তেঁই সে পাইলে তুমি ছত্র নবদণ্ড।
তেঁই প্রজাগণ লয়ে কর রাজ্যখণ্ড ॥
চতুর্দ্দশ সহস্র রাক্ষস যাঁর বাণে।
পড়ে রণে তাঁরে কি সামান্য ভাব মনে ?
ভোল ত্যজ রাম ভজ পাইবে নিষ্কৃতি।
রঘুনাথ বিনা রাজা ! আর নাহি গতি ॥
নিরপেক্ষ হনুমান্ সুগ্রীবে সম্ভাষে।
মধুর বচনে রাজা হনুমানে তোষে ॥
লক্ষ্মণেরে আনাইতে করেন আদেশ।
লক্ষ্মণ ভিতর-গড়ে করেন প্রবেশ ॥
ইন্দ্রপুরী সমান দেখেন দিব্য পুরী।
দেখিয়া বানরী-সজ্জা লজ্জা পায় সুরী ॥
চতুর্দ্দিকে অট্টালিকা শোভিত প্রচুর।
চলিলেন লক্ষ্মণ দেখিয়া অন্তঃপুর ॥
গেলেন লক্ষ্মণ বীর ভিতর-আবাসে।
লক্ষ্মণের কোপ দেখি বানর তরাসে ॥
দেখিয়া সুগ্রীব রাজা উঠিল সম্ভ্রমে।
ডাহিনে উঠিল তারা উমা উঠে বামে ॥
যোড়হাতে লক্ষ্মণেরে করিল স্তবন।
পাদ্য অর্ঘ্য দিল রাজা বসিতে আসন ॥
কুপিত লক্ষ্মণ বীর না লয় আসন।
সুগ্রীবেরে কহিলেন আরক্ত-নয়ন ;—
তুমি যে করিলে সত্য অগ্নি সাক্ষী করি।
উদ্ধারিতে নিজ কার্য্য করিলে চাতুরী ॥
রাত্রি-দিন ক্লেশ পাই দুই ভাই বনে।
বারেক না কর তত্ত্ব মত্ত রাত্রি-দিনে ॥
পাইলে কাহার গুণে কিষ্কিন্ধ্যানগরী ?
পাইলে হে কার গুণে তারা কৃশোদরী ?
পাইলে কাহার গুণে উমা নিজ নারী ?
কাহার প্রসাদে তুমি রাজ্য-অধিকারী ?
সরল হৃদয় রাম তুমি হে নিষ্ঠুর।
সাধিলে আপন কার্য্য সত্য করি দূর ॥
তোমার মিত্রতা হেন ত্রিভুবনে থাকে।
আর যেন হেন কর্ম্ম নাহি করে লোকে ॥
তোমা মারি অঙ্গদেরে দিব রাজ্যভার।
অঙ্গদ হইতে হবে সীতার উদ্ধার।
রে অধর্ম্মী বানর ! লঙ্ঘিলি সত্যপথ ?
দেখ ধনুর্ব্বাণ ধরি সাধি মনোরথ ॥
এক বাণে মারি তোরে রাখে কোন্ জনে
খণ্ড খণ্ড কিষ্কিন্ধ্যা করিব আজি বাণে ॥
বাণে কাটি সবারে করিব খণ্ড খণ্ড।
অঙ্গদের উপরে ধরাব ছত্রদণ্ড ॥
বালি-বধে শুনিয়াছ ধনুক-টঙ্কার।
সেই ধনু সেই বাণে করিব সংহার ॥
বালিরাজ কেবল মরিল এক জন।
তোর মরণেতে মরিবেক কপিগণ ॥
দেখিয়াছ বালিরাজ গেল যেই বাটে।
সেই বাটে থাক গিয়া ভায়ের নিকটে ॥
মারিব অধর্ম্মী তোরে তাহে নাহি পাপ।
হের বাণ এড়ি এই দেখহ প্রতাপ ॥

প্রাণ লব আজি তোর বজ্রসম বাণে।
একত্র হইয়া থাক ভাই দুই জনে॥
আরে দুষ্ট বানর পাপিষ্ঠ দুরাচার।
এখনি পাঠাই তোরে দেখ যমাগার॥
পৃথিবীতে হেন কার্য্য কে কোথায় করে?
আগে দিয়া ভরসা পশ্চাতে থাকে দূরে?
রাম মিতা বলিয়া দিলেন কোল তোরে।
কত পুণ্য করেছিলি জন্ম-জন্মান্তরে॥
নিজে বিষ্ণু রঘুনাথ করিলেন দয়া।
তেঁই তোরে শ্রীরাম দিলে পদছায়া॥
গুণের সাগর রাম দয়ার আধার।
বালি মারি রাজ্য দিল এ কি ব্যবহার?
লক্ষ্মণের মহাক্রোধ বাড়িতে লাগিল।
ত্রাসেতে সুগ্রীব রাজা চিন্তিত হইল॥
ত্বরা করি উঠিয়া কাতরা তারা রাণী।
লক্ষ্মণের পায়ে ধরি বলে মৃদুবাণী;—
জ্যেষ্ঠের হইলে মিত্র হয় সে গর্ব্বিত। ।
জ্যেষ্ঠের সমান তারে মানিতে উচিত॥
সুগ্রীব রামের মিত্র জগতে বিদিত।
এত তিরস্কার প্রভু! না হয় উচিত॥
ক্ষমা কর রাজপুত্র! হও তুমি স্থির।
রামকার্য্য করিবে সকল কপিবীর॥
দূরদেশে পর্ব্বতের সমুদ্রের পারে।
যেখানে বানর যত আছে এ সংসারে॥
সংবাদ প্রদানি শীঘ্র আনি সে সবারে।
সংবর সংবর ক্রোধ লক্ষ্মণ! আমারে॥
তথাপি শ্রীলক্ষ্মণের কোপ নাহি টুটে।
বসাইল যত্ন করি তারা স্বর্ণখাটে॥
তাহার বিনয়-বাক্যে সুস্থির লক্ষ্মণ।
কৃত্তিবাস-বিরচিত গীত রামায়ণ॥

সুগ্রীবের প্রতি লক্ষ্মণ।

সুগন্ধি পুষ্পের মালা সুগ্রীবের গলে।
সেই মালা সুগ্রীব ফেলিল ভূমিতলে॥
সিংহাসন ছাড়িয়া উঠিল ততক্ষণ।
যোড়হাতে লক্ষ্মণেরে করিছে স্তবন;—
হারাইয়া রাজ্য পাই রামের প্রসাদে।
রামের প্রসাদে প্রভু! বাড়িনু সম্পদে॥
হেন রঘুনাথ নিজে বিষ্ণু-অবতার।
কার শক্তি শোধিবেক শ্রীরামের ধার?
সীতা উদ্ধারিবে রাম আপন শক্তিতে।
যাইব কেবল আমি তাঁহার সহিতে॥
না করিয়া রামকার্য্য ব'সে আছি ঘরে।
বানরজাতির দোষ যোগ্য ক্ষমিবারে॥
পশুজাতি কপি আমি কত করি দোষ।
সেবকবৎসল রাম না করেন রোষ॥
লক্ষ্মণ বলেন, শুন সুগ্রীব রাজন্!
রামকার্য্য করি কর পুণ্য উপার্জ্জন॥
রামকার্য্য করিলে সর্ব্বত্র হয় জয়।
না করিলে ধর্ম্মলোপ অধর্ম্ম-সঞ্চয়॥
সত্যবাদী হ'লে করে সত্যের পালন।
মনে কর করিয়াছ সত্য দুই জন॥
শ্রীরাম আপনি সত্যে হয়েছেন পার।
তুমি সত্যে বদ্ধ আছ অধর্ম্ম অপার॥
রাম-কাতরতা দেখি বলেছি কর্কশ।
তোমারে বিরূপ বলা আমার অযশ॥
ক্ষমা কর কপীশ্বর! মাগি পরিহার।
তোমাকে দুর্ব্বাক্য বলা অতি দুষ্টাচার॥
মান্য লোকে মন্দ কথা নহে উপযুক্ত।
মান্য সহ আলাপ করিবে ধর্ম্মযুক্ত॥

ধর্ম্ম রাখ কর্ম্ম কর যে হয় বিহিত।
রামকার্য করিলে হইবে সব হিত ॥
সাগর অপার, কে হইবে পার,
তার মাঝে লঙ্কাপুরী।
কে যাবে তথায়, কি করে কথায়,
উপায় তাহে না হেরি ॥
সুগ্রীব রাজন্, কর আগমন,
শ্রীরামের সন্নিধান।
করিয়া নির্দ্ধার্য্য, কর মিত্রকার্য্য,
কর রামে ধৈর্য্যবান্ ॥
রাবণ সংহার, জানকী উদ্ধার,
কর এই উপকার।
তোমার উদ্যোগ, নহিলে দুর্য্যোগ,
কে লইবে হেন ভার?
রাবণ দুরন্ত, কর তার অন্ত,
অনন্ত যশ প্রকাশ।
গীত রামায়ণ, করিল রচন,
ভাষা করি কৃত্তিবাস ॥

———

সুগ্রীবের কটক-সঞ্চয়।

বলিল সুগ্রীব রাজা করিয়া আহ্বান।
বানর-কটক শীঘ্র আন হনুমান্ ॥
হিমালয় সুমেরু মন্দির আদি করি।
বিন্ধ্যাচল রৈবত উদয়-অস্ত-গিরি ॥
সর্ব্বত্রে ঘোষণা দেহ আমার আজ্ঞায়।
যথা যে বানর থাকে আইসে ত্বরায় ॥
পাঠাও হে দূতগণে দেশ-দেশান্তর।
দশ দিন-মধ্যে যেন আইসে সত্বর ॥
ইহাতে বিলম্ব যেই করিবে বানরে।
প্রহারিয়া আনিবে তাহার চুলে ধরে ॥
অন্যমত করিবে ইহাতে যেই জন।
আনিবে তাহারে করি নিগড়-বন্ধন ॥
স্বর্গ মর্ত্ত্য পাতালে আমার অধিকার।
কোথাও না থাকে যেন বানরসঞ্চার ॥
সুগ্রীবের কোপেতে বানর সব কাঁপে।
কটক আনিতে চলে অতুল প্রতাপে ॥
হনুমান্ বাহিরে হইয়া উপনীত।
ত্রিশ কোটি বানর পাঠায় চারিভিত ॥
মেদিনী আকাশ যুড়ি চলে কপিসেনা।
যেন পঙ্গপাল যায় না যায় গণনা ॥
চলিল বানরগণ দেশ-দেশান্তর।
পূর্ব্বদিকে চলি গেল নীল-নাম-ধর ॥
পশ্চিমে চলিয়া গেল নল মহামতি।
দক্ষিণ-দিকেতে গেল আপনি সম্পাতি ॥
হনুমান্ মহাবীর মহাপরাক্রম।
উত্তরদিকেতে যান করিয়া বিক্রম ॥
একৈক জনার সঙ্গে চলে দশ লাখ।
মহাশব্দে চলে সবে করে ডাক-হাঁক ॥
হুপহাপ লম্ফে-ঝম্পে কম্পে বসুমতী।
অতি কষ্টে ধরে ধরা কূর্ম্ম নাগপতি ॥
তর্জ্জিয়া গর্জ্জিয়া বলে বালির কুমার।
যাত্রা কর কপিগণ আজ্ঞা অনুসার ॥
দশ দিবসের মধ্যে আসিবে সকলে।
প্রাণদণ্ড করিব হে বিলম্ব হইলে ॥
বাঁচিবে বলিযা যদি সাধ থাকে মনে।
ত্বরা করি আসিবে যতেক কপিগণে ॥
পাঠাইল সকলেরে বালির নন্দন।
একলা রহিল রাজবাটীর রক্ষণ ॥
হইলেক দশ কোটি কপি আগুসার।
যারে পায় তারে আনে নাহিক বিচার ॥

যুড়িয়া আকাশ ভূমি কপি ঝাঁকে ঝাঁকে।
দশ দিনে আসিল সকলে থাকে থাকে ॥
কিষ্কিন্ধ্যার মধ্যেতে লাগিল কোলাহল।
সুগ্রীবেরে ভেট আনি দিল ফুল-ফল ॥
সৈন্য দেখি সুগ্রীব ভাবেন মনে মনে।
কার্য্যসিদ্ধি হইবেক বুঝি অনুমানে ॥
আইল কটক সব কিষ্কিন্ধ্যা-ভিতর।
অসংখ্য বানর সে দেখিতে ভয়ঙ্কর ॥
কিষ্কিন্ধ্যায় প্রবেশ করিল কপিগণে।
চলিল সুগ্রীব রাজা মিত্র-সম্ভাষণে ॥
সুগ্রীব আপন ঠাটে বলিল বচন।
মিত্র-সম্ভাষণে আজি করিব গমন ॥
সুগ্রীব করিতে যান শ্রীরাম দর্শন।
লক্ষ্মণের প্রতি বলে বিনয়-বচন ॥
বিষ্ণু-অবতার তুমি রামের সোদর।
আপনি উঠুন প্রভু! চতুর্দ্দোলোপর ॥
তবে চতুর্দ্দোলে আমি চাপিবারে পারি।
মিত্র-দরশনে চল যাই ত্বরা করি ॥
তোমার চরণে মোর এই নিবেদন।
শ্রীরাম-লক্ষ্মণে যেন সদা থাকে মন ॥
চতুর্দ্দোলে চড়েন তখন দুই জন।
চারিভিতে চামর ঢুলায় দাসগণ ॥
পঞ্চ শব্দ বাদ্য বাজে করে শঙ্খধ্বনি।
কোলাহল করে সবে মহোৎসব গণি ॥
কলরব শুনিয়া চিন্তেন রঘুমণি।
আমা সম্ভাষিতে আসে সুগ্রীব আপনি ॥
নিকট হইল আসি সুগ্রীব রাজন।
মনে মনে ভাবে বীর মিত্র-দরশন ॥
চতুর্দ্দোল হ'তে নামে রাম বিদ্যমান্।
চলি যায় সুগ্রীব পর্ব্বত মাল্যবান ॥

রামের চরণ বন্দে করিয়া প্রণতি।
যোড়হাতে দাঁড়াইল সুগ্রীব ভূপতি ॥
আদরে শ্রীরাম তারে করি আলিঙ্গন।
নিকটে বসিতে দিব্য দিলেন আসন ॥
করিলেন মঙ্গল-জিজ্ঞাসা রঘুবর।
সুগ্রীব বিনয়ে তার করিছে উত্তর ॥
হরিয়াছ রাম! মম বিপদ সকল।
তোমার প্রসাদে মিতা! সকল মঙ্গল ॥
বালিকে মারিয়া মোরে দিলে রাজ্যভার।
সত্যে বদ্ধ হইয়াছি ধারি তার ধার ॥
তোমার প্রসাদে আমি পাই রাজ্যখণ্ড।
যতেক বানরগণ ধরে ছত্রদণ্ড ॥
সীতা উদ্ধারিবে তুমি আপনার গুণে।
উপলক্ষ কেবল থাকিব তব সনে ॥
যতেক বানর থাকে পৃথিবী-উপরে।
যতেক বসতি করে পর্ব্বত-শিখরে ॥
সে সকল আসিয়াছে আমার সংবাদে।
কোটি কোটি বৃন্দ বৃন্দ অর্ব্বুদে অর্ব্বুদে ॥
দুরন্ত বানর সৈন্য না হয় গণন।
ইহারা যা মনে করে না হয় লঙ্ঘন ॥
তিন কোটি যোজনের পথ ত্রিভুবন।
প্রবেশিবে সর্ব্বত্রে দুর্জ্জয়-কপিগণ ॥
স্বর্গ মর্ত্ত্য পাতাল সৃজন বিধাতার।
যেখানে থাকুক সীতা করিব উদ্ধার ॥
তোমার চরণে ভক্তি থাকিলে আমার।
নিশ্চয় করিব আমি সীতার উদ্ধার ॥
আমি কি বলিব প্রভু! তোমার চরণে।
উদ্ধার আপনি সীতা আপনার গুণে ॥
ইন্দ্র আদি দেবগণ তোমারে ধেয়ায়।
গগনে উদয় রবি তোমার আজ্ঞায় ॥

তোমার সৃজন সৃষ্টি এ তিন ভুবন।
তোমার নিদ্রায় নিদ্রা চেতনে চেতন॥
কত শত জন্ম ব্রহ্মা তপস্যা করিল।
তবু তব পাদপদ্ম দেখি না পাইল॥
হেন পাদপদ্ম দেখি প্রত্যক্ষ নয়নে।
আপনারে ধন্য বলি মানি এত দিনে॥
আমি ত বানরজাতি কি বলিতে পারি।
মিত্র বল আমারে সে দয়া আপনারি॥
যাবৎ না হয় প্রভু! সীতা উদ্ধারণ!
তাবৎ আমার নাহি শয়ন-ভোজন॥
সীতারে আনিয়া দিলে তোমার গোচরে।
তবে ত করিব রাজ্য কিষ্কিন্ধ্যানগরে॥
সন্তুষ্ট হইয়া রাম কমললোচন।
সুগ্রীবেরে উঠিয়া দিলেন আলিঙ্গন॥
সুগ্রীবের ভাগ্যকথা কে কহিতে পারে।
শ্রীরাম দিলেন কোল বনের বানরে॥
শ্রীরাম বলেন শুন সুগ্রীব সুহৃৎ।
তোমা বিনা আমার কে করিবেক হিত?
অপূর্ব্ব না মানি সূর্য হরে অন্ধকার।
অপূর্ব্ব না মানি আমি সীতার উদ্ধার॥
অপূর্ব্ব না গণি মেঘ বরষয়ে জল।
তোমারে অপূর্ব্ব মিত্র মানি হে কেবল॥
দুই মিত্র পর্ব্বতে করেন সম্ভাষণ।
আকাশ মেদিনী যুড়ি আসে কপিগণ॥
সহস্র কোটি বানরে আসে শতবলী।
যার সৈন্য চলিলে গগনে লাগে ধূলি॥
গবাক্ষ শরভ গয় সে গন্ধমাদন।
বানর পঞ্চাশ কোটি সঙ্গে আগমন॥
অঞ্জনিয়া বড় ধূম্র আসিল ধূম্রাক্ষ।
ত্রিশ কোটি কপি লয়ে আসিল নীলাক্ষ॥

বানর সহস্র কোটি সহিত প্রমাথী।
আসিল আপন সৈন্য আচ্ছাদিয়া ক্ষিতি॥
প্রমাথী বানর বলী ক্ষণে যদি নড়ে।
দশ প্রহরের পথ সৈন্য আড়ে যোড়ে॥
সত্তর যোজন বীর আড়ে পরিমাণ।
সকলে করয়ে যার শরীর ব্যাখ্যান॥
হিঙ্গুলিয়া পর্ব্বতের হিঙ্গুলিয়া রঙ্গ।
বানর সহস্র কোটি সহিত বিভঙ্গ॥
বানর সত্তর কোটি লইয়া কেশরী।
যাহার বসতি-স্থান সে মলয়গিরি॥
পূর্ব্ব হ'তে আসিল বিনোদ সেনাপতি।
বানর সহস্র কোটি তাহার সংহতি॥
ধূম্রাক্ষ আসিল ধূম্র সুগ্রীবের শ্যালা!
গগন যুড়িয়া ঠাট যেন মেঘমালা॥
সম্পাতি বানর এল গৌরবর্ণ ধরে।
দেখিলে বিপক্ষ যায় পলাইয়া ডরে॥
আসিল সুষেণ বৈদ্য রাজার শ্বশুর।
তিন কোটি বৃন্দ ঠাট আসিল প্রচুর॥
ভল্লুগণ সহিত আসিল জাম্বুবান।
দুর্জ্জয় আসিল মহাবীর হনূমান্॥
যুবরাজ আসিল সে বালির কুমার।
বানর সহস্র কোটি যার পরিবার॥
শত লক্ষ বানরেতে এক কোটি জানি।
শত কোটি বানরেতে এক বৃন্দ গণি॥
শত কোটি বৃন্দে এক অর্ব্বুদ গণন।
শত কোটি অর্ব্বুদেতে খর্ব্ব নিরূপণ॥
শত কোটি খর্ব্বে এক মহাখর্ব্ব জানি।
শত কোটি মহাখর্ব্বে এক শঙ্খ গণি॥
শত কোটি শঙ্খে মহাশঙ্খের গণন।
শত কোটি মহাশঙ্খে পদ্ম নিরূপণ॥

শত কোটি পদ্মে এক মহাপদ্ম গণি।
শত কোটি মহাপদ্মে সাগর বাখানি॥
শত কোটি সাগরে মহাসাগর জানি।
শত কোটি মহাসাগরেতে অক্ষৌহিণী॥
শত কোটি অক্ষৌহিণীতে এক অপার।
অপারের অধিক গণনা নাহি আর॥
নদ নদী বাপী ঠাট ভাঙ্গিল পর্ব্বত।
সর্ব ঠাট যুড়ে গেল মাসেকের পথ॥
পৃথিবী যুড়িল সৈন্য নাহি দিশপাশ।
কটকের চাপ দেখি রামের উল্লাস॥
শ্রীরাম বলেন, মিতা! সৈন্য নানা দেশে।
পাঠাইয়া দেহ শীঘ্র সীতার উদ্দেশে॥
তুমি যদি জানকীর করহ উদ্ধার।
তবে ত আমার ঠাঁই সত্যে হও পার॥
শ্রীরামের ঠাঁই রাজা লয়ে অনুমতি।
নানাদিকে পাঠাইল সৈন্য সেনাপতি॥
অর্ব্বুদ অর্ব্বুদ কপি সীমা নাহি পাই।
পর্বতের উপরে বসিতে নাই ঠাঁই॥
সুগ্রীব বিনোদ সেনাপতি প্রতি ভণে।
পূর্বদিকে যাও তুমি সীতা অন্বেষণে॥
বানর সহস্র কোটি তোমার ভিড়ন।
সীতা অন্বেষিতে তুমি করহ গমন॥
নদ নদী মিলিবে মিলিবে কত দেশ।
সেই সেই স্থানে গিয়া করিবে প্রবেশ॥
যত যত পুণ্যদেশ দেখ পুণ্যস্থান।
সকল বানর লয়ে করিবে পয়াণ॥
স্বর্গ হ'তে গঙ্গাকে আনিল ভগীরথে।
গঙ্গাদেবী পার হও কটক সহিতে॥
তরিও সরযু নদী পুণ্য তরঙ্গিণী।
কৌশিকী তরিও বিশ্বামিত্রের ভগিনী॥
দুই কূলে গরু চরে মধ্যেতে গোমতী।
গোমতী হইয়া পার পাবে সরস্বতী॥
অপূর্ব্ব মলয় দেশ দেশ কোকনদ।
কশ্যপের দেশে যাও পাণ্ডব মগধ॥
ব্রহ্মপুত্র তরি বঙ্গে করিও প্রবেশ।
মন্দর পর্ব্বতে যেও কিরাতের দেশ॥
যাইবে কর্ণাট দেশ আর শাকদ্বীপে।
কিরাত জানিবে আছে অত্যদ্ভুতরূপে॥
কনক-চাঁপার মত শরীরের বর্ণ।
উঠানখানার মত ধরে দুই কর্ণ॥
থালা হেন মুখখান তাম্রবর্ণ কেশ।
এক পায়ে চলে পথ বলেতে বিশেষ॥
জলের ভিতর বৈসে মৎস্যবৎ মুখ।
মানুষ ধরিয়া খায় আসিলে সম্মুখ॥
বলিয়া মানুষ-ব্যাঘ্র তাহাদের খ্যাতি।
আতপ সহিতে নারে কিরাতের জাতি॥
সীতা লয়ে থাকে যদি কিরাতের ঘরে।
যত্ন করি চাহিও তথায় লঙ্কেশ্বরে॥
ঋষভ পর্ব্বতে যেও কিরাতের পার।
দেবগণ করে কেলি নিত্য অবতার॥
সর্ব্বকাল আইসে তথায় পুরন্দরে।
যত্ন করি চেও তথা সীতা-লঙ্কেশ্বরে॥
তার পূর্ব্বদিক যেও ক্ষীরোদসাগর।
শ্বেতগিরি দেখিবে সে ক্ষীরোদ-উপর॥
শ্বেত নাগ ধরে তথা সহস্র শিখর।
সহস্র ফণায় আছে যেন মহেশ্বর॥
সহস্র ফণায় আছে সহস্রেক মণি।
মণির আলোতে তুল্য দিবস-রজনী॥
ক্ষীরোদ সাগর করে পৃথিবী ধবল।
শ্বেতগিরি শ্বেত করে গগনমণ্ডল॥

শ্বেত নাগ ধরে শিরে সহস্রেক ফণা।
পূর্ব্বদিক্ ধন্য করে সেই তিন জনা॥
সকলে বন্দিবে সে অনন্ত মহারাজ!
মহেশ্বর বন্দি গেলে সিদ্ধ হবে কাজ॥
উভয় পর্ব্বতে যেও তার পূর্ব্বদিকে।
স্বর্ণ-তালবৃক্ষ তথা আছে চারিযুগে॥
মণিমাণিক্যেতে বান্ধিয়াছে তার গুঁড়ি।
কনকরচিত তার শোভিত বাগুড়ি॥
দেখিও বানরগণ শিখরে শিখর।
অন্বেষণ করো তথা সীতা-লঙ্কেশ্বর॥
তথা যদি নাহি পাও তাহার উদ্দেশ।
কালোদর পর্ব্বতেতে করিও প্রবেশ॥
সে পর্ব্বতে আছে সরোবরে কাল জল।
তিন কোটি সর্প সর্পী থাকে সেই স্থল॥
সর্পী যদি হাই ছাড়ে সর্বলোক মরে।
তার কাছে দেব-দৈত্য নাহি যায় ডরে॥
নদ-নদী গিরি-গুহা খুঁজিও বিস্তর।
সেখানে মিলিতে পারে দুষ্ট লঙ্কেশ্বর॥
তথা যদি নাহি পাও সীতার উদ্দেশ।
লোহিত পর্বতে গিয়া করিও প্রবেশ॥
সে পর্বতে আছে এক বড় চমৎকার।
ত্রিযোজন নদী তাহে বিষম পাথার॥
তার পূর্ব্বদিকে আছে লোহিত সাগর।
দুরন্ত রাক্ষস আছে জলের ভিতর॥
অগাধ সলিল তার রক্তবর্ণ ধরে।
চারিযুগ এক বৃক্ষ আছে তার তীরে॥
সোনার শিমুলগাছ সর্ব্বগায় কাঁটা।
সুবর্ণের ফল-ফুল ধরে গোটা গোটা॥
জল হৈতে রাক্ষসেরা চড়ে তদুপরে।
তার কাছে দেবগণ নাহি যায় ডরে॥
তথা যদি জানকীর না পাও উদ্দেশ।
পূর্ব-সাগরের তীরে করিও প্রবেশ॥
আড়ে দীর্ঘে যে সাগর দ্বাদশ যোজন।
সাবধানে পার হয়ো যত কপিগণ॥
উদয়গিরির অঙ্গ সর্ব স্বর্ণময়।
পৃথিবী উজ্জ্বল করে সূর্য্যের উদয়॥
তিন লক্ষ দুই শত যোজনের পথ।
চক্ষুর নিমিষে সূর্য্য করে গতায়াত॥
মুনিগণ তপ করে যেমন বিধান।
বালখিল্য নামে মুনি বিঘতপ্রমাণ॥
উদয়গিরির পূর্বে নাই সূর্য্যোদয়।
অন্ধকারময় দেশ জানিও নিশ্চয়॥
সে দেশ কখন নহে আমার গোচর।
দেখিয়া উদয়গিরি ফিরিবে বানর॥
যাইতে উদয়গিরি লাগে এক মাস।
মাসেকের বাড়া হ'লে সবার বিনাশ।
মাসেকের মধ্যে যে বানর না আইসে।
সবংশে মরিবে সেই আপনার দোষে।
বানরকটক সুগ্রীবের আজ্ঞা পায়।
সীতার উদ্দেশে তারা পূর্ব্বদিকে যায়॥
কৃত্তিবাস কবির কবিত্বময় বাণী।
অদ্ভুত রচিল পূর্বদিকের পাঁচনি॥
কৃত্তিবাস সুধী মুরারি ওঝার নাতি।
যার কণ্ঠে বিরাজ করেন সরস্বতী॥

সীতা অন্বেষণে চতুর্দ্দিকে বানর-সেনা প্রেরণ।

দক্ষিণে রাবণ বৈসে সুগ্রীব তা জানে।
বড় বড় বীর পাঁচ পাঠান দক্ষিণে॥
বালির কুমার পাঁচে মন্ত্রী জাম্বুবান।
পবননন্দন পাঁচে বীর হনুমান॥

ঋষভ কুমুদ পাঁচে রম্ভা যোদ্ধাপতি।
নল নীল পাঁচে হয় মুখ্য সেনাপতি॥
সুগ্রীব বলেন, সৈন্য শুন সাবধানে।
সীতার উদ্দেশে যাও তোমরা দক্ষিণে॥
যত নদ নদী দেখ যত দেখ দেশ।
যত যত গিরি আছে করিবে প্রবেশ॥
উত্তম অধম স্থানে করিও প্রবেশ।
যেরূপে পাইতে পার সীতার উদ্দেশ॥
কৃষ্ণবেণী নদী যে নর্ম্মদা গোদাবরী।
যাবে অশ্বমুখগিরি নদী যে কাবেরী॥
পাইবে পর্বত বিন্ধ্য সহস্র-শিখর।
নানা ফল-ফুল তথা দিব্য সরোবর॥
পরেতে কলিঙ্গদেশ যাইবে উৎকল।
মলয় পর্বতে গিয়া দেখিবে কেবল॥
মহেন্দ্র পর্বতে যাবে অত্যুচ্চ শিখর।
সর্বক্ষণ থাকেন তথায় পুরন্দর॥
তাহার দক্ষিণে যেও সাগরের তীর।
চন্দনের বন তথা সুগন্ধি সমীর॥
সুগন্ধি চন্দনবৃক্ষ আছে সারি সারি।
সাগরের পারে যেও স্বর্ণ-লঙ্কাপুরী॥
মৈনাক পর্বত আছে সাগর-ভিতর।
সলিল হইতে উঠে সহস্র শিখর॥
সোনার পর্বত দশদিকের প্রকাশ।
সহস্র শিখর উঠে জুড়িয়া আকাশ॥
পবনের পিতা সে সূর্য্যের হয় সখা।
যার পাপ থাকে তারে নাহি দেয় দেখা॥
সাগরের মধ্যে আছে সিংহিকা রাক্ষসী।
বিষম রাক্ষসী সেই সর্বলোকে ঘুষি॥
বিষমা রাক্ষসী সেই ছায়া পেলে ধরে।
বার শত জীব-জন্তু গিলে একেবারে॥
সত্তর যোজন তনু আড়ে পরিসর।
দুই শ' যোজন দীর্ঘ উভে কলেবর॥
অর্দ্ধ তনু জলে থাকে অর্দ্ধেক আকাশ।
তাহা দেখি বীরগণ না পাইও ত্রাস॥
সকল বানর তথা হৈও সাবধান।
এক লাফে সাগর লঙ্ঘিলে হবে ত্রাণ॥
সাগর তরিবে সবে শতেক যোজন।
সাগরের পারে লঙ্কা তথায় রাবণ॥
চারিদিকে সাগর মধ্যেতে লঙ্কাগড়।
দেবতার গতি নাই লঙ্কার নিয়ড়॥
খুঁজিবে লঙ্কার মধ্যে সীতা-লঙ্কেশ্বর।
যত্ন পুরঃসর তথা সকল বানর॥
সুগ্রীব বলেন, শুন পবননন্দন।
তুমি সে সাধিবে কার্য্য লয় মম মন॥
অগ্নি জল নাহি মান পবনের গতি।
তুমি সে দেখিবে সীতা লয় মোর মতি॥
তোমার প্রসাদে আমি সত্যে হব পার।
তব যশঃ ঘুষিবেক সকল সংসার॥
তুমি যদি সীতা দেখ তবে আমি সুখী।
আর কে দেখিবে সীতা ইহা নাহি দেখি॥
সুগ্রীব রামের প্রতি বলিল বচন ;—
জানাইতে জানকীরে দাও নিদর্শন॥
হনুমান্ সহ তাঁর নাহি পরিচয়।
কি জানি বানর দেখি যদি পান ভয়॥
শ্রীরাম বলেন, শুন সুগ্রীব সুহৃৎ।
অঙ্গুরী দিলাম আমি সীতার প্রতীত॥
দিলেন অঙ্গুরী রাম নিজ নিদর্শন।
হাত পাতি নিল তাহা পবননন্দন॥
বিদায় লইয়া বীর হনুমান্ নড়ে।
পতঙ্গ-শরীর যেন ঝাঁকে ঝাঁকে উড়ে॥

চলিল সকল ঠাট সুগ্রীব-আদেশে।
দক্ষিণের পাঁচনি রচিল কৃত্তিবাসে ॥

সীতা-অন্বেষণে পশ্চিম দিকে বানরসেনাগণ প্রেরণ।

যেখানে দেখিবে যত নদ-নদী দেশ।
সাবধানে সে সর্বত্রে করিবে প্রবেশ ॥
সুস্থান কুস্থান না করিও বিবেচনা।
অন্বেষিবে জানকীরে করিয়া মন্ত্রণা ॥
সিন্ধু ও মলয়দেশ কাবেরীর তীর।
ক্রিমিজীব দেশে যেও অতি সে গভীর ॥
তাহার নিকট আছে কেতকী কানন।
দিশপাশ নাহি তার অনেক যোজন ॥
দুই পার্শ্বে কেয়াবন দেখিবে অপার।
কেয়াবনে কাঁটা যেন করাতের ধার ॥
সকল বানর তথা হৈও সাবধান।
শীঘ্র শীঘ্র গেলে তথা পাইবে হে ত্রাণ ॥
কেয়াবন এড়িয়া যাইবে তালবনে।
দুঃখ পাসরিবে সবে সে তাল-ভক্ষণে ॥
তাহার পশ্চিমে যেও পাটনে পাটন।
হিঙ্গুলিয়া গিরি তথা অদ্ভুত গঠন ॥
তার পূর্বে সিন্ধুনদী পশ্চিমে সাগর।
মধ্যে তার হিঙ্গুলিয়া অত্যুচ্চ শিখর ॥
অন্বেষণ করিবে সেখানে সর্বঠাঁই।
তোমরা করিলে যত্ন অসাধ্য কি ভাই ॥
তথা যদি নাহি পাও সীতার উদ্দেশ।
চন্দ্রবাণ পর্বতে সে করিবে প্রবেশ ॥
পশ্চিমে সাগর-তীর একই যোজন।
যত্ন করি সেখানে করিও অন্বেষণ ॥
চন্দ্রবাণ গিরি করে আলো দশ দিকে।
সাবধানে খুঁজিও সকলে একযোগে ॥
বিষ্ণুচক্র সেখানে অদ্ভুত তার ধার।
অসুরের হাড়ে চক্র অদ্ভুত আকার ॥
হয়গ্রীব অসুর মারেন গদাধর।
অসুরের হাড়ে চক্র দেখিতে সুন্দর ॥
সেই অসুরের হাড়ে চক্র সৃষ্টি করি।
সেই অসুরের হাড়ে হরি চক্রধারী ॥
সে পর্ব্বতে আরোহিবে সকল বানর।
যত্ন করি অন্বেষিও সীতা-লঙ্কেশ্বর ॥
তথা যদি উভয়ের না পাও উদ্দেশ।
বরাহ পর্ব্বতে গিয়া করিবে প্রবেশ ॥
চন্দ্রবাণ ছাড়াইয়া পঞ্চাশ যোজন।
বরাহ পর্ব্বতে যেও নির্ম্মল কাঞ্চন ॥
বিশ্বকর্ম্মা সৃজিলেন বরুণের ঘর।
হীরক-মাণিক্যময় তথা মনোহর ॥
পুরী আলো করে জ্যোতি অন্ধকার দূর।
অসুর নরক নাম বিক্রম প্রচুর ॥
বরুণের সহিত সে বৈসে সেই দেশে।
তে কারণে বরুণ তাহারে নাহি নাশে ॥
সেখানে হইও সবে অতি সাবধান।
তার হাতে পড়িলে নাহিক পরিত্রাণ ॥
অপ্রমত্ত রূপ তনু করিবে তথায়।
আমারে করহ মুক্ত এই প্রতিজ্ঞায় ॥
তথা যদি জানকীর না পাও উদ্দেশ।
সুমেরু পর্ব্বতে গিয়া করিবে প্রবেশ ॥
দেখিবে পর্ব্বত সেই কনক-রচিত।
সদা ষাটি সহস্র পর্ব্বতে সে বেষ্টিত ॥
তথা ষাটি সহস্র পর্ব্বতের উদয়।
সেই ষাটি সহস্র পর্ব্বত স্বর্ণময় ॥
সোনার খর্জ্জুর-বৃক্ষ সুমেরু-উপরে।
দশদিক্ আলো করে দশ মাথা ধরে ॥

তথা আসি করে কেলি শঙ্কর-শঙ্করী।
দিবা অস্ত যায় তথা আইসে শর্বরী॥
এমন উত্তম স্থান নাহি ভূমণ্ডলে।
নানামত ফুল-ফল আছে দলে দলে॥
গীত বাদ্য নৃত্য করে পরম কৌতুকে।
নর্ত্তকী করয়ে নৃত্য দেখে দেবলোকে॥
পরিসর তিন লক্ষ দু'শত যোজন।
চক্ষুর নিমিষে সূর্য্য করয়ে গমন॥
অপূর্ব পর্বত সেই দেব-অধিষ্ঠান।
সুমেরুর উপর সকল রম্য স্থান॥
নিমিষেতে সূর্য্যদেব করয়ে গমন।
সুমেরু বেড়িয়া সূর্য্য করেন ভ্রমণ॥
স্বর্গ মর্ত্য রসাতল সুমেরু-গোচর।
দেবগণে কেলি তথা করে নিরন্তর॥
সুমেরু ফিরিয়া সূর্য্য নিত্য করে গতি।
এক দিক্ দিন হয় আর দিক্ রাতি।
স্বর্গ মর্ত্য পাতাল-ব্যতীত নাহি স্থান।
সুমেরুর উপরে সকল অধিষ্ঠান॥
সুমেরুর পশ্চিমে সূর্য্যের নাহি গতি।
অন্ধকারময় তথা নাহিক বসতি॥
তাহার পশ্চিমে নহে গমন আমার।
সুমেরু পর্বত দেখি ফিরিবে আগার॥
সুমেরুতে যাইতে আসিতে এক মাস।
মাসের হইলে বাড়া সবার বিনাশ॥
যেই বীর মাসেকের মধ্যে না আইসে।
সবংশে মরিবে সেই আপনার দোষে॥
চলিল সকল ঠাট সুগ্রীব-আদেশে।
পশ্চিমদিকের যাত্রা রচে কৃত্তিবাসে॥

সীতা অন্বেষণে উত্তরদিকে বানরসেনা প্রেরণ।

সুগ্রীব বলেন, শুন বীর শতবলি!
তব সৈন্য চলিতে গগনে লাগে ধূলি॥
বানরের মধ্যে তুমি মুখ্য সেনাপতি।
চলিবে উত্তরদিকে আমার আরতি॥
কুমুদ দ্বিবিদ দধিবদন ভূধর।
আর আর আছে তব প্রধান বানর॥
শতবলি! বলি হে উত্তর তব দেশ।
যাত্রা কর শুভক্ষণে আমার আদেশ॥
যত দেশ জানি আমি কহি তব স্থান।
তথা সীতা অন্বেষিও হয়ে সাবধান॥
ইহার উত্তর পাবে দেশ যে বর্বর।
হিমালয় গিরি যাবে যথা হিমঘর॥
সূর্য্যের কিরণ যেন জন্তু সবে বৈসে।
ভাগীরথী গঙ্গাদেবী তথা হ'তে আসে॥
তাহার উত্তর অংশে ব্রহ্মার বসতি।
তথা হ'তে ভগীরথ আনে ভাগীরথী॥
এমন পুণ্যের স্থান নাহি ত্রিভুবনে।
ভগীরথ গঙ্গারে পাইল সেইখানে॥
নারায়ণী গঙ্গাদেবী আনিয়া ভুবনে।
পাপীরে করেন মুক্ত নিজ দরশনে॥
কে বলিতে পারে বল গঙ্গার মহিমা।
চারি বেদে বিচারিয়া দিতে নারে সীমা॥
আছিল সৌদাস দ্বিজ রাক্ষস হইয়ে।
গেল সে বৈকুণ্ঠপুরী গঙ্গাজল পেয়ে॥
সূর্য্যবংশে ভগীরথ নামে মহীপাল।
গঙ্গাহেতু তপস্যা করিল বহুকাল॥
আরাধনা ব্রহ্মার করিল বারে বারে।
তার পর বিষ্ণুর তপস্যা অনাহারে॥

ভগীরথ নানাবিধ তপস্যা করিল।
গঙ্গার জন্মের তত্ত্ব কেহ না বলিল ॥
শিব-সেবা করে দশ হাজার বৎসর।
তবে শিব আসিলেন তারে দিতে বর ॥
ভগীরথ বলে, শুন দেব পঞ্চানন!
গঙ্গা দিয়া কর রক্ষা এই নিবেদন ॥
মম পিতৃলোক ভস্ম হয়েছে পাতালে।
গঙ্গা-দরশন হ'লে স্বর্গবাসে চলে ॥
গঙ্গাধর বলেন, না জানি সে গঙ্গায়।
কি জাতি হয়েন গঙ্গা থাকেন কোথায়?
ভগীরথ শুনিয়া ভাবেন দুঃখ মনে।
আমি কি বলিব প্রভু! তোমার চরণে ॥
অষ্টাবক্র মুনি কহিলেন মোর স্থান।
আপনি কহিবে প্রভু! গঙ্গার বিধান ॥
বসিলেন ধ্যানে শিব মুদিত-নয়নে।
গঙ্গার জনম-তত্ত্ব জানিলেন মনে ॥
ভক্ত জ্ঞানে মহাদেব তুষ্ট হয়ে তায়।
গঙ্গা দিয়া ভগীরথে করেন বিদায় ॥
আগে যান ভগীরথ করি শঙ্খধ্বনি।
হিমালয়ে উঠিলেন দেবী তরঙ্গিণী ॥
সবে বলে সাধু সাধু ভাল ভগীরথ।
গঙ্গা আনি করিলেন তরিবার পথ ॥
ভুবনের মধ্যে ভগীরথ পুণ্যবান্।
ত্রিভুবনে কেবা ভগীরথের সমান?
সংসার পবিত্র হৈল পরশে গঙ্গার।
স্বর্গ মর্ত্ত্য পাতাল ত্রিলোকের উদ্ধার ॥
আসিলেন গঙ্গা ভগীরথের কারণে।
মহাপাপী স্বর্গে যায় গঙ্গা দরশনে ॥
রাম নাম স্মরণেতে প্রাণের বিনাশ।
গঙ্গার মাহাত্ম্য গীত রচে কৃত্তিবাস ॥

হেন হিমালয় গিরি বহু আয়তন।
তথা যত্নে অন্বেষিও জানকী-রাবণ ॥
তথা যদি জানকীর না পাও উদ্দেশ।
তাহার উত্তরদেশে করিও প্রবেশ ॥
বিষম দুর্গম অতি ভয়ানক স্থল।
বৃক্ষ নাহি গিরি নাহি নাহি তাতে জল ॥
দুই শত যোজনের পথ সেই দেশ।
পাইবে অত্যন্ত ভয় করিতে প্রবেশ ॥
সকল বানর তথা হও সাবধান।
শীঘ্র যাবে আসিবে তবে সে পরিত্রাণ ॥
কৈলাস পর্বতে যেও তাহার উত্তর।
সেই দিক্ আলো করে সহস্র-শিখর ॥
যোজন সহস্র নয় তার আয়তন।
উভেতে পর্বত লক্ষ-গণিত যোজন ॥
তাহাতে অপূর্ব পুরী পুররিপু যায়।
সতত করেন লীলা পার্বতী সহায় ॥
আর এক অদ্ভুত অলকা নামে পুরী।
ধনেশ্বর কুবের তাহার অধিকারী ॥
তাহার উপরে নদী নামেতে বিমলা।
তার জল রাঙ্গা বর্ণ যেন রক্তপলা ॥
ধনেশ্বর কুবের করেন পান তায়।
সুগন্ধি চন্দন-বৃক্ষ তীরে শোভা পায় ॥
সীতা লয়ে যদি থাকে তথা দশানন।
চতুর্দ্দিকে তাহার করিও অন্বেষণ ॥
তথা যদি জানকীর না পাও উদ্দেশ।
ত্রিশৃঙ্গ পর্বতে গিয়া করিবে প্রবেশ ॥
ত্রিশৃঙ্গ পর্বত সেই তিন মূর্ত্তি ধরে।
চমৎকৃত হবে তথা সকল বানরে ॥
এক শৃঙ্গরূপ তার যেন চন্দ্রকলা।
দ্বিতীয় শৃঙ্গের রূপ যেন মণি পলা ॥

অন্য শৃঙ্গ রাঙ্গা-বর্ণ সর্বত্র প্রকাশ।
ত্রিশৃঙ্গ পর্বত গিয়া যুড়েছে আকাশ ॥
সেখানে করিও তত্ত্ব শিখরে শিখর।
যত্ন করি অন্বেষিও সকল বানর ॥
তথা যদি নাহি পাও সীতা-লঙ্কেশ্বর।
তাহার উদ্দেশে যাবে তাহার উত্তর ॥
তাহার উত্তরে এক অদ্ভুত আকার!
জম্বুবৃক্ষ দেখিবে সে অতি চমৎকার ॥
স্বর্ণজম্বুবৃক্ষ সেই সোনার আকার।
তার নামে জম্বুদ্বীপ হইল প্রচার ॥
সকলের মুখ্য সেই জম্বুদ্বীপ কয়।
অন্য যত জম্বুদ্বীপ তুল্য তার নয় ॥
তার তলে দেবগণ নিত্য করে কেলি।
তাহার কারণে এই জম্বুদ্বীপ বলি ॥
চারি ডাল ধরে যেন পর্বতের চূড়া।
লক্ষ যোজনের বেড়া সে গাছের গোড়া ॥
সীতা লয়ে যদি থাকে তথায় রাবণ।
চারিদিকে সেখানে করিবে অন্বেষণ ॥
তথা যদি নাহি পাও সীতা-লঙ্কেশ্বর।
করিবে গমন আরো তাহার উত্তর ॥
মন্দর পর্বত জম্বুদ্বীপের উত্তর।
এক হ্রদ আছে তথা পরম সুন্দর ॥
সর্বস্থলী বলিয়া সে হ্রদের সুখ্যাতি।
আইসেন দেখিতে সে হ্রদ প্রজাপতি ॥
স্বর্গ হৈতে সেই হ্রদে পড়ে গঙ্গানীর।
কৌশিকী নামেতে নদী বহে সেই তীর ॥
আমার বচন শুন যত কপিগণ।
সাবধানে অন্বেষিবে সীতা-দশানন ॥
তথা যদি নাহি পাও সীতা-লঙ্কেশ্বর।
তাহার উত্তর যাবে মহেশ সাগর ॥
মহেশ সাগরে জন্মে বহুমূল্যধন।
আড়ে দীর্ঘে সাগর সে শতেক যোজন ॥
অস্তাচল পর্বত সাগরের ভিতর।
জল হৈতে গিরি উঠে সহস্র শিখর ॥
দেখিয়া হইবে সবে সভয়-অন্তর।
অন্বেষিও সাবধানে মহেশ সাগর ॥
সোনার পর্বতে দশদিক্ সুপ্রকাশ।
সহস্র শিখর উঠে যুড়িয়া আকাশ ॥
সোনায় গঠিত গোড়া দেখিতে সুঠাম।
শিবলিঙ্গ আছে তাহে যেন শিবধাম ॥
রাবণ সে মহেশ্বরে পূজে সর্বক্ষণ।
মহেশের কাছে গিয়া থাকেন রাবণ ॥
অন্বেষণ করিও সে শিখরে শিখর।
পাইতে পারিবে তথা সীতা-লঙ্কেশ্বর ॥
কিন্তু মায়া জানে সে পাপিষ্ঠ দশানন।
স্বর্গ মর্ত্য পাতাল জিনিল ত্রিভুবন ॥
সেবিয়া শিবের পদ দিগ্বিজয় করে।
ত্রিভুবন জিনে দুষ্ট শঙ্করের বরে ॥
দেবগণ যার ডরে এক পাশ হয়।
সবে মাত্র বালি-স্থানে তার পরাজয় ॥
তথা যদি নাহি পাও সীতার উদ্দেশ।
মহীধর ক্রৌঞ্চে গিয়া করিও প্রবেশ ॥
ক্রৌঞ্চ দেখি তোমাদের লাগিবেক ভয়।
বিষম পর্বত সেই অন্ধকারময় ॥
দূর হ'তে পাহাড় করিবে দরশন।
তাহার মধ্যেতে গেলে অবশ্য মরণ ॥
সে পর্বত রাখিয়া দক্ষিণে কিংবা বামে।
তাহার উত্তরে যাবে গিরিদ্রোণ নামে ॥
দ্রোণগিরি দেখিলে হইবে বড় সুখী।
দেব-গন্ধর্বের আছে যত চন্দ্রমুখী ॥

বালখিল্য আদি করি যত মুনিবর।
বাস করে সকলে সে পর্বত-উপর॥
চন্দ্র-তেজ নাহি তথা সূর্য্যের প্রকাশ।
নক্ষত্র নাহিক দেখি না দেখি আকাশ॥
কামিনীগণের তেজে তথা আলো করে।
পুণ্যদা নামেতে নদী তাহার উপরে॥
দুই কূলে আছে তার বংশ অগণন।
উত্তর তীরেতে বংশ উপরে মিলন॥
ম্লেচ্ছজাতি আছে তথা দেখি ভয়ঙ্কর।
নদী পার হয় তারা বাঁশে করি ভর॥
তাহার উত্তরে যাবে সীতার উদ্দেশে।
সেই দেশে বহু লোক হরষেতে বৈসে॥
যাহা চাবে তাহা পাবে মিষ্ট বৃক্ষফল।
স্বর্ণদ্রব্য জন্মে তথা সোনার উৎপল॥
নানা রত্ন মাণিক সে জলেতে উপজে।
রক্তবর্ণ নদী জল মাণিকের তেজে॥
নানা রত্ন অলঙ্কার পুরুষেতে পরে।
কি বর্ণিব অলঙ্কার স্ত্রীলোক যা ধরে॥
অহঙ্কারে নারীগণ ইন্দ্রে না মানিল।
ক্রোধ করি ইন্দ্রদেব অভিশাপ দিল॥
অহঙ্কারে যেমন না মানিলি আমায়।
জীবিত হইবি দিনে রাত্রে মৃতপ্রায়॥
সেই পাপে মৃত থাকে সকল রজনী।
প্রভাত হইলে বাঁচে সকল সজনী॥
রজনীতে থাকে তারা হয়ে অচেতন।
প্রভাতে উঠিয়া করে সঙ্গীত-নর্ত্তন॥
বহুরত্না পৃথিবী বলেন সর্বজন।
কত ঠাঁই কত সৃষ্টি না হয় গণন॥
সাবধান হয়ে যাবে সব্ব কপিগণ।
যত্নেতে খুঁজিবে তথা জানকী-রাবণ॥

তাহার উত্তরে যাবে অনন্ত সাগর।
তথা হ'তে হেমগিরি নাম গিরিবর॥
সকল পর্বতমধ্যে হেমগিরি সার।
সকল পর্বত জিনি শিখর তাহার॥
আকাশেতে যার শৃঙ্গ লাগে সারি সারি।
হেমগিরি সম গিরি জগতে না হেরি॥
তাহার উত্তরে নাই ভাস্করের গতি।
অন্ধকারময় তথা নাহিক বসতি॥
তাহার উত্তরে নাই আমার গমন।
সে পর্য্যন্ত খুঁজিয়া ফিরিবে সর্বজন॥
এই কহিলাম জম্বুদ্বীপের উৎপত্তি।
এ অবধি আছে জীব-জন্তুর বসতি॥
হেমগিরি আসিতে যাইতে একমাস।
মাসেক অধিক হ'লে সবার বিনাশ॥
মাসেকের মধ্যে যেই ফিরে না আইসে।
সবংশে মজিবে সেই আপনার দোষে॥
সকল দেশের কথা কহিনু সবাকে।
যে দেশে থাকেন সীতা উদ্ধারিবে তাঁকে॥
স্বর্গ মর্ত্ত্য পাতাল যে এই তিন স্থান।
ইহা বিনা সৃষ্টি নাই শাস্ত্রের বিধান॥
যত দেশ কহিলাম যাইবে সাহসে।
সীতাদেবী আনি দিবে শ্রীরামের পাশে॥
আনিতে না পার যদি সীতা ঠাকুরাণী।
আমি গিয়া তাহার করিব হানাহানি॥
মাসেকের মধ্যেতে আসিবে বীরগণ।
অধিক হইলে তার অবশ্য মরণ॥
অগ্নিসাক্ষী করিয়া করেছি অঙ্গীকার।
প্রাণপণে আমি সীতা করিব উদ্ধার॥
সর্বস্থানে যাব আমি যতদূর সংখ্যা।
তার পর প্রবেশিব স্বর্ণপুরী লঙ্কা॥

মালসাট মারে বহু দেয় করতালি।
মেঘের গর্জ্জনে গর্জ্জে বীর শতবলী॥
কি কার্য্যে পাঠাও রাজা এত সেনাগণ।
আমি আনি দিব সীতা মারিয়া রাবণ॥
পাতালে থাকেন সীতা পাতালে প্রবেশি।
সাগরে থাকেন যদি তাহা আমি শুষি॥
শ্রীরাম-লক্ষ্মণে কন হও সাবধান।
সীতা উদ্ধারিব আমি হয়ে যত্নবান্॥
কি হেতু শ্রীরাম! তুমি মনে ভাব আন।
একলা রাবণ মোর না ধরিবে টান॥
আসিতে যাইতে মোর যে হউক ব্যাজ।
অবিলম্বে দেখা দিব সিদ্ধ করি কাজ॥
শুনি শতবলীর সে বিক্রম-বচন।
ভরসা পাইল মনে সুগ্রীব রাজন॥
চলিল সকল ঠাট সুগ্রীব-আদেশে।
উত্তরদিকের যাত্রা রচে কৃত্তিবাসে॥

পূর্ব, উত্তর ও পশ্চিমদিকে সীতার অন্বেষণ ও বিফলমনোরথ।

নদ নদী পর্বতের শুনি এত নাম।
সুগ্রীবেরে জিজ্ঞাসা যে করিলেন রাম;—
সাগর পর্বত দ্বীপ পৃথিবীর অন্ত।
কেমনে জানিলে মিত্র! কহ সে বৃত্তান্ত॥
কহেন সুগ্রীব, শুন রাম গুণাধার।
বালি-ভয়ে ভ্রমিলাম এ তিন সংসার॥
সপ্তদ্বীপা মহী বালি নিমিষেতে যায়।
কোন্ দেশে যাব আমি না দেখি উপায়॥
যে দেশে যাইব আমি তথা বালি যাবে।
মুহূর্ত্তেক দেখা পেলে তখনি মারিবে॥
বালি সম বীর নাহি এ তিন ভুবনে।
স্বর্গ মর্ত্ত্য পাতালেতে ফিরি সে কারণে॥
এক দিন এক স্থানে না থাকি কোথায়।
বড় ভয় বালিরাজ যদি দেখা পায়॥
দেখা পেলে বধিবে সে বড়ই নিষ্ঠুর।
সে কারণে পলাইয়া ভ্রমি বহু দূর॥
সাগর পর্বত নদী দেশ-দেশান্তর।
সর্বত্র ভ্রমণ করি আমি নিরন্তর॥
স্থাবর জঙ্গম আদি এ তিন সংসার।
প্রতিষ্ঠানে ভ্রমণ করিনু শতবার॥
যেখানে যেখানে আছে পৃথিবীর অন্ত।
সে কারণে জানি মিত্র! সকল বৃত্তান্ত॥
পূর্বকথা কহিলাম তোমার গোচরে।
সর্বতত্ত্ব জানিলাম সে বালির ডরে॥
ঋষ্যমূক-বিষয় যে কহিল হনূমান্।
সে কারণে করিলাম হেথা অবস্থান॥
চারি পাত্র ভ্রমিতাম হয়ে সঙ্কুচিত।
তোমার প্রসাদে এবে রাজ্যেতে পূজিত॥
এইরূপে দুই মিত্রে প্রত্যহ সম্ভাষ।
এইরূপে হ'ল প্রায় পূর্ণ এক মাস॥
এক দিন পূর্বদিক হইতে সুমতি।
উপস্থিত হইল বিনোদ সেনাপতি॥
না শুনি সীতার বার্ত্তা আর্ত্ত রঘুবীর।
আসিল পশ্চিম দেখি সুষেণ সুধীর॥
পশ্চিম উত্তর পূর্ব তিন দিক দেখে।
আসিয়া সকলে কহে সবার সম্মুখে॥
নানা গিরি চাহিনু খুঁজিনু বহু দেশ।
কোন দেশে না পাইনু সীতার উদ্দেশ॥
রঘুনাথ হইলেন শুনিয়া মূর্চ্ছিত।
তাঁহারে প্রবোধ দেয় সুগ্রীব সুহৃৎ॥

দক্ষিণদিকেতে প্রভু রাবণের ঘর।
সে দিকে গিয়াছে যত প্রধান বানর॥
অঙ্গদ গিয়াছে আর মন্ত্রী জাম্বুবান।
কার্য্যসম্পাদক সঙ্গে বীর হনুমান্॥
বুদ্ধির সাগর বড় বীর হনুমান্।
অবশ্য সাধিবে কার্য্য কিছু নহে আন॥
তব কার্য্যে হনুমান্ বড়ই তৎপর।
অবশ্য হইবে সীতা তাহার গোচর॥
বুদ্ধিতে পণ্ডিত হনুমান্ মহাশয়।
হনুমান্ পাবে সীতা না করিও ভয়॥
স্থির হইলেন রাম রাজার আশ্বাসে।
রচিল কিষ্কিন্ধ্যাকাণ্ড কবি কৃত্তিবাসে॥

শ্রীরামের গুণকথন।

রাম নাম বল ভাই বল বার বার।
ভেবে দেখ রাম বিনা গতি নাই আর॥
করিলেন অশ্বমেধ শ্রীরাম যতনে।
অশ্বমেধ-ফল পাবে রামায়ণ শুনে॥
এমন রামের গুণ কে দিবে তুলনা।
পাদস্পর্শে শিলা নর নৌকা হয় সোনা॥
পার কর রামচন্দ্র পার কর মোরে।
দীন দেখি নৌকা রাম লয়ে গেল দূরে॥
যার সনে কড়ি ছিল গেল পার হয়ে।
কড়ি বিনা পার করে তারে বলি নেয়ে॥
ধ্যান পূজা তন্ত্র মন্ত্র যার নাহি জ্ঞান।
তারে যদি পার কর তবে জানি রাম॥
যোগ যাগ তন্ত্র মন্ত্র যেই জন জানে।
তাঁরে কি তরাবে রাম! তবে নিজ গুণে॥
মোর সঙ্গে কড়ি নাই পার হব কিসে।
কর বা না কর পার কূলে আছি বসে॥
নেয়ের স্বভাব আমি জানি ভালে ভালে।
কড়ি না পাইলে পার করে সন্ধ্যাকালে॥
আপনি সে ভাঙ্গ প্রভু! আপনি সে গড়।
সর্প হয়ে দংশ তুমি ওঝা হয়ে ঝাড়॥
সকলি তোমার লীলা সব তুমি পার।
হুকুমে হাকিম তুমি প্যায়দা হয়ে মার॥
অধম দেখিয়া যদি দয়া না করিবে।
পতিতপাবন নাম কি গুণে ধরিবে?
সাধুজনে তরাইতে সর্বদেব পারে।
অসাধু তরান যিনি শ্রেষ্ঠ বলি তাঁরে॥
অহল্যা পাষাণ হয়ে ছিল দৈববশে।
মুক্তিপদ পেলে তব চরণ-পরশে॥
পার কর রামচন্দ্র রঘুকুলমণি॥
তরিবারে দুটি পদ করেছ তরণী।
তুমি যদি ছাড় দয়া আমি না ছাড়িব।
বাজন নূপুর হয়ে চরণে বাজিব॥
রামনদী বয়ে যায় দেখহ নয়নে।
গঙ্গা গিয়া স্নান কর কূলে বসি কেনে॥
আরে রে পামর লোক পার হবি যদি।
মন ভরি পান কর বয়ে যায় নদী॥
মৃত্যুকালে একবার রাম বলি ডাকে।
সেই স্বর্গে যায় যম দাঁড়াইয়া দেখে॥
এমন রামের গুণ কি বর্ণিতে পারি।
হেলায় তরিয়া যাবে মুখে বল হরি॥

দক্ষিণ পাতালে সীতার বিফল অন্বেষণ।

তিন দিকে বিফল হইল অন্বেষণ।
দক্ষিণদিকের কথা শুনহ এখন॥
দক্ষিণেতে যত ঠাট করিল প্রয়াস।
বিন্ধ্যগিরি অন্বেষিতে গেল এক মাস॥

মাসেকের অধিক হইলে লাগে ডর।
জীবনের আশা ছাড়ে সকল বানর॥
বিষম দণ্ডক বন নাহিক উদ্দেশ।
তাহাতে বানর-সৈন্য করিল প্রবেশ॥
পূর্বে তথা ছিল এক ব্রাহ্মণ-তনয়।
দশবর্ষ বয়স সুন্দর অতিশয়॥
অতঃপর বন্যজন্তু তাহারে মারিল।
পুত্রশোকে ব্রাহ্মণ বানরে শাপ দিল॥
তদবধি ফল জল নাহিক প্রচার।
কোন জীবজন্তু তথা নাহিক সঞ্চার॥
হেন বনে বানরেরা করিল প্রবেশ।
তথা না পাইল তারা সীতার উদ্দেশ॥
অন্য বন দেখিলেক তাহার সম্মুখে।
জানকীর অন্বেষণে সেই বনে ঢুকে॥
সকল বানর গেল বনের ভিতর।
দেখিল রাক্ষস এক অতি ভয়ঙ্কর॥
ধাইয়া আসিল সে বানর খাইবারে।
রুষিল অঙ্গদ বীর যুঝিতে হাঁকারে॥
আয় বেটা বুঝি তুই লঙ্কার রাবণ।
আমরা সকলে করি তোরে অন্বেষণ॥
অঙ্গদে সে রাক্ষসে লাগিল হুড়াহুড়ি।
হুড়াহুড়ি হইয়া উভয়ে জড়াজড়ি॥
কেহ কারে নাহি জিনে উভয়ে সোসর।
আঁচড়ে কামড়ে দোঁহে হইল জর্জ্জর॥
ক্ষণে নীচে অঙ্গদ সে ক্ষণেক উপরে।
টলমল করে ক্ষিতি উভয়ের ভরে॥
অঙ্গদ মুকুট মারে রাক্ষসের বুকে।
অচেতন হইল সে রক্ত উঠে মুখে॥
রাক্ষসেরে মারিয়া রহিল সেই বনে।
কিন্তু সীতা না পাইয়া সবে দুঃখী মনে॥
বিষাদেতে কপি সব বৈসে বৃক্ষতলে।
অঙ্গদ উঠিয়া সব বানরেরে বলে;—
আসিলাম জানিতে জানকীর বিশেষ।
হইল মাসের ঊর্দ্ধ না যাইনু দেশ॥
সীতা না দেখিয়া যাব সুগ্রীবের পাশ।
জীবনের আশা নাই অবশ্য বিনাশ॥
অঙ্গদের বাক্যে সবে হয়ে একমতি।
দেখিল সকল বন করি পাতি পাতি॥
না পাইয়া অঙ্গদ কহিল খেদ-কথা।
খুঁজিলাম সর্ব-বন আর পাব কোথা?
সত্য করিয়াছে মোর খুড়া মহাশয়।
সীতা উদ্ধারিবে আমি কহিনু নিশ্চয়॥
চারিদিকে বীরগণ গেছে দূরদেশে।
দেখ দেখি কোন্ বীর কি করিয়া আসে॥
যা হোক্ তা হোক্ মোরা কিছু না জানিব।
সমস্ত দক্ষিণ দেখি রাম-স্থান যাব॥
সীতা না পাইলে হবে সবার মরণ।
আগে মরিবেন রাম পশ্চাতে লক্ষ্মণ॥
তার পর অঙ্গদ মরিবে সেই শোকে।
অনন্তর সুগ্রীব যাইবে যমলোকে॥
চাহিতে চাহিতে দেখে এক গোটা বিল।
জল নাই পক্ষী তথা করে কিলকিল॥
খাল জোল না দেখি নিকটে নাহি জল।
নানা পক্ষি কলরব শুনি যে কেবল॥
আশ্চর্য্য দেখিয়া তারা ভাবে মনে মনে।
জল নাই শব্দ শুনি কিসের কারণে?
কেহ বলে দেখ দেখি কি হয় কারণ।
দাঁড়াইয়া ভাবে তথা যত কপিগণ॥
বড় গাছ আছে এক সে বিলের পাড়ে।
লাফ দিয়া কপিগণ সেই গাছে চড়ে॥

চারিদিকে চাহে নাহি হয় দরশন।
শাখায় শাখায় ফিরে শাখামৃগগণ ॥
গাছে থাকি দেখে তারা সুড়ঙ্গের দ্বার।
চন্দ্র-সূর্য্য-দীপ্তি নাই মহা অন্ধকার ॥
সুড়ঙ্গ দেখিয়া তারা ভাবে মনে মনে।
যাইব ইহার মধ্যে আমরা কেমনে ?
যা হোক্ তা হোক্ করি সাহসে নির্ভর।
সকল বানর যায় সুড়ঙ্গ-ভিতর ॥
হাতে হাতে ধরি যায় সকল বানর।
যাইতে যাইতে যুক্তি করিল বিস্তর ॥
দৈবে হয় হোক্ আমা সবার মরণ।
বুঝিব ইহার মর্ম্ম জানিব কারণ ॥
সুড়ঙ্গে প্রবেশি এই করিয়া বিচার।
সুড়ঙ্গে চলিল সবে মহা অন্ধকার ॥
অন্ধলোক যায় যেন হাতে করি লড়ি।
হুড়াহুড়ি করে কেহ কার গায় পড়ি ॥
হাত ধরাধরি যায় না পায় সঞ্চার।
সকল বানর তবে ভাবিল অসার ॥
দেখিতে না পাই কিছু যাইব কেমনে।
ফিরে চল উঠি গিয়া মরি কি কারণে ?
কেহ বলে নামিয়াছি যা হবার হবে।
এসেছ সুড়ঙ্গ-পথে কেন ফিরে যাবে ?
অন্ধকারে চলি যায় নাহি দেখে বাট।
পিপাসায় সকলের গলা হ'ল কাঠ ॥
অন্ধকারে যায় সবে আগে হনুমান্।
হাতে লড়ি করি ধীরে সকলেতে যান ॥
আগে হনুমান্ বীর চলিল সাহসে।
অন্ধলোক চলে যেন পড়ে আশে-পাশে ॥
বীরগণ বলে শুন পবননন্দন।
প্রকাশ হইবে গেলে কতেক যোজন ?
আর কত পথ গেলে পাইব প্রকাশ ?
হনুমান্ কহে না করিহ ত্রাস ॥
আমি সঙ্গে যাইতেছি বিপদ্ কি আছে।
যতেক বানরগণ এস মোর পাছে ॥
যোজন সাতেক গেলে তবে হই পার।
এক গৃহ আছে তথা অদ্ভুত আকার ॥
হনূমানের বাক্যে সাহসে করি ভর।
ধীরে ধীরে চলে তথা সকল বানর ॥
মহাবীর হনূমান্ বুদ্ধি বৃহস্পতি।
সবারে করিল পার করি হাতাহাতি ॥
ধর্ম্মে ধর্ম্মে সকলে সঙ্কটে হয়ে পার।
দেখিতে পাইল গৃহ অদ্ভুত আকার ॥
সোনার প্রাচীর তায় স্বর্ণময় গাছ।
স্বর্ণপদ্ম জলে দেখে স্বর্ণময় মাছ ॥
পুরীখান দেখিল সকল স্বর্ণময়।
দেখিয়া বানরগণ হইল বিস্ময় ॥
অপূর্ব্ব পুরীর শোভা স্বর্ণ সবিশেষ।
সবে বলে হনূমান্ এই কোন্ দেশ ?
নানা ফুল-ফল দেখি সুগন্ধ বাতাস।
ক্ষুধাতুর সকলে খাইতে করে আশ ॥
অন্ন-জল পেটে নাই ক্ষুধায় পীড়িত।
ফল-ফুল দেখি মনে বড় হরষিত ॥
পুরীর ভিতর মাত্র এক কন্যা আছে।
সকল বানর গেল সে কন্যার কাছে ॥
ত্রিশত প্রকোষ্ঠ গেল ভিতর-আবাস।
কন্যার রূপেতে করে জগৎ প্রকাশ ॥
সুন্দরী সে কন্যা বুঝি হরের ঘরণী।
রম্ভা তিলোত্তমা কিংবা ইন্দ্রের ইন্দ্রাণী ॥
শোভিত যুগল ভুরু যেন কামধনু।
কপালে সিন্দুর-ফোঁটা প্রভাতের ভানু ॥

চন্দন-চন্দ্রমা কোলে কজ্জলের বিন্দু।
ভ্রূযুগ-উপরেতে উদয় অর্দ্ধ-ইন্দু॥
বিন্দু-বিন্দু গোরোচনা শোভা করে অতি।
অলকা-তিলকা-রেখা অর্দ্ধ পাঁতি॥
রতন-রঞ্জিত তাঁর পদাঙ্গুলী সব।
রাজহংসজিনি ধ্বনি নূপুরের রব॥
করে শঙ্খ কঙ্কণ কিঙ্কিণী কটিমাঝে।
রতন নূপুর পায়ে রুণুঝুনু বাজে॥
পৃষ্ঠে লোটে স্পৃষ্টরূপে প্রবালের ঝাঁপা।
গৌর গায় গন্ধ দেয় গন্ধরাজ চাঁপা॥
ছড়া ছড়া বাজুবন্ধ শঙ্খের উপর।
যেখানে যে শোভা করে পরেছে বিস্তর॥
দুই পায়ে শোভিত পরেছে গোটা মল।
ব্রহ্মচারী আদি লোক দেখিয়া পাগল॥
পুরীর ভিতর কন্যা আছে একেশ্বরী।
কন্যারূপে আলো করে রসাতলপুরী॥
তাহারা সকলে বন্দে কন্যার চরণ।
যোড়হাতে বলে বীর পবননন্দন ;—
আমরা বানর পশু বনে করি বাসা।
ক্ষুধায় না দেখি পথ লাগিয়াছে দিশা॥
রাজভার পড়িয়াছে জীবন অসার।
খাল জোল বন আদি ভ্রমিনু সংসার॥
দুর্জ্জয় পাতালেতে আমরা সবে আসি।
তোমা দেখি বাঁচিলাম মনে হেন বাসি॥
হইলাম বড় তুষ্ট তোমারে দেখিয়া।
পরিচয় দেহ কন্যে! তুমি কার প্রিয়া?
বড়ই কাতর মোরা হয়েছি এখন।
পরিচয় দেহ কন্যে! তুমি কোন্ জন?
কাহার বসতি-ঘর কার সরোবর?
কার পুরী আসিলাম বড় বাসি ডর॥

কন্যা বলে শুন বীর মম পরিচয় ;—
সুমেরু পর্বতশ্রেষ্ঠ মম পিতা হয়॥
সম্ভবা আমার নাম হেমা মোর সখী।
হেমার বচনে আমি এই পুরী রাখি॥
এই আবাসের রক্ষা আছে মম করে।
আমা অগোচরে কেহ আসিতে না পারে॥
ময় নামে দানবের রচিত আবাস।
হেমা সহ ময় করে এখানে বিলাস॥
নৃত্যেতে নর্ত্তকী হেমা গানেতে গায়নী।
রূপে বেশে গুণে হেমা ত্রিভুবন জিনি॥
রূপে ময় দানবেরে মুগ্ধ করে হেমা।
অবিরত রতি করে তার নাহি ক্ষমা॥
রাত্রি-দিন রমণে হেমার হয় ক্লেশ।
উঠিতে না পারে হেমা প্রায় তনু শেষ॥
দানবের শৃঙ্গারে পলায় হেমা ত্রাসে।
দানব চলিল সেই হেমার উদ্দেশে॥
যেখানে পাইবে তারে আনিবে ধরিয়া।
এই বেলা পলাও হে সেই পথ দিয়া॥
বড়ই দুরন্ত সে দানব দুষ্টজন।
এখান হইতে যাহ যত কপিগণ॥
শীঘ্র যাও বিলম্ব কি হেতু কর আর।
দানব আসিলে কারো নাহিক নিস্তার॥
হনূমান্ বলে কন্যে! শুন বিবরণ।
আমরা রামের দূত যত কপিগণ॥
রামচন্দ্র দশরথ রাজার কুমার।
সর্ব্বজ্যেষ্ঠ গুণশ্রেষ্ঠ মহিমা অপার॥
আসিলেন পিতৃসত্য পালিতে কানন।
তাঁর সঙ্গে আসিলেন অনুজ লক্ষ্মণ॥
শ্রীরাম-রমণী সীতা পরমা সুন্দরী।
স্বভাবতঃ সতত সে রাম-সহচরী॥

বনে বাস করি আছিলেন তিন জন।
রামের রমণী সীতা হরিল রাবণ॥
সীতার বিরহে রাম হইয়া কাতর।
বনে বনে ভ্রমণ করেন নিরন্তর॥
দৈবযোগে সুগ্রীবের সহিত মিলন।
হইলেক উভয়ের সখ্য-সংঘটন॥
বালি বধি রাম রাজ্য দিলেন সুগ্রীবে।
সুগ্রীব করিল সত্য সীতা উদ্ধারিবে॥
সুগ্রীবের আদেশেতে ভ্রমি নানা দেশ।
অদ্যাপি না পাইলাম সীতার উদ্দেশ॥
মাসেকের তরে রাজা করিল নিশ্চয়।
মাসের অধিক হ'লে বড় বাসি ভয়॥
গাছ হ'তে দেখিয়া আমরা এ সকল।
জলের উদ্দেশে আসিলাম এই স্থল॥
মুখে কথা কহে তারা ফল পানে চায়।
মনে তোলাপাড়া করে কন্যারে ডরায়॥
বানর দেখিয়া ফল হইল বিকল।
সাধ হয় পেড়ে খায় কাঁচা পাকা ফল॥
বানরের ইচ্ছা বুঝি কন্যা মনে গণে।
ফল খাইবারে কন্যা বলিল আপনে॥
বড়ই ক্ষুধার্ত্ত দেখি হইল মমতা।
কন্যা বলে ফল খাও দিলাম সর্ব্বথা॥
ইচ্ছামত ফল খাও যত ইচ্ছা মনে।
শুনিয়া হরষ-চিত্ত যত কপিগণে॥
একে চায় আর আজ্ঞা পাইল বানর।
লাফ দিয়া উঠে গিয়া গাছের উপর॥
দুই হাতে ফল খায় আর ভাঙ্গে ডাল।
মদগন্ধে পাতা খায় পূর্ণ করি গাল॥
স্বর্ণথাল লইয়া বসিল পীঠোপরে।
ক্ষুধায় কাতর খায় যত পেটে ধরে॥
কতগুলা পাকাফল নিঙ্গুড়িয়া খায়।
অর্দ্ধ ভক্ষ্য করি কত টানিয়া ফেলায়।
কতেক কামড়ে খায় কত ফল চুষি।
উদর পুরিয়া রসে মনে মনে খুসী॥
ফল-ফুল খাইয়া করিল মাথা হেঁট।
নড়িতে চড়িতে নারে উঁচু হৈল পেট॥
করিয়া বানরগণ উদর পূরণ।
নিবেদন করি বন্দে কন্যার চরণ॥
তোমার প্রসাদেতে খণ্ডিব সব ক্লেশ।
কোন্ পথে বাহিরাব কহ উপদেশ॥
যাবৎ এখানে কন্যে! দানব না আসে।
তাবৎ বাহির হয়ে যাই অন্য দেশে॥
বড় ভয় হয় কন্যে! দানবের তরে।
ত্বরায় বাহির কর সকল বানরে॥
পথ দেখাইতে কন্যা আপনি চলিল।
সকল বানর তার পিছে পিছে গেল॥
পলায় বানরগণ পাছু পানে চায়।
দানব আসিয়া পাছে পশ্চাতে খেদায়॥
পরাণে মারিবে তবে কার নাহি রক্ষা।
উপায় কেবল দেখি এ কন্যা সপক্ষা॥
সুড়ঙ্গের দ্বারে কন্যা হইয়া বাহির।
দেখায় বানরে প্রভৃতি সাগর গভীর॥
এই জল দেখ সবে সাগর দক্ষিণ।
বিন্ধ্যাদ্রি মলয়গিরি দেখহ প্রবীণ॥
শ্রীরামের আগে ষাটি সহস্র বৎসর।
অনাগত পুরাণ রচিল কবিবর॥
বাল্মীকি বন্দিয়া কৃত্তিবাস বিচক্ষণ।
শুভক্ষণে প্রকাশিল বেদ রামায়ণ॥
অসীম রামের গুণ কি বলিতে জানি।
মরা মন্ত্র জপিয়া বাল্মীকি হৈল মুনি॥

পরব্রহ্ম রাম নাম অনন্ত মহিমা।
চারিবেদে বিচারিয়া দিতে নারে সামা॥
চণ্ডালে করিল দয়া বড়ই করুণ।
পাষাণেতে নিশান রহিল তাঁর গুণ।

সীতা-অন্বেষণে অঙ্গদ প্রভৃতির মন্ত্রণা।

পাতাল হইতে উঠি সকল বানর।
যোড়-হাতে দাঁড়াইল অঙ্গদ-গোচর॥
পাতালে প্রবেশি মোরা সকল বানর।
কোথাও না দেখিলাম সীতা-লঙ্কেশ্বর॥
বলেন অঙ্গদ বীর হে বানরগণ।
সাবধান হয়ে শুন আমার বচন॥
সীতা-বার্ত্তা জানিতে হইল এক-মাস।
মাসের অধিক হ'লে সবার বিনাশ॥
অন্যের যা হোক্ মম সংশয় জীবন।
সুগ্রীব মারিতে মোরে করিয়াছে পণ॥
পিতারে মারিতে যার না হ'ল মমতা।
পুত্রেরে মারিবে সে যে এ বা কোন্ কথা?
দক্ষিণ-হস্তেতে রাম অগ্নি সাক্ষী করে।
যত হিত করিলেন সকল পাসরে॥
আমি যুবরাজ নহে পিতা বিদ্যমানে।
সে পদ দিলেন রাম আমারে বিধানে॥
খুড়ার গণনে নহে আমার সম্বন্ধ।
আমাকে মারিতে খুড়া করেন প্রবন্ধ॥
আমারে মারিবে খুড়া না হয় খণ্ডন।
আমার নিস্তার নাই শুন কপিগণ॥
যোড়হাতে কপিগণে কহিছে কাহিনী।
জীবনের আশা নাই ত্যজিব পরাণী॥
তারক বানর ছিল বুদ্ধি-বৃহস্পতি।
অঙ্গদেরে বুঝায় সে উত্তম প্রকৃতি॥
সুগ্রীবের ভয় হেতু না যাইব দেশ।
সকলে পাতালে গিয়া করিব প্রবেশ॥
রাজযোগ্য আছে তথা সোনার আবাস।
পরম আনন্দে তথা করিব নিবাস॥
ফুল-ফল পাব তথা জল সুবাসিত।
সুগ্রীবের ভয় তুমি না কর কিঞ্চিৎ॥
কি করিবে সুগ্রীব শ্রীরাম-লক্ষ্মণ।
কোন ভয় না করিও শুন মিত্রগণ॥
নিশ্চিন্তে থাকিব গিয়া পাতাল-ভুবনে।
কি করিবে সে সুগ্রীব শ্রীরাম-লক্ষ্মণে॥
তারকের বাক্যে সবে প্রসংশিল অতি।
মনে মনে হনুমান্ করেন যুকতি॥
প্রমাদ কেবল ভাবে হনুমান্ বীর।
আপনার মনে বুদ্ধি করিলেন স্থির॥
মোর বিদ্যমানে রামকার্য্য হয় হানি।
সভার মধ্যেতে হনুমান্ কহে বাণী॥
হনুমান্ বলে, হে অঙ্গদ যুবরাজ!
এক কার্য্যে আসি তুমি কর অন্য কাজ॥
কোন্ যুক্তি কর তুমি লয়ে কপিগণ।
তোমার উচিত নহে এ সব কথন॥
পলাইয়া যাবে তুমি পাতাল-ভুবনে।
ধর্ম্মাধর্ম্ম কিছু না ভাবিলে কেন মনে?
পলাইবে কোথায় সুগ্রীব সব জানে।
পলাইয়া বাঁচিতে পারিবে কোন্খানে?
উচিত বলিতে তোমা আর কি ডর।
তোমার সহিত কেবা পলাবে বানর?
স্ত্রী-পুত্র লইয়া করে কিষ্কিন্ধ্যায় বাস।
তোমা লাগি কে ছাড়িবে স্ত্রী-পুত্রের আশ?
তোমা হেন স্ত্রী-পুত্র ছাড়িবে কোন্ জন?
একাকী কেবল তুমি ফের বনে বন॥

মনে কর পলাইয়া পাবে অব্যাহতি।
যত কাল জীবে তব থাকিবে অখ্যাতি॥
তোমার বাপেরে রাম মারে এক বাণে।
তাঁর হাত ছাড়াইবে গিয়া কোন্‌খানে ?
সুগ্রীব বলেন যদি শ্রীরামের প্রতি।
পাতালে বসিয়া তুমি না পাবে নিষ্কৃতি॥
নির্ভয়ে কেমন তুমি পাইবে উদ্ধার।
রামবাণে মুক্ত হবে সুড়ঙ্গের দ্বার।
বিষ্ণু-অবতার রাম জগতে পূজিত॥
তোমার এমন যুক্তি না হয় উচিত॥
নির্ব্বোধ তোমারে বলি শুন যুবরাজ!
বীর হয়ে পলাইবে মুখে নাহি লাজ ?
সর্বদেশ দেখি যদি নহে দরশন।
সুগ্রীবের ঠাঁই গিয়া মাগিব শরণ॥
ধার্ম্মিক সুগ্রীব রাজা ধর্ম্মের চরিত।
দোষ-গুণ বুঝিয়া সে করিবে উচিত॥
ভয় করি পলাইলে বড় হবে দোষ।
হইলে শরণাপন্ন রামের সন্তোষ॥
যে দেশ বলিল রাজা যাইব সে দেশে।
তার পর যা হবার হইবেক শেষে॥
তোমারে প্রধান করি সে সুগ্রীব বৈসে।
তোমার প্রসাদে আমাদের ভয় কিসে ?
কুপিল অঙ্গদ হনূমানের বচনে।
লজ্জা দিল হনূমান্ সবা বিদ্যমানে॥
জ্যেষ্ঠ-ভ্রাতৃরমণী রাজার বিবাহিতা।
শাস্ত্রমত জ্যেষ্ঠ হয় কনিষ্ঠের পিতা॥
ইতর পুরুষ পিতা পুত্রে হেন গণি।
অপরঞ্চ পরজায়া যেমন জননী॥
জ্যেষ্ঠ ভাই সম পিতা সর্বশাস্ত্রে কয়।
তার পত্নী কেবল মায়ের তুল্য হয়॥
জ্যেষ্ঠ-ভ্রাতৃ-জায়া হরে কিসের বাখান।
জানিতে সীতার বার্ত্তা পাঠায় কুস্থান॥
কার্য্য না করিলে রাম হইবেন দুঃখী।
সর্বথা আমার মৃত্যু হনূমান্ দেখি॥
ধর্ম্মাধর্ম্ম তার দেখি বীর হনূমান।
কোন কার্য্যে ভাল নহে সুগ্রীবের জ্ঞান॥
শ্রীরাম-লক্ষ্মণ কার্য্য করিলেন যত।
চোরা যুদ্ধে আমার পিতারে করে হত॥
সম্মুখ-সমর যদি জনক করিত।
কে কেমন বীর তবে হ'তে অবগত॥
রাম কেন না বলিলেন আমার বাপেরে।
গলে ধরি আনিতেন রাজা লঙ্কেশ্বরে॥
যেখানে থাকিত সীতা আনিত রাবণ।
তবে কেন সীতা লাগি মরে কপিগণ ?
তুমি কিবা নাহি জান বীর হনূমান্!
পিতা চারি সাগরে করেন্ সন্ধ্যা-স্নান॥
দিগ্বিজয় করিয়া সে বেড়াত রাবণ।
পিতারে জিনিতে এল কিষ্কিন্ধ্যাভুবন॥
রাবণ দেখিল মোর বাপ নাই ঘরে।
আহ্নিক করেন তিনি সাগরের তীরে॥
পাছু হ'তে রাবণ ধরিল মোর বাপে।
সাপটি ধরিল সে অতুল প্রতাপে॥
ধ্যানভঙ্গ না হইল লেজেতে বান্ধিয়া।
সাগরে রাবণেরে ভেলান ডুবাইয়া॥
দীরঘ পিতার লেজ যোজন পঞ্চাশ।
রাবণে তোলেন পিতা উপর আকাশ॥
বারেক আকাশে তুলি ফের ফেলে নীরে
নাকানি চুবানি খেয়ে বেটা শেষে মরে॥
চারি সাগরের তপ হয় অবশেষ।
সন্ধ্যাকালে মম পিতা আসিলেন দেশ॥

রাবণের দশ মাথা করে নড়বড়।
কিষ্কিন্ধ্যায় আসি বেটা দাঁতে করে খড় ॥
দয়া করি মোর বাপ ছাড়েন তাহারে।
লঙ্কায় পলায়ে গেল রাবণ তৎপরে ॥
সে রাবণ আসিয়া সীতারে করে চুরি।
ইহারি কারণেতে আমরা সবে মরি ॥
যদি রাম লইতেন পিতার শরণ।
কোন্ তুচ্ছ পিতার সে পাপিষ্ঠ রাবণ?
পিতাকে মারিয়া রাম করিল কুকর্ম্ম।
রাজা হয়ে করিলেন সম্পূর্ণ অধর্ম্ম ॥
আপন অধর্ম্মে রাম এত শোক পান।
ধর্ম্মমত ভাব তুমি বীর হনুমান!
কার্য্য না করিলে রাম হইবেন দুঃখী।
সব কার্য্যে হনুমান্! মোর মৃত্যু দেখি ॥
সুগ্রীবের হবে যশ আমার মরণ।
সীতা না পাইলে আমি ত্যজিব জীবন ॥
হনুমান্ বলে যত কিছু মিথ্যা নয়।
জ্যেষ্ঠের রমণী হ'লে মাতৃতুল্য হয় ॥
আমরা বানর পশুজাতি ইহা পারি।
যে শাস্ত্র কহিলে সে কেবল মনুষ্যেরি ॥
যত দেশ বলে রাজা খুঁজি একবার।
পশ্চাতে করিব আমি ইহার বিচার ॥
এতেক বলিল যদি বীর হনুমান।
পুনশ্চ অঙ্গদ বলে সভা বিদ্যমান ॥
বার বার বল তুমি পবননন্দন!
যে বল সে বল মোর অবশ্য মরণ ॥
শ্রীরাম সুগ্রীব এরা কভু নহে ভাল।
নিশ্চয় জানিও অঙ্গদের প্রাণ গেল ॥
জ্যেষ্ঠ ভাই পিতৃসম মারিল হেলায়।
তার পুত্রে মারিবে সুগ্রীবে নহে দায় ॥
নমস্কার জানাইও মায়ের চরণে।
প্রাণ ছাড়িবেন মাতা আমার কারণে ॥
দোসর বানরগণ পরস্পর বন্দে।
অঙ্গদে বেড়িয়া সব বানরেরা কান্দে ॥
অঙ্গদ কুমার বই আর নাই গতি।
মরিব অঙ্গদ সঙ্গে করিল যুকতি ॥
সকল বানর যুক্তি এই করি সার।
জীবনের আশা ছাড়ি ত্যজিল আহার ॥
স্নান করি কপিগণ বৈসে পূর্বমুখে।
উপবাস করিয়া রহিল মনোদুঃখে ॥
মরিবারে বানর করিল উপবাস।
রচিল কিষ্কিন্ধ্যাকাণ্ড কবি কৃত্তিবাস ॥

সম্পাতির সহিত হনুমানাদির পরিচয়

গরুড়ের সন্তান বিখ্যাত পক্ষিজাতি।
বৈসে বিন্ধ্যপর্বতের শিখরে সম্পাতি ॥
বানর-কটক মাথা তুলি ঊর্দ্ধে দেখে।
অনুমান করে এই খাইবে সবাকে ॥
অঙ্গদ উঠিয়া বলে শুন হনুমান্।
আমার বচনে তুমি কর অবধান ॥
সীতার উদ্দেশে আসিলাম সর্বজন।
সীতা লাগি হারাইব বিদেশে জীবন ॥
কোন্ জন না করিল শ্রীরামের কাজ?
সীতা লাগি মরিল জটায়ু পক্ষিরাজ ॥
প্রাণ দিল পক্ষিরাজ করিয়া সমর।
অনায়াসে স্বর্গে গেল গরুড়-কোঙর ॥
রাম-বনবাস হেতু সীতার হরণ।
সীতা লাগি বিদেশেতে মরে কপিগণ ॥
সম্পাতি বলেন, কে জটায়ু-মৃত্যু কহে?
সোদরের মৃত্যু শুনি মম প্রাণ দহে ॥

বিধির বিপাকে পাখা পুড়িয়া বিনাশ।
উড়িয়া যাইতে নারি তোমাদের পাশ ॥
তোমাদের মুখে শুনি জটায়ু-বিনাশ।
আজি শোকে হইলাম নিতান্ত নিরাশ ॥
কপিগণ বলে, পক্ষী বড় বুদ্ধিমান।
নিকটে আসিতে চাহে লইতে পরাণ ॥
নড়িতে চড়িতে নারে জরাতে দুর্ব্বল।
সম্মুখে পাইলে গিলিবেক করি ছল ॥
হনূমান্ বলে ভাই! অবশ্য মরণ।
এ বৃদ্ধ পক্ষীকে আমি জিজ্ঞাসি কারণ ॥
হনূর বচনে সবে দিল অনুমতি।
আনিলেন ধরাধরি করিয়া সম্পাতি ॥
পক্ষিরাজে বসাইল বানর সমাজ।
যোড়হাতে কহিল অঙ্গদ যুবরাজ,—
বালি সুগ্রীবেরে জান দুই সহোদর।
কত কাল কোন্দল করিল পরস্পর ॥
পিতৃসত্য পালিতে শ্রীরাম এল বন।
সঙ্গেতে আসিল তাঁর জানকী-লক্ষ্মণ ॥
সীতা সহ দুই ভাই ভ্রমে বনে বন।
শূন্যঘর পেয়ে সীতা হরিল রাবণ ॥
সীতা লাগি ভ্রমেন যে শ্রীরাম-লক্ষ্মণ।
পথে সুগ্রীবের সঙ্গে হইল মিলন ॥
সুগ্রীবেরে দিলেন আপন পরিচয়।
আপন দুঃখের কথা দুই জনে কয় ॥
অগ্নি সাক্ষী করি দুই জনে সত্য করে।
পরস্পর উপকার করে পরস্পরে ॥
দুই জনে সত্যে বদ্ধ হইয়া মিলন।
সেই হেতু করি মোরা সীতা অন্বেষণ ॥
রাম সত্য পালনে মারিয়া মোর বাপে।
সুগ্রীবেরে রাজ্য দেন দুর্জ্জয় প্রতাপে ॥
পিতা মরিলেন মনে হইলাম দুঃখী।
বনে বনে ভ্রমি আমি দেখ তার সাক্ষী ॥
বানর আসিল যত ছিল দেশে দেশে।
রামকার্য্য সাধিবারে সুগ্রীব-আদেশে ॥
এক মাস নিয়ম করিল মহাশয়।
মাসেকের বেশী হ'লে না জানি কি হয় ॥
পরিচয় দিলাম আমরা কপিগণ।
এখন শুনহ জটায়ুর বিবরণ ॥
জটায়ু পক্ষীর শুন মরণের কথা।
রাবণ হরিয়া নিল শ্রীরামের সীতা ॥
জটায়ু নামেতে পক্ষী গরুড়নন্দন।
পর্বত হইতে শুনে সীতার ক্রন্দন ॥
হাত-পা আছড়ে সীতা রথের উপরে।
শ্রীরাম-লক্ষ্মণ বলি কাঁদে উচ্চৈঃস্বরে ॥
পক্ষী বলে, এই দুষ্ট লঙ্কার রাবণ।
সীতারে হরণ করি করিছে গমন ॥
অনেক কালের পক্ষী হইয়াছে জরা।
দুই পাখা মেলিয়া পোহায় তথা খরা ॥
সীতার ক্রন্দন পক্ষী তথা হইতে শুনি।
ভাবিতে লাগিল সে প্রমাদ মনে গণি ॥
আকাশে উড়িয়া পক্ষী চারিদিকে চায়।
রাবণের রথে সীতা দেখিবারে পায় ॥
জটায়ু বলেন, সীতা এসেছেন বনে।
সেই সীতা লয়ে যায় পাপিষ্ঠ রাবণে ॥
দুই পাখা পসারিয়া আগুলিল বাট।
রাবণেরে গালি পাড়ে মারে পাখসাট ॥
আকাশে থাকিয়া দেখে রাম বহু দূর।
আঁচড়-কামড়ে তার রথ কৈল চূর ॥
রাবণ মারিল তারে ঘন ঘন শর।
জটায়ুর শরীর সে করিল জর্জ্জর ॥

রামের অপেক্ষা করি যুঝিল বিস্তর।
তথাপি না আসিলেন তথা রঘুবর॥
বৃদ্ধকালে জটায়ুর টুটিয়াছে বল।
দুই পাখা কাটিয়া পাড়িল ভূমিতল॥
আসিয়া করেন রাম তার অগ্নিকাজ।
রাম-দরশনে মুক্ত হল পক্ষিরাজ॥
কহিলাম জটায়ুর মৃত্যুর কাহিনী।
জটায়ুর কে হও আপনি কহ শুনি?
সম্পাতি শুনিয়া জটায়ুর বিবরণ।
ভাই ভাই করিয়া কাঁদিল বহুক্ষণ॥
আমার ভ্রাতাকে মারি বেটা থাকে সুখে।
পাখা নাই কি করিব মরি মনোদুঃখে॥
যৌবনে যখন ছিল পাখা সে আমার।
স্বর্গ মর্ত্ত্য অনায়াসে করেছি বিহার॥
জটায়ু সম্পাতি মোরা দুই সহোদর।
বলে মহাবলী মোরা গরুর-কোঙর॥
দুই ভাই প্রতিজ্ঞা যে করিলাম এই।
সূর্য্য যে ছুঁইতে পারে বীর বটে সেই॥
প্রভাত হইল যবে অরুণ-উদয়।
সূর্য্যেরে ধরিতে যাই করিয়া নিশ্চয়॥
জ্ঞাতি-বন্ধু সকলে দেখিয়া সবিস্ময়।
এক লক্ষ যোজন উপরে সূর্য্যোদয়॥
সে লক্ষ যোজন উড়ি উঠিয়া আকাশে।
দিবাকরে ধরিতে গেলাম তাঁর পাশে॥
চৌদিকে চাপিয়া উঠে সূর্য্য মহাশয়।
দিক্ ও বিদিক্ নাই সব অগ্নিময়॥
প্রভাত হইতে দুই প্রহর উড়িয়া।
দুই ভাই মরি সূর্য্য-তেজেতে পুড়িয়া॥
তাহাতে জটায়ু ভাই হইল কাতর।
মৃতপ্রায় হেন দেখি ভাই সহোদর॥

রাখি জটায়ুর পাখা নিজ পাখা দিয়া।
আমার উভয় পাখা গেল ত পুড়িয়া॥
এ পর্বতে পড়িলাম দৈবের নির্বন্ধ।
এই সে কারণে আমি হইয়াছি বন্ধ॥
সাত দিন নাই খাই সলিল ওদন।
হেনকালে সর্বজ্ঞ আসিল এক জন॥
স্নান করে সর্বজ্ঞ সে সরোবর-জলে।
সিংহ ব্যাঘ্র গণ্ডার চরিছে তার কূলে॥
পর্বতপ্রমাণ দেখি জন্তু সে সকল।
ধরিয়া খাইবে মোরে গায়ে নাহি বল॥
দূরে গিয়া রহিলাম বটবৃক্ষতলে।
সিংহ-মহিষাদি জন্তু গেল হেনকালে॥
স্নান করি সে সর্বজ্ঞ সরোবর-জলে।
আমার সম্মুখে সেই এল হেনকালে॥
প্রসিদ্ধ সর্বজ্ঞ সেই নিশাকর নাম।
পথে দেখা পাইয়া যে করিনু প্রণাম॥
ব্যথায় কাতর আমি শব্দ নাই মুখে।
আমারে কাতর দেখি দ্বিজ ধ্যানে দেখে॥
সর্বজ্ঞ বলেন, পক্ষিরাজ! প্রাণ রক্ষ।
হারাইয়া পাবে তুমি আপনার পক্ষ॥
দশরথ রাজ্য করিবেন বহু দিন।
তাঁর জ্যেষ্ঠপুত্র রাম হবেন প্রবীণ॥
পিতৃসত্য পালিতে যাবেন তিনি বন।
শূন্যঘরে তাঁর সীতা হরিবে রাবণ॥
কপিগণ করিবেক সীতার উদ্দেশ।
তাঁর দরশনে তব খণ্ডিবেক ক্লেশ॥
থাক এই পর্ব্বতে পাইবে তাঁর দেখা।
রাম নাম বলিতে উঠিবে দুই পাখা॥
বিংশতির সমধিক পঞ্চাশ বৎসর।
তবে সে দেখিবে তুমি সকল বানর॥

এত কাল রাম লাগি আছে হে জীবন।
এত দিনে তব সনে হ'ল দরশন ॥
অঙ্গদ বলেন তোমা দেখে পাই ভয়।
সত্য কহ পক্ষিরাজ! বৃত্তান্ত নিশ্চয় ॥
রাবণের কোন্ দেশ কোথা তার ঘর?
তার দেশে যেতে কত যোজন সাগর?
পক্ষিরাজ বলে, আমি হই গৃধ্রজাতি।
পূর্বেতে দক্ষিণদিকে ছিল মোর গতি ॥
কহিব শুনিবে যত জানি বিবরণ।
সম্প্রতি জুড়াও কর্ণ কহি রামায়ণ ॥
রামের প্রসঙ্গে পুনঃ হবে পক্ষোদয়।
পক্ষোদয়ে লক্ষ্যলাভ প্রাণ-রক্ষা হয় ॥
হনুমান বলে শুন গরুড়-নন্দন!
মন দিয়া শুন বলি রামের কথন ॥
পূর্বকথা কহি শুন তাহে দেহ মন।
নারদের সঙ্গে যুক্তি কৈল নারায়ণ ॥
সৃষ্টি করিলেন পিতামহ বহু ক্লেশে।
ভাবেন সতত লোক ত্রাণ পাবে কিসে ॥
নারদেরে বিরিঞ্চি পাঠান পৃথিবীতে।
আপনার পুত্রকে দিলেন তার সাথে ॥
দুই জন পৃথিবীতে বেড়ান ভ্রমিয়া।
দৈবাৎ নিবিড় বনে উত্তরিল গিয়া ॥
বাল্মীকি ছিলেন পূর্বে ব্যাধ-অবতার।
দস্যুবৃত্তি করিতেন অতি দুরাচার ॥
ব্রাহ্মণ ক্ষত্রিয় শূদ্র যারে দেখা পায়।
ফাঁসি দিয়া মারে সে যে কে কোথা পলায় ॥
এইরূপে দস্যুকর্ম করে বনে বন।
নারদের সনে হৈল পথে দরশন ॥
নারদ ও বিধি তাঁরা যান দুই জনে।
হেনকালে দেখে দস্যু সে দুই ব্রাহ্মণে ॥

দস্যু বলে বিপ্র! তোরা আর যাবি কোথা।
পড়িলি আমার হাতে কাটা যাবে মাথা ॥
নারদ বলেন আমি তপস্বী ব্রাহ্মণ।
আমারে মারিবে তুমি কিসের কারণ?
দস্যু বলে নিত্য আমি এই কর্ম করি।
দস্যুকর্ম করিয়া উদর সদা ভরি ॥
পিতা-মাতা পত্নী-পুত্র আছে যত জন।
ইহাতে সবার হয় উদর-পূরণ ॥
অবিরত দস্যুকর্ম করি আমি খাই।
তেকারণে ফাঁসী হাতে বনেতে বেড়াই ॥
কত কত জিতেন্দ্রিয় যতি ব্রহ্মচারী।
যার দেখা পাই তারে সেইক্ষণে মারি ॥
নারদ বলেন, শুন দুর্বুদ্ধি ব্রাহ্মণ!
তোমার পাপের ভাগ লয় কোন জন?
তব পাপভাগী যদি হয় পিতা-মাতা।
তবে ত আমারে বধ করহ সর্বথা ॥
জিজ্ঞাসা করহ গিয়া আপনার ঘরে।
তোমার পাপের ভাগ কাহার উপরে ॥
দস্যু বলে, শুন বলি তপস্বী ব্রাহ্মণ!
আমি ঘরে গেলে বুঝি পালাবে দুজন ॥
নারদ বলেন, রাখ গাছেতে বাঁধিয়া।
পাপভাগী কেবা হয় আইস জানিয়া ॥
তবে দস্যু দুই জনে করিল বন্ধন।
গাছেতে বাঁধিয়া ঘরে করিল গমন ॥
বাপেরে কহিল তুমি ঘরে ব'সে খাবে।
আমার পাপের ভাগ নিশ্চয় লইবে ॥
পিতা বলে, বৃদ্ধ আমি ঘরে ব'সে খাব।
তুমি পাপ কর তার ভাগ কেন লব?
সকল প্রকারে তুমি করিবে পালন।
পাপভাগ লইতে না পারি কদাচন ॥

বাপের শুনিল যদি নিঠুর বচন।
তবে গিয়া করিল সে মাতৃ-দরশন॥
দস্যু বলে, শুন মাতা! করি নিবেদন।
মানুষ মারিয়া করি উদর পূরণ॥
আমি আনি খাদ্য তুমি ঘরে ব'সে খাও।
আমার পাপের ভাগ তুমি নিতে চাও?
জননী বলেন, শুন দুর্বুদ্ধি নন্দন।
তোমার পাপের ভাগ লব কি কারণ?
পুত্র হৈলে করে পিতা-মাতার পালন।
গয়াতে প্রদানে পিণ্ড শ্রাদ্ধ ও তর্পণ॥
সুপুত্র হইলে হয় কুলের দীপক।
মাতৃসেবা না করিলে বিষম নরক॥
যাহা তুমি আনি দিবে ঘরে ব'সে খাব।
তোমার পাপের ভাগ আমি কেন লব?
যত যত পুত্র জন্মে ভারতমণ্ডলে।
পুত্র-পাপ মায়ে লয় কোন শাস্ত্রে বলে?
দশ মাস দশ দিন ধরিনু উদরে।
পুত্র হয়ে ডুবাইবে নরক-ভিতরে?
মায়ের শুনিল যদি নিঠুর বচন।
পত্নীর নিকটে গিয়া কহে বিবরণ॥
দস্যুকর্ম করি আমি তুমি ব'সে খাও।
আমার পাপের ভাগ তুমি নিতে চাও?
স্বামীরে বলিছে রামা বিনয়-বচন।
তোমার পাপের ভাগ লব কি কারণ?
গৃহস্থের কাজকর্ম সকলি করিব।
যথা হইতে আন তুমি ঘরে ব'সে খাব॥
নারীর শুনিল যদি এতেক বচন।
পুত্রের নিকট গিয়া কহিল তখন॥
শুনিয়া বলিল পুত্র পিতার চরণে।
পাতকের ভাগ লব কিসের কারণে?
আমি উপযুক্ত যবে হইব সংসারে।
শিরে মোট বহি আনি পালিব তোমারে॥
এখন আমার কর ভরণ-পোষণ।
আমি পরে তোমাদের করিব পালন॥
এইমত জিজ্ঞাসা করিল বারে বার।
পাপভাগ লৈতে কেহ না করে স্বীকার॥
দস্যু বলে, তবে আমি পাপ কেন করি?
অধর্ম করিয়া কেন লোকজন মারি?
মনে মনে দস্যু বড় হইল নিরাশ।
উর্দ্ধশ্বাসে ধেয়ে গেল তপস্বীর পাশ॥
আস্তে-ব্যস্তে খসাইল মুনির বন্ধন।
প্রণাম করিয়া বলে বিনয়-বচন॥
জিজ্ঞাসিয়া ঘরে জানিলাম সমাচার।
আমার পাপের ভাগী কেহ নহে আর॥
কি করিব কোথা যাব কি হবে উপায়?
মুনি বলে, তবে কেন বধিবে আমায়?
তোমার পাপের ভাগী কেহ না হইল।
যত পাপ করিলে সে তোমারি থাকিল॥
চুরাশী নরক-কুণ্ড আছে যমপুরে।
রৌরব নরক আদি সব তব তরে॥
গলায় কাপড় দিয়া হাত যোড় ক'রে।
মুনির সম্মুখে দস্যু কহিল কাতরে;—
কৃপা কর কৃপাময়! ধরি হে চরণ।
কি হবে আমার গতি বল বিবরণ॥
আর আমি দস্যুকর্ম কভু না করিব।
হইয়া তোমার দাস সঙ্গেতে ফিরিব॥
তাহারে কহেন দয়াশীল মহামুনি;—
সরোবরে স্নান ক'রে আইস এখনি॥
তোমার নিমিত্ত এক করিব উপায়।
তাহাতে হইবে মুক্তি পাপ দূরে যায়॥

আস্তে-ব্যস্তে গেল ব্যাধ সরোবর-তীরে।
পাপী দেখি উড়িল সলিল সরোবরে॥
স্নান করিবারে জল যদি না পাইল।
আরবার দস্যু সে মুনির কাছে গেল॥
যোড়হাত করিয়া বলিল হে গোঁসাই!
করিতে গেলাম স্নান জল নাহি পাই॥
আমাকে আসিতে দেখি যত ছিল জল।
শুকাইল সরোবর যথা শুষ্ক স্থল॥
শুনিয়া নারদ মুনি করিয়া আশ্বাস।
কমণ্ডলু-জল ছিল আপনার পাশ॥
দয়া করি সেই জল দিলেন তাহায়।
সেই জল দস্যু দিল আপন মাথায়॥
ব্রহ্মপুত্র নারদের দয়া উপজিল।
অষ্টাক্ষর মহামন্ত্র তার কর্ণে দিল॥
ব্রহ্মপুত্র আপনি সে করিল আদেশ।
রামনামে মন তুমি করহ নিবেশ।
পরম পাতকী সে বিধাতা তারে বাম।
রামনাম বলিতে বদনে আসে আম॥
ভাবিলেন মহামুনি কি হবে উপায়।
রামনাম বদনে নাহি যে বাহিরায়॥
সেই বনে মরা এক তাল গাছ ছিল।
হেরিয়া মুনির মনে দয়া উপজিল॥
বুদ্ধিমান্ মহামুনি জিজ্ঞাসেন তায়।
বল দেখি কোন বৃক্ষ ঐ দেখা যায়?
শুনিয়া কহিল দস্যু যোড় করি কর।
মরা তালগাছ এক দেখি মুনিবর!
শুনিয়া কহেন তারে নারদ প্রবীণ।
মরা মরা মন্ত্র জপ কর রাত্রিদিন॥
প্রণাম করিয়া দস্যু মুনির চরণে।
মরা মন্ত্র জপিতে লাগিল নিশিদিনে॥
মরা মন্ত্র বিনা তার মুখে নাহি আর।
দূরে গেল দস্যুবৃত্তি সদা সদাচার॥
নারদ বলেন, মন্ত্র করহ স্মরণ।
এক বর্ষ পরে পুনঃ আসিব দুজন॥
ইহা বলি বিদায় হইল দুই জনে।
মরা-মন্ত্র জপ করে দস্যু একমনে॥
অরণ্যে নিবাস করে মরা মন্ত্র জপি।
সর্বাঙ্গ ঘেরিল তার বল্মীকের ঢিপি॥
আসিয়া দেখেন মুনি বৎসরের পরে।
এইখানে ছিল দস্যু গেল কোথাকারে॥
ধ্যান করি দেখেন নারদ তপোধন।
বল্মীকের মধ্যে আছে তথা সে ব্রাহ্মণ॥
দেবরাজে আদেশ করেন তপোধন।
বাসব করিল পরে বৃষ্টি বরিষণ॥
মাটী হইতে বাহির হৈল সেইক্ষণে।
একচিত্তে মরা মন্ত্র জপে মনে মনে॥
আশীর্ব্বাদ করিলেন তুষ্ট তপোধন।
মুনিরে প্রণাম করে সে দস্যু ব্রাহ্মণ॥
দিব্যকান্তি হইয়া মুনিরে করে স্তুতি।
তোমার প্রসাদে পাইলাম অব্যাহতি॥
কহিলেন তারে বাক্য মুনি গুণধাম।
উলটিয়া আরবার বল রামনাম॥
কাতর হইয়া কহে যোড়হাত বুকে।
রামনাম মহামন্ত্র নিঃসরিল মুখে॥
যত পাপ ছিল তার ভৌতিক শরীরে।
রামনাম স্মরণে সকল গেল দূরে॥
রামনাম স্মরণ করিল নিরন্তর।
তপস্যা করিল দশ হাজার বৎসর॥
মন দিয়া শুন এই অপূর্ব কাহিনী।
মরা মন্ত্র জপিয়া দস্যু হইল মুনি॥

নারদের উপদেশ পাইয়া সে জন।
প্রকাশ করিল সপ্তকাণ্ড রামায়ণ॥
শ্রীরামের আগে ষাটি সহস্র বৎসর।
অনাগত বাল্মীকি রচিল কবিবর॥
বাল্মীকি বন্দিয়া কৃত্তিবাস বিচক্ষণ।
লোকত্রাণ হেতু রচিলেন রামায়ণ॥

সপ্তকাণ্ড রামায়ণের মর্ম্ম।

সাতকাণ্ড রামায়ণ হনূমান্ কয়।
সম্পাতি পক্ষীর পাখা হইল উদয়॥
আদ্যকাণ্ডে রাম-জন্ম হৈল শুভক্ষণে।
পরম উল্লাস হৈল অযোধ্যাভুবনে॥
শ্রীরাম-লক্ষ্মণ আর ভরত শত্রুঘ্ন।
চারি পুত্র পাইয়া ভূপতি হৃষ্টমন॥
বিশ্বামিত্র আসিলেন অযোধ্যানগরে।
মিথিলায় বিবাহ দিলেন শ্রীরামেরে॥
চারি নন্দনের দিয়া বিবাহ কৌতুকে।
রাজত্ব করেন রাজা অযোধ্যায় সুখে॥
রামেরে করিতে রাজা নৃপের বাসনা।
কুটিলা কৈকেয়ী তাহে করে কুমন্ত্রণা॥
পিতৃসত্য পালিতে গেলেন রাম বন।
সঙ্গে চলিলেন তাঁর জানকী-লক্ষ্মণ॥
আদ্যকাণ্ডে রাম-জন্ম বিবাহ নির্দ্ধার্য্য।
অযোধ্যায় বনবাস ভরতের রাজ্য॥
অরণ্যকাণ্ডেতে সীতা হরে দুরাশয়।
কিষ্কিন্ধ্যায় বালি-বধ কটক সঞ্চয়॥
সুন্দরাকাণ্ডেতে সেতুবন্ধ চমৎকার।
লঙ্কাকাণ্ডে রাবণের সবংশে সংহার॥
কথা সাতকাণ্ডের উত্তরকাণ্ডে পড়ে।
গাইলে শেষকাণ্ড রামায়ণ নিয়ড়ে॥
কথা সাতকাণ্ডের কহিল হনূমান্।
সম্পাতি পক্ষীর পাখা হইল প্রমাণ॥

সীতার উদ্দেশকথন এবং সাগরপারের মন্ত্রণা।

সম্পাতি বলেন, শুন যত বীরগণ।
সীতারে লইয়া গেল পাপিষ্ঠ রাবণ॥
যখন দক্ষিণদিকে মাথা তুলে থাকি।
অশোকের বনে দেখি সীতা চন্দ্রমুখী॥
নানাবর্ণ রাক্ষসী সীতারে করে রক্ষা।
শত যোজনের পথ সাগর পরিখা॥
এক লাফে পার হও সকল বানর।
সীতাদেবী দেখিয়া সকলে যাও ঘর॥
মহাবল ধর সবে কি কর ভাবনা?
হইয়া সাগর পার পুরাও কামনা॥
তার বাক্যে বানর দক্ষিণমুখে চায়।
দশ যোজন বিনা দেখিতে নাহি পায়॥
একদৃষ্টে কপিগণ চাহে ঊর্দ্ধশ্বাসে।
দেখিতে না পায় কিছু পক্ষিরাজ হাসে॥
উঠি বলে জাম্বুবান বুদ্ধি বৃহস্পতি।
আমার বচন শুন বিহঙ্গ সম্পাতি॥
শতেক যোজন পথ সাগর পাথার।
বানর হইয়া হব কি প্রকারে পার?
অনেক কালের পক্ষী অনেক বয়েস।
সাগর তরিতে তুমি কহ উপদেশ॥
সম্পাতি বলেন, শুন সবে সাবধানে।
অপূর্ব প্রস্তাব এক পড়িল যে মনে॥
সুপার্শ্ব আমার পুত্র হিমালয়ে থাকে।
নিত্য নিত্য সে আইসে দেখিতে আমাকে॥
হিমালয় পর্বতে আমার পরিবার।
তথা হৈতে পুত্র মম যোগায় আহার॥

নিত্য আনে আহার সে প্রভাত-সময় ।
এক দিন আনিতে বিলম্ব অতিশয় ॥
ক্ষুধায় বিকল আমি দহে কলেবর ।
কোপে সুপার্শ্বেরে ভর্ৎসিলাম বহুতর ॥
ধার্ম্মিক আমার পুত্র ধর্ম্মে বড় রত ।
করিলেক আমারে বৃত্তান্ত অবগত ॥
আহার লইয়া পিতা প্রভাতে আসিতে ।
দেখিলাম এক নারী রাবণের রথে ॥
কৃষ্ণবর্ণ রাবণ সে গৌরবর্ণা নারী ।
মেঘের উপরে যেন বিদ্যুৎ সঞ্চারী ॥
শ্রীরাম-লক্ষ্মণ বলি কাঁদিছে বিস্তর ।
দুই পাখে আগুলিনু দুইটি প্রহর ॥
রাখিতাম রথ সহ তাহারে উদরে ।
কেবল পাইল রক্ষা স্ত্রীবধের ডরে ॥
সুপার্শ্বের কথা শুনি পারি বুঝিবারে ।
রাবণ সে লয়ে যায় রামের সীতারে ॥
এখনি আসিবে পুত্র মহাবল তার ।
পৃষ্ঠে করি সবাকারে সে করিবে পার ॥
তিন ভাগ সাগর সে ঢাকে দুই পাখে ।
এক ভাগ মাত্র তার লঙ্ঘিবারে থাকে ॥
এক ভাগ লঙ্ঘিতে না হবে কোন শ্রম ।
স্থির হও কপিগণ ! নাহি ব্যতিক্রম ॥
এইরূপ হইতেছে কথোপকথন ।
মহাকায় সুপার্শ্ব আসিল ততক্ষণ ॥
দুই ঠোঁট মেলিয়া সে গিলিবারে যায় ।
সম্পাতির পাশে গিয়া কটক লুকায় ॥
সম্পাতি বলেন, বাছা না কর সংহার ।
পৃষ্ঠে করি সবারে সাগর কর পার ॥
সুপার্শ্ব বলেন মান্য পিতার বচন ।
আমার পৃষ্ঠেতে চড় যত কপিগণ ॥
অঙ্গদ বলেন, শুন বীর ! উপদেশ ।
সাগর তরিয়া করি সীতার উদ্দেশ ॥
দেবতার পুত্র মোরা দেব অবতার ।
হে পক্ষি ! তোমারে কেন দিব মোরা ভার ?
সম্পাতি বলিল, আমি রামকার্য্য করি ।
রামায়ণ-প্রসাদে নূতন পক্ষ ধরি ॥
হইল উভয় পক্ষ দেখিতে সুন্দর ।
রামজয় বলি ডাকে সকল বানর ॥
দেখিয়া বানরগণে লাগে চমৎকার ।
রামজয় স্মরণে সাগর হব পার ॥
কপি সম্ভাষিয়া পক্ষী উড়িল আকাশে ।
দুই পক্ষ সারি যায় আপনার দেশে ॥
পুত্র সহ পক্ষিরাজ গেলেন উত্তর ।
অঙ্গদ কটক সহ দক্ষিণ সাগর ॥
কৃত্তিবাস রচে কবি অমৃতের ভাণ্ড ।
সমাপ্ত হইল এই কিষ্কিন্ধ্যার কাণ্ড ॥

কিষ্কিন্ধ্যাকাণ্ড সমাপ্ত ।

কৃত্তিবাসী সপ্তকাণ্ড রামায়ণ

সুন্দরকাণ্ড

বানরগণের সাগরপার মন্ত্রণা।

পিতা-পুত্রে পক্ষিরাজ গেলেন উত্তর।
অঙ্গদ কটক সহ দক্ষিণ সাগর ॥
তর্জন-গর্জন করে ছাড়ে সিংহনাদ।
সাগরের ঢেউ দেখি গণিলা প্রমাদ ॥
তমোময় দেখা যায় গগনমণ্ডল।
হিল্লোল কল্লোল করে সমুদ্রের জল ॥
সিন্ধুজলে জলজন্তু কলরব করে।
জলেতে না নামে কেহ মকরের ডরে ॥
এক এক জলজন্তু পর্বতপ্রমাণ।
জগৎ করিবে গ্রাস হয় অনুমান ॥
সাগর দেখিয়া সবে পাইল তরাস।
সবাকারে করিতেছে অঙ্গদ আশ্বাস ॥
বিষাদে বিক্রম টুটে বিষাদেতে মরি।
বিষাদ ঘুচালে ভাই! সর্বত্রেতে তরি ॥
সুখে নিদ্রা যাও আজি সমুদ্রের কূলে।
সাগর তরিব কালি অতি প্রাতঃকালে ॥
সাগরের কূলে চাপি রহিল বানর।
পাতা-লতা দ্বারা তারা সাজাইল ঘর ॥
সাগরের কূলে তারা বঞ্চে সুখে রাতি।
প্রভাতে একত্র হৈল সর্ব সেনাপতি ॥
যোড়হাতে দাঁড়াইল অঙ্গদের আগে।
অঙ্গদ কহিছে বার্ত্তা শুন বীরভাগে ;—
দৈবযোগে লঙ্ঘিলাম রাজার শাসন।
কোন্ বীর ঘুচাইবে এ ঘোর বন্ধন?
ব্রহ্মার হাতের সুধা ছলে কোন্ জনে?
ইন্দ্রের হাতের বজ্র কোন্ জন আনে?
প্রখর সূর্য্যের রশ্মি কোন্ জন হরে?
চন্দ্রের শীতল রশ্মি কে আনিতে পারে?
এই কর্ম করিতে পারিবে যে সুকৃতি।
দেখাইয়া বিক্রম সে রাখিবেক খ্যাতি ॥
আনিবে সীতার বার্ত্তা সবে হই সুখী।
তাহার প্রসাদে গিয়া পত্নী পুত্র দেখি ॥
এত যদি বলিলেন কুমার অঙ্গদ।
নীরব হইয়া সবে গণিল আপদ ॥
ছিল যত সৈন্য সঙ্গে সামন্ত প্রচুর।
বার বার জিজ্ঞাসেন আপনি ঠাকুর ॥
রাজপুত্র অঙ্গদ জিজ্ঞাসে বারে বার।
উত্তর না দাও কেন এ কি ব্যবহার?
সাগর নেহারে সবে অঙ্গদের বোলে।
মহা ঢেউ উঠে পড়ে আকাশ-পাতালে ॥
অঙ্গদ বলেন, কেন করিছ বিষাদ?
কোন্ বীর লবে এস রাজার প্রসাদ?
কোন্ বীর সুগ্রীবে করিবে সত্যে পার?
কোন্ বীর করিবে রামের উপকার?
কোন্ বীর করিবে জ্ঞাতির অব্যাহতি?
সীতা অন্বেষিয়া আজি রাখিবে সুখ্যাতি?

অঙ্গদের বচন লঙ্ঘিতে কেহ নারে।
আপন বিক্রম সবে কহে ধীরে ধীরে ॥
গয় নামে সেনাপতি যমের নন্দন।
সেই বলে উল্লঙ্ঘিব এ দশ যোজন ॥
গবাক্ষ বানর বলে তার সহোদর।
পারি কুড়ি যোজন লঙ্ঘিতে এ সাগর ॥
শরভ নামেতে বলে মুখ্য সেনাপতি।
চল্লিশ যোজন লঙ্ঘি আমি নদীপতি ॥
তার সহোদর বলে সে গন্ধমাদন।
আমি লঙ্ঘিবারে পারি পঞ্চাশ যোজন ॥
মহেন্দ্র বানর বলে সুষেণ-কোঙর।
লঙ্ঘিবারে পারি ষাটি যোজন সাগর ॥
দেবেন্দ্র তাহার ভাই বলে এই সার।
সত্তর যোজন লঙ্ঘি আমি পারাবার ॥
পুত্র বিশ্বকর্মার বলিছে মহাবীর।
অশীতি যোজন লঙ্ঘি সাগর গভীর ॥
অগ্নিপুত্র কপি বলে বীর-অবতার।
নবতি যোজন লঙ্‌ঘি সাগর পাথার ॥
তারক বানর বলে রাজার ভাণ্ডারী।
দ্বিনবতি যোজন যে লঙ্‌ঘিবারে পারি ॥
ব্রহ্মপুত্র ভল্লুক করিয়া অনুমান।
হাসিয়া উত্তর করে মন্ত্রী জাম্বুবান ॥
যৌবনকালের বল থাকে না বার্দ্ধকে।
যৌবনকালের কথা শুনহ কৌতুকে ॥
বলিরে ছলিতে হরি হইল বামন।
তিন পায়ে যুড়িলেন এ তিন ভুবন ॥
পৃথিবীতে যত বীর আছিল প্রবীণ।
তারা সবে তাঁর পায় করে প্রদক্ষিণ ॥
জটায়ু পক্ষীর সঙ্গে উড়িয়া অপার।
বিষ্ণুপদ প্রদক্ষিণ করি তিনবার ॥
পূর্ব্বে যেই শক্তি ছিল টুটিল এখন।
তথাপি লঙ্‌ঘিব পঞ্চনবতি যোজন ॥
লঙ্‌ঘিলে যোজন শত সিদ্ধ হয় কাজ।
লাগিয়া যোজন পাঁচ ভাবি আমি লাজ ॥
এত যদি বলিলেন মন্ত্রী জাম্বুবান।
অভিমানে জ্বলে মহাবীর হনুমান্ ॥
কহেন অঙ্গদ বীর অঙ্গ কোপে জ্বলে।
সাগর তরিতে পারি আপনার বলে ॥
এক লাফে পড়ি গিয়া স্বর্ণপুরী লঙ্কা।
আসিবারে নাহি পারি তাহা করি শঙ্কা ॥
ভোগে রাখিলেন পিতা না দিলেন শ্রম।
তেকারণে নাহি জানি আপন বিক্রম ॥
সাগর তরিতে কেবা আছে সেনাপতি।
দেখাইয়া বিক্রম রাখহ নিজ খ্যাতি ॥
অঙ্গদের কথা শুনি জাম্বুবান হাসে।
বীর তুমি হেন কথা কহ কি আভাসে?
বালির বিক্রম বাপু, ত্রিভুবনে জানে।
তাহার হইতে তব বিক্রম বাখানে ॥
একবার কোন্ কথা তুমি শতবার।
আসিতে যাইতে পার সাগরের পার ॥
রাজা হয়ে কেন হে করিবে এত শ্রম।
তুমি গেলে কটকের না রবে জীবন ॥
তুমি কটকের মূল মোরা সব ডাল।
সে মূল থাকিলে ফল পাবে সর্বকাল ॥
ঝড়ে বৃক্ষ ভাঙ্গিলে পল্লব নাহি রয়।
যদি মূল থাকে পত্র পুনরায় হয় ॥
কার উপকার না করিল তব বাপ?
কোন্ বীর লঙ্‌ঘিবেক তোমার প্রতাপ?
সকল বানর তব ঘরের সেবক।
সকলে হইবে তব কার্য্যের সাধক ॥

বসি আজ্ঞা কর তুমি বানরের রাজ।
সেবক হইতে তব সিদ্ধ হবে কাজ ॥
অঙ্গদ বলেন ধীরে কি করি ইহার।
সাগর লঙ্ঘিতে কেহ না করে স্বীকার ॥
সাগর তরিতে পারি আসিতে সংশয়।
বিলম্ব হইলে করি সুগ্রীবের ভয় ॥
সংশয় জীবন মম নিশ্চয় মরণ।
সাগর লঙ্ঘিব আমি দেখ বীরগণ !
সকল বানর কহে করি যোড়হাত।
তুমি কেন লঙ্ঘিবে হে বানরের নাথ !
রাজপুত্র রাজা তুমি বাসবের নাতি।
নিজে মহামতি তুমি বুদ্ধি-বৃহস্পতি ॥
ভুলিয়াছি বালিকে হে তোমা দরশনে।
একতিল নাহি বাঁচি তোমার বিহনে ॥
জাম্বুবান বলে, ছাড় জঞ্জাল বচন।
যে সাগর লঙ্ঘিবে তা করহ শ্রবণ ॥
অভিমানে মৌনভাবে বীর হনূমান্।
কটকের মধ্যে আছে নকুল-প্রমাণ ॥
কটকেতে হনূমানে কেহ নাহি দেখে।
জাম্বুবান কহিতেছে দেখিয়া তাহাকে ॥
কার মুখ চাহ তুমি বীর হনূমান্।
আমার বচন বাছা ! কর অবধান ॥
হনূমানে জাম্বুবানে উভয়ে সম্ভাষে।
সুন্দরকাণ্ডেতে গীত গায় কৃত্তিবাসে ॥

আত্মজন্মবৃত্তান্ত শ্রবণে সাগর-লঙ্ঘনে
হনূমানের উৎসাহ।

জাম্বুবান্ বলে বাছা ! তুমি মহাবল।
রামকার্য্য কর বাছা ! কেন কর ছল ?
অঙ্গদ বলেন, ভাল মন্ত্রী জাম্বুবান্ !
কোন গুণ নাহি ধরে বীর হনূমান্ ?
জাম্বুবান-বাক্যে আর অঙ্গদের বোলে।
কেহ হাত ধরে তার কেহ করে কোলে ॥
জাম্বুবান বলে বীর ! কর অবধান।
শুন হনূমানের যে জন্মের বিধান ॥
কুঞ্জরতনয়া নামে ছিল বিদ্যাধরী।
শাপে বিশ্বামিত্রের সে হইল বানরী ॥
সেই বানরীর এক হইল কুমারী।
বিবাহ করিল তারে বানর কেশরী ॥
মলয় পর্বতোপরে কেশরীর ঘর।
অঞ্জনা লইয়া কেলি করে নিরন্তর ॥
চৈত্রমাস প্রবেশিতে বসন্ত-সময়।
হেনকালে বায়ু গেল পর্বত-মলয় ॥
একেতে বসন্ত তাহে মলয়-পবন।
কামেতে চঞ্চলা অতি অঞ্জনার মন ॥
অঞ্জনার রূপে বায়ু মোহিত-হৃদয়।
লঙ্ঘিতে না পারে ঘরে কেশরী দুর্জ্জয় ॥
অঞ্জনা গেলেন ভাবি নিজ অনুকূল।
ঋতুস্নান করিবারে নর্ম্মদার কূল ॥
সন্ধান পাইয়া গিয়া দেবতা পবন।
বলে ধরি অঞ্জনারে করেন রমণ ॥
অঞ্জনা বলেন যে করিলে জাতি নাশ।
দেবতা হইয়া তব বানরী-বিলাস ?
দেবতা হইয়া তুমি করিলে কি কর্ম্ম।
কি হেতু করিলে নষ্ট পতিব্রতা-ধর্ম্ম ॥
পবন বলেন, কিছু না বল অঞ্জনা !
দেখিয়া তোমার রূপ পাসরি আপনা ॥
কোপ সংবরিয়া হে অঞ্জনা ! যাও ঘরে।
মহাবীর হবে এক তোমার উদরে ॥

আমার বীর্য্যেতে যেই হইবে কুমার।
আমার অধিক গতি হইবে তাহার॥
এত বলি পবন গেলেন নিজ স্থান।
অষ্টাদশ মাসে জন্মিলেন হনূমান্॥
অমাবস্যা তিথিতে জন্মেন হনূমান্।
সে দিনের কথা কহি কর অবধান॥
জন্মিয়া মায়ের কোলে করে স্তনপান।
প্রত্যুষে উদিত রক্তবর্ণ ভানুমান॥
রাঙ্গা ফল জ্ঞান ধরি ধরিতে তাঁহাকে।
সেখান হইতে লাফ দিলেন কৌতুকে॥
পর্ব্বত হইতে লক্ষ যোজন ভাস্কর।
এক লাফে উঠিলেন সে অতি দুষ্কর॥
দিবাকরে ধরিবারে যান হনূমান।
দৈবায়ত্ত তথা রাহু হয় অধিষ্ঠান॥
সূর্য্যকে করিতে গ্রাস রাহু উপস্থিত।
দেখি হনূমানেরে আপনি সশঙ্কিত॥
ভাবিয়া চিন্তিয়া রাহু পলায় তরাসে।
নিবেদন করে গিয়া বাসবের পাশে॥
শুন সুরপতি! কহি এক সমাচার।
সূর্য্যকে গিলিতে যে আসিল রাহু আর॥
শুনিয়া রাহুর কথা বাসব বিরস।
সূর্য্যকে গিলিতে অন্য কাহার সাহস?
ঐরাবতে চড়িয়া আসিল পুরন্দর।
হনূমানে দেখে গিয়া সূর্য্যের গোচর॥
ভাবিতে লাগিল ইন্দ্র পাইয়া তরাস।
সূর্য্যকে ছাড়িয়া পাছে মোরে করে গ্রাস॥
সিন্দুরে শোভিত ঐরাবতের বদন।
দেখিয়া কৌতুকী অতি পবন-নন্দন॥
সূর্য্যকে ছাড়িয়া পাছে ধরে ঐরাবতে।
ত্রাসযুক্ত দেবরাজ বজ্র নিল হাতে॥

কুপিত হইলে লোক আপনা পাসরে।
বিনা অপরাধে ইন্দ্র বজ্র মারে শিরে॥
অচেতন হনূমান্ হইলেন তাতে।
পড়িলেন তখনি সে মলয়-পর্ব্বতে॥
ভগ্ন-হনু হয়ে পড়ে মলয় শিখরে।
হনূমান্ নাম তেঁই বাপ-মায়ে ধরে॥
যৌবনকালেতে আমি ছিলাম প্রবীণ।
তিনবার করিলাম হরি প্রদক্ষিণ॥
বৃদ্ধকালে বলহীন নিকট মরণ।
আপনারে নাহি পারি করিতে পালন॥
যাহার বিক্রমে লোক করেন ভরসা।
তাহার জীবন ধন্য বিক্রম প্রশংসা॥
জানিয়া সীতার বার্ত্তা এস হনূমান্।
চিন্তিত বানরে সব কর পরিত্রাণ॥
নানাবিধ বানর বসতি নানা দেশে।
তোমার বিক্রম যেন দেশে গিয়া ঘোষে॥
পৌরুষ প্রকাশ কর সাগর লঙ্ঘিয়া।
শ্রীরামেরে তুষ্ট কর সীতা উদ্ধারিয়া॥
হনূমান্ কহিলেন, করহ বিচার।
আমার জন্মের কথা কহি আরবার॥
প্রভাস নামেতে তীর্থ খ্যাত মহীতলে।
মুনিগণ স্নান করে সেই নদীজলে॥
ধবলা নামেতে হস্তী দীরঘ দশন।
দন্তাঘাতে চিরিয়া মারিত মুনিগণ॥
ভরদ্বাজ মহাঋষি ঋষির প্রধান।
দন্ত সারি যায় হস্তী নিতে তাঁর প্রাণ॥
ব্যাকুল হইয়া মুনি পলায় দৌড়িয়া।
রুষিয়া গেলেন পিতা বিপদ দেখিয়া॥
দয়ালু আমার পিতা অতি ভয়ঙ্কর।
এক লাফে পড়িলেন হস্তীর উপর॥

দুই চক্ষু উপাড়েন নখের আঁচড়ে।
দুই হাতে টানে দুই দশন উপাড়ে ॥
দন্ত উপাড়িয়া তার পেটে দেয় দন্ত।
দন্তাঘাতে মাতঙ্গের করিলেন অন্ত ॥
পরেতে গেলেন পিতা মুনির সমাজ।
মুনি বলে, বর মাগ শুন কপিরাজ !
কেশরী বলেন যদি বর দিতে হয়।
তবে পাই যেন এক উত্তম তনয় ॥
মুনিরাজ বলে, তুমি চাহিলে যে বর।
ত্রৈলোক্যবিজয়ী হবে তোমার কোঙর ॥
বর পেয়ে মুনিরাজে করি নমস্কার।
মলয়পর্ব্বতে গেল যথা পরিবার ॥
অঞ্জনা আমার মাতা অতি রূপবতী।
ঋতুস্নান হেতু গেল নর্মদার প্রতি ॥
সন্ধান পাইয়া তথা দেবতা পবন।
ঝড়ে বস্ত্র উড়াইয়া দিল আলিঙ্গন ॥
এই সে কারণে আমি পবননন্দন।
সভার ভিতরে লজ্জা দিস্ কি কারণ ?
তুমি সে কাহার পুত্র মন্ত্রী জাম্বুবান্।
সকলের সব বার্ত্তা জানে হনূমান্ ॥
যত যত আসিয়াছে বীর সেনাপতি।
কেবা না জানহ কহ কার মাতা সতী ?
রামকার্য্য করিতে না করি বিসংবাদ।
বিসংবাদ করিলে হইবে কার্য্যবাদ ॥
বানর-কটকে করি অভয় প্রদান।
অঙ্গদ বীরের আজি বাড়াইব মান ॥
সাগর যোজন শত দেখি খালি জুলি।
শতবার পার হই আমি মহাবলী ॥
উড়িয়া পড়িব গিয়া স্বর্ণলঙ্কাপুরী।
শত্রু মারি উদ্ধারিব রামের সুন্দরী ॥
তোমা সবাকারে না ডাকিব যুদ্ধ আশে।
একাকী আনিব সীতা শ্রীরামের পাশে ॥
পরম হরিষে থাক কোন চিন্তা নাই।
সকলেতে কি কার্য্য একাকী আমি যাই ॥
সবে বলে, যত বল কিছু নহে আন।
ত্রিভুবনে বীর নাহি তোমার সমান ॥
সুগন্ধি পুষ্পের মাল্য গন্ধ মনোহর।
হনূমান্-গলে দিল সকল বানর ॥
বড় বড় বানরের দেখিয়া কাকুতি।
সাগর তরিতে হনূমান্ করে গতি ॥
কৃত্তিবাস পণ্ডিতের কবিত্ব বিচক্ষণ।
গাহিল সুন্দরকাণ্ড গীত রামায়ণ ॥

হনূমানের সাগর লঙ্ঘনোদ্যোগ

অনন্তর বায়ুপুত্র প্রসন্ন-হৃদয়।
উঠি দাঁড়াইল বলি জয় রাম জয় ॥
যুবরাজ অঙ্গদেরে করি আলিঙ্গন।
বন্দনীয় সর্ব্বজনে করিল বন্দন ॥
আর আর কপিগণে আলিঙ্গন দিয়ে।
কহিছেন সকলেরে উল্লাসিত হয়ে ;—
আমি যবে লম্ফ দিব সাগর লঙ্ঘিতে।
না পারিবে মোর ভার ধরণী সহিতে ॥
অতএব চড় সবে মহেন্দ্র ভূধরে।
লম্ফ দিব থাকি ওই গিরির উপরে ॥
এত শুনি অগ্রে করি পবনকুমারে।
উঠিলেন কপিগণ সেই ধরাধরে ॥
মহেন্দ্র-উপরি শোভে মরুতনন্দন।
যেন অন্য গিরি কৈল আসি আরোহণ ॥
হেনকালে যাবতীয় অমর কিন্নর।
দেখিবারে এল সবে অম্বর-উপর ॥

বিদ্যাধর অপ্সর গন্ধর্ব্ব নাগগণ।
যক্ষ দূত সিদ্ধ সাধ্য মুনি তপোধন॥
উল্লাসিত যাবতীয় শাখামৃগকুল।
গাঁথিলেন এক মালা তুলি নানা ফুল॥
সেই মালা যুবরাজ লয়ে নিজ করে।
সমর্পিল পবনতনয়-কণ্ঠোপরে॥
শোভিল শ্রীহনূমান্ সেই মালা পরি।
যেন মণিমালা গলে ঐরাবত করী॥
তবে সব কপি-স্থানে অনুমতি লয়ে।
বসিলেন হনূমান্ পূর্ব্বমুখ হয়ে॥
ভক্তিযুক্ত মনে কৈল দণ্ডবৎ নতি।
গণেশাদি পঞ্চ দেব দিক্‌পাল প্রতি॥
বিশেষতঃ প্রণমিল পরম পিতারে।
কেশরী-অঞ্জনা শ্রীসুগ্রীব কপিবরে॥
লক্ষ্মণ-জানকী-পদ করিয়া বন্দন।
আরম্ভিল রামচন্দ্রে করিতে চিন্তন॥
চিন্তামাত্র হৃদয়ে প্রকাশ রঘুবর।
দেখিয়া মারুতি মনে করেন সাদর॥
জয় জয় রামচন্দ্র রঘুকুলপতি।
কৃপামৃত-পারাবার অগতির গতি॥
তুমি যদি চাহ প্রভু! হইয়া সদয়।
তবে পিপীলিকা মেরু উচ্চে উত্তোলয়॥
পরমাণু দেখিতে সমর্থ অন্ধজন।
পঙ্গু পারে পারাবার করিতে লঙ্ঘন॥
এই ভরসায় আমি হেন গূঢ়কাজ।
করিবারে সাহস করেছি রঘুরাজ!
যদি সিদ্ধ নাহি কর তুমি সেই কামে।
দোষ হবে তব প্রভু! কল্পতরু নামে॥
অতএব তব পদে করি নিবেদন।
কর মোর প্রতি কৃপা-কটাক্ষ অর্পণ॥

এত নিবেদন কৈল যবে হনূমান্।
কটাক্ষেতে অনুমতি দিল ভগবান্॥
তবে প্রভু অন্তরেই কৈল অন্তর্দ্ধান।
প্রভু নাহি দেখি বীর ত্যজিলেন ধ্যান॥
প্রভু অনুগ্রহ পেয়ে আনন্দিত-মন।
কহিছেন কপিগণে পবননন্দন:—
আর নাহি করি আমি কোনই চিন্তন।
হইয়াছি রাম-কৃপাকটাক্ষ-ভাজন॥
এবে দেখি সমুদ্রেরে গোষ্পদ যেমন।
শত শতবার লঙ্ঘিবারে করি মন॥
ভুজে করি ফেলাইয়া সাগরের বারি।
ইচ্ছা হ'লে ব্রহ্মাণ্ডেরে ডুবাইতে পারি॥
মারুতির বাণী শুনি সুখী কপিগণ।
শিখী যেন শুনি ধারাধরের গর্জ্জন॥
তবে পুনঃ মারুতি অঙ্গদে আলিঙ্গিয়া।
বৃদ্ধ কপি জাম্বুবান-চরণ বন্দিয়া॥
দাঁড়ায় দক্ষিণমুখে লঙ্ঘিতে সাগর।
শ্রীরামচন্দ্রের পদে রাখিয়া অন্তর॥

হনূমানের লঙ্কাযাত্রা ও মালঝাঁপ।

সব-সিন্ধু গুণপাত্র বায়ুপুত্র লঙ্ঘিবারে।
তবে করি লীলা বাড়াইলা আপন কায়ারে॥
তবে অসাধ্বস হ'ল দশ যোজন বিস্তার।
আর মহাবল সুদীঘল দ্বিগুণ তাহার॥
করি দরশন তারে মন করে হেন জ্ঞান।
যেন সেই গিরি শিরোপরি আন গিরিমান॥
তাহে হুনয়ন বিরোচন সব প্রকাশয়।
কিবা নাসারব শুনি সব নির্ঘাত মানয়॥
দিব্য রোমগুচ্ছ দীর্ঘপুচ্ছ শিরোপরি দোলে।
যেন মেরুগিরি শৃঙ্গোপরি নাগরাজ দোলে॥

সেই কপিবর-কলেবর-ভরে সে ভূধর।
নাহি সহিবারে বারে বারে করে থর থর॥
তাহে তরুগণ আন্দোলন করে ঘনে ঘন।
তাহে পুষ্প ঝরে বুঝি বীরে করয়ে বর্ষণ॥
আর কত বৃক্ষ লক্ষ লক্ষ উপড়ি পড়য়ে।
তাহে নানাপাখী ছাড়ি শাখী আকাশে উড়য়ে॥
তাহে কত শৃঙ্গ পাই ভঙ্গ ভূতলে পড়িলা
তায় কত দুষ্ট পশু নষ্ট কষ্টেতে হইলা॥
তায় পায় ভীতি কত হাতী কাতর হইয়া।
করে পলায়ন ছাড়ি বন চীৎকার করিয়া॥
আর কত করী প্রাণে মরি উচ্চ হ'তে পড়ে।
তাহে হয় হত পশু কত যে ছিল নিয়ড়ে॥
ইথে হ'ল এক পরতেক মহৎ আশ্চর্য্য।
কিবা করিস্থানে হ'ল প্রাণে শূন্য সিংহবর্য্য॥
কিবা জগৎপ্রাণ সুসন্তান কলেবরভরে।
নাহি সহিবারে সে শিখরে চড় চড় করে॥
তাহে পাই চাপ যত সাপ বিবরে আছিল।
তারা পাই ত্রাস মহাশ্বাস ছাড়িতে লাগিল॥
তবে মহাবীর হয়ে স্থির উচ্চ কর্ণ করি।
করি মহাদম্ভ দিলা লম্ফ শ্রীরাম ফুকরি॥
সেই মহারব লোক সব ক্ষণে আচ্ছাদিল।
যেন কল্পকালে কুতূহলে জলদ গর্জ্জিল॥
সেই শব্দ শুনি যত প্রাণী করে টলমল।
হ'ল অচেতন যত জন ভয়েতে বিকল॥
তাহে কপিগণ ঘন ঘন জয়ধ্বনি করে।
দুই শব্দে মিলি গেলা চলি দশ দিগন্তরে॥
সেই মহাবীর মারুতির গতিবেগ দেখি।
তার উপমান মরুত্বান্ পবনেরে লেখি॥
সেই বেগ বৃক্ষ লক্ষ লক্ষ না পারি সহিতে।
তারা বীররায় পাছে যায় ব্যোম উপরিতে॥
মনে এই লিখি তারা দেখি প্রবাসী তাহায়।
যেন বন্ধুজন দুঃখী মন অনুব্রজি যায়॥
আর কত হাতী শৃঙ্গ তথি উড়িয়া চলিল।
তারা কত দূরে গিয়া পরে জলেতে পড়িল॥
তবে বিনা লক্ষ্যে অন্তরীক্ষে মারুতি উঠিল।
করি নিরীক্ষণ সব জন স্তম্ভিত হইল॥
আহা কিবা শোভা মনলোভা আকাশ-উপরে।
যেন মেরুগিরি পক্ষ ধরি উড়য়ে অম্বরে॥
তাঁর বাহুদ্বয় প্রকাশয় সঘনে দোলয়।
যেন নাগরাজ গিরিরাজ-উপরি শোভয়॥
তার উর্দ্ধদেশে কিবা ভাবে পুচ্ছ উচ্চতর।
যেন ভাদ্রমাসে সুপ্রকাশে ইন্দ্রধ্বজবর॥
তার অঙ্গগণ সমীরণ হেন তেজে বয়।
যার শুনি রব লোক সব নির্ঘাত মানয়॥
সেই বেগবান্ মরুত্বান্ লাগয়ে যাহারে।
সেই কোনমতে স্বস্থানেতে স্থির হ'তে নারে॥
সেই সমীরণ-বেগে ঘন সব আকর্ষিত।
তার পাছে পাছে কাছে কাছে চলিত ত্বরিত॥
আর বহুতর ধরাধর সাগরে পড়িল।
কত ব্যোমচারী সিন্ধুবারি মাঝারে ডুবিল॥
আর সিন্ধুজল কলকল করে অতিশয়।
সেই উত্তরিল জল-স্থল অবধি কাঁপয়॥
তাহে সমকর জলচর যাবৎ আছিল।
তারা পাই ভয় অতিশয় দূরে পলাইল॥
তবে ক্রমে ক্রমে উঠে ব্যোমে পবননন্দন।
হ'লে প্রথমেতে তারা মাথে মুকুট তপন॥
পরে সে তরণি কণ্ঠমণি সমান শোভিল।
পরে দুই পদ কোকনদ ভূষণ হইল॥
হেন মহাবীর মারুতির শৌর্য্য নিরীক্ষণে।
পাই মহাতুষ্টি পুষ্পবৃষ্টি করে দেবগণে॥

তবে এইমতে আকাশেতে চলিল বানর।
কিবা প্রেমভরে চিন্তা করে রামে বীরবর॥

সুরসা সাপিনী কর্ত্তৃক হনুমানের পথ রুদ্ধকরণ।

এইমত মারুতির বিক্রম দেখিয়া।
সুরসাকে সুর সব কহেন ডাকিয়া॥
নাগমাতা তুমি ধর শক্তি বিলক্ষণ।
কর মোসবার এক সন্দেহভঞ্জন॥
যাইছেন এই বায়ুতনয় লঙ্কাতে।
রামচন্দ্র-প্রেয়সীর তত্ত্ব সে জানিতে॥
তুমিও তাহাতে করি বিঘ্ন আচরণ।
জানহ ইহার বল বুঝিবে কেমন॥
পারিবে নারিবে কিংবা এই কপিরাজ।
সেথা হ'তে ফিরিবাবে সাধি এই কাজ॥
ইহাই জানিতে হবে, ঘোর-কলেবরে।
যাও তুমি ক্ষণেক মারুতি-বরাবরে॥
এত শুনি সর্পমাতা সুরসা সাপিনী।
প্রস্থান করিলা হয়ে রাক্ষসীরূপিণী॥
মারুতির অগ্রে ভীম-মূরতি হইয়া।
কহিছেন নাগমাতা কপট করিয়া;—
ওরে কপি! যাও তুমি আর কোন্ স্থানে।
প্রবেশ করহ আসি আমার বদনে॥
হইয়াছি অতিশয় ক্ষুধায় পীড়িত।
এ সময়ে তোরে পেয়ে হইলাম প্রীত॥
বুঝিলাম কৃপা করি যত দেবগণ।
করি দিল মোর আগে তোরে আনয়ন॥
অতএব বিলম্ব না কর এক ক্ষণ।
শীঘ্র আসি কর মোর মুখে প্রবেশন॥
এত শুনি বায়ুপুত্র যুড়ি করদ্বয়।
কহিছেন তাঁর প্রতি করিয়া বিনয়॥
দশরথ পুত্র রাম দণ্ডক কাননে।
আসি বাস করেছিল পিতার বচনে॥
বিনা দোষে হরি আনিয়াছে তাঁর নারী।
দশানন এই লঙ্কাপুর-অধিকারী॥
যাইতেছি আমি তাঁর তত্ত্ব জানিবারে।
তাহে বিঘ্ন নাহি কর কোনই প্রকারে॥
সেই রামচন্দ্র হন সকলের হিত।
তাঁহার অহিত করা তব অনুচিত॥
যদি বল অবশ্যই খাইব তোমারে।
তব যোগ্য হয় কিছু গৌণ করিবারে॥
সীতা দেখি বার্ত্তা দিয়া শ্রীরঘুনন্দনে।
আসি প্রবেশিব আমি তোমার বদনে॥
কিছু নাহি কর তুমি ইহাতে সংশয়।
কহিতেছি আমি সত্য করিয়া নিশ্চয়॥
সুরসা কহেন, তাহা আমি নাহি মানি।
মোর আগে আসি ফিরে নাহি যায় প্রাণী॥
সুরসার বাণী শুনি পবননন্দন।
কোপ করি কহিছেন কঠোর বচন॥
কোন্ মুখে দুষ্টা তুই করিবি ভক্ষণ?
প্রকাশ করহ তাহা করি প্রবেশন॥
শুনিয়া সুরসা বিংশ যোজন বিস্তার।
প্রকাশ করিল নিজ মুখের আকার॥
তা দেখি মারুতি ত্রিংশ যোজন হইল।
চল্লিশ যোজন মুখ সুরসা করিল॥
পঞ্চাশ যোজন হৈল পবনসন্তান।
করিলা সুরসা ষষ্টি যোজন ব্যাদান॥
সপ্ততি যোজন হৈল পরে হনুমান্।
সেই মুখ কৈল আশী যোজন প্রমাণ॥
হনুমান্ হৈল তবে নবতি যোজন।
সুরসা করিল শত যোজন আনন॥

তাহা দেখি হনূমান্ চিন্তে অতিশয়।
এ কি এ ত সামান্য রাক্ষসী নাহি হয়॥
এত ভাবি ক্ষণকাল মানস মাঝারে।
জানিলেন মারুতি সুরসা বলি তারে॥
তবে নিজ হয়ে শত যোজন প্রমাণ।
তার মুখমধ্যে প্রবেশিলা হনূমান্॥
প্রবেশিবা মাত্র সে সুরসা ঠাকুরাণী।
ওষ্ঠ চাপি মুদিত করিল মুখখানি॥
তাহা দেখি হয়ে বীর অঙ্গুষ্ঠপ্রমাণ।
কর্ণরন্ধ্র দিয়া কৈল বাহিরে প্রয়াণ॥
বলিলেন কপিবর জানিনু তোমায়।
নাগমাতা নমস্কার করি তব পায়॥
তব বাক্যে প্রবেশিনু তোমার বদন।
অনুমতি দেও এবে করি গো গমন॥
তবে সে সুরসা ধরি আপন মূরতি।
কহিবারে আরম্ভিলা বায়ুপুত্র প্রতি॥
সুখে যাও হনূমান্ পরম কুশলী।
করুন তোমার শুভ অমরমণ্ডলী॥
তব বীর্য্য-পরাক্রম বুদ্ধি জানিবারে।
পাঠাইয়াছিলা সব অমরে আমারে॥
তাহা জানিলাম এবে করহ গমন।
রাম-সীতা উভয়েতে করাও মিলন॥
এত কহি নাগমাতা গেল নিজ স্থান।
পুনঃ পূর্ব্বরূপ ধরি যান হনূমান্॥

———

হনূমানের মৈনাক সহ সম্ভাষণ।

দেখি মারুতির হেন বীর্য্য-বুদ্ধি-বল।
প্রশংসা করেন তারে অমর সকল॥
হেনকালে নদীপতি সচিন্তিত মন।
করিছেন হৃদয়েতে এই বিচারণ॥
সগর নৃপতি হ'তে মোর উপাদান।
এ লাগি সাগর বলি ভুবনে আখ্যান॥
সেই ত সগরবংশে রামের জনম।
সে রাম-কার্য্যেতে যান পবননন্দন॥
এ লাগি ইহার হিত কর্ত্তব্য আমার।
অন্যথা হইলে নিন্দা লোকেতে অপার॥
লঙ্ঘিছেন হনূমান্ এই পারাবার।
হইতেছে বড় শ্রম ইহাতে ইহার।
অতএব মধ্যপথে আলম্বন পাই।
যেরূপেতে সুখে যায় করিব তাহাই॥
এত ভাবি নদীপতি মৈনাক ভূধরে।
ডাকিয়া কহেন কিছু বচন সাদরে॥
হিমালয় তনয় মৈনাক গিরিরাজ।
কর এবে তুমি মোর আজি এক কাজ॥
সগর হইতে হয় উৎপত্তি আমার।
জন্ম লয়েছেন রাম বংশেতে তাঁহার॥
সেই রামকার্য্যে যান পবনতনয়।
তাঁর হিত কিছু মোরে করিবারে হয়॥
এই লাগি কহি আমি তোমা যুক্তি করি।
একবার উঠ তুমি সলিল উপরি॥
ঊর্দ্ধ অধঃ আর চারি পার্শ্বে বাড়িবার।
আছয়ে তোমার শক্তি অনেক প্রকার॥
এই লাগি কহিতেছি তোমা বার বার।
উঠিয়া করহ তুমি মোর উপকার॥
তোমার উপরি শৃঙ্গে করি আরোহণ।
মারুতি বিশ্রাম করি করুন গমন॥
এত শুনি ভাল ভাল বলি গিরিবর।
উঠিলেন সাগরের জলের উপর॥
কিবা সাজে সিন্ধুমাঝে সুবর্ণ শিখরী।
প্রাতের তপন যেন সমুদ্র উপরি॥

পথমাঝে দেখি তারে মারুতি চিন্তিত।
এ কি আসি কোন বিঘ্ন হলো উপস্থিত॥
তবে সেই গিরি ধরি মনুষ্য মূরতি।
নিজ শৃঙ্গে থাকি কন মারুতির প্রতি;—
বায়ুপুত্র! শুন কিছু আমার বচন।
সমুদ্র-আদেশে আমি কৈনু আগমন॥
শ্রীরামের পূর্ববংশ নৃপতি সগর।
তিনি খাদ করেছেন এই ত সাগর॥
এই হেতু রাম দূত! তোমা সম্মানিতে।
পাঠালেন মোরে তিনি প্রীতিযুক্ত-চিতে॥
তুমি এবে মোর শৃঙ্গে করিয়া বিশ্রাম।
খাও দিব্য ফলমূল-জল অনুপম॥
পরেতে হইয়া তুমি সুখযুক্ত মন।
করিবে রাবণ-পুরমধ্যেতে গমন॥
আমাতে না করিবেক তুমি শঙ্কা সব।
হই আমি তোমাদের সম্বন্ধে বান্ধব॥
এই জন্য আসিয়াছি পূজিতে তোমায়।
তুমি সে সকল কর মোর বাসনায়॥
এত শুনি হনূমান্ থাকিয়া আকাশে।
জিজ্ঞাসা করেন তারে সুমধুর ভাষে;—
কহ কহ কি কারণে তুমি গিরিবর!
বাসা করিয়াছ সিন্ধু-জলের ভিতর॥
কিরূপে বা হও তুমি আমার বান্ধব।
বিবরণ করি কহ কথা এই সব॥
শুন বাণী মহীধর মুদিত হইয়া।
কহেন পবনপুত্রে প্রণয় করিয়া॥
পূর্বে যাবতীয় গিরি ছিল পক্ষবান।
উড়িয়া করিত তারা সর্বত্র পয়াণ॥
তবে তাহাদের দুষ্ট বুদ্ধি উপজিল।
পড়িয়া নগর গ্রাম ভাঙ্গিতে লাগিল॥
তাহা দেখি ক্রুদ্ধ হয়ে সহস্রলোচন।
বজ্র দ্বারা কৈল পক্ষচ্ছেদ আরম্ভণ॥
সকলের পক্ষচ্ছেদ করি অবশেষে।
বজ্র ধরি ইন্দ্র এল মোর পার্শ্বদেশে॥
তাহা দেখি ভয়ে আমি করি পলায়ন।
পাছে পাছে চলিলেন সহস্রলোচন॥
তবে মোরে কাতর দেখিয়া অতিশয়।
করুণাতে আর্দ্র হ'ল বায়ু মহাশয়॥
তিনি অতিশয় বেগ প্রকাশ করিয়া।
মোরে ফেলি দিল এই সমুদ্রে আনিয়া॥
তাঁহার কৃপাতে আর সমুদ্র-আশ্রয়ে।
না কাটিল ইন্দ্র মোর এ পক্ষ উভয়ে॥
সে অবধি আছি আমি সাগর-ভিতর।
হিমালয়-পুত্র নাম মৈনাক ভূধর॥
তুমি হও মোর বন্ধু পবনতনয়!
তোমার সম্মান মোর করিবারে হয়॥
অতএব মোর আর সিন্ধুর প্রীতিতে।
শ্রম দূর কর তুমি মোর উপরেতে॥
গিরিবাক্য শুনি কন পবনকুমার।
তোমার দর্শনে দিন সফল আমার॥
তোমার মধুর বাক্যে মন জুড়াইল।
ক্ষুধা তৃষ্ণা শ্রম ক্লেশ নিবৃত্ত হইল॥
করিলে আতিথ্য তুমি দেখায়ে প্রণয়।
তোমাতে বিশ্রাম করা সমুচিত হয়॥
কিন্তু বড় ত্বরা আছে লঙ্কায় যাইতে।
এ লাগি না পারিলাম এক্ষণে থাকিতে॥
আর শুন আসিবার কালে সিন্ধুতটে।
এসেছি প্রতিজ্ঞা করি বান্ধব নিকটে॥
নিরালম্বে পার হব শতেক যোজন।
অতএব যোগ্য নহে বিশ্রামকরণ॥

অঙ্গুলিমাত্রেতে করি পরশ তোমারে।
দোষ ক্ষমা করি দাও অনুজ্ঞা আমারে॥
এত শুনি সাধু সাধু বলি গিরিবর।
অনুমতি দিল তারে প্রশংসি বিস্তর॥
তবে কয় অঙ্গুলিতে স্পর্শিয়া ভূধরে।
পরশি পয়াণ কৈল মারুতি অম্বরে॥
মারুতির আতিথ্যেতে সন্তুষ্ট অন্তর।
মৈনাক ভূধর প্রতি কন পুরন্দর॥
মৈনাক তোমার আজি এই কর্ম দেখি।
হইলাম মোরা সবে অতিশয় সুখী॥
রামদূত মারুতির আতিথ্য করিয়া।
ত্রিজগতে করিলে তুমি হে তুষ্ট হিয়া॥
অতএব আমি তোমা দিলাম অভয়।
সুখে থাক তুমি হয়ে নির্ভয়-হৃদয়॥

সিংহিকা রাক্ষসীবধ ও হনুমানের সাগরলঙ্ঘন।

এত শুনি আনন্দিত হয় গিরিবর।
দক্ষিণেতে চলিলেন পবন-কোঙর॥
অনন্তর বহু দূর করিলে গমন।
সিংহিকা রাক্ষসী তাঁরে করিল দর্শন॥
দেখি চিন্তা করে সেই দুষ্ট নিশাচরী।
বুঝি আজি ভুঞ্জিতে পাইব পেট ভরি॥
যাইতেছে আকাশেতে বড় এক প্রাণী।
ইহার ছায়াকে ধরি আকর্ষিয়া আনি॥
এত ভাবি মারুতির ছায়াস্পর্শ পেয়ে।
আকর্ষিতে আরম্ভিল মুখখানি বেয়ে॥
তার আকর্ষণে ন্যূন দেখি নিজ বেগ।
মনে চিন্তা করিছেন মারুতি সোদ্বেগ॥
এ কি মোর গতিবেগ ন্যূন হয় কেন?
দৃঢ়রজ্জু দিয়া কেহ বান্ধিলেক যেন॥

এত ভাবি সব দিকে দেখিতে দেখিতে।
দেখিলেন রাক্ষসীরে নিজ অধোভিতে॥
পাতাল সমান মুখ বিস্তারিত করি।
রহিয়াছে অম্বরেতে দুষ্ট নিশাচরী॥
তাহা দেখি ভাবনা করেন পুনর্বার।
এ কি অধোভাগে দেখি বিকট-আকার॥
বুঝি এই জন মোরে করে আকর্ষণ।
করাইতে আপনার মুখে প্রবেশন॥
সম্পাতির বাণী মনে হইল স্মরণ।
এই বটে সিংহিকা রাক্ষসী দুষ্টা জন॥
আজি আমি প্রতীকার ইহার করিব।
এ পথের কণ্টক নিঃশেষে ঘুচাইব॥
এত ভাবি ক্ষুদ্রমূর্ত্তি হয়ে কপিবর।
প্রবেশিল সিংহিকার বদন-ভিতর॥
সেও বড় সুখী হয়ে মুদিল বদন।
যেন কেহ বিষ খায় মরণকারণ॥
তবে তার হৃদয়ে প্রবেশি হনুমান।
নখে করি বিদার করিল খান খান॥
সেই ছিদ্র দিয়া নিজে হইল বাহির।
তাহে রাক্ষসীর প্রাণ ছাড়িল শরীর॥
তবে ঘুরি ঘুরি সেই দুষ্ট নিশাচরী।
পড়িল পরেতে সেই পয়োধি-উপরি॥
তাহে সুখী হলো বহু কোটি জলচর।
ভোজন করিয়া তার মাংস বহুতর॥
বুঝিলাম বহু মাংস পূর্ব্বে খেয়েছিল।
আজি সেই সকলের শোধন করিল॥
সিংহিকার মৃত্যু দেখি যত দেবগণ।
করিছেন হনূমানে বহু প্রশংসন॥
সর্বদা বিজয়ী হও পবনকুমার।
করুন শ্রীভগবান্ কল্যাণ তোমার॥

যে কর্ম করিলে তুমি পবননন্দন।
ইহার সম্ভব নহে এ তিন ভুবন॥
একে নিরালম্বে শত যোজন লঙ্ঘন।
তাহে পুনঃ সুদুর্দ্দান্ত সিংহিকা-মারণ॥
এ দুষ্টা রাক্ষসী-ভয়ে যত দেবভাগ।
করেছিল এই ব্যোমমার্গ পরিত্যাগ॥
আজি তুমি করিলে এ পথ অকণ্টক।
বিহার করুন সুখে সব বৃন্দারক॥
তোমা হ'তে রামকার্য্য নিষ্পন্ন হইবে।
তোমা হ'তে ত্রিভুবন আনন্দ পাইবে॥
এ কি বল এ কি বল এ কি পরাক্রম।
ত্রিভুবনে কোথাও না দেখি যার সম॥
ধরা ধরাধর সব যাবৎ থাকিবে।
তাবৎ তোমার যশ সকলে ঘুষিবে॥
যাও তুমি করিতেছি মোরা আশীবাদ।
কৃতকার্য্য হয়ে ফিরি এস অবিষাদ॥
এত বলি পুষ্পবৃষ্টি করে দেবগণ।
শুনি আনন্দিত বীর করিল গমন॥
কিছু দূর হ'তে লঙ্কা করি নিরীক্ষণ।
মনে মনে ভাবিছেন পবননন্দন॥
হেন মহাদেহে যদি প্রবেশিব লঙ্কা।
তবে সকলেতে মোরে করিবেক শঙ্কা॥
অতএব ক্ষুদ্র-মূর্ত্তি হয়ে প্রবেশিব।
উচিত সময়ে নিজ কার্য্য সমাধিব॥
এত ভাবি আপন সহজ মূর্ত্তি ধরি।
সিন্ধু লঙ্ঘি পড়িলেন সুবেল-উপরি॥
সেই ত সুবেল গিরি ভয়েতে তাহার।
কাঁপিতে লাগিল লঙ্কাদ্বীপ সহকার॥
আর এক হলো বড় এ সময়ে রঙ্গ।
সীতা আর রাবণের নাচে বাম অঙ্গ॥
যদ্যপি লঙ্ঘিল সেই শতেক যোজন।
তথাপি নাহিক কিছু শ্রম এক ক্ষণ॥
সাগর-লঙ্ঘন কথা অমৃতের ভাণ্ড।
শুনিলে পাতকরাশি হয় খণ্ড খণ্ড॥

হনূমানের লঙ্কা-প্রবেশ ও উগ্রচণ্ডার কৈলাসে গমন।

এইরূপে গেল বীর লঙ্কার ভিতর।
কত স্থানে কত দেখি বর্ণিতে বিস্তর॥
কাঞ্চন-রজতমণি-স্ফটিকে নির্ম্মাণ।
পুরীশোভা দেখিয়া বিস্মিত হনূমান্॥
গড়ে প্রবেশিয়া দেখে পবননন্দন।
বিশ্বকর্ম্মা-বিরচিত অদ্ভুত রচন॥
মহাভয়ঙ্কর মূর্ত্তি সম্মুখে প্রচণ্ডা।
বামহাতে খর্পর দক্ষিণ হাতে খাণ্ডা॥
দুই চক্ষু ঘোরে যেন দুই দিবাকর।
ব্রহ্ম অগ্নি হেন তেজ অতি ভয়ঙ্কর॥
লোলজিহ্বা পৃষ্ঠে জটা বিকট দশন।
কৃষ্ণবর্ণ মেঘসম দেখিতে ভীষণ॥
ব্যাঘ্রচর্ম্ম পরিধান গলে মুণ্ডমালা।
মানিক-কুণ্ডল কর্ণে যেন চন্দ্রকলা॥
দেখিয়া চিন্তিত অতি বীর হনুমান্।
যোড়হাতে কহিলেন দেবী-বিদ্যমান;—
শাস্ত্রে শুনিয়াছি আমি চামুণ্ডার কথা।
শিবের প্রেয়সী তুমি কেন আছ হেথা?
তোমারে দেখিয়া আমি বড় পাই ডর।
কি কারণে আছ মাতা লঙ্কার ভিতর?
চামুণ্ডা বলেন আমি শঙ্করের সতী।
তাঁহার আজ্ঞায় মম লঙ্কায় বসতি॥

সৃজেন যখন ব্রহ্মা স্বর্ণলঙ্কাপুরী।
সেই কাল হ'তে আমি লঙ্কা রক্ষা করি॥
করিলাম জিজ্ঞাসা শিবের শ্রীচরণে।
থাকিব কতেক কাল রাবণ-ভবনে?
শঙ্কর বলেন, থাক এই সংখ্যা তার।
যত দিন নাহি হয় রাম অবতার॥
জন্মিবেন রাম দশরথের ভবনে।
তাঁর পত্নী সীতা সতী হরিবে রাবণে॥
সীতা অন্বেষণে রাম পাঠাবেন চর।
তার নাম হনূমান আকারে বানর॥
যখন দেখিবে লঙ্কাগত হনূমান।
তখনি ছাড়িয়া লঙ্কা আসিবে স্বস্থান॥
সেই হ'তে রাখি আমি স্বর্ণলঙ্কাপুরী।
হনুমানে না দেখিয়া যাইতে না পারি॥
কাহার সেবক তুমি কোথা তব ঘর?
কিরূপে তরিলে তুমি অলঙ্ঘ্য সাগর?
হনূমান বলে আমি রামের কিঙ্কর।
সুগ্রীবের পাত্র আমি পবন-কোঙর॥
সীতা-অন্বেষণে আসিলাম লঙ্কাপুরী।
শ্রীরামের দূত যেই তেঁই সিন্ধু তরি॥
শুনিয়া হনূর কথা চামুণ্ডার হাস।
লঙ্কায় দেখিয়া তাকে গেলেন কৈলাস॥

হনূমানের সীতা-অন্বেষণ।

হেন কালে হনূমান যায় বনে বন।
গুয়া নারিকেল দেখে অতি সুশোভন॥
কোকিলের কুহুরব ভ্রমর-ঝঙ্কার।
নানা-পক্ষী-কলরব লাগে চমৎকার॥
দীঘি সরোবর দেখে সলিল নির্ম্মল।
প্রস্ফুটিত কোকনদ পঙ্কজ উৎপল॥

লঙ্কাপুরী চারিদিকে বেষ্টিত সাগর।
দেবতার গতি নাই লঙ্কার ভিতর॥
সোনার প্রাচীর মধ্যে বাহিরে লোহার।
গগনমণ্ডলে চূড়া লাগিছে তাহার॥
এইরূপে হনূমান ভ্রমে চতুর্ভিতে।
মনে মনে কত চিন্তা লাগিল করিতে॥
রাবণের প্রতাপ দুর্জ্জয় লঙ্কাপুরে।
বানর-কটক তাহে কি করিতে পারে?
এখানে আসিতে পারে শক্তি আছে কার।
চারি ব্যক্তি বিনা আর সকলি অসার॥
সুগ্রীব আসিতে পারে বীর অবতার।
যুবরাজ অঙ্গদ আসিতে পারে আর॥
আসিবার শক্তি ধরে নীল সেনাপতি।
আমিও আসিতে পারি অব্যাহত-গতি॥
যেই কার্য্যে আসিয়াছি সীতা দেখি আগে।
শেষেতে করিব কার্য্য যেখানে যে লাগে॥
ভাঙাইব কেমনে দুর্জ্জয় শত্রুগণে।
কেমনে চিনিব আমি রাজা দশাননে॥
বেড়াইব কেমনে কনক-লঙ্কাপুরী।
কেমনে চিনিব আমি রামের সুন্দরী?
রামের প্রেয়সী সীতা কভু নাহি দেখি।
কেমনে চিনিব আমি সীতা চন্দ্রমুখী?
হাস্য-পরিহাস কথা বচন-চাতুরী।
সেখানে না থাকিবেন জানকী সুন্দরী॥
সর্বক্ষণ চক্ষে অশ্রু মলিনবসনা।
সেই সে রামের সীতা হয় বিবেচনা॥
অস্ত গেল সূর্য্যদেব বেলা অবসান।
মধ্য-গড়ে প্রবেশ করিল হনূমান্॥
নিশাকর সুপ্রকাশ গগনমণ্ডলে।
ভালমতে হনূমান লঙ্কাকে নেহারে॥

চালের উপরে শোভে সুবর্ণের ধারা ।
চারিভিতে শোভা করে মকুতার ঝারা ॥
প্রতি ঘরে ঘরে ধ্বজা পতাকা বিরাজে ।
রাজার মন্দির সে সুন্দর সাজে সাজে ॥
হনূমান্ স্বেচ্ছায় বিবিধ মায়া ধরে ।
নেউল-প্রমাণ হয়ে ফিরে ঘরে ঘরে ॥
অতি সুশোভন বিভীষণের আবাস ।
দেখে মহাদেবের সে অপূর্ব নিবাস ॥
উল্কাজিহ্ব বিদ্যুৎজিহ্ব আর বিদ্যুৎমালী ।
শুক সারণের ঘর দেখে মহাবলী ॥
কুমার সবার ঘর দেখে সারারাতি ।
একে একে দেখে যত লঙ্কার বসতি ॥
কোন স্থানে সীতার না পাইয়া উদ্দেশ ।
রাজ-অন্তঃপুরে বীর করিল প্রবেশ ॥
রাজার দ্বারেতে দেখে দ্বারী সারি সারি ।
দুর্জ্জয় রাক্ষস সব নানা অস্ত্রধারী ॥
দেখিল পুষ্পের রথ বিচিত্র নির্ম্মাণ ।
তদুপরি লাফ দিয়া উঠে হনূমান ॥
সেই রথে সারথি যে দেবতা পবন ।
পিতা-পুত্র উভয়েতে হইল মিলন ॥
পুত্রে সম্ভাষিয়া পিতা গেল নিজ স্থান ।
রাবণের ঘরে প্রবেশিল হনূমান্ ॥
রাবণ শুইয়া আছে রত্নময় খাটে ।
ঘর আলো করিতেছে দশটা মুকুটে ॥
রাজদেহে আভরণ দেখিল প্রচুর ।
দীপ্ত করি মেঘ যেন পড়িছে চিকুর ॥
নিদ্রা যায় রাবণ শৃঙ্গার-অবসাদে ।
কস্তূরী-কুঙ্কুমে রাজা শোভে মৃগমদে ॥
চারিভিতে দেবকন্যা মধ্যেতে রাবণ ।
আকাশের চন্দ্র বেড়ি যেন তারাগণ ॥
শোভে এক ঠাঁই সব রমণীর গলা ।
এক সূত্রে গাঁথা যেন পারিজাত-মালা ॥
খোল করতাল কারো বীণা বাঁশী কোলে ।
অচেতনে নিদ্রায় লোটায় ভূমিতলে ॥
মানুষী গন্ধর্ব্বী দেবী দানবী রাক্ষসী ।
রাবণের ঘরে আছে পরমা রূপসী ॥
নীলবর্ণ রাবণ সে পীতবস্ত্রধারী ।
নবজলধরে যেন বিদ্যুৎ সঞ্চারি ॥
রাবণের কোলে দেখে পরমা সুন্দরী ।
ময়দানবের কন্যা রাণী মন্দোদরী ॥
সোহাগে আঙুলি সেই রত্নে বিভূষিতা ।
তারে দেখি ভাবে বীর এই বুঝি সীতা ॥
রামসম পুরুষ নাহিক ত্রিভুবনে ।
রাবণে ভজিবে সীতা নাহি লয় মনে ॥
দশরথ-পুত্রবধূ জনককুমারী ।
ভজিবেন রাবণেরে মনে নাহি করি ॥
একে একে সকলে করিল নিরীক্ষণ ।
সীতার লক্ষণ নাহি দেখে এক জন ॥
সীতার লক্ষণ নাহি কাহার ভিতর ।
নিরখিয়া হনূমান পাইলেন ডর ॥
অন্তঃপুরে সীতার না পাইয়া উদ্দেশ ।
অন্য ঘরে গিয়া হনূ করিল প্রবেশ ॥
যে ঘরে রাবণ রাজা করে ধূমপান ।
সেই ঘরে প্রবেশ করিল হনূমান্ ॥
ভক্ষ্য-ঘরে প্রবেশিয়া দেখে নানা ভক্ষ্য ।
মনুষ্য পশুর মাংস দেখে লক্ষ লক্ষ ॥
সেখানে সীতার না পাইল দরশন ।
প্রাচীরে বসিয়া ভাবে পবননন্দন ॥
এই স্থান দেখিলাম করিয়া বিচার ।
ঘরে ঘরে দেখি সব কুৎসিত আকার ॥

জিতেন্দ্রিয় কপি কারো পানে নাহি মন।
উলঙ্গ উন্মত্ত যত করি নিরীক্ষণ ॥
সীতা হেতু অর্দ্ধ-রাত্রি করি জাগরণ।
অনেক ভ্রমণে নাহি পায় অন্বেষণ ॥
বল বুদ্ধি পরাক্রম শ্রীরামে ভকতি।
করিল সকল নষ্ট বিহঙ্গ সম্পাতি ॥
তার বাক্যে লঙ্ঘিলাম দুস্তর সাগর।
সীতা হেতু ভ্রমিলাম লঙ্কার ভিতর ॥
এ লঙ্কা হইতে নাহি করিব গমন।
এই লঙ্কাপুরে আমি ত্যজিব জীবন ॥
কাঁদিতে কাঁদিতে বীর ছাড়িল নিশ্বাস।
রচিল সুন্দরকাণ্ড কবি কৃত্তিবাস ॥

হনূমানের সীতা-সন্দর্শন।

কাঁদিতে কাঁদিতে বীর করে নিরীক্ষণ।
নানাবর্ণ-পুষ্পযুক্ত অশোক-কানন ॥
পিকগণ কুহরে ঝঙ্কারে অলিগণ।
প্রাচীরে বসিয়া বীর ভাবে মনে মন ॥
অন্বেষণ করিতে হইল এই বন।
এখানে যদ্যপি পাই সীতা-দরশন ॥
মুছিয়া নেত্রের জল হইল সুস্থির।
প্রবেশিল অশোককাননে মহাবীর ॥
শিংশপার বৃক্ষ বীর দেখে উচ্চতর।
লাফ দিয়া উঠিলেন তাহার উপর ॥
বৃক্ষেতে উঠিয়া বীর নেহারে কানন।
নানাবর্ণ বৃক্ষ দেখে অতি সুশোভন ॥
রাঙ্গাবর্ণ কত গাছ দেখিতে সুন্দর।
মেঘবর্ণ কত গাছ দেখে মনোহর ॥
স্থানে স্থানে দেখে তথা স্বর্ণনাট্যশালা।
দেবকন্যা লইয়া রাবণ করে খেলা ॥
নানা বর্ণে বৃক্ষ দেখে নানা বর্ণে লতা।
মনে চিন্তে হনুমান্ হেথা পাব সীতা ॥
চেড়ী সব দেখে তথা অঙ্গ ভয়ঙ্কর।
পর্বত-প্রমাণ হাতে লোহার মুদ্গর ॥
কেহ কালী কেহ গৌরী কোন চেড়ী ধলী।
খর্জ্জুর-তালের মত দেখি কেশাবলী ॥
তৈলহীন চুল কারো মাথা যুড়ি নাক।
কাঁকলাস-মূর্ত্তি কারো সব মাথা টাক ॥
হাতে মুখে সর্বাঙ্গে রক্তের ছড়াছড়ি।
ভয়ঙ্কর মূর্ত্তি সব রাবণের চেড়ী ॥
নানা অস্ত্র ধরিয়াছে খাণ্ডা ঝিকিমিকি।
চেড়ী সব ঘেরিয়াছে সুন্দর জানকী ॥
গায়ে মলা পড়িয়াছে মলিনা দুর্বলা।
দ্বিতীয়ার চন্দ্র যেন দেখি হীনকলা ॥
দিবাভাগে যেন চন্দ্রকলার প্রকাশ।
শ্রীরাম বলিয়া সীতা ছাড়েন নিশ্বাস ॥
শ্রীরাম বলিয়া সীতা করেন ক্রন্দন।
সীতাদেবী চিনিলেন পবননন্দন ॥
সীতারূপ দেখি কাঁদে বীর হনূমান্।
সুগ্রীব বলিল যত হৈল বিদ্যমান ॥
ইহা লাগি মরণ ঘটায় কপি যত।
ইহা লাগি সূর্পণখা নাক-কান-হত ॥
ইহা লাগি চৌদ্দ সহস্র রাক্ষস মরে।
ইহা লাগি জটায়ু প্রহারে লঙ্কেশ্বরে ॥
ইহা লাগি কবন্ধের ঘোর দরশন।
ইহা লাগি শ্রীরামের সুগ্রীব-মিলন ॥
ইহা লাগি কপিগণ গেল দেশান্তর।
ইহা লাগি একেশ্বর লঙ্ঘিনু সাগর ॥
ইহা লাগি লঙ্কায় বেড়াই রাতারাতি।
এই সে রামের প্রিয়া সীতা রূপবতী ॥

দেখিয়া সীতার দুঃখ কাঁদে হনুমান্।
অনুমানে যে ছিল সে দেখি বিদ্যমান ॥
দশদিক্ আলো করে জানকীর রূপে।
ইহা লাগি ম্লান রাম সীতার সন্তাপে ॥
রাক্ষসীগণেরে মারি কি আপনি মরি।
জানকীর দুঃখ আর দেখিতে না পারি ॥
রামসীতা বাখানে চড়িয়া বীর গাছে।
কৃত্তিবাসে এ সকল রামগুণ রচে ॥

অশোকবনে সীতাদেবীর নিকটে রাবণের গমন।

দ্বিতীয় প্রহর রাত্রে উঠিল রাবণ।
চন্দ্রোদয় হইয়াছে উপর-গগন ॥
সুশীতল বায়ু বহে অতি মনোহর।
ধবল রজনী দেখি বিচিত্র সুন্দর ॥
মধুপানে রাবণ হইল কামাতুর।
বলে চল যাই সে সীতার অন্তঃপুর ॥
রাবণের সঙ্গে চলে এক শত নারী।
রূপে আলো করিছে কনক-লঙ্কাপুরী ॥
চামর ঢুলায় কেহ কার হাতে ঝারি।
দিব্য নারায়ণ-তৈল দীপ সারি সারি ॥
এক শত নারী সহ আসিল রাবণ।
অশোক-কানন হৈল দেবতা-ভুবন ॥
অনন্তর রাবণ করিল আগুসার।
হনু দেখে সীতা সঙ্গে কি করে আচার ॥
কুড়ি চক্ষে দশানন চারিদিকে চাহে।
সীতার নিকটে আছি কভু ভাল নহে ॥
গাছের আড়ালে গেল পাতাতে প্রচুর।
আপনি লুকায়ে দেখে বানর চতুর ॥
নারীগণ সঙ্গে গেল সীতার সম্মুখে।
থাকিয়া গাছের আড়ে হনুমান্ দেখে ॥

কি বলে রাবণ রাজা কি বলে জানকী।
শুনিবারে অগ্রসর মারুতি কৌতুকী ॥
দুই পদ রাখিলেক ডালের উপর।
শরীর বাড়ায়ে দেখে সব অতঃপর ॥
রাবণে দেখিয়া সীতা কাঁপিল অন্তরে।
মলিন বসনে ঢাকে নিজ কলেবরে ॥
দুই হাতে দুই চক্ষু ঢাকিল জানকী।
লাবণ্য ঢাকিতে পারে কিবা হেন শক্তি ॥
রাবণ বলিল সীতা! কারে তব ডর?
দেবতার আসিতে নারে লঙ্কার ভিতর ॥
বলে ধরি আনিযাছি এই ত্রাস মনে।
রাক্ষসের জাতিধর্ম্ম বলে ছলে আনে ॥
ত্রিভুবন জিনিয়া তোমার সুবদন।
কি পদ্ম কি সুধাকর হেন করি মন ॥
দুই কর্ণে শোভে তব রত্নের কুণ্ডল।
দেখি নবনীত প্রায় শরীর কোমল ॥
মুষ্টিতে ধরিতে পারি তোমার কাঁকালি।
হিঙ্গুলে মণ্ডিত তব চরণ-অঙ্গুলী ॥
করিয়া রামের সেবা জন্ম গেল দুঃখে।
হইয়া আমার ভার্য্যা থাক নানা সুখে ॥
রামের অত্যল্প ধন অত্যল্প জীবন।
রাজ্য-শোকে ফিরে রাম করিয়া ভ্রমণ ॥
এখনো কি আছে রাম মনে হেন বাস।
বনের মধ্যেতে তারে খাইল রাক্ষস ॥
মোর বাণে সুমেরু নাহিক ধরে টান।
মানুষ সে রাম তার কত বড় প্রাণ?
দেবতা দানব যক্ষ-কিন্নর গন্ধর্ব।
যুদ্ধে করিলাম খর্ব সবাকার গর্ব ॥
কিছু বুদ্ধি নাহি তব অবোধিনী সীতা!
সর্বলোকে মুর্খ তুমি কে বলে পণ্ডিতা ॥

রতিশাস্ত্র জানি আমি বিবিধ বিধানে।
তুমি আমি কেলি-ক্রিয়া করিব দুজনে॥
নানা রত্নে পূর্ণ আছে আমার আগার।
আজ্ঞা কর সুন্দরী! সে সকলি তোমার॥
তোমার সেবক আমি তুমি তো ঈশ্বরী।
তোমা আজ্ঞা পেলে লয়ে যাই অন্তঃপুরী॥
তোমার চরণ ধরি করি হে ব্যগ্রতা।
কোপ ত্যজি মোরে ভজি নাশ ব্যাকুলতা॥
কারো পায় নাহি পড়ে রাজা দশাননে।
দশ মাথা লোটালাম তোমার চরণে॥
রাবণের বাক্যে সীতা কুপিয়া অন্তরে।
কহেন রাবণ প্রতি অতি ধীরে ধীরে॥
অধার্ম্মিকা নহি আমি রামের সুন্দরী।
জনক রাজার কন্যা আমি কুলনারী॥
রাবণ পশ্চাৎ করি বৈসে ক্রোধমনে।
তিরস্কার করে সীতা রাবণ তা শুনে॥
নাহিক পণ্ডিত হেন বুঝাইবে হিত।
পণ্ডিতে কি করে তব মৃত্যু উপস্থিত॥
শৃগাল হইয়া তব সিংহে যায় সাধ।
সবংশে মরিবে তুমি রাম সনে বাদ॥
তব প্রাণে না সহিবে শ্রীরামের বাণ।
পলাইয়া কোথাও না পাবে পরিত্রাণ॥
অমৃত খাইয়া যদি হও সে অমর।
তথাপি রামের বাণে মরিবে পামর॥
লঙ্কার প্রাচীর ঘর তব অহঙ্কার।
শ্রীরামের বাণানলে হইবে অঙ্গার॥
সাগরের গর্ব তুমি কর দুরাচার॥
রামের বাণের তেজে সকলি সংহার॥
দশানন! শুন আমি বলি হিত-কথা।
মোরে দিয়া শ্রীরামেরে তোষহ সর্বথা॥
আমার সেবক তুমি কহিলে এখনি।
সেবক হইয়া কোথা লজ্ঘে ঠাকুরাণী?
যার পায় পড়ি সেই হয় গুরুজন।
পায় পড়ি বল কেন কুৎসিত বচন?
পিতৃসত্য পালিতে রামের বনবাস।
ক্রোধে শাপ দিলে তাঁর সত্য হয় নাশ॥
কি হেতু রাবণ! মোরে বলিছ কুবাণী।
তব শক্তি ভুলাইবে রামের ঘরণী?
রাম প্রাণনাথ মোর রাম সে দেবতা।
রাম বিনা অন্য জন নাহি জানে সীতা॥
এত যদি সীতাদেবী বলিলেন রোষে।
সাত পাঁচ মনে ভাবে রাবণ বিশেষে॥
আসিবার কালে আমি বলেছি বচন।
এক বর্ষ জানকীর করিব পালন॥
বৎসরের তরে তোরে দিয়াছি আশ্বাস।
বৎসরের মধ্যে তোর গেল দশ মাস॥
সহিবে যে আর দুই মাস দশানন।
দুই মাস গেলে করি বাসনা পূরণ॥
জানকী বলেন রাজা! না বল কুৎসিত।
আমা লাগি মরিবে এ দৈবের লিখিত॥
বিষ্ণু-অবতার রাম তুমি নিশাচর।
গরুড়ে বায়সে দেখ বিস্তর অন্তর॥
অনেক অন্তর দেখ কাঁজি সুধাপানে।
অনেক অন্তর দেখ লোহা ও কাঞ্চনে॥
অনেক অন্তর দেখ ব্রাহ্মণ চণ্ডাল।
অনেক অন্তর হয় বারিনিধি খাল॥
শ্রীরাম হইতে তোমা দেখি বহু দূর।
রামে সিংহ দেখি তোমা যেমন কুকুর॥
এত যদি বলিলেন কর্কশ বচন।
সীতারে কাটিতে খাণ্ডা তুলিল রাবণ॥

হাতে করি নিল বীর খাণ্ডা একধারা।
বিশ চক্ষু রক্তবর্ণ আকাশের তারা॥
এ খাণ্ডায় কাটিয়া করিব দুইখানি।
পুনঃ যদি বল এক দুরক্ষর বাণী॥
শতেক কামিনী থাকি রাবণের আড়ে।
আড়ে থাকি তাহারা সীতারে চক্ষু ঠারে॥
তবু ভয় নাহি পায় রামের সুন্দরী॥
রাবণেরে ভর্ৎসে সেই কালে মন্দোদরী॥
দেবতা গন্ধর্ব্বে নহে জাতি যে মানুষী।
এত বড় দেখ প্রভু! জানকী রূপসী?
রাবণ সীতারে দেখি কামে অচেতন।
খাণ্ডা ফেলি যায় চলি ধরিতে তখন॥
কামে মত্ত দশানন চলিল সবলে।
মন্দোদরী হাতে ধরি বলে তেনকালে॥
নলকুবরের শাপ পাসরিলে মনে?
শৃঙ্গার করিলে বলে মরিবে পরাণে॥
ফিরিল সে দশানন রাণীর প্রবোধে।
চেড়ীগণে মারিবারে যায় বড় ক্রোধে॥
চেড়ীগণে ডাকিল সে যাহার যে নাম।
চেড়ীগণ দ্রুত গিয়া করিল প্রণাম॥
নিদয়া নিষ্ঠুরা এল প্রভাসা দুর্ম্মুখা।
পাইয়া সীতার বার্ত্তা রাঁড়ী সূর্পনখা॥
অশ্বমুখী বজ্রধারা এল চিত্রক্ষমা।
ধার্ম্মিকা ত্রিজটা এল রাক্ষসী সরমা॥
কহিল রাবণ চেড়ী সকলের কানে।
বুঝাও সীতায় ভালমতে রাত্রদিনে॥
রুক্ষ বাক্য না বলিও বলিবে পীরিতি।
ভালমতে বুঝাইয়া লহ অনুমতি॥

সীতার প্রতি চেড়ীগণের উৎপীড়ন।

ঘরে গেল দশানন তিরস্কারি চেড়ী।
সীতারে মারিতে সবে করে হুড়াহুড়ি॥
চেড়ী সব বলে সীতা! শুন হিতবাণী।
রাবণের মত স্বামী না পাইবে তুমি॥
অল্প ধনে ধনী রাম অল্পই জীবন।
চৌদ্দযুগ রাজ্য রক্ষা করিবে রাবণ॥
সীতা বলে অল্প ধন অত্যল্প জীবন।
সেই সে আমার স্বামী কমললোচন॥
শুনিয়া সীতার কথা ক্রোধে সব চেড়ী।
কার হাতে খাণ্ডা আর কার হাতে বাড়ি॥
তোর লাগি আমরা সকলে দুঃখ পাই।
মিলিয়া সকল চেড়ী আজি তোরে খাই॥
সকলে ধাইয়া যায় সীতারে মারিতে।
শ্রীরাম স্মরণ সীতা করয়ে মনেতে॥
দেখে শুনে হনূমান্ থাকি বৃক্ষ-আড়ে।
চেড়ীগণে মারি কি না মনে তোলপাড়ে॥
মনে ভাবে নারী মারি করিব পাতক।
চেড়ীর বদলে মারি রাক্ষস-কটক॥
অথবা বুঝিয়া দেখি কি করি উপায়।
পিছে নহে চেড়ীগণে বধিব সবায়॥
নিদয় বচন বলে সীতারে রাক্ষসী।
কাট মেনে সীতারে কিসের তরে তুষি॥
না শুনিল সীতা আমা সবার বচন।
সীতারে কাটিয়া মাংস করিব ভক্ষণ॥
ভাল ভাল বলিয়া উঠিল অশ্বমুখী।
প্রভাসার কথাতে হইল বড় সুখী॥
সূর্পণখা রাঁড়ী তবে হানে বাক্যবাণ।
গলে নখ দিয়া এর বধহ পরাণ॥

লক্ষ্মণ সে কাটিল আমার নাক-কান।
সেই কোপে আজি তোর লইব পরাণ ॥
বজ্রধরী নামে আর চেড়ী সে আসিল।
চুলে ধরি সীতারে সে ঘুরাইয়া দিল ॥
মারিতে কাটিতে চাহে কারো নাহি ব্যথা।
প্রাণে আর কত সহে কাঁদিছেন সীতা ॥
বস্ত্র না সংবরে সীতা কেশ নাহি বাঁধে।
শোকেতে ব্যাকুল হয়ে লুটাইয়া কাঁদে ॥
হনুমান্ মহাবীর আছে বৃক্ষডালে।
রোদন করেন সীতা সেই বৃক্ষতলে ॥
কোথা গেল প্রভু রাম কৌশল্যা শাশুড়ী।
অপমান করে মোরে রাবণের চেড়ী ॥
যদি হয় লঙ্কায় রামের আগমন।
সবংশে নির্বংশ হয় সে রাক্ষসগণ ॥
এত দুঃখ পাই যদি শুনিতেন কানে।
লঙ্কাপুরী খান খান করিতেন বাণে ॥
হেনকালে অন্তরীক্ষে যদি থাক চর।
মোর দুঃখ কহ গিয়া রামের গোচর।
আমার চক্ষুর জল নাহিক বিশ্রাম।
রাবণের সর্বনাশ করুন শ্রীরাম ॥
গৃধিনী শকুনি তুষ্ট হউক আকাশে।
শৃগাল কুকুর তৃপ্ত রাক্ষসের মাংসে ॥
জানকীর শাপে হবে লঙ্কার বিনাশ।
রচিল সুন্দরকাণ্ড কবি কৃত্তিবাস ॥

সীতাদেবীর সহিত হনুমানের সাক্ষাৎ ও কথোপকথন।

ত্রিজটা রাক্ষসী রাত্রি জাগিতে না পারে।
কুস্বপ্ন দেখিয়া বুড়ী উঠিল সত্বরে ॥
শয্যায় বসিয়া বুড়ী দুঃখ পায় মনে।
সীতারে বেড়িয়া মারে যত চেড়ীগণে ॥
ত্রিজটা বলেন সীতা রামের কামিনী।
সীতারে যে মারে সেই মরিবে আপনি ॥
হইল সীতার বুঝি দুঃখ অবসান।
স্বপ্ন শুনিবারে এস সবে মোর স্থান ॥
সীতা ত্যজি সবে গেল ত্রিজটার পাশ।
ত্রিজটা কহিছে স্বপ্ন শুনি লাগে ত্রাস ॥
রক্তবস্ত্র-পরিধানা কাল হেন বুড়ী।
রাবণেরে পাড়ে তার গলে দিয়া দড়ী ॥
দেয় কুম্ভকর্ণের মুখেতে কালি-চূণ।
লঙ্কা দাহ করে আর রাক্ষসেরে খুন ॥
শ্রীরাম-লক্ষ্মণ দেখি ধনুর্বাণ হাতে।
সীতা উদ্ধারিয়া যায় চড়ি পুষ্পরথে ॥
যে স্বপ্ন দেখিনু তাহে নাহিক নিস্তার।
পড়িবেক অবশ্য লঙ্কায় মহামার ॥
শুনিয়া গাছের ডালে হনুমান্ হাসে।
প্রত্যক্ষ করিব স্বপ্ন একই দিবসে ॥
হনু দেখে সব চেড়ী গেল আবাসেতে।
এই সে সময় হয় সীতা সম্ভাষিতে ॥
বৃক্ষডালে হনুমান্ সীতা ভূমিতলে।
কি বলিয়া সম্ভাষিবে মনে যুক্তি বলে ॥
বলিলে রামের দূত না যাবে প্রত্যয়।
আমার কারণে হবে দুঃখ অতিশয় ॥
তবে ত সকল কার্য্য হইবে নিরাশ।
অসম্ভাষে গেলে হবে রামের বিনাশ ॥
সাত পাঁচ হনুমান্ ভাবেন আপনি।
আপনা আপনি কহে শ্রীরামকাহিনী ॥
শ্রীরাম বলিয়া সীতা করেন ক্রন্দন।
শ্রীরামের কথা কহে পবননন্দন ॥

যজ্ঞশীল দানশীল দশরথ রাজা।
দেবলোক নরলোক সবে করে পূজা ॥
জ্যেষ্ঠ পুত্র রাম তাঁর বধূ সীতা সতী।
হরণ করিল তাঁরে রাবণ দুর্ম্মতি ॥
কাননে ভ্রমেন রাম সীতা অন্বেষণে।
সুগ্রীবের সহ মৈত্রী করিলেন বনে ॥
সে রামের বৃত্তান্ত তোমারে যায় বলা।
মাথা তুলি দেখ যদি সেবকবৎসলা ॥
মাথা তুলি সীতাদেবী সে গাছ নেহারে।
বিঘত-প্রমাণ কপি দেখেন সে ডালে ॥
সীতা হনুমান দোঁহে হইল দর্শন।
একদৃষ্টে চাহি থাকে পবননন্দন ॥
জানকী বলেন, বিধি বিগুণ আমায়।
রাবণের দূত বুঝি আমারে ভুলায় ॥
নানাবিধ মায়া জানে পাপিষ্ঠ রাবণ।
বানররূপেতে বুঝি করে সম্ভাষণ ॥
দশ মাস করি আমি শোকে উপবাস।
মম সঙ্গে কি লাগিয়া কর উপহাস ?
নিশ্চয় যগুপি তুমি শ্রীরামের চর।
আমার বরেতে তুমি হইবে অমর ॥
অগ্নিতে পুড়িবে নাহি অস্ত্রে না মরিবে।
রণে বনে তব রক্ষা শঙ্করী করিবে ॥
তব কণ্ঠে সরস্বতী হোক্ অধিষ্ঠান।
যেখানে সেখানে যাও সর্বত্র সম্মান ॥
বানর কি নাম ধর থাক কোন্ দেশে ?
কি হেতু আসিলে হেথা কাহার আদেশে ?
বহুদিন শ্রীরামের না জানি কুশল।
আমার লাগিয়া প্রভু আছেন দুর্বল ॥
হইবে রামের দূত হেন অনুমানি।
তবু মুখে শুনিলাম প্রভুর কাহিনী ॥

হনুমান বলে রাম গুণের সাগর।
আকৃতি-প্রকৃতি কিবা সর্বাঙ্গ-সুন্দর ॥
শালগাছ জিনি তাঁর প্রকাণ্ড শরীর।
আজানুলম্বিত বাহু নাভি সুগভীর ॥
তিলফুল জিনি নাসা সুদৃশ্য কপাল।
ফলমূল খান তবু বিক্রমে বিশাল ॥
দূর্বাদলশ্যাম রাম গজেন্দ্রগমন।
কন্দর্প জিনিয়া রূপ ভুবনমোহন ॥
অনাথের নাথ রাম সকলের গতি।
কহিতে তাঁহার গুণ কাহার শকতি ?
রামের সেবক আমি নাম হনুমান্।
বিশেষ করিয়া কহি কর অবধান ॥
আপনি যে স্বর্ণমৃগ দেখিতে সুন্দর।
রাক্ষস মারীচ সেই রাবণের চর ॥
তাহাকে মারিতে রাম করেন প্রয়াণ।
শ্রীরামের বাণেতে সে হারাইল প্রাণ ॥
তোমার দুর্বাক্যে ঘর ছাড়িল লক্ষ্মণ।
শূন্য ঘর পেয়ে তোমা হরিল রাবণ ॥
পর্বতশিখরে বসি মোরা পঞ্চ জন।
ছিন্ন বস্ত্র অকস্মাৎ পড়িল তখন ॥
দিলাম সে ছিন্ন বস্ত্র শ্রীরামের স্থানে।
বহু কাঁদিলেন রাম তাঁরা দুই জনে ॥
আছাড় খাইয়া রাম লুটেন ভূতলে।
সুহৃদ সুগ্রীব তাঁরে আশ্বাসিয়া তোলে ॥
করিল সুগ্রীব সত্য তোমা উদ্ধারিতে।
রাজত্ব দিলেন তাঁরে শ্রীরাম ত্বরিতে ॥
আসিল বানর সব সুগ্রীব-আদেশে।
চতুর্দ্দিকে গেল যবে তোমার উদ্দেশে ॥
আসিতে মাসের মধ্যে রাজার নিয়ম।
মাসের অধিক হৈলে হবে ব্যতিক্রম ॥

পাতালে প্রবেশ করি মহা-অন্ধকার।
মরিবারে কপি সব যুক্তি করি সার॥
সম্পাতি নামেতে পক্ষী গরুড়নন্দন।
তার মুখে শুনিলাম তব বিবরণ॥
পর্ব্বতের উপরে তাহার পাই দেখা।
রাম নাম বলিতে তাহার উঠে পাখা॥
তার বাক্যে লঙ্ঘিলাম দুস্তর সাগর।
লঙ্কার সকল স্থান হইল গোচর॥
রাবণের চর বলি না করিও ভয়।
স্বরূপে রামের দূত জানিও নিশ্চয়॥
আমার বচনে যদি না হয় প্রত্যয়।
রামের অঙ্গুরী দেখ হইবে নিশ্চয়॥
অঙ্গুরী দেখায় তাঁরে পবননন্দন।
অনিমিষে জানকী সে করে নিরীক্ষণ॥
রামের অঙ্গুরী দেখি হইল বিশ্বাস।
হস্ত পাতি লইলেন জানকী উল্লাস॥
রামের অঙ্গুরী পেয়ে সীতাদেবী কান্দে।
বক্ষেতে স্থাপিয়া সীতা শিরে করি বন্দে॥

সীতাদেবীর ও হনুমানের কথোপকথন।

যোগসিদ্ধ মহাতেজা, জনক নামেতে রাজা,
আমি সীতা তাঁহার নন্দিনী।
দশরথসুত রাম, নবদূর্ব্বাদলশ্যাম,
বিবাহ করেন পণে জিনি॥
শুভ বিবাহের পর, গেলাম শ্বশুর-ঘর,
কত মত করিলাম সুখ।
শ্বশুরের স্নেহ যত, শাশুড়ীগণের তত,
নিত্য বাড়ে পরম কৌতুক॥
হরষিত যত প্রজা, আনন্দিত মহারাজা,
আদেশিল দিতে ছত্রদণ্ড।
কুঁজী দিল কুমন্ত্রণা, কৈকেয়ী করিল মানা,
বিলম্ব না কৈল এক দণ্ড॥
আমি কন্যা পৃথিবীর, স্বামী মম রঘুবীর,
মোরে বন্দী কৈল নিশাচর।
সুন্দরকাণ্ডের গীত, কৃত্তিবাস সুললিত,
বিরচিল অতি মনোহর॥

বিভীষণ ধার্ম্মিক রাবণ-সহোদর।
মোর লাগি রাবণেরে বুঝায় বিস্তর॥
অরবিন্দ নামেতে রাক্ষস মহাশয়।
আমা দিতে রাবণেরে করেছে বিনয়॥
বিভীষণ-কন্যা সে সানন্দা নাম ধরে।
তার মাকে পাঠাইল আমার গোচরে॥
তার ঠাঁই শুনিলাম এই সারোদ্ধার।
বিনা যুদ্ধে বাছা! মোর নাহিক উদ্ধার॥
সুগ্রীবেরে জানাইও মম বিবরণ।
শ্রীরামেরে জানাইও আমার মরণ॥
হনু বলে মোর পৃষ্ঠে কর আরোহণ।
তোমা লয়ে যাব যথা শ্রীরাম-লক্ষ্মণ॥
বল মৃগ হই মাতা! বল হই পাখী।
কিসে আরোহিয়া যাবে বল মা জানকি॥
জানকী বলেন তুমি বিঘত-প্রমাণ।
মনুষ্যের ভার কিসে সবে হনুমান্?
শুনিয়া সীতার কথা হনুমান্ হাসে।
হইল যোজন আশী চক্ষুর নিমিষে॥
হইল যোজন দশ প্রস্থে পরিসর।
সত্তর যোজন হৈল উভে দীর্ঘতর॥
করিল দীরঘ লেজ যোজন পঞ্চাশ।
তখনি সে লেজ গিয়া ঠেকিল আকাশ॥
জানকী বলেন বাছা! তোমার আকার।
দেখিয়া আমার মনে লাগে চমৎকার॥

কেমনে তোমার পৃষ্ঠে আমি হব স্থির।
সাগরে পড়িলে খাবে হাঙ্গর কুম্ভীর ॥
পরপুরুষের স্পর্শে নাহি লয় মন।
কি করিব বলে ধরি আনিল রাবণ ॥
রাবণের মত কি করিবে মোরে চুরি ?
উদ্ধারহ তুমি মোরে দশাননে মারি ॥
তোমার দুর্জ্জয় মূর্ত্তি দেখি লাগে ডর।
পবনকুমার ! তুমি আপনা সংবর ॥
অশীতি যোজন অঙ্গ লাগে অন্তরীক্ষে।
আপনা সংবর বাছা ! কেহ পাছে দেখে ॥
শুনিয়া সীতার কথা বীর হনুমান্।
দেখিতে দেখিতে হয় বিঘত-প্রমাণ ॥
জানকী বলেন বাছা পবনকোঙর।
তোমার বিক্রমেতে আমার লাগে ডর ॥
লক্ষ্মণেরে জানাইও আমার কল্যাণ।
তা সবার বিক্রমেতে কিসের বাখান ॥
নিমিকুলে জন্মিয়া পড়িনু সূর্য্যকুলে।
এই কি আছিল মোর লিখন কপালে ?
রাম হেন স্বামী যার আছে বিদ্যমান।
রাক্ষসে তাহার করে এত অপমান ?
সুগ্রীবেরে জানাইও আমার মিনতি।
যত কিছু আছে তাঁর সৈন্য সেনাপতি ॥
দুমাস জীবন তার এক মাস রয়।
মাস গেলে বাছা ! মোর জীবন সংশয় ॥
দুই মাস রাবণ দিয়াছে প্রাণদান।
অতঃপর কাটিয়া করিবে খান খান ॥
আমি মলে সবাকার বৃথা আয়োজন।
যদি শীঘ্র এস তবে রহিবে জীবন ॥
শুনিয়া সীতার এই করুণ-বচন।
নেত্রনীরে ভিজে বীর পবননন্দন ॥

হনুমান্ বলে, শুন জগতজননী !
না কর ক্রন্দন মাতা সংবর আপনি ॥
নিদর্শক দেহ কিছু যাইব ত্বরিতে।
মাসেকের মধ্যে ঠাট আনিব লঙ্কাতে ॥
মাথা হৈতে খসাইয়া সীতা দেয় মণি।
মণি দিয়া তার ঠাঁই কহেন কাহিনী ;—
মাসেকের মধ্যে যদি করহ উদ্ধার।
তোমার কল্যাণে সীতা জীয়ে এইবার ॥
আর কি কহিব কথা প্রভুর চরণে।
ইন্দ্রসুত কাক মোর আঁচড়িল স্তনে ॥
শ্রীরাম ঐষীক বাণ করেন সন্ধান।
অনুসরি যান তার বধিতে পরাণ ॥
কাক গিয়া বাসবের লইল শরণ।
সে ঐষীক বাণ তবে হইল ব্রাহ্মণ ॥
দ্বিজবেশে কহে গিয়া বাসবের ঠাঁই।
শ্রীরামের বাণ আমি অই কাক চাই ॥
সেই বাণ দেখি ইন্দ্র উঠিল তখন।
করযোড়ে তার আগে করিল স্তবন ॥
বাণ বলে মোর ঠাঁই নাহি পরিত্রাণ।
ত্রিভুবনে ব্যর্থ নহে শ্রীরামের বাণ ॥
বাণের গর্জ্জন শুনি ভীত পুরন্দর।
জয়ন্ত কাকেরে দিল বাণের গোচর ॥
রামকে আনিয়া দিল বিন্ধি এক আঁখি।
করুণাসাগর প্রাণে না মারেন পাখী ॥
এত অপরাধে তারে না মারেন প্রাণে।
ত্রিভুবন তুল্য নহে শ্রীরামের গুণে ॥
রাম হেন পতি যার আছে বিদ্যমান।
রাক্ষসে তাহার এত করে অপমান ?
অনন্তর মস্তকে বাঁধিয়া শিরোমণি।
দেশেতে চলিল বীর করিয়া মেলানি ॥

মেলানি করিয়া বীর দেশেতে আইসে।
মনে সাত পাঁচ বীর হনুমান্ ভাষে॥
আচম্বিতে আসিলাম যাই আচম্বিতে।
হরিষ বিষাদ কিছু না থাকিবে চিতে॥
রামের কিঙ্কর যাব সাগরের পার।
রাবণেরে কিঞ্চিৎ দেখাই চমৎকার॥
জন্মাই সীতার হর্ষ রাবণের ত্রাস।
স্বর্ণলঙ্কাপুরী আজি করিব বিনাশ॥
বাঁধিয়াছে মণিতে অশোক-বৃক্ষগুঁড়ি।
সেই বনে হনূমান্ যায় ধীরি ধীরি॥
সীতা বলিলেন, বাছা! হইল স্মরণ।
অমৃতের ফল কিছু করহ ভক্ষণ॥
হাত পাতি লয় বীর পরম কৌতুকে।
অমনি ফেলিয়া দিল আপনার মুখে॥
অমৃতসমান সেই অমৃতের ফল।
ফল খেয়ে হনূমান্ হইল বিকল॥
হনূমান কহে ওগো জননী জানকি!
অমৃতসমান ফল আরো আছে না কি?
কোথায় তাহার গাছ কহ ত বিধান।
খাইব সকল ফল দেখ বিদ্যমান॥
সীতা বলিলেন, তব বৃথা আগমন।
মম বার্ত্তা না পাবেন শ্রীরাম-লক্ষ্মণ॥
তুমি একা বানর রাক্ষস বহু জন।
তোমারে দেখিবামাত্র বধিবে জীবন॥
হনূমান্ বলে মাতা! ভাব কেন আর।
রাক্ষস-কটক আমি করিব সংহার॥
মনে চিন্তা না করিও শুনহ বচন।
দেখাইয়া দাও মাতা অমৃতের বন॥
দেখান অঙ্গুলি দ্বারা সীতা সেই বন।
নিঃশব্দে চলিল বীর পবননন্দন॥

জাল দড়া দিয়া বান্ধা আছে চারি পাশ।
তাহা দেখি মারুতির উপজিল হাস॥
খাইতে না পারে পক্ষী রাক্ষসেরা রাখে।
ধীরে ধীরে হনূমান্ সেই বনে ঢোকে॥
নেউল-প্রমাণ হয়ে বৃক্ষডালে আছে।
তাহারে দেখিয়া পক্ষী নাহি রহে গাছে॥
ফল রাখে হনূমান্ ডালে ডালে পাড়ি।
দেখিয়া রাক্ষস সব হেসে গড়াগড়ি॥
রাক্ষসেরা বলে এ বানর নাহি মারি।
রাখুক বানর ফল নিদ্রা আগে সারি॥
বৃক্ষতলে নিদ্রা যায় সে রাক্ষসগণ।
ফল সব খায় বীর পবননন্দন॥
ফল ফুল খায় বীর ছিন্ন করে পাতা।
উপাড়িয়া ফেলে গাছ কোথা বৃক্ষলতা॥
ডাল ভাঙ্গে হনূমান্ শব্দ মড়মড়ি।
আতঙ্কে রাক্ষস সব উঠে দড়বড়ি॥
উঠিয়া রাক্ষসগণ চারিদিকে চায়।
অমৃতের বন দেখে কিছু নাহি তায়॥
নানা অস্ত্র শূল শেল-মুষল মুদ্গর।
বহু অস্ত্র মারে তারা হনূর উপর॥
নানা অস্ত্র রাক্ষসেরা ফেলে অতি কোপে।
লাফে লাফে হনূমান্ সব অস্ত্র লোফে॥
কুপিলেন হনূমান্ পবননন্দন।
সবার উপরে করে গাছ বরিষণ॥
গাছ লয়ে হনূমান্ যায় তাড়াতাড়ি।
গাছের প্রহারে মারে দশ বিশ কুড়ি॥
হনূমান্ যুঝে যেন মদমত্ত হাতী।
কারে মারে চাপড় কাহারে মারে লাথি॥
দশ বিশ চেড়ী ধরি মারিছে আছাড়।
মাথার ভাঙ্গিছে খুলি করে চূর্ণ হাড়॥

প্রাণ লয়ে কত চেড়ী পলাইল ত্রাসে।
সীতারে জিজ্ঞাসে বার্ত্তা ঘন বহে শ্বাসে॥
চেড়ী সব কহে, সীতা! সত্য কহ বাণী।
বানরের সহিত কি কহিলে কাহিনী॥
সীতা বলিলেন কোন্ জন মায়া ধরে।
আমি কি জানিব সবে জিজ্ঞাস বানরে॥
ভাঙ্গিল অশোক-বন বড় বড় ঘর।
ত্রাসে বার্ত্তা কহে গিয়া রাবণ-গোচর॥
আসিয়াছে কোথাকার একটা বানর।
অমৃতের বন ভাঙ্গে ছোট বড় ঘর॥
যে সীতার প্রতি তুমি সঁপিয়াছ মন।
হেন সীতা বানরে করিল সম্ভাষণ॥
সীতা নাড়ে হাতটি বানরে নাড়ে মাথা।
বুঝিতে নারিনু নর বানরের কথা॥
সত্বর বাঁধিয়া আনি করহ বিচার।
বিলম্ব হইলে কারো নাহিক নিস্তার॥
কুপিল রাবণ রাজা তাহাদের বোলে।
ঘৃত দিলে অগ্নিতে যেমন অগ্নি জ্বলে॥
মার মার শব্দে করে তর্জ্জন-গর্জ্জন।
দশানন দশদিক্ করে নিরীক্ষণ॥
সম্মুখে দেখিল মূঢ় নামেতে কিঙ্কর।
তারে আজ্ঞা দিল রাজা ধরিতে বানর॥
চলিল কিঙ্কর মূঢ় যমের দোসর।
ত্বরা করি গেল হনূমানের গোচর॥
ধেয়ে যায় রাক্ষস বধিতে হনূমান্।
প্রাচীরে বসিল বীর পর্বতপ্রমাণ॥
জাঠা শেল সাবল মুষল ফেলে কোপে।
লাফে লাফে হনূমান্ সব অস্ত্র লোফে॥
উপাড়ে ঘরের থাম পর্বত-আকার।
থামের দ্বারেতে বীর করে মহামার॥
আথালি পাথালি মারে দুহাতিয়া বাড়ি।
পড়িয়া কিঙ্কর মূঢ় যায় গড়াগড়ি॥
পাঠাইল মারিয়া মূঢ়েরে যমঘর।
বাছিয়া উপাড়ে গাছ চাঁপা নাগেশ্বর॥
যে স্থানে থাকেন সীতা তাহা মাত্র রাখে।
আর সব চূর্ণ করে যা দেখে সম্মুখে॥
দশ বিশ জনে ধরি মারিছে আছাড়।
মস্তক ভাঙ্গিয়া কারো চূর্ণ করে হাড়॥
সাগরের কূলে যত বালি খরশাণ।
তাহার উপরে মুখ ঘসে হনূমান্॥
পলাইল বহু জন পাইয়া তরাস।
রাবণেরে বার্ত্তা কহে ঘন বহে শ্বাস॥
দেখিলাম যে কিছু কহিতে করি ডর।
পড়িল কিঙ্কর মূঢ় শুন লঙ্কেশ্বর!
লঙ্কা মজাইল আজি একটা বানর।
সহিতে না পারি আর করিল জর্জ্জর॥
মহাযোদ্ধাপতি তার নাম জাম্বুমালী।
প্রহস্ত যোদ্ধার পুত্র বলে মহাবলী॥
রাবণ তাহাকে কহে করিয়া সম্মান।
আপন কটকে বাঁধি আন হনূমান্॥
আদেশ পাইয়া বীর দিব্য রথে যায়।
হস্তী ঘোড়া ঠাট কত তার সঙ্গে ধায়॥
বসিয়াছে হনূমান্ প্রাচীর-উপর।
কটক লইয়া গেল তাহার গোচর॥
প্রথমে হইল দুই জনে গালাগালি।
বাণ বরিষণ করে দোঁহে মহাবলী॥
অসংখ্য সে বাণ মারে বানরের বুকে।
মুখে রক্ত উঠে তার ঝলকে ঝলকে॥
বাছিয়া বাছিয়া মারে চোখা চোখা শর।
হনূমানে বিন্ধিয়া সে করিল জর্জ্জর॥

হইলেন মহাক্রোধী পবননন্দন।
শালগাছ উপাড়িয়া আনে ততক্ষণ ॥
বাহুবলে গাছ এড়ে বীর হনূমান্।
রাক্ষসের বাণে গাছ হয় খান খান ?
শালগাছ ব্যর্থ গেল হইয়া চিন্তিত।
পর্ব্বতের চূড়া বীর আনে আচম্বিত ॥
বাহুবলে এড়ে বীর পর্ব্বতের চূড়া।
জাম্বুমালী বাণেতে পর্ব্বত করে গুঁড়া ॥
জিনিতে নারিল বীর হইল চিন্তিত।
তার ঘরের মুষল পায় আচম্বিত ॥
দুই হাতে তুলি বীর মুষল সত্বর।
দোহাতিয়া বাড়ি মারে রথের উপর ॥
বাড়ি খেয়ে জাম্বুমালী গেল যমঘর।
যুদ্ধ জিনি বৈসে বীর প্রাচীর উপর ॥
ভগ্নপাক কহে গিয়া রাবণ-গোচর।
জাম্বুমালী মরে বার্ত্তা শুন লঙ্কেশ্বর ॥
ছত্রিশ কোটির যে প্রধান সেনাপতি।
সকলের তরে তারে দিলেন আরতি ॥
শুনি সত্য বিড়ালাক্ষ শার্দ্দূলপ্রমাণ।
বীর ধূম্রলোচন সে রণে আগুয়ান ॥
নানা অস্ত্র হাতে করি ধায় ত্বরাত্বরি।
হনূমানে মারিতে সবার তাড়াতাড়ি ॥
নানা অস্ত্র সাত বীর এড়ে খরশাণ।
সবে বলে আমি ত মারিব হনূমান্ ॥
সাত বীর আসিতেছে হনূমান্ দেখে।
নেউল-প্রমাণ হয়ে প্রাচীরেতে থাকে ॥
সাত বীর আসিয়া প্রাচীর পানে চায়।
লুকাইয়া হনূমান্ দেখিতে না পায় ॥
প্রাণ লয়ে পলাইল আমা সবা ডরে।
কি বলিয়া ভাণ্ডাইব রাজা লঙ্কেশ্বরে ॥
ঘরে যেতে সাত বীর করে ত্বরাত্বরি।
টান দিয়া আনে বীর বড় ঘরের কড়ি ॥
ফিরিয়া সে ঘরে যাই সবাকার মন।
পাছু পাছু যায় বীর পবননন্দন ॥
কড়ি তুলে মারে বীর রথের উপর।
তাহার আঘাতে তারা যায় যমঘর ॥
যুদ্ধ জিনি বসে বীর প্রাচীর-উপর।
ভগ্নপাক কহে গিয়া রাজার গোচর ॥
যুদ্ধ জিনিলেক রাজা একটা বানর।
সাত বীর পড়িল শুনিল লঙ্কেশ্বর ॥
অক্ষ নামে রাজপুত্র করে বীরদাপ।
বানরে মারিতে তারে আজ্ঞা দিল বাপ ॥
অক্ষ আর ইন্দ্রজিৎ দুই সহোদর।
সে ইন্দ্রজিতের তুল্য যুদ্ধে ধনুর্দ্ধর ॥
প্রসাদ দিলেক তারে নানা অলঙ্কার।
বিলাইতে দিল তারে চারিটা ভাণ্ডার ॥
পিতৃ-প্রদক্ষিণ করি রথেতে উঠিল।
হস্তী অশ্ব ঠাট কত সহিতে চলিল ॥
কটকের পদভরে কাঁপিছে মেদিনী।
কুমার অক্ষের ঠাট পাঁচ অক্ষৌহিণী ॥
হনূমান বসিয়াছে প্রাচীর-উপর।
রুষিয়া কহিছে অক্ষ শুন রে বানর ॥
অক্ষ নাম আমার সে রাবণনন্দন।
নাহিক নিস্তার আজি বধিব জীবন ॥
কোটি কোটি বাণ আজি করিব সন্ধান।
কেমনে রাখহ প্রাণ দেখি হনূমান্ ॥
সন্ধান পূরিয়া বাণ ধনুকেতে যোড়ে।
বাণ ব্যর্থ করে পাছে চিন্তিত অন্তরে ॥
লাফ দিয়া উঠে বীর গগনমণ্ডলে।
যত বাণ এড়ে সব যায় পদতলে ॥

কোপে বাণ ফেলে তার মাথার উপর।
বাণ ফুটে হনুমান হইল জর্জ্জর ॥
হনূ বলে রাজপুত্র দেখিতে বালক।
বাণগুলা এড়ে যেন অগ্নির ফলক ॥
লাফ দিয়া হনুমান্ তার রথে পড়ে।
রথখান গুঁড়া করে একই চাপড়ে ॥
রথের সারথি অশ্ব হ'ল চূরমার।
অন্তরীক্ষে পলাইল সে অক্ষকুমার ॥
রাক্ষস পলায় উর্দ্ধে হনূমান্ কোপে।
লাফ দিয়া পায়ে ধরে চিলে যেন লোফে ॥
দুই পা ধরিয়া বীর মারিল আছাড়।
ভাঙ্গিল মাথার খুলি চূর্ণ হ'ল হাড় ॥
যুদ্ধ জিনি বসে বীর প্রাচীর উপর।
কুমার পড়িল বার্ত্তা শুনে লঙ্কেশ্বর ॥
শুনিয়া রাবণ রাজা লাগিল ভাবিতে।
যুঝিবারে কহিল কুমার ইন্দ্রজিতে ॥
বড় বড় বীর যায় করিয়া গর্জ্জন।
ফিরে না আইসে তারা আমার সদন ॥
অদ্যকার যুদ্ধে যাও বাছা ইন্দ্রজিৎ।
তোমরা থাকিতে আমি যাই অনুচিত ॥
পিতৃবাক্য শুনি বীর ইন্দ্রজিৎ ভাষে।
বানরে করিব বন্দী চক্ষুর নিমিষে ॥
কি ছার বানর বেটা আমি মেঘনাদ।
যুদ্ধ জিনি অদ্য লব রাজার প্রসাদ ॥
অঙ্গুলে অঙ্গুরী দিল বাহুতে কঙ্কণ।
সর্বাঙ্গে পরিল বীর রাজ-আভরণ ॥
স্বর্ণ নবগুণ পরে পরে স্বর্ণপাটা।
পূর্ণিমার চন্দ্র যেন কপালের ফোঁটা ॥
এক হাতে ধরিয়াছে সর্বাঙ্গ দাপনি।
আর হাতে সারথিরে ডাকিল আপনি ॥
সারথি আনিল রথ সংগ্রামে অটল।
সাজাইল রথখান করে ঝলমল ॥
কনক-রচিত রথ বিচিত্র নির্ম্মাণ।
বায়ুবেগে অষ্ট অশ্ব রথের যোগান ॥
মাতঙ্গ বিংশতি কোটি তার অর্দ্ধ ঘোড়া।
তের অক্ষৌহিণী চলে ত্রিভুবন যোড়া ॥
কটকের পদভরে কাঁপিছে মেদিনী।
রণবাদ্য বাজে কত স্বর্গে লাগে ধ্বনি ॥
এত সৈন্য লয়ে বীর চলিল সত্বর।
পাছে হৈতে ডাক দিয়া বলে লঙ্কেশ্বর ॥
বালি-সুগ্রীবের শুনিয়াছ যে কাহিনী।
তার পাত্র হনুমান্ সর্বলোকে জানি ॥
সেই বা আসিয়া থাকে বীর-অবতার।
তুচ্ছ জ্ঞান না করিও যুঝিও অপার ॥

ইন্দ্রজিৎ কর্ত্তৃক হনুমান বন্দী।

পিতৃবাক্য শুনি বীর ইন্দ্রজিৎ হাসে।
বানরে বধিব আজি দেখ অনায়াসে ॥
বসিয়াছে হনূমান প্রাচীর উপর।
সৈন্য সহ ইন্দ্রজিৎ গেলেন সত্বর ॥
দেখি হনুমানেরে সে জ্বলিলেক কোপে।
গালাগালি দিল বীর অতুল প্রতাপে ॥
লতা-পাতা খাস্ বেটা পরিস কাছুটি।
মরিবারে হেথা আসি কর ছট্‌ফটি ॥
সুগ্রীবের কাল গেল ভ্রমি ডালে ডালে।
মরিবারে কি কারণে লঙ্কায় আসিলে ?
রাক্ষসের গালি শুনি হনুমান্ হাসে।
গালাগালি দিল বীর মনে যত আসে ॥
ফল-মূল খাই মোরা মুনি-ব্যবহার।
ডালে ডালে ভ্রমি সে যে নহে অনাচার ॥

আপনার অনাচার না দেখ আপনি।
রাবণের অনাচার ত্রিভুবনে শুনি ॥
নারী দশ হাজার যদ্যপি আছে ঘরে।
তথাপি যে তোর বাপ পরদার করে ॥
সতী স্ত্রী হরিয়া আনে অতি তপস্বিনী।
শাপ গালি দেয় তবু না ছাড়ে ব্রাহ্মণী ॥
স্ত্রী লাগি পুরুষ মরে বিনা অপরাধে।
ব্রাহ্মণী হরিয়া আনে শৃঙ্গারের সাধে ॥
করিলেন কত শত ব্রহ্মহত্যা-পাপ।
অন্ত নাহি যত পাপ করে তোর বাপ ॥
ত্রিভুবনে তোর যে বাপের বিসংবাদ।
কত কাল থাকে আর ঘটিল প্রমাদ ॥
সর্ব্বদা না ফলে বৃক্ষ সময়েতে ফলে।
রাবণের ব্রহ্মশাপ ফলে এত কালে ॥
এইরূপ দুই জনে হয় গালাগালি।
তার পর যুদ্ধ করে দোঁহে মহাবলী ॥
নানা অস্ত্র ইন্দ্রজিৎ করে বরিষণ।
সব অস্ত্র লুফে ধরে পবননন্দন ॥
হনুমান্ বলে বেটা তোর রথ চুরি।
দেখ তোরে আজি রে পাঠাব যমপুরী ॥
জিনিতে না পারে কেহ উভয়ে সোসর।
দুই জনে করে যুদ্ধ দুইটি প্রহর ॥
ইন্দ্রজিৎ বলে আমি পাশ অস্ত্র জানি।
পাশ-অস্ত্র ছাড়িয়া বানর বাঁধি আনি ॥
রণেতে পণ্ডিত বীর জানে নানা সন্ধি।
এড়িলেক পাশ-অস্ত্র হনূ হয় বন্দী ॥
প্রাচীর হইতে বীর পড়িয়া ভূতলে।
মনে ভাবে পাশ-অস্ত্র ছিঁড়িবারে বলে ॥
পাশ-অস্ত্র ছিঁড়িবারে নাহি লয় মনে।
রাবণের সঙ্গে দেখা করিব কেমনে?
এতেক চিন্তিয়া বীর পাশ নাহি ছিণ্ডে।
রাক্ষসে টানিয়া বাঁধে হাতে গলে মুণ্ডে ॥
কেহ হাতে পায়ে বাঁধে কেহ বাঁধে গলে।
গলা টানি বাঁধে কেহ লোহার শিকলে ॥
রাক্ষসেরে আজ্ঞা দিল বীর ইন্দ্রজিৎ।
বাপের সম্মুখে লহ বানরে ত্বরিত ॥
এত বলি ইন্দ্রজিৎ গেল আগুয়ান।
বড় বড় বীর গিয়া বেষ্টে হনুমান্ ॥
কোপে তোলপাড় করে হনূ যথোচিত।
সত্তর যোজন বীর হয় আচম্বিত ॥
সাত লক্ষ রাক্ষস সে টানাটানি করে।
তথাপি তাহার এক রোম নাহি নড়ে ॥
দেখি হনুমানের সে বিক্রম বিশাল।
চমৎকৃত হইলেক রাক্ষসের পাল ॥
হনুমান্ বলে তোরা বাজা রে দামামা।
রাজসম্ভাষণে যাব কাঁধে কর আমা ॥
সুবিস্তৃত সাঙ্গি দিয়া হনূমানে বাঁধে।
দুই লক্ষ রাক্ষসে তাহারে করে কাঁধে ॥
রাক্ষসের কাঁধে বীর মনে মনে হাসে।
কত রঙ্গ করে বীর মনের উল্লাসে ॥
যেই জিতে হনুমান কিছু দেয় ভর।
রাখ বলি রাক্ষস ছাড়িয়া দেয় রড় ॥
সাত লক্ষ রাক্ষস সে টানাটানি করে।
অচল হইল হনূ রাবণের দ্বারে ॥
নাড়িতে না পারে তারে সবে পায় ত্রাস।
সত্বরে কহিল বার্ত্তা রাবণের পাশ ॥
কষ্টেতে হইল বন্দী সে দুষ্ট বানর।
না আসে শরীর তার দ্বারের ভিতর ॥
হাসিয়া রাবণ তারে কহেন তখন।
দ্বার ভাঙ্গি শীঘ্র আন দেখি হনুমান্ ॥

রাজার আজ্ঞায় দূত আসিল সত্বরে।
দ্বার ভাঙ্গি পথ করি আনিল তাহারে॥
সাত দ্বার ভাঙ্গে তারা এক দ্বার রয়।
অচল হইল হনু টানা নাহি যায়॥
আপন ইচ্ছায় গেল পবননন্দন।
পাত্র মিত্র সহ যথা বসেছে রাবণ॥
রাজার কুমারগণ বসি সারি সারি।
বসিয়াছে যেন সবে অমরনগরী॥
চারিভিতে দেবকন্যা মধ্যেতে রাবণ।
আকাশের চন্দ্র যেন বেষ্টি তারাগণ॥
রাবণ ব্রহ্মার বরে কারে নাহি গণে।
চন্দ্র-সূর্য্য ভয়ে বসে রাবণ-সদনে॥
তার দশ শিরে শোভা করে দশ মণি।
সম্মুখেতে পড়িয়াছে সর্ব্বাঙ্গ দাপনি॥
দেখিল বানর গিয়া রাবণ-সম্পদ।
ত্রাস পেয়ে হনুমান ভাবে রাম-পদ॥
রাবণের সম্পদ দেখিয়া তার হাস।
সুন্দরকাণ্ডেতে গীত গায় কৃত্তিবাস॥

রাবণের বিচারে হনুমানের দণ্ড।

দশানন বলিছে তোমার নাহি ডর।
সত্য করি কহ রে কাহার তুমি চর?
স্বরূপেতে কহ যদি খসাব বন্ধন।
মিথ্যা যদি কহ তবে বধিব জীবন॥
হনুমান বলে আমি শ্রীরামের দূত।
ভাঙ্গিলাম তোমার কানন সে অদ্ভুত॥
বন্ধন মানিনু তোমা দেখিবার মনে।
শ্রীরামের কথা কহি শুন সাবধানে॥
সবে শুনিয়াছ দশরথ মহীপতি।
জ্যেষ্ঠপুত্র রাম তাঁর বধূ সীতা সতী॥
অগোচরে রাবণ হরিলে তুমি সীতে।
সুগ্রীবের মিত্রভাব সীতা অন্বেষিতে॥
যে বালি রাজার স্থানে তব পরাজয়।
হেন বালি মারিলেন রাম মহাশয়॥
তোর ব্রহ্ম-অস্ত্র মোর কি করিতে পারে?
বন্ধন মানিনু কিছু বুঝিবার তরে॥
রাম-সুগ্রীবের যুক্তি তাহা আমি জানি।
কুম্ভকর্ণে আর তোরে বধিবেন তিনি॥
ইন্দ্রজিৎ মারিবেন ঠাকুর লক্ষ্মণ।
আর যত রাক্ষস মারিবে কপিগণ॥
এই সত্য করিলেন সুগ্রীবের আগে।
আমি তোরে মারিলে তাঁহার সত্য ভাঙ্গে॥
মোর আগে ধরিয়াছ ছত্র নবদণ্ড।
লাঙ্গুলের দ্বারাতে করিব খণ্ড খণ্ড॥
লইয়া যাইব তোরে গলে দিয়া দড়ি।
দশ মুণ্ড ভাঙ্গিব মারিয়া এক নড়ি॥
এতেক বলিল যদি পবননন্দন।
বানরে কাটিতে আজ্ঞা করে দশানন॥
কাট কাট বলি ঘন ডাকিছে রাবণ।
মাথা নত করি বলে ভাই বিভীষণ॥
দূতকে কাটিলে রাজা হবে অনাচার।
আজি হ'তে ঘুচিবে দূতের ব্যবহার॥
আত্মকথা পরকথা দূত-মুখে শুনি।
কাটিতে এমন দূত অনুচিত বাণী॥
পরের গরব করে অপরাধী কিসে।
যাঁর গর্ব্ব করে তাঁরে মারিতে আইসে॥
দূতের এক শাস্তি আছে মুড়াইতে মুণ্ড।
ইহা ভিন্ন দূতের নাহিক অন্য দণ্ড॥
এই যুক্তি বলে হনু পাইল জীবন।
লাঙ্গুল পোড়াতে আজ্ঞা করিছে রাবণ॥

লেজ পোড়াইয়া এরে পাঠাও সে দেশে।
লেজ-পোড়া দেখি যেন জ্ঞাতি-বন্ধু হাসে ॥
এই আজ্ঞা করিলেক রাজা লঙ্কেশ্বর।
লেজ পোড়াইতে সবে আসিল সত্বর ॥
কুপিত হইল বীর পবননন্দন।
বাড়াইয়া দিল লেজ পঞ্চাশ যোজন ॥
লেজ দেখি রাবণের বড় হ'ল ডর।
ধর ধর ডাক দিল রাজা লঙ্কেশ্বর ॥
ঘটেছিল যে দুঃখ বালির লেজ টেনে।
লেজ দেখি রাবণের তাহা হ'ল মনে ॥
তিন লক্ষ রাক্ষস চাপিয়া লেজ ধরে।
সবে মেলি লেজ ফেলে ভূমির উপরে ॥
ত্রিশ মণ বস্ত্র সবে আনিল নিকটে।
এত বস্ত্র আনে এক লেজে নাহি আঁটে ॥
লঙ্কার মধ্যেতে ছিল যতেক কাপড়।
ঘৃত তৈল দিয়া তাহা করিল জাবড় ॥
কাপড় তিতিল লেজ পড়িল ভূতলে।
লেজে অগ্নি দিতে তবে দব্ দব জ্বলে ॥
লেজে অগ্নি দিল দেখি হনুমান হাসে।
আপন বুদ্ধিতে বেটা পড়ে সর্ব্বনাশে ॥
জানকীর বরে অগ্নি নাহি লাগে গায়।
লেজে অগ্নি দিতে বীর চারিদিকে চায় ॥
রাবণ বলিছে দুষ্ট কপি মহাবীর।
ইহারে ঝটিতি কর প্রাচীর-বাহির ॥
ঘুরি ঘুরি লয়ে ভ্রম চাতরে চাতর।
স্ত্রী পুরুষ দেখে যেন লঙ্কার ভিতর ॥
লেজে অগ্নি দিলেক কাঁকালে দিল দড়ি।
দেখিবারে সকলে আসিল তাড়াতাড়ি ॥
কেহ বলে স্বামী ম'ল সংগ্রাম-ভিতর।
কেহ বলে মরিল আমার সহোদর ॥
কেহ বলে পড়িল বান্ধব বন্ধু জ্ঞাতি।
কেহ বলে পুত্র মোর পড়ে যোদ্ধাপতি ॥
ইষ্ট বন্ধু কুটুম্ব মারিল সবাকারে।
জর্জ্জর হইল সব তাহার প্রহারে ॥
ইট-পাটকেল মারে যে দেখে ডাগর।
শেল শূল মারে আর লোহার মুদ্গর ॥
হনুমানে দেখিয়া সকলে কাঁপে ডরে।
ইহারে কে ধরে আজি সভার ভিতরে ॥
ভাগ্যেতে ইহার ঠাঁই পাইনু নিস্তার।
দেখিবামাত্রেতে সব করিবে সংহার ॥
শুনিয়া সবার যুক্তি বানরের হাস।
এখন যাইয়া কোথা করে সর্ব্বনাশ ॥
ঘুরি ঘুরি লয়ে ফিরে নগরে নগর।
চেড়ী সব বার্ত্তা কহে সবার গোচর ॥
যে বানর সঙ্গে তুমি কহিলে কাহিনী।
লেজে অগ্নি গলে দড়ি করে টানাটানি ॥
বার্ত্তা শুনি সীতাদেবী মৃত্যু হেন গণে।
অগ্নি জ্বালি পূজে সীতা বিবিধ বিধানে ॥
কায়মনোবাক্যে যদি আমি হই সতী।
তবে তব ঠাঁই হনূ পাবে অব্যাহতি ॥
অগ্নি পূজি সীতাদেবী করিছে ক্রন্দন।
জানকীরে ডাক দিয়া বলে দেবগণ ॥
ব্রহ্মা বলিলেন, ওগো শুন দেবী সীতে!
বানরের জন্যে তুমি না হও চিন্তিতে ॥
তোমার বরেতে তার কারে নাহি শঙ্কা।
এখনি যে হনুমান্ পোড়াইবে লঙ্কা ॥
কৌতুকে দেখিতে আসিলাম দেবগণ।
হরিষে বিষাদ তুমি কর কি কারণ?
ক্রন্দন সংবরে সীতা ব্রহ্মার আশ্বাসে।
রচিল সুন্দরকাণ্ড কবি কৃত্তিবাসে ॥

হনুমান কর্তৃক লঙ্কা দগ্ধ।

পর্ব্বত-প্রমাণ ছিল যেই হনূমান্।
ঘুচাইতে বন্ধন সে নেউল-প্রমাণ॥
রাক্ষসের হাতে রহে সকল বন্ধন।
মাথা গুঁজি বাহিরায় পবননন্দন॥
হনূমানে বেড়ি ছিল যতেক রাক্ষসে।
তাহার বিক্রম দেখি পলায় তরাসে॥
হাতে গাছ হনূমান যায় তাড়াতাড়ি।
গাছের বাড়িতে মারে দশ বিশ কুড়ি॥
কারো প্রাণ লয় মারি লাঙ্গুলের বাড়ি।
লেজের অগ্নিতে কার দগ্ধে গোঁপ দাড়ি॥
পলায় রাক্ষস সব ফিরিয়া না চাহে।
হাতে গাছ হনূমান্ রাজদ্বারে রহে॥
মহাবীর হনূমান্ চারিদিকে চায়।
লঙ্কাপুরী পোড়াইতে চিন্তিল উপায়॥
সব ঘরে জ্বলে যেন রাবণ কিরণ।
ঘরে ঘরে অগ্নি বীর করে সমর্পণ॥
মেঘেতে বিদ্যুৎ যেন লেজে অগ্নি জ্বলে।
লাফ দিয়া পড়িল বড় ঘরের চালে॥
পুত্রের সাহায্য হেতু বায়ু আসি মিলে।
পবনের সাহায্যে দ্বিগুণ অগ্নি জ্বলে॥
উনপঞ্চাশৎ-বায়ু হয় অধিষ্ঠান।
ঘরে ঘরে লাফ দিয়া ভ্রমে হনূমান্॥
এক ঘরে অগ্নি দিতে আর ঘর জ্বলে।
কে করে নির্ব্বাণ তার কেবা কারে বলে॥
পুড়ে পড়ে অগ্নিতে বড় ঘরের চাল।
কত স্ত্রী-পুরুষের গায়ের গেল ছাল॥
উলঙ্গ উন্মত্ত কেহ পলায় সত্বরে।
লেজে জড়াইয়া ফেলে অগ্নির উপরে॥
ছোট বড় পুড়িয়া মরিল এককালে।
রাক্ষস মরিল কত স্ত্রী লইয়া কোলে॥
কেহ বা পুড়িয়া মরে ভার্য্যা পুত্র ছাড়ি।
কাহারো মাকুন্দ মুখ দগ্ধ গোঁপ দাড়ি॥
লঙ্কামধ্যে সরোবর ছিল সারি সারি।
তাহাতে নামিল যত রাক্ষসের নারী॥
সুন্দর নারীর মুখ নীরে শোভা করে।
ফুটিল কমল যেন সেই সরোবরে॥
দূরে থাকি দেখে হনূমান মহাবল।
লেজের অগ্নিতে তার পোড়ায় কুন্তল॥
সর্ব্বাঙ্গ জলের মধ্যে জাগে মাত্র মুখ।
অগ্নিতে পোড়ায় মুখ দেখিতে কৌতুক॥
ত্রাসে ডুব দিল যদি জলের ভিতরে।
জল পিয়া ফাঁপর হইয়া সবে মরে॥
স্ত্রীবধ করিয়া ভাবে পবননন্দন।
বধিলাম তিন লক্ষ নারীর জীবন॥
রত্নেতে নির্ম্মিত ঘর অতি মনোহর।
লেখাজোখা নাই যত পোড়ে রাজঘর॥
পর্ব্বত-প্রমাণ অগ্নি চতুর্দ্দিকে বেড়ে।
হস্তী অশ্ব পোষা পক্ষী তাহে কত পোড়ে॥
কৌতুকেতে রাবণ ময়ুর পক্ষী পোষে।
লেজ পোড়া গেল সে পেখম ধরে কিসে॥
স্বর্ণময় লঙ্কাপুরী তিলেকেতে পোড়ে।
রাজঘর পাত্রঘর কিছু নাহি এড়ে॥
অন্য অন্য ঘর বীর সকল পোড়ায়।
কুম্ভকর্ণ বিভীষণে কেবল বাঁচায়॥
ব্রহ্মাবরে বিভীষণ-গৃহ নাহি পোড়ে।
কুম্ভকর্ণ-গৃহ বাঁচে গাছের আওড়ে॥
গৃহমধ্যে কুম্ভকর্ণ নিদ্রায় কাতর।
ঘরে অগ্নি লাগিলে মরিত নিশাচর॥

যুদ্ধ করি মরিবারে নির্ব্বন্ধ যে আছে।
তেঁই অন্য ঘর পোড়ে তার ঘর বাঁচে॥
সব লঙ্কা পোড়াইয়া করে ছারখার।
লঙ্কার সকল প্রাণী করে হাহাকার॥
হনুমান্ ভাবে সীতা হইল বিনাশ।
হিতে বিপরীত করি এ কি সর্ব্বনাশ॥
চতুর্দ্দিকে অগ্নি জ্বলে মরে সব প্রাণী।
রক্ষা না পাইল বুঝি রামের ঘরণী॥
কি করিনু ধিক্ ধিক্ আমার জীবন।
বল বুদ্ধি বিক্রম আমার অকারণ॥
এই সীতা হেতু আমি পারাবার তরি।
হেন সীতা পোড়াইয়া কেন প্রাণ ধরি॥
কোন্ কর্ম্ম করি পোড়াইয়া লঙ্কাপুরী।
সেবক পোড়ানু আজি প্রভুর সুন্দরী॥
সাগরে কুম্ভীরে মোরে করুক আহার।
অগ্নিতে পুড়িয়া কিংবা হই ছারখার॥
সাগরেতে কিংবা করি আগুনে প্রবেশ।
এখানে মরিব আমি না যাইব দেশ॥
দেবগণ ডাকি বলে হনুমান শুনে।
সীতাদেবী রক্ষা পায় না পোড়ে আগুনে॥
তুমি লঙ্কা দগ্ধ কর মনের হরিষে।
ভস্ম করি ফেল লঙ্কা রাখিয়াছ কিসে?
দেববাক্যে বানর সাহসে করি ভর।
লাফে লাফে পোড়াইল শত শত ঘর॥
পুড়িয়া মরিল যত রাক্ষস-রাক্ষসী।
কৃত্তিবাস রচে লঙ্কা হয় ভস্মরাশি॥

সীতার নিকটে হনুমানের পুনরাগমন।

দ্বিশত যোজন অগ্নি ব্যাপিল গগন।
সীতা ভাবে পুড়ি মরে পবননন্দন॥
বিলাপ করেন সীতা হইয়া ব্যাকুল।
সরমা রাক্ষসী তাঁরে বুঝায় অতুল॥
বন্দী হইয়াছে সেই শুনেছ কাহিনী।
রাজারে সে বলিলেক দুরক্ষর বাণী॥
লেজে অগ্নি দিল তার পোড়াবার তরে।
সেই অগ্নি দিল হনুমান্ ঘরে ঘরে॥
হনুমান্ নাহি পোড়ে আছে সে কুশলে।
লঙ্কা পোড়াইয়া হনূ এল হেনকালে॥
সীতার নিকটে গিয়া পবননন্দন।
ফেলিল লেজের অগ্নি সাগরে তখন॥
নির্বাণ না হয় অগ্নি আরো জ্বলে জলে।
সীতার নিকটে হনূ যোড়করে বলে;—
মা জানকি! জান কি গো ইহার কারণ।
কেমনে নির্বাণ হবে এই হুতাশন?
সীতা বলে মুখামৃত দেহ হনূমান্।
জ্বালা তব দূর হবে হইবে নির্বাণ॥
তবে হনূ হয়ে অতি জ্বালায় কাতর।
জ্বলন্ত লাঙ্গুল পূরে মুখের ভিতর॥
নির্বাণ হইল জ্বালা পুড়ে গেল মুখ।
সিন্ধুতীরে গেল হনূ মনে পেয়ে দুখ॥
জলে মুখ দেখে বীর মনাগুনে জ্বলে।
পুনরপি জানকী-নিকটে আসি বলে;—
তব কার্য্যে আসি মাগো পুড়ে গেল মুখ।
জ্ঞাতিবর্গ হাসিবেক সে যে বড় দুখ॥
সীতা বলে জ্ঞাতিবর্গ কেহ নহে ছাড়া।
মম বাক্যে সকলের হবে মুখ পোড়া॥
হনূমান্ বলে, তবে আসি গো জননি!
আমি গেলে আসিবেন রাম রঘুমণি॥
শ্রীরামের হাতে ধ্বংস হবে দশানন।
লঙ্কা ধ্বংস হবে এই বলিনু বচন॥

আসিবেন শুভক্ষণে সুগ্রীব-লক্ষ্মণ।
হইবেন লঙ্কাজয়ী রাম নারায়ণ ॥
ভয় না করিও মাতা জনকনন্দিনী।
এত বলি প্রণমিল হয়ে যোড়পাণি ॥
আনন্দিতা সীতা হনুমানেরে আশ্বাসে।
গাহিল সুন্দরকাণ্ড কবি কৃত্তিবাসে ॥

শ্রীরাম প্রভৃতির নিকটে হনুমানের প্রত্যাগমন।

সীতার মস্তকোপরি রামের সন্দেশ।
মেলানি পাইয়া হনু চলিলেন দেশ ॥
তাহার চরণভরে শিলা বৃক্ষ ভাঙ্গে।
সমুদ্র তরিতে উঠে পর্বতের শৃঙ্গে ॥
পর্ব্বতে উঠিয়া বীর সাগর নেহারে।
এক লাফে উঠে বীর গগন-উপরে ॥
সিংহনাদ ছাড়ে বীর অতিশয় সুখে।
সিংহনাদ তাহার উত্তরকূলে ঠেকে ॥
ডাক দিয়া তখন বলিছে জাম্বুবান্।
সর্বকার্য সিদ্ধ করি আসে হনূমান্ ॥
যেমন বিক্রমে আসে হেন শব্দ শুনি।
দেখিয়াছে নিশ্চয় সে রামের ঘরণী ॥
পবন-গমনে বীর আইসে সত্বর।
চক্ষুর নিমেষে এল অর্দ্ধেক সাগর ॥
দূর হইতে পর্বতেরে নমস্কার করে।
পার হয়ে রহে বীর পর্বত-শিখরে ॥
হনূমানে দেখিবারে বানর আসিল।
ধন্য ধন্য বীর বলি সবে প্রশংসিল ॥
আগে আসি প্রণমিল কুমার অঙ্গদে।
জাম্বুবান্ আদি বন্দে পরম আহ্লাদে ॥
সোসর বানর সঙ্গে করে কোলাকুলি।
ফল-ফুল যোগায় সকলে কুতূহলী ॥
অঙ্গদের সভায় জিজ্ঞাসে জাম্বুবান্।
কি দেখিলে কি শুনিলে বল হনূমান্ ॥
কেমনে দেখিলে তুমি স্বর্ণলঙ্কাপুরী?
কেমনে দেখিলে তুমি রামের সুন্দরী?
সীতা সঙ্গে রাবণের কিবা ব্যবহার?
কেমনে দেখিলে তুমি সীতার আকার?
হনূমান্! কহ সবিশেষ সমাচার।
রাক্ষসের হাতে কিসে পাইলে নিস্তার?
তোমার লাগিয়া ছিল চিন্তা অতিশয়।
তবে দেশে যাই যদি ইষ্টসিদ্ধ হয় ॥
এত যদি জিজ্ঞাসা করিল জাম্বুবান।
অঙ্গদ-গোচরে বার্ত্তা কহে হনূমান্ :—
শতেক যোজন হয় সাগর পাথার।
অনেক সঙ্কটে আমি হইলাম পার ॥
দুই প্রহর রাত্রি গেল তৃতীয় প্রহরে।
দেখিলাম অশোকবনেতে জানকীরে ॥
আগে বহু কষ্ট ইষ্ট সিদ্ধ হয় শেষে।
চলহ রামের ঠাঁই কহিব বিশেষে ॥
শুনি শুভ সমাচার হৃষ্ট যুবরাজ।
সীতা উদ্ধারিতে চাহে নাহি সহে ব্যাজ ॥
জানাইতে শ্রীরামেরে বিলম্ব বিস্তর।
সীতা উদ্ধারিয়া চল রামের গোচর ॥
একেশ্বর হনূমান্ লঙ্ঘিল সাগর।
তোমরা সাহস কর সকল বানর ॥
অঙ্গদের কথা শুনি জাম্বুবান্ হাসে।
যত কিছু বল মোর মনে নাহি বাসে ॥
সীতা উদ্ধারিতে রাজা করিলেন পণ।
তোমরা করিলে তাহা ঘটিবে কেমন?
সীতার চরিতে রাম করেন বিচার।
তব বাক্যে সীতা নিলে হবে তিরস্কার ॥

দশযোজন লঙ্ঘিতে নারে কপিগণ।
কোন্ জন তরিবে শতেক যোজন?
এত যদি জাম্বুবান্ অঙ্গদেরে বলে।
কুপিয়া অঙ্গদ বীর অগ্নি হেন জ্বলে॥
অকারণে বুড়াটি পাকিল তোর কেশ।
নিজে বুড়া পরেতে শিখাও উপদেশ॥
আপনার মত দেখ সকল সংসার।
লেজে চাপি ধর মোর হব সিন্ধু পার॥
হনুমান্ বলে, তুমি না হও অস্থির।
পৃথিবীমণ্ডলে নাই তোমা হেন বীর॥
সর্বলোকে বলে তব মন্ত্রী জাম্বুবান।
মন্ত্রীর মন্ত্রণা কভু না করিহ আন॥
শুনিয়া অঙ্গদ বীর হাসে মহোল্লাসে।
বানর-কটক সহ চলে নিজ দেশে॥
কটক যুড়িয়া যায় পৃথিবী আকাশ।
দেশে গিয়া উপস্থিত মধুবন-পাশ॥
দেখিতে মধুর বন অতি মনোহর।
কোন প্রাণী নাহি যায় তাহার ভিতর॥
সহস্র সহস্র কপি মধুবন রাখে।
বালির সময়াবধি মধুবনে থাকে॥
মধুগন্ধে কপিগণ অত্যন্ত বিকল।
খাইবারে নাহি পারে হইল চঞ্চল॥
মধুপানে মন্ত্রণা করিল জাম্বুবান্।
অঙ্গদের ঠাঁই আজ্ঞা মাগ হনুমান্।
আনিয়া সীতার বার্ত্তা দিয়াছ আহ্লাদ।
অঙ্গদের ঠাঁই লহ রাজার প্রসাদ॥
অঙ্গদের কাছে কহে যোড় করি হাত।
রাজার প্রসাদ চাহি বানরের নাথ!
অঙ্গদ বলেন, বীর! যে দিলে আহ্লাদ।
যাহা চাহ তাহা লহ কি রাজপ্রসাদ?

হনুমান্ বলে, মধু অমৃত সমান।
সকল বানরে খাই যদি দেহ দান॥
অঙ্গদ বলেন, মধু খাও ইচ্ছামত।
সুগ্রীব না হইবেন ইথে অসম্মত॥
হরষিত সকলে পাইয়া মধুবন।
স্বেচ্ছামত আনন্দে করিছে মধুপান॥
নিঙ্গুড়িয়া খায় কেহ পিয়ে ত চুমুকে।
সকল ভাণ্ডার শূন্য করিল কটকে॥
মধু পিয়ে কপিগণ হইল পাগল।
মারামারি হুড়াহুড়ি করিছে কোন্দল॥
কেহ নাচে কেহ হাসে কেহ গায় গীত।
কেহ হারে কেহ জিনে সবে আনন্দিত॥
রুষিয়া করিল মানা মধুর রক্ষক।
মার মার বলে তারে অঙ্গদ-কটক॥
চুলেতে ধরিয়া কেহ ঘুরায় আকাশে।
মহাক্রোধে যায় কেহ অঙ্গদের পাশে॥
তোমার আজ্ঞায় মোরা করি মধুপান।
কোথাকার বানর লইতে চাহে প্রাণ?
কুপিল অঙ্গদ-বীর শুনিয়া বচন।
সাজ সাজ বলি ডাকে বালির নন্দন॥
কটক লইয়া যুবরাজ যায় কোপে।
কুপিল সে দধিমুখ আসে এক চাপে॥
অঙ্গদের প্রতাপ সহিবে কোন জন?
দধিমুখ এড়িয়া পলায় কপিগণ॥
অঙ্গদ কহিছে ওরে শুন দধিমুখ।
তোরে আজি মারি যদি তবে যায় দুখ॥
জানিয়া সীতার বার্ত্তা আনিল যে জন।
তারে দান দিতে আমি হইব কৃপণ?
রাজকার্য্য করি নাহি খাই পিতৃধন।
ঘরেতে বসিয়া ভোগ কর মধুবন॥

পিতৃধন মধুবন করিল ভক্ষণ।
মনের বাসনা তোরে কাটিতে এক্ষণ ॥
বাপের মাতুল যে সম্বন্ধে বড বাপ।
তেকারণে না মারিনু তোমা হেন পাপ ॥
জর্জ্জর হইয়া বীর আঁচড়ে কাঁমড়ে।
শীঘ্র দধিমুখ সুগ্রীবের পায়ে পড়ে ॥
পায়েতে পড়িয়া কহে নিজ অপমান।
মধুবন নাশয়ে অঙ্গদ হনুমান্ ॥
তোমরা দু-ভাই যাহা করিলে পালন।
এত কালে নষ্ট করে সেই মধুবন ॥
না রাম না গঙ্গা রাজা করিল উত্তর।
জিজ্ঞাসে লক্ষ্মণ সুগ্রীবেরে অতঃপর ॥
মামা হয়ে দধিমুখ ধরিল চরণ।
অপমান পাইয়াছে করিছে ক্রন্দন ॥
না দেহ সান্ত্বনা-বাক্য না দেহ উত্তর।
কি হেতু মামার প্রতি এত অনাদর ?
সুগ্রীব বলেন শুনি লক্ষ্মণের কথা !
অভিপ্রায় বুঝিলে উত্তর দিব তথা ॥
দক্ষিণ দিকেতে যারা করিল গমন।
লুটিয়া খাইল তারা রম্য মধুবন ॥
মারি তাড়াইল এরে এই মধু রাখে।
এই সব কথা কহে মামা দধিমুখে ॥
সুগ্রীবে লক্ষ্মণ কহে অপরূপ শুনি।
কে আসিল কে কহিল দক্ষিণ-কাহিনী ॥
শ্রীরাম বলেন যারা গিয়াছে দক্ষিণে !
তারা কি আসিল জান বার্ত্তা এইক্ষণে ॥
সুগ্রীব বলেন, মিত্র ! না হও অস্থির।
দক্ষিণেতে গিয়াছিল বড় বড় বীর ॥
আপনি অঙ্গদ আর মন্ত্রী জাম্বুবান্।
কার্য্যের সাধক নিজে বীর হনুমান্ ॥
তব কার্য্যে হনুমান্ বড়ই তৎপর।
অবশ্য হয়েছে সীতা তাহার গোচর ॥
ধার্ম্মিক পণ্ডিত হনুমান মহাশয়।
দেখিয়াছে সীতারে সে কহিনু নিশ্চয় ॥
শ্রীরাম বলেন, মিত্র ! তোমার বচনে।
যে আনন্দ পাইলাম কহিব কেমনে ?
হনুমান্-অঙ্গদেরে ডাকিয়া আনাও।
কহিয়া সীতার বার্ত্তা পরাণ জুড়াও ॥
সুগ্রীব বলেন এস মামা দধিমুখ !
অঙ্গদের বাক্যে মামা ! না ভাবিও দুঃখ ॥
সম্বন্ধে তোমার নাতি সেই যুবরাজ।
নাতির নিকটে তব নাহি কোন লাজ ॥
শীঘ্র চল মামা ! তুমি আমার বচনে।
অঙ্গদ-শ্রীহনুমানে আন এইখানে ॥
রাজ-আজ্ঞা পাইয়া হরিষ দধিমুখ।
এক লাফে পড়ে গিয়া অঙ্গদ-সম্মুখ ॥
মাথা অবনত করি কহে যোড়হাত।
রাজবার্ত্তা কহি শুন বানরের নাথ !
তব দোষ কহিলাম সুগ্রীবের স্থানে।
তব অপরাধ রাজা না শুনিল কানে ॥
নিজ ধন খাও তুমি বাপের অর্জ্জিত।
সেবক হইয়া কহিলাম অনুচিত ॥
শ্রীরাম সুগ্রীব বসিয়াছে দুই জন।
ত্বরা গিয়া কর তুমি রাম-সম্ভাষণ ॥
সেবক-বৎসল বড় সুশীল অঙ্গদ।
মধুবন রক্ষা তারে দিলেন সম্পদ ॥
চলিল অঙ্গদ বীর হয়ে হরষিত।
কৌতুকেতে যায় বহু বানর-বেষ্টিত ॥
সকল ঠাটের আগে বীর হনুমান্।
শ্রীরামের ঠাঁই যায় পর্ব্বত-প্রমাণ ॥

দূরে দেখিলেন রাম পবননন্দনে।
বসিয়াছিলেন উঠিলেন ততক্ষণে॥
সশঙ্কিত শ্রীরাম করেন অনুমান।
কি জানি কেমন বার্ত্তা কহে হনুমান॥
সাত পাঁচ ভাবি রাম জিজ্ঞাসেন তাকে।
হনুমান! দেখেছ কি আমার সীতাকে?
যদি সীতা দেখে থাক বীর হনুমান।
সর্ব্বকার্য্য সিদ্ধ হবে তবে রবে প্রাণ॥
শ্রীরাম-চরণে বীর করি প্রণিপাত।
নিবেদন করে তবে যোড় করি হাত॥
লঙ্কামধ্যে দেখিয়াছি অশোক-কাননে।
কহিব সকল কথা প্রভু! তব স্থানে॥
এক শত যোজন সে সাগর পাথার।
অনেক কষ্টেতে আমি হইলাম পার॥
অন্ধকারে করিলাম লঙ্কায় প্রবেশ।
রাজ-অন্তঃপুরে না পাইলাম উদ্দেশ॥
আবাসে আবাসে আমি সীতা নাহি দেখি।
কাঁদিলাম বিস্তর হইয়া মনোদুঃখী॥
অকস্মাৎ দেখিলাম অশোক-কানন।
অশোক-বনের জ্যোতি রবির কিরণ॥
দু-প্রহর রাত্রি গতে তৃতীয় প্রহরে।
অশোক-বনের মধ্যে দেখিনু সীতারে॥
হেনকালে তথা গেল রাজা দশানন।
দেবকন্যা সঙ্গে আর বিদ্যাধরীগণ॥
লঙ্কেশ্বর কি বলিয়া সম্ভাষে সীতারে।
বৃক্ষ-আড়ে রহিলাম শুনিবার তরে॥
অনেক প্রকারে স্তুতি করিল রাবণ।
জানকী না শুনিলেন তাহার বচন॥
তোমা বিনা জানকীর অন্যে নাহি মন।
কোপেতে কাটিতে চাহে রাজা দশানন॥
জানকী বলেন, মৃত্যু করিলাম সার।
রামের চরণ বিনা গতি নাই আর॥
নিরাশ হইল দুষ্ট সীতার বচনে।
বিষম রাক্ষসী চেড়ী ডাক দিয়া আনে॥
ঘরে গেল দশানন ঠেকাইয়া চেড়ী।
সীতারে মারিতে সবে করে হুড়াহুড়ি॥
সীতারে বুঝায় চেড়ী অশেষ প্রকারে।
কোনমতে সীতা দুষ্ট-বচন না ধরে॥
ত্রিজটা রাক্ষসী রাত্রে দেখিল স্বপন।
সীতার মঙ্গল সেই চিন্তে অনুক্ষণ॥
স্বপ্ন শুনিবারে গেল চেড়ী তার পাশ।
গাছে থাকি সীতা সহ করিনু সম্ভাষ॥
কোথা হ'তে এলে মোরে শুধায় বৈদেহী।
সুগ্রীবের সঙ্গে সখ্য আমি সব কহি॥
তোমার অঙ্গুরী তাঁরে করি প্রদর্শন।
অঙ্গুরী পাইয়া সীতা করেন রোদন॥
সর্বকার্য্য শেষ করি যবে দেশে আসি।
মনে করিলাম কিছু বিক্রম প্রকাশি॥
ভাঙ্গিলাম মনোহর অমৃতকানন।
শত শত রাক্ষসের বধিনু জীবন॥
ক্রমে বধিলাম তার বহু সেনাপতি।
প্রাণে মারিনু অক্ষয়কুমার প্রভৃতি॥
চক্ষুর নিমেষে সব করিনু সংহার।
ইন্দ্রজিৎ করিল সমরে আগুসার॥
দু-প্রহর তাহার সঙ্গে করিলাম রণ।
ব্রহ্মপাশে সে আমায় করিল বন্ধন॥
ধরিয়া লইয়াগেল রাবণ-গোচর।
রাবণের প্রতি গালি দিলাম বিস্তর॥
আমারে কাটিতে আজ্ঞা করিল রাবণ।
নিষেধ করিল তারে ভাই বিভীষণ॥

তার বাক্যে আমি তরে এড়াই মরণ।
লেজ পোড়াইতে আজ্ঞা করিল রাবণ ॥
লেজে অগ্নি দিল লেজ পোড়াবার তরে।
সেই অগ্নি দিলাম লঙ্কার ঘরে ঘরে ॥
লঙ্কা পোড়াইয়া করিলাম ছারখার।
কতক হইল ভস্ম কতক অঙ্গার ॥
আমার বিপদ ভাবি কাঁদিছেন মাতা।
হেনকালে উপস্থিত হইলাম তথা ॥
আমারে দেখিয়া মাতা হর্ষিতা বিশেষ।
সর্ব্বকার্য্য সিদ্ধ করি আসিলাম দেশ ॥
দেখিলাম জানকীরে বিরহে মলিনা।
হইছেন সীতা মাতা দিনে দিনে ক্ষীণা ॥
দেখিনু শুনিনু যত কহিনু কাহিনী।
লও রঘুমণি! তাঁর মস্তকের মণি ॥
রামহস্তে মণি দিল পবনন্দন।
মণি দেখি রঘুমণি করেন ক্রন্দন ॥
রামের রোদন দেখি কপিগণ কান্দে।
কৃত্তিবাস রচিলেন পাঁচালীর ছন্দে ॥

সীতার উদ্দেশপ্রাপ্তিতে বানরগণের মহানন্দ ও সকলের সমুদ্রতীরে বাস।

শ্রীরাম বলেন, ধন্য ধন্য হনূমান্।
ত্রিভুবনে বীর নাহি তোমার সমান ॥
তোমার বিক্রমেতে আমার চমৎকার।
কি দিব তোমারে আমি আমিই তোমার ॥
অন্য কি প্রসাদ দিব লহ আলিঙ্গন।
ইহা বলি কোল দেন কমললোচন ॥
পবনপুত্রের কথা শুনি হরষিত।
শুভযাত্রা করিলেন শ্রীরাম ত্বরিত ॥
দ্বিতীয় প্রহর রাত্রি উত্তরফল্গুনী।
শুভক্ষণ শুভলগ্ন শুভফল গণি ॥
দক্ষিণে সবৎসা ধেনু হরিণ ব্রাহ্মণ।
দেখিলেন রাম বামে শব শিবাগণ ॥
সূর্য্যবংশ-নৃপতির নক্ষত্র রোহিণী।
রাক্ষসগণের মূলা সর্ব্বলোকে জানি ॥
মূলা ঋক্ষ দেখিলে রোহিণী বড় রোষে।
সবংশে মরিবে তেঁই রাবণ রাক্ষসে ॥
চলিল বানর-ঠাট নাহি দিশপাশ।
কটক যুড়িয়া যায় মেদিনী আকাশ ॥
কিলি কিলি শব্দ করি কপিগণ চলে।
উত্তরিল গিয়া সবে সাগরের কূলে ॥
রহিবারে লতা-পাতা দিয়া করে ঘর।
অবস্থিতি করিলেক সকল বানর ॥
সেই স্থানে রহিলেন শ্রীরাম-লক্ষ্মণ।
চরমুখে নিত্য বার্ত্তা পায় সে রাবণ ॥

বিভীষণকে রাবণের পদাঘাত।

নিকষা নামেতে বুড়ী রাবণ-জননী।
বিপদ শুনিয়া সব ত্রাস মনে গণি ॥
আসিয়া কহিছে বুড়ী বিভীষণ প্রতি।
শুন পুত্র! তুমি ত ধার্ম্মিক শুদ্ধমতি ॥
রাবণ তপের ফলে এত সুখ ভুঞ্জে।
আনিয়া রামের সীতা সবংশে বা মজে ॥
যে মারে রাক্ষসে করে তার সনে বাদ।
দেখিয়া না দেখে দুষ্ট কতেক প্রমাদ ॥
আর না থাকিব হেন পুত্রের নিকট।
দেখিয়া না দেখে পুত্র! এতেক সঙ্কট ॥
অবোধে বুঝায়ে বল, বুঝাও বিশেষে।
রক্ষোবংশ ধ্বংস হবে নতুবা নিঃশেষে ॥

মাতৃবাক্যে বিভীষণ চলিল সত্বর।
পাত্র-মিত্র সহ যথা আছে লঙ্কেশ্বর॥
রাবণেরে প্রণাম করিল বিভীষণ।
আশীর্বাদ করি দিল বসিতে আসন॥
কৃতাঞ্জলি হইয়া কহেন বিভীষণ।
সভাস্থ সকলে স্তব্ধ করিছে শ্রবণ॥
অনেক তপের ফলে এ সব সম্পদ।
রামের প্রতাপে ঘটিবেক যে আপদ্॥
যত দিন সীতারে আনিলে লঙ্কাপুর।
তত দিন দেখি ভাই! কুস্বপ্ন প্রচুর॥
ঝাঁকে ঝাঁকে শকুনি পড়িছে গৃহচালে।
রাত্রে নিদ্রা নাহি হয় শৃগালের রোলে॥
কালী হেন বুড়ী দেখি দশন বিকট।
সন্ধ্যাকালে উঁকি মারে দ্বারের নিকট॥
বিবিধ উৎপাত ভাই! দেখি সদাকাল।
রামচন্দ্র অতি বীর বিক্রমে বিশাল॥
রাবণ বলিছে কি রামের এত ডর।
কি করিতে পারে রাম সুগ্রীব বানর?
রাবণ ভ্রাতার বাক্য না শুনিল কানে।
মন্ত্রণা করিতে দুষ্ট মন্ত্রিগণে আনে॥
রাবণ বলিছে, মন্ত্রি! যুক্তি কর সার।
কি প্রকারে রাঘবেরে করিব সংহার॥
বীর দর্পে কহিছে প্রহস্ত সেনাপতি।
কি করিতে পারে সে বনের পশু জাতি?
পর্বতের গুহা সার আর নদীকূলে।
বানরের নাম লোপ হবে ভূমণ্ডলে॥
বজ্রকণ্ঠ নিশাচর দশন বিকট!
লোহার মুষল হাতে কহে অকপট॥
লোহার মুষল লয়ে প্রবেশিব রণে।
মাথা ভাজি বানর বধিব জনে জনে॥
ত্রিশিরা বিক্রম করে আমি আছি কিসে?
লঙ্কাতে থাকি আমি কোন্ বেটা আসে॥
বন ভাঙ্গে লঙ্কা দাহ করে হনূমান্।
লঙ্কায় থাকিতে আমি এত অপমান?
পাইলে তোমার আজ্ঞা আমি করি রণ।
দেখিব কেমন রাম কেমন লক্ষ্মণ॥
অকম্পন বলে রাজা তব আজ্ঞা পাই।
অনেক দিনের সাধ কপি ধরি খাই॥
কুম্ভ ও নিকুম্ভ কুম্ভকর্ণের নন্দন।
উভয়ের কত দর্প করিবারে রণ॥
জাঠি আর ঝগড়া মুষল শেল আর।
লইয়া সাজিল যুদ্ধে লাগে চমৎকার॥
হাতে ধরি বিভীষণ কহে জনে জন।
স্থির হও স্থির হও শুন বীরগণ!
এ সবার বাক্যে ভাই! না করিও ভয়।
হিতবাক্য বলি ভাই! শুন লঙ্কেশ্বর!
সীতা পাঠাইয়া দিলে থাকিবে নির্ভয়।
সীতারে রাখিলে ভাই জীবন সংশয়॥
কোন্ কার্য্যে মজাইতে চাহ লঙ্কাপুরী।
পাঠাইয়া দেহ সীতা রামের সুন্দরী॥
এত যদি বিভীষণ রাবণেরে বলে।
কুপিয়া রাবণ রাজা অগ্নি হেন জ্বলে॥
বিভীষণ মম জ্যেষ্ঠ আমি ত কনিষ্ঠ।
আমি অধর্ম্মিষ্ঠ বড় সে বড় ধর্ম্মিষ্ঠ॥
মানুষের ভয়ে ভাই কাঁপে বিভীষণ।
হেন ভাই না রাখিব আপন ভবন॥
বিভীষণে দূর কর যুক্তি বলি সার।
যুদ্ধ বিনা গতি নাই করিনু বিচার॥
এত যদি ক্রোধ করি বলিল রাবণ।
আরবার বলিতেছে সাধু বিভীষণ॥

যেমন তোমার জ্ঞান বলিলে তেমন।
কহিলে তাহার যোগ্য সকল বচন ॥
প্রকটেও ঈশ্বরে না চিনে অজ্ঞজন ॥
অন্ধ যে চিনিতে নারে পেয়েও রতন ॥
রহিয়াছে চক্ষু কিন্তু দেখিতে না পায়।
পেচক যেমন সূর্যমণ্ডলে দিবায় ॥
ইহাতেও নাহি মানি তোমার দূষণ।
যে হেতু নিজেরে প্রভু করয়ে গোপন ॥
প্রণাম করিয়ে তাঁর শকতি মায়ায়।
নয়ন আগেও যেই ঢাকি রাখে তাঁয় ॥
থাকুক এ সব কথা এখন তোমারে।
কহি আমি না মজাও তুমি আপনারে ॥
আনিয়াছ সীতা কালভুজঙ্গীরে ঘরে।
রাখিলে সসৈন্যে যাবে শমন-নগরে ॥
এ হেন সুন্দর রাজ্য এ হেন সম্পদ।
নিজ দোষে কেন আনি ঘটাও আপদ ॥
চির কাল তপ করি পেয়েছ এ রাজ্য।
কিছু দিন ভোগ কর ছাড়িয়া অন্যায্য ॥
যদি কহ তুমি কেন কহ কুবচন।
তার অভিপ্রায় কহি করহ শ্রবণ ॥
জিজ্ঞাসিলে মন্ত্রণা কহিতে হয় হিত।
অন্যথা কহিলে হয় পাপ উপস্থিত ॥
অতএব কহিতেছি এই হিত-কথা।
কদাচিৎ ইহা নাহি করিও অন্যথা ॥
ধার্ম্মিক শ্রীরাম দেখ সর্ব্বলোকে কয়।
অধার্ম্মিক সঙ্গে থাকা জীবন সংশয় ॥
দেখ এক মত্ত হস্তী প্রবেশিলে বনে।
সকলের ক্ষতি করে কারে নাহি মানে ॥
ক্ষেত্রের শস্যাদি খায় ঘর-দ্বার ভাঙ্গে।
খাদ্যলোভে পোষা হস্তী মিলে তার সঙ্গে ॥
দুষ্টের সঙ্গেতে হয় শিষ্ট অপরাধ।
হস্তীর বন্ধন হেতু উপযুক্ত ব্যাধ ॥
স্বভাবেতে ব্যাধ জাতি জানে নানা সন্ধি।
দশ হাত দড়ি দিয়া হস্তী করে বন্দী ॥
যেখানেতে হস্তী সব চরে নিরন্তর।
ভক্ষ্যদ্রব্য উপহার রাখয়ে বিস্তর ॥
খাইবার লোভে হস্তী গলা বাড়াইল।
গলায় লাগিয়া দড়া সবাই পড়িল ॥
দুষ্টের মিশ্রণে হয় শিষ্টের বন্ধন।
সেইমত তব পাপে মজে পুরীজন ॥
যেই মাত্র এই কথা কহে বিভীষণ।
মহাকোপে উন্মত্ত হইল দশানন ॥
দন্ত কড়মড় করি ছাড়িয়া হুঙ্কার।
বিকট নিনাদে কহিতেছে আরবার ॥
এ কি এ কি এ কি রে দুর্ম্মতি বিভীষণ।
ধরিয়াছে বুঝি তোর কেশেতে শমন ॥
চৌদ্দ চতুর্যুগ হ'ল আমার জনম।
এত কাল শুনি নাই হেন দুর্বচন ॥
করিয়াছি কলহ ইন্দ্রাদি দেব সনে।
কেহ পারে নাই করিবারে কুবচনে ॥
তাহা শুনাইলি তুই ক্ষুদ্র হয়ে মোরে।
কিন্তু তার ফল এই দেখাইরে তোরে ॥
এত কহি খরতর খড়্গ করি করে।
লম্ফ দিয়া পড়িলেক ভূতল-উপরে ॥
তার পদাঘাতে লঙ্কা করে টলমল।
ক্রোধ দেখি অতি ভীত রাক্ষস সকল ॥
তবে সেই দশানন মহাবেগে চলে।
পদাঘাত কৈল বিভীষণ-বক্ষঃস্থলে ॥
বিভীষণ অচেতন হইয়া তাহায়।
পড়িল ধরণীতলে ছিন্নতরুপ্রায় ॥

তাহা দেখি যাবতীয় নিশাচরগণ।
অধোমুখে রহে সবে অতি দুঃখী মন॥
তাহা দেখি দেবগণ আর সুরপতি।
পরস্পর কহিতেছে এ সব ভারতী॥
গেল গেল গেল এবে নিশ্চয় রাবণ।
বিভীষণ-অঙ্গে করি চরণ অর্পণ॥
বরঞ্চ সহেন রাম নিজ তিরস্কার।
ভক্ত-অপমান সহ্য না হয় তাঁহার॥
এখানে প্রহস্ত উঠি ধরি দশাননে।
সান্ত্বনা করিয়া বসাইল সিংহাসনে॥
হস্ত হ'তে কাড়িয়া লইল খড়্গখান।
কোষে আচ্ছাদিত রাখিলেন অন্য স্থান॥
বিভীষণে ধরি চারি জন নিশাচর।
তুলি বসাইল তাঁরে আসন-উপর॥
ক্ষণকাল পর্য্যন্ত সকল সভাজন।
রহিল নিঃশব্দ হয়ে পুত্তলী যেমন॥
বিভীষণ ক্ষণকাল করি বিবেচন।
পুনর্বার রাবণে কহেন এ বচন ;—
মহারাজ! করিলে যে কর্ম্ম আচরণ।
ইহাতে দুঃখিত কিছু নহে মোর মন॥
ঐশ্বর্য্য-মদেতে মত্ত যারা অতিশয়।
তাহাদের এইরূপ দুঃস্বভাব হয়॥
ইহাতেও মোর নাহি বড় দুঃখ আর।
চলিলাম আমি তোমা করি পরিহার॥
একমাত্র খেদ এই রহি গেল মনে।
রক্ষোবংশ ধ্বংস হ'ল তোমার কারণে॥
এত বাণী শুনি অতি ক্রুদ্ধ লঙ্কাপতি।
কহিতেছে পুনর্বার বিভীষণ প্রতি॥
জানি জানি বিভীষণ ভ্রাতার হৃদয়।
ভ্রাতার বিপদ দেখি আনন্দিত হয়॥
ভ্রাতা-মধ্যে কেহ যদি হয় ধনী সুখী।
তাহা দেখি অন্য ভ্রাতা হয় মনোদুঃখী॥
বরঞ্চ আপন মৃত্যু পারে সহিবারে।
ভ্রাতার ঐশ্বর্য্য কিন্তু দেখিতে না পারে॥
তাহে পুনঃ কাপট্য করিয়া প্রকাশন।
নিরন্তর তার ছিদ্র করে অন্বেষণ॥
পাবামাত্র কোন ছিদ্র বিবিধ প্রকারে।
আয়োজন করে সমূলেতে নাশিবারে॥
সম্ভাব্য লুকাতে ধন তপস্যা ব্রাহ্মণে।
চাপল্য নারীতে তেন ভয় জ্ঞানিজনে॥
হইয়াছি আমি যে ঈশ্বর-লোকপতি।
ভাল না লাগিল তোরে ওরে দুষ্টমতি!
যাও যাও লঙ্কা ছাড়ি তুমি এইক্ষণে।
তুমি গেলে আমরা থাকিব সুখী মনে॥
ইহাতে প্রমাণ হয় নীতিশাস্ত্র-জ্ঞান।
তার অর্থ কহি তাহা কর অবধান॥
বরঞ্চ ভুজঙ্গ কিংবা শত্রু সঙ্গে রবে।
শত্রুসেবিজন-সহবাসী নাহি হবে॥
তুমি একে ভ্রাতা তাহে শত্রু-ভক্তিমান।
তুমি সে থাকিতে মোর না হবে কল্যাণ॥
অতএব যাও তুমি ছাড়ি মোর দেশ।
বিলম্ব করিলে পাবে অতিশয় ক্লেশ॥
এই কথা শুনি বিভীষণ মহামতি।
কহিতে লাগিল তবে দশানন প্রতি ;—
প্রিয়বাদী জন রাজা সর্বত্র সুলভ।
অপ্রিয় পথের বক্তা শ্রোতাও দুর্ল্লভ॥
নিশ্চয় ধ'রেছে তব চিকুরে শমন।
তেঁই মোর হিতবাক্য না কর গ্রহণ॥
যার মৃত্যু উপস্থিত সেই লঙ্কাপতি।
না শুনে না দেখে বন্ধুবাক্যে অরুন্ধতী॥

এ লাগি করিনু আমি তোমারে বর্জ্জন।
জ্বলন্ত গৃহকে যেন ত্যজে বিজ্ঞজন ॥
করিলে তুমিই মোরে যত পরিভব।
জ্যেষ্ঠ বলি সহিলাম আমি তাহা সব ॥
অন্য কোন জন যদি করিত এ কাজ।
দেখাতাম তারে ফল নিশাচররাজ !
শুন শুন মোর কথা ওহে বন্ধুগণ !
চল মোর সঙ্গে যদি হয় কারো মন ॥
যদ্যপি বাসনা হয় জীবন রাখিতে।
চল তবে শ্রীরামের চরণ সেবিতে ॥
এত কহি রাবণেরে করিয়া বন্দন।
উঠিয়া আকাশপথে চলে বিভীষণ ॥
তাহা দেখি তাঁহার অমাত্য চারি জন।
তাঁরাও করিল তাঁর পশ্চাতে গমন ॥
অনিল অনল ভাম সম্পাতি অপর।
এই চারি জন মালিসন্তান সোদর ॥
তাহাদের সহিত যাইয়া বিভীষণ।
মাতার নিকটে সব কৈল নিবেদন ॥
তাঁর অনুমতি লয়ে প্রণমিল তাঁরে।
তার পর গেল নিজ বাটীর মাঝারে ॥
নিজ ভার্য্যা সরমাকে নিকটে ডাকিয়া।
কহিতে লাগিল তারে প্রণয় করিয়া ;—
প্রিয়ে ! আমি রামচন্দ্রে শরণ লইতে।
চলিলাম এই চারি অমাত্য সহিতে ॥
তুমি জানকীর কাছে থাকি নিরন্তর।
পরিচর্য্যা করো তাঁরে হইয়া তৎপর ॥
তিনি যদি অনুগ্রহ করেন তোমারে।
তবে রাম প্রীতিযুক্ত হইবে আমারে ॥
সুশীলা সরমা জানকীতে ভক্তিমতী।
'যে আজ্ঞা' বলিয়া তাহে দিল অনুমতি ॥
তবে বিভীষণ নিজ অস্ত্র-শস্ত্র লৈয়া।
যাত্রা করে চারি মন্ত্রী সঙ্গেতে করিয়া ॥
বিভীষণে পদাঘাত অপূর্ব কথন।
সুন্দরকাণ্ডেতে গান গীত রামায়ণ ॥

বিভীষণের কৈলাসে গমন।

লঙ্কা ছাড়ি ব্যোমপথে যাইতে যাইতে।
মন্ত্রিগণে বিভীষণ লাগিল কহিতে ;—
উপস্থিত বিপদ্ করিয়া নিরীক্ষণ।
করিলাম আমি সে অগ্রজে উপেক্ষণ ॥
তাহে যদি রাম কাছে করি হে গমন।
অখ্যাতি করিবে যাবতীয় অজ্ঞজন ॥
অতএব মনে করি, এবে না যাইব।
রাবণ—বিনাশ পরে প্রস্থান করিব ॥
এক্ষণে থাকিয়া কোন নির্জ্জন কাননে।
শ্রীরামচরণপদ্ম ধ্যান করি মনে ॥
এই পরামর্শ করি, কিন্তু নিজ মন।
সুস্থির রাখিতে নারি পাইয়া যাতন ॥
মন রাম-পাদপদ্ম করিতে সেবন।
চঞ্চল হয়েছে বড় না মানে বারণ ॥
অতএব কি করিব না হয় নিশ্চয়।
তোমা সবে কহ ইথে কর্ত্তব্য কি হয় ?
করিতেছি আমি ইথে পরামর্শ আর।
সবকথা কহি শুন করহ বিচার ॥
মোদের অগ্রজ ভ্রাতা হন ধনপতি।
সুশীল পরম বিজ্ঞ অতি শুদ্ধমতি ॥
কি করিব আর তাঁর গুণের বিচার।
সখা হয়েছেন শম্ভু গুণেতে যাঁহার ॥
তাঁরে জিজ্ঞাসিলে যে করিবে আজ্ঞা দান।
করিব তাহাই এই হয় মোর জ্ঞান ॥

বিভীষণ-বাণী শুনি চারি মন্ত্রী কয়।
করেছেন এই যুক্তি সুন্দর নিশ্চয়॥
অতএব সেই স্থানে চলহ এক্ষণ।
করিবে পরেতে তিনি কহেন যেমন॥
এতেক বচন শুনি আনন্দিত মন।
ব্যোমপথে কৈলাসে চলিল বিভীষণ॥
এখানেতে নিজ স্থানে থাকি পশুপতি।
সকল বৃত্তান্ত জানি কন শিবা প্রতি॥
প্রিয়ে! শুন রাবণ-অনুজ বিভীষণ।
করিতেছে সখার নিকটে আগমন॥
সীতা ফিরি দিয়া রাম সঙ্গে মিলিবারে।
বলেছিল বিভীষণ তারে বারে বারে॥
রাবণ তাহা না শুনি করে অপমান।
এই লাগি তারে ছাড়ি আসিছে এখান॥
হইয়াছে তার মন শ্রীরামে ভজিতে।
কিন্তু করিতেছে পুনঃ নানা শঙ্কা চিতে॥
সেই সে সংশয়চ্ছেদ করিবার আশে।
আসিতেছে মোর প্রিয় সুহৃদের পাশে॥
যদি সখা নাহি পারে তাকে বুঝাইতে।
তবে পড়িবেক সেই সঙ্কট নদীতে॥
অতএব চল যাব আমিও সেথায়।
রাম কাছে পাঠাইতে হইবে তাহায়॥
যদি কেহ রামচন্দ্রে করয়ে আশ্রয়।
তবে মোর কতই পরমানন্দ হয়॥
দেখ দেখ সংসার অসংখ্য জীবময়।
তার মধ্যে হিতে রত কেহ কেহ হয়॥
তার কোটিমধ্যে এক জন ধর্ম্মপর।
তার কোটিমধ্যেতে মুমুক্ষু এক নর॥
তার কোটিমধ্যে হয় একজন মুক্ত।
তার কোটিমধ্যে এক রাম-ভক্তিযুক্ত॥

হেন রামভক্ত যদি হয় কোন জন।
তার গুণে কত লোক পায় বিমোচন॥
অতএব সতত বাসনা মোর মনে।
ভজুক সকল লোক শ্রীরামচরণে॥
তাহে বিভীষণ গেলে রামসন্নিকটে।
হইবে তাঁহার কত হিত যে সঙ্কটে॥
অতএব খণ্ডি তাঁর সকল সংশয়।
পাঠাইব প্রভু কাছে অদ্যই নিশ্চয়॥
এত কহি নন্দীরে কহেন ত্রিলোচন।
শীঘ্র সাজাইয়া বৃষে কর আনয়ন॥
তবে নন্দী গিয়া বৃষে করিয়া সাজন।
করিলেক প্রভুর অগ্রেতে আনয়ন॥
তবে মহাদেব উঠি শিবা-করে ধরি।
আরোহণ করিলেন বৃষের উপরি॥
হইল যেরূপ শোভা সে কালে তাঁহার।
তাহা ভাবি মন সুখী না হয় কাহার?
এইরূপে পার্ষদ সহিতে পঞ্চানন।
গমন করিল নিজ সখার ভবন॥
দূর হতে তাঁরে নিরখিয়া ধনপতি।
অগ্রসর হইয়া আসিল শীঘ্রগতি॥
বৃষাকপি বৃষ হৈতে নামিয়া ভূতলে।
আলিঙ্গন করিল কুবেরে কুতূহলে॥
তবে দুই জনে কর ধরাধরি করি।
বসিল যাইয়া দিব্য আসন-উপরি॥
শিবা আর যাবতীয় শিবভক্তগণ।
যথাযোগ্য স্থানেতে বসিলা সুখীমন॥
তবে পশুপতি নিজ সখার সহিত।
করিলেন প্রেম-আলাপন যে উচিত॥
হেনকালে চারি মন্ত্রী সাথে বিভীষণ।
করিলেন কৈলাস-ভূধরে আগমন॥

দিব্য মণি-সুবর্ণে সে রচিত নগর।
বিশ্বকর্ম্মা-বিনির্ম্মিত পরম-সুন্দর॥
সে নগরী-মাঝে প্রবেশিয়া বিভীষণ।
করিলেন কুবেরের সভাতে গমন॥
দূর হৈতে বিভীষণে দেখি পশুপতি।
করিলেন সুখী-মনে কুবেরের প্রতি;—
সখে! দেখ রাবণ-অনুজ বিভীষণ।
করিতেছে তোমার নিকটে আগমন॥
বিভীষণ বলেছিল সীতা ফিরে দিতে।
সীতা ফিরে দিয়া রাম সহিত মিলিতে॥
তাহা না শুনিয়া সে করেছে অপমান।
এই লাগি লঙ্কা ছাড়ি আসিছে এখান॥
ইচ্ছা হইয়াছে রামে করিতে আশ্রয়।
কিন্তু হৃদয়েতে আছে কিঞ্চিৎ সংশয়॥
এই লাগি আসিতেছে তোমা জিজ্ঞাসিতে।
পাঠাও ইহারে রাম-নিকটে ত্বরিতে।
ইনি সেখানেতে গেলে বিবিধ প্রকার।
হইবেক শ্রীরামচন্দ্রের উপকার॥
ইনি যাবামাত্র সখা করি রঘুবর।
ইঁহারে করিবে রাজা রাক্ষস-উপর॥
এইরূপ কুবেরে কহেন পঞ্চানন।
দেখিল দূরেতে থাকি তাঁরে বিভীষণ॥
তাহে হয়ে অতিশয় আনন্দিত-মতি।
কহিতে লাগিল নিজ মন্ত্রীদের প্রতি॥
এ কি এ কি দেখিয়াছ মোর ভাগ্যোদয়।
সভামাঝে বসিয়া কৃপালু মৃত্যুঞ্জয়॥
যাঁহারে দেখিতে বাঞ্ছা করে দেবগণ।
যোগী সব ধ্যান করে যাঁহার চরণ॥
মুনিগণ পরমার্থ-তত্ত্ব জানিবারে।
ভক্তিভাবে নিরবধি সেবা করে যাঁরে॥
হেন প্রভু দেখিতে পাইনু অযতনে।
মনোরথ পরিপূর্ণ হলো এত দিনে॥
এইরূপ কহিতে কহিতে আগে গিয়া।
পড়িলেন তাঁহাদের পদে লোটাইয়া॥
মহাদেব আশীর্ব্বাদ কৈল তাঁর প্রতি।
আলিঙ্গন করিলা সাদরে ধনপতি॥
বসিলেন আজ্ঞা লয়ে তবে বিভীষণ।
কুবের তাহার প্রতি কহেন বচন;—
আসিয়াছ পথে সুখে ভ্রাতা বিভীষণ?
কুশলে আছয়ে তব সব বন্ধুগণ?
দেখিতেছি কিছু ম্লান তোমার বদন।
কহ কহ কি কারণে চিন্তাযুক্ত মন?
কুবেরের এত বাক্য করিয়া শ্রবণ।
নিবেদন করিতে লাগিল বিভীষণ;—
হে প্রভো! করেছি পথে সুখে আগমন॥
সম্প্রতি আছয়ে সুখে সব বন্ধুজন॥
কিন্তু এক দুঃখ হইতেছে উপস্থিত।
এই লাগি আসিলাম এখানে ত্বরিত॥
দশানন জ্যেষ্ঠ রামচন্দ্রের ভার্য্যারে।
হরিয়া সে এনেছেন লঙ্কার ভিতরে॥
তাঁর দূত হয়ে এসেছিল হনূমান্।
সীতা ভেটি গিয়াছে সে দহি লঙ্কাখান॥
সম্প্রতি সে রামচন্দ্র লয়ে কপিগণ।
করেছেন সাগর-কূলেতে আগমন॥
তাহা জানি কহিলাম আমি সে জ্যেষ্ঠেরে।
সীতা ফিরি দিয়া রাম সঙ্গে মিলিবারে॥
তাহা না শুনিয়া জ্যেষ্ঠ কৈল অপমান।
এ লাগি ত্যজিয়া লঙ্কা আসিনু এখান॥
সম্প্রতি উচিত হয় মোর কি করণ।
যাহা আজ্ঞা কর আমি লইনু শরণ॥

বিভীষণ-বাণী এই শুনি ধনপতি।
কহিবারে আরম্ভ করিলা তার প্রতি ;—
বিভীষণ! ইহা মোরা জানি পূর্ব্ব হ'তে।
তবু জিজ্ঞাসিনু তব বদনে শুনিতে॥
যাহা তুমি করিয়াছ এ অতি উচিত।
ইথে না হইবে কোন প্রকার চিন্তিত॥
যাও যাও এইক্ষণে করহ গমন।
যেখানে আছেন রাম সুগ্রীব লক্ষ্মণ॥
তুমি তথা যাবামাত্র রাম ও লক্ষ্মণ।
সখা করিবেন তোমা ভাবিয়া আপন॥
আর সেই নিশাচর রাজ্য অধিকারে।
করিবেন অভিষেক অদ্যই তোমারে॥
সবান্ধবে রাবণে করিয়া বিনাশন।
তোমা রাজ্য দিয়া রাম যাইবেন বন॥
অতএব ত্যজি তুমি সন্দেহ সকল।
শ্রীরাম-নিকটে যাও হইবে মঙ্গল॥
রাম সঙ্গে মিলিয়া সকল নিশাচর।
সংহার করহ গিয়া ত্যজি সব ডর॥
রাবণ অধর্ম্মী দেব-দ্বিজ-দ্রোহকারী।
ত্রিভুবন সুখী কর তাহারে সংহারি॥
হইবেক তবে এই বিশ্বের মঙ্গল।
তব প্রতি তুষ্ট হবে অমর সকল॥
আশীর্ব্বাদ করিবে তোমারে ঋষিগণ।
গাহিবে তোমার যশ এ তিন ভুবন॥
কুবেরের মুখে শুনি এতেক বচন।
অধোমুখ হইয়া ভাবেন বিভীষণ॥
তাহা দেখি পরম দয়ালু শূলপাণি।
কহিতে লাগিল তার অভিপ্রায় জানি॥
ভাবিতেছ অকারণে কিবা বিভীষণ!
কর নিজ অগ্রজের বচন পালন॥

যাও যাও শ্রীরামের নিকটে ত্বরিত।
করহ নিজের আর সংসারের হিত॥
এই বিরূপাক্ষ-বাণী শুনি বিভীষণ।
কৃতাঞ্জলি হইয়া করেন নিবেদন ;—
যে আজ্ঞা করেছ প্রভু! তোমরা দুজন।
কার সাধ্য করিবারে ইহার লঙ্ঘন?
আমিও শ্রীরাম-কাছে যাইব বলিয়া।
আসিয়াছি গৃহ-ধন বান্ধব ত্যজিয়া॥
কিন্তু তাহে অনেক সংশয় করে মন।
অনুগ্রহ করি তাহা করহ খণ্ডন॥
আমি যদি রাম-কাছে যাই এইক্ষণ।
করিবেক সব লোক আমার নিন্দন॥
কহিবেক রাবণের বিপদ দেখিয়া।
গেল দুষ্ট বিভীষণ তাহারে ছাড়িয়া॥
তাহে পুনঃ যদি মোরে রাজ্য দেন রাম।
তবে দোষ ঘুষিবে সংসারে অবিরাম॥
বলিবে সকলে বিভীষণ রাজ্যলোভে।
বধিলেক সবান্ধবে অগ্রজে অক্ষোভে॥
এত কহি বিভীষণ বিরত হইল।
হাসি হাসি শিব তারে কহিতে লাগিল॥
বিভীষণ! এ কি শুনি বড় চমৎকার।
হইতেছে এ সংশয় কিরূপে তোমার?
কহিতেছি মোরা যাঁরে করিতে আশ্রয়।
তাঁহার ভজনে নাহি সময়-নির্ণয়॥
নর বলি বুঝি রামে আছে তব জ্ঞান?
এই লাগি করিতেছ সংশয়বিধান?
ইহা বোধ সমুচিত কভু নাহি হয়।
শুন শুন কিছু তাঁর স্বরূপ-নির্ণয়॥
সত্য সুখ জ্ঞান ধন তনু রঘুপতি।
পরমাত্মা ভগবান্ কহে শ্রুতি যতি॥

জীবের নিয়ন্তা অবিচিন্ত্য-শক্তিধর।
সৃষ্টি-স্থিতি-লয়-কর্ত্তা জগত-ঈশ্বর।।
কেহ তাঁরে ব্রহ্মা বলি করে উপাসন।
কেহ নারায়ণ বলি করয়ে ভজন।।
হয়েছেন তিনি লোকে সম্প্রতি প্রকট।
সাধিতে ভক্তের সুখ নাশিতে সঙ্কট।।
সময়-নির্ব্বন্ধ নাহি তাঁহার ভজনে।
করিবে তখনি হবে ইচ্ছা যবে মনে।।
সেই ত তাঁহাতে ভক্তি হেন গুণ ধরে।
ইচ্ছা হবামাত্র সংসারেরে ত্যজ্য করে।।
তুমি ত ত্যজিয়া আসিয়াছ বন্ধুজনে।
ইথে জানিতেছি ইচ্ছা হইয়াছে মনে।।
অতএব ত্যজ তুমি সংশয়-কারণ।
যাও যাও কর গিয়া শ্রীরামে সেবন।।
যাঁরে মোরা ধ্যান করি দেখি মনোরথে।
তিনি ভাগ্যগুণে রয়েছেন নেত্রপথে।।
সাক্ষাৎ দর্শন-সুখ ইথে পরিহরি।
কেন ক্লেশ পাইবে অন্যত্র ধ্যান করি ?
অতএব কহিতেছি আমি বার বার।
যাও রাম-নিকটেতে ত্যজিয়া বিচার।।
তবে যে বলিলে গালি দিবে সর্ব্বজন।
বিবাদ-সময়ে বন্ধু-ত্যাগের কারণ।।
এ কথা ত কভু শুনিবার যোগ্য নয়।
ভকতি জন্মিলে কেবা কোথা গৃহে রয় ?
তাহে প্রভু রয়েছেন প্রকট হইয়া।
কিরূপে থাকিবে তাঁরে নেত্রে বা দেখিয়া ?
আর দেখ রতি জন্ম যাহার ভজনে।
সে ও ত্যাগ করে গুণবান্ বন্ধুজনে।।
রামসেবা লাগি ত্যজি দুষ্ট বন্ধুজন।
কিরূপে হইবে তুমি নিন্দার ভাজন ?

বরঞ্চ তোমার এই যশ ত্রিভুবনে।
গান করিবেক সর্ব্বস্থানে বিজ্ঞজনে।।
আর যে কহিলে যদি রাজ্য দেন রাম।
তব দোষ ঘুষিবে সংসার অবিরাম।।
এ কথাও উচিত না হয় শুনিবার।
যে হেতু রাজ্যের আশা নাহিক তোমার।।
যদি তুমি রাজ্য পাব বলিয়া যাইতে।
তা হলে তোমারে সবে পারিত নিন্দিতে।।
যদি তাঁর অভিপ্রায় দিতে অধিকার।
ইথে কেন অপযশ গাহিবে সংসার ?
পূর্ব্ব-ইতিহাস তুমি করহ স্মরণ।
হিরণ্যকশিপু আর প্রহ্লাদ-ঘটন।।
নৃসিংহ পিতারে মারি পুত্রে রাজ্য দিল।
প্রহ্লাদ হইয়া রাজা প্রজাকে পালিল।।
ইথে তাঁর অপযশ করে কোন্ জন ?
বরঞ্চ করয়ে সবে যশঃ-প্রশংসন।।
বধ করি দুষ্ট দশাননে শার্ঙ্গপাণি।
রাজ্য দিবে তোমা তাহে কি দোষ না জানি।।
মিতা যে কহিল বধিবারে দশাননে।
তাহাতেও কিছু দোষ নাহি লয় মনে।।
তপোরত ধর্ম্মনিষ্ঠ যত মুনিগণ।
তাঁহারাও দুষ্টবধে করে আয়োজন।।
দেখ বেণ নামে রাজা অধার্ম্মিক ছিল।
মুনিগণে তারে নানামতে শিক্ষা দিল।।
বেণ যবে না শুনিল তাঁদের বচন।
হুঙ্কারে করিল তারে তাঁহারা নিধন।।
তুমিও রাবণবধে কর আয়োজন।
না হইবে কোনমতে অধর্ম্ম-ভাজন।।
তাহে পুনঃ হবে ইথে রাম অবতার।
জন্মিবে রামের প্রীতি সংসারের সার।।

রাম লাগি যদি কেহ করে পাপকর্ম্ম।
সেই হয় সর্ব্বশাস্ত্রে সিদ্ধ মহাধর্ম্ম॥
অতএব সকল সংশয় পরিহরি।
যাও রাম-নিকটেতে তুমি ত্বরা করি॥
রামকার্য্য সাধ গিয়া করি প্রাণপণ।
তরিবে সকল দুঃখ পাবে প্রেমধন॥
মহেশের মুখে শুনি এতেক বচন।
অতি আনন্দিত-চিত হৈল বিভীষণ॥
অশ্রুজলে পরিপূর্ণ হইল নয়ন।
গদ্‌গদ ভাবেতে করেন নিবেদন;—
অনুগ্রহ-দৃষ্টি-দানে হে প্রভু! তোমার।
সকল সংশয় নষ্ট হইল আমার॥
বুঝিতেছি কি কৃতার্থ করিলে আমারে।
আজ্ঞা দাও যাই তবে রামে দেখিবারে॥
এত কহি মহেশের অনুজ্ঞা লইয়া।
প্রদক্ষিণ কৈল তাঁরে ভকতি করিয়া॥
পুনঃ পুনঃ প্রণাম করেন পঞ্চাননে।
সুন্দরকাণ্ডেতে গীত কৃত্তিবাস ভণে॥

বিভীষণের সহিত রামচন্দ্রের মিত্রতা।

এইরূপে প্রণাম করিয়া পঞ্চাননে।
পরে প্রণমিলা শিবা আর বৈশ্রবণে॥
তবে চারি জন মন্ত্রী সঙ্গেতে লইয়া।
চলিল শ্রীরাম কাছে আনন্দিত-হিয়া॥
শূন্য পথে রাম-আশে যায় বিভীষণ।
সাগর-কূলেতে থাকি দেখে কপিগণ॥
সম্ভ্রমে বানর-সৈন্য করে তোলাপাড়া।
পাদপ পাথর লয়ে সবে হয় খাড়া॥
মহাবলপরাক্রম দেখিতে ভীষণ।
সবে বলে মার মার এই ত রাবণ॥
অন্তরীক্ষে থাকি বলে আমি বিভীষণ।
রামের চরণে আমি লভিব শরণ॥
বিভীষণ-সংবাদ যে কহে দূতগণ।
বসিলেন মন্ত্রণা করিতে মন্ত্রিগণ॥
সুগ্রীব বলেন, শুন এ নহে উচিত।
ছল করি যদি কিছু করে বিপরীত॥
জাম্বুবান পাত্র বলে বুদ্ধি বৃহস্পতি।
বৈরীরে নিকটে আনা নহে মম মতি॥
হেনকালে কহে আসি বীর হনুমান্।
এই বিভীষণ মোরে দিল প্রাণদান॥
মিত্রতা যদ্যপি হয় রাম-বিভীষণে।
বিভীষণ-সহায়ে নাশিব দশাননে॥
শ্রীরাম বলেন, শুন সুগ্রীব ভূপতি!
শত্রু বলি না ভাবিও বিভীষণ প্রতি॥
আপনার দোষ মিত্র! না দেখি আপনি।
তোমাতেই মিত্রতার সাক্ষী আমি জানি॥
কাতর হইয়া যেবা লইল শরণ।
সর্ব্বথা করিবে তুমি তাহার পালন॥
পুরাণের কথা কহি কর অবধান।
শিবি নামে রাজা ছিল ধর্ম্ম-অধিষ্ঠান॥
পলায় কপোত পক্ষী সাচাঁনের ডরে।
ত্রাসেতে পড়িল শিবি নৃপতির ক্রোড়ে॥
যত্ন করি নরপতি ঘুঘু পক্ষী রাখে।
প্রাচীরে সাচাঁন পক্ষী নৃপতিরে ডাকে॥
আপনার ভক্ষ্য আমি করিব আহার।
হেন ভক্ষ্য রাখ রাজা! নহে ব্যবহার॥
রাজা বলে, পক্ষী মম লভিল শরণ।
তোমারে স্বমাংস দিয়া করাব ভোজন॥
সাচাঁন বলিল যদি কর পরিত্রাণ।
আপন গায়ের মাংস মোরে দেহ দান॥

রাজভোগে মাংস তব অতীব সুস্বাদ।
এ মাংস খাইলে মোর ঘুচে অবসাদ॥
শুনি সাচাঁনের কথা রাজার উল্লাস।
তীক্ষ্ণ ছুরি দিয়া নিজ গাযে কাটে মাস॥
তিলার্দ্ধ নাহিক স্থান সর্ব-অঙ্গ কাটে।
ভোজন করায় তারে যত ধরে পেটে॥
বহিয়া শিবির গাত্র রক্ত বহে স্রোতে।
আপন গাত্রের রক্তে সিংহাসন তিতে॥
সেই সে পুণ্যেতে রাজা গেল স্বর্গবাস।
শরণাগতেরে না রাখিলে সর্বনাশ॥
বিভীষণ থাকু যদি আইসে রাবণ।
হইলে শরণাগত করিব পালন॥
রামের আজ্ঞায় কপি গেল অন্তরীক্ষে।
বিভীষণে আনিবারে রামের সমক্ষে॥
সুগ্রীব রাজার আগে করে সম্ভাষণ।
পরম আনন্দে কোল দিল দুই জন॥
বিভীষণ সুগ্রীব চলিল রাম-স্থানে।
বিভীষণ পড়ে গিয়া শ্রীরামচরণে॥
রাবণের ভাই আমি নাম বিভীষণ।
তোমার চরণে মাত্র লইব শরণ॥
শ্রীরাম বলেন, বলি শুন বিভীষণ!
মন্ত্রণা করিয়া বুঝি পাঠাল রাবণ॥
শুনিয়া রামের কথা কহে বিভীষণ।
তোমার চরণে মাত্র লইব শরণ॥
ইহা ভিন্ন যদি অন্য দিকে ধায় মন।
তবে যেন হই আমি কলির ব্রাহ্মণ॥
হইব কলির রাজা সহস্র-তনয়।
এই তিন দিব্য প্রভু করিনু নিশ্চয়॥
তিন দিব্য করিলে রাক্ষস বিভীষণ।
ঐ তিন দিব্য শুনি হাসেন লক্ষ্মণ॥
হেন কালে শ্রীরামেরে বলেন লক্ষ্মণ।
আজি শুনিলাম আমি অপূর্ব কথন॥
এক পুত্র হেতু লোক করে আরাধন।
সহস্র পুত্রের বর মাগে বিভীষণ॥
রাজা হইবার তরে তপ করি মরে।
হেন দিব্য করে রাম! তোমার গোচরে॥
হাসিয়া বলেন রাম শুন রে লক্ষ্মণ!
বড় দিব্য করিল রাক্ষস বিভীষণ॥
এই দিব্যে লক্ষ্মণ! আমার পরিতোষ।
কলির ব্রাহ্মণ ভাই! শুন তার দোষ॥
কাম ক্রোধ লোভ মোহ এই মহাপাপ।
এই সব পাপে বিপ্র পায় বড় তাপ॥
প্রতিগ্রহ করিবেন উদর কারণ।
প্রতিগ্রহ মহাপাপ নাহিক তারণ॥
এই সব পাপে যেবা করে অনাচার।
সে পুত্রের পাপে সব মজিবে সংসার॥
কলির ভূপতি প্রজা না করে পালন।
সে পাপে রাজার হয় অকাল-মরণ॥
আর সব দোষ আছে তাহা কব পাছে।
বিভীষণে রাজা করি আগে রাখ কাছে॥
সর্ব্ব-সেনাপতি আন সাগরের বারি।
লঙ্কার রাজত্ব দেই বিভীষণোপরি॥
শ্রীরামের আজ্ঞা যেন পাষাণের রেখ।
সেই স্থলে বিভীষণে করে অভিষেক॥
শ্রীরামের বচন লঙ্ঘিবেক কোন জন।
বিভীষণ রাজা হৈল জগতে ঘোষণ॥
ছত্রদণ্ড দিল তাঁরে স্বর্ণলঙ্কাপুরী।
অভিষেক করি দিল রাণী মন্দোদরী॥
সুগ্রীব বলেন, সিন্ধু তরি কি উপায়ে।
বিভীষণ তুমি আজি বল বুঝাইয়ে॥

শ্রীরাম বলেন, বিভীষণ ! বল সার।
কি প্রকারে সাগর হইব আমি পার ॥
বিভীষণ বলে, যে সগর মহীপতি।
সাগর খনিল, তুমি তাঁহার সন্ততি ॥
তব পূর্ব্বপুরুষেরা সাগর প্রকাশে।
সাগর দিবেন দেখা থাক উপবাসে ॥
সাগরের কূলে শয্যা করিলেন কুশে।
তদুপরি রহিলেন রাম উপবাসে ॥
তিন উপবাস গেল না দেখি সাগরে।
কহিলেন লক্ষ্মণেরে কুপিত অন্তরে ॥
আজি আমি সাগরেরে দিব ভাল শিক্ষা।
ধনুর্ব্বাণ আন ভাই ! কিসের অপেক্ষা ?
অধমে করিলে স্তব ফল নাহি দেখে।
মারিব সাগরে আজি কার সাধ্য রাখে ?
তিন দিন অনাহার তার আরাধনে।
সাগর শুষিব আজি অগ্নিজাল-বাণে ॥
আজি সাগরের আমি লইব পরাণ।
অগ্নিজাল-বাণ রাম পূরেন সন্ধান ॥
অগ্নিবাণ-প্রভাবেতে শুকায় সাগর।
পুড়িয়া মরিল মৎস্য কুম্ভীর মকর ॥
চলিল পাতাল সপ্ত সাগরের পাশ।
বাণ-দেখি সাগরের লাগিল তরাস ॥
ভয় পেয়ে সাগর কাঁপয়ে থর থর।
মাথার ধবল ছত্র টলিল সত্বর ॥
বাণ গিয়া প্রবেশিল শ্রীরামের তূণে।
সাগর পড়িল আসি রামের চরণে ॥
এত ক্রোধ মোরে কেন কর গদাধর !
তব পূর্ব্বংশ এই আনিল সাগর ॥
তুমি মোরে নষ্ট কর এ নহে বিচার।
কোন্ অপরাধ আমি করিনু তোমার ?

শ্রীরাম বলেন, শুন অপরাধ-কথা।
তিন দিন উপবাসী আছি আমি হেথা ॥
মোর সীতা চুরি কৈল পাপিষ্ঠ রাবণ।
লঙ্কায় যাইব তার উদ্দেশকারণ ॥
বানর-কটক সব হইবেক পার।
আরাধনা করি দেখা না পাই তোমার ॥
এই হেতু অগ্নিবাণ জলেতে ছাড়িনু।
তুমি না আসাতে আমি বাণ যে মারিনু ॥
আড়ে দশ যোজন দশগুণ দীর্ঘেতে।
জল ছাড়ি দেহ সবে যাউক পারেতে ॥
এত শুনি যোড় হস্তে বলেন সাগর ;—
মোর জল মিশিয়াছে পাতাল-ভিতর ॥
কেমনে হইবে পথ না দেখি উপায়।
এক যুক্তি আছে রাম ! কহিব তোমায় ॥
তোমার কটকে আছে নল বীরবর।
নলের পরশে জলে ভাসয়ে পাথর ॥
গাছ-পাথর যোড়া লাগে পরশে তাহার।
জাঙ্গাল বাঁধিয়া রাম ! হয়ে যাও পার ॥
তোমার কারণে আমি লইব বন্ধন।
পার হয়ে বধ কর পাপিষ্ঠ রাবণ ॥
আপনা না জান তুমি দেব গদাধর !
সৃষ্টি-স্থিতি-প্রলয়ের তুমি ত ঈশ্বর ॥
বিশ্বের আরাধ্য তুমি অগতির গতি।
নিদান সৃজিতে সৃষ্টি তুমি প্রজাপতি ॥
তুমি সৃষ্টি তুমি স্থিতি তোমাতে প্রলয়।
কালে মহাকাল বিশ্ব কালে কর লয় ॥
তুমি চন্দ্র তুমি সূর্য্য তুমি চরাচর।
কুবের বরুণ তুমি যম পুরন্দর ॥
তুমি নিরাকার সাকাররূপেতে তুমি।
তোমার মহিমা-সীমা কি জানিব আমি ?

না জানি ভকতি স্তুতি শুন রঘুবর।
শ্রীচরণে স্থান দান দাও গদাধর।
তুমি হে অনাদ্য আদ্য অসাধ্যসাধন।
কটাক্ষে ব্রহ্মাণ্ড নবখণ্ড বিনাশন॥
আখণ্ডল চঞ্চল চিন্তিয়া শ্রীচরণ।
কটাক্ষে করুণা কর কৌশল্যানন্দন।
জন্মিয়া ভারতভূমে আমি দুরাচার।
করেছি পাতক কত সংখ্যা নাহি তার॥
বিদায় মাগিছি আমি যাই নিজ স্থান।
এত বলি পদতলে করিল প্রণাম॥
কৃত্তিবাস পণ্ডিতের কবিত্ব-রচন।
গাহিল সুন্দরকাণ্ড গীত রামায়ণ॥

নল কর্তৃক সাগর-বন্ধন।

সাগর চলিয়া গেল আপনার স্থান।
নল বলি ডাক দিল দেব নারায়ণ॥
ধাইয়া আসিল নল রাম-বিদ্যমান।
ভূমি লুটি পদতলে করিল প্রণাম॥
শ্রীরাম বলেন, নল! কহি যে তোমারে।
তুমি হেন বীর আছ কটক ভিতরে॥
সাগর বাঁধিতে তুমি হও শক্তিমান্।
এই দুঃখ পাই আমি তোমা বিদ্যমান॥
নল বলে, প্রভু আমি নিবেদন করি।
সামান্য বানর আমি জ্ঞাতি-লোকে ডরি॥
বড় বড় বানর সে বীর অবতার।
কেমনে তাহার আগে করি অঙ্গীকার?
যখন ছিলাম আমি জনকের ঘরে।
তাহার বৃত্তান্ত কিছু কহিব তোমারে॥
মান-সবোবরে ব্রহ্মা ছিপ-কুশী লয়ে।
সেই স্থানে বসি সন্ধ্যা করেন আসিয়ে॥
ছিপ-কুশী রাখি যান সরোবর তীরে।
তাহা আমি তুলি লয়ে ফেলিলাম নীরে॥
নিত্য ছিপ-কুশী তুই ফেলে দিস জলে।
সন্তুষ্ট হইয়া ব্রহ্মা মোর প্রতি বলে;—
আমি বর দিব তোরে শুন রে বানর।
তুই ছুঁলে জলে যেন ভাসয়ে পাথর॥
গাছ-পাথর যোড়া লাগে তব পরশে।
তুই ছুঁলে গাছ আদি জলে যেন ভাসে।
ব্রহ্মার বরেতে আমি বাঁধিব সাগর।
প্রতিজ্ঞা করিয়া বলি তোমার গোচর॥
এক মাসে বাঁধি দিব শতেক যোজন।
গাছ-পাথর আনি যোগাক্ কপিগণ॥
সাগর বাঁধিতে নল স্বীকার করিল।
সুগ্রীব বানর সবে আনন্দিত হৈল॥
রাম-জয় বলিয়া ডাকিল কপিগণ।
সাগর বাঁধিতে চলে হরষিত-মন॥
শ্রীরামে প্রণাম করি নলবীর চলে।
সাগর বাঁধিতে বীর বসে গিয়া জলে॥
আছিল নলের বন সাগরের তীরে।
তাহা ভাঙ্গি ফেলে দিল জলের উপরে॥
তাহার উপরে গাছ দিল বিছাইয়া।
উপরে পাথর সব দিল চাপাইয়া॥
প্রস্থে দশ যোজন করিল সে বন্ধন।
গাছ-পাথর যোগায়ে দিল কপিগণ॥
দীর্ঘে এক যোজন বাঁধিল এক দিনে।
উত্তরে আরম্ভ করি চলিল দক্ষিণে॥
বসিলেন নলবীর জাঙ্গাল-উপরে।
পর্বত আনিয়া দেয় সকল বানরে॥
মুদ্গরের বাড়ি পড়ে মহাশব্দ শুনি।
উচ্চৈঃস্বরে ডাকে সবে রামজয় ধ্বনি॥

পর্বত আনিয়া দিল পবননন্দন।
নলবীর বসি করে সাগর-বন্ধন॥
দশ যোজন সাগর সে হইল বন্ধন।
কৃত্তিবাস গাহিলেন গীত রামায়ণ॥

নলের উপর হনুমানের ক্রোধ ও শ্রীরাম কর্তৃক সান্ত্বনা।

সাগর বান্ধয়ে নল, হনুমান্ মহাবল,
আনি দেয় শিলা বৃক্ষগণ।
জাঙ্গালের দুই ভিতে, রজতপাথর গাঁথে,
আনন্দে নাচয়ে কপিগণ॥
জাঙ্গালের মাঝে মাঝে, রজতপাথর সাজে,
নল করে বিচিত্র নির্ম্মাণ।
গঠিছে আয়স ঘর, থাকিবেন রঘুবর,
হেনমতে গঠে স্থানে স্থান॥
মাথায় পর্ব্বত ল'য়ে, হনুমান্ দেয় বয়ে,
বাম হাতে ধরে বীর নল।
মহাক্রোধে হনুমান্, পর্বত আনিতে যান,
বুঝি বেটা কত ধরে বল॥
ধায় বীর মনোদুঃখে, চলিল উত্তর-মুখে,
যথা গিরি সে গন্ধমাদন।
দেখি পর্ব্বতের চূড়া, লাথি মারি করে গুঁড়া,
লোমে লোমে করয়ে বন্ধন॥
দুই হাতে দুই গিরি, লইয়া মস্তকোপরি,
অমনি পবনবেগে ধায়।
যায় বীর মহাতেজে, এক গিরি বান্ধি লেজে,
শূন্যের উপরে চলি যায়॥
রবির কিরণ নাই, অন্ধকার সর্বঠাঁই,
চমকিয়া চাহে বীর নল।
ক্রোধে আসে হনুমান্, নলের উড়িল প্রাণ,
উঠিয়া পলায় মহাবল॥

শ্রীরামের কাছে গিয়া, ভূমি লুটি প্রণমিয়া,
বন্দিয়া কহিল যোড় হাত।
হনুমান্ আনে গিরি, বাম হাতে আমি ধরি,
কর্ম্মীর স্বভাব রঘুনাথ॥
ক্রোধ করি মোর তরে, আইসে পবনভরে,
পর্ব্বত লইয়া বহুতর।
কুপিয়াছে হনুমান্, লইবে আমার প্রাণ,
উদ্ধার করহ রঘুবর॥
নলের ক্রন্দন শুনি, দুঃখ হৈল রঘুমণি,
পথমাঝে দাঁড়াইল গিয়া।
রামের উপর দিয়া, যাইবারে না পারিয়া,
চলে বীর ভূমিতে নামিয়া॥
কহিছেন প্রভু রাম, শুন বীর হনুমান্,
নলে ক্রোধ কর কি কারণ।
হনুমান্ কহে বাণী, যোড় করি দুই পাণি,
শুন রাম কমললোচন।
করি আমি প্রাণপণ, আনিতে পর্বতগণ,
বাম হাতে নল তাহা ধরে।
এই হেতু ক্রোধ করি, আনিনু অনেক গিরি,
চাপা দিতে এ নলবানরে॥
এত শুনি কহে রাম, ত্যজ বাপু অভিমান,
কর্ম্মীর স্বভাব এই কাজ।
বামহাত আগে চলে, ক্রোধ না করিহ নলে,
তোমার নাহিক ইথে লাজ॥
শুন বাছা হনুমান্, মোর কার্য্যে দেহ মন,
নলবীরে কর প্রীতি মনে।
নলের ধরিয়া হাত, কহিছেন রঘুনাথ,
সমর্পিয়া দিল হনুমানে॥
কোলাকুলি দুই জন, হয়ে হরষিত-মন,
জাঙ্গালে উঠিল গিয়া নল।

কৃত্তিবাস কহে রাম, জপিব তোমার নাম,
এই ভক্তি হউক অচল ॥

বানরসৈন্য সহ শ্রীরামের লঙ্কায় প্রবেশ।

যে পর্ব্বত এনেছিল পবননন্দন।
দশ যোজন তাহাতে হইল বন্ধন ॥
কুড়ি যোজন বাঁধা গেল ক্রমে সাগর।
আসিয়া দেখিয়া যায় যত নিশাচর ॥
কাঠবিড়াল সব আইল তথাকারে।
লাফ দিয়া পড়ে গিয়া সাগরের নীরে ॥
অঙ্গেতে মাখিয়া বালি ঝাড়য়ে জাঙ্গালে।
ফাঁক যত ছিল তাহা মারিল বিড়ালে ॥
যাতায়াত করে সদা বীর হনুমান্।
বিড়ালেরে চারিদিকে ফেলে দিয়া টান ॥
কাঁদিয়া কহিল সবে রামের সদন।
মারিয়া পাড়য়ে প্রভু পবননন্দন ॥
হনুমানে ডাকিয়া কহেন প্রভু রাম।
কাষ্ঠবিড়ালের কেন কর অপমান?
যেমন সামর্থ্য যার বাঁধুক সাগর।
শুনিয়া লজ্জিত হৈল পবনকোঙর ॥
সদয়-হৃদয় বড় প্রভু রঘুনাথ।
কাষ্ঠবিড়ালের পৃষ্ঠে বুলাইলা হাত ॥
চলিল সবাই তবে জাঙ্গাল-উপর।
হনুমান্ বলে, শুন সকল বানর!
কাষ্ঠবিড়ালেরে কেহ কিছু না বলিবে।
সাবধান হয়ে সবে জাঙ্গালে চলিবে ॥
পর্ব্বত আনিয়া দেয় পবননন্দন।
কুড়ি দিনে বাঁধা হ'ল সত্তর যোজন ॥
লঙ্কাপুরে প্রবেশিয়া বীর হনুমান্।
প্রাচীর ভাঙ্গিয়া সব কৈল খান্ খান্ ॥
বহিয়া আনিয়া তাহা সকল বানর।
নবতি যোজন বাঁধে প্রবল সাগর ॥
বিস্তর বানর যায় তায় লাফ দিয়া।
লঙ্কার দেউলচূড়া আনিল ভাঙ্গিয়া ॥
আনন্দে করয়ে নল সাগর-বন্ধন।
এক মাসে বাঁধা হ'ল শতেক যোজন ॥
উত্তর-জাঙ্গাল ঠেকিল দক্ষিণকূল।
রামজয় রামজয় বানর বলিল ॥
জাঙ্গাল-বাঁধিল বিশ্বকর্ম্মার নন্দন।
সকল দেবতা করে পুষ্প বরিষণ ॥
জাঙ্গাল সম্পূর্ণ করি নলবীর চলে।
প্রণাম করিল গিয়া রাম-পদতলে ॥
ভূমি লুটি ঘন ঘন করে প্রণিপাত।
যোড়হস্ত করি বলে শোন রঘুনাথ ॥
জাঙ্গাল সম্পূর্ণ করি বাঁধিনু সকল।
রক্ষক রহিল হনুমান্ মহাবল ॥
এত শুনি সানন্দ হইল রঘুনাথ।
নলে আশীর্ব্বাদচ্ছলে পৃষ্ঠে দেন হাত ॥
ধন নাই নল কিবা করিব অর্পণ।
আশীর্ব্বাদ লহ বৎস! কি আছে এখন?
সীতার উদ্ধার করি যাব অযোধ্যায়।
অমূল্য রতন নানা দিব সে তোমায় ॥
নল বলে, তাহে কার্য্য নাহি নারায়ণ।
ব্রহ্মার বাঞ্ছিত দাও অমূল্যরতন ॥
কমলা যাঁহার সদা করেন সেবন।
যাঁহা লাগি যোগী সদা দেব পঞ্চানন ॥
মোর শিরে দেহ রাম! চরণ তোমার।
ইহা হৈতে অমূল্য রতন নাহি আর ॥
শুনিয়া সন্তুষ্ট রাম কমললোচন।
নলের মাথায় দিল দক্ষিণ-চরণ ॥

প্রসাদ লইল নল ভূমি লোটাইয়া।
রামজয় বলি নল বেড়ায় নাচিয়া॥
শ্রীরাম বলেন, শুন মিত্র কপিরাজ।
জাঙ্গাল দেখিতে চল সাগরের মাঝ॥
রামজয় বলি উঠে সূর্য্যের নন্দন।
আগে আগে চলিলেন শ্রীরাম-লক্ষ্মণ॥
সুগ্রীব চলিল আর রাজা বিভীষণ।
অঙ্গদ চলিল সঙ্গে যত বীরগণ॥
চিত্র-বিচিত্র দেখি সে জাঙ্গাল-বন্ধন।
ধন্য ধন্য নল বিশ্বকর্ম্মার নন্দন॥
দেবতা, অসুর, নাগ, দেখি চমৎকার।
হেন বুঝি সাগর পরিল গলে হার॥
শ্রীরাম বলেন, নল! শুনহ বিশেষ।
দেউল গঠিয়া দেহ পূজিতে মহেশ॥
এত শুনি নল বীর হইয়া সত্বর।
দেউল গঠিল সেই জাঙ্গাল-উপর॥
পর্বত আনিয়া দেয় পবননন্দন।
চিত্র-বিচিত্রিত করে দেউলগঠন॥
শ্বেতবর্ণ শিব গঠি তাহার ভিতর।
নল জানাইল গিয়া রামের গোচর॥
শ্রীরাম বলেন, শুন পবনকুমার!
শ্বেতপদ্ম সহস্র সে আনহ সত্বর॥
এত শুনি চলে বীর পবননন্দন।
কৈলাসেতে যথা কুবেরের পদ্মবন॥
তাহার মধ্যেতে আছে এক সরোবর।
ফুটিয়াছে পুষ্প সব জলের উপর॥
সহস্র পঙ্কজ লয়ে পবননন্দন।
আনিয়া দিলেন বীর যথা নারায়ণ॥
শিবপূজা করিতে বসিলা ভগবান্।
কৈলাস ছাড়িয়া শিব হৈল অধিষ্ঠান॥

দুই হাত ধরিয়া রামের ত্রিলোচন।
দুই জন হরষেতে প্রেম-আলিঙ্গন॥
মহেশ বলেন, প্রভু! পূজা কর কার?
রাম! তুমি ইষ্টদেব হও যে আমার॥
শ্রীরাম বলেন, তুমি আমার ইষ্ট হও।
রাবণ বধিতে তুমি পুষ্প-জল লও॥
শিব বলে, আমার সেবক দশানন।
সীতা চুরি কৈল তার হউক নিধন॥
তোমার বাণেতে হবে সবংশে সংহার।
বড় প্রিয় সেবক আছিল লঙ্কেশ্বর॥
ইষ্টদেব প্রভু রঘুবরে না চিনিল।
আপন মরণ সেই আপনি ঘটাল॥
জানকীহরণ করি জঞ্জাল ঘটিল।
মনের আকুলে সীতা তারে শাপ দিল॥
এই হেতু হবে তার সবংশে সংহার।
শীঘ্র চলি যাও রাম! সাগরের পার॥
এত বলি দুই জনে করিয়া প্রণাম।
কৈলাসে গেলেন শিব বলি রামনাম॥
শ্রীরাম চলিল তবে সহিত লক্ষ্মণ।
পশ্চাতে সুগ্রীব রাজা আর বিভীষণ॥
দক্ষিণ চাপিয়া চলে মন্ত্রী জাম্বুবান।
আগে আগে ধাইয়া চলিল হনুমান্॥
চলিল অঙ্গদবীর লয়ে সেনাগণ।
এক চাপে চলে ঠাট মেঘের গর্জ্জন॥
রামজয় বলিয়া ছাড়য়ে সিংহনাদ।
শুনিয়া রাক্ষসগণ গণিল প্রমাদ॥
রাবণেরে কহে গিয়া যত নিশাচর।
আসিল শ্রীরাম পার হইয়া সাগর॥
শুনিয়া রাবণ রাজা চারিদিকে চায়।
ভস্মলোচনেরে দেখি আজ্ঞা দিল তায়॥

শ্রীরাম আসিল লঙ্কা বানর লইয়া।
কপিগুলা ভস্ম করি দেহ উড়াইয়া॥
পাইয়া রাজার আজ্ঞা চলিল সত্বর।
চক্ষে ঠুলি দিয়া উঠে রথের উপর॥
চর্ম্মে ঢাকা রথখানা আইসে ধাইয়া।
জাঙ্গাল-উপরে রথ লাগিল আসিয়া॥
বিভীষণ বলে প্রভু! করি নিবেদন।
যুঝিবার তরে এল এ ভস্মলোচন॥
চায়ে চর্ম্মের ঠুলি যার পানে ঘুচাবে।
চক্ষেতে দেখিবামাত্র ভস্ম হয়ে যাবে॥
শ্রীরাম বলেন, মিতা! বলহ উপায়।
কেমনে বানরগণ ইথে রক্ষা পায়?
এত শুনি বলিছে রাক্ষস বিভীষণ;—
ধনুকের গুণে রাম! যোড়হ দর্পণ॥
দর্পণে দেখিতে পাবে আপনার মুখ।
আপনি হইবে ভস্ম দেখহ কৌতুক॥
এত শুনি রঘুনাথ আনন্দিত-মন।
ব্রহ্ম-অস্ত্রে কোটি কোটি সৃজিল দর্পণ॥
রথ আগুলিয়া তার রহিল দর্পণে।
ঘুচায়ে চক্ষের ঠুলি চাহে চারিপানে॥
আপনার মুখ দেখে দর্পণ-ভিতর।
ভস্ম হয়ে উড়ে গেল সেই নিশাচর॥
দেখিয়া রাক্ষসগণে মনে লাগে ভয়।
হইল প্রথম রণে শ্রীরামের জয়॥
পার হয়ে লঙ্কায় উঠিল নারায়ণ।
রামজয় বলি ডাকে যত কপিগণ॥
দূরে ছিল সীতাদেবী দূরে ছিল রাম।
দুই জনে আসিয়া হইল এক স্থান॥
পোহাইতে আছে রাত্রি সে প্রহর দেড়।
রামের কটকে লঙ্কাপুরী কৈল বেড়॥
কৃত্তিবাস পণ্ডিতের কবিত্ব-বচন।
গাহেন সুন্দরকাণ্ডে গীত রামায়ণ॥

গ্রন্থকারের প্রার্থনা।

তোমার চরণে এই নিবেদন রাম!
ধন পুত্র লক্ষ্মী দিয়া পূর মনস্কাম॥
ইহা বিনা কিছু মম নাহি প্রয়োজন।
মনের মানস পূর্ণ কর নারায়ণ!
তব পদে ভক্তি সদা মাগি এই বর।
মরণে চরণ দিও রাম গদাধর!
এ সাহায্য কর রাম দয়াল ঠাকুর!
পাপে মুক্ত করি মোরে লবে নিজ পুর?
রাম রাম প্রভু রাম কমললোচন!
কৃপা কর রামচন্দ্র! লইনু শরণ॥
তোমা বিনা অধমের কেহ নাহি আর।
চরমে চরণে মতি রহিবে আমার॥
এই নিবেদন মোর শুন নারায়ণ!
গঙ্গাজলে রাম ব'লে ত্যজি এ জীবন॥

সুন্দরকাণ্ড সমাপ্ত।

কৃত্তিবাসী সপ্তকাণ্ড রামায়ণ

লঙ্কাকাণ্ড

শুকসারণ কর্ত্তৃক সৈন্যাদি দর্শন ও রাবণের নিকট তদ্বার্ত্তাকথন।

আদ্যকাণ্ডে রামজন্ম বিবাহ সীতার।
অযোধ্যাতে বনবাস ত্যজি রাজ্যভার॥
অরণ্যকাণ্ডেতে সীতা হরিল রাবণ।
কিষ্কিন্ধ্যাকাণ্ডেতে হয় সুগ্রীব-মিলন॥
সুন্দরকাণ্ডেতে হয় সাগর বন্ধন।
লঙ্কাকাণ্ডে উভয় পক্ষের মহারণ॥
উত্তরকাণ্ডেতে ছয় কাণ্ডের বিশেষ।
সীতাদেবী করিলেন পাতালে প্রবেশ॥
এই সুধাভাণ্ড সপ্তকাণ্ড রামায়ণ।
কৃত্তিবাস পণ্ডিত করেন সমাপন॥
বাঁধা গেল সাগর কটক হৈল পার।
দিনে দিনে রাবণের টুটে অহঙ্কার॥
বিপদ্ ঘটিবে রাজা গণি মনে মনে।
দুই চর শুক আর সারণেরে ভণে;—
শুন শুন সারণ! তোমরা বুদ্ধিমান্।
রামের কটক কত কর সপ্রমাণ॥
পাথরেতে বাঁধা গেল সাগর গভীর।
ত্রিভুবনে হেন কর্ম্ম করে কোন্ বীর?
ভালমতে জান বিভীষণের যে মতি।
একে একে জান সব যোদ্ধা সেনাপতি॥
বল বুদ্ধি জান সব রামের মন্ত্রণা।
প্রথমে জানহ সব প্রধান ক জনা॥
রামের সহিতে থাকে কোন্ মহাবীর।
লঙ্কায় আসিয়া কেবা রণে হবে স্থির?
রাজার আদেশ চর শিরোধার্য্য করি।
দ্রুতবেগে যায় তাঁরে প্রদক্ষিণ করি॥
কপিরূপে প্রবেশিল বানর-ভিতর।
লেখাজোখা নাই যত দেখিল বানর॥
কত পার হ'ল কত হ'তে আছে পার।
লিখিবার শক্তি কার দেখিতে অপার॥
কটকের চারিদিকে ভ্রমে দুই জন।
দূরে থাকি দেখে তাহা মিত্র বিভীষণ॥
রাক্ষসের মায়া সে রাক্ষস ভাল জানে।
বিভীষণ দুই চরে চিনে সেইক্ষণে॥
রাবণ-সেবক বলি ছাড়ি নাহি দিল।
ধরিতে সে দুই চরে মনস্থ করিল॥
আপনাবে বিশ্বস্ত সে জানাবার তরে।
রথ হ'তে নামিয়া সে দুই চরে ধরে॥
বিভীষণে ঠেলি চর যায় পলাইয়া।
দূরে থাকি সুগ্রীব তা দেখিল চাহিয়া॥
শাল গাছ উপাড়িয়া আনে আচম্বিতে।
মহাকোপে যায় বীর রাক্ষসের ভিতে॥
এড়িলেক শালগাছ মেঘের সমান।
রাক্ষসের বাণে গাছ হল খান খান॥
আর গাছ আনে তার দশ ক্রোশ গোড়া
গাছের বাড়িতে রথ করিলেক গুঁড়া॥

পড়িল সারথি ঘোড়া নাহিক দোসর।
গদা-হাতে দুই জন যুঝে ঘোরতর॥
বাণের উপরে করে বাণ বরিষণ।
গদার আঘাতে কেহ ত্যজিল জীবন॥
গদার আঘাতে সব করে চূরমার।
সুগ্রীব বলেন গর্ব কর কি গদার?
মার দেখি গদা বুক পেতে দিনু তোরে।
তোর ঘা সহিয়া তোরে দিই যমঘরে॥
দুই হাত তুলিয়া পাতিয়া দিল বুক।
মার দেখি গদা সবে দেখুক কৌতুক॥
পাতিয়া দিলেন বুক সুগ্রীব ভূপতি।
গদা মারে শুক আর সারণ দুর্ম্মতি॥
বজ্রসম বুক তার বজ্রেতে নির্ম্মাণ।
তাহাতে লাগিয়া গদা হৈল খান খান॥
গদা মারি দুই জন পড়িল ফাঁপরে।
দুই চরে বাঁধি নিল রামের গোচরে॥
বসিয়া আছেন রাম গুণের সাগর।
দক্ষিণেতে মিত্র তাঁর সুগ্রীব বানর॥
বামদিকে উপবিষ্ট অনুজ লক্ষ্মণ।
যোড়হাতে বসিয়াছে যত মন্ত্রিগণ॥
হেনকালে দুই চর সেইখানে এল।
শ্রীরাম-লক্ষ্মণে উভে প্রণাম করিল॥
ভয়েতে ছাড়িল তারা জীবনের আশ।
কহিতে লাগিল হয়ে গদগদ ভাষ;—
কটক দেখিতে মোরে পাঠায় রাবণ।
হেথা আসি এ বিপদ্ হৈল সংঘটন॥
লুকাইয়া পশিয়া হইলাম বিদিত।
বুঝিয়া করহ প্রভু! যা হয় উচিত॥
শুনিয়া চরের কথা শ্রীরামের হাস।
উভয়েরে দয়াময় করেন আশ্বাস॥
বিভীষণ বলিলেক কাটিবারে হয়।
বারণ করেন তারে রাম দয়াময়॥
ক্ষান্ত হও চর-হত্যা নহে রাজধর্ম্ম।
সেবকে মারিলে সিদ্ধ হবে কোন্ কর্ম্ম?
গোপনে আসিলে চর ভ্রমে সর্বস্থানে।
দুই চারি কথা এই বলিও রাবণে॥
হরিয়া আনিল সীতা মম অগোচরে।
সেই হেতু সেতুবন্ধ হইল সাগরে॥
কৃত্তিবাস পণ্ডিতের কবিত্ব বিচক্ষণ।
লঙ্কাকাণ্ডে গাহিলেন গীত রামায়ণ॥

ত্রিভুবন সে জিনিয়া, সুন্দরী সব আনিয়া,
নানা অলঙ্কার দিয়া সাজে।
তা সবার প্রাণনাথ, ডরে নাহি বহে বাট,
অনাথ হইয়া তারা ভজে॥
সীতার সে শাপানলে, আমার এ কোপানলে,
রাবণের নাহিক নিস্তার।
বিশ্বকর্ম্মার নির্ম্মাণ, এ কনকলঙ্কাখান,
পুড়িয়া হইল ছারখার॥
রাজা হ'য়ে চর মারে, অপযশ এ সংসারে,
কহ গিয়া তব লঙ্কেশ্বরে।
দেখুক সে দশস্কন্ধ, সাগরেতে সেতুবন্ধ,
লঙ্কাপুরী ঘেরিল বানরে॥
কপিগণ যে প্রচণ্ড, মেঘ করে খণ্ড খণ্ড,
মার্ত্তণ্ড ধরিতে পারে বলে।
সাগর না সহে টান, রণে নাহি পরিত্রাণ,
হনুমান্ বধিবে সকলে॥
এলে সৈন্য দেখিবারে, যাবে কেন অগোচরে,
ব'লো তারে কথা দুই চারি।
কাটি তার দশ মুণ্ড, বিভীষণে ছত্রদণ্ড,
দিব আর রাণী মন্দোদরী॥

কৃত্তিবাস কবিবর, সর্ব্বশাস্ত্র সুগোচর,
বিরচিল সরস্বতী-বরে।
সর্ব্বপাপবিনাশন, সারগ্রন্থ রামায়ণ,
মুক্তি পায় শ্রবণ যে করে॥

রামচন্দ্রের বক্তব্য শ্রবণানন্তর শুক-সারণের
রাবণের নিকট গমন।

শূন্যঘরে সীতা হরে আনিল আমার।
ভয়ে পলাইয়া গেল সাগরের পার॥
সেই ত সাগর আমি হইলাম পার।
জিজ্ঞাস রাবণরাজে কি বলিবে আর॥
শুনিয়াছ খর-দূষণের যে প্রকার।
প্রভাতে হইবে সেই প্রকার তাহার॥
যে সে প্রকারে আজি প্রভাতিবে রাতি।
এক জনা না রাখিবে বংশে দিতে বাতি॥
অনন্তর রামচন্দ্র শুক-সারণেরে।
অনুজ্ঞা করিল যেতে লঙ্কার ভিতরে॥
রামাজ্ঞায় চর গেল রাবণের পাশ।
ঊর্দ্ধমুখে বার্ত্তা কহে ঘন ঊর্দ্ধশ্বাস ;—
তোমার আজ্ঞায় গেনু কটক-ভিতরে।
যাবামাত্র বিভীষণ চিনিল আমারে॥
বিভীষণ বলে বধ চর দুই জনে।
প্রাণদান করিলেন রাম নিজগুণে॥
শ্রীরাম লক্ষ্মণ বিভীষণ কপিরাজে।
দেখিলাম চারি জনে আনন্দে বিরাজে॥
রামের যেমন ধনু শর তুল্য তারি।
আছুক অন্যের কাজ একা রামে নারি॥
ভুবন সহায় যদি অষ্টলোকপাল।
তবু জিনিবারে নারে বিক্রমে বিশাল॥
শতেক যোজন সেতু হইল সাগরে।
বাঁধিল যোজন শত বৃক্ষ ও পাথরে॥
উত্তর-কূলের সেতু ঠেকিল দক্ষিণে।
পার হৈল রামসৈন্য যুঝিবার মনে॥
পালে পালে কপিগণ পর্ব্বত-আকার।
দেখিয়া ডরাই যেন মহা অন্ধকার॥
কেহ বা পিঙ্গলবর্ণ কেহ বা শ্যামল।
রক্তবর্ণ কেহ কেহ বরণ উজ্জ্বল॥
উভে পরিমাণ দেখি পর্ব্বত সমান।
রণে প্রবেশিতে চাহ কিন্তু কাঁপে প্রাণ॥
এক চাপ করি সেনা যায় পৃষ্ঠে পৃষ্ঠে।
সংখ্যা নাই পাই যত চাহি একদৃষ্টে॥
গণিয়া বলিতে পারি বরষার ধারা।
গণনে অসাধ্য নয় আকাশের তারা।
নির্ণয় করিতে পারি সাগরের বারি।
তথাপি বানরসৈন্য গণিতে না পারি॥
কৃত্তিবাস পণ্ডিতের মধুর পাঁচালী।
লঙ্কাকাণ্ডে গায় তার প্রথম শিকলি॥

শুক-সারণ কর্ত্তৃক শ্রীরামের প্রশংসাকীর্ত্তন ও
কটকের বার্ত্তাবর্ণন।

হইল শুকের বাক্য যদি অবসান।
সারণ বলিছে দশানন বিদ্যমান॥
আমাদের বাক্যে যদি না হয় প্রত্যয়।
প্রাচীরে উঠিয়া দেখ হয় কি না হয়॥
অতি উচ্চ লঙ্কার প্রাচীর স্বর্ণময়।
চর সহ উঠিল রাবণ দুরাশয়॥
চতুর্দ্দিকে জল-স্থল-বেষ্টিত বানর।
দেখিয়া রাবণরাজ সভয়-অন্তর॥

সহস্র বৎসর যুদ্ধ করি নিরন্তর।
তবু না ফুরাবে এই কটক বিস্তর॥
বানর চিনিতে চাহে রাজা দশানন।
তুলিয়া দক্ষিণ-হস্ত দেখায় সারণ॥
বানর সহস্রকোটি যাহার সংহতি।
অই দেখ নীলবর্ণ নীল সেনাপতি॥
নীল সেনাপতি সে হেলায় যদি নড়ে।
দ্বাদশ প্রহর পথ সৈন্য আড়ে যোড়ে॥
বানর সত্তর কোটি যার পিছু লাগে।
সুগ্রীব ভূপতি দেখ শ্রীরামের আগে॥
বিশ কোটি কপি সহ ওই যে গবাক্ষ।
ত্রিশ কোটি বানরেতে দেখহ ধূম্রাক্ষ॥
সম্পাতি বানর দেখ গৌরবর্ণ ধরে।
রণে গেলে বিপক্ষ পলায় যার ডরে॥
হিঙ্গুলী পর্বতের হিঙ্গুল যেন অঙ্গ।
পঞ্চাশৎ কোটি কপি সঙ্গে স্বরভঙ্গ॥
মলয়-পর্বতের বানর বর্ণে গেরি।
সহিত সত্তর কোটি দেখহ কেশরী॥
শরভের বানর সহস্রকোটি সহ।
রণেতে পশিলে তারে নাহি পারে কেহ॥
সম্পাতি বানর ঐ হেলায় যদি নড়ে।
শরীর যোজন দশ তার আড়ে যোড়ে॥
একাদশ কোটিতে বানর মহামতি।
সহস্র কোটিতে ঐ কুমুদ সেনাপতি॥
শত শত উত্তরের বীর মহাবলী।
যাহার চলনে সে গগনে উড়ে ধূলি॥
দেখ ধূম্র ধূম্রাক্ষ রাজার দুই শ্যালা।
বানর-কটক মধ্যে যেন মেঘমালা॥
মহেন্দ্র দেবেন্দ্র দেখ সুষেণ নন্দন।
আশী কোটি বীর দুই ভায়ের ভিড়ন॥
ভল্লুক কটক দেখ মন্ত্রী জাম্বুবান্।
আশী কোটি বানরেতে দেখ হনুমান্॥
দেখ গয় গবাক্ষ যে সাক্ষাৎ-শমন।
পঞ্চাশৎ কোটি দুই ভায়ের ভিড়ন॥
বৈদ্যরাজ সুষেণ ঐ রাজার শ্বশুর।
তিন কোটি বৃন্দ বীর যাহার প্রচুর॥
দেখহ সুগ্রীব রাজা বানরাধিপতি।
ত্রিভুবন নাহি আঁটে যাহার সংহতি॥
বালির বিক্রম তুমি জান ভালমত।
তার ভাই সুগ্রীব লঙ্কাতে উপগত॥
নল বীর দেখ বিশ্বকর্মার নন্দন।
যে বাঁধিল পারাবার শতেক যোজন॥
গাছ-পাথরেতে যেই বাঁধিলেক সেতু।
লঙ্কাপুরী বিনাশিবে এই মাত্র হেতু॥
যুবরাজ অঙ্গদ সে বালির কুমার।
কুড়ি লক্ষ কপি তার নিজ পরিবার॥
রামের বানর-সংখ্যা কি কব কাহিনী।
শত কোটি বানরেতে এক বৃন্দ গণি॥
শত কোটি বৃন্দে এক মহাবৃন্দ হয়।
শত কোটি মহাবৃন্দে অর্বুদ নিশ্চয়॥
শত কোটি অর্বুদে মহার্বুদ লেখা।
শত কোটি মহার্বুদে এক খর্ব শিখা॥
শত কোটি খর্বে এক মহাখর্ব হয়।
শত কোটি মহাখর্বে শঙ্খ যে নিশ্চয়॥
শত কোটি শঙ্খে এক মহাশঙ্খ জানি।
শত কোটি মহাশঙ্খে এক পদ্ম গণি॥
শত কোটি পদ্মে হয় মহাপদ্মদল।
শত কোটি মহাপদ্মদলেতে সাগর॥
শত কোটি সাগরে মহাসাগর জানি।
শত কোটি মহাসাগরেতে অক্ষৌহিণী॥

শত কোটি অক্ষৌহিণীতে এক অপার।
অপারের অধিক গণনা নাহি তার॥
হোথা বিভীষণ বলে শ্রীরাম-গোচর।
হের রাজা দশাননে প্রাচীর-উপর॥
শীঘ্র বাণ মারি তুমি কাটহ সত্বর।
ঘুচুক মনের দুঃখ জুড়াক অন্তর॥
ধনুর্ব্বাণ লয়ে রাম করেন সন্ধান।
তাহা দেখি সত্বরে পলায় দশানন॥
শুক সারণ বলে ছাড় প্রাণের আশ।
কটকের চাপ দেখি লাগয়ে তরাস॥
জীবনের বাসনা যদ্যপি থাকে মনে।
সীতা দেহ রামেরে রাবণ! এইক্ষণে॥
সীতা দিয়া রামেরে না কর যদি প্রীত।
শ্রীরামের হাতে রাজা! মরিবে নিশ্চিত॥
গরুড় পাইলে সর্প গিলে যতক্ষণে।
অব্যাহতি নাহি তব শ্রীরামের বাণে॥
শুক আর সারণ কহিল এইরূপ।
কোপে দুই চরে ভর্ৎসে দশানন-ভূপ॥
কৃত্তিবাস পণ্ডিত ভাবিয়া নারায়ণে।
লঙ্কাকাণ্ড গীত গাহিলেন রামায়ণে॥

শুক-সারণের প্রতি রাবণের কোপ।

কোপে কহে লঙ্কেশ্বর, মৃত্যুর নাহিক ডর,
শত্রুর প্রশংসা বারে বারে।
কি ছার মিছার নর, ভয়ে কাঁপে চরাচর,
সদা খাটে আমার দুয়ারে॥
স্বর্গ মর্ত্ত্য ত্রিভুবনে, দেবতা গন্ধর্ব্বগণে,
যক্ষ কি কিন্নর বিদ্যাধর।
কম্পিত আমার ডরে, কি ভয় বানর-নরে,
কি বলিস্ হীনবুদ্ধি চর?
কপি দেখ লক্ষ লক্ষ, রাক্ষস জাতির ভক্ষ্য,
তারে ডর কর কি কারণে?
শ্রীরাম লক্ষ্মণ দোঁহে, বলে সমতুল্য নহে,
ইঙ্গিতে বধিব এক বাণে॥
কুপিলে কুমারভাগে, কে আসি যুঝিবে আগে,
ভয় কর মানুষ-বানরে?
কৃত্তিবাস রচে গীত, দশানন ক্রোধান্বিত,
বারে বারে ভর্ৎসে দুই চরে॥

কটকের অবস্থা দর্শন করিবার জন্য শার্দ্দূলের গমন।

পরসৈন্য দেখিতে সে পাঠালাম তোরে।
পরের গরব কর আমার গোচরে?
যাহার প্রসাদে বাড় সেই রাজা নিন্দ?
মারিতে আইসে বৈরী তার গুণ বন্দ?
পূর্ব্বে উপকার যে করিলি স্থানে স্থানে।
আজি কোপে পরিত্রাণ পেলি সে মরণে॥
দূর হ রে দুরাচার! না কর বাখান।
আপনার দোষে পাছে হারাস পরাণ॥
এত যদি দশানন বলিলেন রোষে।
প্রাণ লয়ে পলায় সারণ-শুক ত্রাসে॥
যোড়হাত করি বলে বীর মহোদর;—
যে কিছুই নাহি জানে প্রের হেন চর?
কহিতে না জানে কথা সভা-বিদ্যমানে।
হেন চর আপনি পাঠাও কি কারণে?
রাবণ ডাকিয়া আনে শার্দ্দূল রাক্ষসে।
পঞ্চজন সঙ্গে সে আসিল তার পাশে॥
পঞ্চজনমধ্যে তার শার্দ্দূল প্রধান।
দশানন দিল তারে হাতে গুয়া-পান॥
কোন্‌খানে রামসৈন্য পোহায় রজনী।
কোন্ বাটে কপিগণ করিল উঠানি॥

চরের প্রসাদে রাজা সর্ববার্ত্তা জানে।
চরের প্রসাদে রাজা পরচক্র জিনে ॥
লক্ষ্মণ সুগ্রীব রামে জান ভালমতে।
পরচক্র জানিয়া সে আইস ত্বরিতে ॥
রাজার আদেশে চর শক্রমাঝে গেল।
যাবামাত্র বিভীষণ তাহারে চিনিল ॥
বিভীষণ বলে, হের দেখ হে বানর।
হেথা আসিয়াছে দেখ রাবণের চর ॥
সেই বাক্যে বানর চরের চুল ধরে।
চারিদিকে বেড়িয়া তাহারে কীল মারে ॥
ঘরের সেবক বলি বধ না করিল।
নানামতে চরগণে কষ্ট প্রদানিল ॥
আপন প্রত্যয় রামে জানাবার তরে।
পঞ্চচর লয়ে গেল রামের গোচরে ॥
দাঁড়াইতে নারে চর নাহি নাড়ে পাশ।
উর্দ্ধমুখে বার্ত্তা কহে ঘন উর্দ্ধশ্বাস ;—
দেখিতে তোমার সৈন্য রাবণ পাঠায়।
বিভীষণ ধরে প্রভু কাটিবারে চায় ॥
শ্রীরাম বলেন, আমি চর নাহি মারি।
রাবণে বলিও মোর কথা দুই চারি ॥
সর্ব্বদা পাঠাও চর কোন প্রয়োজনে।
রাবণে আমাতে দেখা হইবেক রণে ॥
আপনি দেখিবে এই কটক দুর্বার।
কিরূপে রাবণ তুমি পাইবে নিস্তার ?
মারিব তাহারে আমি করি খণ্ড খণ্ড।
বিভীষণ উপরে ধরাব ছত্রদণ্ড ॥
আমার বিক্রম ঘুষিবেক ত্রিভুবনে।
রাবণে বধিয়া রাজা করি বিভীষণে ॥
মহাকষ্ট পেয়ে চর বিদায় হইল।
লঙ্কার মধ্যেতে গিয়া রাবণে ভেটিল ॥

দাঁড়াইতে নারে চর পড়ে আশ-পাশ।
উর্দ্ধমুখে বার্ত্তা কহে ঘন বহে শ্বাস ॥
তোমার আজ্ঞায় গেনু সৈন্য দেখিবারে।
যাবামাত্র বিভীষণ চিনিল আমারে ॥
রক্তে রাঙ্গা হয়ে গেনু রামের গোচরে।
রঘুনাথ প্রাণদান দিলেন আমারে ॥
কহিল সারণ শুক সৈন্য যতোধিক।
দেখিলাম কটক নয়নে ততোধিক ॥
কি কব রামের রূপ অতি সে সুঠাম।
জ্ঞান হয় দেখিলে মানুষ নহে রাম ॥
প্রকাণ্ড পুরুষ রাম সুদৃশ্য শরীর।
আজানুলম্বিত বাহু নাভি সুগভীর ॥
সুদীর্ঘ নাসিকা তাঁর শ্রীখণ্ড কপাল।
ফল-মূল খান তবু বিক্রমে বিশাল ॥
দুর্ব্বাদলশ্যাম তনু অতি মনোহর।
কন্দর্প জিনিয়া রূপ দেখিতে সুন্দর ॥
আকার-প্রকার তাঁর হেরি হয় জ্ঞান।
ত্রিভুবনে বীর নাহি রামের সমান ॥
ধর্ম্মেতে ধার্ম্মিক রাম গুণের সদন।
বিপক্ষ নাশিতে রাম প্রলয়-জ্বলন ॥
না মারেন রাম তারে নম্র যার বাণী।
গরব যে করে তার উপরে উঠানি ॥
আছুক অস্ত্রের কাজ দেবে যারে নারে ॥
রাক্ষস হাজার দশ একা রাম মারে ॥
পাত্র মিত্র বুঝায় না লয় তব চিতে।
বিধির নির্বন্ধ বুঝি হৈল বিপরীতে ॥
পাঁচালী প্রবন্ধে গীত কৃত্তিবাস গায়।
সীতা লাগি রাবণ মরিল-হায়-হায় ॥

মায়ামুণ্ড-প্রদর্শন ।

শার্দ্দুল বলিছে রাজা ! কর অবধান ।
রামের বিক্রম-কথা শুন বিদ্যমান ॥
খর আর দূষণ ত্রিশিরা তিন জন ।
চতুর্দ্দশ সহস্র সে রাক্ষস-মিলন ॥
একে একে সংহারিল একা রঘুনাথ ।
কেমনে দাঁড়াবে রণে তাঁহার সাক্ষাৎ ?
দেখিনু শুনিনু যে কহিতে ভয় করি ।
বুঝিয়া করহ কার্য্য লঙ্কা-অধিকারী !
শুক আর সারণ কহিল তব হিত ।
অপমান করিলে তাদের যথোচিত ॥
আপনি সুবুদ্ধি রাজা বিচারে পণ্ডিত ।
বুঝিয়া করহ কর্ম্ম যা হয় উচিত ॥
শার্দ্দুলের কথাতে রাবণরাজ হাসে ।
রাজার প্রসাদ দেয় যত মনে আসে ॥
বলয় কঙ্কণ দিল মাণিক রতন ।
পঞ্চশব্দ বাদ্য দিল রাজার বাজন ॥
বিচিত্রনির্ম্মাণ দিল হার ও কেয়ূর ।
নানারত্ন মণি দিল চরণে নূপুর ॥
চরের বচন যেই হৈল অবসান ।
অন্তরে হইল চিন্তা উড়িল পরাণ ॥
দশানন পাত্র-মিত্রে দিলেন মেলানি ।
বিদ্যুৎজিহ্ব নিশাচরে ডাকিল তখনি ॥
তোরে বলি বিদ্যুৎজিহ্ব মায়ার সাগর ।
তুমি ত অলঙ্ঘ্য পাত্র লঙ্কার ভিতর ॥
মৈথিলীকে আনিলাম বড় সুখ-আশে ।
অদ্যাপি না হয় সুখ হইবে কি শেষে ?
এত দিনে সীতা না হইল অনুগতা ।
নিকটে আগত স্বামী শুনি হরষিতা ॥
পাত্রকার্য্য করি মোর উপকার কর ।
রামের ধনুক মুণ্ড করহ সত্বর ॥
ধনু মুণ্ড দেখি সীতা পাইবেক ত্রাস ।
স্বামী দেবরের তরে হইবে নিরাশ ॥
এত যদি বিদ্যুৎজিহ্ব রাজ-আজ্ঞা পায় ।
রামের ধনুক-মুণ্ড গঠিবারে যায় ॥
বসিল বিদ্যুৎজিহ্ব করিয়া ধেয়ান ।
গুরুর চরণ বন্দি যোড়ে ব্রহ্মজ্ঞান ॥
বসিল বিদ্যুৎজিহ্ব ধ্যান নাহি টুটে ।
ব্রহ্মজ্ঞানের তেজে ধনুক-মুণ্ড উঠে ॥
বিচিত্রনির্ম্মাণ সেই ধনুকের গুণ ।
কুণ্ডলনির্ম্মিত রত্ন শোভয় শ্রবণ ॥
মুকুতা জিনিয়া তার দশনের জ্যোতি ।
বিম্বফল অবিকল ওষ্ঠাধরদ্যুতি ॥
চাঁপা নাগেশ্বর দিয়া বাঁধিলেক চূড়া ।
অতি শুভ্র কাপড়ে রামের জটা বেড়া ॥
শ্রীরামের মুণ্ড সে করিল নিরমাণ ।
যে দেখেছে সেই জানে রামের সমান ॥
রামের সমান ধনু করিয়া নির্ম্মাণ ।
রাবণের আগে গিয়া করিল প্রণাম ॥
শ্রীরামের মুখ দেখে দশানন হাসে ।
রাজার প্রসাদ দেয় যত মনে আসে ॥
বিদ্যুৎজিহ্ব নিশাচরে রাখিয়া সেখানে ।
প্রবেশিল আপনি সে অশোক-কাননে ॥
মিথ্যা সত্য করি পাতে কথার পাতন ।
যে প্রকারে সীতার প্রতীত হয় মন ॥
মোর বাক্য নাহি শুন বাড়াও জঞ্জাল ।
তোর অপেক্ষায় রাখিয়াছি এত কাল ॥
হেন মনে করি তোরে কাটি এই দণ্ডে ।
তোর রূপ দেখিয়া তখনি কোপ খণ্ডে ॥

মনে মনে ভাব যে রামের কত গুণ।
আজিকার রণ-কথা মন দিয়া শুন ॥
বহিল পাথর গাছ যত কপিগণ।
হইলেক তাহারা নিদ্রায় অচেতন ॥
নিদ্রায় বানরগণ গড়াগড়ি যায়।
মুণ্ডে মুণ্ডে ঠেকাঠেকি মূর্চ্ছিতের প্রায় ॥
এই সব বার্ত্তা অমি শুনি চরমুখে।
রাত্রিযোগে গেলাম যে কেহ নাহি দেখে ॥
বানর-উপরে আগে করি হানাহানি।
বাণেতে কাটিয়া করিলাম দুইখানি ॥
বানরের মধ্যে রাম হৈল আগুয়ান।
খড়্গাঘাতে মুণ্ড কাটি করি দুইখান ॥
পড়িল তোমার রাম, লক্ষ্মণ কাতর।
দেশে গেল লইয়া সে সকল বানর ॥
বানরের মধ্যে এক সুগ্রীব প্রধান।
প্রহারে জর্জ্জর অতি আছে মাত্র প্রাণ ॥
মহেন্দ্র দেবেন্দ্র ছিল কপি এক যোড়া।
কাটিলাম দুই পা তাহারা দোঁহে খোঁড়া ॥
বানরের মধ্যে যার করিস বাখান।
হস্ত-পদ কাটিনু পড়িল হনুমান্ ॥
এইমত করিলাম বানরের দণ্ড।
এই দেখ জানকি! রামের কাটামুণ্ড ॥
কোথা গেলি বিদ্যুৎজিহ্ব নাম নিশাচর।
জানকীর সম্মুখে রামের মুণ্ড ধর ॥
দেখিয়া রামের মুণ্ড জানকী দুঃখিতা।
তৎক্ষণে হইলেন ধরণী-পতিতা ॥
কুক্ষণে পোহাল প্রভু! আজিকার রাতি।
অভাগিনী হারালাম তোমা হেন পতি ॥
বিদেশে আসিয়া প্রভু হারালে জীবন।
হারালে জীবন তুমি রাক্ষস-সদন ॥
হনুমান্! অবশেষে হাত-পা হারালে।
এত দুঃখ ছিল হায়! অভাগীর ভালে ॥
শুনিয়া কৌশল্যাদেবী পুত্রের মরণ।
ত্যজিবেন নিশ্চয়ই শোকেতে জীবন ॥
জনকের ঘরে ছিনু অভাগিনী সীতা।
জনমদুঃখিনী আমি নাহি মাতাপিতা ॥
তোমার চরণ সেবে আসিলাম বনে।
আমারে ত্যজিয়ে কোথা গেলে হে এক্ষণে?
অগ্নিতে প্রবেশ করি ত্যজিব জীবন।
একবার দেখা দাও কমললোচন!
রাজ্যনাশ বনবাস অকাল-মরণে।
কেন বিধি বিড়ম্বিলে রাম হেন জনে?
সর্ব্বলোকে বলে মোরে অ-বিধবা সীতা।
আমারে বিধাতা কৈলা কেমন দেবতা ॥
অকারণে আছ রক্ষ! তুমি মোর আশে।
প্রভু যথা আমি তথা যাব তাঁর পাশে ॥
যে খাণ্ডায় প্রভুরে করিলি দুইখান।
সেই খড়্গে কাট মোরে যাউক পরাণ ॥
কৃত্তিবাস পণ্ডিতের কবিত্ব বাখান।
লঙ্কাকাণ্ডে মায়ামুণ্ড করিলেক গান ॥

মায়ামুণ্ড-দর্শনে সীতার বিলাপ।

এমনি বাণের শিক্ষা, মুনিগণ কৈলে রক্ষা,
তাড়কা মারিলে এক বাণে।
সুবাহু রাক্ষসে মারি; মুনি-যজ্ঞ রক্ষা করি,
গেলা প্রভু! জনক-ভবনে ॥
শিবের ধনুকভঙ্গে, লোকে চমৎকার লাগে,
করেছিলে এ পাণি গ্রহণ।
রামেরে জিনিয়া পরে, গেলে প্রভু! অযোধ্যারে,
জয় জয় সকল ভুবন ॥

আমি স্ত্রী অভাগ্যবতী, হারালাম হেন পতি,
কান্দে সীতা মায়ামুণ্ড লৈয়া ।
দৈবঘটনা কারণে, এলে প্রভু ! তপোবনে,
কোথা গেলে আমারে ত্যজিয়া ?
পরে নিল রাজ্য খণ্ড, বিধি মোরে কৈল দণ্ড,
ভাগ্যে মোর দৈবের লিখন ।
দারুণ কৈকেয়ী তাতে, বাদ সাধে বিধিমতে,
আমি হারালাম রামধন ।।
ত্যজিয়া রাজ্যের আশ, করিলে হে বনবাস,
পঞ্চবটী এনু তিন জন ।
সূর্পনখা-নাক কান, কেটে কৈলে অপমান,
রাক্ষস বিপক্ষ তে-কারণ ।।
করিলে বিষম রণ, মারিলে খর-দূষণ,
চৌদ্দ হাজার রাক্ষস জিনি ।
মারীচ রাক্ষসে মারি, পাঠাইলে যমপুরী,
হেন প্রভু লোটায় ধরণী।।
বালি বানরেরে মারি সুগ্রীবেরে মৈত্র করি,
সাগর শুষিলে এক বাণে ।
করিলে বিষম রণ, বধি কত শত জন,
কার বাণে হারাইলা প্রাণে ?
স্মরিতে সে সব কথা, অন্তরে লাগিছে ব্যথা,
সহনে না যায় এই দুখ ।
ধন জন রাজ্যপদ, কিছু নহে চিরপদ,
আর না দেখিব চাঁদমুখ ।।
অনলে প্রবেশ করি, কলেবর পরিহরি,
আমার জীবনে নাহি কাম ।
কৃত্তিবাসের এই বাণী, শুন শুন ঠাকুরাণি,
পাইবে আপন প্রভু রাম ।।

নিকষা কর্ত্তৃক রাবণকে উপদেশ দান ।

কাতর হইয়া সীতা করেন রোদন ।
বিমুখ হইয়া হাসে রাজা দশানন ।।
করিলে পরের মন্দ অবশ্য প্রমাদ ।
রামজয় বলিয়া পড়িল সিংহনাদ ।।
বানরের সিংহনাদে কাঁপে লঙ্কাপুরী ।
মুণ্ড লয়ে পলায় লঙ্কার অধিকারী ।।
দশানন গিয়া শীঘ্র বসে সিংহাসনে ।
তাহারে বেড়িয়া বসে পাত্রমিত্রগণে ।।
কাঁদেন অশোকবনে শ্রীরাম-প্রেয়সী ।।
হেনকালে আসিল সে সরমা রাক্ষসী ।।
সীতা বলিলেন, এস সরমা ভগিনি !
তব অপেক্ষায় আমি রাখিয়াছি প্রাণী ।।
বিষপানে মরি কিংবা অনলে প্রবেশি ।
এতক্ষণ আছে প্রাণ তোমারে আশ্বাসি ।।
যাও দেখি রাবণ কি করিছে মন্ত্রণা ।
সত্য কি প্রভুর প্রতি দিলেক সে হানা ?
জানাইয়া স্বরূপে আমারে কর রক্ষা ।
প্রাণ রাখিয়াছি আমি তোমার অপেক্ষা ।।
সীতাবাক্যে সরমা হইল এক পাখী ।
রাবণ-নিকটে গেল চতুর্দ্দিক দেখি ।।
রাবণ কহিছে মন্ত্রিগণ ! কহ সার ।
কেমনে রামের সৈন্য করিব সংহার ।।
মন্ত্রী বলে, সীতা দিলে হবে অপমান ।
রণ করি কপি মারি বধ রাম-প্রাণ ।।
হেনকালে রাবণের মাতা অতি বুড়ী ।
রাবণের কাছে এল করি তাড়াতাড়ি ।।
আশে-পাশে চাহে বুড়ী রাবণের পানে ।
রাবণেরে বেড়িয়াছে যত মন্ত্রিগণে ।।

সবার হইতে পোড়ে মায়ের পরাণ।
কহিতে লাগিল বুড়ী হয়ে আগুয়ান ॥
দেবতা গন্ধর্ব নহে সীতা ত মানুষী।
কত বড় দেখিয়াছ তাহারে রূপসী ?
রাক্ষস হইয়া কেন মনুষ্যেতে সাধ ?
এখনি যে দেখিতেছি পড়িবে প্রমাদ ॥
চতুর্দ্দশ সহস্র রাক্ষস যার বাণে।
ত্রিশিরা দূষণ আর খর পড়ে রণে ॥
সে রাম কৃতান্ত দণ্ড তুল্য দণ্ডধারী।
কি বুঝিয়া আন তুমি সে রামের নারী ?
আমার বচন শুন পুত্র লঙ্কেশ্বর।
সীতাদেবী দাও ফিরে রামের গোচর ॥
সীতা দিয়া রামের সহিত কর প্রীতি।
নতুবা তোমার নাহি দেখি অব্যাহতি ॥
এত যদি বলে বুড়ী মনের সন্তাপে।
শুনিয়া বুড়ীর কথা রাজা মনে কোপে ॥
মায়ের গৌরব রাখি তেকারণে সই।
অন্য জন হইলে তাহার প্রাণ লই ॥
কুড়ি চক্ষু রাঙ্গা করি চাহে লঙ্কেশ্বর।
নড়ী ভর করি বুড়ী উঠি দিল রড় ॥
বুড়ী যদি পলাইল পেয়ে অপমান।
রাবণেরে বুঝায় তখন মাল্যবান ॥
এত দিনে নাতি তব বিক্রম বাখানি।
বুঝিয়া আপন বল বুঝহ আপনি ॥
যত যত রাজা হৈল চন্দ্র—সূর্য্যকুলে।
কোন্ রাজা ভাসাইল পাষাণ সলিলে ?
সাগর হইল পার হইয়া মানব।
হেন রামে রাগাইলে এ কি অসম্ভব ?
এত দিন শুনিতেছ রামের বিক্রম।
সুজনের বন্ধু রাম দুর্জ্জনের যম ॥

কুড়ি চক্ষু রাঙ্গা করি চাহিল রাবণ।
মাল্যবান রহিল হইয়া ভীত-মন ॥
রাবণ রাক্ষসগণে ডাক দিয়া আনে।
দিকে দিকে রাখিল সে লঙ্কার রক্ষণে ॥
মহোদরে দক্ষিণে রাখিল দশানন।
এক লক্ষ রাক্ষস সে দ্বারেতে ভিড়ন ॥
পশ্চিমে রাখিল ইন্দ্রজিৎ যে প্রধান।
রাক্ষস অর্বুদ কোটি পর্বতপ্রমাণ ॥
পূর্বদ্বারে রাখিল প্রহস্ত সেনাপতি।
তিন কোটি রাক্ষস সে তাহার সংহতি ॥
অক্ষৌহিণী সত্তর সহিত সে রাবণ।
সতর্ক সশঙ্ক সদা সবে পুরজন ॥
সরমা জানিয়া ইহা চলিল সত্বর।
সকল কহিল গিয়া সীতার গোচর ॥
রাবণ কহিল মিথ্যা না করে সংগ্রাম।
সর্বদা কুশলে তব আছেন শ্রীরাম ॥
তোমা দিতে বলিল নিকষা রাবণেরে।
কতমত বুঝাইল রামে ভজিবারে ॥
মাতার বচন দুষ্ট না শুনিল কানে।
সেইমত তাড়াইল বৃদ্ধ মাল্যবানে ॥
কার যুক্তি না শুনিয়া যুদ্ধ করে সার।
বিনা যুদ্ধে সীতা তব নাহিক উদ্ধার ॥
বহুকষ্ট গেল সীতা অল্পমাত্র আছে।
দেখিবে রামের মুখ সুখ হবে পিছে ॥
ক্রন্দন সংবর সীতা ! ত্যজ অভিমান।
দিন দুই চারি বাদে যেও প্রভু-স্থান ॥
সরমার বাক্যে সীতা সংবরি ক্রন্দন।
চিন্তেন শ্রীরাম-পাদপদ্ম অনুক্ষণ ॥
শ্রীরাম বলিয়া সীতা ছাড়েন নিশ্বাস।
লঙ্কাকাণ্ডে মায়ামুণ্ড গায় কৃত্তিবাস ॥

বানর কর্তৃক লঙ্কার দ্বাররক্ষাকরণের নির্ণয়।

সুমেরুর চূড়া যেন আকাশেতে লাগে।
সেইমত উচ্চ গিরি শোভা পায় আগে॥
গড়ের বাহির গিরি তিরিশ যোজন।
তাহাতে উঠিলে হয় লঙ্কা দরশন॥
পর্ব্বতে চড়েন রাম সহ সেনাগণ।
সঙ্গেতে সুগ্রীব রাজা আর বিভীষণ॥
পর্ব্বত-উপরে রাম উঠিল তখন।
দেখেন সে লঙ্কা বিশ্বকর্ম্মার গঠন॥
স্বর্ণরৌপ্য-ঘর সব দেখিতে রূপস।
চালের উপরে শোভে কনক-কলস॥
ধ্বজা আর পতাকা উড়িছে চতুর্দ্দিক।
রাজগৃহ পাত্রগৃহ শোভিত অধিক॥
পুরী দেখি রামচন্দ্র করেন বাখান।
পৃথিবীমণ্ডলে নাহি হেন রম্য স্থান॥
এ পুরীর রাজা কেন হয়েছে রাবণ?
তবে শোভে যদি রাজা হয় বিভীষণ॥
রঘুবংশে যদি আমি রাম নাম ধরি।
বিভীষণে করিব লঙ্কায় অধিকারী॥
বিভীষণ মিতাকে লঙ্কায় ভাল সাজে।
বিভীষণে রাজা করি লোকে যেন পূজে॥
আনন্দিত বিভীষণ রামের আশ্বাসে।
গিরি হৈতে নামিলেন সবে রাত্রিশেষে॥
পর্ব্বত-উপরে রাম বঞ্চি কত রাতি।
নামিলেন সত্বর সহিত সেনাপতি॥
পোহাইতে আছে অল্প যখন রজনী।
হেনকালে লঙ্কা বেড়িলেন রঘুমণি॥
পাইয়া সুগ্রীব শ্রীরামের অনুমতি।
চারিধারে রাখিল বানর সেনাপতি॥
নীল সেনাপতি বলি ঘন ঘন ডাকে।
সেনাপতি নীল সহ এল ঝাঁকে ঝাঁকে॥
সুগ্রীব বলেন, নীল! তুমি সেনাপতি।
লঙ্কায় যুঝিতে তব প্রথম আরতি॥
বাছিয়া বানর লহ রণেতে প্রধান।
ভালমতে রাখ গিয়া পূর্ব্বদ্বারখান॥
নীলবীর পূর্ব্বদ্বারে যায় হরষিত।
ডাক দিয়া অঙ্গদেরে আনিল ত্বরিত॥
সুগ্রীব বলেন, হে অঙ্গদ যুবরাজ!
তোমার অধীন সর্ব্ব বানরসমাজ॥
বাছিয়া কটক তুমি লহ চমৎকার।
ভালমতে রাখ গিয়া দক্ষিণের দ্বার॥
চলে অঙ্গদের ঠাট দক্ষিণের দ্বার।
ধূলা উড়াইয়া তারা করে অন্ধকার॥
দক্ষিণে অঙ্গদ গেল হয়ে হরষিত।
ডাক দিয়া হনুমানে আনিল ত্বরিত॥
সুগ্রীব বলেন, শুন বীর হনুমান্।
সবার অধিক রাখি তোমার সম্মান॥
শিশুকালে লাফ দিলে ধরিতে ভাস্কর।
সাহস করিয়া তুমি লঙ্ঘিলে সাগর॥
সংগ্রামে পশিলে তুমি বিক্রমে প্রধান।
পশ্চিমের দ্বার রক্ষা কর সাবধান॥
যেখানে থাকেন রাম-লক্ষ্মণ দু-ভাই।
সাবধান হয়ে তুমি থাকিবে তথাই॥
ধায় হনুমানের কটক মহাবল।
কিলকিল শব্দেতে ব্যাপিল নভঃস্থল॥
ধূলা উড়াইয়া যায় করি অন্ধকার।
মার মার করি গেল পশ্চিমের দ্বার॥
পূর্ব্বে নীলবীরে দিয়া না হয় প্রত্যয়।
ডাকিয়া কুমুদ বীরে আনিল তথায়॥

সুগ্রীব বলেন, হে কুমুদ সেনাপতি।
সহস্র বানর আছে তোমার সংহতি॥
সে সব বানর লয়ে পূর্ব্বদ্বারে চল।
নীলের কটকে গিয়া হও অনুবল॥
তোমা সত্ত্বে যদ্যপি নীলের সৈন্য হারে।
তার ভালমন্দ দায় লাগে যে তোমারে॥
সুগ্রীবের আদেশ লঙ্ঘিবে কোন্ জনা ?
নীলের কাছেতে করে কুমুদ গমন॥
দক্ষিণে অঙ্গদে দিয়া প্রতীতি না যায়।
ডাক দিয়া মহেন্দ্রেরে তথায় পাঠায়॥
মহেন্দ্র দেবেন্দ্র শুন সুষেণনন্দন।
আশী কোটি কপি দুই ভায়ের ভিড়ন॥
সে সকল লইয়া দক্ষিণ দ্বারে চল।
অঙ্গদ-কটকে গিয়া হও অনুবল॥
তোমা বিদ্যমানে যদি সেই সৈন্য হারে।
ভদ্রাভদ্র তাহার সে লাগিবে তোমারে॥
সুগ্রীবের আদেশ লঙ্ঘিবে কোন্ জনা।
অঙ্গদ-পশ্চাতে গেল মহেন্দ্রের থানা॥
পশ্চিমে হনুকে দিয়া না হয় প্রতীত।
ডাক দিয়া সুষেণেরে আনিল ত্বরিত॥
সুগ্রীব বলেন, শুন সুষেণ সুহৃৎ।
তিন কোটি বৃন্দ কপি তোমার সহিত॥
সে সবে লইয়া যাও পশ্চিমের দ্বার।
পবন-পুত্রের কর সাহায্য এবার॥
আপনি থাকিতে যদি কোন মন্দ ঘটে।
অপযশ তোমারি সে লোকে ধর্ম্ম রটে॥
সুগ্রীবের আদেশে সুষেণ মহাবীর।
হনুর পশ্চাতে গিয়া হইলেক স্থির॥
উত্তরে কাহারে দিয়া না হয় প্রতীত।
আপনি সুগ্রীব রহে বানর সহিত॥
সাগরের কূলেতে যে বানরের ঘর।
জাঙ্গাল বহিয়া পাছে পলায় বানর॥
বহু কোটি সেনাপতি পাত্রমিত্র লয়ে।
রহিল সুগ্রীব রাজা উত্তর চাপিয়ে॥
ঔষধ আনিতে রহে বীর হনুমান।
মন্ত্রণা-কর্ম্মেতে থাকে মন্ত্রী জাম্বুবান॥
প্রহরী হইয়া থাকে দ্বারে বিভীষণ।
চারি দ্বারে সুগ্রীব বেড়ায় ঘনে ঘন॥
চারি দ্বারে সুগ্রীব দেখেন হীনবল।
দুনা করি দেন সৈন্য সমরে অটল॥
চারি দ্বারে সুগ্রীব দিতেছেন আশ্বাস।
চারি দ্বার-রক্ষা যে রচিল কৃত্তিবাস॥

দেবগণের আগমন ও হরপার্ব্বতীর কোন্দল।

সাজিছে যতেক বীর বাজিছে বাজনা।
অন্তরীক্ষে অমরগণের হয় থানা॥
আসিল গন্ধর্ব্ব যক্ষ কিন্নর চারণ।
আসিলেন বিধাতা মরালে আরোহণ॥
ঐরাবত আরোহণে এল পুরন্দর।
মকর-বাহনে এল জলের ঈশ্বর॥
বৃষভ-বাহনে আসিলেন পশুপতি।
কেশরী-বাহনে সে আসিলেন পার্বতী॥
বসিলেন দেবগণ সবে সারি সারি।
গন্ধর্বেতে গীত গায় নাচে বিদ্যাধরী॥
দৃষ্টি দিয়া পার্ব্বতী বসেন এক দিকে।
ক্রোধ করি মহাদেবে কহেন সম্মুখে॥
তুমি ত ভাঙ্গড় সদা বেড়াও শ্মশানে।
কোন গুণে পূজে তোমা লঙ্কার রাবণে ?
ধনে প্রাণে মজিল লঙ্কার অধিকারী।
কেমনে আছহ স্থির বুঝিতে না পারি॥

আপনার মাথা কাট আপনার করে।
দুঃখ নাহি হয় কেন সেবকের তরে ?
আর কোন্ সেবক লইবে তব ছায়া ?
রাবণ সেবকে তব নাহি কিছু দয়া ?
এত যদি বলিলেন ক্রোধে ভগবতী।
পার্ব্বতীর বচনে কুপিল পশুপতি ॥
বামাজাতি তোমার তিলেক নাহি শঙ্কা।
আপনি রাখহ গিয়া স্বর্ণপুরী লঙ্কা ॥
তপস্যা করিল দশ হাজার বৎসর।
অমর হইতে নাহি পাইলেক বর ॥
এখন মরণপথ চিন্তিল রাবণ।
ত্রিভুবনে হেন কর্ম্ম করে কোন্ জন ?
নিজে বিষ্ণু জন্মিলেন দশরথ-ঘরে।
আপনি দিলেন পৃষ্ঠ অলঙ্ঘ্য সাগরে ॥
দ্বারে রাম, রাবণের জীবন-সংশয়।
বল দেখি, রাবণের কিসে রক্ষা হয় ?
মানুষ হইয়া রাম বিষ্ণু-অধিষ্ঠান।
শ্রীরামের হাতে কেন পাবে পরিত্রাণ ?
মিথ্যা অনুযোগ মোরে না কর পার্ব্বতি !
রাবণে রাখিতে নাহি আমার শকতি ॥
বিধাতার নির্ব্বন্ধ যে নারি ঘুচাইতে।
আপনি যে আছি আমি আপনার মতে ॥
শঙ্কর-শঙ্করী দুই জনেতে কোন্দল।
বিমুখ হইয়া হাসে দেবতা সকল ॥
ধূর্জ্জটির কোপ দেখি হাসে দেবগণ।
আজিকালি রাবণের হইবে মরণ ॥
রাবণ মরিবে সর্ব্বদেবতার হাস।
দেবদেবী-কোন্দল রচিল কৃত্তিবাস ॥

অঙ্গদ-রায়বার।

পঞ্চদিন উভয় সৈন্যের সমাবেশ।
পরস্পর কেহ কারে নাহি করে দ্বেষ ॥
শ্রীরাম বলেন, তত্ত্ব জান বিভীষণ।
কি কারণ নাহি রণ করে দশানন ॥
বিভীষণ বলে, প্রভু ! কর অবগতি।
উভয় সৈন্যের শব্দে স্তব্ধ লঙ্কাপতি ॥
তেঁই বিপক্ষের প্রতি নাহি দেয় হানা।
নিশ্চয় জানিতে দূত প্রের এক জনা ॥
বিভীষণ সহ রাম যুক্তি করি সার।
হনুমানে ডাকিয়া কহেন সমাচার ;—
এস বৎস ! হনুমান্ পবননন্দন !
লঙ্কাতে জানিয়া এস কি করে রাবণ ॥
সভামধ্যে উঠিয়া বলিছে জাম্বুবান্।
একবার গিয়াছিল বীর হনুমান্ ॥
যেই যাইবেক হনূ লঙ্কার ভিতর।
হনুমানে দেখিয়া কুপিবে লঙ্কেশ্বর ॥
মনেতে করিবে এই আসে বারেবার।
ইহা বিনা রামসৈন্যে বীর নাহি আর ॥
দক্ষিণ-দ্বারেতে আছে অঙ্গদের থানা।
তাহারে আনিতে দূত যাকৃ এক জনা ॥
হনুমান্ হইতে অঙ্গদ বীর বড়।
তাহারে পাঠাও যে বলিবে দড়বড় ॥
রামের আজ্ঞায় চলে সুষেণ সত্বর।
মাথা অবনমি কহে অঙ্গদ-গোচর ॥
বলি শুন তোমারে অঙ্গদ যুবরাজ !
রামের আজ্ঞায় চল বানরসমাজ ॥
অঙ্গদ বলেন, আমি যাব কি একাকী ?
কিবা থানা সহ যাব তুমি বল দেখি ?

থানা ভাঙ্গিবারে নাহি কোন প্রয়োজন।
একা গিয়া কর তুমি রাম-সম্ভাষণ ॥
দূতবাক্যে চলিল অঙ্গদ যুবরাজ।
আসিয়া মিলিল বীর রামের সমাজ ॥
রামেরে প্রণাম করি কহে করপুটে ;—
আজ্ঞা কর মহারাজ ! এসেছি নিকটে ॥
শ্রীরাম বলেন, শুন হে অঙ্গদ বলী।
রাবণ রাজারে কিছু দিয়া এস গালি ॥
অঙ্গদ বলেন, প্রভু ! যুক্তি নাহি হয়।
বালিপুত্র আমি যে আমাতে কি প্রত্যয় ॥
শ্রীরাম বলেন, সত্য হেতু বালি বধি।
তোমাতে প্রত্যয় মম আছে তদবধি ॥
অঙ্গদ বলেন, প্রভু ! এবা কোন্ কথা।
নখে ছিঁড়ি আনিব তাহার দশ মাথা ॥
বালির বিক্রম তুমি জান ভালে ভালে।
বিক্রম জানিবে মম সংগ্রামের কালে ॥
পশিব রাক্ষসমধ্যে করিব মেলানি।
রাবণেরে গালি দিয়া আসিব এখনি ॥
সুগ্রীব বলেন, বাছা ! প্রাণের দোসর।
বিক্রমে বিশাল তুমি, প্রাণের সোসর ॥
এত কাল পালিনু তোমারে রাজ-ভোগে।
দেখাও বাহুর বল শ্রীরামের আগে ॥
লঙ্কামধ্যে গিয়া তুমি বুঝাও রাবণে।
আসিয়া শরণ লোক্ রামের চরণে ॥
নতুবা সবংশে তারে শ্রীরাম-লক্ষ্মণ।
খণ্ড খণ্ড করিবেন রাখে কোন্ জন ?
অঙ্গদ করিল যাত্রা হয়ে হৃষ্টমন।
হেনকালে উঠিয়া বলিছে বিভীষণ ;—
কহিও আমার বাক্য ভাই লঙ্কেশ্বরে।
নিজ দুরাচার কর্ম্ম যেন মনে করে ॥
সভামধ্যে বলিলাম হিত যে বচন।
সে কারণে হইলাম লাথির ভাজন ॥
মূঢ় বিভীষণ নাহি বুঝে কোন কাজ।
ভাল মন্ত্রী লয়ে তিনি হ'ন মহারাজ ॥
বংশে রহিলাম মাত্র করিতে তর্পণ।
কহিও এ সব কথা বালির নন্দন !
বার বার বন্দিয়া সে রামের চরণ।
রাবণে ভর্ৎসিতে যায় বালির নন্দন ॥
সুগ্রীব-রাজারে বন্দে বাপের সোসর।
আর যত বন্দিলেক প্রধান বানর ॥
করিছে মঙ্গলধ্বনি যত কপিগণ।
আনন্দে দেখেন চেয়ে শ্রীরাম-লক্ষ্মণ ॥
যায় অন্তরীক্ষেতে অঙ্গদ তেজোভরে।
জ্বলন্ত উল্কা যেন বায়ুভরে উড়ে।
লঙ্কাপুরী গেল বীর ত্বরিত-গমন।
পাত্রমিত্র লয়ে যথা বসেছে রাবণ ॥
দেবান্তক নরান্তক অতিকায় বীর।
মহোদর মহোল্লাস দুর্জ্জয়-শরীর ॥
হস্তিপৃষ্ঠে প্রণাম জানায় অকম্পন।
অশ্বপৃষ্ঠে আরোহিয়া সে ধূম্রলোচন ॥
রথ সাজাইল দিয়া মণি মুক্তা হীরা।
আসিয়া প্রণাম করে কুমার ত্রিশিরা ॥
আসিল নিশঠ শঠ যমদূত-প্রায়।
অজয় বিজয় আদি যুদ্ধে মহাকায় ॥
কুম্ভকর্ণ-সুত কুম্ভ নিকুম্ভ দুজন।
আর বজ্রদন্ত মাথা নোয়ায় তখন ॥
আসিল খরের পুত্র সত্বরে সভায়।
তপন স্বপন আর বীর মহাকায় ॥
যার ভয়ে ত্রিভুবন হইত কম্পিত।
পিতারে প্রণাম করে বীর ইন্দ্রজিৎ ॥

আসিল সামন্ত সৈন্য বীর নানাবর্ণ।
সবে মাত্র না আসিল বীর কুম্ভকর্ণ॥
নিদ্রা যায় কুম্ভকর্ণ আপনার মনে।
লঙ্কাতে অনর্থ এত কিছুই না জানে॥
সভামধ্যে বলিছে রাবণ সবাকারে।
কপি নর আসিয়াছে আমা মারিবারে॥
শিশু-রাম শিশু-কপি না জানে আমায়।
তেঁই সে আমার সনে যুঝিবারে চায়॥
বাটা ভরি গুয়া দিব আড়নে আড়ন।
যেই জন মারিবেক শ্রীরাম-লক্ষ্মণ॥
এতেক বলিল যদি বীর লঙ্কাপতি।
বীরদাপ করি উঠে সব সেনাপতি॥
নর কপি আসিয়াছে তারে ভয় কিসে?
আপনা আপনি নিধি গৃহেতে প্রবেশে॥
বানর খাইতে সাধ ছিল বহুকালে।
হেন ভক্ষ্য মিলিল অনেক পুণ্যবলে॥
আজি যদি কুম্ভকর্ণ উঠেন জাগিয়া।
খাইবেন লক্ষ লক্ষ বানর বসিয়া॥
ইন্দ্রজিৎ আছে এক মহাধনুর্দ্ধর।
তার বাণে শত শত মরিবে বানর॥
আগে গিয়া বানরের গলে দিব ফাঁস।
ঘাড়ের শোণিত খাব পরে খাব মাস॥
মনুষ্য দুটার মাংস বড়ই সুস্বাদ।
সবাকার ঘুচাব মাংসের অবসাদ॥
জাঠি ও ঝাকড়া শেল মুষল মুদ্গর।
হাতে করি দর্প করে যত নিশাচর॥
রাজার সম্মুখে কহে যত সেনাপতি॥
আমরা থাকিতে তব কিসের দুর্গতি?
সীতা লয়ে ক্রীড়া কর আনন্দিত-মনে।
আমরা বান্ধিয়া দিব শ্রীরাম-লক্ষ্মণে॥

পৃথিবী সহায় করি যদি রাম আনে।
সীতা দিতে নারিবে আমরা বিদ্যমানে॥
হনূমান্ শ্রেষ্ঠ তার কটকের সার।
হনূমানে প্রথমেতে মারিব এবার॥
লঙ্কা দগ্ধ করে গেল রাত্রে এসে পড়ে।
প্রাণ দিয়ে যাবে যদি আসে সে এবারে॥
সে আসিয়া দেখে গেল অশোকেতে সীতা।
সে করালে রামসনে সুগ্রীবের মিতা॥
সে ভুলালে বিভীষণে নানা কথা কয়ে।
সে সাগর বেঁধে নিল গাছ সব ব'য়ে॥
যত দেখ মহারাজ! সব চক্র তারি।
সীতা যদি ভুঞ্জিবে প্রথমে তারে মারি॥
রাবণ ভণে হনূমানে বধ-প্রথমেতে।
রাম-লক্ষ্মণে কপিগণে তার পরেতে॥
এ সব পরামর্শ রাবণ করে বসে।
হেন কালে অঙ্গদ সে উত্তরিল এসে॥
প্রকাণ্ড শরীর তার মন্দ মন্দ গতি।
পূর্বাচল হ'তে যেন এল দিনপতি॥
আকাশে দেউটি যেন দুই চক্ষু জ্বলে।
মস্তক ঠেকিছে তার গগনমণ্ডলে॥
রাবণের সেনাপতি দ্বারে ছিল যারা।
অঙ্গদের অঙ্গ দেখে ভঙ্গ দিল তারা॥
বড় বড় বীর ছিল রাজার রক্ষক।
তক্ষক দেখিয়া যেন পলায় মূষক॥
দুয়ারে দুয়ারী ছিল উঠে দিল রড়।
অঙ্গদ তখন বেগে প্রবেশিল গড়॥
যেখানে রাবণরাজ বসেছে দেয়ানে।
লম্ফ দিয়া বীর গিয়া বৈসে মধ্যখানে॥
বসেছে রাবণরাজ উচ্চ সিংহাসনে।
তাহা দেখি অঙ্গদের বড় দুঃখ মনে॥

কুণ্ডলী করিয়া লেজ বসিল সভাতে।
পুরন্দর বার যেন দিল ঐরাবতে ॥
সুমেরু পর্বত যেন অঙ্গদ-শরীর।
রাক্ষসেরা বলে বাপ এটা কোন্ বীর?
বড় বড় বীর ছিল রাবণের কাছে।
অঙ্গদের অঙ্গ দেখে চুপ ক'রে আছে ॥
অঙ্গদে দেখে রাবণ ছলে মায়া পাতে।
অসংখ্য রাবণ হয়ে বসিল সভাতে ॥
যে দিকে অঙ্গদ চাহে সে দিকে রাবণ।
দশ মুণ্ড কুড়ি বাহু বিংশতি লোচন ॥
সবাই রাবণ ভেদ নাই এক জনে।
কপি বলে, কথা কই কোন্ রাবণ সনে ॥
সবে মাত্র ইন্দ্রজিৎ ছিল নিজ সাজে।
পুত্র হয়ে পিতৃ-মূর্ত্তি ধরে কোন্ লাজে ॥
নিকুম্ভিলা যজ্ঞ করে রাবণের বেটা।
কপালে দেখিল তার যজ্ঞশেষ ফোঁটা ॥
অঙ্গদ বলে বুঝিনু এই মেঘনাদ।
আকার ইঙ্গিতে তারে কহেন সংবাদ ॥
অঙ্গদ বলে সত্য ক'রে কহ ইন্দ্রজিতা।
এ সভাতে যত জন সবাই কি তোর পিতা?
তারি জন্যে এত তেজ গুরু লঘু না মানিস্।
তোর বাপের এত তেজ ইন্দ্র বেঁধে আনিস ॥
ধন্যা নারী মন্দোদরী ধন্যা তোর মাতাকে।
এক যুবতী এতেক পতি ভাব কেমনে রাখে ॥
কোন্ বাপ তোর দিগ্বিজয় কৈল তিন লোকে?
কোন বাপ তোর কোথা গিয়াছিল পরিচয় দে মোকে?
কোন বাপ তোর চেড়ীর অন্ন খাইল পাতালে?
কোন বাপ তোর বাঁধা ছিল অর্জ্জুনের অশ্বশালে?
কোন্ বাপ তোর যম জিনিতে গিয়াছিল দক্ষিণ?
কোন্ বাপ তোর মান্ধাতার বাণে দাঁতে কৈল তৃণ?
কোন্ বাপ তোর ধনুক ভাঙ্গিতে গিয়াছিল মিথিলা?
কোন্ বাপ তোর কৈলাসগিরি তুলিতে গিয়াছিলা?
কোন্ বাপ তোর বধূর সনে হইল আসক্ত?
তোর কোন্ বাপের ভগ্নী হরে নিল মধুদৈত্য?
কোন্ বাপ তোর জব্দ হৈল জামদগ্ন্যের তেজে?
মোর বাপ তোর কোন্ বাপকে বেঁধেছিল লেজে?
একে একে কহিলাম তোর সকল বাপের কথা।
এই সবারে কাজ নাই তোর যোগী বাপটি কোথা?
সূর্পনখা রাণ্ডী যারে করাইল দীক্ষা।
দণ্ডক কাননে যে মাগিয়া খাইল ভিক্ষা ॥
শঙ্খের কুণ্ডল কর্ণে রক্তবস্ত্র পরে।
ডম্বরু বাজায়ে ভিক্ষা করে ঘরে ঘরে ॥
সন্ন্যাসীর বেশ ধরে মুখে মাখে ছাই।
এ সবারে কাজ নাই তোর সেই বাপটি চাই ॥
সহিতে না পারে রাবণ অঙ্গদের কথা।
লজ্জা পেয়ে রাবণ ভয়ে হেঁট করিল মাথা ॥
দুঃখিত হইয়া রাবণ করিল মায়া-ভঙ্গ।
দুই জনে লেগে গেল বাক্যের তরঙ্গ ॥
রাবণ বলে, শুন ওরে বানরা তোরে বলি।
কোথা হ'তে মরিবারে লঙ্কাপুরে এলি?
কে তোরে পাঠায়ে দিল মরিবার তরে?
বনের বানর কেন তুই রাক্ষসের ঘরে?
কি নাম কাহার বেটা কোন্ দেশে বসিস্।
ভয় কি মারিব নাই সত্য করে কহিস্ ॥
অঙ্গদ বলে, তোর ভয়েতে থরথরিয়ে কাঁপি।
এখন এমন ধর্ম্ম কথা মর্, রে বেটা পাপী ॥

তুই কোন্ ঠাকুরের বেটা তোরে ভয় কি ?
আমি কে জানিস নাই শোন পরিচয় দি ॥
বালি আর সুগ্রীব তুই বীর অবতার ।
যাহা জিনিতে কিষ্কিন্ধ্যায় গিয়াছিলি একবার ॥
পড়ে কি না পড়ে মনে হৈল অনেক দিন ।
হাত বুলায়ে দেখ, গলে আছে লেজের চিন ॥
সেই বালির সুত আমি সুগ্রীবের চর ।
অঙ্গদ নাম ধরি আমি রামের কিঙ্কর ॥
রামকে জানিস নাই আনিলি সীতা হরে ।
এখন দেখি লঙ্কাপুরী রাখিস্ কেমন ক'রে ?
এই তোর লঙ্কাপুরী রাম বেড়িল এসে ।
বের না রাবণ কেন ঘরে রইলি বসে ॥
অরুণ নয় বরুণ নয় রামের সঙ্গে বাদ ।
বংশে কেহ না থাকিবে না করিস সাধ ॥
রাবণ বলে কি বল্লি রাম লঙ্কাপুরে এসে ।
বুঝি বা রামের ডরে রৈতে নারি দেশে ॥
এই কি ভেবেছে গুহক চণ্ডালের মিতা ।
বনের বানর সহায় করে উদ্ধারিবে সীতা ?
রামের যোগ্যতা যত সব দেখতে পাই ।
নৈলে কেন দেশ থেকে দূর ক'রে দেয় ভাই ॥
নারী সঙ্গে লইয়া সে বনে কেন প্রবেশে ।
ভাইকে মেরে রাজ্য লয়ে রয় না কেন দেশে ?
রাম যা পারে করুক্ এসে তোর সনে মোর কি ?
সূর্পণখার নাক কাটে বৃথা আমি জী ॥
এনেছি রামের সীতা বল্ গে তার তরে ।
করুক এসে রাম তপস্বী প্রাণে যত পারে ॥
সুমেরু পর্ব্বত যদি মক্ষিকায় নাড়ে ।
সতী যে রমণী যদি নিজ পতি ছাড়ে ॥
গরুড়ের ধন যদি হ'রে লয় কাকে ।
খলের শরীরে পাপ যদ্যপি না থাকে ॥
খদ্যোত উদয়ে যদি চন্দ্র হয় পাত ।
রাবণ জীতে সীতা নিতে নারিবে রঘুনাথ ॥
বল গিয়া রে বানরা ! তোর রঘুনাথে ।
সেতুবন্ধ ভেঙ্গে দিউক আপনার হাতে ॥
যেখানে পর্বত ছিল সেখানে তা থোবে ।
উপাড়িল যত বৃক্ষ পুনর্বার রোবে ॥
বিভীষণ এসে মোর পায়ে ধরুক কেঁদে ।
ঘরপোড়াকে এনে দিবি হাতে গলে বেঁধে ॥
দ্বিতীয় প্রহর যখন রাত্রি নিশাভাগে ।
দুয়ারে প্রহরী মোর কেহ নাহি জাগে ॥
লঙ্কা দগ্ধ ক'রে গেছে রাত্রে এসে পড়ে ।
তার শাস্তি ক'রে লব তবে দিব ছেড়ে ॥
ধনুক-বাণ ফেলে রাম খত দিউক নাকে ।
সর্বদোষ মার্জ্জনা ক'রে কৃপা করি তাকে ॥
অঙ্গদ বলিছে, রাবণ ! আমরা তাই চাই ।
কচকচিতে কাজ কি মোরা দেশে ফিরে যাই ॥
রামকে গিয়া বলি ইহা না করিলে নয় ।
সেতুবন্ধ ভেঙ্গে দিব দণ্ড চারি ছয় ॥
যা বলিলে তা করিতে মুস্কিল কি আছে ।
যেখানে পর্বত ছিল রাখ্‌বো তার কাছে ॥
বিভীষণকে বেঁধে এনে দিব তোর কাছে ।
বুঝে পড়ে শাস্তি কর মনে যত আছে ॥
নির্ম্মাইয়া দিব লঙ্কা যত গেছে পোড়া ।
সূর্পণখার নাক-কান কিসে যাবে যোড়া ?
অক্ষয়কুমারেরে মেরেছে রামের চরে ।
তার স্ত্রী বিধবা হয়ে আছে তোর ঘরে ॥
যে তোর দারুণ পণ এমন করে কে ।
কবে বল্‌বি আমার বধূর স্বামী এনে দে ॥
এক জনকে এনে দিলে তার মনে নাহি লবে ।
মনের মত না হইলে তাহাও ফিরে দিবে ॥

ঘরপোড়াকে এনে দিতে বল্লি বটে হয়।
সেই দিন তারে দূর করেছেন খুড়ামহাশয় ॥
অঙ্গদের কথা শুনে রাবণরাজ হাসে।
ঘরপোড়াকে দূর করিল তাহার কোন্ দোষে ?
অঙ্গদ বলে, হনূ যখন আসিতেছিল হেথা।
বলেছিলেন খুড়া তারে গোটাচারেক কথা ॥
যাও লঙ্কায় হনূমান্ পবনকুমার।
পালন করিয়া কথা আসিও আমার ॥
কুম্ভকর্ণের মাথাটা আনিবে নখে ছিঁড়ে।
সাগরের জলে লঙ্কা ফেলিবে উপাড়ে ॥
অশোকবনসহ সীতা আনিবে মাথায় ক'রে।
বাম হস্তে আনিবে রাবণের জটা ধরে ॥
পাঠিয়েছিলেন খুড়া তারে চারি কার্যের তরে।
চারি কার্য্যের এক কার্য্য কিছুই নাহি করে ॥
কোপেতে সুগ্রীব রাজা কাটিতেছিলেন তায়।
আমরা সকল বানর ধরে রেখেছি তাঁর পায় ॥
অনাথের নাথ রাম গুণের সাগর।
সুগ্রীবেরে আজ্ঞা দিলেন না মার বানর ॥
না মারিল সুগ্রীব শুনিয়া রামের কথা।
দূর ক'রে দিলেক তারে মুড়াইয়া মাথা ॥
কোন দেশে পলায়েছে আছে কিবা নাই।
তার তত্ত্ব ক'রে মোরা ফিরি ঠাঁই ঠাঁই ॥
অঙ্গদের কথা শুনে রাক্ষসেরা চায়।
সে করে নাই চারি কর্ম্ম এই বা ক'রে যায় ॥
অঙ্গদ বলে, বুঝিলাম তোর এ সব কিছু নয়।
রঘুনাথের হাতে তোর মরণ নিশ্চয় ॥
যে থাকে বাসনা তোর এই বেলা তা কর।
রাজ-আভরণ ল'য়ে তুই সর্বাঙ্গেতে পর ॥
তুই মরিলে এ সব আর ভোগ করিবে কে ?
ভাণ্ডার ভাঙ্গিয়া ধন দরিদ্রকে দে ॥
হস্তী হয় রথ আদি মহিষ গোধন।
নয়ন মুদিলে সব হবে অকারণ ॥
স্বপ্নগত লোকে যেন নিধি পায় হাতে।
আঁখি কচালিয়া উঠে রজনী-প্রভাতে ॥
এ সব সম্পদ্ তোর দেখি সেইমত।
চৈতন্য থাকিতে কর্ আপনার পথ ॥
স্ত্রী সকলে ডাকিয়া জিজ্ঞাসা কর কথা।
কেবা যাবে তোর সনে হয়ে অনুমৃতা ?
আপনি কুঠার মারি আপনার পায়।
অহঙ্কার ক'রে ডিঙ্গা ডুবালি দরিয়ায় ॥
বুদ্ধিমান্ হয়ে জ্ঞান হারালি অভাগা।
শিরে কৈল সর্পাঘাত কোথা বাঁধবি তাগা ॥
বিভীষণের কথা তুই না শুনিলি কানে।
সুখে শয্যা কর গিয়া শ্রীরামের বাণে ॥
সর্ব্বশাস্ত্র পড়ে বেটা হলি হতমূর্খ।
বল্লে কথা শুনিস্ না ক এই ত বড় দুঃখ ॥
পূর্ণ-ব্রহ্ম নারায়ণ রাম রঘুমণি।
দুষ্টেরে করিতে নষ্ট জন্মিল অবনী ॥
দুষ্ট নিশাচর তুই পাপিষ্ঠ রাবণ।
মজিবি সবংশে তার হয়েছে লক্ষণ ॥
রাম বিষ্ণু সীতা লক্ষ্মী না শুনিলি কানে।
দশরথের ঘরে জন্ম দুষ্টের দমনে ॥
মত্ত হয়ে ধরিলি বেটা জানকীর কেশে।
সেই দোষে মজিলি সবংশে অবশেষে ॥
বিধাতা বিমুখ তোরে শুন রে অভাগে।
আনিলি রামের সীতা মরিবার লেগে ॥
দশ হাজার দেবকন্যা ভজিস রাত্রিদিনে।
রহিতে নারিস্ বেটা পরদার বিনে ?
কামরসে মত্ত হয়ে পড়ে গেলি ফাঁদে।
বামন হইয়া হাত বাড়াইলি চাঁদে ?

সূর্য্যবংশ-চূড়ামণি দশরথ রাজা।
দেবতা গন্ধর্ব আদি করে যাঁর পূজা॥
তাঁর ঘরে রঘুনাথ জন্মিলা আপন।
এত দিনে নির্বংশ হলি রে দশানন!
কামরসে মজ্জে গেলি বিষয়-আস্বাদে।
তক্ষকে দংশিল তোরে কি করে ঔষধে?
যে রাম তাড়কা বধে পঞ্চবর্ষকালে।
হরের ধনুক যেই ভাঙ্গে অবহেলে॥
তাঁহার বনিতা সীতা আনলি বেটা হরে।
কালকূট বিষ খেলি ডান হাতে করে?
অহল্যা পাষাণী হয়ে ছিল দৈবদোষে।
মুক্ত হয়ে গেল রাম-চরণ-পরশে॥
কার্ত্তবীর্য্যার্জ্জুন তৃণ করায়েছিল দাঁতে।
তার দর্প চূর্ণ হলো পরশুরামের হাতে॥
পরশুরাম পরাভব প্রভু রামের ঠাঁই।
তাঁর সঙ্গে তোর দ্বন্দ্ব আর রক্ষা নাই॥
গেলি রে রাবণা তুই গেলি এত দিনে।
উপায় না দেখি তোর রাম নাম বিনে॥
যদি জীতে বাসনা থাকে গলবস্ত্র হয়ে।
স্কন্ধে দোলা করে সীতা বয়ে দিবি লয়ে॥
তবে যদি জানকীনাথ তোরে করে রোষ।
শ্রীচরণে ধরি মোরা মেগে লব দোষ॥
রাবণ বলে বানরা! তোর মুখে পড়ুক ছাই।
আমার জন্যে দুঃখ পেয়ে মরিস্ কেন ভাই?
আমার তরে তোরা কেন ধরবি রামের পায়।
যুদ্ধ করে মরব আমি তোর বাপের কি দায়?
অঙ্গদ বলেন যত বুঝাই তোর মনে না লয়।
রঘুনাথের হাতে তোর মরণ নিশ্চয়॥
হিতোপদেশ কি বুঝিবি শোন রে বেটা গরু।
তুই বাঁচিলে আমার বাপের কীর্ত্তিকল্পতরু॥
নৈলে তোরে বেঁচে থাকতে সাধ করে কি বলি।
লোকে বলবে এই বেটাকে বেঁধেছিল বালি॥
নিত্য ঘুষবে আমার বাপের কীর্ত্তি জগন্ময়।
এতএব বলি দিনকত বাঁচলে ভাল হয়॥
রাবণ বলে, শোন্ বানরা! ধিক্ জীবনে তোর।
রাজার বেটা হয়ে হলি মানুষের নফর॥
পুত্র হয়ে পরশুরাম শুধিল পিতার ধার।
নিঃক্ষত্রিয় ধরা কৈল তিন সাত বার॥
পুত্র হয়ে তুই তার কোন্ কর্ম্ম কৈলি।
বাপকে মারিয়া তোর মাকে বিলাইলি॥
ধিক্ ধিক্ জীবনে তোর মা যার কুলটা।
লোকেতে দূষিত হয়ে বেঁচে কেন সেটা?
অঙ্গদ বলে, বটে রাবণ! মোর মা কুলটা।
সত্য করি বল্ দেখি তুই কার বেটা?
জন্ম তোর ব্রহ্ম-বংশে ত্রিভুবনে খ্যাতি।
বিশ্বশ্রবার বেটা তুই পৌলস্ত্যের নাতি॥
বিশ্বশ্রবা সে মহাতপা বিশ্বে যাঁর যশ।
তুই যদি তাঁর বেটা তবে কেন রে রাক্ষস?
মা তোর রাক্ষসী রে ব্রাহ্মণ তোর পিতা।
তুই বিভা কৈলি বেটা দানব-দুহিতা॥
কুম্ভীনসা ভগ্নী তোর দৈত্য নিল হ'রে।
কয় জেতে তুই বেটা দেখ মনে ক'রে॥
রম্ভাবতী সতী সে শ্বশুর বলে তোরে।
বলাৎকার কৈলি তারে পর্বতের ঝোরে॥
আত্মচ্ছিদ্র না জানিস পরকে দিস খোঁটা।
বারে বারে কহিস কথা মর রে অধম বেটা॥
তার আগে বড়াই কর্ যে না তোরে জানে।
দাঁতে কুটা করে এলি পরশুরামের স্থানে॥
অঙ্গদের কথা শুনি রাবণ উঠে জ্বলে।
জ্বলন্ত অনলে যেন ঘৃত দিল ঢেলে॥

দশানন বলে ব'সে করিস কি রে দূত ?
পলা রে বানর বেটা ধর তো মোর পূত ॥
অঙ্গদ বীর স্থির বড় দর্প ক'রে কয়।
আর কে ধরিবে আপনি আইস নয়।
কুপিল অঙ্গদ দশাননের বচনে।
কোপে গালি দেয় সে রাবণ তাহা শুনে ॥
অঙ্গদ বলিল মর পাগল রাবণ !
কিসের বড়াই তুই করিস এখন ?
তার আগে দর্প কর যে জন না জানে।
তোর যত বিক্রম বিদিত মম স্থানে ॥
কার্ত্তবীর্য্য যখন সে কেলি করে জলে।
তার আগে গেলি তুই নর্ম্মদার কূলে ॥
এইমত বীরদর্প করিলি সে স্থলে।
লুকায়ে রাখিল তোরে বাম কক্ষতলে ॥
চক্ষে নীর বহে তোর মুখে ঘনশ্বাস।
তার ঠাঁই প্রায় তুই হইলি বিনাশ ॥
আসিয়া পৌলস্ত্য মুনি করি স্তবস্তুতি।
তোরে মুক্ত করিয়া দিলেন অব্যাহতি।
তার ঠাঁই হয়েছিল সংশয় জীবন।
ভাগ্যে প্রাণ রক্ষা তোর মুনির কারণ ॥
আরবার গিয়াছিলি পিতার নিকট।
শঠতা করিলি বহু তুই বেটা শঠ ॥
সন্ধ্যা হেতু মম পিতা না করেন রণ।
যত অস্ত্র ছিল তোর কৈলি বরিষণ ॥
সন্ধ্যা সাঙ্গ করি পিতা বাঁধি তোরে লেজে।
ডুবাইল তোরে চারি সাগরের মাঝে ॥
লেজে বান্ধি ডুবাইল জলের ভিতর।
জল খেয়ে রাবণা রে হইলি ফাঁপর ॥
আমার পিতার লেজ যোজন পঞ্চাশ।
জলমধ্যে রাখি তোরে উঠিল আকাশ ॥
স্বীকার করিলি তুই নিজ পরাজয়।
তবে সে পিতার ঠাঁই পাইলি বিদায় ॥
লেজের বন্ধন তোর কিষ্কিন্ধ্যায় ঘোষে।
বন্দিয়া পিতাকে মোর আসিলি তরাসে ॥
বহু দিন গিয়াছে না জানে কোন জন।
বুঝিনু বড়াই তোর এই সে কারণ ॥
মনে কর্ রাবণা তোরে হারায় অর্জ্জুন।
বলির দ্বারে চেড়ীর এঁটো খেয়ে হলি খুন ॥
অন্য কে আমার পিতা বান্ধিলেক লেজে।
পরিচয় দেহ কিবা আছে এর মাঝে ॥
যদ্যপি রাবণা নাহি দিলি পরিচয়।
সেই সে রাবণ তুই বুঝিনু নিশ্চয় ॥
সেই সব কাল গেল হাস্য-পরিহাসে।
এ সব সময় এলো ধন-প্রাণ-নাশে ॥
সিংহ প্রতি শৃগালের নাহি ভারি-ভুরি।
রামে ঘাঁটাইয়া যে মজালি লঙ্কাপুরী ॥
কুপিল রাবণ রাজা অঙ্গদের বোলে।
কুড়ি চক্ষু রক্ত করি অগ্নি হেন জ্বলে ॥
দূতেরে কাটিতে নাই রাজব্যবহার।
তে কারণে সহি আমি তোর অহংকার ॥
জিনিলাম দেব দৈত্য যক্ষ বিদ্যাধর।
অনরণ্য মান্ধাতা প্রভৃতি নরেশ্বর ॥
বালি অর্জ্জুনের সনে তুল্য গেল রণে।
কি করিতে পারে রাম মনুষ্য-পরাণে ॥
অঙ্গদ বলিছে, মর্ পাগল রাবণ।
ভাগ্যে তোরে বর্জ্জিল রাক্ষস বিভীষণ ॥
রামের বাণের সনে নাহি তোর দেখা।
কাটা নাক কান দেখ্ ঘরে সূর্পণখা ॥
ঘরে আছে ভগিনী সে তোর নহে ভিন্ন।
বিদ্যমান দেখহ রামের বাণ-চিহ্ন ॥

রামের বাণের সনে হইলে দর্শন।
এক বাণে সবংশেতে মরিবি রাবণ ॥
যত বাণ ধরেন শ্রীরাম গুণধাম।
অবোধ রাবণ! শুন সে সবার নাম ॥
অমর্ত্ত সমর্থ বাণ বলে মহাবল।
বিষ্ণুজাল ইন্দ্রজাল কালান্ত অনল ॥
উল্কামুখ বরুণ বিদ্যুৎ খরশাণ।
গ্রহপতি নক্ষত্র গগন রুদ্রবাণ ॥
সূচীমুখ শিলীমুখ ঘোর দরশন।
সিংহদন্ত বজ্রদন্ত বাণ বিরোচন ॥
কালদন্ত ঐষীক দেখহ কর্ণিকার।
চন্দ্রমুখ অশ্বমুখ দেখ সপ্তসার ॥
বিকট সঙ্কট বাণ সপ্ত ধারাধার।
অর্দ্ধচন্দ্র খুরপা আশুগ ক্ষুরধার ॥
পশু পক্ষী অগ্নি আর অগ্নিমুখ বাণ।
কুবেরাস্ত্র রাজহংস বাণ বর্দ্ধমান ॥
যমজ দুর্জ্জয় বাণ ভঙ্গ যে বিভঙ্গ।
ত্রিশূল অঙ্কুশ বাণ বায়ব্য আতঙ্ক ॥
বজ্রবাণ গরুড় ময়ূর সুসন্ধান।
কাকমুখ ভেকমুখ কপোতক বাণ ॥
বিষ্ণুচক্র ষট্‌চক্র বাণ হুতাশন।
সন্তাপন বিলাপন সংগ্রামে শমন ॥
গজাঙ্ক সন্ধান বাণ চারিদিকে আঁটা।
সিংহ শার্দ্দূল আর চারিদিকে কাঁটা ॥
এত বাণ রঘুনাথ করেন সন্ধান।
যাঁর এক বাণে বালি ত্যজিলেক প্রাণ ॥
যে বালির নিকটেতে তোর পরাজয়।
সে বালিকে মারিলেন রাম মহাশয় ॥
বাল্যক্রীড়া যাঁহার শিবের ধনুর্ভঙ্গ।
কি সাহসে তাঁর সঙ্গে যুদ্ধের প্রসঙ্গ?
ভেদিলেন সপ্ততাল রাম এক শরে।
তাঁর তুল্য বীর কি আছয়ে চরাচরে?
কি হেতু দেখিস্ রে পাকল করি আঁখি।
মাকড়ের ডিম্ব হেন তোর লঙ্কা দেখি ॥
তোর কাছে আসি তোরে নাহি করি শঙ্কা।
উপাড়িয়া লইতে পারি স্বর্ণপুরী লঙ্কা ॥
হের মুণ্ড দেখ মোর সুমেরুর চূড়া।
হের পদ দেখ মোর কৈলাসের গোড়া ॥
হের হস্ত দেখ মোর বজ্রের সমান।
একই চাপড়ে তোর লইব পরাণ ॥
অপমানে রাবণ করিল হেঁট মাথা।
পাত্রমিত্র সহিত না কহে কোন কথা ॥
রাবণ অঙ্গদে বলে গঞ্জিলি বিস্তর।
এক বার্ত্তা জিজ্ঞাসি রে অবগতি কর ॥
যে বানর পোড়াইল মোর লঙ্কাপুরী।
অক্ষয়কুমারে যে মারিল বলে ধরি ॥
ভাঙ্গিল অশোকবন অতি সুশোভন।
তার মত বীর আছে কহ কত জন?
অঙ্গদ বলিছে তারে ভর্ৎসিয়া বচনে।
তোর বল-বিক্রম বুঝিনু এত দিনে ॥
সেবকের সনে যদি হলি পরাজয়।
কেমনে রাখিবি লঙ্কা কহ রে নিশ্চয় ॥
তার ছোট বীর নাই বানর কটকে।
নির্ব্বল বলিয়া তারে কেহ নাহি ডাকে ॥
সে মরিলে দুঃখ শোক নাহিক বানরে।
তেঁই পাঠাইয়াছিনু লঙ্কার ভিতরে ॥
বীর মধ্যে তাহারে না গণে কোন জন।
ঘরের সেবক সেটা পবননন্দন ॥
হনুমানে বাঁধিয়া বেড়েছে অহঙ্কার।
পড়িলি আমার হাতে যাবি যমদ্বার ॥

লইয়া যাইব তোরে গলে দিয়া দড়ী।
দশ মাথা ভাঙ্গিব মারি লেজের বাড়ি॥
তোর সর্ব্বনাশ হেতু উৎপত্তি সীতার।
নির্ব্বংশ করিতে তোরে রাম-অবতার॥
কোথায় বসেন রাম অযোধ্যানগরী।
কোথা আসিলেন তিনি এই লঙ্কাপুরী॥
এত দূরে আসি রাম বাঁধিল সাগর।
সে রামের সনে দুষ্ট! তোর পাঠান্তর॥
দেবতা জিনিয়া তোর বাড়িয়াছে আশ।
এক সীতা জন্যে তোর হবে সর্বনাশ॥
বংশে কেহ না রহিবে না করিও সাধ।
আপনা আপনি তুই পাড়িলি প্রমাদ?
খাটে পাটে শুয়ে থাক দিন দুই চারি।
হাস্য-পরিহাস কর লয়ে দিব্য নারী॥
পরিবারগণে দেখ দিনে দুইবার।
বিশ্বকর্ম্মা-নির্ম্মিত দেখহ ঘর-দ্বার॥
স্বর্ণপুরী লঙ্কা দেখ এ ঘর নির্ম্মাণ।
অঙ্গদ-বিক্রম যত কৃত্তিবাস গান॥

তুই অতি দুরাচারী, হরিলি পরের নারী,
পরলোকে নাহি তোর ভয়।
দশরথ মহারাজা, দেবলোকে করে পূজা,
শ্রীরাম যে তাঁহার তনয়॥
যাঁহার দুর্জ্জয় বাণ, ভয়ে বিশ্ব কম্পমান,
হেন রাম লঙ্কার ভিতর।
দেবরাজ করে পূজা, হেলে মারে বালীরাজা,
তাঁর সনে তোর পাঠান্তর॥
সুগ্রীবের বল যত, তাহা বা কহিব কত,
সে সকল হইবি বিদিত।
তোরে এক লাথি মারি, কাঁপাইবে লঙ্কাপুরী,
কি করিবে তোর ইন্দ্রজিৎ?
শুন রাজা লঙ্কেশ্বর, আমার বচন ধর,
আসিলাম দিতে সমাচার।
শ্রীরাম সাগর-পার, নাহিক নিস্তার আর,
নিকটে যে তোর যমদ্বার॥
রাজা হয়ে পরদার, হরিলি রে দুরাচার,
বোধমাত্র নাহি তোর ঘটে।
কেবল ব্রহ্মার বরে, জিনিলি রে পুরন্দরে,
রামনামে তোর বল টুটে॥
রাখ রে আপন প্রাণ, কর সীতা প্রতিদান,
ভজ গিয়া রামের চরণ।
ঘাটি মান তাঁর ঠাঁই, ইহা ভিন্ন গতি নাই,
তবে তোর রহিবে জীবন॥
তোরা জাতি নিশাচর, না চিনিস্ আত্মপর,
তোর ভাই রামে কৈল মিত।
শ্রীরামের অঙ্গীকার, করিবেন এইবার,
বিভীষণে লঙ্কায় পূজিত॥
শুনিয়া অঙ্গদবাণী, সবে করে কানাকানি,
এ লঙ্কার নাহিক নিস্তার।
কোপে উঠে লঙ্কেশ্বর, বলে রাজা ধর ধর;
দেখি অঙ্গদের অহংকার॥
দেখি সব সেনাপতি, মনে যুক্তি করে ইতি,
আমাদের রক্ষা নাহি আর।
রামপদ করি আশ, সরস্বতী পরকাশ,
কৃত্তিবাস নাচাড়ি সুসার॥

রাবণের মুকুট লইয়া অঙ্গদের শ্রীরামচন্দ্রের নিকটে গমন।

অঙ্গদেরে রাবণ দেখায় যত ডর।
রুষিয়া অঙ্গদ বীর করিছে উত্তর;—

আর কপি নহি আমি বালির তনয়।
তোর ক্রোধে রাবণ! আমার নাহি ভয়॥
না করিস রাবণ! বড়াই মোর আগে।
আমি তোরে মারিলে রামের সত্য ভাঙ্গে॥
রাম-সুগ্রীবের যুক্তি আমি ভাল জানি।
তোরে আর কুম্ভকর্ণে বধিবেন তিনি॥
ইন্দ্রজিতে অতিকায়ে বধিবে লক্ষ্মণ।
আর যত রাক্ষসে বধিবে কপিগণ॥
কোন্ বেটা ধরিবে আসুক ত্বরা করি।
একচড়ে তাহারে পাঠাব যমপুরী॥
ক্রোধাকুল চারিদিকে চাহে দশানন।
অঙ্গদের হাতে পায় ধরে চারিজন॥
চারি নিশাচর করে অঙ্গদে প্রহার।
অঙ্গদের দৃঢ় অঙ্গ কি করিবে তার?
অঙ্গদে সে চারি জনে ধরিল সাপুটে।
এক লাফে প্রাচীরের উপরে সে উঠে॥
প্রাচীরে তুলিয়া বীর মারিল আছাড়।
ভাঙ্গিল মাথার খুলি চূর্ণ হৈল হাড়॥
সে চারি রাক্ষসে মারি ভাঙ্গিল প্রাচীর।
অঙ্গদ বীরের ডরে কেহ নহে স্থির॥
প্রাচীরে উঠিয়া ভাবে বালির কোঙর।
কোন্ দ্রব্য লয়ে যাব রামের গোচর॥
হনুমান্ এসেছিল লঙ্কার ভিতর।
দিলেক সীতার মণি রামের গোচর॥
মণি পেয়ে রঘুমণি আনন্দিত অতি।
তদবধি মহাতুষ্ট হনুমান্ প্রতি॥
এই স্থির করিলেক অঙ্গদ অন্তরে।
রতন-মুকুট আছে রাবণের শিরে॥
এ মুকুট লয়ে যাব রাম-সম্ভাষণে।
প্রসন্ন হবেন রাম ইহা দরশনে॥

প্রাচীরে বসিয়া ছিল বালির কোঙর।
এক লাফ দিয়া পড়ে রাবণ-উপর॥
সিংহাসনে বসিয়া রাবণ তারে ধরে।
জড়াজড়ি করি পড়ে ভূমির উপরে॥
ধরা টলমল করে উভয়ের ভরে।
ইন্দ্র-গরুড়ের যুদ্ধ গগন-উপরে॥
দুই সিংহে যুঝে যেন করে সিংহনাদ।
দুই জনে মল্লযুদ্ধ হইল প্রমাদ॥
রাবণেরে আছাড়িয়া বালির নন্দন।
মুকুট লইয়া বেগে উঠিল গগন॥
অঙ্গদের বিক্রমে রাবণ কাঁপে ডরে।
অধোমুখে উঠিয়া গায়ের ধুলা ঝাড়ে॥
রাবণের কাছে আছে সব সেনাপতি।
এত বীর থাকিতে তাহার এ দুর্গতি?
রাবণ বলিছে সবে আছ কোন্ কাজে?
বানরে মুকুট লয় সবাকার মাঝে॥
বীরগণ বলে, শুন লঙ্কা-অধিকারী।
আপনি হারিলে মোরা কি করিতে পারি॥
তব সনে যুদ্ধ করে বালির নন্দন।
মোরা ভাবি পাছে লয় সবার জীবন॥
ধরেছিল চারি বীর তারে সাবধানে।
আছাড়িয়া অঙ্গদ মারিল সবে প্রাণে॥
পাত্রমিত্র সহিত চিন্তিত দশানন।
বৈরী কাঁপাইয়া গেল বালির নন্দন॥
এক লাফে পড়ে গিয়া বানর ভিতর।
শ্রীরামে ভেটিল যথা সুগ্রীব বানর॥
শত্রুর মুকুট দিল রাম-বিদ্যমান।
দেখিয়া বানর সব করিছে বাখান॥
মুকুট দেখিয়া রাম সহাস্য বদন।
তুষ্ট হয়ে অঙ্গদেরে দেন আলিঙ্গন॥

চারি দ্বারে শুনি বানরের হুলাহুলি।
অঙ্গদেরে পুষ্প দেয় অঞ্জলি অঞ্জলি॥
শ্রীরাম বলেন বীর! কহ ত কুশল।
কিমতে ভেটিলে গিয়া সেই মহাবল?
রঘুপতি অনুমতি করিল তৎপর।
অঙ্গদ কহিছে বার্ত্তা যথা পূর্বাপর॥

শ্রীরামের সহিত অঙ্গদের কথোপকথন।

শ্রীরামে নোয়ায়ে মাথা, অঙ্গদ কহিছে কথা,
হরষিত সকল বানর।
রঘুমণি হরষিত, সুগ্রীব সু-আনন্দিত,
লক্ষ্মণের হর্ষ বহুতর॥
তোমার আরতি পেয়ে, লঙ্কায় গেলাম ধেয়ে,
প্রবেশিনু গড়ের ভিতর।
সুবর্ণের সে আভাস, যেন চন্দ্র পরকাশ,
তথি শোভে প্রবাল পাথর॥
বিশ্বকর্মাকৃত ঘর, দেখি অতি মনোহর,
চারিভিতে কাঞ্চন দেয়াল।
শ্বেত রক্ত নীল পীত, প্রস্তরেতে সুশোভিত,
তাহে শোভে রতন মিশাল॥
গেলাম রাজার ঘর, দেখি সৈন্য বহুতর,
খাণ্ডা জাঠি বিচিত্রনির্মাণ।
সোনার পাটের পড়া, নানাবর্ণে দেখি ঘোড়া,
হস্তী সব পর্বতপ্রমাণ॥
দেখিলাম সরোবরে, হংস হংসী কেলি করে,
ঘাট সব বিচিত্রনির্মাণ।
কমল কুমুদোপরে, কেলি করে মধুকরে,
রূপসী রাক্ষসী করে স্নান॥
দেখিলাম নারীগণ, রূপে মোহে ত্রিভুবন,
দুই কর্ণে রত্নের কুণ্ডল।
পারিজাত মালাহারে, শোভে নানা অলঙ্কারে,
যেন চন্দ্র গগনমণ্ডল॥
বীণা বাঁশী বাজে তায়, কেহ বা সঙ্গীত গায়,
গানে করে মোহিত সংসার।
নানা আভরণ পরি, যেন স্বর্গবিদ্যাধরী,
রূপে যেন দেহ-অবতার।
দেখিলাম পুষ্পবন, ময়ূর-ময়ূরীগণ,
ক্রীড়া করে মুগ্ধ কামরসে।
প্রতি গাছে পিকধ্বনি, বড়ই মধুর শুনি,
ভ্রমর-ভ্রমরী রসে ভাসে॥
গেলাম রাজার পাশ, চতুর্দ্দিকে মহোল্লাস,
রাবণেরে ভর্ৎসিনু বিস্তর।
যতেক বলিলে তুমি, দ্বিগুণ শুনাই আমি,
কোপে জ্বলে রাজা লঙ্কেশ্বর॥
আজ্ঞা দিল লঙ্কেশ্বর, ধরে চারি নিশাচর,
লাফ দিনু প্রাচীর-উপর।
চারি জনে সংহারিয়া, রাবণেরে গালি দিয়া,
শূন্যপথে আসিনু সত্বর॥
শুনিয়া অঙ্গদ-বাণী, হরষিত রঘুমণি,
অঙ্গদেরে দিলেন প্রসাদ।
সরস্বতী পরকাশ, বিরচিল কৃত্তিবাস,
বানরের জয় জয় নাদ॥

শ্রীরাম বলেন হে অঙ্গদ যুবরাজ!
তোমার পিতাকে মারি পাইলাম লাজ॥
সে সকল দুঃখ কিছু না করিও মনে।
তোমারে বাড়াব আমি অশেষ সম্মানে॥
দক্ষিণের দ্বারে যাও আপনার থানা।
তব কোপে দশানন পাছে দেয় হানা॥
বিদায় হইয়া যায় দক্ষিণের দ্বার।
কৃত্তিবাস রচিল অঙ্গদ-রায়বার॥

ইন্দ্রজিতের যুদ্ধে শ্রীরাম-লক্ষ্মণের নাগপাশে বন্ধন।

অঙ্গদের ভর্ৎসনে ক্রুদ্ধ দশমুখ।
অসম্মান লজ্জায় হইল অধোমুখ॥
বহু কোটি সেনাপতি তাহার প্রধান।
যুঝিবারে সবাকারে করে সংবিধান॥
সপ্তস্বর্গ জিনিলাম সপ্ত সে পাতাল।
মম ভয়ে দেবগণ কাঁপে সদাকাল॥
ইন্দ্র সম সূর্য্য মম ভয়ে নাহি আঁটে।
এত দূরে আসিয়া বানর বেটা ঠাটে॥
ইন্দ্রজিৎ! বলি তোরে সবার প্রধান।
রাম-লক্ষ্মণেরে মারি রাখহ সম্মান॥
হস্তী ঘোড়া ঠাট আদি লহ ত অপার।
আজিকার যুদ্ধে মার তার চারি দ্বার॥
সাবধান হয়ে বাপু! কর গিয়া রণ।
আগে মার অঙ্গদেরে শেষে অন্যজন॥
বাপের দুলাল বেটা বীর মেঘনাদ।
সর্ব্বাঙ্গ ভরিয়া পরে রাজার প্রসাদ॥
সাজিল সে মেঘনাদ বাপের আরতি।
লেখাজোখা নাহি যত সাজে সেনাপতি॥
সারথি আনিল রথ সংগ্রামে গমন।
মনোহর রথখান করিল সাজন॥
কনকরচিত রথ বিচিত্রনির্ম্মাণ।
বায়ুবেগে অষ্ট ঘোড়া রথের যোগান॥
পার্ব্বতীয় ঘোড়া মুখে হীরার বিম্বকী।
ক্ষণে রথখানা দেখি ক্ষণে হয় লুকি॥
স্বর্ণ-রৌপ্যে সাজে রথ করে ঝিকিমিকি।
অষ্ট অক্ষৌহিণী ঠাট যুঝায় ধানুকী॥
দশ কোটি হাতী চলে বিশ কোটি ঘোড়া।
পচাশীতে কোটি চলে শেল আর ঝকড়া॥
নানামত রথ লয়ে যোগায় সারথি।
নানা অস্ত্র লয়ে চলে সব যোদ্ধাপতি॥
পিতা প্রদক্ষিণ করি রথে গিয়া চড়ে।
বিংশতি যোজন পথ সৈন্য আড়ে যোড়ে॥
কটকের পদভরে কম্পিত মেদিনী।
কটকেতে বাদ্য বাজে তিন অক্ষৌহিণী॥
সহস্র দগড় বাজে সহস্র কাহাল।
কোটি কোটি ঘণ্টা বাজে মৃদঙ্গ বিশাল॥
ভেউরী ঝাঁঝরী বাজে ত্রিশ কোটি কাড়া।
কাংস্য করতাল বাজে তিন লক্ষ পড়া॥
ঘন ঘন বাজে তায় কত কোটি দামা।
দগুী ও মহরী বাজে নাহি তার সীমা॥
সহস্র তোরঙ্গ বাজে ডম্ফ কোটি কোটি।
দশ লক্ষ দগড়েতে ঘন পড়ে কাঠি॥
বহু লক্ষ শিঙ্গা বাজে অতি খরশাণ।
কত কোটি বাজে সিন্ধু আর বিন্দুয়ান॥
বিরানই কোটি বাজে ধুসরী মহরী।
ত্রিশ কোটি শানাই বাজে আর ঝাঁঝরী॥
খমক ঠমক বাজে পঞ্চাশ হাজার।
বিশ কোটি বাজে পাখোয়াজ উরমার॥
নানা শব্দ করি বাজে পায়ের নূপুর।
মালসাট মারে কেহ শব্দ যায় দূর॥
বাজে স্বয়মঙ্গল সাতাশ লক্ষ কাঁসী
মৃদুস্বরে বাজিছে আটাশ লক্ষ বাঁশী॥
বাদ্য-শব্দে দেবতার মনে লাগে ত্রাস।
সহস্র সহস্র বাজে রুদ্রক পিনাশ॥
ডহর বিশাল ঢাক বাজে জয়ঢোল।
সকল পৃথিবী যুড়ে উঠে গণ্ডগোল॥
রাক্ষস-কটকভরে পৃথিবীর কাঁপ।
হাতী ঘোড়া রথ নড়ে হয় এক চাপ॥

কটকের ধূলায় পৃথিবী অন্ধকার ।
প্রথমে চাপিল গিয়া পূর্ব্বকার দ্বার ॥
এক চাপে করে বীর বাণ বরিষণ ।
গাছ আর পাথর বরিষে কপিগণ ॥
রাক্ষস-বানরেতে হইল মিশামিশি ।
কৌতুক দেখিছে দেবগণ তথা আসি ॥
বাণ যুড়ে রাক্ষস ধনুকে দিয়া চাড়া ।
বানরের উপরে পড়িছে যোড়া যোড়া ॥
বানর পাথর গাছ করে বরিষণ ।
কোটি কোটি রক্ষ রণে ত্যজিছে জীবন ॥
চামড় মুকুটি বানরের মাত্র তাড়া ।
মুকুটির ঘায়ে কার মাথা হৈল গুঁড়া ॥
বাঘের যেমন রূপ বানরের রঙ্গ ।
মরণের ভয় নাহি রণে নাহি ভঙ্গ ॥
উভয় কটকে যুঝে রক্তে হৈল রাঙ্গা ।
রক্তে নদী বহে যেন ভাদ্রমাসে গঙ্গা ॥
ঘোড়া হাতী বীর আদি রক্তরসে ভাসে ।
হরিষে বানর-সৈন্য মনে মনে হাসে ॥
তার তুল্য ঢেউ উঠে রক্ত-কলকলি ।
যুদ্ধের নাহিক সীমা অধিক কি বলি ॥
কোন যুগে এইমত যুদ্ধ নাহি হয় ।
জ্ঞান হয় অসময়ে প্রলয় উদয় ॥
পূর্ব্বদ্বারে সমর করিয়া যথোচিত ।
চলিল দক্ষিণ দ্বারে বীর ইন্দ্রজিৎ ॥
অঙ্গদেরে দেখি তথা ইন্দ্রজিৎ হাসে ।
গালাগালি দেয় তার যত মনে আসে ॥
মোর বাপে গালি দিয়া পালাইলি ডরে ।
আয় তোর কোন্ বাপে আজি রক্ষা করে ॥
বাপকে মারিয়া তোর মাকে নিল আনে ।
ছিছি রে বানরা ! তোর লাজ নাহি মনে ?
যার শরে মরে তোর পিতা বালিরাজ ।
ধিক্ তোরে অধম করিস তার কাজ ?
খাইব ঘাড়ের রক্ত কামড়িয়া মাস ।
মোর হাতে আজি তোর অবশ্য বিনাশ ॥
দেশেতে জীবন্ত যাবি না করিস্ সাধ ।
অন্য জন নহি আমি বীর মেঘনাদ ॥
অঙ্গদ বলিছে রে গর্জ্জিস অকারণ ।
পদাঘাতে তোর আজি লইব জীবন ॥
মারিতে গেলাম তোরে লঙ্কার ভিতর ।
সে কোপ পড়িল চারি রাক্ষস-উপর ॥
কিষ্কিন্ধ্যায় তোর বাপ সীতাদেবী হরে ।
তার পাপে মোর বাপ মরে এক শরে ॥
তার পাপে পড়ে রণে ত্রিশিরা কবন্ধ ।
তোর বাপের পাপে সাগরে সেতুবন্ধ ॥
তোর বাপ নারী-চোরা তোর রণ চুরি ।
আজি তোরে অবশ্য পাঠাব যমপুরী ॥
চোর-পুত্র চোর তুই চুরি কর রণ ।
আজিকার যুদ্ধে তোর বধিব জীবন ॥
এত শুনি ইন্দ্রজিৎ পূরিল সন্ধান ।
কোটি কোটি বানরের লইল পরাণ ॥
অঙ্গদে ত্যজিয়া সবে পলায় বানর ।
রণমধ্যে অঙ্গদ রহিল একেশ্বর ॥
মহাক্রোধে অঙ্গদ কাঁপিছে থর থর ।
ইন্দ্রজিৎ-পদে ফেলে পাদপ পাথর ॥
কুপিল অঙ্গদ বীর রথে মারে লাথি ।
কোথা গেল চূর্ণ হয়ে রথ ও সারথি ॥
অঙ্গদ-বিক্রমে ইন্দ্রজিৎ কাঁপে ত্রাসে ।
লাফ দিয়া ইন্দ্রজিৎ উঠিল আকাশে ॥
আকাশে থাকিয়া দেখে দুই সৈন্যে রণ ।
রাক্ষস-বানরে যুদ্ধ নহি নিবারণ ॥

প্রচণ্ড রাক্ষস এল হয়ে আগুয়ান।
সম্পাতি বানরে মারে তিন শত বাণ ॥
বাণ খেয়ে সম্পাতি যে হইল বিবর্ণ।
উপাড়িয়া আনে বৃক্ষ নামে অশ্বকর্ণ ॥
অশ্বকর্ণ বৃক্ষ ধ'রে দিল তিন পাক।
বায়ুবেগে ঘুরে যেন কুমারের চাক ॥
এড়িলেক গাছ গোটা করিয়া হুঙ্কার।
বৃক্ষাঘাতে প্রচণ্ড হইল চুরমার ॥
সম্পাতি বানর বীর প্রচণ্ডে মারিয়া।
অসংখ্য রাক্ষসে মারে লেজে জড়াইয়া ॥
চারি বীরে লেজে বাঁধি মারিল আছাড়।
মাথা-খুলী ভেঙ্গে গেল চূর্ণ হ'ল হাড় ॥
তপন নামে রাক্ষস এল গজ-স্কন্ধে।
সন্ধান পূরিয়া বাণ নীল বীরে বিন্ধে ॥
বাণ খেয়ে নীল বীর উঠি দিল রড়।
চড়িয়া হাতীর স্কন্ধে তারে মারে চড় ॥
চড়-চাপড়েতে গেল দুই আঁখি উড়ে।
সংগ্রামের মাঝেতে তপন গেল প'ড়ে ॥
রথে চ'ড়ে আসিল সে বিদ্যুন্মালী নাম।
বানরের সঙ্গে করে দুর্জ্জয় সংগ্রাম ॥
হেনকালে হনুমান্ দেখিল সম্মুখে।
তিন শত বাণ মারে হনুমান্-বুকে ॥
বাণ খেয়ে হনুমান্ চিন্তা নহে চিতে।
লাফ দিয়া উঠিল বিদ্যুন্মালীর রথে ॥
রথেতে উঠিয়া তার ধরিলেক চুলে।
টানাটানি ক'রে তার মাথা ছিঁড়ে ফেলে ॥
রণেতে প্রবেশ করে সুবর্ণ রাক্ষস।
একেবারে মদ খায় বাইশ কলস ॥
সোনার উপর তার সোনার বাহার।
বানর-কটকে আসি ছাড়ে হুহুঙ্কার ॥
খাঁড়া ধরে কখন কখন ধনুর্ব্বাণ।
বানর-কটক কেটে কৈল খান খান ॥
ঘোর অন্ধকার হৈল সেই রণস্থলে।
বানর-কটক সব ধ'রে ধ'রে গিলে ॥
রণস্থলে বানরের দেখিয়া দুর্গতি।
আসিল দারুণ কোপে নীল সেনাপতি ॥
কুপিয়া সে নীলবীর চারিদিকে চায়।
বিদ্যুন্মালীর এক রথচক্র সে পায় ॥
উপাড়িয়া চাকাগোটা তুলে নিল হাতে।
দানবে রুষিলা যেন দেব জগন্নাথে ॥
এড়িলেক চাকাগোটা তুলে বাহুবলে।
অন্তরীক্ষে ফিরে চাকা গগনমণ্ডলে ॥
বায়ুবেগে আসে চাকা কি কহিব কথা।
চক্রধারে কাটি পাড়ে সুবর্ণের মাথা।
সুষেণ বানররাজ রাজার শ্বশুর।
দুই পুত্র লয়ে বুড়া যুঝিছে প্রচুর ॥
যুঝিতে যুঝিতে তার বেড়ে গেল রঙ্গ।
লাফ দিয়া উঠে যেন বয়সে তরঙ্গ ॥
যুঝিতে যুঝিতে বুড়া পড়ে গেল ভোলে।
দশ বিশ রাক্ষস চাপিয়া ধরে কোলে ॥
বুড়ার চাপড়ে চড়ে কর্ণে তালি লাগে।
নিমেষে রাক্ষস সব লঙ্কামধ্যে ভাগে ॥
যুঝেন লক্ষ্মণ বীর সুমিত্রানন্দন।
অবসাদ নাহি তাঁর প্রথম যৌবন ॥
রঘুবংশে উদ্ভব লক্ষ্মণ মহামতি।
সূর্য্যের কিরণ বীর শশধর জ্যোতি ॥
উদয়াস্ত যুঝে বীর নাহি অবসান।
ধন্য শিক্ষা বীরের সে ধন্য ধনুর্ব্বাণ ॥
মারে লক্ষ নিশাচরে চক্ষুর নিমিষে।
সহস্র রাক্ষস মারে বেলা-অবশেষে ॥

লক্ষ্মণের যুদ্ধ দেখি দেবতার ধন্দ।
তিন লক্ষ রাক্ষসের কাটি পাড়ে স্কন্ধ ॥
রক্তে নদী বহে বাট রক্তে উঠে ফেনা।
লক্ষ্মণের বাণে পড়ে রাক্ষসের থানা ॥
বাদ্যভাণ্ড ভঙ্গ দিয়া পলাইল ত্রাসে।
ইন্দ্রজিৎ দেখে তাহা থাকিয়া আকাশে ॥
পিতা মোর কটক সঁপিল হাতে হাতে।
রাখিতে নারিনু ঠাট যাইব কিমতে?
অগ্নিকেতু ভস্মকেতু বিক্রমে বিশাল।
বজ্রদন্ত বীর পড়ে লঙ্কার কোটাল ॥
পড়ে শঠ নিশঠ সাক্ষাৎ যমদূত।
অক্ষয় রাক্ষস পড়ে সমরে অদ্ভুত ॥
বজ্রমুষ্টি পড়ে শব্দে কর্ণে লাগে তালি।
পনস রাক্ষস পড়ে লয়ে সৈন্যগুলি ॥
হাতী-ঘোড়া পড়িল অনেক রাজ্যখণ্ড।
মাহুত পড়িল রণে সমরে প্রচণ্ড ॥
দেবমুষ্টি পড়িল সকল সেনাপতি।
তিন লক্ষ পড়িল সে প্রধান পদাতি ॥
হস্তিপৃষ্ঠে পড়ে সৈন্য দেউলের চূড়া।
পড়িল অর্ব্বুদ কোটি পার্ব্বতীয় ঘোড়া ॥
মহাপাত্র বীর পড়ে রাজ্য শূন্য করি।
কোন্ মুখে প্রবেশ করিব লঙ্কাপুরী?
আদর করিয়া পিতা দিল গুয়া-পান।
এতেক কটক পড়ে মোর বিদ্যমান ॥
কটকের ভাল মন্দ মোর সব লাগে।
কোন্ লাজে গিয়া দাঁড়াইব পিতৃ-আগে?
দেখাদেখি যুদ্ধ করি জিনিবারে নারি।
অদেখা হইলে যুদ্ধ করিবারে পারি ॥
মহাযুদ্ধ করিব মায়াতে করি ভর।
মেঘের আড়ে থেকে মারি নর-বানর ॥
ডাক দিয়া শ্রীরামেরে বলে মেঘনাদ।
জীবন্তে যাইতে দেশে না করিও সাধ ॥
দুর্ব্বল রাক্ষস মারি হরিষ অন্তর।
আজিকার যুদ্ধে পাঠাইব যমঘর ॥
এতেক বলিয়া ধনুকেতে দিল চাড়া।
দেউল দেহার যেন ভাঙ্গি পড়ে চূড়া ॥
সোনার ধনুকে বীর যোড়ে তীক্ষ্ণ শর।
সপ্তদ্বীপ পৃথিবী কাঁপিছে থর থর ॥
ধনুকেতে দিয়া গুণ তিনবার লোফে।
ব্রহ্মা আদি দেবগণ থরহরি কাঁপে ॥
রাম ও লক্ষ্মণ বলি ঘন ডাক ছাড়ে।
সংবর আমার বাণ ঝাঁকে ঝাঁকে পড়ে ॥
এড়িলাম বাণ এই যমের দোসর।
ছুটিল দুর্জ্জয় বাণ সংবর সংবর ॥
এত বলি করে বীর বাণ বরিষণ।
জর্জ্জর করিয়া বিন্ধে শ্রীরাম লক্ষ্মণ ॥
নানা বর্ণে বাণ এড়ে জানে নানা ছলা।
রাম-লক্ষ্মণের কাটি পাড়িল মেখলা ॥
তিলার্দ্ধ নাহিক স্থান রক্ত পড়ে স্রোতে।
দুভায়ের রক্তধারে বসুমতী তিতে ॥
হেথা ইন্দ্রজিৎ বিন্ধে শ্রীরাম-লক্ষ্মণ।
উত্তর-দ্বারে বার্ত্তা পেল কপি-রাজন ॥
উত্তর দ্বারে তখন নাহি হানহানি।
রক্ষক রাখিয়া রাজা চলিল আপনি ॥
পশ্চিম দ্বারেতে যুদ্ধ করে ইন্দ্রজিৎ।
চলিল সুগ্রীব রাজা বাঁচাইতে মিত ॥
ধাইল সুগ্রীব রাজা অতি শীঘ্রগতি।
ত্রিশ কোটি সেনাপতি চলিল সংহতি ॥
পূর্ব্বদ্বারে বানর আসিয়া শীঘ্রগতি।
সমাচার দিল যথা নীল সেনাপতি ॥

নীল ও কুমুদ ধায় সবে যুঝিবারে।
থানা ভাঙ্গি গেল সবে পশ্চিম-দুয়ারে ॥
দক্ষিণ দ্বারেতে আছে অঙ্গদের থানা।
মহেন্দ্র দেবেন্দ্র তাহে আছে দুই জনা ॥
মহেন্দ্র দেবেন্দ্র চলে যত সেনাগণ।
আশী কোটি কপি আছে তাহার ভিড়ন ॥
ধাওয়াধাই বার্ত্তা তার কহে জনে জন।
সবেমাত্র না জানে রাক্ষস বিভীষণ ॥
বিভীষণে না কহিল বিপক্ষের জ্ঞানে।
এই হেতু সংবাদ না পায় বিভীষণে ॥
চারি দ্বারের কটক হইল একঠাঁই।
মেঘের আড়ে ইন্দ্রজিৎ বিন্ধে দুই ভাই ॥
লাফ দিয়া কপি-সৈন্য উঠয়ে আকাশ।
কোথায় থাকিয়া যুঝে না পায় তল্লাস ॥
শ্রীরাম-লক্ষ্মণ বলে হলাম নিরাশ।
মেঘ-আড়ে ইন্দ্রজিৎ করে উপহাস ॥
সহস্রলোচনে না দেখিল পুরন্দর।
দুই চক্ষে কি দেখিব নর ও বানর ॥
শ্রীরাম লক্ষ্মণ তোরা মানুষের জাতি।
আজি বুঝি তোদের পোহাল কালরাতি ॥
মেঘ-আড়ে থাকি করে বাণ বরিষণ।
জর্জ্জর করিয়া বিন্ধে শ্রীরাম-লক্ষ্মণ ॥
কোথা থাকি যুঝে বেটা দেখিতে না পাই।
জীবনের বাসনা ছাড়িল দুই ভাই ॥
এত বাণ মারি বেটা ক্ষমা নাহি মানে।
নাগপাশ বাণ যুড়ে ধনুকের গুণে ॥
নাগপাশ বাণ এড়ে বড়ই দারুণ।
যার নামে যম ইন্দ্র কাঁপয়ে বরুণ ॥
ব্রহ্ম-অস্ত্র নাগপাশ দুর্জ্জয় প্রতাপ।
এক বাণে হইল চুরাশী লক্ষ সাপ ॥
সাপ হয়ে বাণ আকাশেতে ধরে ফণা।
সর্পমুখে জ্বলে যেন আগুনের কণা ॥
মুখেতে দারুণ অগ্নি জ্বলে ধিকি ধিকি।
আছুক অন্যের কাজ কাঁপয়ে বাসুকি ॥
চলিল সে বাণগোটা দুর্জ্জয় প্রতাপ।
অগ্নির সমান যেন এক এক সাপ ॥
বায়ুবেগে যায় বাণ মেঘের গর্জ্জনে।
হাতে পায়ে বান্ধে গিয়া শ্রীরাম-লক্ষ্মণে।
কোন সাপ গলায় জড়ায় কেহ পায়।
পাক দিয়া ভুজঙ্গ জড়ায় সর্ব্বগায় ॥
হাত-পা নাড়িতে নারে গলে লাগে ফাঁস।
যমতুল্য হইল বন্ধন নাগপাশ ॥
সাপের বিষের জ্বালায় অধীর শরীর।
উত্তর শিয়রে ঢলে পড়ে দুই বীর ॥
লক্ষ্মণ পড়িল আর রাম রঘুমণি।
চন্দ্রসূর্য্য খ'সে যেন পড়িল অবনী ॥
লোটায় কোমল অঙ্গ আলু-থালু বেশ।
লোটায় ধনুক তূণ আলুয়িত কেশ ॥
রণ জিনি ইন্দ্রজিৎ ছাড়ে সিংহনাদ।
পিতৃস্থানে যায় বীর লইতে প্রসাদ ॥
বানরের শুন এবে ক্রন্দনের রোল।
লঙ্কায় প্রবেশে বীর বাজাইয়া ঢোল ॥
আগে পাছে পড়ে কত চন্দনের ছড়া।
তাহার উপরে পাতে নেতের পাছড়া ॥
হস্তেক প্রমাণ পড়ে পুষ্প পারিজাত
সৌরভেতে পূর্ণিত শীতল বহে বাত ॥
পিতৃ-আগে দাঁড়াইল করি যোড় করে
তিনবার প্রণমিল রাজ-ব্যবহারে ॥
রাবণ জিজ্ঞাসা করে রণের সংবাদ।
যোড়হাতে কহিছে কুমার মেঘনাদ ॥

যক্ষ-রক্ষ-গন্ধর্ব্ব দেবতা চরাচর।
সবার কঠিন যুদ্ধ নর ও বানর ॥
প্রথম করিতে যুদ্ধ বানর সংহতি।
চূর্ণ কৈল রথছত্র মরিল সারথি ॥
আপনা রাখিতে আমি হ'লাম কাতর।
প্রাণভয়ে পলালাম আকাশ-উপর ॥
দাঁড়াইয়া দেখিলাম রাক্ষস-দুর্গতি।
এক দণ্ডে পড়িল সকল সেনাপতি ॥
পড়িল সকল সেনা পাই অপমান।
রাম-লক্ষণে বিন্ধি করিনু খান খান ॥
খণ্ড খণ্ড করিলাম মাথার টোপর।
রক্ত-মাত্র না রাখিনু শরীর-ভিতর ॥
বাণে বিন্ধে দুই ভায়ে করিনু জর্জ্জর।
পড়িল অনেক ঠাট অসংখ্য বানর ॥
ব্রহ্ম-অস্ত্র নাগপাশ প্রচণ্ড প্রতাপ।
একেবারে জন্মিল চুরাশী লক্ষ সাপ ॥
সাপ হয়ে চলে বাণ শূন্যে ধরে ফণা।
হাতে পায় গলায় বান্ধিল দুই জনা ॥
ত্রিভুবনে মিলে যদি করে আকিঞ্চন।
তবু না খসিবে নাগপাশের বন্ধন ॥
হস্তী ঘোড়া রত্ন দিল ভাণ্ডার প্রচুর।
অমূল্য রতন হার দিলেক কেয়ুর ॥
নানা অলঙ্কার দিল নীলকান্ত মণি।
বিদ্যাধরী আনি দিল রূপসী রমণী ॥
রাজদান দিল রাজ্য করে লণ্ডভণ্ড।
সবে মাত্র নাহি দিল নব ছত্র-দণ্ড ॥
পিতৃ-স্থানে বিদায় হয়ে গেল ইন্দ্রজিৎ।
ত্রিজটা রাক্ষসী বলি ডাকিল ত্বরিত ॥
রাবণ বলে ত্রিজটা গো! যাও একবার।
চূর্ণ ক'রে আইস সীতার অহঙ্কার ॥
পুষ্পক-বিমানে লহ সীতারে তুলিয়া।
ক্ষণেক আইস তুমি আকাশে ভ্রমিয়া ॥
রাম ও লক্ষ্মণ পড়েছেন নাগপাশে।
স্বচক্ষে দেখুক সীতা থাকিয়া আকাশে ॥
রাম-লক্ষ্মণ ম'লে সীতা হৈবে নিরাশ।
আমারে ভজিবে সীতা মনে পেয়ে ত্রাস ॥
রাবণের আজ্ঞা যদি ত্রিজটা পাইল।
রাম ও লক্ষ্মণ-কথা সীতাকে কহিল ॥
রাম-লক্ষ্মণ পড়িয়াছে ইন্দ্রজিৎ-বাণে।
স্বামী ও দেবর দেখ এস মোর সনে ॥
চলিলেন সীতাদেবী ত্রিজটা সংহতি।
রথে চড়ি দুই জন যান শীঘ্রগতি ॥
দুই ভাই পড়ে আছে নাগের বন্ধন।
মাথে হাত সীতাদেবী করিছে রোদন ॥
আজি বুঝি মোর পোহাইল কালরাতি।
অভাগিনী হারালাম তোমা হেন পতি ॥
শিশুকালে যবে ছিনু জনকের ঘরে।
অবিধবা বলে লোকে কহিত আমারে ॥
সকলের বাক্য মোর হৈল বিপরীত।
ধুলাতে পড়িয়া প্রভু হয়ে অসংবিত ॥

বধিয়া তাড়কাসুর, তুষ্ট কৈলে তিন পুর,
জনকের পণ পূর্ণ করি।
হরের ধনুকখান, ভাঙ্গি কৈলা খান খান,
ধন্য কৈলা জনকের পুরী ॥
বিবিধ বিলাপ করি, শ্রীরামের গুণ স্মরি,
কান্দে সীতা নহে নিবারণ।
কৈকেয়ী সতাই দোষে, আসিয়া কাননবাসে,
বিপাকেতে হারালে জীবন ॥
ভরত করিল স্তুতি, না করিলে অনুমতি,
বনে এলে সত্যে করি ভর।

রত্নময় সিংহাসনে, পরিহরি কি কারণে,
কোমলাঙ্গ ধূলাতে ধূসর ॥
অযোধ্যার ছত্রধর, আজ্ঞাকারী চরাচর,
সাগর বান্ধিয়া হৈলা পার ।
আমি কি অভাগাবতী, হারালাম রাম-পতি,
তব মুখ না দেখিব আর ॥
আমা অন্বেষণ করি, এলে প্রভু লঙ্কাপুরী,
দুঃখ মোর না হৈল মোচন ।
দুরাচার ইন্দ্রজিৎ, কৈল যুদ্ধ বিপরীত,
তাহে প্রভু হারালে জীবন ॥
ত্রিজটার হাতে ধরি, বিস্তর বিনয় করি,
বলিতেছে করুণা-বচন ।
তোমার সহায়গুণে, যাব আমি স্বামিসনে,
রথ রাখ না কর গমন ॥
সীতার রোদন শুনি, হইল আকাশবাণী,
কভু রামের নাহি বিনাশ ।
তোমারে উদ্ধার করি, যাবেন অযোধ্যাপুরী,
রচিল পণ্ডিত কৃত্তিবাস ॥

শ্রীরাম-লক্ষ্মণের নাগপাশ হইতে মুক্তি ।

কাতর হইয়া কাঁদে সে সীতা রূপসী ।
সীতারে প্রবোধ দেয় ত্রিজটা রাক্ষসী ॥
পুষ্পরথ দেখ সীতা দেব-অবতার ।
কখন না সহে এই অশুচির ভার ॥
একান্ত শ্রীরাম যদি হারাতেন প্রাণ ।
অচল হইত রথ নাহি ইথে আন ॥
না কর রোদন সীতা না কর রোদন ।
প্রাণ না ত্যজেন তব শ্রীরাম লক্ষ্মণ ॥
বহুকাল গেল দুঃখ অল্প দিন আছে ।
ভাবি আমি ক্ষণে সীতা মরে যাও পাছে ॥
এত বলি ত্রিজটা বিস্তর বুঝাইয়া ।
গেল অশোকের বনে সীতারে লইয়া ॥
অশোকের বৃক্ষতলে বসিলেন সীতে ।
স্বর্ণবেত ঘুরাইছে যতেক চেড়ীতে ॥
নাগপাশে বন্দী আছে শ্রীরাম-লক্ষ্মণ ।
মাথে হাত দিয়া কাঁদে যত কপিগণ ॥
বড় বড় কপি কাঁদে বলে হায় হায় ।
নীল সেনাপতি কাঁদে গড়াগড়ি যায় ॥
সকল কটক কাঁদে হইয়া অজ্ঞান ।
পিতা-পুত্রে কাঁদিছে কেশরী হনুমান্ ॥
কাঁদিছে সুগ্রীব রাজা কটকের আড়ে ।
মিত্র মিত্র বলি রাজা ঘন ডাক ছাড়ে ॥
লঙ্কাতে যদ্যপি প্রভু রঘুনাথ মরে ।
কি বলিয়া যাব আমি কিষ্কিন্ধ্যানগরে ॥
কিষ্কিন্ধ্যার রাজপাট সব পোড়াইয়া ।
পরাণ ত্যজিব আমি সাগরে ডুবিয়া ॥
সুগ্রীব বলেন সবে এক ঐক্য করি ।
যাব দুই ভায়ে লয়ে কিষ্কিন্ধ্যানগরী ॥
শ্রীরাম-লক্ষ্মণে যদি পারি বাঁচাইতে ।
আনিব ঔষধ যথা পাব সংসারেতে ॥
বাঁচাইয়া শ্রীরাম-লক্ষ্মণ দুই জনে ।
করিব তুমুল যুদ্ধ রাবণের সনে ॥
সবংশে মারিব যবে লঙ্কার রাবণ ।
তবে সে জানিবে মোর স্বদেশে গমন ॥
দূর হতে ক্রন্দন শুনিয়া বিভীষণ ।
চারিদিকে চাহিয়া ভাবিছে মনে মন ॥
কোন্ বীর লইয়া পড়েছে আথান্তর ।
মাথে হাত দিয়া কেন কাঁদিছে বানর ॥
কাঁদিতেছে সুগ্রীব অঙ্গদ যুবরাজ ।
সকল বানর কাঁদে ছোট নহে কাজ ॥

এত ভাবি বিভীষণ চলিল সত্বর।
বিভীষণে দেখে ধায় যতেক বানর॥
বিভীষণ ইন্দ্রজিৎ অভেদ রূপেতে।
বিভীষণে দেখে বলে এল ইন্দ্রজিতে॥
সুগ্রীব ডাকিয়া বলে অঙ্গদের আগে।
তুমি আছ সম্মুখে কটক কেন ভাগে?
অঙ্গদ বলেন, শুন বানরের পতি।
বিভীষণে দেখে ধায় যত সেনাপতি॥
ডাক দিয়া কহিছে অঙ্গদ যুবরাজ।
কারে দেখে পালাও মুণ্ডে পড়ুক বাজ॥
হানা দিয়া ইন্দ্রজিৎ গেল লঙ্কাপুরে।
বিভীষণে দেখে কেন পলাইছ ডরে?
দেশে পলাইয়া যাবে পুত্র দারা আশে।
এক গাড়ে গাড়িবে সুগ্রীব রাজা শেষে॥
যদি দেশে যাবে মনে করহ বাসনা।
উলটিয়া রাখ গিয়া আপনার থানা॥
অঙ্গদের দেখিয়া দন্তের কড়মড়ি।
আপন থানায় সবে যায় তাড়াতাড়ি॥
বিভীষণ বলে, শুন রাজীবলোচন।
জীবন্তে মরিনু আমি তোমার কারণ॥
পলাইতে ঠাঁই নাই যাব কোন্ দেশ।
বিশেষ সাগরে গিয়া করিব প্রবেশ॥
ধিক্ ধিক্ রাজভোগ ধিক্ ধিক্ সুখ।
জনম কাটাব আমি দেখে কার মুখ॥
এতেক শুনিয়া তবে বিভীষণ-বাণী।
ধীরে ধীরে কহিছে রাম রঘুমণি॥
সব ছাড়ি বিভীষণ আমা কৈল সার।
শুধিতে নারিনু সে বিভীষণের ধার॥
নাগপাশে বন্দী মৃত্যু হইল আমারে।
মৃত লাগি জীবন্তে কোথায় কেবা মরে?
শুন হে সুগ্রীব মিতা! কহি তব স্থানে।
সৈন্য লয়ে যাও তুমি আপন ভবনে॥
আমা স্থানে মিত্র! তুমি সত্যে হৈলে পার।
তুমি কি করিবে দৈব বিপক্ষ আমার॥
নূতন ভূপতি তুমি দেখহ বিচারি।
তোমা বিনা লণ্ডভণ্ড হবে রাজপুরী?
করহ রাজ্যের চর্চ্চা গিয়া নিজ রাজ্যে।
আমার নিকটে আর আছ কোন্ কার্য্যে?
নাগপাশ অস্ত্র এলো আমা দোঁহা তরে।
ভাগ্যেতে যা ছিল হ'লো তুমি যাও ফিরে॥
অঙ্গদের বাপে মারি পাইয়াছি লাজ।
প্রাণপণে পালিও অঙ্গদ যুবরাজ॥
গয় গবাক্ষ শরভ ও গন্ধমাদন।
মহেন্দ্র দেবেন্দ্র এই সুষেণনন্দন॥
শরভঙ্গ বানর যে কুমুদ সেনাপতি॥
দেশে তবে যাও সবে করিয়া পিরীতি॥
দেশে যাও সকলে আমারে দিয়া কোল।
গালাগালি দিও না বলো না মন্দ বোল॥
অযোধ্যানগরে তুমি যাও হনুমান্।
সমাচার কহিও সবার বিদ্যমান॥
জানাইও ভরতেরে আমার সংবাদ।
যেন কার সঙ্গে নাহি করে বিসংবাদ॥
ধর্ম্মেতে পালিবে প্রজা রাখি ধর্ম্মপথ।
এইরূপে রাজ্য যেন করেন ভরত॥
কৌশল্যা মায়েরে জানাইবে নমস্কার।
কৈকেয়ী মাতারে এই ব'লো সমাচার॥
প্রণাম করিব গিয়া মনে ছিল সাধ।
বিধাতা সাধিল তাহে নিদারুণ বাদ॥
জানকী রহিল বন্দী অশোকের বনে।
নাগপাশে বন্দী রাম লক্ষ্মণ দু'জনে॥

সুমিত্রা মাতাকে মোর দিও নমস্কার।
যথাযোগ্য সবারে বলিও সমাচার॥
আমা লাগি লক্ষ্মণ ছাড়িল নিজপুরী।
সুখভোগ ছাড়ি ভাই হৈল বনচারী॥
প্রাণের ভাই এই হাতের ছিল নড়ি।
হেন ভাই নাগপাশে যায় গড়াগড়ি॥
নাগপাশে কাতর হইল রঘুবীর।
ব্রহ্মাদি দেবতা ভেবে হইল অস্থির॥
ইন্দ্র আদি করিয়া যতেক দেবগণ।
ডাক দিয়া আনিলেন দেবতা পবন॥
ইন্দ্র বলে সমাচার না জান পবন।
নাগপাশে বাঁধা আছে শ্রীরাম-লক্ষ্মণ॥
অরুণ বরুণ যম সবে কাঁপে ডরে।
ভয়ে কেহ না আইসে লঙ্কার ভিতরে॥
আমি ইন্দ্র রাজা ত্রিভুবন-অধিপতি।
রাবণের পুত্র মোর করিল দুর্গতি॥
লঙ্কাতে লইল বেঁধে সংসারে বিদিত।
আমারে জিনিয়া তার নাম ইন্দ্রজিৎ॥
বড় নিদারুণ রক্ষঃ বিখ্যাত ভুবনে।
নাগপাশে বাঁধিয়াছে শ্রীরাম-লক্ষ্মণে॥
নাগপাশে অচৈতন্য রাম ও লক্ষ্মণ।
বলবুদ্ধি হারায়েছে সকলে এক্ষণ॥
রঘুনাথ-স্থানে যাহ আমার বচনে।
কহ রামে মুক্ত হবে গরুড়-স্মরণে॥
বিষ্ণুবাহন গরুড় ধরে বিষ্ণুতেজ।
নাগপাশ ঘুচাইতে সেই মহাতেজ॥
ইন্দ্রের বচন মানি দেবতা পবন।
কহিল রামেরে কর গরুড়ে স্মরণ॥
পবন-শ্রীরামে যদি হৈল কানাকানি।
গরুড়ে স্মরণ করে রাম রঘুমণি॥
গরুড়ে স্মরেন রাম বিষ্ণু অবতার।
গরুড়ের ললাটেতে পড়িল টঙ্কার॥
কুশদ্বীপে চলে বীর সাগরের কূলে।
গিলেছিল অজগর উগারিয়া ফেলে॥
শূন্যভরে গরুড় আসিল উভরড়ে।
পাকসাটে পর্ব্বত কন্দর যায় উড়ে॥
দিক্-দিগন্তরের গাছ আনে পাকে টেনে।
ঝঞ্ঝনা পড়য়ে যেন ঘোর বরষণে॥
সাগরের জলজন্তু লুকাইল জলে।
ভয় পেয়ে নাগগণ কম্পিত পাতালে॥
উপাড়িয়া পড়ে বৃক্ষ পাখার বাতাসে।
দশ যোজন থেকে সর্প পলায় ত্রাসে॥
দূর হতে গরুড়ের লাগিল নিশ্বাস।
রাম লক্ষ্মণের খ'সে পড়ে নাগপাশ॥
পদ্মহস্ত বুলাইল বিনতানন্দন।
সচৈতন্য হয়ে উঠে শ্রীরাম-লক্ষ্মণ॥
গরুড় পক্ষীরে কন রাম রঘুমণি।
প্রাণদান দিলে সখা! আজি হে আপনি॥
গরুড় বলিল, শুন সবিশেষ কই।
শ্রীচরণে ভৃত্য আমি সখাযোগ্য নই॥
তুমি বিষ্ণু অবতার জগতের পতি।
পতিব্রতা-শাপে আছ আপনা-বিস্মৃতি॥
আমি যে গরুড় পক্ষী তোমার বাহন।
পূর্ব্বকথা প্রভু! কেন হও বিস্মরণ?
শ্রীরাম বলেন, পক্ষি! কৈলে উপকার।
বর মাগ পক্ষিবর! বাঞ্ছা যে তোমার॥
গরুড় বলেন, বাঞ্ছা আছে এই মনে।
দ্বিভুজ মুরলীধর দেখিব নয়নে॥
ত্রিভঙ্গ-ভঙ্গিম-রূপ গলে বনমালা।
শিখিপুচ্ছ বন্ধ চূড়া অর্দ্ধ বামে হেলা॥

অলকা-আবৃত শশি-শ্রীমুখমণ্ডল।
শ্রুতিযুগে মনোহর মকর-কুণ্ডল॥
গলে বনমালা পরিধান পীতাম্বর।
সেই রূপ দেখিতে বাসনা নিরন্তর॥
শ্রীরাম বলেন হব সেরূপ কেমনে।
ধনুর্দ্ধারী রাম আমি সকলেতে জানে॥
না বলিও কৃষ্ণমূর্ত্তি করিতে ধারণ।
সে রূপ দেখিলে কি কহিবে কপিগণ?
গরুড় বলেন কি জানিবে কপিগণে।
করিয়া পাখার ঘর বসাব গোপনে॥
এতেক মন্ত্রণা করি বিনতানন্দন।
পাখাতে করিল ঘর অদ্ভুত রচন॥
ভকতবৎসল রাম তাহার ভিতরে।
দাঁড়াইলা ত্রিভঙ্গ-ভঙ্গিম-রূপ ধরে॥
ধনুক ত্যজিয়া বাঁশী ধরিলেন করে।
হনুমান্ দেখে বসি ভাবিতেছে দূরে॥
হনু বলে প্রাণপণে করি প্রভু-হিত।
পক্ষীর সঙ্গেতে এত কিসের পিরীত?
দেখিলেন হনুমান্ মহাযোগে বসি।
ধনু খসাইয়া পক্ষী করে দিল বাঁশী॥
হনুমান্ বলে, পক্ষি! এত অহঙ্কার।
ধনুক খুলিয়া বাঁশী দিলে আরবার॥
যদি ভৃত্য হই, মন থাকে শ্রীচরণে।
লইব ইহার শোধ তোর বিদ্যমানে॥
বাঁশী খসাইয়া দিব ধনুঃশর করে।
লইব ইহার শোধ কৃষ্ণ-অবতারে॥
এতেক শুনিয়া তবে বিনতানন্দন।
ঈষৎ হাসিয়া পাখী করে সংবরণ॥
রামেরে প্রণাম করি যায় শূন্যপথে।
দাঁড়ালেন রঘুনাথ ধনুর্বাণ-হাতে॥
অঙ্গ-ঝাড়া দিয়া উঠে অনুজ লক্ষ্মণ।
আনন্দসাগরে মগ্ন যত কপিগণ॥
গরুড়ের পক্ষ-শব্দ যত দূরে যায়।
ততদূর কপিগণ উঠিয়া দাঁড়ায়॥
নাগপাশে মুক্ত হৈল শ্রীরাম-লক্ষ্মণ!
রামজয় শব্দ করে যত কপিগণ॥
একেবারে যত কপি ছাড়ে সিংহনাদ।
লঙ্কায় রাবণ রাজা গণিল প্রমাদ॥
বানরের শব্দ নিশি তৃতীয় প্রহরে।
শয্যা হতে উঠে বসে রাজা লঙ্কেশ্বরে॥
প্রাচীরে উঠিয়া রক্ষঃ চাহে চারি ভিতে।
দাঁড়ায়েছেন লক্ষ্মণ ধনুর্বাণ-হাতে॥
বলে রাবণ বাণ বন্ধন নাগপাশ।
নাগপাশে মুক্ত হৈল লঙ্কার বিনাশ॥
মরিয়া না মরে রাম এ কেমন বৈরী।
অনুমানে বুঝিনু মজিল লঙ্কাপুরী॥
দৈবের নির্বন্ধ রক্ষঃ দেখিয়ে বিপাক।
ধূম্রাক্ষ বলিয়া রাজা ঘন পাড়ে ডাক॥
আজ্ঞামাত্র আনিল ধূম্রাক্ষ মহাবীর।
রাজার চরণে আসি অবনমি শির॥
রাবণ বলে, তুমি হে প্রধান সেনাপতি।
আজিকার যুদ্ধে তুমি কুলাবে আরতি॥
রাজব্যবহারে তার বাড়ায় সম্মান।
যুঝিবারে অনুমতি দিল গুয়া-পান॥
রাজ-আজ্ঞামাত্র বীর রথে গিয়া চড়ে।
হস্তী ঘোড়া ঠাট সৈন্য চলে যুড়ে যুড়ে॥
হস্তী ঘোড়া চলে আর অগণন ঠাট।
ধূলা উড়াইয়া চলে নাহি দেখি বাট॥
লঙ্কাতে ধূম্রাক্ষ বীর পরম সুজ্ঞানী।
যাত্রাকালে অমঙ্গল দেখিল আপনি॥

আউদর চুলে ভিক্ষা মাগিছে যোগিনী।
রথধ্বজে উড়ে বসে শকুনি-গৃধিনী ॥
যাত্রাকালে অমঙ্গল দেখিছে অপার।
কিছুই না মানে বীর বলে মার মার ॥

ধূম্রাক্ষের যুদ্ধ ও পতন।

দুই দলে মিশামিশি দৃঢ় বাজে রণ।
নানাস্ত্র গাছ পাথর করে বরিষণ ॥
রুষিয়া ধূম্রাক্ষ বলে কোথায় তপস্বী।
উখাড়িয়া মরে কেন এত দূরে আসি ?
ছাড়িয়া সীতার আশা ফিরে যাও ঘর।
মনুষ্য হইয়া বেটা লঙ্কার ভিতর ?
কপিগণ বলে বেটা চক্ষু থেকে অন্ধ।
মনুষ্য কি সাগর করিতে পারে বন্ধ ॥
নিজে বিষ্ণু রঘুনাথ বান্ধিলেন সেতু।
অবতার রাক্ষসের বংশনাশ হেতু ॥
গড়াগড়ি যাবে রাবণের দশ মুণ্ড।
বিভীষণ-উপরে ধরাব ছত্রদণ্ড ॥
কুপিল ধূম্রাক্ষ বীর জ্বলন্ত আগুনি।
মুষল লইয়া এক কপিগণে হানি ॥
মুষলঘায়ে কারো ভাঙ্গে মাথার খুলি।
কারো মুণ্ড কাটি ভূমে পাড়ে মহাবলী ॥
খাণ্ডাখান কাহার মস্তকে তুলে হানে।
ভঙ্গ দিল বানর অস্থির হয়ে রণে ॥
হনুমান্ দেখিল বানরগণ ভাগে।
দাঁড়াইল হনুমান্ ধূম্রাক্ষের আগে ॥
হনুমান্ বলে বেটা কি নাম তোমার ?
আমার সহিত যুদ্ধ কর একবার ॥
রাক্ষস বলিল, যদি তোরে আমি পাই।
অস্ত্রের কি প্রয়োজন তোর রক্ত খাই ॥
এত যদি দুই জনে হৈল গালাগালি।
দুই বীর যুদ্ধ করে দোঁহে মহাবলী ॥
হনুমান্ আনিল পাথর দুইখান।
রথের উপর ফেলি ডাকে হান হান ॥
রথ ঘোড়া সারথি করিল চুরমার।
রথ এড়ি ধূম্রাক্ষ ধাইল আরবার ॥
ধূম্রাক্ষের হাতে ছিল এক মহা গদা।
তার আশে-পাশে বাজে জয়-ঘণ্টা সদা ॥
দেব-দৈত্য-গন্ধর্বগণের ভয় লাগে।
গদা হাতে করি গেল হনুমান্ আগে ॥
দোহাতিয়া বাড়ি মারে হনুমান্ বুকে।
হনুমানের বুক যেন বজ্র হেন দেখে ॥
বুকেতে ঠেকিয়া গদা হৈল খান খান।
কোপ করি পাসরে আপনি হনুমান্ ॥
হনুমান বলে গদা গেল রসাতল।
এখন আইস আমি বুঝি তোর বল ॥
এক বজ্র-চাপড় মারিল তার শিরে।
কাতর হইয়া পড়ে ভূমির উপরে ॥
হনুমান্ মহাবীর সংগ্রামের শূর।
লাথি মারি ধূম্রাক্ষের কায় করে চুর ॥
পড়িল ধূম্রাক্ষ বীর সমরে দুর্জ্জয়।
সকল বানর ডাকি করে জয় জয় ॥
ধূম্রাক্ষের সেনা ছিল দুই অক্ষৌহিণী।
পলাইল সকলে লইয়া নিজ প্রাণী ॥
ভগ্নপাক ক.হ গিয়া রাবণ গোচর।
ধূম্রাক্ষ পড়িল বার্ত্তা শুন লঙ্কেশ্বর ॥

অকম্পনের যুদ্ধ ও পতন।

ধূম্রাক্ষ পড়িল বার্ত্তা পাইল রাবণ।
অকম্পন বলি ডাক ছাড়ে ঘনে ঘন ॥

আজ্ঞামাত্র উপনীত অকম্পন বীর।
রাজার নিকট আসি নত করে শির ॥
রাজা বলে, শুন অকম্পন সেনাপতি।
আজিকার যুদ্ধে তুমি কুলাবে আরতি ॥
বীরমধ্যে বীর তুমি সকলেতে জানে।
ত্রৈলোক্য জিনিতে তুমি পার এক দিনে ॥
তোমার সম্মুখে যুঝে আছে কোন জন?
হাতে গলে বেঁধে আন শ্রীরাম-লক্ষ্মণ ॥
মধুর বচনে রাজা অকম্পনে তোষে।
চলিল বীর রাজার আদেশে ॥
সারথি যোগায় রথ বিচিত্র গঠন।
সসৈন্যে সাজিয়া চলে বীর অকম্পন ॥
আচম্বিতে গৃধিনী পড়িল রথ ধ্বজে।
উথাড়িয়া পড়ে ঘোড়া বায় মন্দতেজে ॥
অকম্পন নাম তার কম্পে না কখন।
যাত্রাকালে হস্ত-পদ কম্পে পুনঃ পুনঃ ॥
যাত্রাকালে অমঙ্গল দেখিল অপার।
মার মার শব্দে গেল পশ্চিম-দুয়ার ॥
দুই সৈন্যে মিশামিশি দৃঢ় বাজে রণ।
নানাস্ত্র গাছ পাথর করে বরিষণ ॥
দুই সৈন্যে মহাযুদ্ধ হইল অপার।
রণেতে ধূলাতে দশদিক্ অন্ধকার ॥
অন্ধকারে কেহ নাহি চিনে আত্মপর।
রাক্ষসে রাক্ষস মারে বানরে বানর ॥
রক্তে রাঙ্গা হৈল বাট ধূলা নাহি উড়ে।
দেখাদেখি যুদ্ধ করে দুই দলে পড়ে ॥
মহেন্দ্র দেবেন্দ্র ও কুমুদ সেনাপতি।
রণ দেখি তিন বীর এল শীঘ্রগতি ॥
তিন বীর করে আসি গাছ বরিষণ।
সম্মুখ-সংগ্রামে স্থির নহে তিন জন ॥
ভঙ্গ দিয়া তিন বীর পলাইল ত্রাসে।
হাতে ধনু দাঁড়াইয়া অকম্পন হাসে ॥
নল বীর বড় ধীর সকলে বাখানে।
ভঙ্গ দিয়া পলাইল অকম্পন-রণে ॥
নীল বীর করেছিল এক সেতুবন্ধ।
অকম্পন-বাণে তার চক্ষু হৈল অন্ধ ॥
শরভঙ্গ পলাইল পেয়ে অপমান।
রণেতে প্রবেশ করে বীর হনুমান ॥
হনুমান বলে বেটা পলাবি কোথায়।
এক চড়ে যমালয়ে পাঠাব তোমায় ॥
পাইক মারিয়া বেটা জিনে যাও রণ।
অবশ্য আমার হাতে তোমার মরণ ॥
এত যদি দুই বীরে হৈল গালাগালি।
দুই জনে যুদ্ধ বাজে দোঁহে মহাবলী ॥
আশী কোটি বাণ এড়ে বীর অকম্পন।
বাণে অচেতন হৈল পবননন্দন ॥
সংবিৎ পাইয়া উঠে বীর হনুমান্।
ক্রোধে আনে শালগাছ দিয়া এক টান ॥
বাহুবলে এড়ে গাছ বীর হনুমান্।
অকম্পন-বাণে গাছ হৈল দুইখান ॥
জিনিতে না পারে হনূ ভাবয়ে অন্তরে।
লাফ দিয়া পড়ে তার রথের উপরে ॥
চুলেতে ধরিয়া তারে মারিল আছাড়।
মাথা-খুলি ভেঙ্গে গেল চূর্ণ হৈল হাড় ॥
অকম্পন পড়ে যদি সংগ্রামে দুর্জ্জয়।
সকল বানরে বলে রাম রাম জয় ॥
ভগ্ন পাইক কহে গিয়া রাবণ-গোচর।
অকম্পন পড়িল শুনহ লঙ্কেশ্বর ॥

বজ্রদংষ্ট্রের যুদ্ধ ও পতন।

অকম্পন-মৃত্যু শুনি চরের বদনে।
কিছু ভয় উপজিল রাবণের মনে॥
হৃদয়ে করিয়া বিবেচনা বহুতর॥
যুদ্ধ বিনা হিত নাহি দেখিল অপর॥
তবে আগে দেখি বজ্রদংষ্ট্র নিশাচরে।
কহিতে লাগিল তারে অতি সমাদরে॥
বজ্রদংষ্ট্র! তুমি হও সুপণ্ডিত রণে।
তোমার সমান বীর না দেখি ভুবনে॥
ধনুক ধরিয়া তুমি দাঁড়ালে সমরে।
নিজে ইন্দ্র সাক্ষাৎ হইতে নারে ডরে॥
তোমার সহায় করি আমি দেবগণে।
পরাজয় করিয়াছি অক্লেশেতে রণে॥
অপর কি কব সর্ব্বনাশক শমনে।
তোমার সাহায্যে জিনিয়াছি অযতনে॥
তুমিও সমরে যাও সসৈন্য হইয়া।
সুগ্রীব লক্ষ্মণ রামে আনহ বাঁধিয়া॥
এত বাণী শুনি বজ্রদংষ্ট্র নিশাচর।
প্রণমিয়া কহিতেছে রাবণ-গোচর॥
মহারাজ! এই আমি চলিলাম রণে।
আপনি পরমানন্দে থাকুন ভবনে॥
বধিয়া তোমার শত্রু সেই দুই নরে।
সুগ্রীব মারুতি আর মুখ্য কপিবরে॥
আপনি মঙ্গল চিন্তা করিয়া আমার।
গৃহে থাকি সীতা লয়ে করুন্ বিহার॥
তবে বলাধ্যক্ষ করি সেনার সাজন।
দশানন আগে আসি কৈল নিবেদন॥
তাহা শুনি প্রণাম করিয়া দশাননে।
বজ্রদংষ্ট্র বীর যাত্রা করিলেক রণে॥
করিল বিবিধমতে মঙ্গলাচরণ।
বান্ধিলেক নিজ অঙ্গে অনেক রক্ষণ॥
পরিলেক অঙ্গে নানা মাথায় টোপর।
পৃষ্ঠেতে বান্ধিল তূণ পূরি তীক্ষ্ণ শর॥
আর নানা অস্ত্র-শস্ত্র করিলা বন্ধন।
রথের উপরে গিয়া কৈল আরোহণ॥
কিবা তার রথ অতি মনোহর হয়।
অলঙ্কৃত দিব্য দিব্য ঘোটকে বহয়॥
তার রথ দুই দিকে যায় মনোরম।
দ্বিসহস্র সপ্ততি-সংখ্যক তুরঙ্গম॥
ঘোড়ার পশ্চাতে দুই সহস্র সপ্ততি।
যাইতেছে মদমত্ত হাতী মন্দগতি॥
মধ্যেতে যাইছে বজ্রদংষ্ট্র দিব্য রথে।
এক লক্ষ ধনুর্দ্ধর যায় অগ্রপথে॥
আর কত ঢালী শূলী তোমরা খর্পরী।
যাইতেছে রথে গজে ঘোটকেতে চড়ি॥
বাজিতেছে সহস্র সহস্র রণভেরী।
নিনাদ ছাড়য়ে ঘোড়া হাতী বেরি বেরি॥
সেই সব শব্দে লঙ্কা করি দলমাল।
রণে যায় বজ্রদংষ্ট্র যেন মহাকাল॥
যাইতে যাইতে দেখে নানা অমঙ্গল।
অঙ্গেতে পড়য়ে তার উল্কা ঝলমল॥
মুখ দিয়া অগ্নিশিখা করিয়া বমন।
শিবা সব করিতেছে অশিব নিঃস্বন॥
রথের ঘোড়ার নেত্রে পড়ে অশ্রুজল।
পুনঃ পুনঃ ত্যাগ করে তারা মূত্রমল॥
তাহা দেখিয়াও বজ্রদংষ্ট্র অশঙ্কিত।
কহিতেছে সৈন্যদিগে অত্যন্ত গর্ব্বিত॥
অমঙ্গল দেখি কেহ না কর চিন্তন।
অতি মন্দ শুভকর কহে সর্ব্বজন॥

আর শুন কি করিবে এই অমঙ্গলে।
সব অমঙ্গল বিনাশিব বাহুবলে ॥
দেখিবি সকলে তোরা বিক্রম আমার।
বধিব সকল আমি শত্রুকে রাজার ॥
আজি মোর বাণহত কপির আমিষে।
নিশাচর পিণ্ড দিবে বান্ধবে হরিষে ॥
আমিও বধিয়া সুগ্রীবাদি কপিগণে।
ভক্ষণ করিব নিজে শ্রীরাম-লক্ষ্মণে ॥
বজ্রদংষ্ট্র নাম মোর বজ্র হেন দাড়।
চর্ব্বণ করিব আমি তাহাদের হাড় ॥
তোরা সবে ভয় ত্যজি চলহ সমরে।
শত্রু বধ করি শীঘ্র ফিরে যাব ঘরে ॥
এত কহি বজ্রদংষ্ট্র সৈন্য হুহুঙ্কারে ॥
উপনীত হৈল আসি উত্তরের দ্বারে ॥

তবে দেখি তাহারে, সেইমত দ্বারে,
প্লবঙ্গমগণ।
তারা, তরুশিখরী, করেতে ধরি,
রহে সুখীমন ॥
তাহা, নিরখি তারা, মেঘের ধারা,
হেন বর্ষে বাণ।
তাহে, বানরগণে, বিন্ধি সঘনে,
কৈল খান খান ॥
তবে, কুপিত-মতি, বানর ততি,
বৃক্ষ শিলা মারি।
করে, কুলিশ দন্ত সোথার অস্ত্র,
গভীর হাকারি ॥
তাহে, ত্রাসিত মন, কৌণপগণ,
পলায়ন করে।
তাহা, দেখি দুরন্ত, বজ্রদন্ত,
বরিষয়ে শরে ॥

তার, বাণের তূণে, ধনুক-গুণে,
কর্ণে বারে বারে।
কর, ভ্রমণ করে, কেহ তাহারে,
লক্ষিতে না পারে ॥
তার, শর-নিকরে, যত বানরে,
জর্জ্জর করিল।
তাহে, রুধিরধারে, রণ-ভিতরে,
তটিনী হইল ॥
তাহে, প্রাণ ছাড়িয়া, যায় ভাসিয়া,
ভল্লু-কপিগণ।
তাহে, কাক-শৃগালী, টানিয়া তুলি,
করয়ে ভক্ষণ ॥
সেই, বজ্রদন্ত, শরেতে শাস্ত,
দেখি আজ কুলে।
যত, বানরবৃন্দ, ত্যজিয়া দ্বন্দ্ব,
ভাগে, সিন্ধুকূলে ॥
তাহা, করিয়া দৃষ্ট, হইয়া রুষ্ট,
কপিচূড়ামণি।
নিজে, চলিলা রণে, করি সঘনে,
ঘোর সিংহধ্বনি ॥
শুনি, সেই ত রব, কৌণপ সব,
মূর্চ্ছিত হইল।
কত, ঘোটক করী, ভূমিতে পড়ি,
চীৎকার করিল ॥
পরে, তারে দেখিয়া, ত্রাস পাইয়া,
বজ্রদংষ্ট্র-সেনা।
তারা, পলায়ে যায়, পাছে না চায়,
বারণ শুনে না ॥
তবে, তাহা নিরখি, মনেতে রুখি,
বজ্রদংষ্ট্র বীর।

সেই, তপনসুতে, অতি বেগেতে,
বিন্ধে বহু তীর ॥
তাহে, কুপিতমতি, কপির পতি,
চপেট প্রহারে।
তার, বাম ডাহিনে, ঘোটকগণে,
নিলা যমদ্বারে ॥
আর দুই পাশেতে, সারিক্রমেতে,
যত করী ছিল।
মারি, গাছের বাড়ি, যমের বাড়ী,
তাদিগে প্রেরিল ॥
পরে, শাল উপাড়ি, ঘূর্ণিত করি,
তপনকুমার।
সেই বজ্রদশন, প্রতি ক্ষেপণ,
কৈল সহুঙ্কার ॥
সেই রজনীচর, ছাড়িয়া শর,
শত পরিমাণ।
সেই, শালতরুরে, কাটিয়া পাড়ে,
করি খান খান ॥
তাহা, নিরখি সূর্য্য- তনয় শৌর্য্য,
করি প্রকাশন।
এক, বৃহৎ শিলা, তুলিয়া নিলা,
পর্ব্বত যেমন ॥
তারে, বজ্রদন্ত, রথের অন্ত,
করিতে ছাড়িল।
তাহা, সেই দেখিয়া, রথ ছাড়িয়া,
ভূমিতে নামিল ॥
সেই, ঘোর পাষাণে, তাহার যানে,
সুগ্রীব ভাঙ্গিল।
তার, ঘোটক সাথে, ধ্বজ সহিতে,
সারথি নাশিলা ॥

পরে, এক তরুরে ধরিয়া করে,
করিয়া ঘূর্ণিত।
সেই, বজ্রদন্ত, সেনার অন্ত,
কৈল রামমিত ॥
তেঁই, গিরির শৃঙ্গ, করিয়া ভঙ্গ,
ছাড়িয়া হুঙ্কার।
বজ্র, দশন বীরে, মারিতে পরে,
হৈল আগুসার ॥
তাহা, নিরখি সেহ, বিকট দেহ,
গদা ঘুরাইয়া।
বীর, তপনসুতে, মারিয়া মাথে,
গর্জ্জন করিয়া ॥
কিবা, সুগ্রীব-শিরে, ঠেকিয়া ভরে,
সেই গদা-দণ্ড।
এ কি, অশ্রুত কথা, কর্কটী যথা,
হৈলা শত খণ্ড ॥
তবে, কপি-ভূপতি, তাহার প্রতি,
সেই গিরিচূড়া।
নিজ, বাহুর জোরে, মারিয়া শিরে,
করিলেন গুঁড়া ॥
তাহে, রুধিরধার, বদনে তার,
বহে অনিবার।
সেহ, পড়িল ভূমে, দেখিতে যমে,
গেল প্রাণ তার ॥
তবে, বজ্রদশন, পাইল মরণ,
দেখি তার সেনা।
তায়, ত্রাসিত হয়ে, যায় পলায়ে,
ফিরিয়া চাহে না ॥
তবে, সমর জিতি, বানরপতি,
করি সিংহনাদ।

দিল, আপন সখা, নিকটে দেখা,
মনেতে আহ্লাদ ॥
শুনি, তাহার বাণী, শ্রীরঘুমণি,
করি প্রশংসন।
দিলা, বাহু পসারি, হৃদয় ভরি,
তারে আলিঙ্গন ॥

প্রহস্তের যুদ্ধ ও পতন।

এখানেতে ভগ্নদূত যাইয়া লঙ্কায়।
বজ্রদংষ্ট্র-মৃত্যু-কথা কহিল রাজায় ॥
বজ্রদংষ্ট্র পড়ে রণে রাবণ চিন্তিত।
প্রহস্ত মাতুল বলি ডাকিল ত্বরিত ॥
রাবণ বলে মামা! তুমি রাজ্যের ঠাকুর।
তিন কোটি বৃন্দ ঠাট তোমার প্রচুর ॥
তুমি আমি নিকুম্ভ কুম্ভকর্ণ ইন্দ্রজিৎ।
এই কয়জন আছি সমরে পণ্ডিত ॥
বিশেষ অধিক তুমি জানি চিরদিন।
করিয়া অনেক যুদ্ধ হয়েছে প্রবীণ ॥
প্রতাপে প্রচণ্ড তাহে জান বহু সন্ধি।
শ্রীরাম-লক্ষ্মণে আন হাতে গলে বান্ধি ॥
রাবণের কথা শুনি প্রহস্তের হাস।
শ্রীরাম-লক্ষ্মণে আজি করিব বিনাশ ॥
আমি আছি রণে কেন প্রের অন্য জনে।
এখনি মারিয়া দিব শ্রীরাম লক্ষ্মণে ॥
আগে আমি তোমারে বলেছি যুক্তি সার।
সীতা নাহি দিব যুদ্ধ করিব অপার ॥
অবানর অরাম করিব ধরাতল।
দশানন বলে মামা! জানি তব বল ॥
অষ্ট অঙ্গে পর মামা রত্ন-অলঙ্কার।
যুদ্ধ জিনে এলে মামা! সকলি তোমার ॥
রাবণের কথা কেহ লঙ্ঘিতে না পারে।
সসৈন্যে প্রহস্ত যায় যুদ্ধ করিবারে ॥
চারি বীর অগ্রে যায় হাতে ধরে ধনু।
যজ্ঞধূম মহানাদ ক্রুদ্ধ মহাহনু ॥
দেবগণ স্থির নহে যাহার বিবাদে।
হেন সব বীর ধায় সংগ্রামের সাধে ॥
সাজিয়া আসিল সৈন্য প্রহস্তের পাশ।
সবারে প্রহস্ত বীর দিতেছে আশ্বাস ॥
রাম-লক্ষ্মণের আজি অবশ্য মরণ।
শকুনি গৃধিনী উড়ে ঢাকিল গগন ॥
প্রহস্তের সৈন্যে দশ দিক্ অন্ধকার।
মার মার করিয়া চলিল পূর্বদ্বার ॥
দুই সৈন্যে মিশামিশি দৃঢ় বাজে রণ।
নানাস্ত্র গাছ পাথর করে বরিষণ ॥
প্রহস্তের সেনাপতি শ্রেষ্ঠ চারি জন।
হাতে ধনু আসিল যে করিবারে রণ ॥
যুঝিবারে কাজ থাক দেখে চারি বীর।
ভঙ্গ দিল বানর সংগ্রামে নহে স্থির ॥
পূর্ব্বদ্বারে দৃঢ়তর হৈল গণ্ডগোল।
তিন দ্বারে থাকি শুনে কটকের রোল ॥
তিন দ্বারে চারি বীর আছিল প্রধান।
মহেন্দ্র দেবেন্দ্র যে অঙ্গদ হনূমান্ ॥
পূর্ব্বদ্বারে চারি বীর আসে শীঘ্রগতি।
নীলের সপক্ষ হ'ল চারি সেনাপতি ॥
চারি বীর আসি করে গাছ বরিষণ।
ভঙ্গ দিল রাক্ষস সহিতে নারে রণ ॥
প্রহস্তেরে চারি বীর দেখে দূর হ'তে।
রণেতে প্রবেশ করে ধনুর্ব্বাণ হাতে ॥
মহেন্দ্র দেবেন্দ্র ও অঙ্গদ হনূমান্।
চারির ধনুক কাড়ি নিল চারিখান ॥

হাঁটুর চাপান দিয়া চারি ধনু ভাঙ্গে।
মালসাট দিয়ে গেল চারি বার আগে ॥
কুপিয়া অঙ্গদ বীর ছাড়ে সিংহনাদ।
পদাঘাতে মারিল রাক্ষস মহানাদ ॥
মহাহনূ হনুমানে দোঁহে বাজে রণ।
মহাহনূ চেপে ধরে পবননন্দন ॥
করিয়া পাথালিকোলা লয়ে গেল দূর।
কপটে কহিছে হনূ বচন মধুর ॥
তোর নাম মহাহনূ আমি হনূমান্।
মিতালি করিব নাম মিলিল সমান ॥
দুই মিতা ছোট বড় কে হয় কেমন।
বারেক করিয়া যুদ্ধ বুঝিব দুজন ॥
শুনিয়া ত মহাহনূ বলয়ে তরাসে।
মৈত্রসনে যুদ্ধ করা যুক্তি না আইসে ॥
হনূমান্ বলে কর বাঁচিবার আশ।
তিলেক বিলম্ব নাই করিব বিনাশ ॥
রাক্ষসের সঙ্গে মোর কিসের মিতালি।
বজ্রমুষ্টি মারি ভাঙ্গিব মাথার খুলী ॥
এত বলি হনুমান ক'সে মারে চড়।
ভূমে পড়ি মহাহনূ করে ধড়ফড় ॥
মহাহনূ পড়িল রুষিল যজ্ঞধূম।
প্রবেশিল রণে যেন কালান্তক যম ॥
কুপিল মহেন্দ্র বীর সুষেণ-নন্দন।
দীর্ঘ এক শালগাছ উপাড়ে তখন ॥
এড়িলেক শালগাছ দিয়া হুহুঙ্কার।
রথসহ যজ্ঞধূম হৈল চুরমার ॥
যজ্ঞধূম পড়ে রণে রুষিল কোপন।
রুষিল কোপন-বীর সুষেণনন্দন ॥
যুড়িল কোপন-বীর তিন শত শর।
বিন্ধিয়া দেবেন্দ্র বীরে করিল জর্জ্জর ॥
কুপিয়া দেবেন্দ্র বীর করিল উঠানি।
পর্ব্বতের চূড়া ধরি করে টানাটানি ॥
দুই হাতে উপাড়িল গাছ ও পাথর।
গাছ আদি লয়ে বীর ধাইল সত্বর ॥
বাঞ্ছনা পড়য়ে যেন গাছ আদি হানে।
পড়িল রাক্ষস বীর দুর্জ্জয় কোপনে ॥
চারি সেনাপতি পড়ে প্রহস্ত তা দেখে।
সন্ধান পুরিয়া চারি বীরের সম্মুখে ॥
প্রহস্তের রণে দেবগণ কম্পমান।
মহেন্দ্র দেবেন্দ্র ছোটে সঙ্গে হনূমান্ ॥
পূর্ব্বদ্বারখান সেই নীলবীর রাখে।
ভাঙ্গিল কটক সব নীল তাহা দেখে ॥
নীল বলে প্রহস্ত রে বাড়িয়াছে আশ।
অবশ্য তোমারে আজ করিব বিনাশ ॥
রুষিয়া প্রহস্ত বলে ওরে বেটা নীল।
পাঠাইব যমালয়ে মেরে এক কিল ॥
এত যদি দুই বীরে হৈল গালাগালি।
দুই জনে যুদ্ধ বাজে দোহে মহাবলী ॥
তিন শত বাণ বীর যুড়িল ধনুকে।
সন্ধান পুরিয়া মারে নীল-বীর-বুকে ॥
বাণ খেয়ে নীলবীর করিল উঠানি।
পর্ব্বতের চূড়া ধরি করে টানাটানি ॥
দশ যোজন টানে সে পর্ব্বতের চূড়া।
প্রহস্ত-মস্তকে মেরে মাথা কৈল গুঁড়া ॥
প্রহস্ত পড়িল রণে লাগে চমৎকার।
ভগ্নপাক রাবণেরে বলে সমাচার ॥
প্রহস্ত পড়িল বার্ত্তা শুন লঙ্কেশ্বর।
রাবণ বলে কাল হৈল নর-বানর ॥
রাবণ বলে যে যে ধনু ধরিতে জানে।
ছোট বড় রাক্ষস চলুক মোর সনে ॥

সেনাপতি পড়িল রাজ্যের চূড়ামণি।
আর কারে পাঠাইব যাইব আপনি॥

রাবণের প্রথম দিবস যুদ্ধে গমন।

প্রধান ছত্রিশ কোটি ছিল সেনাপতি।
সাজিয়া চলিল সবে রাবণ-সংহতি॥
ভাই ভাইপো আদি কুমার ভাগে নড়ে।
হাতী ঘোড়া ঠাট সব নড়ে মুড়ে মুড়ে॥
যুঝিবার তরে নড়ে রাজা সে রাবণ।
সর্ব্বাঙ্গে ভূষিত করে নানা আভরণ॥
মেঘেতে চপলা যেন গলায় উত্তরী।
মৃগমদে লেপিলেক সুগন্ধী কস্তুরী॥
দশ ভালে দশ মণি করে ঝলমল।
চন্দ্র-সূর্য্য জিনি শোভে কর্ণের কুণ্ডল॥
রাবণের রথখান সাজায় সারথি।
নানা রত্ন মণি মুক্তা নির্ম্মাইল তথি॥
কনকে রচিত রথ মাণিকের চাকা।
রত্নের কলসে সাজে নেতের পতাকা।
বিচিত্রনির্ম্মাণ রথ সাজায় সুন্দর।
রথের উপরে উঠে রাজা লঙ্কেশ্বর॥
খাণ্ডা টাঙ্গী শেল শূল মুষল মুদ্গর।
নানাজাতি অস্ত্র তুলে রথের উপর॥
গদা শাবলাদি লয় কাছেতে কামান।
বিচিত্রনির্ম্মাণ করে লয় ধনুর্ব্বাণ॥
হস্তী ঘোড়া ঠাট সব চলে মুড়ে মুড়ে।
বিংশতি যোজন পথ সৈন্য আড়ে যোড়ে॥
কটকের পদভরে কাঁপিছে মেদিনী।
রাবণের বাদ্যভাণ্ড সাত অক্ষৌহিণী॥
এক লক্ষ দগড় দ্বিলক্ষ করতাল।
দ্বিসহস্র ঘণ্টা বাজে মৃদঙ্গ বিশাল॥
ভেউরী ঝাঁঝরী বাজে তিন লক্ষ কাড়া॥
চারি লক্ষ জয়ঢাক ছয় লক্ষ পড়া॥
বাজিল চুরাশী লক্ষ শঙ্খ আর বীণে।
তিন লক্ষ তাসা বাজে দামামার সনে॥
ঢেমচা খেমচা বাজে দুই লক্ষ ঢোল।
তিন লক্ষ পাখোয়াজ বিস্তর মাদল॥
জয়ঢাক রামকাড়া বাজে জগঝম্প।
পাখোয়াজ আদি বাজে ত্রিভুবনে কম্প॥
বাজিল রাক্ষসী ঢাক পঞ্চাশ হাজার।
দুন্দুভি ডম্বুর শিঙ্গা সংখ্যা করা ভার।
খঞ্জনী খমক বাজে সেতারা তবোল।
প্রলয়ের কালে যেন উঠে গণ্ডগোল॥
তুরী ভেরী রণশিঙ্গা বারো লক্ষ বাঁশী।
দগড়ে রগড় দিতে দশ লক্ষ কাঁসী॥
টিকারা টঙ্কার আর চৌতারা মোচঙ্গ।
বাদ্য শুনে বানরের বেড়ে গেল রঙ্গ॥
তিন কোটি বৃন্দ ঠাটে সাজিল রাবণ।
শত কোটি রবি জিনি রথের কিরণ॥
রত্নময় কলসে পতাকা সারি সারি।
সংগ্রামেতে সাজিল লঙ্কার অধিকারী॥
রাবণ করিল যদি রথে আরোহণ।
ভয় পেয়ে মন্দ বায়ু বহিছে পবন॥
রবি হৈল মন্দ-তেজ ঢাকিয়া কিরণ।
সশঙ্কিত স্বর্গের সকল দেবগণ॥
ধনুক ধরিতে জানে যত নিশাচর।
রাবণের সঙ্গে চলে করিতে সমর॥
রাক্ষসের সিংহনাদ ধনুক-টঙ্কার।
পশ্চিম দ্বারেতে যায় কার মার মার॥
মণিময় মুকুট শোভিছে দশ মাথে।
ত্রিভুবন-বিজয়ী ধনুক-বাণ হাতে॥

সৈন্য দেখে দশানন দাঁড়াইয়া রথে।
বিভীষণে জিজ্ঞাসা করেন রঘুনাথে ॥
শত কোটি রবি শশী জিনিয়া কিরণ।
বল দেখি সংগ্রামে আসিল কোন্ জন?
বিভীষণ বলে, রণে এল দশানন।
জ্যেষ্ঠ ভাই আমার বিজয়ী ত্রিভুবন ॥
ব্রহ্মার নির্ম্মিত রথ বহু রূপ ধরে।
তুষ্ট হয়ে দেবগণ দিল ধনেশ্বরে ॥
কুবেরে জিনিয়া রথ নিলেক রাবণ।
আসিয়া সেই রথে করি আরোহণ ॥
কোটি সূর্য্য জিনিয়া সৌন্দর্য্য খরতর।
রথের কিরণ কত দেখ রঘুবর!
কৃত্তিবাস পণ্ডিতের কবিত্ব সুন্দর।
রাম-রাবণের যুদ্ধ শুন অতঃপর ॥

কহিতেছে বিভীষণ, রথে দেখ নারায়ণ,
ছত্রদণ্ড ধরে দেবগণ।
কপালেতে দশ মণি, দীপ যেন দিনমণি,
অই রাজা লঙ্কার রাবণ ॥
হেসে রঘুনাথ কন, চিনিলাম দশানন,
যোগ্য বটে লঙ্কা-অধিকারী।
কুবুদ্ধি এমন কেনে, দেবকন্যা কেন আনে,
পর নারী কেন করে চুরি?
পাইয়া ব্রহ্মার বর, নাম ধরে লঙ্কেশ্বর,
দেবমায়া না বুঝে রাবণ।
আমি রাবণের যম, না থাকিবে পরাক্রম,
মোর হাতে সবংশে মরণ ॥
কহে সুমিত্রানন্দন, এই কি রাজা রাবণ,
আর কেবা উহার সংহতি।
হাতে ধনু সুরচিত, অই পুত্র ইন্দ্রজিত,
সঙ্গেতে উহার সেনাপতি ॥
কুম্ভ নিকুম্ভ দু'জন, কুম্ভকর্ণের নন্দন,
সঙ্গে সৈন্য আসিল অপার।
সারদা-চরণ সেবি, বাল্মীকি যে মহাকবি,
রামায়ণ করিল প্রচার ॥

রাবণের প্রথম দিবস যুদ্ধ।

বিভীষণ কহিছে লঙ্কার সমাচার।
রাম বলে, বিভীষণ! হও আগুসার ॥
জিজ্ঞাসা করিল যদি প্রভু রঘুনাথ।
কটক চিনায়ে দেয় তুলে ডানি হাত ॥
রাবণের ধনু ওই রতনে রচিত।
রাজার দক্ষিণে ঐ কুমার ইন্দ্রজিৎ ॥
মেঘ সম অঙ্গ তাম্রবর্ণ দ্বিলোচন।
নাগপাশে বেঁধেছিল তোমা দুই জন ॥
নরেন্দ্র দেবেন্দ্র আদি রণে পরাভব।
কোটি ইন্দ্র জিনি দশাননের বৈভব ॥
এমন ঐশ্বর্য্য কেন হারায় রাবণ।
আমার সংগ্রামেতে বাঁচিবে কোন্ জন?
রাবণেরে দেখিয়া সুগ্রীব জ্বলে কোপে।
রুষিয়া সুগ্রীব রাজা যায় বীরদাপে ॥
কুপিয়া সুগ্রীব সে পর্ব্বতে দিল টান।
এক টানে উপাড়ে পর্ব্বত একখান ॥
ঘুরায় পর্ব্বত গোটা অতিশয় রোষে।
গর্জ্জিয়া হানিল বীর রাবণ উদ্দেশে ॥
কোপেতে রাবণ এড়ে দশ গোটা বাণ।
বাণে কাটি পর্ব্বত করিল খান খান ॥
ব্যর্থ গেল পর্ব্বত সুগ্রীব রাজা দেখে।
কোপেতে রাবণ বাণ যুড়িল ধনুকে ॥
তিন শত বাণ রক্ষঃ যুড়িল ধনুকে।
গর্জ্জিয়া মারিল বাণ সুগ্রীবের বুকে ॥

বাণ খেয়ে সুগ্রীব সঘনে ঘুরে বলে।
ভাগ্যেতে বাঁচিল প্রাণ পূর্ব্ব-পুণ্যফলে ?
সুগ্রীব হারিল যদি পলায় বানর।
কোপেতে ধনুক করে নিল রঘুবর ॥
সন্ধান পূরিয়া যান করিবারে রণ।
হেনকালে যোড়হাতে বলেন লক্ষ্মণ ॥
লক্ষ্মণ বলেন, প্রভু ! তুমি থাক ব'সে।
আমি দশাননে মারি চক্ষুর নিমেষে ॥
রাম বলে, কত সন্ধি জানহ লক্ষ্মণ।
রাবণ-সম্মুখে যুদ্ধ সংশয় জীবন ॥
বাহুবলে ত্রিভুবন জিনিল রাক্ষস।
রাবণের সঙ্গে যুদ্ধে না কর সাহস ॥
তথাপি লক্ষ্মণ যান পূরিয়া সন্ধান।
হেনকালে লক্ষ্মণেরে বলে হনুমান্ ॥
হনুমান্ বলে তুমি তিষ্ঠহ লক্ষ্মণ !
কৌতুক দেখহ আম মারিব রাবণ ॥
আমার সংগ্রামে যদি পায় সে নিস্তার।
তবে ত লক্ষ্মণ ! তব যুঝিবার ভার ?
লক্ষ্মণের পদধূলি হনূ লয়ে মাথে।
লাফ দিয়া পড়ে গিয়া রাবণের রথে ॥
সম্মুখে দাঁড়ায় বীর পরম সন্ধানী।
সারথির কেড়ে লয় হাতের পাঁচনী ॥
দেব রক্ষঃ জিন বেটা ব্রহ্মার কারণ।
বানর হইয়া তোর বধিব জীবন ॥
হের মুণ্ড দেখ মোর সুমেরুর চূড়া।
হের পদ দেখ মোর কৈলাসের গোড়া ॥
হের হস্ত দেখ মোর পর্ব্বতের সার।
হাতের অঙ্গুলি দেখ সর্পের আকার ॥
হের নখ দেখ মোর বজ্রের সোসর।
এক চড়ে তোমারে পাঠাব যমঘর ॥
রাবণ বলে, তোরে পেলে অন্যে নাহি কথা।
পড়িলি আমার হাতে যাবি আর কোথা ॥
হনূ বলে, তোরে কি মারিব এইক্ষণে ?
পূর্ব্বে মারিয়াছি বেটা ভেবে দেখ্ মনে ॥
অক্ষয়কুমারে মেরে পোড়ালাম শোকে।
সে শোক রাবণ ! তোর বিন্ধিয়াছে বুকে ॥
আপনা পাসরে কোপে বীর হনুমান্।
রাবণে চাপড় মারে বজ্রের সমান ॥
চাপড় খাইয়া রক্ষঃ হৈল অচেতন।
ভাগ্যেতে রহিল প্রাণ ব্রহ্মার কারণ ॥
চেতন পাইয়া পুনঃ উঠিল সত্বর।
ডাক দিয়া হনুমানে করিছে উত্তর ॥
রাবণ বলে, রে বানর ! তুই বড় বীর।
তোর চাপড়েতে মোর কাঁপিল শরীর ॥
হনুমান বলে, মোর কিসের বাখান ?
মোর চাপড়েতে তোর রহিল পরাণ ॥
তোরে মারিলাম বেটা উঠে তোর রথে।
হারি সিদ্ধ হ'লো তোর সবার সাক্ষাতে ॥
আপনা পাসরে কোপে রাজা ত রাবণ।
হনূরে চাপড় মারে করিয়া গর্জ্জন ॥
হনূর বুকেতে মারে সে বজ্র চাপড়।
রথ হৈতে পড়ি হনূ করে ধড়ফড় ॥
ভূমে পড়ি হনুমান্ ঘুরে ঘুরে বুলে।
হনুমানে ছাড়ি বিন্ধে সেনাপতি নীলে ॥
চেতন পাইয়া উঠে বীর হনুমান্।
রাবণে ডাকিয়া বলে হও সাবধান ॥
রাক্ষস রাবণ তোর এই বীরপণা।
মোর সনে যুদ্ধ ক'রে অন্যে দাও হানা ॥
হনুমান্ যত বলে রাবণ না শুনে।
নীল সেনাপতি বিন্ধে আপনার মনে ॥

বাছিয়া বাছিয়া মারে চোখ চোখ শর।
নীলেরে বিন্ধিয়া বীর করিল জর্জ্জর ॥
আপন রক্তেতে তিতে নীল সেনাপতি।
কেমনে জিনিব রণ করেন যুকতি ॥
দীর্ঘাকার নীলবীর যেমন দেউল।
মায়া করি নীল বীর হইল নেউল ॥
নেউল-প্রমাণ বীর হইল মায়াতে।
এক লাফে পড়ে গিয়া রাবণের রথে ॥
রাবণের রথে চড়ে নাহি করে ডর।
নীলের বিক্রম দেখি রাবণ ফাঁফর ॥
নীলেরে মারিতে ধনুকেতে বাণ যোড়ে।
লম্ফ দিয়া নীল গিয়া রথধ্বজ ধরে ॥
মাথা তুলি দশানন উপরে নেহালে।
নীলবীর পড়ে তার ধনুকের হুলে ॥
নীলবীরে ধরিবারে রাবণ চিন্তিল।
লাফ দিয়া নীল তার মস্তকে উঠিল ॥
নীলেরে ধরিতে হাত বাড়ায় রাবণ।
মাথা হৈতে মুকুটে উঠিল ততক্ষণ ॥
রাবণের মুকুট শোভিছে সারি সারি।
মুকুট-উপরে ভ্রমে ফিরি ঘুরি ঘুরি ॥
মায়া করি বেড়ায় রাবণে দিয়া ফাঁকি।
ঘন পাকে ঘুরে যেন নাচনীয়া পাখী ॥
কুড়ি চক্ষে চায় তবু না দেখে রাবণ।
দেখে পুনঃ পুনঃ নাহি পায় দরশন ॥
ক্ষণেক দেখিতে পায় চক্ষুর নিমিষে।
ধরি ধরি মনে করে স্থানান্তরে আসে ॥
নানা মায়া জানে বীর মায়ার নিদান।
নেউল-প্রমাণ বীর ফিরে স্থানে স্থান ॥
কুপিল সে নীলবীর বুদ্ধির সাগর।
লাথি মারে রাবণের মুকুট-উপর ॥

ভাগ্যবলে রাবণের রহে দশ মাথা।
বহুমতে রাবণের করে দুরবস্থা ॥
নীলের বিক্রম যেন সিংহের প্রতাপ।
রাবণের মস্তকেতে করিল প্রস্রাব ॥
রাবণের মুকুটেতে নীলবীর মূতে।
মুখ বয়ে পড়ে মূত্র সর্ব্ব-অঙ্গ তিতে ॥
প্রস্রাবের ধার বহে রাবণ-অঙ্গেতে।
আভরণ কুঙ্কুম ভাসিয়া গেল স্রোতে ॥
দেখিয়া তা দেবগণ দিল টিটকারী।
কুপিল রাবণরাজ লঙ্কা-অধিকারী ॥
ধনুকে যুড়িয়া বাণ আছে ত সন্ধানে।
দেখিতে না পায় বাণ মারিবে কেমনে ?
একবার লাফ দিয়া উঠে মুকুটেতে।
আরবার লাফ দিয়া পড়ে গিয়া রথে ॥
মুকুট হইতে যেতে লাগিলেক ছায়া।
সন্ধান পূরি নীলের ভাঙ্গি দিল মায়া ॥
বাণ খেয়ে নীলবীর পড়ে ভূমিতলে।
ভাগ্যেতে বাঁচিল প্রাণ পূর্ব্ব-পুণ্যফলে ॥
নীলবীর হনুমান্ হইল বিমুখ।
লক্ষ্মণ আসিল রণে পাতিয়া ধনুক ॥
লক্ষ্মণ বলেন, তোর বুঝি বীর পণ।
আমার সঙ্গেতে যুদ্ধ করহ রাবণ।
লক্ষ্মণের কথা শুনে দশানন হাসে।
পলা রে তপস্বী ভণ্ড! প্রাণ লয়ে দেশে ॥
এত যদি দুই জনে হৈল গালাগালি।
দুই জনে যুদ্ধ বাজে দোঁহে মহাবলী ॥
দুই শত বাণ এড়ে রাজা দশানন।
বাণেতে কাটিয়া পাড়ে ঠাকুর লক্ষ্মণ ॥
ব্যর্থ গেল বাণ সব চিন্তিত রাবণ।
লক্ষ্মণ-উপরে করে বাণ বরিষণ ॥

তিন শত বাণ মারে যুড়িয়া ধনুকে।
ফুটে তিন শত বাণ লক্ষ্মণের বুকে ॥
বুকে ফুটে বাণের যে বিন্ধি রহে ফলা।
লক্ষ্মণের অঙ্গে যেন রক্তপদ্মমালা ॥
বাণে বাণে লক্ষ্মণের নাহি চলে দৃষ্টি।
খসে পড়ে লক্ষ্মণের ধনুকের মুষ্টি ॥
সংবরিয়া লক্ষ্মণ সুস্থির কৈল বুক।
কাটিলেন রাবণের হাতের ধনুক ॥
কাটা গেল ধনুক বানরগণ হাসে।
আর ধনু লয় রক্ষঃ চক্ষুর নিমেষে ॥
লক্ষ্মণ-উপর করে বাণ বরিষণ।
রাবণের বাণে আচ্ছাদিল সে গগন ॥
কোপ করি লক্ষ্মণ ধনুকে দিল চাড়া।
কাটিলা রাবণের রথের অষ্ট ঘোড়া ॥
ঘোড়া কাটা গেল রথ হইল অচল।
সারথির মাথা কাটি পড়ে ভূমিতল।
পড়িল সারথি অশ্ব দেবগণ হাসে।
আর রথ যোগাইল চক্ষুর নিমিষে ॥
লাফ দিয়া দশানন সেই রথে চড়ে।
তিন শত বাণ তবে একেবারে যোড়ে ॥
দেখিয়া গন্ধর্ব্ব-বাণ যুড়িল লক্ষ্মণ।
রাবণের যত বাণ কৈল নিবারণ ॥
লক্ষ্মণ রাবণ দোঁহে বান-বরিষণ।
দুজনার বাণে ঢাকে রবির কিরণ ॥
দুই জনে বাণ বর্ষে নাহি লেখাজোখা।
প্রাণপণে মারে বাণ যার যত শিক্ষা ॥
অমর্ত্ত সমর্থ বাণ বাণ ব্রহ্মজাল।
চারিদিকে পড়ে যেন অগ্নির উথাল ॥
অরুণ বরুণ বাণ বাণ খরশাণ।
অগ্নিবাণ যমবাণ যমের সমান ॥
সূচিমুখী শিলীমুখী বাণ বিরোচন।
সিংহদন্ত বজ্রদন্ত ঘোর-দরশন ॥
কালদন্ত ঐষীকাস্ত্র দীর্ঘ কর্ণিকার।
ক্ষুরপার্শ্ব শেলাস্তক অতি তীক্ষ্ণধার ॥
নীল হরিতাল বাণ বিকট দর্শন।
অর্দ্ধচন্দ্র চক্রবাণ যমের সমান ॥
এত বাণ দুই জনে করে অবতার।
দশ দিক্ জল-স্থল হৈল অন্ধকার ॥
লক্ষ্মণ বরষে বাণ তারা যেন ছুটে।
রাবণের হাতের ধনুকখান কাটে ॥
আর যে পঞ্চাশ বাণ পূরিল সন্ধান।
রাবণের বুকে বাজে বজ্রের সমান ॥
খাইল পঞ্চাশ বাণ ভাবে মনে মনে।
ব্রহ্মা দিয়াছেন শেল তাহা পড়ে মনে ॥
মন্ত্র পড়িয়া রাবণ শেলপাট এড়ে।
যমের দোসর শেল বাণেতে উথাড়ে ॥
শেলপাট এড়িলেক করিয়া হুঙ্কার।
স্বর্গ মর্ত্ত্য পাতালে লাগিল চমৎকার ॥
লক্ষণ এড়েন বাণ শেল কাটিবারে।
ঠেকিয়া শেলের মুখে ভস্ম হয়ে উড়ে ॥
রাখা নাহি যায় শেল ব্রহ্মার যে বরে।
বায়ুবেগে যায় শেল লক্ষ্মণ-উপরে ॥
পড়িল লক্ষ্মণ-বীর শেলের আঘাতে।
পুনরায় শেল যায় রাবণের হাতে ॥
লক্ষ্মণ পড়ি রণে হয়ে অচেতন।
কুড়ি হস্তে লক্ষ্মণেরে ধরিল রাবণ ॥
রথে তুলে লঙ্কার ভিতরে লৈতে চায়।
শতমেরু-ভার হৈল লক্ষ্মণের কায় ॥
কুড়ি হাতে টানিছে লঙ্কার অধিপতি।
নাড়িতে লক্ষ্মণ বীরে হলো না শকতি ॥

হাত দিয়া কাটিতে ভাবিছে দশানন।
জটিল তপস্বী ভণ্ড ভারী কি এমন ॥
তুলিলাম হিমালয় পর্ব্বত মন্দর।
তা হৈতে অধিক এই মনুষ্যের ভর ॥
কৈলাস পর্ব্বত তুলিলাম বামহাতে।
কুড়ি হস্তে লক্ষ্মণেরে না পারি নাড়িতে ॥
লক্ষ্মণে নাড়িতে নারে হৈল অপমান।
দূর হৈতে তাহা দেখে বীর হনূমান্ ॥
রাবণের গালেতে মারিল এক চড়।
চড় খেয়ে দশানন উঠে দিল রড় ॥
চড় খেয়ে দশানন লাগিল ঘুরিতে।
ঘুরিতে ঘুরিতে সে যে পড়ে গিয়া রথে ॥
পলাইল রাবণ দেখিয়া হনূমানে।
করিয়া পাথালিকোলা তুলিল লক্ষ্মণে ॥
বৈরস্পর্শে হয়েছিল পর্ব্বতের ভার।
সেবকের হাতে হৈল তুলার আকার ॥
লক্ষ্মণে রাখিল লয়ে শ্রীরামের পাশে।
যেয়ানে জীয়ান রাম চক্ষুর নিমিষে ॥
রাবণ বসিয়া আছে আপনার রথে।
সংগ্রামেতে যান রাম ধনুর্ব্বাণ হাতে ॥
রাবণে মারিতে যান পূরিয়া সন্ধান।
হেনকালে যোড়হাতে বলে হনূমান্ ॥
রথে চড়ে যুঝে রক্ষঃ শ্রম নাহি জানে।
ভূমিতে থাকিয়া তুমি যুঝিবে কেমনে ॥
মোর পৃষ্ঠে রঘুনাথ কর আরোহণ।
আমার পৃষ্ঠেতে চ'ড়ে মারহ রাবণ ॥
হনূমানের পৃষ্ঠেতে চড়েন রঘুবর।
ঐরাবতে বার যেন দিলা পুরন্দর ॥
রাবণে বলেন রাম উপজিয়া ক্রোধ।
যত দুঃখ দিলে আজি সব তার শোধ ॥
দশ মুখ সাজায়েছ নানা অলঙ্কারে।
দশ মুণ্ড কাটিয়া বধিব আজি তোরে ॥
ব্রহ্মা বিষ্ণু মহেশ্বর আর যত দেখি।
পড়েছ আমার হাতে কার সাধ্য রাখি ॥
রামের বচনে রক্ষঃ না করে উত্তর।
হনূমানে দেখিয়া কুপিল লঙ্কেশ্বর ॥
অক্ষয়কুমারে মারে দগ্ধে লঙ্কাপুরী।
বদ্ধ আছে ঘরপোড়া এই বেলা মারি ॥
বন্দী হইয়াছে বেটা পৃষ্ঠে লয়ে রাম।
আজি দিব প্রতিফল করিয়া সংগ্রাম ॥
দুর্ব্বুদ্ধিতে বাঁধা গেছে আপনা আপনি।
নড়িতে চড়িতে নারে এই বেলা হানি ॥
বাছিয়া বাছিয়া এড়ে চোখ চোখ শর।
বাণে বিন্ধি হনূমানে করিল জর্জ্জর ॥
যুঝিতে না পারে হনু পৃষ্ঠেতে শ্রীরাম।
বাণ ফুটে হনুর ছুটিল কালঘাম ॥
লক্ষ লক্ষ বাণ মারে হনুর বুকেতে।
ক্রোধে হনূমান্ বীর লাগিল ফুলিতে ॥
দশ যোজন দেহ কৈল আগে প্রসর।
দীর্ঘে ত্রিশ যোজন হইল কলেবর ॥
লেজ কৈল দীর্ঘাকার যোজন পঞ্চাশ।
হনুর সে লেজ গিয়া ঠেকিল আকাশ।
হনুর সে লেজ দেখি রাবণের ভয়।
বালিরাজ মত পাছে লেজে বেন্ধে লয়।
রঘুনাথ বাণ এড়ে জলন্ত আগুনি।
সব বাণ কাটে রক্ষঃ পরম সন্ধানী ॥
শ্রীরাম ঐষীক বাণ এড়েন ধনুকে।
সন্ধান পূরিয়া মারে রাবণের বুকে ॥
বাণ খেয়ে দশানন হৈল অচেতন।
ক্ষণেকে চেতনা পায় রাজা সে রাবণ ॥

ডাক দিয়া রাম বলে শুন রে রাবণ !
মোর বাণ খেয়ে তুই হলি অচেতন ॥
আজি না মারিয়া তোর ছিন্ন করি বেশ।
লৌকতা লইয়া যাহ যেমন সন্দেশ ॥
রঘুবংশে জন্ম মোর রাম-নাম ধরি।
দিনেকের রণে আমি বৈরী নাহি মারি ॥
আমি তোরে মারিলে বিবাদ ঘুচে যাবে।
জ্ঞাতি বন্ধু আদি তোর অনেক বাঁচিবে ॥
এক লক্ষ পুত্র তোর সোয়া লক্ষ নাতি।
এক জন না রাখিব বংশে দিতে বাতি ॥
শেষে তোরে বধিব করিয়া লণ্ডভণ্ড।
বিভীষণ উপরে ধরাব ছত্রদণ্ড ॥
সভাখণ্ড সহিতে রামের কথা শুনে।
অর্দ্ধচন্দ্র বাণ রাম করেন সন্ধানে ॥
বাণে দশ দিক্ আলো অগ্নি হেন ছুটে।
দশ মাথার মুকুট এক বাণে কাটে ॥
কাটা গেল মুকুট খসিল দশ পাগ।
ভঙ্গ দিল দশানন নাহি পায় লাগ ॥
সারথিরে আজ্ঞা দিল রাজা সে রাবণ।
লঙ্কাতে চালাও রথ ত্বরিত গমন ॥
রাবণের আজ্ঞা পেয়ে সত্বরে সারথি।
লঙ্কার ভিতরে রথ নিল শীঘ্রগতি ॥
কাটা গেল মুকুট পলায় দশানন।
ধর ধর ডাক ছাড়ে যত কপিগণ ॥
কৃত্তিবাসী কবিত্ব শুনিতে বড় রঙ্গ।
লঙ্কাকাণ্ডে গান গীত রাবণের ভঙ্গ ॥

কুম্ভকর্ণের নিদ্রাভঙ্গ ও রাবণের সহিত কথোপকথন।

ভঙ্গ দিয়া গেল রক্ষঃ পেয়ে অপমান।
পাত্রমিত্র লয়ে বৈসে করিয়া দেয়ান ॥
ছত্রিশ কোটি সেনানী চৌদিকে বেষ্টন।
সভামধ্যে সিংহাসনে বসিল রাবণ ॥
রাবণ বলে বুঝিনু দেবতার ফন্দী।
এত দিনে গোড়াইল যা বলিল নন্দী ॥
কুবেরে জিনিয়া আসি কৈলাস-শিখরে।
নন্দী দাঁড়াইয়াছিল শিবের দুয়ারে ॥
শিব-দুর্গা দরশনে বাসনা আমার।
বিস্তর কহিনু নন্দী না ছাড়িল দ্বার ॥
বিকৃতি বানর-মুখ নন্দী যে দুয়ারী।
মুখপানে চাহি তারে দিলাম টিট্‌কারী ॥
নন্দী কোপ করি মোরে দিল অভিশাপ।
সেই শাপে পাই এত মনেতে সন্তাপ ॥
নন্দী কহিলেক আমি শিবের কিঙ্কর।
মোরে উপহাস কর দুষ্ট নিশাচর ?
বানর-বদন দেখি কৈলি উপহাস।
এই মুখে হবে তোর সবংশে বিনাশ ॥
ফলিল নন্দীর শাপ এত দিন পরে।
পরাজয় করিলেক বনের বানরে ॥
করেছি বিস্তর তপ হইতে অমর।
অমর হইতে ব্রহ্মা নাহি দিল বর ॥
এই বর দিল ব্রহ্মা হইয়া সদয়।
যক্ষ রক্ষঃ দেবতা গন্ধর্ব্বে নাহি ভয় ॥
সবারে জিনিব রণে মাগিলাম বর।
সবে মাত্র বাকী ছিল নর ও বানর ॥
ভেবেছিনু ভক্ষ্যমধ্যে এরা দুই জন।
কে জানে বানর নর দুর্জ্জয় এমন ?
পুনঃ ব্রহ্মা বর দিলা অনুকূল হয়ে।
কাটামুণ্ড যোড়া যাবে স্কন্ধেতে আসিয়ে ॥
দেব দানব গন্ধর্ব্বেতে তোর নাহি ডর।
সবংশে মারিবে তোরে নর ও বানর ॥

ব্রহ্মার বচন মোরে কভু নহে আন।
এত দিনে পাইলাম বড় অপমান ॥
সর্বাঙ্গ পুড়িছে মোর মনুষ্যের বাণে।
রাজা হয়ে হারিলাম জিনে কোন্ জনে ॥
নিদ্রা যায় কুম্ভকর্ণ জাগিবেক কবে।
বিচার করিয়া দেখ সভাখণ্ড সবে ॥
যায় অর্দ্ধ-লঙ্কাপুরী কুম্ভকর্ণ ভোগে।
ছয় মাস নিদ্রা যায় এক দিন জাগে ॥
পাঁচ মাস গত নিদ্রা এক মাস আছে।
আজি লঙ্কা মজিবে কি করিবে সে পাছে ॥
কুম্ভকর্ণে জাগাইতে করহ যতন।
প্রাণসত্ত্বে মোর যেন হয় অচেতন ॥
এত যদি আজ্ঞা দিল রাজা লঙ্কেশ্বর।
তিন লক্ষ রক্ষঃ চলে কুম্ভকর্ণ-ঘর ॥
ভক্ষ্যদ্রব্য মদ্য মাংস অনেক প্রকার।
সুগন্ধ চন্দন পুষ্প আনে ভারে ভার ॥
পালে পালে মহিষ হরিণ আনে কত।
ছাগল গাড়র নাহি হয় পরিমিত ॥
সোনার নির্ম্মিত গৃহ অতি মনোহর।
বিশ্বকর্ম্মা-নির্ম্মিত বিচিত্র বহুতর ॥
সারি সারি সোনার কলস সব সাজে।
নেতের পতাকা উড়ে জয়ঘণ্টা বাজে ॥
ত্রিশ যোজন ঘরটা দীর্ঘ নিরূপণ।
আড়ে দশ যোজন দেখিতে সুগঠন ॥
চারি ক্রোশ যুড়ে দ্বার আড়েতে নির্ণয়।
দীর্ঘেতে যোজন অষ্ট দৃষ্টি নাহি হয় ॥
চারিদিকে এইরূপ দ্বার শোভে চারি।
মধ্যে মধ্যে গবাক্ষ শোভিছে সারি সারি ॥
রত্ন-খাটে কুম্ভকর্ণ নিদ্রা অচেতন।
নাকের নিশ্বাস যেন প্রলয়-পবন ॥
দুয়ারের নিকটেতে যে রাক্ষস আসে।
উড়াইয়া ফেলে তারে নাকের নিশ্বাসে ॥
টানিয়া নিশ্বাস যবে তুলে নিশাচর।
রাক্ষস কতেক ঢোকে নাকের ভিতর ॥
যে সব রাক্ষস জানে সন্ধি উপদেশ।
অনেক শক্তিতে ঘরে করিল প্রবেশ ॥
মদ্য তোলে সাত তাল বৃক্ষের সমান।
মুখের গহ্বর যেন পাতাল-প্রমাণ ॥
অঙ্গ-ভঙ্গে অলসে যখন তুলে হাই।
মুখের গভীর যেন বড় গড়খাই ॥
কিরূপে কুম্ভকর্ণের হবে নিদ্রাভঙ্গ।
কত শত নিশাচর করে কত রঙ্গ ॥
বাজাইল লক্ষ ঢাক চারিদিকে বেড়ে।
নিদ্রা যায় কুম্ভকর্ণ কর্ণ নাহি নড়ে ॥
ঘড়া ঘড়া চন্দন ঢালিয়া দিল বুকে।
সুগন্ধি শীতল আরো নিদ্রা যায় সুখে ॥
বাজায় কর্ণের কাছে তিন লক্ষ শাঁখ।
দ্বিগুণ বাড়িল আরো নাসিকার ডাক ॥
শাঁখ-নাক-গর্জ্জনে গভীর মহাশব্দ।
শঙ্কায় লঙ্কায় লোক হয়ে রহে স্তব্ধ ॥
পালে পালে আনিলেক ছাগল গাড়র।
প্রবেশ করায় তার নাকের ভিতর ॥
তিল-অর্দ্ধ নাসারন্ধ্রে রহিতে না পারে।
নিশ্বাসে পড়িল উড়ে দিগ্‌দিগন্তরে ॥
যতেক প্রবন্ধ করে নিশাচরগণে।
ব্রহ্মা-বরে নিদ্রা যায় কিছু নাহি জানে ॥
রাবণ-গোচর বার্ত্তা কহিল সত্বরে।
রাজাজ্ঞাতে রাক্ষসেরা চারি ভিতে মারে ॥
রাজভ্রাতা বলি কেহ নাহি করে ডর।
বুকের উপরে মারে বৃক্ষ ও পাথর ॥

মুষল মুদগর কেহ অঙ্গে মারে তেড়ে।
সাঁড়াসিতে মাংস টানে শেল শূল কোঁড়ে।
কেহ কামড়ায় কেহ চুলে ধরি টানে।
ব্রহ্মশাপে নিদ্রা যায় কিছুই না জানে ॥
মারি খেয়ে কুম্ভকর্ণ হইল বিবর্ণ।
সকল রাক্ষস বলে ম'লো কুম্ভকর্ণ ॥
মহোদর বলে এক যুক্তি মনে গণি।
লঙ্কার ভিতর হৈতে আনহ কামিনী ॥
শোয়াও সে সবাকারে কুম্ভকর্ণ-পাশে।
আপনি জাগিবে বীর নারীর পরশে ॥
এত বলি সব বীর ধাইল সত্বর।
বিদ্যাধরীতুল্যা নারী আনিল বিস্তর ॥
তাহারা শুইল কুম্ভকর্ণের আসনে।
সর্ব্বাঙ্গ করিল তার লেপন চন্দনে ॥
তার পাশে কন্যা সব করে আলিঙ্গন।
অতি সুশীতল লাগে কন্যা-পরশন ॥
একে কুম্ভকর্ণ, তাহে স্ত্রীগণ পাইয়া।
পাশ ফিরে শোয় বীর অঙ্গ-মোড়া দিয়া ॥
নাকের নিশ্বাস যেন ঘন বহে ঝড়।
ভয় পেয়ে কন্যা সব উঠি দিল রড় ॥
মহোদর বলে, এক যুক্তি অনুমানি।
মদিরা-মাংসের দেহ খুলিয়া ঢাকনি ॥
জাগাইতে না পারিবে এ সব প্রবন্ধে।
আপনি জাগিবে বীর মদ্য-মাংস-গন্ধে ॥
অনন্ত বাসুকি যেন মেলিলেক হাই।
চন্দ্র সূর্য্য দুই চক্ষু দেখিয়া ডরাই ॥
ঘূর্ণিত লোচন-বীর উঠে বসে খাটে।
নিদ্রাভঙ্গ হয়ে তবে কুম্ভকর্ণ উঠে ॥
শয্যায় বসিয়া বীর নিশাচরে বলে।
কি লাগিয়া নিদ্রাভঙ্গ করিলি অকালে ॥
অকালে জাগালি মোরে ছোট নহে কাজ।
কোন্ বেটা লঙ্ঘিল রাবণ মহারাজ ?
ধেয়ে গিয়া রাবণেরে বলে নিশাচর।
কুম্ভকর্ণ জাগিলেন শুন লঙ্কেশ্বর।
ভাইকে দেখিতে হৈল রাবণের সাধ।
কুম্ভকর্ণে জানাইল রাবণ-সংবাদ ॥
শয্যা হৈতে উঠে বীর চক্ষে দিল পানি।
ভক্ষণের দ্রব্য দিল থরে থরে আনি ॥
মদ্য পান করিলেক সাতাশ কলসী।
পর্ব্বতপ্রমাণ মাংস খায় রাশি রাশি ॥
হরিণ মহিষ বরা সাপটিয়া ধরে।
বার তের শত পশু খায় একেবারে ॥
কুম্ভকর্ণ বলে বুঝিলাম অনুমানে।
অকালে জাগাও মোরে যাহার কারণে ॥
কোন্ লাজে ইন্দ্র বেটা দিতে এল হানা।
বারে বারে হেরে যায় না ভাবে ভাবনা ॥
ইন্দ্রের আছুক কাজ যম যদি আসে।
যম হয়ে তাহারে গিলিব এক গ্রাসে ॥
বিরূপাক্ষ রাক্ষস সে ধর্ম-অধিষ্ঠান।
যোড় হাতে কহে কুম্ভকর্ণ-বিদ্যমান ;—
দেবে কোপ না কর নির্দ্দোষ পুরন্দর।
প্রমাদ পাড়িল যত নর ও বানর ॥
সূর্পণখা গিয়াছিল পঞ্চবটী-বনে।
অগ্রে তার নাক-কান কাটিল লক্ষ্মণে ॥
শ্রীরামের সীতা রাজা আনে সেই রোষে।
সাগর ডিঙ্গায়ে হনূ লঙ্কাপুরে এসে ॥
লঙ্কা দগ্ধ করিল বানর হনুমান্।
তুমি থাকিতে লঙ্কার এত অপমান ॥
প্রমাদ করিছে নর-বানর আসিয়ে।
রাজা প্রজা রয়েছে তোমার মুখ চেয়ে ॥

কুম্ভকর্ণ বলে আগে জিনে আসি রণ।
তবে ত ভেটিব গিয়া ভাই দশানন॥
এত বলি কুম্ভকর্ণ চলে রণমুখে।
মহোদর ভাই গিয়া কহিছে সম্মুখে॥
রাজার নাহিক আজ্ঞা রণে দিতে হানা।
কেমনে যাইবে যুদ্ধে না ক'রে মন্ত্রণা?
যাত্রাকালে কুম্ভকর্ণ আরো খেতে চায়।
রাজভোগ দ্রব্য আনি রাক্ষসে যোগায়॥
বহু দিন অনাহারে খায় বাড়াবাড়ি।
মদ খেয়ে উখাড়িল সাত শত হাঁড়ি॥
নহে সে সামান্য হাঁড়ি কি কব বাখান।
পঁচিশের বন্দ যেন ঘর একখান॥
মহারক্ত কত খেলো সংখ্যা নাহি হয়।
পালে পালে শূকর মনুষ্য কুড়ি ছয়॥
যাত্রা করি চলিলেন কুম্ভকর্ণ বীর।
মেঘ হৈতে সূর্য্য যেন হইল বাহির॥
পর্বত প্রমাণ উচ্চ লঙ্কার প্রাচীর।
প্রাচীর জিনিয়া কুম্ভকর্ণের শরীর॥
চলে যায় পথে যেন সুমেরু সমান।
দেখিয়া ত বানরের উড়িল পরাণ॥
দরশনে ভঙ্গ দিল যত কপিগণ।
আশ্বাসিয়া রাখিল রাক্ষস বিভীষণ॥
বিভীষণ-আশ্বাসে রহিল কপিগণে।
রঘুনাথ জিজ্ঞাসা করেন বিভীষণে॥
এত দিন কোথা ছিল এই মহাবীর?
ত্রিভুবন জিনিয়া ত দুর্জ্জয় শরীর॥
না বুঝে কটক আমি করিয়াছি পার।
ইহার সংগ্রামে কারো নাহিক নিস্তার॥
বিভীষণ বলে, শুন রাম রঘুবর।
কুম্ভকর্ণ নামেতে মধ্যম সহোদর॥
ব্রহ্মার বরেতে রাজা দশানন যুঝে।
কুম্ভকর্ণ বীর যুঝে আপনার তেজে॥
গদাহাতে কুম্ভকর্ণ যদি করে রণ।
এক দণ্ডে জিনিতে পারযে ত্রিভুবন॥
কুম্ভকর্ণ ভূমিষ্ঠ হইল যেই কালে।
সূতিকা-ঘরের নারীগণে ধরি গিলে॥
ইন্দ্র-বিদ্যাধরী আদি বিস্তর রূপসী।
ধ'রে ধ'রে খাইল অনেক মুনি-ঋষি॥
কোপ করি পুরন্দর বজ্র-অস্ত্র হানে।
বজ্র-অস্ত্র গিয়েছিল অমরের রণে॥
ঐরাবতের দন্ত উপাড়ি এক টানে।
সেই দন্ত প্রহারিল সহস্রলোচনে॥
সংজ্ঞাহীন পড়ে ইন্দ্র ধরণী-উপর।
অমর কারণেতে বাঁচিল পুরন্দর॥
কুম্ভকর্ণ কথা শুন রাজীবলোচন!
গোকর্ণপুরেতে তপ করি তিন জন॥
ব্রহ্মা বর দিলা তবে ভাই তিন জনে।
প্রথমে দিলেন বর জ্যেষ্ঠ দশাননে॥
ব্রহ্মা বলে ত্রিভুবন জিনিবে রাবণ।
নর-বানরের হাতে সবংশে নিধন॥
তুষ্ট হয়ে আমারে বিধাতা দিল বর।
সেই বরে আমি দেখ হয়েছি অমর॥
বর দিতে গেল ব্রহ্মা কুম্ভকর্ণ-স্থান।
ইন্দ্র আদি দেবতার উড়িল পরাণ॥
বিনা বরে কুম্ভকর্ণে দেখে লাগে ডর।
সৃষ্টিনাশ করিবে ব্রহ্মার পেলে বর॥
যতেক দেবতাগণ দিয়া অনুমতি।
যুক্তি করি পাঠাইল দেবী সরস্বতী॥
দেবী গিয়া বসিলেন কণ্ঠের উপর।
ব্রহ্মা বলে কুম্ভকর্ণ চাহ কোন্ বর?

কুম্ভকর্ণ বলে ব্রহ্মা নাহি চাহি আন।
চিরকাল নিদ্রা যাই করহ বিধান॥
ব্রহ্মা বলে, দিনু বর চাহিলে যেমন।
দিবানিশি নিদ্রা যাও হয়ে অচেতন॥
বর শুনি শোকাকুল হইল রাবণ।
কাঁদিয়া ধরিল গিয়া ব্রহ্মার চরণ॥
রাবণ বলে, তুমি সৃষ্টি সৃজিলে আপনি।
আপনি বিনাশ কেন কর পদ্মযোনি?
তোমার বচন কভু না হইবে আন।
নিদ্রা জাগরণ প্রভু করহ বিধান॥
ব্রহ্মা বলে দিনু বর শুনহ রাবণ।
ছয় মাস নিদ্রা এক দিন জাগরণ॥
অদ্ভুত ধরিবে বল অদ্ভুত আহার।
কাঁচা নিদ্রা ভঙ্গ হলে সে দিন সংহার॥
এত বলি চতুর্ম্মুখ করিল গমন।
কুম্ভকর্ণ হইল নিদ্রায় অচেতন॥
স্কন্ধে করি নিবাসে আসিনু দুই ভাই।
কুম্ভকর্ণের কথা এই শুনহ গোঁসাই॥
কাঁচা নিদ্রা ভঙ্গ আজি হয়েছে উহার।
অবশ্য তোমার হাতে হইবে সংহার॥
শুনি হরষিত হ'ল শ্রীরাম-লক্ষ্মণ।
কুম্ভকর্ণ গেল তবে ভেটিতে রাবণ॥
কুম্ভকর্ণে দেখিতে রাবণ কুতূহলী।
সিংহাসন হতে উঠে করে কোলাকুলি॥
কুম্ভকর্ণ রাবণের বন্দিল চরণ।
বসিতে দিলেন রাজা রত্ন-সিংহাসন॥
কুম্ভকর্ণ বলে, তব কারে এত ডর।
আজ্ঞা কর কাহারে পাঠাব যম ঘর?
আমি থাকিতে তোমার কারে নাহি ডর।
কতবার জিনিয়াছি যম-পুরন্দর॥

সাগর শুষিব, আজি খাইব আগুনি।
শূলে খান্ খান্ ক'রে কাটিব মেদিনী॥
চন্দ্র-সূর্য্য চিবাইয়া ফেলাইব দাঁতে।
পৃথিবী উপাড়ি ফেলাইব খরস্রোতে॥
সপ্তদ্বীপা পৃথিবী করিব খণ্ড খণ্ড।
ত্রিভুবনের উপরে ধরাব ছত্রদণ্ড॥
এতেক বলিয়া বীর জিজ্ঞাসে তখন।
নর-বানরের সঙ্গে যুদ্ধ কি কারণ?
রাবণ বলে, নিদ্রা যাও হয়ে অচেতন।
কিরূপেতে জানিলে এতেক বিবরণ॥
তিন সহোদর মোরা ভগ্নী মাত্র একা।
জননীর আদরের কন্যা সূর্পণখা॥
বিধবা হইয়া ভগ্নী কাঁদিল বিস্তর।
মনে মনে বাসনা থাকিতে স্বতন্তর॥
শিবের সাধনা হেতু রহে স্থানান্তরে।
স্থান দিয়া রাখিলাম সাগরের পারে॥
সঙ্গে দিনু দুই ভাই খর ও দূষণ।
চৌদ্দ হাজার নিশাচর তাহার ভিড়ন॥
এইরূপে সূর্পণখা কিছু দিন থাকে।
দৈবের নির্বন্ধ ভাই! কি কব তোমাকে॥
দশরথ রাজা ছিল অযোধ্যায় ধাম।
চারি পুত্র হয় তার জ্যেষ্ঠ পুত্র রাম॥
ভরতেরে দিল রাজ্য না দিল তাহারে।
দুর্ভগার পুত্র বলি দিল দূর ক'রে॥
বনেতে আইল রাম হইয়া সন্ন্যাসী।
সঙ্গেতে লক্ষ্মণ ভাই ভার্য্যা সে রূপসী॥
কুঁড়ে বেঁধে ছিল রাম পঞ্চবটী-বনে।
সূর্পণখা গিয়াছিল পুষ্প অন্বেষণে॥
সূর্পণখার নাক-কান কাটিল লক্ষ্মণ।
পরিতাপে যুদ্ধ করে খর ও দূষণ॥

রামচন্দ্র যুদ্ধ করি মারে সর্বজনে।
ভগ্নী এসে কাঁদিলেক ধরিয়া চরণে॥
সূর্পণখার পরিতাপ সহিতে না পারি।
আমি গিয়া হরিয়া এনেছি তার নারী॥
বুঝিতে না পারি রাম ফেরে কত রঙ্গে।
মিতালী করিল গিয়া বানরের সঙ্গে॥
বালি-ভ্রাতা সুগ্রীব সে কিষ্কিন্ধ্যায় থাকে।
কটক সঞ্চয় কৈলা সেবা করি তাকে॥
আজ্ঞাকারী করিয়াছে যত কপিগণে।
বুড়া এক ভল্লুক মিলেছে তার সনে॥
সেই বেটা কুমন্ত্রণা দেয় নিরন্তর।
বৃক্ষ-পাথরেতে বান্ধে অলঙ্ঘ্য সাগর॥
সেই বাঁধ ব'য়ে কপি এসেছে অপার।
ঘেরেছে কনক-লঙ্কা চারিটা দুয়ার॥
বসেছে পশ্চিম দ্বারে সে রাম-লক্ষ্মণ।
বড় বড় নিশাচরে করিল নিধন॥
বড়ই দুষ্কর নর বানরের রণ।
বিপদে পড়িয়া তোমা করেছি চেতন॥

কুম্ভকর্ণের যুদ্ধ ও মৃত্যু।

কুম্ভকর্ণ বলে, শুন ভাই দশানন।
শুনালে আশ্চর্য্য কথা এ আর কেমন॥
রাম-লক্ষ্মণ যদি সে সামান্য হ'ত নর।
জলের উপরে কেন ভাসিছে পাথর?
বনের বানর বদ্ধ যে রামের গুণে।
সামান্য মনুষ্য তাঁরে না ভাবিও মনে॥
কুম্ভকর্ণ বলে, হেন লয় মম মন।
মায়াতে মনুষ্যরূপ দেব নারায়ণ॥
রাবণ বলে, রাম যদি দেব নারায়ণ।
সন্ন্যাসীর বেশে কেন করিবে ভ্রমণ?
কুম্ভকর্ণ বলে, রাম হইবে তপস্বী।
রাবণ বলে, কেন না সে হয় তীর্থবাসী॥
কুম্ভকর্ণ বলে, রাম হবে রাজার বেটা।
রাবণ বলে, কেন সে মাথায় ধরে জটা॥
কুম্ভকর্ণ বলে, রাম ব্যাধ হ'তে পারে।
রাবণ বলে, কেন তবে যজ্ঞসূত্র ধরে?
কুম্ভকর্ণ বলে, রাম হবে ব্রহ্মচারী।
রাবণ বলে, তবে কেন সঙ্গে তার নারী?
রাবণ বলিছে, রাম কিসের ব্রহ্মচারী।
ভক্তিতে ডাকিলে যায় চণ্ডালের বাড়ী॥
দিন পাঁচ ছয় ছিল পঞ্চবটী মূলে।
সেখানে পাকাল জটা আঠা মেখে চুলে॥
ইন্দ্র চন্দ্র কুবের বরুণ পুরন্দরে।
শঙ্কাতে আসিতে নারে লঙ্কার ভিতরে॥
মনুষ্য হৈয়া রামের এত অহঙ্কার।
বানরের সহায়ে সাগর হ'ল পার॥
বলিতে না পারি এ কি দৈবের ঘটনা।
ত্রিভুবনের কপি লয়ে রামের মন্ত্রণা॥
আছিল সাগর সেই অগাধ গভীর।
আপনার তেজেতে আপনি নহে স্থির॥
রত্নাকর ভীত হ'ল মনুষ্যের আগে।
যোড়হস্ত করিয়া বন্ধন নিল মেগে॥
এত দিনে অপযশ হ'ল রত্নাকরে।
বৃক্ষ-পাথরেতে বান্ধে নর ও বানরে॥
বীর নাহি লঙ্কাতে ভাণ্ডারে নাহি ধন।
এতেক প্রমাদ তব নিদ্রার কারণ॥
ছিল ভাই বিভীষণ ধর্ম-অধিষ্ঠান।
আমা সনে দ্বন্দ্ব করি গেল রাম স্থান॥
বুদ্ধিহীন বিভীষণ কার লাগি মরে।
মনুষ্যের হিত চিন্তে জ্ঞাতি-হিংসা করে॥

অরুণ বরুণ যমে শঙ্কা নাহি করি।
সীতা ফিরে দিলে সে হাসিবে সুরপুরী ॥
অন্যে হাসে হাসুক হাসিবে পুরন্দর।
সেই বেটা বলিবেক হীন লঙ্কেশ্বর ॥
বুঝিয়া করহ ভাই! যে হয় বিধান।
তুমি বিনা লঙ্কার নাহিক পরিত্রাণ ॥
ত্রিভুবন জিনিলাম তব বাহুবলে।
বানরের সঙ্গে রণ কি আছে কপালে ॥
লঙ্কাপুরী রাখহ আমার কর হিত।
ভাবহ উপায় মনে যে হয় বিহিত ॥
কুম্ভকর্ণ বলে, কিবা করেছ মন্ত্রণা।
তোমার সভাতে নাহি মন্ত্রী এক জনা।
সমুদ্রের পারে কেন নাহি নিলে থানা।
তবে আর সাগর বান্ধিবে কোন্ জনা ॥
ঘরেতে বসিয়া বড় দেখহ আপনা।
কোন্ ছার মন্ত্রী লয়ে' তোমার মন্ত্রণা?
আপনারে বড় দেখ ব'সে লঙ্কাপুরে।
বেড়িল এ হেন লঙ্কা বনের বানরে ॥
বালি হ'তে সুগ্রীব নহে যে পরাক্রমে।
প্রবন্ধ করিয়া তবু জিনিল সংগ্রামে ॥
পাইল অর্দ্ধেক রাজ্য মহারাণী তারা।
তোমা হ'তে বুদ্ধিমান্ সুগ্রীব বানরা ॥
এত যদি কুম্ভকর্ণ রাবণেরে বলে।
শুনিয়া রাবণরাজ অগ্নি হেন জ্বলে ॥
কুড়ি চক্ষু রক্তবর্ণ কহে লঙ্কেশ্বর।
সদা থাক নিদ্রাগত ঘরের ভিতর ॥
স্বর্গ মর্ত্ত্য পাতাল জিনিনু ত্রিভুবন।
দৈবের নির্ব্বন্ধ যাহা না হয় খণ্ডন ॥
কনিষ্ঠ নহিস্, যেন জ্যেষ্ঠ সহোদর।
রাজনীতি শিক্ষা দিস্ সভার ভিতর ॥

কহিলে যে ভাল মন্দ অনেক কাহিনী।
পশ্চাতে বুঝিব সব বৈরী আগে জিনি ॥
কুম্ভকর্ণ বলে, ভাই! যা বল বিস্তর।
বিপদ সময়ে নীতি কহে সহোদর ॥
আমি হেন ভাই তব কারে কর শঙ্কা।
বৈরী মারি রাখিব কনকপুরী লঙ্কা ॥
শ্রীরামের মাথা কাটি আজি দিব ডালি।
সীতা ল'য়ে চিরদিন সুখে কর কেলি ॥
আগে লঙ্কা অরামা ও অবানরা করি।
সুগ্রীবেরে মারিয়া পাঠাব যমপুরী ॥
বধিব কুমুদ আদি যত কপিগণ।
মারিব তোমার বৈরী ভাই বিভীষণ ॥
হনুমানে মারি আজি লঙ্কাপুরী-বৈরী।
মারিব তাহার পরে বানর কেশরী ॥
চলিল সে কুম্ভকর্ণ যুঝিবারে সাধে।
ভাই মহোদর গিয়া সম্মুখে বিরোধে ॥
মহোদর বলে ভাই! করি নিবেদন।
বহুদিন নিদ্রাগত ছিলে অচেতন।
দেখিতে করহ সাধ পুরবাসী নারী।
একবার দেখা দিতে চল অন্তঃপুরী ॥
কুম্ভকর্ণ বলে, কি কহিস্ মহোদর?
সম্মুখে বিপক্ষ ব'সে যমের দোসর ॥
চারি দ্বার মেরে আগে জিনে আসি রণ।
তবে অন্তপুরে হবে আমার গমন ॥
মহোদর কুম্ভকর্ণ কথা দুই জনে।
সিংহাসন ছাড়ি তবে উঠিল রাবণে ॥
সংগ্রামের সাজ রাজা সাজায় আপনি।
মতির পাগড়ী পরে থরে থরে মণি ॥
কুম্ভকর্ণ সাজিছে রাক্ষস পুলকিত।
চারিদিকে নিশাচর সাজয়ে ত্বরিত ॥

কুমারের চাক যেন মাণিক অঙ্গুরী ।
কুম্ভকর্ণ-অঙ্গুলে পরায় যত্ন করি ॥
কতমত যতনে পরায় তোড় তাড় ।
মাথায় মুকুট যেন মৈনাক পাহাড় ॥
স্থানে স্থানে মরকত শোভা কত তার ।
গলায় তুলিয়া দিল মণিময় হার ॥
রত্নেতে নির্মিত দিল শ্রবণে কুণ্ডল ।
রবি-শশী জিনি জ্যোতি করে ঝলমল ॥
মুকুটের চূড়া গিয়া আকাশেতে যোড়ে ।
রাজারে প্রণাম করি যুঝিবারে নড়ে ॥
যুঝিবারে কুম্ভকর্ণ চলে একেশ্বর ।
গগনে মস্তক যেন নবজলধর ॥
আকাশের চন্দ্র খসে বায়ু মন্দগতি ।
মেঘ রক্ত বরষয় কাঁপে বসুমতী ॥
আকাশে অমর কাঁপে সাগর উথলে ।
গড়ের বাহির হয়ে যুঝিবারে চলে ॥
কুম্ভকর্ণ হ'ল যদি গড়ের বাহির ।
বানর দেখিয়া করে গর্জ্জন গভীর ॥
বড় বড কপিদের বড় বড় লম্ফ ।
কুম্ভকর্ণে দেখিয়া সবার হ'ল কম্প ॥
ভয়ে শুকাইল মুখ কাঁপিল অন্তর ।
গাছ-পাথর ফেলিয়া পলায় বানর ॥
চুল নাহি বান্ধে কেহ না পরে কাপড় ।
বড় বড় বানর উঠিয়া দিল রড় ॥
বানরের ভঙ্গ-রবে কর্ণে লাগে তালি ।
শত কোটি বানরে পলায় শতবলী ॥
হিঙ্গুলিয়া বানর হিঙ্গুল জিনি অঙ্গ ।
আশী কোটি বানরেতে পলায় শরভঙ্গ ॥
মলয়-পর্ব্বতের কপি বর্ণ যেন গেড়ি ।
ছত্রিশ কোটি বানরে পলায় কেশরী ॥
গয়-গবাক্ষ পলাইল ভাই দুইজন ।
বানর পঞ্চাশ কোটি দোঁহার ভিড়ন ॥
ভল্লুক-কটকে পলায় মন্ত্রী জাম্বুবান্ ।
আশী কোটি বানরে পলায় হনুমান্ ॥
পলায় সুষেণবেজ রাজার শ্বশুর ।
তিন কোটি বৃন্দ ঠাট যাহার প্রচুর ॥
পলায় বানরী ঠাট কেহ নাহি তিষ্ঠে ।
কোপ করি অঙ্গদ চাহিছে একদৃষ্টে ॥
অঙ্গদ বলে, বানরগণ ! ভঙ্গ কি কারণ ?
এক চড়ে রাক্ষসার বধিব জীবন ॥
জীবন মরণ নাহি আপনার বশে ।
যুদ্ধ করি মরিলে ভুবন ভরে যশে ॥
যত যুদ্ধ করিলে সে সব নাহি গণি ।
আজি রণ জিনিলে পৌরুষ ব'লে মানি ॥
দেবতার পুত্র তোরা দেব-অবতার ।
রাক্ষসের রণে কেন হাসাবি সংসার ॥
এত শুনি ধরে ধরে ফিরে কপিগণ ।
কটক ফিরায়ে আনে বালির নন্দন ॥
লাফ দিয়া কপি সব উঠিল আকাশে ।
আকাশে উঠিয়া গাছ পাথর বরষে ॥
কুপিল সে কুম্ভকর্ণ হাতে ধরে শূল ।
বানর-কটক বিন্ধি করিল নির্ম্মূল ॥
বড় বড় বীরগণে শূলে বিন্ধি পাড়ে ।
তৃণগণ যেমন অনলে প'ড়ে পুড়ে ॥
পর্ব্বত তুলিয়া মারে বানর-কটকে ।
কুম্ভকর্ণের অঙ্গে যেন তৃণ হেন ঠেকে ॥
কুপিল সে কুম্ভকর্ণ অতি ভয়ঙ্কর ।
দুই হাতে ধ'রে ধ'রে গিলিছে বানর ॥
ভঙ্গ দিয়া বানর পলায় সবে ডরে ।
কুম্ভকর্ণ-রণ কেহ সহিতে না পারে ॥

কটকেতে পশিয়া সুগ্রীব মহাবলী।
রাক্ষসের নাক-কান রামে দিল ডালি ॥
সেই নাক-কানের কি কহিব বাখান।
পঁচিশের বন্দ যেন ঘর একখান ॥
নাক-কান নাহি কুম্ভকর্ণ পায় লাজ।
মনে মনে ভাবে আর জীবনে কি কাজ?
এত বল-বিক্রম সকল হ'ল মিছা।
সুগ্রীব বানরা বেটা করে গেল বোঁচা ॥
পুনরায় রণে বীর আইল নিমিষে।
বোঁচা নাক দেখিয়া বানরগণ হাসে ॥
তাহা দেখি কুম্ভকর্ণ মহাকোপে জ্বলে।
বড় বড় কপিগণে ধ'রে ধ'রে গিলে ॥
নাসিকা কর্ণের পথ বিষম বিস্তার।
তাহা দেখি কপিগণ বেরোয় অপার ॥
একে কুম্ভকর্ণ বীর অতি ভয়ঙ্কর।
নাসা-কর্ণ গেছে আরো হয়েছে দুষ্কর ॥
কোপদৃষ্টে কুম্ভকর্ণ যে দিকেতে চায়।
বড় বড় বীর সব ছুটিয়া পলায় ॥
বোঁচা এলো ব'লে ছুটে সকল বানর।
দাঁড়াইল সবে গিয়া লক্ষ্মণ-গোচর ॥
হাতে ধনু লক্ষ্মণ হইল আগুসার।
তাহা দেখি কুম্ভকর্ণ হাসে একবার ॥
কুম্ভকর্ণ বলে, বেটা! তোরে চাহে কে।
তোর ভাই রামা বেটা তারে এনে দে ॥
হাসিয়া বলেন রাম কমললোচন।
এত দিনে যম বুঝি করেছে স্মরণ ॥
এই আমি আসিলাম তোর বিদ্যমান।
যত শক্তি আছে তোর তত শক্তি হান ॥
তোরে মেরে কাটিব রাবণের দশ মাথা।
বিভীষণের উপরে ধরাব দণ্ডছাতা ॥

শ্রীরামের কথা শুনে কুম্ভকর্ণ হাসে।
মনে কি করেছ বেটা ফিরে যাবে দেশে?
এত বলি কুম্ভকর্ণ হয়ে ক্রোধমতি।
রামেরে গিলিতে যায় অতি শীঘ্রগতি ॥
কুম্ভকর্ণ-ভরে লঙ্কা করে টলমল।
স্বর্গ-মর্ত্ত্য কাঁপিল, কাঁপিল রসাতল ॥
আকাশে দেউটি যেন দুই চক্ষু জ্বলে।
মালসাট দিয়া বীর রঘুনাথে বলে ;—
খর দূষণ নহি আমি ত্রিশিরা কবন্ধ।
মারীচ রাক্ষস নহি মায়ার প্রবন্ধ ॥
বালিরাজ নহি আমি কোমল-শরীর।
বজ্রসম অঙ্গ আমি কুম্ভকর্ণ বীর ॥
সেই সব বীর বধ কৈলে যেই বাণে।
সেই সব বাণ এবে তুলে রাখ তূণে ॥
তোমার বাণের মধ্যে তীক্ষ্ণ যে সকল।
সেই সব বাণ মার বুঝা যাক বল ॥
রাম কহে, কুম্ভকর্ণ! ত্যজ অহঙ্কার।
মোর বাণ সহে এত শক্তি আছে কার?
তীক্ষ্ণ বাণ প্রহারিলে হইবে প্রলয়।
ক্ষুদ্র এক বাণে তোরে দিব যমালয় ॥
রঘুনাথ-কথা শুনে কুম্ভকর্ণ হাসে।
মনেতে বাসনা বুঝি যাবে যমপাশে ॥
হের দেখ দেহ মোর পর্ব্বত-প্রমাণ।
দেবতা গন্ধর্ব্ব কেহ নাহি ধরে টান ॥
কত অস্ত্র জান রাম! কত জান শিক্ষা।
ইন্দ্র যম জানে মোরে আর জানে যক্ষা ॥
যে বাণে মরিল বালি দুর্জ্জয় বানর।
সেই বাণ মারে কুম্ভকর্ণের উপর ॥
রামের ঐষীক বাণ তায় যেন ছুটে।
কণ্টক সমান যেন কুম্ভকর্ণে ফুটে ॥

ছি ছি বলি কুম্ভকর্ণ দিল টিট্‌কারী।
বল বুঝি মোর ভাই আনে তোর নারী॥
লোহার মুষল বীর ঘন ঘন নাড়ে।
শ্রীরামের যত বাণ তাহে ঠেকে পড়ে॥
মুষল ফিরায়ে বীর মারিবারে আসে।
ব্রহ্ম-অস্ত্র রঘুনাথ যুড়িলেন ত্রাসে॥
বিনা অস্ত্রে যুদ্ধে হেন মদমত্ত হাতি।
কারে চড় কীল মারে কারে মারে লাথি॥
ভূমে পড়ে নীলবীর হইয়া কাতর।
মুষলের ঘায়ে মারে অনেক বানর॥
মুষল করিয়া হাতে ছুটে উভরায়।
পলায় বানরগণ পিছু নাহি চায়॥
ডাক দিয়া কহিতেছে ঠাকুর লক্ষ্মণ।
এক উপদেশ শুন যত কপিগণ!
পাগল হ'য়েছে বেটা রক্তের দুর্গন্ধে।
জন কত কপি উঠ উহার যে স্কন্ধে॥
ভর না সহিবে বেটা পড়িবে চাপনে।
ভূমেতে পাড়িয়া মার পাপিষ্ঠ দুর্জ্জনে॥
লক্ষ্মণের বাক্যেতে সাহসে করি ভর।
স্কন্ধে উঠে বড় বড় অনেক বানর॥
কুম্ভকর্ণ-স্কন্ধে চড়ি বীরগণ নাচে।
বাদুড় ঝুলিছে যেন তেঁতুলের গাছে॥
শরভ গবাক্ষ গয় সে গন্ধমাদন।
মহেন্দ্র দেবেন্দ্র আদি উঠে দুই জন॥
সপ্ত জন চড়িলেক কুম্ভকর্ণ-স্কন্ধে।
কেশে ধরি টানে কেহ ঘাড়ে নখ বিন্ধে॥
সাত বীর লাফ দিয়া ঘাড়ে গিয়া চড়ে।
দুই হাতে কুম্ভকর্ণ বানরে আছাড়ে॥
আছাড়ে গবাক্ষ বীর হারায় সংবিৎ।
ভূমিতে পড়িয়া মুখে উঠিল শোণিত॥
গয় গবাক্ষ শরভ সে গন্ধমাদন।
আছাড়ের ঘায়ে সব হ'ল অচেতন॥
দেখিয়া অঙ্গদ হনুমানে লাগে ভর।
উঠিতে উঠিতে ঘাড়ে উঠে দিল রড়॥
কুম্ভকর্ণে পাড়িতে নারিল কোন জনে।
আরবার রাম অস্ত্র যুড়িলেন গুণে॥
ব্রহ্ম-অস্ত্র ছাড়িলেন পূরিয়া সন্ধান।
কুম্ভকর্ণের কাটিলেন ডানি হাতখান॥
হাতখান পড়ে যেন পর্ব্বত-শিখর।
হাতের চাপনে পড়ে অনেক বানর॥
বাম-হাতে শালগাছ উপাড়িয়া আনে।
হাতে গাছ করি গেল রামের সদনে॥
ঐষীক বাণেতে রাম পূরিয়া সন্ধান।
এক বাণে কাটিলেন বাম হাতখান॥
ইন্দ্র-অস্ত্র রঘুনাথ করিলা সন্ধান।
এক বাণে কাটিলেন পদ দুইখান॥
হস্ত গেল পদ গেল তবু নাহি ডরে।
গড়াগড়ি দিয়া যায় রামে গিলিবারে॥
দন্তে ধরি তুলে নিল লোহার মুষল।
মুষলের ঘায়ে মারে বানরমণ্ডল॥
মুষল কাটিতে রাম যুড়িলেন বাণ।
নয় বাণে মুষল করিল খান খান॥
কাটা গেল মুষল সমতা নাহি তাতে।
গড়াগড়ি দিয়ে যায় রামেরে গিলিতে॥
রাহু যেন আসে চন্দ্র গিলিবার তরে।
কুম্ভকর্ণ তেমনি শ্রীরামে গিলিবারে॥
কুম্ভকর্ণের মুখেতে যে পড়িছে শোণিত।
নাক-কান কাটা যে দেখায় বিপরীত।
এতেক দুর্গতি হ'ল তবু নাহি মরে।
আরবার ব্রহ্ম-অস্ত্র মারিলেন তারে॥

যমদণ্ড সম বাণ রত্নেতে মণ্ডিত।
দশ দিক্ আলো করি ছুটিল ত্বরিত॥
ব্রহ্ম-অস্ত্র বাণে আর নাহিক অন্যথা।
সেই বাণে কুম্ভকর্ণের কাটিলেন মাথা॥
কাটামুণ্ড সাপুটিয়া হনুমান্ তোলে।
টেনে ফেলে দিল লয়ে সমুদ্রের জলে॥
সাগরের জলজন্তু করে তোলপাড়।
মধ্য-সাগরেতে যেন হইল পাহাড়॥
দশ লক্ষ রাক্ষসেতে কুম্ভকর্ণ পড়ে।
কানন ভাঙ্গিল যেন প্রলয়ের ঝড়ে॥
দেবগণ সুখী হ'ল রামের বিক্রমে।
স্বর্গ হ'তে পুরন্দর পূজেন শ্রীরামে॥
কপিগণ বলে রাম! করিলা নিস্তার।
আর যত বীর আছে মোসবার ভার॥
না দেখি এমন বীর এ তিন ভুবনে।
যুঝিবার কাজ থাক্ ভঙ্গ দরশনে॥
কুম্ভকর্ণ পড়িল গাহিল কৃত্তিবাস।
রাবণ শুনিল কুম্ভকর্ণের বিনাশ॥

কুম্ভকর্ণের মৃত্যু শ্রবণে রাবণের রোদন।

তবে রণভঙ্গ যত নিশাচরগণ।
রণস্থলী ছাড়ি কৈল লঙ্কা প্রবেশন॥
হেথা কুম্ভকর্ণে পাঠাইয়া রাম-রণে।
দশানন চিন্তা করিতেছে মনে মনে॥
সমরে গিয়াছে আজি কুম্ভকর্ণ ভাই।
এখুনি জিনিবে রণ কিছু শঙ্কা নাই॥
জয়বার্ত্তা দিবে দূত যে কালে আসিয়া।
তুষিব তাহারে আমি বহু ধন দিয়া॥
নগরে করিয়া নানা মঙ্গল-আচার।
ভ্রাতারে আনিতে নিজে হব আগুসার॥
না করিতে না করিতে প্রণাম আমারে।
অগ্রেই যে আমি কোল প্রদানিব তারে॥
রণবেশ ঘুচাইয়া দিব্য বেশ করি।
দু'ভাই বসিব এক আসন-উপরি॥
বন্ধুজন সকলে করিয়া আনয়ন।
নানামত উৎসব করিব আচরণ॥
এত ভাবি কিছু কাল পরে দশানন।
উৎকণ্ঠিত হয়ে পুনঃ করয়ে চিন্তন॥
ভ্রাতা মোর গিয়াছে হইল বহুক্ষণ।
এখনো না কৈল কেন দূত আগমন?
বুঝিতে না পারি কিছু রণের বিষয়।
হইল কি না হইল শত্রু পরাজয়॥
বুঝি শত্রু-জয় নাই হইয়া থাকিবে।
জয় হ'লে কেন মোর হৃদয় কাঁপিবে?
এইরূপ করিতে করিতে মনোরথে।
শুনিতে পাইল কোলাহল ব্যোমপথে॥
তাহা শুনি হইয়া বিস্ময়যুক্ত মন।
উদ্বিগ্ন হইয়া করে বিবিধ চিন্তন॥
এ কি এ কি আজি দেব মুনি যক্ষগণ।
করিতেছে আকাশেতে জয় উচ্চারণ॥
বাঁচিয়া থাকিতে মোর কম্ভকর্ণ ভাই।
ইঁহাদের মুখে জয় শব্দ শুনি নাই॥
অতএব বড় শঙ্কা করে মোর চিতে।
না জানি হতেছে কিবা সংগ্রামস্থলীতে॥
এইরূপ চিন্তা করে রাজা দশানন।
হেন কালে ভগ্নদূত কৈল আগমন॥
তারে দেখি জিজ্ঞাসে রাবণ সশঙ্কিত।
কহ রে কহ রে রণমঙ্গল ত্বরিত॥
ভীত-মন হ'য়ে দূত কহিতে না পারে।
আরবার রাজা তারে কহে কহিবারে॥

তবে কাঁদি ভগ্নদূত কহে সভাস্থল।
মহারাজ! কি কহিব রণের কুশল॥
তোমার অনুজ গিয়া সমর-ভিতর।
বধিলেন বহুতর ভল্লুক বানর॥
পরে রাম-বাণেতে ত্যজিয়া পরাণ।
মহারাজ! স্বর্গপুরে করিলা প্রস্থান॥
যেই মাত্র এই কথা চরেতে কহিল।
মূর্চ্ছা হ'য়ে দশানন ভূতলে পড়িল॥
তাহা দেখি মহাপার্শ্ব আর মহোদর।
উঠাইয়া বসাইল আসন উপর॥
কুম্ভকর্ণ মৃত্যু-বার্ত্তা করিয়া শ্রবণ।
ক্রন্দন করয়ে যত লঙ্কাবাসী জন॥
মুহূর্ত্তেক পরে রাজা চেতন পাইয়া।
বিলাপ করয়ে শোকে কাতর হইয়া॥
ভাই নহি আমি রে চণ্ডাল মহোদর।
কাঁচা ঘুমে জাগায়ে পাঠাই যমঘর॥
আজি হ'ল শূন্যাকার নিদ্রার চাতুরী।
বীর-শূন্য হইল কনক লঙ্কাপুরী॥
আজি হ'তে রাজ্য মোর হইল বিফল।
কুম্ভকর্ণ ভাই তুমি ছিলে মহাবল॥
চন্দ্র সূর্য্য বায়ু যম দেব পুরন্দর।
মহাসুখে নিদ্রা যাবে ঘুচে গেল ডর॥
কোথা গেলে ভাই মোর আইস সত্বর।
দুই ভাই মিলে গিয়া করিব সমর॥
ডানি হস্ত গেল মোর এত দিন পরে।
লঙ্কাপুরে ক্রন্দন উঠিল ঘরে ঘরে॥
বিভীষণ ভাই মোরে দিয়া গেল শাপ।
ধার্ম্মিকের শাপে পাই এত মনস্তাপ॥
হায় হায় কি হইল,
ক্রূর বিধি কি করিল,
প্রাণাধিক ভাই নিল হরি।
কি করিব কোথা যাব,
কোথা গেলে তারে পাব,
তা বিনে কিরূপে প্রাণ ধরি?
ওরে প্রাণাধিক ভ্রাতা,
মোরে ছাড়ি গেলি কোথা,
দেখিতে না পাই আর তোরে।
ধিক্ ধিক্ প্রাণে মোর,
শুনিয়া মরণ তোর,
এখন না ছাড়ে এ শরীরে॥
কহি গেলে তুমি মোরে,
মারি আসি রাঘবেরে,
আপনি বসিয়া থাক সুখে।
তাহা না করিতে পারি,
নিজে গেলে যমপুরী,
ফেলিলে আমারে ঘোর দুঃখে॥
জিনিলে অসুর সুর,
গন্ধর্ব ভুজঙ্গপুর,
যক্ষ গুপ্ত সিদ্ধ বিদ্যাধর।
জয় করি এ সংসারে,
ক্ষুদ্র মনুষ্যের করে,
প্রাণ হারাইলে ভ্রাতৃবর।
যে তোমার শরীরেতে,
নাহি পারে প্রবেশিতে,
বজ্র ভূমিতলে পড়েছিল।
সে তুমি রামের শরে,
বিদ্ধ হ'লে কি প্রকারে,
আমার কপালে এ কি ছিল॥
আর আমি কি প্রকারে,
জিনিব সে পুরন্দরে,

শমন বরুণ দৈত্যগণে।
উপস্থিত শক্রজনে,
কিরূপে বধিব রণে,
লঙ্কা রক্ষা করিব কেমনে ॥
ওরে ওরে ভ্রাতৃবর,
তোমা বিনে মোরে ডর,
না করিবে আর কোন জন।
অপর কি কব আর,
যাবৎ বানর ছার,
তারা হ'ল অশঙ্কিত-মন ॥
না মরিতে না মরিতে,
আগে ঐ আকাশেতে,
কোলাহল করে দেবগণ।
বুঝি বা ইহার পরে, উপহাস করে মোরে,
করতালি দিয়া সব জন ॥
মারীচ কহিলা হিত, অতিশয় সমুচিত,
কহিলেক ভ্রাতা বিভীষণ।
তুমিহ কহিলে পথ্য, সব কথা অতি তথ্য,
কিছু নাহি করিনু শ্রবণ ॥
ধার্ম্মিক বিশুদ্ধ-মন, সেই ভ্রাতা বিভীষণ,
করিলাম তার অপমান।
সেই পাপে বুঝি মোরে, নর-বানরের করে,
পাইতে হইল অপমান ॥
তুমি ভ্রাতা যদি গেলে, কি ফল ঐশ্বর্য্য-বলে,
কি কার্য্য সীতায় আর প্রাণে।
কি ফল সমর-জয়ে, কি ফল বান্ধবচয়ে,
প্রাণ দিব রঘুপতি-বাণে ॥

ত্রিশিরা, দেবান্তক, নরান্তক, মহোদর ও মহাপার্শের যুদ্ধ ও মৃত্যু।

এইরূপে ক্রন্দন করেন দশানন।
অশ্রুজলে অভিষিক্ত হইল বদন ॥
পিতায় কাতর দেখি পুত্রে জন্মে দুঃখ।
ত্রিশিরা বিক্রম করে রাবণ-সম্মুখ ॥
করিলা তপস্যা পিতা! হইতে অমর।
অমর হইতে ব্রহ্মা নাহি দিল বর ॥
অমর হইল বিভীষণ নিজগুণে।
ব্রহ্মার কৃপায় সেই সর্ব্বশাস্ত্র জানে ॥
শাস্ত্র-অনুরূপ খুড়া করিলেক হিত।
ধার্ম্মিক-চরিত্র তিনি বিচারে পণ্ডিত ॥
ত্রিভুবন জিনে পিতা! তোমার বাখান।
দেবতা গন্ধর্ব্ব আদি নাহি ধরে টান ॥
জ্যেষ্ঠ ভাই কুবের ধনের অধিকারী।
তারে জিনে পুষ্পরথ নিলে লঙ্কাপুরী ॥
ময়দানব মহারাজ সর্ব্বলোকমাঝে।
কন্যাদান দিয়া সে তোমারে দেখ পূজে ॥
বাসুকির বিষদাহে ত্রিভুবন পুড়ে।
তব শব্দ পাইলে পলায় উভরড়ে ॥
ইন্দ্র যম বরুণের করিলে বিতথা।
মনুষ্য বেটারে জিন কত বড় কথা ॥
নানা অস্ত্র সংগ্রামে করিয়া অবতার।
আজিকার যত যুদ্ধ সে আমার ভার ॥
গরুড়ের মুখে যেন দগ্ধ হয় সাপ।
শ্রীরাম-লক্ষ্মণে মারি ঘুচাব সন্তাপ ॥
ত্রিশিরা বিক্রম করে রাজা হরষিত।
আর তিন ভাই তার রোষে আচম্বিত ॥
দেবান্তক নরান্তক অতিকায় বীর।
সংগ্রামে যাইতে চাহে নাহি হয় স্থির ॥

চারি জন মহাবল চিরকাল জানি।
চারি জনে ঐক্য হ'লে ত্রিভুবন জিনি॥
রাজপ্রসাদ পাইল চারি জন পরি।
কুসুম চন্দন মাল্য সুগন্ধি কস্তুরী॥
বীরধটী পরে কেহ নামে গঙ্গাজল।
রত্নেতে নির্ম্মিত পরে কানেতে কুণ্ডল॥
পরিল সোনার সাণা রত্নের টোপর॥
মাণিকের হার সাজে গলার উপর॥
নানা রত্ন-অলঙ্কার পরিল শরীরে।
কনক-কঙ্কণ-বালা পরে দুই করে॥
চারিপুত্র পরিল চারি রাজার ধন।
রাবণের চারি পুত্র কামিনীমোহন॥
মহাপাশ বীর আর ভাই মহোদর।
ছয় জন যাত্রা করে সংগ্রাম-ভিতর॥
ছয় বীর যাত্রা করে সংগ্রামে প্রবীণ।
বিদায় হইল ক'রে পিতৃ-প্রদক্ষিণ॥
নীলবর্ণ হস্তী এল নীল মেঘজ্যোতিঃ।
ঐরাবতের বংশে তার হয়েছে উৎপত্তি॥
বড়ই প্রবল সেই মদমত্ত হাতী।
তাহাতে চড়িল মহোদর যোদ্ধাপতি॥
উচ্চৈঃশ্রবা অশ্ব যেন পবনের গতি।
সেই অশ্বে চড়ে দেবান্তক মহামতি॥
আর অশ্ব ভূমে পদ পড়ে কি না পড়ে।
হাতে শেল নরান্তক সেই অশ্বে চড়ে॥
সাজালেক রথ যেন রবির প্রকাশ।
হাতে শেল তাতে চড়ে বীর মহাপাশ॥
আর রথ সাজায় মাণিক্য মণি হীরা।
হাতে খাণ্ডা চড়ে তাতে কুমার ত্রিশিরা॥
সোনার সে রথ শত ঘোড়ার সাজনি।
সেই রথে অতিকায় চড়িল আপনি॥

পুত্র সব যাত্রা করে শুনি এ বচন।
সবার জননী আসি করিছে রোদন॥
কুম্ভকর্ণ হেন বীর প'ড়ে গেল রণে।
যেও না'ক ব্যথা দিয়া জননীর প্রাণে॥
ধনুর্ব্বাণ ছাড় বাছা! প্রাণ বড় ধন।
কল্যাণে থাকিবে রাখ মায়ের বচন॥
বিভা কৈলে কত দেব-দানবনন্দিনী।
কোথা যাহ তা সবারে ক'রে অনাথিনী?
সম্প্রতি করিলে বিভা নহে সহবাস।
অগ্নি দিয়া পোড়াব লঙ্কার গৃহবাস॥
চারি ভাই চতুর্দ্দোল লহ স্কন্ধে করি।
শ্রীরামেরে দেহ ল'য়ে জানকী সুন্দরী॥
হেন কর্ম্ম করিলে যদ্যপি রাজা রোষে।
পলাইয়া থাক গিয়া পর্ব্বত কৈলাসে॥
কুবের তোমার পিতৃজ্যেষ্ঠ ভ্রাতৃবর।
সেবে তাঁকে পুত্রসম থাক তাঁর ঘর॥
মাতৃগণ-বচনেতে পুত্র সব কোপে।
পুত্রের দেখিয়া ক্রোধ ভয়ে তারা কাঁপে॥
পুত্রগণ কোপে বলে দিতাম প্রতিফল।
জননী বলিয়া এত সহি সে সকল॥
জগতের কর্ত্তা মোরা বীরবংশে জন্ম।
মনুষ্যের ডরে রব ক'রে সেবাকর্ম্ম?
আনিল পুষ্পক রথ পিতা যারে জিনে।
কোন্ লাজে শরণ লব তাহার চরণে?
বাহুবলে পিতা মোর ত্রিভুবন শাসে।
লুকায়ে থাকিব কেন ডরায়ে মানুষে?
বিপক্ষ-সম্মুখে যদি সংগ্রামেতে মরি।
দিব্যরথে চড়িয়া যাইব স্বর্গপুরী॥
আপনি মন্দিরে যাহ না কর বিষাদ।
শ্রীরাম-লক্ষ্মণে মেরে ঘুচাব বিবাদ॥

গরুড়ের মুখে যেন ভস্ম হয় সাপ ।
গ্রাসিব বানর-সেনা দেখাব প্রতাপ ॥
মায়েরে প্রবোধ করি ছয় জন সাজে ।
রুষিয়া প্রবেশ করে সংগ্রামের মাঝে ॥
ছয় সেনাপতি ঠাট ছয় অক্ষৌহিণী ।
কটকের পদভরে কাঁপিছে মেদিনী ॥
ধূলায় দিবসে বাট হৈল অন্ধকার ।
ছয় বীর উত্তরিল করি মার মার ॥
দুই সৈন্যে মিশামিশি বাজে মহারণ ।
গাছ উপাড়িয়া আনে যত কপিগণ ॥
বানরেতে গাছ-পাথর করে বরষণ ।
বাণে কাটি রাক্ষসেতে করে নিবারণ ॥
রাক্ষসেতে বাণ এড়ে অনলের শিখা ।
বানর কটক পড়ে নাহি লেখাজোখা ॥
ব্যাঘ্রের ঝাকনি যেন বানরের রঙ্গ ।
মরণের ভয় নাই রণে নাহি ভঙ্গ ॥
চড়-চাপড় মুষ্ট্যাঘাতে বানরের তাড়া ।
কত শত রাক্ষসের মাথা করে গুঁড়া ॥
অনেক রাক্ষস পড়ে অত্যল্প বানর ।
কুপিল সে নরান্তক রাবণকুমার ॥
চতুর্দ্দিক্ চাপিয়া উঠিল তার ঘোড়া ।
চতুর্দ্দিকে অস্ত্রবৃষ্টি করে যোড়া যোড়া ॥
বানরেরে মারে বীর মহা শেল-পাট ।
বানরের রক্তে কাদা হ'য়ে গেল বাট ॥
নরান্তকের বাণ কেহ সহিতে না পারে ।
ভঙ্গ দিয়া বানর পলায়ে গেল ডরে ॥
ডাকিয়া সুগ্রীব তবে অঙ্গদে জানায় ।
দেখ দেখি অঙ্গদ ! কটক কেন ধায় ॥
আপনি করিয়া যুদ্ধ রাখ কপিগণ ।
নরান্তকে মেরে তোষ শ্রীরাম-লক্ষ্মণ ॥

সুগ্রীবের বচনে অঙ্গদ পড়ে লাজে ।
কটক সাজায়ে গেল সংগ্রামের মাঝে ॥
রণেতে প্রবেশ করে অতি ক্রোধমুখে ।
দূর হ'তে নরান্তকে বালিসুত ডাকে ॥
দুই হাত শূন্য মোর দেখ নিশাচর ।
যত শক্তি আছে হান বুকের উপর ।
দেবতা জিনিস বেটা ! শেলের কারণ ।
আজিকার যুদ্ধে তোর বধিব জীবন ॥
শ্রীরামের ভৃত্য আমি সংসারে পূজিত ।
তুই অস্ত্র এড়িলে না হব আমি ভীত ॥
পাইক মারিয়া বেটা ! ফির কি কারণ ।
তোমাতে আমাতে যুঝি জিনে কোন্ জন ॥
দুই হাত পসারিয়া পেতে দিল বুক ।
অঙ্গদ বিক্রম দেখি সুগ্রীব কৌতুক ॥
কোপে নরান্তক বীর অধরোষ্ঠ কাঁপে ।
এড়িলেক শেলপাট অতিশয় কোপে ॥
এড়িলেক শেলপাট দিয়া হুহুঙ্কার ।
স্বর্গ মর্ত্ত্য-পাতালে লাগিল চমৎকার ॥
অঙ্গদের বুক যেন বজ্রের সমান ।
বুকেতে ঠেকিয়া শেল হ'ল দুইখান ॥
অঙ্গদ বলে তোর অস্ত্র গেল রসাতল ।
মোর ঘা সংবর বেটা ? তবে জানি বল ॥
আপনা পাসরে কোপে বালির নন্দন ।
নরান্তকে মারিতে ভাবয়ে মনে মন ॥
বজ্রমুষ্টি মারি ঘোড়া করিলেক চূর ।
পড়িল দুর্জ্জয় ঘোড়া উর্দ্ধে চারি খুর ॥
দুই চক্ষু ঠিকরিল জিহ্বা বাহিরায় ।
নরান্তক কুপিয়া অঙ্গদ-পানে চায় ॥
বজ্রমুষ্টি মারিলেক অঙ্গদের বুকে ।
মুখে রক্ত উঠে বীরের ঝলকে ঝলকে ॥

শরীর ব্যথিত তবু নহে ত কাতর।
প্রবেশ করিল গিয়া রণের ভিতর॥
মহাবল অঙ্গদ অত্যন্ত ক্রোধভরে।
বুকে হাঁটু দিয়া তবে নরান্তকে মারে॥
নরান্তক পড়িল দেখিল দেবান্তকে।
সসৈন্যেতে অঙ্গদে বেড়িল চারিদিকে॥
হস্তীর উপরে চড়ি এল মহোদর।
চালাইয়া দিল করী অঙ্গদ উপর॥
অনুবল ত্রিশিরা হইল ততক্ষণ।
অঙ্গদেরে বেড়ে আসি বীর দুই জন॥
মহোদর জাঠা মারে অঙ্গদের বুকে।
মুখে রক্ত উঠে তার ঝলকে ঝলকে॥
মুখে রক্ত উঠে তবু না হয় কাতর।
অন্ধকার করি ফেলে গাছ ও পাথর॥
মধ্যেতে অঙ্গদ চারিদিকে নিশাচর।
দেখি হনুমান্ বীর ধাইল সত্বর॥
মহারণে মিশামিশি হ'ল ছয় জন।
বাজিল তুমুল যুদ্ধ নহে নিবারণ॥
দেবান্তক হাতে ছিল লোহার পাবড়ি।
হনুমান্-বুকে মারে দুহাতিয়া বাড়ি॥
কুপিল সে হনুমান্ সংগ্রামের শূর।
পদাঘাতে দেবান্তকে করিলেক চূর॥
হস্তীর উপরে তবে এল মহোদর।
নীল সেনাপতি বিন্ধে করিল জর্জ্জর॥
বাণ খেয়ে নীলবীর করিল উঠানি।
এক টানে উপাড়ে পর্ব্বত একখানি॥
পড়িল পর্ব্বত গোটা শব্দ গেল দূর।
হস্তিসহ মহোদরে করিলেক চূর॥
তিন ভাই পড়ে রণে দেখে অতিকায়।
হাতে খাণ্ডা ত্রিশিরা সংগ্রাম মাঝে যায়॥
হনুমান্ মহাবীর দেখিল সম্মুখে।
দু'হাতিয়া বাড়ি মারে হনুমান-বুকে॥
প্রহারেতে হনুমান্ আপনা পাসরে।
এক লাফে পড়ে তার রথের উপরে॥
ত্রিশিরার হাতে খাণ্ডা অতি খরশাণ।
সে খাণ্ডায় ত্রিশিরায় করে খান খান॥
ভাই ও ভাইপো পড়ে দেখে মহাপাশ।
হাতে গদা কপিগণে করিছে বিনাশ॥
নীলবর্ণ গদাখান দেখে চারি ভিতে।
অধিক হইল রাঙ্গা কপির শোণিতে॥
জয়ঘণ্টা বাজে সে গদার চারি পাশে।
দেবতা গন্ধর্ব্ব আদি সবে কাঁপে ত্রাসে॥
মহাপাশের বাণ কেহ সহিতে না পারে।
ভঙ্গ দিয়া পলাইল সকল বানরে॥
হেমকূট কপি এল বরুণ-নন্দন।
পর্ব্বত উপাড়ে এক ঘোর-দরশন॥
এড়িল পর্ব্বতখান অতি ক্রোধমনে।
মহাপাশ বীর পড়ে পর্ব্বতচাপনে॥
কৃত্তিবাস পণ্ডিত কবিত্বে বিচক্ষণ।
লঙ্কাকাণ্ডে গাহিলেন গীত রামায়ণ॥

অতিকায়ের যুদ্ধারম্ভ।

পড়ে বীর পঞ্চজনা দেখিবারে পায়।
হাতে ধনু সংগ্রামে প্রবেশে অতিকায়॥
চিন্তা করি মনে মনে বলিছে তখন ;—
শ্রীচরণে স্থান দেহ কৌশল্যানন্দন।
রাবণ-সন্তান ব'লে দয়া না করিবে।
দয়াময় রাম নামে কলঙ্ক রহিবে॥
খুড়া দুই জন পড়ে মহোদর আর।
রুষে অতিকায় বীর রাবণ-কুমার॥

মহাক্রোধে অতিকায় হয়ে আগুসার।
দিলেন আপন দিব্য চাপেতে টঙ্কার॥
কিবা ঘোরতর সেই টঙ্কার-নিঃস্বন।
তাহা শুনি মূর্চ্ছিত হইল কপিগণ॥
বড় বড় বীর যত ভল্লুক বানর।
তাহাদের বক্ষঃস্থল কাঁপে থর থর॥
তবে সেই রথে থাকি গভীর গর্জ্জনে।
কহিতেছে সম্বোধিয়া প্লবঙ্গমগণে ;—
ওরে ওরে মহামূর্খ মর্কট সকল।
পলাও পলাও তোরা ছাড়ি রণস্থল॥
ত্রিভুবনে অতি খ্যাত অতিকায় নাম।
আসিয়াছি আমি আজি করিতে সংগ্রাম॥
আজি না রাখিব এই ভুবন-ভিতর।
আপন পিতার রিপু কপি কিংবা নর॥
তোরা কেন মর মোর সম্মুখে থাকিয়া।
হিত কহি প্রাণ ল'য়ে যাও পলাইয়া॥
এত বলি সিংহনাদ করে ঘন ঘন।
তাহে অতি ত্রাসিত হইল কপিগণ॥
আর তার অতিশয় ভয়ঙ্কর কায়।
দেখিয়া বানর সব ভয়েতে পলায়॥
কেহ কেহ সেতু দিয়া যায় সিন্ধুপারে।
কেহ প্রবেশয়ে বনে কেহ ঘরে দ্বারে॥
কেহ কেহ সিন্ধুজলে থাকয়ে ডুবিয়া।
কেহ পত্র-লতাদিতে নিজে আচ্ছাদিয়া॥
কেহ কেহ প্রবেশয়ে বৃক্ষের কোটরে।
কেহ কেহ কুম্ভকর্ণ-বদন-বিবরে॥
কেহ কেহ ভয়ে নিজে মৃত জানাবারে।
শয়ন করিয়া রহে শবের মাঝারে॥
কেহ কেহ শ্রীরামের নিকটে যাইয়া।
কহিতেছে অতিকায় বীরে দেখাইয়া॥

দেখ দেখ রঘুবর! রণের ভিতর।
আসিয়াছে অতি বড় এক নিশাচর॥
উহারে দেখিবামাত্র যত কপিগণ।
ত্রাসিত হইয়া সবে কৈল পলায়ন॥
কপিদের কথা শুনি শ্রীরঘুনন্দন।
অতিকায়ে দেখি হৈল সবিস্ময়-মন॥
যদ্যপি প্রথম রণে দেখেছিলা তারে।
তথাপি বিস্ময় হৈল অন্তর-মাঝারে॥
অলৌকিক পদার্থের এই ধর্ম্ম হয়।
দেখিলেও নব নবরূপে প্রকাশয়॥
তবে রঘুপতি নিজ মিতা বিভীষণে।
জিজ্ঞাসা করেন অতি মধুর বচনে ;—

দেখ মিতা বিভীষণ, রণে এল কোন্ জন
পর্ব্বতপ্রমাণ রথে চাপি।
নিজেও ভূধরে জিতি, শ্যামবর্ণ শিলাকৃতি,
অতি ভয়ঙ্কর ভূপ্রতাপী॥
মুকুট শোভায়ে শিরে, যেন নাল ধরাধরে,
সুবর্ণের শৃঙ্গ শোভা পায়।
পিঙ্গল নয়নদ্বয়, ভুজেতে অঙ্গদচয়,
গলে নানা আভরণ তায়॥
কিবা দেখি রথখান, দশ শত পরিমাণ,
ঘোটকেতে বহিতেছে যারে।
পঞ্চ সুসারথি যার, ধ্বজ নরমুণ্ডাকার,
পতাকা উড়িছে চারি ধারে॥
দেখি রথ-উপরেতে, অস্ত্রশস্ত্র নানামতে,
শূল শেল মুষল মুদ্গর।
তীক্ষ্ণ তীক্ষ্ণ ভিন্দিপাল, শত শত তরবাল,
কাঠার কুঠার বহুতর॥
অতিশয় ভয়ঙ্কর, লৌহময় বাণ খর,
অষ্টত্রিংশ তূণ শোভা করে।

স্বর্ণবন্ধ সুশোভন, দিব্য দিব্য শরাসন,
চারিদিকে রহে থরে থরে ॥
দশ হস্ত পরিমাণ, দুই পাশে দুইখান,
খড়্গ তুলিতেছে ভয়ঙ্কর।
ধরিয়াছে বাম-করে, একখান ধনুকেরে,
ইন্দ্রধনু সম দীর্ঘতর ॥
নিরখিয়া এই জনে, পলাইছে স্থানে স্থানে,
বানর সকল ভীত-মনে।
কে বটে কাহার পৌত্র, কি নাম কাহার পুত্র,
কহ মিতা! মম বিদ্যমানে ॥

অতিকায়ের যুদ্ধ ও মৃত্যু।

শ্রীরাম-বদনে শুনি এতেক বচন।
বিভীষণ তাঁহারে করেন নিবেদন ;—
প্রভু বিশ্বশ্রবা-পৌত্র রাবণনন্দন।
অতিকায় নামধারী হয় এই জন ॥
জনম ইহার ধন্য মালিনী-উদরে।
আপন পিতার তুল্য এ হয় সমরে ॥
জ্ঞাতিজন-সেবনেতে এই অনুরক্ত।
একবার শ্রুতিমাত্রে শাস্ত্রাভ্যাসে শক্ত ॥
সাম দান ভেদ দণ্ড এ চারি উপায়ে।
অত্যন্ত নিপুণ আর মন্ত্রণা নিচয়ে ॥
ধর্মশাস্ত্র অর্থশাস্ত্র কামশাস্ত্রে ধীর।
অশ্বপৃষ্ঠে গজস্কন্ধে রথে মহাস্থির ॥
ধনুক-ধারণে আর বাণ-বিমোচনে।
ইহার সমান নাই রাবণ বিহনে ॥
খড়্গ-চর্ম-যুদ্ধে আর গদা-প্রহরণে।
ইহার সমান নাই এ লঙ্কাভুবনে ॥
ইহারি বাহুর বল করিয়া আশ্রয়।
নিরবধি লঙ্কাপুরী আছয়ে নির্ভয় ॥
ইহার প্রভাব প্রশংসয়ে সর্ব্বজন।
দেবতা দানব যক্ষ বিদ্যাধরগণ ॥
এই ঘোর তপ করি অনেক বরষ।
বিধাতারে করিয়াছে আপনার বশ।
তার স্থানে পাইয়াছে এই দিব্য যান।
আর পাইয়াছে নানা অস্ত্র-শস্ত্র বাণ ॥
দিব্য এক অভেদ্য সে কবচ পেয়েছে।
সুরাসুর-নিকটে সে অবধ্য হয়েছে ॥
এই জিনিয়াছে বহু দেবতা-দানবে।
যক্ষ বিদ্যাধর নাগ কিন্নরাদি সবে ॥
এই করেছিল বাণে বজ্রের স্তম্ভন।
বরুণের পাশ করেছিল নিবারণ ॥
এই লঙ্কামাঝে সব বীরের প্রধান।
দেব-দৈত্যজয়ী শূর বীর বলবান্ ॥
আদরেতে অতিকায় নাম রাখে বাপ।
কুমারভাগেতে নাই এমন প্রতাপ ॥
এই রণে যাবতীয় কপি ভল্লুগণে।
সংহার করিবে শরজালে এইক্ষণে ॥
অতএব ইহারে করিতে সংহরণ।
করিতে হইবে অতি শীঘ্র আয়োজন ॥
এইরূপ বিভীষণ কন রঘুবরে।
অতিকায় প্রবেশিল সমর-ভিতরে ॥
সম্মুখেতে বিভীষণে করি নিরীক্ষণ।
প্রণাম করিয়া তাঁরে কহিছে বচন ॥
অতিকায় বলে, খুড়া! শুনহ বচন।
রাত্রি-দিন সেব তুমি দেব-নারায়ণ ॥
তোমার সমান শ্রেষ্ঠ হবে কোন্ জন ?
তোমার প্রতি বড় প্রীতি দেব-নারায়ণ।
অতিকায় বলে, খুড়া! নিবেদি তোমারে।
আমাকে করুন দয়া দেব-গদাধরে ॥

এত যদি অতিকায় কহে বিভীষণে।
চালাইয়া দিল রথ রাম-বিদ্যমানে ॥
অতিকায় বলে, শুন জগৎ-গোঁসাই!
মম প্রতি এত দিন দয়া হয় নাই?
অতিকায় বলে, শুন দেব-নারায়ণ।
স্থান দিও শ্রীচরণে এই নিবেদন ॥
স্তব শুনি স্তব্ধ হ'য়ে ক'ন গদাধর।
পরম ধার্ম্মিক তুমি লঙ্কার ভিতর ॥
তুমি আর তোমার পিতৃব্য বিভীষণ।
দুই জনে রাজ্য দিব মারিয়া রাবণ ॥
অতিকায় বলে, রাজ্যে নাহি প্রয়োজন।
যুদ্ধ করি কলেবর করিব পাতন ॥
এখন ও পদে এই করি নিবেদন।
আমার সহিত যুদ্ধ দিবে কোন্ জন?
বানরের সম্ভাবনা বৃক্ষ ও পাথর।
কটাক্ষে মারিতে পারি সকল বানর ॥
সুগ্রীব রাজারে দেখি বকের সমান।
লক্ষ্মণ বালক, রণে কি জানে সন্ধান?
যোড়হাতে বলে বীর শুনহ শ্রীরাম।
তোমার সহিত আমি করিব সংগ্রাম ॥
ধনুক পাতিয়া যান ঠাকুর লক্ষ্মণ।
হাসিয়া জিজ্ঞাসা করে রাবণনন্দন;—
কত যুদ্ধ করিয়াছ বয়ঃক্রম কত?
আমার সহিত যুদ্ধ না হয় উচিত ॥
ইন্দ্র চন্দ্র কুবের আমারে করে ভয়।
আমার সহিত যুদ্ধ উচিত না হয় ॥
কোপেতে লক্ষ্মণ দিল ধনুকে টঙ্কার।
দেখি অতিকায় বীরে লাগে চমৎকার ॥
অতিকায় বলে, শুন ঠাকুর লক্ষ্মণ।
বয়সে বালক তুমি কিবা জান রণ?
লক্ষ্মণ বলেন, তুমি জাতি নিশাচর।
ভাল-মন্দ না জানিয়া করিছ উত্তর ॥
কে কোথা দেখেছে হেন শুনেছে শ্রবণে।
বয়স অধিক যার সেই রণ জিনে?
আমারে বালক বলি প্রবীণ আপনি।
প্রাণে প্রাণে যেতে পার তবে বীর জানি
আজিকার যুদ্ধে যদি তোরে নাহি মারি।
তবে ত লক্ষ্মণ নাম বৃথা আমি ধরি ॥
এত যদি দু'জনে বচনে হৈল রক্ষা।
দুই জনে বাণ মারে যার যত শিক্ষা ॥
অতিকায় বলে, শুন ঠাকুর লক্ষ্মণ।
তোমাতে আমাতে যুদ্ধ করিব দু'জন ॥
সংগ্রামের দোষ-গুণ কাহার কেমন।
রামচন্দ্র সাক্ষী, আর খুড়া বিভীষণ ॥
মধ্যস্থ হইয়া দোঁহে করুন বিচার।
জয়-পরাজয় রণে কি হয় কাহার ॥
অতিকায়-বচনে লক্ষ্মণ দিল সায়।
মহাযুদ্ধ বাধিল লক্ষ্মণ-অতিকায় ॥
অগ্নিবাণ অতিকায় করে সংহরণ।
লক্ষ্মণ বরুণ-বাণ এড়িল তখন ॥
দুই শত বাণ তবে অতিকায় এড়ে।
অবিলম্বে লক্ষ্মণ বাণেতে কাটি পাড়ে ॥
হস্তিবাণ এড়ে অতিকায় মহাবল।
সিংহ বাণে লক্ষ্মণ করিল রসাতল ॥
মারিল পর্ব্বত-বাণ অতিকায় রোষে।
লক্ষ্মণ পবন-বাণে উড়ান বাতাসে ॥
অমর্ত্ত্য সমর্থ বাণ বিকট-দর্শন।
ইন্দ্রজাল বিষ্ণুজাল ঘোর দরশন ॥
এই সব বাণ দোঁহে করে অবতার।
দশদিক্ জলস্থল বাণে অন্ধকার ॥

দুইজনে বাণ মারে অতি পরিপাটী।
অন্তরীক্ষে দুই বাণ করে কাটাকাটি ॥
লক্ষ্মণ মারেন বাণ দিয়ে বাহু নাড়া।
অতিকায়-রথের কাটেন শত ঘোড়া ॥
আর বাণ এড়েন লক্ষ্মণ মহাবীর।
কাটিলেন তার পঞ্চ সারথির শির ॥
যুদ্ধ করে অতিকায় হইয়া বিরথী।
হেনকালে এক রথ দেখে শীঘ্রগতি ॥
রথ পেয়ে অতিকায় লাফ দিয়া চড়ে।
তিন কোটি বাণ লক্ষ্মণের প্রতি এড়ে ॥
সে বাণ লক্ষ্মণ সব কাটে অবহেলে।
স্বর্গেতে দেবতা সব সাধু সাধু বলে ॥
লক্ষ্মণ এড়েন বাণ নামেতে অক্ষয়।
শাণাতে ঠেকিয়া বাণ হ'ল পরাজয় ॥
শাণায় ঠেকিয়া বাণ না করে প্রবেশ।
লক্ষ্মণের কানে বায়ু কহে উপদেশ ॥
অক্ষয় কবচ অঙ্গে আছে ত উহার।
অঙ্গে প্রহারিতে বাণ শক্তি আছে কার ?
সহজেতে না মরিবে রাবণকুমার।
ব্রহ্মা-অস্ত্র মারি ওরে করহ সংহার ॥
উপদেশ কহিয়া পবন দেব নড়ে।
মন্ত্র পড়ি শ্রীলক্ষ্মণ ব্রহ্ম-অস্ত্র যোড়ে ॥
লক্ষ্মণ এড়িল বাণ পূরিয়া সন্ধান।
বাণ দে'খে অতিকা'র উড়িল পরাণ ॥
মারে জাঠি ঝকড়া সে অস্ত্র কাটিবারে।
অতিকায় তবু তাহা ফিরাইতে নারে ॥
অজয় অক্ষয় বাণ কেবা ধরে টান ?
অতিকায়-মাথা কাটি কৈল দুইখান ॥
অতিকায় পড়িল রাক্ষস ধায় ডরে।
ধাইয়া বানরগণ রাক্ষসেরে মারে ॥
পলায় রাক্ষসগণ গণিয়া প্রমাদ।
রামজয় শব্দে কপি ছাড়ে সিংহনাদ ॥
মুকুট মুণ্ড পড়ে সহিত কুণ্ডলে।
অতিকা'র মুণ্ড গড়াগড়ি ভূমিতলে ॥
ভূমিতে পড়িয়া মুণ্ড রাম রাম বলে।
প্রেমানন্দে বিভীষণ ভাসে অশ্রুজলে ॥
ধন্য ধন্য পুত্র তুমি নিশাচরকুলে।
তিন কুল মুক্ত হবে তব পুণ্যফলে ॥
হেন ভক্ত না দেখি না শুনি কোন কালে।
কাটামুণ্ড এইরূপে রাম রাম বলে ॥
বানরেতে রামজয় শব্দ করে মুখে।
বজ্রাঘাত পড়ে যেন রাবণের বুকে ॥
অতিকায় পড়ে যদি সংগ্রাম-ভিতরে।
দূত যায় সমাচার দিতে লঙ্কেশ্বরে ॥

অতিকায়াদি চারি পুত্রের মৃত্যু শুনিয়া
রাবণের রোদন।

তবে ভগ্নদূত গিয়া দশানন-পাশে।
নিবেদন করিতেছে গদগদভাষে ॥
মহারাজ ! চারি জন তনয় তোমার।
রণে গিয়াছিল দুই জন ভ্রাতা আর ॥
তার মধ্যে পঞ্চ জনে বানরে বধিল।
অতিকায় লক্ষ্মণের বাণেতে মরিল ॥
দূতমুখে এই বাণী করিয়া শ্রবণ।
কিছুকাল স্তব্ধ হয়ে থাকে দশানন ॥
মুহূর্ত্তেক পরে পুনঃ পাইয়া চেতন।
কি কহিলে বলিয়া করয়ে জিজ্ঞাসন ॥
পুনর্ব্বার দূত কৈল সব নিবেদন।
তাহা শুনি মূর্চ্ছিত হইল দশানন ॥

কিছু কাল পরে পুনঃ সংবিৎ পাইয়া।
সুদীর্ঘ নিশ্বাস ছাড়ে হুঙ্কার করিয়া ॥
হইয়াছে অতিশয় শোকেতে মগন।
না পারয়ে করিবারে ধৈরয ধারণ ॥
কি হইল হায় হায়, দুঃখ নাহি সহ্য যায়,
আর দেহে প্রাণ নাহি রহে।
শোকানল বিপরীত, হয়ে অতি প্রজ্বলিত,
নিরবধি প্রাণ-মন দহে ॥
পুড়িয়া মরিছি একে, ভ্রাতা কুম্ভকর্ণশোকে,
ক্ষণকাল স্থির নহে মন।
তদুপরি আরবার, এই বজ্রসম্প্রহার,
কি করিয়া ধরিব জীবন?
ওরে অতিকায় পুত্র, সকল গুণের পাত্র,
কোন্ স্থানে করিলি গমন?
না দেখি তোমার মুখ, বিদরে আমার বুক,
ধৈর্য্য নাহি ধরে মোর মন ॥
তোমা বিনা ঘর-দ্বার, সব হ'ল অন্ধকার,
শূন্য দেখি এ তিন ভুবন।
অন্ধ হ'ল সব নেত্র, জ্বলিতেছে মোর গাত্র,
হৃদয় হতেছে উচাটন ॥
ওরে ওরে বাছা মোর, না দেখিব আর তোর,
সুধাংশুসমান সে বদন।
আর তোরে নিজ ক্রোড়ে, না বসাব ধরি করে,
না শুনিব সে মিষ্ট বচন ॥
কে কহিবে মোরে আর, হিতকথা শাস্ত্রসার,
কে করিবে বিপদে মোচন?
কে করিবে শত্রু-জয়, কে তুষিবে বন্ধুচয়?
সম্মানিবে কেবা মান্য জন?
ওরে বাপ দেবান্তক, ত্রিশিরা ও নরান্তক,
ভ্রাতা মহাপাশ মহোদর।
তোমা সবে ছাড়ি মোরে, গেলে কেন দেশান্তরে,
না দেখিয়ে পোড়য়ে অন্তর ॥
ভুঞ্জিতে লঙ্কার ভোগ আমি দশানন।
বিপক্ষ নাশিতে পুত্র হয়েছে এখন ॥
বাপের দুলাল সেই পুত্র মেঘনাদ।
সর্ব্বাঙ্গ ভরিয়া পরে রাজার প্রাসাদ ॥
অঙ্গুলে অঙ্গুরী পরে বাহুতে কঙ্কণ।
সর্ব্বাঙ্গে ভূষিত করে রাজ-আভরণ।
বীর পরিধানে পরে নেতের যে কালি।
তিন শত ফের দিয়া বাঁধিল কাঁকালি ॥
সর্ব্বাঙ্গে লেপন করে চন্দনের সার।
গলার উপরে তুলে দিল রত্নহার ॥
স্বর্ণ-নবগুণ পরে, পরে স্বর্ণপাটা।
ভুবন জিনিয়া ছটা কপালের ফোটা ॥
সোনার দাপনি ল'য়ে নব অঙ্গ বহি।
এমন সুন্দর রূপ ত্রিভুবনে নাহি ॥

ইন্দ্রজিতের দ্বিতীয়বার যুদ্ধে গমনোদ্যোগ।

রাজ-আভরণ পরি দেবের বাঞ্ছিত।
সংগ্রামেতে সাজিল কুমার ইন্দ্রজিৎ ॥
ঘন ঘন সারথিরে করিছে মেলানি।
শীঘ্র কর রথসজ্জা ডাকিছে আপনি ॥
সারথি আনিল রথ সংগ্রামে গমন।
মনোহর বেশে রথ করিছে সাজন ॥
করিলেক রণসজ্জা রথের সারথি।
মাণিক্য প্রবাল কত নির্ম্মাইল তথি ॥
কনকরচিত রথ সূতার সঞ্চারে।
চারিদিকে স্বর্ণবৃক্ষ ফল ফুল ধরে ॥
চন্দ্র-সূর্য্য-তেজ জিনি রথের কিরণ।
প্রবাল মুকুতা কত রথের সাজন ॥

পার্ব্বতীয় ঘোড়া গলে রত্নের ঝিকঝিকি।
তেইশ অক্ষৌহিণী ঠাট যুদ্ধের ধানুকী ॥
কটকের পদভরে কাঁপিছে মেদিনী।
ইন্দ্রজিতের স্ববাহ্য তিন অক্ষৌহিণী।
যদি গেলি তোরা সবে, জীবনে কি কার্য্য তবে,
মরিব ডুবিয়া রত্নাকরে।
একমাত্র রহি গেল, হৃদয়েতে খেদশেল,
জিনিতে নারিনু রঘুবরে ॥

রাবণের নিকট ইন্দ্রজিতের দ্বিতীয়বার
যুদ্ধে যাইবার অনুমতিগ্রহণ।

এইরূপে ক্রন্দন করয়ে দশানন।
কোনমতে স্থির নাহি হয় একক্ষণ ॥
রাজার ক্রন্দন শুনি কাঁদে সর্ব্বজনা।
কেহ না করিতে পারে কাহারে সান্ত্বনা ॥
তবে ইন্দ্রজিৎ নিজ ক্রন্দন সংবরি।
কহিতেছে দশাননে অহঙ্কার করি ॥
আমি বিদ্যমানে কেন প্রের অন্য জন।
আজ্ঞা কর মোরে আসি শ্রীরাম-লক্ষ্মণ ॥
অনুগ্রহ করি মোরে দেহ পদধূলি।
রামসৈন্য মারিবারে এই আমি চলি ॥
অঙ্গদ সুগ্রীব আর বীর হনূমান্।
বড় বড় বানরের লইব পরাণ।
নল নীল সুষেণে মারিব অবহেলে।
জাম্বুবানে ডুবাইব সাগরের জলে ॥
সুগ্রীব-শ্বশুর সে সুষেণ বেটা বুড়া।
পদাঘাতে করিব তাহার মুণ্ড গুঁড়া ॥
কেশরী বানর সে ঘরপোড়ার বাপ।
যমালয়ে পাঠাইব ক'রে বীর দাপ ॥
মারিব শরভ আদি যত কপিগণ।
বধিব লঙ্কার শত্রু খুড়া বিভীষণ ॥
যত বেটা লঙ্কা আসি করেছে প্রবেশ।
ফিরিয়া সে এক জন না যাইবে দেশ ॥
মেঘনাদ-কথা শুনি রাবণ হর্ষিত।
কোলে করি মেঘনাদে কহিছে ত্বরিত ॥
লঙ্কা-অধিপতি তুমি পুত্র মেঘনাদ।
নর ও বানর মারি ঘুচাও প্রমাদ ॥
কাড়া পড়া ঢাক ঢোল তবোল টীকারা।
তূরী ভেরী জগঝম্প বীণা সপ্তস্বরা ॥
কাঁসী বাঁশী রাক্ষসী ঢাকের পরিপাটী।
দামামা দগড়ে পড়ে লক্ষ লক্ষ কাঠী ॥
ঢেমচা খেমচা বাজে, বাজে করতাল।
টমক খমক তাসা শুনিতে রসাল ॥
বাজে শিঙ্গা ডমরু তম্বুরা জয়ঢাক।
ঝাঁঝরী মোচঙ্গ বাজে মধুর পিনাক ॥
শঙ্খ বাজে ঘণ্টা বাজে মন্দিরা মৃদঙ্গ।
রণশিঙ্গা খঞ্জরী ও গভীর তোরঙ্গ ॥
কোটি কোটি জয়ঢাক ঘোররবে বাজে।
কোটি কোটি জগঝম্প মহাশব্দে বাজে ॥
বেহালা মন্দিরা আর বীণা আদি কত।
কহিতে না পারা যায় তার সংখ্যা যত ॥
অসংখ্য সেতার বাজে কোটি কোটি তক্ষ।
বাদ্যভাণ্ড ঘোর শব্দে ত্রিভুবনে কম্প ॥
তিন কোটি রাক্ষসেতে বাজায় মাদল।
গর্জ্জিয়া পবন যেন যুড়িল বাদল ॥
কটক সাজায়ে বীর যুঝিবারে নড়ে।
মন্দোদরী-জননী তখন মনে পড়ে ॥
মায়ে না কহিয়া যদি যুদ্ধে যাত্রা করি।
অন্ন-জল ত্যজিবেন মাতা মন্দোদরী ॥

ভক্তিভাবে জননীকে প্রণাম করিয়ে।
তবে যাব রণস্থলে মাতৃ-আজ্ঞা লয়ে॥
এত ভাবি ইন্দ্রজিৎ সভক্তি অন্তরে।
মাতার নিকটে বীর চলিল সত্বরে॥
সৈন্য-সেনাপতি যত দ্বারেতে রাখিয়া।
জননীর অন্তঃপুরে প্রবেশিল গিয়া॥
সুবর্ণের খাট-পাট স্বর্ণময় পুরী।
যে পুরীর তুল্য শোভা ভুবনে না হেরি॥
অযুত সতিনীতে বেষ্টিত মন্দোদরী।
তাহার সুখের সীমা কহিতে না পারি॥
নারায়ণতৈলে জ্বলে তিন লক্ষ বাতী।
মন্দোদরী পূজা করে মহেশ-পার্বতী॥
ঝিউড়ী বহুড়ী আর কত শত নারী।
দশ হাজার সতিনী সহ মন্দোদরী॥
অযুত রমণী মেঘনাদের গৃহিণী।
দুই লক্ষ আর যত পুত্রের রমণী॥
আর যত রমণী লঙ্কার একত্তর।
শিব-দুর্গা পূজে মাগো রণজয়ী বর॥
হেনকালে ইন্দ্রজিৎ হলো উপনীত।
পূর্বাচল হ'তে যেন আদিত্য উদিত॥
কিরণে অরুণ যিনি রূপে চন্দ্রকলা।
তাহারে দেখিতে যত স্ত্রীলোকের মেলা॥
প্রণমিল মেঘনাদ মায়ের চরণে।
মন্দোদরী পুলকিত চেয়ে পুত্রপানে॥
শশব্যস্তে উঠি রাণী ধরে দুই হাতে।
লক্ষ লক্ষ চুম্ব দিল মেঘনাদ-মাথে॥
মন্দোদরী বলে, আমি পূজে গঙ্গাধরে।
সেই পুণ্যফলে বৎস! পেয়েছি তোমারে॥
তোমা পুত্র গর্ভে ধ'রে হই পাটরাণী।
চেড়ী হয়ে খাটে দশ হাজার সতিনী॥
শ্রীরাম মনুষ্য নহে বুঝেছি নিশ্চয়।
ফিরে না আইসে রণে যেই বীর যায়॥
পরদার মহাপাপ করে তব বাপ।
সেই অপরাধে এত পাই মনস্তাপ॥
রাম-সীতা রামে দেহ করহ পিরীতি।
মজিল কনক-লঙ্কা নাহি অব্যাহতি॥
বানরে পোড়ায়ে লঙ্কা কৈল ছারখার।
শ্রীরাম মনুষ্য নহে বিষ্ণু অবতার॥
বিভীষণ খুড়া তব গুণের সাগর।
তারে লাথি মারে রাজা সভার ভিতর॥
আনিল রামের সীতা করিয়া হরণ।
অন্যকে রণেতে কেন পাঠায় এখন?
তোমারে কপাট দিয়া রাখিব গৃহেতে।
নর-বানরের যুদ্ধে না দিব যাইতে॥
সীতা ফিরে দিন রাজা শুনুন মন্ত্রণা।
আজি হৈতে দ্বন্দ্ব নাই করহ ঘোষণা॥
মন্দোদরী-বাক্য শুনে মেঘনাদ হাসে।
মায়েরে প্রবোধ দেয় অশেষ-বিশেষে॥
জগতের কর্ত্তা মাতা! হয় মোর বাপ।
অষ্টলোকপালে জিনি দুর্জ্জয় প্রতাপ॥
এতেক বৈভব ভোগ কর কার তেজে?
হেন জনে নিন্দা কর স্ত্রীগণ-সমাজে॥
বামা জাতি হও তুমি তেমতি বচন।
স্বামীনিন্দা মহাপাপ কর কি কারণ?
অতুল ঐশ্বর্য্য ভোগ করেন ইন্দ্রাণী।
শচী জিনে শত গুণে তুমি ঠাকুরাণী॥
স্বর্গ মর্ত্ত্য পাতালেতে যত দেবগণ।
পরদার নাহি করে কোন্ মহাজন?
ইন্দ্র সুরপতি দেখ দেবতার সার।
গুরুপত্নী হরণে কি হৈল দেখ তার॥

গৌতমের শিষ্য হয়ে ইন্দ্র দেবরাজ।
করিল কুৎসিত কর্ম না ভাবিল লাজ॥
সবে বলে দেবরাজ দেবের উত্তম।
যাহার কারণে নারী ত্যজিল গৌতম॥
ব্রাহ্মণের রাজা চন্দ্র জগতে বাখানি।
চন্দ্র কেন হরিলেন গুরুর রমণী?
পড়িবারে গেল চন্দ্র গুরুর আলয়।
তথা হরে গুরুপত্নী মিথ্যা তাহা নয়॥
তবু চন্দ্র রূপেতে জগৎ আলো করে।
পুরুষে এমন পাপ কে বা নাহি করে॥
জগতের প্রধান সে দেবতা পবন।
সেও করেছিল দেখ বানরী-গমন॥
কোন্ জন নাহি করে হেন কদাচার?
মিছে কেন দেহ দোষ পিতারে আমার?
রাম যে মনুষ্যজাতি বড়ই গর্ব্বিত।
আনিল তাহার নারী নহে অনুচিত॥
খর দূষণ মেরে হয়েছে রাম বৈরী।
ভাল করিলেন পিতা আনি তার নারী॥
এই কথা মায়ে যদি দিল পাতিয়ান।
দুই লক্ষ রাণ্ডী তবে দিলেক যোগান॥
কহিছে সকল রাণ্ডী করি যোড়হাত।
নিবেদন করি শুন রাক্ষসের নাথ!
যুদ্ধ করি মৈল আমাদের স্বামিগণ।
শোকেতে আকুল তাই সবার কারণ॥
গগনে যখন হয় দু প্রহর বেলা।
প'ড়ে যায় রাণ্ডীদের হবিষ্যের মেলা॥
লঙ্কাপুরে ঘরে ঘরে জ্বলয়ে তিয়ড়ি।
কহিতে বিদরে বুক নিত্য ফেলি হাঁড়ি॥
ন হাজার নারী তব পরমা সুন্দরী।
করুক তোমার সেবা যত বহুয়ারী॥
সকলেরে তুষ্ট রেখে যাও রণস্থলে।
নর-কপি জিনে এস পরম কুশলে॥
শুভযোগে যাত্রা কৈলে নাহি পরাজয়।
সংসারেতে কেহ যেন বিধবা না হয়॥
বিধবা অসাধ্য কর্ম নাহি ত্রিভুবনে।
আকাশে পাতয়ে ফাঁদ স্বভাবের গুণে॥
বুঝিয়া দেখহ মনে রাক্ষসের পতি।
এক রাঁড়ে মজাইল লঙ্কার বসতি॥
সূর্পণখা রাণ্ডী দেখ হয় তব পিসী।
রাক্ষসী হইয়া সে মানুষে অভিলাষী॥
বয়সের সংখ্যা নাই পাকাইল কেশ।
রামেরে ভুলাতে হলো মনোহর বেশ॥
রাণ্ডীর অসাধ্য কর্ম নাহিক সংসারে।
সংগ্রামেতে যাও বাছা! শুভযাত্রা ক'রে॥
পড়িল রামের যুদ্ধে বড় বড় বীর।
বন্ধু-বান্ধবের শোকে দহিছে শরীর॥
হর-পার্ব্বতীর প্রিয়ভক্ত দশানন।
কেন এসে রক্ষা নাহি করে দুই জন?
উপকার কি করিল শঙ্কর-পার্ব্বতী।
সূর্পণখা মজাইল লঙ্কার বসতি॥
বিলাপ করিয়া কাঁদে লক্ষ লক্ষ নারী।
শ্রাবণের ধারা যেন চক্ষে বহে বারি॥
রাণ্ডীর রোদনে ইন্দ্রজিতের বিষাদ।
সবারে প্রবোধবাক্যে কহে মেঘনাদ;—
কেঁদো না কেঁদো না সবে শোক পরিহর।
স্বর্গেতে গিয়াছে স্বামী বিষাদ সংবর॥
শ্রীরাম-লক্ষ্মণে রণে মারিয়ে এখনি।
নিবাইব সকলের মনের আগুনি॥
এত বলি সকলেরে দিল পাতিয়ান।
মন্দোদরী কহে তবে পুত্র-বিদ্যমান;—

রূপে গুণে বীর তুমি পরমসুন্দর।
দেব-দানবের কন্যা বিবাহ বিস্তর॥
ন হাজার রাণী তব পরমা সুন্দরী।
আজি সেবা করুক ততেক বহুয়ারী॥
রাখ বৎস! মাতৃবাক্য হইয়া সুমতি।
অন্তপুরে থাক বাছা! আজিকার রাতি॥
মন্দোদরী কথা কহে সকরুণ-ভাসে।
বদনে ঝাঁপিয়া বস্ত্র ইন্দ্রজিৎ হাসে॥
যুঝিবারে পিতা মোরে দিলেন আরতি।
কেমনে থাকিব গৃহে না হয় যুকতি॥
সসৈন্যেতে আসিয়াছি যুঝিবারে মনে।
কোন্ লাজে গৃহমাঝে থাকিব এক্ষণে?
করি যে কঠিন যজ্ঞ নামে নিকুম্ভিলা।
ইষ্টদেব অর্চনে হইল এত বেলা॥
যজ্ঞেতে আহুতি গিয়া দিব যে এখনি।
ছোঁবার থাকুক কাজ না হেরি রমণী॥
যাত্রাকালে ছুঁলে নারী পড়িবে প্রমাদ।
এত বলি বিদায় হইল মেঘনাদ॥
ভক্তিভাবে জননীর চরণ বন্দিয়া।
যুঝিবারে ইন্দ্রজিৎ চলিল সাজিয়া॥

ইন্দ্রজিতের দ্বিতীয়বার যুদ্ধে গমন।

বৈসে গিয়া ইন্দ্রজিৎ যজ্ঞ করিবারে।
যোগায় যজ্ঞের দ্রব্য লক্ষ নিশাচরে॥
রক্ত বস্ত্র ভারে ভারে আনিছে তখন।
রক্তবর্ণ পুষ্পমালা সুরক্ত চন্দন॥
শরপত্র রাশি রাশি ঘৃতের কলস।
কালছাগ পালে পালে বহিছে রাক্ষস॥
যজ্ঞশালে শরপত্র বিছায় সকল।
মন্ত্র পড়ি যজ্ঞকুণ্ডে জ্বালিল অনল॥
তীক্ষ্ণ অস্ত্রে ছাগল ছেদিয়া কোটি কোটি।
যজ্ঞের আহুতি দেয় অতি পরিপাটী॥
আতপতণ্ডুল যব পাটি পাটি আনে।
হবিতে মিলিত করি দিতেছে আগুনে॥
রক্তবস্ত্র মাল্য দেয় মাখাইয়া ঘৃতে।
দশ হাজার বিপ্র বসেছে চারি ভিতে॥
অগ্নির দুর্জ্জয় শব্দ মেঘের গর্জ্জন।
বিংশতি যোজন শিখা উঠিল গগন॥
তপ্ত-কাঞ্চনের মত বিপরীত শিখা।
মূর্ত্তিমান হৈয়া অগ্নি এসে দিল দেখা॥
সাক্ষাতে আসিয়া অগ্নি হৈল অধিষ্ঠান।
যব ধান্য দুগ্ধ দধি মধু কৈল পান॥
যে বর চাহিল পেল ইন্দ্রজিৎ সুখে॥
মনের আনন্দে কহে সৈন্যগণে ডেকে॥
রথের সাজন বীর কৈল দুই হাতে।
লাফ দিয়া উঠে গিয়া সংগ্রামের রথে॥
চণ্ডমুণ্ড ছত্রদণ্ড ধরিয়াছে শিরে।
পূর্ব্বদ্বারে উপনীত মার মার ক'রে॥
পূর্ব্বদ্বার আগুলিয়া ছিল নীল-সেনা।
ভঙ্গ দিয়া পলায় বানর অগণনা॥
উঠে পড়ে পলায় পাইয়া সবে ভয়।
মেঘনাদ হাসে বসি রথের উপর॥
বানরের ভঙ্গ দেখি নীল বীর রোখে।
লাফ দিয়া গেল মেঘনাদের সম্মুখে॥
নীল বীর বলে, ওরে বেটা মেঘনাদ।
জীবন্তে ফিরিয়া যাবে না করিও সাধ॥
সুগ্রীব পাইল রাজ্য শ্রীরামের গুণে।
রাবণে বধিয়া রাজ্য দিব বিভীষণে॥
অজেয় সুগ্রীব রাজা অতুলন বল।
গাছ-পাথরেতে বাঁধে সাগরের জল॥

দুকূল সমুদ্র বেঁধে কৈল এক কূল।
রাক্ষস-কটক মেরে করিল নির্ম্মূল॥
জীবনের বাঞ্ছা যদি চাও ইন্দ্রজিৎ।
সবান্ধবে লঙ্কা ছেড়ে পলাও ত্বরিত॥
যে বেটা থাকিবে এই লঙ্কার ভিতর।
পাঠাইবে যমালয় সুগ্রীব বানর॥
ইন্দ্রজিৎ বলে, বেটা! ভ্রমেছিলি বনে।
কেন প্রাণ দিতে এলি রাক্ষসের বাণে?
না জান ধরিতে অস্ত্র কথার আঁটনি।
এক বাণে যমালয়ে পাঠাব এখনি॥
সুগ্রীব বানরা তার কিসের বাখান।
লক্ষ্মণ মানুষ বেটা কত জানে বাণ?
গোটাকত রাক্ষস মারিয়া তোর রাম।
মনেতে করেছ বুঝি জিনেছে সংগ্রাম॥
সেই দিন ম'রে যেত বেটা নাগপাশে।
ভাগ্য হ'তে বেঁচে গেল গরুড়-নিশ্বাসে॥
পক্ষী বেটা আসিয়া দিলেক প্রাণদান।
ধিক্ রে বানরা! তার করিস্ বাখান?
এত যদি কহিলেক রাবণের বেটা।
নীল বানরের বুকে লাগে যেন জাঠা॥
কহিতেছে নীল বীর কোপেতে বিবর্ণ।
তুই না মরিলি মৈল খুড়া কুম্ভকর্ণ॥
আগু পাছু না জানিস্ জাতি নিশাচর।
তুই থাকিতে মরিল তোর সহোদর?
যতেক রাক্ষসগণ আসিল নিকটে।
না জানে ধরিতে অস্ত্র হাতে নাহি আঁটে॥
নাহিক আহার নিদ্রা জাগি সারারাতি।
যাবৎ না মারিব লঙ্কার অধিপতি॥
আজি তোরে মারিয়া মারিব তোর পিতা।
বিভীষণ উপরে ধরাব দণ্ড-ছাতা॥
কুপিল যে ইন্দ্রজিৎ নীলের বচনে।
কোপে গালি পাড়ে বীর যত আসে মনে॥
আজি যদি রহে বেটা! তোমার জীবন।
তবে রাজা করিস্ রাক্ষস বিভীষণ॥
এত বলি মেঘনাদ মেঘে হয় লুকি।
মেঘের আড়ালে যুঝে রাক্ষস ধানুকী॥
আকাশে থাকিয়া করে বাণ বরিষণ।
জর্জ্জর করিয়া বিন্ধে যত কপিগণ॥
খাণ্ডা ডাঙ্গস টাঙ্গী ও ছুরী এক ধারা।
চারি ভিতে পড়ে যেন আকাশের তারা॥
নানা অস্ত্র বানরের পৃষ্ঠে করে পার।
সর্ব্বাঙ্গ বহিয়া পড়ে রুধিরের ধার॥
হস্তপদ কাটে, কপি পড়ে কোটি কোটি।
গড়াগড়ি যায় ভূমে কামড়ায় মাটী॥
পলাইয়া যায় কেহ করে ধ'রে অন্ত।
ছুতা ক'রে পড়ে কেহ সিকটিয়া দন্ত॥
কেহ প'ড়ে সেতুবন্ধে গায়ে মাখে বালি।
দূরে গিয়া কেহ বা রাজারে পাড়ে গালি॥
ভাল ছিল বালি রাজা গুণের সাগর।
আপনার পুত্র সম পালিল বানর॥
বালি রাজার খেয়ে পরিয়া গেল কাল।
এত দিন নাহি ছিল এমন জঞ্জাল॥
আড়াই দিনের মধ্যে পেয়ে ছত্রদণ্ড।
লঙ্কাতে বানর এনে কৈল লণ্ডভণ্ড॥
রাম-সুগ্রীবের আর কিবা উপরোধ।
ইন্দ্রজিৎ-সঙ্গে নাহি করিব বিরোধ॥
কপির ক্রন্দন শুনি ইন্দ্রজিৎ হাসে।
প্রহারে অসংখ্য বাণ থাকিয়া আকাশে॥
বরষে অসংখ্য বাণ আগুনের কণা।
পড়িল যে নীলবীর সহ নিজ সেনা॥

রক্তে নদী বহিছে দেখিতে ভয়ঙ্কর।
বানর সহস্র ক্রোটি পড়ে পূর্ব্বদ্বার ॥
পূর্ব্বদ্বার জিনিয়া কুমার মেঘনাদ।
দক্ষিণ দ্বারেতে গিয়া করে সিংহনাদ ॥
দক্ষিণদুয়ারে কপি কোন্ বীর জাগে ?
পরিচয় কর, যুদ্ধ দেহ মোর আগে ॥
মহেন্দ্র শরভ জাগে অঙ্গদ প্রভৃতি।
মরিতে আসিলি বেটা ! নিশাভাগ রাতি ॥
নাহিক আহার-নিদ্রা নাহি সুখ-আশ।
যাবৎ রাবণ-বংশ না হয় বিনাশ ॥
আজি তোরে মারিয়া মারিব তোর পিতা।
বিভীষণ উপরে ধরাব দণ্ড-ছাতা ॥
ছারখার করিব লুটিয়া লঙ্কাপুরী।
বিভীষণ-কোলে দিব রাণী মন্দোদরী ॥
কোপে ইন্দ্রজিৎ শরভের বাক্য শুনে।
গালি পাড়ে মেঘনাদ যত আসে মনে ॥
আজিকার যুদ্ধে যদি রহে ত জীবন।
তবে রাজা করিস রাক্ষস বিভীষণ ॥
এত বলি মেঘনাদ মেঘেতে লুকায়ে।
বরষে অসংখ্য বাণ বিক্রম করিয়ে ॥
আকাশে থাকিয়া করে বাণ বরিষণ।
জর্জ্জর করিয়া বিন্ধে যত কপিগণ ॥
ব্রহ্ম-অস্ত্র প্রহারে ব্রহ্মার পেয়ে বর।
বাণ ফুটে মূর্চ্ছাগত অসংখ্য বানর ॥
বড় বড় বানর হইল অচেতন।
মহেন্দ্র দেবেন্দ্র পড়ে বালির নন্দন ॥
আশী কোটি কপি পড়ে দক্ষিণ দ্বারেতে।
বানরের রক্তে নদী বহে খর স্রোতে ॥
জিনিয়া দক্ষিণ-দ্বার চলে মেঘনাদ।
উত্তর-দ্বারেতে গিয়া পূরে সিংহনাদ ॥
উত্তর-দ্বারেতে কোন্ কোন্ বেটা জাগে।
পরিচয় দেহ ত দারুণ নিশাযোগে ॥
ধূম্রাক্ষ বানর ছিল রাত্রি-জাগরণে।
ডাকিয়া উত্তর করে মেঘনাদ সনে ॥
অসংখ্য বানর তোর আছে পথ চেয়ে।
আপনি সুগ্রীব রাজা রয়েছে জাগিয়ে ॥
অন্ন জল না খাই না নিদ্রা যাই রেতে।
যাবৎ রাক্ষসবংশ না পারি মারিতে ॥
আজি তোরে মারিয়া মারিব তোর পিতা
বিভীষণ-উপরে ধরাব দণ্ড-ছাতা ॥
কোপে জ্বলে ইন্দ্রজিৎ বানর-বচনে।
গালি পাড়ে মেঘনাদ যত আসে মনে ॥
আজিকার যুদ্ধে আগে বাঁচুক্ জীবন।
তবে রাজা করিস রাক্ষস বিভীষণ ॥
এত বলি মেঘনাদ মেঘেতে লুকায়ে।
বানর-কটক বিন্ধে সন্ধান পূরিয়ে ॥
আকাশে থাকিয়া করে বাণ বরিষণ।
জর্জ্জর করিয়া বিন্ধে যত কপিগণ ॥
মারে কাটে ইন্দ্রজিৎ কেহ নাহি দেখে।
উত্তর-দ্বারেতে কপি পড়ে লাখে লাখে ॥
বানর-কটক পড়ে বীর-চূড়ামণি।
আছুক অন্যের কাজ সুগ্রীব আপনি ॥
রক্তে নদী বহে ঠাট পড়িল বিস্তর।
অসংখ্য বানরে পড়ে সুগ্রীব বানর ॥
মেঘের আড়েতে চলে বীর মেঘনাদ।
পশ্চিম-দুয়ারে গিয়া করে সিংহনাদ ॥
পশ্চিম-দুয়ারে কোন্ কোন্ বীর জাগে।
মরিতে আসিয়া যুদ্ধ দেহ নিশাভাগে ॥
হনুমান্ বীর ছিল রাত্রি-জাগরণে।
ডাকিয়া উত্তর করে মেঘনাদ-সনে ॥

সেনাপতিগণ জাগে নাহি পরিমাণ।
বড় বড় বীর জাগে পর্বতপ্রমাণ ॥
জাগিছে সুষেণবৈদ্য রাজার শ্বশুর।
জাগিতেছে কোটি কোটি বানর প্রচুর ॥
শ্রীরাম-লক্ষ্মণ জাগে সংসার-পূজিত।
আমি হনুমান্ জাগি শুন ইন্দ্রজিৎ।
নাহিক আহার-নিদ্রা জাগি দিবারাতি।
যাবৎ না মারি সেই লঙ্কা-অধিপতি ॥
তোরে বধ করিয়া বধিব তোর পিতা।
বিভীষণ-উপরে ধরাব দণ্ড-ছাতা ॥
বিভীষণে সমর্পিব স্বর্ণ-লঙ্কাপুরী।
কেলি করিবারে দিব রাণী মন্দোদরী ॥
এত শুনি মেঘনাদ মহাকোপ মনে।
হনুমানে গালি পাড়ে যত আসে মনে ॥
রাম-তরে ডাক দিয়া বলে মেঘনাদ।
দেশেতে জীবন্তে যাবে না করিও সাধ ॥
ইন্দ্রজিৎ নাম মোর ত্রিভুবনে জানে।
কোন্ বেটা নিস্তার পাইবে মোর বাণে?
এত বলি লুকাইল মেঘের আড়ালে।
আকাশ হইতে বাণ ঝাঁকে ঝাঁকে ফেলে ॥
আকাশে থাকিয়া বাণ করে বরিষণ।
জর্জ্জর করিয়া বিন্ধে শ্রীরাম-লক্ষ্মণ ॥
শেল শূল মুষল মুদগর এক ধারা।
চারিদিকে পড়ে যেন আকাশের তারা ॥
জাঠা জাঠি ঝকড়া কণিকা এক ধার।
বরষণ করে আর বলে মার মার ॥
রামেরে যতেক বিন্ধে তাহা নাহি মানে।
সহ সহ বলি তবে ডাকেন লক্ষ্মণে ॥
বজ্রের সমান বান অসংখ্য বরষে।
পড়িল লক্ষ্মণ বীর শ্রীরামের পাশে ॥
খুরুপার্শ্ব অর্দ্ধচন্দ্র দুই বাণ-নাম।
সেই দুই বাণ ফুটে পড়িল শ্রীরাম ॥
চারিদ্বারে পড়ে ঠাট শ্রীরাম-লক্ষ্মণে।
রাজপ্রসাদ লৈতে চলিল পিতৃস্থানে ॥
আগুসারি পথে পড়ে চন্দনের ছড়া।
তাহার উপরে পাতে নেতের পাছড়া ॥
হস্তেক-প্রমাণ পড়ে পুষ্প পারিজাত।
আজ্ঞা পেয়ে পবন সুগন্ধি বহে বাত।
দাঁড়ায় পিতার আগে বীর-অবতার।
পিতার চরণে মাথা নমি তিনবার ॥
কহিল সকল যত করিল সংগ্রাম।
পড়িল সকল সৈন্য সহিত শ্রীরাম ॥
পড়িল লক্ষ্মণ আর বীর হনুমান।
বানর-কটক পড়ে নাহি পরিমাণ ॥
সুগ্রীব অঙ্গদ পড়ে নীল সেনাপতি।
পড়িল সে জাম্বুবান ভল্লুক প্রভৃতি ॥
গন্ধমাদন শরভ সুষেণাদি বীর।
সমুদ্রের কূলে সব লুটায় শরীর ॥
চারি দ্বারে পড়িযাছে বানরের থানা।
আজি রণে জীবন্ত নাহিক এক জনা ॥
সুগ্রীব বানরে আর নাহি তব ডর।
ঘরপোড়া বানর গিয়াছে যমঘর ॥
হরিষে যুদ্ধের কথা কহে মেঘনাদ।
চুম্ব দিয়া রাবণ করিল আশীর্বাদ ॥
রাজার প্রসাদ পুত্র পাইল বিস্তর।
বিচিত্রনির্ম্মাণ দিল রত্নের টোপর ॥
বলয় কঙ্কণ দিল মাণিক রতন।
পঞ্চশব্দে বাদ্য বাজে না যায় গণন ॥
নানা রত্ন ধন দিল মস্তকের মণি।
ইন্দ্র-বিদ্যাধরী দিল সহস্র কামিনী ॥

কত ধন দিল রাজ্য করি লণ্ডভণ্ড ।
সবে মাত্র নাহি দিল নব ছত্রদণ্ড ॥
রাজপ্রাসাদ পেয়ে প্রবেশে অন্তঃপুরী ।
রাণীগণ লৈয়া গৃহে খেলে পাশাসারি ॥
চারি দ্বারে পড়ে সৈন্য শ্রীরাম-লক্ষ্মণ ।
রক্ষা পায় বিভীষণ পবননন্দন ॥
দুই জনে অমর ব্রহ্মার পেয়ে বর ।
না মরিল দুই জন বানর-ভিতর ॥
চিন্তিয়া গণিয়া দোঁহে যুক্তি কৈল সার ।
রাম-লক্ষ্মণে জীয়াতে কৈল প্রতীকার ॥
দুই বীর ফিরিছে দেউটী হাতে করি ।
চারিদিকে দেখিতেছে কপি আছে মরি ॥
সুগ্রীব রাজা পড়েছে লয়ে রাজ্যখণ্ড ।
ছত্রিশ কোটি সেনার লুটাইতেছে মুণ্ড ॥
পূর্ব্বদ্বারে শত কোটি বানর-সংহতি ।
হাতে গাছ পড়িয়াছে নীল-সেনাপতি ॥
পড়েছে অঙ্গদবীর দক্ষিণ-দুয়ারে ।
বাণেতে অবশ অঙ্গ মূর্চ্ছিত শরীরে ॥
পড়িয়া পশ্চিম-দ্বারে শ্রীরাম-লক্ষ্মণ ।
দেখিয়া মাথায় হাত কাঁদে দুই জন ॥
শব্দ নাহি স্তব্ধ অঙ্গ দুজনে মূর্চ্ছিত ।
নাড়িয়া চাড়িয়া দেখে নাহিক সংবিৎ ॥
বাণ ফুটে পড়িয়াছে মন্ত্রী জাম্বুবান্ ।
না পারে মেলিতে চক্ষু বুকে পড়ে টান ॥
বিভীষণ বলে, তুমি বলে মহাবলী ।
উঠিয়া মন্ত্রণা কর আর কারে বলি ॥
জাম্বুবান বলে মোর অঙ্গে লক্ষ বাণ ।
না পারি মেলিতে চক্ষু বক্ষে পড়ে টান ॥
হনুমানে জানিলাম কথার আভাসে ।
বিভীষণ আসিয়াছে আমার সম্ভাষে ॥

জাম্বুবান বলে, তুমি ধার্ম্মিক সুজন ।
তত্ত্ব ক'রে দেখ কোথা পবননন্দন ॥
দুজনে মন্ত্রণা করি ভাবহ উপায় ।
ইন্দ্রজিৎ-বাণে সবে রক্ষা কিসে পায় ॥
বিভীষণ বলে, তুমি বুদ্ধি-বৃহস্পতি ।
ইন্দ্রজিৎ-বাণে তব ছন্ন হৈল মতি ॥
শ্রীরাম-লক্ষ্মণ পড়ে জগৎ-পূজিত ।
এ সময় কেন নাহি চিন্তা কর হিত ?
পড়েছে সুগ্রীব রাজা বানরের পতি ।
কি হবে উপায় কিছু কর অবগতি ॥
এবে সে জানিনু আমি তোমার চরিত্র ।
পবননন্দন বিনা নাহি তব মিত্র ॥
জাম্বুবান্ বলে মোর বুদ্ধি নাহি ঘটে ।
হনুমানে ডেকে দেহ আমার নিকটে ॥
অন্য অন্য অন্বেষণে নাহি প্রয়োজন ।
দেখ আগে কোথা আছে পবননন্দন ॥
চেতন থাকয়ে যদি তাহার শরীরে ।
প্রাণদান দিবেক সকল মহাবীরে ॥
বিভীষণ বলে, দেখ মেলিয়া নয়ন ।
তোমা সম্ভাষিতে আসিয়াছে হনুমান্ ॥
হনুমান্ জাম্বুবানের বন্দিল চরণ ।
মৃদুভাসে জাম্বুবান্ বলিছে তখন ;—
পড়েছেন কপিগণ শ্রীরাম-লক্ষ্মণ ।
ঔষধ আনিলে তুমি জীয়ে সর্ব্বজন ॥
অন্তরীক্ষে যাইবে পবনে করি ভর ।
অতি উচ্চ হিমালয় পর্ব্বতশিখর ॥
ঋষ্যমূক পর্ব্বত সে হিমালয়-পার ।
ধবল পর্ব্বত শ্বেত ধবল আকার ॥
তাহার দক্ষিণ-পূর্ব্বে পর্ব্বত কৈলাস ।
ঋষভমকালেতে আছে ঔষধ নির্য্যাস ॥

চারি বৃক্ষ আছয়ে ঔষধ চারি জাতি।
অন্ধকারে আলো করে ঔষধের জ্যোতি ॥
বিশল্যকরণী এক সর্বলোকে জানি।
দ্বিতীয় ঔষধ নাম মৃতসঞ্জীবনী ॥
তৃতীয় ঔষধ আছে অস্থিসঞ্চারিণী।
চতুর্থ ঔষধ নাম সুবর্ণকরণী ॥
আনিতে ঔষধ যদি পার রাতারাতি।
চারি যুগে থাকিবেক তোমার সুখ্যাতি।
নাহিক এ সব কথা বাল্মীকি-রচনে।
বিস্তারিয়া লিখিত অদ্ভুত রামায়ণে ॥
এক রামায়ণ শত সহস্র প্রকার।
কে জানে প্রভুর লীলা কত অবতার ॥

ঔষধ আনয়নার্থ হনুমানের যাত্রা

জাম্বুবান্ হনুমানে দিলেন বিদায়।
ঔষধ আনিতে বীর হনুমান যায় ॥
উভলেজ করিয়া সারিল দুই কান।
এক লাফে আকাশে উঠিল হনুমান ॥
মহাশব্দে চলিল পবনে করি ভর।
লেজের সাপটে উড়ে পর্বত পাথর ॥
দশ যোজন হইল আড়ে পরিসর।
দীর্ঘেতে যোজন ত্রিশ চমকে অমর ॥
লাঙ্গুল বাড়ায়ে কৈল যোজন পঞ্চাশ।
সারিয়া তুলিল লেজ ঠেকিল আকাশ ॥
নিমিষেতে সাগর হইয়া গেল পার।
সরা গোটা জ্ঞান করে সকল সংসার ॥
নদ নদী এড়াইল কন্দর পাহাড়।
কত বন উপবন হয়ে গেল পার ॥
নানা তীর্থক্ষেত্র কত মুনির বসতি।
বারো বৎসরের পথ যায় এক রাতি ॥
হিমালয় পর্ব্বত ছাড়য়ে শীঘ্রগতি।
কৈলাস পর্ব্বত দেখে ধবল আকৃতি ॥
ঋষ্যমুক পর্বতে উঠিলেন হনুমান্।
ঔষধের গন্ধ পেয়ে রহে সেই স্থান ॥
ঔষধের গন্ধেতে সুগন্ধি বায়ু বহে।
সন্ধান পাইয়া বীর সেইখানে রহে ॥
শিখরে শিখরে ফিরে পবন-নন্দন।
চারি জাতি ঔষধ না পায় দরশন ॥
দেবমূর্ত্তি ঔষধ কি দিব তার লেখা।
কারে হয় অদর্শন কারে দেয় দেখা ॥
ঔষধ না পায় বীর রজনী বিস্তর।
মনে মনে চিন্তা তবে করে বীরবর ॥
মনে মনে হনু তবে করে অনুমান।
বাণ খেয়ে বুদ্ধি গেছে বুড়া জাম্বুবান্ ॥
অন্বেষিয়া পর্ব্বত করিনু পাতি পাতি।
চারি জাতি ঔষধ না পাই এক জাতি ॥
অকারণে আসিলাম ভল্লুকের বোলে।
এত দুঃখ বিধাতা কি লিখিল কপালে ?
বুদ্ধিমান্ হনুমান্ বিচারে পণ্ডিত।
সাত পাঁচ ভাবি মনে স্থির করে চিত ॥
ব্রহ্মার নন্দন বীর জানে বহু জ্ঞান।
সর্বলোকে বলে মহামন্ত্রী জাম্বুবান ॥
তার বাক্য মিথ্যা নহিবেক কোন কালে।
পর্বত চাতুরী ক'রে ঔষধ লুকালে ॥
সাধে কি তোমার পাখা কাটে পুরন্দর।
আমারে ভাবিলে তুমি বনের বানর ॥
পরিহাস কর তুমি বিপত্তির কালে।
উপাড়িয়া ফেলে দিব সাগরের জলে ॥
সুগ্রীবের চর আমি শ্রীরামের দাস।
আমার সঙ্গেতে তুমি কর পরিহাস ?

কৃত্তিবাস পণ্ডিতের মধুর ভারতী।
যার কণ্ঠে বিরাজেন দেবী সরস্বতী॥

হনুমান্ যোড়করে, পর্ব্বতের স্তব করে,
বলে শুন শুন গিরিবর !
পাব ব'লে মহৌষধ, লঙ্ঘিয়া পর্ব্বত নদী,
দুঃখ পেয়ে এসেছি বিস্তর॥
মেরুগণ যত আছে, তুল্য নহে তব কাছে,
তুমি মেরু সুমেরু সমান।
শ্রীরাম-লক্ষ্মণ রণে, পড়েছেন দুই জনে,
অপাঙ্গে ঔষধ কর দান॥
সুগ্রীব অঙ্গদ নল, আর যত মহাবল,
প'ড়ে আছে মৃতদেহ প্রায়।
তুমি হয়ে দয়াবান্ মহৌষধি কর দান,
বাঁচে সবে তোমার কৃপায়॥
শুন হিত উপদেশ, রজনী হইল শেষ,
যেতে হবে সাগরের পার।
শুন মেরু গুণনিধি, দেখাইয়া মহৌষধি,
করহ রামের উপকার॥
এরূপ অঞ্জনাসুত, স্তব করে শত শত,
পর্ব্বত না মানে উপরোধ।
রামপদ অভিলাষে, বিরচিত কৃত্তিবাসে,
হনুমানের উপজিল ক্রোধ॥

হনুমান্ কর্তৃক ঔষধ আনয়ন ও শ্রীরাম-লক্ষ্মণ এবং বানরগণের পুনর্জ্জীবনপ্রাপ্তি।

এত পরিশ্রমে হনূ ঔষধ না পায়।
কোপে কড়মড় দন্ত কটমট চায়॥
হনুমান্ বলে আমি শ্রীরামের দাস।
না দিল ঔষধ বেটা করে উপহাস॥
ক্ষুদ্র তুই প্রস্তর পর্বত কেটা বলে।
তোর মত কত শত ডুবায়েছি জলে॥
এত বলি ধরি টানে পবননন্দন।
চড় চড় শব্দ ছিঁড়ে লতার বন্ধন॥
বড় বড় বৃক্ষ সব উপাড়িয়া পড়ে।
পালে পালে বন্যজন্তু ধায় উভরড়ে॥
কত শত ঋষির হ'ল তপোভঙ্গ।
সিংহের উপরে চেপে পড়িছে মাতঙ্গ॥
শার্দ্দুল উপরে পড়ে কুকুর-শৃগাল।
নেউল মূষিক সাপ একত্র মিশাল॥
ভূত প্রেত পিশাচ পলায় লয়ে প্রাণ।
আতঙ্কেতে যক্ষ বলে রক্ষ ভগবান্॥
প্রলয় পাড়িল পলাবার নাহি পথ।
মূর্তিমান্ হয়ে দেখা দিলেন পর্বত॥
ঋষিরূপে আসি হনুমানের সাক্ষাতে।
জিজ্ঞাসিল হনুমানে মধুর বাক্যেতে॥
কে তুমি কোথায় থাক বীর-চুড়ামণি ?
পর্বত ধরিয়া কেন কর টানাটানি॥
হনুমান বলে আমি পবনের সুত।
সুগ্রীবের অনুচর শ্রীরামের দূত॥
হরেছে রামের সীতা দুষ্ট দশানন।
রঘুনাথ করেছেন সাগর বন্ধন॥
লঙ্কাতে হয়েছে যুদ্ধ শ্রীরাম-রাবণে।
পড়েছেন রঘুনাথ ইন্দ্রজিৎ-বাণে॥
রঘুনাথ মূর্চ্ছাগত ঠাকুর লক্ষ্মণ।
সুগ্রীব অঙ্গদ আদি যত কপিগণ॥
অচৈতন্য হয়ে সবে আছে লঙ্কাপুরে।
জাম্বুবান্ পাঠাইল ঔষধের তরে॥
মহৌষধি আছে এই পর্বত-উপরে।
না দিল ঔষধ মেরু কোন্ অহঙ্কারে ?

প্রাণপণে করিব রামের উপকার।
পর্ব্বত লইয়া যাব সাগরের পার॥
ঋষি বলে, ক্ষান্ত হও পবননন্দন।
আমি দেখাইয়া দিব ঔষধের বন॥
এত বলি সঙ্গে করি লয়ে সেইখানে।
দেখাইয়া দিল গিয়া ঔষধ যেখানে॥
চারি জাতি ঔষধ লইয়া হনূমান্।
উভলেজ করিয়া সারিল দুই কান॥
লাফ দিয়া বীর গিয়া উঠিল আকাশে।
লঙ্কাপুরে উপনীত চক্ষুর নিমিষে॥
বিশল্যকরণী আর সুবর্ণকরণী।
অস্থিসঞ্চারিণী আর মৃতসঞ্জীবনী॥
এই চারি ঔষধ লইয়া হনূমান।
চারিদ্বারে ভ্রমণ করয়ে স্থানে স্থান॥
চারি ঔষধের ঘ্রাণ যত দূর যায়।
বানর-কটক সব উঠিয়া দাঁড়ায়॥
নিদ্রাভঙ্গে উঠে যেন মেলিয়া নয়ন।
সেইরূপে উঠিলেন শ্রীরাম-লক্ষ্মণ॥
সুগ্রীব উঠিল বানরের অধিপতি।
দ্বিবিদ কুমুদ উঠে সৈন্যের সংহতি॥
নল-নীল উঠিল অঙ্গদ যুবরাজ।
গয় ও গবাক্ষ উঠে কটক-সমাজ॥
যার নাকে লাগে অস্থিসঞ্চারিণী-গুঁড়া।
কটকের হাত পা আসিয়া লাগে যোড়া॥
অস্থিসঞ্চারিণী-গন্ধ প্রবেশয়ে নাকে।
চারি দ্বারের বানর উঠে ঝাঁকে ঝাঁকে॥
সুবর্ণকরণী-গন্ধ সুকোমল অতি।
সুন্দর শরীর হৈল পূর্ব্বের আকৃতি॥
সকল বানর উঠে দিয়া অঙ্গ ঝাড়া।
হনূমানে কহে সবে হাত করি যোড়া॥
তোমার সমান বীর ত্রিভুবনে নাই।
তোমার প্রসাদে সবে ম'লে প্রাণ পাই॥

লঙ্কার দ্বার রুদ্ধ দেখিয়া শ্রীরামের মন্ত্রণা ও লঙ্কা দগ্ধ করিতে অনুমতিদান।

রাম বলে, হনূমান! যে গুণ তোমার।
শত যুগে শোধিতে নারিব তব ধার॥
কি দিব প্রসাদ বল আছে কিবা ধন।
হনূমানে কোল দিল শ্রীরাম-লক্ষ্মণ॥
রাম বলে, হনূমান্! তুমি ভক্ত বীর।
তোমাতে আমাতে ভেদ নাহিক শরীর॥
সর্ব্বজনে করে হনূমানের বাখান।
হনূমান্ হ'তে সবে পেল প্রাণদান॥
রামজয় শব্দে কপি ছাড়ে সিংহনাদ।
লঙ্কাতে রাবণ রাজা গণিল প্রমাদ॥
রাবণ বলে নিয়তি কে পারে নাড়িতে?
লঙ্কাপুরী বিনাশিবে নর-বানরেতে॥
শ্রীরাম-লক্ষ্মণ মৈল যত সেনাপতি।
এখনি উঠিল বেঁচে না পোহাতে রাতি॥
মোর সেনা মরিলে না বাঁচে এক জন।
বারে বারে মরে বাঁচে শ্রীরাম-লক্ষ্মণ॥
হেন বীর নাহি মোর লঙ্কার ভিতর।
মারে রাম-লক্ষ্মণ ও সুগ্রীব-বানর॥
মরিয়া না মরে রাম এ কেমন বৈরী।
বীরশূন্য হইল কনক-লঙ্কাপুরী॥
হেন ছার যুদ্ধে আর নাহি প্রয়োজন।
থাকিব কপাট দিয়া প্রাণ বড় ধন॥
প্রবেশিতে লঙ্কাপুরে নাহি দিব বাট।
লঙ্কাপুরে চারি দ্বারে দেহ ত কপাট॥

রাজার আদেশ পেয়ে যত নিশাচরে।
লঙ্কাপুরে কপাট দিলেক চারি দ্বারে॥
সোনার কপাট খিল ভয়ঙ্কর অতি।
নাহি তাহে চন্দ্র-সূর্য্য-পবনের গতি॥
পাঁচ দিন দ্বারের কপাট নাহি খুলে।
হাসিয়া সুগ্রীব রাজা সবাকারে বলে॥
দুয়ারে কপাট দিয়া রহিল রাবণ।
মনে কি ভেবেছে বেটা জিনিয়াছে রণ?
এতেক ভাবিয়া মনে বানরের পতি।
পশ্চিম-দুয়ারে গেল মন্দ মন্দ গতি॥
বসেছেন রঘুনাথ সমুদ্রের তটে।
চৌদিকে বানরগণ লক্ষ্মণ নিকটে॥
হনুমান্ জাম্বুবান্ আর বিভীষণ।
কৃতাঞ্জলি হইয়া আছেন তিন জন॥
উপনীত হয় আসি সুগ্রীব রাজন্।
সম্ভ্রমে বন্দিলা আসি রামের চরণ॥
লক্ষ্মণের পাদপদ্ম বন্দিলেন শিরে।
জিজ্ঞাসেন শ্রীরাম সুগ্রীব মহাবীরে॥
কি মন্ত্রণা করিছে লঙ্কার অধিকারী।
চারিদ্বারে কপাট রেখেছে বন্ধ করি॥
পাঁচ দিন হৈল কেন নাহি দেয় রণ।
বলহ সুগ্রীব মিতা! ইহার কারণ॥
সুগ্রীব বলেন, প্রভু না জানি সংবাদ।
করেছে কপাট বন্ধ গণিয়া প্রমাদ॥
শ্রীরাম বলেন, শুন মন্ত্রী জাম্বুবান্।
চিন্তিয়া মন্ত্রণা কর যে হয় বিধান॥
জাম্বুবান্ বলে, প্রভু! পাঠায়ে বানরে।
লঙ্কায় আগুন দেহ প্রতি ঘরে ঘরে॥
এতেক শুনিয়া তবে সুগ্রীব রাজন্।
বড় বড় বানরে পাঠায় ততক্ষণ॥

সুগ্রীবের আজ্ঞা পেয়ে অসংখ্য বানর।
লাফে লাফে পড়ে গিয়া লঙ্কার ভিতর॥
একে লঙ্কাপুরী তাহে বানরের জাতি।
আঁচড় কামড় মারে ধরিয়া যুবতী॥
অন্তঃপুর-নারী দেখে বানরের রঙ্গ।
কাপড় কাড়িয়া লয় করিয়া উলঙ্গ॥
অঞ্চলে ধরিয়া দন্ত খিচাইয়া উঠে।
বস্ত্র ফেলে যুবতী পলায় সব ছুটে॥
কিচ কিচ্ দন্ত করে খিল খিল হাসি।
ভাণ্ডার হইতে আনে ঘৃতের কলসী॥
কারে মারে লাথি কীল কারে মারে চড়।
নারায়ণ-তৈলের কলসী লয়ে রড়॥
বাহির-বাড়ীতে দিতে গেল সমাচার।
তিন লাফে প্রাচীর হইয়া আসে পার॥
নারায়ণ-তৈল ঘৃত কলসী কলসী।
আনে বস্ত্র পর্ব্বতপ্রমাণ রাশি রাশি॥
এইরূপে দুর্জ্জয় বানর কোটি কোটি।
সন্ধ্যাকালে লক্ষ লক্ষ জ্বালিল দেউটি॥
একে চায় তাহে আজ্ঞা পাইল বানর।
লাফে লাফে প্রবেশিল লঙ্কার ভিতর॥
একেক বানর লয় দুইটি মশাল।
অগ্নি দিয়া পোড়ায় লঙ্কার চালে চাল॥
অগ্নিতে পুড়িয়া পড়ে বড় বড় ঘর।
পরিত্রাহি ডাক ছাড়ে লঙ্কার ভিতর॥
উলঙ্গ হইয়া কেহ পলাইল ডরে।
লাফ দিয়া পড়ে কেহ জলের ভিতরে॥
অনেক পুড়িল ঘর আগুনের ঝাঁপে।
কেহ বা পলায়ে যায় বাপ বাপ ব'লে॥
লঙ্কার ভিতরে যত ছিল বিদ্যাধরী।
জলেতে প্রবেশ করে বলে মরি মরি॥

অঙ্গ ডুবাইয়া মুখ ভাসাইল জলে।
সরোবরে শোভে যেন শত শতদলে ॥
দুয়ারে থাকিয়া দেখে হনূ মহাবলী।
দেউটির অগ্নি দিয়া পোড়াইল চুলি ॥
জলেতে ডুবায়ে অঙ্গ জাগাইছে মুখ।
মুখে অগ্নি দিয়া হনূ দেখিছে কৌতুক ॥
ডুবিয়া থাকিল ত্রাসে জলের ভিতরে।
জল খেয়ে তারা সব পেট ফুলে মরে ॥
ত্রিশ কোটি রমণীর পোড়ায়ে বদন।
লাফ দিয়া উঠে চালে পবননন্দন ॥
আগে পাছে অগ্নি দেয় করে তাড়াতাড়ি।
বালক যুবক পুড়ে কত বুড়া-বুড়ী ॥
সৈন্য-সামন্তের ঘর পোড়ে সারি সারি।
পাত্রমিত্রগণের পুড়িল কত পুরী ॥
রত্নময়-নির্ম্মাণ সুন্দর সব ঘর।
লেখাজোখা নাই ঘর পুড়িল বিস্তর ॥
লঙ্কাপুরে যত ছিল মণি রত্ন ধন।
রত্নরাজি-নির্মিত অসংখ্য আভরণ ॥
বহুদূরে থাকিতে অগ্নির শব্দ শুনি।
বানর-কটক ঘরে দিতেছে আগুনি ॥
পর্বতপ্রমাণ অগ্নি ভয়ঙ্কর দেখি।
পিঞ্জর সহিত পোড়ে পোষনিয়া পাখী ॥
শারী শুক কাকাতুয়া সারস সারসী।
নানাজাতি বিহঙ্গ পুড়িল রাশি রাশি ॥
হাতী ঘোড়া গেল পোড়া কত লাখে লাখ।
পলাতে না পারে ডাকে বিপরীত ডাক।
কত শত ময়ূর পুড়িল ঝাঁকে ঝাঁক।
কুক্কুট-আকৃতি হৈল পোড়া গেল পাখ ॥
নানাজাতি পোষা-জন্তু পালে পালে পোড়ে।
প্রাণভয়ে কেহ বা পলায় উভরড়ে ॥

বানরেতে পর্বত বরষে ঝাঁকে ঝাঁকে।
শ্রবণ বধির হৈল আগুনের ডাকে ॥
অঙ্গদ বলেন, শুন পবনকুমার।
চারি জন রাখহ লঙ্কার চারি দ্বার ॥
ব'সে থাক চারি দ্বারে দেউটি জ্বালিয়া।
রাক্ষস আইলে দেহ মুখ পোড়াইয়া।
ভিতরেতে আগুন বাহিরে যেতে চায়।
পলাইতে নারে মুখ বানরে পোড়ায় ॥

কুম্ভ-নিকুম্ভাদির যুদ্ধ ও পতন।

রাবণ বলে, না সহে প্রাণে অপমান।
থাকিলে কপাট দিয়া নাহিক এড়ান।
বানর পোড়ায় ঘর যুদ্ধ হইল সার।
যুদ্ধ বিনা নিস্তার নাহিক দেখি আর ॥
কুম্ভ ও নিকুম্ভ কুম্ভকর্ণের নন্দন।
ডাক দিয়া আনাইল রাজা দশানন ॥
দুই ভাই আসিয়া রাজারে নমে মাথা।
রাবণ বলে, দেখহ! লঙ্কার অবস্থা ॥
বিক্রমেতে অতুল তুলনা দুটি ভাই।
ত্রিভুবন পরাভব তোমা দোহা ঠাঁই ॥
আমি জয়ী তোমার পিতার বাহুবলে।
কুম্ভকর্ণ-শোকে আমি ভাসি অশ্রুজলে ॥
কুম্ভকর্ণ বিনা লঙ্কাপুরী শূন্যাকার।
নর-বানরের হাতে নাহিক নিস্তার ॥
ইন্দ্র-যুদ্ধে উদ্ধারিল তোমাদের পিতে।
তোমরা রাখহ নর-বানরের হাতে ॥
সেই পুত্র জন্মায়ে কুলের অলঙ্কার।
পিতৃশত্রু মারিয়া শোধয়ে পিতৃ-ধার ॥
রাজাজ্ঞা পাইয়া দোঁহে রথে গিয়া চড়ে।
হাতী ঘোড়া ঠাট সৈন্য নড়ে মুড়ে মুড়ে ॥

সৈন্যের পায়ের ভরে কম্পিতা মেদিনী।
দোঁহার সঙ্গেতে ঠাট আট অক্ষৌহিণী॥
সংগ্রাম করিতে যাত্রা করে দুই বীর।
দেখাদেখি হৈল গিয়া গড়ের বাহির॥
দুর্জ্জয় শরীর যেন পর্ব্বত-আকার।
পশ্চিম-দুয়ারে গেল করি মার মার॥
রাক্ষস-বানর-ঠাট মিশামিশি হৈল।
বৃক্ষাদি লইয়া কপি যুঝিবারে এল॥
তবে দুই দল, কোপেতে পাগল,
পরস্পরে হারাহারি।
অনল-নিকরে, বিরল তিমিরে,
করিতেছে মারামারি॥
যত নিশাচর, ধরি ধনুঃশর,
কাঠার কুঠার ফিরি।
বানর-উপরে, সম্প্রহার করে,
চক্র-গদা অসি ধরি॥
তাহে কারো মুণ্ড কারো ভুজদণ্ড,
কারো বুক ফাটে বলে।
কারো উরুমূল, কাহারো লাঙ্গুল,
কারো হস্তপদ গলে॥
কোন জনে শর, বিন্ধিয়া জর্জ্জর,
করিতেছে কোন জন।
কারো গদাঘাতে, ভাঙ্গে বুক হাতে,
খড়্গে করি বিদারণ॥
তাহে কপি সব, করি ঘোর রব,
গিরি তরু শিলাগণ।
ফেলি ফেলি মারে, রাক্ষস-উপরে,
করে উল্কা নিক্ষেপণ॥
তাহে চূর্ণ করে, কত রাত্রিচরে,
কারো ভাঙ্গে শির বুক।
কারো উল্কানলে, দহে মুণ্ড গলে,
কারো মুখে সকৌতুক॥
কেহ মুষ্টিপাতে, ভাঙ্গে কারো মাথে,
বুক ভাঙ্গে পদাঘাতে।
দশন নখরে, বিদারণ করে,
বুক পাশ পেট মাথে॥
কাহারো ঘোড়ারে, আছাড়িয়া মারে,
কোন কপি কারো গজে।
কেহ মারি লাথে, ভাঙ্গে কারো রথে,
সসারথি হয় ধ্বজে॥
কত নিশাচর, ত্যজি অসি শর,
হাতাহাতি রণ করে।
কেহ মারে চড়, কেহ বা চাপড়,
কেহ মুটকী প্রহারে॥
পাঁচ সাত জন, রাক্ষস মিলন,
ধরি এক কপিবরে।
অস্ত্রাদি প্রহারে, ছিন্ন-ভিন্ন করে,
কাহারো পরাণ হরে॥
সেই অনুসারে, এক নিশাচরে,
অনেক বানর ধরি।
মারে চড় কীল, বহুতর শিল,
বিদারয়ে নখে করি॥
এরূপ তুমুল, সমরে ব্যাকুল,
কান্দে কপি জাম্বুবান্।
মলো রে মলো রে, গেল রে গেল রে,
আর না রহিল প্রাণ॥
বড় বীর সব, করি ঘোর রব,
কহিতেছে বার বার।
ধর ধর ধর, মার মার মার,
না রাখিব রিপু আর॥

এই ত প্রকারে, তুমুল সমরে,
মাতিয়া কোপের ভরে।
কবিবর ভণে, রাম দশাননে,
সেনা হানাহানি করে॥
তার মধ্যে বজ্রকণ্ঠ নামে নিশাচর।
মারিলেক গাঢ় গদা অঙ্গদ-উপর॥
কিছু কাল কাঁপি তাহে কপীন্দ্রকুমার।
সুস্থ হয়ে শীঘ্র পুনঃ কৈল আগুসার॥
করে ধরি একখান শিখরি-শিখর।
মারিলেক বজ্রকণ্ঠ মস্তক-উপর॥
তাহার প্রহারে বাণ পরিত্যাগ করি।
বজ্রকণ্ঠ বীর পড়ে বসুধা-উপরি॥
তাহা দেখি কোপেতে কম্পিত সকম্পন।
রণে প্রবেশিল করি রথে আরোহণ॥
সেও বেগে বৃষ্টি করি বাণ বহুতর।
অঙ্গদের অঙ্গগণে করিল জর্জ্জর॥
শক্রসুত-সুত সহি সে সকল শরে।
লাফায়ে উঠিল তার রথের উপরে॥
তার কর হইতে কোদণ্ড কাড়ি লয়ে।
চরণ চাপড়ে তারে ফেলিল ভাঙ্গিয়ে॥
পদাঘাতে রথখান করি প্রমথন।
নাশিল রথের করী তুরঙ্গমগণ॥
স্যন্দন ছাড়িয়া তবে সেই সকম্পন।
আকাশে উঠিল খড়্গ করিয়া ধারণ॥
তাহা দেখি মহাবল বালির নন্দন।
লম্ফ দিয়া তার পাছে করিল ধাবন॥
কিঞ্চিত দূরেতে তারে করে করি ধরি।
হাতের খড়্গ তার বলে লয় কাড়ি॥
তবে সিংহ-নিনাদ করিয়া কুতূহলে।
সেই খড়্গ ধরি কোপ কৈল তার গলে॥
তাহে ছিন্ন হয়ে সেও যেন উপবীত।
আকাশ হইতে হৈল ভূতলে পতিত॥
তবে সিংহনাদ করি বালির কুমার।
ভূতলে নামিল শব্দ করি মার্ মার্॥
তবে শোণিতাক্ষ বীর লৌহগদা ধরি।
উপস্থিত হইল অঙ্গদ বরাবরি॥
প্রজঙ্ঘ যূপাক্ষ নামে আর দুই জন।
রথে চড়ি তার কাছে করিল ধাবন॥
শ্রীমৈন্দ দ্বিবিদ দুই বীর তা দেখিয়া।
অঙ্গদের দুই পাশে দাঁড়াল আসিয়া॥
তবে সেই নিশাচর তিন জন সঙ্গে।
তিন কপি বীর যুদ্ধ আরম্ভিল রঙ্গে॥
নররক্ষ উপাড়িয়া কপি তিন জন।
করিতেছে তিন নিশাচরে নিক্ষেপণ॥
তাহা দেখি খড়্গ ধরি রাক্ষস প্রজঙ্ঘ।
খণ্ড খণ্ড করি কাটে সেই বৃক্ষসঙ্ঘ॥
তবে সেই তিন জন শাখামৃগবর।
নিক্ষেপ করেন রথ তুরঙ্গ কুঞ্জর॥
নিরীক্ষণ করিয়া যূপাক্ষ রণে দক্ষ।
কাটিল সে সব ছাড়ি শর লক্ষ লক্ষ॥
তবে পুনঃ শ্রীমৈন্দ দ্বিবিদ বালিসুত।
বর্ষণ করয়ে বৃক্ষ বহুগুণযুত॥
শোণিতাক্ষ সে সকল সত্বর হইয়া।
গুণ্ডিত করিল গুরু গদা ঘুরাইয়া॥
পরেতে প্রজঙ্ঘ খরশাণ খড়্গ ধরি।
বালিপুত্রে বধিবারে মারে বেগ করি॥
নিকটে নিরখি তারে তারার তনয়।
সন্ধান করিলা শালশাখী অতিশয়॥
সেই ত তরুতে তারে তাড়ন করিলা।
আর তার বাহুমূলে মুকুট মারিলা॥

প্রজঙ্ঘের বাহু তাহে বিষণ্ন হইল।
হস্ত হৈতে খড়্গাখান খসিয়া পড়িল॥
স্থির হয়ে প্রজঙ্ঘ পরেতে কিছু কালে।
মারিলা মহৎ মুষ্টি অঙ্গদ-কপালে॥
তাহে দুই দণ্ডকাল হয়ে অচেতন।
চেতন পাইয়া পুনঃ বালির নন্দন॥
সুগভীর সিংহ-শব্দ করি কোপভরে।
প্রজঙ্ঘ-উপরে মুষ্টি মারিল নির্ভরে॥
তাহাতে বিদীর্ণ হৈল মহামুণ্ড তার।
পড়িল সে যেন বজ্রাহত শৈল-সার॥
ক্ষীণ শর হইয়া যূপাক্ষ খড়্গ ধরি।
মারিবারে যায় তথা রথ পরিহরি॥
তবে সে যূপাক্ষ বীর মুটকী মারিয়া।
ধরিল শ্রীমৈন্দ তারে বাহুতে বেড়িয়া॥
এমনি সময়ে শোণিতাক্ষ মহাসার।
দ্বিবিদের বক্ষে কৈল গদার প্রহার॥
তাহে হত হয়ে সেই অশ্বীর নন্দন।
কিছুকাল হইলা কাতর অচেতন॥
পুনঃ শোণিতাক্ষ যবে ঘুরায় গদারে।
সেই কালে ধরি কাড়ি লইল তাহারে॥
তবে ত উপাক্ষ শোণিতাক্ষ দুই জন।
শ্রীমৈন্দ দ্বিবিদ সঙ্গে করে বাহুরণ॥
কেহ কোন জনে কভু করে আকর্ষণ।
কেহ কোন জনে করে দৃঢ় আলিঙ্গন॥
কেহ কোন জনে কভু ঠেলি লয়ে যায়।
কেহ কোন জনে কভু বলেতে ঘুরায়॥
কেহ কোন জনে কভু তুলে উপরেতে।
কেহ কোন জনে কভু ফেলে ধরণীতে॥
মধ্যে মধ্যে মুষ্টাঘাত করাঘাত করে।
কভু বিদারণ করে দশন-নখরে॥

এইরূপে কিছু কাল হৈল তুল্য রণ।
পরে অতি কুপিল কপীন্দ্র দুই জন॥
তার মধ্যে শোণিতাক্ষে দ্বিবিদ বানর।
নখে বিদারণ করি করিলা জর্জ্জর॥
আর তার দুই ভুজে ধরি ঘুরাইয়া।
মারিলেক তাহাকে ভূতলে আছাড়িয়া॥
শ্রীমৈন্দ যূপাক্ষ সনে করি বাহুরণ।
পরে তারে ভুজে ধরি করিল চাপন॥
তাহাতে যূপাক্ষ করি শব্দ ঘোরতর।
চলি গেল দেখিবারে প্রেতপুরীশ্বর॥
তবে বিরূপাক্ষ নামে এক নিশাচর।
কপি-সৈন্য উপরি বর্ষণ করে শর॥
তার শর-প্রহার সহিতে নাহি পেরে।
পলায় বানর সব ত্যজিয়া সমরে॥
তাহা দেখি মৈন্দ এক মহীধর ধরি।
নিক্ষেপিল বিরূপাক্ষ-মস্তক-উপরি॥
তাহে হত হৈয়া বিরূপাক্ষ নিশাচর।
ভূতলে পড়িল যেন ছিন্ন ধরাধর॥
তবে মৈন্দ মহাঘোর সিংহনাদ করি।
বধিতে লাগিল মুষ্টি মারি সব অরি॥
তাহা দেখি বিদ্যুন্মালী নামে যাতুধান।
রথে থাকি বৃষ্টি করে বহুতর বাণ॥
দশদিক আচ্ছাদন করি সেই শরে।
বিন্ধিতে লাগিল যত ভল্লুক বানরে॥
তার শরাঘাতে কেহ স্থির হৈতে নারে।
বাসনা করয়ে রণ ছাড়ি পলাবারে॥
তাহা নিরখিয়া নল লয়ে তরুশিলা।
বিদ্যুন্মালী বধিবারে বর্ষিতে লাগিলা॥
সেই শত শত শর করিলা বর্ষণ।
সেই সব শাখী শিলা করিয়া কর্ত্তন॥

পুনশ্চ নলের প্রাণ বিনাশ করিতে।
কোদণ্ড আকর্ষি কাণ্ড লাগিল এড়িতে॥
সে সকল শরে বিশ্বকর্ম্মার নন্দন।
শাল-শিলা ফেলাইয়া করিল বারণ॥
এইরূপে নল বৃষ্টি করে বৃক্ষগণ।
বিদ্যুন্মালী করে তাহা বাণেতে ছেদন॥
বিদ্যুন্মালী যত সব শরবৃষ্টি করে।
নল তাহা নিবারয়ে পাদপ-প্রস্তরে॥
এইরূপে কিছু কাল সেই দুই জন।
করিলেক সমভাবে ঘোরতর রণ॥
তবে সেই নিশাচর নিঃশর হইয়া।
কহিতেছে নল প্রতি চাতুরী করিয়া,—
বিশ্বকর্ম্মা-পুত্র! আমি তোমা সঙ্গে রণে।
বড়ই আনন্দ আজি পাইলাম মনে॥
দেখিয়া তোমার বল-বিক্রম অপার।
ইচ্ছা হয় বাহুযুদ্ধ করিতে আমার॥
বলিতেছে বিশ্বকর্ম্মা নন্দন তাহারে।
আমার বাসনা এই অন্তর-মাঝারে॥
তাহা শুনি রথ হৈতে রাক্ষস নামিল।
তবে দুই বীরে বাহুযুদ্ধ আরম্ভিল॥
হাতে হাতে ভুজে ভুজে কপালে কপালে।
বুকে বুকে প্রহার করয়ে দুই শালে॥
মত্ত-মাতঙ্গজ যেন দশনে দশনে।
যুদ্ধ করে হেন শব্দ হয় ঘনে ঘনে॥
বজ্রের সমান অঙ্গ উভয়েরি হয়।
কাহারো প্রহারে কোন জন ব্যগ্র নয়॥
কভু বাহু প্রহার করয়ে কোন জন।
বজ্রে, সে করয়ে যেন বিকট নিঃস্বন॥
কভু নলে ঠেলি লয়ে যায় বিদ্যুন্মালী।
কভু বিদ্যুন্মালীরে সে নল বলশালী॥
কভু আকর্ষয়ে কভু করে উত্তোলন।
কভু চাপি ধরে কভু করয়ে পতন॥
মুষ্টি দন্ত নখে কভু করয়ে প্রহার।
দুই সিংহে করে যেন যুদ্ধ অনিবার॥
এইরূপে দুই দণ্ড কাল দুই জন।
করিলেক ন্যূনাধিক্য-শূন্য বাহুরণ॥
তবে ত নলের বল না পারি সহিতে।
বিদ্যুন্মালী তার হস্ত ছাড়াল শ্রান্তিতে॥
পুনর্ব্বার রথে শীঘ্র করি আরোহণ।
অতি ঘোর এক শক্তি করিল ধারণ॥
তাহা দেখি নল এক গিরিশৃঙ্গ ধরি।
বিদ্যুন্মালী উপরে ছাড়িল ক্রোধ করি॥
সেই শৃঙ্গ পড়ে রথ সারথি সহিত।
বিদ্যুন্মালী প্রাণ ত্যজি হইল চূর্ণিত॥
তবে ভীত হয়ে যত নিশাচরগণ।
কুম্ভকর্ণ-পুত্র-কাছে করে পলায়ন॥
তাহা দেখি যাবতীয় বানর-নিকর।
ঘন ঘন সিংহনাদ করে ঘোরতর॥
তাহা দেখি কুম্ভ বীর অধিক কুপিল।
স্বসৈন্যে সান্ত্বনা করি সমরে সাজিল॥
কুম্ভ বীরে দেখিয়া পলায় কপিগণ।
মহেন্দ্র দেবেন্দ্র আর বালির নন্দন॥
সাহসে করিয়া ভর গেল তিন জন।
কুম্ভের সহিত গিয়া আরম্ভিল রণ॥
মহেন্দ্র দেবেন্দ্র তবে দুই বীরবর।
গাছ-অদ্রি লয়ে গেল সংগ্রাম-ভিতর॥
গাছ-আদি কাটি পাড়ে চোখ চোখ শরে।
বিন্ধিয়া জর্জ্জর কৈল মহেন্দ্র বানরে॥
মহেন্দ্রে কাতর দেখি দেবেন্দ্র চিন্তিত।
ত্রিশ যোজন পর্ব্বত আনিল ত্বরিত॥

ত্রিশ যোজন পর্ব্বত এড়ে দিয়ে টান।
কুম্ভ বীরের বাণেতে হৈল খান খান ॥
বাণেতে পর্ব্বত কেটে খান খান করে।
বিন্ধিয়া জর্জ্জর করে দেবেন্দ্র বানরে ॥
মহেন্দ্র দেবেন্দ্র দোঁহে হৈল অচেতন।
কোপেতে পর্ব্বত এড়ে বালির নন্দন ॥
অঙ্গদের পর্ব্বত বাণেতে ফেলে কেটে।
শত বাণ অঙ্গদের মারিল ললাটে ॥
বাণেতে অঙ্গদ বীর ডাকে সকাতরে।
রঘুনাথ-ঠাঁই গেল সকল বানরে ॥
তিন বীর অচেতন শুনি এই কথা।
মনেতে শ্রীরামচন্দ্র পাইলেন ব্যথা ॥
ঋষভ কুমুদ ও সুষেণ সেনাপতি।
তিন বীরে রঘুনাথ করিলা আরতি ॥
শ্রীরামের আজ্ঞা পেয়ে চলে তিন জন।
আকাশ ছাইয়া করে বৃক্ষ বরিষণ ॥
কুপিল যে কুম্ভবীর পূরিয়া সন্ধান।
তিন বীরে গাছ-অদ্রি করে খান খান ॥
জর্জ্জর হইল তারা কুম্ভ-বীর-বাণে।
ভয় পেয়ে তিন জনে ভঙ্গ দিল রণে ॥
তিন বীর পলাইয়া সুগ্রীবেরে কয়।
রুষিল সুগ্রীব রাজা সংগ্রামে দুর্জ্জয় ॥
কুপিয়া সুগ্রীব বীর এক লাফে যায়।
প্যাকল করিযা আঁখি কুম্ভবীরে চায় ॥
কুম্ভ বলে বানরা! বেড়াস্ ডালে ডালে।
এত তোর বিক্রম না ছিল কোন কালে।
সুগ্রীব বলিছে দ্বন্দ্ব নাহি কার সনে।
না জান বিক্রম তুমি এই সে কারণে ॥
তোর সনে রণে করি বিক্রম পরীক্ষা।
পড়িলি আমার হাতে নাহি তোর রক্ষা ॥
যমরাজ জেগে ব'সে আছে তোর তরে।
দেখাব বিক্রম আজি যাবি যমঘরে ॥
তোর পিতা কুম্ভকর্ণ সে জানে বিক্রম।
ক্ষণেক বিলম্ব কর দেখাইব যম ॥
কুপিয়া সে কুম্ভবীর তীক্ষ্ণ-বাণ যোড়ে।
তিন শত বাণ রাজা সুগ্রীবেরে এড়ে ॥
বাণ খেয়ে সুগ্রীব যে চিন্তিত অন্তর।
লাফ দিয়া পড়ে তার রথের উপর ॥
ধনুক ধরিয়া টানে কেড়ে নিতে নারে।
রথ হৈতে কুম্ভবীর ফেলে সুগ্রীবেরে ॥
আছাড় খাইয়া রাজা হৈল অচেতন।
চেতন পাইয়া পুনঃ বলে ততক্ষণ;—
তোর বাপের জাঠা নিলাম এক হাতে।
তোর হাতের ধনুক নারিনু ছাড়াতে ॥
বাপের সমান তুই বীর-চূড়ামণি।
ইন্দ্রজিৎ-সম তোর ধনুক বাখানি ॥
কুম্ভবীর বলে, ধনু দূরে পরিহরি।
রিক্তহস্তে এস না দুজনে যুদ্ধ করি ॥
অস্ত্র ফেলে দুই জনে করে হুড়াহুড়ি।
হুড়াহুড়ি ঘুচিয়ে লাগিল জড়াজড়ি ॥
কুম্ভবীর চাপড় মারিল বাহুবলে।
পড়িল সুগ্রীব রাজা সমুদ্রের জলে ॥
রামের কিঙ্কর দেখি সাগর গভীর।
মধ্যে চড়া পড়িল হইল অল্পনীর ॥
মাটিতে দাঁড়ায়ে ফিরে এল এক লাফে।
কুম্ভবীর-বিক্রমে সুগ্রীব রাজা কাঁপে ॥
পুনঃ কোপে কুম্ভবীর মুষ্ট্যাঘাত মারে।
পড়িল সুগ্রীব রাজা দুর্জ্জয় প্রহারে ॥
চৈতন্য হরিয়া মুখে রক্ত উঠে ফেনা।
সুমেরু পর্ব্বতে যেন পড়িল ঝঞ্ঝনা ॥

চেতন পাইয়া উঠে বানরের নাথ।
কুম্ভবীর-উপরে করিল পদাঘাত॥
মহাকোপে কুম্ভবীর ধরে সুগ্রীবেরে।
দুই জনে মল্লযুদ্ধ কেহ নাহি হারে॥
দুই সিংহে যুদ্ধ যেন ছাড়ে সিংহনাদ।
দুই বীরে মহাযুদ্ধ নাহি অবসাদ॥
লাফেতে সুগ্রীব তার রথোপরে চড়ে।
দুই মাতঙ্গের দন্ত দুহাতে উপাড়ে॥
লইয়া হস্তীর দন্ত কুম্ভবীরে হানি।
দন্তাঘাতে কুম্ভের জর্জ্জর হৈল প্রাণী॥
ঊর্দ্ধেতে কুম্ভেরে তুলি মারিল আছাড়।
মস্তকের খুলী ভাঙ্গে চূর্ণ হইল হাড়॥
দেখিয়া নিকুম্ভবীর ভায়ের মরণ।
সুগ্রীবে রুষিয়া যায় করিয়া তর্জ্জন॥
নিকুম্ভের মুষল সে পর্ব্বত-সোসর।
মুষল মারিতে যায় সুগ্রীব উপর॥
দম্ভ ক'রে মুষলেতে ঘন দেয় পাক।
ঘুরায় মুষল যেন কুমোরের চাক॥
বিক্রম করিয়া ছুটে সংগ্রামের স্থলে।
প্রবল আগুন যেন ঘৃত পেলে জ্বলে॥
নিকুম্ভের বিক্রম দেখিয়া লাগে ভয়।
ভয়ে পলাইয়া গেল সুগ্রীব-বানর॥
ভয়েতে সুগ্রীব রাজা নহে আগুয়ান।
সুগ্রীবের ভঙ্গ দেখে রোষে হনূমান্॥
সেবক থাকিতে তোর রাজা সনে রণ।
তোতে মোতে যুঝি, দেখি মরে কোন্ জন॥
নিকুম্ভ কহিছে, বেটা ঘরপোড়া শুন।
তোরে পেলে আর নাহি চাহি অন্য জন॥
এত যদি দুই জনে হৈল গালাগালি।
দুই জনে যুদ্ধ বাজে দোঁহে মহাবলী॥
লোহার মুষল ছিল নিকুম্ভের হাতে।
রুষিয়া মারিল বীর হনূমান্-মাথে॥
হনূমান্-মাথা যেন বজ্রের সমান।
মাথায় মুষল গোটা হৈল খান খান॥
হনূমান বলে, তোর মুষল গেল ভল।
মোর ঘা সহিতে পার তবে জানি বল॥
আপনা পাসরে কোপে বীর হনুমান।
নিকুম্ভে মারিল চড় বজ্রের সমান॥
চাপড় খাইয়া বীর কাঁপে থরথরি।
ভঙ্গ নাহি দেয় রণে বিক্রমে কেশরী॥
হনুমান-পানে বীর চাহে একদৃষ্টি।
কোপে হনুমান-বুকে মারে বজ্রমুষ্টি॥
মুষ্ট্যাঘাতে হনুমান হৈল অচেতন।
হনূ কোলে লয়ে যায় ভেটিতে রাবণ॥
প্রথম বৃহন্দে যায় কোপে করি ভর।
দ্বিতীয় বৃহন্দে ফিরে চলে নিশাচর॥
উঠে ধায় নিকুম্ভ যে পরম হরিষে।
হনুমান দেখিতে রমণী সব আসে॥
নিকুম্ভেরে ধন্য ধন্য নারীগণ বলে।
ভাল কৈলে ঘরপোড়া ধরিয়া আনিলে॥
সুগ্রীবেরে বন্দী করেছিল তোর বাপে।
ঘর পোড়া হইল বন্দী তোমার প্রতাপে॥
ঘরপোড়া বেটা ঘর পোড়াইতে মন।
সমুদ্র লঙ্ঘিয়া এসে দুর্জ্জয় এমন॥
নিকুম্ভের কোলে হনূ পাইল চেতন।
কি বুদ্ধি করিবে হনূ ভাবিছে তখন॥
সর্ব্ব অঙ্গ বিদারিল আঁচড়-কামড়ে।
দুই কান ছিঁড়ে নিল হাতের মোচড়ে॥
পরিত্রাহি ডাকে বীর ছাড় ছাড় বলে।
ভয় পেয়ে তুলে ফেলে গগনমণ্ডলে॥

অন্তরীক্ষে লাফ দিয়া হাতে দুই কান।
নিকুম্ভের স্কন্ধে চলে বীর হনুমান॥
হাতে চুল জড়ায়ে মস্তক ছিঁড়ে ফেলি।
মুণ্ড লয়ে যায় হনুমান মহাবলী॥
সিংহনাদ শব্দে চড়ে পবনের বেগে।
এক লাফে উপনীত শ্রীরামের আগে॥
নিকুম্ভের মুণ্ড দেখে রঘুনাথ হাসে।
নিকুম্ভের বিনাশ গাহিল কৃত্তিবাসে॥

মকরাক্ষের যুদ্ধ ও পতন।

ভগ্নপাক কহে গিয়া রাবণ-গোচর।
পড়িল নিকুম্ভ-কুম্ভ শুন লঙ্কেশ্বর॥
কুম্ভ-নিকুম্ভের মৃত্যু শুনিয়া রাবণ।
সিংহাসন হ'তে পড়ে রাজা দশানন॥
দেব দানব গন্ধর্ব্ব করিত রণে শঙ্কা।
কুম্ভ ও নিকুম্ভ পড়ে শূন্য হৈল লঙ্কা॥
কুড়ি চক্ষে পড়ে ধারা রাজা লঙ্কেশ্বর।
মকরাক্ষ মহাবীরে আনিল সত্বর॥
মকরাক্ষ প্রণমিল রাবণের পায়।
কুড়ি হস্ত রাজা তার অঙ্গেতে বুলায়॥
রাজা বলে, মকরাক্ষ! তুমি যোদ্ধাপতি।
নর-কপি মেরে রাখ লঙ্কার বসতি॥
সেই পুত্র সুজন কুলের অলঙ্কার।
পিতৃশত্রু বধ ক'রে শোধে পিতৃ-ধার॥
রাত্রি-দিবা কাঁদে শোকে তোমার জননী।
সে রাগে রামের সীতা আমি হ'রে আনি॥
তাহার কারণ হৈল এত বিসংবাদ।
রাম-লক্ষ্মণেরে মেরে ঘুচাও বিবাদ॥
মকরাক্ষ বলে, চিন্তা না কর রাজন!
এখনি মারিব শত্রু শ্রীরাম-লক্ষ্মণ॥

রাবণ বলে সুবীর তুমি মকরাক্ষ!
বড় প্রীতি পাইলাম শুনি তব বাক্য॥
এত বলি মকরাক্ষে পাঠায় যুঝিতে।
রণসজ্জা ক'রে দেয় আপনার হাতে॥
মস্তকে মুকুট দিল অঙ্গে দিল সাণা।
কাড়া পড়া ঢাক ঢোল বাজায় বাজনা॥
মকরাক্ষ বলে, শুন প্রতিজ্ঞা রাজন্!
নর-বানর-সংগ্রামে এড়াবে কোন্ জন?
রাম লক্ষ্মণ সুগ্রীব আর বিভীষণ।
চারি জনার রক্তে পিতার করিব তর্পণ॥
এত শুনি হরষিত যতেক রাক্ষস।
সবে বলে মকরাক্ষের বড় সাহস॥
মন্ত্রণাতে মন্ত্রী যে বলেতে বলবান্।
লঙ্কাপুরে বীর নাহি তোমার সমান॥
মনে-মনে মকরাক্ষ ভাবিছে তখন।
নর-বানরের যুদ্ধে সংশয় জীবন॥
কুম্ভকর্ণ অতিকায় হইল বিনাশ।
শ্রীরামের সঙ্গে যুদ্ধ ছেড়ে প্রাণ-আশ॥
কিন্তু এক সুমন্ত্রণা আছয়ে ইহার।
শুনিয়াছি রঘুনাথ বিষ্ণু-অবতার॥
বড়ই ধার্মিক রাম ধর্ম্মেতে তৎপর।
অস্ত্রাঘাত না করেন গরুড় উপর॥
এতেক ভাবিয়া মকরাক্ষ নিশাচর।
যুক্তি ক'রে ধেনু বৎস আনয়ে বিস্তর॥
নব নব বৎস সব রথে লয়ে তোলে।
রথের চৌদিকে ধেনু বাঁধে পালে পালে॥
মনোরম হয় হস্তী দূর করে সব।
রথের যোগান দিল চারিটা বৃষভ॥
গোচর্ম্মেতে ঢাকে রথ করিয়া মন্ত্রণা।
সর্ব্ব-অঙ্গে ঢাকা দিল গোচর্ম্মের সাণা॥

গোচর্মের সাণা ঢাকে সারথির অঙ্গে।
ঢাক ঢোল দামামা দগড় বাজে রঙ্গে ॥
পাখোয়াজ সেতার ও বাজে জগঝম্প।
ভয়ঙ্কর শব্দ শুনি সুরপুরে কম্প ॥
মকরাক্ষ মহাবীর করিল সাজনি।
সঙ্গেতে কটক চলে তিন অক্ষৌহিণী ॥
কেহ অশ্বে কেহ গজে কেহ চড়ে রথে।
ত্রিভুবন-বিজয়ী ধনুকবাণ হাতে ॥
এইরূপ যতেক প্রধান সেনাপতি।
সাজিয়ে চলিল মকরাক্ষের সংহতি ॥
হাতে ধনু মকরাক্ষ রথে গিয়া চড়ে।
রাক্ষসের কোলাহলে মহাশব্দ পড়ে ॥
ঘন ঘন সিংহনাদ ধনুক-টঙ্কার।
পশ্চিম-দ্বারেতে গেল ক'রে মার মার ॥
মকরাক্ষ এল রণে প'ড়ে গেল সাড়া।
অসংখ্য বানর উঠে দিয়া গাত্র ঝাড়া ॥
রামজয় শব্দ ক'রে ধাইল বানর।
বানর দেখিয়া রোষে যত নিশাচর ॥
কেহ বলে কাট কাট কেহ বলে মার।
রুষিয়া আসিল রণে খরের কুমার ॥
মকরাক্ষ-সম্মুখে দাঁড়ায় হনুমান্।
গোচর্ম্মেতে ঢাকা রথ দেখে বিদ্যমান ॥
ধেনু বৎস পালে পালে রোধ কৈল রথ।
ভাবে মনে কি হবে বৃষভে টানে রথ ॥
রাক্ষসে মারিতে গেলে ধেনু বৎস মরে।
গোহত্যার ভয়ে কপি যুঝিতে না পারে ॥
মকরাক্ষ মারে বাণ বানর-উপর।
অসংখ্য বানর পড়ে সংগ্রাম-ভিতর ॥
বানর-কটক ভয়ে পলায় অপার।
পশ্চাতে রাক্ষস ধায় করি মার মার ॥
নল নীল সুষেণ অঙ্গদ মহাবল।
ভয়ে ভঙ্গ দিয়া যায় ছেড়ে রণস্থল ॥
মহেন্দ্র দেবেন্দ্র আদি বীর হনুমান।
হাত হৈতে ফেলে বৃক্ষ পর্বত পাষাণ ॥
ভয়েতে পলায়ে যায় পশ্চাতে না চায়।
রণ ছেড়ে সুগ্রীব পলায় উভরায় ॥
ভঙ্গ দিল কপিগণ মকরাক্ষ দেখে।
চালাইয়া দিল রথ রামের সম্মুখে।
সন্ধান পুরিয়া বীর শ্রীরামেরে ডাকে ॥
আসিয়া করহ যুদ্ধ আমার সম্মুখে ॥
দণ্ডক-বনেতে বেটা মার মোর বাপ।
ভুঞ্জিবে তাহার ফল দেখাব প্রতাপ ॥
পিতৃশত্রু পাইলাম বহুদিন পরে।
আমার পিতার কাছে পাঠাব তোমারে ॥
পাড়িব তোমার মুণ্ড কাটি তীক্ষ্ণ শরে।
খাইবে তোমার মাংস শৃগাল-কুকুরে ॥
এত বলি ধনুকে যুড়িল তীক্ষ্ণ শর।
বিন্ধিয়া কোমল অঙ্গ করিল জর্জ্জর ॥
মনে মনে রঘুনাথ ভাবে এই ভয়।
মকরাক্ষে মারিতে গোহত্যা পাছে হয় ॥
যত যত বীর সনে করিলা সংগ্রাম।
প্রতি যুদ্ধে তিন পদ আগু হৈল রাম ॥
পূর্ণ-ব্রহ্ম নারায়ণ ভয় পেয়ে মনে।
হয় তিন পদ ভঙ্গ মকরাক্ষ-রণে ॥
তিন পদ পশ্চাৎ হইল রঘুবর।
মকরাক্ষ বাণে রাম অতীব কাতর ॥
কেমনে জিনিব রণ ভাবিলেন মনে।
যুড়িল পবন-বাণ ধনুকের গুণে ॥
পবন-বাণের তেজে ত্রিভুবন নড়ে।
পর্ব্বত-কন্দর বৃক্ষ উড়াইল ঝড়ে ॥

ব্রহ্মরূপী বাণেতে পর্ব্বত আবির্ভূত।
উড়াইল ধেনু-বৎস বৃষভাদি যত॥
গোচর্ম্ম যতেক ছিল উড়াইল ঝড়ে।
যতেক বানর আসি মকরাক্ষে বেড়ে॥
রামজয় শব্দ করে যতেক বানরে।
অন্ধকার ক'রে ফেলে বৃক্ষ ও পাথরে॥
মকরাক্ষ মহাবীর পূরিল সন্ধান।
গাছ-পাথর কাটি করিল খান খান॥
গাছ-পাথর কাটিতে এড়ে পঞ্চশর।
দশ বাণে নীলবারে করিল জর্জ্জর॥
সুগ্রীব সুষেণ আদি বড় বড় বীর।
দশ দশ বাণে বিন্ধে সবার শরীর॥
বিংশতি বাণেতে বিন্ধে অঙ্গদের অঙ্গ।
পলায় অঙ্গদবীর রণে দিয়া ভঙ্গ॥
ধেনু-বৎস বৃষ সব উড়িল ঝড়েতে।
চারি অশ্ববর আনি যুড়িলেক রথে॥
দেবাংশ রথের তেজ চলে বায়ুবেগে।
বিক্রম করিয়া আসে শ্রীরামের আগে॥
গালি পাড়ে রঘুনাথে যত আসে মনে।
দশদিক্ অন্ধকার করিলেক বাণে॥
রাম বলে, মকরাক্ষ! না কর বিলাপ।
আজি ঘুচাইব তব মনের সন্তাপ॥
এখনি পাঠাব তোরে শমন-সদন।
চিরদিনে পিতাপুত্রে হবে দরশন॥
এত বলি ক্ষুরপার্শ্ব বাণে দিল টান।
মকরাক্ষ বাণ মারে পূরিয়া সন্ধান॥
আকাশে উঠিল গিয়া দুজনার বাণ।
শ্রীরামের বাণ কাটি কৈল খান খান॥
মকরাক্ষ বাণ এড়ে তারা যেন ছুটে।
শত শত বাণ মারে রামের নিকটে॥
ললাটে লাগিয়া বাণ বিন্ধে রহে ফলা।
রামের শরীর যেন রক্ত-পদ্মমালা॥
অন্ধকার হৈল বাণে নাহি চলে দৃষ্টি।
খসি পড়ে শ্রীরামের ধনুকের মুষ্টি॥
আপনা সারিয়া রাম দৃঢ় কৈল বুক।
কাটিলেন মকরাক্ষ হাতের ধনুক॥
আর ধনু লয়ে করে বাণ-বরিষণ।
বাণে বাণে মকরাক্ষ ঢাকিল গগন॥
খরের কুমার বীর নানা শিক্ষা জানে।
দশদিক্ অন্ধকার করিলেক বাণে॥
বাণে অন্ধকার বাণ ফেলে নিরন্তর।
বাণ ফুটে রঘুনাথ হইলা কাতর॥
রামেরে কাতর দেখি দুষ্ট নিশাচর।
সর্ব্বাঙ্গ বিন্ধিয়া রামে করিল জর্জ্জর॥
কত বাণ মারে রাম নাহি অবকাশ।
রামেরে জিনিনু বলি মনেতে উল্লাস॥
সর্ব্বাঙ্গ বিন্ধিয়া রামে করিল অস্থির।
রাম বলে এ বেটা বাপের হ'তে বীর॥
খরেরে মারিয়াছিনু এক দণ্ড রণে।
দুই প্রহর হৈল সে যুঝে মোর সনে॥
সন্ধান পূরিয়া রাম চাহে চারিভিতে।
বাণে অন্ধকার করে না পান দেখিতে॥
রণেতে পণ্ডিত রাম বিষ্ণু-অবতার।
চিকুর-বাণেতে দীপ্তি হয় অন্ধকার॥
এড়েন ঐষীক বাণ তারা যেন ছুটে।
হাতের ধনুক তার পাড়িলেন কেটে॥
মকরাক্ষ মহাবীর জাঠা লয় হাতে।
সে জাঠা কাটেন রাম দেখিতে দেখিতে॥
জাঠা যদি কাটা গেল শেল মাত্র তাড়া।
এড়িলেক শেলখান দিয়া অঙ্গ নাড়া॥

সূর্য্যের কিরণ যেন আসে শেল-বাণ।
ঐষীক বাণেতে রাম কৈলা খান খান॥
সর্ব্ব-অস্ত্র কাটা গেল মকরাক্ষ রোষে।
বজ্রমুষ্টি মারিতে পবন-বেগে আসে॥
দেখিয়া ত রঘুনাথ পূরিল সন্ধান।
অর্দ্ধচন্দ্র-বাণে কাটে হস্ত দুইখান॥
হস্ত কাটা গেল বেটা দন্ত কড়মড়ে।
ধাইয়া রামেরে যায় খাইতে কামড়ে॥
বদন বিস্তারি যায় অতি পরিতাপে।
অগ্নি-অস্ত্র রঘুনাথ বসাইল চাপে॥
অগ্নিবাণ যুড়িয়া ধনুকে দিল টান।
অগ্নিবাণে রাক্ষসের বাহিরায় প্রাণ॥
ত্রিপ্রহর যুদ্ধ কৈল শ্রীরামের সনে।
সন্ধ্যাকালে মকরাক্ষ পড়ে অগ্নিবাণে॥

তরণীসেনের যুদ্ধ ও পতন।

ভগ্নপাক কহে গিয়া রাবণ-গোচর।
মকরাক্ষ পড়ে রণে শুন লঙ্কেশ্বর॥
শোকের উপর শোক হৈল বিপরীত।
সিংহাসন হৈতে পড়ে হইয়া মূর্চ্ছিত॥
পাত্রমিত্র আসিয়া বুঝায় বহুতর।
ধরাসনে বসি রাজা কাঁদিল বিস্তর॥
মরিয়া না মরে রাম বিপরীত বৈরী।
বীরশূন্য হইল কনক-লঙ্কাপুরী॥
কুম্ভকর্ণ অতিকায় বীর অকম্পন।
নর-বানরের যুদ্ধে হইল নিধন॥
কে আছে এমন বীর পাঠাইব কারে।
রাম-লক্ষ্মণেরে মারে সুগ্রীব বানরে॥
মন্ত্রণা করয়ে রাজা লয়ে মন্ত্রিগণ।
তরণীসেনেরে তবে হইল স্মরণ॥

রাজার আদেশে বীর আসিল তরণী।
প্রণমিল দশাননে লোটায়ে ধরণী॥
আলিঙ্গন করি রাজা বাড়ায় সম্মান।
যুঝিতে আরতি কৈল দিয়া পুষ্পবাণ॥
রাজা বলে, লঙ্কাপুরী রাখহ তরণি!
এতেক প্রমাদ হবে আগেতে না জানি॥
তব পিতা বিভীষণ ধর্ম্মেতে তৎপর।
হিত-উপদেশ ভাই বুঝাল বিস্তর॥
অহঙ্কারে মত্ত আমি ছন্ন হৈল মতি।
বিনা অপরাধে আমি মারিলাম লাথি॥
আমারে ছাড়িয়া গেল ভাই বিভীষণ।
অনুরাগে লইয়াছে রামের শরণ॥
সন্ধি-উপদেশ কথা সেই দেয় কয়ে?
শ্রীরাম আছেন ব'সে কালরূপী হয়ে॥
শত্রুর সপক্ষ হইয়াছে তব পিতে।
মজিল কনক লঙ্কা তার মন্ত্রণাতে॥
তুমি তার পুত্র বট নহ তার মত।
চিরদিন জানি তুমি মম অনুগত॥
রাজ্য-ধন লও বাপু! স্বর্ণলঙ্কাপুরী।
রাখহ রাক্ষসকুল বৈরিগণ মারি॥
কহিছে তরণীসেন করি যোড়হাত।
ত্রৈলোক্য-বিজয়ী তুমি রাক্ষসের নাথ॥
মহাগুরু পিতামাতা সর্ব্বশাস্ত্রে কয়।
কহিতে পিতার কথা উচিত না হয়॥
দশানন বলে, তুমি কুলে সুসন্তান।
নর-বানরের হাতে কর পরিত্রাণ॥
সংগ্রাম জিনিবে তুমি হেন লয় মনে।
তোমার সমান বীর নাহি ত্রিভুবনে॥
যুদ্ধে যোদ্ধাপতি তুমি বুদ্ধি বিচক্ষণ।
হাতে গলে বাঁধি আন শ্রীরাম-লক্ষ্মণ॥

এত শুনি কহে বিভীষণের কুমার।
যথাশক্তি সংগ্রামে করিব মহামার॥
কুলক্ষয় করিবার মূলাধার পিতে।
উপরোধ না করিব উপস্থিত মতে॥
নানা জাতি পুরাণ শাস্ত্রেতে এই কয়।
শ্রেষ্ঠ জ্যেষ্ঠ বিবেচনা যুদ্ধকালে নয়॥
বড় প্রীতি পায় রাজা তরণীর বোলে।
শিরে চুম্ব দিয়া রাজা করিলেক কোলে॥
রত্নময় হার গলে বলয় কঙ্কণ।
আপনার হাতে তারে পরায় রাবণ॥
রণসাজে সাজাইয়া দিল দশানন।
সারথি আনিল রথ সংগ্রামে গমন॥
সাজন করিল রথ মনের হরিষে।
সারি সারি কত শত শোভে চারিপাশে॥
অনেক বিচিত্র চিত্র রথের উপরি।
শ্বেত নীল নেতের পতাকা সারি সারি॥
বিচিত্র ধনুক তোলে তূণ পূর্ণ বাণ।
জাঠা জাঠি শেল শূল খাণ্ডা খরশাণ॥
সৈন্যেরে সাজিতে আজ্ঞা দিলেক তরণী।
তখন পড়িল মনে সরমা-জননী॥
শীঘ্রগতি গেল বীর মায়ের নিকটে।
দাঁড়াইল প্রণাম করিয়া করপুটে॥
তরণী বলেন, মাতা নিবেদি চরণে।
হয়েছে রাজার আজ্ঞা যাব আমি রণে॥
পূর্ণব্রহ্ম নারায়ণ দেখিব নয়নে।
পবিত্র হইবে দেহ রাম-দরশনে॥
নিরখিব জনকের চরণকমল।
দেহ অনুমতি মাতা! যাব রণস্থল॥
সংগ্রামে যাইবে পুত্র শুনে এ বচন।
সরমা চমকি উঠে করিয়া রোদন॥
কি কথা কহিলে বাপ! প্রাণ কাঁপে শুনে।
যাইতে না দিব নর-বানরের রণে॥
লঙ্কা ছেড়ে তোমা লয়ে যাব স্থানান্তর।
থাকুক রাজত্ব লয়ে রাজা লঙ্কেশ্বর॥
ধার্ম্মিক তোমার পিতা জানে সর্ব্বজন।
পাপ-সঙ্গ ছেড়ে লয় রামের শরণ॥
তুমি গিয়া রামের চরণে কর স্তুতি।
শ্রীরাম মনুষ্য নহে গোলকের পতি॥
দুরাত্মা রাক্ষসকুল করিতে সংহার।
দশরথ-ঘরে বিষ্ণু রাম অবতার॥
এক লক্ষ পুত্র যার সওয়া লক্ষ নাতি।
এক জন না থাকিবে বংশে দিতে বাতি॥
বিষম বুঝিয়া তোর পিতা বিভীষণ।
পলাইয়া নিল গিয়া রামের শরণ॥
তুমি ত সুবুদ্ধি বট অতি বিচক্ষণ।
এ সব শুনিয়া যুদ্ধে যাহ কি কারণ?
মায়ের বচন শুনি কহিছে তরণী;—
বিষ্ণু-অবতার রাম আমি ভাল জানি॥
তথাপি করিব যুদ্ধ ভেবেছি নির্য্যাস।
মরিলে রামের হাতে গোলোকে নিবাস॥
শুনিয়াছি সর্ব্বশাস্ত্রে বেদের লিখন।
তুমি মাতা! বিষাদ ভাবিছ কি কারণ?
কে কারে মারিতে পারে কেবা কার রিপু।
এক বিষ্ণু বিশ্বময় ভিন্ন ভিন্ন বপু॥
কালেতে করিয়া হয় উৎপত্তি প্রলয়।
মিথ্যা কেন ভাব মাতা! মরণের ভয়॥
শুনেছি পিতার মুখে মহাযোগ-তন্ত্র।
অনিত্য শরীর এই মিছে মায়া অস্ত্র॥
দাসের সন্তান বলি না মারেন রাম।
করিব আসিয়া পুনঃ ও পদে প্রণাম॥

কালের বিভক্তি কলি পূর্ণ হ'লে পরে ।
ত্রিভুবনে কার সাধ্য কে রাখিতে পারে ?
মহাজ্ঞানবতী সতী সরমা-সুন্দরী ।
বসিলেন সংবরিয়া নয়নের বারি ॥
চলে বীর প্রণমিয়া সরমা-জননী ।
সাজ সাজ ব'লে সবে ডাকিছে তরণী ॥
সাজ সাজ ব'লে সৈন্য প'ড়ে গেল সাড়া ।
শাণাই অসংখ্য বাজে দুই লক্ষ কাড়া ॥
কর্ত্তাল খঞ্জনী কাঁসী ডম্ফ কোটি কোটি ।
তিন লক্ষ দগড়ে সঘনে পড়ে কাঠি ॥
সেতার চৌতারা বাজে মধুর মৃদঙ্গ ।
বাজে বীণা সপ্তস্বরা ভেউরি ভোরঙ্গ ॥
শঙ্খ বাজে ঘণ্টা বাজে বাজে জয়ঢোল ।
প্রলয়ের কালে যেন উঠে গণ্ডগোল ॥
ঢেমচা খেমচা বাজে পাখোজ পিনাক ।
সহস্র সহস্র বাজে নিশাচরী-ঢাক ॥
উরমাল টীকারা বাজে কোটি কোটি ডম্ফ ।
রণশিঙ্গা শব্দ শুনি ত্রিভুবনে কম্প ॥
সাজিল তরণীসেন করিতে সংগ্রাম ।
আনন্দে সকল অঙ্গে লিখে রামনাম ॥
অসংখ্য কটক-ঠাট সাজিল বিস্তর ।
কেহ রথে কেহ গজে কেহ অশ্বোপর ॥
কেহ ধরে শূল শেল কেহ ধনুর্ব্বাণ ।
কার হাতে জাঠাজাঠী খড়্গ খরশাণ ॥
আকাশের তারা পারি করিতে গণনা ।
না পারি করিতে সংখ্যা তরণীর সেনা ॥
লক্ষ লক্ষ অশ্ব গজ লক্ষ লক্ষ রথ ।
ঢাকিল গগন আদি আচ্ছাদিল পথ ॥
লক্ষ লক্ষ রামনাম গঙ্গা-মৃত্তিকাতে ।
লিখিলেক রথে আর ধ্বজ-পতাকাতে ॥
হাতে ধনু রথে উঠে বীর-অবতার ।
পশ্চিমদ্বারেতে চলে করি মার্ মার্ ॥
গড়ের বাহির হয়ে দিলেক ঘোষণা ।
রামজয় রামজয় বাজাও বাজনা ॥
কেহ বলে মার মার কেহ বলে ধর ।
বানর ধাইল ল'য়ে বৃক্ষ ও পাথর ॥
ধনুক পাতিয়া যুঝে তরণীর সেনা ।
বানর-কটক যেন পড়িছে ঝঞ্জনা ॥
রাক্ষস-বানরে যুদ্ধ হৈল মহামার ।
সহিতে না পারে কপি পলায় অপার ॥
শ্রীরাম বলেন, শুন মিত্র বিভীষণ !
দেখ দেখি সংগ্রামে আসিল কোন্ জন্ ?
বিভীষণ বলে, শুন রাজীবলোচন !
রাবণের অন্নেতে পালিত একজন ॥
সম্বন্ধেতে ভ্রাতৃপুত্র পরিচয়ে জ্ঞাতি ।
ধর্ম্মেতে ধার্ম্মিক পুত্র বড় যোদ্ধাপতি ॥
প্রকারেতে দিলেন প্রকৃত পরিচয় ।
তরণী ভাবিছে কোথা রাম দয়াময় ॥
কটকে কটকে যুদ্ধ হইল বিস্তর ।
ভঙ্গ দিয়া পলাইল যতেক বানর ॥
চারিদিকে নেহারিয়া দেখিছে তরণী ।
কতক্ষণে দেখা পাই রাম-রঘুমণি ॥
কতক্ষণে পিতার পাইব দরশন ।
জনম সফল হবে জুড়াবে জীবন ॥
মনে ভাবে কত দূরে দেব নারায়ণ ।
চালাইয়া দিল রথ ত্বরিত গমন ॥
রঘুনাথ পানে যদি চালাইল রথ ।
ধেয়ে গিয়া নীলবীর আগুলিল পথ ॥
নীলবীর বলে বেটা ! আর যাবি কোথা ।
এক চড়ে রাক্ষস ! ছিড়িব তোর মাথা ॥

যোড়হাতে বলে বিভীষণের নন্দন।
পথ ছাড় দেখি গিয়া শ্রীরাম-লক্ষ্মণ॥
নীল বলে প্রাণ লব পর্ব্বত-চাপানে।
কেমনে দেখিবি বেটা! শ্রীরাম-লক্ষ্মণে?
অঙ্গে লেখা রামনাম রথ চারি পাশে।
তরণীর ভক্তি দেখি কপিগণ হাসে॥
দুষ্ট নিশাচর জাতি কত মায়া জানে।
হইয়া ধার্ম্মিক বক আসিয়াছে রণে॥
মকরাক্ষ এসেছিল বুদ্ধি বড় সরু।
যুদ্ধ-জয়ে এসেছিল রথে বেঁধে গরু॥
বৃষভেতে টানে রথ গো চর্ম্মেতে ঢাকা।
বায়ুবাণে ধেনু উড়ে বেটা হৈল ভেকা॥
গোবৎস গোচর্ম ধেনু বাণে গেল উড়ে।
চেয়ে দেখ রাক্ষসার মুণ্ড আছে প'ড়ে॥
তুমি বেটা! মহাদুষ্ট তা হ'তে মায়াবী।
ভণ্ড তপস্যাতে তুই কাহারে ভুলাবি॥
এত বলি নীলবীর কোপে করি ভর।
উপাড়িয়া আনে এক দীর্ঘ তরুবর॥
বাহুবলে হানে বৃক্ষ তরণীর মাথে।
হাসিয়া তরণীসেন ধরে বাম-হাতে॥
বৃক্ষ যদি ব্যর্থ গেল নীলবীর রোষে।
আনিল পর্ব্বত এক চক্ষুর নিমিষে॥
হানিল পর্ব্বত গোটা দিয়া হুহুঙ্কার।
তরণীর গদা ঠেকে হৈল চুরমার॥
পর্ব্বত হইল গুঁড়া গদার প্রহারে।
তরণী হানিল বাণ নীলের উপরে॥
মুখে রক্ত উঠে বীর হইল অজ্ঞান।
নীলবীরে ভঙ্গ দেখি রোষে হনুমান্॥
লাফ দিয়া হনুমান্ তার রথে চড়ে।
সারথির হাতের ধনুক নিল কেড়ে॥
রুষিয়া তরণীসেন মারে এক চড়।
রথ হৈতে প'ড়ে হনু করে ধড়ফড়॥
চেতন পাইয়া হনু করে মহামার।
লাফ দিয়া রথে গিয়া পড়ে আরবার॥
দুইজনে মহাযুদ্ধ রথের উপরে।
কোপেতে তরণীসেন হনুমানে ধরে॥
আছাড়িয়া ফেলে দিল ধরণী-উপর।
পাছু হৈল হনুমান পাইয়া ত ডর॥
হনুমানে বিমুখ দেখিয়া লাগে ভয়।
আতঙ্কে বানর কেহ আগু নাহি হয়॥
মহাকোপে পশ্চাৎ করিয়া হনুমানে।
বালির তনয় বীর প্রবেশিল রণে॥
হানিল পর্বত এক তরণী-উপর।
দেখিয়া তরণীসেন হইল ফাঁফর॥
ভয়েতে তরণী এড়ে তীক্ষ্ণ তীক্ষ্ণ বাণ।
বাণে কাটি পর্বত করিল খান খান॥
কাটা গেল পর্বত অঙ্গদে লাগে ভয়।
মুষ্ট্যাঘাতে মারিল রথের চারি হয়॥
সারথি তৎপর বড় ত্বরান্বিত হয়ে।
পুনঃ অশ্ব যুড়ে রথ দিল চালাইয়ে॥
রুষিল তরণীসেন অঙ্গদ-উপর।
অঙ্গদের বুকে মারে লৌহের মুদগর॥
মুদগর-আঘাতে পড়ে বালির নন্দন।
মহেন্দ্র দেবেন্দ্র এল করিয়া গর্জ্জন॥
আর যত বানর মিলিল একবারে।
বরিষে পর্বত বৃক্ষ তরণী-উপরে॥
গিরি যেন বৃষ্টিধারা মাথা পাতি ধরে।
তেমতি তরণী বীর সংগ্রাম-ভিতরে॥
নানা শিক্ষা জানে বীর পরম সন্ধানী।
ক্ষণেকে পর্বত-বৃক্ষ কাটিল তরণী॥

আগুনের শিখা যেন তরণীর বাণ।
লক্ষ লক্ষ বানরের লইল পরাণ ॥
চড় লাথি মুষ্ট্যাঘাত বানরের তাড়া।
লক্ষ লক্ষ রাক্ষসের মাথা করে গুঁড়া ॥
বানর রাক্ষসে মারে রাক্ষসে বানর।
হস্তী ঘোড়া রথ রথী পড়িল বিস্তর ॥
স্থানে স্থানে পর্বত-প্রমাণ গাদি গাদি।
সংগ্রামের স্থলেতে বহিল রক্তে নদী ॥
বানরের ঘোর নাদ গজের গর্জ্জন।
রথের ঘর্ঘর শব্দ শুনিতে ভীষণ ॥
জাঠা জাঠী গদা শেল শব্দ ঠনঠন।
কেহ বা পলায়ে যায় লইয়া জীবন ॥
কার গেল হস্ত-পদ কার চক্ষু-কর্ণ।
মুষল-আঘাতে কেহ হয়েছে বিবর্ণ ॥
তুলনা নাহিক দিতে যুদ্ধ হৈল বড়।
চারি দ্বারের বানর পশ্চিমদ্বারে জড় ॥
সহিতে না পারে কেহ তরণীর বাণ।
রুষিয়া সুষেণ বুড়া হৈল আগুয়ান ॥
সুষেণের প্রতাপে রাক্ষসগণ কাঁপে।
তরণীর রথে গিয়া পড়ে এক লাফে ॥
তরণীর হাতের ধনুক নিল কেড়ে।
বিদারিল সর্ব্ব-অঙ্গ আঁচড়-কামড়ে ॥
তরণীর অঙ্গে তবে রক্তধারা বয়।
পদাঘাতে মারিল রথের চারি হয় ॥
সারথির মুণ্ড ছিঁড়ে করে বীরদাপ।
আপন কটকে পড়ে দিয়া এক লাফ ॥
তরণীর দশা দেখি কপিগণ হাসে।
আনিল সারথি হয় চক্ষুর নিমিষে ॥
করিছে তরণীসেন বাণ অবতার।
সম্মুখ সংগ্রামে রহে হেন সাধ্য কার ?

বড় বড় বানর পলায়ে গেল দূরে।
তীক্ষ্ণ তীক্ষ্ণ বাণ বিন্ধে সুগ্রীব বানরে ॥
বাণাঘাতে সুগ্রীব ভূপতি কোপে জ্বলে।
গর্জ্জিয়া পর্ব্বত বীর হানে বাহুবলে ॥
তরণী মারিল গদা ক্রোধে কম্পমান।
প্রহারে পর্ব্বত গেল হয়ে শতখান ॥
হানিল দুর্জ্জয় জাঠা সুগ্রীবের বুকে।
পড়িল সুগ্রীবরাজ রক্ত উঠে মুখে ॥
সংগ্রামে পড়িল যদি সুগ্রীব রাজন্।
উভলেজ করিয়া পলায় কপিগণ ॥
পলায় বানরগণ ফিরিয়া না চায়।
ধর ধর বলিয়া রাক্ষস পিছে ধায় ॥
প্রাণভয়ে পলাইল বড় বড় বীর।
তরণীসেনের বাণে কেহ নহে স্থির ॥
মহেন্দ্র দেবেন্দ্র ধায় দ্বিবিদ কুমুদ।
রহিলেন হনুমান্ সুষেণ অঙ্গদ ॥
সুগ্রীবেরে চেতন করায় তিন জন।
চালাইল রথ বিভীষণের নন্দন ॥
হাতে ধনু দাঁড়াইল শ্রীরাম-লক্ষ্মণ।
দক্ষিণেতে জাম্বুবান্ বামে বিভীষণ ॥
সম্মুখেতে উপনীত তরণীর রথ।
রথ হ'তে নামিল থাকিতে কত পথ ॥
সঙ্কেতে প্রণাম করে পিতার চরণে।
করপুটে প্রণমিল শ্রীরাম-লক্ষ্মণে ॥
বিভীষণ বলে, রাম! দেখহ সত্বর।
তোমা দোঁহে প্রণাম করয়ে নিশাচর ॥
শ্রীরাম বলেন, শুন মিত্র বিভীষণ।
আসিয়াছে নিশাচর করিবারে রণ ॥
বিপক্ষের পক্ষ হয়ে আসিয়াছে রণে।
আমা দোঁহে প্রণাম করিছে কি কারণে ?

বিভীষণ বলে, প্রভু ! না জান কারণ ।
লঙ্কাপুরে ও তোমার ভক্ত এক জন ॥
তোমার চরণ বিনা অন্য নাহি জানে ।
আসিয়াছে সংগ্রামেতে রাজার শাসনে ॥
রাম বলে, ভক্ত যদি জানহ নিশ্চয় ।
আশীর্ব্বাদ করি যেন বাঞ্ছা পূর্ণ হয় ॥
লক্ষ্মণ বলেন, কি কহিলে মহাশয় ।
রাক্ষসের অভিলাষ রাবণের জয় ॥
শ্রীরাম বলেন, তুমি না জান লক্ষ্মণ ।
ভক্তের বিষয়-বাঞ্ছা নহে কদাচন ॥
কহিতে কহিতে কথা রাম রঘুমণি ।
ধনুকে টঙ্কার দিয়া আসিল তরণী ॥
গভীর-গর্জ্জনে বলে ছাড়ি সিংহনাদ ।
দেশে ফিরে যাবে বেটা ! করিয়াছে সাধ ॥
মহাকোপে লক্ষ্মণের অধরোষ্ঠ কাঁপে ।
শমন-সমান বাণ বসাইল চাপে ॥
প্রহারিল তরণীরে পঞ্চশত বাণ ।
কাটিয়া তরণীসেন করে খান খান ॥
বাণ যদি ব্যর্থ গেল রুষিল লক্ষ্মণ ।
তরণী উপরে করে বাণ বরষণ ॥
যত বাণ লক্ষ্মণ মারিল তরণীকে ।
শ্রীরাম স্মরণে বীর কাটে একে একে ॥
অমর্ত্ত্য সমর্থ বাণ, বাণ কর্ণরেখা ।
দুইজনে বাণ মারে যার যত শেখা ॥
লক্ষ্মণ এড়িল বাণ অগ্নি-অবতার ।
তরণী বরুণ বাণে করিল সংহার ॥
পাশুপত-বাণ মারে ঠাকুর লক্ষ্মণ ।
বৈষ্ণব-বাণেতে বীর করে নিবারণ ॥
হানিল পর্বত বাণ অতি ভয়ঙ্কর ।
পবন-বাণেতে নিবারিল নিশাচর ॥
সর্পবাণ মারিলেন ঠাকুর লক্ষ্মণ ।
লক্ষ লক্ষ অজগরে আবরে গগন ॥
বিকট দশন তুণ্ড অতি ভয়ঙ্কর ।
গরুড়-বাণেতে নিবারিল নিশাচর ॥
কুহু-বাণে লক্ষ্মণ করিল মায়াময় ।
দশদিক্ অন্ধকারে দৃষ্ট নাহি হয় ॥
অন্ধকারে দেখিতে না পায় নিশাচর ।
আপনা আপনি কাটাকাটি পরস্পর ॥
তরণীর সৈন্যেতে হইল মহামার ।
চিকুর বাণেতে বিনাশিল অন্ধকার ॥
কোপেতে গন্ধর্ব-বাণ মারিল লক্ষ্মণ ।
তিন কোটি গন্ধর্ব জন্মিল ততক্ষণ ॥
গন্ধর্ব-রাক্ষসে যুদ্ধ হৈল ভয়ঙ্কর ।
তরণীর সৈন্য সব হইল সংহার ॥
পড়িল সকল ঠাট নাহি এক জন ।
রাখিতে নারিল বিভীষণের নন্দন ॥
কোপেতে তরণীসেন জাঠা নিল হাতে ।
গর্জিয়া মারিল জাঠা লক্ষ্মণের মাথে ॥
পড়িল লক্ষ্মণ বীর হইয়া অজ্ঞান ।
লক্ষ্মণেরে লইয়া পলায় হনুমান ॥
ডাকিছে তরণীসেন জিনিয়া সংগ্রাম ।
কোথায় তপস্বী ভণ্ড জটাধারী রাম ॥
রাম বলে, অধিক বিলম্ব নাহি আর ।
এখনি পাঠাব তোরে যমের দুয়ার ॥
লক্ষ্মণ পড়িল যদি এল রঘুনাথে ।
ত্রিভুবন-বিজয়ী ধনুক-বাণ হাতে ॥
দাঁড়াইল রঘুনাথ তরণী-সম্মুখে ।
রামের সর্বাঙ্গ বীর নিরীখিয়া দেখে ॥
বিশ্বরূপ রামেরে দেখিল নিশাচর ।
ব্রহ্মাণ্ড একৈক লোমকূপের ভিতর ॥

পর্ব্বত-কন্দর দেখে কত নদ নদী।
জনলোক তপোলোক ব্রহ্মলোক আদি ॥
মায়াতে মনুষ্য লীলা গোলোকের পতি।
চরণে তরঙ্গময়ী গঙ্গা ভাগীরথী ॥
যক্ষ রক্ষ দেবতা কিন্নর লাখে লাখে।
বিস্ময় হইল মনে বিশ্বরূপ দেখে ॥
অষ্টাঙ্গ লোটায়ে ভূমে প্রণাম করিল।
ধনুর্ব্বাণ ফেলি স্তব করিতে লাগিল ॥
কহিছে তরণীসেন যোড় করি হাত।
দেবের দেবতা তুমি জগতের নাথ ॥
তুমি ব্রহ্মা তুমি বিষ্ণু তুমি মহেশ্বর।
কুবের বরুণ তুমি যম পুরন্দর ॥
তুমি চন্দ্র তুমি সূর্য্য তুমি দিবা রাতি।
অনাথের নাথ তুমি অগতির গতি ॥
তুমি সৃষ্টি তুমি স্থিতি তোমাতে প্রলয়।
তুমি রজস্তমোগুণে তুমি বিশ্বময় ॥
মৎস্য-কূর্ম্ম বরাহ-নৃসিংহ-রূপধারী।
হিরণ্যকশিপু-রিপু গোলোকবিহারী ॥
মহিমা গভীর বীর মিহিরবংশজ।
অন্তিমে আশ্রয় দাও ও পদপঙ্কজ ॥
বিকারবিহীন দীন দয়াময় নাম।
রঘুকুলোদ্ভব নবদূর্বাদলশ্যাম ॥
কি জানি ভকতি স্তুতি আমি অতি মূঢ়।
চিন্তিয়া না পায় চরাচর চন্দ্রচূড় ॥
রক্ষ হে পুণ্ডরীকাক্ষ! রাক্ষসের রিপু।
স্তবেতে অশক্ত আমি নিশাচরবপু ॥
বহু যুগ যুগান্তরে মানিয়া অসাধ্য।
জন্মেছি রাক্ষসকুলে হয়ে তব বধ্য ॥
কি ছার মিছার গর্ব্ব স্বর্গ নাহি চাই।
মুণ্ড কাট তীক্ষ্ণ খড়্গে মোক্ষমার্গে যাই ॥
পদ্মহস্তে ছেদ যদি কর এই দেহ।
পুলকে গোলোকে যাব নাহিক সন্দেহ ॥
তরণী করিল স্তব শুনে রঘুবর।
অশ্রুজলে ভাসিল কোমল কলেবর ॥
শ্রীরাম বলেন, শুন মিত্র বিভীষণ!
লঙ্কাতে এমন ভক্ত জানিনু এখন ॥
কেমনে মারিব অস্ত্র ইহার উপর।
এত বলি ত্যজিলা হাতের ধনুঃশর ॥
রাম বলে, বিভীষণ! বলি হে তোমারে।
কেমনে ধরিব প্রাণ এ ভক্তেরে মেরে?
অকারণে করিলাম সাগর-বন্ধন।
ত্যজিয়া লঙ্কার যুদ্ধ পুনঃ যাই বন ॥
যত যুদ্ধ করিলাম শ্রম হৈল সার।
বুঝিলাম না হইল সীতার উদ্ধার ॥
কাজ নাই সীতা আমি না যাব রাজ্যেতে।
কেমনে মারিব বাণ ভক্তের অঙ্গেতে ॥
কণ্টক ফুটিলে মম ভক্তের শরীরে।
শেলের সমান বাজে আমার অন্তরে ॥
ভক্ত মোর পিতামাতা ভক্ত মোর প্রাণ।
কেমনে এমন ভক্তে প্রহারিব বাণ?
এতেক ভাবিয়া যুদ্ধে হয়ে অবসাদ।
বসিলেন রঘুনাথ গণিয়া প্রমাদ ॥
সদয় হৃদয় দে'খে রাজীবলোচনে।
তরণী বিচার করে আপনার মনে ॥
আমার স্তবেতে তুষ্ট হয়ে রঘুবর।
বুঝি অস্ত্র না মারেন আমার উপর ॥
কেমনে রাক্ষস দেহ হইবে উদ্ধার?
যুদ্ধ বিনা পরিত্রাণ নাহি দেখি আর ॥
এতেক ভাবিয়া তুলে নিল ধনুর্ব্বাণ।
কহিছে কর্কশ বাক্য পূরিয়া সন্ধান ॥

তরণী কহিছে রাম। শুন বলি তোরে।
কহিলাম প্রিয়বাক্য বুঝিবার তরে॥
কেমনে বুঝিলে আমি না করিব রণ।
এখনি পাঠাব তোরে যমের সদন॥
তোর যে বীরত্ব তাহা জানে চরাচরে।
ভরত লইল রাজ্য দূর ক'রে তোরে॥
তোরে মেরে লক্ষ্মণেরে মারিব সংগ্রামে।
সীতারে বসাব ল'য়ে রাবণের বামে॥
এত যদি কহিল তরণী মহাবীর।
কোপে লক্ষ্মণের হ'লো কম্পিত শরীর॥
লক্ষ্মণ বলেন, দুষ্ট নিশাচর জাতি।
প্রাণের ভয়েতে বেটা করিল মিনতি॥
কোথাকার ভক্ত বেটা পাপিষ্ঠ দুর্জ্জন।
এত বলি শতবাণ যুড়িল লক্ষ্মণ॥
দেখিয়া তরণীসেন ভাবিল মনেতে।
মরিতে বাসনা তার শ্রীরামের হাতে॥
এতেক ভাবিয়া হ'লো বিষণ্ণ-বদন।
তরণীর অভিলাষ বুঝি বিভীষণ॥
যোড়হাতে বিভীষণ কহে রঘুনাথে।
এ বেটা দুর্জ্জয় বীর লঙ্কার মধ্যেতে॥
একবার লক্ষ্মণ মূর্চ্ছিত হৈল রণে।
আরবার যুদ্ধে কেন পাঠাও লক্ষ্মণে?
আপনি মারহ রণে দুষ্ট নিশাচর।
এত শুনি ধনুক ধরিলা রঘুবর॥
তীক্ষ্ণ তীক্ষ্ণ বাণ মারে পূরিয়া সন্ধান।
অর্দ্ধপথে তরণী করিল খান খান॥
যত বাণ মারিলেন রাম রঘুমণি।
বাণেতে রামের বাণ কাটিল তরণী॥
তরণী বাছিয়া মারে খরতর শর।
বিন্ধিয়া কোমল অঙ্গ করিল জর্জ্জর॥
দুই জনে যুদ্ধ বাজে দুজনে সমান।
কোপে রাম যুড়িলেন অর্দ্ধচন্দ্র বাণ॥
বাণ দেখি তরণীর মনে হৈল ভয়।
এক বাণে কাটিল রথের চারি হয়॥
অশ্ব কাটা গেল রথ হইল অচল।
লাফ দিয়া পড়িল তরণী মহাবল॥
পর্ব্বত পাষাণ বৃক্ষ যা দেখে সম্মুখে।
তর্জ্জন করিয়া হানে শ্রীরামের বুকে॥
অন্ধকার ক'রে ফেলে বৃক্ষ ও পাথর।
প্রহারেতে কাতর হইলা রঘুবর॥
শুকাইল চন্দ্রমুখ নাহি চলে বাহু।
পূর্ণিমার চন্দ্র যেন গরাসিল রাহু॥
অস্থির হইল রণে রাম রঘুমণি।
রামেরে কাতর দেখে ভাবিছে তরণী॥
শ্রীরামের পরিশ্রম হয়েছে অধিক।
দারা সুত মিছা আর সকলি অলীক॥
যুগে যুগে কামনা করিয়া বহুতর।
পেয়েছি পরম রিপু পরম ঈশ্বর॥
রাজ্য-ধন পরিজন কিছুই না চাই।
মরিয়া রামের হাতে গোলোকেতে যাই॥
এত যদি তরণী ভাবিল মনে মনে।
বিভীষণ কহিছেন শ্রীরামের কানে॥
শুন প্রভু রঘুনাথ। করি নিবেদন।
ব্রহ্ম অস্ত্রে হইবেক উহার মরণ॥
অন্য অস্ত্রে না মরিবে এই নিশাচর।
সদয় হইয়া ব্রহ্মা দিয়াছেন বর॥
এতেক শুনিয়া রাম কমললোচন।
ধনুকেতে ব্রহ্ম-অস্ত্র যুড়িল তখন॥
রবির কিরণ জিনি খরতর বাণ।
সেই বাণে রঘুনাথ পূরিল সন্ধান॥

বাণের গর্জ্জন যেন গভীর গরজে।
বিমানেতে আসে বাণ জয়ঘণ্টা বাজে॥
স্বর্গেতে দেবতা করে সুমঙ্গল ধ্বনি।
যোড়হাতে শ্রীরামেরে কহিছে তরণী;—
তোমার চরণ হেরে পরিহরি প্রাণ।
পরলোকে প্রভু! শ্রীচরণে দিও স্থান॥
এতেক ভাবিতে বাণ অঙ্গে এসে পড়ে।
তরণীর মুণ্ড কেটে ভূমিতলে পাড়ে॥
দুই খণ্ড হ'য়ে বীর পড়ে ভূমিতলে।
তরণীর কাটামুণ্ড রাম রাম বলে॥
রামজয় শুভধ্বনি করে কপিগণ।
হাহাকার শব্দে ভূমে পড়ে বিভীষণ॥
অঙ্গের বসন ভাসে নয়নের জলে।
ধেয়ে গিয়া বিভীষণে রাম কৈলা কোলে॥
শ্রীরাম বলেন, শুন মিত্র বিভীষণ!
কেন হে অধীর হ'লে করিয়া রোদন?
ইতমধ্যে কি দুঃখ উঠিল তব মনে?
কাঁদিয়া আকুল হ'লে কিসের কারণে?
বিভীষণ বলে, প্রভু! করি নিবেদন।
মরিল তরণীসেন আমার নন্দন॥
এত শুনি রঘুনাথ কাঁদিতে লাগিলা।
তোমার সন্তান কেন আগে না বলিলা?
তোমার নন্দন হেন কহিতে আগেতে।
তবে কে করিত যুদ্ধ তরণী সঙ্গেতে?
শোকাকুল হইয়া কাঁদেন দুই জন।
শ্রীরাম-লক্ষ্মণ কাঁদে আর কপিগণ॥
সুগ্রীব অঙ্গদ কাঁদে বীর হনুমান্।
কাঁদেন সুষেণ আদি মন্ত্রী জাম্বুবান্॥
শ্রীরাম বলেন, শুন মিত্র বিভীষণ।
না জানি হৃদয় তব কঠিন কেমন?
ব্রহ্ম-অস্ত্র মারিতে মন্ত্রণা দিলে কানে।
আপনি করিলে বধ আপন সন্তানে॥
আগে কেন বিবেচনা না করিলে মনে।
এক্ষণে কাঁদিছ মিত্র! কিসের কারণে?
শোক পরিহর মিত্র! স্থির কর মন।
অনিত্য রোদন আর কর কি কারণ?
বিভীষণ বলে, প্রভু! নিবেদি চরণে।
পুত্রশোকে কাঁদি হেন না ভাবিও মনে॥
ধন্য ধন্য পুণ্যবান্ আমার সন্তান।
মরিয়া তোমার হস্তে পাইল নির্ব্বাণ॥
কিংবা সে বৈকুণ্ঠে গেল অথবা গোলোকে।
ত্যজিল রাক্ষস-দেহ মুক্ত কৈলে তাকে॥
কুম্ভকর্ণ অতিকায় আদি যত বীর।
পুলকে গোলোকে গেল ত্যজিয়া শরীর॥
শক্রভাব ক'রে সবে হইল উদ্ধার।
শ্রীচরণ-সেবা ক'রে কি লাভ আমার?
যদি পারিতাম দেহ করিতে পাতন।
বৈকুণ্ঠধামে আমি করিতাম গমন॥
মরণ না হবে ব্রহ্মা দিয়াছেন বর।
অনেক যন্ত্রণা পাব অবনী ভিতর॥
বিষাদ ভাবিয়া কাঁদি ইহার কারণ।
শ্রীরাম বলেন দুঃখ ত্যজ বিভীষণ!
যেই তুমি সেই আমি ইথে নাহি আন।
সাধুর জীবন মৃত্যু একই সমান॥
যত দিন রবে তুমি অবনী ভিতরে।
আমার সমান দয়া তোমার উপরে॥
এত শুনি বিভীষণ ক্রন্দন সংবরে।
ভগ্নপাক কহে গিয়া রাবণ-গোচরে॥
দূত কহে, লঙ্কেশ্বর! নিবেদি চরণে।
পড়িল তরণীসেন আজিকার রণে॥

তরণীসেনের মৃত্যু শুনি লঙ্কেশ্বর।
সিংহাসন হ'তে পড়ে ধরণী-উপর ॥
চৈতন্য পাইয়ে রাজা করয়ে ক্রন্দন।
রাজারে প্রবোধ দেয় পাত্রমিত্রগণ ॥
মৃত্তিকাতে ব'সে ভাবে লঙ্কা-অধিকারী।
ঘরে ঘরে কাঁদে যত বারগণ-নারী ॥
পুত্রশোকে অনিবার কাঁদিল সরমা।
বুঝিয়া অনিত্য দেহ মনে দিল ক্ষমা ॥
অশ্রুজলে সরমার কলেবর ভাসে।
জানকী প্রবোধ দেন অশেষ-বিশেষে ॥
এইরূপে রাক্ষসীরা কাঁদে লঙ্কাপুরে।
রাবণ মন্ত্রণা করে পাঠাইব কারে ॥

বীরবাহু, ধূম্রাক্ষ এবং ভস্মলোচনের যুদ্ধে গমন ও পতন।

যে বীর পাঠাই নর-বানরের রণে।
সবে মরে ফিরে নাহি আসে একজনে ॥
দিনে দিনে টুটে বল মনে পাই শঙ্কা।
নর-বানর মেরে কে রাখে পুরী লঙ্কা ॥
স্বর্গেতে গন্ধর্ব্ব এক চিত্রসেন নাম।
চিত্রাঙ্গদা কন্যা তার রূপেতে সুঠাম ॥
রাবণ হরিয়া তারে আনে লঙ্কাপুরী।
পরমাসুন্দরী কন্যা জিনি বিদ্যাধরী ॥
বিষ্ণুর বরেতে এক সন্তান প্রসবে।
তাহার গুণের কথা কহি শুন সবে ॥
রাক্ষস-ঔরসে জন্ম বীরবাহু নাম।
দেব-গুরুভক্ত বড় সদা জপে রাম ॥
জন্মিয়া ব্রহ্মার সেবা করে নিরন্তর।
কত দিনে ব্রহ্মা তবে তারে দিল বর ॥
ব্রহ্মা বলে, বীরবাহু! যাও নিজ স্থান।
এই হস্তী লহ ঐরাবতের সমান ॥
এই হস্তী সহায়ে জিনিবে ত্রিভুবন।
হস্তী মারা গেলে হবে তোমার পতন ॥
বিষ্ণুভক্ত হবে তুমি বিষ্ণুপরায়ণ।
বিষ্ণুসেবা যতনে করিবে সর্ব্বক্ষণ ॥
তোমায় সন্তুষ্ট আমি যাও তুমি ঘরে।
মম বরে অন্তে যাবে বৈকুণ্ঠনগরে ॥
ধর্ম্মশীল হবে সর্ব্বশাস্ত্রেতে পণ্ডিত।
বর পেয়ে পিতার নিকটে উপনীত ॥
রাবণ জিজ্ঞাসে তুমি হও কোন্ জন?
কোথায় বসতি কর কাহার নন্দন?
বীরবাহু বলে, পিতঃ! হৈলে পাসরণ।
চিত্রাঙ্গদা-গর্ভে জন্ম তোমার নন্দন ॥
তপে তুষ্ট হয়ে ব্রহ্মা দিয়াছেন বর।
পাইয়াছি হস্তী ঐরাবতের সোসর ॥
হস্তী আরোহণে আমি যদি করি মনে।
ত্রৈলোক্য জিনিতে পারি দিনেকের রণে ॥
এত শুনি দশানন পুত্র কৈল কোলে।
শিরে চুম্ব দিয়া বলে সকরুণ বোলে ॥
রাবণ বলে, বীরবাহু! থাকহ এখানে।
লঙ্কা-রাজ্য ভোগ কর মেঘনাদ সনে ॥
বীরবাহু বলে, পিতা! করি নিবেদন।
মাতামহ-রাজ্যে আমি থাকিব এখন ॥
তব প্রয়োজন কালে আসিব হেথায়।
এত বলি বীরবাহু হইল বিদায় ॥
মাতামহরাজ্য ছিল গন্ধর্ব্বলোকেতে।
যুদ্ধের বারতা শুনি আসিল লঙ্কাতে ॥
মনে জানে নররূপী দেব-নারায়ণ।
সফল হইবে দেহ ক'রে দরশন ॥

উদ্দেশে ব্রহ্মার পদে নমস্কার করি।
হস্তিপৃষ্ঠে বীরবাহু গেল লঙ্কাপুরী ॥
নিরবধী বিষ্ণু বিনা অন্যে নাহি মন।
পরমধার্ম্মিক বীর রাবণনন্দন ॥
লঙ্কায় আসিয়া দেখে ছিন্ন-ভিন্ন সব।
নাহিক সে নৃত্যগীত বাদ্যভাণ্ড-রব ॥
মহাশব্দে কলরব করিছে বানর।
কেহ বলে মার মার কেহ বলে ধর ॥
মৃতদেহ রাশি রাশি রাক্ষস-বানরে।
সমুদ্র গিয়াছে বাঁধা গাছ ও পাথরে ॥
দগ্ধ বড় বড় বীর লঙ্কার ভিতর।
দেখিয়া ত বীরবাহু চিন্তিত অন্তর ॥
কুম্ভকর্ণ আদি যত রাক্ষস প্রচণ্ড।
এক ঠাঁই স্কন্ধ প'ড়ে আর ঠাঁই মুণ্ড ॥
শকুনি গৃধিনী আর কুক্কুর শৃগাল।
মহানন্দে কলরব করে পালে পাল ॥
লক্ষ লক্ষ রমণীর রোদনের শব্দ।
ভয়ঙ্কর কর্ম্ম দে'খে ভয়ে হ'ল স্তব্ধ ॥
অন্তরীক্ষে ফিরে বীর হস্তীর উপরে।
তিন দ্বার ফিরে গেল পশ্চিমের দ্বারে ॥
দেখিল বসিয়া আছে শ্রীরাম-লক্ষ্মণ।
যোড়হাতে রহিয়াছে খুড়া বিভীষণ ॥
ভল্লুক বানর কত বড় বড় বীর।
নিরখিয়া বীরবাহু কম্পিত-শরীর ॥
শ্রীরাম-লক্ষ্মণে দেখে রাবণনন্দন।
উদ্দেশেতে বন্দিলেন দোঁহার চরণ ॥
বিভীষণ খুড়াকে প্রণাম কৈল মনে।
প্রণমিল ভক্তবৃন্দ যত কপিগণে ॥
বিষ্ণু-অবতার রাম দেখিল নয়নে।
জানিল রাক্ষসবংশ ধ্বংস এত দিনে ॥
এতেক ভাবিয়া গেল পুরীর ভিতর।
সিংহাসন ত্যজি ভূমে ব'সে লঙ্কেশ্বর ॥
কাঁদিছে তরণী-শোকে হইয়া কাতর।
কুড়ি চক্ষে বারিধারা বহে নিরন্তর ॥
দাঁড়ায়েছে পাত্রমিত্র চতুর্দ্দিকে ঘেরে।
রাজা বলে, যুদ্ধে আর পাঠাইব কারে ?
বীর নাহি লঙ্কাতে ভাণ্ডারে নাহি ধন।
কুম্ভকর্ণ মরিল, না মৈল বিভীষণ ॥
মারিল আপন পুত্রে আপন সাক্ষাতে।
মজালে কনক-লঙ্কা নর-বানরেতে ॥
জিনিবে বানরে-নরে কে আছে এমন ?
লঙ্কাতে আসিল রাম হইয়া শমন ॥
কারে পাঠাইব রণে ভাবে দশানন।
হেনকালে বীরবাহু বন্দিল চরণ ॥
বীরবাহু দেখিয়া উঠিল দশানন।
আলিঙ্গন ক'রে দিল রত্নসিংহাসন ॥
রাজা বলে, বীরবাহু ! কর অবগতি।
দেখিলে আপন চক্ষে লঙ্কার দুর্গতি ॥
স্বর্গ মর্ত্ত্য পাতাল জিনিনু ত্রিভুবন।
নর-বানরের সনে সংশয়-জীবন ॥
বীরবাহু বলে, পিতা ! কহ ত সংবাদ।
নর-বানরের সনে কিসের বিবাদ ?
রাবণ বলে, শুন পুত্র ! কহি যে তোমারে।
দশরথ রাজা ছিল অযোধ্যানগরে ॥
তার পুত্র রাম এরূপ শুনিতে পাই।
রাজ্য কেড়ে ল'য়ে দূর ক'রে দিল ভাই ॥
দুই ভাই বনবাসী সঙ্গে লয়ে নারী।
পঞ্চবটী বনে ছিল হয়ে জটাধারী ॥
সূর্পণখা গিয়াছিল পুষ্প-অন্বেষণে।
নাক-কান কাটে তার অনুজ লক্ষ্মণে।

আমি হ'রে আনিলাম তাহার সুন্দরী।
বানর লইয়া রাম এল লঙ্কাপুরী॥
কুম্ভকর্ণ আদি বীর পড়িয়াছে রণে।
কে আর যুঝিবে নর-বানরের সনে?
বীরবাহু বলে, শঙ্কা না কর রাজন্!
ইঙ্গিতে মারিয়া দিব শ্রীরাম-লক্ষ্মণ॥
এত বলি বীরবাহু ভাবে মনে মন।
বিষ্ণুহস্তে মৈলে যাব বৈকুণ্ঠ ভুবন॥
বীরবাহু বলে, পিতা! তুমি জান ভালে।
ইন্দ্র আদি দেব কাঁপে আমারে দেখিলে॥
বিদায় করহ যাব রণের ভিতর।
এত বলি বীরবাহু চলিল সত্বর॥
নানা রত্ন দান রাজা দিল পুত্র তরে।
হার নূপুরাদি নানা দিল অলঙ্কারে॥
প্রতাপে প্রচণ্ড বীর সংগ্রামে সুধীর।
পিতার আজ্ঞায় সেজে চলে মহাবীর॥
হেনকালে তার মাতা দূতমুখে শুনে।
দ্রুতগতি ধেয়ে আসে পুত্র-দরশনে॥
কার বোলে যাহ পুত্র! করিবারে রণ?
বড় বড় বীর সব হইল নিধন॥
বীরশূন্য হইল কনক-লঙ্কাপুরী।
তুমি যুদ্ধে গেলে আমি প্রাণ পরিহরি॥
কুম্ভকর্ণ হেন বীর রণে গিয়া মরে।
অতিকায়ে মারিয়াছে নর ও বানরে॥
মায়ের বচন শুনি বীরবাহু হাসে।
মধুর বচন কহি জননীরে তোষে॥
চরণের ধূলি লয় মাথার উপর।
হাসিতে হাসিতে করে মায়েরে উত্তর॥
অবোধ অবলা জাতি নাহি বুঝ কার্য্য।
আমি যুদ্ধ না করিলে কে রাখিবে রাজ্য?
মাতা! তুমি আশীর্বাদ কর একচিতে।
তোমার প্রসাদে রণ জিনিব ইঙ্গিতে॥
সংগ্রামে রামের হাতে হইলে নিধন।
রথে চড়ে যাব আমি বৈকুণ্ঠ ভুবন॥
মায়েরে প্রবোধ করি হস্তিস্কন্ধে চড়ে।
বিদায় হইয়া বীর যুঝিবারে নড়ে॥
বীরবাহু রণে চলে হয়ে সেনাপতি।
হস্তী ঘোড়া বহু ঠাট চলিল সংহতি॥
চলিল ধূম্রাক্ষবীর রথেতে চড়িয়ে।
মার মার শব্দে ধায় নানা অস্ত্র ল'য়ে॥
সবার পশ্চাতে রণে ভস্মাক্ষ দুর্জ্জয়।
চর্ম্মে ঢাকি রথখান সভা-মধ্যে রয়॥
যার মুখ দেখে সেই হয় ভস্মময়।
সংসারে কাহার মুখ নাহি নিরীক্ষয়॥
হেন মহাবীর নড়ে রণ করিবারে।
সম্মুখ-সংগ্রামে কেবা জিনিবে তাহারে?
তাহার সহিত এল কত শত বীর।
হস্তী' পরে বীরবাহু সুন্দর শরীর॥
মনে মনে বীরবাহু চিন্তে অনুক্ষণ।
কেমনে পাইব আমি রাম-দরশন?
প্রথমেতে উত্তরিল বানর-গোচর।
মার, মার শব্দ করি ধাইল বানর॥
ভস্মলোচনেরে তবে ডাকিল তখন।
যুঝিতে দিলেক আজ্ঞা রাবণ-নন্দন॥
বীরবাহু আজ্ঞা যদি দিলেক তাহাকে।
ভস্মলোচন যায় যে রামের সম্মুখে॥
চর্ম্মে ঢাকিয়াছে রথ চক্ষে চর্ম্মঠুলি।
রাম-আগে চলিল ভস্মাক্ষ মহাবলী॥
যেখানেতে শ্রীরাম সুগ্রীব বীরগণ।
বিভীষণ বলে, দেব রক্ষ নারায়ণ॥

দেখহ ভস্মাক্ষ-বীর উপনীত আসি।
যাহারে দেখিবে সেই হবে ভস্মরাশি॥
চর্ম্মে আচ্ছাদিত রথ দেখ বিদ্যমান।
ইহার ভিতরে আছে শমন-সমান॥
ভস্মাক্ষ ইহার নাম বড়ই দুষ্কর।
করিল কঠোর তপ সহস্র বৎসর॥
তপোবলে, ব্রহ্মা যবে দিতে এল বর।
রাক্ষস বলিল মোরে করহ অমর॥
ব্রহ্মা বলে, অন্য বর চাহ নিশাচর।
সৃষ্টি নাশ হবে তুমি হইলে অমর॥
নিশাচর বলে, তবে করি নিবেদন।
সেই ভস্ম হবে যার হেরিব বদন॥
ব্রহ্মা বলে, দিনু যাহা এল তব মুখে।
ঘরে গিয়া ব'সে থাক ঠুলী দিয়া চোখে॥
বর পেয়ে রাক্ষস হইল আনন্দিত।
সত্য-মিথ্যা কেমনেতে যাইব প্রতীত॥
সংহতি রাক্ষস উহার ছিল যত জন।
মুখ নিরখিতে ভস্ম হইল তখন॥
বর পেয়ে নিশাচর হরিষ অন্তর।
স্ত্রী-পুত্র না রহে ঐ পাপিষ্ঠ-গোচর॥
হেনই পাপিষ্ঠ রণে হৈল আগুয়ান।
উহার সংগ্রামে প্রভু! হও সাবধান॥
বিভীষণ-বচনে বিস্মিত হয়ে মনে।
পুনরপি শ্রীরাম কহেন বিভীষণে॥
রণে ভঙ্গ নাহি দিব বুঝিব অবশ্য।
আমি ভস্ম হই কিংবা অই হবে ভস্ম॥
বিভীষণ বলে প্রভু! না করিও ভয়।
করহ উপায় চিন্তা মরিবে নিশ্চয়॥
আছয়ে মন্ত্রণা এক শুন নারায়ণ!
উহার সম্মুখে দেহ ধরিয়া দর্পণ॥

যখন আসিবে বেটা মুখ দেখিবারে।
দর্পণে আপন মুখ পাবে দেখিবারে॥
দর্পণে আপন মুখ দেখি নিশাচর।
তখনি হইবে ভস্ম না করিও ডর॥
হেন উপদেশ যদি কহে বিভীষণ।
মিত্র মিত্র বলি রাম দিল আলিঙ্গন॥
শ্রীরাম বলেন, সৈন্য হও এক পাশ।
যাবৎ রাক্ষস দুষ্ট না হয় বিনাশ॥
শ্রীরাম দর্পণ-অস্ত্র যুড়িল ধনুকে।
ছুটিয়া রামের বাণ রহিল সম্মুখে॥
আছিল রামের সঙ্গে যত কপিগণ।
বাণেতে সবার মুখে হইল দর্পণ॥
হেনকালে সেই দুষ্ট সংগ্রামে পশিল।
রাম-অগ্রে দু-চক্ষের ঠুলী খসাইল॥
দর্পণাস্ত্রে রঘুনাথ কৈল আচ্ছাদন।
যত বানরের মুখে হইল দর্পণ॥
দেখিল ভস্মাক্ষবীর যাহার বদন।
মুখ দেখা নাহি গেল দেখিল দর্পণ॥
মুখ নাহি দেখিয়া কুপিল নিশাচর।
শ্রীরামেরে ডাকি তবে বলিছে উত্তর॥
রাক্ষস বলিছে, তুমি প্রাণেতে কাতর।
ভয় যদি কর পলাইয়া যাও ঘর॥
রাম বলে, রাক্ষস! কি ইচ্ছিলি মরণ?
এখনি পাঠাব তোরে যমের সদন॥
রামের বচন শুনি কোপে নিশাচর।
রথ চালাইয়া দিল রামের গোচর॥
রামে দেখিবারে বীর মেলিল লোচন।
রাক্ষস-সম্মুখে রাম ধরিল দর্পণ॥
দর্পণ-ভিতরে দেখি আপনার আস্য।
নিজ মুখ দেখিয়া আপনি হৈল ভস্ম॥

ভস্ম হয়ে পড়ে বেটা রথের উপরে।
ভস্মাক্ষ-পতনে সবে পলাইল ডরে॥
ভস্মাক্ষ পড়িল যদি রাক্ষসের ভঙ্গ।
রাক্ষসের ভঙ্গ দেখি বানরের রঙ্গ॥
ভস্মাক্ষের মৃত্যু দেখি রাক্ষস পলায়।
দূর হ'তে বীরবাহু দেখিবারে পায়॥
কুপিত হইয়া বীর চাহে ঘনে ঘন।
হাতে ধনু কহিতেছে রাবণনন্দন॥
রাক্ষসের ভঙ্গ দেখি বানর হর্ষিত।
হস্তীপৃষ্ঠে বীরবাহু চলিল ত্বরিত॥
শ্বেতবর্ণ হস্তী যেন পর্ব্বত প্রমাণ।
দুর্জ্জয় দশন ঐরাবতের সমান॥
হস্তিপৃষ্ঠে নানা অস্ত্র মুষল মুদ্গর।
ঐরাবত'পরে যেন এল পুরন্দর॥
রাক্ষসের ভঙ্গ দেখি কহিছে তখন।
আশ্বাস বচনে রাখে রাবণনন্দন॥
না পলাও রাক্ষস সংগ্রামে এস ফিরে।
এখনি মারিব রণে নর ও বানরে॥
বীরবাহু বোলে যায় নিশাচরগণ।
পুনরপি রণে এল করিয়া তর্জ্জন॥
দেখিয়া বানরগণে বীরবাহু বলে।
হস্তী চালাইয়া বীর দিল রণস্থলে॥
বীরবাহু বলে, কপি! দণ্ড তুই থাক।
বানর-কটকে রণে দেখাব বিপাক॥
চালাইয়া দিল বীর সংগ্রাম-ভিতর।
দেখিয়া রুষিল রণে যতেক বানর॥
কোপেতে অঙ্গদবীর বালির নন্দন।
সিংহনাদ শব্দ করি করিছে তর্জ্জন॥
রুষিল রাজার পুত্র কার সাধ্য থাকে।
কপিগণ সংগ্রামে চলিল একে একে॥
নল নীল কুমুদ সম্পাতি আদি করি।
মহেন্দ্র দেবেন্দ্র আর সুষেণ কেশরী॥
গয় গবাক্ষ শরভাদি দ্বিবিদ বানর।
দীর্ঘাকার পর্ব্বতপ্রমাণ কলেবর॥
সুগ্রীবের সৈন্য নড়ে দেখিতে অপার।
বিংশতি বানরে অঙ্গদের আগুসার॥
আগুদলে অঙ্গদের হৈল আগমন।
রাক্ষসের সনে যায় করিবারে রণ॥
দশ যোজন পর্ব্বত সে নিলেক উপাড়ি।
রাক্ষস-উপরে ফেলে অতি তাড়াতাড়ি॥
সন্ধান পূরিয়া বীরবাহু যোড়ে বাণ।
পর্বত কাটিয়া বীর করে খান খান॥
পাঁচ বাণ হানিলেক অঙ্গদের বুকে।
পড়িল অঙ্গদবীর রক্ত উঠে মুখে॥
রাজপুত্র রণে পড়ে দেখে হনুমান্।
শালগাছ উপাড়িল দিয়া এক টান॥
হস্তীর মাথাতে মারে দুহাতিয়া বাড়ি।
হস্তীর মাথায় ঠেকে বৃক্ষ হৈল গুঁড়ি॥
বৃক্ষ গোটা ব্যর্থ গেল কোপে হনুমান্।
আর বৃক্ষ উপাড়িল দিয়ে এক টান॥
আর এক বৃক্ষ আনে পঞ্চাশ যোজন।
বৃক্ষের ছায়াতে ঢাকে রবির কিরণ॥
এড়িলেক বৃক্ষ গোটা ধরি বাহুবলে।
করিয়া বিষম শব্দ বৃক্ষ গোটা চলে॥
হস্তীর মাথায় বৃক্ষ গুঁড়া হয়ে যায়।
রুষিয়া দারুণ হস্তী ক্রোধভরে ধায়॥
ক্রোধভরে বীরবাহু এড়ে দশ বাণ।
বাণ ফুটে ভূমিতে পড়িল হনুমান্॥
শরাঘাতে হনুমান্ অচেতন হৈল।
নল নীল কুমুদ রণেতে প্রবেশিল॥

মহেন্দ্র দেবেন্দ্র আর সুষেণ কেশরী।
নয় বীর যুঝিবারে এলো আগুসরি॥
নয় বীর দেখি তবে এড়ে নয় শর।
বিন্ধিয়া বানরগণে করিল জর্জ্জর॥
দশ দশ বাণে প্রতি বানরেরে বিন্ধে।
বিন্ধিল বানরগণে বসি গজস্কন্ধে॥
গয় গবাক্ষ শরভাদি গন্ধমাদন।
বাণে অচেতন হয়ে পড়ে পঞ্চজন॥
বানর-কটক বিন্ধে করি খান খান।
পলায় বানরগণ লইয়া পরাণ॥
ধাইয়া বানর কহে শ্রীরামের ঠাঁই।
বীরবাহু-বাণে প্রভু কার রক্ষা নাই॥
কালান্তক যম যেন এসে করে রণ।
পড়িয়াছে হনুমান্ আদি কপিগণ॥
কুম্ভকর্ণ-হাতে সবে পেয়েছে নিস্তার।
আজিকার রণে হয় সকলে সংহার॥
এতেক রণের কথা শুনি দাশরথি।
চলিলেন রঘুনাথ লক্ষ্মণ সংহতি॥
সুগ্রীব রামের পিছে ধায় বিভীষণ।
বৃক্ষ পাথর হাতে ক'রে ধায় কপিগণ॥
হস্তীর স্কন্ধেতে থাকি করিছে সংগ্রাম।
বিভীষণে জিজ্ঞাসা করেন প্রভু রাম॥
শ্রীরাম বলেন, শুন মিত্র বিভীষণ!
কোন্ বীর আসিয়াছে হস্তী-আরোহণ?
ঐরাবত সম গজ অতি ভয়ঙ্কর।
নানা অস্ত্র তুলিয়াছে গজের উপর॥
প্রচণ্ড ধনুক-বাণ খরতর জাঠা।
পুরন্দর সম গজস্কন্ধে এল কেটা?
বিভীষণ বলে, রাম! কর অবধান।
বীরবাহু নাম ধরে রাবণ-সন্তান॥
চিত্রাঙ্গদা নামে এক গন্ধর্ব্বকুমারী॥
যুদ্ধে জিনে রাবণ আনিল তারে হরি॥
তাহার গর্ভেতে জন্মে সুন্দর সুঠাম।
দেব-দ্বিজ-গুরুভক্ত বীরবাহু নাম॥
চিত্রাঙ্গদা মাতা, রাবণ উহার বাপ।
নাম ধরে বীরবাহু দুর্জ্জয় প্রতাপ॥
করিল তপস্যা বীর কঠোর বিস্তর।
তপের কারণ ব্রহ্মা দিতে এল বর॥
ব্রহ্মা বলে, হবে তোর সংগ্রামে বিজয়।
দিলা এক হস্তী ঐরাবতের তনয়॥
গজরাজ দিয়া ব্রহ্মা বলিলা বচন।
এ গজের জীবনেতে তোমার জীবন॥
অবশ্য মরিব তায় সন্দেহ যে নাই।
যুদ্ধ ক'রে ম'রে যেন নারায়ণ পাই॥
ব্রহ্মা বলে, নররূপী হবে নারায়ণ।
ইচ্ছা-সুখে তাহে দেহ করিবে পাতন॥
সেই বীরবাহু এই দুর্জ্জয় শরীর।
বীরবাহু-তেজে রণে কেহ নহে স্থির॥
বীরবাহু জিনিলে রাবণরাজ জিনি।
সমুদ্র তরিলে যেন গোষ্পদের পানি॥
বীরবাহু ইন্দ্রজিৎ বীর নাহি আর।
ইহারা মরিলে হবে রাবণ-সংহার॥
শ্রীরাম বলেন, মিত্র! ভরসা তোমার।
তব উপদেশে হৈল সকলে সংহার॥
রাম-বিভীষণে এই কথোপকথন।
ডাক দিয়া কহিতেছে রাবণনন্দন॥
বীরবাহু বলে, শুন শ্রীরাম-লক্ষ্মণ!
আমা সনে তোমরা যুঝিবে কোন্ জন?
রাম বলে, তোমাতে আমাতে আজি রণ।
আজিকার যুদ্ধে তব বধিব জীবন॥

বানর-কটক সব হও এক ভিত।
দুজনে করিব যুদ্ধ যেমন প্রমিত ॥
এত শুনি বীরবাহু করিছে সমর।
মাথায় টোপর বীর হাতে ধনুঃশর ॥
গজস্কন্ধে থাকি বীর নেহারে শ্রীরাম।
কপটে মনুষ্য-দেহ দূর্ব্বাদলশ্যাম ॥
চাঁচর চিকুর শোভা চৌরস কপাল।
প্রসন্ন শরীর রাম পরম দয়াল ॥
ধ্বজ-বজ্রাঙ্কুশ-চিহ্ন অতি মনোহর।
ভুবনমোহন রূপ শ্যামল সুন্দর ॥
রামের হাতের ধনু বিচিত্র-গঠন।
সকল শরীরে দেখে বিষ্ণুর লক্ষণ ॥
নারায়ণ-রূপ দেখে রাবণকুমার।
নিশ্চয় জানিল রাম বিষ্ণু-অবতার ॥
হাতের ধনুকবাণ ভূমেতে ফেলায়ে।
গজ হ'তে নামি কহে বিনয় করিয়ে ॥
ধরণী লোটায়ে কহে যুড়ি দুই কর।
অকিঞ্চনে কর দয়া রাম রঘুবর।
প্রণমামি রামচন্দ্র! সংসারের সার।
সত্যবাদী জিতেন্দ্রিয় বিষ্ণু-অবতার ॥
আদি ও অনাদি তুমি পুরুষপ্রধান।
নাশিতে অজয় অরি শমন সমান ॥
প্রকৃতি পুরুষ তুমি, তুমি চরাচর।
তোমার একাংশ ব্রহ্মা বিষ্ণু মহেশ্বর।
অনাথের নাথ তুমি সংসার-তারণ।
সুরাসুর তুমি সৃষ্টি সংসার কারণ ॥
বহু স্তুতি করি বলে রাবণনন্দন।
অনুক্ষণ জপে ধ্যানে দেব ত্রিলোচন ॥
সাম ঋক্ যজু ও অথর্ব্ব তোমা হ'তে।
অসীম মহিমা-গুণ নারি সীমা দিতে ॥

হেন পাদপদ্ম দেখিলাম অনায়াসে।
পরিপূর্ণ হইল আমার অভিলাষে ॥
তব পাদপদ্মে যেবা নাহি মাগে বর।
বৃথায় জীবন তার অবনী-ভিতর ॥
আপনি ক'রেছ আজ্ঞা না হয় খণ্ডন।
ও পদ্ম-স্মরণে হয় পাপ-বিমোচন ॥
এ ভব-সংসার দেখি অকূল পাথার।
রাম-নাম তরণী করিয়ে হব পার ॥
তুমি নারায়ণ ধর্ম্ম ব্রহ্ম সনাতন।
রাক্ষস-বিনাশকারী ভুবনমোহন ॥
উৎপত্তি প্রলয় তুমি চিন্তনীয় ধন।
তোমারে চিনিতে প্রভু! পারে কোন্ জন?
অধম রাক্ষস আমি বড়ই পাপিষ্ঠ।
এ দুঃখে তারিতে প্রভু! তুমি মহা ইষ্ট ॥
চিরদিন মহাপাপ করেছি অপার।
বৈষ্ণবাস্ত্রেতে মোরে কর হে সংহার ॥
এতেক বলিল যদি রাবণনন্দন।
রণ ত্যজি রঘুনাথ বসিল তখন ॥
রাম বলে, দেখিলাম তব ব্যবহার।
তোমা বধ করা নহে উচিত আমার ॥
যাউক জানকী মোর রাজ্য যাক্ ব'য়ে।
পুনঃ বনে যাই আমি তোরে লঙ্কা দিয়ে ॥
বীরবাহু বলে যে গোঁসাই! পরিহার।
তুমি যারে দয়া কর লঙ্কা কোন্ ছার ॥
অনন্ত ব্রহ্মাণ্ড প্রভু! তোমার শরীরে।
ক্ষুদ্র লঙ্কাপুরী দিয়ে ভাণ্ডিবে আমারে?
লঙ্কা দিয়ে রঘুনাথ! ভাণ্ডিবে আমারে?
না পারিবে কদাচন এই দুরাচারে ॥
এতেক বলিল যদি রাবণনন্দন।
মনে মনে তবে চিন্তে আপন মরণ ॥

তুমি না মারিলে মম না হবে উদ্ধার।
দয়া ক'রে করহ আমার প্রতীকার॥
রণ ক'রে পড়ি যদি প্রভু! তব বাণে।
বিষ্ণুদূতে লয়ে যাবে বৈকুণ্ঠ-ভুবনে॥
যাহা লাগি মুনি-ঋষি নানা তীর্থে ফিরে।
যাহা লাগি সাধুজন নানা যজ্ঞ করে॥
অনায়াসে পাব আমি হেন গুণনিধি।
বিনা জাতি-ব্যবহারে নহে কার্য্যসিদ্ধি॥
এতেক ভাবিয়া মনে রাবণকুমার।
এক লাফ দিয়া উঠে গজে আপনার॥
প্রচণ্ড ধনুক ছিল গজের উপরে।
দৃঢ়মুষ্টি অস্ত্র লয়ে বিন্ধে রঘুবীরে॥
আরে রে তপস্বি বেটা ভণ্ড বনচারি!
মরণ এড়াতে চাও ক'রে ভারিভুরি?
কালসর্প-সম অস্ত্র দেখহ সর্ব্বথা।
লব শোধ যত দুঃখ পায় মম পিতা॥
মম ইষ্টদেবে আমি করেছি স্তবন।
তুমি মনে করেছ আপনি নারায়ণ?
বীরবাহু কৈল যদি দুরক্ষর-বাণী।
ক্রোধেতে হইল রাম জ্বলন্ত আগুনি॥
সত্ত্বগুণে তমোগুণে বড়ই বিষম।
ক্রোধেতে হইল রাম কালান্তক যম॥
মার্ মার্ বলি রাম যুড়িলেন বাণ।
হাসিয়া ধনুক ধরে রাবণ-সন্তান॥
দুই জনে লাগিল বাণের হানাহানি।
উঠিল আকাশে বাণ শব্দ ঠন্‌ঠনি॥
বাণে বাণে কাটাকাটি উঠিল আগুনি।
স্বর্গেতে দেবতা কাঁপে অসম্ভব গণি॥
দূরে থাকি দেখে কপি উভয়ের রণ।
বাণের বিষম শব্দ উঠিল গগন॥
দুই জনে কাটাকাটি হৈল বাণে বাণে।
দুজনার উপরেতে দুই জন হানে॥
অগ্নিবাণ বীরবাহু যুড়িল ধনুকে।
বজ্রসম আসে বাণ রামের সম্মুখে॥
অগ্নিবাণে করে বীর অগ্নি-অবতার।
বরুণ-বাণেতে রাম করেন সংহার॥
মহাকোপে বীরবাহু এড়ে দশ বাণ।
শ্রীরামের বুকে ফুটে বজ্রের সমান॥
শরাঘাতে শোণিত ভাসিল রঘুনাথে।
যেন সূর্য্যপাত হয়ে পড়িল ভূমিতে॥
পড়িলেন রামচন্দ্র সর্ব্বজন দেখে।
মুখেতে উঠিল রক্ত ঝলকে ঝলকে॥
ব্যথা সংবরিয়া রাম যুড়িলেন বাণ।
বীরবাহু কাটিতে সে চাহে ধনুখান॥
তীক্ষ্ণ বাণ মারে রাম ধনুক কাটিতে।
ধনুতে ঠেকিয়া বাণ পড়ে এক ভিতে॥
বীরবাহু বলে, অবধান রঘুনাথ!
আমার ধনুকে মিথ্যা করিছ আঘাত॥
ধনুক কাটিতে না পারিবে রঘুনাথ।
বীরবাহু কহিতেছে করি যোড়হাত॥
অক্ষয় ধনুক আমি করিয়াছি হাতে।
ত্রিভুবনে কার সাধ্য কে পারে কাটিতে?
ধনু কাটা নাহি গেল শ্রীরাম লজ্জিত।
অর্দ্ধচন্দ্র-বাণ রাম যুড়েন ত্বরিত॥
এড়িলেন বাণ রাম তারা যেন ছুটে।
বাণে বীরবাহুর ধনুকবাণ টুটে॥
ধনুর্ব্বাণ গেল বীরবাহু উল্লাসিত।
এত দিনে বুঝি বা পুরিল মনোরথ॥
মনে জানিলাম আজি নাহি অব্যাহতি।
শ্রীরামের বাণে প'ড়ে পাইব নিষ্কৃতি॥

একমনে বীরবাহু করিছে স্তবন।
ধনুর্ব্বাণ কাটা গেল অবশ্য মরণ॥
ধনু কাটা গেল বীর আর ধনু লয়।
শরজাল বাণ এড়ে রাবণ-তনয়॥
বাণে আচ্ছাদিল রঘুনাথের উপর।
বাণ খেয়ে রঘুনাথ হইল ফাঁপর॥
মনে মনে রঘুনাথ করি অনুমান।
ঐষীক-বাণেতে রাম করেন সন্ধান॥
শ্রীরাম ঐষীক-বাণ বসাইল চাপে।
রাক্ষসের বাণ কাটিলেন বীরদাপে॥
শ্রীরাম কাটেন বাণ মনের কৌতুকে।
দাঁড়ায়ে বানরগণ দূর হ'তে দেখে॥
রাম বলে, বীরবাহু! তুমি বড় বীর।
তব বাণে মম সৈন্য না হয় সুস্থির॥
বীরবাহু বলে, রাম! ক্ষণেক থাকহ।
যত দুঃখ দিলে তার প্রতিফল লহ॥
রাক্ষসের বাক্য শুনি কুপিল লক্ষণ।
রাক্ষস-উপরে করে বাণ বরষণ॥
লক্ষণের বাণে বীরবাহু সে কুপিত।
এড়িল দুর্জ্জয়-বাণ অগ্নি প্রজ্বলিত॥
চলিল লক্ষ্মণ-বাণ তারা যেন ছুটে।
এক বাণে রাক্ষসের অগ্নিবাণ কাটে॥
পঞ্চবাণ লক্ষ্মণ যে যুড়িল ধনুকে।
সন্ধান পূরিয়া মারে বীরবাহু-বুকে॥
বাণাঘাতে বীরবাহু হইল কম্পিত।
লক্ষ্মণ-উপরে মারে বাণ আচম্বিত॥
অষ্ট বাণ বীরবাহু যুড়িল ধনুকে।
সন্ধান পূরিয়া মারে লক্ষ্মণের বুকে॥
বীরবাহু-বাণ লক্ষ্মণের ফুটে বুকে।
ঘুরিয়া পড়িল বীর রক্ত উঠে মুখে॥
কতক্ষণে লক্ষ্মণ হইল সচেতন।
পুনরপি দুই জনে হৈল মহারণ॥
লক্ষ্মণে মারিতে বীরবাহু চিন্তি মনে।
বায়ুবেগে হস্তী চালাইল একমনে॥
আইসে দুর্জ্জয় হস্তী ত্বরিত গমন।
লক্ষ্মণে মারিল জাঠা রাবণনন্দন॥
অতিবেগে এড়ে জাঠা চলে শীঘ্রগতি।
দেখিয়া চিন্তিত বড় হইল দাশরথি॥
জাঠার উদ্দেশে রাম এড়িলেন বাণ।
তিন বাণে জাঠারে করিল খান খান॥
জাঠায় কাটিয়ে রাম রাখিলা লক্ষ্মণ।
ডাক দিয়া বলে তবে রাবণনন্দন॥
সাক্ষী হও জাম্বুবান্ খুড়া বিভীষণ।
সাক্ষী হও কপিবৃন্দ পবননন্দন॥
ক্ষত্রিয়ের ধর্ম্ম এই যুদ্ধে আছে পণ।
যার সঙ্গে যুদ্ধ করে মারে সেই জন॥
আমি জাঠা মারিলাম লক্ষ্মণ-উপরে।
তুমি কেন সে জাঠা কাটিলে অবিচারে?
একের সঙ্গেতে যুদ্ধে অন্যে দেয় হানা।
ধর্ম্মশাস্ত্রে তারে নাহি বলে বীরপনা॥
শ্রীরাম বলেন, শুন রাবণনন্দন।
লক্ষ্মণে আমাতে ভিন্ন বলে কোন্ জন?
বীরবাহু বলে, রাম! আমি তাহা জানি।
ব্রহ্মাণ্ডে তোমাতে ভিন্ন আছে কোন্ প্রাণী?
বীরবাহু-বাক্য শুনি লজ্জিত শ্রীরাম।
পুনরপি দুই জনে বাজিল সংগ্রাম॥
গগন ছাইয়া দোঁহে বাণ বরষণ।
বাণে বাণে কাটাকাটি উঠিছে আগুন॥
দশ বাণ রঘুনাথ যুড়িল ধনুকে।
বজ্রসম বাজে বাণ বীরবাহু-বুকে॥

বুকে বাণ বাজে রক্ত উঠে অনিবার।
অচৈতন্য হয়ে পড়ে রাবণকুমার॥
রক্তধারে বীরবাহু ভাসে কলেবর।
গড়াগড়ি দেয় বীর গজের উপর॥
বীরবাহু লয়ে গজ উঠিলা গগন।
যোড়হাতে শ্রীরামেরে বলেন লক্ষ্মণ॥
লক্ষ্মণ বলেন, প্রভু! করি নিবেদন।
ব্রহ্ম-অস্ত্র মেরে ওর বধহ জীবন॥
রাম বলে, এ বেটা রাক্ষস মহাবীর।
ধর্ম্মেতে ধার্ম্মিক বড় সুবুদ্ধি সুধীর॥
করিয়ে অন্যায় যুদ্ধ না মারি উহারে।
মারিব ধর্ম্মত যুদ্ধে বীরবাহু-বীরে॥
কতক্ষণে রাক্ষস হইল সচেতন।
হরিষ হইয়া বীর কহিছে তখন ;—
আরবার এস দেখি রণের ভিতর।
জানিলাম বীর বট তুমি রঘুবর!
এত বলি ধনুক ধরিল বাম-করে॥
দেখিয়া রুষিল তবে সুগ্রীব বানরে॥
সুগ্রীব বলেন, শুন জগৎ-গোঁসাই।
শুনিয়াছি হস্তী সঙ্গে ইহার প্রমাই॥
হস্তী মৈলে বীরবাহু মরিবে নিশ্চয়।
হস্তীরে মারিয়া কর রাক্ষসের ক্ষয়॥
এত বলি সুগ্রীব পবনগতি ধায়।
দূরে থাকি পাথর সে দেখিবারে পায়॥
দশ যোজন পাথর তুলিয়া লয় হাতে।
দানবে রুষিল যেন দেব-জগন্নাথে॥
বীরদর্প করি বীর হানিল পাথর।
দন্ত দিয়া পাথর ধরিল গজবর॥
খান খান করিলেক দন্তের তাড়নে।
শালগাছ সুগ্রীব উপাড়ে একটানে॥
দুর্জ্জয় সে-শালবৃক্ষ বিংশতি যোজন।
বৃক্ষের ছায়াতে ঢাকে সূর্য্যের কিরণ॥
অব্যর্থ পাথর গেল সুগ্রীব লজ্জিত।
হানিলেক শালগাছ হইয়া কুপিত॥
গজের মাথায় মারে দুহাতিয়া বাড়ি।
হস্তীর মাথায় গাছ হয়ে গেল গুঁড়ি॥
শুণ্ডে জড়াইয়া হস্তী সুগ্রীবেরে ধরে।
আছাড় মারিয়া তার অস্থি চূর্ণ করে॥
ভূমেতে পড়িয়া রাজা করে ধড়ফড়।
দেখিয়া বানরগণ উঠে দিল রড়॥
মুখে রক্ত উঠে রাজার ঝলকে ঝলকে।
সুগ্রীব মরিল বলি কপিগণ দেখে॥
অনেক যতনে রাজা পাইল চেতন।
রামেরে ডাকিয়া বলে রাবণনন্দন ;—
এক জন উপরেতে দুই জন রোষে।
ধর্ম নাহি সহে তাহা মরে নিজ দোষে॥
তুমি আমি যুদ্ধ করিতেছি দুই জনা।
বানর আসিয়া কেন মাঝে দিল হানা?
বন্যজন্তু যুদ্ধে কিন্তু আস্বা দেখি বাড়া।
সেই পাপে হস্তীতে আছাড়ে করে গুঁড়া॥
বীরবাহু-বাক্যেতে লজ্জিত রঘুবর।
ঈষৎ হাসিয়া রাম করেন উত্তর ;—
বনেতে লক্ষ্মণ ছিল হয়ে ব্রহ্মচারী।
সূর্পণখা রাঁড়ী গেল বর বাঞ্ছা করি॥
সেই দোষে নাক কান কাটিল লক্ষ্মণ।
বিধবার কর্ম ভাল করিল পালন॥
তোর পিতা রাবণের এক লক্ষ বেটা।
চৌদ্দহাজার পত্নী তার বিভা কৈল কেটা?
পরম পাতকী দুষ্ট লঙ্কা-অধিকারী।
জন্মাবধি চুরি ক'রে আনে পরনারী॥

জ্যেষ্ঠ ভাই কুবের ধনের অধিপতি।
তার বধূ হরিয়া আনিল পাপমতি।
ব্রহ্ম-অংশে জন্ম দেখ যত নিশাচর।
খাইয়া মানুষ গরু পূরয়ে উদর॥
এত দিনে লঙ্কাপুরে পাপ হৈল পূর্ণ।
পাঠাইব যমালয়ে হবে দর্প চূর্ণ॥
এতেক বলিয়া রাম পূরয়ে সন্ধান।
মারিলা রাক্ষসগণে শত শত বাণ॥
খাইয়া রামের বাণ বীরবাহু বীর।
শত শত বাণে বিন্ধে সকল শরীর॥
বাণে বাণে কাটাকাটি করে দুই জন।
অগ্নিময় বাণ মারে রাবণনন্দন॥
বাণের মুখেতে অগ্নি পর্ব্বতপ্রমাণ।
বীরবাহু-বাণে রাম হইলা অজ্ঞান॥
সম্মুখ-যুদ্ধেতে রাম হইলা মূর্চ্ছিত।
দেখিয়া বানরগণ হইলা চিন্তিত॥
শীঘ্রগতি আসিয়া রাক্ষস বিভীষণ।
শ্রীরামের ধনুর্ব্বাণ লয়ে করে রণ॥
পঞ্চবাণ বিভীষণ যুড়িল ধনুকে।
সন্ধান পূরিয়া মারে বীরবাহু-বুকে॥
বাণের উপরে বাণ এড়ে বিভীষণ।
ফাঁফর হইল ডরে রাবণনন্দন॥
বাণে ভীত বীরবাহু চাহে চারিভিতে।
শ্রীরাম মূর্চ্ছিত কেবা মারে আচম্বিতে?
হেনকালে দেখে বীর খুড়া বিভীষণ।
বীরবাহু বলে খুড়া সার্থক জীবন॥
বংশচূড়ামণি তুমি আছ এক জন।
দেব-দ্বিজ-গুরুভক্ত যুদ্ধে বিচক্ষণ॥
কুলে এক জন হ'লে বিষ্ণুতে ভকতি।
সকল পুরুষ তার পায় দিব্য গতি॥
পরম পুরুষ রাম ব্রহ্ম সনাতন।
সকল ত্যজিলা তুমি রামের কারণ॥
তোমার চরণে খুড়া করি দণ্ডবৎ।
আশীর্ব্বাদ কর যেন পূরে মনোরথ॥
বিভীষণ বলে, বাছা! তুমি ভাগ্যবান্।
তোমার চরিত্র বাছা! না হয় বাখান॥
এইরূপে দুই জনে কথোপকথন।
হেনকালে রঘুনাথ পাইল চেতন॥
পুনরপি সংগ্রাম বাজিল দুই জনে।
বাণে বাণে কাটাকাটি উঠিল গগনে॥
দুই জনে বাণ মারে যার যত শিক্ষা।
প্রাণপণে এড়ে বাণ নাহি লেখাজোখা॥
অমর্ত্ত্য সমর্থ বাণ বলে মহাবল।
বিষ্ণুজাল অগ্নিজাল বাণ কালানল॥
বরুণমুখ উল্কামুখ অতি খরশান।
গ্রহাদি নক্ষত্র রুদ্র জ্যোতির্ম্ময় বাণ॥
শিলীমুখ সূচীমুখ ঘোর দরশন।
সিংহদন্ত বজ্রদন্ত বাণ বিরোচন॥
রিপুহন্তা বিশ্বহন্তা বিপক্ষ-সংহার।
চন্দ্রমুখ সূর্য্যমুখ বাণ সপ্তসার॥
কালদণ্ড যমদণ্ড বাণ কর্ণিকার।
ইন্দ্রজাল ব্রহ্মজাল বাণ শতধার॥
গরুড় অসুরমুখ হংসমুখ বাণ।
ধূম্রমুখ কূর্ম্মমুখ শমন-সমান॥
নীল হরতি বাণ বিকট-দশন।
বিলাপ প্রলাপ বাণ মহাপদ্মাসন॥
ভয়ঙ্কর তুষ্কর কামিনী-মনোহর।
পাশুপত হয়গ্রীব দেখিতে সুন্দর॥
কুবের পবন অস্ত্র অতি খরশান।
নবঘন উল্কাবাণ কে করে বাখান॥

শোষক অশোক বাণ অঙ্গ যে বিভঙ্গ।
ত্রিশূল অঙ্কুশ বাণ বিহ্বল মাতঙ্গ ॥
বিকট সঙ্কট বাণ সার্থকি পথিক।
মাল্যবান হীরাবন্ত শারঙ্গ ঐষীক ॥
গজাঙ্কুশ শিলাচূর্ণ গভীর গরজে।
যাইতে বাণের মুখে জয়ঘণ্টা বাজে ॥
এত বাণ দুই জনে করে অবতার।
সব লঙ্কাপুরী হৈল বাণে অন্ধকার ॥
জিনিতে না পারে কেহ সমান দু'জন।
দুই জনে মহাযুদ্ধ না যায় লিখন ॥
ব্রহ্মার নিকটে পেয়েছিল পূর্ব্বে বাণ।
সেই বাণ বীরবাহু পূরিল সন্ধান ॥
মন্ত্রেতে হইল বাণ অতি ভয়ঙ্কর।
মহাতেজে আসে বাণ রামের উপর।
বিপরীত ব্রহ্ম-অস্ত্র দেখিয়া সম্মুখে।
তীক্ষ্ণ অস্ত্র রঘুনাথ যুড়িলা ধনুকে ॥
শ্রীরামের বাণ ব্যর্থ রাক্ষসের পরে।
দেখিয়া যে রঘুনাথ ভাবিলা অন্তরে ॥
রাক্ষসের বাণের মুখেতে অগ্নি জ্বলে।
দেখিয়া ত পুরন্দর পবনেরে বলে ॥
শরভঙ্গ মুনি-স্থানে পাইলা যে শর।
সেই বাণ রাক্ষসেরে মার রঘুবর ॥
এত যদি পুরন্দর কহে পবনেরে।
পবন গোপনে গিয়া কন রঘুবরে ॥
যে বাণ পাইলে রাম! শরভঙ্গ স্থানে।
বীরবাহুর ব্রহ্ম-অস্ত্র কাটি পাড় বাণে ॥
এত বলি পবন পলায় উভরড়ে।
সেই বাণ তখন রামের মনে পড়ে ॥
তূণ হৈতে সেই অস্ত্র লয়ে শীঘ্রগতি।
মন্ত্র পড়ি ধনুকে যুড়িল রঘুপতি ॥
আকর্ণ পূরিয়া বাণ যুড়িল ধনুকে।
ব্রহ্ম-অগ্নি প্রজ্জ্বলিত হৈল অস্ত্রমুখে ॥
কোপে কম্পমান ছাড়ে বাণ দাশরথি।
বাণের প্রতাপে মহাকম্প বসুমতী ॥
শ্রীরাম এড়িলা বাণ বায়ুবেগে চলে।
রাক্ষসের ব্রহ্ম-অস্ত্র কাটে অবহেলে ॥
পুনঃ শ্রীরামের বাণ গর্জ্জিয়া উঠিল।
কাটিয়া গজেন্দ্র-মুণ্ড ভূতলে পড়িল ॥
গজবর পড়িল দেখিতে ভয়ঙ্কর।
পর্ব্বত পড়িল যেন ধরণী-উপর ॥
এক ঠাঁই স্কন্ধ পড়ে মুণ্ড আর ভিতে।
লাফ দিয়া বীরবাহু দাঁড়ায় ভূমেতে ॥
কোপমনে শ্রীরাম মারেন পঞ্চবাণ।
বীরবাহুর ধনুক করেন খান খান ॥
ব্রহ্ম-অস্ত্রে ধনুক কাটেন রঘুনাথ।
কহিতেছে বীরবাহু যোড় করি হাত ॥
জানিলাম রাম! তুমি বিষ্ণু-অবতার।
অগতির গতি তুমি সংসারের সার ॥
শ্রীচরণে অধীনের এই নিবেদন।
বৈষ্ণব-অস্ত্রেতে মোরে করহ নিধন ॥
বীরবাহু কহিলেক করুণা-বচন।
মনে বিষাদিত হৈল কমললোচন ॥
বীরবাহু না মারিলে না মরে রাবণ।
এতেক ভাবিয়া রাম বিষণ্ণবদন ॥
দুর্জ্জয় বৈষ্ণব-অস্ত্র ধনুকেতে যুড়ি।
আকর্ণ পূরিয়া গুণ বাণ দেন ছাড়ি ॥
মহাবেগে যায় অস্ত্র শব্দ বিপর্য্যয়।
দেব-দানব-গন্ধর্ব্ব-লোকেতে লাগে ভয় ॥
চলিল বৈষ্ণব-অস্ত্র বিষ্ণু-অবতার।
রামের বাণেতে দীপ্ত হইল সংসার ॥

অব্যর্থ বৈষ্ণব-বাণ কি কহিব কথা।
মুকুট সহিত কাটে বীরবাহু-মাথা ॥
ভূমেতে পড়িয়া মুণ্ড রাম রাম বলে।
বিভীষণ দিল মুণ্ড রামপদতলে ॥
বিষ্ণু-অস্ত্রে পড়ি বীরবাহু মুক্ত হয়।
রামের চরণে লাগে হয়ে জ্যোতির্ম্ময় ॥
শ্রীরাম-লক্ষ্মণ হনুমান্ বিভীষণ।
চারি জন দেখযে না দেখে কোন্ জন ॥
রণ জিনি শ্রীরাম লক্ষ্মণে কোলাকুলি।
উচ্চৈঃস্বরে ডাকে কপি রামজয় বলি ॥
বানর-কটক বলে করিলা নিস্তার।
আর যত বীর আসে মোসবার ভার ॥
হাসিয়া চাহেন রাম বিভীষণ পানে।
এইমত বীর আর আছে কত জনে?
বিভীষণ বলে প্রভু! বীর নাহি আর।
রাবণ ও ইন্দ্রজিৎ রাবণ-কুমার ॥

ইন্দ্রজিতের তৃতীয়বার যুদ্ধে আগমন ও মায়া সীতা বধ এবং ইন্দ্রজিৎ পতন।

ভগ্নদূত কহে গিয়া রাবণ-গোচর।
বীরবাহু পড়ে বার্ত্তা শুন লঙ্কেশ্বর।
শোকের উপরে শোক হইল তখন।
সিংহাসন হৈতে পড়ে রাজা দশানন ॥
চৈতন্য পাইয়া রাজা কাঁদিল বিস্তর।
লঙ্কাতে হইল কাল নর ও বানর ॥
কুম্ভকর্ণ আদি করি বড় বড় বীর।
নর-বানরের বাণে ত্যজিল শরীর ॥
স্বর্গ মর্ত্ত্য পাতাল জিনিনু ত্রিভুবন।
নর-বানরের হাতে সংশয় জীবন ॥
একে একে পাঠালাম যত যত বীরে।
সংগ্রামেতে গেল আর না আসিল ফিরে ॥
মকরাক্ষ অতিকায় বীর অকম্পন।
মহোদর মহাপাশ যত যত জন ॥
ত্রিভুবন জিনিয়াছি সে সব সহায়ে।
কোথা গেল বীরগণ আমারে ত্যজিয়ে?
ইন্দ্র চন্দ্র-কুবের-বরুণ আদি আর।
আশঙ্কাতে না আসিত লঙ্কাতে আমার ॥
এখন বানর-নরে দর্প করে চূর্ণ।
কোথা মহোদর কোথা ভাই কুম্ভকর্ণ ॥
ভাবিতে ভাবিতে রাজা হইল মূর্চ্ছিত।
হেনকালে আসিল কুমার ইন্দ্রজিৎ ॥
বাপের অবস্থা দেখে হইল অস্থির।
বয়ান বাহিয়ে পড়ে নয়নের নীর ॥
মেঘনাদ বলে পিতা! ভাবি তাই মনে।
নিস্তার না দেখি নর-বানরের রণে ॥
লুকাইয়া থাকিলে আগুন দেয় ঘরে।
মরি বাঁচি বারেক দেখিব যুদ্ধ ক'রে ॥
রাজা বলে, যুদ্ধযাত্রা তোমার উচিত।
একবার যাও পুনঃ পুত্র ইন্দ্রজিৎ ॥
বড় বড় বীর প্রেরি বড় ভাবি মনে।
ফিরিয়া না আসে কেহ রাম-দরশনে ॥
যতবার তুমি যাও যুঝিবার তরে।
সংগ্রাম করিয়া জয় এস বারে বারে ॥
রাম-লক্ষ্মণেরে বেন্ধে ছিলে নাগপাশে।
মরিয়া জীবন্ত হৈল গরুড়-নিঃশ্বাসে ॥
দশদিক্ চাপি কৈলে বাণ বরষণ।
বানর-কটক মরে শ্রীরাম-লক্ষ্মণ ॥
ভাগ্যে ভৃত্য ছিল তার কপি হনুমান্।
ঔষধ আনিয়া সবে দিল প্রাণদান ॥

তোমার সংগ্রামে কারো নাহিক নিস্তার।
এবারে মারিলে তারে কে বাঁচাবে আর॥
আরবার গিয়া আজি রণে দাও হানা।
পুনরায় যেন নাহি ফিরে এক জনা॥
বাপের বচনে মেঘনাদ সচিন্তিত।
যোড় হাত করিয়া বলিছে ইন্দ্রজিৎ,—
বারে বারে মারিলাম শ্রীরাম-লক্ষ্মণ।
কোথা শুনিয়াছ মৃত পেয়েছে জীবন?
মরিয়া না মরে রাম এ কি চমৎকার।
কেমনে এমন রিপু করিব সংহার?
মেঘনাদ কথা শুনি কহিছে রাবণ;—
আগেতে মারহ পুত্র। পবননন্দন॥
সেই বেটা দেয় সবাকারে প্রাণদান।
আর কে বাঁচাবে বল মৈলে হনুমান?
আগে যদি তুমি তারে করিতে নিধন।
তবে আর ঔষধ আনিত কোন্ জন?
পিতৃ-আজ্ঞা মেঘনাদ লঙ্ঘিতে না পারে।
কটক লইয়া তবে যায় যুঝিবারে॥
সংগ্রামেতে সাজিল কুমার ইন্দ্রজিৎ।
অসংখ্য কটক-ঠাট চলিল ত্বরিত॥
যাত্রা করি মেঘনাদ রথে গিয়া চড়ে।
মন্দোদরী মায়েরে তখন মনে পড়ে॥
মাতা সম্ভাষিতে গেলে হইবে বিরোধ।
যুঝিবারে যাব আমি পিতৃ-অনুরোধ॥
সংগ্রাম জিনিয়া আমি যদি আসি ঘরে।
কহিব সকল কথা মায়ের গোচরে॥
উদ্দেশে মায়ের পদে করি নমস্কার।
ফিরে যদি আসি দেখা করিব আবার॥
যজ্ঞস্থানে চলিল কুমার ইন্দ্রজিৎ।
যজ্ঞের সামগ্রী সবে আনিল ত্বরিত॥

রক্তপাট ভারে ভারে সুরক্ত চন্দন।
রক্ত-ফুলমালা আর আরক্ত বসন॥
শরপত্র বোঝা বোঝা ঘৃতের কলস।
কৃষ্ণ ছাগ পালে পালে বহিছে রাক্ষস॥
শরপত্র বিধিমতে করিল বিছনি।
মন্ত্র পড়ি যজ্ঞস্থলে জ্বালিল আগুনি॥
খরশান খড়্গে ছাগ কাটি শীঘ্রগতি।
অগ্নি সন্তর্পণ করি দিতেছে আহুতি॥
আতপতণ্ডুল যব রাশি রাশি আনে।
ঘৃতের আহুতি সহ দিতেছে আগুনে॥
রক্তবর্ণ পুষ্পমাল্য ডুবাইয়া ঘৃতে।
দশ হাজার বিপ্র বেদ পড়ে চারিভিতে॥
অগ্নির বিষম শব্দ মেঘের গর্জ্জন।
সে অগ্নির তেজ গিয়া ঠেকিল গগন॥
দক্ষিণদিকেতে গেল আগুনের শিখা।
মূর্ত্তিমান্ হয়ে অগ্নি আসি দিল দেখা॥
সাক্ষাৎ হইয়া অগ্নি রহে বিদ্যমান।
রুষ্ট হয়ে অগ্নি নাহি লয় তার দান॥
অগ্নি বলে, নিত্য পূজা কর কি কারণে?
কত বর আমি তোরে দিব রাত্রিদিনে?
ইন্দ্রজিৎ বলে, মোরে দেহ এই বর।
রামসৈন্য মারিয়া পাঠাব যমঘর॥
অগ্নি বলে, হেন বর চাহ অকারণ।
কেমনে মারিব রামে তিনি নারায়ণ॥
নিজে বিষ্ণু জন্মিলেন রাম অবতার।
রাবণেরে সবংশেতে করিতে সংহার॥
মনুষ্য নহেন রাম, নিজে নারায়ণ।
অনুক্ষণ চাহি আমি তাঁহার চরণ॥
রামেরে মারিতে বর কেবা পারে দিতে।
আর যজ্ঞে আমারে না পাইবি দেখিতে॥

যখন মারিস তাঁরে বাঁচেন তখন।
এত দেখি তথাপি প্রতীত নহে মন ?
শুনিয়া অগ্নির কথা দুষ্ট পায় ত্রাস।
রথে চড়ি ইন্দ্রজিৎ উঠিল আকাশ ॥
অগ্নিদেব চলিলেন আপনার দেশ।
ইন্দ্রজিৎ রণে গিয়া করিল প্রবেশ ॥
রথ সঞ্চারিয়া যায় উপর গগন।
পশ্চিমদ্বারেতে যথা শ্রীরাম-লক্ষ্মণ ॥
একেবারে যুড়িল সাতাইশ লক্ষ শর।
বিন্ধিয়া জর্জ্জর কৈল যতেক বানর ॥
ঝঞ্ঝনার শব্দবৎ বাণ-শব্দ শুনি।
ইন্দ্রজিৎ বলি সবে করে কানাকানি ॥
বানর-কটক বলে, শুন রঘুনাথ।
এড়ান না যাবে আজি ইন্দ্রজিৎ-হাত ॥
রাক্ষসের বাণেতে কাতর কপিগণ।
হেনকালে শ্রীরামেরে বলেন লক্ষ্মণ ;—
ব্রহ্ম-অস্ত্র ছাড়, কর রাক্ষস-সংহার।
পৃথিবীতে যেন নাহি থাকে এ সঞ্চার ॥
শ্রীরাম বলেন, ভাই ! নির্ব্বোধ লক্ষ্মণ।
কোন্ অপরাধে বধি সবার জীবন ?
কোন্ দোষ করিল লঙ্কার যত নারী।
অপরাধ একের অন্যেরে কেন মারি ?
শুন ভাই ! আমার অস্ত্রের এই পণ।
মারিবে রাক্ষসগণে বিনা বিভীষণ ॥
মেঘের উপরে যেন বিদ্যুৎ ঝলকে।
শোভিছে মুকুট ইন্দ্রজিতের মস্তকে ॥
লক্ষ্মণ বলেন, মেঘে বুঝি ইন্দ্রজিত।
মেঘ সনে দুষ্টেরে বিরুদ্ধ অলক্ষিত ॥
শ্রীরাম বলেন, যুদ্ধ দেখে দেবগণ।
কি জানি সংহারি পাছে দেবের জীবন ॥

উভয়ের যুক্তি দুষ্ট শুনিল আকাশে।
লঙ্কামধ্যে যজ্ঞস্থানে প্রবেশিল ত্রাসে ॥
বসিয়া লঙ্কার মধ্যে যুক্তি করি সার।
বিদ্যুৎজিহ্ব নিশাচরে কহে বার বার ॥
শুন বলি বিদ্যুৎজিহ্ব নানা মায়াধারী।
মন্ত্রেতে গড়িয়া দেহ রামের সুন্দরী ॥
জনকনন্দিনী রূপ যে প্রকার ধরে।
সেইরূপ সীতা নির্ম্মাইয়া দেহ মোরে ॥
মায়াসীতা কাটি আজি রামের গোচর।
পত্নীশোকে মরিবেক রাম ধনুর্দ্ধর ॥
অনায়াসে হইবেক রামের মরণ।
রামের মরণে আজি মরিবে লক্ষ্মণ ॥
পলাইবে সুগ্রীব সে গণিয়া প্রমাদ।
বিনা যুদ্ধে রাম-সঙ্গে ঘুচিবে বিবাদ ॥
অনুজ্ঞা পাইবামাত্র প্রফুল্ল-হৃদয়।
মায়াসীতা নির্ম্মাইতে করিল নিশ্চয় ॥
সীতার যেমন রূপ যেমন আকার।
বিদ্যুৎজিহ্ব সেইমত রচিল তাহার ॥
মায়াসীতা গড়িলেক মায়ার আকার।
মন্ত্রপড়ি করে তার জীবনসঞ্চার ॥
বিদ্যুৎজিহ্ব সে সীতারে পড়ায় তখন।
শ্রীরাম তোমার স্বামী দেবর লক্ষ্মণ ॥
দশরথ শ্বশুর, জনক তোর বাপ।
রাবণ আনিল তোরে পেয়ে বড় তাপ ॥
ইন্দ্রজিৎ রথে তোরে তুলিবে যখন।
রাম রাম শব্দে তুই করিস্ রোদন ॥
মায়াসীতা দিল ইন্দ্রজিতের গোচর।
শিরোপা বিদ্যুৎজিহ্ব পাইল বিস্তর ॥
তাড় বালা পেল কত মাণিক্য রতন।
পঞ্চশব্দ বাদ্য পেল অনেক বাজন ॥

মায়াসীতা তুলিয়া রথের এক ভিতে।
পশ্চিমদ্বারেতে উপনীত ইন্দ্রজিতে ॥
অশ্ববাড়ি মারে মায়াসীতার শরীরে।
অঙ্গে ফুটি সীতার যে রক্ত পড়ে ধারে ॥
মরি মরি বলি সীতা কাঁদে উতরোলে।
হাতে খাণ্ডা ইন্দ্রজিৎ সীতা ধরে তুলে ॥
দেখি হনুমান্ বীর ধায় উভরড়ে।
দুই চক্ষে মারুতির বারিধারা পড়ে ॥
ইন্দ্রজিৎ রথে সীতা হনুমান্ দেখে।
বৃক্ষ-হাতে রহে তার বাক্য নাহি মুখে ॥
এক হস্তে ধরিয়াছে বৃক্ষ ও পাথর।
আর হাতে আঁখি-জল সম্বরে বানর ॥
ডাক দিয়া কহে হনূ মেঘনাদ তরে।
পাপেতে ডুবিলি বেটা! নরক-ভিতরে ॥
স্ত্রীবধ দুষ্কর বড় পরম পাতক।
অনেক দিবস বেটা! ভুঞ্জিবি নরক ॥
অঙ্গে মাংস নাহি মা'র অস্থি-চর্ম্ম সার।
এ নারী কাটিলে তোর নাহিক নিস্তার ॥
ইন্দ্রজিৎ বলে তুই পশু দুরাচার।
কেমনে জানিবি বেটা ধর্ম্মের বিচার?
স্ত্রী কাটিলে শোকে পুরে মরে যদি বৈরী।
শাস্ত্রমতে হেন স্ত্রীকে কাটিবারে পারি ॥
আগে সীতা কাটি পাছে শ্রীরাম-লক্ষ্মণ।
সুগ্রীবে কাটিব আর যত কপিগণ ॥
ইন্দ্রজিতে ঘেরিতে ধাইল কপিগণে।
আগু হৈতে নাহি পারে ইন্দ্রজিৎ বাণে ॥
ইন্দ্রজিতে মারি সীতা কেড়ে লৈতে চাহে।
যম-সম ইন্দ্রজিৎ সামান্য ত নহে ॥
আগু হৈতে নাহি পারে পবননন্দন।
মায়া করি মায়াসীতা যুড়িল ক্রন্দন ॥

হা হা প্রভু রঘুনাথ দেবর লক্ষ্মণ।
এ সময়ে একবার দেহ দরশন ॥
রাজার নন্দিনী আমি রামের বনিতে।
বিপাকে হারানু প্রাণ রাক্ষসের হাতে ॥
কোথায় জনক ঋষি জনক আমার।
বিপাকে মরিনু আসি সমুদ্রের পার ॥
কৌশল্যা শাশুড়ী-শোকে ভাসি অশ্রুজলে।
না করিনু তাঁর সেবা আসিবার কালে ॥
সেই অপরাধে বুঝি হ'লো এ দুর্গতি।
রাক্ষসেতে বধে প্রাণ রাখ রঘুপতি!
রক্ষা কর হনুমান্ পবননন্দন!
এত বলি মায়াসীতা করেন ক্রন্দন ॥
ক্রোধ করি ইন্দ্রজিৎ খড়্গ লয়ে হাতে।
তুলিয়া মারিল মায়াসীতার অঙ্গেতে ॥
ব্রাহ্মণের গলেতে যেমন থাকে পৈতা।
সেইমত করিয়া কাটিল মায়াসীতা ॥
দুইখান হয়ে সীতা পড়ে ভূমিতলে।
পলায় বানরগণ আকুলে ব্যাকুলে ॥
হনুমান বলে কপি! রণে হও স্থির।
ভূমিতে লোটায় যেন ইন্দ্রজিৎ-শির ॥
সীতারে কাটিয়া হর্ষে ইন্দ্রজিৎ নাচে।
ইন্দ্রজিৎ মারিলে সকল দুঃখ ঘুচে ॥
হনুমান্-বাক্যে ফিরে সকল বানর।
লাফে লাফে প্রবেশিল রণের ভিতর ॥
অসংখ্য বানরে মারে কোটি কোটি গাছ।
বড় বড় রাক্ষস পড়িল বাছ বাছ ॥
বানরের যুদ্ধে ত্রাণ পেয়ে ইন্দ্রজিৎ।
লঙ্কার ভিতরে গিয়া উত্তরে ত্বরিত ॥
হনুমান্ কহিতেছে সকল বানরে।
সীতাদেবী কাটা গেল বুঝি কার তরে?

শ্রীরামের স্থানে মোরা কহি গিয়া সবে।
শ্রীরামের যেবা আজ্ঞা সেইমত হবে ॥
শ্রীরামের স্থানে চলে যত কপিগণ।
জাম্বুবানে কহিছেন রাজীবলোচন ॥
যুদ্ধ করে হনুমান্ মহাশব্দ শুনি।
রণে ভাল মন্দ কিবা কিছুই না জানি ॥
তুমি যাও আপনার সৈন্যগণ লয়ে।
হনুর সৈন্যেতে থাক অনুবল হয়ে ॥
তব বিদ্যমানে যদি হনু-সৈন্য ধায়।
তোমারে সে লাগে তার ভাল মন্দ দায় ॥
আজ্ঞামাত্র জাম্বুবান্ চলে ততক্ষণ।
পথে হনুমান-সঙ্গে হ'ল দরশন ॥
হনুমান বলে, কেন যুঝিতে গমন ?
সীতাদেবী কাটা গেল কি করিবে রণ ?
আগে গিয়া কহি রঘুনাথের গোচর।
সীতার বিহনে রাম কি দেন উত্তর ॥
সৈন্যসহ দুই জনা গেল রাম-স্থান।
কাঁদিতে কাঁদিতে কহে বীর হনুমান ॥
হনুমান বলে, প্রভু ! কর অবধান।
ইন্দ্রজিৎ কাটে সীতা সবা বিদ্যমান ॥
শুনি তাহা রঘুনাথ হইল মূর্চ্ছিত।
জলের কলস কপি যোগায় ত্বরিত ॥
নির্ম্মল উৎপল-জল গন্ধে সুবাসিত।
শ্রীরামের মস্তকে ঢালিল যথোচিত ॥
স্পন্দহীন বিষণ্ণ শ্রীরাম অচেতন।
তখন বিলাপ করি কহেন লক্ষ্মণ ॥
ত্রিলোকের নাথ তুমি ধর্ম্ম-নিকেতন।
ধর্ম লাগি রাজ্যত্যাগী বাকল-বসন ॥
ফলমূলাহারী শিরে জটাজুটধারী।
স্ত্রী লাগিয়া দুঃখ পাও যেমন সংসারী ॥
রাজভোগে থাকিতেন দিব্য সিংহাসনে।
দুষ্ট দশানন সীতা দেখিত কেমনে ?
আপনার দোষেতে হইলা দেশান্তরী।
জন্মমত হারাইলা সীতা হেন নারী ॥
পিতামাতা বন্ধু আদি সকলি অলীক।
বৃক্ষমূলে যেন মিলে ক্ষণেক পথিক ॥
স্ত্রী-পুত্র সকলি মিথ্যা কেহ কারো নয়।
পথিকে পথিকে যেন পথে পরিচয় ॥
সংসার অসার ভাই কপটের মেলা।
সূতা সঞ্চারিয়া যেন নাচায় পুতুলা ॥
বিবিধ উৎপাত পড়ে বিবিধ প্রমাদ।
জ্ঞানী লোক তাহে কিছু না করে বিষাদ ॥
স্ত্রীর শোকে প্রভু ! কেন হয়েছ কাতর।
মহাজন সংবরে সে বিপদসাগর ॥
তোমার কিসের ভার্য্যা কেবা বাপ ভাই।
তোমার সমান নাই জগতে গোঁসাই ॥
সকলের প্রাণ তুমি সব তব ছায়া।
তোমা ছাড়া কেহ নহে সব তব মায়া ॥
জিয়ে কি না জিয়ে সীতা করহ বিচার।
স্ত্রী লাগিয়া অচেতন এ কি ব্যবহার ?
মহামুনি বশিষ্ঠ যে কুলপুরোহিত।
স্বর্গবাসে গেল তিনি শরীর সহিত ॥
স্বর্গে গিয়া তাহার যে দারা-পুত্রশোকে।
স্বর্গভ্রষ্ট হইয়া আসিল মর্ত্ত্যলোকে ॥
তপস্যা করিয়া ইন্দ্র হৈল দেবরাজ।
শোকেতে কাতর হও কিছু নহে কাজ ॥
শ্রীরাম বলেন, কিবা বুঝাও লক্ষ্মণ !
ভার্য্যাশোক নহে ভাই ! কভু বিস্মরণ ॥
স্ত্রী-পুরুষে দোঁহে জন্মে এ ছার সংসারে।
স্ত্রী হইতে পুত্র হয় বাড়ে পরিবারে ॥

ইষ্ট বন্ধু কুটুম্ব ঘরের যত লোক।
সবা হৈতে ভাই রে ভার্য্যার বড় শোক ॥
দেশে দেশে পাই ভাই। কামিনী অশেষ।
গুণবতী স্ত্রী মরিলে মরণ বিশেষ ॥
স্ত্রী বিনা পুরুষ সুখী কোথাও না শুনি।
স্ত্রীলোকে এড়ায় যেই সে পরম জ্ঞানী ॥
রাজ্যহীন পিতৃহীন হারাইনু নারী।
সে সব পাসরি, সীতা পাসরিতে নারি ॥
সীতা না দেখিলে আমি না পারি রহিতে।
সীতার মরণে ক্ষমা দিব কিসে চিতে?
হইলেন কাঁদিয়া শ্রীরাম অচেতন।
রামের ক্রন্দন শুনি এল বিভীষণ ॥
সকলেতে শোকাকুল দেখে উড়ে প্রাণ।
বিভীষণ কহে, বার্ত্তা কহ হনুমান।
কেন রাম-অবয়ব ধূলায় ধূসর।
কাতর হইয়া কেন কাঁদিছে বানর?
শ্রীরাম বলেন, শুন মিত্র বিভীষণ।
সীতারে কেটেছে আজি রাবণনন্দন ॥
যত পরিশ্রম সব হ'লো অকারণ।
বৃথা কেন করিলাম সাগর-বন্ধন ॥
বিমাতা হইয়া বৈরী পাঠাইলা বনে।
হারালাম প্রাণের জানকী এত দিনে ॥
কাননে চলিয়ে যেত জানকী আমার।
ফিরে চেয়ে দেখিতাম তিলে শতবার ॥
ননীর পুতলী সীতা আতসে মিলায়।
চ'লে যেতে কুশাঙ্কুর ফোটে পাছে পায় ॥
চম্পকবরণী সীতা রাজার দুহিতে।
স্বামী হ'য়ে স'পিলাম রাক্ষসের হাতে ॥
মায়ামৃগ ধরিবারে কেন গেনু বনে।
কারে বিলাইয়ে দিনু সীতা হেন ধনে?
দুষ্ট ইন্দ্রজিৎ যবে কাটিল জানকী।
জানি না, কাঁদিল কত সীতা অশ্রুমুখী ॥
সীতার বিহনে প্রাণ ত্যজিব এখন।
অযোধ্যাতে ফিরে যাও প্রাণের লক্ষ্মণ ॥
বিভীষণ বলে রাম! না কর ক্রন্দন।
সীতারে কাটিতে দেখিয়াছে কোন্ জন্?
রাম বলে, দেখিয়াছে পবননন্দন।
বিভীষণ বলে, হনূ পশুতে গণন ॥
বন্যজন্তু বানর সে বুদ্ধি নাই ঘটে।
মহালক্ষ্মী মা জানকী কার সাধ্য কাটে?
আর এক কথা কহি শুন রঘুমণি!
পরমাসুন্দরী সীতা ভুবনমোহিনী ॥
মজাইল লঙ্কাপুরী জানকীর তরে।
তবু সে তোমার সীতা না দিল তোমারে ॥
সীতারে রেখেছে লয়ে অশোকের বনে।
ইন্দ্রজিৎ সাধ্য কি যে সীতাদেবী আনে?
দশহাজার কিঙ্করী সীতারে আছে ঘেরে।
অন্য পুরুষেতে সেথা যাইতে কি পারে?
সীতাদেবী রাবণের লেগেছে নয়নে।
ইন্দ্রজিৎ হেন সীতা পাইবে কেমনে?
মায়াসীতা কাটি বেটা কৈল দুই খান।
সে মায়াতে ভুলেছে বানর হনুমান্ ॥
প্রত্যয় না কর যদি আমার কথায়।
হনুমান গিয়া দেখে আসুক সীতায় ॥
এতেক শুনিয়া তবে হৈল হরষিত।
অশোকের বনে হনুমান উপনীত ॥
দেখিল বসিয়া আছে রামের মহিষী।
রঘুনাথে সমাচার হনূ দিল আসি ॥
কুশলে আছেন সীতা অশোকের বনে।
মেঘনাদ মায়াসীতা কাটিলেক এনে ॥

বিভীষণে কোল দিল রাম রঘুবর।
রামজয় ধ্বনি করে সকল বানর॥
 শ্রীরাম বলেন, শুন মিত্র বিভীষণ!
কিরূপেতে মেঘনাদ হইবে পতন?
 বিভীষণ বলে শুন রাজীবলোচন!
সামান্যেতে ইন্দ্রজিৎ না হবে পতন॥
নিকুম্ভিলা যজ্ঞ করে দুষ্ট নিশাচর।
করিয়াছে যজ্ঞকুণ্ড লঙ্কার ভিতর॥
যজ্ঞে পূর্ণাহুতি দিয়া যদি যায় রণে।
স্বর্গ মর্ত্ত্য পাতালেতে কার সাধ্য জিনে?
ব্রহ্মা দিয়াছেন শাপ শুন নারায়ণ!
ইন্দ্রজিৎ-যজ্ঞভঙ্গ করিবে যে জন॥
ইন্দ্রজিৎ সংগ্রামে মরিবে তার হাতে।
লক্ষ্মণে পাঠায়ে দাও আমার সঙ্গেতে॥
আহুতি ঢালিয়া যজ্ঞ করিতেছে সাঙ্গ।
এ সময়ে গিয়া তার যজ্ঞ কর ভঙ্গ॥
 রাম বলে, বিভীষণ! ধর্মে তব মতি।
কি কথা কহিলে নাহি করি অবগতি॥
বুঝাইয়া কহ দেখি মিত্র বিভীষণ।
মেঘনাদে ব্রহ্মা বর দিলেন যখন॥
মেঘনাদ আমি আর রাজা দশানন।
তিন জন ছিলাম, না ছিল অন্য জন॥
ব্রহ্মা বলিলেন, মেঘনাদ! মাগ বর।
 মেঘনাদ বলে, চাহি হইতে অমর॥
বিধি কন, মেঘনাদ! সে বড় প্রমাদ।
বাঞ্ছামত অন্য বর মাগ মেঘনাদ!
 মেঘনাদ বলে, যদি হইলে সদয়।
মনোমত বর তবে দেহ মহাশয়!
যজ্ঞ ক'রে যেই দিন যাইব যুঝিতে।
হইব সংসার জয়ী তোমার বরেতে॥
শত্রুরে মারিব বাণ মেঘ-আড়ে থেকে।
আমি যারে মারিব সে মোরে নাহি দেখে॥
ব্রহ্মা বলে চাহিলে যে দিনু সেই বর।
যুঝিবে লুকায়ে থেকে মেঘের ভিতর॥
যজ্ঞ ক'রে যেই দিন যাবে যুঝিবারে।
সেই দিন নারিবে কেহ জিনিতে তোমারে॥
এই যজ্ঞ ভঙ্গ তব করিবে যে জন।
মরিবে তাহার হাতে না হয় খণ্ডন॥
মেঘনাদ মারিবারে সন্ধি আমি জানি।
লক্ষ্মণে আমার সঙ্গে দাও রঘুমণি!
মায়াসীতা কাটিয়ে দুরন্ত নিশাচর।
যজ্ঞপূর্ণ দিতে গেল লঙ্কার ভিতর॥
বানর-কটক লয়ে যজ্ঞ ভঙ্গ করে।
এখনি মারিব গিয়া রাবণকুমারে॥
লক্ষ্মণে আমার সঙ্গে পাঠাও ত্বরিত।
যজ্ঞভঙ্গ করিয়া মারিব ইন্দ্রজিৎ॥
 শ্রীরাম বলেন, শুন মিত্র বিভীষণ!
কেমনে সঙ্কটে আমি পাঠাব লক্ষ্মণ?
একে ইন্দ্রজিৎ সেই দুষ্ট নিশাচর।
তাহাতে সঙ্কটপুরী লঙ্কার ভিতর॥
বালক লক্ষ্মণ হয় সহজে কাতর।
মনোদুঃখ ফলাহারে শীর্ণ কলেবর॥
কষ্ট পেয়ে বলহীন ভাবি তাই মনে।
কিরূপে করিবে যুদ্ধ ইন্দ্রজিৎ-সনে?
 বিভীষণ বলে, প্রভু! ভাব কি কারণ?
শত ইন্দ্রজিৎ-বল ধরেন লক্ষ্মণ॥
তাহাতে সপক্ষ আছে যত কপিগণ।
মুহূর্ত্তেকে মেঘনাদ হইবে নিধন॥
লক্ষ্মণের শক্তি আমি জানি ভালমতে।
যখন রাবণ শেল মারিল বুকেতে॥

রণস্থলে পাড়লেন ঠাকুর লক্ষ্মণ।
কুড়ি হাতে না পারিল নাড়িতে রাবণ॥
লক্ষ্মণের যত শক্তি তাহা আমি জানি।
যুদ্ধেতে লক্ষ্মণবীরে পাঠাও আপনি॥
ম'রেছে সকল বীর ওই বেটা আছে।
ইন্দ্রজিৎ মারিয়ে রাবণ মারি পিছে॥
এক জনে দুই জনে মারা হবে ভার।
দুজন দুজনা মার এই যুক্তি সার॥
ইন্দ্রজিৎ মারিলে রাবণ রাজা জয়।
সাগর তরিলে যেন গোষ্পদের প্রায়॥
অষ্ট কপি সঙ্গে দাও বলে বিভীষণ।
গয় আর গবাক্ষাদি শ্রীগন্ধমাদন॥
মহেন্দ্র দেবেন্দ্র দাও বানর সম্পাতি।
নল নীল চলিল প্রধান সেনাপতি॥
গড়মধ্যে পাঠাইতে শঙ্কা হয় মনে।
বিভীষণ হাতে সমর্পিলেন লক্ষ্মণে॥
বিভীষণ বলে, প্রভু! শুন দিয়া মন।
লক্ষ্মণের ভার মম লাগে অনুক্ষণ॥
শ্রীরাম বলেন ভাই! এস মম আগে।
বিভীষণের ভাল মন্দ তোমা সব লাগে॥
রামের চরণ বন্দি কপিগণ সঙ্গে।
বিভীষণ সহ তবে চলিলেন রঙ্গে॥
গড়ের নিকটে উপনীত মহাবল।
ভাঙ্গিয়া গড়ের দ্বার প্রবেশে সকল॥
রাক্ষসেতে দ্বার রাখে ধনু দিয়া চড়া।
হনূ দাঁড়াইল লয়ে পর্ব্বতের চূড়া॥
ঘরপোড়া দেখিয়ে রাক্ষস ভঙ্গ পড়ে।
ধাইয়া বানর সব রাক্ষসেরে বেড়ে॥
পলায় রাক্ষসগণ হইয়া ফাঁফর।
লক্ষ্মণের সৈন্য ঢোকে গড়ের ভিতর॥

বাণ বরষণ করে ঠাকুর লক্ষ্মণ।
কপি করে গাছ ও পাথর বরষণ॥
বানর-তাড়নেতে রাক্ষসগণ ধায়।
হনুমান্ উত্তরিল ইন্দ্রজিৎ যথায়॥
ইন্দ্রজিতে দেখিয়া হনুর কোপ বাড়ে।
এক লাফে পড়ে গিয়া যজ্ঞকুণ্ড পাড়ে॥
সম্মুখে দাঁড়ায় বীর পরম সন্ধানী।
বৃক্ষ মারি নিবায় যজ্ঞে সে আগুনি॥
হনুমান্ বীর যেন সিংহের প্রতাপ।
যজ্ঞকুণ্ড ভরি তার করিল প্রস্রাব॥
যজ্ঞকুণ্ড-উপরেতে হনুমান্ মুতে।
ফল-ফুল যজ্ঞের ভাসিয়া যায় স্রোতে॥
যজ্ঞদ্রব্য ছড়াইয়া ফেলে চারি ভিতে।
দেখি ক্রোধে সংগ্রামে সাজিল ইন্দ্রজিতে॥
মেঘবর্ণ অঙ্গ, তাম্রবর্ণ দু'লোচন।
হনুর উপরে করে বাণ বরষণ॥
জাঠী ও ঝকড়া শেল ফেলে মহাকোপে।
লাফে লাফে হনুমান্ সব অস্ত্র লোফে॥
হনুমান্ বলে বেটা! তোর রণ চুরি।
দেখ দেখি আজি তোরে দিব যমপুরী॥
না জানি ধরিতে অস্ত্র বানরের জাতি।
এ কারণে এত দিন তোর অব্যাহতি॥
মল্লযুদ্ধ করি বেটা! ফেল ধনুর্ব্বাণ।
একটা চাপড়ে তোর বধিব পরাণ॥
বিভীষণ বলিলেন, ঠাকুর লক্ষ্মণে।
ঐ দেখ ইন্দ্রজিৎ বিন্ধে হনুমানে॥
মেঘবর্ণ ব'সে আছে বটবৃক্ষতলে।
যজ্ঞ করে ইন্দ্রজিৎ নামে নিকুম্ভিলে॥
যজ্ঞসাঙ্গে অগ্নির নিকটে পাবে বর।
আছুক অন্যের কাজ জিনে পুরন্দর॥

রয়েছে আশ্রয় ক'রে বটবৃক্ষতলা।
যজ্ঞসহ উহারে মারহ এই বেলা॥
ইন্দ্রজিৎ লক্ষ্মণ দুজনে দরশন।
সন্ধান পুরিয়া বাণ মারেন লক্ষ্মণ॥
লক্ষ্মণ বলেন, বেটা শুন ইন্দ্রজিৎ।
আজি দেখাইব তোরে শমন নিশ্চিত॥
লক্ষ্মণের বাক্য ইন্দ্রজিৎ নাহি শুনে।
লক্ষ্মণে এড়িয়া তবে বলে বিভীষণে॥
এক বীর্য্যে জন্ম খুড়া! রাক্ষসের কুলে।
ধার্ম্মিক তোমারে খুড়া! সর্ব্বলোকে বলে॥
পিতার সমান তুমি পিতৃ-সহোদর।
পিতার সমান সেবা করেছি বিস্তর॥
বন্ধুগণ ছাড়ি খুড়া! আশ্রয় মানুষে।
বাতি দিতে না রাখিলে রাক্ষসের বংশে॥
এত সব মারিয়াছ ক্ষান্ত নাই মনে।
দিয়াছ সন্ধান ব'লে আমার মরণে॥
খাইলে রাক্ষসকুল হইয়া নিষ্ঠুর।
তোমারে দেখিলে পাপ বাড়য়ে প্রচুর॥
নির্গুণ সগুণ হয় তবু বলে জ্ঞাতি।
জ্ঞাতি বন্ধু মিলে লোক করয়ে বসতি॥
পর-কোলে দেখি খুড়া! পরমা সুন্দরী।
আপনার ভাগ্যে নাই ধড়ফড় করি॥
এত ভ্রাতুষ্পুত্র মারি ক্ষমা নাই তাতে।
কোন্ লাজে আসিয়াছ আমারে মারিতে?
বানর-কটক খুড়া! করহ অন্তর।
যজ্ঞপূর্ণ দিয়া আমি মেগে লই বর॥
এত বলি ইন্দ্রজিৎ করিছে আঁটনি।
আজি খুড়া! কেটে তোমা ঘুচাইব শনি॥
বিভীষণ বলে, বেটা! বল বিপরীত।
ভালমতে জানে সবে আমার যে রীত॥
রাক্ষসকুলেতে জন্ম নাহি কদাচার।
পরদ্রব্য না লই না করি পরদার॥
অসংখ্য দেবের নারী তোর পিতৃঘরে।
এত স্ত্রী থাকিতে তবু পরদার করে॥
হ'রে আনে পরনারী তপে তপস্বিনী।
শাপ গালি পাড়ে তবু না ছাড়ে কামিনী॥
কত শত মুনি ঋষি মেরে কৈল পাপ।
অন্ত নাহি যত পাপ করে তোর বাপ॥
ত্রিভুবন সনে তোর বাপের বিবাদ।
কত কাল সবে পাপ পড়িল প্রমাদ॥
সর্ব্বদা না ফলে বৃক্ষ সময়েতে ফলে?
তোর পিতৃফল যে ফলিল এত কালে।
নিকটে মরণ তোর ওরে ইন্দ্রজিৎ!
সবান্ধবে লঙ্কা ছেড়ে যাও এক ভিত॥
অগ্নির বরেতে বেটা! জিন বারে বার।
অগ্নির নিকটে বর পাবে না ক আর॥
যজ্ঞপূর্ণ দিতে চাহ মরণের বেলা।
এখনি লক্ষ্মণ তোর কাটিবেন গলা॥
এত যদি দুই জনে হৈল গালাগালি।
হাতে ধনু আসিল লক্ষ্মণ মহাবলী॥
লক্ষ্মণ বলেন, বেটা দুষ্ট নিশাচর।
আজি তোরে এখনি পাঠাব যমঘর॥
মারিতে এলাম তোরে লঙ্কার ভিতরে।
সর্ব্বদুঃখ ঘুচাব কাটিয়া আজি তোরে॥
পিতৃ-আগে বলো গিয়া সংগ্রামের কথা।
আজিকার যদি রণে থাকে তোর মাথা॥
এত যদি লক্ষ্মণ তর্জ্জন ক'রে বলে।
কুপিল যে মেঘনাদ অগ্নি হেন জ্বলে॥
অষ্টবীর বানর উঠিয়া তার রথে।
দুর্জ্জয় বানর সব লাগিল গর্জ্জিতে॥

সারথি সহিত রথ উলটিয়া ফেলে।
লাফ দিয়া ইন্দ্রজিৎ পড়ে ভূমিতলে ॥

বিরথী হইল যদি রাবণনন্দন।
হরিষ হইয়া বাণ যোড়েন লক্ষ্মণ ॥

দুজনার উপরে দুজনে বিন্ধে বাণ।
কেহ কারে নাহি পারে দুজনে সমান ॥

ভয় পেয়ে ইন্দ্রজিৎ ভাবে মনে মন।
আপন কটকে বীর ডাকিল তখন ॥

ইন্দ্রজিৎ বলে, শুন যত নিশাচর।
রণসজ্জা করি আমি আসিব সত্বর ॥

আজি নর-বানরে পাঠাব যমালয়।
ক্ষণেক থাকহ সবে না করিও ভয় ॥

এত বলি গোপনেতে করিল গমন।
অন্যেতে কি জানিবে না জানে বিভীষণ ॥

মায়াতে সে রথখান করিল নির্ম্মাণ।
বায়ুবেগে অষ্টঘোড়া রথের যোগান ॥

গায়েতে বিচিত্র সানা মাথায় টোপর।
হস্তে ধনু প্রবেশিল রণের ভিতর ॥

লক্ষ্মণ বলেন, বেটা মায়ার নিদান।
দেখেছিনু এক মূর্ত্তি এবে দেখি আন ॥

মেঘনাদ-মায়া দেখি চিন্তিত লক্ষ্মণ।
হেনকালে লক্ষ্মণেরে কন বিভীষণ ॥

বিভীষণ বলে, তুমি না হও চিন্তিত।
এখনি মরিবে বেটা দুষ্ট ইন্দ্রজিৎ ॥

মেঘনাদ যদি পশে মেঘের আড়েতে।
সহস্র চক্ষেতে ইন্দ্র না পায় দেখিতে ॥

ইন্দ্র বেঁধে এনেছিল লঙ্কার ভিতরে।
ব্রহ্মা আসি মাগিয়া লইল পুরন্দরে ॥

মায়ারূপে গিয়াছিল লঙ্কার ভিতর।
মায়াতে সাজায়ে রথ আনিল সত্বর ॥

আগে রণে প্রবেশ করুক ইন্দ্রজিৎ।
মারিব উহারে বন্দী ক'রে চারি ভিত ॥

উপরেতে উঠে যদি পাইয়া তরাস।
হনুমান্ গিয়া রক্ষা করিবে আকাশ ॥

অগ্নির কুমার নীল নানা মায়াধর।
সূক্ষ্মরূপে যাইয়া পাতাল রক্ষা কর ॥

লঙ্কার যতেক সন্ধি বিভীষণ জানে।
যুড়িয়া লঙ্কার পথ রহে বিভীষণে ॥

গগনে পর্ব্বত-হাতে রহে হনুমান্।
সম্মুখে লক্ষ্মণবীর পূরিল সন্ধান ॥

বিভীষণ-যুক্তি না বুঝিল ইন্দ্রজিৎ।
মেঘনাদে বেড়ি কপি মারে চারি ভিত ॥

সম্মুখেতে বাণ-বৃষ্টি করেন লক্ষ্মণ।
লক্ষ্মণের বাণ গিয়া আবরে গগন ॥

অস্ত্র দেখি ইন্দ্রজিৎ পলায় তরাসে।
রথের সহিত যায় উঠিতে আকাশে ॥

সারথি দেখিতে পায় বীর হনুমানে।
পবনবেগেতে রথ চালায় দক্ষিণে ॥

লাফ দিয়া হনুমান্ পড়ে তার রথে।
চূর্ণ কৈল রথখান এক পদাঘাতে ॥

ভাঙ্গিয়া রথের ধ্বজ ফেলে চারি ভিতে।
অন্তরীক্ষে পলাইতে চাহে ইন্দ্রজিতে ॥

শূন্যে যায় ইন্দ্রজিৎ দেখে হনুমান।
দুই পায়ে ধ'রে তার দিল এক টান ॥

অন্তরীক্ষে দুইজনে লাগে হুড়াহুড়ি।
ভূমিতলে প'ড়ে দোঁহে করে জড়াজড়ি ॥

হেঁটে ইন্দ্রজিৎ পড়ে হনু তার'পরে।
বুকে হাঁটু দিয়া তার গলা চেপে ধরে ॥

শীঘ্র এস কপিগণ ডাকে হনুমান্।
সকলে মিলিয়া তার বধহ পরাণ ॥

হনুমান্-বাক্যে কপি যায় তাড়াতাড়ি।
সকল বানর মিলি আসে রড়াবড়ি॥
কুপিল যে ইন্দ্রজিৎ বলে মহাবলী।
বানরগণেরে দেখি উঠে ঠেলাঠেলি॥
বানর-উপরে বাণ করে বরষণ।
কপিগণ পলায় সহিতে নারে রণ॥
ইন্দ্রজিৎ পলায়ে লঙ্কাতে যেতে চাহে।
চাপিয়া লঙ্কার দ্বার বিভীষণ রহে॥
বিভীষণ বলে বাছা! আজি যাবে কোথা।
এখনি লক্ষ্মণ তোর কাটিবেন মাথা॥
শীঘ্র এস লক্ষ্মণ! ডাকেন বিভীষণ।
ত্বরা করি পাপাত্মার বধহ জীবন॥
বিভীষণ-বচনে লক্ষ্মণ আগুয়ান।
ইন্দ্রজিৎ-কাছে গেল পূরিয়া সন্ধান॥
দুজনে দেখিয়া বাণ যোড়ে দুই জনে।
দুজনে পড়িল ঢাকা দুজনার বাণে॥
চারিদিকে পড়ে বাণ নাহি লেখাজোখা।
দুই জনে বাণ ফেলে যার যত শিক্ষা॥
অমর্ত্ত সমর্থ বাণ বাণ পদ্মাসন।
বিষ্ণুজাল ইন্দ্রজাল কাল হুতাশন॥
উল্কাবাণ বরুণবাণ বিদ্যুৎ প্রধান।
গজেন্দ্র নক্ষত্র বাণ জ্যোতির্ম্ময় বাণ॥
সূচিমুখ শিলীমুখ ঘোর-দরশন।
সিংহদন্ত বজ্রদন্ত বাণ বিরোচন॥
দণ্ড ঐষীকাদি বাণ বাণ কর্ণিকার।
চন্দ্রমুখ সূর্য্যমুখ বাণ সপ্তসার॥
নীল হরিতাল বাণ বিকট শঙ্কর।
অর্দ্ধচন্দ্র ক্ষুরপার্শ্ব বাণ মনোহর॥
এত বাণ দুই বীরে করে অবতার।
দশদিক্ লঙ্কাপুরী করে অন্ধকার॥
দুজনে বরিষে বাণ দুজনে প্রবণ।
বাণের কুহকে নাহি জানি রাত্রিদিন॥
লক্ষ্মণ অশক্ত হৈল প্রহারের ঘায়।
ব্রহ্মা বলে, পুরন্দর! করহ উপায়॥
ব্রহ্ম-অস্ত্র পুরন্দর করিলেন দান।
লক্ষ্মণ সে ব্রহ্মা-অস্ত্রে পূরিল সন্ধান॥
বাণেরে বুঝায়ে কন ঠাকুর লক্ষ্মণ।
ব্রহ্ম ভাবি ব্রহ্মা তোমা করিল সৃজন॥
যদি রঘুনাথ হন বিষ্ণু-অবতার।
তবে তুমি ইন্দ্রজিতে করিবে সংহার॥
ইন্দ্রজিৎ-মাথা কাটি পাড় ভূমিতলে।
নির্ভয়েতে নিদ্রা যাক্ দেবতা সকলে॥
এত বলি ব্রহ্ম-অস্ত্রে পূরিল সন্ধান।
অস্ত্র দেখি পাপাত্মার উড়িল পরাণ॥
জাঠা জাঠী কত এড়ে অস্ত্রে কাটিবারে।
লোহার পাবড়া মারে অস্ত্র নাহি ফিরে॥
অব্যর্থ ব্রহ্মার বাণ কেবা ধরে টান।
ইন্দ্রজিৎ-মাথা কাটি করে দুইখান॥
পড়িল সে ইন্দ্রজিৎ সংগ্রাম-ভিতরে।
ধাইয়া বানরগণ রাক্ষসেরে মারে।
পলায় রাক্ষসগণ গণিয়া প্রমাদ।
রামজয় বলি কপি ছাড়ে সিংহনাদ॥
পড়িল মস্তক সহ মুকুট-কুণ্ডল।
ইন্দ্রজিৎ-মুণ্ড গড়াগড়ি ভূমিতল॥
ইন্দ্রজিৎ-কাটামুণ্ড-উপরেতে চড়ি।
কোন কপি লাথি মারে কেহ মারে বাড়ি॥
কীল লাথি মারিযা মস্তক করে গুঁড়া।
জীবন্তে না পারে মড়ার উপর খাঁড়া॥

ইন্দ্রজিতের মরণে দেবগণাদির আনন্দ।

যে ধরিলে ধনুর্ব্বাণ, ইন্দ্র সদা কম্পমান,
বীরদাপে বসুমতী ফাটে।
ত্রিভুবনে যত বীর, যার বাণে নহে স্থির,
যক্ষ রক্ষ না যায় নিকটে॥
হেন বীর মৈল রণে, জয় জয় ত্রিভুবনে,
মুনিগণ করে বেদধ্বনি।
পুলকিত চরাচর, গন্ধর্ব্ব কিন্নর নর,
জয় জয় শব্দ মাত্র শুনি॥
রণে মৈল ইন্দ্রজিৎ, সকলেতে আনন্দিত,
ধন্য বীর ঠাকুর লক্ষ্মণ।
সুরাসুর ঋষি যতি, লক্ষ্মণেরে করে স্তুতি,
সবে কৈল পুষ্প বরষণ॥
ইন্দ্রজিতের মরণে, হরষিত দেবগণে,
বাল, বৃদ্ধ সবে হর্ষময়।
কহেন লক্ষ্মণ প্রতি, করিলে যে অব্যাহতি,
ত্রিভুবনে ঘুচাইলে ভয়॥
হইল অপার সুখ, খণ্ডিল মনের দুখ,
নিশ্চিত সকলে কুতূহল।
যত স্বর্গ-বিদ্যাধরী, পাদ্য-অর্ঘ্য হাতে করি,
সুরপুরে করে সুমঙ্গল॥
যতেক অমরাবতী, জ্বালিয়া ঘৃতের বাতী,
সুখে ক্রীড়া করে সুরপতি।
বেদ পড়ে বৃহস্পতি, সকলের অব্যাহতি,
নাচে দেব হরষিত অতি॥
ত্রিভুবন পরাজয়, যার অস্ত্র নাহি সয়,
নানা শিক্ষা যাহার ধনুকে।
রথখান সুশোভন, বিপক্ষে যেন শমন,
ভয়ে কেহ না রহে সম্মুখে॥
করি রথ আরোহণ, আসিলেন দেবগণ,
লক্ষ্মণেরে কহে যোড়হাতে ;—
বিনাশিয়া লঙ্কেশ্বর, ঘুচাও দেবের ডর,
উদ্ধার করহ রঘুনাথে॥
রাবণ যাউক ক্ষয়, রামের হউক জয়,
দূরে যাক্ দেবের তরাস।
দীন জনে কর দয়া, দেহ রাম! পদছায়া,
নাচাড়ী গাহিল কৃত্তিবাস॥

ইন্দ্রজিতের মৃত্যু শুনিয়া শ্রীরামচন্দ্রের আনন্দ।

বাণে বাণে হইলেন লক্ষ্মণ পীড়িত।
হনুমান্ বিভীষণ উভয় সহিত॥
দুই হাত তুলি দিয়া উভয়ের স্কন্ধে।
বহির্গত হইলেন লঙ্কার বৃহন্দে॥
পাঠাইয়া লক্ষ্মণেরে শ্রীরাম চিন্তিত।
মায়াযুদ্ধে তারে পাছে মারে ইন্দ্রজিৎ॥
মায়াবীর ইন্দ্রজিৎ মায়ার নিদান।
পাছে বা সে লক্ষ্মণের করে অকল্যাণ॥
এত ভাবি পথ পানে চাহেন সঘনে।
হেনকালে উপনীত লক্ষ্মণ সে স্থানে॥
বহিছে শোণিতধার লক্ষ্মণের গায়।
দেখিয়া শ্রীরাম মনে খিদ্যমান তায়॥
বিভীষণ বলে, প্রভু! করি নিবেদন।
আসিলেন ইন্দ্রজিতে বধিয়া লক্ষ্মণ॥
জিনিয়া প্রচণ্ড রিপু, লক্ষ্মণ সরক্ত-বপু,
উপনীত রামের গোচর।
বাম-করে শরাসন, ভয়ঙ্কর সে গঠন,
দক্ষিণ করেতে এক শর॥
রিপুজয় করি রঙ্গে, সংগ্রামের বেশসজ্জে,
আসিল সকল মহাবীর।

আনন্দে প্রফুল্ল কায়, রক্তধারা বহে গায়,
রণশ্রমে হইয়া অস্থির ॥
শুনিয়া সংগ্রাম-জয়, শ্রীরাম আনন্দময়,
ভাবেন মারিল ইন্দ্রজিত।
সাগর তরিনু হেলে, কি আর গোষ্পদজলে,
রাবণ বধিয়া পাব সীতা ॥
যত সেনাপতিসঙ্গে, সুগ্রীব নাচেন রঙ্গে,
সঙ্গেতে সকল অধিকারী।
নল নীল বালিসুত, সকলে আনন্দযুত,
কপিগণ নাচে সারি সারি ॥
বৈরিকুল করি নাশ, আসিলাম তব পাশ,
কহে বিভীষণ গুণগ্রাম।
লক্ষ্মণ নতিয়া মাথা, কহেন সকল কথা,
শুনিয়া কৌতুকী অতি রাম ॥
শুনিয়া লক্ষ্মণ-বোল, শ্রীরাম দিলেন কোল,
ললাট চুম্বিল মুখ চাই।
লইয়া মস্তকাঘ্রাণ, চুম্বিল ধনুক-বাণ,
তোমা বই নাহি আর ভাই ॥
লক্ষ্মণ করেন স্তুতি, তুমি ত্রিদশের পতি,
ক্ষিতিতলে বিষ্ণু-অবতার।
তব যারে আশীর্ব্বাদ, জিনে কোটি মেঘনাদ,
তারে জিনে হেন সাধ্য কার?
পশুপতি বৃহস্পতি, শচীপতি, করে স্তুতি,
তাহার নাহিক যমত্রাস।
লক্ষ্মণ করিলে স্তুতি, আনন্দিত রঘুপতি,
লঙ্কাকাণ্ড গায় কৃত্তিবাস ॥

ইন্দ্রজিতের যুদ্ধে শ্রীলক্ষ্মণের অঙ্গক্ষত হওয়াতে সুষেণ কর্ত্তৃক ঔষধ প্রদান।

শ্রীরাম বলেন, হে সুষেণ বৈদ্যবর।
ফুটিয়াছে লক্ষ্মণের সর্ব্বাঙ্গেতে শর ॥
বাণফলা রহিয়াছে শরীর-ভিতর।
কেমনে সহিল এ কোমল-কলেবর?
মেঘনাদে মারিয়া রাখিল দেবগণ।
সীতা উদ্ধারের মূল হইল লক্ষ্মণ ॥
লক্ষ্মণের অঙ্গে অস্ত্র রহিল ফুটিয়া।
মহৌষধ দেহ সব বাণ উপাড়িয়া ॥
এতেক বলেন যদি কমললোচন।
ঔষধ বাহির করে সুষেণ তখন ॥
একে একে বাহির করিল যত শর।
ঔষধ লেপিয়া দিল অঙ্গের উপর ॥
অঙ্গেতে প্রবেশ কৈল ঔষধের ঘ্রাণ।
সুন্দর শরীর হৈল পূর্ব্বের সমান ॥
মিলায়ে বাণের চিহ্ন হইল সুন্দর।
পূর্ব্বমত লক্ষ্মণের হৈল কলেবর ॥
আনন্দ অবধি নাই প্রভু রঘুনাথ।
সুষেণের অঙ্গেতে বুলায় পদ্মহাত ॥
রাম বলে, সুষেণ হে! কি কব তোমারে
তোমার সমান বৈদ্য নাহিক সংসারে ॥
বারে বারে প্রাণদান দিলে সবাকার।
ত্রিভুবনে এই কীর্ত্তি রহিল তোমার ॥

ইন্দ্রজিতের মৃত্যু শ্রবণে রাবণ ও মন্দোদরীর বিলাপ।

মেঘনাদ পড়ে রণে প্রভাত-সময়।
ভয়ে রাবণের আগে কেহ নাহি কয় ॥
গগনে হইল বেলা দ্বিতীয় প্রহর।
বসিয়া মন্ত্রণা করে যত নিশাচর ॥
স্থানে স্থানে বসি যুক্তি করিছে রাক্ষস।
কহিতে রাবণ আগে না করে সাহস ॥
পাত্র মিত্র সকলেতে মন্ত্রণা করিয়ে।
ভগ্নদূত এক জন দিল পাঠাইয়ে ॥

রাবণ-সম্মুখে কহে যোড় করি হাত ;—
রণের সংবাদ শুন রাক্ষসের নাথ।
লঙ্কাপুরী বীরশূন্য হৈল এত দিনে।
মেঘনাদ পড়ে আজি লক্ষ্মণের বাণে ॥
দূত-মুখে শুনি মেঘনাদের মরণ।
সিংহাসন হৈতে পড়ে রাজা দশানন ॥
উচ্চৈঃস্বরে ডেকে বলে, কোথা ইন্দ্রজিৎ।
আছাড় খাইয়া পড়ে হইয়া মূর্চ্ছিত ॥
ধরিয়া তুলিল যত পাত্র-মিত্র আসি।
দশ মুণ্ডে ঢালে জল কলসী কলসী ॥
অনেক কষ্টেতে রাজা পাইল চেতন।
চেতন পাইয়া রাজা করয়ে ক্রন্দন ॥
রাক্ষসকুলের চূড়া পুত্র ইন্দ্রজিতে।
প্রাণ হারাইলে নর-বানরের হাতে ॥
আমার সর্ব্বস্ব তুমি লঙ্কা অধিকারী।
পিতা দশানন তোর মাতা মন্দোদরী ॥
পর্ব্বত-কন্দর কাঁপে দেখে তোর বাণ।
এক বাণে ইন্দ্র বেটা না সহিত টান ॥
ত্রিভুবনে যোদ্ধা নাহি তোমার সমান।
মনুষ্যের বাণে পুত্র! হারাইলে প্রাণ ॥
কুম্ভকর্ণ-ভ্রাতৃ-শোক রহিয়াছে বুকে।
সে জ্বালা না জুড়াইতে মরি পুত্র-শোকে ॥
ভাই নহে চণ্ডাল পাপিষ্ঠ বিভীষণ।
যজ্ঞভঙ্গ করি তব বধিল জীবন ॥
যদি প্রাণ বাঁচে রাম-তপস্বীর রণে।
আগে আমি কাটিব চণ্ডাল বিভীষণে ॥
হা হা পুত্র ইন্দ্রজিৎ! গেলি কোথাকারে?
সম্মুখ-সংগ্রামে আমি পাঠাইব কারে?
পুত্রশোকে কাঁদি রাজা গড়াগড়ি যায়।
দশমুণ্ড কলেবর ধূলাতে লোটায় ॥
ক্ষণে অচেতন পুনঃ ক্ষণেক চেতন।
কি হ'ল কি হ'ল বলি কাঁদিছে রাবণ ॥
কুড়ি চক্ষে বারিধারা লঙ্কা-অধিকারী।
ইন্দ্রজিৎ মৈল বার্ত্তা পায় মন্দোদরী ॥
আছাড় খাইয়া পড়ে মন্দোদরী রাণী।
উচ্চৈঃস্বরে কাঁদে দশ হাজার সতিনী ॥
স্পন্দহীন মন্দোদরী ধরাতলে পড়ে।
শিরে জল ঢালে কেহ দেখে নেড়ে চেড়ে ॥
নাসিকাতে হস্ত দিয়া দেখিছে সবাই।
কেহ বলে বেঁচে আছে কেহ বলে নাই ॥
এলোথেলো কবরীবন্ধন কেশপাশ।
চক্ষে বহে বারিধারা ঘন বহে শ্বাস ॥
চৈতন্য পাইয়া বলে কোথা ইন্দ্রজিৎ।
দেখা দিয়া প্রাণ রাখ মায়ের ত্বরিত ॥
আমি নানা উপহারে, পূজিয়া যে মহেশ্বরে,
তোমা পুত্র পাইলাম কোলে।
কিছু দিন ছিল সুখ, এখনি ঘটিল দুখ,
হেন পুত্র পড়ে রণস্থলে ॥
কি মোর বসতি বাস, জীবনে কি ছার আশ,
কি করিবে ছত্র নবদণ্ড।
কি আর পুষ্পক রথ, বীরভাগ আছে যত,
তোমা বিনা সব লণ্ডভণ্ড ॥
ভূমিতলে লোটাইয়া, পুত্রশোকে বিনাইয়া,
ক্রন্দন করিছে মন্দোদরী।
হায় পুত্র মেঘনাদ, কেন এত পরমাদ,
আজি সে মজিল লঙ্কাপুরী ॥
শচী সহ শচীপতি, সুখেতে করুন স্থিতি,
স্বচ্ছন্দে ভুঞ্জুক দিনপতি।
ব্রহ্মা বিষ্ণু মহেশ্বর, হরষিত সুরবর,
লঙ্কার দেখিয়া এ দুর্গতি ॥

ইন্দ্র আদি দেবগণে, জিনিয়াছ তুমি রণে,
তব ডরে কেহ নহে স্থির।
কি কহিব বিভীষণে, শত্রু আনে যজ্ঞস্থানে,
তেঁই সে বধিল রঘুবীর ॥
নানা গুণে রূপে ধন্যা, যক্ষ-বিদ্যাধর-কন্যা,
বিবাহ দিলাম তোমা সহ।
তারা না পাইল সুখ, ভুঞ্জিবে কতেক দুখ,
কত সবে পতির বিরহ ॥
অযোনিসম্ভবা কন্যা, রামের সুন্দরী ধন্যা,
হরিয়া আনিল তোর বাপে।
সতী পতিব্রতা রাণী, ব্যর্থ নহে তাঁর বাণী,
এ লঙ্কা মজিল তাঁর শাপে ॥
যজ্ঞ যবে পুত্র করে, দেবগণ কাঁপে ডরে,
কোন লোক না যায় সেখানে।
হেন পুত্র মরে যার, সকল অসার তার,
হায় পুত্র কি মোর জীবনে ॥
শ্রীরামের রূপ ধরি, সংসারে আসিল হরি,
করিতে রাক্ষসকুল নাশ।
নর নয় সীতাপতি, হেন লয় মোর মতি,
রামায়ণ গায় কৃত্তিবাস ॥

রাবণের যুদ্ধে গমন ও লক্ষ্মণের শক্তিশেল।

পুত্রশোকে মন্দোদরী করিছে রোদন।
মন্দোদরী-ক্রন্দনেতে রুষিল রাবণ ॥
সীতা লাগি মজিল কনক-লঙ্কাপুরী।
আজি সীতা কাটিয়া ঘুচাব সব বৈরী ॥
মায়াসীতা কেটেছিল পুত্র ইন্দ্রজিৎ।
সাক্ষাতে কাটিয়া সীতা ঘুচাইব ভীত ॥
হাতে লয় দশানন খড়্গ এক ধারা।
কুড়ি চক্ষু হৈল যেন আকাশের তারা ॥
দুই প্রহরের রবি অঙ্গের কিরণ!
কালান্তক যম যেন রুষিল রাবণ ॥
সীতারে কাটিতে যায় পবনের বেগে।
রাবণের পাত্র মিত্র পিছে গিয়া লাগে ॥
খড়্গ হাতে ধায় রাজা অশোকের বনে।
কার সাধ্য প্রবোধিয়া ফিরায় রাবণে?
প্রবেশ করিল গিয়া অশোকের বন।
রাবণে দেখিয়া সীতা করেন ক্রন্দন ॥
মনেতে বিচার করে রাণী মন্দোদরী।
সর্ব্বনাশ হয়েছে মজেছে লঙ্কাপুরী ॥
তাহাতে রাবণ কেন স্ত্রীবধ করিবে।
রমণী-বধের পাপে পরকাল যাবে ॥
এত ভাবি মন্দোদরী সস্বরে ক্রন্দন।
ধুলায় ধূসর অঙ্গ লোহিত-লোচন ॥
পাগলিনী-প্রায় রাণী ছুটে উর্দ্ধমুখে।
উপনীত দশানন সীতার সম্মুখে ॥
একে ত রাবণ তাহে ক্রোধে কম্পমান।
রক্তবর্ণ ঘুরিতেছে বিংশতি নয়ন ॥
আতঙ্কে অস্থিরা সীতা দেখিয়া রাবণে।
কাটিবে রাবণ আজি ভাবিলেন মনে ॥
পুত্রশোকে আসিতেছে করিবে ছেদন।
কোথা প্রভু রঘুনাথ! দেবর লক্ষ্মণ!
অভাগীরে দেখা দাও অশোকের বনে।
রামের মহিষী আমি কাটিল রাবণে ॥
উচ্চৈঃস্বরে সীতাদেবী করেন রোদন।
সীতারে কাটিতে খড়্গ তুলিল রাবণ ॥
পিছে থাকি সাপটিয়া ধরে মন্দোদরী।
ছি ছি! মহারাজ বধ করো না হে নারী ॥
রাজা বলে, মায়াসীতা কাটে ইন্দ্রজিতে।
মরে পুত্র ইন্দ্রজিৎ সীতার জন্যেতে ॥

সীতা এনে সর্ব্বনাশ হলো লঙ্কাপুরে।
ঘুচাব সকল শোক কাটিয়া সীতারে॥
মন্দোদরী কহিতেছে করি যোড়হাত ;—
পরম পণ্ডিত তুমি রাক্ষসের নাথ॥
বিশ্রবা যে পিতা তব সংসারে পূজিত।
তোমার এ নারী বধ না হয় উচিত॥
একে দেখ মজেছে কনক-লঙ্কাপুরী।
পাপেতে মজ না তাহে বধ ক'রে নারী॥
করে ধরি মন্দোদরী ফিরায় রাবণে।
ভয়ে সীতা চাহিলেন রাবণের পানে॥
রাবণ দেখিল সীতা ফিরাইল আঁখি।
রাবণ ভাবয়ে সীতা দিলেক কটাক্ষি॥
ভরসা পাইয়া গেল লঙ্কার ভিতরে।
সিংহাসন ত্যজি বৈসে ভূমির উপরে॥
অভিমানভরে ভাবে লঙ্কা-অধিকারী।
ঘরে ঘরে কাঁদে যত বীরভাগ-নারী॥
শোকের উপরে শোক পাইল রাবণ।
বসিলে আরাম নাই করয়ে শয়ন॥
ইন্দ্রজিৎ-শোক তবু নহে পাসরণ।
আপনি সাজিল রাজা করিবারে রণ॥
স্ত্রীলোকের ক্রন্দন শুনিয়া ঘরে ঘরে।
অভিমানে পরিপূর্ণ রাজা লঙ্কেশ্বরে॥
অমূল্য রতন করে বিচিত্র সাজন।
সর্ব্বাঙ্গে ভূষিত করে রাজ-আভরণ॥
মেঘের বরণ অঙ্গে ধবল উত্তরী।
মৃগমদে পরিলেক সুগন্ধি কস্তুরী॥
দশ ভালে দশ মণি করে ঝলমল।
চন্দ্র সম কুড়ি কর্ণে কুড়িটা কুণ্ডল॥
নানা অস্ত্রে সাজিলেন মনোহর বেশে।
রাণীগণ সবে আসি ধরে আশেপাশে॥
ইন্দ্রজিৎ-শোকে রাজা হয়েছে কাতর।
চক্ষের কোণেতে নাহি চাহে লঙ্কেশ্বর॥
ধনুর্ব্বাণ লয়ে রাজা যায় মহাক্রোধে।
রাণী মন্দোদরী আসি পশ্চাতে বিরোধে॥
আপনার দোষে রাজা কৈলে বংশনাশ।
রাম-স্ত্রী রামেরে দেহ থাক গৃহবাস॥
মন্দোদরী পানে রাজা ফিরিয়ে না চায়।
মৃত্যুকালে রোগী যেন ঔষধ না খায়॥
নিকট মরণ তার কি করে ঔষধে।
না রহে রাবণ মন্দোদরীর প্রবোধে॥
স্বামী-প্রদক্ষিণ করি পড়িল মঙ্গল।
মন্দোদরী-চক্ষে জল করে ছল ছল॥
অন্তরে বুঝিয়া রাণী কাঁদিল প্রচুর।
দশ হাজার নারীতে নিল অন্তঃপুর॥
বৃহন্দের বহির্গত হইল রাজন।
রথ লয়ে সারথি যোগায় ততক্ষণ॥
কনক-রচিত রথ সুবর্ণের চাকা।
রথের উপরে শোভে নেতের পতাকা॥
বিচিত্র নির্ম্মাণ রথ অষ্ট ঘোড়া বহে।
রথের উপরে উঠে দশানন কহে,—
ধনুক ধরিতে রাজ্যে যে যে বীর জানে।
ছোট বড় সাজিয়ে আসুক মোর সনে॥
ইন্দ্রজিৎ পড়ে রণে বীর-চূড়ামণি।
আর কারে পাঠাইব যাইব আপনি॥
পদ্মকোটি ঠাট ছিল লঙ্কার ভিতর।
সাজিল রাবণ সঙ্গে করিতে সমর॥
পশ্চিম দুয়ারে আছে শ্রীরাম-লক্ষ্মণ।
যুঝিবারে সেই দ্বারে গেলেন রাবণ॥
দাঁড়ায়েছে রাবণ ধনুকে দিয়া চাড়া।
বায়ুবেগে সারথি চালায়ে দিল ঘোড়া॥

সিংহাসন ছাড়ি রণে প্রবেশে রাবণ ।
ভঙ্গ দিয়া পলায় যত কপিগণ ॥
গন্ধমাদন সেনাপতি হ'ল আগুয়ান ।
বিমুখ করিল রাজা মেরে পঞ্চবাণ ॥
নীল কপি দশানন দেখিয়া সম্মুখে
ত্রিশ বাণ বিন্ধিলেক নীলবীর-বুকে ॥
ত্রিশ বাণে পড়িল কুমুদ মহাবীর ।
নয় বাণে বিন্ধে জাম্বুবানের শরীর ॥
গয় গবাক্ষে বিন্ধিল দশ দশ বাণে ।
তুই শত বাণে বিন্ধে বীর হনুমানে ॥
আশী গোটা বাণ খেয়ে অঙ্গদ পড়িল ।
পঞ্চদশ বাণে বীর সুষেণে বিন্ধিল ॥
বানর-কটক পড়ে নাহি লেখাজোখা ।
পড়িল বানর যত নাহি তার সংখ্যা ॥
সারথিরে আজ্ঞা দিল রাজা দশানন ।
পশুর সঙ্গেতে যুদ্ধে নাহি প্রয়োজন ॥
রথ লহ রাম আর লক্ষ্মণের কাছে ।
সে উভয়ে মারিয়ে বানর মারি পিছে ॥
রাবণের আজ্ঞা পেয়ে সারথি সত্বর ।
চালাইয়া দিল রথ রামের গোচর ॥
রথখান আসে যেন বিদ্যুৎ চমকে ।
লক্ষ লক্ষ স্বর্ণঘণ্টা বাজে চারিদিকে ॥
রথের শব্দেতে কপি ধায় লাখে লাখে ।
পার্ব্বতীয় পাখী যেন উড়ে ঝাঁকে ঝাঁকে ॥
হাতে ধনু দশানন রামের সম্মুখে ।
বৈকুণ্ঠের নাথ রামে দশানন দেখে ॥
দক্ষিণে অক্ষয় তূণ বামেতে কোদণ্ড ।
বিষ্ণু-অবতার রাম সুবাহু প্রচণ্ড ॥
সুন্দর নাসিকা তাঁর চৌরস কপাল ।
ফল মূল খান তবু বিক্রমে বিশাল ॥
সুন্দর ধনুক-বাণ বিচিত্র-গঠন ।
রামের শরীরে রাজা দেখে ত্রিভুবন ॥
শ্রীরামের সর্ব্ব-অঙ্গ নিরখিয়ে দেখে ।
পর্ব্বত সমুদ্র সর্প দেখে লাখে লাখে ॥
মনে মনে চিন্তা করে রাজা দশানন ।
একান্ত জানিনু রাম দেব নারায়ণ ॥
যদিচ রামের হাতে ঘটয়ে মরণ ।
একান্ত বৈকুণ্ঠে যাব না যায় খণ্ডন ॥
বিরস হইয়ে কেন হইব বিমুখ ।
রামের সম্মুখে গেল পাতিয়া ধনুক ॥
দৈবের লিখন কভু না যায় খণ্ডন ।
শ্রীরাম-রাবণে দোঁহে বাজে মহারণ ॥
শত বাণ যোড়ে রক্ষঃ ধনুকের গুণে ।
কাটিলা বিংশতি বাণে রাজীবলোচনে ॥
বাছিয়ে রাবণ বরষয়ে তীক্ষ্ণ শর ।
বিন্ধিয়া কোমল অঙ্গ করিল জর্জ্জর ॥
বাণাঘাতে রঘুনাথ হৈল অচেতন ।
রামে পাছু করি আগে রহিল লক্ষ্মণ ॥
রাবণ-উপরে বীর শীঘ্র এড়ে বাণ ।
দিব্য বাণ মারিলেন যুড়িয়া সন্ধান ॥
লক্ষ্মণ যে মারে বাণ বলে মহাবল ।
সারথির মুণ্ড কাটি পড়ে ভূমিতল ॥
লক্ষ্মণের বাণেতে যে রথ হৈল মুড়া ।
গদাঘাতে বিভীষণ মারে অষ্ট ঘোড়া ॥
কোপে দশানন বিভীষণ পানে চায় ।
তুলিয়া নিলেক শেল দে'খে ভয় পায় ॥
বংশনাশ করিলি পাপিষ্ঠ বিভীষণ ।
মারিয়া পাড়িব আজি রাখে কোন্ জন ?
রথ না সংবরে রক্ষঃ গর্জ্জিয়া কোপেতে ।
বিভীষণে মারিতে যে শেল লয় হাতে ॥

শেলপাট এড়িলেক দিয়া হুহুঙ্কার।
স্বর্গ মর্ত্ত্য পাতালে লাগিল চমৎকার॥
শেলপাট দে'খে চমকিত বিভীষণ।
ডেকে বলে প্রাণ রাখ ঠাকুর লক্ষ্মণ।
শেলের উদ্দেশেতে লক্ষ্মণ এড়ে বাণ।
তিন বাণে শেল কাটি কৈল চারিখান॥
শেল কাটা গেল কপি দিল টিটকারী।
কুপিল রাবণরাজ লঙ্কা-অধিকারী॥
কুড়ি চক্ষু ঘোরে তার দেখি ভয়ঙ্কর।
আর শেল হাতে নিল যমের দোসর॥
বজ্রসম শেলপাট দে'খে লাগে ভয়।
যারে মারে শেল তার জীবন-সংশয়॥
এনেছিল শেল রামে মারিবার মনে।
কোপ ক'রে সেই শেল হানে বিভীষণে॥
বিভীষণ ফাঁফর হইল শেল দেখি।
সেই শেল কাটিলেন লক্ষ্মণ ধানুকী॥
কোপেতে রাবণ চাহে লক্ষ্মণের পানে।
ময়দানবের শেল প'ড়ে গেল মনে॥
রাবণ কহিছে চক্ষু করিয়া পাকল।
দেখিব লক্ষ্মণ! আজি কত ধর বল॥
বিভীষণে বাঁচাইলে ক'রে বীরপণা।
মারি শেল রাখ দেখি বাঁচায়ে আপনা॥
তোর বাণে বিভীষণ পেলে প্রতীকার।
মারি শেল তোরে দেখি কে রাখে এবার॥
এখনি মরিবি ভণ্ড লক্ষ্মণ তপস্বী।
মৃত্যুকালে মনে কর জানকী রূপসী॥
মা বাপেরে মনে কর বন্ধু যত জন।
মলে কারো সঙ্গে আর নাহি দরশন॥
রাম-সুগ্রীবের ঠাঁই মাগহ মেলানি।
দিয়াছে অনেক যুক্তি করে কানাকানি॥
গর্জ্জিয়া রাবণরাজ শেলপাঠ ঝাঁকে।
দেবগণ-প্রাণ উড়ে শক্তিশেল দেখে॥
যক্ষ রক্ষঃ কাঁপে আর গন্ধর্ব্ব কিন্নর।
কাঁপে অষ্টলোকপাল দেব পুরন্দর॥
শমনের ভগ্নী শেল শক্তি নাম ধরে।
যারে মারে শক্তিশেল সেই জন মরে॥
এক জনে মারিলে না মরে অন্য জন।
যারে শেল মারে তার অবশ্য মরণ॥
সূর্য্যের কিরণ যেন শেলপাট যায়।
ভাবিয়া ত রঘুনাথ না পান উপায়॥
চিন্তা করে রঘুনাথ ভায়ের কুশল।
শেলের করেন স্তুতি চক্ষে পড়ে জল॥
দেবমূর্ত্তি শেল তুমি দেব-অধিষ্ঠান।
এবার লক্ষ্মণে তুমি দাও প্রাণদান॥
ফিরে যাও শেলপাট! রাবণের হাতে।
ভাইদান মাগি আমি তোমার সাক্ষাতে॥
আপনি শমন মূর্ত্তিমান্ শেল-মুখে।
লক্ষ্মণে ছাড়িয়া শেল পড় মোর বুকে॥
নিজে মৃত্যু অধিষ্ঠান শেলের উপর।
ডাকিয়া রামেরে তবে করিছে উত্তর॥
আমারে করিছ কেন এতক স্তবন।
লক্ষ্মণে ছাড়িয়ে নাহি মারি অন্য জন॥
থাকি আমি যার কাছে তার আজ্ঞাকারী।
যার কাছে থাকি আমি তার হিত করি॥
শ্রীরামে কাতর দে'খে শেল নাহি থাকে।
শূন্যবেগে প'ড়ে গেল লক্ষ্মণের বুকে॥
পড়িল লক্ষ্মণ বীর রঘুবংশচূড়া।
প্রবেশে সকল শেল বাহিরেতে গোড়া॥
ভূমেতে পতিত বীর না নাড়েন পাশ।
শেলে বিদ্ধি লক্ষ্মণের ঘন বহে শ্বাস॥

লক্ষ্মণে এড়িয়া সব পলায় বানর।
দেখিয়া ত রঘুনাথ হইল ফাঁফর॥
লক্ষ্মণে রাখেন কিংবা রাখেন আপনা।
তিন ঠাঁই শ্রীরামের পড়িল ভাবনা॥
বাহির করিতে শেল টানয়ে বানরে।
আপনি সুগ্রীব টানে শেল নাহি নড়ে॥
সুগ্রীব টানিছে শেল কপিগণ চাহে।
এক টান দেয় শেল বেরবার নহে॥
শরভ কুমুদ নল নীল আদি বীর।
শেল ধরে টানে তবু না হয় বাহির॥
বানরের মধ্যে হনুমানেরে বাখানি।
সে হনু ধরিয়া শেল করে টানাটানি॥
সাহস করিয়া কেহ নাহি মারে টান।
টানে পাছে লক্ষ্মণের বাহিরায় প্রাণ॥
টানিতে বানরগণ না করে সাহস।
যার টানে মরিবেন তার অপযশ॥
দিলেন ধনুক-বাণ সুগ্রীবের হাতে।
শেল ধরে টানিলেন প্রভু রঘুনাথে॥
বিশ্বম্ভর মূর্ত্তি ধ'রে শেলে দিল টান।
উপাড়িয়া শেলপাট কৈল খান খান॥
লক্ষ্মণে বেড়িয়া রহে যত কপিগণ।
কোপেতে রাবণ করে বাণ বরষণ॥
ভঙ্গ দিয়া পলায় বানর যত বীর।
প্রবোধ-বচনে রাম করিলেন স্থির॥
লক্ষ্মণে জিনিলি ব'লে না ভাবিও মনে।
মারিয়া পাড়িব তোরে আজিকার রণে॥
যার লাগি বান্ধিলাম অলঙ্ঘ্য সাগরে।
যার লাগি এত দুঃখ পেয়েছি অন্তরে॥
যার লাগি তো সবার দিনু দুঃখভরা।
মারিয়া পাড়িব আজি পরনারী-চোরা॥
পাইলাম যত দুঃখ সীতার হরণে।
মারিয়া ঘুচাব দুঃখ আজিকার রণে॥
পর্ব্বত-উপরে বৈসে দেখ সব সুখে।
মারিব রাবণে আজি কার সাধ্য রাখে?
রঘুনাথ বাক্যে করে সাহসেতে ভর।
লক্ষ্মণেরে রক্ষা কর যতেক বানর॥
ভ্রাতৃ শোকে যুঝে রাম বিক্রমে অপার।
শ্রীরাম-রাবণে যুদ্ধ বাজিল বিস্তর॥
বাছিয়া বাছিয়া রাম প্রহারেণ বাণ।
রাক্ষস-কটক কেটে কৈল খান খান॥
শ্রীরামের বাণে রাজা করে ধড়ফড়।
সহিতে না পারে রাজা উঠে দিল রড়॥
সারথিরে আজ্ঞা দিল রাজা দশানন।
লঙ্কাতে ছুটাও রথ ত্বরিত গমন॥
লঙ্কাতে পলায়ে গেল রাজা লঙ্কেশ্বর।
পশ্চাতে বানর ধায় বলে ধর ধর॥
রঘুনাথ-বাক্য কভু খণ্ডন না যায়।
সেই দিন মারিতেন রাবণ রাজায়॥
লক্ষ্মণ পড়িয়া আছে শক্তিশেল বাণে।
রণ ছেড়ে আসিলেন বাঁচাতে লক্ষ্মণে॥
রণ জিনি রঘুনাথ পেয়ে অবসর।
লক্ষ্মণেরে কোলে করি কাঁদেন বিস্তর॥
কি কুক্ষণে ছাড়িলাম অযোধ্যানগরী।
মৈল পিতা দশরথ রাজ্য-অধিকারী॥
জনকনন্দিনী সীতা প্রাণের সুন্দরী।
দিনে দুই পহরে রাবণ কৈল চুরি॥
হারানু প্রাণের ভাই অনুজ লক্ষ্মণ।
কি করিবে রাজ্যভোগে পুনঃ যাই বন॥
লক্ষ্মণ সুমিত্রা মার প্রাণের নন্দন।
কি বলিয়া নিবারিব তাঁহার ক্রন্দন?

এনেছি সুমিত্রা মার অঞ্চলের নিধি।
আসিয়ে সাগর-পারে কাল হৈল বিধি ॥
মোর দুঃখে লক্ষ্মণ যে দুঃখী নিরন্তর।
কেন রে নিষ্ঠুর হ'লে না দেহ উত্তর ॥
সবাই সুধাবে বার্ত্তা আমি গেলে দেশে।
কহিব তোমার মৃত্যু কেমন সাহসে ?
আমার লাগিয়া ভাই ! কর প্রাণ রক্ষা।
তোমা বিনা বিদেশে মাগিয়া খাব ভিক্ষা ॥
রাজ্যধনে কাজ নাই নাহি চাই সীতে।
সাগরে ত্যজিব প্রাণ তোমার শোকেতে ॥
উদয়াস্ত যত দূর পৃথিবী সঞ্চার।
তোমার মরণে নিন্দা রহিল আমার ॥
উঠ রে লক্ষ্মণ ভাই ! রক্তে ডুবে পাশ।
কেন বা আমার সঙ্গে এলে বনবাস ॥
সীতার লাগয়ে তুমি হারাইলে প্রাণ।
তুমি যে লক্ষ্মণ ! মম প্রাণের সমান ॥
সুবর্ণের বাণিজ্যে মাণিক্য দিনু ডালি।
তোমা বধে রঘুকুলে রাখিলাম কালি ॥
কেন বা রাবণ-সঙ্গে করিলাম রণ।
আমার প্রাণের নিধি নিল কোন্ জন ?
কার্ত্তবীর্য্যার্জ্জুন রাজা সহস্রবাহুধর।
তাহা হৈতে লক্ষ্মণ যে গুণের সাগর ॥
এমন লক্ষ্মণে মোর মারিল রাক্ষসে।
আর না যাইব আমি অযোধ্যার দেশে ॥
পিতৃ আজ্ঞা হৈল মোরে দিতে ছত্রদণ্ড।
কৈকেয়ী জননী তাহে হলো প্রতিবন্ধ ॥
পিতৃ সত্য পালিতে আসিনু বনবাস।
বিধি বাদী হৈল তাহে মোর সর্ব্বনাশ ॥
অন্তরীক্ষে ডাকি বলে যত দেবগণ।
কেঁদো না কেঁদো না রাম ! পাইবে লক্ষ্মণ ॥
ভাই ভাই ব'লে রাম ছাড়েন নিঃশ্বাস।
শ্রীরামের ক্রন্দন রচিল কৃত্তিবাস ॥

হনুমানের গন্ধমাদন পর্ব্বতে ঔষধ আনিতে গমন।

শ্রীরাম সুষেণে কন যোড়হাত করি।
লক্ষ্মণে বাঁচাও আগে শোক পরিহরি ॥
আমার লক্ষ্মণ বিনা আর নাহি গতি।
বাঁচাও লক্ষ্মণে যদি তবে অব্যাহতি ॥
সুষেণ বলেন, প্রভু ! না হও কাতর।
বাঁচিবেন অবশ্য লক্ষ্মণ ধনুর্দ্ধর ॥
হস্তে পদে রক্ত আছে প্রসন্ন বদন।
নাসিকায় শ্বাস বহে প্রফুল্ল লোচন ॥
হেন জন নাহি মরে সবাকার জ্ঞানে।
আনিবারে ঔষধ পাঠাও হনুমানে ॥
শ্রীরাম বলেন, শোকে মম হিয়া শোষে।
আপনি পাঠাও তারে ঔষধ উদ্দেশে ॥
সুষেণ বলেন, শুন পবননন্দন।
ঔষধ আনিতে যাও সে গন্ধমাদন ॥
গিরি গন্ধমাদন সে সর্ব্বলোকে জানি।
তাহাতে ঔষধ আছে বিশল্যকরণী ॥
নয় শৃঙ্গ ধরে তার অদ্ভুত নির্ম্মাণ।
প্রথম শৃঙ্গেতে তার মহাদেব স্থান ॥
আর শৃঙ্গে উদয় করয়ে শশধর।
আর শৃঙ্গে তিন কোটি গন্ধর্ব্বের ঘর ॥
আর শৃঙ্গে বৃক্ষ আছে শাল ও পিয়াল।
আর শৃঙ্গে সিংহ ব্যাঘ্র চরে পালে পাল ॥
আর শৃঙ্গে আছে তার খরতরা নদী।
নদীর দুকূলে আছে বিস্তর ঔষধি ॥

নীলবর্ণ ফল-ফুল পিঙ্গল সে পাতা।
হেমবর্ণ ডাঁটা তার স্বর্ণবর্ণ লতা।।
আনহ ঔষধ হেন বিশল্যকরণী।
রাত্রিমধ্যে আনহ যাবৎ আছে প্রাণী।।
রাত্রিতে ঔষধ আন বাঁচাব সহজে।
রজনী-প্রভাতে প্রাণ যাবে সূর্য্য-তেজে।।
বিলম্ব না কর বীর! যাও এইক্ষণ।
তোমার প্রসাদে জীবে ঠাকুর লক্ষ্মণ।।
আছয়ে গন্ধর্ব্ব সব মায়ার নিদান।
সময়েতে হনুমান্! হও সাবধান।।
ত্রিশ কোটি গন্ধর্ব্ব যে হাহা-হুহু আছে।
বাদ-বিসংবাদ তার সঙ্গে কর পাছে।।
শ্রীরাম বলেন, পথ আঠার বৎসর।
কেমনে আসিবে ফিরে রাত্রের ভিতর।।
এত দূর পথ যাবে আসিবেক রাতি।
লক্ষ্মণের না দেখি এবার অব্যাহতি।।
কেন বা সুষেণ বৈদ্য আমারে প্রবোধে।
আজি লক্ষ্মণ মরিলে কি করিবে ঔষধে?
হাসিয়া বলেন তবে পবননন্দন।
এ রাত্রে ঔষধ আনি জীয়াব লক্ষ্মণ।।
মনে কিছু রঘুনাথ! না কর বিস্ময়।
ঔষধ আনিব রাত্রে শুন মহাশয়।।
শ্রীরাম-সুগ্রীব-কাছে মাগিয়া মেলানি।
ঔষধ আনিতে বীর করিল উঠানি।।
উভলেজ করিয়া সারিল দুই কান।
এক লাফে আকাশে উঠিল হনুমান্।।
মহাশব্দে চলিল শূন্যেতে করি ভর।
লাঙ্গুলের টানে উড়ে বৃক্ষ ও পাথর।।
দশ যোজন হইল আড়ে পরিসর।
বিশ যোজন দীর্ঘেতে হৈল কলেবর।।
লেজ কৈল দীর্ঘাকার যোজন পঞ্চাশ।
উঠিবামাত্রেতে লেজ ঠেকিল আকাশ।।
মহাশব্দ করি যায় শুনিতে গভীর।
দেখিয়া মনেতে প্রীতি পায় রঘুবীর।।
দুর্জ্জয় শরীর বীর চলে অন্তরীক্ষে।
লঙ্কার ভিতর থাকি দশানন দেখে।।
বিস্ময় হইয়া রাজা ভাবিল মনেতে।
ঘরপোড়া বেটা কোথা যায় এত রেতে।।
দশানন বুঝিল করিয়া অনুমান।
ঔষধ আনিতে যায় বীর হনুমান।।
বিশল্যকরণী আছে গন্ধমাদনেতে।
কোনমতে নাহি দিব লক্ষ্মণে বাঁচাতে
এতেক ভাবিয়া তবে রাজা দশানন।
কালনেমি নিশাচরে ডাকে ততক্ষণ।।
রাজা বলে, শুন হে মাতুল কালনেমি!
লঙ্কাতে আমার বড় হিতকারী তুমি।।
চিরদিন করি আমি ভরসা তোমার।
আজি মামা! তুমি কিছু কর উপকার।।
আজি রণে লক্ষ্মণ পড়েছে শক্তিশেলে।
মরিবে তপস্বী বেটা রাত্রি পোহাইলে।।
বিশল্যকরণী আছে গন্ধমাদনেতে।
ঘরপোড়া গেল সেই ঔষধ আনিতে।।
গিয়া গন্ধমাদনেতে করহ উপায়।
যেমতে বানর বেটা ঔষধ না পায়।।
বুদ্ধি-বৃহস্পতি তুমি বৃদ্ধ নিশাচর।
রাক্ষসের মধ্যে তুমি মায়ার সাগর।।
মায়ার প্রবন্ধে এস হনুমানে মেরে।
লঙ্কার অর্দ্ধেক রাজ্য দিলাম তোমারে।।
কালনেমি বলে, মনে করি বড় ভয়।
দুষ্ট বড় সে বানর কি জানি কি হয়।।

মায়ারূপে যাই যদি চিনে হনূমান্ ।
একই আছাড়ে মোর বধিবে পরাণ ॥
বানরপ্রধান বেটা বুদ্ধি বড় শঠ ।
কেমনে যাইতে বল তাহার নিকট ?
দশানন বলে, এত ভয় কেন তারে ।
যুক্তি ক'রে যাও যাতে চিনিতে না পারে ॥
কালনেমি বলে, বাপু ! যত বল মিছে ।
কারো যুক্তি না খাটিবে ঘরপোড়ার কাছে ॥
রাবণ বলে, মামা গো ! না হও চিন্তিত ।
হেন যুক্তি আছে বেটা মরিবে নিশ্চিত ।'
গন্ধমাদনের সব সন্ধি আমি জানি ।
গন্ধকালী নামে এক আছে কুম্ভীরিণী ॥
সরোবরে প'ড়ে থাকে গন্ধমাদনেতে ।
প্রকাণ্ড শরীর তার মুখ বিপরীতে ॥
সুরাসুরে শঙ্কা করে দেখে কুম্ভীরিণী ।
সেই ডরে কেহ নাহি ছোঁয় তার পানি ॥
কেহ নাহি যায় সরোবরের নিকটে ।
লক্ষ লক্ষ প্রাণিবধ হৈল তার পেটে ॥
সহজে বানরজাতি বীর হনূমান্ ।
গন্ধমাদনের এত না জানে সন্ধান ॥
ওর আগে যাও তুমি তপস্বীর বেশে ।
আদর-গৌরব করি তুষিবে হরষে ॥
মায়াতে আশ্রম করি রেখ ফুল ফল ।
কলসী ভরিয়া রেখ সুবাসিত জল ॥
নানামতে হনূমানে করিবে আদর ।
স্নান হেতু পাঠাইবে সেই সরোবর ॥
অল্পবুদ্ধি হনূমান্ পশুমধ্যে গণি ।
সরোবরে গেলে ধ'রে খাবে কুম্ভীরিণী ॥
কুম্ভীরিণী ধ'রে খাবে পবননন্দনে ।
হনূ মৈলে ঔষধ আনিবে কোন্ জনে ?
রাম তবে মরিবেক লক্ষ্মণের শোকে ।
পলাবে সুগ্রীব বেটা পড়িয়া বিপাকে ॥
মায়াতে বধিয়া তারে এস মম আগে ।
লঙ্কাপুরী লব দোঁহে অর্দ্ধ অর্দ্ধ ভাগে ॥
কালনেমি বলে, এ কি বলিস্ রাবণ ।
ঘরপোড়া কাছে গেলে হারাব জীবন ॥
পূর্ব্বে ঘরপোড়া তোরে মারিল চাপড় ।
রথ হ'তে পড়িয়ে করিলি ধড়ফড় ॥
আমি হ'লে তখনি যেতেম যমঘর ।
ভাগ্যে বেঁচে এসেছিলি লঙ্কার ভিতর ॥
হনূমান্-কাছে কারো নাহিক নিস্তার ।
দেখিলে তখনি মোরে করিবে সংহার ॥
প্রাণ হারাইতে প্রের হনূমান্-আগে ।
আমি মৈলে লঙ্কা কেবা লবে অর্দ্ধভাগে ?
এত যদি কালনেমি রাবণেরে বলে ।
শুনিয়া রাবণরাজ অগ্নি হেন জ্বলে ॥
কালনেমি বলে, রাগ সংবর রাবণ !
তুমি মার সেই মারে অবশ্য মরণ ॥
কালনেমি নিশাচর ঘোরদরশন ।
অষ্ট বাহু চারি মুণ্ড অষ্ট যে লোচন ॥
চলিল যে কালনেমি রাবণ-আদেশে ।
গন্ধমাদনেতে আসে তপস্বীর বেশে ॥
পবনগমনে যায় বীর হনূমান্ ।
কালনেমি উপনীত তার আগুয়ান ॥
মায়াস্থান সৃজিল মধুর ফুল-ফল ।
কলসী ভরিয়া রাখে সুবাসিত জল ॥
জটাভার শিরেতে বাকল পরিধান ।
হাতে ক'রে জপমালা করিতেছে ধ্যান ॥
হেনকালে উপনীত পবননন্দন ।
তপস্বী দেখিয়া করে চরণ-বন্দন ॥

দন্তহীন মুখে তার মুখে গোঁপ দাড়ি।
হনুমান্ দেখিয়া দিলেন জলপিঁড়ি ॥
এসেছ অতিথি আজি বড়ই মঙ্গল।
স্নান করি এস কিছু খাও ফুল-ফল ॥
হনুমান্ কহে, প্রভু! না জান কারণ।
কোন্ সুখে খাব আমি নাহি লয় মন ॥
দশরথ নামে রাজা জন্ম সূর্য্যবংশে।
সত্য পালি দুই পুত্র দিল বনবাসে ॥
জ্যেষ্ঠ পুত্র রামচন্দ্র অনুজ লক্ষ্মণ।
পালিতে বাপের সত্য এসেছেন বন ॥
দোসর লক্ষ্মণ বীর সীতা ত সুন্দরী।
শূন্য ঘর পেয়ে রক্ষঃ সীতা কৈল চুরি ॥
বানর সহায়ে রাম বাঁধিল সাগর।
কটক-সমেত গেল লঙ্কার ভিতর ॥
সীতা লাগি রাম-রাবণেতে বাজে রণ।
রাবণের শেলে প'ড়ে আছেন লক্ষ্মণ ॥
ঠাকুর লক্ষ্মণ পড়ে রাবণের শেলে।
প্রাণদান পাবেন ঔষধ লয়ে গেলে ॥
ফুল-ফল শিরে রাখি ক্ষমহ আপনি।
ঔষধ চেনায়ে দেহ বিশল্যকরণী ॥
তপস্বী বলেন, তোর বালকের মতি।
ভোগে শোকে কেমনে কুলাবে এ আরতি ॥
মম স্থানে অতিথি থাকিলে উপবাসী।
সব তপ নষ্ট হয় কিসের তপস্বী?
যে বাড়ী অতিথি আসি করে উপবাস।
অতিথির উপবাসে হয় সর্ব্বনাশ ॥
অতিথি দেখিয়া যেবা না করে আশ্বাস।
সর্ব্বনাশ হয় তার নরকে নিবাস ॥
এই দেখ সরোবর তপের প্রসাদে।
নামিয়া করহ স্নান ঘুচুক বিষাদে ॥
ওর একাঞ্জলি জল যদি পান কর।
বৎসরের ক্ষুধা-তৃষ্ণা সব হবে দূর ॥
রাক্ষসের মায়াতে পণ্ডিত জন ভুলে।
স্নান হেতু হনুমান্ চলিলেন জলে ॥
ঝাঁপ দিয়া হনূ জলে পড়িল যখনি।
হনুর সে শব্দ পেয়ে ধায় কুম্ভীরিণী ॥
কুম্ভীরিণী শব্দ পেয়ে ধায় যত মাছ।
যোজন শরীর তার জিনি তালগাছ ॥
হস্ত পদ নখ যেন চোখ চোখ ছুরি।
শমনের দণ্ড যেন হস্ত সারি সারি ॥
জলমধ্যে কুম্ভীরিণী হনূ নাই দেখে।
হাত পা পসারি আসি ধরে হাতে নখে ॥
কি কি বলি হনুমান্ ধরিলেক তারে।
এক লাফে উঠে বীর পাড়ের উপরে ॥
কুম্ভীরিণী তুলিলেন পবননন্দন।
শরীর তাহার উচ্চ একই যোজন ॥
ফেলিলেন কুম্ভীরিণী পর্ব্বত-প্রমাণ।
নখে চিরি হনুমান করে খান খান ॥
দেবকন্যা কুম্ভীরিণী উঠিল আকাশে।
আকাশে উঠিয়া হনুমানেরে সম্ভাষে ॥
দেবকন্যা ছিনু আমি নামে গন্ধকালী।
দেবতার বাড়ী বাড়ী করি নৃত্যকেলি ॥
কুবের নিবাসে যাই নৃত্য-গীত-রঙ্গে।
ঠেকিল আমার অঙ্গ দক্ষ মুনি-অঙ্গে ॥
পথে মুনি তপ করে তার নাম দক্ষ।
কোপে মুনি শাপ দিল বড়ই অশক্য ॥
না যায় খণ্ডন এই শাপ দিল মুনি।
থাক গন্ধমাদনেতে হয়ে কুম্ভীরিণী ॥
লক্ষ লক্ষ প্রাণী মেরে বাড়িবেক পাপ।
হনুমান্-হাতে তোর মুক্ত হবে শাপ ॥

হইবেন নারায়ণ রাম-অবতার।
তাঁর সেবকের হাতে তোমার নিস্তার॥
চিরজীবী হয়ে থাক সাধ রামকাজ।
তোমার প্রসাদে যাই দেবের সমাজ॥
আর এক কথা বলি শোন হনুমান্।
ভণ্ড তপস্বীর হাতে হও সাবধান॥
এত বলি আকাশে চলিল গন্ধকালী।
রূপে আলো ক'রে যেন পড়িছে বিজলী॥
হেথা পথ-পানে চাহে তপস্বী সঘনে।
হনুর বিলম্ব দেখি হরষিত মনে॥
মনে মনে তপস্বী করিছে অনুমান।
কুম্ভীরিণী ধরিয়া খেয়েছে হনুমান॥
অতঃপর যাই আমি রাবণ গোচর।
অর্দ্ধ-লঙ্কা ভাগ করি লইব সত্বর॥
দড়ী ধ'রে লব ভাগ উত্তর-দক্ষিণে।
পূর্ব্বদিক লব আমি না যাব পশ্চিমে॥
পশ্চিম সাগরে যদি বাঁধ ভেঙ্গে যায়।
পশ্চিমে রাবণে দিব ভাগ যত হয়॥
অশ্ব হস্তী সৈন্য রথ ভাণ্ডারের ধন।
সকল অর্দ্ধেক বুঝে লইব এখন॥
রাণীগণ আছে যত স্বর্গবিদ্যাধরী।
তার অর্দ্ধ লব যেই ভাগে মন্দোদরী॥
মন্দোদরী রূপে জিনে স্বর্গ-বিদ্যাধরী।
তার সহ ক্রীড়া হবে দিবা-বিভাবরী॥
স্নান করি হনু গেল তপস্বী গোচর।
হনুমানে দেখিয়া কাঁপিছে নিশাচর॥
হাতে ফুল-ফল ডালি ধীরে ধীরে নড়ে।
খাও খাও বলি হনুমান প্রতি এড়ে॥
একদৃষ্টে হনুমান্ তপস্বী নেহারে।
তপস্বী ভাবিছে হনু না জানি কি করে॥
হনুমান্ বলে তুই ভণ্ড যে তপস্বী।
স্বরূপে তপস্বী হ'লে অতিথিরে হিংসি॥
রাবণের কার্য্য সাধ তপস্বীর বেশে।
মম হাতে প'ড়ে আজি যাবে যমপাশে॥
তোর ফুল-ফল বেটা। টেনে ফেল দূর।
মোর ঠাঁই আজি তোর মায়া হবে চুর॥
তপস্বী ভাবিল মায়া হইল বিদিত।
ধরিল রাক্ষস-মূর্ত্তি অতি বিপরীত॥
অষ্ট বাহু চারি মুণ্ড অষ্টটা লোচন।
হনুমান্ বলে তোরে বধিব এখন॥
প্রথমে গৌরব দ্বিতীয়েতে গালাগালি।
তৃতীয়েতে ঠেলাঠেলি পরে চুলাচুলি॥
দুই জনে মল্লযুদ্ধ দুজনে সোসর।
দুই জনে মহাযুদ্ধ পর্ব্বত-উপর॥
ক্ষণে নীচে হনুমান্ ক্ষণেক উপরে।
টলমল করে গিরি দুজনার ভরে॥
লাফ দিয়া হনুমান্ কালনেমি ধরে।
বুকে হাঁটু দিয়ে হনু কালনেমি মারে॥
লেজে জড়াইয়া তারে ঘুরায় আকাশে।
লঙ্কাতে ফেলিয়া দিল রাবণের পাশে॥
তথা হৈতে লঙ্কা পথ আঠারো বৎসর।
এত দূর টেনে ফেলে রাবণ-গোচর॥
বসেছে রাবণরাজ পাত্র-মিত্র সনে।
অন্ধকারে কালনেমি পড়ে মধ্যস্থানে॥
কি পড়িল বলি সবে চমকিয়া উঠে।
নেড়ে চেড়ে দেখি বলে কালনেমি বটে॥
কালনেমি দেখে উড়ে রাবণের প্রাণ।
সর্বমায়া কৈল চূর্ণ বীর হনুমান্॥
লক্ষ্মণে মারিয়া বাণ ভাবিছে রাবণ।
ডাক দিয়া আনিল যতেক দেবগণ॥

আপনি আসিল ব্রহ্মা চড়ি রাজহংসে ।
আসিলেন বিশ্বনাথ চড়ি বৃদ্ধ বৃষে ॥
ইন্দ্র যম কুবেরাদি আসিল পবন ।
চন্দ্র সূর্য্য দুজনে আসিল তৎক্ষণ ॥
রাজা বলে, শুন বলি যত দেবগণ ।
ময়দানবের শেলে প’ড়েছে লক্ষ্মণ ॥
আমার বচন শুন বলি হে ভাস্কর ।
উদিত হও হে গিয়া গিরির উপর ॥
তোমার উদয় হ’লে মরিবে লক্ষ্মণ ।
লক্ষ্মণ মরিলে রাম ত্যজিবে জীবন ॥
তুমি যাও ওহে চন্দ্র থাক এক ঠাঁই ।
তব উদয়ে লক্ষ্মণ বাঁচিবেক নাই ॥
এ কথা শুনিয়া তবে বলে দিবাকর ।
আমার বচন শুন লঙ্কার ঈশ্বর ॥
দ্বিতীয় প্রহর রাত্রি হইল গগনে ।
এখন উদয় বল হইব কেমনে ?
রাজা বলে হ’ল রাত্রি ক্ষতি কি তোমার ॥
মনে বুঝি অকুশল চিন্তহ আমার ?
রাবণের কথা শুনি দিবাকর-ত্রাস ।
ভয়েতে চলিল সূর্য্য হইতে প্রকাশ ॥
সপ্ত ঘোড়া-যোগান সূর্য্যের রথ বহে ।
কনক-রচিত রথ ত্রিভুবন মোহে ॥
নানা যন্ত্র শোভা করে রথের উপর ।
উদয় হইতে যান দেব দিবাকর ।
দিবাকর পূর্বদিক্ প্রকাশ করিল ।
তাহা দেখি হনুমান্ তরাস পাইল ॥
ফিরিয়া উদয়গিরি করিল গমন ।
দিবাকর-সন্নিকটে দিল দরশন ॥
রথ আগুলিয়া বীর দাঁড়ায় সত্বর ।
অচল হইল রথ সারথি ফাঁপর ॥

পূর্বদিক আগুলিল হনুমান বীরে ।
পশ্চিমে চালায় রথ সারথি সত্বরে ॥
অশ্বেরে সবলে কশা মারয়ে সঘনে ।
পশ্চিমে চলিল রথ পবনগমনে ॥
কুপিল সে হনুমান অতি ভয়ঙ্কর ।
লাফ দিয়ে অশ্বগণে ধরিল সত্বর ॥
রথ ধরি হনুমান ঘন দেয় পাক ।
বায়ুভরে ঘোরে যেন কুমারের চাক ॥
ছাড় ছাড় বলি সূর্য্য ঘন ডাক ছাড়ে ।
সূর্য্য যদি কোপ করে ত্রিভুবন পোড়ে ॥
বুঝিয়া রামের কার্য্য সূর্য্য কৃপাময় ।
সারথিরে জিজ্ঞাসিল কেবা এই হয় ?
সারথি কহিছে তবে সূর্য্যের গোচর ।
রথ ঘুরাইয়া রাখে একটা বানর ॥
পর্বত-প্রমাণ অঙ্গ বিকৃত আকার ।
অচল হইল রথ নাহি চলে আর ॥
সূর্য্য বলে, রাখ রথ গগনমণ্ডলে ।
পোড়াইয়া বানরে পাড়িব ভূমিতলে ॥
এত শুনি দাঁড়াইল পবননন্দন ।
বিনয় করিয়া বলে মধুর-বচন ;—
কোন্ মহাশয় তুমি কোন্ মায়াধর ।
স্বরূপ করিয়া কহ আমার গোচর ॥
সূর্য্য কহে, আমি সূর্য্য ছেড়ে দেহ পথ ।
উদয় হইতে যাব উদয়-পর্বত ॥
যত দেবগণ রাবণের দ্বারে খাটি ।
পুরাণ পড়েন ব্রহ্মা আর মুনি কোটি ॥
বড় যুদ্ধ হইয়াছে আজিকার রণে ।
পড়েছে লক্ষ্মণ বীর শক্তিশেল-বাণে ॥
রজনী প্রভাত হলে মরিবে লক্ষ্মণ ।
উদয় হইতে মোরে পাঠায় রাবণ ॥

রাবণের উপদ্রব সহিতে না পারি।
উদয় হইতে যাই থাকিতে শর্ব্বরী।।
আমার উদয় হ'লে মরিবে লক্ষ্মণ।
লক্ষ্মণের শোকে রাম ত্যজিবে জীবন।।
ঔষধ আনিতে গেছে পবনকুমারে।
লক্ষ্মণে মারিব বীর না আসিতে ফিরে।
হনূমান বলে দেব! কর অবধান।
পবনের পুত্র আমি নাম হনূমান্।।
ঔষধ আনিতে আমি আসিনু শিখরে।
এই নিবেদন করি তোমার গোচরে।।
প্রাণদান লক্ষ্মণ না পান যতক্ষণ।
তাবৎ উদয়গিরি না কর গমন।।
সূর্য্য বলে কেবা শুনে তোমার বচন।
না পারি রাবণ—আজ্ঞা করিতে লঙ্ঘন।।
হনূমান বলে, তুমি দেবের প্রধান।
সদয় হইয়া রাখ লক্ষ্মণের প্রাণ।।
রাবণের অনুরোধে যাবে তুমি চ'লে।
রথ সহ ডুবাইব সাগরের জলে।।
হাসিয়া বলেন সূর্য্য শুন হনূমান।
যত দেবগণে করি রামের কল্যাণ।।
সাধে কি উদয়গিরি যাই উদয়েতে।
দেবের নিস্তার নাই রাবণের হাতে।।
কি জানি কি করে রক্ষঃ ভাবি এই ভয়।
ভয়েতে ত্বরিত যাই হইতে উদয়।।
রাবণের আজ্ঞা যদি না করি পালন।
কোপেতে বিষম শাস্তি দিবেক রাবণ।।
শ্রীরামের অনুরোধে ফিরে যদি যাই।
রাবণের কোপে বল রক্ষা কিসে পাই?
হনূমান বলে, আছে উপায় ইহার।
নিকটেতে এস বলি কর্ণেতে তোমার।।

তব নাম ভানু, মম নাম হনূমান।
নামে নামে মিলিয়াছে দুজনে সমান।।
খণ্ডিবে তোমার দোষ রাবণের কাছে।
সাধিব রামের কার্য্য যুক্তি হেন আছে।।
দুই দিক্ রক্ষা পাবে সুমন্ত্রণা বলি।
হনূ ভানু দুই জনে করিব মিতালি।।
এত শুনি দিবাকর হরষিত-মন।
হনূর নিকটে আসি করে সম্ভাষণ।।
সূর্য্যের ধরিয়া হনূ করে কোলাকুলি।
সাপটিয়া সূর্য্যেরে পূরিল কক্ষতলি।।
মহাতেজোময় সূর্য্য রাখিতে কে পারে।
আপনি হইলা বন্দী লক্ষ্মণের তরে।।
হনূ—ভানু—ভঙ্গী দেখি দেবগণ হাসে।
লঙ্কাকাণ্ডে গাহিল পণ্ডিত কৃত্তিবাসে।।
পুনর্বার হনু যায় সে গন্ধমাদন।
ঔষধ খুঁজিয়া ঘুরে পবননন্দন।।
পর্বতে গন্ধর্বগণ আছয়ে হরিষে।
নিত্য করে নৃত্য-গীত স্ত্রী আর পুরুষে।।
গন্ধর্বের নারীগণ পরমা রূপসী।
কেহ দেয় করতালি বাজায় বা বাঁশী।।
গান-বাদ্য রঙ্গরসে আছে আনন্দিত।
হেনকালে পবননন্দন উপস্থিত।।
হনূমানে দেখে সবে চমকিত মন।
করযোড়ে কহে কথা পবননন্দন;—
কে তোমরা গান-বাদ্য কর নিশাকালে?
নিবেদন করি কিছু শুনহ সকলে।।
পিতৃসত্য পালিতে শ্রীরাম আসে বন।
সঙ্গেতে জানকী দেবী শ্রীমান-লক্ষ্মণ।।
রাবণ রাক্ষসরাজ লঙ্কা-অধিকারী।
দণ্ডক-কাননে সাধ্বী সীতা কৈল চুরি।।

রঘুনাথ করেছেন সাগর-বন্ধন ।।
হতেছে বিষম যুদ্ধ শ্রীরাম রাবণ ।।
শক্তিশেলে পড়েছেন ঠাকুর লক্ষণ ।
আমি আসি ঔষধ করিতে অন্বেষণ ।।
ফিরে যাব লঙ্কাপুরে থাকিতে রজনী ।
ঔষধ চিনায়ে দেহ বিশল্যকরণী ।।
কুপিল গন্ধর্ব্ব সব কি বলে বানর ।
কাহার নফর বেটা কাহার কিঙ্কর ।।
হাহা-হুহু মহারাজ এইমাত্র জানি ।
কোথাকার রাম তোর কখন না চিনি ।।
আসিয়া বানর বেটা কোন্ কার্য্যে ফিরে ।
চুলেতে ধরিয়া সবে বেড়া কীল মারে ।।
হস্ত তুলি হনূ করে দেবগণে সাক্ষী ।
মারিব গন্ধর্ব্ব সব কার বাপে রাখি ।।
কোপে হনুমান্ হৈল পর্ব্বত-আকার ।
চড়-চাপড়েতে বীর করে মহামার ।।
লাফে লাফে মারে সব আছাড়ি আছাড়ি ।
পড়িল গন্ধর্ব্ব সব যায় গড়াগড়ি ।।
হাহা-হুহু রাজা আসে চড়ি দিব্যরথে ।
হনুমানে মারিতে বেড়িল চারি ভিতে ।।
এক রাজ্যে দুই রাজা হাহা-হুহু নাম ।
হনুমান্-কাছে এল করিতে সংগ্রাম ।।
লাফ দিয়া রথে গিয়া চড়ে হনুমান্ ।
দুজনার ধনুক ধরিয়া দিল টান ।।
দুজনার ধনুক করিল খান খান ।
কোপে হনুমান্ হৈল শমন-সমান ।।
হাঁটুর উপরে রেখে দুই ধনু ভাঙ্গে ।
মালসাট দিয়া দাঁড়াইল সবা আগে ।।
কুপিল যে হনুমান্ সংগ্রামের শূর ।
কীল মেরে গন্ধর্ব্বের মাথা করে চুর ।।
হনুমান্ একেলা গন্ধর্ব বহু দেখি ।
হনুমান্ অঙ্গে এবে মারয়ে মুটকী ।।
ঔষধ না পায় হনূ ভাবে মনে মন ।
শিখরে শিখরে ভ্রমে পবননন্দন ।।
ভাবিয়া চিন্তিয়া করে সাহসেতে ভর ।
ডালে মূলে লয়ে যায় পর্বত-শিখর ।।
চৌষট্টি যোজন সেই গিরিবরখান ।
এক টানে উপাড়িল বীর হনুমান্ ।।
দুই হাতে ধরিয়া পর্বতে দিল নাড়া ।
চৌষট্টি যোজন উঠে পর্বতের গোড়া ।।
বহু বৃক্ষ ভাঙ্গিল ছিঁড়িল লতা-পাতা ।
কোথাকার বৃক্ষ শাখা প'ড়ে গেল কোথা ।।
নানা জাতি সর্প ধায় শিরে মণি জ্বলে ।
পর্বত লইয়া উঠে গগনমণ্ডলে ।।
মাথায় পর্বত তুলে নিল হনুমান্ ।
তুলে দিলে পারে বুঝি আর একখান ।।
পর্বত লইয়া চলে দক্ষিণমুখেতে ।
ভরতে প্রশংসে রাম, পড়িল মনেতে ।।
মারিলাম কালনেমি মায়ার পুতলী ।
কুম্ভীরিণী মারি মুক্ত কৈনু গন্ধকালী ।।
তিন কোটি গন্ধর্বের মারিনু সকল ।
রামভ্রাতা ভরতের বুঝে যাব বল ।।
এতেক ভাবিয়া হনুমান্ হরষিত ।
নন্দীগ্রামে আসি বীর হৈল উপনীত ।।
পর্বত লইয়া বীর দক্ষিণেতে যায় ।
পর্বত কন্দর নদী অনেক এড়ায় ।।
না দেখে চন্দ্রের তেজ দিবা না প্রকাশে ।
দক্ষিণেতে এড়াইল পর্বত কৈলাসে ।।
বাম ভিতে এড়াইল নগর বিস্তর ।
অবিলম্বে উপনীত অযোধ্যানগর ।।

ভরত ছাড়িয়া রাজ্য নন্দীগ্রামে বৈসে।
হনুমান চলে নন্দীগ্রামের উদ্দেশে॥
নন্দীগ্রামে বৃক্ষ আদি দেখিল বিস্তর।
ছাড়াইয়া প্রবেশিল নগর-ভিতর॥
সুমন্ত্র সারথি ও বশিষ্ঠ পুরোহিত।
বসিয়াছে ভরত যে পাত্রেতে বেষ্টিত॥
সিংহাসন-উপরে পাদুকা যোড়া নেতে।
শ্বেত চামর ব্যজন হয় চারি ভিতে॥
সোনার আসন যেন শশধরজ্যোতি।
তাহাতে পাদুকা রেখে ধরে দণ্ডছাতি॥
রত্নময় আসনে পাদুকা শোভা পায়।
আপনি ভরত শ্বেত চামর ঢুলায়॥
রামের পাদুকা যত্নে সিংহাসনে থুয়ে।
ধরাসনে রয়েছেন ভরত বসিয়ে॥
পর্বত লইয়া যায় পবন কুমার।
অন্তরীক্ষে থাকি দেখে যত ব্যবহার॥
পর্বতছায়াতে দেশ হইল অন্ধকার।
সভাসহ ভরতের লাগে চমৎকার॥
না দেখি চন্দ্রের তেজ অন্ধকারময়।
রামের পাদুকা লঙ্ঘে নাহি করে ভয়॥
ভরত বলেন, রাত্রে কার আগুসার।
রামের পাদুকা লঙ্ঘে এত অহঙ্কার॥
মহাবুদ্ধিমান ভরত বিক্রমে সুস্থির।
একদৃষ্টে চাহেন ভরত মহাবীর॥
শত্রুঘ্ন করিয়া কোপ ঊর্দ্ধদৃষ্টে চান।
কোথায় আকাশ পথে না হয় সন্ধান॥
শিশুকালে শত্রুঘ্ন সে করিতেন কেলি।
খেলার বাঁটুল প'ড়ে আছে কতগুলি॥
লোহার নির্ম্মিত তাহা আশী লক্ষ মণ।
ভরতের হাতে তুলে দিলেন শত্রুঘ্ন॥
মনে ভাবে ভরত বাঁটুল লয়ে হাতে।
বিশেষ না জানি কেবা যায় শূন্যপথে॥
শত্রুঘ্ন বলেন ভাই। পাখী হেন দেখি।
খাইতে যজ্ঞের-ধূম এল কোন্ পাখী॥
ভরত কহেন, ভাই! এত কেন ভয়।
পক্ষী যক্ষ রক্ষ ও কিন্নর যদি হয়॥
বাঁটুল মারিয়া শাস্তি করিব তাহারি।
রামের পাদুকা যেবা লঙ্ঘে তারে মারি॥
এইরূপে বিস্তর করিয়া অনুমান।
পক্ষী ব'লে ভরত সে পূরিল সন্ধান॥
আশী লক্ষ মণ বাঁটুল ধনুকে যুড়ি।
জয়রাম বলিয়া বাঁটুল দিল ছাড়ি॥
ভরতের বাঁটুল সে অব্যর্থ সন্ধান।
হনুরে বাজিল লক্ষ বজ্রের সমান॥
পদের তালুকাভাগে বাজিল বাঁটুল।
মূর্চ্ছিত হইলা হনু বুদ্ধি হৈল ভুল॥
নিস্তেজ হইল বীর শক্তি নাহি আর।
অন্তরীক্ষে ঘুরে পড়ে পবনকুমার॥
বাঁটুলে মূর্চ্ছিত হনু চক্ষে নাহি দেখে।
মুখে রক্ত উঠে তার ঝলকে ঝলকে॥
হতজ্ঞান হয়ে পড়ে পবননন্দন।
নাহি ছাড়ে সূর্য্য আর যে গন্ধমাদন॥
ভূমে প'ড়ে করে হনু শ্রীরামে স্মরণ।
মস্তকে পর্বত আছে ঘূর্ণিত লোচন॥
রাম নাম শুনি এল ভরত শত্রুঘ্ন।
হনুর নিকটে এল ভাই দুই জন॥
ভরত বলেন, কপি! থাক কোন্ স্থান।
রাম যে স্মরিলে তাঁর কি জান সন্ধান?
কোথা হৈতে আসিলে হে কহ বিবরণ?
জান কোথা রাম-সীতা কোথায় লক্ষ্মণ?

শ্রীরাম লক্ষ্মণ সীতা গিয়াছেন বনে।
দেখা কি হয়েছে তব রাম-সীতা সনে ?
বাক্য নাহি সরে তার ব্যথায় আকুল।
বজ্রসম বাজিয়াছে বিষম বাঁটুল ॥
সভা ছাড়ি বশিষ্ঠ আসিল সেই স্থানে।
হনুরে সবল কৈল মন্ত্র-ব্রহ্মজ্ঞানে ॥
যোগেতে সকল কথা বশিষ্ঠ-গোচর।
মুনি জানে যত কর্ম্ম লঙ্কার ভিতর ॥
লোকাচারে প্রকাশ না করে মহামুনি।
ভরতের প্রতি কন সচাতুরী বাণী ॥
মুনি বলে ভরত ! এমন বুদ্ধি কেনে।
কি কার্য্য সাধন কৈলে মারি হনুমানে ?
পরম ধার্ম্মিক দেখি বানরপ্রধান।
রামের বৃত্তান্ত জানে পরমসন্তান ॥
বশিষ্ঠের মন্ত্রে তার দূর হৈল ব্যথা।
ভরত-সম্মুখে কহে শ্রীরামের কথা ॥
অবধান কর তবে ভরত শত্রুঘ্ন।
রাম-লক্ষ্মণ সীতার শুন বিবরণ ॥
বাসা করেছিল রাম পঞ্চবটী বনে।
সূর্পণখা-নাক-কান কাটেন লক্ষ্মণে ॥
রাবণের ভগ্নী সূর্পণখা সে রাক্ষসী।
যুদ্ধ কৈল চৌদ্দহাজার রাক্ষস আসি ॥
সবাকে মারেন রাম দণ্ডককাননে।
পরে যোগিবেশে সীতা হরিল রাবণে ॥
সুগ্রীবের সঙ্গে রাম করিয়া মিত্রতা।
বালি মারি সুগ্রীবেরে দেন দণ্ড-ছাতা ॥
বানর লইয়া রাম বাঁধিল সাগর।
মিলিল অসংখ্য কপি অতি ভয়ঙ্কর ॥
বাইশ অঙ্কেতে এক মহা অক্ষৌহিণী।
ইহার অধিক কপি গণিতে না জানি ॥
রাক্ষস-বানরে যুদ্ধ হইল অপার।
তিন মাস রাত্রি-দিবা যুদ্ধ মহামার ॥
কভু হারে কভু জিনে তিন মাস যুঝে।
রাক্ষসের সেই মায়া কার সাধ্য বুঝে ?
রাবণের পুত্র ইন্দ্রজিৎ করে রণ।
নাগপাশে বান্ধিলেক শ্রীরাম-লক্ষ্মণ ॥
শ্রীরাম-লক্ষ্মণে বাঁধি বৈরিগণ হাসে।
গরুড় আসিয়া মুক্ত কৈল নাগপাশে ॥
মুক্ত যদি হ'লো নাগপাশের বন্ধন।
অতিকায় ইন্দ্রজিতে মারিল লক্ষ্মণ ॥
কুপিল রাবণ রাজা প্রবেশিল রণে।
ময়দানবের শেল মারিল লক্ষ্মণে ॥
লক্ষ্মণে করিয়া কোলে রামের ক্রন্দন।
আমারে পাঠায়ে দেন ঔষধ কারণ ॥
ঔষধ চিনিতে নাহি পারি কোনমতে।
উপাড়িয়া লয়ে যাই পর্ব্বত-সমেতে ॥
আমি গেলে লক্ষ্মণের বাঁচিবেক প্রাণ।
তোমার প্রহারে আমি হারাইনু জ্ঞান ॥
নিস্তেজ হইনু আমি বাঁটুলে তোমার।
পর্ব্বত তুলিতে শক্তি নাহিক আমার ॥
তুমি রাজ্য নিলে হে রাবণ নিল নারী।
লক্ষ্মণ ত্যজিবে প্রাণ পোহালে শর্ব্বরী ॥
তোমার প্রশংসা রাম করেন সদাই।
সর্ব্বদা চিন্তেন রাম তোমা দুই ভাই ॥
দিবানিশি সুমঙ্গল ভাবেন দোঁহার।
রাম সঙ্গে বৈরিভাব দেখি যে তোমার ॥
আমারে মারিয়ে তব এই হৈল লাভ।
প্রকাশ হইল রাম সঙ্গে বৈরিভাব ॥
লঙ্কার বৃত্তান্ত তুমি না জান ভরত।
সকলেতে আমার চাহিয়ে আছে পথ ॥

ফিরিয়া যাইতে শক্তি না হবে আমার।
সহজেতে নাহি হবে সীতার উদ্ধার ॥
লক্ষ্মণের শোকে রাম প্রবেশিবে বন।
নিষ্কণ্টকে রাজ্যভোগ কর দুই জন ॥
এতেক বলিল যদি পবননন্দন।
ধরাতলে প'ড়ে কাঁদে ভরত-শত্রুঘ্ন ॥
শোকাকুল কাঁদে দোঁহে ভূমিতলে প'ড়ে।
শ্রীরাম লক্ষ্মণ সীতা ব'লে ডাক ছাড়ে।
আমরা থাকিতে কেন এতেক দুর্গতি।
কটাক্ষে মারিতে পারি লঙ্কা-অধিপতি ॥
ভরত বলেন, শুন বীর হনূমান্।
ত্বরিতে পর্ব্বত লয়ে করহ প্রয়াণ ॥
আমিও তোমার সঙ্গে যাই লঙ্কাপুরে।
থাকুক্ শত্রুঘ্ন ভাই অযোধ্যানগরে ॥
হনুমান্ বলে তুমি যাইবে কিমতে।
শ্রীরামের আজ্ঞা নাই তোমা লয়ে যেতে ॥
ভরত বলেন, তবে শুন হে মারুতি।
পর্বত লইয়া তুমি যাও শীঘ্রগতি ॥
হনুমান বলে গিরি নাড়িতে না পারি।
বলহীন হইয়াছি বল না কি করি ॥
যোজনেক উচ্চ যদি পার তুলে দিতে।
তবে আমি পারি এ পর্বত লয়ে যেতে ॥
শত্রুঘ্ন কহিলেন সে হনুমান আগে।
পর্বত তুলিয়া দিতে কোন্ ভার লাগে ?
শত্রুঘ্ন আনিয়া দিল ধনু একখান।
গুণ দিয়া ভরত যুড়িল তাহে বাণ ॥
ভরত বলেন, বাছা পবনকুমার।
পর্বত সহিত উঠ বাণেতে আমার ॥
আকর্ণ পুরিয়া বাণ এড়িল ভরত।
হনুমান্ সহ শূন্যে উঠিল পর্ব্বত ॥
উর্দ্ধে তুলে দিল বাণে শতেক যোজন।
ভরতের বিক্রম বাখানে হনূমান্ ॥
ভরত বড়ই বীর ভাবে হনুমান্।
আমা সহ বাণেতে তুলিল গিরিখান ॥
হইয়ে সাগর পার চলে বায়ুবেগে।
রাখিল পর্বত লয়ে সবাকার আগে ॥
পর্ব্বত দেখিয়া সবে হইল বিস্ময়।
প্রণাম করিয়ে বীর রঘুনাথে কয় ;—
ঔষধ চিনিতে নাহি পারি কোনমতে।
এ কারণে আনিলাম পর্বত সমেতে ॥
শ্রীরাম বলেন, বাপু পবনকুমার।
ত্রিভুবনে কোন্ কার্য্য অসাধ্য তোমার ?
রাম বলে, হনু দিল পর্ব্বত আনিয়া।
আপনি সুষেণ লও ঔষধ চিনিয়া ॥
শ্রীরামের আজ্ঞাতে সুষেণ বৈদ্য যায়।
সকল পর্বতময় খুঁজিয়া বেড়ায় ॥
নয় শৃঙ্গ পর্বত সে অদ্ভুত-নির্ম্মাণ।
প্রথম শৃঙ্গেতে দেখে শঙ্করের স্থান ॥
দ্বিতীয় শৃঙ্গেতে দেখে দিব্য সরোবর।
তৃতীয় শৃঙ্গেতে পশু চরিছে বিস্তর ॥
চতুর্থ শৃঙ্গেতে দেখে খরতর নদী।
নদীর দুকূলে দেখে বিস্তর ঔষধি ॥
দেবগণ আদি কেলি করেন আনন্দে।
মৃতদেহে প্রাণ পায় ঔষধের গন্ধে ॥
ঔষধের গন্ধে প্রাণ পায় মরা কত।
এই জন্য নাম গন্ধমাদন পর্বত ॥
আনন্দে সুষেণ হনূমানেরে বাখানি।
চিনিয়া ঔষধ আনে বিশল্যকরণী ॥
ঔষধ লইয়া বুড়া নামে ভূমিতলে।
তখনি ঔষধ বাটে রত্নময় শিলে ॥

স্মরণ করিল মনে পিতা ধন্বন্তরি।
শ্রীরাম-লক্ষ্মণ-পদে নমস্কার করি॥
ঔষধ ধরিল আনি লক্ষ্মণের নাকে।
আনন্দে বানরগণ রামজয় ডাকে॥
ঔষধের ঘ্রাণ যায় লক্ষ্মণ-উদরে।
ক্রমে ক্রমে সর্ব্ব-অঙ্গে ঔষধ সঞ্চারে॥
ভগ্ন ছিল পাঁজর সে লাগিলেক যোড়া।
ক্রমে ক্রমে লক্ষ্মণের জানা গেল সাড়া॥
অন্তরে অন্তরে বিন্ধে ঔষধের ঘ্রাণ।
সজ্ঞান হইল বীর সঞ্চারিল প্রাণ॥
চক্ষু মেলি লক্ষ্মণ শ্রীরাম-পানে চান।
লক্ষ্মণে দেখিয়া স্থির হৈল রাম-প্রাণ॥
বিভীষণ সুগ্রীবেতে করে কোলাকুলি।
চারিদিকে পড়ে বানরের হুলাহুলি॥
ভাই ভাই বলি রাম হন উতরোল।
পলকেতে শ্রীরাম লক্ষ্মণে দেন কোল॥
লক্ষ্মণে লইয়া কোলে তিলেক না এড়ে।
চক্ষে জল শ্রীরামের মুক্তাধারা পড়ে॥
শক্তিশেল রামায়ণে শুনে যেই জন।
অপার দুর্গতি তার খণ্ডে ততক্ষণ॥
লক্ষ্মণ পাইল প্রাণ কপিগণ দেখে।
পর্ব্বতে বানরগণ উঠে লাখে লাখে॥
লম্ফে ঝম্পে পর্ব্বতের শাখা বৃক্ষ ভাঙ্গে।
ফল-ফুল খাইছে বানরগণ রঙ্গে॥
বহু দিন উপবাস যুঝিয়ে বিকল।
উদর পূরিয়া খায় যত ফুল-ফল॥
ফল-ফুল খাইয়া ছিঁড়িল যত লতা।
আনন্দে ছিঁড়িয়া খায় নব নব পাতা॥
ফল-ফুল খাইয়া বৃহৎ হৈল পেট।
নড়িতে চড়িতে নারে মাথা করে হেঁট॥

জাম্বুবান কহিছে শ্রীরাম-বিদ্যমান।
কার্য্য সিদ্ধ হইল লক্ষ্মণ পেল প্রাণ॥
পর্ব্বত রাখিতে যাক্ বীর হনুমানে।
আজ্ঞা দেন রাম জাম্বুবানের বচনে॥
রাম-সুগ্রীবের কাছে মাগিয়া মেলানি।
পর্বত লইয়া বীর করিল উঠানি॥
পর্বত লইয়া মাথে যায় অন্তরীক্ষে।
লঙ্কার ভিতরে বসি দশানন দেখে॥
সাতটা রাক্ষস ছিল কটকে প্রধান।
রাবণ করিল আজ্ঞা দিয়া গুয়া-পান॥
মস্তকে পর্বত হনু পড়িল বিপাকে।
এই বেলা গিয়া ঘেরি মার চারিদিকে॥
বাঁকামুখ ওষ্ঠবক্র প্রচণ্ড-লোচন।
তালভঙ্গ সিংহমুখ ঘোর-দরশন॥
উল্কামুখ প্রভৃতি দেখিতে ভয়ঙ্কর।
আজ্ঞা পেয়ে সাত বীর চলিল সত্বর॥
মেরু জিনি এক এক জনের শরীর।
শূন্যপথে হনুরে বলিছে সাত বীর ;—
দেবতা গন্ধর্ব নাহি মান কোন জনা।
আজি বেটা বানরা! বুঝিব বীরপণা॥
ফিরিয়া যাইবে বুঝি বাঞ্ছা কর মনে।
যমালয়ে পাঠাইব আজিকার রণে॥
হনু বলে, রাক্ষসেরা লক্ষ যদি এসে।
রামের প্রসাদে মারি চক্ষুর নিমিষে॥
চারিদিকে ঘেরে সবে যুঝে একেবারে।
মাথায় পর্বত বীর চাহে ক্রোধভরে॥
মাথা নাহি নাড়ে বীর পর্বত না ছাড়ে।
পাক দিয়া সাতজনে জড়ায় লাঙ্গুড়ে॥
লাঙ্গুড় জড়ায়ে বীর মারিল আছাড়।
ভাঙ্গিল মাথার খুলি চূর্ণ হৈল হাড়॥

তালভঙ্গ নিশাচর বড়ই সেয়ান।
দুই হাতে লেজ ধ'রে নীচে দিল টান ॥
মাথা গলাইয়া বেটা প'ড়ে গেল সরে।
পলাইয়া যায় রড়ে নাহি চাহে ফিরে ॥
লঙ্কার ভিতর গেল পাইয়া সে ত্রাস।
রাবণেরে বার্ত্তা কহে ঘন বহে শ্বাস ॥
অবধান কর রাজা লঙ্কা-অধিপতি।
ঘরপোড়া-হাতে কারো নাহি অব্যাহতি ॥
মারিবারে দাঁড়ালাম সাতজন বলে।
মস্তকে পর্বত হনু জড়ালে লাঙ্গুলে ॥
আমি মাথা গলাইয়া বাঁচিলাম প্রাণে।
লেজে বেঁধে আছাড় মারিল ছয় জনে ॥
আছাড়েতে চূর্ণ হ'লো দুজনার হাড়।
আমি বেঁচে আছি কিন্তু ভাঙ্গিয়াছে ঘাড় ॥
লাঙ্গুল ছাড়াব ব'লে ঘন দিনু টান।
লেজের ঘর্ষণে ছিঁড়ে গেছে নাক-কান ॥
পড়েছিনু যে সঙ্কটে শঙ্কর তা জানে।
তব পিতৃপুণ্যে বেঁচে আসিলাম প্রাণে ॥
রাক্ষস বচনে রাবণের উড়ে প্রাণ।
শমন-সমান বৈরী বীর হনুমান ॥
যক্ষ রক্ষ দানব গন্ধর্ব্ব বিদ্যাধর।
একে একে হনুমানে বাখানে বিস্তর ॥
অন্তরীক্ষপথে চলে বীর হনুমান।
যথাস্থানে রাখিলেন সে গন্ধমাদন ॥
হনুমান বলে আমি পবননন্দন।
কতই গন্ধর্ব্বগণে করেছি নিধন ॥
যে ঔষধে লক্ষ্মণ পেলেন প্রাণদান।
সে ঔষধে সবাকার বাঁচাইব প্রাণ ॥
দুই হাতে কচালে ঔষধ করে গুঁড়া।
জলে গুলে গন্ধর্ব-উপরে দেয় ছড়া ॥
উঠিয়া গন্ধর্ব সব চারিদিকে চায়।
তখনি সে হনুমানে মারিবার যায় ॥
লাফ দিয়া হনুমান উঠিল আকাশে।
লঙ্কাকাণ্ডে গাহিল পণ্ডিত কৃত্তিবাসে ॥

সূর্য্যদেবের মুক্তি।

হইয়া সাগর পার অতি কুতূহলী।
সেই রাত্রে কটকে আসিল মহাবলী ॥
কার্য্যসিদ্ধি করিয়া আসিল হনুমান।
শ্রীরামের নিকটে পাইল বহু মান ॥
বসেছেন বানর-বেষ্টিত রঘুনাথ।
উপস্থিত হনুমান যোড় করি হাত ॥
কক্ষতলে তাহার দেখিয়া দিনকরে।
জিজ্ঞাসা করেন রাম পবনকুমারে ;—
কি অদ্ভুত দেখি বাপু পবননন্দন।
তোমার শরীরে কেন রবির কিরণ ?
হনুমান বলে, প্রভু ! কর অবগতি।
আনিবারে ঔষধ গেলাম রাতারাতি ॥
ঔষধ খুঁজিয়া আমি শিখরে বেড়াই।
পূর্ব্বদিকে দিনপতি দেখিয়া ডরাই ॥
পর্বত হইতে গেনু ভাস্করের ঠাঁই।
যোড় হাত করি স্তব করিনু গোঁসাই ॥
তোমার সন্তান অতি কাতর শ্রীরাম।
ক্ষণেক কশ্যপপুত্র ! করহ বিশ্রাম ॥
যাবৎ লক্ষ্মণ বীর না পান জীবন।
তাবৎ উদয় নাহি হইও তপন ॥
আমার এ বাক্য না শুনিল দিনপতি।
ধরিয়া এনেছি তেঁই না পোহাতে রাতি ॥
শ্রীরাম বলেন, বাপু ! এ কি চমৎকার।
না পোহায় রজনী না ঘুচে অন্ধকার ॥

সূর্য্যের উদয় জন্য সংসার প্রকাশে।
ছাড়হ ভাস্কর শুনি উঠিন আকাশে॥
সূর্য্যেরে প্রণাম করে পবননন্দন।
যতেক বানর করে চরণ-বন্দন॥
রামের বচনে বীর তোলে দুই হাত।
বাহির হইল তবে জগতের নাথ॥
আদিকর্ত্তা আপন বংশের দিবাকর।
শত শত প্রণাম করেন রঘুবর॥
উদয়-পর্ব্বতে ভানু করেন গমন।
পোহাইল বিভাবরী প্রকাশে ভুবন॥
কপিগণ কহে ধন্য ধন্য হনুমান।
ত্রিভুবনে নাহি দেখি তোমার সমান॥
শ্রীরাম বলেন, ধন্য, ধন্য, হনুমান।
তোমারে প্রসাদে ভ্রাতা পাইলেক প্রাণ॥
তোমার প্রসাদ দিব কি আছে এমন।
যদি চাহ লহ করি আত্ম-সমর্পণ॥
এতেক কহিয়া রাম দেন আলিঙ্গন।
কৃতার্থ সে হনুমান আর কপিগণ॥
বারমাসী ফল ছিল সুগ্রীবের পাশে।
সুগ্রীব প্রসাদ দিল যত মনে আসে॥
দিলেন দাড়িম্ব পক্ক বিদারিয়া সন্ধি।
নারিকেল-ফল দিল সহস্রেক কান্ধি॥
হাঁড়িয়া হাঁড়িয়া তাল দিলেন মধুর।
অদ্ভুত রসাল দিল খাইতে খেজুর॥
বড় বড় আম্র দিল খাইতে রসাল।
বিঘতপ্রমাণ কোষ দিলেন কাঁটাল॥
নানাবর্ণ ফল দিল শ্বেত কালো রাঙ্গা।
মধুপান করিবারে দিল বহু ডোঙ্গা॥
ফল ফুল বিস্তর প্রসাদ দিল রাজা।
লক্ষ বানরেতে বহে ফল ফুল-বোঝা॥
রাজার প্রসাদ বহু পেয়ে হনুমান।
প্রাচীন বানরগণে কত কৈল দান॥
বাহক বানরে কিছু কিছু দিয়া তোষে।
লঙ্কাকাণ্ডে গাহিল পণ্ডিত কৃত্তিবাসে॥

——

মহীরাবণের পালা।

রাবণ মরিবে কবে ভাবে কপিগণ।
হেনকালে শ্রীরামেরে বলেন লক্ষ্মণ॥
কহিবারে শক্তি নাই কন ধীরে ধীরে;—
এখনো রাবণ আছে জীবিত শরীরে॥
রাবণে মারিয়া দুঃখ ঘুচাও অন্তরে।
না কর বিলম্ব আর উঠহ সত্বরে॥
বিক্রম করেন রাম লক্ষ্মণের বোলে।
টলমল করে লঙ্কা কটকের রোলে॥
কোলাহল শুনে ভাবে রাজা দশানন।
মরিয়ে মানুষ বেটা পাইল জীবন॥
মরিয়ে না মরে এ কি বিপরীত বৈরী।
জানিলাম মজিল কনক-লঙ্কাপুরী॥
মরিল সকল বীর শূন্য হৈল লঙ্কা।
আপনি যুঝিব ত্যজি মরণের শঙ্কা॥
বন্ধুবান্ধবাদি কোথা কেবা আছে আর।
মনে মনে চিন্তা করি দেখি একবার॥
স্বর্গে ছিল বীরবাহু মরিল আসিয়া।
কারে পাঠাইব যুদ্ধে না পাই ভাবিয়া॥
ইন্দ্রজিৎ নাহি রণে যাবে কোন্ জনে।
অশ্রুধারা বহিতেছে বিংশতি লোচনে॥
অভিমানে শীর্ণ অঙ্গ মলিন বদন।
ক্ষণে উঠে ক্ষণে বসে রাজা দশানন॥
ক্ষণে ক্ষণে মূর্চ্ছা হয়ে ভুমিতলে পড়ে।
এত দিনে পার্ব্বতী শঙ্কর বুঝি ছাড়ে॥

রাবণের মাতা সে নিকষা নাম ধরে।
কাঁদিতে কাঁদিতে গেল রাবণ-গোচরে॥
সন্তানের স্নেহবশে দুঃখিতা অন্তরে।
রাবণে বুঝায় বুড়ী অশেষ প্রকারে॥
তখন কহিনু বাপু! না শুনিলে কানে।
মজিল রাক্ষসকুল শ্রীরামের বাণে॥
বিভীষণ ভাই তোর ধর্ম্মশীল অতি।
এসেছিল বুঝাইতে তারে মার লাথি॥
সীতা দিতে কহিলাম অশেষ প্রকারে।
না শুনিলে বংশনাশ করিবার তরে॥
ভাগ্যেতে আছিল দুঃখ শুনহ রাবণ!
আপনা রাখিতে যুক্তি করহ এখন॥
এক যুক্তি আছে বাপ! কহি হে তোমারে।
দিগ্বিজয়ে গেলে যবে পাতাল-ভিতরে॥
ব্রহ্মার বরেতে পেলে সুন্দর-নন্দন।
মহীতে জন্মিল নাম সে মহীরাবণ॥
পাতালেতে আছে পুত্র সর্ব্বগুণবান্।
তাহা হৈতে হইবে দুঃখের অবসান॥
বিষাদে হরিষ হৈল নিকষার বোলে।
মনেতে পড়িল পুত্র আছয়ে পাতালে॥
পাতালে আছয়ে পুত্র শ্রীমহীরাবণ।
মহাতেজ ধরে পুত্র জিনে ত্রিভুবন॥
হেন পুত্র থাকিতে মজিল লঙ্কাপুরী।
তাহার সম্মুখে যুঝিবেক কোন্ বৈরী?
কালিকা পূজিয়া সে পায় বর দান।
অব্যাহত মায়া জানে সর্ব্বঠাঁই যান॥
আছয়ে দুর্জ্জয় পুত্র পাতাল-ভিতরে।
মারিতে দুর্জ্জয় বৈরী সেই জন পারে॥
পূর্ব্বকথা আছে তাহা হইল স্মরণ।
বিপদে স্মরণ ক'রো আসিব তখন॥

একমনে চিন্তে তারে রাজা লঙ্কেশ্বর।
টনক নড়িল তার কপাল-উপর॥
পাতিলেক অঙ্ক মহী খড়ি ল'য়ে হাতে।
একে একে ত্রিভুবন লাগিল গণিতে॥
সকল পাতালপুরী চিন্তে একে একে।
আকাশ-পাতাল গণে কিছু নাহি দেখে॥
পৃথিবী গণিয়ে স্থির নাহি হয় চিত্তে।
কোন্ জন স্মরে মোরে পড়িয়ে বিপত্তে॥
সাগরের উপরে কনক-লঙ্কা পুরী।
তাহাতে আছয়ে পিতা রাজ্য-অধিকারী॥
পিতার জানিল অসময় সে কারণ।
তাহার কারণে পিতা করিল স্মরণ॥
এতেক ভাবিয়া তবে স্থির করি মন।
ত্বরায় ভেটিতে যায় পিতা দশানন॥
শনিবারে শব যেন সঙ্গে সঙ্গী চায়।
মেঘনাদ দোসর হইতে মহী যায়॥
দৈবের নির্ব্বন্ধ কেহ খণ্ডাইতে নারে।
আপনি মরিতে দেখ যম আনে ধ'রে॥
যাত্রা সিদ্ধি ক'রে মন্ত্র পড়িল ত্বরিতে।
উর্দ্ধপথে সুড়ঙ্গ হইল আচম্বিতে॥
অবিলম্বে উপনীত লঙ্কার ভিতর।
সিংহাসনে বসি কাঁদে রাজা লঙ্কেশ্বর॥
মহী দেখি মহারাজ ত্যজি সিংহাসন।
আলিঙ্গন দিয়া কোলে লইল নন্দন॥
কোলেতে করিয়া শিরে করিল চুম্বন।
মহী কৈল রাবণের চরণ বন্দন॥
সিংহাসনে দুজনে বসিল একাসনে।
করযোড় করি মহী বলে পিতৃস্থানে॥
কোন্ কার্য্যে পিতা! মোরে করিলে স্মরণ
আজ্ঞা কর উদ্ধারিব কোন্ প্রয়োজন?

কাঁদিয়া রাবণ বলে চক্ষে পড়ে জল।
লঙ্কার দুর্গতি যত কহিছে সকল॥
রাজা বলে, শুন বাপু! দুঃখের কাহিনী।
সূর্পনখা তব পিসী আমার ভগিনী॥
হইয়া মানুষ বেটা কাটে নাক-কান।
কেমনে সহিবে প্রাণে এত অপমান ?
মহী বলে, কহ পিতা! শুনি বিবরণ।
আচম্বিতে নাক-কান কাটে কি কারণ ?
রাজা বলে, সূর্পণখা ভগিনী কনিষ্ঠা।
হইয়া বৈধব্যদশা সদাচারে নিষ্ঠা॥
লঙ্কার ঐশ্বর্য্য-সুখ পরিত্যাগ করি।
পঞ্চবটী-বনে ছিল হয়ে বনচারী॥
চৌদ্দ হাজার রাক্ষস খর ও দূষণ।
দিয়াছিনু সূর্পণখা করিতে রক্ষণ॥
গিয়াছিল সূর্পণখা পুষ্প-অন্বেষণে।
এতেক প্রমাদ হবে আগেতে না জানে॥
দশরথ নামে রাজা জন্ম সূর্য্যবংশে।
শ্রীরাম-লক্ষ্মণে সে পাঠায় বনবাসে॥
সঙ্গেতে বনিতা তার সীতা নামে নারী।
সূর্পণখা সঙ্গে করে বাক্য দুই চারি॥
পুষ্প লাগি রসভাব নারী দুই জন।
কোপ করি নাক-কান কাটিল লক্ষ্মণ॥
এই অপমান কহে সে খর-দূষণে।
সৈন্য লয়ে যুদ্ধ গিয়া করিল দুজনে॥
করিয়া তুমুল যুদ্ধ দুজনার সনে।
রাক্ষস হাজার চৌদ্দ পড়ে রাম-বাণে॥
লঙ্কাতে আসিয়া ভগ্নী কাঁদে মনোদুঃখে।
সর্ব্ব-অঙ্গ জ্ব'লে গেল কাটা নাক দেখে॥
জিজ্ঞাসিনু এ দুর্গতি করিলেক কেটা।
সূর্পণখা বলে, দাদা! নর এক বেটা॥
দুই ভাই আসিয়াছে পঞ্চবটী-বনে।
পরমা সুন্দরী এক নারী তার সনে॥
সূর্পণখা-মুখে শুনে এ সকল কথা।
কোপে হ'রে আনিয়াছি রামের বনিতা॥
বনের বানর সব সহায় করিয়া।
সাগর বাঁধিল রাম গাছ-আদি দিয়া॥
সাগর বাঁধিয়া রাম লঙ্কাপুরী বেড়ে।
ইন্দ্রজিৎ বীরবাহু সবে রণে পড়ে॥
সৈন্য ও সামন্ত মেরে দর্প কৈল চূর্ণ।
রণে মৈল সহোদর ভাই কুম্ভকর্ণ॥
দুর্জ্জয় লক্ষ্মণ-রামে জিনিতে না পারি।
সঙ্কটে পড়িয়া বাপু! তোমারে যে স্মরি॥
রাবণ কহিল যদি এতেক কাহিনী।
সে মহীরাবণ কহে যোড় করি পাণি ;—
স্বর্ণপুরী খণ্ড খণ্ড হৈল তব দোষে।
পশ্চাৎ ডাকিলে সব করিয়া বিনাশে॥
সাগরের পারে যবে শ্রীরাম-লক্ষ্মণ।
তখন আমারে কেন না কৈলে স্মরণ ?
মম ভয়ে দেব রক্ষঃ সবে করে শঙ্কা।
আমি বিদ্যমানে মজে স্বর্ণপুরী লঙ্কা ?
আমার বাণের টান না সহে সংসারে।
নর-বানরেতে এত অপমান করে ?
মোর ভয়ে দেবগণে যায় স্বর্গ ছাড়ি।
বেঁধে আনি দেবগণে গলে দিয়া দড়ি॥
ত্রিভুবনে হেন কথা কোথাও না শুনি।
যারে খাই সেই খায় অপূর্ব্ব কাহিনী॥
কটাক্ষে মারিব যারে তার সঙ্গে রণ।
হেন মায়া করিব না জানে কোন জন॥
ইন্দ্র শচী থাকে যদি এক সিংহাসনে।
শচীরে আনিতে পারি ইন্দ্র নাহি জানে॥

নর-কপি ভুলাইব [illegible] ।
আর দুঃখ না [illegible] ।
শ্রীরাম-লক্ষ্মণ [illegible]
নরবলি দিব [illegible]
রাম-লক্ষ্মণেরে [illegible]
সীতা লয়ে [illegible]
মহী বলি [illegible]
তাতে বাচে [illegible]
বাক্য বলে, [illegible]
তোমা [illegible]
বুঝি [illegible]
তোমার [illegible]
মহী বলে, [illegible]
স্থির হয়ে [illegible]
দুই জনে [illegible]
বিভীষণ নি[illegible]
যোড়হাতে [illegible] ।
নিশ্চিন্ত হইয়ে [illegible]
ইন্দ্রজিৎ [illegible]
কি করে সে [illegible] ।
প্রণমিয়ে [illegible]
পক্ষিরূপ [illegible]
রাবণের [illegible]
রাবণ সহিত [illegible]
পিতা-পুত্রে [illegible]
যুক্তি করে [illegible]
মহীরাবণে [illegible] ।
রামের নিকটে [illegible] ॥
বিভীষণ কহে আমি [illegible]
আজি বড় সঙ্কট যে দেখি [illegible] ।

রাবণে [illegible] মহীরাবণ ।
[illegible] ॥
[illegible] তনয় ।
[illegible] ভয় ॥
[illegible] আদেশে ।
[illegible] পাশে ॥
[illegible] রক্ষা ।
[illegible] রক্ষা ॥
[illegible] করে ।
[illegible] করে ॥
[illegible] সান্ধি ।
[illegible] বন্দী ॥
[illegible] পারে ।
[illegible] ॥
[illegible] ।
[illegible] ॥
[illegible] ।
[illegible] পাষাণ ।
[illegible] ।
[illegible] সমান ॥
[illegible] ।
[illegible] রাতি ॥
[illegible] ।
[illegible] রাত্রি জেগে ॥
[illegible] আছে ।
[illegible] ॥
[illegible] করে ।
[illegible] ॥
[illegible] ।
[illegible] অব্যাহতি ॥

লেজের কুণ্ডলী গড় করিব নির্ম্মাণ।
সকলে জাগিয়া থাক হয়ে সাবধান॥
রহিব সকল কপি গড় আগুলিয়ে।
কার সাধ্য যাইবেক আমারে ভাণ্ডায়ে॥
বিভীষণ বলে শুন পবননন্দন।
প্রতীত তোমার বাক্যে হবে কোন্ জন?
যাবৎ এ কালনিশি প্রভাত না হয়।
তাবৎ আমার মনে না হবে প্রত্যয়॥
শ্রীরাম বলেন, শুন পবনকুমার!
আজি রাত্রি উদ্ধারিতে ভরসা তোমার॥
হাসিয়া হাসিয়া কন মন্ত্রী জাম্বুবান।
হনুমান্ বীর বড় কহিল প্রমাণ॥
সম্মুখেতে এসে যদি রণে দেয় হানা।
তবে ত তাহার সঙ্গে খাটে বীরপণা॥
অলক্ষিতে চোর আসি যাবে চুরি করে।
দেখিতে না পাবে হনু কি করিবে তারে?
অলক্ষিতে আসিবে সে চুরি-বিদ্যা জানে।
একত্রে সবাই থাক রাত্রি-জাগরণে॥
জাম্বুবান বলে তব অতুল বিক্রম।
আজিকার রাত্রি তুমি কর পরিশ্রম॥
এই বেলা বৈসে সবে যুক্তি দৃঢ় করি।
বেলা অবসান হৈল আসিল শর্ব্বরী॥
জাম্বুবান্ কথা যদি হৈল অবসান।
হেনকালে কর যুড়ি বলে হনূমান্॥
মায়াবী রাক্ষস সেই কত মায়া জানে।
সাবধানে থাক যেন না পায় সন্ধানে॥
শ্রীরামেরে কহিলেন পবননন্দন।
বিষ্ণুচক্রে আকাশে করহ-আচ্ছাদন॥
চক্র-আচ্ছাদন যদি রহিল গগনে।
শূন্যেতে আসিতে পারে কাহার পরাণে?
বিশ্বকর্ম্মা-পুত্র নল মায়ার নিদান।
পাতালে রহুক গিয়ে হয়ে সাবধান॥
সাবধান হয়ে সবে রহ সারি সারি।
লেজে গড় বান্ধি আমি তাহে রাখি দ্বারী॥
লেজ হয় দীর্ঘাকার শতেক যোজন।
গঠিল বিচিত্র গড় পবননন্দন॥
প্রাচীর চৌতার হৈল অতি মনোহর।
সকল কটক ঢোকে তাহার ভিতর॥
সুগ্রীবের কোলে রাম কমললোচন।
অঙ্গদের কোলে রন ঠাকুর লক্ষ্মণ॥
লাঙ্গুলের গড়ে বীর যুড়িলেক দেশ।
তাহাতে সসৈন্য রাম করেন প্রবেশ॥
অপূর্ব্ব লেজের গড় নির্ম্মাণ যে করি।
বিভীষণ ভ্রমিতেছে হইয়ে প্রহরী॥
সকল কটক মাঝে শ্রীরাম-লক্ষ্মণ।
গাছ-পাথরাদি হাতে করে জাগরণ॥
লেজেতে বান্ধিল গড় ঠেকিল গগন।
উপরেতে বিষ্ণু চক্র ফেরে ঘনে ঘন॥
গড়ের দ্বারেতে দ্বারী আপনি যে রহে।
কার সাধ্য প্রবেশ করিতে পারে তাহে॥

মায়া-যুদ্ধ দ্বারা শ্রীরাম-লক্ষ্মণকে
মহীরাবণের হরণ।

দ্বিতীয় প্রহর নিশি ঘোর অন্ধকার।
বিভীষণ বলে, শুন পবনকুমার!
আপনি পবন যদি আসে তব পিতা।
প্রবেশ করিতে তাহে নাহি দিবে হেথা॥
এত বলি বাহির হইল বিভীষণ।
গড়ের চৌদিকে দেখে করিয়া ভ্রমণ॥

রাবণে প্রণাম করি সে মহীরাবণ।
শ্রীরামের নিকটেতে করিল গমন॥
হস্তী ঘোড়া কটকাদি না লয় দোসর।
মায়া করি একাকী চলিল নিশাচর॥
আকাশে আসিতে চক্র দেখিল সত্বরে।
কটক দেখিল সব গড়ের ভিতরে॥
মনে মনে ভাবে মহী রাবণনন্দন।
মায়াতে হরিব আজি শ্রীরাম-লক্ষ্মণ॥
বিভীষণে দেখে তথা গড়ের বাহিরে।
কিরূপে যাইব আমি উহার গোচরে॥
মনে মনে চিন্তা মহী করিয়ে তখন।
মায়াতে হইল অঞ্জরাজের নন্দন॥
দশরথ হয়ে আসি দিল দরশন।
দশরথ বলে, শুন পবননন্দন!
আমার সন্তান দুটি শ্রীরাম-লক্ষ্মণ।
শ্রীরাম-লক্ষ্মণ সনে করি দরশন॥
হনুমান্ বলে, প্রভু! করি নিবেদন।
কিঞ্চিৎ বিলম্ব কর আসুক বিভীষণ॥
হেনকালে বিভীষণ দিলা দরশন।
তরাসে পলায়ে গেল সে মহীরাবণ॥
হনূ বলে, শুনহ ধার্ম্মিক বিভীষণ!
দশরথ রাজা এসেছিলেন এখন॥
বিভীষণ বলে, যদি আসে তব পিতা।
প্রবেশ করিতে তবু নাহি দিবে হেথা॥
এত বলি বিভীষণ তথা হৈতে যায়।
অন্তরে থাকিয়া মহী দেখিবারে পায়॥
ভরত হইয়া এল হনূমান্-কাছে।
শ্রীরাম-লক্ষ্মণ দুই ভাই কোথা আছে?
চৌদ্দবর্ষ বনবাসী মস্তকেতে জটা।
দশরথ রাজার আমরা চারি বেটা॥
শ্রীরাম-লক্ষ্মণ কোথা করি দরশন।
এত শুনি কহিছেন পবননন্দন;—
অল্প বিলম্ব কর আসুক বিভীষণ।
এত শুনি পাছু হাঁটে সে মহীরাবণ॥
হেনকালে ধাইয়া আসিল বিভীষণ।
হনূ বলে, ভরত আসিল এইক্ষণ॥
হনূমানে চাহি বিভীষণ কহে কথা।
দ্বার না ছাড়িও যদি আসে তব পিতা॥
এত বলি বিভীষণ গেল অতি দূরে।
কৌশল্যা হইয়া মহী আসিল সত্বরে॥
কৌশল্যা বলেন, শুন পবনকুমার!
রাম-লক্ষ্মণে মোরে দেখাও একবার॥
হনূমান্ বলে মাতা! করি নিবেদন।
ক্ষণকাল থাকহ আসুক বিভীষণ॥
এতেক শুনিয়া মহী তিলেক না থাকে।
বিভীষণ ধাইয়া আসিল দূরে থেকে॥
বিভীষণে দেখি বুড়ী যায় গুড়ি গুড়ি।
তাহা দেখি হনূ করে দন্ত কড়মড়ি॥
উপনীত হইল রাক্ষস বিভীষণ।
কহিল সকল কথা পবননন্দন॥
বিভীষণ বলে, শুন আমার বচন।
দ্বার না ছাড়িবে যদি আইসে পবন॥
এত বলি বিভীষণ করিলা গমন।
হইয়া জনক ঋষি দিল দরশন॥
জনক বলেন শুন পবননন্দন!
রাম-সঙ্গে আমার করাও দরশন॥
আমার জামাতা হন শ্রীরাম-লক্ষ্মণ।
চতুর্দ্দশ বর্ষ গত নাহি দরশন॥
তোমারে না চিনি আমি বলে হনূমান্।
ক্ষণকাল থাকহ আসুক বিভীষণ॥

এতেক শুনিয়া ঋষি হনূমান্-বোল।
হনূমান্ সঙ্গেতে যুড়িল গণ্ড [illegible]॥
হেনকালে বিভীষণ [illegible] হাঁকার।
পলায় জনক-ঋষি [illegible]॥
উপনীত হইল [illegible]।
বিভীষণে কহে সব [illegible]॥
বিভীষণ বলে, যদি [illegible]।
গড়ের ভিতর যেন না [illegible]॥
এতেক বলিয়া বিভীষণের [illegible]।
বিভীষণ হয়ে মহী [illegible]॥
হনূমান বলে, তুমি [illegible]।
এতশীঘ্র ফিরে এসে [illegible]?
মহী বলে, শুন বলি পবন-নন্দন।
চোর-মায়া কত জানে সে মহীরাবণ॥
সাবধানে থাক হনূ আজিকার নিশি।
রাম-লক্ষ্মণের হাতে রক্ষা [illegible] আসি॥
এতেক বলিয়া মহী গড়ের [illegible]।
অলক্ষিতে গেল রাম-লক্ষ্মণের পাশে॥
সুগ্রীব-অঙ্গদ-কোলে আছে দুই ভাই।
মায়ারূপে নিশাচর [illegible]॥
মহামায়া স্মরি ধূলা দিল [illegible]।
দুই ভাই নিদ্রা যায় অচেতন [illegible]॥
অচৈতন্য হয়ে পড়ে যতেক [illegible]।
হাত হৈতে খ’সে পড়ে গাছ ও পাথর॥
শ্রীরাম লক্ষ্মণ দোঁহে নিদ্রা-অচেতন।
সুড়ঙ্গে লইয়া যায় আপন ভবন॥
নিদ্রা নাহি ভাঙ্গে দোঁহে আছেন শয়নে।
ঘরের ভিতরে লয়ে রাখিল গোপনে॥
চারিদিকে নিশাচর নানা অস্ত্র হাতে।
নিজ পুরে রহে মহী হরিষ মনেতে॥

হেথায় গড়ের দ্বারে এল বিভীষণ।
হনূমান্-[illegible] জিজ্ঞাসে তখন॥
হনূ [illegible] ভিতরে।
হনূমান্ [illegible] বাহিরে॥
হনূমান [illegible] বিভীষণ।
ঔষধ [illegible] এখন॥
বাহির হও [illegible] পথ দিয়ে?
তোমাকে [illegible] স্থির নহে হিয়ে।
বুঝিতে [illegible] আছে তব মনে।
রাবণের চর [illegible] রাম-স্থানে॥
রাবণের [illegible] এস যাও নিতি।
কপট [illegible] সহ কৈলে মিতি॥
মোর ঠাঁই [illegible] নিস্তার।
লোহা [illegible] সব যমের দুয়ার॥
উপাড়িয়া লঙ্কাপুরী ডুবাব সাগরে।
লঙ্কার [illegible] পাঠাইব যমপুরে॥
রাবণের [illegible] রামের নিকটে।
কি বলিব [illegible] মম বুক ফাটে।
বিভীষণ [illegible] কপাটে।
দিব্য করি [illegible] তোমার নিকটে॥
গোবধে ও ব্রহ্মবধে যত পাপ হয়।
যদি ছলে এসে থাকি [illegible] নিশ্চয়॥
যত পাপ হয় ব্রহ্মবধ-সুরাপানে।
আমার সে পাপ যদি খল থাকে মনে॥
হনূমান্ বলে, তো[illegible] দিব্য কিছু নয়।
ব্রহ্মবধে গোবধে রাক্ষসে কোথা ভয়?
বিভীষণ বলে, তুমি বিচারে পণ্ডিত।
বিচার না ক’রে কেন বল অনুচিত॥
কেমনে বলহ মোরে রাবণের চর।
যুক্তি দিয়া বধিলাম যত নিশাচর॥

ইন্দ্রজিৎ-যজ্ঞ-ভঙ্গ-সন্ধি কেবা জানে।
যুক্তি দিয়া [illegible] আসিলে [illegible] ॥
কত রূপে [illegible]রাবণ।
ভুলাতে না পেরে শেষে [illegible]বিভীষণ ॥
হনূমান্ বলে, কথা শুন [illegible] ডর।
মায়াতে কি [illegible] গাছের [illegible]র ?
লাজে হনূমান [illegible]
বিভীষণে [illegible]
পথ ছেড়ে দিয়ে [illegible] রাত।
বিভীষণে ভর্ৎসয় [illegible] ॥
হনূমান্ বলে, [illegible]
আগে গিয়া দেখ চল [illegible] ॥
মারুতির [illegible]
প্রমাদ পড়িল মনে [illegible]
বিভীষণ বলে, শুন [illegible]
চল তবে দেখি [illegible] ॥
দ্রুতগতি যায় [illegible]
শ্রীরাম-লক্ষ্মণ [illegible] ॥
আশ্চর্য্য দেখিল [illegible]
রাম-লক্ষ্মণে [illegible] ॥
কটকের মাঝে [illegible]
ভূমে গড়াগড়ি দিয়া কাঁদে বিভীষণ ॥
সুগ্রীব অঙ্গদ আদি ঘুমে অচেতন।
প্রমাদ পড়িল উঠ [illegible] বিভীষণ ॥
কটক ভিতরে শুনে হৈল মহাগোল।
বানরমণ্ডলে উঠে ক্রন্দনের রোল ॥
কাঁদিছে সুগ্রীব রাজা নাহিক সংবিৎ।
কোথা গেলে লক্ষ্মণ শ্রীরামচন্দ্র মিত ?
ধরণী লোটায়ে কাঁদে বীর হনূমান্।
রামের উদ্দেশে আমি ত্যজিব পরাণ ॥

অগ্নিকুণ্ড সাজাইয়ে তাহে দিব ঝাঁপ।
জীবনে [illegible] ঘুচিবে মনের সন্তাপ ॥
শিরে [illegible] যুবরাজ।
বৃথায় শরীর [illegible] কি কাজ ?
আকুল হইয়া কাঁদে সেনাপতি নীল।
বাঁচিতে [illegible] নাহি এক তিল ॥
জাম্বুবান বলে [illegible] ক্রন্দন।
উপায় [illegible] বচন ॥
ক্রন্দন সম্বর [illegible] বানরের রাজ।
যেমতে নিস্তার [illegible] সেই কাজ ॥
অস্থির না হও কেহ বিপাকে সময়।
সুস্থির হইলে [illegible] সিদ্ধি হয় ॥
শ্রীরাম-লক্ষ্মণ দেখ জগতের সার।
বিনাশ করিতে পারে সাধ্য আছে কার ?
সুমন্ত্রণা শুন ওহে সুগ্রীব রাজন্!
মারুতিরে পাঠাও করিতে অন্বেষণ ॥
মারুতির [illegible] ত্রিভুবনে।
অবশ্য [illegible]রাম-লক্ষ্মণে ॥
আনিতে না পারে যদি শ্রীরাম-লক্ষ্মণে।
তবে সবে অগ্নিকুণ্ডে ত্যজিব জীবন ॥
এতেক [illegible] ব্রহ্মার কুমার।
কহিল সুগ্রীব রাজা এই যুক্তি সার ॥

শ্রীরাম লক্ষ্মণের অন্বেষণে হনূমানের পাতালপুরে গমন

সুগ্রীব বলেন, শুন পবনকুমার।
সীতার উদ্দেশ কৈলে সাগরের পার ॥
তুমি শ্রীরামের ভক্ত জানে সর্বজন।
ক'রে এসো শ্রীরাম-লক্ষ্মণ-অন্বেষণ ॥

তোরে ভুলায়ে গেল রাবণকুমার।
ত্রিভুবনে এ কলঙ্ক রহিল তোমার॥
তব বুদ্ধিভ্রমেতে শ্রীরামে নিল চোরে।
অন্বেষণ করিতে পাঠাব বল কারে ?
সুগ্রীবের বাক্যেতে মারুতি মহাবল।
লাজে অভিমানে আঁখি করে ছল ছল॥
মারুতি বলেন, আমি যাব অন্বেষণে।
স্বর্গ-মর্ত্ত্য-পাতাল খুঁজিব ত্রিভুবনে॥
তথাপি না পাই যদি শ্রীরাম লক্ষ্মণ।
করিব জলধিজলে এ দেহ পাতন॥
এত কহি কাঁদে হনূ পবননন্দন।
কোথা পাব শ্রীরাম-লক্ষ্মণ-অন্বেষণ ?
এইখানে থাক সবে একত্র হইয়া।
যাবৎ না আসি আমি ত্রৈলোক্য ঘুরিয়া॥
সুগ্রীব রাজার কাছে হইয়া বিদায়।
সুড়ঙ্গে প্রবেশ করি হনুমান্ যায়॥
যে পথে লক্ষ্মণ-রামে হরেছে রাক্ষসে।
সেই পথে গেল বীর চক্ষুর নিমেষে॥
পাতালেতে গিয়া দেখে সূর্য্যের প্রকাশ।
বিচিত্র-নির্ম্মাণ পুরী যেমন কৈলাস॥
প্রথমে দেখিল বলিরাজের বসতি।
পুণ্যতীর্থ গঙ্গা দেখে নামে ভোগবতী॥
মহা তপোবন দেখে কত মুনি ঋষি।
নাগিনী যক্ষিণী কত পরমরূপসী॥
চতুর্ভুজ দ্বিভুজ অশেষ-রূপী লোক।
জরা মৃত্যু নাহি তথা নাহি রোগ-শোক॥
তিন কোটি পুরুষে কপিল মুনি বৈসে।
পরমাসুন্দরী কত দেখে আশেপাশে॥
বিচিত্র-নির্ম্মাণ দেখে কত তীর্থস্থান।
কোথা রাম-লক্ষ্মণের না পান সন্ধান॥

সকল পাতালপুরী ভ্রমে একে একে।
মহীরাবণের পুরী দেখিল সম্মুখে॥
ছদ্মবেশ ধরিয়া খুঁজিল সব পুরী।
রাক্ষসের পুরী যেন অমর-নগরী॥
ত্বরিত-গমনে গেল পুরীর ভিতর।
পাষাণরচিত কত দীঘি সরোবর॥
অসংখ্য পুরুষ নারী পরমসুন্দর।
বিচিত্র-নির্ম্মাণ দেখে সুবর্ণের ঘর॥
বড় বড় বৃক্ষ তথা পর্ব্বত প্রমাণ।
অশ্ব হস্তী রথ দেখে বিচিত্র-নির্ম্মাণ॥
মনে মনে চিন্তা করে পবনকুমার।
এই পুরে আছে রাম-লক্ষ্মণ আমার॥
মরকটরূপে রহে বৃক্ষের উপর।
বিচিত্র-নির্ম্মাণ ঘাট দেখে সরোবর॥
বহু লোক আসি তথা করে স্নানদান।
বানর দেখিয়া হয় চমৎকার জ্ঞান॥
বৃক্ষতলে থাকি লোক উচ্চে নাহি দেখে।
এমন বানর সে আসিল কোথা থেকে ?
এক জন ছিল তথা বৃদ্ধ চিরজীবী।
বানর দেখিয়া বৃদ্ধ মনে মনে ভাবি॥
বৃদ্ধ বলে, শুন সবে আমার বচন।
পূর্ব্বের বৃত্তান্ত-কথা শুন দিয়া মন॥
মহী মহারাজ তপ বিস্তর করিল।
মহামায়া মহাপূজা বিস্তর সাধিল॥
বিস্তর করিল পূজা বহু উপবাস।
অমর হইতে তার ছিল বড় আশ॥
অমর হইতে দেবী নাহি দিল বর।
দেবী বলে, অন্য বর চাহ নিশাচর॥
মহী বলে, অহি কিংবা দেবতা গন্ধর্ব্ব।
যক্ষঃ রক্ষঃ কিন্নর পিশাচ আদি সর্ব্ব॥

সংগ্রামেতে কার হাতে মরণ না হয়।
সেই বর দিলা দেবী বুঝিয়ে আশয়॥
মহী বলে, প্রকারেতে হলেম্ অমর।
যত জাতি যোদ্ধা আছে কারে নাহি ডর॥
নর ও বানর এই দুই বাকী আছে।
ভক্ষ্য জাতি কি করিবে রাক্ষসের কাছে॥
ভগবতী বলে, ভয় কারে নাহি আর।
নর-বানরের হাতে সবংশে সংহার॥
অমর নহেন রাজা জানি বিবরণ।
নর-কপি এলে হবে রাজার মরণ॥
বন্দী ক'রে আনিয়াছে শিশু দুই নর।
কোথা হৈতে উপনীত হইল বানর॥
এই কথা গুপ্তে বুড়া কহে এক জনে।
চারিদিকে দেখে পাছে অন্য কেহ শুনে॥
শুনিয়া সন্তুষ্ট হৈল পবননন্দন।
কোথায় আছেন প্রভু ভাবে মনে মন।
হেনকালে নারী সব নগরনিবাসী।
জল লইবারে আসে কক্ষেতে কলসী॥
এক নারী প্রাচীনা মহীর পুরদাসী।
তাহারে জিজ্ঞাসা করে যতেক রূপসী॥
রাজার বাটীতে কেন বাদ্যভাণ্ড রোল?
কেহ নাচে কেহ গায় নৃত্য কোলাহল?
মহানন্দে আসিতেছে দ্বিজগণ সব।
রাজার বাটীতে আজি কিসের উৎসব?
বৃদ্ধা নারী বলে, শুন যতেক রূপসী।
রাজার বাটীর কথা কৈতে ভয় বাসি॥
কহিতে নিষেধ আছে কহিবার নয়।
প্রকাশ না কর কথা দণ্ড চারি হয়॥
জিজ্ঞাসা করিলে যদি সঙ্গোপনে বলি।
মহামায়া-কাছে আজি হবে নরবলি॥
আনিয়াছে শিশু দুটি পরমসুন্দর।
না দেখি এমন রূপ অবনী-ভিতর॥
কোন্ অভাগীর পুত্র দেখে ফাটে প্রাণ।
দণ্ড চারি ছয় পরে দিবে বলিদান॥
বন্দী করি রাখিয়াছে সঙ্গোপন ঘরে।
রাজার বাটীর কথা না কহিও কারে॥
এত বলি জল লয়ে সবে গেল বাসে।
হনুমান্ শুনিলেন বৃক্ষোপরে বসে॥
মনে মনে ভাবে বীর পাইলাম সন্ধি।
এইখানে শ্রীরাম-লক্ষ্মণ আছে বন্দী॥
হৃদয়ে পুলক বীর পবনতনয়।
এখানেতে থাকা আর উপযুক্ত নয়॥
চক্ষুর নিমেষে গেল রাজ-অন্তঃপুরে।
শ্রীরাম-লক্ষ্মণ যথা বন্দী আছে ঘরে॥
দোহারা ভিতর গড় ভিতর বাহিরে।
চারিদিকে নিশাচর নানা অস্ত্র ধরে॥
চারিদিকে নিশাচর আছে অগণন।
ঘরের ভিতর আছে শ্রীরাম-লক্ষ্মণ॥
মক্ষিরূপে প্রবেশিল ঘরের ভিতরে।
শরীর ধারণ করি দোঁহে নমস্করে॥
আচম্বিতে মারুতি আনমে গিয়া মাথা।
নিদ্রা-ভঙ্গে শ্রীরাম-লক্ষ্মণ কন কথা॥
লক্ষ্মণ বলেন, শুন পবননন্দন।
সুগ্রীব অঙ্গদ কোথা কোথা বিভীষণ।
হনুমান্ বলে, প্রভু পাসরিলে চিতে।
মহীরাবণ হরি এনেছে পাতালেতে॥
শুনিয়া কাতর অতি শ্রীরাম লক্ষ্মণ।
প্রবোধ করিয়া বলে পবননন্দন॥
হেনকালে রাজপুরে পড়িল ঘোষণা।
মহামায়া-পূজা হবে, বাজিল বাজনা॥

বিস্তর ছাগল দিবে মহিষ বিস্তর।
বলিদান দিবে রাজা আর দুই নর॥
নানা সুবাসিত পুষ্প গন্ধ মনোহর।
সাজাইয়া লয়ে যায় মহামায়া-ঘর॥
শ্রীরাম বলেন, শুন পবননন্দন।
বিপাকে পড়েছি হেথা হইবে কেমন ?
নাহি সৈন্য সেনাপতি নাহি মন্ত্রিগণ।
কেমনে রাক্ষস-হাতে পাইব নিস্তার ?
যোড়হস্তে কহে হনু শ্রীরামের আগে।
রাক্ষস মারিতে প্রভু কোন্ ভার লাগে ?
ত্রিভুবনে খ্যাত তব শ্রীচরণ-দাস।
বৃক্ষ-পাথরেতে রিপু করিব বিনাশ॥
রাবণরাজার বংশ যেখানে যা থাকে।
তোমার প্রসাদে সে মারিব একে একে॥
অনেক ব্রাহ্মণ হিংসে বহু দেব ঋষি।
গোহত্যা প্রভৃতি পাপ কৈল রাশি রাশি॥
দুর্জ্জয় রাক্ষস-বংশ হইবে সংহার।
রাক্ষস বধিতে প্রভু ! তব অবতার॥
অলক্ষিত মায়া তব কোন জন জানে।
মরণ ইচ্ছিয়া তোমা আনিল এখানে॥
মহীর গৃহেতে আছে জগতের মাতা।
প্রীতিবাক্যে কহি গিয়া গুটিকত কথা॥
তাহে যদি মহীর করিতে চান হিত।
সাগরে ডুবাব লয়ে মন্দির সহিত॥
মনোনীত বুঝে আসি মহেশজায়ার।
রাম বলে, কতক্ষণে আসিবে আবার ?
মারুতি বলেন, এক তিল ছাড়া নই।
কি বলেন কাত্যায়নী কথা দুই কই॥
এত বলি মারুতি যে হইল বিদায়।
মহামায়া মন্দিরেতে অবিলম্বে যায়॥

মক্ষিরূপে কহিলেন যোগাদ্যার কানে।
মহী বেটা আনিয়াছে শ্রীরাম-লক্ষ্মণে॥
নরবলি দিবে শুনি কেন্দ্রা দ্বিপ্রহরে।
আপনি কি এই আজ্ঞা ক'রেছ মহীরে ?
সবংশে মারিব মহী দেখিবে পশ্চাতে।
ডুবাব তোমারে জলে মন্দির সহিতে॥
রামের কিঙ্কর আমি সুগ্রীবের দাস।
এত শুনি দেবীর ঈষৎ হৈল হাস॥
মহাদেবী কহিছেন অতি সঙ্গোপনে।
পবিত্র হইল পুরী রাম-আগমনে॥
অশেষ পাপের পাপী এ মহীরাবণ।
দেব-দ্বিজ-ধর্ম্ম-হিংসা করে অনুক্ষণ॥
নিশাচর নাশিতে শ্রীরাম-অবতার।
রামেরে আনিল মহী হইতে সংহার॥
মহী-বিনাশের যুক্তি শুন হনুমান্।
যখন আনিবে রাম দিতে বলিদান॥
রামেরে কহিবে কর দেবীরে প্রণাম।
প্রণাম না জানি যেন কহেন শ্রীরাম॥
রাম কহিবেন, শুন হে মহীরাবণ !
দেখাইয়া দেহ দেখি প্রণাম কেমন ?
প্রণাম করিতে মহী দেখাবে রামেরে।
অষ্টাঙ্গ লোটায়ে রবে ভূমির উপরে॥
হেঁটমুখে প'ড়ে মহী প্রণাম করিবে।
তুমি লয়ে এই খড়্গ মহীরে কাটিবে॥
দেবী বলিলেন, বাছা ! এই যুক্তি সার।
শ্রীরামের কাছে গিয়া কহ সমাচার॥
শ্রীরাম শিবের গুরু তাহা আমি জানি।
শিবরাম অভেদ কহেন শূলপাণি॥
অনাথের নাথ রাম জগতের সার।
পলকে উৎপত্তি স্থিতি জগৎ-সংসার॥

যোগে যোগাধার রাম কালে মহাকাল।
রাম-আগমনে ধন্য হইল পাতাল॥
মূঢ়বুদ্ধি মহী চাহে রাম দিতে বলি।
অবশেষে হবে যাহা তোমারে সে বলি॥
দেবীরে প্রণাম করি হনূমান গেল।
শ্রীরামের নিকটেতে উপনীত হ'ল॥
যেখানে আছেন বন্দী শ্রীরাম-লক্ষ্মণে।
কহিল দেবীর কথা দুজনার কানে॥
উপায় কহিয়া দেবী দিলেন মন্ত্রণা।
যখন করিবে মহী দেবী আরাধনা॥
যখন লইয়া যাবে তোমা দোঁহাকারে।
সেইক্ষণে আমি গিয়া প্রবেশিব ঘরে॥
মক্ষরূপ হইয়া থাকিব অলক্ষিতে।
আসিবেন মহীরাজ দেবীরে পূজিতে॥
প্রণাম করিতে ক'বে সমাপিয়া পূজা।
প্রণাম না জানি মোরা রাজপুত্র রাজা॥
কিরূপে প্রণাম করে কিছুই না জানি।
প্রণাম করিয়া রাজা! দেখাও আপনি॥
প্রণাম করিবে রাজা দেবী-বিদ্যমান।
মুণ্ড কাটি তখনই করিব দুইখান॥
তোমাদের বাক্যে যদি না করে প্রণাম।
সবংশে বধিব দুষ্টে করিয়া সংগ্রাম॥
বুকে হাঁটু দিয়া মুণ্ড ফেলিব ছিঁড়িয়া।
যাইব মহীর রক্তে দেবীরে পূজিয়া॥
মারুতির বচনে প্রফুল্ল দুই ভাই।
তোমা হৈতে সঙ্কটেতে পরিত্রাণ পাই॥
এই যুক্তি করিয়া রহিল তিন জন।
দেবীরে পূজিতে রাজা করিলা গমন॥
আদেশিয়া আনাইল শ্রীরাম-লক্ষ্মণে।
দুজনারে রাখে এনে দেবীর দক্ষিণে॥
হেনকালে হনূমান প্রবেশিল ঘরে।
অলক্ষিতে রহিলেন দেবীর প্রান্তরে॥
পূজা করিবারে রাজা বসিল আসনে।
প্রতিমার আড়ে থাকি হনূ দেখে শুনে॥

মহীরাবণ-বধ।

করযোড়ে ব্রহ্মারে কহেন সুরপতি,—
রাম-লক্ষ্মণের কিসে হইবে নিষ্কৃতি?
মহীরাবণ হরিয়া লয়েছে দুই ভাই।
কেমনে উদ্ধার হবে ভাবি মনে তাই॥
এতেক শুনিয়া ব্রহ্মা দেবের বচন।
হাসিয়া বলেন শুন সর্ব্বদেবগণ।
শক্রধনু নামে ছিল গন্ধর্ব্ব-সন্তান।
বিষ্ণুর সম্মুখে নিত্য করে নৃত্যগান॥
নিত্য নিত্য নৃত্য করে বিষ্ণুর সদনে।
তাহারে বড়ই তুষ্ট দেব নারায়ণে॥
বিষ্ণু সম্ভাষিতে গেল অষ্টাবক্র ঋষি।
বাঁকা মূর্ত্তি দেখিয়া গন্ধর্ব্বে হৈল হাসি॥
মুনিরূপ দেখিয়া গন্ধর্ব্বে করে ব্যঙ্গ।
মুনিরে দেখিয়ে তার হৈল তালভঙ্গ॥
মুনি কহে, মোরে দেখি কর উপহাস।
সুন্দর শরীর তব হইবে বিনাশ॥
পাপী হয়ে জন্ম গিয়া রাক্ষসের কুলে।
ধরিয়া বিকট মূর্ত্তি থাকহ পাতালে॥
শুনিয়া মুনির শাপ বলে বিদ্যাধর।
কি দোষে দারুণ শাপ দিলে মুনিবর?
অজ্ঞান পাতকী আমি তোমা নাহি চিনি।
ত্রিভুবনে পূজিত আপনি মহামুনি॥
কৃপা কর ধরি আমি তোমার চরণ।
কর প্রভু! এ পাপীর শাপ-বিমোচন॥

শত্রুধন্ব-বচন শুনিয়া মুনিবর।
প্রসন্ন হইয়া তবে কয়েন উত্তর ;—
আমার বচন কভু না হইবে আন।
পাতালে রহিবে হয়ে রাক্ষস প্রধান॥
তপঃফলে মহামায়া থাকিবেন ঘরে।
সুখেতে করিবে রাজ্য মহেশের বরে॥
দুরন্ত রাক্ষসবংশ করিতে সংহার।
মনুষ্য-রূপেতে বিষ্ণু হবে অবতার॥
সেই রাম-লক্ষ্মণেরে লয়ে যাবে হ'রে।
পাতালে রাখিবে লয়ে আপনার পুরে॥
মুণ্ড কাটা যাবে তোর হনুমান্-হাতে।
শাপে মুক্ত হয়ে পুনঃ আসিবে স্বর্গেতে॥
হনুমান্-হাতে হবে শাপ-বিমোচন।
আমার বচন মিথ্যা নহে কদাচন॥
এতেক বলিয়া মুনি গেলেন স্বস্থানে।
সে হইল মহীরাবণ পাতালভুবনে॥
মুনির বচন কভু নহে ত অন্যথা।
দেবগণ চলি গেল দুই ভাই যথা॥
ব্রহ্মা আদি করিয়া যতেক দেবগণ।
কৌতুকে দেখিতে যান মহীর মরণ॥
যতেক দেবতাগণ রহে শূন্যপথে।
মহামায়া পূজে মহী প্রফুল্ল-মনেতে।
রাশি রাশি ফল-ফুল দিয়ে রাজা পূজে।
শঙ্খ ঘণ্টা ঢাক ঢোল নানা বাদ্য বাজে॥
অর্চ্চনা করিল রাজা খাণ্ডা খরশাণ।
প্রণাম করিতে মহী করিল আহ্বান॥
শ্রীরাম-লক্ষ্মণ বলে, প্রণাম না জানি।
কেমনে প্রণাম করে দেখাও আপনি॥
বিধির নির্ব্বন্ধ কভু খণ্ডাইতে নারি।
রামেরে দেখায় রাজা নমস্কার করি॥

দণ্ডবৎ নতি করে দেবীর সম্মুখে।
প্রতিমার আড়ে থাকি হনুমান্ দেখে॥
দেবীর হাতের খড়্গ লয়ে হনুমান্।
লাফ দিয়ে মহীরে করিল দুইখান॥
প্রতিমা-রূপিণী দেবী মহামায়া হাসে।
অনুচরগণ দে'খে পলায় তরাসে॥
মুক্ত করিলেন হনু শ্রীরাম-লক্ষ্মণ।
হনুর প্রতাপে তবে হাসেন দু'জন॥
অন্তরীক্ষে থাকিয়া বাখানে দেবগণ।
হনুমানে কোল দিলা শ্রীরাম-লক্ষ্মণ॥
অদ্ভুত অশ্রুত কথা রাম-অবতার।
সেবক হইতে রাম পাইল নিস্তার॥
মুনি-শাপে মুক্ত হৈল সে মহীরাবণ।
গন্ধর্ব্ব-রূপেতে গেল অমর-ভুবন॥

অহীরাবণ-বধ

মহীরাবণ মৈলে যতেক নিশাচর।
ধাইয়া কহিল বার্ত্তা পুরীর ভিতর॥
পলায় সকল লোক কেহ নাহি রহে।
কপালে যা লেখা আছে খণ্ডিবার নহে॥
আচম্বিতে রাজালয়ে পড়িল প্রমাদ।
অন্তঃপুরে মহারাণী পাইল সংবাদ॥
রাজার মরণ শুনে রাণী জ্বলে কোপে।
আলুথালু বেশভূষা অধরোষ্ঠ কাঁপে॥
রাণী বলে, এই ছিল যোগাদ্যার মনে।
এতকাল পূজা খেয়ে মারিল রাজনে॥
মহীরে দিলেক বলি দেবীর সাক্ষাতে।
মজিল আমার রাজ্য মহামায়া হ'তে॥
দেবীর সহায় হয় কপি আর নর।
কি দোষেতে মহীরে ভাবিল দেবী পর?

আগে গিয়া প্রতিমা ডুবায়ে দিব জলে।
নর-বানরের প্রাণ লব শেষকালে॥
এতেক বলিয়া মহীরাবণের রাণী।
ধনুক লইয়া উঠে মার মার ধ্বনি॥
সঙ্গেতে সাজিল সেনা অসংখ্য গণন।
হনুর উপরে করে বাণ বরষণ॥
বড় বড় বৃক্ষ যত মারে হনুমান্।
বাণেতে কাটিয়া রাণী করে খান খান॥
মনেতে ভাবিয়া কিছু না পায় মারুতি।
কোপ করি রাণীর উদরে মারে লাথি॥
দশমাস গর্ভ ছিল রাণীর উদরে।
প্রসবে সন্তান এক মহা ভয়ঙ্করে॥
অষ্টগোটা বাহু তার চারি গোটা মুণ্ড।
বিকট মূরতি তার দেখিতে প্রচণ্ড॥
ভূমিষ্ঠ হইল পুত্র অদ্ভুত বিক্রম।
দুই চক্ষু রক্তবর্ণ যুগান্তের যম॥
মহাযুদ্ধ আরম্ভিল হনুমান্ সনে।
সাপটিয়া কীল লাথি মারে হনুমানে॥
গর্ভের রুধির-পুঁজে লেপিত শরীরে।
আচম্বিতে সংগ্রামেতে সিংহনাদ করে॥
উলঙ্গ উন্মত্ত যেন পাগলসমান॥
তাহার বিক্রম দে'খে হাসে হনুমান্॥
শ্রীরাম-লক্ষ্মণ হাসে দেখিয়া রাক্ষস।
হনুমান্ বলে বেটার বড়ই সাহস॥
এখনি জন্মিয়া পুত্র করে ঘোর রণ।
মহীরাবণের বেটা সে অহীরাবণ॥
আথালি পাথালি হানে মারুতির বুকে।
কিছু নাহি বলে হনূ সংবরিয়া থাকে॥
হনূমান্ বলে বেটার আস্থা দেখি অতি।
এখনি পাঠাব দুষ্টে যমের বসতি॥
মারিবারে হনূমান ধায় উভরড়ে।
ধরিতে না পারে শিশু পিছলিয়া পড়ে॥
হেনকালে হনূমান্ চিন্তিল উপায়।
পবন স্মরণে রণে ঝড় বহে যায়॥
বিষম বাতাসে ধূলা লাগে তার গায়।
সাপটিয়া ধরে হনূ আর কোথা যায়॥
দুই পদ ধ'রে তারে লয়ে ফেলে দূর।
পাথরে আছাড় মারি হাড় কৈল চূর।
সংগ্রামে আসিল আর যত যত জন।
লইল সবার প্রাণ পবননন্দন॥
পাতালনিবাসী মুনি হ'ল আনন্দিত।
ভয় দূরে গেল সবে মহা হরষিত॥
গেলেন দেবতাগণ আপনার স্থান।
হনুমানে সকলেতে করিল কল্যাণ॥
শত্রুরে মারিয়ে যাত্রা কৈল তিন জন।
মহীর পূজিত দেবী কহেন তখন॥
সাধিয়া রামের কার্য্য চলিলে সত্বর।
সেবা কে করিবে মম পাতাল-ভিতর?
এত শুনি হনুমান্ করি নমস্কার।
পাতাল হইতে তাঁর করিল উদ্ধার॥
হইয়ে হরষযুক্ত চলে তিন জন।
আগে রাম পাছে হনু মধ্যেতে লক্ষ্মণ॥
সুড়ঙ্গের পথেতে উঠিলা তিন জন।
কৃত্তিবাস বিরচিল গীত রামায়ণ॥
রাম লক্ষ্মণ পেয়ে সুগ্রীব বিভীষণ।
জাম্বুবানে দিল কোল এই তিন জন॥
হনূর প্রশংসা করে শ্রীরাম-লক্ষ্মণ।
হনূরে কোল দিল সুগ্রীব বিভীষণ॥
জাম্বুবান কোল দিয়া কৈল আলিঙ্গন।
ধন্য হনূমান্ বলে যত কপিগণ॥

দুপ্রহরে আকাশে যখন দিবাকর।
সিংহনাদ ছাড়ে তবে ভল্লুক-বানর॥
চারি দ্বার চাপিয়া বানরে সিংহনাদ।
শুনিয়া রাবণরাজ গণিল প্রমাদ॥
অহীরাবণ পড়িল শুনি দশানন।
জীবনের আশা ছাড়ি করিছে ক্রন্দন॥

রাবণের তৃতীয় দিবস যুদ্ধে গমন।

রাম যা কর নিজগুণে,
আমি ভজন সাধন জানিনে।
মিছে গেল দীনের দিন,
না হ'ল ভজন ঘেরিল শমনে॥
যা কর হে রামচন্দ্র জগৎ-গোঁসাই!
আমার তোমা বিনে
ত্রিভুবনে কেহ নাই॥
মায়ানদীর তীরে আছি রাম!
তোমার চরণ ক'রে সার।
ও রাঙ্গা চরণতরণী ক'রে রাম
আমায় কর হে পার॥

স্ত্রীলোকের ক্রন্দন উঠিল ঘরে ঘরে।
অভিমানে শোকে মত্ত রাজা লঙ্কেশ্বরে॥
যুঝিবার তরে সাজে রাজা দশানন।
সর্ব্বাঙ্গে ভূষিত কৈল রাজ-আভরণ॥
ভয়ে অভিমানে রাজা আঁখি ছল ছল।
কোপমনে যুঝিতে চলিল রণস্থল॥
আপনি করিছে সাজ লঙ্কা-অধিকারী।
মেঘের বরণ অঙ্গে ধবল উত্তরী॥
দশ মুণ্ডে রতন-মুকুট সারি সারি।
মৃগমদে পরিলেক সুগন্ধি কস্তুরী॥
নানা অলঙ্কারে করে ভূষণ উজ্জ্বল।
দশ ভালে দশ মণি করে ঝলমল॥
কোপে কাঁপে বিশ্ব যেন অন্ধকার দেখে।
অযুত রাণী আসিয়া ঘেরে চারিদিকে॥
কেহ ধরে আশে পাশে কেহ ধরে কর।
কারো পানে ফিরিয়া না চান লঙ্কেশ্বর॥
না থাকে রাবণরাজ কারো উপরোধে।
রাণী মন্দোদরী গিয়া পশ্চাতে বিরোধে॥
মন্দোদরী বলে, শুন লঙ্কা-অধিপতি!
বুদ্ধিমান্ হয়ে কেন ছন্ন হৈল মতি?
পরম পণ্ডিত তুমি বলে মহাবীর।
বিশ্রবা মুনির পুত্র পরম সুধীর॥
স্বর্গ মর্ত্ত পাতাল জিনিলে বাহুবলে।
যম ইন্দ্র কম্পমান তোমারে দেখিলে॥
সর্ব্বশাস্ত্রে বিজ্ঞ তুমি লঙ্কা-অধিকারী।
আমি কি বুঝাব রাজা হীনবুদ্ধি নারী॥
তথাপি কিঞ্চিৎ করি কর পরিহার।
স্থির হয়ে দাঁড়াইয়ে শুন একবার॥
মুনিগণে কহে সর্ব্বশাস্ত্রের বিহিত।
রমণীর সুমন্ত্রণা শুনিতে উচিত॥
বিপত্তিতে বুদ্ধি যদি রমণীতে বলে।
বুদ্ধিতে পুরুষ থাকে পরম কুশলে॥
বহুকাল লঙ্কাপুরে করিলে রাজত্ব।
কোন্ যুগে দেখিয়াছ এমন অনিত্য?
কোন্ কালে বানরেতে লঙ্ঘেছে সাগর?
কোন্ কালে সলিলেতে ভেসেছে পাথর?
অপরূপ এমন শুনেছে কোন্ দেশে?
পাষাণ মনুষ্য হয় চরণ-পরশে?
শ্রীরাম মনুষ্য নন বিষ্ণু-অবতার।
সীতা ফিরে দেহ যুদ্ধে কাজ নাই আর॥

দশানন বলে, সীতা দিতে পারি ফিরে।
হাসিবেক বিভীষণ সবে না শরীরে॥
কহিবেক ইন্দ্র আদি যত দেবগণ।
যুদ্ধে হেরে সীতা ফিরে দিলেক রাবণ॥
ছোট হয়ে খোঁটা দিবে বড় ভয় বাসি॥
সান্ত্বনা লভিয়ে গৃহে বৈসহ প্রেয়সি!
বরঞ্চ রামের শরে ত্যজিব জীবন।
সীতা ফিরে দিতে না পারিব কদাচন॥
মন্দোদরী রাণী বলে, ভাগ্য হ'লে হীন।
বল বুদ্ধি পরাক্রম পাসরে প্রবীণ॥
আসন্ন সময়ে বুদ্ধি ঘটে বিপরীত।
কোপ না করিও রাজা! শুনহ কিঞ্চিৎ॥
সংসারের কর্ত্তা রাম পতিতপাবন।
ত্রিভুবনে সকলেরে করেন পালন॥
সত্ত্বগুণে যেই প্রভু পালেন সবারে।
শত্রুভাবে আসিলেন মারিতে তোমারে॥
লক্ষ্মীরূপা সীতাদেবী পূজিতা ভুবনে।
লক্ষ্মীরে দিতেছ দুঃখ অশোকের বনে॥
যে জন পালনকর্ত্তা সেই জন মারে।
অভাগ্য তোমার মত নাহিক সংসারে॥
ঈষৎ হাসিয়া কহে লঙ্কা-অধিকারী;—
সামান্য সে বুদ্ধি তব রাণী মন্দোদরি!
শক্তিরূপা মহালক্ষ্মী সীতা-ঠাকুরাণী।
তুমি কি বুঝাবে মোরে আমি তাহা জানি॥
জপ যজ্ঞ পূজা ক'রে রাখিতে না পারে।
বিনা অর্চ্চনাতে প'ড়ে আছেন দুয়ারে॥
নীরাহারে অনাহারে জপে কত জন।
মৃত্যুকালে নাহি পায় যেই শ্রীচরণ॥
ধ্যানযোগে ভাবিয়া না পান মুনি ঋষি।
সে রাম ভাবেন মোরে নিরাহারে বসি॥
জাগিছে আমার রূপ শ্রীরামের মনে।
ভাবিছেন আমারে বধিবে কতক্ষণে॥
মরিব রামের হাতে ভাগ্যে যদি আছে।
যমের না হবে সাধ্য ঘনাইতে কাছে॥
বিষ্ণুদূতে লয়ে যাবে তুলিয়ে বিমানে।
সমান প্রতাপে যাব জীবন-মরণে॥
ইন্দ্র আদি দেবতা জীবনে আজ্ঞাকারী।
মরিয়া বৈকুণ্ঠে আমি যাব সর্ব্বোপরি।
না বুঝিয়া ভাগ্যহীন কহিলে আমারে।
আমা সম ভাগ্যবান্ নাহিক সংসারে॥
দেখিব করিয়া যুদ্ধ মরি কিংবা মারি।
ক্রন্দন সংবরি গৃহে যাও মন্দোদরি!
মরণ নিকট তার কি করে ঔষধে।
না রহে রাবণ মন্দোদরীর প্রবোধে॥
স্বামি-প্রদক্ষিণ করি পড়িল মঙ্গল।
মন্দোদরী-চক্ষে জল করে ছল ছল॥
অন্তরে জানিয়া রাণী কাঁদিল প্রচুর।
অযুত সতিনী মিলি নিল অন্তঃপুর॥
অষ্টাদশ বৃহদ্দের বাহিরে রাবণ।
সারথি সাজায়ে রথ যোগায়ে তখন॥
কনক-রচিত রথ সুগঠন চাকা।
উপরেতে শোভা করে ধ্বজের পতাকা॥
বিচিত্র-নির্ম্মাণ রথ সাজিল প্রচুর।
রথের উপর রাজা সংগ্রামের শূর॥
দশানন বলে, অস্ত্রধারী যত জনে।
ছোট বড় সাজিয়া আসুক মম সনে॥
মহীরাবণ পড়িল বংশ চূড়ামণি।
আর কারে পাঠাইব যাইব আপনি॥
যতেক আছিল সৈন্য লঙ্কার ভিতর।
সাজিয়া রাবণ-সঙ্গে চলিল সত্বর॥

পশ্চিম দ্বারেতে আছে শ্রীরাম-লক্ষ্মণ।
যুঝিবারে সেই দ্বারে গেলেন রাবণ॥
হাতে ধনু রাম ভ্রমিছেন রণস্থলে।
লঙ্কা তোলপাড় বানরের কোলাহলে।
কোলাহল শুনি রাজা আসিল ত্বরিতে।
ভুবনবিজয়ী ধনুর্ব্বাণ করি হাতে॥
চারি চাকা রথখান অষ্ট ঘোড়া বহে।
কনক-রচিত রথ ত্রিভুবন মোহে॥
হেন রথে উঠে যুঝে রাজা দশানন।
শ্রীরাম উপরে করে বাণ বরষণ॥
রথোপরে রক্ষঃ যুঝে রাম ভূমিতলে।
দেবগণ কম্পমান গগনমণ্ডলে॥
লইয়া ব্রহ্মার আজ্ঞা যতেক অমর।
রাম লাগি রথ পাঠাইল পুরন্দর॥
স্বর্গ হৈতে আসে রথ পরিছে বিজলী।
রথ হৈতে মাথা নমে সারথি মাতলি॥
ইন্দ্র পাঠাইল রথ দিব্য ধনুঃশর।
আর এক পাঠাইল সুবর্ণ-টোপর॥
মারি প্রভু! রাবণে দেবের কর হিত।
ত্রিভুবনে কীর্ত্তি রাখ রামায়ণ-গীত॥
রাম-লক্ষ্মণ সুগ্রীব আর বিভীষণ।
আচম্বিতে রথ দেখি চমকিত মন॥
কোথাকার রথখান কাহার মাতলি।
রাবণ-প্রেরিত রথ মায়ার পুত্তলী॥
রামেরে জিনিতে নারে দুষ্ট দশস্কন্ধ।
রথে তুলি কোথা লবে করিবে প্রবন্ধ॥
কৃত্তিবাস পণ্ডিত কবিত্বে বিচক্ষণ।
রথ দেখি রমে-সৈন্য ভাবে মনে মন॥

শ্রীরাম সহিত রাবণের যুদ্ধ।

রসনা রামনাম ভুল না রে।
দেখ মিছে মায়াজালে বদ্ধ করে কালে,
ডুবায় অকূল পাথারে॥ ধ্রু॥

ইন্দ্ররথ রাবণ দেখিয়া রণস্থলে।
চিন্তিত রাবণ রাজা ছুটে আসে বলে॥
রথের সারথি রামে কৈল প্রদক্ষিণ।
রথে উঠে রঘুনাথ সংগ্রামে প্রবীণ॥
চিনিল রাবণ রাজা ইন্দ্রের বিমান।
মনে মনে দশানন করে অনুমান॥
কোথা গেল ইন্দ্রজিৎ ভাই কুম্ভকর্ণ।
এখনি দেবতা দুষ্টে করিতাম চূর্ণ॥
এত দিন ক'রে সেবা সেবকের মত।
অসময় দেখে হ'লো শত্রু-অনুগত॥
শক্রকে পাঠায় রথ আমা বিদ্যমানে।
এত বলি কোপদৃষ্টে চাহে স্বর্গপানে॥
কোপ-মনে মাতলিরে কহে লঙ্কেশ্বর;—
সবলের অনুবল যতেক অমর॥
এইবার যুদ্ধে যদি বাঁচয়ে জীবন।
একে একে কাটিব যতেক দেবগণ॥
কোপ সংবরিয়া রাজা বসি মনোদুঃখে।
রথ চালাইয়া দিল রামের সম্মুখে॥
কোপেতে রাবণ করে বাণ-অবতার।
তিন লক্ষ বাণ মারে সর্পের আকার॥
সর্পবাণ দেখি রাম পাইল তরাস।
বুঝি পুনঃ এড়িল বন্ধন-নাগপাশ॥
নাগপাশ নিবারণ জানেন সন্ধান।
মন্ত্র পড়ি শ্রীরাম এড়েন খগবাণ॥
গরুড় হইয়া বাণ আকাশেতে চলে।
রাবণের সর্পবাণ ধ'রে ধ'রে গিলে॥

সর্পবাণ ব্যর্থ হৈল কুপিল রাবণ।
রামের উপরে করে বাণ বরষণ॥
বাণ বরষিয়া বিন্ধে ইন্দ্রের মাতলি।
জর্জ্জর ইন্দ্রের অশ্ব মুখে ভাঙ্গে নালি॥
কোপেতে রাবণ বজ্র জাঠা লয় হাতে।
জাঠা দেখি দেবগণ লাগিল চিন্তিতে॥
জাঠাগাছ হাতে করি গর্জ্জে লঙ্কেশ্বর।
সম্বোধিয়া রামচন্দ্রে করিছে উত্তর;—
এই আমি জাঠা মারি পুরিয়া সন্ধান।
রক্ষা কর দেখি রাম! ধ'রে ধনুর্ব্বাণ॥
মন্ত্র পড়ি দশানন জাঠাগাছ এড়ে।
যত দূর যায় জাঠা তত দূর পুড়ে॥
বৃক্ষের নিকটে গেলে বৃক্ষ সব জ্বলে।
আলো ক'রে আসে জাঠা গগনমণ্ডলে॥
যত বাণ এড়ে রাম জাঠা নিবারিতে।
সর্ব্ব-অস্ত্র পুড়ে যায় জাঠার অগ্নিতে॥
বাণ পোড়াইয়া জাঠা যায় বায়ুবেগে।
মাতলি তখন কহে শ্রীরামের আগে॥
ইন্দ্র পাঠাইল শেল সংসার-বিজয়।
সেই শেল মার প্রভু! জাঠা হবে ক্ষয়॥
এড়িলেক শেলপাট মাতলির বোলে।
রাবণের জাঠা কাটি পাড়ে ভূমিতলে॥
জাঠাগাছ কাটা গেল রুষিল রাবণ।
রামের উপরে করে বাণ-বরষণ॥
বাছিয়া বাছিয়া বাণ এড়ে লঙ্কেশ্বর।
বাণ ফুটে রঘুনাথ হইল কাতর॥
কাতর হইয়া রাম ধনু দিল টান।
বিন্ধি রাবণের অঙ্গ কৈল খান খান॥
দুই জনে মহাযুদ্ধ সংগ্রাম-ভিতরে।
কোপে রাম গালি পাড়েন রাবণের তরে॥

সবে বলে তোমারে রাবণ মহারাজ।
পরস্ত্রী হরিতে তব মুখে নাহি লাজ?
সীতা যদি আনিতে আমার বিদ্যমানে।
সেই দিনে পাঠাতাম যমের সদনে॥
বিদ্যমানে না আনিয়া করিলে যে চুরি।
দশানন! পাঠাইব আজি যমপুরী॥
দশমুণ্ড সাজায়েছ নানা অলঙ্কারে।
গড়াগড়ি যাবে মুণ্ড সমুদ্রের ধারে॥
ব্রহ্মা বিষ্ণু মহেশ্বর দেবেন্দ্র বাসুকি।
পড়িলে আমার হাতে কার সাধ্য রাখি॥
গালি দিয়া শ্রীরামের বল বেড়ে আসে।
বাছিয়া বাছিয়া বাণ মারেন হরষে॥
গাছ ও পাথর ফেলে কপি চারিভিতে।
চারিদিকে মারে রক্ষঃ না পারে সহিতে॥
আয়ুঃশেষ হয়ে রক্ষঃ টুটে আসে বলে।
চারিদিকে রামরূপ রাবণ নেহালে॥
বজ্র-অস্ত্র মারে রাম রাবণ-উপর।
মূর্চ্ছিত হইয়া পড়ে রথের উপর॥
হাত-পা আছাড়ি রাজা করে ধড়ফড়।
সারথি রাবণে লয়ে উঠি দিল রড়॥
কত দূর গিয়ে রাজা পাইল চেতন।
সারথিরে গালি পাড়ে ঘূর্ণিত লোচন॥
বৈরী সনে রণ আমি করি রণস্থলে।
রথ লয়ে পলাইয়া এলি কার বোলে?
বলে ভ্রূকুটি দেখি বেটা! হইলি কাতর।
অল্পজ্ঞান কৈলি বেটা! বুকে নাহি ডর?
রাম সনে যুক্তি ক'রে আছ মম সনে।
ভঙ্গ দিয়া এলি বেটা। ভয় নাই মনে?
ভয়েতে সারথি কহে যোড় করে হাত;—
আমারে না কর কোপ রাক্ষসের নাথ॥

রণে মূর্চ্ছা দেখি তবে বিষম সংগ্রাম।
রণশ্রমে অশ্বের বহিল কালঘাম ॥
সারথি ফিরায়ে রথ রাখে যোদ্ধাপতি।
সারথির ধর্ম্ম এই শুন নরপতি।
রণে মূর্চ্ছা দেখি তব হইনু অন্তর।
অবিচারে বল মোরে কেন কটুস্বর ?
হিত চিন্তা করিতে হইল বিপরীত।
আমারে দিতেছ দোষ নহে ত উচিত ॥
এত বলি অশ্বপৃষ্ঠে মারিল চাবুক।
বেগে উত্তরিল রথ রামের সম্মুখ ॥
রাম বলে, হে মাতলি। হও সাবধান।
আরবার রাবণ আসিল বিদ্যমান ॥
মনে মনে চিন্তিয়া মরণ কৈল সার।
মরেছিল আরবার পাইল নিস্তার ॥
ইন্দ্রের সারথি বড় বুদ্ধি-বিচক্ষণ।
রথ চালাইয়া দিল ত্বরিত গমন ॥
রাবণের রথ উপনীত শীঘ্রগতি।
দুই জনে বাণবৃষ্টি প্রাণের শকতি ॥
দুই রথপতাকা হইল ঠেকাঠেকি।
অগ্নি সম বাণ মারে দুজনে ধানুকী ॥
অসুরে ডাকিয়া বলে জিনুক রাবণ।
রামের হউক জয় কহে দেবগণ ॥
হেনকালে রঘুনাথ পূরিয়া সন্ধান।
রাবণের শরীরে মারিল তীক্ষ্ণ বাণ ॥
সেই বাণ সহি রাজা গদা নিল হাতে।
তর্জ্জন করিয়া গদা ছাড়ে শূন্যপথে ॥
অর্দ্ধ-চন্দ্র-বাণে রাম সেই গদা কাটে।
গদা কাটি সে বাণ রাবণ-অঙ্গে ফুটে ॥
রক্তবর্ণ গদা রক্ষঃ এড়ে পুনর্ব্বার।
পিশাচ-অস্ত্রেতে রাম করিলা সংহার ॥
শিবমন্ত্র পড়ি রক্ষঃ শিবশূল এড়ে।
শঙ্কর-বাণেতে রাম শূন্যে কাটি পাড়ে ॥
ক্রোধে জ্বলে রাবণের দু-আঁখি দেউটি।
রামের উপরে বাণ পুনঃ এড়ে জাঠি ॥
রক্তবর্ণ জাঠাগাছ পঞ্চাশ যোজন।
স্বর্গ-মর্ত্ত্য-পাতাল কাঁপিল ত্রিভুবন ॥
সূর্য্য-তেজ ধরে জাঠা অগ্নি উঠে মুখে।
বিপরীত শব্দে আসে রামের সম্মুখে ॥
জাঠাগাছ দেখি রাম বিস্মিত হইল।
ধনুক টঙ্কার রাম মহাশয় দিল ॥
আস্তে ব্যস্তে রামচন্দ্র নানা অস্ত্র এড়ে।
জাঠার অগ্নিতে বাণ ভস্ম হয়ে উড়ে ॥
লক্ষ লক্ষ বাণ পুড়ি জাঠাগাছ আসে।
ত্রাসেতে পর্ব্বতবাণ শ্রীরাম বরষে ॥
পবনবেগেতে জাঠা আসে শীঘ্রগতি।
করযোড়ে বলে তবে মাতলি সারথি ॥
ইন্দ্র পাঠায়েছেন দেখহ শেলপাটে।
শীঘ্র ছাড় সেই শেল জাঠা পাড় কেটে ॥
মাতালির বাক্যে রাম শেলপাট এড়ি।
রাবণের জাঠাগাছ ফেলে কাটি পাড়ি ॥
জাঠাগাছ কাটা গেল রাবণের ত্রাস।
জাঠা কাটি শেল আসে শ্রীরামের পাশ ॥
জাঠা ব্যর্থ দেখি রাজা যুড়ে নাগপাশ।
সহস্র সহস্র ফণী দেখি লাগে ত্রাস ॥
পূর্ব্বে রাম পড়িয়াছিলেন নাগপাশে।
সেই বাণ দেখে রাম কাঁপিলেন ত্রাসে ॥
শ্রীরাম গরুড়-অস্ত্র এড়ে বাহুবলে।
রাবণের নাগগণে ধ'রে ধ'রে গিলে ॥
ব্যর্থ গেল নাগপাশ দেখি দশানন।
রামের উপরে করে বাণ বরষণ ॥

সপ্তধার বাণে রাম নানা অস্ত্র কাটি।
অস্ত্র কেটে রহে রাবণের অঙ্গে ফুটি ॥
ক্রোধে করে দুজনাতে বাণ বরষণ।
লেখাজোখা নাহি বাণ বরষে দুজন ॥
চক্ষু মুদি ধনুক টানয়ে দুই জনে।
অগ্নিময় দে'খে কম্প লাগে ত্রিভুবনে ॥
সূর্য্য আদি অষ্ট বসু কাঁপে রসাতল।
শূন্যেতে দেবতাগণ পলায় সকল ॥
ঘন ঘন উল্কাপাত তারাগণ খসে।
ত্রিভুবন কম্পমান শ্রীরামের ত্রাসে ॥
শ্রীচরণভরে লঙ্কা করে টলমল।
সিংহনাদে উথলিল সাগরের জল ॥
আকাশ ভাঙ্গিয়া পড়ে মনে হয় গণি।
ধনুকের টঙ্কার বাণের ঠন্‌ঠনি ॥
বোধ হৈল চন্দ্রসূর্য্য-গমনাগমন।
দিবারাত্রি সপ্তাহ বিচ্ছেদ নাহি রণ ॥
সপ্ত দিন নাহি দেখি কে আছে কোথায়।
সুগ্রীব অঙ্গদ আদি পলাইয়া যায় ॥
নল নীল সুষেণ পলায় হনুমান্।
সসৈন্যে পলায় সবে লইয়া পরাণ ॥
শরভঙ্গ দ্বিবিদ পলায় উভরায়।
পনস কেশরী ছুটে ফিরিয়া না চায় ॥
আপন কটকে কপি পলায় অপার।
দৃষ্টি নাহি চলে লঙ্কা বাণে অন্ধকার ॥
আছাড়ি ফেলিল হাতে ছিল শালবৃক্ষ।
উর্দ্ধমুখে সসৈন্যেতে পলায় গবাক্ষ ॥
শ্রীরাম-লক্ষ্মণ ক্রোধে শমন-সমান।
ঝাঁকে ঝাঁকে ফেলে যেন যমসম বাণ ॥
যত নিশাচর ধায় ফেলে ধনুর্ব্বাণ।
আশী কোটি ভল্লুকে পলায় জাম্বুবান্ ॥

রাম-রাবণের যুদ্ধ বর্ণনা না যায়।
দোঁহার অঙ্গের মাংস হৈল চাকা প্রায় ॥
স্বর্গে ইন্দ্রদেব কাঁপে পাতালেতে বলি।
বাণের আগুনে দীপ্ত করে রণস্থলী ॥
শ্রীরাম এড়েন বাণ তারা যেন ফুটে।
রাবণের অঙ্গে তাহা কাঁটা হেন ফুটে ॥
মারিলেক অগ্নিবাণ ঘোর শব্দ শুনি।
হেন বাণ দশানন কিছুই না জানি ॥
শ্রীরাম এড়েন বাণ নামে বেড়াপাক।
রণস্থলে ফিরে যেন কুমারের চাক ॥
ঝঞ্ঝনা পড়িছে যেন উঠে মহাশব্দ।
বাণ খেয়ে দশানন হয়ে রহে স্তব্ধ ॥
বজ্রাঘাত সমান রামের বাণ যায়।
নিস্তেজ হইল রক্ষঃ সেই বাণঘায় ॥
গায়ের ভূষণ গেল মাথার মুকুটে।
রক্ত-মাংস নাহি খায় অস্থি ভেদি ফুটে ॥
অস্থি বিন্ধে রঘুনাথ করিল জর্জ্জর।
তবু যুঝে দশানন সংগ্রাম ভিতর ॥
বিভীষণ বলে, রাম! ধর্ম্ম-অস্ত্র এড়।
রাবণের স্বর্ণপাটা ভূমে কাটি পাড় ॥
কক্ষপাটা গেল কাটা রাবণ চিন্তিত।
মনে ভাবে ভগবতী ছাড়িলা নিশ্চিত ॥
বিশেষ জানিনু রাম বিষ্ণু-অবতার।
জন্মিলে মরণ আছে চিন্তা কি তাহার?
সফল জীবন মম রাম যদি মারে।
রামের সম্মুখে আজি ত্যজি কলেবরে ॥
জনম সফল হবে যাব স্বর্গবাস।
রামের শ্রীমুখ দেখি রাবণের হাস ॥
রক্ষঃ বলে, প্রীতিবাক্য না কব রামেরে।
দয়া উপজিলে নাহি মারিবে আমারে ॥

রাবণ রামেরে বলে ছাড় অহঙ্কার।
আজিকার রণে তোরে করিব সংহার ॥
খর দূষণ নহি ওরে লঙ্কার রাবণ।
এখনি পাঠাব তোরে যমের সদন ॥
শ্রীরাম বলেন তোর কঠিন জীবন।
মম বাণ খেয়ে বেঁচে আছহ এখন ?
আরবার বাজে যুদ্ধ শ্রীরাম-রাবণে।
বাণের আগুণ গিয়া উঠিল গগনে ॥
ঘোর অন্ধকার নিশি বাণে দীপ্ত করে।
চিকুর চমকে যেন সংগ্রাম-ভিতরে ॥
এড়িল শম্বর-বাণ রাম রঘুবর।
বুকেতে বাজিয়া রাজা হইল কাতর ॥
বাণ খেয়ে দশানন অন্তরেতে কাঁপে।
পার্ব্বতীর মহাশূল এড়িলেক কোপে ॥
শূল ফুটে রঘুনাথ হৈল অচেতন।
চেতন পাইয়া করে বাণ বরষণ ॥
সহস্রাক্ষ রামবাণ চলে উর্দ্ধমুখে।
অবিলম্বে পড়ে গিয়া রাবণের বুকে ॥
বাণাঘাতে মহাত্রাস পাইল রাবণ।
বিষ্ণুমন্ত্রে গদা রাম মারেন তখন ॥
কালচক্রে কাটে গদা রাজা দশানন।
গদা ব্যর্থ গেল ভাবে কমললোচন ॥
অতি ক্রোধে এড়িলেন বাণ মহাকাল।
রাবণের বুকে বিন্ধি প্রবেশে পাতাল ॥
পাশুপত বাণ মারে রাজা দশানন।
বিষ্ণুচক্রে কাটিলেন শ্রীরাম তখন ॥
বাণ খেয়ে দশানন ভাবে মনে মন।
যোড়হাতে স্তব করে শ্রীরামে তখন ॥
হাতের ধনুকবাণ ফেলে ভূমিতলে।
কর যুড়ি করে স্তব বস্ত্র দিয়ে গলে ॥
বিশ্বের আরাধ্য তুমি অগতির গতি।
নিদানে সৃজিতে সৃষ্টি তুমি প্রজাপতি ॥
তুমি সৃষ্টি তুমি স্থিতি তোমাতে প্রলয়।
কালে মহাকাল বিশ্ব কালে কর লয় ॥
তুমি চন্দ্র তুমি সূর্য্য তুমি চরাচর।
কুবের বরুণ তুমি যম পুরন্দর ॥
নিরাকার সাকার সকল রূপ তুমি।
তোমার মহিমা-সীমা কি জানিব আমি ?
না জানি ভকতি-স্তুতি জাতি নিশাচর।
শ্রীচরণে স্থান দান দেহ গদাধর।
তুমি হে অনাদ্য আদ্য অসাধ্য-সাধন।
কটাক্ষে ব্রহ্মাণ্ড নবখণ্ড বিনাশন ॥
আখণ্ডল চঞ্চল চিন্তিয়া শ্রীচরণ।
কটাক্ষে করুণা কর কৌশল্যানন্দন।
জন্মিয়া ভারতভূমে আমি দুরাচার।
করেছি পাতক বহু সংখ্যা নাহি তার ॥
অপরাধ মার্জ্জনা কর হে দয়াময়।
কুড়ি হস্ত যুড়ি রাজা একদৃষ্টে রয় ॥
কুড়ি চক্ষে বারিধারা বহে অনিবার।
রাম বলে, না হইল সীতার উদ্ধার ॥
কার্য্য নাই রাজপাটে পুনঃ যাই বনে।
রাবণ পরম ভক্ত মারিব কেমনে ?
কেমনে এমন ভক্তে করিব সংহার।
বিশ্বে কেহ রামনাম না করিবে আর ॥
কেমনে মারিব বাণ ভক্তের উপর।
এত বলি ত্যজেন হাতের ধনুঃশর ॥
বিমুখ হইয়া রাম বসিলেন রথে।
ইন্দ্র আদি দেবগণ লাগিল চিন্তিতে ॥
স্তবে তুষ্ট হৈল যদি কমললোচন।
তবে ত মজিল সৃষ্টি না মৈল রাবণ ॥

এত বলি দেবগণ করিয়া যুকতি।
উত্তরিল গিয়া যথা দেবী সরস্বতী ॥
দেবগণ বলে, মাতা করি নিবেদন।
প্রমাদ ঘটিল বড় না মৈল রাবণ॥
শ্রীরামের করে স্তব তুষ্ট নিশাচর।
স্তবে তুষ্ট হয়ে রাম ত্যজিল সমর ॥
তুমি বৈস রাবণের কণ্ঠের উপর।
রিপুভাবে শ্রীরামে বলাও কটুত্তর ॥
এত শুনি বাগবাণী চলিলা সত্বর।
বসিলেন রাবণের কণ্ঠের উপর ॥
ডাক দিয়া বলে রক্ষঃ শুন রঘুপতি!
প্রাণের ভয়েতে তোমা নাহি করি স্তুতি ॥
অবশ্য যুঝিব আমি আইস সত্বর।
এক বাণে ভণ্ড বেটা! যাবি যমঘর ॥
শ্রীরাম বলেন, মৃত্যু ইচ্ছিলি রাবণ।
এখনি পাঠাব তোরে যমের সদন ॥
এত বলি কোপেতে কম্পিত রঘুবর।
পুনর্ব্বার তুলিয়া নিলেন ধনুঃশর ॥
পুনর্ব্বার হয় যুদ্ধ শ্রীরাম-রাবণে।
বাণে বাণে কাটাকাটি উঠিল গগনে ॥
সিংহে সিংহে পর্ব্বতে যেমন বাজে রণ।
সেইরূপ বাজে যুদ্ধ শ্রীরাম-রাবণ ॥
পঞ্চ বাণ যুড়ে রাম ধনুকের গুণে।
সেই বাণ কাটে রক্ষঃ অগ্নিমুখ বাণে ॥
গন্ধর্ব্বাস্ত্র মারে রাম রাবণের গায়।
দশানন মোহ গেল সেই অস্ত্র-ঘায় ॥
হেনকালে যুক্তি দিল রক্ষঃ বিভীষণ।
ব্রহ্ম-কবচ কাটহ মরুক রাবণ ॥
ব্রহ্ম-মন্ত্র পড়ি রাম ব্রহ্ম-অস্ত্র হানে।
কবচ কাটিয়া পড়ে শ্রীরামের বাণে ॥
ব্রহ্ম-কবচ কাটিয়া তীক্ষ্ণ-অস্ত্র হানে।
তবু যুঝে দশানন শ্রীরামের সনে ॥
ডাক দিয়া শ্রীরামেরে বলিছে রাবণে।
কি করিতে পার রাম! মনুষ্য-পরাণে?
রাবণের কথা শুনি শ্রীরামের হাস।
অবশ্য রাবণ! তোরে করিব বিনাশ ॥
যত বাণ মারে রাম না মরে রাবণ।
রাবণ মরিবে কিসে ভাবে নারায়ণ ॥
সন্ধান পুরিয়া রাম কালচক্র এড়ি।
রাবণের মাথা কাটি ভূমিতলে পাড়ি ॥
এক মাথা কাটা গেল দেখে দেবগণ।
আর মাথা সেইখানে উঠে ততক্ষণ ॥
আর বার রঘুনাথ অর্দ্ধচন্দ্র-বাণে।
দুই মাথা কাটিয়া পাড়িল সেইখানে ॥
রণস্থলে রাবণের উঠে দুই মাথা।
দেখি চমৎকার হৈল সকল দেবতা ॥
আরবার রঘুনাথ এড়ি ব্রহ্মজাল।
তিন মাথা কাটি বাণ প্রবেশে পাতাল ॥
তিন মাথা কাটা গেল দেখে দেবগণে।
পুনঃ তার সেই মাথা উঠে সেইক্ষণে ॥
আরবার সন্ধান পুরিয়া রঘুবীর।
ঐষীক বাণেতে তার কাটিলেন শির ॥
চারি মাথা কাটা গেল অতি চমৎকার।
ব্রহ্মবরে চারি মাথা উঠে আরবার ॥
মাথা কাটা গেল নাহি মরে লঙ্কেশ্বর।
ব্রহ্ম-অস্ত্রে পঞ্চমাথা কাটেন সত্বর ॥
পাঁচ মাথা কাটি রাম মনে আনন্দিত।
সেই পাঁচ মাথা তবে উঠে ত্বরান্বিত ॥
আরবার রামচন্দ্র এড়ি যমদণ্ড।
মুকুট সহিত কাটে ছয়গোটা মুণ্ড ॥

মাথা কাটা গেল তবু রণে নাহি টুটে।
সেইক্ষণে রাবণের ছয় মাথা উঠে ॥
ধর্ম্মচক্র বাণ রাম যুড়েন ধনুকে।
সাত মাথা কাটিলেন সর্ব্বজন দেখে ॥
মাথা কাটা গেল তবু যুঝিছে রাবণ।
সপ্ত মুণ্ড রাবণের উঠে ততক্ষণ ॥
সপ্তসার বাণে রাম অষ্টমুণ্ড কাটে।
ব্রহ্মার বরেতে তার অষ্টমুণ্ড উঠে ॥
নয় মাথা কাটিলেন রঘুনাথ কোপে।
সেইক্ষণে নয় মাথা উঠে এক চাপে ॥
দশ মাথা কাটা গেল দশ মাথা উঠে।
তথাপি রাবণ যুঝে রামের নিকটে ॥
শ্রীরাম বলেন রক্ষঃ বড়ই দুর্বার।
মাথা কাটা গেল তবু যুঝে আরবার ॥
অর্দ্ধচন্দ্র-বাণ রাম পুরিলা সন্ধান।
রাবণের মধ্য কাটি করে দুইখান ॥
অর্দ্ধ-অঙ্গ পড়ে যেন পর্বতের চূড়া।
ব্রহ্মবরে অর্দ্ধ-অঙ্গ অঙ্গে লাগে যোড়া ॥
তবু নাহি পড়ে রক্ষঃ বড়ই দুর্বার।
রামের উপরে করে বাণ-অবতার ॥
রাবণের বাণে রাম জর্জ্জর-শরীর।
সংবরিয়া আকর্ণ পূরেন রঘুবীর ॥
শতবার কাটিলেন রাবণের মাথা।
কাটিবামাত্রেতে উঠে তিলে নাহি ব্যথা ॥
না মরে কাটিলে মাথা যুঝয়ে রাবণ।
কৃত্তিবাস রচিলেন গীত-রামায়ণ ॥

(মতান্তরে)

রাবণের অম্বিকাকে স্মরণ

এত দেখি কোপে কাঁপে বীর দশানন।
চাপে চড়াইয়া বাণ করে বরষণ ॥
আচ্ছন্ন হইল রবি নাহি চলে দৃষ্টি।
বাণ বর্ষে যেন মেঘে বরষয়ে বৃষ্টি ॥
বাণে বাণে ক্ষত-অঙ্গ যতেক বানর।
তাহা দেখি হনুমান কুপিত অন্তর ॥
লাফ দিয়া রাবণের সম্মুখে পড়িল।
বজ্রের সমান কীল রাবণে মারিল ॥
মার খেয়ে দশানন হারায় চেতন।
ধূলায় লোটায়ে করে রুধির বমন ॥
চেতন পাইয়া কীল হনুমানে মারে।
রাম জয় বলিয়া আপনি বীর সারে ॥
এইরূপে কতক্ষণ হইল সংগ্রাম।
পরেতে সংগ্রাম আসি করেন শ্রীরাম ॥
বাণে বাণে ক্ষত দেহ হৈল দুজনার।
দশানন সমর সহিতে নারে আর ॥
অচৈতন্য হয়ে রাজা ধূলায় ধূসর।
অম্বিকাকে স্তব করে হইয়া কাতর ॥
কোথা মা তারিণি তারা হও গো সদয়।
দেখা দিয়া রক্ষা কর মোরে অসময় ॥
পতিতপাবনি পাপহারিণি কালিকে।
দীনজনজননি মা জগৎ-পালিকে ॥
করুণানয়নে চাও কাতর কিঙ্করে।
ঠেকিয়াছি ঘোর দায় রামের সমরে ॥
আর কেহ নাহি মোর ভরসা সংসারে।
শঙ্কর ত্যজিল তেঁই ডাকি মা তোমারে ॥
তুমি দয়াময়ী মাতা শুনেছি পুরাণে।
তুমি শক্তি মুক্তি তৃপ্তি ব্যাপ্তি পরিত্রাণে ॥
নামগুণে ব্যক্ত আছ এ তিন ভুবনে।
রূপে গুণে অব্যক্ত নাহিক নিরূপণে ॥
যে তব শরণ লয় না থাকে আপদ্।
প্রমাণ ইন্দ্রের যাতে অমর-সম্পদ ॥

আমার নাহিক আর ডাকিবার লোক।
কৃপাদৃষ্টি করি তুমি নিবারহ শোক॥
এইরূপে স্তব যদি করিল রাবণ।
আর্দ্র হৈল হৈমবতী মন উচাটন॥

রাবণের স্তবে অভয়ার অভয়দান।

স্তবে তুষ্টা হয়ে মাতা দিল দরশন।
বসিলেন রথে কোলে করিয়া রাবণ॥
আশ্বাস করিয়া কন না কর রোদন।
ভয় নাই ভয় নাই রাজা দশানন।
আসিয়াছি আমি আর কারে কর ডর?
আপনি যুঝিব যদি আসেন শঙ্কর॥
অসিতবরণা কালী কোলে দশানন।
রূপের ছটায় ঘটা তিমিরনাশন॥
অলকা ঝলকে উচ্চ কাদম্বিনী-বেশে।
তাহে শ্যামরূপে নীল সৌদামিনীবেশে॥
কর-পদ-নখে শশী অনল প্রকাশে।
বিম্বফল ফলিত অধরে মন্দ হাসে॥
শোক গেল রাবণের দুঃখ-বিনাশনে।
হইল আহ্লাদ-চিত্ত দেবী-দরশনে॥
নয়নে গলিত ধারা সবিনয়ে কয়।
বলে দয়াময়ী বিনে সদয়া কে হয়?
সাক্ষাতে করিয়া স্তব রাজা লঙ্কেশ্বর।
রাম সনে সংগ্রামে চলিল অতঃপর॥
ছাড়ে ঘন হুহুঙ্কার গভীর গর্জ্জনে।
বাণ বরষণ করে তরল-তর্জ্জনে॥
আগুসরি যুদ্ধে এল রাম রঘুপতি।
দেখিলেন রাবণের রথে হৈমবতী॥
বিস্মিত হইয়া রাম ফেলি ধনুর্ব্বাণ।
প্রণাম করিলা তাঁরে করি মাতৃজ্ঞান॥
বিভীষণে কন তবে ত্রিলোকের নাথ।
রাবণ-বিনাশে মিতা! হইল ব্যাঘাত॥
কার সাধ্য বিনাশিতে পারে দশাননে।
রক্ষিত রাবণ আজি হর-বরাঙ্গনে॥
অই দেখ রাবণের রথে বিভীষণ!
জলদবরণী-কোলে রাজা দশানন॥
দেখিয়া ধার্ম্মিক বিভীষণ সবিস্ময়।
প্রমাদ ঘটিল কি হইবে দয়াময়।
বিষণ্ণ হইয়া রাম বসিলা ভূতলে।
পরম বিমর্ষ হয়ে চিন্তিত সকলে॥
তারা যদি করিলেন এমন ব্যাঘাত।
তবে আর কে করিবে দশাস্যে নিপাত?
উপায় নাহিক আর করিব কেমন।
দেখিয়া রামের চিন্তা চিন্তে দেবগণ॥
এ সময়ে হৈমবতী কি করিলা আর।
দেবারিষ্ট-বিনাশে ব্যাঘাত চণ্ডিকার॥
বিধাতারে কহিলেন সহস্রলোচন।
উপায় করহ বিধি। যা হয় এখন॥
বিধি কন বিধি আছে চণ্ডী আরাধনে।
হইবে রাবণ-বধ অকাল-বোধনে॥
ইন্দ্র কন কর তাই বিলম্ব না সয়।
ইন্দ্রের আদেশ ব্রহ্মা কহিবারে যায়॥

রাবণ-বধের নিমিত্ত ব্রহ্মা কর্তৃক বোধন ও
ষষ্ঠ্যাদি কল্পারম্ভ।

রাবণ-বধের জন্য বিধাতা তখন।
আর শ্রীরামেরে অনুগ্রহের কারণ॥
এব দুই কর্ম্ম ব্রহ্মা করিতে সাধন।
অকালে শরতে কৈল চণ্ডীর বোধন॥

দেবগণসহিতে পূজিল মহামায়।
এখানে চিন্তিত রাম কি করি উপায় ॥
আমা হৈতে নাহি হৈল রাবণ-সংহার।
জনকনন্দিনী সীতা না হৈল-উদ্ধার ॥
মিথ্যা পরিশ্রম কৈনু সঞ্চয় বানর।
মিথ্যা কষ্টে করিলাম বন্ধন সাগর ॥
মিথ্যা করিলাম যত রাক্ষস-সংহার।
লক্ষ্মণের শক্তিশেল ক্লেশমাত্র সার ॥
অনুপায় সকলি হইল এইবার।
বিভীষণে কহেন, কি হবে মিতা! আর?
নয়নেতে বহে জল শুকাইল মুখ।
তাহা দেখি দুঃখে ফাটে বিভীষণ-বুক ॥
বলে প্রভু। আমার নাহিক সাধ্য আর।
আমা হৈতে না হইবে উপায় ইহার ॥
এত শুনি কাঁদেন আপনি রঘুরায়।
ধূলায় লোটায় ছিন্ন নীলোৎপলপ্রায় ॥
লক্ষ্মণ কাঁদিছে আর বীর হনূমান্।
সুগ্রীব অঙ্গদ নল নীল জাম্বুবান্ ॥
রোদন করিছে সবে ছাড়িয়ে সমর।
দেখিয়া রামের দুঃখ কাতর অমর ॥
ইন্দ্ররাজ বিধাতারে সবিনয়ে কয়।
শ্রীরামের দুঃখ আর প্রাণে নাহি সয় ॥
শুনিয়া ইন্দ্রের বাণী, কন কমণ্ডলুপানি,
উপায় কেবল দেবীপূজা।
তুমি পূজি যে চরণ, জিনিলে অসুরগণ,
বোধিয়া শরতে দশভূজা ॥
পূজা রাম কৈলে তাঁর, রাবণ হবে সংহার,
শুন সার সহস্রলোচন।
শুনি কহে সুরপতি, যাও তুমি শীঘ্রগতি,
জানাও শ্রীরামে বিবরণ ॥
প্রেমে পুলকিত চিত্ত, পদ্মযোনি আনন্দিত,
শ্রীরাম-নিকটে উপনীত।
বিনয় করিয়া কয়, শুন প্রভু দয়াময়।
রাবণ-বধের যে বিহিত ॥
ব্রহ্মার বচন শুনি, কন রাম গুণমণি;—
কহ বিধি! কি উপায় করি।
মিথ্যা শ্রম করিলাম, অনুপায়ে ঠেকিলাম,
রক্ষিত রাবণে মহেশ্বরী ॥
বিধাতা কহেন প্রভু, এক কর্ম্ম কর বিভু,
তবে হবে রাবণ-সংহার।
অকালে বোধন করি, পূজ দেবী মহেশ্বরী,
তরিবে হে এ দুঃখ-পাথার ॥
শ্রীরাম কহেন তবে, কিরূপে পূজিতে হবে,
অনুক্রম কহ শুনি তার।
শ্রীরাম আপনি কয়, বসন্ত শুদ্ধি-সময়,
শরৎ অকাল এ পূজার ॥
বিধি আর নিরূপণ, নিদ্রা ভাঙ্গিতে বোধন,
কৃষ্ণা নবমীর দিনে তাঁর।
সে দিন হয়েছে গত, প্রতিপদে আছে মত,
কল্পারম্ভে সুরথ রাজার ॥
সে দিন নাহিক আর, পূজা হবে কি প্রকার,
শুক্লা ষষ্ঠী মিলিবে প্রভাতে।
কন্যারাশি মাস বটে, কিন্তু পূজা নাহি ঘটে,
অত্রযোগ সব হৈল যাতে ॥
বিধাতা কহেন সার, শুন বিধি দিই তার,
কর ষষ্ঠী কল্পেতে বোধন।
ব্যাঘাত না হবে তায়, বিধি খণ্ডি পুনরায়,
কল্প খণ্ডে সুরথ রাজন ॥
এই উপদেশ কন, শুনে রাম সুখী হন,
বিধাতা গেলেন নিজ ধাম।

প্রভাত হইল নিশা, প্রকাশ পাইল দিশা,
স্নানদান করিলা শ্রীরাম ॥
বন-পুষ্প ফল-মূলে, গিয়া সাগরের কূলে,
কল্প কৈলা বিধির বিধান।
পূজি দুর্গা রঘুপতি করিলেন স্তুতি-নতি,
বিরচিল চণ্ডী-পূজা গান ॥

শ্রীরামচন্দ্রের দুর্গোৎসব।

চণ্ডীপাঠ করি রাম করিলা উৎসব।
গীত নাট করে জয় দেয় কপি সব ॥
প্রেমানন্দে নাচে আর দেবীগুণ গায়।
চণ্ডীর অর্চ্চনে দিবাকর অস্ত যায় ॥
সায়াহ্নকালেতে রাম করিলা বোধন।
আমন্ত্রণ অভয়ারে বিল্বাধিবাসন ॥
আপনি গড়িল রাম মূরতি মৃন্ময়ী।
হইতে সংগ্রাম দুষ্ট রাবণে বিজয়ী ॥
আচারেতে আরতি করিলা অধিবাস।
বাঁধিলা পত্রিকা নব বৃক্ষের বিলাস॥
এইরূপে উদ্যোগ করিলা দ্রব্য যত।
পদ্ধতি প্রমাণে আছে নিয়ম যেমত ॥
অসাধ্য সুসাধ্য তার নাহি অনুমান।
ত্রিভুবন ভ্রমিয়ে আনিল হনূমান ॥
গত হৈল ষষ্ঠী নিশা দিবা সুপ্রভাত ॥
উদয় হইল পূর্ব্বে দিবসের নাথ ॥
স্নান করি আসি প্রভু পূজা আরম্ভিলা।
বেদ-বিধিমতে পূজা সমাপ্ত করিলা ॥
শুদ্ধসত্ত্বভাবে পূজা সাত্ত্বিকী আখ্যান।
গীত নাট চণ্ডীপাঠে দিবা-অবসান ॥
সপ্তমী হইল সাঙ্গ অষ্টমী আসিল।
পুনর্ব্বার রঘুনাথ অর্চ্চনা করিল ॥
নিশাকালে সন্ধিপূজা কৈল রঘুনাথ।
নৃত্য-গীতে বিভাবরী হইল প্রভাত ॥
নবমীতে পূজে রাম দেবীর চরণে।
নৃত্য-গীত নানামতে নিশি জাগরণে ॥

নবমী পূজা।

নবমীতে রঘুপতি, পূজিবারে ভগবতী,
উদ্যোগ করিলা ফল-ফুল।
বেদের বিধানমত, আনিলা সামগ্রী যত,
কপিগণ যোগাইছে ফুল ॥
অশোক কাঞ্চন জবা, মল্লিকা মালতী ধবা,
পলাশ পাটলী ও বকুল।
গন্ধরাজ আদি যত, বন্যপুষ্প নানামত,
স্থলপদ্ম কদম্ব পারুল ॥
রক্তোৎপল শতদল, কুমুদ কহলার নীল,
আমলকীপত্র পারিজাত।
শেফালী করবী আর, কনক-চম্পক সার,
কোকনদ সহস্রেক পাত ॥
অতসী অপরাজিতা, যাতে দুর্গা হরষিতা,
চম্পক-চম্পকী নাগেশ্বর।
কণ্ঠমল্লিকা দুপাটি, জাতি যূথী আচিঝাঁটি,
দ্রোণপুষ্প মাধবী টগর ॥
তুলসী তিসি ধাতকী, ভূমিচম্পক কেতকী,
পদ্ম বক কৃষ্ণকেলি আর।
স্বর্ণ-যূথিকা বান্ধুলী, শীর্ষ শিউলী আঁধুলী,
কুরচি গোলাপপুষ্পসার ॥
কৃষ্ণচূড়া চমৎকার, পুষ্প রাখে ভারে ভার,
সচন্দন কদলীর দলে।
নৈবেদ্যের আয়োজন, করিল বানরগণ,
অপূর্ব্ব অপূর্ব্ব বনফলে ॥

নীলপদ্ম আনয়নের মন্ত্রণা।

পরম আনন্দে রাম পূজেন শঙ্করী।
সাত্ত্বিকী-ভাবেতে ভাব বিধানে আচরি ॥
তন্ত্র-মন্ত্রমতে পূজা করে রঘুনাথ।
একাসনে সভক্তিতে লক্ষ্মণের সাথ ॥
অর্চ্চনা করিলা যদি দেব ভগবান্।
থাকিতে নারিলা দেবী ঘটে অধিষ্ঠান ॥
কপটে করুণাময়ী রহিলা গোপন।
শ্রদ্ধায় রামের পূজা করিলা গ্রহণ ॥
বিধিমতে পূজা সাঙ্গ করিলা শ্রীহরি।
কিন্তু হৈল সন্দেহ না দেখি মহেশ্বরী ॥
বিভীষণে কন রাম কি হইবে আর।
আমা প্রতি দয়া বুঝি না হৈল দুর্গার ॥
বঞ্চনা করিলা দেবী বুঝি অভিপ্রায়।
সীতার উদ্ধারে আর নাহিক উপায় ॥
নয়নে বহিছে ধারা অসুখী অন্তর।
কাঁদেন করুণাময় প্রভু পরাৎপর ॥
কাতর হইয়া তবে কন বিভীষণ।
এক কর্ম্ম কর প্রভু! নিস্তার কারণ ॥
তুষিতে চণ্ডীরে এই করহ বিধান।
অষ্টোত্তরশত নীলোৎপল কর দান ॥
দেবের দুর্ল্লভ পুষ্প যথা তথা নাই।
তুষ্ট হবে ভগবতী শুনহ গোঁসাই!
শুনিয়া তাহার বাক্য রঘুনাথ কন।
কোথা পাব নীলপদ্ম আনিব এখন?
দেবের দুর্লভ যাহা কোথা পাবে নর?
সকলি আমার ভাগ্যে বিধান দুষ্কর ॥
কাতর দেখিয়া রামে হনুমান্ কয়।
স্থির হও চিন্তা দূর কর মহাশয়!
দাস আছে প্রভু! কেন চিন্তা কর মনে।
থাকে যদি নীলপদ্ম আনিব এক্ষণে ॥
স্বর্গ মর্ত্ত্য পাতাল ভ্রমিয়া ভূমণ্ডল।
এক দণ্ডে এনে দিব শত নীলোৎপল ॥
বিভীষণ বলে বীর হনুমান্-কাছে।
অবনীতে দেবীদহে নীলপদ্ম আছে ॥
দশ বৎসরের পথ হইবে নিশ্চয়।
বীর কহে, আনি দিব নাহিক সংশয় ॥
রামচন্দ্রে প্রণমিয়া বীর হনুমান্।
দেবীদহ উদ্দেশেতে করিল পয়াণ ॥

দেবীর উদ্দেশে শ্রীরামচন্দ্রের স্তব।

হনুমানে পাঠাইয়া পদ্ম আনিবারে।
শ্রীরাম করেন স্তব দেবী চণ্ডিকারে ॥
দুর্গে দুঃখহরা তারা দুর্গতিনাশিনী।
দুর্গমে স্মরণী বিন্ধ্যগিরিনিবাসিনী ॥
দুরারাধ্যা ধ্যানসাধ্যা শক্তি সনাতনী।
পরাৎপরা পরমা প্রকৃতি পুরাতনী ॥
নীলকণ্ঠপ্রিয়া নারায়ণী নিরাকারা।
পরাৎপরা মূলশক্তি সচ্চিতা সাকারা ॥
মহিষমর্দ্দিনী মহামায়া মহোদরী।
শিবনিতম্বিনী শ্যামা শর্ব্বাণী শঙ্করী ॥
বিরূপাক্ষী শতাক্ষী সারদা শাকম্ভরী।
ভ্রামরী ভবানী ভীমা ধূমা ক্ষেমঙ্করী ॥
কালী কালহরা কালাকালে কর পার।
কুলকুণ্ডলিনী কর কাতরে নিস্তার ॥
লম্বোদরা বাঘাম্বরা কলুষনাশিনী।
কৃতান্তদলনী কাল-উরুবিলাসিনী ॥
এরূপ অনেক স্তব করিলা শ্রীহরি।
তুষ্ট হৈল হৈমবতী অমর-ঈশ্বরী ॥

কিন্তু রৈলা অদৃশ্যেতে নীলপদ্ম আশে।
রামের কমল-আঁখি অশ্রুজলে ভাসে ॥
এইরূপে কতক্ষণ রহে ভগবান্।
ওথা নীলোৎপল তুলে বীর হনুমান্ ॥
অষ্টোত্তরশত পদ্ম করি উত্তোলন।
পবনবেগেতে বীর করে আগমন ॥
রামচন্দ্র-নিকটে আসিয়া উত্তরিল।
গণনা করিয়া রামে নীলোৎপল দিল ॥
আনন্দিত হৈল রাম পেয়ে নীলপদ্ম।
দেবীভাবে বিচিত্র করিল চিত্তসদ্ম ॥
সঙ্কল্প করিল পদ্ম করিতে প্রদান।
কৃত্তিবাস রচিলেন গীত-রামায়ণ ॥

দেবী কর্ত্তৃক একটি পদ্ম হরণ।

পুলকিত চিত, বিধান রচিত,
মূলমন্ত্র উচ্চারণে।
ক্রমে নীলোৎপল, সহস্রেক দল
সঁপে শঙ্করী-চরণে ॥
করিলেন ছল, বুঝিতে সকল,
দেবী হরমনোহরা।
হরিলেন আর, এক পদ্ম তাঁর,
মহেশ্বরী পরাৎপরা ॥
ক্রমে পদ্ম সব, দিলেন রাঘব,
রাম জগতগোঁসাই।
শেষেতে বিয়োগ, হৈল অত্রযোগ,
এক পদ্ম মিলে নাই ॥
হইল বিস্মিত, চিত্ত চমকিত,
সঙ্কল্পভঙ্গেতে ভয়।
হনুমানে কন, ব্রহ্ম সনাতন,
এ কি পবনতনয় ?
সঙ্কল্প করিয়া বিধানে রচিয়া,
শতাষ্ট আছে সংখ্যায়।
এক পদ্ম তায়, পাওয়া নাহি যায়,
ঠেকিলাম ঘোর দায় ॥
যাও পুনর্ব্বার, এক পদ্ম আর,
আন গিয়া বাছাধন।
হনুমান কয়, শুন মহাশয়,
শতাষ্ট আছে গণন ॥
শুন হে গোঁসাই, আর পদ্ম নাই,
দেবীদহে বনমালি।
হেন লয় চিতে, তোমারে ছলিতে,
পঙ্কজ হরিলা কালী ॥
আমার বিস্ময়, অন্যথা না হয়,
দেখেছি গণিয়া ক্রমে।
নিশ্চয় তারিণী, হরিলা নলিনী,
না ভুলিও প্রভু! ভ্রমে ॥
পবননন্দন, কহিল যখন,
শুনিয়া বিস্ময় রাম।
আঁখি ছল ছল, বহে অশ্রুজল,
কাঁদেন ত্রিলোকধাম ॥
বুঝিলাম সার, অকালে আমার,
আছে কতেক যন্ত্রণা।
কৃত্তিবাস গায়, এ হেতু আমায়,
অভয়ার বিড়ম্বনা ॥

শ্রীরামচন্দ্রের কালিকার
প্রতি স্তুতি।

নমস্তে শর্ব্বাণী, ঈশানী ইন্দ্রাণী,
ঈশ্বরী ঈশ্বরজায়া।

অপর্ণা অভয়া, অন্নপূর্ণা জয়া,
মহেশ্বরী মহামায়া ॥
উগ্রচণ্ডা উমে, আশুতোষ-রমে,
অপরাজিতা উর্ব্বশী।
রাজরাজেশ্বরী, রমা রণকরী,
শঙ্করী শিবে ষোড়শী ॥
মাতঙ্গি বগলে, কল্যাণী কমলে,
ভবানী ভুবনেশ্বরী !
সর্ব্ব-বিশ্বোদরী, শুভে শুভঙ্করী,
ক্ষিতি ক্ষেত্র ক্ষেমঙ্করী ॥
সহস্র সহস্তে, ভীমে ছিন্নমস্তে,
মাতা মহিষমর্দ্দিনী।
নিস্তারকারিণী, নরকবারিণী,
নিশুম্ভ-শুম্ভঘাতিনী ॥
দৈত্য-নিকৃন্তনী শিবসীমন্তিনী,
শৈলসুতা সুবদনী।
বিরিঞ্চিবন্দিনী, দুষ্টনিস্কন্দিনী,
দিগম্বরের ঘরণী ॥
দেবী দিগম্বরী, দুর্গে দুর্গ-অরি,
কালিকে করালকেশী।
শিবে শবারূঢ়া, চণ্ডী চন্দ্রচূড়া,
ঘোররূপা এলোকেশী ॥
সর্ব্বসুশোভিনী, ত্রৈলোক্যমোহিনী,
নমস্তে লোলরসনা।
দিক্‌বিবসনা, শর্ব্বা শবাসনা,
বিশ্বা বিকটদশনা ॥
সারদা বরদা, শুভদা মোক্ষদা,
অন্নদা মুক্তিদা শ্যামা।
মৃগেশবাহিনী, মহেশভামিনী,
সুরেশবন্দিনী বামা ॥
কামাখ্যা রুদ্রাণী, হরা-হররাণী,
হররমা কাত্যায়নী।
শমনত্রাসিনি, অরিষ্টনাশিনি,
দয়াময়ি দাক্ষায়ণি ॥
হের মা পার্বতি ! আমি দীন অতি,
আপদে পড়েছি বড়।
সর্বদা চঞ্চল, পদ্মপত্রজল,
ভয়ে ভীত জড়সড় ॥
বিপদে আমার, না হয় তোমার,
বিড়ম্বনা করা আর।
মম প্রতি দয়া করগো অভয়া,
ভবার্ণবে কর পার ॥

—·—

দেবীর প্রতি শ্রীরামের স্তুতিবাক্য।

কাতরে কহেন রাম দেবী-পদতলে।
আর্দ্র চিত্ত লোমাঞ্চিত ভাসে অশ্রুজলে ॥
কৃতাঞ্জলি হয়ে হরি স্তুতিবাক্য কয়।
হের গো নয়নে কালী মোর অসময় ॥
পরাৎপরা সারাৎসারা বিপদ-নাশিনী।
মহামায়ারূপে ত্রিজগৎ আচ্ছাদিনী ॥
তুমি কর্ম্ম তুমি স্থূল কর্ম্মের কারণ।
তুমি স্মৃতি বৃত্তি দয়া লজ্জা নিরূপণ ॥
সর্ব্বময়ী সর্ব-আত্মা তুমি সর্বশক্তি।
তোমাতে আশ্রিত জীব সংসারানুরক্তি ॥
সৃষ্টি-স্থিতি-প্রলয়ের কারণ মা তুমি।
সজীব অজীব ব্যাপ্তি স্বর্গ সুরভূমি ॥
সকলি কর মা ! তুমি শুভাশুভ যত।
আপদ্ সম্পদ্ ধর্ম্মাধর্ম্ম অনুগত ॥
কর্মাকর্ম ভোগ মোক্ষ তুমি প্রদায়িনী।
স্ত্রী পুং নপুংসক তুমি জীব-সহায়িনী ॥

যোগমায়া যোগে মোরে আনিলে ভূতলে।
বিড়ম্বনা করিয়া ভাসালে শোকজলে ॥
চিন্তামণি নাম দিয়া চিন্তা সমর্পণ।
তুমি কর্ম্মে প্রযোজক প্রযোজ্য গণন ॥
সর্বভূতে সর্বরূপে ভিন্ন কর দেহ।
তুমি শক্তি সর্ব্বাধার ছাড়া নহে কেহ ॥
সংসার তোমার মায়া ছায়াবাজী প্রায়।
তোমার এ নাট্যখেলা পুত্তলিকা-প্রায় ॥
কারে কর রাজা কারে মন্ত্রী কর তার।
কেহ গজবাহী কেহ গজরক্ষাকার ॥
কেহ দীর্ঘজীবী কেহ অল্পদিনে পাত।
কার শিরে ছত্র কার শিরে বজ্রাঘাত ॥
কেহ যায় শিবিকায় কেহ তারে লয়।
কেহ সুখী কেহ ভোগী কেহ কষ্টে রয় ॥
কার স্বর্ণপাত্রে অন্ন পঞ্চাশ ব্যঞ্জন।
কার অন্ন নাহি মিলে ভিক্ষায় ভক্ষণ ॥
কেহ যোগী কেহ রাগী কেহ বলান্বিত।
কেহ সাধু চোর কেহ ধর্মে ধর্মাতীত ॥
এইরূপে সংসারের কর মা। স্থাপন।
আমারে করেছ মাত্র দুঃখের ভাজন ॥
ত্রিভুবনে দুঃখ-তাপে স্থাপিছ আমায়।
আর দুঃখ দিও না মা। নিবারি তোমায় ॥
সুখভাণ্ড অল্প হৈল দুঃখ তাহে ভারী।
তথাপি রাখিছ দুঃখ পূর্ব না বিচারি ॥
নিষেধ করি গো তাই যদি ভেঙ্গে যায়।
এ দুঃখ রাখিতে স্থান পাইবে কোথায় ?
বলে অবসন্ন আমি যা জান তা কর।
হইয়াছি অতিশয় জীর্ণ-কলেবর ॥
জন্মাবধি দুঃখ মোর কি কহিব আর।
তবু দুঃখ দাও দয়া না হয় তোমার ॥

ক্লেশে অবসান তনু শুন গো তারিণি।
দয়া কর দয়াময়ি পতিতোদ্ধারিণি ॥
কত দুঃখ দিলে মাতা। ভেবে দেখ মনে।
রাজ্যে রাজ্য বিনাশিয়া আনিলে কাননে ॥
তথাপি নাহিক ক্ষমা, অরণ্যে আনিলে।
দশানন দ্বারা শেষে জানকী হরালে ॥
কত কষ্টে কটক সঞ্চয় কপিগণে।
শিলা-বৃক্ষে সেতু বাঁধি সমুদ্র-তারণে ॥
সীতার উদ্ধারে তারা। হইনু তৎপর।
রাক্ষস নাশিনু শেষে আছে লঙ্কেশ্বর ॥
কষ্টে রণ করিলাম হরের অঙ্গনা।
তথাপি আপনি কালী করিছ বঞ্চনা ॥
করিলাম অর্চ্চনা মা। অকালবোধনে।
তবু না হইল কৃপা মোর আরাধনে ॥
শেষে শ্যামা নীলপদ্মে পূজিব চরণ।
শত অষ্ট সঙ্কল্পেতে করিনু রচন ॥
তার মধ্যে কৃপণতা করিলে মোহিনি।
হরিলে গো হররাণি। সঙ্কল্প-নলিনী ॥
আমি দীন হীন ক্ষীণ অতি অভাজন।
হের মা। নয়ন-কোণে মানস পুরণ ॥
নীলপদ্ম দেখাইয়া পূর্ণ কর ফল।
না সয় যাতনা আর জীবন বিফল ॥
এইরূপে রামচন্দ্র করেন বিনয়।
তথাপি তারার তাহে সাক্ষাৎ না হয় ॥
কাঁদিয়া শ্রীরঘুনাথ হইল অস্থির।
বক্ষ মুখ বাহিয়া পড়িছে অশ্রুনীর ॥
লক্ষ্মণ কাঁদেন আর বীর হনুমান্।
সুগ্রীব সুষেণ বিভীষণ জাম্বুবান্ ॥
শ্রীরাম কহেন, সবে কিবা দেখ আর।
বুঝিনু নিশ্চয় সীতা না হৈল উদ্ধার ॥

যাও মিতা সুগ্রীব ! স্বগণে লয়ে যাও।
মিথ্যা আর কেন কাঁদ মিছে মুখ চাও ?
বিভীষণে রাজ্য দিব অযোধ্যাভুবনে।
রাখিব যতনে তাকে সত্যের পালনে ॥
ঝাঁপ দিব জলে আমি সমুদ্র-ভিতর।
এত বলি কাঁদে রাম দুঃখিত-অন্তর ॥

দেবীর নিকটে শ্রীরামের প্রার্থনা।

শ্রীরামে কাতর দেখি কহে হনুমান্।
এরূপ ব্যাকুল কেন হৈলে ভগবান্ !
সাধিব আমার কর্ম্ম আমি আপনার।
মারিব রাবণে সীতা করিব উদ্ধার ॥
এইরূপে সকলেতে বুঝায় তখন।
না শুনি কাহারো কথা করেন রোদন ॥
শিরে করাঘাত করি করেন হুতাশ।
বলেন কেবল মোর সকলি নৈরাশ ॥
ভাবিতে ভাবিতে রাম করিলেন মনে।
নীলকমলাক্ষ মোরে বলে সর্ব্বজনে ॥
যুগল নয়ন মোর ফুল্ল নীলোৎপল।
সঙ্কল্প করিব পূর্ণ বুঝিয়ে সকল ॥
এক চক্ষু দিব আমি দেবীর চরণে।
এত বলি কহে রাম অনুজ লক্ষ্মণে ॥
আর কিবা দেখ ভাই ! করি কি এখন।
না হৈল দুর্গার কৃপা বিফল জীবন ॥
কমললোচন মোরে বলে সর্ব্বজনে।
এক চক্ষু দিব আমি সঙ্কল্পপূরণে ॥
এত বলি তূণ হ'তে লইলেন বাণ।
উপাড়িতে যান চক্ষু করিতে প্রদান ॥
কাঁদিতে কাদিতে রাম করেন স্তবন।
দেবীর হইল শোক দেখিয়া রোদন ॥

চক্ষু উপাড়িতে রাম বসিলা সাক্ষাতে।
হেনকালে কাত্যায়নী ধরিলেন হাতে ॥
কি কর কি কর প্রভু জগত-গোঁসাই।
পূর্ণ হৈল চক্ষু উপাড়িয়া কাজ নাই ॥
কাতরে শ্রীরাম কন দেবীরে তখন।
অবিরত জলধারে ভাসিছে নয়ন ॥
ভাল দুঃখ দিলে মাতা ! পেয়ে অসময়।
কিন্তু জননীর হেন উচিত না হয় ॥
পুত্র প্রতি মাতৃস্নেহ সর্ব্বশাস্ত্রে গায়।
মোর পক্ষে মীন-ভুজঙ্গের মাতা প্রায় ॥
ঠেকেছি বিষম দায় জানকী-উদ্ধারে।
অনুমতি কর মাতা ! রাবণ-সংহারে ॥
যা করিলে সে ভাল বারেক ফিরে চাও।
শবে অস্ত্রাঘাত মিথ্যা আক্ষেপ বাড়াও ॥
ভরসা তোমার আর না কর নিরাশ।
আশা আছে আশ্বাসেতে দাও মা ! আশ্বাস ॥
কাল-নিবারিণা কালী কালের মোহিনী।
প্রকৃতি পরমেশ্বরী পরম-শোভিনী ॥
অশন বিহনে তনু শীর্ণ আছে মোর।
কবিবর কহে মা দুঃখের নাহি ওর ॥

রাবণবধের জন্য দেবীর আদেশ।

রামের বচন শুনি, বিষাদ হরিষ গণি,
স্তুতিবাক্যে কাত্যায়নী কন ;—
শুন প্রভু দয়াময়, অখিল ব্রহ্মাণ্ডচয়,
পতি তুমি ব্রহ্ম সনাতন ॥
তুমি আদি ভগবান, অখণ্ড কাল সমান,
বিশ্ব রহে তব লোমকূপে।
তুমি চরাচর-গতি, অচ্যুত অব্যয় অতি,
ব্যাপকর্ত্তা পরমাণুরূপে ॥

মায়ায় মনুষ্য তুমি, চতুর্বাহু আসি তুমি,
নাশিতে রাক্ষস দুরাচার।
ভব ভাব্য প্রভু হও, কভু কোন্ ভাবে রও,
শুদ্ধতত্ত্ব কে জানে তোমার ?
তোমার জানকী যিনি, পরমা প্রকৃতি তিনি,
রাবণের কি সাধ্য হরিতে ?
সীতা হরণের ছলে, সেতু বাঁধি সিন্ধুজলে,
রাক্ষসেরে বিনাশ করিতে॥
দেখহ মনে বিচারি, রাবণ তোমার দ্বারী,
পূর্বে ছিল বৈকুণ্ঠনগরে।
ব্রহ্মশাপে ধরা এল, শত্রুভাবেতে পাইল,
তেঁই প্রভু ! তুমি ধরাপরে॥
অকালবোধনে পূজা, কৈলে তুমি দশভুজা,
বিধিমতে করিলা বিন্যাস।
লোকে জানাবার জন্য, আমারে করিতে ধন্য,
অবনীতে করিলা প্রকাশ॥
রাবণে ছাড়িনু আমি, বিনাশ করহ তুমি,
এতবলি হৈল অন্তর্দ্ধান।
নাচে গায় কপিগণ, প্রেমানন্দে নারায়ণ,
নবমী করিল সমাধান॥
দশমীতে পূজা করি, বিসর্জ্জিয়া মহেশ্বরী,
সংগ্রামে চলিলা রঘুপতি।
আদেশ পাইয়া রাম, সিদ্ধ হৈল মনস্কাম,
চণ্ডীলীলা মধুর ভারতী॥

রাবণের ভগবতী ত্যাগের জন্য হনুমান
কর্তৃক চণ্ডী অশুদ্ধ।

সংগ্রাম করিতে হরি, চলিল ধনুক ধরি,
তাহা দেখি যত দেবগণ।
ইন্দ্রেরে কহিয়া সবে, পবনেরে কহি তবে,
পাঠাইলা রামের সদন॥
বিশেষ কহিলা দণ্ডী, অশুদ্ধ করিতে চণ্ডী,
পরামর্শ দিল রঘুবরে।
শুনিয়া দৈববচন, বিভীষণে রাম কন,
পাঠাইতে পবনকুমারে॥
শ্রীরামের আজ্ঞা পায়, বীর হনুমান ধায়,
উত্তরে নিমিষে হাটি বাট।
যথা বৃহস্পতি আছে, উপনীত তাঁর কাছে,
একমনে করে চণ্ডীপাঠ॥
মক্ষিকার রূপ ধরে, চাটিলেক দ্বি-অক্ষরে,
দেখিতে না পায় বৃহস্পতি।
অভ্যাস আছিল তায়, পড়িল অবহেলায়,
হনুমান্ সচিন্তিত অতি॥
ছাড়ি মক্ষি-কলেবরে, আপনি বিক্রম ধরে,
দেখি গুরু পাইলেন ভয়।
রঙ্গে ভেঙ্গে দেয় পাট, চক্ষে নাহি দেখে বাট,
হনুমান্ পুথি কাড়ি লয়॥
প্রথম মাহাত্ম্য স্তোক, পুছে ফেলে তিন শ্লোক,
চণ্ডী হৈল অশুদ্ধ তখন।
রাবণে নিরাশ করি, রণ ছাড়ি মহেশ্বরী,
কৈলাসেতে করিলা গমন॥
স্তব করি দশানন, কাঁদে কত শোক-মন,
ফিরে না চাহিল মহেশ্বরী।
হেথা রাম এল রণে, ইন্দ্ররথ-আরোহণে,
বিজয়-কোদণ্ড ধনু ধরি॥

রাবণ-বধ।

রাম লক্ষ্মণ সুগ্রীব ধর্ম বিভীষণে।
চারিজনে যুক্তি করে রাবণ না জানে।

দশানন ভাবে রাম বুঝিতে না পারে।
পলাইয়া যাবে বুঝি ত্যজিয়া সীতারে ॥
এতেক ভাবিয়া রাজা সুস্থ কৈল বুক।
এখন পাইলে সীতা দুঃখোপরে সুখ ॥
মরিয়াছে ইন্দ্রজিৎ সে মহীরাবণ।
সীতা পেলে সব দুঃখ হয় নিবারণ ॥
এত বলি দশানন হরষিত রহে।
শ্রীরামের উপদেশ বিভীষণ কহে ॥
পূর্ব্বের এ কথা প্রভু! হইল স্মরণ।
তপস্যা করিনু যবে ভাই তিন জন ॥
বর দিতে পদ্মযোনি আসিল তখন।
চাহিল অমর বর রাজা দশানন ॥
ব্রহ্মা বলিলেন, শুন ওহে নিশাচর!
না মাগ অমর বর চাহ অন্য বর ॥
দশানন বলে অন্য বর নাহি চাই।
অতুল ঐশ্বর্য্য ধনে কিছু কাজ নাই ॥
ব্রহ্মা বলে দশানন দুঃখ কেন ভাব!
প্রবন্ধেতে দিয়া বর অমর করিব ॥
দশ মুণ্ড কুড়ি হস্ত কাটা যদি যায়।
তথাপি তোমার মৃত্যু নাহি হবে তায় ॥
খণ্ড খণ্ড করি যদি কাটে কলেবর।
তাহে তুমি না মরিবে শুন নিশাচর ॥
সংগ্রামের রীতি এই শুন দশানন।
আকিঞ্চন করে মাথা করিতে ছেদন ॥
হস্ত পদ কাটি ফেলে মেরে তীক্ষ্ণ শর।
অস্ত্রাঘাতে খণ্ড খণ্ড করে কলেবর ॥
অতএব তোরে বলি শুন দশানন।
কর-পদ-মুণ্ডচ্ছেদে না হবে মরণ।
কাটামুণ্ড যোড়া তব লাগিবেক স্কন্ধে।
সহজে অমর হবে বরের প্রবন্ধে ॥

মর্ম্মে যবে ব্রহ্ম-অস্ত্র পশিবে তোমার।
তখন রাবণ! তুই হইবি সংহার ॥
অন্য অস্ত্র না হইবে প্রবিষ্ট শরীরে।
তোমার যে মৃত্যু-অস্ত্র রবে তব ঘরে ॥
সৃজন করেছি আমি সেই ব্রহ্মবাণ।
ধর ধর দশানন! রাখ তব স্থান ॥
বিপক্ষে এ অস্ত্র যদি পায় কোনমতে।
প্রহার করয়ে যদি তোমার মর্ম্মেতে ॥
তখন মরিবে তুমি সন্দ তাহে নাই।
তোমার এ মৃত্যু-অস্ত্র রাখ তব ঠাঁই ॥
বর শুনে অস্ত্র পেয়ে তুষ্ট দশানন।
স্বস্থানে রাবণ গেল বাল্মীকিতে কন ॥
সেই বাণ রাখিয়াছে মন্দোদরী রাণী।
কোথায় রেখেছে অস্ত্র কিছুই না জানি ॥
এই কথা বিভীষণ কহে শ্রীরামেরে।
আর এক মত কথা কহে মতান্তরে ॥
সেই অস্ত্রে নাভিদেশ ভেদিবে যখন।
তখনি সে রাবণের হইবে পতন ॥
কোন মতান্তরে বলে শিব দিলা বর।
রাবণে রাখিবে শিব সংগ্রাম ভিতর ॥
হস্ত পদ দেহ মুণ্ড কাটা যবে যাবে।
কুড়ায়ে শঙ্কর লয়ে অঙ্গ যোড়া দিবে ॥
পুরাণ অনেকমত কে পারে কহিতে?
বিস্তারিয়া কহি শুন বাল্মীকির মতে ॥
বিভীষণ কহিলেন, রামের গোচরে।
রাবণের মৃত্যুবাণ রাবণের ঘরে ॥
সে অস্ত্র আনিতে কারো নাহিক শকতি।
রাম বলে না মরিবে লঙ্কা অধিপতি ॥
সে বাণ আনিতে যোগ্য কে আছে এমন।
কোথা আছে সে বাণ না জানে বিভীষণ ॥

মন্দোদরী-নিকটেতে আছয়ে নির্ব্বাস।
সে বাণ আনিলে হয় রাবণ বিনাশ॥
মন্দোদরী-অন্তঃপুর ভয়ঙ্কর স্থান।
ব্রহ্মা আদি দেবগণ নিকটে না যান॥
রাবণের ভয়ে বাত না বহে পবন।
সে স্থান হইতে বাণ আনে কোন্ জন?
এত যদি কহিল রাক্ষস বিভীষণ।
হেনকালে উপনীত পবননন্দন॥
হনূমান্ বলে, কেন ভাব রঘুমণি!
আমি গিয়া মৃত্যুবাণ আনিব এখনি॥
রাম বলে বহুশ্রম কৈলে বারংবার।
না হৈল রাবণ-বধ সকলি অসার।
হনূমান্ বলে, প্রভু! কর আশীর্ব্বাদ।
এখনি আনিব বাণ কিসের প্রমাদ?
এত বলি রঘুনাথে প্রণাম করিয়ে।
জাম্বুবান্ সুগ্রীবের পদধূলি লয়ে॥
ধীরে ধীরে অন্তঃপুরে করিল প্রবেশ।
মায়া করি হৈল বৃদ্ধ ব্রাহ্মণের বেশ॥
কক্ষতলে পাঁজি পুথি ডানি হাতে বাড়ি।
কপালেতে দীর্ঘ ফোঁটা যান গুড়ি গুড়ি॥
লোলিত বক্ষের মাংস পাকা সব কেশ।
মলিন হয়েছে মাংস ছেড়ে গণ্ডদেশ॥
কুশমুষ্টি কুশাঙ্গুরী যজ্ঞসূত্র গলে।
রাবণ রাজার জয় ঘন ঘন বলে॥
জ্যোতিষ-গণনে আমি বড়ই পণ্ডিত।
এই বলি রাণীর অগ্রেতে উপস্থিত॥
পার্ব্বতীর আরাধনে ছিল মহারাণী।
চারিদিকে বেড়ি দশ হাজার সঙ্গিনী॥
ব্রাহ্মণ দেখিয়া রাণী পুলকিত মন।
বৈস বৈস বলি দিল রত্নসিংহাসন॥

রাণী দিল সিংহাসন তাহে না বসিয়ে।
কক্ষে ছিল কুশাসন বসিল বিছায়ে॥
দ্বিজ বলে আমি বড় জ্যোতিষ পণ্ডিত।
চিরকাল চিন্তা করি রাবণের হিত॥
নর-বানরেতে আসি পাড়িল প্রমাদ।
রাজার হউক জয় করি আশীর্ব্বাদ॥
প্রত্যহ জ্যোতিষ গণে দেখি পূর্ব্বাপর।
কি করিতে পারিবেক নর ও বানর॥
মন্দোদরি! যে ধন তোমার আছে ঘরে।
শত রামে রাবণের কি করিতে পারে?
মন্দোদরী বলে, এমন আছয়ে কি ধন।
দ্বিজ বলে, দেখিলাম করিয়া গণন॥
জ্যোতিষ-গণনে জানি যত সমাচার।
রাজার জীবন-মৃত্যু গৃহেতে তোমার॥
প্রবন্ধে রাবণ রাজা হয়েছে অমর।
প্রকাশিয়ে না কহিবে কাহার গোচর॥
এতেক কহিয়ে উঠে চলে দ্বিজবর।
কহে রাণী মন্দোদরী করি যোড়কর॥
কি ধন গৃহেতে মম আছয়ে এখন।
জ্যোতিষেতে কি দেখিলে করিয়া গণন?
দ্বিজ বলে মন্দোদরি করো না ছলনা।
বড় অসম্ভব বিদ্যা আমার গণনা॥
লঙ্কাপুরে যে দ্রব্য আছয়ে যেখানেতে।
বলে দিতে পারি যদি গণি খড়ি পেতে॥
সে সকল কথায় নাহিক প্রয়োজন।
কহিলাম যেখানেতে গোপনে সে ধন॥
ব্রহ্মা আসি কহে যদি তোমার সাক্ষাতে।
প্রকাশিয়ে সে কথা না ব'ল কোনমতে॥
বিপ্রের বচনে রাণী হইল বিস্ময়।
সামান্য গণক এই দ্বিজবর নয়॥

এত ভাবি মন্দোদরী কহে দ্বিজবরে।
লুকায়ে রেখেছি তাহা পরম আদরে॥
দ্বিজ বলে, তুষ্ট হৈনু তোমার বচনে।
সাবধানে রেখো যেন কেহ নাহি শুনে॥
এত বলি দ্বিজবর চলিলা সত্বরে।
পাদ দুই গিয়া পুনঃ দাঁড়াইল ফিরে॥
দ্বিজবর কহে, শুন রাণী মন্দোদরি।
যত্ন কর তবু তুমি হীনবুদ্ধি নারী॥
রেখেছ গোপনে সত্য মিথ্যা কথা নয়।
তথাপি তোমার বাক্যে না হয় প্রত্যয়॥
ঘরভেদী বিভীষণ যে দারুণ বৈরী।
প্রমাদ ঘটাতে পারে কুমন্ত্রণা করি॥
বিভীষণ অজ্ঞাত লঙ্কাতে নাহি স্থান।
কিরূপে রাবণরাজ পাবে পরিত্রাণ?
মন্দোদরী বলে, দ্বিজ! না ভাব অন্তরে।
বিভীষণ সাধ্য হ'ত থাকিলে বাহিরে॥
পরম সপক্ষ তুমি রাজার পক্ষেতে।
বিশেষ না কব কেন তোমার সাক্ষাতে?
তব আশীর্ব্বাদে তাহা কে লইতে পারে?
রেখেছি জড়িত এই স্তম্ভের ভিতরে।
বিশেষ নারীর মুখে শুনিয়া মারুতি।
ভাঙ্গিল স্ফটিকস্তম্ভ মারি এক লাথি॥
ভাঙ্গিতে স্ফটিকস্তম্ভ দৃষ্ট হৈল বাণ।
বাণ লয়ে লাফ দিল বীর হনূমান্॥
নিজ মূর্ত্তি ধরি গিয়া বসিল প্রাচীরে।
আর এক লাফে গেল রামের গোচরে॥
বাণ দিয়ে রঘুনাথে করিল প্রণাম।
মহানন্দে হনুমানে কোল দেন রাম॥
রামজয় শব্দ করি ডাকিছে বানর।
কেহ বলে মার মার কেহ বলে ধর॥

শ্রীরাম বলেন, রক্ষঃ! কি ভাবিছ ব'সে।
মরণ নিকটে তোর যুদ্ধ দেহ এসে॥
এত বলি দিলা রাম ধনুকে টঙ্কার।
শ্রীরাম-রাবণে যুদ্ধ বাজে আরবার॥
হইল বিষম যুদ্ধ না যায় গণন।
মহাকোপে বাণ বৃষ্টি করিছে রাবণ॥
মাতলি সারথি বাণে হইল অস্থির।
বাণে বাণ নিবারণ কৈলা রঘুবীর॥
শূন্য পথে থাকিয়া অমরগণ দেখে।
মৃত্যুবাণ রঘুনাথ যুড়িলা ধনুকে॥
হংসাকৃতি বাণের যে মুখের আকার।
বাণ দে'খে দেবগণে লাগে চমৎকার॥
কনক-রচিত বাণ ভুবন প্রকাশে।
বাণের মুখেতে অগ্নি রহে গুপ্তবেশে॥
পশুপতি বৈসেন বাণের মধ্যখানে।
চালনা করেন ঊনপঞ্চাশ পবনে॥
ধরাধর ধরাতে বিরাজে নিরন্তর।
অলক্ষিতে যম রহে বাণের উপর॥
বাণের গর্জ্জনে ত্রিভুবনে লাগে ডর।
পর্ব্বত উপাড়ি পড়ে উথলে সাগর॥
কৃষ্ণবর্ণ বাণের সকল অঙ্গজ্যোতি।
তিলেকেতে বিনাশিতে পারে বসুমতী॥
নানা পুষ্পমাল্য দিয়া বাণগোটা সাজি।
মন্ত্র পড়ি রঘুনাথ বাণ-ব্রহ্ম পূজি॥
মৃত্যু-অস্ত্র রঘুনাথ যুড়ি মন্ত্রবলে।
ধূম উঠে বাণমুখে ব্রহ্ম-অগ্নি জ্বলে॥
মহাশব্দ করিয়া সঘনে গর্জ্জে বাণ।
দেখিয়া যে রাবণের উড়িল পরাণ॥
চিনিল রাবণরাজ দেখি মৃত্যুবাণ।
জানিল যে এই বাণে বাহিরিবে প্রাণ॥

বিশ্বামিত্র স্মরি বাণ ছাড়ে রঘুবীর।
রাবণের বুকে বিন্ধি কৈল দুই চির॥
ছট্‌ ফট ক'রে রাজা পড়ে ভূমিতলে।
ব্রহ্মাদি দেবতা দেখে গগনমণ্ডলে॥
ইন্দ্র চন্দ্র কুবের বরুণ পুরন্দর।
দেবতা তেত্রিশ কোটি হয়ে একত্তর॥
কানাকানি যুক্তি করে যত দেবগণ॥
কেহ বলে এইবার মরিল রাবণ।
হস্ত-পদ নাহি নাড়ে মরিল নিশ্চয়।
কেহ বলে, রাবণেরে নাহিক প্রত্যয়॥
কতবার মরে বেটা আরবার বাঁচে।
মনে করি কপটভাবেতে পড়ি আছে॥
কি জানি এবার যদি না মরে রাবণ।
তবে রাবণের হাতে না রবে জীবন॥
অরিভাবে কার্য্য নাহি না যাব নিকটে।
রাবণের চিতাধূম যাবৎ না উঠে॥
শিবদূত বিষ্ণুদূত সবে ফিরে যায়।
বেঁচে আছে ব'লে কেহ নিকটে না যায়॥
মরেছে রাবণ ব'লে কেহ কেহ হাসে।
বেঁচে আছে ব'লে কেহ পলায় তরাসে॥
কেহ বলে রাবণ পড়িল কতবার।
দশ মাথা কাটা গেল না হৈল সংহার॥
রামায়ণে বাল্মীকি লিখিল পূর্ব্বকালে।
মহাশয়ন করিবে রক্ষঃ রণস্থলে॥
রাবণ মরিবে হেন নাহিক পুরাণে।
অতএব না মরিবে ভাবি হেন মনে॥
কোন দেব বলে রাবণের মৃত্যু আছে।
অমর হইতে বর পাইল কার কাছে?
জানিল বাল্মীকি মুনি পুরাণানুসারে।
রাবণ দুর্জ্জয় হবে বিখ্যাত সংসারে॥

ভয়ে মুনি রাবণের মৃত্যু নাহি লেখে।
কি জানি রাবণ রুষ্ট হয় পাছে দেখে॥
মনে মুনি জানে রক্ষঃ হইবে দুর্জ্জয়।
প্রকাশিয়ে মৃত্যু লেখা উপযুক্ত নয়॥
রাবণের মৃত্যু মুনি লিখিলা সঙ্কেতে।
এবার মরেছে রক্ষঃ সন্দ নাই তাতে॥
নিশ্চয় করিতে নারে যত দেবগণে।
হেন কালে রঘুনাথ ভাবিলেন মনে॥
আমার পরম ভক্ত রাজা দশানন।
শাপেতে রাক্ষসযোনি হয়েছে এখন॥
শরাঘাতে জরজর পড়ে রণস্থলে।
একবার দরশন দিব এইকালে॥
এখনি মরিবে রক্ষঃ নাহিক সন্দেহ।
মৃত্যুকালে দেখা দিয়া মুক্ত করি দেহ॥
লক্ষ্মণেরে পাঠাইয়ে জানিব সন্ধান।
সেইরূপ আছে কি হয়েছে দিব্যজ্ঞান॥
এত ভাবি রঘুনাথ কহেন লক্ষ্মণে;—
কহি এক উপদেশ শুন সাবধানে॥
রাজার বংশেতে জন্ম পেয়ে দুই ভাই।
চিরদিন বনবাসে ভ্রমিয়া বেড়াই॥
কত দিন বঞ্চিলাম মুনিগণ সনে।
রাজনীতি কিছু না শিখিনু পিতৃস্থানে॥
অরণ্যেতে বধিলাম তাড়কা রাক্ষসী।
বিবাহ করিতে দোঁহে অযোধ্যাতে আসি॥
অভিলাষ ছিল যে শিখিতে রাজনীত।
সে আশা নিরাশা হলো বিধি বিড়ম্বিত॥
পিতৃসত্য পালিতে আসিতে হলো বনে।
বনে বনে চৌদ্দবর্ষ ফিরি দুই জনে॥
ভল্লুক বানর লয়ে বনে বনে ফিরি।
কে শিখাবে রাজনীতি কোথা শিক্ষা করি?

অযোধ্যানগরে গিয়া পাব রাজ্যভার।
নাহি জানি ধর্মাধর্ম রাজ-ব্যবহার॥
কে শিখাবে রাজধর্ম যাব কার কাছে?
অযোধ্যানগরে লোকে নিন্দা করে পাছে॥
রাবণ প্রবীণ রাজা ব্যাখ্যা করে সবে।
করেছে অধর্মকর্ম রাক্ষস-স্বভাবে॥
রাজকীর্ত্তি-কর্মে রক্ষঃ পরম পণ্ডিত।
রাজনীতি রাবণেরে জিজ্ঞাস কিঞ্চিৎ॥
এখনি যাইবে রাজা দেহ পরিহরি।
জিজ্ঞাসহ নীতিবাক্য গোটা দুই চারি॥
অমূল্য রতন যদি অস্থানেতে রয়।
গ্রহণ করিতে পারে শাস্ত্রে হেন কয়॥
শ্রীরামের আজ্ঞা পেয়ে লক্ষ্মণ সত্বর।
উপনীত হৈল যথা লঙ্কার ঈশ্বর॥
ব্রহ্ম-অস্ত্রে আকুল লঙ্কার অধিপতি।
লক্ষ্মণে দেখিয়ে করে সকরুণে স্তুতি॥
দশানন বলে, শুন ঠাকুর লক্ষ্মণ।
এ সময়ে একবার দেহ শ্রীচরণ॥
বহু যুদ্ধ করিলাম হইয়া বিবাদী।
শত শত অপরাধে আমি অপরাধী॥
অপরাধ মার্জ্জনা করহ মহাশয়!
উপস্থিত এই মোর আসন্ন সময়॥
লক্ষ্মণ বলেন, দোষ নাহিক তোমার।
যোগাযোগ যত দেখি লিপি বিধাতার॥
লঙ্কার ঈশ্বর তুমি পরম পণ্ডিত।
পাঠালেন রাম মোরে সুধাইতে নীত॥
লক্ষ্মণের বাক্যে কহে রাজা লঙ্কেশ্বর।
কোন্ নীতি সংসারেতে রাম-অগোচর?
রাজনীতি আমি বল কি কব রামেরে।
তবে যদি আজ্ঞা দেন কহিতে আমারে॥
সেবকের মুখে যদি করেন শ্রবণ।
দয়া ক'রে একবার দিন দরশন॥
শক্তিহীন হইয়াছি বাহিরায় প্রাণ।
যাইতে না পারি আমি প্রভু-বিদ্যমান॥
দয়া ক'রে যদি রাম আসেন এখানে।
যাহা জানি রাজনীতি নিবেদি চরণে॥
এতেক শুনিয়া তবে ঠাকুর লক্ষ্মণ।
শ্রীরামের অগ্রে আসি সবিশেষ কন॥
রাজনীতি আমারে না কহে দশানন।
বাঞ্ছা আছে তোমারে করিতে দরশন॥
করিয়া অনেক স্তুতি কহিল আমারে।
উঠিতে না পারে রক্ষঃ বিষম প্রহারে॥
স্তুতিবাক্যে কহিলেক আমার সাক্ষাতে।
একবার আনিয়া দেখাও রঘুনাথে॥
রাবণের সাক্ষাতে আসিলা রঘুপতি।
বুঝি রাবণের মন উঠি শীঘ্রগতি॥
উঠিতে শকতি নাই রাজা দশাননে।
ভক্তিভাবে প্রণাম করিল মনে মনে॥
আঘাতে আকুল অঙ্গ বাক্য নাহি সরে।
বিনয় করিয়া কথা কয় ধীরে ধীরে॥
রামের সর্বাঙ্গ রাজা করে নিরীক্ষণ।
সাক্ষাৎ বিরাট-মূর্ত্তি ব্রহ্ম সনাতন॥
মায়াতে মানব-দেহ বিশ্বময় তুমি।
তোমার মহিমা প্রভু! কি জানিব আমি?
অনাথের নাথ তুমি পতিতপাবন।
দয়া ক'রে মস্তকেতে দেহ শ্রীচরণ॥
চিরদিন আমি দাস চরণে তোমার।
শাপেতে রাক্ষসকুলে জনম আমার॥
মহীতলে ভ্রমিতে হয়েছে তিন জন্ম।
আসুরিক যুদ্ধে নাহি জানি ধর্মাধর্ম॥

অপরাধ ক্ষমা কর গোলকের পতি।
অনাদি পুরুষ তুমি আপনা বিস্মৃতি॥
রাজনীতি তোমারে কি কব রঘুবর।
সংসারেতে যত নীতি তোমার গোচর॥
রাম বলে, যে কহিলে সকলি প্রমাণ।
তথাপি শুনিতে হয় আছয়ে বিধান॥
প্রাচীন ভূপতি তুমি অতি বিচক্ষণ।
বাহুবলে জিনেছ সকল ত্রিভুবন॥
ধর্মাধর্ম রাজকর্ম তোমাতে বিদিত।
তব মুখে কিঞ্চিৎ শুনিব রাজনীত॥
দশানন বলে, মম সংশয় জীবন।
কহিতে বদনে নাহি নিঃসরে বচন॥
যতক্ষণ বাঁচি প্রাণে আছি সচেতন।
কহিব কিঞ্চিৎ নীতি করহ শ্রবণ॥
করিতে উত্তম কর্ম বাঞ্ছা যবে হবে।
আলস্য ত্যজিয়া তাহা তখনি করিবে॥
অলসে রাখিলে কর্ম পুনঃ করা ভার।
কহি শুন রঘুনাথ! প্রমাণ তাহার॥
একদিন আসি আমি স্বর্গপুর হৈতে।
যমপুরী দৃষ্ট হৈল থাকি নিজ রথে॥
শূন্য হৈতে দেখিলাম যমের ভুবন।
তিন দ্বারে নানা স্থানে আছে সাধুজন॥
দেখিলাম দক্ষিণেতে পাতকীর থানা।
দিবা কিংবা রাত্রি কিছু নাহি যায় জানা॥
অন্ধকারে চুরাশীটা নরকের কুণ্ড।
তাহাতে ডুবায়ে ধরে পাতকীর মুণ্ড॥
পরিত্রাহি ডাকে পাপী বিষম প্রহারে।
না দেয় তুলিতে মাথা যমদূত মারে॥
তাহা দেখি বড় দয়া হইল মনেতে।
ঘুচাব পাপীর দুঃখ শমনের হাতে॥
পাপীর দুর্গতি আর দেখা নাহি যায়।
এত ভাবি সেই দিন এলেম লঙ্কায়॥
পূরাব নরককুণ্ড নিত্য করি মনে।
আজকালি করিয়া রহিল বহু দিনে॥
হেলায় রহিল প'ড়ে না হয় পূরণ।
তার পর তব সঙ্গে বাজিল এ রণ॥
কুণ্ড পুরাইতে যবে করিনু মনন।
তখনি পুরালে পূর্ণ হইত সে পণ॥
হেলাতে রাখিনু ফেলে না হইল আর।
মনের সে দুঃখ মনে রহিল আমার॥
আর এক কথা শুন নিবেদন করি।
লবণ-সমুদ্র মাঝে স্বর্ণলঙ্কাপুরী॥
একদিন মনেতে হইল এই কথা।
সপ্তম সমুদ্র সৃষ্টি করেছেন ধাতা॥
দধি দুগ্ধ ঘৃত আদি সমুদ্র থাকিতে।
কেন আছি লবণ-সমুদ্র-সলিলেতে॥
স্বর্গ মর্ত্ত্য পাতাল আমার করতল।
সিঞ্চিয়া ফেলিব এই সমুদ্রের জল॥
ক্ষীরোদ-সমুদ্র এনে রাখিব এখানে।
এই কথা চিরদিন আছে মোর মনে॥
যখন মনেতে হয় মনে করি করি।
অন্য কর্মে থাকি সিন্ধু সিঞ্চিতে পাসরি॥
এইরূপে হেলাতে অনেক দিন গেল।
অনন্তর তব সঙ্গে সংগ্রাম বাধিল।
সমুদ্র সিঞ্চন করা না হইল আর।
মনের সে দুঃখ মনে রহিল আমার॥
অতএব এই কথা শুন রঘুমণি।
মনে হ'লে শুভকর্ম্ম করিবে তখনি॥
হেলায় রাখিলে কোন কার্য্য নাহি হয়।
আর এক কথা কহি শুন মহাশয়।

নাগ নর ভূচর খেচর আদি সর্ব।
ভূত প্রেত পিশাচাদি আছয়ে গন্ধর্ব।
ব্রহ্মার সৃষ্টিতে দেবগণ আছে যত।
যাইতে অমরপুরে সকলে বাঞ্ছিত॥
সকলের শক্তি নহে যাইতে তথায়।
কেহ কেহ দৈবশক্তি অনুসারে যায়॥
এ শক্তি বিহীন যেবা আছে পৃথিবীতে।
স্বর্গপুরে যাইতে না পারে কদাচিতে॥
মনে মনে সাধ করে যাইতে অমরে।
দৈবশক্তিহীন তারা যাইতে না পারে॥
দেখি দুঃখ তাহাদের ভাবিনু অন্তরে।
কিরূপে যাইতে জীব পারে স্বর্গপুরে॥
অনায়াসে যেতে সব পারে দেবলোকে।
রচিব স্বর্গের পথ বিশ্বকর্ম্মে ডেকে॥
করিব এমন পথ যেন সবে উঠে।
পৃথিবী অবধি স্বর্গে ক'রে দিব পৈঠে॥
থাকিবে অপূর্ব কীর্ত্তি সংসারে পৌরুষ।
ত্রিভুবনে সবে মোর ঘুষিবেক যশ॥
তবে করিতাম যদি হ'ল যবে মনে।
কোন্ কালে কার্য্যসিদ্ধি হ'ত এত দিনে॥
হেলায় রাখিয়ে হৈল বহুদিন গত।
তার পর তব সঙ্গে যুদ্ধে উপস্থিত॥
অতএব শুভকর্ম্ম শীঘ্র করা ভাল।
হেলায় রাখিয়ে যে বাসনা বৃথা হ'লো॥
শ্রীরাম বলেন, শুন লঙ্কা অধিপতি।
শুভকর্ম্ম শীঘ্র করা এই সে যুকতি॥
সুকৃতি কর্ম্মের কথা কহিলে বিস্তর।
পাপকর্ম পক্ষে কিছু কহ আরবার॥
পাপধর্ম্ম হেলা ক'রে রাখে যে জন্মেতে।
বলহ তাহার নীতি আমার সাক্ষাতে॥
শীঘ্র কৈলে পাপকর্ম্ম কি হবে দুর্গতি।
বিস্তার করিয়া কহ সেই রাজনীতি॥
দশানন বলে, তাহা কহিতে বিস্তার।
কত আর বিস্তারিয়ে কব রঘুনাথ!
পাপকর্ম্ম অনেক করেছি চিরদিন।
কহিতে না পারি তনু প্রহারেতে ক্ষীণ॥
আছয়ে অনেক কথা আমার মনেতে।
কত কব রঘুনাথ! তোমার সাক্ষাতে॥
এক কথা কহি রাম! দেখ বিদ্যমান।
লক্ষ্মণ কাটিল সূর্পণখা নাক কান॥
সেই এসে উপদেশ কহিল আমারে।
তাহার বুদ্ধিতে আমি সীতা আনি হ'রে॥
সূর্পণখা কাঁদিলেক চরণেতে ধ'রে।
মনে হৈল সীতারে হরিয়া আনিবারে॥
একবার ভাবিলাম আপন মনেতে।
আজি নহে কালি সীতা আনিব পশ্চাতে॥
আবার বিচার করি দেখিলাম ভেবে।
হেলায় রাখিলে পাছে আনা নাহি হবে॥
অতএব শীঘ্রগতি হরি আনি সীতে।
সর্ব্বনাশ হৈল মোর সীতার জন্মেতে॥
একলক্ষ পুত্র মোর সোয়া লক্ষ নাতি।
আপনি মরিনু শেষে লঙ্কা অধিপতি॥
যদি সীতে আনিতাম ভেবে চিন্তে মনে।
তবে কেন সবংশে মরিব তব বাণে?
হেলাতে না হরি সীতা রাখিতাম ফেলে।
তবে মোর সংহার না হ'ত কোন কালে॥
যাহা জানি কহিলাম কিছু নীতি-কথা।
কহিতে কহিতে জিহ্বা হয়েছে জড়তা॥
শ্রীচরণ দৃষ্টি করি প্রাণত্যাগ কৈল।
জয় জয় শব্দে হেন সুরপুরে হৈল।

বিভীষণের বিলাপ।

আমার আর কেহ নাই ভবে,
ওরে দয়াল রামের চরণ বিনে।
তোমার দারা পুত্র পরিবার
কেবা কোথা রবে॥
আসিয়ে শমন দূত যখন বাঁধিবে।
ওরে ছেড়ে সংসার-মায়া
ভাব মন রাঘবে॥ ধ্রু॥

রাবণ পড়িল দেবগণ হরষিত।
নৃত্য করে অপ্সরা গন্ধর্ব্বে গায় গীত॥
রাবণ পড়িল রাম কপি পানে চান।
পলাইয়াছিল কপি এল বিদ্যমান॥
রথখান কাড়ি নিল বীর হনুমান।
অঙ্গদ লইল গদা দিয়ে এক টান॥
কর্ণের কুণ্ডল নিল নীল সেনাপতি।
হাতের বলয় লয় নল মহামতি॥
কেহ কেহ কাড়ি লয় মুকুটের ফুল।
কেহ উপাড়য়ে দাড়ি-গোঁফ আর চুল॥
রাবণে দেখিতে সবে করে মারামারি।
পড়িল রাবণরাজ জগতের বৈরী॥
রাম বলে, কপিগণ! হও এক পাশ।
রাবণে দেখিব আমি আছে অভিলাষ॥
রাম-লক্ষ্মণ সুগ্রীব সঙ্গে বিভীষণ।
রাবণ নিকটে তবে গেল ততক্ষণ॥
পর্ব্বত জিনিয়া অঙ্গ ধরণী লোটায়।
দেখিয়া দয়াল রাম করে হায় হায়॥
তাহা দেখি বিভীষণ জ্যেষ্ঠে কৈল কোলে।
কাঁদিতে কাঁদিতে শোকে বিভীষণ বলে॥
ত্রিভুবন জিনিলে সে নিজ বাহুবলে।
সেই অহঙ্কারে ভাই! রামে না চিনিলে॥
না বুঝিয়া সীতাদেবী লঙ্কাতে আনিলে।
লক্ষ্মীরে করিয়া চুরি সবংশে মজিলে॥
মরণ করিলে সার নাহি দিলে সীতা।
পায়ে ধ'রে সাধিলাম না শুনিলে কথা॥
বংশের সহিত এবে হারাইলে প্রাণ।
না শুনিলে মম বাক্য হয়ে হতজ্ঞান॥
আপনার দোষে মৈলে কলঙ্ক আমার।
কারে দিয়া যাও তুমি লঙ্কা-অধিকার?
বিভীষণ বলে, রাম! যুক্তি বল সার।
স্বর্গ-মর্ত্ত্য পাতাল তোমার অধিকার॥
ধার্ম্মিক হইয়া ভাই ধর্ম্ম নষ্ট করে।
মৃত্যু লাগি সীতা আনে লঙ্কার ভিতরে॥
চিরদিন ভাই মোর পূজিল শিবেরে।
মরণ-সময় শিব না চাহিল ফিরে॥
হিত বুঝাইতে মোরে ভাই মারে লাথি।
তখনি জানিনু তার ঘটিল দুর্গতি॥
পুরী শূন্য করি ভাই ত্যজিল জীবন।
তোমা বিনা গতি আর নাহি নারায়ণ!
বিভীষণ-রোদনে শ্রীরাম ক্লিষ্ট-মন।
রাম বলে, কাঁদিও না বীর বিভীষণ।
ভুবন জিনিয়া সুখ ভুঞ্জিল অপার।
পড়িয়া আমার বাণে গেল স্বর্গদ্বার॥

মন্দোদরীর বিলাপ।

একবার বদন তুলে ফিরে হে চাও।
উঠ উঠ লঙ্কার অধিকারী,
আমার শূন্য হ'লো লঙ্কাপুরী,
ওহে ত্যজে শয্যা মনোহর,
কেন ধুলায় ধূসর কলেবর॥ ধ্রু॥

অন্তঃপুরে জানাইল পড়িল রাবণ।
দেখিবারে ধাইল যতেক নারীগণ॥

রক্ত-উৎপল জিনি কোমল চরণ।
রণস্থলে ছুটে যায় হয়ে অচেতন ॥
রাবণে বেড়িয়া কাঁদে রমণীমণ্ডল।
শশধরে তারাগণে যেন রে ঘেরিল ॥
সোনার কমল-অঙ্গ ধূলাতে মগন।
মন্দোদরী কাঁদে ধরি স্বামীর চরণ ॥
আমারে ছাড়িয়া প্রভু! যাও কোন্ স্থানে।
কেমনে ধরিব প্রাণ তোমার মরণে?
কেমনে আনিলে সীতা এ কালসাপিনী ॥
স্বর্ণলঙ্কাপুরে না রহিল এক প্রাণী ॥
কি কাজ করিল তব শঙ্কর-শঙ্করী।
রাম-লক্ষ্মণ নাশিল স্বর্ণলঙ্কাপুরী ॥
আপদে পড়িলে দেখ কেহ কারো নয়।
সীতার কারণে হ'লো এতেক প্রলয় ॥
শমন হইল তব সূর্পণখা ভগ্নী।
তার বাক্যে আনি সীতা হারালে পরাণী ॥
ভুবনের বীর প্রভু পড়ে তব বাণে।
প্রাণ হারাইলে নর-বানরের রণে?
কারে দিয়া গেলে এ কনক-লঙ্কাপুরী?
কারে দিয়া যাও প্রভু রাণী মন্দোদরী?
অতুল বিভব তব গেল অকারণে।
সব ছারখার হৈল তোমার বিহনে ॥
পতি পুত্র মরিল কেমনে প্রাণ ধরি।
ধরণী লোটায়ে কাঁদে রাণী মন্দোদরী ॥
বিভীষণ বলে, শুন রাণী মন্দোদরি।
আর না বিলাপ কর চল অন্তঃপুরী ॥
এত বলি বিভীষণ রাণী নমস্কারে।
আপনি সকল জ্ঞাত দৈব যত করে ॥
সীতা দিতে কহিলাম করিয়া মিনতি।
সভা বিদ্যমানে মোরে মারিলেন লাথি ॥
পদাঘাতে হইলাম জলনিধি পার।
সকল বৃত্তান্ত তুমি জানহ আমার ॥
এতেক বচন যদি কহে বিভীষণ।
বাড়িল মন্দোদরীর দ্বিগুণ ক্রন্দন ॥
রাবণের মুণ্ড কোলে করি রক্ষঃ-রাণী।
প্রবোধিতে নারে দশ হাজার সতিনী ॥
কেঁদো না কেঁদো না রাণী! মন কর স্থির।
তোমার ক্রন্দন দেখি বুক হয় চির ॥
মন্দোদরী বলে, স্বামী মারিল যে জনে।
সেই জনে একবার দেখিব নয়নে ॥
মনুষ্য নহেন রাম দেব নারায়ণ।
অবশ্য দেখিব আমি তাঁহার চরণ ॥
বস্ত্র না সংবরে রাণী আলুথালু বেশে।
শ্রীরামে দেখিতে যায় মনের হরষে ॥
কটক-বেষ্টিত ব'সে আছেন শ্রীরাম।
হেনকালে মন্দোদরী করিল প্রণাম ॥
সীতা জ্ঞানে ভাবি রাম রাণী মন্দোদরী।
জন্মায়ত হও বলি আশীর্ব্বাদ করি ॥
রামের চরণে রাণী বলে ততক্ষণ।
হেন বর দিলে কেন কমললোচন?
চন্দ্র সূর্য্য পৃথিবী সমুদ্র যদি ছাড়ে।
তবু রঘুনাথ তব বাক্য নাহি নড়ে ॥
শ্রীরামেরে মন্দোদরী পরিচয় দিল।
কৃত্তিবাস পণ্ডিত কবিত্বে বিরচিল ॥

সংসারে অসীমে, যাঁহার মহিমা
শুনেছ ময়দানব।
যাঁর মহাশেলে, ত্রিভুবন টলে,
লক্ষ্মণের পরাভব ॥

তাঁহার নন্দিনী, রাবণঘরণী,
নাম মম মন্দোদরী।
এলেম চরণ, করিতে দর্শন,
ত্যজিয়া যে অন্তঃপুরী॥
শুন মহাশয়, জানিনু নিশ্চয়,
তুমি ত্রিদিবের নাথ।
লঙ্কার ঈশ্বরী, নাম মন্দোদরী,
কহি যোড় করি হাত॥
দেবের ঈশ্বর, দেব পুরন্দর,
তারে যে বান্ধিয়া আনি।
যেই ইন্দ্রজিৎ, দেবে মানে ভীত,
আমি যে তার জননী॥
জন্মায়ত করি, বর দিলে হরি,
এ বচন নহে আন।
স্বামী এই হত, আমার আয়ত,
কিরূপে কর বিধান?
তুমি সত্যবাদী, ওহে গুণনিধি,
মিথ্যা নহে তব বাণী।
দারুণ প্রহারে, মারিয়ে পতিরে,
কি কথা কহ আপনি?
সূর্য্যবংশজাত, প্রভু রঘুনাথ,
কহেন হয়ে লজ্জিত।
সত্য মোর কথা, রাবণের চিতা,
জ্বালিয়ে রাখ আয়ত॥
শুন মন্দোদরি, যাও নিজ পুরী,
মনে না কর বিলাপ।
মোর হাতে মরে, গেল সে অমরে,
খণ্ডিত সকল পাপ॥
শুন মোর বাণী, গৃহে যাও রাণী,
দুঃখ না ভাবিও চিত্তে।
রাবণের চিতা, রহিবে সর্ব্বদা,
চিরকাল রবে আয়ত্তে॥
রহিবেক চিতা, মিথ্যা নহে কথা,
শুন মন্দোদরী রাণি।
আয়ত স্বভাবে, সর্ব্বকাল রবে,
মিথ্যা না হইবে বাণী॥

রামের স্থানেতে বর পেয়ে মন্দোদরী।
প্রণতি করিয়া রামে গেল নিজ পুরী॥
রাবণ বধিয়া দুঃখ হইল অপার।
না ধরিব ধনু রাম কৈলা অঙ্গীকার॥
রাম বলে বিভীষণ! না ভাবিও মনে।
আপনার দোষে মৈল রাজা দশাননে॥
রাবণের অগ্নিকার্য্য কর বিভীষণ!
আর কেহ নাই তার করিতে তর্পণ॥
ক্রন্দন সংবর মিতা! শুন মম বাণী।
রাবণ-তর্পণ তুমি করহ এখনি॥
রামের আজ্ঞায় যায় সৎকার করিতে।
নানা দ্রব্য বস্ত্র আনে ভাণ্ডার হইতে॥
সুগন্ধি চন্দনকাষ্ঠ আনে ভারে ভার।
অগুরু চন্দন আনে গন্ধ মনোহর॥
পর্বত সমান বীর দুর্জ্জয় শরীর।
রাবণে বহিতে এল সহস্রেক বীর॥
সকল রাক্ষস এসে রাবণেরে ধরে।
পর্বত সমান বীর তুলিবারে নারে॥
দুর্জ্জয় প্রতাপ হনুমান্ মহাবীর।
কোলে করে লয়ে গেল সাগরের তীর॥
রাবণেরে স্নান করাইল সিন্ধুজলে।
সুগন্ধি চন্দন লেপে কণ্ঠে বাহুমূলে॥
দিব্যবস্ত্র পরাইল সোনার পইতে।
সাগরের কূলে খুলে রাবণের চিতে॥

হাতে অগ্নি করিয়া কাঁদেন বিভীষণ।
দশমুখে অগ্নি দিয়া পোড়ায় রাবণ॥
রাবণের চিতাধূম উঠে ততক্ষণে।
মুক্ত হয়ে গেল রক্ষঃ বৈকুণ্ঠভুবনে॥

বিভীষণের অভিষেক।

একবার ডাক মন রামনাম বলিয়ে রে।
দেখ এ তিন ভুবনে, সীতানাথ বিনে,
কে আর তারিবে তোমারে॥
রণে অবসর পেয়ে কমললোচন।
লক্ষ্মণ সহিত গিয়া বসিল তখন॥
ইন্দ্রের মাতলি আসি মাগিল মেলানি।
মাতলিরে কহিলেন সুমধুর বাণী ;—
দেবরাজে কহিবে আমার পরিহার।
তাঁর শত্রু রাবণেরে করিনু সংহার॥
রামেরে প্রণাম করি মাতলি চলিল।
রামের বচন গিয়া ইন্দ্রেরে কহিল॥
সুগ্রীবে দেখিয়া রাম হরষিত-মন।
বাহু বিস্তারিয়া তারে দিল আলিঙ্গন॥
তুমি হেন মিতা হও জন্ম-জন্মান্তরে।
ভুবন জিনিতে পারি পাইলে তোমারে॥
তোমার প্রসাদে হইলাম সিন্ধু পার।
তোমার প্রসাদে সীতা করিনু উদ্ধার॥
এক ধার আমার রয়েছে শুধিবার।
বিভীষণে না দিলাম লঙ্কা-অধিকার॥
এবে বিভীষণে করি লঙ্কা-অধিপতি।
চারি যুগে থাকিবে আমার এই খ্যাতি॥
আমার বচনে মিত্র! কর আগুসার।
বিভীষণে দেহ মিত্র! লঙ্কা-অধিকার॥
হনুমান অঙ্গদ প্রভৃতি কপিবর।
সবে কর বিভীষণে লঙ্কার ঈশ্বর॥
গন্ধর্ব্বে ঔষধি দিক্ নানা তীর্থজল।
লঙ্কামধ্যে স্ত্রী-পুরুষে গাউক মঙ্গল॥
শ্রীরামের আজ্ঞা লজ্ঘিবেক কোন্ জনা।
বিভীষণ রাজা হবে পড়িল ঘোষণা॥
নানাবিধ রত্ন ধন যেখানে যা ছিল।
রাক্ষস-বানরে সব বহিয়া আনিল॥
গায়কেতে গীত গায় নাট্য করে নাট।
শুভক্ষণে বিভীষণে দেন রাজ্যপাট॥
আপনি মাথায় জল ঢালেন লক্ষ্মণ।
রামজয় শব্দ করে যত কপিগণ॥
নানাবর্ণে বাদ্য বাজে শুনিতে সুন্দর।
আনন্দেতে নৃত্য করে সকল বানর॥
এক লক্ষ দগড় দ্বিলক্ষ করতাল।
দুই লক্ষ ঘণ্টা বাজে শুনিতে বিশাল॥
ভেউরী ঝাঁঝরী বাজে তিন লক্ষ কাড়া।
চারি লক্ষ জয়ঢাক ছয় লক্ষ পড়া॥
বাজিল চুরাশী লক্ষ শঙ্খ আর বীণা!
তিন লক্ষ তাসা বাজে দামামার সানা।
ঢেমচা খেমচা বাজে তিন লক্ষ ঢোল।
তিন লক্ষ পাখোয়াজ বিস্তর মাদল॥
জয়ঢাক রামকাড়া বাজে জগঝম্প।
শুনিয়া বাদ্যের শব্দ ত্রিভুবন কম্প॥
বাজিল রাক্ষসী ঢাক পঞ্চাশ হাজার।
দুন্দুভি ডমরু শিঙ্গা সংখ্যা করা ভার॥
তূরী ভেরী খঞ্জনী খমক আর বাঁশী।
দগড়ে রগড় দিতে লক্ষ লক্ষ কাঁসী॥
টিকারা টঙ্কার আর চৌতারা মোচঙ্গ।
বাদ্য শুনি বানরের বেড়ে গেল রঙ্গ॥

রামজয় শব্দ করে যত কপিগণ।
বিভীষণে অভিষেক কৈল নারায়ণ॥
ছত্রদণ্ড দিল আর স্বর্ণলঙ্কাপুরী।
অভিষেক করি দিল রাণী মন্দোদরী॥
বিভীষণ রাজা হৈল রাজ্যখণ্ড সুখী।
রহিল রামের কীর্ত্তি বিভীষণ সাক্ষী॥
পুনর্ব্বার শ্রীরাম কহিলা বিভীষণে।
মন্দোদরী লাগি কিছু না ভাবিও মনে॥
মন্দোদরী দিব মিতা! মম অঙ্গীকার।
রাজ-স্ত্রী রাজাতে লয় আছে ব্যবহার॥
অতএব না ভাবিও মিত্র বিভীষণ!
রাণী মন্দোদরী মিতা! দিলাম এখন॥

সীতার পরীক্ষা।

পাত্র-মিত্র লয়ে রাম বসিল দেওয়ানে।
সীতারে আনিতে পাঠাইল হনূমানে॥
সীতারে আনিতে যায় পবননন্দন।
হনূরে প্রণাম করে নিশাচরগণ॥
সবে বলে আচম্বিতে এল হনূমান্।
না জানি কাহার এবে লইবে পরাণ॥
এই কথা নিশাচরে ভাবে মনে মন।
হনূমান্ প্রবেশিল অশোকের বন॥
সীতারে দেখিয়া হনূ অবনত মাথা।
যোড়হাতে কহে বীর শ্রীরামের কথা॥
দুষ্ট নিশাচর দিল তোমারে এ তাপ।
সবান্ধবে পড়িল রাবণ মহাপাপ॥
রাম পাঠালেন মোরে এবে তব পাশ।
সমাচার কহিবারে মনেতে উল্লাস॥
হনূর নিকটে শুনি এতেক কাহিনী।
আনন্দ-সাগরে ভাসে সীতা ঠাকুরাণী॥
হনূমান্ বলে, মাতা! কি ভাবিছ মনে।
সুবার্ত্তার উত্তর না দেহ কি কারণে?
সীতা বলে, যে বার্ত্তা কহিলে হনূমান্।
নাহি ধন তাহার সদৃশ দিতে দান॥
যদ্যপি তোমারে করি রাজ্য-অধিকারী।
তথাপি তোমার ধার শুধিবারে নারি॥
হনূ বলে, রাজ্যধনে নাহি প্রয়োজন।
রাজ্য-ধন সব মাতা! তব শ্রীচরণ॥
তবু যদি দান দিবে সীতাঠাকুরাণি!
এই দান তব স্থানে মাগি গো জননি!
তোমার রক্ষক আছে রাবণের চেড়ী।
আমার সাক্ষাতে তোমা উঠাইত বাড়ি॥
করিয়াছে তোমার দুর্গতি অপমান।
এ সবার প্রাণ লব এই মাগি দান॥
দন্ত উপাড়িয়া চুল ছিঁড়ি গোছে গোছে।
আছাড়িয়া প্রাণ লব বড় বড় গাছে॥
সমুদ্রের তীরে আছে বালি খরশাণ।
তাতে মুখ ঘসাড়িয়া লইব পরাণ॥
শুনিয়া হনূর বাক্য যত চেড়ীগণ।
ভয়ে সব চেড়ী ধরে সীতার চরণ॥
চেড়ী সব বলে, শুন সীতাঠাকুরাণি!
হনূমান্ প্রাণ লয় রাখ গো আপনি॥
জানকী বলেন, তুমি বিচারে পণ্ডিত।
যত দুঃখ পাই আমি কপালে লিখিত॥
মহাবীর হনূ তুমি বুদ্ধি-বৃহস্পতি।
স্ত্রীবধ করিয়া কেন রাখিবে অখ্যাতি॥
যত দিন ছিল চেড়ী রাবণের ঘরে।
তাহার আজ্ঞায় দুঃখ দিয়াছে আমারে॥
এখন সবংশেতে মরেছে দশানন।
চেড়ীগণ করে এবে আমার সেবন॥

কহিবে আমার দুঃখ শ্রীরামের স্থানে।
প্রণাম করিব গিয়া রামের চরণে॥
চলিলেন হনূমান্ সীতার বচনে।
কহিলা সকল কথা শ্রীরামের স্থানে॥
যে সীতার লাগিয়া করিলা মহামার।
সে সীতার হইয়াছে অস্থিচর্ম্ম সার॥
চেড়ীর তাড়নে তাঁর কণ্ঠাগত প্রাণ।
তবু রাম বিনা তাঁর মনে নাহি আন॥
এত যদি কহিলেন পবননন্দন।
শ্রীরাম বলেন, তাঁরে আনে কোন্ জন?
এত ভাবি রঘুনাথ বিচারিয়া মনে।
সীতারে আনিতে পাঠাইল বিভীষণে॥
চলিলেন বিভীষণ রামের বচনে।
মাথা অবনত করে সীতার চরণে॥
বিভীষণ বলে, মাতা! করি নিবেদন।
তোমারে যাইতে হৈল রাম-দরশন॥
আনিলা সুবর্ণ-দোলা রতনে মণ্ডিত।
সীতার সম্মুখে আনি কৈল উপস্থিত॥
বিভীষণ বলে, শুন জনকনন্দিনি!
সুবর্ণদোলাতে আসি উঠহ আপনি॥
পর বস্ত্র-আভরণ যেবা লয় চিত্তে।
রাম-দরশনে মাতঃ! চলহ ত্বরিতে॥
মরিল রাবণ তব দুঃখ হৈল শেষ।
রাম-সম্ভাষণে চল করিয়া সুবেশ॥
স্নান করি পরে সীতা বিচিত্র বসনে।
সোণার দোলায় চলে রাম-সম্ভাষণে॥
সীতা বলে কিবা স্নান কিবা মোর বেশ।
অশোকের বনে কাটাইনু দুঃখ শেষ॥
বিভীষণ বলে, কথা কহিলে প্রমাণ।
কেমনে এ বেশে যাবে আমা বিদ্যমান?
বিভীষণ-পরিবার সরমা সুন্দরী।
স্নান-দ্রব্য লয়ে তারা এল ত্বরা করি॥
সিংহাসনে বসাইল সীতা চন্দ্রমুখী।
কেহ তৈল দেয় গায় কেহ আমলকী॥
পিঠালি মাখায়ে কেহ অঙ্গে তুলে মলি।
রত্নের কলসে কেহ শিরে জল ঢালি॥
নেতের বসনে কেহ মুছাইছে বারি।
যতনে পরায় বস্ত্র যতেক সুন্দরী॥
জানকীর রূপে তথা পড়িছে বিজলী।
কনকরচিত সীতা পরেন পাশুলি॥
রত্নেতে জড়িত বাঁধে বিচিত্র কবরী।
নানা চিত্র লেখা তাহে আছে সারি সারি॥
নয়নে অঞ্জন দিল অতি সুশোভিত।
নানা অলঙ্কার বিশ্বকর্ম্মার নির্ম্মিত॥
অঙ্গরাগে সিন্দুর দিলেক ভালে অঙ্গে।
গলেতে বিচিত্র হার মরকত সঙ্গে॥
বিচিত্রনির্মাণ দিল শঙ্খ দুই বাই।
যেন পূর্ণ শশধর দেখিবারে পাই॥
লুকাতে চাহেন রূপ না হয় গোপন।
জানকীর রূপে আলো করে ত্রিভুবন॥
রত্নময় চতুর্দ্দোল যোগাইল আনি।
সানন্দে বসিলা তাহে জনকনন্দিনী॥
ঘেরিলেক চতুর্দ্দোল নেতের বসনে।
যাত্রা কৈল সীতাদেবী রাম-সম্ভাষণে॥
যতনে পাড়িল পথে নেতের পাছড়া।
রাক্ষসেতে দেয় পথে চন্দনের ছড়া॥
মল্লিকা মালতী পারিজাত রাশি রাশি।
পথের বিস্তার কৈল রাক্ষসেতে আসি॥
রাক্ষস বানরেতে বেষ্টিত চারিভিতে।
বিভীষণ অগ্রেতে সুবর্ণ বেত হাতে॥

যতেক বানরসেনা চারিদিকে ঘেরে।
পরস্পর হয় সীতা দেখিবার তরে॥
দেখিতে না পায় কেহ চক্ষে বহে নীর।
যতেক লঙ্কার নারী হইলা বাহির॥
বাল বৃদ্ধা যুবতী লঙ্কায় যত ছিল।
সীতারে দেখিতে সবে ধাইয়া চলিল॥
না সংবরে অম্বর ধাইয়া যায় রড়ে।
বৃদ্ধা জন দ্রুত যেতে উছটিয়া পড়ে॥
শোকাকুলে মগ্ন যত রাক্ষসের নারী।
বেগে ধায় দ্রুতগতি লজ্জা পরিহরি॥
মন্দোদরী প্রণাম করিল হেনকালে।
ধুলায় ধূসর অঙ্গ আলুলিত চুলে॥
মন্দোদরী বলে, শুন জনকনন্দিনি।
তোমা লাগি হইলাম আমি অনাথিনী॥
পুরী সহ বিনাশ করিয়া কোপাগুনে।
আনন্দে চলেছ তুমি রাম সম্ভাষণে॥
এ আনন্দে নিরানন্দ হবে অকস্মাৎ।
বিষদৃষ্টে তোমারে দেখিবে রঘুনাথ॥
যদি সতী হই, থাকে পতি-প্রতি মন।
কখন আমার শাপ না হবে খণ্ডন॥
এত বলি অন্তঃপুরে গেল মন্দোদরী।
সীতা লয়ে বিভীষণ গেল ত্বরা করি॥
কিছু দূর থাকিতে না যায় চতুর্দ্দোল।
সীতা দেখিবারে বেড়ে বানর সকল॥
কনকরচিত তাঁর শ্রবণকুণ্ডল।
লেগেছে তাহার ছায়া গগনমণ্ডল॥
নানা বনপুষ্পমালা আমোদিত গন্ধে।
কনকরচিত দোলা করি আনে স্কন্ধে॥
চলিলেন সীতাদেবী রাম-সম্ভাষণে।
লঙ্কার রমণী কাঁদে সীতার গমনে॥
রাক্ষসের নারী সব দুঃখে অঙ্গ দহে।
রোদন করিয়া সবে জানকীরে কহে;
সুখেতে চলেছ তুমি রাম-সম্ভাষণে।
এত কালে বিধবা হইনু সর্ব্বজনে॥
তোমারে দেখিবে রাম অশুভনয়নে।
আমাদের বাক্য কভু না হবে খণ্ডনে॥
কাঁদিতে কাঁদিতে সবে নিজ ঘরে নড়ে।
রাম-সম্ভাষণে সীতা চতুর্দ্দোলে চড়ে॥
বাহির হইল দোলা লঙ্কাপুর গড়ে।
নেতের বসনে দোলা লয়েছেন বেড়ে॥
দুই ঠাটে হুড়াহুড়ি হৈল ঠেলাঠেলি।
বহিতে না পারে বাট যত চতুর্দ্দোলী॥
রাজা হয়ে বিভীষণ ভূমে বহে বাট।
কটকের চাপ দেখে হাতে নিল ছাট॥
ছাট হাতে লইল বানর কোটি কোটি।
চারিদিকে পড়ে ছাট লাগে চটচটি॥
ফুটিয়া গায়ের মাংস রক্ত পড়ে ধারে।
তবু দেখিবারে যায় আপনা পাসরে॥
পরিশ্রমে বিভীষণে ঘন বহে শ্বাস।
বহু কষ্টে গেল দোলা শ্রীরামের পাশ॥
বসিয়া আছেন রাম গুণের সাগর।
দক্ষিণে বসিয়া মিত্র সুগ্রীব বানর॥
বাম ভিতে বসিয়াছে অনুজ লক্ষ্মণ।
নিকটেতে জাম্বুবান যোড়হস্তে রন॥
পথ বহি যাইতে কটকে ঠেলাঠেলি।
ছাট মারি বিভীষণ মধ্যে করে গলী॥
কটকের দুঃখে রামে কোপ হৈল মনে।
কোপে রাম কহিলেন রাজা বিভীষণে॥
রাজার গৃহিণী হয় প্রজার জননী।
মাতাকে দেখিবে পুত্র ইহাতে কি হানি?

কেন বা ঘেরেছে দোলা আমি ত না জানি।
কেন বা করিছ তুমি এত হানাহানি ॥
ঘুচাও দোলার বস্ত্র ছাড় ছাড় ছাট।
দেখুক সকলে সীতা ঘুচাও ঝঞ্ঝাট ॥
যারে উদ্ধারিলাম দেখুক সর্ব্বলোকে।
সতী যে হইবে সে রাখিবে আপনাকে ॥
বুঝিলেন হনূমান্ শ্রীরামের মন।
সীতার পরীক্ষা হেতু হয়েছে মনন ॥
দেখিয়া রামের ক্রোধ ভীত বিভীষণ।
পরীক্ষা করেন কিংবা দেন বিসর্জ্জন ॥
ঘুচান দোলার বস্ত্র রাজা বিভীষণ।
করিলেন জানকী ভূমিতে পদার্পণ ॥
দোলা ছাড়ি জানকী নামেন ভূমিতলে।
বিদ্যুতের ছটা যেন অবনীমণ্ডলে ॥
সীমন্তে সিন্দুর-চিহ্ন রঙ্গ বড় লাগে।
চন্দন-তিলক শোভে কপালের ভাগে ॥
দেখিতে সুন্দর অতি সীতার অধর।
পক্ক বিম্বফল যিনি অতি শোভাকর ॥
নানা রত্ন পরিধান রূপে নাহি সীমা।
চরাচরে নাহি দেখি সীতার প্রতিমা ॥
পূর্ণিমার চন্দ্র যেন উদয় গগনে।
মূর্চ্ছিত হইল সবে সীতা-দরশনে ॥
জানকীরে দেখে যেই সে হয় মূর্চ্ছিত।
অন্যের কি কব কথা দেবতা বিস্মিত ॥
কেহ ভাবে আসিছেন আপনি শঙ্করী।
শ্রীরামেরে দেখিতে কৈলাস পরিহরি ॥
অন্যে বলে, ত্যজিয়া বিষ্ণুর বক্ষঃস্থল।
লক্ষ্মী অবতীর্ণা বুঝি দেখিতে ভূতল ॥
কেহ বলে আপনি সাবিত্রী মূর্ত্তিমতী।
কেহ বলে, বশিষ্ঠগৃহিণী অরুন্ধতী ॥

দেখিয়াছে সীতারে যে সেই সীতা বলে।
অন্য লোকে কত তর্ক করে নানা স্থলে ॥
পাদস্পর্শে পবিত্র করেন বসুন্ধরা।
বসুন্ধরাসুতা সীতা কৃশ কলেবরা ॥
উপস্থিতা হইলেন সভা বিদ্যমান।
হেরিয়া হরিষে সবে হয় হতজ্ঞান ॥
রামের চরণে সীতা করে নমস্কার।
করিলেন লক্ষ্মণে বাৎসল্য-ব্যবহার ॥
করপুটে সীতা রহিলেন সভাস্থানে।
লক্ষ্মণ প্রণাম করে তাঁহার চরণে ॥
শ্রীরাম ব্যাকুল অতি হরিষ বিষাদে।
সতী স্ত্রী ছাড়িতে চান লোক-অপবাদে ॥
কারে কিছু না বলেন জানকী সভায়।
মনে মনে ভাবিছেন কি হবে উপায় ॥
বহিছে চক্ষুর জল শ্রীরাম কাতর।
সীতারে বলেন কিছু নিষ্ঠুর উত্তর ॥
আমার না ছিল কেহ সীতা তব পাশ।
ব্যবহার তোমার না জানি দশ মাস ॥
সূর্য্যবংশে জন্ম দশরথের নন্দন।
তোমা হেন নারীতে নাহিক প্রয়োজন ॥
তোমারে লইতে পুনঃ শঙ্কা হয় মনে।
যথা ইচ্ছা যাও তুমি থাক অন্য স্থানে ॥
এই দেখ সুগ্রীব বানর-অধিপতি।
ইহার নিকটে থাক যদি লয় মতি ॥
লঙ্কার ভূপতি এই দেখ বিভীষণ।
ইহার নিকটে থাক যদি লয় মন ॥
ভরত শত্রুঘ্ন মম দেশে দুই ভাই।
ইচ্ছা হয় থাক গিয়া সে সবার ঠাঁই ॥
যথা ইচ্ছা যাও তুমি আপনার সুখে।
কেন দাঁড়াইয়া কাঁদ আমার সম্মুখে ॥

থাকিলে রাক্ষস-ঘরে না হ'ত উদ্ধার।
ত্রিভুবনে অপযশ গাহিত আমার ॥
ঘুচিল সে অপযশ তোমার উদ্ধারে।
সব কথা কহি আমি সভার ভিতরে ॥
যতেক বলেন রাম তাঁরে রুক্ষবাণী।
রোদন করেন তত শ্রীরাম-ঘরণী ॥
কেহ কিছু নাহি বলে স্তব্ধ সর্ব্বজন।
ধীরে ধীরে কন সীতা মুছিয়া নয়ন ;—
জনক রাজার বংশে আমার উৎপত্তি।
দশরথ শ্বশুর যে তুমি হেন পতি ॥
ভালমতে জান প্রভু আমার প্রকৃতি।
জানিয়া শুনিয়া কেন করিছ দুর্গতি ?
স্পর্শিয়াছে আমারে সে পাপিষ্ঠ রাবণ।
ইতর নারীর মত ভাব কি কারণ ?
হনূকে আমার কাছে পাঠালে যখন।
আমারে বর্জ্জন কেন না কৈলে তখন ?
বিষ পান করিতাম অগ্নিতে প্রবেশ।
লঙ্কা ভিতরে এত না পেতাম ক্লেশ ॥
কটক পাইল দুঃখ সাগর-বন্ধনে।
আপনি বিস্তর দুঃখ পাইলে সে রণে ॥
এতেক করিয়া কর আমাকে বর্জ্জন ?
তুমি হেন স্বামী বর্জ্জ বৃথায় জীবন ॥
ঋষিকুলে জন্মিয়া পড়িনু সূর্য্যকুলে।
আমার কি এই ছিল লিখন কপালে ?
বেশ্যা নটী নহি আমি পরে কর দান।
সভা-বিদ্যমানে কর এত অপমান ?
হে লক্ষ্মণ! কৃপা কর, কর এ প্রসাদ।
অগ্নিকুণ্ড সাজাও ঘুচুক্ অপবাদ ॥
লক্ষ্মণ রামের স্থানে চাহেন সম্মতি।
শ্রীরাম বলেন, কুণ্ড সাজাও সম্প্রতি ॥
সীতার জীবনে ভাই! কিছু নহে কাজ।
অগ্নিতে পুড়ুক সীতা দূরে যাক্ লাজ ॥
লক্ষ্মণ রামের বাক্যে সাজাইল কুণ্ড।
বানর-কটক বহু আনিল শ্রীখণ্ড ॥
কাষ্ঠ পুড়ি উঠিল জ্বলন্ত অগ্নিরাশি।
প্রবেশ করেন তাহে শ্রীরাম মহিষী ॥
সাতবার রাম-পদ করি প্রদক্ষিণ।
প্রদক্ষিণ অগ্নিকে করেন বার তিন ॥
কনক-অঞ্জলি দিয়া অগ্নির উপরে।
যোড়হাতে জানকী বলেন ধীরে ধীরে ;—
শুন বৈশ্বানর দেব! তুমি সর্ব্ব-আগে।
পাপ-পুণ্য লোকের জানহ যুগে যুগে ॥
কায়মনোবাক্য যদি আমি হই সতী।
তবে অগ্নি! তব কাছে পাব অব্যাহতি ॥
শিরে হাত দিয়া কাঁদে সবে সবিশেষ।
সীতা তবে অগ্নিমধ্যে করেন প্রবেশ ॥
অগ্নিতে প্রবিষ্টমাত্র রামের মহিষী।
ঢালিয়া দিলেক তাতে ঘৃতের কলসী ॥
অগ্নি ঘৃত পাইলে অধিক উঠে জ্বলে।
কুণ্ডের ভিতরে রাম সীতারে নেহালে ॥
কুণ্ডমধ্যে চান রাম সীতারে না দেখি।
শ্রীরামের ঝুরিতে লাগিল দুটি আঁখি ॥
দেখেন সংসার শূন্য যেমন পাগল।
ভূমে গড়াগড়ি যান হইয়া বিকল ॥
কি করি লক্ষ্মণ ভাই! সীতা কি হইল ?
সাগর তরিয়া নৌকা তীরেতে ডুবিল ?
সীতার বিহনে মোর সকলি অসার।
অযোধ্যায় ছত্রদণ্ড না ধরিব আর ॥
অগ্নি হৈতে উঠ সীতা জনককুমারি!
তোমার বিহনে প্রাণ ধরিতে না পারি ॥

তোমার মরণে আমি বড় পাই দুখ।
অগ্নি হ'তে উঠ প্রিয়ে! দেখি চাঁদমুখ॥
চতুর্দ্দশ বর্ষ ভ্রমিলাম নানা দেশে।
সব দুঃখ ঘুচিত থাকিতে যদি পাশে॥
লঙ্কার রাবণরাজ দশমুণ্ডধর।
কুড়ি হাতে যুঝে যেন যমের সোসর॥
তাহাকে মারিয়া তোমা করিনু উদ্ধার।
অগ্নিতে পুড়িয়া সীতা হন ছারখার॥
রামের ক্রন্দনে কাঁদে যত দেবগণ।
কাঁদিছে বরুণদেব শমন পবন॥
যত লোকপাল কাঁদে দেব পুরন্দর।
জলের ভিতরে থাকি কাঁদেন সাগর॥
নল নীল কাঁদে আর সুগ্রীব বানর।
জাম্বুবান্ সুষেণ ও বালির কোঙর॥
হনুমান্ বলে, কেন কাঁদ হে লক্ষ্মণ।
আমি জানি জানকীর নাহিক মরণ॥
শ্রীরামে ডাকিয়া বলে যত দেবগণ।
কেঁদো না কেঁদো না সীতা পাইবে এখন॥
কাঁদিতে কাঁদিতে রাম ছাড়েন নিশ্বাস।
সীতার পরীক্ষা গীত গায় কৃত্তিবাস॥
কাঁদিয়া শ্রীরামচন্দ্র হন অচেতন।
ধাইয়া আসিল ব্রহ্মা আদি দেবগণ॥
কুবের বরুণ যম এল পুরন্দর।
যতেক দেবতা সব আসিল সত্বর॥
দুই হাত তুলি ব্রহ্মা শ্রীরামেরে ডাকি।
কার বাক্যে অগ্নিমধ্যে রাখিলে জানকী?
সীতাদেবী না মরেন অগ্নিতে পুড়িয়া।
এখনি পাইবে সীতা কাঁদ কি লাগিয়া?
দেবের ঠাকুর তুমি সংসারের সার।
সামান্য মনুষ্য হেন কর ব্যবহার?
তোমার গায়ের লোমাবলী দেবগণ।
সীতাদেবী লক্ষ্মী তুমি নিজে নারায়ণ॥
শ্রীরাম বলেন, মম মানুষেতে জন্ম।
মানুষ হইয়া করি মানুষের কর্ম্ম॥
বিরিঞ্চি বলেন রাম! বলি সারোদ্ধার।
তব অবতারে প্রভো! কৌতুক অপার॥
মৎস্য অবতারে কৈলে বেদের উদ্ধার।
কূর্ম্ম-অবতারে তুমি স্থাপিলে সংসার॥
তৃতীয় অবতারে বরাহরূপ ধরি।
বসুন্ধরা ধরিলে হে দশন-উপরি॥
হিরণ্যকশিপু রিপু দৈত্য মহাবল।
স্বর্গ আদি ত্রিভুবন জিনিল সকল॥
স্বর্গ মর্ত্য পাতাল তাহার ভয়েতে কাঁপে।
তা'রে সংহারিলে তুমি নরসিংহরূপে॥
হইলে বামন-বেশ পঞ্চমবতারে।
বলিকে ছলিয়া দ্বারী হৈলে তার দ্বারে॥
হলধররূপে রাম হল ধরি হাতে।
দহিলে অসুরগণ তাহার আঘাতে॥
ষষ্ঠেতে পরশুরাম হৈলা ভৃগুপতি।
সীতাপতি! নিঃক্ষত্র করিলে বসুমতী॥
সপ্তমেতে রামরূপ হয়ে নারায়ণ।
বধিয়া রাক্ষস রক্ষা কৈলা ত্রিভুবন॥
যত যত অবতার অংশরূপ ধরি।
রাম অবতারে তুমি আপনি শ্রীহরি॥
না শুনেন ব্রহ্মার সে প্রবোধ-বচন।
সীতা সীতা বলি রাম হন অচেতন॥
আপনি শ্রীরাম তুমি পূর্ণ-অবতার।
সবংশে রাবণে তুমি করিলে সংহার॥
যত রত ক্ষত্রিয় আছিলা ভূমণ্ডল।
সবার অধিক রাম তুমি ধর বল॥

না মরিত দশানন অন্য কারো বাণে।
বৈকুণ্ঠ ছাড়িলে রাম সেই সে কারণে॥
তুমি ব্রহ্মা তুমি শিব তুমি নারায়ণ।
সৃষ্টি-স্থিতি প্রলয়ের তুমি সে কারণ॥
যেই জন শুনে প্রভু! তব অবতার।
ইহ পরলোক তার হইবে উদ্ধার॥
কে বুঝে তোমার মায়া তুমি লোকপতি।
তুমি নারায়ণ সীতা লক্ষ্মী মূর্ত্তিমতী॥
হেন লক্ষ্মী অগ্নিমধ্যে রাখ কি কারণ?
মানুষের কর্ম্ম কর কেন নারায়ণ?
না শুনেন ব্রহ্মার এ প্রবোধ-বচন॥
সীতা সীতা বলি রাম হন অচেতন॥
ব্রহ্মা বলিলেন, অগ্নি! উঠহ সত্বর।
সমর্পণ কর সীতা রামের গোচর॥
ব্রহ্মার আজ্ঞায় অগ্নি উঠিয়া সত্বর।
আপনি প্রবেশে অগ্নিকুণ্ডের ভিতর॥
আকাশ-পাতাল যুড়ে অগ্নিশিখা জ্বলে।
আপনি উঠিলা অগ্নি সীতা লয়ে কোলে॥
অগ্নি হৈতে উঠিলেন সীতা ঠাকুরাণী।
যেমন তেমন আছে গাত্রবস্ত্রখানি॥
মস্তকেতে পঙ্কফুল শুকায়ে না গেল।
যেমনি তেমনি তিনি রন অবিকল॥
অগ্নি বলে, আমি পাপ ও পুণ্যের সাক্ষী।
লুকাইয়া পাপ করে তাও আমি দেখি॥
ভাণ্ডাইতে আমারে না পারে কোন জন।
না দেখি সীতার কোন পাপের কারণ॥
আজি হৈতে রাম মোর সফল জীবন।
করিলাম আজি আমি সীতা পরশন॥
বলি রাম সীতারে না দিও মনস্তাপ।
রাজ্য নষ্ট হইবে জানকী দিলে শাপ।
যেই স্ত্রী শুনিবেক সীতার চরিত্র।
সর্ব্বপাপ খণ্ডিয়া সে হইবে পবিত্র॥
শ্রীরামের হাতে সীতা করি সমর্পণ।
স্বস্থানে প্রস্থান অগ্নি করেন তখন॥
বিরিঞ্চি বলেন, রাম যে করিলে কাম।
তাহাতে পাইল রক্ষা দেবের সম্মান॥
তোমা লাগি আছে অযোধ্যার প্রজাগণ।
দেশে গিয়া সবাকার করহ পালন॥
তোমা লাগি ভরত শত্রুঘ্ন প্রাণ ধরে।
চারি ভাই মিলি রাজ্য করহ সংসারে॥
নানা যজ্ঞ করহ, করহ নানা দান।
বংশে রাজা করিয়া আইস নিজ স্থান॥
দশরথ মরিলেন তোমা অদর্শনে।
মৃত পিতা আসিয়াছে তোমা সম্ভাষণে॥
পিতা দেখ রামচন্দ্র! অপূর্ব্ব-দর্শন।
দুই ভাই কর পিতৃ চরণ-বন্দন॥
দেব-রথারূঢ় রাজা দেব-বেশধারী।
করিলেন প্রণাম লক্ষ্মণ রাবণারি॥
পুত্রবধূ শ্বশুরের বন্দেন চরণ।
রাজা দশরথ কিছু কহেন বচন;—
দগ্ধ হইলাম আমি কৈকেয়ী-বচনে।
প্রাণ ছাড়িলাম রাম! তোমা অদর্শনে॥
পিতা উদ্ধারিল যেন অষ্টাবক্র ঋষি।
তোমার প্রসাদে রাম স্বর্গে আমি বসি॥
দেবগণ যুক্তি করে সব আমি শুনি।
দশরথ গৃহে অবতীর্ণ চক্রপাণি॥
লক্ষ্মণের গুণ-ব্যাখ্যা করে দেবগণ।
রামের যেমন সেবা করিছে লক্ষ্মণ॥
সফল হইবে অযোধ্যার পুরীজন।
তুমি রাজা হবে, সবে করিবে পালন॥

জানকীর চরিত্রে আমার চমৎকার।
শুদ্ধা হয়ে করিলেন কুলের উদ্ধার ॥
ভরত কনিষ্ঠ ভাই প্রাণের দোসর।
আমা তুল্য তাহাকে পালিবে বহুতর ॥
বলিল তোমারে যে কৈকেয়ী কুবচন।
মায়ে পুত্রে দুই জনে করেছি বর্জ্জন ॥
এতেক বলিল যদি রাজা দশরথ।
কৃতাঞ্জলি শ্রীরাম কহেন তার মত ॥
মম দুঃখে ভরত সে হয়েছে দুঃখিত।
তারে তব আর বর্জ্জা না হয় উচিত ॥
ভরতেরে বর দেহ দেব-বিদ্যমান।
তাহাতে হইবে তৃপ্ত জুড়াইবে প্রাণ ॥
রামের বচনে রাজা করেন বিধান।
ভরতের শ্রাদ্ধ মম অমৃত-সমান ॥
ভরতের বরদান দেবগণ শুনে।
আলিঙ্গনে তুষিলেন, আশ্রম লক্ষ্মণে ॥
করিয়া রামের সেবা হইলে উদ্ধার।
ঘুষিবে তোমার যশ সকল সংসার ॥
বলেন সীতার প্রতি প্রবোধ-বচন।
আমার বচনে তুমি সংবর ক্রন্দন ॥
দশ মাস ছিলে মাতা! রাক্ষসের ঘরে।
তেঁই সে তোমায় রাম দেশে নিতে নারে ॥
হইলে গো অগ্নিশুদ্ধ দেবলোকে জানে।
শ্রীরামের সহ যাও আপনার স্থানে ॥
যে কামিনী শুনিবেক তোমার চরিত্র।
সর্ব্বপাপ ঘুচিবেক হইবে পবিত্র ॥
দেবরথে চড়ে রাজা দেব-বেশ ধরি।
পুত্রবধূ সান্ত্বাইয়া যান স্বর্গপুরী ॥
হইল রাক্ষস-ক্ষয় হৃষ্ট পুরন্দর।
বলিলেন রামচন্দ্রে মাগ তুমি বর ॥
দেবে রক্ষা করিলা মারিয়া দশানন।
বর মাগ ব্যর্থ রাম! না হবে বচন ॥
শ্রীরাম বলেন, ইন্দ্র যদি দিবে বর।
সে বরে জীয়ে উঠুক মৃত যে বানর ॥
ধন জন না দিলাম নহে ভূমি গাথি।
এড়িয়া স্ত্রী-পুত্র এল আমার সংহতি ॥
হৃতা সীতা পাইলাম হইলাম সুখী।
বানরের ভার্য্যা পুত্র কেন হবে দুঃখী?
এত যদি ইন্দ্রেরে বলেন রঘুনাথ।
বলিছেন পুরন্দর যোড় করি হাত ॥
ভুবনের নাথ তুমি নিজে নারায়ণ।
মারিয়া জীয়াতে পার এ তিন ভুবন ॥
তুমি জান আপনা তোমারে জানে কে?
মরিয়া না মরে তব নাম জপে যে ॥
আপনি চাহিলে বর কে করিবে আন?
রূপে বেশে সবে হোক দেবতা সমান ॥
ইন্দ্রের আজ্ঞায় মেঘ অমৃত সঞ্চারে।
সুধাবৃষ্টি হয় মৃত বানর উপরে ॥
কাটা হাত কাটা পা সব লাগে যোড়া।
চারি দ্বারে সৈন্য উঠে দিয়া গাত্র মোড়া ॥
যে বানর পড়িয়াছে রাক্ষসের বাণে।
মার মার করি উঠে যুঝ করি মনে ॥
কুম্ভকর্ণে মার বলি কেহ ডাক ছাড়ে।
ইন্দ্রজিতে মার বলি কেহ ডাক পাড়ে ॥
দেবান্তক নরান্তক আর যে ত্রিশিরা।
রাবণেরে মার শীঘ্র পরনারী-চোরা ॥
উন্মত্ত পাগল সবে হৈল রণস্থলে।
ইষ্ট মিত্র বুঝায় চাপিয়া ধরি কোলে ॥
কারে মার কারে কাট কিসের সংগ্রাম।
হইল রাক্ষস-নাশ শত্রুজয়ী রাম ॥

শ্রীরামের বামে দেখ জানকী সুন্দরী।
দেবগণ দেখ হেথা এই স্বর্গপুরী ॥
হরিষের কথা যদি শুনিল বানর।
মাথা অবনমে গিয়া রামের গোচর ॥
ত্রিভুবনে নাহি দেখি তোমার সমান।
মরিলে প্রসাদে তব পাই প্রাণদান ॥
তোমা হেন প্রভু যেন পাই যুগে যুগে।
সেবা করি থাকি যেন রাখি আগে আগে ॥
মরিল বানর যত পেলে প্রাণদান।
জিজ্ঞাসা করেন রাম দেব-বিদ্যমান ॥
রাম বলে, দেবরাজ! জিজ্ঞাসি তোমারে।
এক কথা সন্দ বড় আমার অন্তরে ॥
উভয় দলেতে যুদ্ধ হইল বিস্তর।
পড়িল উভয় সৈন্য রাক্ষস বানর ॥
সুধাবৃষ্টি কৈলে তুমি সবার উপর।
প্রাণদান পেয়ে উঠে অসংখ্য বানর ॥
উভয় সৈন্যতে হৈল সুধা বরিষণ।
বানরের মৃতদেহ পাইল জীবন ॥
অতএব জিজ্ঞাসা করি যে তব স্থানে।
প্রাণদান রাক্ষসে না পায় কি কারণে?
ইন্দ্র বলে, রাক্ষস না পাইল জীবন।
ইহার বৃত্তান্ত শুন কমললোচন।
রাবণেরে মার বলি কপিগণ মরে।
উদ্ধার হইবে বল কি নামের জোরে?
রাম রাম শব্দ ক'রে মরেছে রাক্ষস।
রামনাম ক'রে ম'রে গেছে স্বর্গবাস ॥
শ্রীরাম বলিয়া প্রাণ বাহিরায় যার।
অনা'সে বৈকুণ্ঠে যায় পাইয়া উদ্ধার ॥
মুক্তিপদ পাইয়াছে রামনাম-গুণে।
উদ্ধার হইয়া গেছে বাঁচিবে কেমনে?

ইন্দ্র বলিলেন যাও সবে নিজবাস।
এত দিনে সবাকার পূর্ণ অভিলাষ ॥
চৌদ্দবর্ষ বনে' দশ মাস উপবাস।
শ্রীরাম-জানকী দোঁহে হউক সম্ভাষ ॥
অবিশ্রাম সংগ্রামেতে না ছিল বিশ্রাম।
বিশ্রাম করহ রাম! যাই স্বর্গধাম ॥
শ্রীরামকে সীতারে করিয়া সমর্পণ।
দেবগণ চলিলেন আপন ভবন ॥
যখন যে কর্ম বিভীষণ তাহা জানে।
বহু শত বৃহন্দে নেতের বস্ত্র টানে ॥
কাঞ্চন-নির্ম্মিত ঘর অপূর্ব্ব-গঠন।
রত্নসিংহাসনে পাতে নেতের বসন ॥
উপরে চাঁদোয়া ঝুলে খাটে শোভা তুলি।
ঘর শোভা করে যেন পড়িছে বিজলী ॥
স্বর্ণময় প্রদীপ জ্বলিছে চারি ভিত।
পারিজাত-পুষ্পপাতে গন্ধে আমোদিত ॥
বিশ্ব ব্যাপ্ত করে গন্ধে এক পারিজাতে।
এক লক্ষ পারিজাত সিংহাসনে পাতে ॥
বিভীষণ আপনি যে রহিল প্রহরী।
ঘরের বাহিরে রহে কপি সারি সারি ॥
বৈকুণ্ঠ ছাড়িয়া লক্ষ্মী হৈল অবতার।
সীতাসহ রাম প্রবেশেন সে আগার ॥
শ্রীরামের পাশে বসিলেন ঠাকুরাণী।
শ্রীপতির পাশে লক্ষ্মী যেমন তেমনি ॥
রাম-সীতা দুই জনে বসি সিংহাসনে।
পূর্ব্ব-দুঃখ স্মরিয়া বিস্ময় দুই জনে ॥
শ্রীরাম বলেন, প্রিয়ে! তোমার বিচ্ছেদে।
যে দুঃখ পেয়েছি সে কহিতে মরি খেদে ॥
তুমি প্রাণ তুমি ধন তুমি সে জীবন।
তোমার বিরহে দেখি শূন্য ত্রিভুবন ॥

দশ মাস তোমার বদন অদর্শনে।
অন্ধকারে ডুবিয়াছিলাম মানি মনে॥
সুধাকরে জ্ঞান করিতাম দিবাকর।
তাপ ভয়ে তাহার না হতাম গোচর॥
ভ্রমর-ঝঙ্কার আর কোকিলের ধ্বনি।
শুনিলে হইত জ্ঞান দংশে যেন ফণী॥
সাগর বন্ধন করি পুনঃ পাব তোমা।
এ আশায় প্রাণ ছিল শুন প্রিয়তমা।
পাইলেন পূর্ব্বে যত দুঃখ দেবী সীতা।
রামেরে কহেন তাহা হয়ে হর্ষান্বিতা॥
উভয়ের মনেতে বেদনা যত ছিল।
পরস্পর আলাপে সকল দুঃখ গেল॥
প্রভাত হইল নিশা উদিত ভাস্কর।
একে একে সবে গেল রামের গোচর॥
চতুর্দ্দিকে দাঁড়াইল শাখামৃগগণ।
যোড়হাত করি বলে রাজা বিভীষণ;—
বহুকাল অনাহার বহু পর্য্যটন।
করিয়া হয়েছ শ্রান্ত শ্রীরঘুনন্দন।
করুক তোমার পরিচর্য্যা দাসীগণ।
আনুক কস্তুরী আর সুগন্ধি চন্দন॥
দূর্ব্বাদলশ্যাম তনু হয়েছে শ্যামল।
সে মল করিয়া দূর করুক নির্ম্মল॥
সহস্র যুবতী কন্যা আছে মম পাশ।
করিয়া তোমার সেবা পূরাক্ সে আশ॥
শ্রীরাম বলেন, ওহে রাক্ষসাধিপতি।
আমার বচন তুমি কর অবগতি॥
লোকে বলে বিভীষণ তুমি ধর্ম্মময়।
পরনারী-চোর তুমি মম মনে লয়॥
পরপত্নী নাহি দেখি নয়নের কোণে।
স্পর্শসুখ দূরে থাক্ না চাই নয়নে॥
কোটি কোটি দেবকন্যা এক ঠাঁই করি।
সীতা-তুল্য তারা কেহ না হয় সুন্দরী॥
রাজকুলে জন্মিয়া ভরত ভাই সুখী।
কেবল আমার দুঃখে হয়ে আছে দুঃখী॥
হেন ভরতেরে যদি করি আলিঙ্গন।
তবে সে পরিব বস্ত্র সুগন্ধি চন্দন॥
চৌদ্দবর্ষ ভ্রমিলাম পথে বহুতর।
তরিলাম বহু নদ নদী ও সাগর॥
চতুর্দ্দশ বর্ষ ভ্রমিলাম বহু ক্লেশে।
হেন যুক্তি কর যেন শীঘ্র যাই দেশে॥
বিভীষণ বলে, প্রভু! পেলে বড় ক্লেশ।
এক দিনমধ্যে তুমি যাবে নিজ দেশ॥
কুবেরের রথ যে পুষ্পক তার নাম।
দিনেকে তোমারে লয়ে যাবে নিজ গ্রাম॥
এক দান চাহি আমি বিতর সম্প্রতি।
কিছু দিন লঙ্কাপুরে করহ বসতি॥
সকল সৈন্যের প্রভু করিব সেবন।
লঙ্কামধ্যে ভোগ ভুঞ্জি করহ গমন॥
শ্রীরাম বলেন, প্রীত হইনু তোমারে।
বিলম্ব না কর তুমি আমা রাখিবারে॥
আহার না করে যারা মরণ না গণে।
হেন বানরের প্রতি ভালবাসি মনে॥
ঐ গন্ধমাদন বানরেরে দেহ দান।
ভুঞ্জাইয়া নানা ভোগ করহ সম্মান॥
বানর-প্রসাদে তুমি লঙ্কাপুরে রাজা।
ভালমতে কর তুমি বানরের পূজা॥
পাইয়া রামের আজ্ঞা রাজা বিভীষণ।
নানা সুখে স্নান করাইল কপিগণ॥
স্বর্ণখাটে বানর বসিল সারি সারি।
স্নান-দ্রব্য লইয়া আসিল বিদ্যাধরী॥

দেব-দানবের কন্যা গন্ধর্বী রূপসী।
দেখিয়া সবার মুখে নাহি ধরে হাসি॥
কঙ্কন-ঝঙ্কার আর গায়ের সুগন্ধ।
পাইয়া বানরগণ সকলে আনন্দ॥
দিব্য নারায়ণতৈল সুগন্ধি চন্দন।
হাতাহাতি মাখে সবে আনন্দে মগন॥
স্নান করি পরে সবে বিচিত্র বসন।
গলায় পুষ্পের মালা নানা আভরণ॥
লঙ্কার সামগ্রী যত ভুবনের সার।
রাজার আজ্ঞায় দ্রব্য আনে ভারে ভার॥
অপূর্ব্ব সে খাদ্যদ্রব্য দিব্য নারী তায়।
স্বর্ণথালে পরিবেশে বানরেরা খায়॥
ক্ষীরলাড়ু পাঁপর মোদক রাশি রাশি।
পাকা কাঁটালের কোষ সবে খায় চুষি॥
মধু পিয়ে কপিগণ ভরি স্বর্ণ-গাড়ু।
গাল ভরি কপিগণ খায় ঝাললাড়ু॥
ঝাললাড়ু খাইতে চক্ষেতে পড়ে লোহ।
বাপ মা মরিলে হেন পাইলেক মোহ॥
সোনার ডাবরে তারা করে আচমন।
রত্তন-বাটায় করে তাম্বুল ভক্ষণ॥
রত্নসিংহাসনে তারা করিল শয়ন।
পদসেবা করিতে আসিল কন্যাগণ॥
স্বর্ণখাটে শুইল বানর শয্যা মেলে।
দশ দশ দিব্য নারী প্রত্যেকের কোলে॥
রাবণ হরিয়াছিল যতেক নাগরী।
কালবশে তারা শেষে বানরের নারী॥
সুখেতে বঞ্চিল নিশা নিশাচর-পুরে।
নিশা না প্রভাত হয় ভাবিছে অন্তরে॥
সে আশায় নিরাশ হইল কপিগণ।
পূর্ব্বদিকে দেখে চেয়ে উদিত তপন॥

আসিল বানরগণ শ্রীরাম-গোচর।
প্রণাম করিয়া কহে শুন রঘুবর!
তুমি হেন ঠাকুর হইও যুগে যুগে॥
সদা সেবা করি যেন তব পদযুগে॥
যে সুখে ছিলাম কল্য করি নিবেদন।
বড় প্রীত করাইল রাজা বিভীষণ॥
কন্যাগুলি লয়ে কার দেশেতে গমন।
এই আজ্ঞা কর প্রভু কমললোচন।
আজ্ঞা কর হেথা আরো থাকি দুই মাস।
বানরের কৌতুকেতে শ্রীরামের হাস॥
শ্রীরাম বলেন, শুন বলি বিভীষণ।
কন্যাদান দিয়া তুমি তোষ কপিগণ॥
বানরের প্রসাদে লঙ্কায় হইলা রাজা।
ভালমতে কর তুমি বানরের পূজা॥
পাইয়া রামের আজ্ঞা দাতা বিভীষণ।
নানা রত্ন দিল আর গজমুক্তাগণ॥
বসন-ভূষণ কত দিলেক মাণিক।
কুবেরের ধন বুঝি না হবে অধিক॥
নানা দ্রব্যে করাইল বানরে সম্মান।
সমান বয়স বেশ কন্যা করে দান॥
অন্য দানে নাহি মানে আনন্দ তেমন।
কন্যাদানে যেমন সানন্দ কপিগণ॥
একেক বানরে পেল দশ দশ নারী।
নিবেদন কর প্রভু! দেশে যাত্রা করি॥
আনিল পুষ্পক-রথ দেব-অধিষ্ঠান।
তদুপরি আছে সে কুঠরী স্থানে স্থান॥
রথ দশ যোজন কাঁপয়ে সর্ব্বক্ষণ।
বাড়িতে চাহিলে হয় সে কোটি যোজন॥
পুষ্পক-রথেতে বহু রাজহংস যোড়ে।
চক্ষুর নিমিষে রথ যোজনেক পড়ে॥

চড়েন পুষ্পকে রাম সীতা কুতূহলে।
মুখ ঢাকিলেন সীতা নেত্রের অঞ্চলে ॥
সুমিত্রানন্দন বীর চড়িলেন তাতে।
এক পাশে রহিলেন ধনুর্ব্বাণ হাতে ॥
রথোপরি শ্রীরাম ভূমিতে সৈন্যগণ।
প্রসন্ন-বদনে রাম কহেন বচন ;—
সুগ্রীবের শক্তি আর বানরের হানি।
গুণে বিভীষণের দুর্জ্জয় লঙ্কা জিনি ॥
সর্ব-সেনাপতির করিব গুণগান।
সর্ব্বকার্য্য সিদ্ধ যে করিল হনূমান্ ॥
আপনার দেশে গিয়া কর অধিকার।
মেলানি মাগিনু আমি করি পরিহার ॥
রাক্ষস-বানরে রাম আলিঙ্গন দিল।
ছল ছল করিয়া পড়িছে আঁখিজল ॥
যোড়হাতে বলে নিশাচর কপিগণে ;—
শ্রীরাম হইবে রাজা দেখিব নয়নে ॥
কৌশল্যার চরণে করিব প্রণিপাত।
চারি ভাই তোমরা দেখিব এক সাথ ॥
এ চক্ষে না দেখিলাম তোমার সম্মান।
বিদায় করিলে নাহি যাব নিজ স্থান ॥
শ্রীরাম বলেন, শুন এবড় আনন্দ।
অযোধ্যায় যাবে যদি চলহ স্বচ্ছন্দ ॥
দেশে তোমা সবার যাইতে নাহি চিতে।
যে যাবে সে চড় এসে এ পুষ্পক-রথে ॥
পাইল রামের আজ্ঞা রাক্ষস-বানর।
লাফে লাফে চড়ে গিয়া রথের উপর ॥
রথোপরে বহু ঘর দিব্য বাড়ী বেড়া।
এতেক বানর করে দশ বাড়ী যোড়া ॥
যেই কপি পাইয়াছে দশ দশ নারী।
সেই কপি যোড়ে গিয়া দশ দশ বাড়ী ॥
বনে ডালে বেড়াইত যারা যূথে যূথে।
দেব কন্যা লইয়া চড়িল গিয়া রথে ॥
তিন কোটি রাক্ষসে চলিল বিভীষণ।
রথের কোণেতে গিয়া রহিল তখন ॥
চড়িল ছত্রিশ কোটি রাক্ষস-বানর।
এতেক চড়িল গিয়া রথের উপর ॥
সীতা উদ্ধারিয়া রাম যান নিজ দেশে।
লঙ্কাকাণ্ড রচিল পণ্ডিত কৃত্তিবাসে ॥

শ্রীরামচন্দ্রের দেশে প্রত্যাগমন।

বস্ত্র দিয়া ঘর এক চারিদিক্ ঘিরি।
তার মধ্যে রহিলেন শ্রীরাম সুন্দরী ॥
শ্বেতবর্ণ রাজহংস পবনের গতি।
রথে আনি যুড়িলেক করি পাঁতি পাঁতি ॥
লইযা পুষ্পক রথ রাজহংস উড়ে।
চক্ষের নিমিষে রথ যোজনেক পড়ে ॥
পবন-গমনে রথ যায় যথা তথা।
সীতারে কহেন রাম সংগ্রামের কথা ॥
উঠিল পুষ্পক-রথ গগনমণ্ডল।
সীতারে দেখান রাম সংগ্রামের স্থল ॥
রণস্থলী সীতা তুমি দেখ ভালমতে।
রাঙ্গা হৈল বানর ও রাক্ষস-শোণিতে ॥
এখানে পড়িল কুম্ভকর্ণ দুষ্ট জন।
ইন্দ্রজিৎ এখানে পড়িল করিল রণ ॥
হেথা পড়িলাম নাগপাশের বন্ধনে ॥
নাগপাশে মুক্ত হৈনু গরুড়-দর্শনে ॥
পড়িল লক্ষ্মণ হেথা রাবণের শেলে।
ঔষধ আনিল হনূ সুষেণের বোলে ॥
পড়িল রাবণ হেথা জগতের বৈরী।
এই স্থানে কাঁদিল সে রাণী মন্দোদরী ॥

সাগরের দেখ সীতা কল্লোল বিধান।
মম পূর্ব্বপুরুষের সাগর নির্ম্মাণ ॥
তোমার লাগিয়া সীতা বান্ধিনু জাঙ্গাল।
উপরে পাথর হেঁটে তমাল পিয়াল ॥
জানকী বলেন, প্রভু কমললোচন।
সাগর বান্ধিয়া দেশে করিলে গমন ॥
রাবণ আনিল মোরে ললাটে লিখন।
বিনা দোষে সাগরের করেছ বন্ধন ॥
জাঙ্গাল বহিয়া যে রাক্ষস হবে পার।
পৃথিবীতে না রাখিবে জীবের সঞ্চার ॥
রাম সীতা দুই জনে কহেন কাহিনী।
পাতালে থাকিয়া তা সাগর দেব শুনি।
উঠিয়া কহেন যোড় করি নিজ হাত ;—
আমার বচন শুন প্রভু রঘুনাথ !
আমারে বান্ধিয়া কৈলে সীতার উদ্ধার।
শ্রীরাম ! বন্ধন কেন রহিল আমার ?
তুমি যদি না ঘুচায় আমার বন্ধন।
তিন যুগে ঘুচায় এমন কোন্ জন ?
সাগরের বোলে রাম লক্ষ্মণে নেহালে।
লক্ষ্মণ লইয়া ধনু নামিল জাঙ্গালে ॥
ধনুগুলে তিন খান পাথর খসায়।
করি দশ যোজন একেক পথ হয় ॥
জাঙ্গাল ভাঙ্গিল জল বহে খরস্রোতে।
লাফ দিয়া লক্ষ্মণ উঠিল গিয়া রথে ॥

শ্রীরামের ভরদ্বাজ আশ্রমে গমন।

শ্রীরাম বলেন, শুন জানকি ! এখন।
শিবপূজা করি দেশে করিব গমন ॥
শিবপূজা করিতে রামের লাগে মন।
বুঝিয়া পুষ্পক-রথ নামিল তখন ॥
গড়িয়া বালির শিব দিলেন লক্ষ্মণ।
হনুমান্ আনিলেন কুসুম-চন্দন ॥
স্নান করি বসিলেন সীতা ঠাকুরাণী।
জাঙ্গালের উপরে পূজেন শূলপাণি ॥
জাঙ্গাল-উপরে শিব স্থাপিলেন রাম।
তেকারণে সেতুবন্ধ রামেশ্বর নাম ॥
পুনঃ চড়িলেন রথে রাম কুতূহলে।
রাম-সীতা দুই জনে স্বর্ণ-চতুর্দ্দোলে ॥
চতুর্দ্দোলে দ্বারী মাত্র রহেন লক্ষ্মণ।
রাম-সীতা দোঁহে হয় কথোপকথন ॥
দৃষ্টি কর জানকি ! সমুদ্রতীরে হেথা।
ঘর সাজাইলাম যে দিয়া পাতা-লতা ॥
লতার বন্ধন ঘর পাতার ছাউনি।
একেক যোজন-পথ ঘর একখানি ॥
এইখানে বিভীষণ সহিত মিলন।
এইখানে সাগর দিলেন দরশন ॥
কিষ্কিন্ধ্যায় দেখ এই গাছের ময়ালি।
সুগ্রীব হইল মিত্র হেথা মারি বালি ॥
ঋষ্যমূক পর্ব্বত যে অত্যুচ্চ-শেখর।
সুগ্রীব মিতার ঘর উহার উপর ॥
সীতা বলিলেন, রাম কমললোচন।
এ পর্ব্বতে দেখিনু বানর পঞ্চজন ॥
বস্ত্র ছিঁড়ি ফেলিলাম গাত্র আভরণ।
শ্রীরাম-লক্ষ্মণ বলি করিনু রোদন ॥
পাতা-লতা ধরি আমি রহিবারে মনে।
ছাড় ছাড় বলি দুষ্ট চুলে ধরে টানে ॥
শ্রীরাম বলেন, নাহি কহ সে বচন।
তোমারে হরিয়া তার হইল মরণ ॥
চৌদ্দযুগ ছিল রাবণের পরমায়ু।
তব চুল ধরিয়া সে হইল অল্পায়ু ॥

পম্পা-সরোবর সীতা! কর নিরীক্ষণ।
ছিলেন ইহার কূলে মতঙ্গ ব্রাহ্মণ॥
স্নান-বস্ত্র রাখিলেন মুনি বৃক্ষ-ডালে।
হইল সহস্রবর্ষ তবু নাহি গলে॥
মরিল কবন্ধ হেথা ঘোর-দরশন।
যাহার একেক হাত একেক যোজন॥
জটায়ু পক্ষীর স্থান দেখহ জানকি।
তোমা লাগি যুদ্ধ করি প্রাণ দিল পাখী॥
প্রমোদিয়া ঘর দেখ করিল লক্ষ্মণ।
এ ঘর হৈতে তোমায় হরিল রাবণ॥
তোমা হারাইয়া মোর হইল হতাশ।
এই ঘরে করিলাম দুই উপবাস॥
হের অই রণস্থলী দেখহ সুন্দরি!
সহস্র রাক্ষসে খর-দূষণেরে মারি॥
অগস্ত্য মুনির দেখ স্থান পঞ্চবটী।
যথা সূর্পণখার নাসিকা কান কাটি॥
এই দেখ মুনিপাড়া শরভঙ্গ ঘর!
যথা ধনুর্ব্বাণ মোরে দিল পুরন্দর॥
অস্তীক মুনির বাড়ী সীতা! নহে দূর।
যেখানে পরিলা তুমি সুন্দর সিন্দুর॥
কুন্তী নদীতীর এই কর প্রণিধান।
করিলাম যেখানে পিতার পিণ্ডদান॥
হাতে পিণ্ড নিতে পিতা এলেন গোচরে।
শাস্ত্রমত থুইলাম কুশের উপরে॥
চিত্রকূট গিরি সীতা! ওই দেখা যায়।
ভরত আসিল যথা লইতে আমায়॥
নারদ বশিষ্ঠ এল কুলপুরোহিত।
ভরত বিনয় করিলেন যথোচিত॥
শুনিলে ভরতবাক্য পিতৃসত্য নড়ে।
কার্য্য সিদ্ধ হইলে সকল মনে পড়ে॥

শৃঙ্গবের পুর ঐ গাছেরময়াল।
যাতে মিত্র আছে মোর গুহক চণ্ডাল॥
নন্দীগ্রাম দেখ সীতা! গাছের ময়ালি।
যেখানে ভরত ভাই আছে মহাবলী॥
নন্দীগ্রাম নাম শুনি বানর কৌতুকী।
রথে থাকি দেখে তারা দিয়া উঁকিঝুঁকি
নন্দীগ্রাম নামে সবে হরিষ বিশেষ।
সবে বলে, প্রভু আজি বুঝি যাব দেশ॥
শ্রীরাম বলেন, হেথা মুনি ভরদ্বাজ।
তাঁর সহ সম্ভাষিতে হইবেক ব্যাজ॥
বন্দিতে মুনির পদ শ্রীরামের মন।
বুঝিয়া আপনি রথ নামিল তখন॥
মুনি-তপোবনে রাম করিলা প্রবেশ।
দেখিলেন সর্বত্র সকল সন্নিবেশ॥
মুনির চরণে রাম করি নমস্কার।
জিজ্ঞাসেন কহ মুনি! শুভ সমাচার॥
বহুকাল বনবাসী না জানি কুশল।
কহ আগে ভরতের রাজ্য-বলাবল॥
মাতা কি বিমাতা কি পিতার যত রাণী।
কে কেমন আছেন তা কিছুই না জানি॥
মুনি বলে, রাম! তুমি না হও ব্যাকুল।
সকলে আছেন ভাল এসে দেহ কোল॥
মাতা কি বিমাতা তব কেহ নাহি মরে।
দেশে গিয়া সবারে দেখিবে ঘরে ঘরে॥
রাজকর্ম্মে ভরতের অপূর্ব্ব কাহিনী।
চারি যুগে ত্রিভুবনে কোথাও না শুনি॥
চতুর্দ্দোল সিংহাসন ছাড়ে খাট পাট।
হস্তী ঘোড়া আছে তবু ভূমে বহে বাট॥
গাছের বাকল পরে জটা ধরে শিরে।
অগুরু চন্দন চুয়া না মাখে শরীরে॥

রাজা হইয়ে ভরত নহে রাজভোগী।
মুনি-ব্যবহার করে যেন মহাযোগী ॥
রত্নসিংহাসনেতে নেতের বস্ত্র পাতি।
তোমার পাদুকা থুয়ে ধরে দণ্ড-ছাতি ॥
পাদুকার হেঁটে বৈসে কৃষ্ণসার-চর্ম্মে।
বশিষ্ঠ নারদে লয়ে থাকে রাজকর্ম্মে ॥
ভরত দেয়ান সঙ্গে যবে ঘরে যায়।
তব পাদুকার ঠাঁই মাগিয়া বিদায় ॥
শুনিয়া মুনির কথা রামের উল্লাস।
আগ্রহ হইয়া তাঁর করিতে সম্ভাষ ॥
মুনি বলে, শ্রীরাম। আসিলা নিকেতন।
তব দরশনে মম সফল জীবন ॥
মুনিগণ যজ্ঞ করে বিষ্ণুপ্রীতিফলে।
সেই বিষ্ণু আসিয়াছ কি তপের বলে ॥
রামরূপে শ্রীহরি আসিল মম পাশ।
কি করিব প্রার্থনা এখানে স্বর্গবাস ॥
যত দুঃখ পেলে রাম! দণ্ডক-কাননে।
ততোধিক দুঃখ রাম! সীতার হরণে ॥
পাইলা বিস্তর দুঃখ রাক্ষসের রণে।
সর্ব্বদুঃখ পাসরিলা মারিয়া রাবণে ॥
তুমি রাম! উদ্ধারিলা পৃথিবীর ভার।
যে কর্ম্মের কারণে তোমার অবতার ॥
সে সকল জানিয়াছি রাম! আমি ধ্যানে।
এক ভিক্ষা দেহ রাম! চাহি তব স্থানে ॥
যদি আসিয়াছ রাম! আমার আগারে।
ভুঞ্জাইব সবাকারে অতিথি-আকারে ॥
তোমার প্রসাদেতে দরিদ্র নহে মুনি।
আজ্ঞা কর ভুঞ্জাব সত্তর অক্ষৌহিণী ॥
দিব্য খাদ্য দিব আজি, দিব দিব্য বাসা।
ভালমতে করিব যে সৈন্যেরে জিজ্ঞাসা ॥
আলাপে তোমার সঙ্গে বঞ্চিব রজনী।
রজনী প্রভাতে দিব তোমারে মেলানি ।
শ্রীরাম বলেন, তব অলঙ্ঘ্য বচন।
আজি হেথা থাকি, কালি দেশেতে গমন ॥
বানরের ভক্ষ্য বস্তু ফল সে কেবল।
তপোবনে তোমার ফলয়ে নানা ফল ॥
এই দেশে যত আছে কাঁটাল রসাল।
অকালে ধরুক ফল-ফুল ডালে ডাল ॥
শুষ্ক বৃক্ষ মুঞ্জরুক ফল ফুল পাতে।
লাগুক মধুর চাক ডালে চারিভিতে ॥
নন্দীগ্রাম ছাড়িয়া যাইতে অযোধ্যায়।
পথে যেন বানরেরা ফল হাতে পায় ॥
যত বর চান রাম তত দেন ঋষি।
আলাপে উভয়ে মন উভয়েরে তুষি ॥
যজ্ঞশালে ভরদ্বাজ করিলেন ধ্যান।
সর্ব্ব-অগ্রে বিশ্বকর্ম্মা হন আগুয়ান ॥
বিশ্বকর্মা নির্মাইল সোনার চউরী।
স্বর্ণ-খাট বান্ধিলেন দীঘল পুখরী ॥
আশী যোজনের পথ করি আয়তন।
দ্বিতীয় অমরাবতী করিল গঠন ॥
সংসার আনিতে মুনি পারেন ধেয়ানে।
দেব-কন্যাগণে মুনি আনিল সেখানে ॥
ঠাঁই ঠাঁই বিচিত্র সোনার নাটশালা।
দেবতা গন্ধর্ব্ব বিদ্যাধরাদি মেখলা ॥
মুনির তপের ফলে ত্রিভুবন মোহে।
জাহ্নবী যমুনা নদী সেইখানে বহে ॥
আরবার ভরদ্বাজ যুড়িলেন ধ্যান।
আপনি কমলা দেবী হন অধিষ্ঠান ॥
লক্ষ্মীদেবী যজ্ঞে গিয়া করেন রন্ধন।
দেবকন্যাগণে করে সে পরিবেশন ॥

স্বর্ণথাল সোনার ডাবর ঝারিপীঁড়ি।
আশী যোজনের পথ বসে সারি সারি ॥
স্বর্ণ-থালে পরিবেশ সবে বসি খায়।
কেবা অন্ন দিয়া যায় দেখিতে না পায় ॥
অন্নের কি কব কথা কোমল মধুর।
খাইলে মনেতে হয় কি রস মধুর ॥
কি মনোরঞ্জন সে ব্যঞ্জন নানাবিধ।
চর্ব্ব্য চুষ্য লেহ্য পেয় ভক্ষ্য চতুর্বিধ ॥
যথেষ্ট মিষ্টান্ন সে প্রচুর মতিচুর।
যাহা নিরখিবামাত্র হয় মতি-চুর ॥
নিখুঁত নিখুঁত মণ্ডা আর রসকরা।
দৃষ্টিমাত্র মনোহরা দিব্য মনোহরা ॥
সরুচাকুলির রাশি লবণ-ঠিকারি।
গুড়পিঠে রুটী লুচি খুরমা কচুরি ॥
ক্ষীর ক্ষীর্সা ক্ষীরে লাড়ু মুগের সাউলি।
অমৃতা চিতুই পুলি নারিকেল-পুলি ॥
কলাবড়া তালবড়া আর ছানাবড়া।
ছানাভাজা খাজা গজা জিলেপি পাঁপড়া ॥
সুগন্ধি কোমল অন্ন পায়স পিষ্টক।
ভোজন করিল সুখে রামের কটক ॥
দেবযোগ্য ভক্ষ্য ভোগ রসাল সুমৃদু।
যত পায় তত খায় খাইতে সুস্বাদু ॥
আকণ্ঠ পূরিয়া খায় যত ধরে পেটে।
নড়িতে চড়িতে নারে পেট পাছে ফাটে ॥
ঊর্দ্ধদৃষ্টে রহে সবে নাহি চায় হেঁটে।
কোনরূপে চিৎ হয়ে শুইলেক খাটে ॥
উলটিয়া ডাবরে করিল আচমন।
স্বর্ণখাটে শুয়ে করে তাম্বুল ভক্ষণ ॥
দেবকন্যা কাছে করি নিদ্রা যায় সুখে।
সুখে রাত্রি বঞ্চে সবে আপন কৌতুকে ॥

শ্রীরাম লক্ষ্মণ সীতা করেন আহার।
ভরদ্বাজ মুনির যে ফল তপস্যার ॥
নানা সুখে হইল নিশার অবসান।
শ্রীরাম শ্রীরাম বলি করে গাত্রোত্থান ॥
হনুমানে শ্রীরাম করেন আজ্ঞা দান।
ভরতের সমাচার দেহ হনুমান্ ॥
নন্দীগ্রামে যাইবে ভরতের উদ্দেশে।
কহিবে সকল কথা অশেষ-বিশেষে ॥
শৃঙ্গবের-পুর তুমি যাবে আগুয়ান।
চণ্ডাল মিতারে মম জানাবে কল্যাণ ॥
চক্ষুর নিমিষে হনু উঠিল গগন।
ভরতে সম্ভাষিতে যায় শীঘ্র গমন ॥
মনে মনে চিন্তে বীর পবননন্দন।
কোনরূপে গুহের আগে দিব দরশন ?
স্বভাবে চণ্ডাল জাতি বড়ই চঞ্চল।
বানর দেখিয়া মোরে করিবেক বল ॥
ভেটিব মনুষ্যরূপে তার বিদ্যমান।
এই যুক্তি মনে মনে করে হনুমান ॥
চক্ষুর নিমিষে গেল শৃঙ্গবের পুরে।
নিজরূপ ত্যজিয়া মনুষ্য-রূপ ধরে ॥
গজমুখী ঘর সে ছাউনি সব নাড়া।
হনুমান বলে এই চণ্ডালের পাড়া ॥
বসিয়াছে গুহক সে আপন দেয়ানে।
নররূপে হনুমান গেল বিদ্যমানে ॥
গুহক চণ্ডাল তার গলে পুষ্পমাল।
হনুমান বার্ত্তা কহে শুন হে চণ্ডাল।
আজি রাম জানালেন তোমায় কল্যাণ।
মিত্র-সম্ভাষণে চল ত্যজহ দেয়ান ॥
হরিষে চণ্ডাল বলে গদগদভাষে ;—
শ্রীরাম-লক্ষ্মণ-সীতা কত দূরে আসে ?

শ্রীরাম ছিলেন কল্য ভরদ্বাজপুরে।
পথে দেখা পাবে তাঁর চলহ সত্বরে॥
শ্রীরাম আইসে দেশে প'ড়ে গেল সাড়া।
ঝগুড়ুগুড় বাদ্য বাজে নাচে চণ্ডালপাড়া॥
উভ করি ঝুটি বান্ধে টানি পরে ধড়া।
নানা অস্ত্রে সাজে জাঠি শেল ও ঝগড়া॥
চতুর্দ্দিকে হাত তুলি বাজায় চামুচে।
উফর থাফর করি চণ্ডালেরা নাচে॥
নাচয়ে চণ্ডাল সব সানন্দ হইয়ে।
দেখিয়া আনন্দে নাচে চণ্ডালের মেয়ে॥
গুহ বলে, ধনা মনা দাসী যে সকল।
মিত্র-সম্ভাষণে লবে শালুকের ফল॥
ওড়া ভরি মৎস্য লবে কৈ আর উৎপল।
পদ্মের মৃণাল লবে আর পানিফল॥
চলে গুহের ফৌজ দগড়ে দিয়া শাণ।
সাত কোটি চণ্ডাল চলিল আগুয়ান॥
একেক চণ্ডাল যায় দেখিতে পর্বত।
যুড়িয়া চলিল সাত প্রহরের পথ॥
নানা দ্রব্য গুহক রামের কাছে এড়ে।
রামের ইঙ্গিত পেয়ে বানরেরা নড়ে॥
শ্রীরাম বলেন, মিত্র! আছ ত কুশলে?
গুহ বলে, রাম। তুই এলি ভালে ভালে?
শুনিয়া গুহের কথা রামের সন্তোষ।
ভক্তিমাত্র লন রাম নাহি লন দোষ॥
শ্রীরাম গুহের মনস্তুষ্টির কারণ।
রথ হৈতে নামিয়া দিলেন আলিঙ্গন॥
জগতে শ্রীরামের এমন ঠাকুরালি।
চণ্ডালে বানরে আর রাক্ষসে মিতালি॥
সাত কোটি চণ্ডাল দেখিল রামরূপ।
অনায়াসে উত্তীর্ণ হইল ভবকূপ॥

রাম-সম্ভাষণেতে হইল দিব্যজ্ঞান।
সর্বলোক স্বর্গে গেল চড়িয়া বিমান॥
রাম রাম বলিয়া পরাণ যায় যার।
চরমে সে স্বর্গে যায় জন্ম নাহি আর॥
নিজরূপে হনুমান উঠিল গগনে।
ভরতের কাছে যায় ত্বরিত-গমনে॥
নানা তীর্থ এড়াইল নদী নানাস্থানী।
হইল গোমতী পার পরম সন্ধানী॥
হেঁটে শাল গাছ এড়ে ত্রিশত যোজন।
নন্দীগ্রামে উত্তরিল পবননন্দন॥
গগনমণ্ডলে বীর রহে অন্তরীক্ষে।
তথায় থাকিয়া বীর নন্দীগ্রাম দেখে॥
গড়ের প্রাচীর দেখে পর্বতের সার।
হস্তী ঘোড়া দেখে বীর পর্বত-আকার॥
সিংহাসনে পাদুকা বেষ্টিত শুভ নেতে।
শ্বেত-চামরের বায়ু পড়ে চারিভিতে॥
ত্রিযোজন প্রশস্ত প্রাচীর সুনির্মাণ।
গড়-দ্বার শোভা করে বিচিত্র বিধান॥
পৃথিবীতে রাজা লক্ষ অযুত নিযুত।
অষ্ট-আশী কোটি রাজা দ্বারেতে মজুত॥
বিচিত্র-নির্মাণ ঘর বিচিত্র আওয়াস।
অত্যুচ্চ একেক ঘর লেগেছে আকাশ॥
মরকত-স্তম্ভে লাগে মাণিক রতন।
হস্তী ঘোড়া সংখ্যা নাই কে করে গণন॥
ঠাঁই ঠাঁই বিচিত্র সোনার নাট্যশালা।
দেব দৈত্য গন্ধর্ব আদির যত মেলা॥
রত্নসিংহাসনোপরি নেতবস্ত্র পাতি।
তদুপরে পাদুকা রাখিয়া ধরে ছাতি॥
ভরত তাহার নীচে কৃষ্ণসার-চর্ম্মে।
বশিষ্ঠ নারদ লয়ে থাকে রাজকর্ম্মে॥

ভরত সাক্ষাৎ বিষ্ণু স্বয়ং অধিষ্ঠান।
অনুমানে ভরতে চিনিল হনুমান॥
নামিয়া তথায় বীর করিল প্রণাম।
যোড়হাত করি বলে আপনার নাম॥
হনুমান নাম মোর জাতিতে বানর।
সুগ্রীবের পাত্র আমি পবনকোঙর॥
নিজে বিষ্ণু রঘুনাথ তাঁর আমি দাস।
এই পুণ্যে পাইলাম তোমার সম্ভাষ॥
রঘুবংশে ভরত। আপনি নারায়ণ।
তোমা দরশনে হয় পাপ-বিমোচন॥
কেকয় রাজার কন্যা তোমার জননী।
দশরথ ভূপতির মধ্যমা গৃহিণী॥
রাজার মহিষী তিনি রাজার নন্দিনী।
সৌভাগ্যে তাঁহার সমা নহে অন্য রাণী॥
করিয়া রাজার সেবা প্রধানা মহিষী।
জন্মিলা যাঁহার গর্ভে তুমি পূর্ণশশী॥
বর মাগিলেন তিনি অতি সে অনার্য্য।
শ্রীরামের বনবাস ভরতের রাজ্য॥
সে দুর্নাম গেল তাঁর তোমা পুত্রগুণে।
তোমার চরিত্রে চমৎকার ত্রিভুবনে॥
হস্তী ঘোড়া রথ এড়ি ভূমে বাট বহ।
রাজা হয়ে ভাই ভক্ত হেন নহে কেহ॥
ভরত ভূপাল হয়ে নহে রাজ্যভোগী।
মুনি ব্যবহার কর যেন মহাযোগী॥
যাঁহারে আনিতে গেলে লয়ে রাজ্যখণ্ড।
যাঁহার পাদুকাপরি ধর ছত্রদণ্ড॥
বহুকাল দুঃখী আছ যাঁহার আশ্বাসে।
সে রাম প্রেরিল আজি তোমার উদ্দেশে॥
শুভবার্ত্তা কহে যদি পবননন্দন।
উঠিয়া ভরত তারে দেন আলিঙ্গন॥
হনুমানে কোল দিয়া ছাড়িবারে নারে।
মুক্তার গাঁথনি যেন চক্ষে জল ঝরে॥
ভরতের নেত্রজলে হনুমান্ তিতে।
ভরত প্রসাদ দিতে ভাবিছেন চিতে॥
তিন শত গাভী দিল বাছি ভাল ভাল।
দুই শত গাছ দিল রসাল কাঁটাল॥
অগ্নিবর্ণ স্বর্ণ দিল আশীলক্ষ তোলা।
মণি-মুক্তা দিল কত মধ্যে গাঁথা পলা॥
রূপে গুণে কুলে শীলে যাহার বাখান।
এমন এগার শত কন্যা দিল দান॥
কন্যাগুলা দেখি হাসে পবননন্দন।
পশু আমি কন্যায় কি মোর প্রয়োজন?
ভরত! যে দান দাও কিছুই না মানি।
রামের মঙ্গল যাতে তাহে আমি গণি॥
এত যদি হনুমান কহিল বচন।
পুনশ্চ ভরত তারে দিল আলিঙ্গন॥
বহু দিনে শুনিলাম অপূর্ব্ব কাহিনী।
তুমি নহ বানর দেবের মধ্যে গণি॥
ভরত বলেন, বীর। জিজ্ঞাসি তোমায়।
কি কার্য্যে বানরগণ রামের সহায়?
কোন্ কোন্ সেনাপতি কি তার বাখান।
দেশে এলে সবাকার করিব সম্মান॥
এত যদি পূর্ব্বকথা জিজ্ঞাসে ভরতে।
সর্ব্বকথা হনুমান লাগিল কহিতে॥
রাজ্য ছাড়ি শ্রীরাম গেলেন পঞ্চবটী।
তথা সূর্পণখার নাসিকা-কান কাটি॥
মারিলেন তথা খর ত্রিশিরা দূষণ।
মায়ামৃগছলে সীতা হরিল রাবণ॥
সুগ্রীবের সহ সখ্য সীতা-অন্বেষণ।
বালিকে মারিয়া রাজ্য সুগ্রীবে অর্পণ॥

সমস্ত বানর জড় সুগ্রীব-আদেশে।
সীতা অন্বেষিতে সবে যাই দেশে দেশে॥
এক মাসমধ্যে রাজা করিল নিশ্চয়।
মাসের অধিক হৈলে প্রাণের সংশয়॥
পাতালে প্রবেশ করি মহা অন্ধকার।
মরিব বানরসৈন্য যুক্তি করি সার॥
অন্ধকার পাতালেতে করিনু প্রবেশ।
চাহিয়া পাতাল সপ্ত না পাই উদ্দেশ॥
বিন্ধ্যাচলে সম্পাতির সহ হয় দেখা।
রামনাথ বলিতে উঠিল তার পাখা॥
জটায়ুর জ্যেষ্ঠ পুত্র শ্রেষ্ঠ সে সম্পাতি।
তার বাক্যে হে ভরত। লঙ্ঘি সরিৎপতি॥
সাগরের কূলে গেনু সকল বানর।
একাকী ভরত! আমি লঙ্ঘিনু সাগর॥
একাকী লঙ্কার মধ্যে করিনু প্রবেশ।
অন্তঃপুরে সীতার না পাইনু উদ্দেশ॥
এ দিকে সে দিকে চাহি সীতা নাই দেখি।
প্রাচীরে বসিয়া কাঁদি হয়ে বড় দুঃখী॥
দু-প্রহর রাত্রি গেল তৃতীয় প্রহরে।
অশোককাননমাঝে দেখিনু সীতারে॥
কোথা হৈতে এলে তুমি জিজ্ঞাসে বৈদেহী।
রামের বৃত্তান্ত যত তাহা আমি কহি॥
রামের অঙ্গুরী যেই দিনু নিদর্শন।
অঙ্গুরী পাইয়া সীতা করিল ক্রন্দন॥
দিলেন রামের তরে মস্তকের মণি।
কহিলেন জানাইতে রামের কাহিনী॥
সে মণি আনিয়া দিনু রাম-বিদ্যমানে।
মণি পেয়ে কাঁদিলেন ভাই দুই জনে॥
বানরের সহকারে করি সেতুবন্ধ।
মারিলেন শ্রীরাম সবংশে দশস্কন্ধ॥
প্রহস্ত মরিল নীল বানরের তেজে।
নাগপাশে মুক্ত করিলেন পক্ষিরাজে।
ইন্দ্রজিতে অতিকায়ে মারেন লক্ষ্মণ।
শ্রীরামের হাতে হত হইল রাবণ॥
শত্রুক্ষয় করিলেন রাম বাহুবলে।
সীতা রাম লক্ষ্মণ আসিলেন কুশলে॥
আসিলেন সুগ্রীব রাক্ষস বিভীষণ।
পাত্র মিত্র লৈয়া চল রাম-সম্ভাষণ॥
ছিলেন শ্রীরাম কল্য ভরদ্বাজ-ঘর।
পথেতে পাইবে দেখা চলহ সত্বর॥
শুভবার্তা কহে যদি বীর হনূমান্।
শত্রুঘ্নেরে ভরত করেন সংবিধান॥
সুদিন হইল ভাই দুঃখ অবশেষ।
বহু দিবসেতে রাম আসিলেন দেশ॥
প্রস্তর-প্রতিমা যত আছে স্থানে স্থান।
সুগন্ধি চন্দনে সবারে করাও স্নান॥
দেবতার স্থানে বাদ্য বাজুক্ বাইতি।
দেহ ধূপ নৈবেদ্য ঘৃতের জ্বাল বাতী॥
ফল-মূল নৈবেদ্য ভরিয়া দেহ ডালা।
সুগন্ধি চন্দনকাষ্ঠে জ্বালহ পাজলা॥
উচ্চ নীচ স্থান কর একই সোসর।
পথ পরিষ্কার কর বাছহ কঙ্কর॥
প্রতি পুরে দ্বারে দ্বারে পোত বৃক্ষকলা।
গাছে গাছে পতাকা বান্ধহ পুষ্পমালা॥
আলগোছা টাঙ্গা বান্ধ নেতের উয়াড়ে।
পুরনারী দেখে যেন থাকি তার আড়ে॥
রামের চরণ যে করিবে নিরীক্ষণ।
কোটি কোটি জন্ম-পাপ হইবে মোচন॥
যা বলিল ভরত করিল শত্রুঘন।
নন্দীগ্রাম হৈল যেন অমর ভুবন॥

রামের পাদুকা শিরে করিয়া ভরত।
চলিলেন সামন্ত সহিত শত শত॥
পাদুকার উপরে ধরিল ছত্রদণ্ড।
চামর ঢুলায় তার আনন্দ অখণ্ড॥
প্রতি পদক্ষেপেতে করেন নমস্কার।
ভরত আনিতে রামে আনন্দ অপার॥
বশিষ্ঠ নারদ চলে কুলপুরোহিত।
সংসারের লোক চলে হয়ে আনন্দিত॥
ব্রাহ্মণ ক্ষত্রিয় বৈশ্য শূদ্র চারি বর্ণ।
শ্রীরামে দেখিতে লোক চলিল অগণ্য॥
ঊর্দ্ধশ্বাসে ধাইয়া চলিল গর্ভবতী।
লজ্জা ভয় ত্যজে যায় কুলের যুবতী॥
কানা খোঁড়া শিশু বুড়া লয়ে অন্ধজনে।
অন্ধজন চক্ষু পায় শ্রীরাম দর্শনে॥
অনেক ব্রাহ্মণ চলে অনেক ব্রাহ্মণী।
তাহাদের ঘরে নাহি রহে এক প্রাণী॥
অবধূত সন্ন্যাসী চলিল ঊর্দ্ধমুখে।
নপুংসক চলিল যে অন্তঃপুর রাখে॥
গাছে পক্ষী না রহে না রহে পশু বনে।
স্থাবর জঙ্গম কীট চলিল সঘনে॥
ভূত প্রেত পিশাচ যে থাকে অন্তরীক্ষে।
রামেরে দেখিতে যায় কেহ নাহি থাকে॥
তের শত বৃহন্দে বাহির হৈল পথে।
ভরত শ্রীরামচন্দ্রে না পান দেখিতে॥
ভরত বলেন, যে চঞ্চল হনুমান্।
যত কিছু বলিল হইল সব আন॥
হনূমান্ বলেন, না হও উতরোল।
গোমতীর পারে শুন কটকের রোল॥
ভরদ্বাজ মুনির ঘরেতে বিদ্যমান।
শুক গাছে ফল-মূল সহ এই দান॥

ঐ দেখ রথখান গিয়াছে আকাশে।
ব্রহ্মার সৃজিত রথ বহে রাজহংসে॥
কি কব রথের কথা অপূর্ব্ব কাহিনী।
রথ উপরে সৈন্য সত্তর অক্ষৌহিণী॥
তিন কোটি রাক্ষস সহিত বিভীষণ।
এক কোণে রথের রয়েছে তুষ্ট মন॥
রথখান দেখ সবে ঢাকিছে গগন।
ঢাকিল সূর্য্যের তেজ রথের কিরণ॥
এমতে উভয়ে হয় কথোপকথন।
হেনকালে রথ লয়ে আসিল পবন॥
ভরতে দেখিয়া রাম হলেন কাতর।
অস্থি-চর্ম্ম-সার অতি ক্ষীণ কলেবর॥
চলিয়া আসিতে পদ টলে টলে পড়ে।
হনুমান্ কোলে করি রথে গিয়া চড়ে॥
রথোপরি চারি ভাই হৈল দরশন।
চতুর্দ্দশ বৎসরান্তে দেন আলিঙ্গন॥
প্রেমে পূর্ণ আনন্দে বহিছে অশ্রুধার।
ভরত শ্রীরামেরে করেন নমস্কার॥
জানকীরে প্রণিপাত করেন ভরত।
আশীর্ব্বাদ জানকী করেন শত শত॥
জ্যেষ্ঠ ভ্রাতে ভরত লক্ষ্মণে নাহি বন্দে।
পরস্পর কোলাকুলি পরম আনন্দে॥
তিনের অনুজ বটে বীর শত্রুঘন।
চারি ভাই একেবারে কৈল আলিঙ্গন॥
এক ঠাঁই চারি অংশে মায়ার কারণ।
দেবগণ বলে পাছে হয় যে মিলন॥
এক ঠাঁই চারি ভাই হইল মিলন।
আনন্দে অমরে করে পুষ্প বরষণ॥
শ্রীরাম বশিষ্ঠ গুরু করেন বন্দন।
সবারে বন্দেন রাম কুলের ব্রাহ্মণ॥

পুত্রশোকে কৌশল্যার অস্থিচর্ম্ম সার।
রাম রাম বিনে তাঁর মুখে নাহি আর॥
সুমিত্রার নেত্রে বারি ঝরে ঝর ঝর।
সর্ব্বদা কাঁদিছে বলি রাম রঘুবর॥
হেনকালে সীতা সহ শ্রীরাম-লক্ষ্মণ।
রথ হৈতে নামি এল জননী-সদন॥
মাতা বিমাতারে রাম করেন প্রণাম।
আশীর্ব্বাদ করে চিরজীবী হও রাম॥
অন্ধের নয়নে জল হয় পুনর্ব্বার।
সেইরূপ আনন্দ সতিনী দুজনার॥
পুলকে পূর্ণিত হয়ে কাঁদে দুই রাণী।
দুই জনে প্রণমিলা সীতা ঠাকুরাণী॥
কাঁদেন সুমিত্রা রাণী সীতা লয়ে কোলে।
তিন জনে তিতিলেক নয়নের জলে॥
সুমিত্রার আগে রাম যোড়হাতে কন,—
এই লও মাতা! তব প্রাণের লক্ষ্মণ॥
বনেতে গমন আমি কৈনু যেইকালে।
হাতে হাতে লক্ষ্মণেরে সঁপে দিয়েছিলে॥
প্রাণের দোসর মম লক্ষ্মণ যে ভাই।
লক্ষ্মণের গুণে বনে দুঃখ জানি নাই॥
পিতৃসত্য পালিয়া আসিনু দেশে ফিরে।
তোমার লক্ষ্মণে এনে দিলাম তোমারে॥
সুমিত্রা বলেন, রাম কত কহ আর।
আমার লক্ষ্মণ নহে জানিও তোমার॥
এক কথা রাম! আমি জিজ্ঞাসি তোমাকে।
কেন এ শেলের চিহ্ন লক্ষ্মণের বুকে?
শ্রীরাম বলেন, মাতঃ! করি নিবেদন।
লঙ্কাপুরীমধ্যে হয়েছিল মহারণ॥
রাবণের পুত্র ইন্দ্রজিৎ নাম ধরে।
মহাধনুর্দ্ধর সেই ভুবন-ভিতরে॥
তাহারে লক্ষ্মণ ভাই করে বিনাশন।
মহাক্রোধে সমরে আসিল দশানন॥
মহারণে লক্ষ্মণেরে শক্তি প্রহারিল।
সেই শক্তি লক্ষ্মণের বুকেতে বাজিল॥
অচেতন হয়ে ভাই পড়ে রণস্থলে।
হইয়া ব্যাকুল আমি করিলাম কোলে॥
হনুমান্ ঔষধ আনিয়া অনন্তর।
লক্ষ্মণের প্রাণদান দিল বীরবর॥
অতএব এই চিহ্ন শক্তির প্রহার।
সে সব কহিতে দুঃখ বাড়য়ে অপার॥
সুমিত্রা বলেন, রাম! শুনহ বচন।
শেল-চিহ্নোপরে কেন না দিলে চরণ?
যে পদ-স্পর্শনে স্বর্ণ হৈল কাষ্ঠতরী।
কেন লক্ষ্মণের বুকে নাহি দিলে হরি?
লক্ষ্মণের বর্ণে স্বর্ণ হইত মিলন।
তবে শেল-চিহ্ন না থাকিত কদাচন॥
হেঁটমুখে রহে রাম হইয়া লজ্জিত।
ভরত পাদুকা আনি যোগায় ত্বরিত॥
সম্মুখেতে রাখিল পাদুকা দুই পাট।
রথ ত্যজি রঘুনাথ ভূমে বহে বাট॥
ভরত বলেন, প্রভো! করি নিবেদন।
মহাব্রত করেছিনু পাদুকা-সেবন॥
ব্রত সাঙ্গ হৈল মম তব আগমনে।
বারেক পাদুকা দেও ও রাঙ্গা চরণে॥
প্রজাগণ মাথা নমে পাদুকা দেখিয়ে।
পাদুকা দিলেন পায়ে হরষিত হয়ে॥

কৈকেয়ীর সহিত শ্রীরামের কথোপকথন।

আসিল দেশেতে রাম আনন্দ সবার।
শুনিল কৈকেয়ী রাণী শুভসমাচার॥

অভিমানে কৈকেয়ীর বারিপূর্ণ আঁখি।
কথা না কবেন রাম মা বলিয়া ডাকি॥
যদি রাম পূর্বমত করে সম্ভাষণ।
রাখিব এ দেহ নহে ত্যজিব জীবন॥
যদি রাম মা বলিয়া না ডাকে আমারে।
ত্যজিব এ পাপ প্রাণ বিষপান ক'রে॥
এত বলি অভিমানে রহিলেন রাণী।
অন্তরে জানিল তাহা রাম রঘুমণি॥
হইল ব্যথিত প্রাণ বিমাতার তরে।
আগেতে চলিলা রাম কৈকেয়ীর পুরে॥
ধূলায় বসিয়া রাণী বিরসবদন।
হেনকালে রাম গিয়া বন্দিলা চরণ॥
কৈকেয়ীরে শ্রীরাম কহেন যোড়করে;—
দেশেতে আসিনু মাতা! চৌদ্দবর্ষ পরে॥
অরণ্যেতে পড়েছিনু অনেক প্রমাদে।
উদ্ধার হয়েছি সবে তব আশীর্বাদে॥
লজ্জা পেয়ে কৈকেয়ী কহিছে রঘুনাথে।
কোন্ দোষে দোষী আমি তোমার অগ্রেতে?
বনে গেলে দেবতার কার্য্যসিদ্ধি লাগি।
আমাকে করিলে কেন নিমিত্তের ভাগী?
তুমি গোলকের পতি জানে এ সংসার।
অবতার হয়েছ হরিতে ক্ষিতিভার॥
সংসারের সার তুমি কে চিনিতে পারে?
সূর্য্যবংশ পবিত্র তোমার অবতারে॥
অরি মারি দেবতার বাঞ্ছা পুরাইলি।
আমার মাথায় দিয়ে কলঙ্কের ডালি॥
বাছা রাম! বলি তোরে আর এক কথা।
এত কি দিতেছ দুঃখ জানিয়া বিমাতা?
চিরকাল ভরতেরে বেশী স্নেহ করি।
কুবোল বলিনু মুখে তোমার চাতুরী॥
সর্বঘটে স্থায়ী তুমি সুখদুঃখদাতা।
এতেক দুর্গতি কৈলে জানিয়া বিমাতা॥
লজ্জিত হইয়া রাম হেঁট কৈল মাথা।
যোড়হাত করি রাম কহিছেন কথা॥
কৈকেয়ীরে তোষে রাম বিনয়-বচনে।
তব দোষ নহে মাতা! দৈব-নির্বন্ধনে॥
কালেতে সকলি হয় বিধির নির্বন্ধ।
তোমার প্রসাদে বধিলাম দশস্কন্ধ॥
তোমা হৈতে পাইলাম সুগ্রীব সুমিত।
সঙ্কটেতে সুগ্রীব করিল বড় হিত॥
তোমার প্রসাদে করি সাগর-বন্ধন।
রাবণে মারিয়া তুষিলাম দেবগণ॥
জানিলাম লক্ষ্মণের যতেক ভকতি।
জানিলাম সীতাদেবী পতিব্রতা সতী॥
তোমা হইতে ধর্মাধর্ম জানিলাম মাতা।
ছলবাক্যে কৈকেয়ী দ্বিগুণ পেল ব্যথা॥
সকলে প্রফুল্ল হৈল রাম-দরশনে।
আনন্দে রহিলা রাম মাতার ভবনে॥

শ্রীরামচন্দ্রের রাজ্যাভিষেক।

বাহির চৌতারে রাম করেন দেয়ান।
বহুসংখ্য সেনাপতি দাঁড়ায় প্রধান॥
সবাকারে আসন যোগায় শীঘ্রগতি।
ছত্রিশ কোটি বসে প্রধান সেনাপতি॥
ভরতে করান রাম সৈন্য-পরিচয়।
ঐ দেখ সুগ্রীব রাজা সূর্য্যের তনয়॥
যুবরাজ অঙ্গদ যে বালির কুমার।
সুগ্রীব দিলেন যারে সর্ব-অধিকার॥
দেখ গয় গবাক্ষ এই গন্ধমাদন।
মহেন্দ্র দেবেন্দ্র দেখ গবাক্ষ-নন্দন॥

ঋষভ কুমুদ দেখ পনস সম্পাতি।
নল নীল দেখ এই মুখ্য সেনাপতি॥
ঐ দেখ সুষেণ আর এই জাম্বুবান্।
ঔষধি মন্ত্রণাতে উভয়ে সাবধান॥
হনুমান্ এই দেখ পবননন্দন।
যাহার বিক্রমে মারিলাম দশানন॥
ইহার গুণের কথা কি কব বিশেষ।
হনুমান্ করিয়াছে সীতার উদ্দেশ॥
হনুমান্ আমার সকল কার্য্যে দড়।
চারি ভাই হৈতে মম হনুমান্ বড়॥
ঐ দেখ লঙ্কার রাজা মন্ত্রী বিভীষণ।
যাহার মন্ত্রণাগুণে মরিল রাবণ॥
কহিলেন রঘুনাথ যার যত গুণ।
সর্বলোকে তার পানে চাহে পুনঃ পুনঃ॥
রাক্ষস বানর সব নানা মায়া ধরে।
রামের ইঙ্গিতে তারা নররূপ ধরে॥
ভরত বলেন, সাক্ষী হও সর্বজন।
প্রভুর চরণে আমি করি নিবেদন॥
ভরত প্রণাম করি রামের চরণে।
যোড়হাতে বলেন সবার বিদ্যমানে॥
স্থাপ্যধন মম ঠাঁই আছে পিতৃরাজ্য।
তোমার আজ্ঞাতে করিয়াছি রাজকার্য্য॥
আজ্ঞা কর রাজ্য লহ বৈস সিংহাসনে।
সেবা ক'রে থাকি রাম-সীতার চরণে॥
মহারাজ্য রাখিতে আমার শক্তি নহে।
কেশরীর বিক্রম শৃগালে কোথা বহে?
সবলের বোঝা যে দুর্বলে নিতে নারে।
মহারাজ্য মহাবীর রাখিবারে পারে॥
অদ্য হৈতে রাজ্যভার আমারে না লাগে।
ক্রমাগত রাজ্য রাম! ভুঞ্জ যুগে যুগে॥

ভরতের কথা শুনি শ্রীরাম হাসিয়া।
ভরতে করেন কোলে বাহু পসারিয়া॥
ভরত বলেন, পুনঃ বিনয় বচন।
ভরতের প্রতি রাম কহেন তখন ;—
তব ব্যবহারে ভাই! হইলাম বশ।
পৃথিবী যুড়িয়া তব ঘুষিবেক যশ॥
জানাইল গণকে উত্তম তিথি বার।
কাটিতে মাথার জটা হইল সবার॥
চারি ভাই বসিলেন কাঞ্চনের খাটে।
শুভক্ষণে ক্ষৌরকার শির-জটা কাটে॥
জটাজুট মুণ্ডন করিয়া সুবিধান।
সুবাসিত গঙ্গাজলে করাইল স্নান॥
অতঃপর করিয়া বল্কল বিসর্জ্জন।
পরিধান করিলেন বিচিত্র বসন॥
জানকীরে স্নান করাইল যত রাণী।
বৈকুণ্ঠ হইতে লক্ষ্মী আসিল আপনি॥
শ্রীরাম করিয়াছিল যেমত আচার।
বাকল পরিয়া সব আছিল সংসার॥
অযোধ্যার মনুষ্য তপস্বিবেশধারী।
পরিল বসন যে বল্কল পরিহরি॥
শ্রীরামের দুঃখে সব লোক ছিল দুঃখী।
তাঁহার সুখেতে লোক হইলেক সুখী॥
আনন্দে কৌশল্যা দেবী করিল রন্ধন।
চারি ভাই করিলেন অমৃত ভোজন॥
যজ্ঞস্থানে সীতাদেবী গেলেন আপনি।
ভোজন কৈল সৈন্য সত্তর অক্ষৌহিণী॥
সুখে গেল বিভাবরী হইল প্রভাত।
আসিল সকল লোক রামের সাক্ষাৎ॥
শ্রীরাম ভূপতি হন গিয়া অযোধ্যায়।
বাসনা করিয়া সবে চলিল তথায়॥

চলিল রামের কাছে হস্তী ঘোড়া চড়ি।
দেখিবারে স্ত্রী-পুরুষ আসে তাড়াতাড়ি॥
যে যেমন ভাবে ছিল সেই ভাবে ধায়।
বৃদ্ধ কাণা খোঁড়া শিশু কেহ নাহি রয়॥
কাণা খোঁড়া ধরিয়া ত আনে অন্য জনে।
সর্ব্বদুঃখ ঘুচে তার রাম-দরশনে॥
ঊর্দ্ধশ্বাসে ধাইয়া আইসে গর্ভবতী।
লজ্জা-ভয় পরিহরি আইসে যুবতী॥
কি করিবে স্বামী কি করিবে ধনে জনে।
সর্ব্বপাপ ঘুচিবেক রাম-দরশনে॥
চল সবে দেখি গিয়া রামের বদন।
জুড়াইবে নয়ন সুতৃপ্ত হবে মন॥
মাতঙ্গ ছত্রিশ কোটি আসিল দন্তাল।
বানর ছত্রিশ কোটি বিক্রমে বিশাল॥
অশ্ব হস্তী চড়ি সবে অযোধ্যায় যায়।
শুষ্ক গাছে ফল-ফুল ছিঁড়ি সবে খায়॥
সুমন্ত্র যোগায় রথ জয় জয় নাদে।
রথোপরি চারি ভাই দিব্য পরিচ্ছদে॥
ধরেন ভরত যে ঘোড়ার কড়িয়ালী।
চামর ঢুলান শ্রীলক্ষ্মণ মহাবলী॥
শত্রুঘ্ন রামের গাত্রে করেন ব্যজন।
বিরাজিত চারি অংশে রথে নারায়ণ॥
দুই দিকে সর্ব্বলোক রাম-পানে চাহে।
শ্রীরামের যত গুণ শতমুখে কহে॥
বহু পুণ্যে পাই প্রভো! তোমা হেন রাজা।
জন্মে জন্মে রঘুনাথ! করি তব পূজা॥
সর্ব্বক্ষণ দেখি যে তোমার চন্দ্রানন।
সর্ব্বলোক মুক্ত হয় করিয়া দর্শন॥
দেখিয়া রামের রূপ ভুবনমোহন।
পুরবনিতার মন মজিল নয়ন॥

শ্রীরামের মন নহে অন্যের যেমন।
যে মন সীতার প্রতি কে পায় সে মন॥
যেন রাম তেন সীতা শোভে দুই জন।
অন্য পানে শ্রীরাম না চান কদাচন॥
সীতার সৌভাগ্য তারা বলিয়া অন্তরে।
আপনা নিন্দিয়া সবে গেল ঘরে ঘরে॥
ঘরে গিয়া স্ত্রীলোকের প্রাণ নাহি স্থির।
অযোধ্যায় প্রবেশ করেন রঘুবীর॥
ভরতের প্রতি রাম করেন আদেশ।
কটক রহিতে স্থান করহ উদ্দেশ॥
পাইয়া রামের আজ্ঞা ভরত সত্বর।
করিলেক নির্দ্দিষ্ট ছত্রিশ কোটি ঘর।
রত্নময় এক ঘর ঘরে নানা জ্যোতি।
এই ঘরে রহুক্ সুগ্রীব কপিপতি॥
দেখ এই ঘরে মণি-মাণিক্য পাথর।
রহুন সৈন্যের সহ অঙ্গদ কুমার॥
আর যে আবাস দেখ মুকুতা গঠনি।
এইখানে হনুমান্ থাকুন আপনি॥
সিন্ধুনদীতীরে আর সরযুর তীরে।
এত দূর চাপি বৈসে রাক্ষস বানরে॥
সিন্ধুনদ সরযুতে চল্লিশ যোজন।
এত দূর ব্যাপিয়া রহিল সৈন্যগণ॥
স্বর্ণখাটে শুইল বানর শয্যাতলে।
দেবকন্যা লইয়া বানর কুতূহলে॥
কহেন ভরত গিয়া সুগ্রীবের ঘর।
কালি ছত্রদণ্ড ধরিবেন রঘুবর॥
পুনর্ব্বসু নক্ষত্র যে পূর্ণ চৈত্রমাস।
শ্রীরাম হবেন রাজা আজি অধিবাস॥
দিলাম চারিটি রত্ন-নির্মিত কলসী।
চারি সাগরের জল আন নহে বাসী॥

সাত শত নদী আছে পৃথিবীমণ্ডলে।
শ্রীরামের অভিষেক হবে সেই জলে॥
সাত শত স্বর্ণকুম্ভ দিনু তব ঠাঁই।
সকল নদীর জল যেন কাল পাই॥
সুগ্রীব বানর পানে চাহে কটাক্ষেতে।
হাইয়া বানর-সৈন্য কুম্ভ নিল হাতে॥
রাজা বলে সাগরের জলে চিহ্ন আছে।
খাল-বিল-জল আনি ভাণ্ডাও না পাছে॥
পাঠাইলা সুগ্রীব বানর চতুর্ভিত।
অধিবাস রামের করেন পুরোহিত॥
বশিষ্ঠ নারদ মুনি করে বেদধ্বনি।
অখিল ভুবনে শব্দ রামজয় শুনি॥
রাম-সীতা উপবাসে রহেন দুজনে।
পুরীশুদ্ধ সকলে রহিল জাগরণে॥
রাম-সীতা দুই জনে কহেন কাহিনী।
আর এক দিন প্রভু ছিলাম এমনি॥
শুনিয়া সীতার কথা শ্রীরামের হাস।
মধুর-বচনে তাঁরে করেন সম্ভাষ॥
পূর্ব্বদিনে রামসীতা ছিল পরিমিত।
পরদিন রাম রাজা হন শাস্ত্রমত॥
প্রভাত হইল পূর্ব্বদিকের প্রকাশ।
বানর কলসী হাতে উঠিল আকাশ॥
অগ্নি হেন উড়ি যায় নীল সে বানর।
চক্ষুর নিমেষে গেল সে পূর্বসাগর॥
অযোধ্যা পূর্ব্বসাগর চারিশ যোজন।
রাম-তেজে নীল বীর গেল ততক্ষণ॥
কলসী ভরিয়া রাখে সাগরের ঘাটে।
চিহ্ন চাহি নীল বীর ভ্রমে তার তটে॥
রক্তচন্দনের ডাল দিলেক ঢাকনি।
সুগ্রীবের কাছে রাখে প্রভাতা রজনী॥
জাম্বুবান, তার বাক্যে তেজে করি ভর।
চক্ষুর নিমেষে গেল পশ্চিম-সাগর॥
অযোধ্যা পশ্চিমোদধি আটাশ যোজন।
শ্রীরামের তেজেতে সে গেল ততক্ষণ॥
কলসী ভরিয়া রাখে সাগরের পাড়ে।
চিহ্ন অন্বেষিয়া বৃদ্ধ ভ্রমে উভরড়ে॥
দেবদারু-ডাল ভাজি জল আচ্ছাদিল।
রজনী-প্রভাতে রাজ-সমীপে ধরিল॥
দক্ষিণ সাগরে গেল নল মহাবীর।
যেখানে সে বান্ধিয়াছে সমুদ্র গভীর॥
দক্ষিণসাগর পাঁচ শত সে যোজন।
শ্রীরামের তেজে নল গেল ততক্ষণ॥
নলে দেখে সাগরের উড়িল জীবন।
পুনরায় নল বীর এল কি কারণ?
সাগরের ত্রাস দেখি নল উপহাসে।
হাসিয়া সাগর প্রতি কহিছে আশ্বাসে॥
ছিলাম রামের সঙ্গে তেঁই মম বল।
কার শক্তি বান্ধিবারে পারে তব জল?
শ্রীরাম হবেন রাজা অযোধ্যানগরে।
আসিয়াছি জল লৈতে তোমার সাগরে॥
মনে তোলা-পাড়া করে নল মহাবল।
রত্নকুম্ভে ভরিলেন সাগরের জল॥
কলসী ভরিয়া রাখে সেতুর উপরে।
চিহ্ন তরে নল বীর ভ্রমে তীরে তীরে॥
সম্মুখে দেখিল গাছ ধবল চন্দন।
ডাল ভাজি জলোপরি দিল আচ্ছাদন॥
শ্বেতচন্দনের ডালে জল আচ্ছাদিল।
রজনী-প্রভাতে সুগ্রীব-কাছে ধরিল॥
উত্তর-সাগর পথ হাজার যোজন।
কোন্ বীর যাইবে ভাবিছে মনে মন॥

শ্রীরাম সুগ্রীব দোঁহে করে অনুমান।
হাতে কুম্ভ আকাশে উঠিল হনুমান॥
পবন-গমনে যায় পবননন্দন।
মুহূর্ত্তের মধ্যে গেল হাজার যোজন॥
কলসী ভরিয়া জল তীরেতে রাখিল।
চিহ্ন লাগি হনুমান ভ্রমিতে লাগিল॥
চন্দনের ডাল তাহে দিলেক ঢাকনি।
সুগ্রীবের কাছে রাখে প্রভাতা রজনী॥
সবাকার পাছে গেল বীর হনুমান্।
আসিল লইয়া জল সর্ব আগুয়ান॥
গয় গবাক্ষ শরভ আর গন্ধমাদন।
কেশরী কুমুদ আর গবাক্ষ-নন্দন॥
মহেন্দ্র দেবেন্দ্র আর বানর পনস।
সমস্ত তীর্থের জল হাজার কলস॥
সীতাসহ শ্রীরাম বসেন সিংহাসনে।
অভিষেক করিল সুগ্রীব বিভীষণে॥
স্বর্গ-মর্ত্ত্য পাতালেতে দু-রাজা সঞ্চারে।
দুই রাজা ছত্র ধরে রামের উপরে॥
পৃথিবীতে যত রাজা আছে চতুর্ভিত।
শ্রীরামের অভিষেকে দ্বারে উপস্থিত॥
স্বর্গলোক মর্ত্ত্যলোক আসিল পাতাল।
অযোধ্যায় ত্রিভুবন হইল মিশাল॥
রহিবার স্থান নাই সৈন্য-কলকলি।
নানা শব্দে বাদ্য বাজে আর করতালি॥
চারিভিতে চামর ঢুলায় রাজগণ।
রামের সম্মুখে স্থিত ভাই তিন জন॥

হনুমানের বক্ষে রামনামদর্শন।

শ্রীরামের অভিষেক শুনে যেই নরে।
ঐহিক সম্পদ বাড়ে পরলোকে তরে॥
কোটি কোটি দ্বিজ যায় শ্রীরামের স্থান।
যাঁহার যে অভিলাষ তাহা পায় দান॥
গ্রাম ভূমি স্বর্ণ দান করেন শ্রীরাম।
বিমুখ না হয় কেহ সবে পূর্ণকাম॥
পূর্ণ চৈত্রমাস পুনর্ব্বসু যে নক্ষত্র।
শুভক্ষণে শ্রীরাম ধরেন দণ্ডছত্র॥
স্বর্ণ-পদ্মমালা গলে সূর্য্য হেন জ্বলে।
সে মালা দিলেন রাম সুগ্রীবের গলে॥
অঙ্গদের কাছে রাম ছিলেন লজ্জিত।
অপূর্ব ভূষণে তারে করেন ভূষিত॥
ছত্রিশ কোটি সেনা পায় রামের দান।
অভিমানে নীরব রহিল হনুমান্॥
শ্রীরামের দানেতে সকলে হ'ল সুখী।
হনুমান্ কেবল মুদিত দুই আঁখি॥
অপরাধ কি করিনু প্রভুর চরণে।
সবায় তোষেন, মোরে না তোষেন কেনে?
বাহির করেন সীতা আপনার হার।
কি কব তাহার মূল্য ভুবনের সার॥
সে হার দেখিয়া সবে চাহে ফরফর।
নানা রত্ন মণি মাণিক পরশ পাথর॥
বড় বড় সেনাপতি করে অনুমান।
না জানি সীতার হার কোন্ জনা পান॥
হাতে হার করি সীতা রাম পানে চান।
অভিপ্রায় মনে এই কারে দেন দান॥
বুঝিয়া শ্রীরাম তাঁর করেন বিধান।
যারে তব ইচ্ছা যায় তারে কর দান॥
অনুদ্দেশ সময়েতে উদ্দেশ যে করে।
মরিয়াছিলাম প্রাণ দিল বারে বারে॥
এমত বুঝিয়া সীতা হার কর দান।
কোন জন না করিবে এতে অভিমান॥

জানকী হনুর পানে চান বারে বারে।
ধেয়ে গিয়ে হনুমান্ গলে হার পরে॥
মারুতির গলে শোভে জানকীর হার।
হনুমান্ প্রণমিল চরণে সীতার॥
সীতা বলে, যত কাল থাকিবে পৃথিবী।
রোগ-শোক-হীন বাপু! হও চিরজীবী॥
যাবৎ থাকিবে চন্দ্র সূর্য্যের প্রচার।
যাবৎ রামের নাম ঘুষিবে সংসার॥
তত কাল হও তুমি অক্ষয় অমর।
হনুমান্ অমর পাইলা এই বর॥
রাম-নাম-প্রসঙ্গ হইবে যেই স্থানে।
যথা তথা থাক তুমি আসিবে সেখানে॥
হাসিতে হাসিতে হনু হার লয়ে হাতে।
ছিন্ন ভিন্ন করে হার চিবাইয়া দাঁতে॥
হনুর দেখিয়া কর্ম্ম হাসেন লক্ষ্মণ।
কুপিত রহস্যভাবে বলেন তখন॥
লক্ষ্মণ বলেন, প্রভু! করি নিবেদন।
মারুতির গলে হার দিলে কি কারণ?
সহজে বানর গণ্য পশুর মিশালে।
রত্নহার দিলে কেন বানরের গলে?
শ্রীরাম বলেন, শুন প্রাণের লক্ষ্মণ।
কি হেতু ছিঁড়িল হার পবননন্দন॥
ইহার বৃত্তান্ত হনুমান্ ভাল জানে।
জিজ্ঞাসহ হনুমানে সভা-বিদ্যমানে॥
হনুমান্ বলে, শুন ঠাকুর লক্ষ্মণ।
বহুমূল্য বলি হার করিনু গ্রহণ॥
দেখিলাম বিচার করিয়া তার পরে।
রামনাম নাহি এই হারের ভিতরে॥
রামনাম-হীন যাতে এমন হে ধন।
পরিত্যাগ করা ভাল নাহি প্রয়োজন॥
লক্ষ্মণ বলেন, শুন পবনকুমার।
রাম নাম-চিহ্ন নাহি দেহেতে তোমার॥
তবে কেন মিথ্যা দেহ করেছ ধারণ।
কলেবর ত্যাগ কর পবননন্দন।
এতেক শুনিয়া তবে পবনকুমার।
কলেবর নখে চিরি করিল বিদার॥
সভামধ্যে দেখাইল বিদারিয়া বক্ষ।
অস্থিময় রাম-নাম লেখা লক্ষ লক্ষ॥
দেখিয়া সভার লোক হৈল চমকিত।
অধোমুখে লক্ষ্মণ হইলা সলজ্জিত॥
লক্ষ্মণ বলেন, শুন বীর হনুমান্।
শ্রীরামের ভক্ত নাই তোমার সমান॥
রাম জানে তোমারে শ্রীরামে জান তুমি।
তোমার মহিমা-সীমা কি জানিব আমি?
হনুমান বলে, আমি বনের বানর।
রামের দাসানুদাস তোমার নফর॥

হনুমানের ভোজন ও বিভীষণাদির প্রস্থান।

বিভীষণে ক'ন রাম করিয়া আদর;—
আজ হৈতে তুমি মম ভাই সহোদর॥
চারি ভাই ছিনু হইলাম পঞ্চ জন।
পঞ্চ জন মিলি রাজ্য করিব পালন॥
সীতা ঠাকুরাণী গিয়া করিল রন্ধন।
চারি ভাই এক ঠাঁই করিল ভোজন॥
হনুমানে অন্ন দেন সীতা ঠাকুরাণী।
বানরেরে অন্ন দেন যতেক রমণী॥
অন্ন দিয়া যান সীতা আনিতে ব্যঞ্জন।
শুধু অন্ন খায় সব পবননন্দন॥
শূন্য পাত্রে ব্যঞ্জন কেমনে দিবে পাতে।
ব্যঞ্জন লইয়া ফিরে যান দেবী সীতে॥

পুনর্ব্বার দেন অন্ন আনিয়ে হনূকে।
ব্যঞ্জন আনিতে অন্ন খেয়ে ব'সে থাকে॥
এইরূপে যাতায়াত তিন চারিবার।
দেখিয়া সীতার মনে লাগে চমৎকার॥
সীতা বলে, আমি কিছু বুঝিতে না পারি।
বিশ্বের পালনে অন্নপূর্ণা নাম ধরি॥
দৃষ্টে সৃষ্টি পূর্ণ করি নানা উপহারে।
অন্ন দিতে হারিলাম বনের বানরে॥
বুঝিতে না পারি আমি এই কোন্ জন।
স্বর্ণথাল ফেলি কৈল হস্ত-প্রক্ষালন॥
ধ্যানযোগে মা জানকী দেখিলা সত্বর।
বানররূপেতে অবতার গঙ্গাধর॥
কপিরূপে বসেছেন কৈলাসের পতি।
উদর পুরাতে পারে কাহার শকতি?
উর্দ্ধমুখে অর্ঘ বিনা না পূরে উদর।
এতেক ভাবিয়া সীতা চলিল সত্বর॥
গোপনেতে গিয়া মাতা হনুর পশ্চাতে।
নমঃ শিবায় ব'লে অন্ন দিলেন মাথে॥
হাসিয়া সম্মুখে আসি কহেন বচন।
কত অন্ন হনুমান! করিলা ভোজন?
মস্তক ফুটিয়া অন্ন উপরে উঠিল।
হনূমান বলে মাতা পরিপূর্ণ হলো॥
আচমন কৈল গিয়া পবনকুমার।
সীতার চরণে হনূ কৈল পরিহার॥
আমি কি জানিব মাতা! তোমার মহিমা।
ব্রহ্মা বিষ্ণু মহেশ্বর দিতে নারে সীমা॥
তোমার মহিমা মাতা! কি বলিতে জানি।
শ্রীবিষ্ণু প্রকৃতি তুমি লক্ষ্মী ঠাকুরাণী॥
এইরূপ সর্ব্বত্র করিয়া সুবিহিত।
চারি ভাই রাজ্য করে জগতে পূজিত॥
রামরাজ্যে কেহ কারে নাহি করে হিংসে।
হেথা যত রাজগণ শ্রীরামে প্রশংসে॥
রামরাজ্যে শোক নাহি জানে কোন জনা।
রামরাজ্য বলি লোকে হইল ঘোষণা॥
পাত্র মিত্র সহ রাম যুক্তি অনুমানি।
পুষ্পক রথেরে তিনি দিলেন মেলানি॥
কুবেরের রথ তুমি জানে সর্বজন।
কুবেরে জিনিয়া তোমা নিলেক রাবণ॥
তাহাকে মারিয়া তোমা করিনু উদ্ধার।
কুবেরেরে জানাইও এই পরিহার॥
চলিল যে রথখান শ্রীরাম-আদেশে।
চক্ষুর নিমেষে গেল পর্বত-কৈলাসে॥
কুবের বলেন, রথ! কে দিল বিদায়?
রাবণ লইল তোরে জিনিয়া আমায়॥
শুন বলি রথ! তোরে নিল লঙ্কেশ্বর।
করিল কুকর্ম কত তোমার উপর॥
রামসহ একাদশ সহস্র বৎসর।
রামের সেবায় কর শুদ্ধ-কলেবর॥
শ্রীরাম করিলে পরে বৈকুণ্ঠে গমন।
ফিরিয়া আমার কাছে আসিও তখন॥
রথখান চলিল যে কুবের-আদেশে।
আসিল রামের কাছে চক্ষুর নিমিষে॥
রথ বলে, রঘুনাথ! কর অবধান।
কিছু কাল চরণ-নিকটে দেহ স্থান॥
রামের আজ্ঞায় রথ রহিল তথায়।
সর্বক্ষণ শ্রীরামের দর্শন সে পায়॥

লঙ্কাকাণ্ড সমাপ্ত।

কৃত্তিবাসী সপ্তকাণ্ড রামায়ণ

উত্তরকাণ্ড

রাম সকাশে মুনিগণের আগমন।

আজিকালিকার যেন বৈকুণ্ঠনগরী।
শঙ্খ-চক্র-গদা-পদ্ম দিব্য শার্ঙ্গধারী॥
নীলোৎপল সমান শ্যামল কলেবর।
পীতাম্বর সতড়িত যেন জলধর॥
বনমালা গলে দোলে আর হেমহার।
কপোলে লম্বিত মণি শোভে হার আর॥
মকর-কুণ্ডল ভাল শ্রবণেতে দোলে।
তাহার উজ্জ্বল শোভা লেগেছে কপোলে॥
আজানুলম্বিত বাহু নাভি সুগভীর।
চন্দনে চর্চিত অতি সুঠাম শরীর॥
শ্রীবৎসলাঞ্ছিত বক্ষঃ অতি মনোহর।
গগন-উপরে যেন শোভে শশধর॥
চরণে নূপুর বাজে রুণু রুণু শুনি।
নীলপদ্ম-কোলে যেন হংস করে ধ্বনি॥
অঙ্গদ সহিত রাম মন্ত্রী জাম্বুবান্।
ভরত শত্রুঘ্ন আর যত মুনিগণ॥
নারদাদি গান করে সনক প্রভৃতি।
বিভীষণ হনুমান সুগ্রীব সংহতি॥
কি কব রামের গুণ কহিতে অপার।
রাক্ষস বনের পশু গুণে বদ্ধ যাঁর॥
ত্রিভুবনে নাহি দেখি রামের উপমা।
চতুর্ম্মুখ চতুর্ম্মুখে দিতে নারে সীমা॥
হেন রাম দেখি মুনি আনন্দিতচিত।
নিজে নারায়ণ রাম সংসারে পূজিত॥
লক্ষ্মী সরস্বতী সদা করে আরাধন।
অযোধ্যায় অবতীর্ণ বৈকুণ্ঠের ধন॥
চারিভিতে স্তুতি করে বহু পরিষদ।
সনক সনাতন ও বাল্মীকি নারদ॥
ব্রহ্মা আদি করিয়া যতেক দেবগণ।
কুবের বরুণ ঊনপঞ্চাশ পবন॥
গরুড়-উপরে যেন বসি নারায়ণ।
বিষ্ণুরূপ রামেরে দেখিল মুনিগণ॥
মুনি সকলের ছিল যতেক বাসনা।
সেইরূপ রামেরে দেখিল সর্ব্বজনা॥

বৈকুণ্ঠ-সম্পদ্ রাম দশরথ-ঘরে।
জন্মিলেন রাবণ-বধার্থ এ সংসারে॥
সেইরূপ সকলে দেখিল চক্রপাণি।
বিশ্বরূপ দেখি ত্রাস পায় সব মুনি॥
আপনার মূর্ত্তি রাম জানেন আপনি।
বিষ্ণু-অবতার রাম জানে সব মুনি॥
মুনিগণে আগত দেখিয়া নিজ ধাম।
গাত্রোত্থান করিলেন তখনি শ্রীরাম॥
কৃতাঞ্জলি হইয়া দিলেন অর্ঘ্য জল।
জিজ্ঞাসেন মুনিগণে সবার কুশল॥
মুনিরা বলেন রাম! সমস্ত কুশল।
আপনার কুশল সম্প্রতি আগে বল॥
তুমি আর লক্ষ্মণ জানকী ঠাকুরাণী।
কুশলে আসিলে দেশে বড় ভাগ্য মানি॥
রাক্ষস দুর্জ্জয় বড় বিধাতার বরে।
রাক্ষস-মায়ায় রাম! কোন্ জন তরে॥
ইন্দ্রজিৎ সে দুর্জ্জয় ত্রিভুবনে জানি।
লক্ষ্মণ মারেন তারে অপূর্ব্ব কাহিনী॥
মারিলে ত্রিশিরা খর দূষণ কবন্ধ।
মারীচেরে বিনাশিলে মায়ার প্রবন্ধ॥
দেবান্তক নরান্তক অতিকায় বীর।
মারিলে নিকুম্ভ কুম্ভ দুর্জ্জয় শরীর॥
কুম্ভকর্ণে বিনাশিলে বড়ই বিষম।
পলায় যাহার নামে আপনি শমন॥
রাবণের সহ রণ কে করিতে পারে।
করিলে দেবের ত্রাণ মারিয়া তাহারে॥
মারিলে এ সব বীর তাহা নাহি গণি।
ইন্দ্রজিতে যে মারিল তাহারে বাখানি॥
ইন্দ্রজিৎ মায়াধারী যুদ্ধে অন্তরীক্ষে।
না দেখেন দেবরাজ সহস্রেক চক্ষে॥
ইন্দ্রে বাঁধি লয়েছিল লঙ্কার ভিতরে।
আনিলেক মাগিয়া বিরিঞ্চি পুরন্দরে॥
সেই ইন্দ্রজিতে ধ্বংস করি এল ঘর।
শুনিয়া এ সব বীর বিস্ময় অন্তর॥
মারিলে যে সব বীর যুদ্ধে যমদূত।
মারিল লক্ষ্মণ ইন্দ্রজিতে অদ্ভুত॥
শ্রীরাম বলেন, রাক্ষসের কি বিক্রম।
এক এক রাক্ষস সাক্ষাৎ যেন যম॥
রাবণের সেনাপতি কেবা কারে চিনে?
রণে প্রবেশিলে তারা যম ইন্দ্র জিনে॥
কুম্ভকর্ণ-ডরে কেহ কভু নহে স্থির।
ত্রিভুবন জিনে কুম্ভকর্ণের শরীর॥
কাটিলে না মরে সে না ধরে কেহ টান।
কুম্ভকর্ণ এড়ি ইন্দ্রজিতের বাখান॥
অগস্ত্য নামেতে মুনি দক্ষিণেতে বাস।
রাক্ষসের বৃত্তান্ত জানেন ইতিহাস॥
রাক্ষসের বৃত্তান্ত কহেন মহামুনি।
শ্রীরাম কহেন, মুনি! কহ তাহা শুনি॥

লক্ষণ কর্ত্তৃক চতুর্দ্দশ বৎসরের ফল আনয়ন ও রাক্ষসদিগের উৎপত্তিবর্ণন

মহামুনি অগস্ত্য সে বসেন দক্ষিণে।
রাক্ষসের সকল বৃত্তান্ত মুনি জানে॥
রাক্ষসের কথা কহে সেই মহামুনি।
সভাখণ্ড শুনিছেন সহ রঘুমণি॥
অগস্ত্য বলেন, রাম! জিজ্ঞাসি তোমারে।
কিরূপে করিলে যুদ্ধ লঙ্কার ভিতরে?
ধনুর্দ্ধারী তুমি আর ঠাকুর লক্ষ্মণ।
কোন্ কোন্ বীরে বধ কৈলে কোন্ জন?

শ্রীরাম বলেন, মুনি ! নিবেদি চরণে।
করিলাম বহু যুদ্ধ ভাই দুই জনে॥
বধেছি রাক্ষস কত না যায় গণন।
শমন সমান পরাক্রমে সর্ব্বজন॥
দশানন কুম্ভকর্ণে করেছি নিধন।
অতিকায় ইন্দ্রজিতে বধেছে লক্ষ্মণ॥
মুনি বলে, শুন রাম ! নিবেদি তোমারে।
ইন্দ্রজিৎ বড় বীর লঙ্কার ভিতরে॥
ইন্দ্রে বেঁধে এনেছিল লঙ্কার ভিতরে।
ব্রহ্মা আসি মাগিয়া লইল পুরন্দরে॥
থাকিয়া মেঘের আড়ে যুঝে অন্তরীক্ষে।
মেঘনাদ সমান বাণের নাহি শিক্ষে॥
তাহারে করেন বধ ঠাকুর লক্ষ্মণ।
লক্ষ্মণ সমান বীর নাহি ত্রিভুবন॥
রাম ক'ন কি কহিলে মুনি মহাশয়।
মহাবীর কুম্ভকর্ণ রাবণ দুর্জ্জয়॥
দেবতা গন্ধর্ব্ব রণে নাহি ধরে টান।
দশানন ছেড়ে ইন্দ্রজিতের বাখান॥

মুনি বলে, রঘুনাথ ! কহি তব ঠাঁই।
ইন্দ্রজিৎ সম বীর ত্রিভুবনে নাই॥
চৌদ্দ বর্ষ নিদ্রা নাহি যায় যেই জন।
চৌদ্দ বর্ষ স্ত্রীমুখ না করে দরশন॥
চৌদ্দ বর্ষ যেই বীর থাকে অনাহারে।
ইন্দ্রজিতে বধিবারে সেই জন পারে॥
শ্রীরাম বলেন, মুনি ! কি কহিলে তুমি।
চৌদ্দ বর্ষ লক্ষ্মণেরে ফল দিনু আমি॥
সীতা সঙ্গে চৌদ্দ বর্ষ করেছে ভ্রমণ।
কেমনে সীতার মুখ না দেখে লক্ষ্মণ॥
কুটীরেতে বঞ্চিতাম সীতার সহিতে।
থাকিত লক্ষ্মণ ভাই ভিন্ন কুটীরেতে॥
চৌদ্দ বর্ষ কিরূপেতে নিদ্রা নাহি যায় ?
কেমনে এমন কথা করিব প্রত্যয় ?

মুনি বলে, সভামধ্যে আনহ লক্ষ্মণ।
হয় নয় জিজ্ঞাসা করহ নারায়ণ !
রাম বলে, শীঘ্র যাও সুমন্ত্র সারথি।
সভামধ্যে লক্ষ্মণেরে আন শীঘ্রগতি॥
চলিলা সুমন্ত্র তবে শ্রীরামের বোলে।
লক্ষ্মণ বসিয়া আছে সুমিত্রার কোলে॥
সুমন্ত্র সারথি গিয়া অবনমি মাথা।
যোড় হাত করি বলে শ্রীরামের কথা॥
সুমন্ত্রের কথা শুনি কহেন লক্ষ্মণ।
বনদুঃখ বুঝি শুধাবেন নারায়ণ॥
আগে ত লক্ষ্মণ পিছে সুমন্ত্র সারথি।
প্রণাম করিল গিয়া যথা রঘুপতি॥
লক্ষ্মণে বলেন রাম শুন হে লক্ষ্মণ।
যে কথা জিজ্ঞাসি কর স্বরূপ বর্ণন॥
চৌদ্দ বর্ষ একত্র ছিলাম তিন জন।
কেমনে সীতার মুখ না দেখ লক্ষ্মণ ?
তুমি ফল আনিতে ছিলাম আমি ঘরে।
ফল দিয়া আপনি কি ছিলে অনাহারে ?
বনমধ্যে তুমি ভিন্ন কুটীরেতে ছিলে।
চৌদ্দ বর্ষ কিরূপেতে নিদ্রা নাহি গেলে ?
লক্ষ্মণ বলেন, শুন রাজীবলোচন।
পাপিষ্ঠ রাবণ সীতা হরিল যখন॥
দুই জন ভ্রমি বনে করিয়া রোদন।
ঋষ্যমূকে জানকীর পাই আভরণ॥
সুগ্রীবেরে অগ্রে তুমি শুধালে যখন।
সীতা-আভরণ কি না চিনহ লক্ষ্মণ॥

আমি না চিনিনু তাঁর হার কি কেয়ুর॥
সবে মাত্র চিনিলাম চরণ-নূপুর॥

সত্য প্রভু! একত্র ছিলাম তিন জন।
শ্রীচরণ বিনা তাঁর না দেখি কখন॥
চতুর্দ্দশ বর্ষ নিদ্রা না যাই কেমনে।
শুন শুন রঘুনাথ! কহি তব স্থানে॥
তুমি আর জানকী সে কুটীরে থাকিতে।
আমি দ্বার রাখিতাম ধনুঃশর হাতে॥
আচ্ছন্ন করিল নিদ্রা আমার নয়নে।
ক্রোধ করি নিদ্রারে বিন্ধিনু এক বাণে॥
কহি শুন নিদ্রাদেবী! আমার উত্তর।
এসো না আমার কাছে এ চৌদ্দ বৎসর॥
রাম যবে রাজা হবে অযোধ্যাপুরেতে।
বসিবেন জানকী সে রামের বামেতে॥
ছত্রদণ্ড ধরে আমি দাঁড়াব দক্ষিণে।
সেই কালে এস নিদ্রে! আমার নয়নে॥
তাহার প্রমাণ প্রভো! কহি তব স্থানে।
তব বামে সীতাদেবী বৈসে সিংহাসনে॥
আমি দাঁড়াইনু ছত্র করিয়া ধারণ।
হাত হৈতে ট'লে ছত্র পড়িল তখন॥
সেই কালে নিদ্রা আসি করিল ব্যাপৃত।
ঈষৎ হাসিয়া আমি হইনু লজ্জিত॥
অনাহারে চতুর্দ্দশ বর্ষ ছিনু বনে।
তাহার প্রমাণ প্রভু! কহি তব স্থানে॥
আমি গিয়া কাননেতে আনিতাম ফল।
তুমি প্রভু! তিন অংশ করিতে সকল॥
পড়ে কি না পড়ে মনে রাজীবলোচন।
আমারে কহিতে ফল ধর রে লক্ষ্মণ!
আমি ধ'রে রাখিতাম কুটীরেতে আনি।
খাইতে কখন নাহি বল রঘুমণি!
আজ্ঞা বিনা কেমনেতে করিব আহার।
চৌদ্দ বৎসরের ফল আছয়ে তোমার॥
শ্রীরাম বলেন, ফল রেখেছ কেমনে?
বিস্মিত হতেছি তব সব কথা শুনে॥
হনুমানে আদেশিল ঠাকুর লক্ষ্মণ।
বন হৈতে ফল আন পবননন্দন!
হনুমান্ গিয়া তবে দেখিল কাননে।
চৌদ্দ বৎসরের ফল আছে পূর্ণ তূণে॥
দেখিয়া ফলের তূণ হনুমান্ বলে।
কোন্ কার্য্য হেতু মোরে আজ পাঠাইলে॥
ক্ষুদ্র এক বানরেতে ল'য়ে যেতে পারে।
আমারে পাঠালে প্রভু অবিচার ক'রে॥
এত যদি হনুর হইল অহঙ্কার।
হইল ফলের তূণ লক্ষগুণ ভার॥
নাড়িতে নারিল তূণ পবননন্দন।
সভামধ্যে উত্তরিল বিরস-বদন॥
হনু বলে, প্রভু! আমি না পারি বুঝিতে।
না পারি নাড়িতে তূণ আমার শক্তিতে॥
লক্ষ্মণের পানে চাহে রাজীবলোচন।
হাসিয়া বলেন তূণ আনহ লক্ষ্মণ!
নিমিষে লক্ষণ গিয়া ধরি বামহাতে।
আনিয়া রাখিল তূণ সবার সাক্ষাতে॥
শ্রীরাম বলেন, শুন প্রাণের লক্ষণ।
চৌদ্দ বৎসরের ফল করহ গণন॥
একে একে লক্ষ্মণ সে গণেন সকল।
সবে মাত্র না মিলিল সপ্তদিন-ফল॥
শ্রীরাম বলেন, শুন প্রাণের লক্ষ্মণ!
সপ্তদিন-ফল তুমি করেছ ভক্ষণ॥
লক্ষ্মণ বলেন, শুন দেব নারায়ণ!
সপ্তদিন-ফল কে করেছে আহরণ?
যেই দিন পিতার বিয়োগ সমাচার।
বিশ্বামিত্র আশ্রমে ছিলাম অনাহার॥

সেই দিন ফল নাহি করি আহরণ।
আর ছয় দিন-কথা শুন নারায়ণ!
যে দিন হরিল সীতা পাপিষ্ঠ রাবণ।
শোকেতে আকুল ফল আনে কোন জন?
ইন্দ্রজিৎ যে দিন বাঁধিল নাগপাশে।
অচেতন গেল দিবা ফল না আইসে॥
চতুর্থ দিনের কথা নিবেদি চরণে।
ইন্দ্রজিৎ মায়াসীতা কাটিল যে দিনে॥
সেই দিন শোকানলে দগ্ধ দুই ভাই।
মনে ক'রে দেখ প্রভু! ফল আনি নাই॥
আর দিন দেখ প্রভু! পড়ে কি না মনে।
পাতালে মহীর ঘরে বন্দী যেই দিনে॥
জিজ্ঞাসহ সাক্ষী তার পবননন্দন।
সেই দিন ফল নাহি করি অন্বেষণ॥
শক্তিশেল যে দিন মারিল দশানন।
অধীর হইলা মম শোকে নারায়ণ।
নিত্য নিত্য ফল আমি আনিনু গোঁসাই।
নফর পড়িল, ফল আনা হ''লো নাই॥
সপ্তদিন-কথা প্রভু! কি কহিব আর।
যে দিন রাবণ-বধ আনন্দ অপার॥
আনন্দ-উৎসবে সবে হইল চঞ্চল।
পুলকেতে পাসরিনু আনিবারে ফল॥
বিচার করিয়া দেখ জগৎ-গোঁসাই!
চতুর্দ্দশ বর্ষ আমি কিছু নাহি খাই॥
তব মনে নিত্য ফল খাইত লক্ষ্মণ।
পূর্ব্বকথা কেন প্রভু! হলে বিস্মরণ?
বিশ্বামিত্র-স্থানে মন্ত্র পাই দুই জনে।
তুমি ভুলিয়াছ প্রভু! আছে মম মনে
উপদেশ দিয়াছেন বিশ্বামিত্র ঋষি;
এ কারণ চতুর্দ্দশ বর্ষ উপবাসী॥
পালিয়া মুনির আজ্ঞা ভ্রমিতাম বনে।
এই হেতু ইন্দ্রজিৎ পড়ে মম বাণে॥
এত যদি বলিলেন ঠাকুর লক্ষ্মণ।
লক্ষ্মণেরে কোলে করি রামের ক্রন্দন॥
শ্রীরাম বলেন, মুনি! তুমি অন্তর্যামী।
সংসারের বিবরণ সব জান তুমি॥
রাবণের জন্মকথা কহ দেখি শুনি।
পরম আনন্দ তবে হবে মহামুনি!
ব্রহ্ম-অংশে জন্ম তার সর্ব্বলোকে জানে।
রাক্ষস হইল তবে কিসের কারণে?
মুনি বলে, রঘুনাথ! কহি তব স্থানে।
রাক্ষসের জন্ম-কথা শুনহ এক্ষণে॥
যেমতে জন্মিল রক্ষঃ শুন রঘুমণি!
সৃষ্টিকর্ত্তা ব্রহ্মা আগে সৃজিলেন প্রাণী॥
প্রাণিগণ বলে, ব্রহ্মা! করি নিবেদন।
কোন কার্য্যে আমা সবে করিলে সৃজন?
ব্রহ্মা বলে, যত প্রাণী করিব উৎপত্তি।
তোমরা করিবে রক্ষা প্রাণের শকতি॥
যে সকল প্রাণী সৃষ্টি করিব সংসারে।
তোমরা প্রধান হয়ে পালিবে সবারে॥
প্রাণিগণ বলে, ব্রহ্মা! সে বড় দুষ্কর।
না চাহি প্রভুত্ব মোরা সবার উপর॥
ব্রহ্মা শাপ দিলা বেটা! হও রে রাক্ষস।
হেতি নামে রাক্ষস সে হইল কর্কশ॥
বিদ্যুৎকেশরী নামে ব্রহ্মার কুমারী।
তারে বিভা করিল রাক্ষস দুরাচারী॥
মন্দর পর্ব্বতে দুই জনে কেলী করে।
জন্মিল সন্তান এক কত দিন পরে॥
পর্ব্বতের উপরেতে ফেলিয়া সন্তানে।
মনের আনন্দে কেলি করে দুই জনে॥

পিতা-মাতা-স্নেহ নাই সন্তান উপর।
কাতর হইয়া শিশু কাঁদিল বিস্তর॥
অশ্রুজল শ্রমজলে কলেবর ভাসে।
ক্ষুধাতে আকুল প্রাণ ঘন বহে শ্বাসে॥
বৃষভবাহনে যান পার্ব্বতী-শঙ্কর।
শূন্য হৈতে দেখিতে পাইল গঙ্গাধর॥
শিবে বলেন, পার্ব্বতি! দেখ অতি দূরে।
একাকী কাঁদিছে শিশু পর্ব্বত-উপরে॥
মহেশের দয়া হৈল সন্তান-উপর।
প্রসন্ন হইয়া শিব তারে দিল বর॥
শিব বলে শুন ওহে অনাথ সন্তান!
মম বরে পিতৃতুল্য হও বলবান্॥
সর্ব্বশাস্ত্রে বিজ্ঞ হও সর্ব্বাঙ্গ-সুন্দর।
আজ্ঞামাত্র হৈল শিশু বাপের সোসর॥
বিদ্যুৎকেশরী পুত্র সুকেশ নাম ধরে।
মহাবলবান্ হ'ল ধূর্জ্জটির বরে॥
তবে সুকেশেরে বর দিলেন পার্ব্বতী।
তাহা হৈতে হৈল যত রাক্ষস উৎপত্তি॥
পার্ব্বতীর বরে তার বাড়িল সম্মান।
তাহারে গন্ধর্ব্ব এক কন্যা দিল দান।
স্ত্রীপুরুষে রহিলেন পৃথিবী-ভিতরে।
তিন পুত্র হৈল তার কত দিন পরে॥
পুত্র দেখি সুকেশ পরম কুতূহলী।
নাম রাখে মাল্যবান্ মালী ও সুমালী॥
তিন ভাই মিলি তপ করিল বিস্তর।
ব্রহ্মা বলে, কিবা বর চাহ নিশাচর!
মন্ত্রণা করিয়া বর মাগে তিন জন।
স্বর্গ মর্ত্ত্য পাতাল জিনিব ত্রিভুবন॥
সংগ্রামে কোথাও না হই অপমান।
এই বর দিতে ব্রহ্মা! করহ বিধান॥
ব্রহ্মা বলে, ত্রিভুবনজয়ী হবে সবে।
সংগ্রামে বিষ্ণুর ঠাঁই পরাভব হবে॥
ব্রহ্মার বরেতে তারা ত্রিভুবন জিনে।
দেবতা গন্ধর্ব্ব ধরি বেঁধে বেঁধে আনে॥
আছিল গন্ধর্ব্ব রাজা শৈব সদাচারী।
তিন কন্যা ভূপতির পরমা সুন্দরী॥
বিভা কৈল মালী ও সুমালী মাল্যবান।
তুই নারী-গর্ভে জন্মে এগার সন্তান॥
বীরবসু সুচিক আর যজ্ঞ কোপন।
তালভঙ্গ সিংহনাদ মাধব নন্দন॥
প্রহস্ত অকম্পন হয়ে ধর্ম্মেতে বিকট।
সুনিতান বিড়ালাক্ষ রণেতে উৎকট॥
সত্রাজিত নামে পুত্র প্রবল প্রখর।
দুই জনার পুত্র হৈল বিষম দুষ্কর॥
অবশেষে কন্যা হৈল দুষ্কর কর্কশা।
রাবণের জননী সে নামেতে নিকষা॥
সুমালী-রাক্ষস-পত্নী পরম যুবতী।
চারি পুত্র হৈল তার ধর্ম্মশীল অতি॥
বীর অনল ভীম রাক্ষস ও সম্পাতি।
রহিয়াছে আসিয়া বিভীষণ সংহতি॥
তিন-ভায়ের পরিবার বাড়িল বিস্তর।
সেই সব নিশাচর অবনী-ভিতর॥
সকল রাক্ষস মিলি করিল যুকতি।
রাক্ষস হৈল কোথা করিব বসতি॥
ব্রহ্মার বরেতে তারা ত্রিভুবন জিনে।
হাতে গলে বাঁধিয়া যে বিশ্বকর্ম্মে আনে॥
নিশাচর বলে, বিশ্বকর্ম্মা! লহ পান।
রাক্ষসের পুরী তুমি করহ নির্ম্মাণ॥
এত শুনি বিশ্বকর্ম্মা হইল চিন্তিত।
পূর্ব্বের বৃত্তান্ত মনে পড়ে আচম্বিত॥

গরুড়-পবনে যুদ্ধ হৈল যেই কালে।
সুমেরুর শৃঙ্গ পড়ে সমুদ্রের জলে॥
চিত্রকূট পর্ব্বতের শ্রেষ্ঠ দুই চূড়া।
সত্তরি যোজন পরিমাণ তার গোড়া॥
সত্তরি যোজন উর্দ্ধে লেগেছে আকাশে।
সোনার প্রাচীর বেড়া ভিতর আয়াসে॥
বাহির চৌয়ারি তার মনোহর অতি।
অতি ভয়ঙ্কর নাহি পবনের গতি॥
দেব দৈত্য যেতে নারে লঙ্কার ভিতর।
বিশ্বকর্ম্মা নির্ম্মাইল পুরী মনোহর॥
কত শত পুষ্পবন কত সরোবর।
বৃন্দ কত শত মহাপদ্ম কোটি ঘর॥
সোনার কপাট খিল শোভে চারি দ্বারে।
ভয়ঙ্কর পুরী হেন নাহিক সংসারে॥
চারিদিকে বেষ্টিত সমুদ্র আছে ঘেরে।
ভুবনের শক্তিতে তা লঙ্ঘিতে না পারে॥
যাইতে দেবতা যক্ষ না করে সাহস।
নেতের পতাকা উড়ে সোনার কলস॥
স্বর্গ মর্ত্ত্য পাতালে এমন নাহি স্থান॥
এক মাসে বিশ্বকর্ম্মা করিল নির্ম্মান॥
পুরী দেখে রাক্ষসের হর্ষ হৈল অতি!
লঙ্কাতে রাক্ষসগণ করিল বসতি॥
আগেতে করিল রাজ্য মালী ও সুমালী।
তার পরে ভূপতি কুবের মহাবলি॥
তাহার পশ্চাতে রাজ্য করিল রাবণ।
অবশেষে ভূপতি হইল বিভীষণ॥
অগস্ত্যের কথা শুনি শ্রীরামের হাস।
কহ কহ বলি রাম করিলা প্রকাশ॥

গজকচ্ছপের বৃত্তান্ত ও গরুড়-পবনের যুদ্ধ।

শ্রীরাম বলেন, মুনি! কহ বিবরণ।
ভাঙ্গিল সুমেরু-শৃঙ্গ কিসের কারণ?
কি লাগিয়া বিসংবাদ গরুড়-পবনে।
বিস্তারিয়া কহ মুনি! শুনি তব স্থানে॥
মুনি বলে শুন রাম! অপূর্ব্ব কথন।
গরুড়-পবনে যুদ্ধ হৈল যে কারণ॥
সন্তাপন নামে বিপ্র ছিল পূর্ব্বকালে।
তিন কোটি ধন রাখি স্বর্গবাসে চলে॥
সন্তাপন-পুত্রদ্বয় পরম সুন্দর।
সুপ্রতাপ বিভাস এ দুই সহোদর॥
জ্যেষ্ঠ পুত্র-স্থানে ধন রেখে গেল বাপে।
কনিষ্ঠ করেন দ্বন্দ্ব ধনের সন্তাপে॥
ধন-শোকে কনিষ্ঠ ভাই হৈল দুঃখিত।
জ্যেষ্ঠেরে কহেন ভাগ দেহ সমুচিত॥
জ্যেষ্ঠ বলে, পিতা ভাগ না করিল ধন।
মম স্থানে ভাগ চাহ তুমি কি কারণ?
ধন না পাইয়া কহে বশিষ্ঠের ঠাঁই।
পিতৃধন- অংশ নাহি দেয় জ্যেষ্ঠ ভাই॥
কত অংশ পাই আমি বলহ এখন।
সেই দাবী করিয়া লইব পিতৃধন॥

বশিষ্ঠ বলেন, আছে বেদের বিহিত।
পঞ্চ অংশের দ্বি অংশ তোমার উচিত॥
কনিষ্ঠ কহিল গিয়া জ্যেষ্ঠ-বিদ্যমান।
পিতৃধন দুই অংশ দেহ ত এখন॥
আমি গিয়াছিনু মুনি বশিষ্ঠের স্থানে।
বশিষ্ঠ বলিল ভাগ নাহি দিবে কেনে?
জ্যেষ্ঠ বলে, কনিষ্ঠ করিলে হেন কেনে!
জাতিনাশ করিলে কহিয়া অন্য স্থানে॥

হীনজন জ্ঞান বুঝি কৈল মুনিবর।
ধনের লাগিয়া এত হইলে কাতর॥
বারে বারে নিষেধিনু না শুনিলে কেনে।
গজ হৈয়া পাপিষ্ঠ প্রবেশ কর বনে॥
কনিষ্ঠ দিলেন শাপ জ্যেষ্ঠের উপরে।
কচ্ছপ হইয়া তুমি থাক সরোবরে॥
দুয়ের শাপেতে জন্তু হয় দুই জন।
কনিষ্ঠ গজের দেহ করিল ধারণ॥
দশ যোজন শরীর কনিষ্ঠ ধরিল।
গজের গর্জ্জনে গিয়া বনে প্রবেশিল॥
কচ্ছপ সলিলে গেল, গজ গেল বন।
শুণ্ডের ভিতরে গজ রাখে যত ধন॥
যতন করিয়া ধন যেই জন রাখে।
খাইতে না পায় ধন যায় তা বিপাকে॥
ধন পেয়ে যে জন না করে বিতরণ।
যথাকার ধন তথা যায় অকারণ॥
ধনেতে বিরোধ বাঁধে শুন মহাশয়!
যত ব্যয় করে তত পরলোক হয়॥
বশিষ্ঠের শাপে ধন নাহি পায় রক্ষা॥
গজ-কচ্ছপের শুন ধনের পরীক্ষা॥
কহিলাম ধনের বৃত্তান্ত তব স্থানে।
গজ-কচ্ছপের কথা শুন সাবধানে॥
জলেতে কচ্ছপ আছে সেই সরোবরে।
দৈবযোগে গজ গেল জল খাইবারে॥
প্রখর রৌদ্রেতে গজ তৃষ্ণায় বিকল।
সরোবর দেখি গজ খেতে গেল জল॥
গজ দেখে কচ্ছপের পড়ে গেল মনে।
পূর্ব্বলোভে কচ্ছপ সে শুণ্ডে ধরে টানে॥
গজ টানে বনেতে কচ্ছপ টানে জলে॥
গজ আর কচ্ছপ উভয়ে তুল্য বলে॥

কেহ কারে নাহি পারে দুজনে সোসর।
দুজনে টানাটানি করে এক বৎসর॥
বিনতাপুত্র গরুড় উড়ে অন্তরীক্ষে।
অন্তরীক্ষে থাকিয়া গরুড় তাহা দেখে॥
এক বর্ষ যুদ্ধ হৈল অতি ভয়ঙ্কর।
কেহ কারে নাহি পারে একই বৎসর॥
কাতর হইয়া গজ স্মরে নারায়ণ।
পাপদেহ নারায়ণ! কর বিমোচন॥
গজেরে কাতর দেখি তার্ক্ষ্যে দয়া হৈল।
বাম পদ নখ দিয়া দোঁহারে তুলিল॥
গজ-কূর্ম্ম লয়ে পক্ষী উড়িল তখন।
মনে করে কোথা লয়ে করিব ভক্ষণ॥
শ্যামল বট-বৃক্ষ শত যোজন্ ডাল।
অশীতি যোজন মূল নেমেছে পাতাল॥
চারি গোটা ডাল তার পর্ব্বতের চূড়া।
সত্তরি যোজন যুড়ি আছে তার গোড়া॥
গজ-কচ্ছপ লয়ে বসে গাছের উপর।
সহিতে না পারে বৃক্ষ তিনজন ভর॥
ভর নাহি সহে ডাল মড় মড় করে।
ডাল ভাঙ্গি পড়ে যদি মুনিগণ মরে॥
দক্ষিণ পায়ের নখে পক্ষী ধরে ডালে।
মুনিগণ এড়াইল থাকি বৃক্ষতলে॥
ফেলিল সে ডাল লয়ে চণ্ডালের দেশে।
ডালের চাপনে মরে স্ত্রী আর পুরুষে॥
বহু পাপে হয়েছিল চণ্ডাল জনম!
গরুড়ের হাতে পাপ হইল মোচন॥
গজ-কচ্ছপ গেল লয়ে ব্রহ্মার সদন।
কহ ব্রহ্মা! কোথা লয়ে করিব ভক্ষণ॥
ব্রহ্মা বলে, কোথা সহিবেক এত ভর।
দোঁহারে লইয়া যাহ সুমেরু-শিখর॥

তথা গজ-কচ্ছপেরে করহ ভক্ষণ।
ব্রহ্মার বচনে পক্ষী চলে ততক্ষণ॥
পর্ব্বত উপরে বৈসে করিতে ভক্ষণ।
হেনকালে এল তথা দেবতা পবন॥
পবন বলেন, পক্ষি তুই কেন হেথা।
মোর ঠাঁই পড়িলে ছিঁড়িব তোর মাথা॥
যাবৎ তোমার নাহি করি অপমান।
আপনা জানিয়া বেটা! যাহ নিজ স্থান॥
গরুড় কহেন, তুমি কেন গালি পাড়।
উপযুক্ত শাস্তি দিব অহঙ্কার ছাড়॥
গরুড়ের বচনে পবন ক্রোধে বলে।
ফেলিব পর্ব্বত ঠেলি সমুদ্রের জলে॥
গরুড় বলেন, বায়ু! গরব না কর।
সুমেরু-পর্ব্বত তুমি নাড়িতে না পার॥
গরুড়ের বচনে বায়ুর ক্রোধ বাড়ে।
পর্ব্বত সহিত চাহে উড়াইতে ঝড়ে॥
প্রলয় হইল যেন পর্ব্বত উপরে।
দুই পাখে গিরি ঢাকে বিনতাকুমারে॥
বাড়াইয়া কৈল পাখা সহস্র যোজন।
পাখা দেখি পবন ভাবেন মনে মন॥
গরুড়ের পাখা যেন বজ্রের সোসর।
সাত দিন শিলাবৃষ্টি পাখার উপর॥
মেঘের গর্জ্জন আর পড়িছে ঝঞ্ঝনা।
পর্ব্বতের তবু নাহি নড়ে এক কোণা॥
প্রলয়কালেতে যেন সৃষ্টি হয় নাশ।
দেখি যত দেবগণে গণিলা তরাস॥
ব্রহ্মারে জিজ্ঞাসা করে যত দেবগণ।
আচম্বিতে এ প্রলয় হয় কি কারণ?
দেবতার এই বাক্য শুনি প্রজাপতি।
দেবগণে লয়ে তবে যান শীঘ্রগতি॥

ব্রহ্মা বলিলেন শুন দেবতা পবন!
আচম্বিতে প্রলয় করহ কি কারণ?
সৃষ্টি করিলাম আমি অতিশয় ক্লেশে।
হেন সৃষ্টি নষ্ট কর যুক্তি না আইসে॥
না শুনে ব্রহ্মার বাক্য কহিছে পবন;—
প্রলয় যাহাতে হয় করিব সে রণ॥
পবনের ঠাঁই ব্রহ্মা শুনি সে উত্তর।
বিরস হইয়া তিনি চলিলা সত্বর॥
পবনে এড়িয়া যায় গরুড়-গোচরে।
বিরিঞ্চি বলেন, পক্ষি! বলি হে তোমারে॥
আমি সৃষ্টি করিলাম তুমি কর রক্ষা।
এক দিক্ হৈতে তুমি তুলে লহ পাখা॥
ব্রহ্মার বচনেতে গরুড়ে হৈল হাস।
তোমার বচনে পাখা করিব প্রকাশ॥
ব্রহ্মা বলে, যে যেমন আমি তাহা জানি।
শত যুগে পবন তোমারে নাহি জিনি॥
ব্রহ্মার বচনেতে গরুড় পক্ষী হাসে।
তবে ত গরুড় পাখা করিল প্রকাশে॥
গরুড় তুলিতে পাখা গিরিবর নড়ে।
ঝড়েতে সে পর্ব্বতের এক শৃঙ্গ পড়ে॥
চিত্রকূট পর্ব্বত সে সাগর-ভিতরে।
সুমেরুর শৃঙ্গ পড়ে তাহার উপরে॥
লঙ্কানামে পুরী তাহে কৈল বিশ্বকর্ম্ম।
এইরূপে শ্রীরাম! লঙ্কার হয় জন্ম॥
মাল্যবান্ রাক্ষস লঙ্কায় রাজ্য করে।
ত্রিভুবন জিনিল সে পিতামহ-বরে॥
মনে করে আমি ব্রহ্মা বিষ্ণু মহেশ্বর।
সকল দেবতা মেরে ঘুচাইব ডর॥
তবে দেবগণ গেল শিবের গোচর।
কহিল বৃত্তান্ত সদাশিব-বরাবর॥

সুকেশের সন্তান দুরন্ত নিশাচর।
বড়ই দৌরাত্ম্য করে স্বর্গের উপর ॥
বিশ্বনাথ বলেন, শুনহ দেবগণ!
মারিতে আমার সাধ্য নহে কদাচন ॥
হইয়াছে দুর্জ্জয় ব্রহ্মার পেয়ে বর।
মরিবে আপন দোষে দুষ্ট নিশাচর ॥
দেব-দেবী-বিপ্র-হিংসা করে যেই জন।
আপনার দোষে মরে বেদের লিখন ॥
এক উপদেশ বলি শুন দেবগণ!
রাক্ষস মারিতে পারে দেব নারায়ণ ॥
রাক্ষসের কথা গিয়া কহ নারায়ণে।
অবশ্য বিহিত হবে শুন দেবগণে ॥
মহেশের আজ্ঞা পেয়ে যতেক অমরে।
উপনীত হৈল গিয়া বৈকুণ্ঠ-নগরে ॥
সম্ভ্রমে দেবতাগণ হয়ে প্রণিপাত।
রাক্ষসের কথা কহে করি জোড়হাত ॥
সুকেশ রাক্ষস এক ছিল অবনীতে।
তিন পুত্র হৈল তার বুদ্ধি বিপরীতে ॥
দেব-দ্বিজ-হিংসা করি ফিরে অনুক্ষণ।
স্বর্গপুরে থাকিতে না পারে দেবগণ ॥
মারে শেল শূল জাঠা লুঠে সব নারী।
ছিন্নভিন্ন করিয়াছে অমর-নগরী ॥
ব্রহ্মার বরেতে তারা কারে নাহি মানে।
যক্ষ-রক্ষ-কিন্নরাদি আঁটে নাহি রণে ॥
সংসারের কর্ত্তা তুমি দেব গদাধর!
রাক্ষস মারিয়া রক্ষা করহ অমর ॥
দেবতার ত্রাস দেখি নারায়ণে হাস।
সুখেতে অমরপুরে কর গিয়া বাস ॥
তোমা সবে হিংসে যদি দুষ্ট নিশাচর।
সেইক্ষণে রাক্ষসে পাঠাব যমঘর ॥

আশ্বাস করিল যদি দেব নারায়ণ।
নির্ভয়ে অমরপুরে গেল দেবগণ ॥
জানিয়া নারদমুনি এ সব সংবাদ।
চলিলেন লঙ্কাপুরে পরম আহ্লাদ ॥
বসিয়াছে তিন ভাই রত্নসিংহাসনে।
মুনি দেখি সমাদর কৈল তিন জনে ॥
প্রণাম করিয়া দিল রত্নসিংহাসন।
জিজ্ঞাসিল কহ মুনি! শুনি বিবরণ ॥
লঙ্কাপুরে আগমন কিসের কারণ?
বলহ হেথায় তব কোন্ প্রয়োজন?
মুনি বলে তোমার সে হিত চিন্তা করি।
অমঙ্গল শুনিয়া আসিনু লঙ্কাপুরী ॥
এক ঠাঁই মিলিয়াছে যত দেবগণ।
যুক্তি করি গিয়াছিল বিষ্ণুর সদন ॥
তোমাদের কথা কহিয়াছে নারায়ণে।
হরি করিবেন যুদ্ধ তোমাদের সনে ॥
হয়েছে মন্ত্রণা এই বৈকুণ্ঠভুবনে।
শুনিয়া আমার বড় দুঃখ হৈল মনে ॥
আমার পিতার ভক্ত যত নিশাচর।
বিশেষ অধিক স্নেহ তোদের উপর ॥
এ কারণে আসিলাম দিতে সমাচার।
মঙ্গলের পথ চিন্তা কর আপনার ॥
এত বলি মুনিবর হইলা বিদায়।
নিশাচরগণ ভাবে কি হবে উপায় ॥
একত্রে বসিয়া যুক্তি করে তিন জন।
হেনকালে ব্রহ্মা এল রাক্ষস সদন ॥
তাহার পুরেতে এই শুনে সমাচার।
মনেতে অধিক দুঃখ উপজে ব্রহ্মার ॥
যত নিশাচর সব ব্রহ্মার আশ্রিত।
রাক্ষসের মঙ্গল চিন্তেন অবিরত ॥

শুনি অমঙ্গলবাক্য বুঝাইতে হিত।
ক্রোধভরে লঙ্কাপুরে হৈল উপনীত ॥
ব্রহ্মা দেখি সম্ভ্রমে উঠিল তিন জন।
প্রণাম করিয়ে করে চরণ-বন্দন ॥
ভক্তিভাবে বসাইল রত্ন-সিংহাসনে।
পাদ্য-অর্ঘ্য দিয়া পূজা করিল চরণে ॥
যোড়হাতে জিজ্ঞাসা করিল তিনজন।
আজ্ঞা কর কি হেতু লঙ্কা আগমন ?
এত দিনে পবিত্র হইল লঙ্কাপুরী।
যা মনে বাসনা কর সেই কর্ম্ম করি ॥
ব্রহ্মা বলে, সর্ব্বদা বাসনা করি মনে।
লঙ্কাতে করহ রাজ্য পরম কল্যাণে ॥
থাকিতে আমার বাঞ্ছা হইবে কি কর্ম্ম।
ছাড়িতে নারিবি তোরা স্বজাতীয় ধর্ম্ম ॥
দেব-দ্বিজ-হিংসা কব পাপ-কর্ম্মে মতি।
দুরাচার স্বভাবেতে ঘটিবে দুর্গতি ॥
তিন লোক উপরেতে অমরের পুরী।
দেবতাগণের বাস তাহার উপরি ॥
হোম যজ্ঞভাগ দিয়া যে অর্চ্চনা করে।
লইতে যজ্ঞের ভাগ যান তার ঘরে ॥
কারো মন্দকারী নহে দেবগণ যত।
ভক্তিভাবে যে ডাকে তাহার অনুগত ॥
মুনিগণ ঋষিগণ থাকে তপস্যাতে।
দেখ মন্দকারী কেহ নহে কোনমতে ॥
দেব দ্বিজ দুই তুল্য ধর্ম্মপথে মন।
তার হিংসা যে করে সে দুর্ম্মতি দুর্জ্জন ॥
অতি অল্প-আয়ু তোরা ধর্ম্মেতে বিহীন।
দেব-হিংসা করিয়া বাঁচিবি কত দিন ?
হইয়াছে এক যুক্তি যত দেবগণ।
দেবতার সহায় হয়েছে নারায়ণ ॥
বিষ্ণু সনে যুঝিবেক কাহার শকতি ?
একজন না থাকিবে বংশে দিতে বাতী ॥
এত বলি কোপ-মনে ব্রহ্মার গমন।
বিরলে বসিয়া যুক্তি করে তিন জন ॥
মাল্যবান্ বলে, ভাই ! শঙ্কা ত্যজ মনে।
তিন জনে যুদ্ধ করি মার নারায়ণে ॥
মাল্যবান-কথা শুনি কহিছে সুমালী।
শুনিয়াছি নারায়ণ বলে মহাবলী ॥
হিরণ্যকশিপু আদি করেছে সংহার।
হেন বিষ্ণু মারে বল শক্তি আছে কার ?
মালী বলে, সংগ্রামেতে বিনাশিব তারে।
আর যেন দেবগণ যুদ্ধ নাহি করে ॥
বিষ্ণু বড় কুচক্রী কুযুক্তি যত তার।
সে মরিলে টুটে দেবগণ-অহঙ্কার ॥
তিন ভাই মিলে আগে মারি নারায়ণ।
পশ্চাতে মারিব আছে যত দেবগণ ॥
মুনি ঋষি মারিব মারিব সিদ্ধ যতি।
ঘুচাইব দেবতার স্বর্গের বসতি ॥
এত বলি তিন জনে যুক্তি কৈল সার।
ঘোড়া হাতী রথ রথী সাজিল অপার ॥
তুলিল কটক ঠাট রথের উপরে।
বৈকুণ্ঠে চলিল তারা বিষ্ণু জিনিবারে ॥
সিংহনাদ ঘোর শব্দ করে ঘনে ঘন।
বৈকুণ্ঠের দ্বারে গিয়া দিল দরশন ॥
গরুড়-বাহনেতে আসিলা নারায়ণ।
নারায়ণ-সম্মুখেতে বাজে মহারণ ॥
মহাকোপে নানা অস্ত্র মারে নিশাচর।
বাণবৃষ্টি করিতেছে বিষ্ণুর উপর ॥
ছাইল গগনপথ দিক্-দিগন্তর।
পড়িছে অসংখ্য বাণ পট্টিশ তোমর ॥

জাঠা জাঠি শেল শূল মুষল মুদ্গর।
লেখাজোখা নাহি বাণ পড়িছে বিস্তর॥
নারায়ণ-বীরদাপে ত্রিভুবন নড়ে।
রাক্ষসের সৈন্য সব মূর্চ্ছা হয়ে পড়ে॥
কুপিল সুমালী মালী রণে আগুসরে।
দুহাতিয়া বাড়ি মারে গরুড়ের শিরে॥
ঝঞ্ঝনা চিকুর সম গদাবাড়ি পড়ে।
বিষ্ণু লয়ে গরুড় পলায় উভরড়ে॥
গরুড়ের ভঙ্গ দেখি মাল্যবান্ হাসে।
শ্রীহরি ফিরান তারে করিয়া আশ্বাসে॥
বিষ্ণু বলে, গরুড়! তিলেক থাক রণে।
পাঠাব রাক্ষসগণে যমের সদনে॥
তোমার সংগ্রামে ত্রিভুবনে লাগে ভয়।
রাক্ষসের রণে ধাও উচিত না হয়॥
উলটিয়া গরুড় আসিল মহারণে।
চক্রবাণ বিষ্ণু এড়িলেন ততক্ষণে॥
চক্রবাণে মালীর মস্তক কাটি পাড়ে।
মাল্যবান্ সুমালী পলায় উভরড়ে॥
পুনঃ ফিরে নিশাচর নাহি দেয় ভঙ্গ।
লোহার মুদ্গর হানে ভয়ে কাঁপে অঙ্গ॥
মাল্যবান্ বলে, তুমি থাকহ শ্রীহরি।
আমি রণে তোমারে পাঠাব যমপুরী॥
শ্রীহরি বলেন, বেটা শুন মাল্যবান্!
প্রতিজ্ঞা করেছি আমি দেবতার স্থান॥
অভয় লইয়া গেছে যতেক অমর।
তোরে মেরে ঘুচাইব দেবতার ডর॥
অবনীতে থাকিলে বধিব সবাকারে।
প্রাণ লয়ে যাও বেটা! পাতাল ভিতরে॥
মাল্যবান্ বলে, বিষ্ণু কথা বড় টান।
রাক্ষসের সঙ্গে যুদ্ধে হারাইবি প্রাণ॥
মালসাট দিয়ে তবে গেল মাল্যবান্।
যত শক্তি আছে তোর তত শক্তি হান॥
বিক্রম করিয়া রহে হরির সম্মুখে।
অগ্নিবাণ শ্রীহরি মারেন তার বুকে॥
অগ্নিবাণে রাক্ষসের সর্ব্ব-অঙ্গ পোড়ে।
সহিতে না পারে বীর ধায় উভরড়ে॥
শ্রীহরির কোপেতে রাক্ষসে লাগে ডর।
পলায়ে রাক্ষস গেল পাতাল-ভিতর॥
হরির ভয়েতে সবে প্রবেশে পাতালি।
কুবের লঙ্কায় বসি করে ঠাকুরালী॥
প্রথমে লঙ্কাতে রাজা মালী ও সুমালী।
পরে রাজ্য করিল কুবের মহাবলী॥
চৌদ্দ যুগ রাজ্য করে লঙ্কায় রাবণ।
তোমার প্রসাদে রাজা এবে বিভীষণ॥
রাবণে বধিলা তুমি শক্তি অতিশয়।
রাবণ হইয়াছিল রাক্ষস দুর্জ্জয়॥
অগস্ত্যের কথা শুনি রামের উল্লাস।
কহ কহ বলি রাম করিলা প্রকাশ॥

কুবের, রাবণ ও তাহার ভ্রাতাদির বিবরণ।

শ্রীরাম বলেন, মুনি! করি নিবেদন।
ব্রহ্ম-অংশে রাক্ষস জন্মিল কি কারণ?
তেমনি সন্তান হয় যেরূপ ঔরস।
ব্রাহ্মণের বীর্য্যে কেন জন্মিল রাক্ষস?
বিশ্রবার পুত্র যে কুবের দশানন।
দুই ভাই দুই জাতি হ'ল কি কারণ?
কুবের হইল যক্ষ রাক্ষস রাবণ।
এক বীর্য্যে দুই জাতি হৈল দুই জন॥

বিশ্রবার ছুই পুত্র সর্ব্বলোকে জানি।
রাবণ রাক্ষস কেন কহ মহামুনি!
অগস্ত্য বলেন, রাম! কর অবধান।
রাবণের জন্মকথা কহি তব স্থান॥
মহামুনি পুলস্ত্য সে ব্রহ্মার নন্দন।
ব্রহ্মার সমান মহাতপে তপোধন॥
সুমেরু-পর্ব্বতে থাকে যোগাসন করি।
কেলি করিবারে এল অনেক সুন্দরী॥
দেবতা-গন্ধর্ব্ব-কন্যা আসিল বিস্তর।
সখা সখী মিলি কেলি করে নিরন্তর॥
তৃণবিন্দু-মুনিকন্যা রূপেতে অপ্সরা।
ত্রৈলোক্যমোহিনী নাম হৈল স্বয়ংবরা॥
মুনি থাকে তপস্যাতে মুদি ছুই আঁখি।
সেইখানে নিত্য আসে কন্যা শশিমুখী॥
নাচে গায় মুনির নিকটে করে রঙ্গ।
প্রতিদিন মুনির তপস্যা করে ভঙ্গ॥
কোপেতে পুলস্ত্য মুনি শাপ দিল তারে।
বিনা পুরুষেতে গর্ভ হইবে উদরে॥
তবু নাহি শুনে কন্যা নাচে গায় সুখে।
কোপেতে পুলস্ত্য মুনি শাপিলেন তাকে॥
না শুন আমার কথা কোন্ অহঙ্কারে।
মুনিশাপে কন্যার স্তনেতে ছুগ্ধ ঝরে॥
অপমান পেয়ে গেল বাপের আলয়।
কন্যার ছুর্গতি দেখি পিতা স্তব্ধ হয়॥
তৃণবিন্দু শুনিয়া সকল বিবরণ!
পুলস্ত্য-নিকটে গেল মলিনবদন॥
প্রণাম করিল গিয়া পুলস্ত্যের পায়।
জিজ্ঞাসা করিল মুনি! বসতি কোথায়?
তৃণবিন্দু বলে, থাকি, এই গিরিপুরে।
দিয়াছ দারুণ শাপ আমার কন্যারে॥
অনূঢ়া কন্যার গর্ভ শুনে লাগে ত্রাস।
স্তনযুগে ছুগ্ধ ঝরে এ কি সর্ব্বনাশ॥
মুনি বলে, তব কন্যা বড়ই চঞ্চলা।
ভাঙ্গিল তপস্যা মোর করি অবহেলা॥
করিল কুকর্ম্ম যে যৌবন অহঙ্কারে।
দিয়াছি তাহার মত প্রতিফল তারে॥
তৃণবিন্দু বলে, দোষ ক্ষম মহাশয়!
তুমি না করিলে দয়া জাতিনাশ হয়॥
মুনি বলিলেন, আর কি আছে উপায়।
বলেছি যে কথা তাহা খণ্ডন না যায়॥
তৃণবিন্দু বলে মুনি! কর অবধান।
পরম তপস্বী তুমি ব্রহ্মার সমান॥
তোমার অসাধ্য কিছু নাহিক সংসারে।
ইহাতে সকলি তুমি পার করিবারে॥
বালিকা আমার কন্যা বিবাহ না হয়।
হেন কন্যা গর্ভবতী শুনে লাগে ভয়॥
শাপেতে হইল গর্ভ কেহ না বুঝিবে।
বলহ কেমনে মুনি! জাতিরক্ষা হবে?
মুনি বলে, তৃণবিন্দু! কি আছে যুকতি।
কিসেতে হইবে তব কন্যার নিষ্কৃতি?
তৃণবিন্দু বলে, যদি হইলে সদয়।
সেই কন্যা বিভা তুমি কর মহাশয়॥
মুনির হইল মন বিভা করিবারে।
তৃণবিন্দু কন্যাদান করিল মুনিরে॥
করিল মুনির সেবা কন্যা গুণবতী।
মুনি তারে দিল বর হয়ে হৃষ্টমতি॥
মম শাপে গর্ভ হয়ে পেলে অপমান।
মম বরে প্রসবিবে উত্তম সন্তান॥
সেই গর্ভে জন্মেন বিশ্রবা মহামুনি।
ভরদ্বাজ-কন্যা বিভা করিলেন তিনি॥

ভরদ্বাজ-মুনিকন্যা নাম তার লতা।
তার গর্ভে জন্মিল কুবের মহারথা ॥
বিশ্রবার ঔরসেতে কুবেরের জন্ম।
কুবের করিল তপ আরাধিয়া ধর্ম্ম ॥
কুবের করিল তপ সহস্র বৎসর।
তার তপ দেখিয়া ব্রহ্মার লাগে ডর ॥
ব্রহ্মার বরেতে কুবের হইল অমর।
অমর হইল আর হৈল ধনেশ্বর ॥
পবন বরুণ যম অগ্নি পুরন্দর।
সবে মিলি কুবেরেরে দিলা বহু বর ॥
পাইল পুষ্পক রথ কি কব বাখান।
আপনার হাতে ব্রহ্মা করিল নির্ম্মাণ ॥
রথসজ্জা করিলেক রথের সারথি।
রাজহংস বহে রথ পবনের গতি ॥
দশ যোজন সে রথ অতি সুচিক্কণ।
পৃথিবী ভ্রমিতে পারে যদি করে মন ॥
বর পেয়ে কুবের প্রফুল্ল হৈল মনে।
প্রণাম করিল গিয়া বাপের চরণে ॥
অতুল ঐশ্বর্য্য ব্রহ্মা দিল বরদান।
সবেমাত্র নাহি দিল থাকিবার স্থান ॥
পিতার নিকটে যক্ষ করিল মিনতি।
আজ্ঞা কর কোথা পিতা! করিব বসতি ?
বিশ্রবা বলেন, তুমি ধন-অধিকারী।
তোমার বসতি-যোগ্য স্বর্ণলঙ্কাপুরী ॥
রাক্ষসের রাজ্য সেই পুরী মনোহর।
রাক্ষস পলায়ে গেছে পাতাল ভিতর ॥
কুবের বলেন, পিতা! করি নিবেদন।
রাক্ষস পলায়ে গেছে কিসের কারণ ?
বিশ্রবা বলেন, দুষ্ট নিশাচরগণ।
দুষ্ট দেখি রিপু হইলেন নারায়ণ ॥

বিষ্ণুর সঙ্গেতে যুদ্ধ করিল বিস্তর।
বিষ্ণুচক্রে মরিল অনেক নিশাচর ॥
কোপেতে করিল আজ্ঞা দেবশ্রীনিবাস।
পৃথিবীতে থাকিলে করিবে সর্ব্বনাশ ॥
বিষ্ণুভয়ে ভঙ্গ দিল যত নিশাচর।
লুকায়ে রয়েছে গিয়া পাতাল-ভিতর ॥
সে অবধি শূন্য প'ড়ে আছে লঙ্কাপুরী।
তথা গিয়া থাক পুত্র! ধন-অধিকারী ॥
পিতৃআজ্ঞা পেয়ে সে কুবের হৃষ্টমতি।
লঙ্কার ভিতরে গিয়া করেন বসতি ॥
পুষ্পক-বিমানে তিনি ভ্রমে অন্তরীক্ষে।
পাতালে থাকিয়া তাহা রাক্ষসেরা দেখে ॥
দেখিয়া দ্বিগুণ খেদ বাড়িল অন্তরে।
রাক্ষসের স্বর্ণলঙ্কা লইল কুবেরে ॥
বসিয়ে মন্ত্রণা করে লয়ে মন্ত্রিগণে।
কুবেরের স্থানে লঙ্কা লইব কেমনে ?
বিশ্রবার অধিকার হয়েছে লঙ্কার।
পিতৃধন কুবের করেছে অধিকার ॥
পুনঃ যদি বিশ্রবার পুত্র এক হয়।
পিতৃধন বলি সে লঙ্কার অংশ লয় ॥
যদ্যপি দৌহিত্র হয় বিশ্রবানন্দন।
দুই দিকে অধিকারী হবে হেন জন ॥
এতেক মন্ত্রণা করি ভাবিল মনেতে।
বিশ্রবায় দান দিব আপন দুহিতে ॥
খলের স্বভাব খল ছাড়িতে না পারে।
কোপে ডাকে মাল্যবান্ আপন কন্যারে ॥
নিকষা তাহার নাম নবীনা যুবতী।
অকলঙ্ক-শশিমুখী মরালের গতি ॥
মৃগেন্দ্র জিনিয়া কটি রামরম্ভা উরু।
হরিণাক্ষী কামের সমান যুগ্ম ভুরু ॥

জিনি রম্ভা তিলোত্তমা নিরুপমা নারী।
তিলফুল জিনি নাসা নিকষাসুন্দরী॥
যৌবন- তরঙ্গে রঙ্গে ভঙ্গিমা সুঠাম।
পিতার চরণে আসি করিল প্রণাম॥
মাল্যবান্ বলে এস প্রাণের কুমারী।
সাবিত্রী সমান হও আশীর্ব্বাদ করি॥
মাল্যবান্ বলে কন্যা রূপেতে রূপসী।
তাহাতে মায়াবী বড় জাতিতে রাক্ষসী॥
এই উপরোধ করি তোমার গোচর।
বিশ্রবার পাশে গিয়া মাগ পুত্রবর॥
তাহার রমণী হয়ে থাক তার ঘরে।
যে রূপেতে পুত্র জন্মে তোমার উদরে॥
পিতার বচনে অতি হইয়া লজ্জিতা।
যে আজ্ঞা বলিয়া চলে হইয়া ত্বরিতা॥
একে ত রূপসী শশী ভুবনমোহিনী।
করিয়া বিচিত্র সাজ চলে সুবদনী॥
মহামুনি বিশ্রবা যে আছে তপস্যায়।
নিকষা বিচিত্র-বেশে সম্মুখে দাঁড়ায়॥
বিশ্রবা বলেন তারে কে তুমি রূপসী।
নিকষা কহিল আমি পুত্র-অভিলাষী॥
পত্নীভাবে আলয়েতে থাকিব তোমার।
মুনি বলে, থাক প্রিয়ে! গৃহেতে আমার॥
সর্ব্বমতে আদরিণী হবে মম ঘরে।
এক কন্যা তিন পুত্র ধরিবে উদরে॥
জ্যেষ্ঠ পুত্র হবে অতি বিকৃত আকার।
বাহুবলে শাসিবেক এ তিন সংসার॥
হইবে মধ্যম পুত্র সে অতি দুর্জ্জন।
অদ্ভুত ধরিবে বল অদ্ভুত ভক্ষণ॥
করিবেক অনাচার দেব-দ্বিজ হিংসে।
আপনার দোষে তারা মরিবে সবংশে॥
কন্যা হবে দুর্ব্বৃত্ত দুঃশীলা অতি লোভা।
সেই মজাইবে সৃষ্টি হইয়া বিধবা॥
কুলের উচিত পুত্র হইবে কনিষ্ঠ।
দেব-দ্বিজ-গুরুভক্ত ধর্ম্মশীল-শ্রেষ্ঠ॥
এতেক কহিলা যদি মুনি মহাশয়।
নিকষার দুই চক্ষে বারিধারা বয়॥
জোড়হাতে কহে তবে মুনির গোচর।
আমারে কেমন আজ্ঞা কৈলে মুনিবর?
তোমার ঔরসে পুত্র জন্মিবে যে জন।
ধর্ম্মশীল না হইবে বিচিত্র কেমন?
মুনি বলে, বিষাদিত না হও সুন্দরি!
দৈবের ঘটনা আমি খণ্ডাইতে নারি॥
অগ্নির পতনকালে চাহিয়াছ বর।
অগ্নি হেন দুই পুত্র হইবে দুষ্কর॥
এত বলি বিশ্রবা সে তপস্যাতে যান।
নিকষা প্রসব কৈল চারিটি সন্তান॥
প্রথম সন্তান হয় অপূর্ব্ব সুঠাম।
দশ মুণ্ড কুড়ি বাহু বিংশতি লোচন॥
সর্ব্বজ্যেষ্ঠ রাবণ ভুবন কাঁপে ডরে।
কুম্ভকর্ণ প্রসব করিল তারপরে॥
বিকৃত-আকার দেহ বিষম লক্ষণ।
তারে দেখে অন্তরে কাঁপিল দেবগণ॥
সূতিকাগৃহেতে এসেছিল যত নারী।
মুখে পোরে একেবারে সাপটিয়া ধরি॥
কন্যারত্ন ভূমিষ্ঠ হইল তার পরে।
মুখের গড়ন দেখি সবে কাঁপে ডরে॥
লিহ লিহ করে জিহ্বা বিপরীত মাথা।
নাকের নিশ্বাস তার কামারের জাঁতা॥
অঙ্গুলীতে নখ যেন কুলার আকার।
সূর্পণখা নাম তার বিখ্যাত সংসার॥

কন্যা দেখি নিকষার পুলকিত মন।
অবশেষে ভূমিষ্ঠ ধার্ম্মিক বিভীষণ।
তিন পুত্র এক কন্যা হইল প্রসব।
শুভ সমাচার পেল রাক্ষসেরা সব॥
অনেক রাক্ষস সঙ্গে এল মাল্যবান্।
বহু রত্ন ধন দিয়া করিল কল্যাণ॥
ক্ষণমাত্র দেখিয়া সুস্থির কৈল মন।
বিষ্ণুর ভয়েতে করে পাতালে গমন॥
বিশ্রবার আশ্রমেতে নিকষা রহিল।
মনুষ্য-আচারে তথা কত দিন গেল॥
দশানন বসিয়াছে নিকষার কোলে।
পিতা সম্ভাষিতে কুবের এল হেনকালে॥
কুবের প্রণাম করে পিতার চরণে।
সঙ্কেতে নিকষা তারে দেখায় রাবণে॥
আসিয়াছে কুবের দেখহ বিদ্যমান॥
বৈমাত্রেয় ভাই তোর যক্ষের প্রধান॥
বিধাতা দিয়াছে করি ধন-অধিকারী।
সেই অহঙ্কারে ভোগ করে লঙ্কাপুরী॥
তোর মাতামহের নির্ম্মিত সেই লঙ্কা।
পেয়ে রাক্ষসের রাজ্য নাহি করে শঙ্কা॥
উহারে জিনিয়া লঙ্কা পার যদি নিতে।
তবে ত আমার ব্যথা ঘুচিবে মনেতে॥
দশানন বলে, মাতা! না ভাব বিষাদে।
কেড়ে লব লঙ্কাপুরী তোমার প্রসাদে॥
কঠোর তপস্যা যদি করিবারে পারি।
কুবের জিনিয়া তবে লব লঙ্কাপুরী॥
শুনিয়া মায়ের খেদ হইল কাতর।
তপস্যা করিতে যায় হিমাদ্রি শিখর॥
কুম্ভকর্ণ দশানন আর বিভীষণ।
গোকর্ণ বনেতে তপ করে তিন জন॥

কুম্ভকর্ণ করে তপ বড়ই দুষ্কর।
ঊর্দ্ধপদ হেঁট মাথা থাকে নিরন্তর॥
গ্রীষ্মকালে অগ্নিকুণ্ড জ্বালি চারিপাশে।
সে অগ্নির শিখা গিয়া লাগিল আকাশে॥
শীতকালে জলে থাকে দিবস-রজনী।
নাহি আহারাদি নিদ্রা শ্বাসগত প্রাণী॥
কত দিন ফল-মূল করিল আহার।
রাক্ষসের তপ দেখি দেবে চমৎকার॥
কঠোর তপস্যা তারা করে তিন জন।
বৃক্ষের গলিত পত্র করয়ে ভক্ষণ॥
অনাহারে নিরন্তর বায়ু আহারেতে।
তিন ভাই তপস্যা করিল হেনমতে॥
নাহিক শিশির উষ্ণ নাহিক বরিষে।
করয়ে কঠোর তপ রাজ্য-অভিলাষে॥
মাথায় পিঙ্গল জটা বাকল পরন।
আচরিল তপস্যার যেমত নিয়ম॥
কাম ক্রোধ লোভ মোহ ছাড়ি ছয় রিপু।
অস্থিচর্ম্ম সার মাত্র জীর্ণতম বপু॥
তপস্যা করিল পাঁচ সহস্র বৎসর।
রাক্ষসের তপস্যাতে ত্রিভুবন ডর॥
যতেক দেবতাগণ চিন্তিত অন্তরে।
কাহার সম্পদ লবে দুষ্ট নিশাচরে॥
ইন্দ্র বলে আমার ইন্দ্রত্ব পাছে লয়।
চন্দ্র-সূর্য্য ভাবে সদা কি জানি কি হয়॥
যম বলে, লইবেক মম অধিকার।
পাতালে বাসুকি ভাবে কি হবে আমার॥
না জানি কি বর চাহে দুষ্ট নিশাচর।
সকল দেবতা গেল ব্রহ্মার গোচর॥
ব্রহ্মার নিকটে গিয়া কহে সমাচার।
রাক্ষস তপস্যা করে অতি ভয়ঙ্কর॥

কি জানি কাহার পদ লইবে কাড়িয়া ।
নিশাচরে সান্ত্বনা করহ তুমি গিয়া ॥
এতেক শুনিয়া ব্রহ্মা গেলেন সত্বর ।
ব্রহ্মা বলিলেন বর মাগ নিশাচর ।
রাবণ বলে, বর যদ্যপি দিতে হয় ।
আমারে অমর বর দেও মহাশয় !
ব্রহ্মা বলিলেন, তুমি চাহ অন্য বর ।
আমি না পারিব তোরে করিতে অমর ॥
দুষ্ট নিশাচর জাতি নহ ত ধর্ম্মিষ্ঠ ।
তোমরা অমর হলে মজাইবে সৃষ্ট ॥
রাবণ বলেন, যদি না কর অমর ।
তোমার স্থানেতে নাহি চাই অন্য বর ॥
যথা ইচ্ছা তথা ব্রহ্মা ! করহ গমন ।
এত বলি পুনঃ তপ করয়ে রাবণ ॥
রাক্ষসের তপ দেখি কাঁপে ত্রিভুবন ।
বিষম উৎকট তপ করে তিন জন ॥
কুম্ভকর্ণ করে তপ দেখিতে দুষ্কর ।
হেঁটমাথা করি রহে দুই পা উপর ॥
গ্রীষ্মকালে অগ্নিকুণ্ড জ্বালি চারি পাশে ।
উপরেতে খরতর ভাস্কর প্রকাশে ॥
বরিষাতে চারি মাস থাকে পদ্মাসনে ।
শিলা-বরষণ-ধারা বহে রাত্রিদিনে ॥
শীতকালে স্নিগ্ধজলে থাকে নিরন্তর ।
এইরূপে তপ করে অযুত বৎসর ॥
অযুত বৎসর তপ তপনের স্থানে ।
উর্দ্ধ করে দুই বাহু ঠেকেছে গগনে ॥
অযুত বৎসর তপ করে বিভীষণ ।
স্বর্গেতে দুন্দুভি বাজে পুষ্প-বরিষণ ॥
অযুত বৎসর তপ করিল রাবণ ।
অনেক কঠোর তপ করে দশানন ॥
এক মাথা কাটে এক হাজার বৎসরে ।
ব্রহ্মারে আহুতি দেয় আগুন-উপরে ॥
নয় মাথা কাটে নয় হাজার বৎসরে ।
শেষ মুণ্ড কাটিবারে ভাবিল অন্তরে ॥
খড়্গ ধরে শেষ মুণ্ড করিতে ছেদন ।
ব্রহ্মা আসি উপনীত রাবণ-সদন ॥
ব্রহ্মা বলিলেন তপ না করিও আর ।
যত চাহ তত দিব ধন-অধিকার ॥
দশানন বলে, যদি মোরে দিবে বর ।
তব বরে সংসারেতে হইব অমর ॥
ব্রহ্মা বলে, সেই বর বড়ই দুষ্কর ।
ছাড়িয়া অমর-বর চাহ অন্য বর ॥
রাবণ বলে, যদ্যপি তুমি না কর অমর ।
সদয় হইয়া দেহ চাহি যেই বর ॥
যক্ষ রক্ষ দেবতা কি গন্ধর্ব্ব অপ্সর ।
চরাচর খেচর পিশাচ বিষধর ॥
কারো বাণে না মরিব এই বর দেহ ।
সকলে জিনিব আমি না পারিবে কেহ ॥
ব্রহ্মা বলে, যে বর চাহিলে নিজ মুখে ।
তুষ্ট হয়ে সেই বর দিলাম তোমাকে ॥
যত যত জাতি বীর আছে এ সংসারে ।
নিজ বাহুবলে তুমি জিনিবে সবারে ॥
বাকী আছে দুই জাতি নর ও বানর ।
দশানন বলে, মোর তারে নাহি ডর ॥
বাকী যে বানর নর ধরি ভক্ষ্যমধ্যে ।
নর আর বানরে কি জিনিবেক যুদ্ধে ?
রাবণ বলিছে পুনঃ করি যোড়কর ।
কাটা মুণ্ড যোড়া যাবে দেহ এই বর ॥
ব্রহ্মা বলে, দিই বর শুন হে রাবণ !
মুণ্ড কাটা গেলে তোর না হবে মরণ ॥

কাটামুণ্ড যোড়া তোর লাগিবেক স্কন্ধে।
রাবণ প্রণাম কৈল মনের আনন্দে ॥
তবে ব্রহ্মা উপনীত বিভীষণ-স্থানে।
বর মাগ বিভীষণ! যাহা লয় মনে ॥
বিভীষণ প্রণমিল যুড়ি দুই কর।
ধর্ম্মেতে হউক মতি মাগি এই বর ॥
ব্রহ্মা বলিলেন, তুষ্ট হইলাম মনে।
অক্ষয় অমর হও আমার বচনে ॥
বিনা শ্রমে সর্ব্বশাস্ত্রে হইবে নিপুণ।
ত্রিভুবনে সকলে ঘুষিবে তব গুণ ॥
তার পরে কুম্ভকর্ণে গেলা বর দিতে।
দেখিয়া ত দেবগণ লাগিল কাঁপিতে ॥
দেবগণ বলে ভাগ্যে কি জানি কি হয়।
বিনা বরে কুম্ভকর্ণে দেখে লাগে ভয় ॥
বিধির নিকটে বর পেলে কুম্ভকর্ণ।
ধরিয়া দেবতাগণে করিবেক চূর্ণ ॥
এত ভাবি দেবগণ করিয়া যুকতি।
ডাক দিয়া আনাইল দেবী সরস্বতী ॥
দেবীরে কহিল তবে যত দেবগণে।
এই নিবেদন মাতা! তোমার চরণে ॥
বিধি গিয়াছেন কুম্ভকর্ণে দিতে বর।
বৈস গিয়া রাক্ষসের কণ্ঠের উপর ॥
বর দিতে প্রজাপতি চাহিবে যখন।
তুমি ব'ল নিদ্রা আমি যাব অনুক্ষণ ॥
পাঠালেন যুক্তি ক'রে যতেক অমর।
দেবী বসিলেন তার কণ্ঠের উপর ॥
বিধি বলে, কি বর মাগহ নিশাচর!
কুম্ভকর্ণ বলে নিদ্রা যাব নিরন্তর ॥
বিরিঞ্চি বলেন, বর চাহিলে যেমন।
দিবা-নিশি নিদ্রা যাও হয়ে অচেতন ॥
সরস্বতী চলিলেন আপন-ভবন।
নিদ্রা যায় কুম্ভকর্ণ হয়ে অচেতন ॥
বর শুনি দশানন এল শীঘ্রগতি।
ব্রহ্মার চরণে ধরি করয়ে মিনতি ॥
দশানন বলে, সৃষ্টি আপনি সৃজিলে।
ফল সহ কেন বৃক্ষ কাট ডাল-মূলে ॥
কুম্ভকর্ণ তোমার সম্বন্ধে হয় নাতি।
এমত দারুণ শাপ না হয় যুকতি ॥
নিদ্রা যাবে তব বাক্যে না হইবে আন।
নিদ্রা-জাগরণ প্রভু! করহ বিধান ॥
কাতর হইয়ে ধরে ব্রহ্মার চরণে।
কুম্ভকর্ণ-বর শুনি হাসে দেবগণে ॥
সদয় হইয়া ব্রহ্মা বলিল বচন।
ছয় মাস নিদ্রা এক দিন জাগরণ ॥
অদ্ভুত ধরিবে বল অদ্ভুত লক্ষণ।
একেশ্বর সমরে জিনিবে ত্রিভুবন ॥
যুদ্ধে কেহ না আঁটিবে কুম্ভকর্ণ বীরে।
কাঁচা নিদ্রা ভাঙ্গিলে যাইবে যমঘরে ॥
এতেক বলিয়া ব্রহ্মা গেল নিজ স্থানে।
দুই ভাই কুম্ভকর্ণে স্কন্ধে ক'রে আনে ॥
বিশ্রবার ঘরেতে আসিল তিনজন।
রাবণ পাইল বর কাঁপে ত্রিভুবন ॥
সুমালী শুনিয়া তাহা অতি হরষিত।
পাতাল হইতে তারা উঠিল ত্বরিত ॥
সুমালী রাক্ষস উঠে লয়ে পরিজন।
মহোদর মারীচ প্রহস্ত অকম্পন ॥
নিজ পরিবার লয়ে উঠে মাল্যবান্।
বজ্রমুষ্টি বিরূপাক্ষ ধূম্র খরশাণ ॥
ছিল মাল্যবানের তনয় চারি জন।
ধার্ম্মিক সে চারিজনে নিল বিভীষণ ॥

মাল্যবান্ কোল দিয়ে কহে দশাননে।
পুনঃ উঠিলাম সবে তোমার কল্যাণে ॥
যে কালে তোমার বাপে কন্যা দিনু দান।
সেই দিন ভাবি দুঃখে পাব পরিত্রাণ ॥
বিষ্ণু-ভয়ে হয়েছিনু পাতালনিবাসী।
তোমার ভরসা পেয়ে পৃথিবীতে আসি।
রাক্ষসের রাজ্য সে কনক লঙ্কাপুরী।
হয়েছে সে লঙ্কায় কুবের অধিকারী ॥
কুবের-নিকটে দূত প্রের এক জন।
লঙ্কাপুরী ছেড়ে যাক্ নহে দিক রণ।
অনাবাসে এরূপ রহিব কত কাল।
লঙ্কাপুরী কেড়ে লয়ে কর ঠাকুরাল ॥
রাবণ বলে, কি কথা কহ গো আপনি।
জ্যেষ্ঠ ভাই মহাগুরু পিতৃতুল্য জানি ॥
জ্যেষ্ঠ সঙ্গে বিসংবাদ কোন্ জন করে।
হেন বাক্য না কহিও সভার ভিতরে ॥
রাবণ এতেক যদি কহে মাল্যবানে।
প্রহস্ত ডাকিয়া বলে সভা-বিদ্যমানে ॥
কুবেরের মান্য রাখ জ্ঞাতিগণ দুঃখী।
ত্রিভুবনে কে আছে ভ্রাতার সুখে সুখী ॥
দেখ দেব দানব গন্ধর্ব্ব দৈত্যগণ।
ভ্রাতাকে মারিয়া রাজ্য লয় কত জন ॥
তাহার প্রমাণ দেখ কহি তব স্থান।
মন দিয়া শুন তবে তাহার বিধান ॥
বৈমাত্রেয় ভাই মারে দেব পুরন্দর।
ভাই মারি স্বর্গেতে হইল দণ্ডধর ॥
গরুড়ের ভাই নাগ সর্ব্বলোকে জানে।
গরুড় পাইলে খায় হেন সর্পগণে ॥
সর্ব্বজন ভাই মেরে করে ঠাকুরাল।
ভায়ের গৌরব কে রেখেছে কতকাল ॥
গুরু বলি মান কিন্তু জ্ঞাতি মনোদুঃখ।
কুবের প্রভুত্ব করে তোমার কি সুখ?
পূর্ব্বে জননীকে তুমি দিয়াছ আশ্বাস।
জিনিয়া লইব লঙ্কা কুবেরের পাশ ॥
ভুলিলে সে সব কথা তুমি কি কারণ।
ইহা শুনি উদ্যোগী হইল দশানন ॥
তখনি ডাকিয়া দূতে কহিছে রাবণ।
দূত! তুমি যাও শীঘ্র কহ বিবরণ ॥
রাবণের দূত গিয়া অবনমি মাথা।
যোড়হাতে কুবেরের স্থানে কহে কথা ॥
রাক্ষসের রাজ্য এই স্বর্ণ-লঙ্কাপুরী।
এ স্থানে কেমনে রবে ধন-অধিকারী ॥
আপন গৌরব রাখ রাবণ-সম্মান।
ছাড়িয়া কনক-লঙ্কা যাও অন্য স্থান ॥
দুরন্ত রাক্ষসজাতি বুদ্ধি বিপরীত।
লঙ্কা দিয়া রাবণেরে করহ পিরীত ॥
মাতামহ-রাজ্য তাই অধিকার করে।
কি সম্পর্কে আছ তুমি লঙ্কার ভিতরে?
রাবণ-গৌরব রাখ শুন ধনেশ্বর!
ছাড়িয়া কনক-লঙ্কা যাও স্থানান্তর ॥
রাবণের দূত যদি এতেক কহিল।
কুবের পিতার কাছে সব জানাইল ॥
বিশ্রবা বলেন শুন ধন-অধিকারী।
দুরন্ত রাক্ষস আমি কি করিতে পারি?
ব্রহ্মার বরেতে নাহি মানে বাপ ভাই।
থাক গিয়া স্থানান্তরে দ্বন্দ্বে কাজ নাই ॥
কৈলাস পর্ব্বতে যাও যথা ভাগীরথী।
সেইখানে গিয়া তুমি করহ বসতি ॥
বিশ্রবার বচনে কুবের পুলকিত।
রাবণের দূত গেল কহিতে ত্বরিত ॥

কুবের পাঠায় দূত করিয়া মিনতি।
মম আশীর্ব্বাদ বল রাবণের প্রতি॥
ছাড়িয়া কনক-লঙ্কা যাব স্থানান্তর।
কিন্তু নাই অংশা-অংশী ধনের উপর॥
ত্রিশ কোটি যক্ষে বহে কুবেরের ধন।
লঙ্কা ছেড়ে কৈলাসেতে করিল গমন॥
লঙ্কা পেয়ে রাক্ষসের পরম পিরীতি।
লঙ্কাতে করেন রাজ্য রাক্ষস দুর্ম্মতি॥
সুমন্ত্রণা করিছে সকল নিশাচর।
রাবণে করিল রাজা লঙ্কার ভিতব॥
মৃগয়া করিতে গেল ভাই তিন জন।
ময়দানবের সনে হৈল দরশন॥
কন্যারত্ন আছে তার সর্ব্বলোকে জানি।
ত্রিভুবন জিনি কন্যা রূপেতে মোহিনী॥
কন্যা দেখি পিতা-মাতা বড়ই ভাবিত।
কারো কন্যা বিভা দিব না জানি বিহিত॥
রাজা বলে, কন্যা লয়ে কেন আছ বনে।
দানব আপন কথা কহে রাজা শুনে॥
ময় বলে অবধান কর মহাশয়!
কোন্ কুলে জন্ম তব দেহ পরিচয়॥
রাজা বলে, আমি যে বিশ্রবার নন্দন।
রাক্ষসের রাজা আমি নাম দশানন॥
ময় বলে, আমি বিশ্রবাকে ভাল জানি।
বিবাহ করহ কন্যা আমার আপনি॥
কন্যাদান করে ময় পাইয়া কৌতুক।
শক্তি নামে শেলপাট দিলেন যৌতুক॥
শমনের ভগ্নী শেল জগতে বিদিত।
সেই শেলে হইলেন লক্ষ্মণ মূর্চ্ছিত॥
রাবণের ব্রহ্মশাপ দানব না জানে।
কন্যা-দান করিয়া বিস্মিত হৈল মনে॥

বিরোচন-রাজকন্যা রূপেতে উজ্জ্বলা।
কুম্ভকর্ণ বিভা কৈল রূপে চন্দ্রকলা॥
সাত যোজন দীর্ঘাঙ্গ কুম্ভকর্ণ বীর।
তিন যোজন দীর্ঘ সে কন্যার শরীর॥
বরকন্যা উভয়ে হইল সুশোভন।
কি রাজযোটক ব্রহ্মা করিল সৃজন॥
সরমা নামেতে ছিল গন্ধর্ব্বকুমারী।
বিভীষণ বিভা কৈল পরমা সুন্দরী॥
মৃগয়াতে গিয়া বিভা হৈল তপোবনে।
বিবাহ করিয়া ঘরে এল তিন জনে॥
মন্দোদরী-গর্ভে জন্মে পুত্র মেঘনাদ।
তারে দেখি দেবগণে গণয়ে প্রমাদ॥
মেঘের গর্জ্জনে গর্জ্জে লঙ্কার ভিতরে।
দেব রক্ষঃ ত্রিভুবন কাঁপে যার ডরে॥
কৌতুকে রাবণরাজ আছে লঙ্কাপুরে!
দেব-দানবের কন্যা লয়ে কেলি করে॥
লঙ্কাপুরে কুম্ভকর্ণ নিদ্রা-অচেতন।
ত্রিংশত যোজন ঘর বান্ধিল রাবণ॥
পরিখা যোজন দশ আড়ে পরিসর।
কুম্ভকর্ণ নিদ্রা যায় তাহার ভিতর॥
ত্রিংশ কোটি রাক্ষসে নিদ্রার দ্বার রাখে।
কুম্ভকর্ণ নিদ্রা যায় আপনার সুখে॥
চারি চারি ক্রোশ যুড়ে ঘরের দুয়ার।
রতন-পালঙ্কে শুয়ে বীর-অবতার॥
শূন্য হৈতে দৃষ্ট হয় অর্দ্ধ-কলেবর।
কুম্ভকর্ণে দেখে কাঁপে যতেক অমর॥
কুম্ভকর্ণ নিদ্রা ভাঙ্গি উঠিবে যে দিনে।
স্বর্গ মর্ত্ত্য পাতালে সকলে তাহা জানে॥
সেই দিন সকলেতে সাবধানে ফিরে।
দেবগণ কম্পমান অমরনগরে॥
কুম্ভকর্ণ নিদ্রা যায় ঘরের ভিতরে!
দেখিয়া ত পুরন্দর চিন্তিত অন্তরে॥

বিধির বরেতে রাজা কারে নাহি মানে।
দেব-দানবের কন্যা ধ'রে ধ'রে আনে॥
ইন্দ্রের নন্দনবন আনে উপাড়িয়া।
কার সাধ্য নিবারণ করিবে আসিয়া॥
মুনি ঋষি দেবতার হিংসা ক'রে ফিরে।
যম নাহি নিদ্রা যায় রাবণের ডরে॥
কুবের শুনিল রাবণের যত কর্ম্ম।
দূত পাঠাইয়া দিল জানাইতে ধর্ম্ম॥
কুবেরের দূত দশাননে নমে মাথা।
যোড়হাত করি কহে কুবেরের কথা॥
দূত বলে, মহারাজ! হিত তব চাই।
তোমারে বুঝাতে পাঠাইল তব ভাই॥
বিশ্রবার পুত্র তুমি কুলে অবতার।
তোমারে করিতে হয় উত্তম আচার॥
দেবতার হিংসা কর দেবগণ দুঃখী।
ঋষি তপস্বীর হিংসা কোন্ শাস্ত্রে লিখি॥
দেবতা-ঋষির কোপে বিপরীত ঘটে।
সাধুজনে হিংসা করি পড়ে ত সঙ্কটে॥
দেবতার শাপে দুঃখ পায় নিরন্তর!
আমার ঠাকুর যক্ষরাজ ধনেশ্বর॥
করিলেন উগ্র তপ মলয়-শিখরে।
সর্ব্বদা বিরাজে তথা পার্ব্বতী শঙ্করে॥
ছলরূপে ভ্রমেণ চিনিতে কেহ নারে।
দুজনে করেন কেলি মলয় শিখরে॥
কেলি-ক্রীড়া-কৌতুকে ছিলেন দুই জনে।
কুবের চাহিয়াছিল বাম-চক্ষু-কোণে॥
কুপিলেন ভবানী কুবের দরশনে।
কুবেরের বাম চক্ষু পুড়ে সেইক্ষণে॥
এক চক্ষু পুড়ি গেল শুন লঙ্কেশ্বর!
এক চক্ষে তপ করে সহস্র বৎসর॥
তথাপি না ঘুচিল দেবীর কোপানল।
কুবেরের আঁখি আছে হইয়া পিঙ্গল॥
দেবতার শাপ কভু না যায় খণ্ডন।
দেবতাগণের হিংসা কর কি কারণ?
তব অমঙ্গল দেব চিন্তিবে সদাই।
তোমা বুঝাইতে পাঠাইল তবভাই॥
এত যদি কহে দূত রাবণ-গোচরে॥
শুনিয়া রাবণরাজ কুপিল অন্তরে॥
আমাকে পাঠায় দূত আপনা না জানে।
তোরে কাটি আজি তার বধিব জীবনে॥
জ্যেষ্ঠ ভাই ব'লে তারে এত দিন সহি।
নিকট মরণ তার শুন তোরে কহি॥
কোন্ অহঙ্কারে এত কহিল কুকথা।
হাতে খাণ্ডা করিয়া দূতের কাটে মাথা॥
দূতে কাটি সাজিল কুবেরে কাটিবারে।
দিগ্বিজয় করিতে সাজিল লঙ্কেশ্বরে॥
ত্রিভুবন জিনিতে সাজিল দশানন।
রাবণের সাজনে কাঁপিল দেবগণ॥
শত অক্ষৌহিণী সাজে মুখ্য সেনাপতি।
সাজিয়া রাবণ সঙ্গে চলে শীঘ্রগতি॥
শত অক্ষৌহিণী নিল জাঠি ও ঝগড়া!
তিন কোটি সাজিয়া চলিল তাজা ঘোড়া॥
তিন কোটি বৃন্দ রথ করিল সাজন।
মাণিকের চাকা রথ সোনার গঠন॥
রাহুত মাহুত হস্তী সাজিল অপার।
আছুক অন্যের কাজ দেবে চমৎকার॥
সেনাপতিগণ নড়ে বড় বড় বীর।
যার বাণ আঘাতে পর্ব্বত হয় চির॥
অকম্পন প্রহস্ত চলে শট-নিশঠ।
শোণিতাক্ষ বিরূপাক্ষ রণেতে উৎকট॥

ধূম্রাক্ষ বাস্কল আদি তপন পনস ।
বড় বড় বীর সাজে অনেক রাক্ষস ॥

মারীচ রাক্ষস চলে নানা মায়া ধরে ।
যত যত বীর ছিল লঙ্কার ভিতরে ॥

রাক্ষস মহাপাত্র চলে খর দূষণ ।
বাঁকা মুখ ওষ্ঠ বক্র ঘোর- দরশন ॥

শুক সারণ শার্দ্দূল চলিল জাম্বুমালী ।
বজ্রদন্ত বিদ্যুৎজিহ্ব বলে মহাবলী ॥

মহাপাশ মহোদর দুই সহোদর ।
মকরাক্ষ চলিল যে মহাধনুর্দ্ধর ॥

ত্রিভুবন জিনিতে রাবণ রাজা সাজে ।
ঢাক ঢোল আদি করি নানা বাদ্য বাজে ॥

লঙ্কায় রহিল মেঘনাদ বিভীষণ ।
কুম্ভকর্ণ রহিল নিদ্রায় অচেতন ॥

খাণ্ডা খরশাণ টাঙ্গি অতি ভয়ঙ্কর ।
নানা অস্ত্রে সাজিয়া চলিল লঙ্কেশ্বর ॥

নানা আভরণ প'রে দশানন সাজে ।
নাহিক এমন রূপ ত্রিভুবন-মাঝে ॥

সসৈন্যেতে রাবণ সাগর হৈল পার ।
কৈলাসপর্ব্বতে উঠি করে মার মার ॥

দূত গিয়া কহিল কুবের-বরাবর ।
যুঝিবারে আসিল রাবণ নিশাচর ॥

কুবের পাঠাল ত্রিশ কোটি যক্ষে রোষে ।
লাগিল বিষম যুদ্ধ যক্ষ ও রাক্ষসে ॥

রাক্ষস বরষে বাণ যক্ষের উপর ।
জাঠা জাঠি শেল শূল মুষল মুদ্গর ॥

পলায় সকল যক্ষ রাক্ষসের ডরে ।
রাবণের যুদ্ধ কেহ সহিতে না পারে ॥

যক্ষের উপরে করে বাণ বরিষণ ।
পলায় সকল যক্ষ নাহি সহে রণ ॥

যোগবৃদ্ধ নাম কুবেরের সেনাপতি ॥
যুঝিতে কুবের তারে দিলা অনুমতি ।

বিষ্ণুচক্র সমান তাহার চক্রে ধার ।
রাক্ষস-উপরে করে বাণ অবতার ॥

চক্রাঘাতে কাতর হইল মহোদর ।
রুষিল রাবণরাজা লঙ্কার ঈশ্বর ॥

কোপেতে রাবণ করে বাণ বরিষণ ।
ভঙ্গ দিল যোগবৃদ্ধ নাহি সহে রণ ॥

পলাইয়া যায় তবে আয়াসের গড়ে ।
দ্বারীর নিকটে রহে কপাটের আড়ে ॥

রথ হৈতে রাবণ পড়িল দিয়া লম্ফ ।
সর্পেরে ধরিতে যেন গরুড়ের ঝম্প ॥

কুপিল রাবণরাজা বলে মহাবলী !
বাড়ীর ভিতরে যায় ক'রে ঠেলাঠেলি ॥

পাথরের কপাট তুলিয়া এক টানে ।
কোপে দ্বারপাল রাবণের শিরে হানে ॥

রক্তে রাঙ্গা হয়ে পড়ে রাজা দশানন ।
ভাগ্যেতে রহিল প্রাণ না হৈল মরণ ॥

সে পাথর তুলে বক্ষ দ্বারপালে হানে ।
পড়িল সে দ্বারপাল পাথর চাপনে ॥

দ্বারপাল অচেতন কুবের চিন্তিত ।
মণিভদ্র সেনাপতি ডাকিল ত্বরিত ॥

মণিভদ্র শুনহ প্রধান সেনাপতি ।
আজিকার যুদ্ধে তুমি হও গিয়া কৃতী ॥

বাছিয়া কটক কর সত্বরে সাজন ।
হাতে গলে বান্ধি আন লঙ্কার রাবণ ॥

দিলেক দানব যক্ষ বহু সেনাপতি ।
চব্বিশ কোটি সেনা দিল তাহার সংহতি ॥

লইয়া বিকট সৈন্য মণিভদ্র নড়ে ।
গর্জ্জিয়া কটক চলে মহাশব্দ পড়ে ॥

মণিভদ্র এসে করে বাণ বরিষণ ।
চারিদিকে ভঙ্গ দিল নিশাচরগণ ॥

রাবণের সেনাপতি যতেক প্রধান ।
যক্ষ-কটক বিন্ধি করিছে খান খান ॥

নানা অস্ত্র রাক্ষস ফেলায় চারিভিতে ।
ভঙ্গ দিল যক্ষগণ না পারে সহিতে ॥

উভরড়ে পলাইল আউদর-চুলী ।
দেখিয়া রুষিল মণিভদ্র মহাবলী ॥

মণিভদ্রে দেখিয়া রাক্ষস ধায় ডরে।
দেখিয়া রুষিল রক্ষঃ লঙ্কার ঈশ্বরে॥
মণিভদ্র দশানন দুই জনে রণ।
গদা হাতে মণিভদ্র ধায় ততক্ষণ॥
দশ যোজন গিরি আনিল বায়ুভরে।
গর্জ্জিয়া পর্ব্বত হানে রাবণের শিরে॥
রাবণ মারিল বাণ উঠিয়া আকাশে॥
সেই বাণ মণিভদ্র গিলিলেক গ্রাসে॥
মণিভদ্র-মুখ দেখি রুষিল রাবণ।
কুড়ি হাতে চাপি তার বধিল জীবন॥
মণিভদ্র পড়িল রাক্ষসগণ হাসে।
কুবেরের ভগ্নদূত কহে উর্দ্ধশ্বাসে॥

রাবণের সহিত কুবেরের যুদ্ধ

মণিভদ্র পড়ে রণে কুবের চিন্তিত॥
আপনি আসিল রণে পাত্রেতে বেষ্টিত॥
ডাক দিয়া বলে শুন ভাই রে রাবণ।
আমার সহিত তব যুদ্ধ কি কারণ?
মনিভদ্রে পাঠালাম যুঝিবার তরে।
কুড়ি হাত চাপি তুমি ধরিলে তাহারে॥
নিরুপায় পক্ষে আমি এসেছি যুদ্ধেতে।
বধিতে নারিবে আর চেপে কুড়ি হাতে॥
ক'রেছ অনেক তপ অস্থিচর্ম্ম সার।
নারিলে অমর হৈতে কেন অহঙ্কার॥
অমর হইনু আমি তপের প্রসাদে।
কুকর্ম্ম করিয়া ভাই! পড়িবে প্রমাদে॥
যথা তথা যুদ্ধ কর অবশ্য মরণ।
মৃত্যুকালে মনে ক'রো আমার বচন॥
অমর হয়েছি কিসে লইবে পরাণ।
হারি যদি রণেতে করিবে অপমান।
এত যদি কহিল কুবের যক্ষরাজে।
রাবণের পাত্রমিত্র সবে পড়ে লাজে॥
কুবুদ্ধি ঘটিল রাজা দুষ্ট নিশাচরে।
দোহাত্তিয়া বাড়ি মারে কুবেরের শিরে॥

ছি ছি বলি কুবের দিলেক টিট্‌কারী।
এই মুখে খাবে ভাই! স্বর্ণলঙ্কাপুরী?
দুই কটকেতে যুদ্ধ হইল বিস্তর
কুবেরের বাণে রাজা হইল জর্জ্জর॥
ঘায়ে জরজর রাজা কুবেরের বাণে॥
কেমনে জিনিব রণ ভাবে মনে মনে॥
সংসারের মায়া জানে পাপিষ্ঠ রাবণ।
মায়ারূপে করে কুবেরের সনে রণ॥
শার্দ্দূল হইয়া কেহ কামড়ায়ে মারে।
বরাহ হইয়া কেহ দন্ত দিয়া চিরে॥
মেঘ হয়ে পড়ে কেহ অঙ্গের উপরে।
ঝঞ্ঝনা পড়য়ে যেন গদার প্রহারে॥
শেল শূল মারে কেহ গজের গর্জ্জনে।
কুবের প্রহার করে রাজা দশাননে॥
রক্তে রক্ত কুবের পড়িল ভূমিতলে।
উপাড়িলে বৃক্ষ যেন পড়য়ে সমূলে॥
কুবেরে ধরিয়া লয় যত অনুচরে।
ধরিয়া রাখিল লয়ে পুরীর ভিতরে॥
কুবেরের ভাণ্ডার লুঠিল দশানন।
বিশেষ পুষ্পকরথ আর অন্য ধন॥
প্রবেশিল রাবণ তাহার অন্তঃপুরী।
দেখিয়া পলায় সবে যত ছিল নারী॥
কুবেরের অন্তঃপুরে হৈল হাহাকার।
রাবণ লুঠিয়া সব করে ছারখার॥
কুবেরে জিনিয়া যায় শঙ্করের পুরী।
মহাদেব সহ সম্ভাষিতে ত্বরা করি॥
কার্ত্তিকের জন্মস্থান নাম শরবন।
ঠেকিয়া তাহাতে রথ রহিল রাবণ॥
বনেতে ঠেকিল রথ নহে আগুসার।
রাবণ পাত্রের সহ যুক্তি করে সার॥
মারীচ রাক্ষস কহে রাবণের কানে।
কুবেরের এই রথ রাক্ষসে না মানে॥
সারথি চালায় রথ রথ নাহি নড়ে।
দেখিতে দেখিতে শিবরথ আসি পড়ে॥

না চালাও রথ এই কৈলাসশিখর ।
গৌরী সহ কেলি করিছেন মহেশ্বর ॥
হেথা দেব দানব গন্ধর্ব্ব নাহি আসে ।
এ পর্ব্বতে আসিতেছ কাহার সাহসে ?
কুপিল রাবণরাজ দূতের বচনে ।
রথ হৈতে নামিয়া আসিল শিবস্থানে ॥
নন্দী নামে দ্বারী ছিল রাবণ তা দেখে ।
হাতে জাঠা করি নন্দী সেই দ্বার রাখে ॥
বানরের মত মুখ দেখিয়া নন্দীর ।
উপহাস করিল রাবণ মহাবীর ॥
নন্দী বলে, আমি শঙ্করের দ্বারপাল ।
আমার সম্মুখে কেন কর ঠাকুরাল ?
দেখিয়া আমার মুখ কর উপহাস ।
এ বানর তোমার করিবে সর্ব্বনাশ ॥
দুরাচার ! তোরে মারি কোন্ প্রয়োজন ।
নিজ দোষে সবংশে মরিবি দশানন ॥
রাবণ নন্দীর শাপ নাহি শুনে কানে ।
কুড়ি হাতে সাপটিয়া কৈলাস ধরে টানে ॥
কৈলাস ধরিয়া দশানন দিল নাড়া ।
সত্তরি যোজন নড়ে কৈলাসের গোড়া ॥
টলমল করে গিরি দেব কাঁপে ডরে ।
পর্ব্বতনিবাসী গেল ধূর্জ্জটির আড়ে ॥
সবে বলে মহাদেব ! কর পরিত্রাণ ।
কোন্ বীর আসিয়া পর্ব্বতে দিল টান ?
রাবণের ক্রিয়া দেখি হাসে কৃত্তিবাস ॥
বামচরণের নখে চাপেন কৈলাস ॥
ব্যথাতে রাবণ ছাড়ে মহা চীৎকার ।
শিবের নিকটে কি তাহার অহঙ্কার ?
হইল পুষ্পক মুক্ত ধূর্জ্জটির বরে ।
সেই রথে চড়িয়া রাবণ জয় করে ॥
কৃত্তিবাস পণ্ডিতের জন্ম শুভক্ষণে ।
গাহিল উত্তরকাণ্ড গীত রামায়ণে ॥

বেদবতীর উপাখ্যান

অগস্ত্যের কথা শুনি শ্রীরামের হাস ।
কহ কহ মুনি ! কহ করিয়া প্রকাশ ॥
কৈলাস এড়িয়া কোথা গেল দশানন ।
কহ দেখি শুনি মুনি ! পুরাণ-কথন ॥
অগস্ত্য বলেন রাম ! কর অবধান ।
কহি কিছু রাবণের আরো উপাখ্যান ॥
দ্বারপালরূপে সূর্য্য আছেন দুয়ারে ।
রাখিলা কপাট দিয়া রাবণের ডরে ॥
বেদবতী নামে কন্যা পরমা শোভনা ।
তপস্যা করেন বনে হিমাংশুবদনা ॥
পবিত্র আকৃতি তাঁর পবিত্র প্রকৃতি ।
শুদ্ধসত্ত্বা শুদ্ধমতি সূর্য্যসম দ্যুতি ॥
দৈবযোগে রাবণ তথায় উপনীত ।
কন্যাকে দেখিয়া দুষ্ট হইল মোহিত ॥
অতিথি আচারে কন্যা দিলেন আসন ।
কামে মুগ্ধ দশানন জিজ্ঞাসে তখন :—
কে তুমি কাহার কন্যা কাহার কামিনী ?
কি জন্যে এ মহারণ্যে থাক একাকিনী ?
এরূপ যৌবন-ধন না কর বিলাস ?
কি হেতু কঠোর তপ কর উপবাস ?
কন্যা বলে, মোর কথা কহিতে বিস্তর ।
যে হেতু তপস্যা করি শুন লঙ্কেশ্বর !
কুশধ্বজ পিতা, পিতামহ বৃহস্পতি ।
সে কুশধ্বজের কন্যা আমি বেদবতী ॥
পিতা বেদ পড়িতেছিলেন যেইক্ষণে ।
জন্মিলাম সেইক্ষণে তাঁহার বদনে ॥
অযোনিসম্ভবা নাম রাখে বেদবতী !
পিতার অধিক স্নেহ হৈল আমা প্রতি ॥
দিবেন উত্তম পাত্রে এই তাঁর পণ ।
কে আছে উত্তম পাত্র বিনা নারায়ণ ॥
অতএব বিষ্ণু সহ বিবাহ আমার ।
দিবেন এ বাঞ্ছা ছিল নিতান্ত পিতার ॥

ইতিমধ্যে শুম্ভ নামে দৈত্য বধে পিতা।
অতঃপব মাতা হইলেন অনুমৃতা॥

আজন্ম তপস্যা করি এই অভিলাষে।
কত দিনে পাইব সে শ্যাম পীতবাসে॥

শুনিয়া কন্যার কথা দশানন হাসে।
রথ হ'তে নামিয়া কহিছে মৃদুভাষে;—

ত্রৈলোক্য জিনিয়া রূপ গুণ তুমি ধর।
সুন্দরি! কেন সে বৃদ্ধ বব ইচ্ছা কব॥

কুটিল সে কালরূপ কোথা নাবায়ণ?
পাইলে তাহাব দেখা বধিব জীবন॥

কন্যা বলে, হেন বাক্য না আন বদনে।
কৃষ্ণা বিনা কেবা আছে এ তিন ভুবনে?

শুনিয়া কন্যার কথা রুষ্ট যাতুধান।
ধরিয়া কন্যার কেশে কবে অপমান॥

দৌরাত্ম্য করিয়া শেষে ছাড়িল রাবণ।
কন্যা বলে, অপমান কর কি কারণ?

প্রবেশ করিব আমি জ্বলন্ত আগুনে!
অপবিত্র শরীব রাখিব কি কাবণে?

পাইয়া ব্রহ্মার বর হলি পাপকারী॥
অল্পবল নারী হই কি করিতে পারি?

তপস্যার ফলে যদি তোরে নষ্ট করি।
বিফল হইবে এত তপস্যা আমারি।

অগ্নিকুণ্ড জ্বালিল আনিয়া কাষ্ঠরাশি।
প্রবেশ করিতে যায় সে কন্যা রূপসী॥

অগ্নিকে প্রার্থনা করে করি বহু সেবা।
শ্রেষ্ঠকুলে জন্মি যেন অযোনিসম্ভবা॥

নারায়ণ স্বামী হবে জন্ম-জন্মান্তরে!
মোর লাগি রাবণ সবংশে যেন মরে॥

রাবণ লাগিয়া দেখি সর্ব্বলোকে দুঃখী।
মোর লাগি রাবণ মরিবে তার সাক্ষী॥

প্রবেশ করিল কন্যা মহাবৈশ্বানরে।
পুষ্পবৃষ্টি আকাশেতে দেবগণ করে॥

জনক রাজার কন্যা নাম ধরে সীতা।
পতিব্রতা অবতীর্ণা সেই শুভান্বিতা॥

পতিব্রতা-শাপ কভু নহে অন্যমত।
সীতা লাগি মরিল রাবণ আদি যত॥

ত্রেতাযুগে রঘুনাথ! তুমি তার পতি।
অযোনিসম্ভবা সীতা সেই বেদবতী॥

অহঙ্কারে দশানন সবংশেতে মজে।
অধর্ম্মী হইলে সুখ নাহি কোন কাজে॥

অগস্ত্যের কথা শুনি শ্রীরামের হাস।
কহ কহ বলি রাম করেন প্রকাশ॥

মরুত্তের যজ্ঞ বৃত্তান্ত

বেদবতী হরিয়া রাবণ কোথা গেল।
কহ শুনি মুনিবর! পুরাণ সকল॥

অগস্ত্য বলেন, কারে রাবণ না মানে।
শাপ গালি দেয় যত কিছু নাহি শুনে॥

যত যত রাজা আছে পৃথিবীমণ্ডলে।
সবারে জিনিল দশানন বাহুবলে॥

যজ্ঞ করে মরুত্ত ভূপতি মহা-ধনী।
সমস্ত ব্রাহ্মণ যজ্ঞে করে বেদধ্বনি॥

যজ্ঞভাগ লইতে আসিল দেবগণ।
রথে চড়ি সেইখানে চলিল রাবণ॥

ত্রাস পেল দেবগণ রাবণেরে দেখি।
সর্প যেন মাথা নমে দেখি তার্ক্ষ্যপাখী॥

না দেখিয়া উপায় যতেক দেবগণ।
পক্ষিরূপ হইয়া হইল অদর্শন॥

ইন্দ্র হন ময়ূর, কুবের কাঁকলাস।
যম কাকরূপ হন, বরুণ সে হাঁস॥

যজ্ঞ করে মরুত্ত ভূপতি মহাসুখে।
রণ দেহ বলিয়া রাবণ তারে ডাকে॥

মরুত্ত বলেন, আমি তোমারে না চিনি।
পরিচয় দেহ মোবে তবে আমি জানি॥

দশানন বলে, আমি ভুবনে বিদিত।
রাবণ আমার নাম সংসারে পূজিত॥

কুবের আমার জ্যেষ্ঠ ধন-অধিকারী।
লইলাম তাহার কনক-লঙ্কাপুরী॥

আপন গরব করে রাবণ সে স্থলে।
শুনিয়া মরুত্ত রাজা অগ্নি হেন জ্বলে॥
জ্যেষ্ঠের হরিল মান কহিছে আপনি।
হেন কথা লোকমুখে কখন না শুনি॥
ধার্ম্মিকের অপমান অধার্ম্মিকে করে।
ধার্ম্মিক তাহার নিন্দা সহিতে না পারে॥
পাইয়া ব্রহ্মার বর কারে নাহি ভয়।
মানুষের হাতে আজি যাবি যমালয়॥
অস্ত্র লয়ে রাজা যায় যুঝিবার মনে।
হাত পসারিয়া রাখে সমস্ত ব্রাহ্মণে॥
মহেশের যজ্ঞে রাজা অনুচিত কোপ।
আপনি হইবে তুষ্ট সবংশেতে লোপ॥
যজ্ঞ পূর্ণ না হইলে অতি বড় দোষ।
পরাজয় মান রাজা হউক সন্তোষ॥
ব্রহ্মণের বাক্যে রাজা কোপ করে দূর।
কহিল পাপিষ্ঠ বেটা বড়ই নিষ্ঠুর॥
পরাজয় মানিল মরুত্ত যজ্ঞস্থানে।
যজ্ঞের ব্রাহ্মণ সব ডাক দিয়া আনে॥
দশ বিশ ব্রাহ্মণেরে সাপটিয়া ধ'রে।
তুষ্ট দশানন সবাকারে ফেলে দূরে॥
করিয়া সংগ্রাম জয় রাবণ চলিল।
দেবগণ পক্ষী হ'তে বাহির হইল॥
পক্ষী হৈতে দেবতা পাইল পরিত্রাণ।
পক্ষিগণে দেবগণ করেন কল্যাণ॥
ইন্দ্র বলে ময়ুর তোমারে দিনু বর।
হউক সহস্র চক্ষু লেজের উপর॥
পূর্ব্বেতে ময়ুর ছিল সামান্য আকার।
ইন্দ্র বরে সহস্রলোচন হৈল তার॥
যখন আকাশে মেঘ করিবে গর্জ্জন।
পেখম ধরিয়া তুমি করিবে নর্ত্তন॥
বর কাঁকলাসেরে দিলেন ধনেশ্বর।
স্বর্ণবর্ণ তোমার হউক কলেবর॥
কুবেরের বরে তার নিজ বর্ণ খণ্ডে।
স্বর্ণবর্ণ হইল মুকুট ধরে মুণ্ডে॥

বরুণ বলেন, হংস! দিলাম এ বর।
চন্দ্র হেন হউক তোমার কলেবর॥
আমি এক লোকপাল সলিলের পতি।
চরিতে হইবে জলে পরম পিরীতি॥
যম বলে, কাক! আমি দিলাম এ বর।
তোমারে নাহিক হবে মরণের ডর॥
রোগ পীড়া তোমার না হইবে সংসারে।
তব মৃত্যু হয় যদি মানুষেতে মারে॥
যেই জন যোগাইবে তোমার আহার।
যমলোকে তৃপ্তি তার হইবে অপার॥
পক্ষীরা আপন স্থানে চলিল যে যার।
বর দিয়া দেবগণ গেল স্বর্গদ্বার॥
মরুত্ত রাজার যজ্ঞ সংসারে বিদিত।
উত্তরকাণ্ড রচে কৃত্তিবাস সুপণ্ডিত॥

রাবণের অনরণ্য রাজার সহিত যুদ্ধ।

মরুত্তের যজ্ঞ-কথা অতি চমৎকার।
তাহাতে সোনার পাত্র পর্ব্বত আকার॥
স্বর্ণপাত্রে ভুঞ্জি নিত্য করেন বর্জ্জন।
সেই সোনা ভরিয়াছে ত্রিলক্ষ যোজন॥
কুবেরের ধন জিনি মরুত্তের ধন।
মরুত্ত সমান আর নাহি কোন জন॥
মরুত্ত রাজার ধন সংসারেতে ঘোষে।
এমন ভূপাল ছিল চন্দ্রমার বংশে॥
অগস্ত্যের কথা শুনি রঘুনাথ হাস।
কহ কহ বলি রাম করেন প্রকাশ॥
মরুত্ত জিনিয়া কোথা গেল সে রাবণ।
কহ দেখি শুনি মুনি! পুরাণ-কথন॥
মুনি বলে, যদি শুনে বীর তথা আছে!
তখনি রাবণ যায় দ্রুত তার কাছে।
গিয়া কহে আমারে সত্বরে দেহ রণ।
পরাজয় মানিলে না মারে দশানন॥
পরাজয় যে না মানে করে অহঙ্কার।
রাবণের ঠাঁই তার নাহিক নিস্তার॥

পুরন্দর নিজ মুখে মাগে পরাজয়।
পরাজয় মানিলে সংগ্রাম নাহি হয়॥

এরূপে রাবণ ভ্রমে পৃথিবীমণ্ডলে।
অযোধ্যা জিনিতে যায় জয় জয় ব'লে॥

অনরণ্য রাজা ছিল রাজা অযোধ্যায়।
বার্ত্তা পেয়ে দশানন তাঁর কাছে যায়॥

তব পূর্ব্বপুরুষ সে অনরণ্য নাম।
রাবণ তাঁহার কাছে চাহিল সংগ্রাম॥

লঙ্কার রাবণ আমি শুন অনরণ্য।
রণ দেহ আমারে না চাহি কিছু অন্য॥

শুনি অনরণ্য কোপে করে অহঙ্কার।
কটকেতে মিলামিশি হৈল মার মার॥

প্রাচীন বয়সে রাজা মাংসে চক্ষু ঢাকে।
ভ্রূদ্বয় তুলিয়া বান্ধি রাজা সব দেখে॥

বহুকালজীবী রাজা পৃথিবী ভিতর।
রাজার বয়স বাইশ হাজার বৎসর॥

আসিল রাজার সৈন্য হস্তী ঘোড়া কত।
অস্ত্র-শস্ত্র আনিল যাহার ছিল যত॥

সৈন্য দুই কটক রাজার মহাবল।
রাক্ষসে মানুষে যুদ্ধ হইল প্রবল॥

অনরণ্য রাজ্য করে বাণ বরষণ।
রাবণের সেনাপতি করে পলায়ন॥

সেনাপতি-ভঙ্গ দেখি রাবণ ফাঁপর।
অনরণ্য সহ যুঝে ক্রোধে লঙ্কেশ্বর॥

রাবণ অসংখ্য বাণ করে বরষণ।
বুড়া রাজা সমরে হইল অচেতন॥

আপনা সারিয়া করে বাণ বরষণ।
বাণেতে জর্জ্জর-দেহ হইল রাবণ॥

রাবণের গা বহিয়া রক্ত পড়ে ধারে।
যেমন গঙ্গার ধারা পর্ব্বতশিখরে॥

কেহ না জিনিতে পারে নাহি পায় আশ।
উভয়ে বরষে বাণ নাহি ফেলে শ্বাস॥

দশানন বাণ এড়ে শূন্য হৈল তূণ।
তখন বুড়ার বাণ আছয়ে দ্বিগুণ॥

আর বাণ যাবৎ না যোগায় সারথি।
তাবৎ রাবণ মনে করিল যুকতি॥

রাবণ রাজার বুকে মারিল চাপড়।
ভূমিতে পড়িয়া রাজা করে ধড়ফড়॥

মৃত্যুকালে বুড়া রাজা করে ছটফট।
ধাইয়া রাবণ গেল বুড়ার নিকট॥

রাজভোগে বুড়া কভু নাহি জান রণ।
আমার সহিত যুদ্ধে অবশ্য মরণ॥

জগৎ জিনিয়া ভ্রমি আপনার তেজে।
অবশ্য মরণ যে আমার সনে যুঝে॥

গর্ব্ব ক'রে বলে রাজা মরণের কালে।
শাপ বড় দিব যারে ততক্ষণে ফলে॥

অনরণ্য বলে কিবা কর অহঙ্কার!
কভু হারি কভু জিনি রণ ব্যবহার॥

বহু যুদ্ধ করি তুষিলাম দেবগণে।
তুষিলাম নানারত্ন দানেতে ব্রাহ্মণে॥

রাজা হয়ে করিলাম প্রজার পালন।
তিন লক্ষ দ্বিজে নিত্য করান্থ ভোজন॥

এ সব আমার পুণ্য জান সব ভালে।
তোরে যে বধিবে সে জন্মিবে মোর কুলে॥

সংগ্রামে পড়িয়া রাজা গেল স্বর্গপুর।
দিগ্বিজয় করি ভ্রমে লঙ্কার ঠাকুর॥

তব পূর্ব্বপুরুষেরে জিনিল যে রণে।
সে রাবণ পড়িল শ্রীরাম তব বাণে॥

পূর্ব্বকথা শুনিয়া শ্রীরামের উল্লাস।
গাহিল উত্তরাকাণ্ড গীত কৃত্তিবাস॥

কার্ত্তবীর্য্যার্জ্জুনের সহিত রাবণের যুদ্ধ

শ্রীরাম বলেন, বৃদ্ধ ছিলেন দুর্ব্বল।
তেকারণে হয়েছিল রাবণ প্রবল॥

বীরশূন্য পৃথিবী ছিলেন সে সময়।
তেঁই রাবণের বৃদ্ধি ছিল অতিশয়।
সেকালের রাজা ব্রহ্ম-অস্ত্র নাহি জানে।
রাবণের পরাজয় নহে তেকারণে॥

মুনি বলে, দশানন নানা মায়া ধরে।
রাক্ষসে করিলে মায়া কোন্ জন তরে ?

মায়া-রণ দেখা-রণ অনেক অন্তর।
তেকারণে পরাজিত নহে লঙ্কেশ্বর ॥

মানুষ হইয়া যিনি বিষ্ণু-অধিষ্ঠান।
তাঁর ঠাঁই রাবণ যে পায় অপমান ॥

কার্ত্তবীর্য্যার্জ্জুন রাজা ছিল চন্দ্রবংশে।
সে সহস্র হাত ধরে জন্ম বিষ্ণু-অংশে ॥

নানা বুদ্ধি ধরিয়া সে রাজা রাজা রাখে।
যাঁর নামে হারা ধন আসিত সম্মুখে ॥

শত শত কামিনী লইয়া কুতূহলে।
অর্জ্জুন করিত কেলি নর্ম্মদার জলে ॥

মাহিষ্মতীনগরে তাঁহার ছিল ঘর।
তথা গিয়া জিজ্ঞাসিছে রাজা লঙ্কেশ্বর ॥

লঙ্কার রাবণ আমি চাহি নিজ রণ।
কার্ত্তবীর্য্যার্জ্জুন কি করিল পলায়ন ?

রাক্ষস-কটক চাপ অতি ভয়ঙ্কর।
অর্জ্জুন রাজার কাছে কারো নাহি ডর ॥

লোক বলে, কিবা চাহ তুমি এইস্থলে।
করেন ভূপতি ক্রীড়া নর্ম্মদার জলে ॥

নর্ম্মদায় যায় বীর অর্জ্জুন-উদ্দেশে।
পথে যেতে বিন্ধ্যাগিরি দেখিল হরষে ॥

নানা ফুল-ফল দেখে অতি মনোহর।
নানা পক্ষী কেলি করে শোভে সরোবর ॥

নৃত্য করে ময়ূর ঝঙ্কারে মধুকর।
নানা হংস কেলি করে দেখিতে সুন্দর ॥

দানব গন্ধর্ব্ব দেব যক্ষ বিদ্যাধর।
কামিনী লইয়া ক্রীড়া করে নিরন্তর ॥

রাবণেরে দেখিয়া দেবতা কাঁপে ডরে।
পলায় ছাড়িয়া কেলি পর্ব্বত উপরে ॥

তাড়াতাড়ি দেবগণ পলাইল ত্রাসে।
দেবতা পলায় দেখি দশানন হাসে ॥

নির্ম্মল নদীর জল পর্ব্বতেতে বয়।
নানাবিধ লোক তথা করয়ে আলয় ॥

বিন্ধ্যাগিরি এড়ি গেল নর্ম্মদার কূলে ॥
জলকেলি করে তথা কেশরী-শার্দ্দূলে ॥

সহ শুকসারণ প্রভৃতি পরিজন।
রথ হৈতে সেইখানে নামিল রাবণ ॥

মধ্যাহ্নকালের রৌদ্র তাপিত পৃথিবী।
রাবণে দেখিয়া মন্দতেজ হৈল রবি ॥

দুই কূলে বালি সে স্ফটিক হেন দেখি।
বহু জন্তু কেলি করে নানাবিধ পাখী ॥

নর্ম্মদার জল সেই অতি সুশীতল।
ধীরে ধীরে বায়ু বহে অতি সুকোমল ॥

সৈন্য সঙ্গে নামিয়া রাবণ যায় জলে।
ধুইল গায়ের রক্ত লগ্ন রণস্থলে ॥

সাঁতারে রাবণ রাজা নর্ম্মদার জলে।
আনন্দে করিয়া স্নান উঠিলেন কূলে ॥

দেবদেব মহাদেব জগতের রাজা !
নানা উপহারেতে রাবণ করে পূজা ॥

স্বর্ণশিবলিঙ্গ তাহে কাঞ্চন-মেখলা।
ভক্তিতে রাবণ পূজে দেবার্চ্চন বেলা ॥

শত সুবর্ণের পাত্র লাগে পূজা সাজে।
শঙ্খ ঘণ্টা দুন্দুভি যে চারিদিকে বাজে ॥

করাইল শিবলিঙ্গ স্নান সেই জলে।
কলস করিয়া গন্ধ তদুপরি ঢালে ॥

মন্ত্রজপ করিল লইয়া জপমালা।
মৌন নাহি ভাঙ্গে তার দেবার্চ্চনবেলা ॥

কুড়ি হাত প্রসারিয়া নাচে রঙ্গ-ভঙ্গে।
রাবণ প্রণাম করে সেই শিবলিঙ্গে ॥

এ দিকে অর্জ্জুন রাজা হয়ে হৃষ্টমতি।
জলক্রীড়া করে সঙ্গে যতেক যুবতী ॥

পসারে নদীর মাঝে হস্ত সে দীঘল।
হাতেতে জাঙ্গাল বান্ধি রাখে তার জল ॥

ছিল যে কাঁকালি জল হইল পাথার।
শত শত কন্যা দিতে লাগিল সাঁতার ॥

হাত সংবরিয়া রাজা এড়ি দিল জল !
যতেক রমণী ডাকে হইয়া বিকল ॥

হাতেতে জাঙ্গাল বান্ধি রাণী সব ভাসে।
দেখিয়া অর্জ্জুন রাজা কৌতুকেতে হাসে॥
তাহার উপর হাত দেয় কাতে কাতে।
সে জল উজান বহে কূল ভাঙ্গে স্রোতে॥
শিবপূজা করিছে রাবণ সেই কূলে।
স্রোতে তার ফল-ফুল ভাসাইল জলে॥
রাবণ আপনি গায় আপনি সে হাসে।
বার্ত্তা জানিবারে শুক-সারণে জিজ্ঞাসে॥
না ডাকে রাবণ মৌন হাতে তুড়ি দিল।
বৃত্তান্ত জানিতে শুক-সারণ চলিল॥
নির্ম্মাবার্ত্তা জানিয়া যে তাহারা জানায়।
তোমারে ভেটিতে কার্ত্তবীর্য্যার্জ্জুন চায়॥
সুন্দর অর্জ্জুন রাজা যেন দেবপতি।
জলক্রীড়া করে সব লইয়া যুবতী॥
নদীতে সহস্র হস্ত পসারে দীঘল।
সহস্র হস্তেতে তার বন্ধ রাখে জল॥
সহস্র হাতেতে সেতু বান্ধি রাখে জল!
ভাটা জল উজান বয় এমন কল॥
জাঙ্গাল সহস্র হাতে বান্ধি রাখে নদী।
তেকারণে ভাসিতেছে ফল-ফুল আদি॥
যে কার্ত্তবীর্য্যের হেতু হেথা আগমন।
নর্ম্মদার জলে তাঁরে কর দরশন॥
অর্জ্জুনের বার্ত্তা পেয়ে চলে দশানন।
দুই ক্রোশ পথ গিয়া করে নিরীক্ষণ॥
অর্জ্জুন সহস্র করে করে জলখেলা।
সহস্র সহস্র তাঁর বেষ্টিত মহিলা॥
তাঁহার পাত্রের স্থানে কহিছে রাবণ।
অর্জ্জুনেরে কহ গিয়া মম আগমন॥
স্ত্রী লইয়া তোর রাজা সুখে করে স্নান।
বল গিয়া রাজারে রাবণ রণ চান॥
এত বলি রাবণ পাত্রের প্রতি বলে।
কুপিত সে রাজপাত্র রাবণের বোলে॥
স্ত্রী লইয়া মহারাজ সুখে কেলি করে।
এ সময় কোন্ জন্ বলে যুঝিবারে?
রণের সময় না জানিস নিশাচর!
অর্জ্জুনের হাতে আজি যাবি যমঘর॥
স্ত্রী লইয়া রাজা করে হাস্য-পরিহাস।
তোর বাক্যে কেন আমি যাব তাঁর পাশ?
কুড়িখান হাতে তোর এত অহঙ্কার।
সহস্র হস্তেতে কার্ত্তবীর্য্য-অবতার॥
বীর হেন দেখিস্ কি তুই আপনারে।
করিতে আসিলি যুদ্ধ বিধাতার বরে॥
অর্জ্জুন পাইলে তোরে মারিবে আছাড়।
দশমুণ্ড ভাঙ্গিয়া করিবে চূর্ণ হাড়॥
দেব দৈত্য জিনিয়া বেড়াস যেন সর্প।
তেঁই সে কারণে তোর বাড়িয়াছে দর্প॥
অর্জ্জুন রাজার কাছে কর অহঙ্কার।
মানুষ হইয়া তিনি দেব-অবতার॥
জন্মিলি রাক্ষসকুলে নানা মায়া ধর!
হের দেখ রাজা মম মায়ার সাগর॥
আকাশে থাকিয়া যুঝে কভু নাহি দেখি।
মেঘরূপে জল বর্ষে উড়িলে সে পাখী॥
সবলের সোজা তিনি বাঁকা প্রতি বাঁকা।
পড়িলে তাহার ঠাঁই তবে যায় দেখা॥
অর্জ্জুনেরে না পারিবি এলি মরিবারে।
প্রাণরক্ষা কর গিয়া শীঘ্র যাও ঘরে॥
আমার সমরে যদি পাস অব্যাহতি!
তবে গিয়া ঘাটাইস অর্জ্জুন নৃপতি॥
কুপিত রাবণরাজ মহাভয়ঙ্কর।
রাক্ষস-মানুষে যুদ্ধ বাধিল বিস্তর॥
শুক সারণ মারীচ রক্ষঃ মহাবীর।
রাক্ষসের মায়া-রণে নর নহে স্থির॥
রাক্ষসের সংগ্রামে মানুষ-সৈন্য নড়ে।
অর্জ্জুনের কাছে গিয়া দূত কহে রড়ে॥
মারিয়া তোমার সৈন্য ফেলিল রাবণ।
অগ্নি হেন কোপে জ্বলে শুনিয়া অর্জ্জুন॥
যুঝিবারে অর্জ্জুন চলিল মহাবীর।
ভয়ে রাজনিতম্বিনী কেহ নহে স্থির॥

স্ত্রীলোকেব কলরব উঠিল গভীর।
সবাকে অভয়দানে রাজা করে স্থির॥
পাত্র সহ অন্তঃপুরে পাঠায় স্ত্রীগণ।
স্বর্ণগদা হাতে করি ধাইল অর্জ্জুন॥
গম্ভীর-গর্জ্জনে আসে পর্ব্বত-আকার।
গদাহাতে রাক্ষসেরে করে মার মার॥
দুর্জ্জয়-শরীর রাজা অতি ভয়ঙ্কর।
তিন শত যোজন জুড়িয়া পরিসর॥
ছয় শত যোজন শরীর দীর্ঘতর।
সহস্র হস্তেতে ধরে সহস্র ভূধর॥
দেখিয়া কুপিল সে প্রহস্ত মহাবল।
অর্জ্জুনের শিরে মারে লোহার মুষল॥
পড়িল ঝঞ্ঝনা যেন মুষল চিকুর।
অর্জ্জুনের গদায় ঠেকিয়া হৈল চূর॥
অর্জ্জুন সহস্র হাতে গদা এক চাপে।
প্রহস্তের মাথায় মারিল মহাকোপে॥
মোহ গেল প্রহস্ত সে অত্যন্ত কাতর।
দেখিয়া কাতর তারে রোষে লঙ্কেশ্বর॥
কুড়ি হাতে অস্ত্র ফেলে রাক্ষস রাবণ।
সহস্র হস্তেতে লোফে অর্জ্জুন রাজন॥
দুই গিরি ঠেকাঠেকি শুনি ঠনঠনি!
ত্রিভুবনে জল-স্থল কম্পিত মেদিনী॥
উভয় হস্তীর যুদ্ধ দন্ত হানাহানি।
দুই সূর্য্য যুদ্ধ করে মনে হেন মানি॥
দুই সিংহ রণে যেন ছাড়ে সিংহনাদ।
দুই বীরে যুদ্ধ করে ঘোর রণোন্মাদ॥
উভয়ে বরষে বাণ দোঁহে ধনুর্দ্ধর।
দোঁহে দোঁহা বিন্ধিয়া করিল জরজর॥
কেহ কারে নাহি পারে তুল্য দুই জন।
দেবতা অসুরে যেন পূর্ব্বে হইল রণ॥
রাবণ মুষলাঘাত করিল নিষ্ঠুর।
অর্জ্জুনের বুকেতে ঠেকিয়া হৈল চূর॥
ধরিল দুর্জ্জয় গদা অর্জ্জুন নৃপতি।
রাবণের বুকেতে মারিল শীঘ্রগতি॥

মোহ গেল রাবণ সে গদার আঘাতে।
এড়িয়া ধনুকবাণ লাগিল কাঁপিতে॥
লাফ দিয়া অর্জ্জুন ধরিল লঙ্কেশ্বরে।
গরুড় ছুঁইল যেন নীল অজগরে॥
ধরিয়া সহস্র হাতে রাখে কক্ষতলি।
পাতালে যেমন হরি বান্ধিলেন বলি॥
বান্ধিল সহস্র হস্তে তার কুড়ি হাত।
রাবণ ভাবিছে এ কি হইল উৎপাত॥
সাধু সাধু আকাশে ডাকিছে দেবগণ।
অর্জ্জুন উপরে করে পুষ্পবরষণ॥
হস্তী মারি সিংহ যেন ছাড়ে সিংহনাদ।
মৃগ মারি ব্যাধ যেন পাসরে বিষাদ॥
নানা অস্ত্র রাক্ষস ফেলিল চারি ভিতে।
রাক্ষসের অস্ত্র সব রাজা লোফে হাতে॥
কত হাতে ধরিয়া রহিছে দশাননে।
কত হাতে তাড়ায় সে নিশাচরগণে॥
মারীচ খর দূষণ প্রহস্ত সুবল।
অর্জ্জুনের স্তুতি করে রাক্ষস সকল॥
রাক্ষসের স্তবেতে অর্জ্জুন রাজা হাসে।
কক্ষে রাবণেরে চাপি চলিল আবাসে॥
অর্জ্জুন লইয়া দুষ্টে পদব্রজে যায়।
রাবণের দুর্দ্দশা দেখিতে সবে পায়॥
অর্জ্জুনেরে ডাক দিয়া বলে দেবগণে।
চিরকাল বন্দী করি রাখহ রাবণে॥
অর্জ্জুনেরে দেবগণ করেন বাখান।
তোমার প্রসাদে আজি পাইলাম ত্রাণ॥
কুতূহলে দেবগণ করে হুলাহুলি!
রাবণেরে লয়ে পুরে প্রবেশিল বলী॥
বন্দিশালে লয়ে ফেলে মরার আকার।
রাবণের টুটিল যে সব অহঙ্কার॥
কুড়িহাতে ফুঁড়িলেক তার দশ গলা।
দৃঢ় বান্ধিলেক দিয়া লোহার শৃঙ্খলা॥
বন্ধনের টানে দুষ্ট হইল কাতর।
বুকেতে তুলিয়া দিল দারুণ পাথর॥

পাথর তুলিয়া দিল সত্তর যোজন।
পাশ উলটিতে নারে দুরন্ত রাবণ ॥

রাবণেরে বন্ধ করি রাখে কারাগারে।
অর্জ্জুন করিতে কেলি গেল অন্তঃপুরে ॥

ধরিল সহস্র হাতে সহস্র যুবতী।
মনসুখে কেলি করে অর্জ্জুন নৃপতি ॥

অর্জ্জুনের নামে হয় পাপ বিমোচন।
অর্জ্জুনের নামে পাই হারাইলে ধন ॥

বিষ্ণু-অবতার রাজা বলে মহাবলী।
কৃত্তিবাস রচে অর্জ্জুনের জলকেলি ॥

কার্ত্তবীর্য্যার্জ্জুনের কারাগার হইতে
রাবণের মুক্তি।

দশাস্যকে বন্দী করি রাখিল অর্জ্জুন।
ঘরে ঘরে বার্ত্তা কহে যত দেবগণ ॥

পুলস্ত্য সে মহামুনি স্বর্গলোকে বসে।
শুনিয়া নাতির বার্ত্তা মর্ত্ত্যলোকে আসে ॥

দশদিক আলো করে রবির কিরণ।
অর্জ্জুনের ঘরে আসি দিল দরশন ॥

পাত্রমিত্র সহ রাজা আসিল সত্বরে।
পাদ্য অর্ঘ্য দিয়া সে মুনির পূজা করে ॥

সহস্র হস্তেতে পঞ্চশত পুটাঞ্জলি।
ভূমেতে পড়িয়া করে রাজা কুতূহলী ॥

ছাড়িয়া অমরাবতী কেন আগমন ?
কি আছে আমার কাছে প্রভু প্রয়োজন ?

আজি হৈতে বংশ মোর হইল নির্ম্মল।
আজি হৈতে রাজ্য মোর হইল উজ্জ্বল ॥

দেবগণ বন্দে গিয়া যাঁহার চরণ।
আমার আলয়ে আজি তাঁর আগমন ॥

পুত্র-পৌত্র আছে প্রভু ! তোমা বিদ্যমান।
কি কার্য্য করিব মুনি ! কর সে বিধান ॥

মুনি বলে শুন তব সফল জীবন।
তোমার সদৃশ প্রিয় আছে কোন্ জন ?

ঘুষিবে তোমার যশ এ তিন ভুবনে।
আমার গৌরব রাখ ছাড়িয়া রাবণে ॥

রাবণ আমার হয় সম্বন্ধেতে নাতি।
নাতিদান দিলে তবে পাই অব্যাহতি ॥

রাখিয়াছ বন্দী করি শুনি বন্দিশালে।
হস্তপদ বন্ধ করি লোহার শিকলে ॥

আমার গৌরব রাখ করহ সম্মান।
আমারে করিয়া ক্ষমা দেহ নাতি-দান ॥

এতেক শুনিয়া রাজা মুনির বচন।
পাত্রেরে বলিল শীঘ্র আনহ রাবণ ॥

দুই পাত্র কারাগারে গেল দিয়া রড়।
খসাইল রাবণের গলার নিগড় ॥

কুড়ি হাত রাবণের বন্ধ যোড়ে যোড়ে।
রাজার আজ্ঞায় সে সমস্ত বন্ধ কাড়ে ॥

খসাইল পায়ের দাঁড়াকু দৃঢ়তর।
ঘুচাইল রাবণের বুকের পাথর ॥

কুড়ি হাত যুড়িয়া বাঁধিয়াছিল চামে।
করিল বন্ধনমুক্ত সে সকল ক্রমে ॥

রাবণে আনিয়া দিল মুনি বিদ্যমানে।
মাথা তুলি না চাহিল রক্ষ অপমানে ॥

স্নান করাইল পরাইয়া দিব্যবাস।
দিব্য অলঙ্কার দিল মাণিক প্রকাশ ॥

সুগন্ধি চন্দন পুষ্প দিল বিভূষণ।
পুলস্ত্য মুনির করে করে সমর্পণ ॥

মুনির বচনে তথা ধর্ম্ম-অগ্নি জ্বালি।
অর্জ্জুনে রাবণে করাইলেন মিতালি ॥

পুলস্ত্য গেলেন স্বর্গে দশানন লঙ্কা।
মুনির প্রসাদে দূরে গেল তার শঙ্কা ॥

অগস্ত্য বলেন মন দেহ রঘুবর।
অর্জ্জুনের পিতা তপ করিল বিস্তর ॥
আপনি দিলেন বর তাঁরে নারায়ণ।
অর্জ্জুন স্বরূপ আমি তোমার নন্দন ॥
তোমার অর্জ্জুন যে সহস্র হস্ত ধরে।
হেন অর্জ্জুনেরে কেহ জিনিতে না পারে ॥

বলাবল নাহি তথা নাহি ডাকা চুরি।
রাজ্যের কোটাল নাহি আপনি প্রহরী॥

হারাইলে ধন পায় অর্জ্জুন-স্মরণে।
চন্দ্রবংশে রাজা নাই সম তাঁর গুণে॥

চরাচরে মহাবীর বিষ্ণু-অংশধর।
সে অর্জ্জুন রাজারে মারেন ভৃগুবর॥

অনিত্য শরীর নিত্য বলি মান বৃথা।
অর্জ্জুনের এই দশা অন্যে কিবা কথা॥

অর্জ্জুনের কীর্ত্তিতে আবৃত এ সংসার।
কৃত্তিবাস রচিল অর্জ্জুন-অবতার॥

বালি-রাবণের যুদ্ধ।

শুনিয়া মুনির বাক্য রামের উল্লাস।
কহ কহ বলি রাম করেন প্রকাশ॥

সেথা হৈতে আর কোথা গেল দশানন।
কহ কহ শুনি প্রভু! অপূর্ব্ব কথন॥

মুনি বলে সদা দুষ্ট যুদ্ধ-চিন্তা করে।
বালির নিকটে গেল কিষ্কিন্ধ্যানগরে॥

ভুবন জিনিয়া ভ্রমে নাহি অবসাদ।
বালির দুয়ারে গিয়া ছাড়ে সিংহনাদ॥

বালির দুয়ারে দেখে অনেক বানর।
আপনার পরিচয় কহে লঙ্কেশ্বর;—

লঙ্কার রাবণ আমি দশমুণ্ড ধরি।
বাঞ্ছা করি বালির সহিত যুদ্ধ করি॥

বলিল বানরগণ ওরে দুরাচার!
এমন বচন মুখে না আনিস আর॥

হইলে বালির সনে তোর দরশন।
দশমুণ্ড খণ্ড করি বধিবে জীবন॥

যে বীর করিয়া দর্প যুদ্ধ চাহে আসি।
হেথা দেখ তা সবার হাড় রাশি রাশি॥

সন্ধ্যা করিতেছে বালি দক্ষিণ- সাগরে।
কিছুকাল থাক যদি যাবে যমঘরে॥

মহাপরাক্রমী বালি খ্যাত ত্রিভুবনে।
তৃণজ্ঞান নাহি করে সহস্র রাবণে॥

বালির বিক্রম-কথা শুন নিশাচর!
দুর্জ্জয়-শরীর বালি বলের সাগর॥

প্রভাতে উঠিয়া বালি অরুণ-উদয়।
চারি সাগরেতে সন্ধ্যা করে মহাশয়॥

আকাশে উপাড়ি ফেলে পর্ব্বত-শিখর।
পুনঃ হাত পসারিয়া লুফে সে সত্বর॥

সপ্তদ্বীপ ভ্রমে বালি এক নিমেষেতে।
কি কব অন্যেরে বায়ু না পারে ছুঁইতে॥

অমর হয়েছ কেন কর অহঙ্কার?
পড়িলে বালির হাতে যাবে যমদ্বার॥

কুপিল রাবণরাজ দুয়ারীর তরে।
উত্তরিল গিয়া সেই দক্ষিণ-সাগরে॥

সুমেরু পর্ব্বত হেন সাগরের কূলে।
সূর্য্যের কিরণ হেন রাঙ্গা মুখ জ্বলে॥

সত্তর যোজন দেহ উভেতে দীঘল।
উচ্চ লেজ স্পর্শ করে গগনমণ্ডল॥

দূরে থাকি রাবণ নেহারে আছে বালি।
শজারুর দৃষ্টে যেন সিংহ মহাবলী॥

নিঃশব্দে বালির কাছে চলিল রাবণ।
সিংহের নিকটে যায় শৃগাল যেমন॥

অকস্মাৎ বালিরাজ মেলিল নয়ন।
দেখিলেক নিকটেতে আছে দশানন॥

মনে মনে হাসিল বুঝিয়া অভিপ্রায়।
আসিতেছে আশা করি জিনিবে আমায়॥

বালি বলে, দশানন! মরিবি নিশ্চয়।
মরিবার আশে এস প্রাণে নাহি ভয়?

ব্রহ্মার বরেতে হইয়াছে অহঙ্কার।
আজি রে রাবণ! তোরে করিব সংহার॥

কেমনে ফিরিয়া যাবে ঘরে আপনার।
পড়িলে আমার হাতে রক্ষা নাহি আর॥

মারিতে আইসে যেই তারে আমি মারি।
যে জন সমর চাহে সেই জন অরি॥

আমায় জিনিতে এস মরিবার আশে।
হেন সাধ কর বেটা! পুনঃ যাবে দেশে?

নির্জ্জীব করিব আজি রাজা লঙ্কেশ্বরে।
লেজে বাঁন্ধি ডুবাইব চারিটা সাগরে॥
লেজেতে বাঁন্ধিব আজি দুষ্ট দশাননে।
কৌতুক দেখুক আজি এ তিন ভুবনে॥
সর্প-দরশনে যেন বিনতানন্দন।
রাবণেরে দেখে বালি করয়ে গর্জ্জন॥
পাছু দিয়া দশানন ধরিল কাঁকালি।
লেজে বাঁন্ধি রাবণে গগনে উঠে বালি॥
দশ মুণ্ড কুড়ি হাত করে নড়বড়।
ভুজঙ্গ ধরিয়া যেন গরুড়ের রড়॥
ফাঁফর রাক্ষসগণ চায় চারিভিতে।
মেঘ যেন ধেয়ে যায় সূর্য্য আচ্ছাদিতে॥
পূর্ব্বদিকে সাগর যোজন চারি শত।
তথা গিয়া সন্ধ্যা করে বালি শাস্ত্রমত॥
সেই স্থানে সন্ধ্যা করি উঠিল আকাশে।
লেজেতে রাবণ নড়ে সর্ব্বলোকে হাসে॥
লেজের বন্ধন হেতু রাবণ মূর্চ্ছিত।
ঝলকে ঝলকে মুখে উঠিল শোণিত॥
লেজের সহিত তারে রাখে কক্ষতালি।
উত্তর সাগরে সন্ধ্যা করে রাজা বালি॥
তথায় করিয়া সন্ধ্যা উঠিল গগন।
লেজে বদ্ধ রাবণেরে দেখে সর্ব্বজন॥
রাবণের দুর্গতিতে সবে হাস্য করে।
পশ্চিম সাগরে বালি গেল তার পরে॥
ডুবায় বান্ধিয়া লেজে বালি লঙ্কেশ্বরে।
এত জল খাইল যে পেটে নাহি ধরে॥
অকট বিকট করে পড়িয়া তরাসে।
রাবণ জলের মধ্যে বালি তো আকাশে॥
চারি সাগরেতে সন্ধ্যা করে মন্ত্র প'ড়ে।
রাবণে লইয়া বালি কিষ্কিন্ধ্যায় নড়ে॥
দেশে গিয়া বালিরাজ রাবণেরে এড়ে।
হাসি বলে কোথা থেকে আসিলে এধারে॥

রাবণ বলিছে আমি বীরকে পরখি।
তোমা হেন বীর আমি কোথাও না দেখি॥
বরুণ পবন আর তুমি হে বানর!
চারি জন দেখিলাম একই সোসর॥
দেখাইলা সপ্তদীপ পৃথিবীর অন্ত।
তোমায় আমায় সিংহ পশুর বৃত্তান্ত॥
আমা হেন বীর তুমি বান্ধিলে লাঙ্গুড়ে।
চারি সাগরের সন্ধ্যা ধ্যান নাহি নড়ে॥
বলে টুটা পাই যদি আছাড়িয়া মারি।
আমা হৈতে অধিক পাইলে মিতা করি॥
আজি হৈতে ভাই মোর তুমি সহোদর।
মোর লঙ্কা তোমার সে ভোগের ভিতর॥
উভয়ে মিতালি করে অগ্নি করি সাক্ষী।
উভয়ে উভয় প্রতি হইলেক সুখী॥
হে রাম! তাহারা উভে পড়ে তব বাণে।
যে জানে তোমার তত্ত্ব সেই সব জানে॥
শুনিয়া মুনির কথা শ্রীরামের হাস।
গাহিল উত্তরকাণ্ড কবি কৃত্তিবাস॥

যম রাবণের যুদ্ধ

কহ কহ বলি রাম করেন প্রকাশ।
আর কিছু কহ ত পুরাণ ইতিহাস॥
সেখানে হারিয়া কোথা গেল সে রাবণ।
কহ কহ শুনি মুনি! অপূর্ব্ব কথন॥
মুনি বলে, যুদ্ধ চাহি বেড়ায় রাবণ।
নারদের সনে পথে হইল দর্শন॥
নারদেরে প্রণাম করিল দশানন।
আশীর্ব্বাদ করিয়া কহেন তপোধন ;—
রাবণ! ব্রহ্মার বর পেলে বহু তপে।
দেব দৈত্য স্থির নহে তোমার প্রতাপে॥
রোগ শোক লোকে সব জরায় পীড়িত।
কেহ হাসে কেহ কাঁদে কেহ আনন্দিত॥
অবশ্য মরণ-পথ কেহ নাহি দেখি।
বন্ধুবান্ধবের শোকে সর্ব্বলোক দুঃখী॥

যমমুখে পড়িয়াছে সকল সংসার।
যমেরে এড়িয়া অন্যে মার কি আচার?
তোমার সংগ্রামে যম পাবে পরাজয়।
যমেরে মারিয়া লোকে করাও নির্ভয়॥
বিষ্ণু দৈত্য মারি লোকে করিলেন সুখী।
লোকের হিতার্থে খায় তার্ক্ষ্য পক্ষী॥
পাইয়া ব্রহ্মার বর জিনিলে ভুবন।
তোমার বাণেতে স্থির নহে দেবগণ॥
যমেরে মারিয়া নাশ লোকের তরাস।
যম হেতু লোক মরে লোকে উপহাস॥
যমেরে মারিয়া বীর! কর উপকার।
রাবণ তাহার কথা করিল স্বীকার॥
শুনিয়া মুনির কথা বলিছে রাবণ;—
স্বর্গ মর্ত্ত্য পাতাল জিনিব ত্রিভুবন॥
আগে মর্ত্ত্য জিনিব তৎপরে পাতাল;
তবে সে জিনিব গিয়া অষ্টলোকপাল॥
ছোট জিনে বড় জিনি এই পরিপাটী।
বড় জিনে ছোট জিনি পুরুষত্বে ঘাটী॥
মুনি বলে, যদি যমে না কর দমন।
তবে ত রহিবে সর্ব্বলোকের মরণ॥
কুড়ি পাটী দশনে সে দশমুখে হাসে।
চতুর্দ্দিকে কেয়া যেন ফুটে ভাদ্রমাসে॥
ভুবন জিনিব আমি কৌতুকের তরে।
তোমার আজ্ঞায় যাব যম জিনিবারে॥
মুনির বচনে যায় রাবণ দক্ষিণে।
সে গেলে নারদ মুনি ভাবে মনে মনে॥
হেন জন নহে যে যমের নহে বশ।
যমেরে জিনিতে যায় বড়ই সাহস॥
যত প্রাণী আছে যম সবার ঈশ্বর।
ভুবন বৃত্তান্ত যত তাহার গোচর॥
পাইয়া ব্রহ্মার বর দুর্জ্জয় রাবণ।
শমনের সহ যুদ্ধে জিনে কোন্ জন?
উভয়ের কে জিনিবে জানিতে না পারি।
নারদ দেখিতে যুদ্ধ চলে যমপুরী॥
অবিবাদে বিসংবাদ ঘটায় নারদ।
নারদ যাহাতে যায় ঘটায় আপদ॥

হইলে শনির দৃষ্টি পুড়ে সর্ব্বলোকে।
রাবণে ঠেকায়ে গেল যমের সম্মুখে॥
না যাইতে রাবণ মুনির আগুসার।
যেখানে করেন যম ধর্ম্মের বিচার॥
নারদে দেখিয়া যম উঠিয়া সম্ভ্রমে।
জিজ্ঞাসেন প্রনাম করিয়া ভক্তিক্রমে॥
ত্রিদিব ছাড়িয়া কেন হেথা আগমন?
আমার নিকটে তব কোন্ প্রয়োজন?
নারদ বলেন, যম! ছিলা নিরুদ্বেগে।
তোমা সহ যুঝিতে রাবণ আসে বেগে॥
দণ্ড-হস্তে সমর করিও দণ্ডধর!
দেখিবারে আসিলাম দোঁহার সমর॥
নারদের বাক্যে, যম চাহে বহু দূর।
রাক্ষস-কটক চাপ দেখিল প্রচুর॥
চড়িয়া পুষ্পক-রথে আসে দশানন।
বহু সৈন্য প্রবেশিল যমের ভবন॥
আগে থানা প্রবেশিল তার পূর্ব্বদ্বার।
দেখে তথা সর্ব্বলোকে ধর্ম্ম-অবতার॥
দেব-পিতৃভক্ত সত্যবাদী যেই জন।
তাহার সম্পদ্ দেখি বিস্মিত রাবণ॥
গোদান করিয়া যেই তুষেছে ব্রাহ্মণ।
ঘৃত-দুগ্ধে দেখে তার অপূর্ব্ব ভোজন॥
দুঃখীকে দেখিয়া যে করয়ে অন্নদান।
সুবর্ণের থালাতে সে করে সুধাপান॥
বস্ত্রহীনে বস্ত্র দেয় পিপাসায় জল।
রাবণ তাহার দেখে সম্পদ্ সকল॥
ব্রাহ্মণেরে ভূমিদান করে যেই জন।
যমপুরে দেখে তার রাজ্যের ভাজন॥
অন্যকে তুষিল যেই বলি প্রিয়বাণী।
তার সুখ দেখিয়া রাবণ অভিমানী॥
যে করে অতিথিসেবা দিয়া বাসাঘর।
সোনার আবাস তার দেখে লঙ্কেশ্বর॥
স্বর্ণদান করিয়া যে তুষেছে ব্রাহ্মণ।
স্বর্ণখাটে শুয়ে আছে দেখিল রাবণ॥

ব্রাহ্মণের সেবা যে করেছে একমনে।
তাহার সম্পদ্ দেখি রাবণ বাখানে॥
যে উত্তম পাত্রে করিয়াছে কন্যাদান।
সবা হৈতে দেখে রক্ষঃ তাহার সম্মান॥
যে বিষ্ণু-কীর্ত্তন করিয়াছে নিরন্তর।
তাহার সম্পদ্ দেখি হৃষ্ট লঙ্কেশ্বর॥
চতুর্ভুর্জ যম তারে করিয়া স্তবন।
পাদ্য অর্ঘ্য দিয়া তারে দিলেন আসন॥
বৈকুণ্ঠে না যায় সেই যায় স্বর্গবাস।
দিব্য দেহ ধরি তারে দিলেন প্রকাশ॥
চতুর্ভুর্জরূপে তারে সম্ভাষ করিল।
নানাবিধ প্রকারেতে তাহারে তুষিল॥
সে লোক পুণ্যের তেজে এতসুখ করে।
আপনা ভাবিয়া দশানন পুড়ে মরে॥
দেখিয়া লোকের সুখ হৃষ্ট লঙ্কেশ্বর।
পূর্ব্বদ্বার এড়ি গেল পশ্চিম-দুয়ার॥
বহু তপ পুণ্য করিয়াছে যেই জন।
তাহার সম্পদ্ দেখি হরিষ রাবণ॥
রাবণ উত্তর-দ্বারে করিল গমন।
তথা পুণ্যবান্ লোক করে দরশন॥
আগম পুরাণ শুনিয়াছে যেই রাজা।
পুত্র হেন পালিয়াছে যেবা নিজ প্রজা॥
পরহিংসা পরদার না করে যে জন।
মহামহৈশ্বর্য্য তার দেখিল রাবণ॥
পূর্ব্ব আর পশ্চিম দুয়ার যে উত্তর।
তিন দ্বারে ধার্ম্মিক লোক দেখে বিস্তর॥
যমের দক্ষিণ দ্বার ঘোর অন্ধকার।
রাত্রিদিন নাহি তথা সব একাকার॥
যত যত পাপী লোক সেই দ্বারে থাকে।
একত্র থাকিয়া কেহ কারে নাহি দেখে॥
চুরাশী সহস্র কুণ্ড দক্ষিণ দুয়ারে।
নরকে ডুবায়ে সব যমদূত মারে॥
যমের প্রহারে লোক হয়েছে কাতর।
কলরব শুনি তথা গেল লঙ্কেশ্বর॥
প্রবেশিল দক্ষিণ-দ্বারেতে দশানন।
প্রথম প্রহার তথা দেখিছে তখন॥

যত যত পাপ করিয়াছে যত জন।
যমদূতে প্রহারিছে যাহার যেমন॥
যেই যত পরদার করেছে কৌতুকে।
সেই কুম্ভীপাকে পড়ি ডুবিছে নরকে॥
সুতপ্ত তৈলের কুণ্ড অগ্নির উথাল।
তাহাতে ধরিয়া ফেলে যায় গার ছাল॥
অগম্যা গমন করে যে হরে ব্রাহ্মণী।
তার প্রহারের কথা শুনহ কাহিনী॥
লোহার ডাঙ্গশ দূত মারে গোটা গোটা।
রুষিয়া ডাঙ্গশ মারে তায় লৌহ-কাঁটা॥
সর্ব্বাঙ্গ-ছেদনেতে তাহার পচে মাংস।
অর্ব্বুদ অর্ব্বুদ পোকা খুলে খায় অংশ॥
হাতে গলে বান্ধে তার দিয়া চর্ম্মদড়ী।
মাথার উপরে তুলি মারে লৌহবাড়ি॥
মস্তক ফাটিয়া যায় রক্ত পড়ে ধারে।
পরিত্রাহি ডাকে তারা দারুণ প্রহারে॥
গদাঘাতে মাথা চিরে রক্ত পড়ে স্রোতে।
বিষম প্রহার তারে করে যমদূতে॥
নরকে ধরিয়া ফেলে পাপী সকলেরে।
বিষ্ঠা খেয়ে পাপী লোক ফাঁফরিয়া মরে॥
গৃধিনী শকুনি মাংস টানে চারিভিতে।
উপাড়ে সাঁড়াশী দিয়া চক্ষু যমদূতে॥
হস্ত পদ নাসা কর্ণ নয়ন জিহ্বায়।
লোহার মুদ্গর মারে অসহ্য সে দায়॥
পাপপুণ্যভাগী হয় যে ইন্দ্রিয়গণ।
বিষম প্রহারে ভুঞ্জে যমের তাড়ন॥
পরস্ত্রীকে যে জন দিয়াছে আলিঙ্গন।
তাহার বিষম শুন যমের তাড়ন॥
লৌহময়ী এক নারী আনে যমদূতে।
অগ্নিমধ্যে তাহাকে তাতায় ভালমতে॥
সেই লোহা জ্বলে যেন জ্বলন্ত অনল।
পাপী সব তাহাকে ধরিয়া দেয় কোল॥
গার মাংস জ্বলে পরিত্রাহি ডাকে পাপী।
তাহা দেখি রাবণ হইল অতি তাপী॥
পরিত্রাহি ডাকে পাপী দারুণ প্রহারে।
জ্বালায় জ্বলিত পাপী ধড়ফড় করে॥

পরদার করিয়াছে রাবণ বিস্তর।
বিষম প্রহার দেখি চিন্তিত অন্তর॥
পরস্ত্রী দর্শন যেই করে একচিতে।
দুই চক্ষু তাহার উপাড়ে যমদূতে॥
বিষম যমের দূত করিছে তাড়না।
হরিলে পরের নারী এতেক যন্ত্রণা॥
পরস্ত্রী হরিয়া যেবা করেছে রমণ।
চিরকালাবধি ভোগে নরক সে জন॥
তাহাতে সন্ততি হয় বাড়ে পরিবার।
কোটি কল্পে না হয় সে নরক উদ্ধার॥
তথাপি নরের মনে নাহি জ্ঞানোদয়।
পরধন পরদারে সদা মন লয়॥
শরণ লইলে তার যে হরে পরাণ।
করাতে চিরিয়া তারে করে খান খান॥
বিপরীত রক্তেতে তালুকী তার শেষে।
পানীয় চাহিলে স-দূতে মারে রোষে॥
ব্রাহ্মণ দেবের বস্তু হরে যেই জন।
তার প্রহারের কথা করি নিবেদন॥
হাত-পা বাঁধিয়া তার দিয়া চর্ম্মদড়ী।
মাথার উপরে মারে ডাঙ্গশের বাড়ি॥
বুকে শূল মারে কেহ চক্ষু টানি ধরে।
পরিত্রাহি ডাকে পাপী দারুণ প্রহারে॥
দেবতা স্থাপিয়া যেবা না করে পূজন।
তাহার বিষম শুন যমের তাড়ন॥
হাত-পা বান্ধিয়া ফেলে দিয়া চামদড়ী।
তাহার উপরে মারে দোহাতিয়া বাড়ি॥
ঘাড়ে-মুড়ে বান্ধি ফেলে অগ্নির ভিতর।
বিষম প্রহার ভুঞ্জে সহস্র বৎসর॥
পরধন যে জন করিল ডাকা-চুরি।
ক্ষুরধারে কাটে তারে খণ্ড খণ্ড করি॥
পরহিংসা পরদ্বেষ করেছে যে জন।
তার প্রহারের কথা অকথ্য কথন॥
মিথ্যা শাপ দেয় আর বলে মিথ্যাবাণী।
তার প্রহারের কত কহিব কাহিনী॥
উত্তপ্ত সাঁড়াশী দিয়া জিহ্বা লয় কাড়ি।
মাথার উপর মারে ডাঙ্গশের বাড়ি॥

যে হরে গচ্ছিত আর হরে স্থাপ্যধন।
নরকে ডুবায় তারে যমদূতগণ॥
ব্রাহ্মণেরে মন্দ বলে মারে জ্যেষ্ঠ ভাই।
মুষলে তাহারে মারে কার রক্ষা নাই॥
পরহিংসা করে, বলে অসত্য-বচন।
বিষম তাহার হয় যমের তাড়ন॥
অপাত্রেতে কন্যা দেয় আর লয় কড়ি।
তাহার মাথায় দেখে মাংসের চুপড়ি॥
মাংস লহ লহ বলি সদা ডাক ছাড়ে।
মাংসের রসানি তার বুক বয়ে পড়ে॥
মিথ্যা সাক্ষ্য দেয় যেই সভামধ্যে বসি।
তার জিহ্বা টানে দিয়া জ্বলন্ত সাঁড়াশী॥
তার পূর্ব্বপুরুষেরা ভুঞ্জে সেই পাপ।
চিরকাল পাপ ভুঞ্জে পায় বড় তাপ॥
অতিথি পাইয়া যেই না করে জিজ্ঞাসা।
অপার দুর্গতি তার নরকেতে বাসা॥
একজন দান করে অন্যে হয় হন্তা।
তার বুকে দেয় যম জগদ্দল জাঁতা॥
সীমা হরে যে জন পোড়ায় পর-ঘর।
বিষম প্রহার করে যমের কিঙ্কর॥
উভয়ের ন্যায়ে এক পক্ষে পক্ষপাতী।
কুম্ভীপাকে ফেলে তারে করিয়া আঘাতী॥
চুরি ডাকা ক'রে যেই করে লোকহিত।
যমদূতে তাহারে প্রহারে বিপরীত॥
লোকে পীড়া দিয়া যেই তুষেছে ঈশ্বর।
পায় সে কুক্কুর-জন্ম সহস্র বৎসর॥
লোকরক্ষা করিয়া যে রাজা করে নাশ।
হইয়া শৃগালযোনি খায় মৃত-মাস॥
না চিন্তিয়া রাজহিত চিন্তে প্রজাহিত।
বিষম প্রহার করে তাহারে উচিত॥
ব্রহ্মহত্যা সুরাপান করে যেই জন।
বিষম যাতনা ভোগ করে অনুক্ষণ॥
গুরুপত্নী-হরণেতে যত পাপ হয়।
তাহার উচিত দণ্ড শরীরে না সয়॥
মরণে মরণ নাহি দুঃখ মাত্র সার।
কর্ম্মভোগে ভুঞ্জে লোক না দেখে নিস্তার॥

ব্রাহ্মণের শূদ্রাণী-গমনে যে প্রমাদ।
সে সবার পাপেতে স্বধর্ম্ম হয় বাদ॥
চণ্ডাল-জনম হয় শূদ্রাণী-গমনে।
সর্ব্বকর্ম্ম নষ্ট হয় তার দরশনে॥
দেবকার্য্য পিতৃকার্য্য করে শুদ্ধ মতি।
কর্ম্ম নষ্ট হয় যদি দেখে শূদ্রাপতি॥
পাতকী জনের সহ যে জন সম্ভাষে।
ধার্ম্মিকের ধর্ম্মলোপ হয় সেই দোষে॥
রাজা হয়ে প্রজা প্রতি না করে পালন।
পরলোকে নরক তাহার অখণ্ডন॥
পুত্রপালনেতে যদি রাজা পালে প্রজা।
কোটিকল্প স্বর্গসুখ ভুঞ্জে সেই রাজা॥
অর্থের লোভেতে হয় দেবল ব্রাহ্মণ।
শুদ্ধমতি যে জন সে না করে পূজন॥
যেবা হরে দেবস্ব বা করে দুরাচার।
দেবলিয়া ব্রাহ্মণের নাহিক নিস্তার॥
হাতে করি ঘৃত দেয় নৈবেদ্য-উপরে।
সেই ঘৃত উঠে তার নখের ভিতরে॥
সে ঘৃত অন্নের তাপে উনাইয়া পড়ে।
অন্ন সহ ঘৃত যায় শরীর-ভিতরে॥
শাস্ত্রে আছে সঘৃত নৈবেদ্য করে পূজা।
সে পাপে ব্রাহ্মণ হয় কলিঞ্জরে রাজা॥
এ সকল কথা শুনি হৈল চমৎকার।
দেবল ব্রাহ্মণের নাহিক নিস্তার॥
যেই শূদ্র হইয়া হরিয়াছে ব্রাহ্মণী।
তাহার বিষম রোল বড় ডাক শুনি॥
লক্ষ লক্ষ সাঁড়াশী গায়ের মাংস টানে।
খুলে খায় গার মাংস সহস্র সন্ধানে॥
ডাঙ্গশের বাড়ি মারে হয় খান খান।
কোটিকল্প পাপ ভুঞ্জে নাহিক এড়ান॥
যে জন করিয়া ঋণ না করে শোধন।
তার পিতৃলোকের যে যমের তাড়ন॥
বিঘত-প্রমাণ পোকা যে বিষ্ঠার কুণ্ডে।
তাহার উপরে ফেলে ধরি তার মুণ্ডে॥
প্রতপ্ত তৈলের কুণ্ডে অগ্নির উথাল।
তাহার উপরে ফেলে যায় গার ছাল॥
অগ্নিমধ্যে সাঁড়াশী তাতায় ভালমতে।
তাহা দিয়া গাত্র-মাংস কাটে যমদূতে॥
পরহিংসা করে যেবা সুজনের নিন্দে।
চর্ম্মদড়ী দিয়া তারে যমদূতে বান্ধে॥
গলায় বঁড়শী দিয়া করে টানাটানি।
খাণ্ডা দিয়া তাহার মাথায় হানাহানি॥
ছোট কাঁটা দিয়া তারে বড় কাঁটায় লয়।
গলায় গলগণ্ড তার বড়ই সংশয়॥
দেখিয়া রাবণ পুরুষের সে যন্ত্রণা।
ইহা হৈতে বিশ গুণ নারীর যাতনা॥
ছোট কিংবা বড় হোক যত করে পাপ।
পাপ অনুসারে ভুঞ্জে শমনের তাপ॥
লোকের যাতনা ভাবি দশানন চিতে।
বন্দী মুক্ত করে সে মারিয়া যমদূতে॥
শরাঘাতে রাবণ করিছে চুরমার।
যমদূত মারি করে বন্দীর উদ্ধার॥
যত পাপ করে লোক ভুঞ্জিবে সে তারি।
পাপেতে বান্ধিয়া আনে গলে দিয়া দড়ী॥
পাপের কারণে পাপী চক্ষে নাহি দেখে।
পাপদোষে আরবার পড়িল নরকে॥
দশানন বলে, বন্দী করিনু উদ্ধার।
আরবার কেন তারে করিছে প্রহার?
দূত বলে, রাবণ! আমারে কেন গঞ্জে।
আপনার পাপ লোক আপনি সে ভুঞ্জে॥
ইহলোকে রাজা তুমি যত কর পাপ।
পরলোকে এমনি ভুঞ্জিবে পরিতাপ॥
পরলোকে তব সনে হেথা হবে দেখা।
তখন তোমার সহ হবে লেখাজোখা॥
কুপিত রাবণরাজ দূতের বচনে।
সন্ধান পুরিয়া বাণ যমদূতে হানে॥
যমের কিঙ্কর যত নানা অস্ত্র ধরে।
শেল জাঠি মুদ্গর ফেলিছে তদুপরে॥
যমদূত সকল সহজে ভয়ঙ্কর।
রাবণের সনে যুদ্ধ হইল বিস্তর॥
বড় বড় শালগাছ ফেলিছে পাথর।
ভাঙ্গিল রথের চাকা রাবণ ফাঁফর॥

ব্রহ্মার বরেতে রথ অক্ষয় অব্যয়।
যত ভাঙ্গে তত হয় নাহি অপচয়॥
নানা শিক্ষা বিধান সে ব্রহ্মার কারণ।
বিচক্ষণ শেলে রক্ষঃ করিছে তাড়ন॥
তিতিল রাবণ-অঙ্গ আপন শোণিতে।
রাবণের গা বহিয়া রক্ত পড়ে স্রোতে॥
যমের কিঙ্কর সব বড়ই চতুর।
রাবণের সনে রণ করিল প্রচুর॥
নীল হরিতাল বাণ যমদূতে মারে।
মূর্চ্ছিত হইয়া রক্ষঃ রথ হৈতে পড়ে॥
ছট্‌ফট্‌ করিতেছে বাণের জ্বালায়।
কুড়ি চক্ষু রাঙ্গা করি দূত পানে চায়॥
থাক থাক করি তারে গর্জ্জিছে রাবণ।
পাশুপত বাণ এড়ে রুষিয়া তখন॥
আলো করি আসে বাণ অগ্নি-অবতার।
যমদূত পুড়ে সব হইল সংহার॥
পুড়িয়া মরিল যমদূত অগ্নি-তেজে।
রাবণের রথোপরি জয়ঢাক বাজে॥
রথোপরে সিংহনাদ ছাড়িছে রাবণ।
বাহির হইল রথে রবির নন্দন॥
রাঙ্গামুখ রথখান অষ্টঘোড়া বহে।
ত্বরিতে আসিয়া রাবণের আগে রহে॥
যে মূর্ত্তিতে যমরাজ পৃথিবী সংহারে।
সে মূর্ত্তিতে মহারাজ আসিল সমরে॥
কালদণ্ড মহা অস্ত্র যমের প্রধান।
যুঝিবার বেলা আসি হৈল অধিষ্ঠান॥
যমেরে কহিছে প্রভু! কর আজ্ঞা দান।
পরশিয়া রাবণেরে করি খান খান॥
পরশনে কিবা কাজ দরশনে মরে।
আজ্ঞা কর আমি গিয়া মারি লঙ্কেশ্বরে॥
যম বলে, মৃত্যু দেখ সংগ্রাম সরস।
দণ্ড হস্তে মারি পাড়ি রাবণ রাক্ষস॥
তোমার সংগ্রাম আজি ক্ষণেক থাকুক।
মারি পাড়ি রাবণেরে দেখহ কৌতুক॥
কালদণ্ড-মুখে উঠে অগ্নি খরশাণ।
যার দরশনে লোক হারায় পরাণ॥
চারিভিতে অস্ত্র যায় সর্পের আকার।
কালদণ্ড অস্ত্রে কারো নাহিক নিস্তার।
হেন কালদণ্ড যম তুলে নিল হাতে।
তাহা হৈতে সর্প বাহিরায় চারিভিতে॥
অজগর কালসর্প শঙ্খিনী চিত্রাণী।
মুখে বিষ অগ্নি তার শিরে জ্বলে মণি॥
সর্পের বিকট দন্ত স্পর্শমাত্র মরি।
দণ্ড দেখি ত্রিভুবন কাঁপে থরহরি॥
সর্ব্বলোকে দেখে দশাননের বিনাশ।
বাণ-মুখে অগ্নি জ্বলে লোকের তরাস॥
ডাক দিয়া যমের সে করিছে বাখান।
রাবণে মারিলে দেবগণ পায় ত্রাণ॥
আজি যদি যম! তুমি মারহ রাবণে।
তোমার প্রাসাদে এড়াইব দেবগণে॥
দেবতা সহিত ব্রহ্মা আছে অন্তরীক্ষে।
যম হস্তে দণ্ড দেখে আসিল সমক্ষে॥
শমনেরে চতুর্ম্মুখ কহেন বচন ;—
ক্ষান্ত হও যমরাজ! না করিও রণ॥
রাবণ পাইল বর নাহি তব মনে?
রাবণে হঠাৎ তুমি মারিবে কেমনে?
দণ্ড সৃজিলাম আমি মৃত্যুর কারণ।
যাহার আঘাতে লুপ্ত হয় ত্রিভুবন॥
যাহার দর্শনে মরে স্পর্শে কিবা কথা।
হেন দণ্ড রাবণে মারিবে কেন বৃথা?
দণ্ড ব্যর্থ না যাবে না মরিবে রাবণ।
আমার বচন শুন না করিও রণ॥
দণ্ড রাখ দণ্ড রাখ শুন দণ্ডধর!
রাবণেরে জয় দিয়া তুমি যাও ঘর॥
যম বলে, তব বরে ঘটে ঠাকুরাল।
লঙ্ঘিবে তোমার বাক্য সে যাবে পাতাল॥
যমরাজ কালদণ্ড মৃত্যু তিন জন।
এ তিনের মূর্ত্তি দেখি কাঁপে ত্রিভুবন॥
যম কালদণ্ড মৃত্যু এ তিনের গন্ধে।
পলায় রাক্ষস-সৈন্য চুল নাহি বান্ধে॥
বড় বড় রাক্ষস রাবণের সোসর।
এ তিনের মূর্ত্তি দেখি হইল ফাঁফর॥

এ তিনের বিক্রম সহিবে কার প্রাণে ?
পলায় রাক্ষস সব এড়িয়া রাবণে ॥
অমাত্য পলায় সব এড়িয়া রাবণে।
একেশ্বর রাবণে রহিল মাত্র রণে ॥
যুঝিবার কাজ থাক্ দেখি যমরাজে।
হেন বীর নাহি যে সম্মুখ হয়ে যুঝে ॥
নির্ভয় রাবণরাজ বিধাতার বরে।
যমের সম্মুখে যুঝে শঙ্কা নাহি করে ॥
দশদিক্ দশানন আবরিল বাণে।
রাবণের বাণ যম কিছুই না জানে ॥
জাঠি জাঠা শেল এড়ে রবির নন্দন।
রাবণ জর্জ্জর হয় তবু করে রণ ॥
আবরে যমের রথ রাবণের বাণে।
দশ বাণে সারথি বান্ধিল দশাননে ॥
সন্ধান পূরিয়া সে ধনুকে যোড়ে শর।
সহস্রেক বাণ এড়ে যমের উপর ॥
মৃত্যুর উপরে করে বাণ বরষণ।
বাণ ব্যর্থ হয় দেখি চিন্তিত রাবণ ॥
অতি মত্ত রাবণ সে বিধাতার বরে।
মৃত্যুর উপর বাণ ফেলে নাহি ডরে ॥
মৃত্যুর নাহিক মৃত্যু কি করিবে বাণে ?
অবোধ রাবণ তবু যুঝে তার সনে ॥
মৃত্যু বাণ খাইয়া অধিক কোপে জ্বলে।
যোড়হাত করিয়া যমের আগে বলে ;—
নিবেদন করি প্রভো ! কর অবধান ॥
তোমার অস্ত্রের মধ্যে আমি যে প্রধান ॥
মধুকৈটভাদি যত ছিল দৈত্যগণ !
বালি বলি মান্ধাতা করিয়াছিল রণ ॥
পাইয়া ব্রহ্মার বর রাবণ দুর্জ্জয়।
তার সহ যুদ্ধ করা উপযুক্ত নয় ॥
তোমার বচন প্রভু করি আমি দড়।
রথ ছাড়ি তব বাক্যে আমি দিমু রড় ॥
রথ হৈতে যমরাজ হৈল অদর্শন।
ধর ধর বলিয়া ডাকিছে দশানন ॥
মন্দ মন্দ হাসিয়া রাবণরাজ ভাষে।
যম পলাইয়া যায় আমার তরাসে ॥
যম যদি পলাইল দেখিল রাবণ।
আমি যম জয়ী বলি ভাবে দশানন ॥
কৃত্তিবাসের কবিত্ব শুনিতে চমৎকার।
সর্ব্বলোকে রামায়ণ হইল প্রচার ॥

রাবণের পাতালপুরী জিনিতে গমন ও বলী প্রভৃতির সহিত যুদ্ধ

শ্রীরাম বলেন,, মুনি ! জিজ্ঞাসি কারণ।
বিষম শুনিনু আমি যমের তাড়ন ॥
পাপীর প্রহার শুনি লাগে চমৎকার।
পাতক করিলে কি না হয় প্রতিকার -
মুনি বলে, রাম ! তুমি কর অবধান।
তব অবতারে সে পাপীর পরিত্রাণ ॥
যেই জন শুনিবেক শুদ্ধ রামায়ণ
যমের সহিত তার নাহি দরশন ॥
ইহা বিনা পাপীর নাহিক পরিত্রাণ।
রাম-নাম শুনিবেক পাপী সাবধান ॥
চারি বেদ-অধ্যয়নে যত পুণ্য হয়।
একবার রাম-নামে তত ফলোদয় ॥
শুনিয়া মুনির কথা রামের উল্লাস।
কহ কহ বলি রাম করেন প্রকাশ ॥
এথা হৈতে কোথা গেল দুষ্ট দশানন।
কহ কহ শুনি মুনি অপূর্ব্ব কথন ॥
মুনি বলে, রাবণ জিনিল সর্ব্বদেশ।
পাতাল জিনিতে শেষে করিল প্রবেশ ॥
বাসুকির বিষে দগ্ধ হয় ত্রিভুবন।
তাহাকে জিনিতে যায় পাতালভুবন ॥
চলিল রাবণরাজ অদ্ভুত সাজনি।
আসিল তিরাশী কোটি কালভুজঙ্গিনী ॥
এক এক ভুজঙ্গের বিষে বিশ্ব পোড়ে।
নাগিনী তিরাশী কোটী রাবণেরে বেড়ে ॥
চারিভিতে বেড়ে সর্প রাবণ ফাঁফর।
রাবণে এড়িয়া সেনাপতি দিল রড় ॥
রাবণ মুদ্গর ঘোর ফেরে চারিভিতে।
পলায় নাগিনী সব না পারে সহিতে ॥
বাসুকিরে এড়িয়া পলায় উভরড়ে।
আসিয়া রাবণরাজ বাসুকিরে বেড়ে ॥০

বাসুকি করিল বিষবাণ-অবতার।
ব্রহ্মজাল বাণে করে রাবণ-সংহার॥
বিষজ্বাল মহাবিষ বাসুকি সে এড়ে।
রাবণ সে বিষজ্বাল সহিতে না পারে॥
মায়াধারী রাবণ সে জানে নানা সন্ধি।
বাসুকীরে মহাজাল বাণে করে বন্দী॥
বাসুকিরে বন্দী করি তার পুরী লুঠে।
বিচিত্র আবাস-ঘর নাগপুরে বটে॥
বন্দী হয়ে বাসুকি মানিল পরাজয়।
রাবণ তাহার প্রতি দিলেক অভয়॥
শত মুণ্ড সহস্র মস্তক সেই ধরে।
যার বিষাগ্নিতে সর্ব্বচরাচর পুড়ে॥
মুখে জ্বলে অগ্নি যার শিরে জ্বলে মণি।
হেন সব সর্পেরে পাতালে গিয়া জিনি॥
জিনিয়া সর্পের দেশ নামে ভোগবতী।
নিপাতের রাজ্যতে চলিল শীঘ্রগতি॥
নিপাতের রাজ্যে তার কারো নাহি ডর।
পাইয়া ব্রহ্মার বর রাবণ দুর্দ্ধর॥
রাবণ ডাকিয়া বলে নিপাতের ঠাঁই।
লঙ্কার রাবণ আমি আজি যুদ্ধ চাই॥
নিপাতক রাজা সেই যম-দরশন।
ধাইয়া আসিল শীঘ্র করিবারে রণ॥
শেল জাঠি ঝকরা সে অস্ত্র খরশান।
খাঁড়া আর ডাঙ্গশ বিচিত্র ধনুর্ব্বাণ॥
নানা অস্ত্র লইয়া উভয়ে করে রণ।
উভয়ের অস্ত্র গিয়া আবরে গগন॥
দুই হস্তী রণে যেন দন্ত হানাহানি!
দুই সূর্য্য-তেজে যেন আবরে মেদিনী॥
দুই সিংহ রণে যেন ছাড়ে সিংহনাদ।
দুই জনে যুদ্ধ করে নাহি অবসাদ॥
উভয়ের যুদ্ধেতে হইল মহামার।
সকল পাতালপুরী হৈল অন্ধকার॥
কেহ কারে নাহি পারে দুজনে সোসর।
দুই জনে যুদ্ধ করে মাসেক অন্তর॥
এক মাস যুদ্ধ করে কেহ কারে নারে।
দেবগণ লয়ে ব্রহ্মা আসিল সত্বরে॥
ব্রহ্মা বলে, নিপাতক! শুনহ বচন।
তোমারে জিনিতে নাহি পারিবে রাবণ॥
নিপাতকে প্রবোধিয়া বিরিঞ্চি তখন।
রাবণের প্রতি কিছু কহেন বচন :—
রাবণ! তোমারে বলি শুনহ বচন।
নিপাতকে জিনিতে না পারিবে কখন॥
মম বরে দুই জন হয়েছ দুর্জ্জয়।
দুই জনে প্রীতি করি থাকহ নির্ভয়॥
কেবা লঙ্ঘিবারে পারে ব্রহ্মার বচন।
দুই জনে প্রীতি করে ছাড়ি অস্ত্রগণ॥
নানা ভোগে রাবণেরে রাখিল সম্মানে।
এক বর্ষ রাবণ রহিল সেই স্থানে॥
লঙ্কার অধিক ভোগ ভুঞ্জে তার ঘর।
বরুণেরে জিনিতে চলিল লঙ্কেশ্বর॥
রত্নেতে নির্ম্মিত পুরী দিক্ আলো করে।
সুরভি আছেন সেই বরুণনগরে॥
রাবণ করিল সুরভিরে দরশন।
ক্ষীরধারা বহিতেছে তার অনুক্ষণ॥
যার ক্ষীরে ভরিয়াছে ক্ষীরোদ-সাগর।
হেন ধেনু প্রদক্ষিণ করে লঙ্কেশ্বর॥
সুরভিরে দেখিয়া রাবণ মনে ভাবে।
যে যা চায় তাই পায় আমি চাই তবে॥
বরুণ জিনিয়া যেন আসি শীঘ্রগতি।
গমনসময়ে তোমা লইব সংহতি॥
বরুণ জিনিতে করে রাবণ পয়াণ।
হেনকালে সুরভি হইল অন্তর্দ্ধান॥
বরুণের দ্বারে গিয়া ডাকিল রাবণ।
কোথা গেলে বরুণ আসিয়া দেহ রণ॥
বরুণের পাত্র বলে তিনি নাহি ঘরে।
কার ঠাঁই যুদ্ধ চাহ এ শূন্য নগরে?
রাবণ বলিছে কোথা গিয়াছে বরুণ।
তথা গিয়া আজি আমি করি মহারণ॥
বরুণের পুত্রগণ সবে মহাবীর।
লইয়া সামন্ত সৈন্য হইল বাহির॥
তা সবারে রাবণ যে আকাশে নিরখে।
রাবণ চড়িয়া রথে যায় অন্তরীক্ষে॥

বরুণের পুত্র করে বাণ বরষণ।
বাণে বিদ্ধ রাবণ হইল অচেতন॥
রাবণে ফুটিয়া বাণ হইল কাতর।
তাহা দেখে রুষিল রাক্ষস মহোদর॥
মহোদর-বাণ যেন মদমত্ত হাতী।
বাণেতে বিন্ধিয়া পড়ে রথের সারথি॥
পড়িল সারথি তার বাণ বিন্ধে বুকে।
তিন ভাই পলাইয়া যায় অন্তরীক্ষে॥
অন্তরীক্ষে থাকি করে বাণ বরষণ।
বাণে বিদ্ধ মহোদর হৈল অচেতন॥
অচেতন মহোদরে দেখি লঙ্কেশ্বর।
সন্ধান পূরিয়া বাণ এড়িছে বিস্তর॥
আকাশে রহিতে নারে তিন সহোদর।
ভূমেতে পড়িয়া দোঁহে ধূলায় ধূসর॥
দুই ভায়ে ধরিল অনেক অনুচর।
ধরিয়া আনিল তারে পুরীর ভিতর॥
রণ জিনি রাবণের হরিষ অন্তর।
বরুণের অন্বেষণ করে লঙ্কেশ্বর॥
বরুণের পুত্র জিনি বরুণেরে চাহে।
প্রভাস নামেতে পাত্র রাবণেরে কহে॥
ব্রহ্মলোকে গীত গায় শুনিতে সুন্দর।
গিয়াছেন সেখানে বরুণ জলেশ্বর॥
এত শুনি গেল রক্ষঃ ভিতর আবাস।
পালঙ্কে পাইল বরুণের নাগপাশ॥
নাগপাশ পাইয়া সিংহনাদ ছাড়ে।
বিদায় হইয়া রক্ষঃ তথা হইতে নড়ে॥
অগস্ত্যের কথা শুনি শ্রীরামের হাস।
কহ কহ রাম বলি করেন প্রকাশ॥
হেথা হৈতে আর কোথা গেল সে রাবণ?
কহ দেখি শুনি মুনি! পুরাণ-কথন॥
মুনি বলে, বলিরাজ পাতালেতে বসে।
দশানন গেল তথা জিনিবার আশে॥
পাতালে আবাস ঘর অতি সুনির্মিত।
দেখিয়া রাবণরাজ হৈল চমকিত॥
সোনার প্রাচীর ঘর পর্ব্বতপ্রমাণ।
বিষ্ণুর আজ্ঞায় বিশ্বকর্ম্মার নির্ম্মাণ॥

প্রহস্তকে পাঠায় রাবণ জানিবারে।
রাজ-আজ্ঞা পাইয়া প্রহস্ত গেল দ্বারে॥
বলির দুয়ারে দ্বারী নিজে নারায়ণ।
শরীরের জ্যোতিঃ কোটি সূর্য্যের কিরণ॥
আছেন বসিয়া দ্বারে রত্ন সিংহাসনে।
শ্বেত চামরের বায়ু পড়ে ঘনে ঘনে॥
প্রহস্ত বিস্মিত হয়ে আসিয়ে সত্বর।
নিবেদন করিছে শুন হে লঙ্কেশ্বর!
দেখিতেছি মহারাজ! দুয়ারে বলির।
পরম পুরুষ এক সুন্দর শরীর॥
আজানুলম্বিত ভূজ ভুজচতুষ্টয়।
শঙ্খ চক্র গদা শার্ঙ্গ তাহে শোভা হয়॥
শ্যামল কোমল তনু সুপীত বসন।
তড়িত জড়িত যেন দেখি নবঘন॥
বক্ষঃস্থল কৌস্তুভে শোভিত অতিশয়।
বনমালা তদুপরি করিছে আশ্রয়॥
শুনিয়া রাবণ যায় পুরুষের পাশে।
রাবণেরে দেখিয়া পুরুষ মৃদু হাসে॥
রূপে আলো করিয়াছে বলির দুয়ার।
নিরখিয়া রাবণের লাগে চমৎকার॥
রাবণ বলিছে দ্বারি! পালাবে কোথায়?
লঙ্কার রাবণ আমি যুদ্ধ দে আমায়॥
শুনিয়া পুরুষ মৃদু হাসিয়া সম্ভাষে।
বলি সনে যুঝ গিয়া ভিতর আবাসে॥
বীরমধ্যে বীর আমি মুনিমধ্যে মুনি।
ত্রিভুবন সব আমি দিবস-রজনী॥
আমা সহ যুঝিবে শুনিতে উপহাস।
কারো সনে যুঝিতে না করি অভিলাষ॥
সমানে সমানে যুদ্ধ হয় ত উচিত।
তোমার আমার সনে যুদ্ধ অনুচিত।
আমি বলি তোমারে শুনহ দশানন!
বলিকে জিজ্ঞাসা কর আমি কোন্ জন॥
এতেক শুনিয়া দশানন রাজা হাসে।
বলির নিকটে গেল ভিতর আবাসে॥
পাদ্য অর্ঘ্য দিল বলি বসিতে আসন।
জিজ্ঞাসিল পাতালেতে এলে কি কারণ?

সে বলে পাতালে বিষ্ণু রাখিল তোমারে।
সাজিয়া আসিনু আমি বিষ্ণু জিনিবারে॥
বলি বলে হেন বাক্য নাহি বল তুণ্ডে।
ত্রিভুবন আসিলে বন্ধন নাহি খণ্ডে॥
দুয়ারে যাঁহার সনে হৈল দরশন।
সে পুরুষ সৃজিলেন এই ত্রিভুবন॥
যাঁহার উপরে কারো নাহি অধিকার।
সকল সৃজিয়া তিনি করেন সংহার॥
রাবণ বলিছে মম মৃত্যু কালদণ্ড।
ইহা হৈতে কোন্ জন আছে হে প্রচণ্ড?
বলি বলে, ভাই! কি করিবে যমরাজ।
ত্রিভুবনে কেহ নাহি পুরুষ-সমাজ॥
যম ইন্দ্র বরুণ যতেক লোকপাল।
পুরুষের প্রসাদেতে সকলে বিশাল॥
ইহার প্রসাদে দেব হয়েছে অমর।
তাঁর বড় বীর নাই ত্রৈলোক্য-ভিতর॥
দানব রাক্ষস আদি বড় বড় বীর।
পুরুষ-দর্শনে ভাই! কেহ নহে স্থির॥
সেই সে পুরুষবর নিজে নারায়ণ।
তোমায় কিঞ্চিৎ কহি শুন হে রাবণ!
সেই দেব নারায়ণ মধুকৈটভারি।
চতুর্ভুজ শঙ্খ-চক্র-গদা-পদ্মধারী॥
রাবণ শুনিয়া ইহা হইল বাহির।
পুরুষের দেখা নাই অদৃশ্য শরীর॥
রাবণ বলিছে ত্রাসে হৈল অদর্শন।
পাইলে চাপড়ে তার বধিতাম প্রাণ॥
রাবণ আবার গেল পুরুষ-উদ্দেশে।
উপস্থিত হইল সে ভিতর আবাসে॥
বলি বলে, রাবণের নাহি পাই মন।
পুনঃ পুনঃ আবাসেতে আসে কি কারণ?
পাত্র লয়ে বলি তবে করে অনুমান।
বিনা যুদ্ধে রাবণে করিব অপমান॥
বলিরে ধরিতে যায় রাবণ সেখানে।
আপন বন্ধন বলি দিল ততক্ষণে॥
বন্ধনে পড়িল দুষ্ট আপনার দোষে।
রাবণ পড়িল বন্দী বলিরাজ হাসে॥
রাবণেরে বন্দী দেখি তুষ্ট দেবগণ।
স্বর্গেতে দুন্দুভি বাজে পুষ্প বরষণ॥
যত দেবকন্যা তারা করে হুলাহুলি।
বলির উপরে ফেলে পুষ্পের অঞ্জলি॥
ইন্দ্র আদি দেবগণ আর দেবঋষি।
স্বর্গেতে নাচিয়া ভ্রমে যত স্বর্গবাসী॥
আজি হৈতে দেবগণ পাইল নিস্তার।
দেখিয়া রাক্ষসগণ করে হাহাকার॥
এইমত বন্দিশালে আছে ত রাবণ।
কৌতুকে নাচিয়া ভ্রমে যত দেবগণ॥
বলি ভূপতির আছে সাত শত দাসী।
দেখিলে মোহিত অন্য পরম রূপসী॥
উচ্ছিষ্ট অন্ন-ব্যঞ্জন-পূর্ণ স্বর্ণথালে।
পাখালিতে যায় তারা সাগরের জলে॥
রাবণ বলেন, কন্যা! শুনহ বচন।
এক মুষ্টি অন্ন দিয়া রাখহ জীবন॥
চেড়ী সব বলে, শুন রাজা লঙ্কেশ্বর!
দিতেছি তুলিয়া অন্ন মেল ত অধর॥
দয়া করি চেড়ী অন্ন দিল ততক্ষণ।
মুখ পসারিয়া অন্ন খাইল রাবণ॥
রক্ষঃ বলে, শুন চেড়ী! আমার বচন।
বারেক চুম্বন দিয়া রাখহ জীবন॥
এতেক বলিল যদি রাজা দশানন।
ত্রাসে পলাইয়া যায় যত চেড়ীগণ॥
কুঁজা বলে, হে রাবণ! তুমি মহারাজ।
উচ্ছিষ্ট খাইতে তুমি নাহি বাস লাজ?
বন্ধন লইতে বলি চিন্তে মনে মনে।
আপনার বন্ধন লইল ততক্ষণে॥
লজ্জা পেয়ে রাবণ করিল হেঁট মাথা।
রাবণ বন্ধন ছাড়ি পলাইল কোথা॥
যথায় যথায় আছে বিষ্ণু-অধিষ্ঠান।
তথা তথা রাবণ পাইল অপমান॥

অগস্ত্যের কথা শুনি শ্রীরাম কৌতুকী।
পুনর্ব্বার জিজ্ঞাসা করেন হয়ে সুখী॥
সেথা হৈতে আর কোথা গেল ত রাবণ।
কহ দেখি শুনি মুনি! অপূর্ব্ব কথন॥

রাবণের সহিত মান্ধাতার যুদ্ধ

মুনি বলে, রাবণ আছয়ে রথোপর।
দিব্যরথে চড়ি যায় এক নরবর॥
স্বর্ণ-রথখান তার বহে রাজহংসে।
সাত শত দেবকন্যা পুরুষের পাশে॥
কেহ হাসে কেহ নাচে কারো হাতে বাঁশী।
সে পুরুষ স্ত্রীগণ-বেষ্ঠিত স্বর্গবাসী॥
রথের উপরে যায় শৃঙ্গার-কৌতুকে।
আপনার রথে থাকি রাবণ তা দেখে॥
রাবণ বলিছে কোথা পুরুষ! পলাও।
লঙ্কার রাবণ আমি যুদ্ধ মোরে দাও॥
দেখিয়া তোমার নারী ব্যাকুলিত প্রাণ।
কতগুলি নারী মোরে দিয়া যাও দান॥
পুরুষ ডাকিয়া বলে শুন লঙ্কেশ্বর!
বহুদিন করিলাম তপস্যা বিস্তর॥
পৃথিবীতে রাজা আমি ছিলাম প্রধান।
তোমা হেন অনেকের লইয়াছি প্রাণ।
না করিল কেহ মোরে যুদ্ধে পরাজয়।
স্বর্গবাসে যাই আমি এ কথা নিশ্চয়॥
আমারে জিনিতে কেহ নারিল সংগ্রামে।
পূর্ব্বেতে ছিলাম আমি পূর্ব্বমুনি নামে।
স্ত্রীগণ-বেষ্টিত আমি যাই স্বর্গবাসে।
এমন সময়ে যুদ্ধ যুক্তি না আইসে॥
রাবণ বলিল তুমি মোর ধর্ম্মবাপ।
পূর্ব্বে মোর পিতৃসনে তোমার আলাপ॥
দিগ্বিজয় করি আমি ত্রিভুবন জিনি।
কার সনে যুদ্ধ করি মনে অনুমানি॥
দিনেক রহিতে নারি আমি বিনা রণে।
তুমি যুক্তি বল আমি যুঝি কার সনে॥

পূর্ব্বমুনি বলে, আছে মান্ধাতা নৃপতি।
তার সনে যুঝহ সে সপ্তদ্বীপপতি॥
উত্তরদিকেতে গেল সে দেশ ভ্রমিতে।
থাক আজি বাসা করি রম্য এ পর্ব্বতে॥
এ পর্ব্বতে তার সনে হবে দরশন।
মান্ধাতা আসিলে যুদ্ধ করিও তখন॥
এত বলি পূর্ব্বমুনি গেল স্বর্গবাসে।
হেনকালে মান্ধাতা কটক শুদ্ধ আসে॥
মান্ধাতাকে দেখিয়া যে রুষিল রাবণ।
মান্ধাতা রাবণ দোঁহে বড় বাজে রণ॥
দিগ্বিজয় করিয়া বেড়ায় দুই জন।
নানা অস্ত্র দুই রাজা করে বরষণ॥
দুই রাজা নানা অস্ত্র করে অবতার।
উভয় রাজার সেনা পলায় অপার॥
মান্ধাতা হীরার টাঙ্গী পাক দিয়া এড়ে।
রাবণ খাইয়া টাঙ্গী রথ হৈতে পড়ে॥
পড়িল রাবণরাজ বেড়ে সেনাপতি।
হর্ষে সিংহনাদ ছাড়ে মান্ধাতা নৃপতি॥
চক্ষুর নিমিষে পায় রাবণ সংবিৎ।
ধনুক পাতিয়া যুঝে মান্ধাতা চিন্তিত॥
অগ্নিবাণ এড়িলেক রাক্ষস রাবণ।
জ্বলিয়া আগ্নেয় বাণ উঠিল গগন॥
দেখিয়া ত্রিদশগণে লাগে চমৎকার।
মান্ধাতা পড়িল সৈন্য করে হাহাকার॥
সংবিৎ পাইয়া উঠে চক্ষুর নিমিষে।
উঠি সিংহনাদ করে মান্ধাতা হরিষে॥
উভয়ের সিংহনাদে পৃথিবী উলটে।
দুই রাজা বাণ এড়ে দুই রাজা কাটে॥
দুই রাজা ক্রোধে বাণ এড়িছে বিস্তর।
মহানন্দ করে বাণ তূণের ভিতর॥
কেহ কারে জিনিবারে নাহি পায় আশ।
একই সমান যুদ্ধ করে দশ মাস॥
মান্ধাতা এড়িল বাণ নামে পাশুপত।
স্থাবর জঙ্গম কাঁপে পৃথিবী পর্ব্বত॥
সপ্ত স্বর্গ কাঁপে আর সে সপ্ত সাগর।
শুনিয়া বাণের শব্দ স্বর্গে লাগে ডর॥

ব্রহ্মা পাঠাইয়া দিল ভার্গব মহর্ষি।
অবিলম্বে কহিছেন সেইখানে আসি॥
সমর সংবর ক্রোধ না কর মান্ধাতা।
ব্রহ্মা পাঠাইয়া দিল শুন তাঁর কথা॥
আছে যে ব্রহ্মার বর রাবণ না মরে।
তব বাণে রাবণেব কি করিতে পারে?
তব বংশে যে পুরুষ জন্মিবেন শেষে।
তাঁর ঠাঁই দশানন মরিবে সবংশে॥
তব বাণে না মরিবে লঙ্কার রাবণ।
অস্ত্র সংবরিয়া প্রীতি কর দুই জন॥
মুনির বচন রাজা না করিল আন।
সম্প্রীতি কবিয়া দোঁহে গেল নিজস্থান॥
মান্ধাতা রাবণেতে সমান গেল রণে।
জয় পরাজয় কারো নহিল সেক্ষণে॥
অগস্ত্যের কথা শুনি রাম উল্লাসিত।
কহ বলি মুনিকে করেন উৎসাহিত॥

চন্দ্র জিনিতে রাবণের চন্দ্রলোকে গমন

মান্ধাতা ছাড়িয়া কোথা গেল দশানন।
কহ দেখি শুনি মুনি! অপূর্ব্ব-কথন॥
মুনি বলে, এক দিন ঘটিল এমন।
রথোপরি চড়িয়া ভ্রমিছে দশানন॥
হেনকালে গগনে হইল চন্দ্রোদয়।
দেখিয়া হইল রুষ্ট তুষ্ট স্পষ্ট কয়॥
আমার বাণেতে মেরু নাহি ধরে টান।
আমার উপর দিয়া করিছে পয়াণ॥
স্বর্গ-মর্ত্ত্য-পাতাল কম্পিত যার ডরে।
লঙ্কার রাবণ আমি গ্রাহ্য নাহি করে॥
দেখিব কেমন চন্দ্র কত তার বল।
তাহারে জিনিব আজি হরিব সকল॥
এইমত ভাবিয়া সে উঠিল আকাশে।
চন্দ্রলোকে গেল চন্দ্র জিনিবার আশে॥
চন্দ্রলোক দুই লক্ষ যোজনের পথ।
সপ্ত স্বর্গ জিনিয়া যাইবে চড়ি রথ॥
উঠিল প্রথম স্বর্গে রাজা দশানন।
পর্ব্বত এড়িয়া উঠে সহস্র যোজন॥

উঠিল দ্বিতীয় স্বর্গে যাইতে যাইতে।
সহস্র যোজন উঠে পর্ব্বত হইতে॥
উঠিল তৃতীয় স্বর্গে সেই মহারথী!
সেই স্বর্গে বিরাজিত গঙ্গা ভাগীরথী॥
রাজহংস আদি পক্ষী চরে গঙ্গানীরে।
রাবণ কটক সহ গঙ্গাস্নান করে।
গঙ্গাতটে নিত্যকর্ম্ম করি সমাপন।
সকল কটক রথে করিল গমন॥
আছেন শঙ্কর গৌরী তাহার উপর!
রথে চড়ি সেই স্বর্গে গেল লঙ্কেশ্বর॥
গৌরীভক্ত যে জন পূজিয়াছে পার্ব্বতী।
সে স্থানে রাবণ দেখে তাহার বসতি॥
তদুপরি শিবলোক উঠিল রাবণ।
দেখে যক্ষ পিশাচ সে শঙ্করের গণ॥
তিন কোটি দেব ছিল ধূর্জ্জটির পাশে।
রাবণে দেখিয়া তারা পলায় তরাসে॥
তদুপরি বৈকুণ্ঠেতে উঠিল রাবণ।
পুরী প্রদক্ষিণ করি করিল গমন।
ব্রহ্মলোকে গেল সে ব্রহ্মার নিজস্থান।
আড়ে দীর্ঘে তার দশ সহস্র প্রমাণ॥
তাহাতে সহস্র স্বর্গ দেখিল নির্ম্মাণ।
বিশ্বকর্ম্মাকৃত পুরী অদ্ভুত বিধান॥
সপ্ত স্বর্গ জিনিয়া সে উঠিল রাবণ।
চন্দ্রের সহিত পরে হইল মিলন॥
রাবণে দেখিয়া চন্দ্রদেব বড় রোষে।
সহস্র সহস্র গুণ তুষার বরষে॥
হিম বরষণে কটকের হৈল জাড়।
কটকের হস্তপদ জাড়ে হৈল আড়।
হস্তপদ নাহি সরে বদ্ধ হয়ে জাড়ে।
তথাপি রাবণরাজ রণ নাহি ছাড়ে॥
প্রহস্ত বলিছে জাড়ে জোর নাহি হাতে।
পলাইয়া চল যাই বাঁচি কোনমতে॥
রাবণ কাতর হৈল যুঝিতে না পারে।
প্রাণ যায় তথাপি সংগ্রাম নাহি ছাড়ে।
রাবণ করিল এই উপায় প্রধান।
বাহির করিল অগ্নিময় মহাবাণ॥

ব্রহ্ম-অগ্নি জ্বলে সে বাণের অগ্রভাগে।
সে বাণের প্রতাপে সবায় জাড় ভাঙ্গে ॥

অগ্নিবাণ এড়িলেক রাজা লঙ্কেশ্বর।
বাণ-বিদ্ধ চন্দ্রমা হইল জরজর ॥

বাণাঘাতে চন্দ্রমা হইল অচেতন।
পাইয়া চেতন পুনঃ উঠিল তৎক্ষণ ॥

উভরড়ে চন্দ্রমা পলায় ত্যজি রণ।
চিৎকার ছাড়িয়া ধায় যত তারাগণ ॥

প্রাণ লয়ে গেল চন্দ্র গণিয়া প্রমাদ।
ব্রহ্মলোকে গিয়া চন্দ্র করেন বিষাদ ॥

ক্রন্দন করেন চন্দ্র ব্রহ্মা পান দুঃখ।
ত্বরিতে গেলেন ব্রহ্মা রাবণ-সম্মুখ ॥

ব্রহ্মা বলিলেন, শুন অবোধ রাবণ!
চন্দ্রের সহিত যুদ্ধ কর কি কারণ?

সর্ব্বলোকে বন্দে দেখ দ্বিতীয়ার চন্দ্র।
পূর্ণিমার চন্দ্র করে জগৎ আনন্দ ॥

সর্ব্বলোকে হরষিত ধবল রজনী।
চন্দ্রের সহিত কেন কর হানাহানি?

কারো মন্দ না করে সবার করে হিত।
হেন চন্দ্রে মারিতে তোমার অনুচিত ॥

শুন রে রাবণ! তোর মন্ত্র কহি কানে।
পরেরে মারিতে পাছে নিজে মর প্রাণে ॥

দুই জনে যুদ্ধ হৈলে মরে এক জন।
অতঃপর ক্ষমা দেহ অবোধ রাবণ ॥

বিধাতার বচন লঙ্ঘিবে কোন্ জন?
রাবণ প্রবোধ মানি করিল গমন ॥

অগস্ত্যের কথা শুনি হৃষ্ট রঘুমণি।
পুনর্ব্বার জিজ্ঞাসা করেন কহ মুনি!

রাবণের কুশদ্বীপে গমন ও মহাপুরুষের সহিত যুদ্ধ

চন্দ্রকে জিনিয়া কোথা গেল দশানন?
কহ দেখি মুনি! শুনি পুরাণ-কথন ॥

অগস্ত্য বলেন, শুন জানকীবল্লভ!
রাবণের দিগ্বিজয় কহি আমি সব ॥

জম্বুদ্বীপ-পারে গেল রাজা লঙ্কেশ্বর।
কুশদ্বীপে দেখে এক পুরুষ প্রবর ॥

সুমেরু-পর্ব্বত যেন দেহের আকার।
দেবের দেবতা যেন দেবতার সার ॥

বার যোজনের পথ আড়ে পরিসর।
বার শত যোজন শরীর দীর্ঘতর ॥
রাবণ বলিছে, হে পুরুষ! কেবা তুমি?
দেহ রণ সংগ্রাম চাহিয়া আমি ভ্রমি ॥
পুরুষের কাছে গিয়া দশানন তর্জ্জে।
অজগর সর্প যেন সে পুরুষ গর্জ্জে ॥

পুরুষ বলেন, আজি ঘূচাই বিষাদ।
কত দিন আর তোর সব অপরাধ?

কুড়ি হাতে রাবণ সে নানা অস্ত্র এড়ে।
পুরুষের গায়ে ঠেকি কোথায় সে পড়ে ॥
নর নহে পুরুষ আপনি নারায়ণ।
বাণ ব্যর্থ যায় দেখি চিন্তিত রাবণ ॥
পর্ব্বত যুগল যেন উরু দুই খণ্ড।
আজানুলম্বিত দুই মহাবাহুদণ্ড ॥
অষ্টবসু আছে সেই পুরুষ শরীরে।
বহিছে সাগর সপ্ত পুরুষ উদরে ॥
দশদিক্‌পাল আছে পুরুষের পাশে।
উনপঞ্চাশৎ বায়ু সহ বায়ু বৈসে ॥
হৃৎখণ্ডে পুরুষের ব্রহ্মার বসতি।
নাভিপদ্ম-আসনে বৈসেন হৈমবতী ॥
তাহার ললাটে সন্ধ্যা গায়ত্রী লিখন।
অদ্ভুত দেখিল যেন মেঘের পতন ॥

দেব দৈত্য গন্ধর্ব্ব দানব বিদ্যাধর।
তিন কোটি দেবকন্যা তাঁহার দোসর ॥
করণ নক্ষত্র যোগ গ্রহ তিথি বার।
গাত্রে লোমবল্লীরূপে আছে অবতার ॥
বাসুকির বিষজালে বিশ্ব দগ্ধ করে।
সে বাসুকি পুরুষের মস্তক-উপরে ॥
রসনায় সরস্বতী সদা স্ফূর্ত্তিমতী।
চন্দ্র সূর্য্য দুই চক্ষু সদা করে দ্যুতি।

রাবণেরে চারি হাতে ধরেন তৎক্ষণ।
বিশ হাতে রাবণ হইল অচেতন॥
অচেতন হতে ভূমে লোটায় রাবণ।
পুরুষ গেলেন পরে পাতাল ভুবন॥
উলটিয়া চাহিতে লাগিল লঙ্কেশ্বর।
দেখিতে না পায় কিছু হইল কাতর॥
শরীর ঝাড়িয়া শুক-সারণেরে বলে।
পুরুষ আমারে মারি গেল কোথা চ'লে?
বলে শুক সারণ শুনহ লঙ্কেশ্বর!
তোমারে মারিয়া গেল পাতাল-ভিতর॥
রাবণ পাতালে গেল পুরুষ-উদ্দেশে।
কোটি চতুর্ভুজ দেখে পুরুষের পাশে॥
সকল পাতালপুরী করে নিরীক্ষণ।
মায়ারূপী তিনি তাঁরে না চিনে রাবণ॥
ত্রাস পেয়ে মনে মনে ভাবিত রাবণ।
পুরুষ রাবণে দেখা দেন ততক্ষণ।
পুরুষ সুবর্ণখাটে হরিষ অন্তরে॥
তিন কোটি দেবকন্যা পরিচর্য্যা করে॥
বসিয়াছে দেবকন্যাগণ কুতূহলে।
কামার্ত্ত রাবণ ধরিবারে যায় বলে॥
কোপদৃষ্টে পুরুষ রাবণ পানে চায়।
অগ্নিতে পুড়িয়া ভূমে রাবণ লোটায়॥
উঠ উঠ বলিয়া পুরুষ ডাকে তারে।
উঠিয়া রাবণ সে গায়ের ধূলা ঝাড়ে॥
রাবণ বলিছে, তুমি কোন্ অবতার?
পরিচয় দেহ তুমি ভুবনের সার॥
পুরুষ ডাকিয়া বলে, শুন রে রাবণ।
তোরে পরিচয় দিয়া কোন্ প্রয়োজন?
যোড়হাত করিয়া বলিছে লঙ্কেশ্বর।
ব্রহ্মার প্রসাদে মোর কারে নাহি ডর॥
তুমি হে আমারে মার তবে সে মরণ।
তোমা বিনা অন্য হাতে না মরে রাবণ॥
রাবণের কথা শুনি পুরুষের হাস।
নিতান্ত আমার হাতে হইবে বিনাশ॥
পরিচয় দিলেন পুরুষ রাবণেরে।
রাবণ বিদায় হয়ে তথা হৈতে সরে॥
শ্রীরাম বলেন, কহ মুনি মহাশয়!
সে পুরুষ কোন্ জন দেহ পরিচয়॥
অগস্ত্য বলেন, তিনি ত্রিভুবনের সার।
চতুর্ভুজ তিন কোটি তাঁর পরিবার॥
জিজ্ঞাসা করেন পুনঃ কৌশল্যা-নন্দন।
তথা হৈতে আর কোথা গেল সে রাবণ?
অগস্ত্য বলেন, রাম! কর অবধান।
রাবণের পূর্ব্বকথা কহি তব স্থান॥

রম্ভাবতী-হরণ।

কৈলাস পর্ব্বতে গেল বেলা অবসানে।
বাসা করি রাবণ রহিল সেই স্থানে॥
দ্বিতীয় প্রহর রাত্রে জাগে দশানন।
চন্দ্রের উদয় হেতু নির্মল গগন॥
সুশীতল রাত্রে বহে বায়ু মনোহর।
ধবল রজনী শোভা করে সুধাকর॥
রাবণ মদনে মত্ত নারী নাহি পাশে।
হেনকালে রম্ভা যায় উপর আকাশে॥
রম্ভা নামে অপ্সরা সে পরমসুন্দরী।
কপালে তিলক তার শোভে সারি সারি॥
রূপেতে করিল আলো যেন চন্দ্রকলা।
দেখিয়া রাবণ-রাজ কামে হৈল ভোলা॥
রম্ভা রম্ভা বলিয়া রাবণ ধরে হাতে।
তুষিতে কাহার প্রাণ যাও এত রেতে॥
কোন্ নাগরের হেতু যাও রসবতি।
তাহারে এড়িয়া মোরে ভজ লো যুবতি!
রতি শাস্ত্র অষ্টাদশবিধ আমি জানি।
তুমি আমি কেলি করি দিবসযামিনী॥
লাজে হেঁটমাথা রম্ভা বলে যোড়হাত;—
আমার শ্বশুর তুমি রাক্ষসের নাথ!
শ্বশুর হইয়া তুমি না ধরিও হাতে।
কেন বা আসিনু আমি হেন ছার পথে?
রাবণ বলিল তুমি কাহার সুন্দরী?
কি সম্বন্ধে তুমি সে আমার বহুয়ারী?
রম্ভা বলে, যদি কর সম্বন্ধ-বিচার।
আমাকে ছাড়িয়া দেহ করি পরিহার॥

শ্রীনলকুবর নামে কুবেরকুমার।
পতিব্রতা হই আমি রমণী তাঁহার॥
কুবের তোমার জ্যেষ্ঠ ধন-অধিকারী।
তাঁর পুত্রবধূ যে তোমার বহুয়ারী॥
শ্বশুর হইয়া কর বধূরে হরণ।
আমার অপেক্ষি আছে কুবেরনন্দন॥
ধর্ম্মে মতি দেহ রাজা! ছাড় পরিহাস।
হাত ছাড়ি দেহ যাই নায়কের পাশ॥
ছাড়ি দেহ লঙ্কেশ্বর! আজিকার রাতি।
আসিয়া তোমার সঙ্গে করিব পিরীতি॥
শুনিয়া রম্ভার কথা হাসিল রাবণ।
এ সময়ে পেলে নারী ছাড়ে কোন্ জন?
পুরুষ হইয়া যদি পায় সে রমণী।
প্রাণান্তে নাহিক ছাড়ে শুন সুবদনি!
মনেতে ভাবিয়া রম্ভা! দেখহ আপনি!
ইন্দ্ররাজ হরিলেন গুরুর রমণী॥
এতেক কহিল যদি রাজা লঙ্কেশ্বর।
মনে মনে ভাবে রম্ভা যা করে ঈশ্বর॥
দশানন বলে, তুমি কি ভাবিছ আর?
কালি থেকে ভ্রাতৃবধূ হইও আমার॥
রম্ভা বলে, মহারাজ! কর পরিহার।
কালি আমি তব সঙ্গে করিব বিহার॥
রম্ভার বচন শুনি দশানন হাসে।
আজি বহুয়ারী, কালি ঘুচিবেক কিসে॥
রম্ভা বলে, আমার নিয়ম বলি শুন।
যে দিন যাহার পাশে করিব গমন॥
সেই দিন পতি সেই জানিও নিশ্চয়।
এ কথা অন্যথা নাহি কদাচিৎ হয়॥
বিধির নির্ব্বন্ধ শুন রাক্ষসের পতি!
চিরদিন ধর্ম্ম রাখি এইরূপ সতী॥
নলকুবেরের লাগি করিয়াছি যাত্রা।
আজি ছাড়ি দেহ রাজা! রাখ এই বার্ত্তা॥
ধর্ম্ম রাখ নলকুবরের অনুরোধ।
বিলম্ব দেখিলে তিনি করিবেন ক্রোধ॥

আজি রাজা! ছাড়ি দেহ তুমি মোর আশ।
দশ দিন থাকিব আসিয়া তব পাশ॥
বিশ্রবার পুত্র তুমি সুবুদ্ধি সুধীর।
পণ্ডিত হইয়া কেন এতেক অস্থির?
রাজা বলে, ও কথা আমারে নাহি লাগে।
আর দিন তব কাছে কেবা রতি মাগে?
দৈবের ঘটনে আজি হাতে গেলে প'ড়ে।
হেন জন কেবা আছে স্ত্রী পাইলে ছাড়ে॥
পৃথিবীর নারী যদি হয় ত ঘটনা।
পাইলে না ছাড়ি আমি তার এক জনা॥
এত যদি কহিলেক রাজা দশানন।
নাকে হাত দিয়া রম্ভা ভাবে মনে মন॥
বুঝি রাবণের হাতে পরিত্রাণ নাই।
মৌন হয়ে থাকি তবে যা করে গোঁসাই॥
এত ভাবি মৌনভাবে থাকে রম্ভাবতী।
রাবণ বুঝিল রম্ভা দিলেক সম্মতি॥
কিছুই না বলি রম্ভা মৌনেতে থাকিল!
রম্ভারে চাহিয়া তবে রাবণ বলিল॥
হেঁটমুখে রহে রম্ভা রাবণ-গোচর।
ভাল মন্দ রম্ভা কিছু না দিল উত্তর॥
অনুমানে রাবণ বুঝিল তার মন।
ধরিয়া শৃঙ্গার করে রাজা দশানন॥
একে ত রাবণ তাহে রম্ভার ইঙ্গিত।
ইঙ্গিতে শৃঙ্গার রাজা করে বিপরীত।
একে দশানন তাহে শৃঙ্গারে প্রবীণ।
একাসনে শৃঙ্গার করয়ে সপ্তদিন॥
রাবণের শৃঙ্গার না সহে কোন নারী।
সবে মাত্র সহে রম্ভা আর মান্দোদরী॥
হাত পা আছাড়ে রম্ভা রাবণের কোলে।
রাবণ শৃঙ্গার করে ধরি তরে চুলে॥
রহ রহ বলি রম্ভা বলে রাবণেরে।
মুখেতে তর্জ্জন করে হরিষ অন্তরে॥
পুরুষের অষ্টগুণ স্ত্রীলোকের কাম।
তাহার বৃত্তান্ত কহি শুনহ শ্রীরাম!

স্বভাবে পুরুষ হৈতে কামে মত্তা নারী।
তবু স্ত্রীলোকের মন বুঝিতে না পারি॥
হৃদয়ে আনন্দ, মুখে করয়ে তর্জ্জন।
তিন লোকে নারীর বুঝিতে নারে মন॥
প্রকাশ না করে মুখে মনে পুড়ে মরে।
প্রকাশিয়া নাহি কয় পুরুষ-গোচরে॥
কঠিন রমণীজাতি সৃজিলেন ধাতা।
অন্তরে পুড়িয়া মরে নাহি কহে কথা॥
পুরুষ-অধিক নারী কামেতে পাগল।
তত্রাচ পুরুষ মন্দস্বভাবে চঞ্চল॥
রমণী চঞ্চল হয় কদাচ না শুনি।
পুরুষ এমন জাতি ভুলে যায় মুনি॥
কাম ক্রোধ লোভ মোহ ছাড়িয়া সকল।
হেন মুনি স্ত্রী দেখিলে হয়েন পাগল॥
কেহ না বুঝিতে পারে স্ত্রীলোকের ছল।
পুরুষে ভুলাতে নারী ফাঁদে নানা কল॥
শাস্ত্রমুখে জানি রাম! সর্ব্ব-বিবরণ।
নারীতে মজিলে যশ গৌরব নিধন॥
রাম বলে যত বল সকলি স্বরূপ।
বিশেষে পুরুষ নহে নারী অপরূপ॥
মুনি বলিলেন, যার বড় ভাগ্যোদয়।
লোভ সংবরণ করি তার নারী রয়॥
শৃঙ্গারেতে রমণী বাড়ায় অভিলাষ।
জনম অবধি তার নাহি পূরে আশ॥
দিনে দিনে বাড়ে লোভ নহে সংবরণ।
সংবরিতে পারে যদি নারী করে মন॥
যে রমণী পাপকর্ম্মে নাহি করে মতি।
উত্তমা রমণী জান সেই গুণবতী॥
সতীর অনেক গুণ শুন রঘুপতি!
অনেক খুঁজিলে নাহি মিলে এক সতী॥
এক গুণ নহে সতী অনেক লক্ষণ।
সর্ব্বগুণ ধরে দেহে সতী যেই জন॥
সতীর দেহেতে মহালক্ষ্মী মূর্ত্তিমান্।
পূজা কৈলে পাপ খণ্ডে লক্ষ্মী-অধিষ্ঠান॥
শত সহস্রেতে নারী মিলয়ে একটি।
সতী অতি দুর্ল্লভ অসতী কোটি কোটি॥
আপনা উদ্ধার করে কুল-প্রতিকার।
অসতী হইলে কভু নাহিক নিস্তার॥
সতীর প্রশংসা রাম সকল পুরাণে।
অসতীর অপমান দেখ ত্রিভুবনে॥
অসতী অসত্যবাদী শুনহ লক্ষণ।
শ্রেষ্ঠ এক দোষ তার অধিক ভোজন॥
যাহা দেখে তাহা খেতে মনে করে সাধ।
রাত্রিদিন খায় তবু করয়ে বিবাদ॥
যত খায় ক্রমে ক্রমে তত বাড়ে আশ।
যার ঘরে হেন নারী তার সর্ব্বনাশ॥
তাহার উদরে যত সন্তান-সন্ততি।
মাতৃদোষে তারা সব হইবে কুমতি॥
কুকর্ম্মে প্রবৃত্ত হয় করে অনাচার।
অনাচারে ব্রহ্মশাপে বংশের সংহার॥
বিপরীত ব্রহ্মশাপ হয় তার কুলে।
ব্রহ্মশাপে সবংশেতে পড়ে ডালে-মূলে॥
পাপমতি স্ত্রী-পুরুষ যেই কুলে থাকে।
পাপে মজি তার বংশ যাইবে নরকে॥
অপকীর্ত্তি গায় তার সকল সংসার।
মরিলে নরকে যায় নাহিক নিস্তার॥
অসতী দেখিলে পাপ বাড়য়ে বিস্তর।
সতীরে দেখিলে পাপ পলায় সত্বর॥
সত্যের পালন করে মিথ্যা পরিত্যাগ।
দিনে দিনে ধর্ম্মপথে বাড়ে অনুরাগ॥
ধার্ম্মিকের বংশে জন্মি করে অনাচার।
আপনার দোষে হয় বংশের সংহার॥
মুনিপুত্র দশানন জন্ম ব্রহ্ম-অংশে।
অনাচার অপকর্ম্মে সর্ববলোকে হিংসে॥
সৃষ্টিরে সৃজিয়া ব্রহ্মা করেন পালন।
বিশ্রবা করেন দেখ ধর্ম্ম-উপাসন॥
হেন অংশে জন্মি রক্ষঃ করে কোন্ কর্ম্ম।
ধর্ম্মের নাহিক লেশ সকলি অধর্ম্ম॥

শ্রীরাম বলেন, তব নাহি অগোচর।
রম্ভার বৃত্তান্ত কিছু কহ আরবার॥
মুনি বলিলেন, শুন পুরাণ কথন।
অনন্তর রম্ভাবতী করিল গমন॥
শৃঙ্গারে রম্ভার বেশ হইল সংচুর।
স্বামীর চরণ ধরি কাঁদিল প্রচুর॥
বলয়ে নলকূবর বেশ কেন আন।
কার ঠাঁই পাইয়াছ এত অপমান?
কাঁদিতে কাঁদিতে রম্ভা তার পায়ে পড়ে।
তব কোপানলে প্রভু! ত্রিভুবন পুড়ে॥
এত দিন ভ্রমি আমি ত্রিভুবনময়।
হেন অপমান মম কভু নাহি হয়॥
কোথাকার কার্য্য কোথা বিধাতা ঘটায়।
আচম্বিতে রাবণ আমার দেখা পায়॥
যে দিন যা হইবে বিধাতা সব জানে।
দৈবের ঘটন হেন বুঝি অনুমানে॥
এমন বিপত্তি নাহি দেখি কোন কালে।
পথে পেয়ে রাবণ চাপিয়া ধরে কোলে॥
ধর্ম্মলোপ করিলেক বলে চেপে ধরি।
বলহীনা নারীজাতি কি করিতে পারি?
দেবতা না পারে তারে আমি নারীজাতি।
রাবণের হাতে কিসে পাব অব্যাহতি?
যতেক মিনতি করি তত কোপ বাড়ে।
সপ্ত রাত্রি পাপিষ্ঠ আমারে নাহি ছাড়ে॥
নলকূবর বলে, জানি গো তুমি সতী।
তব দোষ নাহি, সেই রাক্ষস দুর্ম্মতি॥
কুকর্ম্ম দেখিয়া নলকূবরের রোষ।
ধ্যানেতে সে জানিল রম্ভার নাহি দোষ॥
ক্রোধে নলকূবর সে লাগিল জ্বলিতে।
হাতে নিল জল রাবণেরে শাপ দিতে॥
আজি হৈতে শাপ মোর হউক প্রচার।
বলে ধরি দুষ্ট যারে করিবে শৃঙ্গার॥
সেইক্ষণে মরিবেক যাবে দশ মাথা।
নলকূবরের শাপ না হবে অন্যথা॥
রাবণেরে শাপ হৈল হৃষ্ট দেবগণ।
সীতার সতীত্ব রক্ষা এই সে কারণ॥
উঠে নিদ্রা হৈতে সে রাবণ রতিসাধে।
শাপ শুনিয়া অমনি বসিল বিষাদে॥
শুনিয়া রাবণরাজ দুঃখ ভাবে চিতে।
কেন আসিলাম আজ হেন ছার পথে?
ঘোর শাপ দিল মোরে কুবেরনন্দন।
বলে রতি করিতে না পারিব কখন॥
অন্য যদি শাপ দিত তাহা প্রাণে সয়।
ঘোর শাপ দিল মোরে পুড়িছে হৃদয়॥
এই সে রহিল মোর মনে অনুতাপ।
ভাইপো হইয়া মোরে দিল হেন শাপ?
অগস্ত্যের কথা শুনি রামের উল্লাস।
মুনি! আর কিছু তার কহ ইতিহাস॥
রম্ভারে ত্যজিয়া কোথা গেল সে রাবণ?
কহ কহ শুনি মুনি! পুরাণ কথন॥

সূর্পণখার বিধবা-বিবরণ।

মুনি বলে, দশানন দেশে দেশে চলে।
একদিন উঠিল সে গগনমণ্ডলে?
তিন কোটি দৈত্য তথা কালকুঞ্জপতি।
রাবণেরে বেড়ে তারা সব সেনাপতি॥
তিন কোটি দৈত্য তারা যমের দোসর।
রাবণেরে বিন্ধি তারা করিল জর্জ্জর॥
জিনিতে না পারে দৈত্য চিন্তিত রাবণ।
অগ্নিবাণ ধনুকেতে জুড়িল তখন॥
অগ্নিবাণ যুড়িলেন অগ্নি-অবতার।
অগ্নিবাণে দৈত্য সব হইল সংহার॥
এক বাণে তিন কোটি করিল সংহার।
রাবণ বলিল লুঠ দৈত্যের ভাণ্ডার॥
পাইয়া রাজার আজ্ঞা ভাণ্ডার দাঁতুড়ি।
বাছিয়া বাছিয়া লুঠে পরমা সুন্দরী॥
সে সবার রূপ দেখি কামে দহে মন।
শাপভয়ে শৃঙ্গার না করে দশানন॥
রাবণ প্রস্থান করে দেশে কুতূহলে;
লুঠিয়া সুন্দরীগণে রথে নিল তুলে॥
সে সবার নেত্রজলে রথখান তিতে।
শ্রাবণ মাসের ধারা বহে যেন স্রোতে॥

কন্যাগণে প্রবোধে প্রবোধ নাহি মানে।
কাঁদিতেছে কেবল রাবণ-বিদ্যমানে॥
রাবণ প্রার্থনা করে চাহে রতিদান।
কন্যাগণ মাতাপিতৃ-শোকে হীনজ্ঞান॥
রাবণ ভাবিছে যদি না হইত শাপ।
তবে এতক্ষণ কেবা সহে কামতাপ?
ঘোর শাপ দিল মোরে কুবের-নন্দন।
বলে ধরি শৃঙ্গার না করি সে কারণ॥
পাপিষ্ঠ কামিনীজাতি সৃজিল বিধাতা।
অন্তরে পুড়িয়া মরে তবু নাহি কয় কথা॥
মহোদর বলে, রাজা! মম কথা শুন।
লজ্জা ভয়ে তোমারে না ভজে কন্যাগণ॥
একে কুলবালা তাহে মনে ভয় বাসে।
সব কন্যা ভজিবেক তুমি গেলে দেশে॥
লঙ্কায় তোমার দশ সহস্র যে রাণী।
রূপে গুণে কুলে শীলে ত্রিভুবন জিনি॥
এত স্ত্রী থাকিতে তব না পূরিল সাধ।
তবে কেন রম্ভা হরি পাড়িলে প্রমাদ?
মহোদর কহে যত রাবণ লজ্জিত।
দেশেতে প্রস্থান করে হয়ে ত্বরান্বিত॥
দিগ্বিজয় করিলেক শতেক বৎসর।
উপস্থিত হইল লঙ্কাতে লঙ্কেশ্বর॥
সঙ্গে ছিল দৈত্যকন্যা পরমা সুন্দরী।
লইয়া সে সব কন্যা গেল অন্তঃপুরী॥
রাবণ যাহার পায় অঙ্গীকার-বাণী।
অন্তঃপুরে লয়ে তারে করে মুখ্য রাণী॥
যে কন্যার রাবণ না পায় অঙ্গীকার।
রাখিয়া অশোকবনে করে ত প্রহার॥
রাবণ প্রতাপী অতি স্বর্ণলঙ্কাপুরে।
স্ত্রী দশ হাজার সহ সুখে কেলি করে॥
রাবণ-ভগিনী সূর্পণখা নাম তার।
রাবণের কাছে কাঁদে চক্ষে অশ্রুধার॥
সূর্পণখা বলে, ভাই! তুমি মোর অরি।
বিধবা করিলে মোরে মোর পতি মারি॥
তিন কোটি দৈত্য যে মারিলে তুমি বলে।
মারিলে আমার স্বামী তাহার মিশালে॥
পাত্র মিত্র আদি আর বিভীষণ ভাই।
সকলে বিবাহ দিল দানবের ঠাঁই॥
যে দিন বিবাহ সেই দিন হৈনু রাঁড়ী।
সাগরে প্রবেশ করি আমি প্রাণ ছাড়ি॥
সূর্পণখা-হাতে ধরি বলে মহারাজ।
অজ্ঞাতে হইল কর্ম্ম নাহি দিও লাজ॥
দুই ভাই আছে খর আর সে দূষণ।
তাহারা তোমারে সদা করিবে পালন॥
স্বতন্ত্রা হইয়া তুমি থাক সেই স্থানে।
স্বতন্ত্রের নামে রাঁড়ী হৃষ্ট হয় মনে॥
আর যত রাণ্ডী ঘরে বঞ্চয়ে যৌবন।
স্বতন্ত্রা করিল সব কুবুদ্ধি রাবণ॥
সূর্পণখা চলিল সে রাবণ-আদেশে।
সবংশে রাবণ মরে সে রাণ্ডীর দোষে॥
সে রাণ্ডীর নাক-কান কাটিল লক্ষ্মণ।
তাহা হৈতে সবংশেতে মরিল রাবণ॥
অগস্ত্যের কথা শুনি রঘুনাথ হাস।
কহ কহ বলি রাম করিলা প্রকাশ॥

রাবণের স্বর্গ জিনিতে গমন

অগস্ত্য বলেন, রাম! কর অবধান।
ইন্দ্র-রাবণের যুদ্ধ কহি তব স্থান॥
কৌতুকে রাবণরাজ আছে লঙ্কাপুরে।
দেব-দানবের কন্যা লয়ে কেলি করে॥
পরনারী লয়ে কেলি করে দশানন।
হেনকালে রাবণেরে বলে বিভীষণ;—
তুমি বলে হরে আন পরের সুন্দরী।
মধু দৈত্য আসি তব ভগ্নী কৈল চুরি॥
যত পাপ কর তুমি তোমারে সে ফলে।
কুম্ভীনসী ভগ্নী তব দৈত্য হরে নিলে॥
প্রহস্ত মামার কন্যা নামে কুম্ভীনসী।
রাত্রিতে করিল চুরি মধু দৈত্য আসি॥
অপমান শুনে তবে করিছে বিষাদ।
লঙ্কাপুরে কি করিতে আছে মেঘনাদ?
সুমেরু কাটিয়া পাড়ে মেঘনাদ বাণে।
এত অপমান করে তাঁর বিদ্যমানে॥

তুমি আছ বিভীষণ ভাই মহোদর।
এত বীর সবে আছ লঙ্কার ভিতর॥
কার শক্তি নাহি যুদ্ধ কর দৈত্য সনে।
তোমা সবাকারে ধিক্ কি ফল জীবনে?
কুম্ভকর্ণ বীর যদি লঙ্কাপুরে জাগে।
ভুবনের শত্রু নাহি আসে তার আগে॥
দিগ্বিজয় ক'রে আসিলাম ত্রিভুবন।
থাকুক দৈত্যের কাজ ধায় দেবগণ॥
ত্রিভুবন জিনিয়া আসিনু একেশ্বর।
ভগিনী রাখিতে নার ঘরের ভিতর॥
কুম্ভকর্ণ আর আমি আছি দুইজন।
মেঘনাদের শক্তি বিক্রম অকারণ॥
লজ্জা পেয়ে রাবণেরে বলে বিভীষণ।
কার দোষ নাহি দোষ দেহ অকারণ॥
মেঘনাদ যজ্ঞ করে হইয়া তপস্বী।
ফল-মূল খাই আমি থাকি উপবাসী॥
কুম্ভকর্ণ নিদ্রা যায় হয়ে অচেতন।
সন্ধান পাইয়া হানা দিল দৈত্যগণ॥
রাবণ বলে, যজ্ঞ কেন করে মেঘনাদ?
যজ্ঞ লাগি লঙ্কাপুরে এতেক প্রমাদ॥
মেঘনাদ-কথা যত কহে বিভীষণ।
বিচিত্র যজ্ঞের কথা শুনেছে রাবণ॥
বিচিত্র যজ্ঞের স্থান বটবৃক্ষতলা।
মেঘনাদ যজ্ঞ করে নামে নিকুম্ভিলা॥
অনাহারে যজ্ঞশালে রাতদিন থাকে।
দ্বাদশ বৎসব স্ত্রীর মুখ নাহি দেখে॥
স্বর্ণ নামে আছিল প্রধান পুরোহিত।
তাহারে লইয়া যাগ করয়ে ত্বরিত॥
ন্যাস করি পুরোহিত অগ্নিকুণ্ড পূজে।
অগ্নি আসি অধিষ্ঠান হন মন্ত্র-তেজে॥
অধিষ্ঠান হয়ে অগ্নি রহিলা সম্মুখে।
মেঘনাদ পূজা দেয় দশানন দেখে॥
যজ্ঞের আহুতি খেয়ে অগ্নির সন্তোষ।
মেঘনাদে বর দেন হ'য়ে পরিতোষ॥
অগ্নি বলে, মেঘনাদ! বর দিনু তোরে।
যজ্ঞ করি যথা তথা যাও যুঝিবারে॥

পরাজয় না হইবে আমি দিনু বর।
অন্তরীক্ষে যুঝিবে হে রিপু-অগোচর॥
যজ্ঞে আসি বর দিব তব বিদ্যমানে।
এতেক বলিয়া অগ্নি গেল নিজস্থানে॥
চমৎকার লাগিল যে দেখিয়া রাবণে।
রাজা বলে, মেঘনাদ! চল মোর সনে॥
ত্রিভুবন জিনিলাম আমি একেশ্বর।
তোমারে লইয়া আজি জিনি পুরন্দর॥
ত্রিভুবন উপরেতে ইন্দ্র হয় রাজা।
ইন্দ্রেরে জিনিলে সবে করে মোর পূজা!
সাক্ষাতে দেখিব তোর যজ্ঞের পরীক্ষে।
ইন্দ্র সনে কেমনেতে যুঝ অন্তরীক্ষে॥
আপন কটক লয়ে চলহ সত্বর।
শীঘ্রগতি উঠ গিয়া রথের উপর॥
চৌদ্দবর্ষ অনাহারে আছে মেঘনাদ।
মধুপান করিয়া ঘুচিল অবসাদ॥
নয় হাজার নারী তার পরমা সুন্দরী।
দেব-দানবের কন্যা রূপে বিদ্যাধরী॥
অন্তঃপুরে নাহি যায় সে চৌদ্দ বৎসর।
প্রকাশ না করে লাজে রাজার গোচর॥
নারী-সম্ভাষণে পুত্র নাহি গেল লাজে।
যজ্ঞস্থল হৈতে বীর যুঝিবারে সাজে॥
শতকোটি হস্তী নড়ে শতকোটি ঘোড়া॥
তের অক্ষৌহিণী সাজে জাঠি ও ঝকড়া॥
সারথি জানিল আজি সংগ্রামে গমন।
সংগ্রামের রথখান করিল সাজন॥
সাজায়ে আনিল রথ অতি মনোহর।
সংগ্রামের অস্ত্র তোলে রথের উপর॥
বীরদাপে মেঘনাদ রথে গিয়া চড়ে।
হস্তী ঘোড়া ঠাট সব নড়ে মুড়ে মুড়ে॥
নিজ ঠাটে মেঘনাদ করিছে সাজনি।
মেঘনাদ বাদ্যভাণ্ড তিন অক্ষৌহিণী॥
রাজার ছত্রিশ কোটি মুখ্য সেনাপতি।
সাজিয়া রাবণ সঙ্গে চলে শীঘ্রগতি॥
মহোদর মহাপাশ খর ও দূষণ।
তালভঙ্গ সিংহবর ঘোর-দরশন॥

মহাবাহু শুকবাহু আর যজ্ঞধূম।
বাঁকামুখ মেঘমালী দুর্জ্জয় বিক্রম॥
শুক-সারণ শার্দ্দূল চলে বিদ্যুৎমালী।
শোণিতাক্ষ বিড়ালাক্ষ বলে মহাবলী॥
চলে শঠ নিশঠ সে বিক্রমকেশরী।
রাবণের সৈন্য যত কহিতে না পারি॥
রথে গজে অশ্বেতে কুমারভাগ নড়ে।
শিক্ষামত যে যাহার বাহনেতে চড়ে॥
অক্ষয়কুমার আদি চলে দেবান্তক।
ত্রিশিরা ও অতিকায় চলে নরান্তক॥
নানা অস্ত্রে সাজি চলে কুমার ত্রিশিরা।
রথের সাজনি কত মাণিক্যাদি হীরা॥
কুম্ভকর্ণ-পুত্র কুম্ভ নিকুম্ভ দুজন।
যাহাদের ভয়েতে কম্পিত ত্রিভুবন॥
কনক-রচিত রথ প্রভাকর-জ্যোতি।
চড়ে তাহে প্রধান যতেক সেনাপতি॥
তিন কোটি সাজিয়ে চলিল বলী ঘোড়া।
শত অক্ষৌহিণী ঠাট জাঠি ও ঝকড়া॥
মুদ্গর মুষল টাঙ্গি খাণ্ডা খরশাণ।
বাছিয়া বাছিয়া তোলে খরতর বাণ॥
মকরাক্ষ চলিল দুর্জ্জয় ধনুর্দ্ধর।
তার সম বীর নাই লঙ্কার ভিতর॥
কুম্ভকর্ণ-নিদ্রাভঙ্গ হৈল সেই দিনে।
ইন্দ্রে জিনিবারে চলে রাবণের সনে॥
এক দিন জাগে ছয় মাসের অন্তর।
নিদ্রাভঙ্গে হয়ে উঠে ক্ষুধায় কাতর॥
ছয় মাস ক্ষুধাতে না খায় অন্ন-জল।
নিদ্রা ভাঙ্গি উঠে বীর ক্ষুধায় বিকল॥
সাত শত খাইল সে মদের কলসী।
পর্ব্বত-প্রমাণ মাংস খায় রাশি রাশি॥
অর্দ্ধেক লঙ্কার ভোগ করিল ভক্ষণ।
সাজিল সে কুম্ভকর্ণ করিবারে রণ॥
ভূমিকম্প হয় যেন দেখি ভয়ঙ্করে।
টলমল করে লঙ্কা কটকের ভরে॥
রাবণের রথ লয়ে যোগায় সারথি।
রাজহংস বহে রথ পবনের গতি॥
হস্তী ঘোড়া নড়ে ঠাট কটক অপার।
সপ্তদ্বীপ পৃথিবীতে লাগে চমৎকার॥
ইন্দ্র জিনিবারে করে এতেক সাজনি।
নিজ ঠাট রাবণের শত অক্ষৌহিণী॥
ইন্দ্র জিনিবারে সবে করিল গমন।
চারিদিকে নানা শব্দে বাজিছে বাজন॥
শতলক্ষ কাঁসি তিন লক্ষ করতাল।
সহস্রেক ঘণ্টা বাজে শুনিতে রসাল॥
ভেরী ও ঝাঁঝরী বাজে তিন কোটি কাড়া।
আগে চলে লক্ষ দামামা দগড়া॥
খঞ্জনী খমক বাজে লক্ষ লক্ষ বীণা।
অসংখ্য রাক্ষসী ঢাক না হয় গণনা॥
ঢেমচা খেমচা বাজে ঝম্প কোটি কোটি।
সাত লক্ষ দগড়েতে ঘন পড়ে কাঠি॥
দ্বিনবতি লক্ষ বীণা তিন কোটি শঙ্খ।
দোহরী মোহরী শানী গণিতে অসংখ্য॥
মৃদঙ্গ সেতারা ঢোল তিন লক্ষ কাঁসি।
খঞ্জনীতে মিলাইতে দুই লক্ষ বাঁশী॥
গভীর শব্দেতে বাজে অসংখ্য মাদল।
প্রলয়কালেতে যেন হয় গণ্ডগোল॥
রাবণের সাজনে দেবতা চমৎকার।
মহাশব্দে রথেতে সাগর হৈল পার॥
মনেতে ভাবিয়া বলে তবে লঙ্কেশ্বর।
আগে মধুদৈত্যে জিনি পিছে পুরন্দর॥
সাগর হইতে পার সৈন্য দিল ত্বরা।
চক্ষুর নিমিষে গেল নগর মথুরা॥
ঘেরিল মথুরাপুরী রাক্ষসসকল।
সুখে নিদ্রা যায় মধুদৈত্য মহাবল॥
নিদ্রায় কাতর দৈত্য খাটের উপরি॥
কুম্ভীনসী বাহির হইল একেশ্বরী॥
রাবণ বলে, গো ভগ্নি! দৈত্য গেল কোথা।
আজি দেখা পাইলে কাটিব তার মাথা॥
আমি যদি থাকিতাম লঙ্কার ভিতর!
সেই দিন পাঠাতাম তারে যমঘর॥
রাবণের কথা শুনি কুম্ভীনসী হাসে।
পলাইয়া গেল দৈত্য তোমার তরাসে॥

তোমার বাণেতে ভাই ! কারো নাই রক্ষা।
সহোদর ভগ্নী রাঁড়ী কৈলে শূর্পণখা ॥
তার স্বামী মারিলে হইয়া মহারাজ।
মোরে রাণ্ডী করি ভাই। সাধিবে কি কাজ ॥
ধর্ম্মপথে রহিয়াছে পতি সে আমার।
সম্মুখে দাণ্ডায়ে এই ভাগিনা তোমার ॥
আপনার কথা ভাই। আপনি বাখানি।
চৌদ্দ হাজার স্ত্রী তব বিভা কয় রাণী ?
তুমি বলে ধ'রে আন পরের সুন্দরী।
সবে মাত্র বিভা তব রাণী মন্দোদরী ॥
হইলে তোমার কোপ কাঁপে দেবগণ।
অনন্ত বাসুকি ধায় দৈত্য কোন্ জন ?
কোপ ছাড় মোর তরে স্বামী দেহ দান।
লবণ নামেতে পুত্র দেখ বিদ্যমান ॥
কুড়িপাটি দন্ত মেলি দশানন হাসে।
কেতকী-কুসুম যেন ফুটে ভাদ্রমাসে ॥
দশানন বলে, আমি না মারিব প্রাণে।
ইন্দ্র জিনিতে যাব আসুক মোর সনে ॥
কুম্ভীনসী চলিল রাবণ-আজ্ঞা পেয়ে।
শুয়েছিল মধুদৈত্য তথা গেল ধেয়ে ॥
কুম্ভীনসী ধেয়ে যায় আলুলিত চুল।
নিদ্রা ভাঙ্গি উঠে মধুদৈত্য মহাবল ॥
ঘূর্ণিত-লোচনে দৈত্য শয্যাপরি বৈসে।
কুম্ভীনসী-ত্রাস দেখি তাহারে জিজ্ঞাসে ;—
আচম্বিতে মথুরায় কেন গণ্ডগোল !
গড়ের বাহিরে কেন কটকের রোল ?
কুম্ভীনসী বলে, তুমি না জান কারণ।
তোমারে বধিতে এল লঙ্কার রাবণ ॥
লঙ্কা হৈতে তুমি বলে আনিলে আমারে।
সেই কোপে আসিল তোমারে কাটিবারে ॥
দৈত্য বলে, শীঘ্র আন শঙ্করের শূল।
সবংশে রাবণে আজি করিব নির্ম্মূল ॥
শুনিয়া দৈত্যের কথা কুম্ভীনসী কয়।
রাবণের সনে বাদে মরণ নিশ্চয় ॥
থাকুক তোমার কার্য্য না পারে বিধাতা।
রাবণের সঙ্গে বাদ অন্যের কি কথা ?

রাবণের নাই দোষ তুমি সর্ব্বদোষী।
আমারে আনিলে হ'রে ত্রিপ্রহর নিশি ॥
অবিচার কর্ম্ম কেন করিলে আপনে।
আপনি করহ কোপ কিসের কারণে ?
রাবণের কাছে আমি গিয়াছিনু আগে।
তুষ্ট করি আসিয়াছি মিষ্ট অনুযোগে ॥
তুষ্ট হয়ে কহিল আমার বিদ্যমানে।
দৈত্য এসে সম্ভাষ করুক মোর সনে ॥
প্রধান কুটুম্ব তব হয় মম ভ্রাতা।
আদরে বাটিতে আন কয়ে মিষ্টকথা ॥
পূর্ব্বকোপে যদি কিছু কহে মোর ভাই।
সহ্য সমাবেশ কর তারে ক্ষতি নাই ॥
কুম্ভীনসী কথা শুনি মধুদৈত্য হাসে।
যোড়হাত করি গেল রাবণের পাশে ॥
রাজা বলে, করেছিলে বড়ই প্রমাদ।
আমার ভগিনী আন এত বড় সাধ ॥
স্বর্গ মর্ত্ত্য পাতালে আমারে করে ডর।
যম নাহি যায় ভয়ে লঙ্কার ভিতর ॥
কত বল ধর তুমি কত আছে সেনা ?
কোন্ সাহসেতে দেহ লঙ্কাপুরে হানা ?
তোরে বাঁধি লইতাম সাগরের পার।
ভস্মরাশি করিতাম মথুরানগর ॥
ভগ্নী আসি বিস্তর কাঁদিল পায়ে ধরে।
ভগ্নীরে কাতর দেখি ক্ষমিলাম তোরে ॥
মধুদৈত্য রাবণের বন্দিল চরণ।
যোড়হাত করি বলে, শুন দশানন !
তোমার সংগ্রামে হরি হর করে ভয়।
আমারে করহ কোপ উপযুক্ত নয় ॥
হীনবীর্য দৈত্য আমি তুমি মহাবল।
অপরাধ ক্ষমা কর আমার সকল ॥
পরম পণ্ডিত তুমি লঙ্কার ঈশ্বর।
আমার মথুরা তব ভোগের ভিতর ॥
অবোধ জনার দোষ মার্জ্জনা করহ।
আমার আশ্রমে আসি পদধূলি দেহ ॥
হাসি হাসি রথ হৈতে নামিয়া রাবণ।
মধুদৈত্য-আশ্রমেতে করিল গমন ॥

আগে আগে মধুদৈত্য পশ্চাতে রাবণ।
অন্তঃপুরে প্রবেশ করিল দুই জন ॥
সিংহাসনে বসাইল রাজা দশাননে।
যথাযোগ্য স্থান দিল অন্য যত জনে ॥
দৈত্যের আদরে তুষ্ট লঙ্কার ঈশ্বর।
দশানন বলে তব চরিত্র সুন্দর ॥
মধুদৈত্যে বলে আজি থাক এইখানে।
কালি গিয়া যুদ্ধ কর পুরন্দর-সনে ॥
রক্ষঃ বলে, কালি কুম্ভকর্ণের শয়ন।
কুম্ভকর্ণ নিদ্রা গেলে যুঝে কোন্ জন ?
নানা ভোগে রাবণেরে ভুঞ্জায় দানব!
তথা হৈতে চলে রক্ষঃ পাইয়া গৌরব ॥
রাবণ বলিতে, দৈত্য শুন মোর বাণী।
আরম্ভ করিব যুদ্ধ থাকিতে রজনী ॥
কত অস্ত্র আছে তব জাঠি ও ঝকড়া।
কত সেনা আছে তব হাতী আর ঘোড়া ॥
আপন কটক লয়ে চলহ সত্বর।
লুঠিব অমরাবতী রাত্রের ভিতর ॥
রাত্রের ভিতরে স্বর্গে করিব সংগ্রাম।
আসিবার কালে হেথা করিব বিশ্রাম ॥
দৈত্যের হাতী ঘোড়াদি কটক বিস্তর।
সাজিয়া রাবণ সঙ্গে চলিল সত্বর ॥
অন্তরীক্ষে কটক চলিছে মুড়ে মুড়ে।
রাত্রি দুই প্রহরে অমরাবতী বেড়ে ॥
বিষম অমরাবতী না পারে লঙ্ঘিতে।
অসংখ্য বেড়িয়া ঠাট রহে চারিভিতে ॥
ত্রিভুবন জিনি স্থান অমরনগরী।
প্রবাল মাণিক্য মণি শোভে সারি সারি ॥
সুবর্ণ-নির্ম্মিত পুরী বিচিত্র গঠন।
উভেতে প্রাচীর তিন শতেক যোজন ॥
শ যোজন সুরপুর আড়ে পরিসর।
দীর্ঘ ওর নাহি তার বায়ু অগোচর ॥
একৈক যোজন এক দুয়ার গঠন।
বহু অক্ষৌহিনী ঠাট দ্বারের রক্ষণ ॥
সোনার কপাট খিল পর্ব্বতের চূড়া।
সোনার হুড়কা তায় নবরত্ন বেড়া ॥
শত অক্ষৌহিনী ঠাট ইন্দ্রের গণনা।
চারি অংশ করি সেনা চারি দ্বারে থানা ॥
ঐরাবত উচ্চৈঃশ্রবা থাকে চারি দ্বারে।
কাহারো নাহিক শক্তি পথ লঙ্ঘিবারে
শত বৃন্দ ভিতরে আছয়ে অন্তঃপুরী।
শচী দেবকন্যা তথা পরমা সুন্দরী ॥
পরমা সুন্দরী শচী তিনি মুখ্যা রাণী।
ত্রিভুবন জিনি রূপ দেবতামোহিনী ॥
পদ্মকোটি ঘর আছে পুরীর ভিতর।
নানারত্ন-পরিপূর্ণ পরমসুন্দর ॥
রত্নেতে নির্ম্মিত ঘর দুয়ার চৌতারা।
দেবকন্যাগণ তাহে রূপে মনোহরা ॥
স্থানে স্থানে শোভিত বিচিত্র নাট্যশালা।
দেবগণ লয়ে ইন্দ্র করে তাতে খেলা ॥
নাহি শোক নাহি দুঃখ অকাল-মরণ ॥
ত্রিভুবন জিনি স্থান ভুবনমোহন ॥
সদানন্দময় সে অমরাবতী নাম।
যত দেব আসি তথা করয়ে বিশ্রাম ॥
নানারঙ্গে নৃত্য করে যত পক্ষিগণ।
কুসুম-সুগন্ধে সবে আনন্দে মগন ॥
প্রমাদ পড়িল তাহা ইন্দ্র নাহি জানে।
অমরনগরী গিয়া বেড়িল রাবণে ॥
রাবণ বেড়িল স্বর্গ শুনি পুরন্দর।
দেবগণে লয়ে গেল বিষ্ণুর গোচর ॥
বিষ্ণুর নিকটে ইন্দ্র করেন স্তবন।
রাবণে মারিয়া রক্ষা কর দেবগণ ॥
দেখিয়া ইন্দ্রের ত্রাস হাসে নারায়ণ।
দেবগণে আশ্বাসিয়ে বলেন বচন ॥
নারায়ণ বলেন, শুনহ পুরন্দর!
এ শরীরে আমি না মারিব লঙ্কেশ্বর ॥
তোমারে কহি যে ইন্দ্র! শুনহ কারণ।
আমা বিনা কারো হাতে না মরে রাবণ ॥
ব্রহ্মা বর দিয়াছেন তপে হয়ে তুষ্ট।
বিনা নর-বানরেতে না মরিবে দুষ্ট ॥
পৃথিবীমণ্ডলে আমি হব অবতার।
সবংশেতে রাবণেরে করিব সংহার ॥

দেবতার হাতে কভু না মরে রাবণ।
যুদ্ধ করি তাড়াইয়া দাও দশানন॥
বিষ্ণুর আজ্ঞায় ইন্দ্র যায় শীঘ্রগতি।
যুঝিবারে সাজিলেন অমরের পতি॥
ত্রিভুবন-উপরেতে ইন্দ্র-অধিকার।
দশদিক্‌পাল আসি হৈল আগুসার॥
দক্ষিণে কুবের আর কৈলাস উত্তরে।
যক্ষ রক্ষ লয়ে এল যুঝিবার তরে॥
একবার রাবণের যুদ্ধে পেল লাজ।
আরবার আসিল কুবের যক্ষরাজ॥
যম মৃত্যু সংগ্রামে আসিল দুই জন।
একবার যুদ্ধে দোঁহে জিনিল রাবণ॥
ভঙ্গ দিয়া পলাইল রাবণের যুদ্ধে।
আরবার আসিল ইন্দ্রের অনুরোধে॥
পাতালেতে বাসুকিরে জিনিল রাবণ।
সেই কোপে জিনিতে আসিল নাগগণ॥
আসিল তিরাশী কোটি চিত্রিণী শঙ্খিনী।
যাহার বিষের জ্বালে কাঁপায় মেদিনী॥
একবার বরুণেরে রাবণ জিনিল।
সেই কোপে যুঝিবারে বরুণ আসিল॥
মরুত অসুর আর এল বিদ্যাধর।
ভূত প্রেত পিশাচাদি আসিল বিস্তর॥
চন্দ্র সূর্য্য আসিল নক্ষত্র আর বার।
রাবণের রণেতে হইল আগুসার॥
শনি রাহু কেতু আদি যত গ্রহগণ।
রাত্রি দিবা ঝড় বৃষ্টি আসিল তখন॥
সমর দেখিতে আসিলেন মহেশ্বরী।
চৌষট্টি যোগিনী তাঁর সঙ্গে সহচরী॥
দেবীর অসীম মূর্ত্তি ষোড়শী বগলা।
ইন্দ্রাণী রুদ্রাণী দেবী ব্রহ্মাণী কমলা॥
নীলসিংহে বারাহী ধরেন নানা কলা।
কাত্যায়ণী চামুণ্ডা গলেতে মুণ্ডমালা॥
রণে আসিলেন দেবী বেশে ভয়ঙ্কর।
আছুক অন্যের কাজ দেবে লাগে ডর॥
রক্তবীজ আদি করি মারিলা কটাক্ষে।
রাবণের ডরে রহিলেন অন্তরীক্ষে॥

স্বর্গলোক মর্ত্ত্যলোক আসিল পাতাল।
চারিদিকে পড়ে অস্ত্র অগ্নির উথাল॥
নানা অস্ত্র পড়ে নাহি যায় সংখ্যা করা।
অমরাবতীতে যেন বরিষয়ে ধারা॥
নানা অস্ত্র রাক্ষস করিছে অবতার।
সুরপুরী বাণেতে হইল অন্ধকার॥
জাঠা জাঠি শেল শূল মুষল মুদ্গর।
খাণ্ডা খরশাণ বাণ অতি ভয়ঙ্কর॥
পড়ে গদা সাবল নাহিক লেখা-জোখা।
চারিদিকে ফেলে বাণ যার যত শিক্ষা॥
রথে রথে ঠেকাঠেকি ভাঙ্গি পড়ে কত।
হস্তী-ঘোড়া- চাপনেতে হস্তী-ঘোড়া হত॥
নড়ে দেব দানব গন্ধর্ব্ব বিদ্যাধর।
লেখা-জোখা নাহি বাণ পড়িছে বিস্তর॥
দেব-অস্ত্র রাক্ষসাস্ত্র করে অবতার।
সকল অমরাবতী বাণে অন্ধকার॥
দুই সৈন্য যুদ্ধে পড়ে রক্তে হয়ে রাঙ্গা।
রক্তে নদী বহে যেন ভাদ্রমাসে গঙ্গা॥
হস্তী ঘোড়া ঠাট কত রক্তোপরি ভাসে।
হরিষে পিশাচগুলো মনে মনে হাসে॥
বিম্বকে বিম্বকে রক্ত বাঁধি উঠে ফেনা।
শকুনি গৃধিনী তাহে করিছে পারণা॥
ইন্দ্র বলে, রাবণ! কি কর যুদ্ধস্থল?
জনে জনে যুঝ দেখি কার কত বল?
শুনিয়া ইন্দ্রের কথা হাসিল রাবণ।
মোর সনে যুঝেছে যতেক দেবগণ॥
বরুণ কুবের যম জিনেছি মান্ধাতা।
যুঝিবে আমার সনে কে আছে দেবতা?
হেনকালে শনি গেল রাবণের পাশে।
দশমাথা খসে পড়ে দেবগণ হাসে॥
বিকৃত আকার রক্ষঃ সংগ্রাম-ভিতরে।
দেখি যত দেবগণ উপহাস করে॥
দশমাথা খসে পড়ে বল নাহি টুটে।
ব্রহ্মার বরেতে পুনঃ দশ মাথা উঠে॥
একবার ভিন্ন শনির আর নাহি রণ।
উড়িল শনির প্রাণ দেখিয়া রাবণ॥

ব্রহ্মার বরেতে মাথা খসিলে না মরে।
শনি পলাইয়া গেল রাবণের ডরে॥
শনি পলাইল সে রাক্ষসগণ হাসে।
হেনকালে যম গেল রাবণের পাশে॥
যমেরে দেখিয়া পরে দশানন হাসে।
মরিবারে কেন যম! এলে মোর পাশে?
যম বলে, রাক্ষস! কি কর অহঙ্কার?
করিতাম আমি তোরে সে দিন সংহার॥
ভাগ্যেতে বাঁচিলি প্রাণে ব্রহ্মার কারণ।
ব্রহ্মা আজি নাহি হেথা জীবে কতক্ষণ?
আছয়ে চৌষট্টি রোগ যমের সংহতি।
রাবণের অঙ্গে প্রবেশিল শীঘ্রগতি॥
ত্রিভুবন মায়া জানে রাজা দশানন।
ব্রহ্ম-অগ্নি শরীরেতে জ্বলিল তখন॥
পুরে মরে রোগ সব ডাকে অবিরাম।
সহিতে না পারে সবে গেল যম-স্থান॥
রোগ পীড়া পলাইল দশানন হাসে।
মোর কাছে যম! তুমি দর্প কর কিসে?
যম বলে, রাবণ, কি কর অহঙ্কার?
আমার হাতেতে তোর সবংশে সংহার॥
রোগ পীড়া পলাইল মনে পেলি আশ।
আমার দণ্ডেতে তোর সবংশে বিনাশ॥
করিলে বিস্তর তপ হইতে অমর।
অমর হইতে ব্রহ্মা নাহি দিল বর॥
অবশ্য মরণ হবে যাবি মোর ঘরে।
চক্ষু পাকাইয়া গর্জ্জে যমের কিঙ্করে॥
যমরাজ রাবণে দুজনে গালাগালি।
দূর হৈতে শুনে কুম্ভকর্ণ মহাবলী॥
ধেয়ে যায় কুম্ভকর্ণ যমে গিলিবারে।
কুম্ভকর্ণে দেখি যম পলাইল ডরে॥
পলাইয়া রহে যম ইন্দ্রের গোচর।
দেখিয়া যমের ভঙ্গ কহে পুরন্দর;—
সর্ব্বজন মরে যম! তোমা দরশনে।
যম! তুমি ভঙ্গ দিলে যুঝে কোন্ জনে?
হেনকালে পবন বহিল মহাঝড়।
উড়াইয়া রাক্ষসে একত্র হইল জড়॥

রাবণের যত ঠাট ঝড়ে উড়াইল।
ভয়েতে রাবণরাজ চিন্তিত হইল॥
কুম্ভকর্ণ বীর ঝড়ে উড়াইতে নারে।
কুম্ভকর্ণ চলিল পবন গিলিবারে॥
কুম্ভকর্ণে দেখিয়া পবন দিল রড়।
পলাইল পবন ঘুচিল সব ঝড়॥
পবন পলায়ে গেল যমে পেয়ে ডর।
বরুণ প্রবেশ করে রথের ভিতর॥
বরুণের মায়াতে সকল জলময়।
জল দেখি রাবণের লাগে বড় ভয়॥
কুম্ভকর্ণে নাহি ভয় দুর্জ্জয় শরীর।
আর যত সেনা সব হইল অস্থির॥
বরুণের মায়া চূর্ণ করিতে রাবণ।
অগ্নিবান ধনুকেতে যুড়িল তখন॥
অগ্নিবান রাবণের অগ্নি-অবতার।
অগ্নিবাণে সব জল করিল সংহার॥
বরুণের মায়া যদি ভাঙ্গিল রাবণ।
রণেতে প্রবেশ করে যত গ্রহগণ॥
একাদশ রুদ্র এল দ্বাদশ ভাস্কর।
স্বর্গ মর্ত্ত্য পাতাল হইল দীপ্তিকর॥
একেবারে হইল দ্বাদশ সূর্য্যোদয়।
ভয়েতে রাক্ষসগণ গণিল সংশয়॥
ধনুকেতে রাজা যোড়ে বান ব্রহ্মজাল।
বাণ হৈতে বরষয়ে অগ্নির উথাল॥
রাবণের বাণেতে দেবগণ কাঁপে।
সূর্য্যতেজ নিবাইল রাবণ-প্রতাপে॥
যতেক দেবতাগণে জিনিল রাবণ।
মেঘনাদ জয়ন্ত দুজনে বাজে রণ॥
দুই রাজপুত্র যুঝে দুজনে প্রধান।
কেহ নাহি জিনে দুজনে সমান॥
মেঘনাদ-বানেতে জয়ন্ত পায় ডর।
পলায়ে জয়ন্ত গেল পাতাল-ভিতর॥
পৌলোম দানব তার মাতামহ হয়।
পাতালে লুকায়ে রহে তাহার আলয়॥
ইন্দ্র-স্থানে বার্ত্তা কহে যত দেবগণ।
আচম্বিতে জয়ন্তে না দেখি কি কারণ॥

মেঘনাদ-বাণ বুঝি না পারে সহিতে।
আছে কি না আছে বেঁচে না পারি বলিতে ॥
অন্তঃপুরে নারীগণ যুড়িল ক্রন্দন।
যম গিয়া ইন্দ্রে কহে প্রবোধ-বচন ॥
পরলোকে গেলে মোর সঙ্গে হৈত দেখা।
মরে নাই জয়ন্ত সে পাইয়াছে রক্ষা ॥
পৌলোম দানব তার পাতালে নিবাস।
লুকাইয়া জয়ন্ত রয়েছে তার পাশ ॥
যমের প্রবোধে ইন্দ্র সংবরে ক্রন্দন।
তবে ইন্দ্ররাজ গেল চণ্ডীর সদন ॥
তোমা বিদ্যমানে দেবগণের সংহার।
রাবণে মারিয়া মাতঃ! কর প্রতিকার ॥
চৌষট্টি যোগিনী ছিল দেবীর সংহতি।
যুঝিতে যোগিনীগণ চলে শীঘ্রগতি ॥
যুঝিতে যোগিনীগণ চলে নেচে নেচে।
রক্ত-মাংসখাইয়া যোগিনী সব নাচে ॥
দেখিতে যোগিনী সব মহা ভয়ঙ্করে।
একেক যোগিনী শত রাক্ষসে সংহারে ॥
দশানন বলে, মাতঃ! কর অবধান।
যুদ্ধ সংবরিয়া তুমি যাও নিজ স্থান ॥
আমারে জিনিয়া তব হইবে কি কাজ?
তুমি যদি হার মাতঃ! পাবে বড় লাজ ॥
রাবণের বচনে চণ্ডীর হৈল হাস।
চৌষট্টি যোগিনী লয়ে চলিলা কৈলাস ॥
একে একে দেবগণে জিনিল রাবণ।
ইন্দ্র আর রাবণে দুজনে বাজে রণ ॥
ঐরাবতে চড়ে ইন্দ্র বজ্র-অস্ত্র হাতে।
সাজিয়া রাবণরাজ এল দিব্যরথে ॥
ইন্দ্রের সে বজ্র-অস্ত্র করিছে গর্জ্জন।
বজ্রের গর্জ্জন শুনি চিন্তিত রাবণ ॥
হেনকালে কুম্ভকর্ণ আসিল ধাইয়ে।
ইন্দ্রের সম্মুখে আসি রহিল দাঁড়ায়ে ॥
কুম্ভকর্ণ বলে, ইন্দ্র! আর যাবে কোথা।
স্বর্গপুরী বাসশূন্য করিব দেবতা ॥
বজ্র বিনা ইন্দ্র তোর আর নাহি বাড়া।
দন্তে চিবাইয়া বজ্র ক'রে যাব গুড়া ॥

ইন্দ্র বলে, কুম্ভকর্ণ! ছাড় অহঙ্কার।
বজ্র-অস্ত্রে আমি তোরে করিব সংহার ॥
মহামন্ত্র প'ড়ে ইন্দ্র বজ্রবাণ ফেলে।
লাফ দিয়া কুম্ভকর্ণ বজ্র-অস্ত্র গিলে ॥
বজ্র-অস্ত্র গিলে বীর ছাড়ে সিংহনাদ।
দেখি যত দেবগণ গণিল প্রমাদ ॥
চলিল সে কুম্ভকর্ণ দেবতা গিলিতে।
ভয়েতে দেবতাগণ ধায় চারিভিতে ॥
সৃষ্টি-নাশ হেতু তারে সৃজিল বিধাতা।
চারিভিতে লাফ দিয়া গিলিছে দেবতা ॥
অমর দেবতাগণ নাহিক মরণ।
নাসিকা-কর্ণের পথে পলায় তখন ॥
শ্রবণ-নাসিকা পথ ঘরের দুয়ার।
তাহা দিয়া দেবগণ বেরোয় অপার ॥
স্বর্গ হৈতে দেবগণে আছাড়িয়া ফেলে।
হাত পা ভাঙ্গিয়া যায় প'ড়ে ভূমিতলে ॥
কুম্ভকর্ণ-রণে কারো নাহি অব্যাহতি।
হইল সমর স্বর্গে সমুদয় রাতি ॥
এক দিবা-রাত্রি মাত্র জাগে কুম্ভকর্ণ।
দেবগণ সুখী নিদ্রা গেল কুম্ভকর্ণ ॥
রাত্রি পোয়াইল বীর নিদ্রায় বিহ্বল।
এতক্ষণে রক্ষা পেল দেবতা সকল ॥
কুম্ভকর্ণ নিদ্রা গেল রাবণ চিন্তিত।
রথে তুলি লঙ্কাপুরে পাঠায় ত্বরিত ॥
ইন্দ্র সহ রাবণের বাজে মহারণ।
দুই জনে নানা বাণ করে বরষণ ॥
দুই জনে বাণ মারে নাহি লেখাজোখা।
চারিদিকে বাণ ফেলে যার যত শিক্ষা ॥
দুই জন সম কেহ না পারে জিনিতে।
প্রস্বাপন বাণ পড়ে ইন্দ্রের মনেতে ॥
ইন্দ্র বলে, কৌতুক দেখহ দেবগণ।
প্রস্বাপন বানে বন্দী করিব রাবণ ॥
ব্রহ্ম-মন্ত্র পড়ি ইন্দ্র প্রস্বাপন এড়ে।
ব্রহ্ম-অস্ত্র রাবণের গায় গিয়া পড়ে ॥
স্পর্শমাত্র নিদ্রা যায় হেন প্রস্বাপন।
রথোপরি রাবণ নিদ্রায় অচেতন ॥

অচেতন হয়ে পড়ে রথের উপরে।
সকল দেবতা আসি বেড়ে রাবণেরে॥
লোহার শিকল বাঁধে হাতে ও গলায়।
রাবণে বাঁধিয়া নৈল ঐরাবত-পায়॥
অবনীতে লোটায় রাক্ষস দশ মাথা।
তাহার অবস্থা দেখে হাসেন দেবতা॥
হিঁচড়িয়া লয়ে যায় বুকে ছড় যায়।
ঐরাবত-দন্ত ঠেকে রাবণের গায়॥
খান খান হয় অঙ্গ দন্ত দিয়া চিরে।
পরিত্রাহি ডাকে রক্ষঃ বিষম প্রহারে॥
সানন্দ দেবতাগণ জিনিয়া রাবণ।
শিরে হাত কাঁদে যত নিশাচরগণ॥
রাবণ হইল বন্দী মেঘনাদ দেখে।
রথে চড়ি মেঘানদ উঠে অন্তরীক্ষে॥
মেঘনাদ গর্জ্জে যেন মেঘের গর্জ্জন।
ঘরে না যাইও ইন্দ্র! ফিরে দেহ রণ॥
রাবণকুমার আমি নাম মেঘনাদ।
আজিকার যুদ্ধে তোর পড়িল প্রমাদ॥
পিতাবে করিলি বন্দী আমা বিদ্যমানে।
বিনাশিব স্বর্গপুরী আজিকার রণে॥
গর্জ্জিতেছে মেঘনাদ থাকিয়া আকাশে।
মেঘনাদ গর্জ্জনেতে ইন্দ্ররাজ হাসে॥
তোর ঠাঁই শুনিলাম অপূর্ব্ব কাহিনী।
পিতা হৈতে পুত্র বড় কোথাও না শুনি॥
এত যদি দুজনে হইল গালাগালি।
দুই জনে যুদ্ধ বাধে দোঁহে মহাবলী॥
অন্তরীক্ষে মেঘনাদ মেঘে হয়ে লুকি।
মেঘের আড়েতে যুঝে কুমার ধানুকী॥
নানা অস্ত্র মেঘনাদ ফেলে চারিভিতে।
বিপদে পড়িল ইন্দ্র না পারে সহিতে॥
অন্তরীক্ষে থাকি বাণ ফেলে ঝাঁকে ঝাঁকে।
কোথা হইতে পড়ে বাণ কেহ নাহি দেখে॥
খাণ্ডা খরশাণ শেল শূল একধারা।
চারিভিতে পড়ে যেন আকাশের তারা॥
নানা অস্ত্র মেঘনাদ করে বরষণ।
জর্জ্জর হইল বাণে যত দেবগণ॥
ইন্দ্রে ছাড়ি দেবগণ পলায় তখন।
একেশ্বর থাকি ইন্দ্র করে মহারণ॥
সন্ধান পূরিয়া ইন্দ্র ঊর্দ্ধদৃষ্টে চায়।
কোথা হৈতে আসে বাণ দেখিতে না পায়॥
সহস্র চক্ষেতে ইন্দ্র না পায় দেখিতে।
দেখিতে না পায় আর না পারে সহিতে॥
মেঘনাদ যুড়িল বন্ধন নাগপাশ।
তাহা দেখি দেবগণে লাগিল তরাস॥
মেঘনাদ জানে বাণ বড় বড় শিক্ষা।
যজ্ঞেতে পাইল বাণ কার নাহি রক্ষা॥
এক বাণে ভুজঙ্গম অনেক জন্মিল।
হাতে গলে দেবরাজে বাঁধিয়া পাড়িল॥
বিষের জ্বালাতে ইন্দ্র হইল মূর্চ্ছিত।
ইন্দ্রে ছাড়ি দেবগণ পলায় ত্বরিত॥
স্বর্গ ছাড়ি পলায় যতেক দেবগণ।
রাক্ষসেতে রাবণের ছাড়ায় বন্ধন॥
ইন্দ্রে বান্ধে মেঘনাদ পিতা বিদ্যমান।
মেঘনাদে রাবণ যে করিছে বাখান॥
আমারে বাঁধিয়াছিল ইন্দ্র দেবরাজ।
হেন ইন্দ্রে বাঁধিয়া করিলে পুত্রকাজ॥
ইন্দ্রকে বাঁধিয়া পুত্র! লহ লঙ্কাপুরী।
তবে আমি লুঠিব এ অমর-নগরী॥
মেঘনাদ বলে, পিতা! আজ্ঞা কর তুমি।
ইন্দ্রকে বাঁধিয়া আগে লয়ে যাই আমি॥
মেঘনাদ-বচন শুনিয়া দশানন।
আজ্ঞা দিল কর তাহা যাতে তব মন॥
আজ্ঞা পেয়ে মেঘনাদ ইন্দ্রকে ধরিল।
রথের নিকট লয়ে কহিতে লাগিল ;—
পিতারে বাঁধিয়াছিলে ঐরাবত-পায়।
বান্ধিব তোমায় ইন্দ্র রথের চাকায়॥
ইন্দ্রে বাঁধি পাঠাইল লঙ্কার ভিতর।
অমরনগরী লুঠে রাজা লঙ্কেশ্বর॥
একে দশানন তাহে অমরনগরী।
বাছিয়া বাছিয়া লুঠে স্বর্গবিদ্যাধরী॥
নানা রত্ন মাণিক্য ভাণ্ডার হৈতে নিল।
স্বর্গবিদ্যাধরী তথা অনেক পাইল॥

শচীরে চাহিয়া ফেরে রাজা দশানন।
শচী লয়ে দেবগণ হৈল অদর্শন ॥
শচী জন্য রাবণের ছিল বড় আশ।
শচী না পাইয়া রাজা হইল নিরাশ ॥
ইন্দ্রের নন্দনবন দেখে মনোহর।
প্রবেশে নন্দনবনে রাজা লঙ্কেশ্বর ॥
পারিজাত বৃক্ষ উপাড়িল ডালে মূলে।
লুঠিয়া অমরপুরী চলে কুতূহলে ॥
লঙ্কার ভিতরে গিয়া করিল দেয়ান।
কটক ছত্রিশ কোটি সম্মুখে প্রধান ॥
মেঘনাদ গেল তবে বাপের গোচরে।
রাজা বলে কোথায় রেখেছ পুরন্দরে?
ইন্দ্ররাজ করিয়াছে মোর দুরবস্থা।
হেন ইন্দ্রে বাঁধি পুত্র রাখিয়াছ কোথা?
মেঘনাদ বলে তবে বাপের গোচরে।
বাঁধিয়া রেখেছি ইন্দ্রে লঙ্কার ভিতরে ॥
লোহার শৃঙ্খলে বান্ধিয়াছি হাতে গলে।
পাথর চাপায়ে বুকে রাখি যজ্ঞস্থলে ॥
এত যদি কহে মেঘনাদ বীরবর।
রাজার প্রসাদ পায় বাপের গোচর ॥
বহু ধন পায় লুঠি অমরনগরী।
দিগ্বিজয়দ্রব্য রাজা আনে লঙ্কাপুরী ॥
দেব-দানবের কন্যা লয়ে কেলি করে।
ত্রিভুবন জিনিল সে রাজা লঙ্কেশ্বরে ॥
কৌতুকেতে লঙ্কাপুরে আছে লঙ্কেশ্বর।
সকল দেবতা গেল ব্রহ্মার গোচর ॥
আচম্বিতে ব্রহ্মা! তব সৃষ্টি হয় নাশ।
দিবা-রাত্রি গেল চন্দ্র-সূর্য্যের প্রকাশ ॥

আচম্বিতে স্বর্গে আসি বেড়ে লঙ্কেশ্বর।
ইন্দ্রকে বাঁধিয়া লৈল লঙ্কার ভিতর ॥

দেবগণ ছাড়িয়াছে স্বর্গের বসতি।
কি প্রকারে দেবরাজ পাবে অব্যাহতি ॥

এতেক শুনিয়া ব্রহ্মা ভাবেন বিষাদ।
রাবণেরে বর দিয়ে ঘটানু প্রমাদ ॥

দেবগণ রাখি ব্রহ্মা চলিল সত্বর।
একেশ্বর ব্রহ্মা গেল লঙ্কার ভিতর ॥

পাদ্য-অর্ঘ্য দিয়া পূজা করিল রাবণ।
ভক্তিভাবে পূজে রাজা ব্রহ্মার চরণ ॥
আচম্বিতে ব্রহ্মা! কেন হেথা আগমন?
আজ্ঞা কর আছে তব কোন্ প্রয়োজন?
বিরিঞ্চি বলেন, দুষ্ট! কৈলি সৃষ্টি নাশ।
রাত্রি-দিবা গেল চন্দ্র-সূর্য্যের বিকাশ ॥
ইন্দ্রে বাঁধি লঙ্কাতে আনিলি কি কারণ?
স্বর্গপুরে নাহি রহে যত দেবগণ ॥
যোড়হাতে বলে রাজা ব্রহ্মার গোচর!
ত্রিভুবন জিনিলাম পেয়ে তব বর ॥
সকল জিনিনু আমি তোমার প্রসাদে।
ইন্দ্রে বাঁন্ধিয়াছে মোর পুত্র মেঘনাদে ॥
যজ্ঞশালে রাখিয়াছে দেব পুরন্দরে।
আজ্ঞা কর আনি আমি তোমার গোচরে ॥
ব্রহ্মা বলিলেন, রাজা! চল যজ্ঞশালা।
মেঘনাদ যজ্ঞ দেখাইবে নিকুম্ভিলা ॥
আগে আগে ব্রহ্মা যান পশ্চাতে রাবণ।
তার পাছু চলিল রাক্ষস বিভীষণ ॥
মেঘনাদ-যজ্ঞ দেখি ব্রহ্মা করে হাস।
মেঘনাদে ব্রহ্মা বলে করিয়া প্রকাশ ॥
তোর বাপ ইন্দ্ররণে পেল পরাজয়।
হেন ইন্দ্রে জিন তুমি সংগ্রামে দুর্জ্জয় ॥
তোর বাণে ত্রিভুবন হইল কম্পিত।
আজি হৈতে তোর নাম হৈল ইন্দ্রজিৎ ॥
বর মাগ ইন্দ্রজিৎ তুষ্ট হৈনু আমি।
সৃষ্টি রক্ষা কর ইন্দ্রে ছাড়ি দেহ তুমি ॥
ইন্দ্রজিৎ বলে, আগে দেহ তুমি বর।
তবে আমি ছাড়িব এ রাজা পুরন্দর ॥

অমর বর দাও গো কর সংবিধান।
অন্য বর আমি নাহি চাহি তব স্থান ॥

ইন্দ্রজিৎ-কথা শুনি ব্রহ্মা দেয় হাস।
হইলে অমর তুমি মম সর্ব্বনাশ ॥

ব্রহ্মা বলে, দিনু বর শুন ভালমতে।
ত্রিভুবন জিনিলে যে যজ্ঞের ফলেতে ॥

এই যজ্ঞ ভঙ্গ তোর করিবে যে জন।
সেই জন হয় তোর বধের ভাজন ॥

শুনেছিল এ সন্ধি রাক্ষস বিভীষণ।
তারি জন্যে ইন্দ্রজিতে বধিল লক্ষ্মণ॥
ইন্দ্রে এনে দিল তবে ব্রহ্মা বিদ্যমান।
অধোমুখে রহে ইন্দ্র পেয়ে অপমান॥
ব্রহ্মা বলিলেন, ইন্দ্র! কিবা ভাব মনে।
এ দুঃখ পাইলে তুমি শাপের কারণে॥
তোমার শাপের কথা পড়ে মোর মনে।
পূর্ব্বকথা কহি ইন্দ্র! শুন সাবধানে॥
কৌতুকেতে এক কন্যা সৃজিলাম আমি।
রাজভোগে পূর্ব্বকথা পাসরিলে তুমি॥
অহল্যা কন্যার নাম রাখিনু যতনে।
আসিল গৌতম মুনি আমা দরশনে॥
অহল্যার রূপ দেখি মুনি অচেতন।
লাজে মুনি প্রকাশ না করে কদাচন॥
বুঝিয়া মুনির মন কন্যা দিনু দান।
কন্যা লয়ে কৈল মুনি স্বস্থানে প্রস্থান॥
তপস্যাতে গেল মুনি তমসার কূলে।
হেনকালে গেলে তুমি পড়িবার ছলে॥
অহল্যা গৌতম-পত্নী পরমা সুন্দরী।
গৌতমের রূপে তুমি গেলে তার পুরী॥
সতী কন্যা অহল্যা সে সর্ব্বলোকে জানে।
সে তোমারে জলাসন দিল স্বামিজ্ঞানে॥
নারীজাতি নাহি জানে মায়া-ব্যবহার।
বলে ধরি তুমি তারে করিলে শৃঙ্গার॥
হেনকালে তপ করি মুনি এল ঘরে।
সর্ব্বজ্ঞ গৌতম মুনি চিনিল তোমারে॥
অহল্যারে শাপ আগে দিল মুনিবর।
পাষাণ হইয়া থাক অনেক বৎসর॥
আপনি হবেন প্রভু রাম-অবতার।
তিনি পদধূলি দিলে তোমার নিস্তার॥
অহল্যা পাষাণী হৈল সে মুনির শাপে।
তোমারেও শাপ দিল মুনি মহাকোপে॥
তোর অনাচার ইন্দ্র! রহিল ঘোষণা।
পাইলাম পড়াইয়া তোরে এ দক্ষিণা॥
শাপ দিল মহামুনি খণ্ডন না যায়।
হইল সহস্র যোনি ইন্দ্র! তব গায়॥
ধরিয়া মুনির পায়ে করিলে ক্রন্দন।
পর-দার-পাপ মোর করহ খণ্ডন॥
মুনি বলে, খণ্ডন না যায় এই পাপ।
এই পাপে তুমি পরে পাবে বড় তাপ॥
মুনির বচন বাছা না যায় খণ্ডন।
এত দুঃখ পেলে ব্রহ্মশাপের কারণ॥
বিরিঞ্চি বলেন, ইন্দ্র! কহি তব কানে।
রামনাম মন্ত্র তুমি জপ রাত্রিদিনে॥
ইহা বিনা তোমার নাহিক প্রতীকার।
রামনামে হয় সর্ব্বপাপের সংহার॥
এক নামে সহস্র নামের ফল হয়।
রামনাম তুল্য নাহি চারি বেদে কয়॥
এতেক বলিয়া ব্রহ্মা গেলেন স্বস্থান।
ইন্দ্র গেল স্বর্গপুরে পেয়ে প্রাণদান॥
ব্রহ্মার কারণে ইন্দ্র পেয়ে অব্যাহতি।
আসিল অমরাবতী আপনা বসতি॥
রামনাম দেবরাজ রাত্রিদিন জপে।
পরিত্রাণ পান দেব পরদার পাপে॥
দিগ্বিজয় করি রক্ষঃ এল নিজ ঘর।
চৌদ্দযুগ রাজ্য করে লঙ্কার ঈশ্বর॥
আর চৌদ্দযুগ ছিল রাবণের আয়ু।
সীতার চুলেতে ধরি হ'ল অল্প-আয়ু॥
লঙ্কাতে করিল রাজ্য মালী ও সুমালী।
পরে রাজ্য করিল কুবের মহাবলী॥
তৎপরে লঙ্কায় রাজ্য করিল রাবণ।
তোমার এ ঘোষণা রহিল ত্রিভুবন॥
অগস্ত্যের কথা শুনি শ্রীরামের হাস!
কহ কহ বলি রাম করিল প্রকাশ॥
রাবণের দিগ্বিজয় কহিলা হে মুনি!
রাবণের অধিক হনুমানের বাখানি॥
বহু স্থানে শুনি রাবণের পরাজয়।
হনুমান-পরাজয় কোথাও না হয়॥
গন্ধমাদন গিরি রাত্রের মধ্যে আনে।
হনূমান্ সম বীর নাহি ত্রিভুবনে॥

হনূমানের জন্মকথা

অগস্ত্য বলেন, কি কহিব তার কথা।
হনূমানের কত গুণ না জানে দেবতা॥
তাহার যতেক গুণ কহিতে না জানি।
সংক্ষেপেতে কহি কিছু শুন রঘুমণি!
জননী অঞ্জনা তার পিতা যে পবন।
হনূমান্-জন্মকথা কহি বিবরণ॥
অঞ্জনা বানরী ছিল পরমা সুন্দরী।
তারে বিভা করিলেক বানর-কেশরী॥
বানরীর রূপগুণ বড়ই অদ্ভুত।
রূপে আলো করে যেন পড়িছে বিদ্যুৎ॥

মলয়-পর্ব্বতোপরে কেশরীর ঘর।
অঞ্জনা লইয়া কেলি করে নিরন্তর॥
প্রবেশিল চৈত্রমাস বসন্তসময়।
আসিল পবন দেব পর্ব্বত মলয়॥
অঞ্জনার রূপে বায়ু আকুল-হৃদয়।
কহিতে না পারে কিছু কেশরী দুর্জ্জয়॥
এক দিন একাকিনী পাইয়া পবন।
পরিধান উড়াইয়া দিল আলিঙ্গন॥
অঞ্জনা বলেন, বায়ু! কৈলে জাতিনাশ।
দেবতা হইয়া তব বানরীবিলাস॥
বায়ু বলে আর কিছু না বল অঞ্জনা!
তব রূপ দেখি আমি পাসরি আপনা॥
দৈবে মহাপাপ পর-রমণী-গমনে।
জাতিকুল বিচার করয়ে কোন্ জনে?
সকল সংবরি তুমি যাও নিজ ঘরে।
জন্মিবে দুর্জ্জয় বীর তোমার উদরে॥
এতেক বলিয়া বায়ু গেল নিজ স্থান।
আঠার মাসেতে জন্ম নিল হনূমান্॥
অমাবস্যাদিনে হৈল হনূর জনম।
জন্মমাত্রে সেই দিন বিশাল বিক্রম॥
জন্মিয়া মায়ের কোলে করে স্তনপান।
রক্তবর্ণ উদর হইল ভানুমান্॥
ফলজ্ঞানে ধরিতে সে চাহিল কৌতুকে।
অঞ্জনার কোল হৈতে উঠে অন্তরীক্ষে॥
পর্ব্বত সূর্য্যেতে হয় লক্ষেক যোজন।
এক লাফে উঠে তথা পবননন্দন॥

জন্মমাত্র বালক সে উঠিল আকাশে।
সূর্য্যকে ধরিতে যায় অসীম সাহসে॥
সূর্য্যেতে গ্রহণ লাগিবেক সে দিবসে।
ধাইয়াছে রাহু সূর্য্য গিলিবার আশে॥
হনূমানে দেখে রাহু পলাইল ডরে।
কহিল সকল কথা ইন্দ্রের গোচরে॥
মম অধিকার ইন্দ্র! দিলে তুমি কারে?
না জানি কে আসিয়াছে সূর্য্য গিলিবারে॥
শুনিয়া রাহুর কথা দেবের তরাস।
সূর্য্যকে গিলিতে কেবা করিয়াছে আশ?
ঐরাবতে চড়ি ইন্দ্র বজ্র হাতে লয়ে।
সূর্য্যের নিকটে হনূ দেখিল আসিয়ে॥
হনূমানে দেখি ইন্দ্র ভয়েতে অস্থির।
সুমেরু পর্ব্বত জিনি প্রকাণ্ড শরীর॥
ঐরাবতের মাথা রাঙ্গা হিঙ্গুলে মণ্ডিত।
তাহা দেখি হনূমান্ হৈল হরষিত॥
সূর্য্য এড়ি যায় ঐরাবতেরে ধরিতে।
কোপেতে উঠিল ইন্দ্র বজ্র লয়ে হাতে॥
ক্রোধ হৈলে দেবরাজ আপনা পাসরে।
বিনা দোষে বজ্রাঘাত তার শিরে করে॥
হনূমান্ পীড়িত হইল বজ্রাঘাতে।
অচেতন হয়ে পড়ে মলয় পর্ব্বতে॥
নিরখিয়া অঞ্জনার উড়িল পরাণ।
ব্যাকুল হইয়া কাঁদে কোলে হনূমান্॥
পুত্র পুত্র বলি করে অঞ্জনা ক্রন্দন।
হেনকালে আসিলেন দেবতা পবন॥

অঞ্জনা বলেন, নাথ! তব অপকর্ম্মে।
পাপেতে জন্মিল পুত্র মরিল অধর্ম্মে॥

অঞ্জনার বচনে পবন পড়ে লাজে।
জগতের প্রাণ আমি ধরি কোন্ কাজে?

জগতেতে হই আমি জীবনের নিধি।
পুত্র মরে আমার কৌতুক দেখে বিধি॥
বিধাতা সৃজিল সৃষ্টি বড় করি আশ।
স্বর্গ মর্ত্ত্য আদি আজি করিব বিনাশ॥

বহে শ্বাস পবন সে লোকের জীবন।
পবন ছাড়িল অচেতন ত্রিভুবন॥

স্থাবর জঙ্গম আদি মরে যত জীবী।
মুনি সব অচেতন সকল পৃথিবী॥
ইন্দ্র আদি অচেতন সকল দেবতা।
সৃষ্টিনাশ হয় দেখি চিন্তিত বিধাতা॥
মলয়-পর্ব্বতে ব্রহ্মা আসিয়া সত্বর।
বলেন পবন! শুন আমার উত্তর॥
সৃষ্টি সৃজিলাম আমি বহুতর ক্লেশে।
হেন সৃষ্টি নাশ কর যুক্তি না আইসে॥
পবনে সৃজিনু আমি লোকের জীবন।
শ্বাসেতে পবন বহে এই সে কারণ॥
হেন বায়ু রোধ করি মারিলে জগৎ।
আপনি মরিবে বুঝি ক'রে সেইমত।
আত্ম রাখ সৃষ্টি রাখ শুনহ উত্তর।
চারিযুগ তব পুত্র হইবে অমর॥
শুনিয়া ব্রহ্মার কথা পবনের হাস।
রুদ্ধ ছিল সে পবন করিল প্রকাশ॥
আপনা প্রকাশ যদি করিল পবন।
স্বর্গ মর্ত্ত্য পাতাল উঠিল ত্রিভুবন॥
বিধাতা বলেন, শুন কহি দেবগণ!
হনুমানে আশীর্ব্বাদ করহ এখন॥
সর্ব্ব-অগ্রে যম বলে আমি দিনু বর।
আমা হৈতে নাহি তোর মরণের ডর॥
তবে বর দিলেন যে দেবতা বরুণ।
তোমার আমার জলে না হবে মরণ॥
অগ্নি বলে, হনুমান! দিলাম এ বর।
অগ্নিতে না পুড়িবে তোমার কলেবর॥
যত যত দেবতা যতেক বল ধরে।
আপন আপন বল দিলেন তাহারে॥
ইন্দ্র বলে, হনুমান পবননন্দন।
বড় লজ্জা পাইলাম তোমার কারণ॥
যেই বজ্রাঘাতে তুমি হইলে অস্থির।
সে বজ্র সমান হোক্ তোমার শরীর॥
ব্রহ্মা বলে মারুতি! আমার এই বর।
এই বরে হও তুমি অজয় অমর॥
আপনি দিলেন বর আপনি বিমর্ষে।
ধ্যানে জানিলেন ব্রহ্মশাপ হবে শেষে॥
বর দিয়া দেবগণ গেল নিজ স্থান।
মলয়-পর্ব্বতে রহিলেক হনুমান॥
পিতৃঘরে আছে বীর পর্ব্বতশিখর।
নানা বিদ্যা মল্লযুদ্ধ শিখিল বিস্তর॥
পড়িবারে গেল বীর ভার্গবের স্থানে।
চারি বেদ মল্লযুদ্ধ শিখে চারি দিনে॥
গুরু পড়াইতে নারে তারে ঘৃণা করে।
কুপিয়া ভার্গব মুনি শাপ দিল তারে;—
বানর হইয়া যে গুরুকে কর ঘৃণা।
বল বুদ্ধি বিক্রম সে পাসর আপনা॥
সেই শাপে হনুমান আপনা পাসরে।
তেঁই পলাইয়াছিল সে বালির ডরে॥
হনুমান বীর যদি আপনারে জানে।
ভুবন জিনিতে পারে এক দিনে রণে॥
অযুত বৎসর যদি করি পরিশ্রম।
বলিতে না পারি হনুমানের বিক্রম॥
রাম! তুমি আপনি সাক্ষাৎ নারায়ণ।
তোমার সেবক তার কি কব কথন?
যত গুণ ধরে বীর কি কহিতে পারি।
শ্রীরাম! বিদায় দেও দেশে গতি করি॥
সে দুই বৎসর পূর্ব্ব-বৃত্তান্ত কহিয়া।
স্বদেশে গেলেন মুনি বিদায় হইয়া॥
নানা ধনে রাম পূজা করেন তাঁহার।
মহাহৃষ্ট অগস্ত্য পাইয়া পুরস্কার॥
কৃত্তিবাস পণ্ডিতের বাক্য সুধাভাণ্ড।
বাল্মীকির আদেশে গীত উত্তরকাণ্ড॥

ব্রহ্মা কর্ত্তৃক রম্য বন-গঠন ও তন্মধ্যে শ্রীরাম-সীতার অবস্থান।

শ্রীরাম করেন রাজ্য ধর্ম্মপরায়ণ।
রাজ্যে নাই দুর্ভিক্ষ বা অকাল মরণ॥
শ্রীরাম বলেন, ভরত! শুনহ বচন।
করহ রাজ্যের চর্চ্চা লয়ে সভাজন॥
যুদ্ধ ক'রে অবসাদ হয়েছে আমার।
অন্তঃপুরে রব আমি দিয়া রাজ্যভার॥
কিছু দিন বিশ্রাম করিব আছে মন।
তিন ভাই মিলে কর প্রজার পালন॥

মন দিয়া শুন ! ভাই বচন আমার।
সাবধানে থাকিয়া পালিবে রাজ্যভার ॥
অন্তঃপুরে রব আমি করিয়াছি মন।
সদা সাবধানেতে পালিবে প্রজাগণ ॥
যোড়হাতে ভরত করেন নিবেদন।
সেবক হইয়া রাজ্য করেছি পালন ॥
চৌদ্দবর্ষ রাজ্য ছাড়ি করিলে গমন।
পাদুকা করিয়া রাজা পালি রাজগণ ॥
সাক্ষাতে আপনি আছ রাজ্যের ঈশ্বর।
ত্রিভুবন-ভিতরেতে কারে করি ডর ?
সুখে অন্তঃপুরে তুমি থাক মনোরথে।
সেবক হইয়া রাজ্য পালিবে ভরতে ॥
ভরতের বাক্যে তুষ্ট হৈল রঘুনাথ।
আলিঙ্গন দিলা রাম পসারিয়া হাত ॥
তিন ভাই শ্রীরামে করিল প্রণিপাত।
অন্তঃপুরে চলিলেন প্রভু রঘুনাথ ॥
অন্তঃপুরে গেল রাম হরষিত মন।
সীতা করিলেন তার চরণবন্দন ॥
রাম বলে, শুন সীতা আমার বচন।
লঙ্কায় যেমন স্বর্ণ-অশোক-কানন ॥
দেবকন্যা লইয়া রাবণ ক্রীড়া করে।
তাহার অধিক পুরী রচিব সুন্দরে ॥
তুমি আমি তাহে ক্রীড়া করিব দুজন।
নানাবর্ণে বহু পুষ্প করিব রোপণ ॥
শ্রীরামের আনন্দেতে ব্রহ্মা পুলকিত।
ডাক দিয়া বিশ্বকর্ম্মে আনিল ত্বরিত ॥
ব্রহ্মা বলে, বিশ্বকর্ম্মা ! কর অবধান।
রামের অশোকবন করহ নির্ম্মাণ ॥
ব্রহ্মার বচনে বিশ্বকর্ম্মা হরষিত।
অযোধ্যানগরে আসি হৈল উপনীত ॥
বসিয়াছে রঘুনাথ হরষিত মন।
হেনকালে বিশ্বকর্ম্মা বন্দিল চরণ ॥
ব্রহ্মা পাঠাইয়া মোরে দিল তব স্থান।
সোনার অশোকবন করিতে নির্ম্মান ॥
মনে মনে বিশ্বকর্ম্মা করেন যুকতি।
নির্ম্মায়ে অশোকবন জন্মাব পিরীতি ॥

সোনার অশোকবন করিল নির্ম্মাণ।
দেখিতে সুন্দর বড় হৈল সেই স্থান ॥
সুবর্ণের বৃক্ষ সব ফল-ফুল ধরে।
ময়ুর-ময়ুরী নাচে ভ্রমর গুঞ্জরে ॥
সুললিত পক্ষিনাদ শুনিতে মধুর।
নানাবর্ণ পক্ষী ডাকে আনন্দ প্রচুর ॥
বিকসিত পদ্মবন শোভে সরোবরে।
রাজহংসগণ তথা আসি কেলি করে ॥
সরোবর চারি পার্শ্বে সুবর্ণের গাছ।
জলজন্তু খেলা করে নানাবর্ণে মাছ ॥
মণি-মাণিক্যেতে বান্ধা গাছের সে গুঁড়ি।
স্থানে স্থানে বসায়েছে রত্নময় পীঁড়ি ॥
চন্দ্রোদয় হয় যেন আকাশ-উপরে।
তেমনি উদ্যান-বন পুরীর ভিতরে ॥
বিশ্বকর্ম্মা নির্ম্মাইল অশোককানন।
ত্রিভুবন জিনি স্থান অতি সুশোভন ॥
অশোক-অরণ্য দেখি রাম হন সুখী।
প্রবেশ করেন তাহে লইয়া জানকী ॥
অশোকের বৃক্ষতলে চলিলেন রঙ্গে।
জানকী লইয়া তথা বসাইল সঙ্গে।
শত শত বিদ্যাধরী সীতার সে দাসী।
নানাভাবে সেবা করে রঘুনাথে তুষি ॥
সীতা-রূপ দেখি রাম হরষিত মনে।
সীতারে তোষেন রাম মধুর-বচনে ॥
বিদ্যাধরগণ এল অপ্সরা বিমলা।
নবীনা যুবতী তারা জিনি শশিকলা ॥
বিদ্যাধরীগণ আছে শ্রীরামের পাশে।
সীতারে দেখিয়া রাম অন্য নাহি বাসে ॥
নবীনা যুবতী সীতা লক্ষ্মী অবতার।
ত্রৈলোক্য জিনিয়া রূপ পরম সুন্দর ॥
এত রূপ দিয়া তাঁরে সৃজিল বিধাতা।
কাঁচা স্বর্ণ-বর্ণ রূপে আলো করে সীতা ॥
দেখিয়া সীতার রূপ জুড়ায় সে আঁখি।
চন্দ্রমুখ রামচন্দ্র সীতা চন্দ্রমুখী ॥
পূর্ণ-অবতার রাম সীতা মনোহরা।
চন্দ্রের পাশেতে যেন শোভা পায় তারা ॥

আনন্দে আছেন রাম সীতা-সম্ভাষণে।
রাজকর্ম্ম ত্যজি রাম ক্রীড়া রাত্রিদিনে ॥
রামের সেবাতে সীতা পরম ভকতি।
শচীর সেবাতে যেন তুষ্ট শচীপতি ॥
একেক দিবসে সীতা এক মূর্ত্তি ধরে।
এক দিন অন্য রূপ বিষ্ণু ভাণ্ডিবারে ॥
সাত হাজার বর্ষ সীতাদেবীর সঙ্গে।
ষড়ঋতু বঞ্চে রাম নানাবিধ রঙ্গে ॥
নিদাঘকালেতে চৈত্র বৈশাখ সে মাসে।
আনন্দে ডুবেন রাম কেলি-রঙ্গরসে ॥
বিকসিত পদ্ম শোভে চারি সরোবরে।
মধুলোভে নলিনীতে ভ্রমর গুঞ্জরে ॥
রৌদ্রেতে পৃথিবী পুড়ে রবি সে প্রবল।
সীতার সঙ্গেতে রাম সদা সুশীতল ॥
বরষা দেখিয়া রাম পরম কৌতুকী।
জলজন্তু-কলরব তৃষিত চাতকী ॥
প্রমত্ত ময়ূর নাচে ময়ূরীর সঙ্গে।
অশোকবনেতে রাম বঞ্চিলেন রঙ্গে ॥
সীতার সঙ্গেতে রাম পরম উল্লাস।
বরষা হইল গত শরৎ-প্রকাশ ॥
আসিয়া শরৎ-ঋতু প্রকাশ হইল।
নির্ম্মল চন্দ্রমা আর কুমুদ ফুটিল ॥
ফুটিল কেতকী দেখি অতি সুশোভন।
ছাড়িল বরষা ডাক শরৎ-গর্জ্জন ॥
মন্দ মন্দ বরষণ, বায়ু বহে ধীরে।
আনন্দেতে শরৎ বঞ্চিলা রঘুবীরে ॥
কার্ত্তিকে হেমন্ত-ঋতু বরষে সঘনে।
হিমময় বরষণ অশোকের বনে ॥
সুরঙ্গ নারঙ্গ ফল বিস্তর সুন্দর।
নারিকেল সমুদয় ফল বহুতর ॥
পরম হরষে রাম সুখের বিশেষ।
এরূপে হেমন্ত হ'ল শ্রীরামের শেষ ॥
শিশির উদয়ে যে প্রবল হৈল শীত।
শীতকাল পেয়ে রাম অতি আনন্দিত ॥
দিনে দিনে হইল মলিন শশধর।
রজনী প্রবল হৈল অতি ভয়ঙ্কর ॥
দেখি কোটি সূর্য্যতেজ ধরে রঘুবীর।
দূরে গেল শীত রাম বঞ্চিলা শিশির ॥
উদয় বসন্ত- ঋতু সর্ব্ব-ঋতু-সার।
কৌতুক-সাগরে রাম করেন্ বিহার ॥
ফুটিল অশোক সে মাধবী নাগেশ্বর।
প্রমত্ত ময়ূর নাচে গুঞ্জরে ভ্রমর ॥
পরম কৌতুক রাম দেখি ঋতুরাজ!
কেলিরস বিনা তাঁর কিছু নাহি কাজ ॥
এইরূপে দোঁহে সাত হাজার বৎসর।
রাত্রিদিন একত্রেতে থাকে নিরন্তর ॥
পঞ্চমাস গর্ভ হৈল সীতার উদরে।
কৌতুকে শ্রীরাম কিছু জিজ্ঞাসে সীতারে:
গর্ভবতী হৈলে কিবা খেতে অভিলাষ?
কোন্ দ্রব্য খাবে সীতা! করহ প্রকাশ ॥
লাজে হেঁটমাথা সীতা চন্দ্রমুখী।
দ্রব্যে অভিলাষ নাহি সংসারেতে দেখি ॥
এক দ্রব্য খেতে মোর হইয়াছে মন।
এক দিন আজ্ঞা পেলে যাই তপোবন ॥
যমুনার কূলে শ্রাদ্ধ করে মুনিগণে।
খাইতাম সে তণ্ডুল মুনিকন্যা সনে ॥
মুনিপত্নী সঙ্গে যাইতাম স্নান তরে।
হংস তাড়াইয়া পিণ্ড খাইতাম তীরে ॥
বালখিল্য মুনি তথা করে পিণ্ডদান।
হংসেতে ভাঙ্গিয়া পিণ্ড করে খান খান ॥
সত্য করিয়াছি আমি মুনিপত্নী-স্থানে।
দেশে গেলে সম্ভাষ করিব তব সনে ॥
এই সত্য পালিবারে দেহ যে মেলানি।
নানা ধনে তুষিব সে মুনির রমণী ॥
সীতার কথায় রাম বিস্মিত সে মনে।
কালি দিব মেলানি যাইতে তপোবনে ॥
এতেক আশ্বাস রাম দিলেস সীতারে।
সাত হাজার বর্ষান্তে আনিলা বাহিরে ॥
সহস্র বৃহন্দ বহিঃ আসিল যখন।
পাত্রমিত্র কানাকানি করিছে তখন ॥
রাবণের ঘরে সীতা ছিল দশ মাস।
হেন সীতা লয়ে রাম করেন বিলাস ॥

হেনকালে এল রাম বাহিরে চৌতারা।
দেওয়ানে বসিল রাম সভাখণ্ড পুরা॥
পাত্রমিত্র ভয় পেয়ে করে কানাকানি।
সীতা-নিন্দা রঘুনাথ শুনিলা আপনি॥
সীতা-নিন্দা শুনি রাম ত্রাসিত অন্তরে।
সীতাদেবী না জানেন আছে অন্তঃপুরে॥
ধর্ম্মে রাজ্য কৈল বড় দশরথ বাপ।
নানা সুখ ভুঞ্জে লোক না জানে সন্তাপ॥
আমি রাজা হৈতে হেথা কে আছে কেমন।
রাজ্য-ব্যবহার কিছু কহ পাত্রগণ॥
এতেক জিজ্ঞাসে রাম সভার ভিতর।
নিঃশব্দ হইল লোক না দেয় উত্তর॥
ভদ্র নামে মহাপাত্র উঠে আচম্বিতে।
রামের সম্মুখে কথা কহে যোড় হাতে॥
পাত্র সে দুর্ম্মুখ বড় কারে নাহি ভয়।
নিষ্ঠুর হইয়া কথা রাম আগে কয়॥
পাত্র বলে, রঘুনাথ! কর অবধান।
রঘুবংশে আমি আছি পাত্রের প্রধান॥
সর্ব্বলোকে চিন্তে প্রভু তোমার কল্যাণ।
তোমার প্রসাদে রাজ্যে নাহি অসম্মান॥
দশরথ রাজার রাজত্ব যেই কালে।
সুবর্ণের পাত্র প্রজা নিত্য নিত্য ফেলে॥
এখন ফেলিছে পাত্র দিনেক অন্তর।
নির্ধন হতেছে রাজ্য শুন রঘুবর॥
শ্রীরাম বলেন, কেন নির্ধন সংসার।
রাজা হয়ে করিলাম কোন্ অবিচার?
রাজার পুণ্যেতে প্রজা বঞ্চে অতি সুখে।
রাজা পাপ করিলে দুঃখেতে প্রজা থাকে॥
ভদ্র বলে, রঘুনাথ! কহিতে যে নারি।
পাত্র হয়ে অধিক কহিতে ভয় করি॥
শ্রীরাম বলেন, ভদ্র! না হও চিন্তিত।
পাত্র যে নির্ভয়ে কহে সেই সে উচিত॥
যোড়হাতে কহে ভদ্র করিয়া প্রণাম।
মোর এক নিবেদন শুন প্রভু রাম!
ভদ্র বলে, রঘুনাথ! যাই যথা তথা।
সর্ব্বলোকে কহে প্রভু সীতার বারতা॥
দেবাসুর-যুদ্ধ মত হইয়াছে রণ।
সীতা উদ্ধারিলা রাম মারিয়া রাবণ॥
দোষ না বুঝিয়া সীতা আনিয়াছ ঘরে।
নির্ম্মল কুলেতে কালি দিলা রঘুবরে॥
এই অপযশ তব সর্ব্বজন ঘোষে:
যে নারী কোলেতে করি লইল রাক্ষসে॥
রাখিয়াছ সেই নারী নিজ গৃহবাসে।
তোমার সম্মুখে কেহ নাহি কয় ত্রাসে॥
এত যদি কহে ভদ্র পাত্র সে দুর্ম্মুখ।
বজ্রাঘাত পড়ে যেন রামের সম্মুখ॥
রামের নিকটে ছিল যত পাত্রগণ।
শ্রীরাম বলেন কহ যথার্থ বচন॥
পাইয়া রামের আজ্ঞা যত পাত্রগণ।
যে বলিল ভদ্র প্রভু সে সত্য বচন॥
শুনিয়া শ্রীরঘুনাথ ছাড়েন নিশ্বাস।
গাহিল উত্তরকাণ্ড কবি কৃত্তিবাস॥

সীতার বনবাস।

পাত্রমিত্র সবাকারে দিলেন বিদায়।
অভিমানে রামচন্দ্র ধূলাতে লোটায়॥
নিদাঘ-সময় অতি রবি খরতর।
সরোবরে স্নান হেতু যান রঘুবর॥
একেশ্বর যান কেহ নাহিক সহিত।
সরোবরকূলে গিয়া হন উপনীত॥
পর্ব্বত জিনিয়া সেই সরোবর-পাড়॥
চারিধারে শোভিছে বিচিত্র ফুলঝাড়॥
দক্ষিণে রজক বস্ত্র কাচে স্বর্ণপাটে।
স্নান হেতু চলে রাম উত্তরের ঘাটে॥
অঙ্গ ডুবাইয়া রাম শিরে ঢালে জল।
দ্বন্দ্ব হয় রজকের শুনহ সকল॥
দুই জনে কথা কহে শ্বশুর-জামাই।
এই দুই জন বিনা আর কেহ নাই॥
শ্বশুর বলিছে তুমি কুলেতে কুলীন।
সর্ব্বগুণ ধর তুমি ধোপেতে ধূলিন॥
নিজ গোত্র-প্রধান আছিল তব পিতা।
ধনী মানি দেখে তোরে দিলাম দুহিতা॥

কোন্ দোষ করে কন্যা মার কোন্ ছলে।
আমার বাটিতে একা এলো রাত্রিকালে ?
একেশ্বরী এল কন্যা বড় পাই ভয়।
পিতৃগৃহে যুবকন্যা শোভা নাহি পায় ॥
জামাতারে এত যদি বলিল শ্বশুর।
বাক্‌ছলে জামাতা সে বলিছে প্রচুর ॥
যে বাক্য কহিলে তুমি কহিতে না পারি।
থাকুক তোমার গৃহে তোমার ঝিয়ারী ॥
দ্বিতীয় প্রহর নিশি কেহ নাহি সাথী।
কাহার আশ্রমে কালি বঞ্চিলেক রাতি ?
পৃথিবীর রাজা রাম সংবরিতে পারে।
রাবণ হরিল সীতা ফিরে আনে ঘরে ॥
রাম হেন নহি আমি পৃথিবীর পতি।
জ্ঞাতি-বন্ধু খোঁটা দিবে আমি হীনজাতি ॥
শ্বশুর ঘরেতে গেল শুনিয়া বচন।
থাকিয়া উত্তর-ঘাটে শুনে নারায়ণ ॥
ভদ্র যত বলিল রামের মনে লয়।
রাম বলে ভদ্রের বচন মিথ্যা নয় ॥
রজকের মুখে শুনি নিষ্ঠুর বচন।
ঘরে চলিলেন রাম বিরস-বদন ॥
মনেতে ভাবেন রাম অনেক বিষাদ।
সীতা লয়ে পড়ে হেথা আরো পরমাদ।
পঞ্চমাস আছে গর্ভ সীতার উদরে।
জায়ে জায়ে একঠাঁই বসেছেন ঘরে ॥
মাথায় সীতার কেহ দিতেছে চিরুণী।
সীতারে জিজ্ঞাসা করে যতেক রমণী ॥
সীতারে চাহিয়া বলে যত নারীগণ।
দশ মুণ্ড কুড়ি হস্ত কেমন রাবণ ?
তোমা লয়ে লঙ্কাপুরে করেছে দুর্গতি।
ভূমিতে লিখহ তার মুণ্ডে মারি লাথি ॥
সীতা বলে সে ছারে না দেখি কোন কালে।
ছায়া মাত্র দেখিয়াছি সাগরের জলে ॥
তথাপি জিজ্ঞাসা করে যত নারীগণ।
জলেতে দেখেছ ছায়া কেমন রাবণ ?
রাবণ লিখিতে তাঁর মনে হৈল সাধ।
বিধির নির্ব্বন্ধ হেথা পড়িল প্রমাদ ॥

হাতে খড়ি ধরে সীতা দৈবের নির্ব্বন্ধ।
দশ মুণ্ড কুড়ি হস্ত লিখে দশস্কন্ধ ॥
গর্ভবতী নারী হাই উঠে সর্ব্বক্ষণ।
সদাই অলস সীতা ভূমেতে শয়ন ॥
সুখের সাগরে দুঃখ ঘটায় বিধাতা।
বস্ত্রের অঞ্চল পাতি শুইলেন সীতা ॥
ভাবিতে ভাবিতে রাম যান অন্তঃপুরী।
রামে দেখি বাহির হইল যত নারী ॥
সীতা-পাশে দেখি রাম লিখিত রাবণ।
সত্য অপযশ মম করে সর্ব্বজন ॥
পড়িয়া আমার হাতে জন্ম গেল দুঃখে।
তবু উচ্চ বচন নাহিক সীতা-মুখে ॥
সাধে কি সীতার জন্য লোকে করে বাদ।
সীতাত্যাগী হব আমি আর নাহি সাধ ॥
সীতারে দেখিয়া রাম আগত বাহিরে।
মনোদুঃখে তাঁহার নয়নে অশ্রু ঝরে ॥
সত্য হেতু মম পিতা আমা পুত্র বর্জ্জে।
সত্য কার্য্য করি যদি লোকে নাহি গঞ্জে ॥
রূপ গুণ সীতার কোথাও নাহি শুনি।
রূপ গুণ দেখি তারে না দিনু সতিনী ॥
সীতা লাগি বলিলেন পিতা দশরথে।
আপনি আসিয়া ব্রহ্মা দিল হাতে হাতে ॥
দেশে আনিলাম সীতা করিয়া আশ্বাস।
হেন সীতা লাগি লোক করে উপহাস ॥
উপহাস করে লোক সহিতে না পারি।
ডাক দিয়া রঘুনাথ আনিল দুয়ারী ॥
দুয়ারী ডাকিয়া রাম বলেন বচন।
ভরত লক্ষ্মণ শত্রুঘনে শীঘ্র আন ॥
পাইয়া রামের আজ্ঞা সে দ্বারী সত্বর।
তিন জনে আনি দিল রামের গোচর ॥
তিন ভাই আসিয়া বন্দিল শ্রীচরণ।
তিন ভাই লয়ে যুক্তি করেন তখন ॥
যে কর্ম্ম করিলে লজ্জা পায় সভা-আগ।
আমি সবাকার যুক্তি করি পরিত্যাগ ॥
শ্রীরাম বলেন, আর না বল উত্তর।
সীতা লাগি লজ্জা পাই সভার ভিতর ॥

অপযশ কত সব নারীর কারণ।
অকীর্ত্তি হইলে বর্জ্জি তোমা তিন জন॥
আমার বচন শুন ভাই রে লক্ষ্মণ।
সীতা লয়ে রাখ গিয়া মুনি-তপোবন॥
বাল্মীকির তপোবন খ্যাত চরাচরে।
দেশের বাহিরে সীতা রেখে এসো দূরে॥
কালি সীতা বলিলেন আমারে আপনি।
নানারত্নে তুষিব সে মুনির ব্রাহ্মণী॥
এই কথা কহ গিয়া প্রাণের লক্ষ্মণ!
রামের আজ্ঞায় তুমি চল তপোবন॥
এ কথা কহিলে তাঁর পড়িবেক মনে।
সীতা যাবে আপনি মুনির তপোবনে॥
শীঘ্র যাও লক্ষ্মণ! আমার কর হিত।
রথে তুলি লয়ে যাও সুমন্ত্র সহিত॥
তুমি আর সীতাদেবী সুমন্ত্র সারথি।
আর যেন কোন জন না যায় সংহতি॥

এত যদি নিষ্ঠুর বলিল রঘুনাথ।
তিন ভায়ের মুণ্ডে যেন পড়ে বজ্রাঘাত॥
হাহাকার করি ছাড়ে লক্ষ্মণ নিশ্বাস।
কি দোষেতে সীতারে দিবে হে বনবাস?
তুমি স্বামী থাকিতে হইবে অনাথিনী।
কেমনে বঞ্চিবে বনে হয়ে রাজরাণী?
বিনা দোষে সীতারে দিও না মনস্তাপ।
রঘুবংশ নষ্ট হবে সীতা দিলে শাপ॥
দেশের বাহির নাহি করিও সীতা স্ত্রী।
সীতা-ছাড়া হইলে হবে হতলক্ষ্মীশ্রী॥
যদি রঘুনাথ! সীতা করিবে বর্জ্জন।
ভিন্ন গৃহে রাখ সীতা এই নিবেদন॥

শ্রীরাম বলেন, ভাই! না কর বিষাদ।
সীতা গৃহে থাকিলে হইবে অপবাদ॥
দিলাম আমার দিব্য তাহা পরিহর।
সীতার লাগিয়া কেন কহ বার বার॥
শ্রীরামের কথাতে লক্ষ্মণে লাগে ভয়।
সুমন্ত্রে আনিয়া তবে কথাবার্ত্তা কয়॥
রথ সহ সুমন্ত্রেরে রাখিয়া দুয়ারে।
লক্ষ্মণ প্রবেশ করে সীতার আগারে॥

অশ্রুজলে লক্ষ্মণের সর্ব্ব-অঙ্গ তিতে।
লক্ষ্মণে দেখিয়া পরিহাস করে সীতে॥
এস এস দেবর! আজি হে শুভদিন।
এবে সে দেবর! তুমি হয়েছ প্রবীণ॥
চৌদ্দ বর্ষ একত্রেতে বঞ্চিলাম বনে।
রাজ্যশ্রী পাইয়া তুমি পাসরিলে মনে?
কহিয়াছি কত মন্দ কথা অভিনয়।
তে কারণে দেবর হে, হয়েছ নির্দ্দয়॥
বস এস লক্ষ্মণ! সীতাদেবী বলে।
বার্ত্তা কহ হে দেবর! আছ ত কুশলে?
তোমারে দেখিয়া মম সদা পড়ে মনে।
উত্তর দাও না কেন বিরস-বদনে?
লক্ষ্মণ বলেন যত বল অনুচিত।
তোমা দরশনে মন আছয়ে নিশ্চিত॥
রাজার মহিষী তুমি থাক অন্তঃপুরী।
সেবক যে আজ্ঞা বিনা আসিতে না পারি॥
সীতারে প্রণাম করি বন্দিলা চরণ।
ভাগ্যফলে পাইলাম তোমার দর্শন॥
আশীর্ব্বাদ করিলেন সীতা ঠাকুরাণী॥
কি কারণে অন্তঃপুরে আসিলে হে তুমি?
অকস্মাৎ হে দেবর! কেন আগমন?
মনেতে বিস্ময় হৈনু না জানি কারণ॥

লক্ষ্মণ বলেন মাতঃ! কর অবধান!
শ্রীরামের আজ্ঞাতে আসিনু তব স্থান॥
কালি তুমি কহিয়াছ রাম-বিদ্যমানে।
সাক্ষাৎ করিতে যাবে মুনিপত্নী সনে॥
আসিলাম তব স্থানে এই সে কারণ।
মম সঙ্গে চল বাল্মীকির তপোবন॥
মণি রত্ন ধন লহ যেবা লয় চিতে।
নানা রত্ন লয়ে আসি উঠ দিব্য রথে॥
এত শুনি সীতাদেবী হইল উল্লাস।
স্বরূপ কহিলে তুমি কিবা উপহাস?
লক্ষ্মণ বলেন, মাতঃ! বুঝহ আপনি।
তোমা দুজনার কথা আমি কিসে জানি?
কহিতে এমন কথা কে সাহস করে?
পরিহাস করিতে তোমারে কেবা পারে?

ইহা শুনি সীতাদেবী চলিল ভাণ্ডারে।
নানা রত্ন আনিলেন অতি যত্ন করে॥
হীরা-মণি-মাণিক্যের আভরণ জানি।
লইয়া চন্দন-গন্ধ সীতা ঠাকুরাণী॥
নানা রত্ন অলঙ্কার সীতাদেবী লয়ে।
পট্টবস্ত্র বান্ধিলেন আনন্দিত হয়ে॥
বহুমূল্য ধন লয়ে সীতাদেবী নড়ে।
পরম কৌতুকে সীতা রথে গিয়া চড়ে॥
এমন সময় তাঁরে বলেন লক্ষ্মণ।
তুমি আমি সুমন্ত্র সারথি তিন জন॥
রামের আছয়ে আজ্ঞা যাব গুপ্তবেশে।
বাল বৃদ্ধ যুবা কেহ নাহি জানে দেশে॥

সীতা সঙ্গে যেতে চাহে অনেক রমণী।
সবারে আশ্বাস দেন সীতা ঠাকুরাণী॥
মায়া সংবরিয়া সবে থাক নিজ ঘরে।
মুনিপত্নী প্রণমিয়া আসিব সত্বরে॥
রথেতে চড়িল সীতা পরম হরষে।
সবে ঘরে চলি গেল সীতার আশ্বাসে॥
সীতারূপে আলো করে দ্বাদশ যোজন।
সীতা বিনা অন্ধকার রামের ভবন॥
দুর্ব্বল হইয়া লোক ছাড়ে রাজলক্ষ্মী।
রাজ্যখণ্ডে অমঙ্গল হইতেছে দেখি॥
নদী স্রোত ছাড়ে লোক ছাড়িল আহার।
দিবস দুপুরে হৈল ঘোর অন্ধকার॥
সূর্য্যের কিরণ ছাড়ে পৃথিবীমণ্ডল।
সীতার বিদায় দেখি বৃক্ষ ছাড়ে ফল॥
ভরত শত্রুঘ্ন আছে রামের নিকট।
সসীতা-লক্ষ্মণ যান করিয়া কপট॥

সীতা বলে, আজি কেন দেখি অমঙ্গল?
নাহি জানি রঘুনাথ চিন্তে অকুশল॥

শাশুড়ীরে না কহিনু আসিবার কালে!
বুঝি তাঁর মনোদুঃখ হৈল সেই ফলে॥

বামেতে দেখেন সর্প দক্ষিণে শৃগাল।
অমঙ্গল দেখি সীতা হন উতরোল॥

নানা অমঙ্গল হায়! কেন দেখি পথে?
না যাব অযোধ্যা ফিরি হেন লয় চিতে॥

লক্ষ্মণ সীতার বাক্যে হেঁট কৈল মাথা।
রামের ভয়েতে কিছু না কহিল কথা।
সীতা বলে, কেন তব বিরস বদন?
দেশে ফিরে যাব, রথ চালাও লক্ষ্মণ!
আপনি বিদায় হব প্রভুর চরণে।
তবে সে যাইব বাল্মীকির তপোবনে॥
লক্ষ্মণ বলেন, মাতঃ! না হও ব্যাকুল।
হের দেখ আসিলাম যমুনার কূল॥
বিধির নির্ব্বন্ধ কর্ম্ম খণ্ডন না যায়।
এ কূলে রাখিয়া রথ দোঁহে চলি যায়॥
পার হয়ে যান বাল্মীকির তপোবন॥
আগে সীতাদেবী যান পশ্চাতে লক্ষ্মণ॥

কাঁদিতেছে লক্ষ্মণ মনেতে পেয়ে ভয়।
লক্ষ্মণের ক্রন্দনেতে সীতা ভীত হয়॥
কি দুঃখ হইল মনে দেবর লক্ষ্মণ!
কি কারণে উচ্চৈঃস্বরে করিছ ক্রন্দন॥
লক্ষ্মণ কহেন কব কেমন সাহসে।
রামের আজ্ঞায় তোমা আনি বনবাসে॥
মহাত্রাস পেল সীতা শুনিয়া সকল।
শ্রাবণের ধারা তাঁর চক্ষে পড়ে জল॥
এত দূরে আসি মোরে বলিলে লক্ষ্মণ!
কপটে আনিলে বাল্মীকির তপোবন?
ধর্ম্মেতে ধার্ম্মিক রাম সংসারে প্রশংসা।
দেশে রেখে নাহি কেন করিলে জিজ্ঞাসা?
না দিবেন দেশের মধ্যেতে যদি স্থান।
পরীক্ষা করিয়া কেন কৈল অপমান?
যমুনায় ত্যজি প্রাণ তোমার সম্মুখে।
রঘুবংশে কলঙ্ক ঘুষুক সর্ববলোকে॥

পাঁচ মাস গর্ভ মোর দেখ বিদ্যমান।
আমি মলে মরিবেক রামের সন্তান॥

আমি লাগি প্রভু লজ্জা পাইলা সভায়।
বিনা অপরাধে ত্যাগ করিলা আমায়?

রাম হেন স্বামী হোক্ জন্ম-জন্মান্তরে।
আমি মলে কোটি নারী মিলিবে তাঁহারে॥

সীতার ক্রন্দন শুনি ঠাকুর লক্ষ্মণ।
দুই জনে বসিলা বাল্মীকি-তপোবন॥

লক্ষ্মণ বিদায় মাগে করি যোড় হাত।
কাঁদিয়া বলেন সীতা কোথা রঘুনাথ?

সোনার সীতা নির্ম্মাণ।

সীতাদেবী রাখিয়া লক্ষ্মণ বীর নড়ে।
কাঁদিতে কাঁদিতে বীর নায়ে গিয়া চড়ে॥
নৌকায় হইয়া পার চড়িলেন রথে।
কোথা রাম বলি সীতা লাগিলা কাঁদিতে॥
চারিদিকে চান সীতা দেখে বনময়।
শার্দ্দুল ভল্লুক দেখে পান বড় ভয়॥
উচ্চৈঃস্বরে কাঁদে সীতা বনের ভিতর।
শিষ্য-সঙ্গে আসিল বাল্মীকি মুনিবর॥
সীতা-বনবাস পূর্বে রচেছেন মুনি।
আসিয়া সীতার স্থানে জিজ্ঞাসে আপনি॥
জনকের কন্যা তুমি রামের গৃহিণী।
দশরথ-বহুয়ারী মেদিনী-নন্দিনী॥
লোক-অপবাদে রাম পাইয়া তরাস।
বিনা অপরাধে তোমা দিলা বনবাস॥
ত্রিভুবনে সাধ্বী নাহি তোমার সমান।
অযোধ্যাকাণ্ডেতে আছে তাহার প্রমাণ॥
পরম আদরে তাঁরে লয়ে যায় মুনি।
সীতারে রাখিল লয়ে যথায় ব্রাহ্মণী॥
সীতার রূপেতে তপোবন আলো করে।
মুনিপত্নী বলে, লক্ষ্মী এল মোর ঘরে॥
জানকীরে মুনিপত্নী দিয়া আলিঙ্গন।
সীতা প্রশংসিয়া বলে মধুর বচন॥
শুভদিন হৈল মাতঃ! এলে মোর ঘর।
তোমা দরশনে মোর হরষ অন্তর॥
সীতা বলে, কর্ম্মদোষে আমার বর্জ্জন।
তোমা দরশনে মোর সফল জীবন॥
মুনিপত্নী সহিত রহেন তপোবন।
কাঁদিয়া লক্ষ্মণ হায় চলিল তখন॥
সুমন্ত্র বলেন শুন ঠাকুর লক্ষ্মণ!
পূর্বের কাহিনী মোর হইল স্মরণ॥
বুড়া নৃপ কথা এক পড়িয়াছে মনে।
রঘুবংশে সারথি আমি যবে অনরণ্যে॥
বাল্মীকি-কবিতা মোর কিছু পড়ে মনে।
বুড়া নৃপ যজ্ঞকথা শুনি সাবধানে॥
সপ্তদ্বীপে যত মুনি এলো সেই স্থানে।
দশরথ রাজার যজ্ঞের নিমন্ত্রণে॥
যজ্ঞশালে আসিবারে মুনিগণ মেলা।
সবে মিলি রাজারে দিলেন যজ্ঞশালা॥
যজ্ঞফলে রাজার সে চারি পুত্র হবে।
সুরাসুর অমরাদি সকলে কাঁপিবে॥
সর্ব্বগুণ ধরিবেক তোমার কুমার।
এক অংশে চারিপুত্র বিষ্ণু-অবতার॥
চারি পুত্রের পিতা তুমি শুন গুণধাম।
শত্রুঘ্ন ভরত আর লক্ষ্মণ শ্রীরাম॥
পিতৃসত্য পালিতে শ্রীরাম যাবে বন।
শূন্য ঘর পেয়ে সীতা হরিবে রাবণ॥
বাঁধিয়া সাগর রাম সৈন্য ক'রে পার।
রাবণে বাঁধিয়া সীতা করিবে উদ্ধার॥
এগার হাজার বর্ষ প্রজার পালন।
সাত হাজার বর্ষ পরে সীতার বর্জ্জন॥
দুর্ব্বাসা আসিয়া দ্বারে রহিবেন কোপে।
তোমারে বর্জ্জিবে রাম সেই মুনি-শাপে॥
এত শুনি মহারাজ হেঁট কৈল মাথা।
আমারে কহিল ব্যক্ত না কর এ কথা॥
আমারে নিষেধি রাজা গেল স্বর্গবাস।
তোমার নিকটে আমি করি যে প্রকাশ॥
সীতার লাগিয়া তুমি করহ ক্রন্দন।
তোমা হেন ভাই রাম করিবে বর্জ্জন॥
পূর্ব্বের বৃত্তান্ত এই কহিনু লক্ষ্মণ!
শুনিয়া লক্ষ্মণ বীর বিরস-বদন॥
লক্ষ্মণ বলেন তুমি কহিলে বৃত্তান্ত।
দেখিতে সীতার দুঃখ না পারি সুমন্ত্র!
আগে কেন রাম মোরে না কৈল বর্জ্জন।
এড়াতাম এই দুঃখ দেখিতে এখন॥
আপনার দুঃখ আমি সহিবারে পারি।
সীতার যন্ত্রণা আর দেখিতে যে নারি॥
এই কথাবার্ত্তা তবে ক'য়ে দুই জন।
অযোধ্যায় রাম কাছে গেলেন লক্ষ্মণ॥

কাঁদিতে কাঁদিতে বীর অবনতে মাথা।
শ্রীরাম বলেন সীতা রেখে এলে কোথা ?
আমার পাপিষ্ঠ মন চঞ্চল হৃদয় !
বৰ্জ্জিলাম সীতাদেবী লোকের কথায় ॥
মোরে ছাড়ি সীতা নাহি থাকে এক রাতি।
একাকিনী রবে বনে কাহার সংহতি ?
রাজ্যধন সিংহাসন বিফল আমার।
সীতার বিহনে মোর সব অন্ধকার ॥
কোন্ বনে রহিলেন সে প্রেয়সী।
কি বলিবে শুনিলে জনক মহাঋষি ?
কার মুখ চেয়ে সীতা রহে কার পাশ।
সিংহ ব্যাঘ্র দেখি তাঁর লাগিবে তরাস ॥
কহ কহ কহ ভাই ! শুনি আরবার।
কোন্ বনে রেখে এলে জানকী আমার ॥
লক্ষ্মণ বলেন, তুমি করিলে বৰ্জ্জন।
আপনি বৰ্জ্জিয়া কেন করহ রোদন ?
ক্রন্দন সংবর প্রভো ! ক্ষমা দেহ মনে।
সীতা রেখে আসিলাম বাল্মিকীর বনে ॥
যদি রঘুনাথ মোরে কর সংবিধান।
রাত্রির ভিতরে সীতা আনি তব স্থান ॥
শ্রীরাম বলেন, সীতা রেখেছি বাহিরে।
বড় লজ্জা হবে পুনঃ আনিলে সীতারে ॥
সীতা না দেখিয়া ভাই ! না পারি রহিতে।
কেমনে সীতার শোক পাসরিব চিতে ॥
আমার বচন শুন ভাই তিন জন !
রাত্রিতে সোনার সীতা করহ গঠন ॥
জানকী আনিলে নিন্দা করিবে যে লোকে।
দেখিয়া সোনার সীতা পাসরিব শোকে ॥
এতেক বলিয়া রাম করেন ক্রন্দন !
বিশ্বকর্ম্মা এল তথা বুঝি তাঁর মন ॥
শত মণ সোনা লয়ে দিল তাঁর স্থান।
স্বর্ণ-সীতা বিশ্বকৰ্ম্মা করিল নির্ম্মাণ ॥
এমন সীতার রূপ কিছু নাহি নড়ে।
সবেমাত্র এই চিহ্ন বাক্য নাহি সরে ॥
সোনার সীতারে দেয় বস্ত্র আভরণ।
সুগন্ধি পুষ্পের মালা সুগন্ধি চন্দন ॥
সীতা সীতা বলি রাম ডাকে নিরন্তর।
সীতা নহে রঘুনাথ কে দিবে উত্তর ?
একদৃষ্টে চাহেন সোনার সীতামুখ।
উত্তর না পেয়ে তাঁর বড় হয় দুখ ॥
সাত হাজার বৎসর যে সীতার সংহতি।
স্বর্ণ-সীতা দেখিয়া বঞ্চিলা সাত রাতি ॥
সাত রাতি বঞ্চি রাম আসিলা বাহির।
শ্রাবণের ধারা যেন চক্ষে বহে নীর ॥
ভরত লক্ষ্মণ ও শত্রুঘ্ন তিন জনে।
বাহির চৌতারে রাম বসিলা দেওয়ানে ॥
পাত্র-মিত্র-বন্ধুবর্গ এল রামস্থানে।
শূন্যময় দেখে রাম সীতার বিহনে ॥
বিবাহ করিতে তাঁর নাহি লয় মন।
সম্মুখে সোনার সীতা রাখে সর্ব্বক্ষণ ॥
পাত্রমিত্র বন্ধুবর্গ বুঝায় সকলে।
বিবাহ করহ রাম সকলেতে বলে ॥
যত যত রাজকন্যা আছে স্থানে স্থান।
শুনিয়া রামের গুণ করে অনুমান ॥
সীতা হেন নারী যার না লাগিল মনে।
সে জনার মনোনীত হইবে কেমনে ?
কন্যাগণ এই যুক্তি করে নিরন্তর।
আর বিভা না করিবে রাম রঘুবর ॥
সীতা সীতা বলি রাম ছাড়িল নিশ্বাস।
গাহিল উত্তরকাণ্ডে কবি কৃত্তিবাস ॥

কুক্কুর সন্ন্যাসীর কথা।

লক্ষ্মণ বলেন, প্রভো ! উচিত এ নয়।
সাত দিন হ'ল রাজকার্য্য নাহি হয় ॥
সাত দিন হইয়াছে সীতার বৰ্জ্জন।
সীতার শোকেতে কর্ম্মে কিছু নাহি মন ॥
রাজা হয়ে রাজকৰ্ম্ম না করে জিজ্ঞাসা।
পরিণামে নরক-ভিতরে হয় বাসা ॥
রাজ্যচর্চ্চা ছাড়িলেন পূর্ব্বে রাজা মৃগে।
সেই পাপে নরক ভুঞ্জিল চারিযুগে ॥
পুষ্কর দেশের রাজা নাম মৃগেশ্বর।
ধর্ম্মেতে ধার্ম্মিক রাজা গুণের সাগর।

প্রভাসের তীরে রাজা করিল গমন।
এক লক্ষ ধেনুদানে তুষিল ব্রাহ্মণ॥
অগ্নিবৈশ্যের ধেনু এক ছিল তার পালে।
মৃগ রাজা দান কৈল ধেনুর মিশালে॥
অগ্নিবৈশ্য ব্রাহ্মণেরে জগতে বাখানি।
তপে জপে ব্রহ্মচর্য্যে দ্বিজ মহাজ্ঞানী॥

ধেনুর শোকেতে দ্বিজ জর-জর তনু।
নানা দেশে তত্ত্ব ক'রে না পাইল ধেনু॥
ভ্রমিতে ভ্রমিতে গেল প্রভাসের তীরে।
আপনার ধেনু দেখে পালের ভিতরে॥

ধেনু দেখে ব্রাহ্মণের হরষিত মন।
জীববৎসা বলি মুনি ডাকিল তখন॥
হাম্বারবে এল ধেনু অগ্নিবৈশ্য পাশে।
ধেনু লয়ে দ্বিজবর চলিল হরষে॥

যারে দান দিয়াছিল মৃগ মহীপালে।
সেই দ্বিজ ধাইয়া আসিল হেনকালে॥
অগ্নিবৈশ্য ধেনু লয়ে করিছে গমন।
গো-চোর বলিয়া তাঁরে ধরিল ব্রাহ্মণ॥

ধেনু লাগি বিসংবাদ হৈল দুই জনে।
রাজদ্বারে মহাযুদ্ধ ব্রাহ্মণে ব্রাহ্মণে॥
দ্বারী গিয়া ভূপতিরে কহিল সংবাদ।
ধেনু লাগি দুই দ্বিজে হতেছে বিবাদ॥
লক্ষ ধেনু দান তুমি কৈলে যেই কালে।
অগ্নিবৈশ্যের ধেনু এক ছিল সেই পালে॥
এতেক শুনিয়া রাজা ভাবয়ে বিষাদ।
অবিচারে দান ক'রে পড়িল প্রমাদ॥
এতেক ভাবিয়া রাজা না দিল দর্শন।
রাজদ্বারে হুড়াহুড়ি বিপ্র দুইজন॥
দুই বিপ্র বিবাদ করয়ে রাজদ্বারে।
দ্বিপ্রহর হৈল দেখা না পায় রাজারে॥
ভূপে দেখা না পাইয়া দোঁহে হৈল তাপ।
ক্রোধভরে দুই বিপ্র ভূপে দিল শাপ॥
পরধন দান করে লাগিল কোন্দল।
দেখা না পাইয়া বিপ্র ছাড়ে রাজস্থল॥

দেখা না পাইয়া ভূপে বলে কটূত্তর।
কৃকলাস হয়ে থাক নরক-ভিতর॥

উভয়ে মিলিয়া ঘরে গেলেন ব্রাহ্মণ।
প্রমাদ পড়িল এত দিয়া পরধন॥
ব্রহ্মশাপ মৃগরাজা ভুঞ্জে চিরকাল।
না করে রাজ্যের চর্চ্চা এতেক জঞ্জাল॥
রাম বলে জানি শাস্ত্রে কহে মুনি ঋষি।
অবিচার-কর্ম্ম কৈলে হয় পাপ রাশি॥
চিরদিন তোমরা করহ রাজ্যখণ্ড।
করেছে ভূপতি মোবে দিয়া ছত্রদণ্ড॥
এত বলি শ্রীরাম বসিল সভা করি।
রাজদ্বারে লক্ষ্মণ বসেন হয়ে দ্বারী।
আসিলা বশিষ্ঠ মুনি কুলপুরোহিত।
কশ্যপ নারদ আদি হৈল উপনীত॥
পাত্রমিত্র লয়ে চর্চ্চা করেন ভরতে।
দ্বারদেশে লক্ষ্মণ সুবর্ণ-দণ্ড হাতে॥
মুনিগণ কহিছেন শুনহ লক্ষ্মণ!
রঘুনাথ সঙ্গেতে করাও দরশন॥
প্রজা সব বলে শুন ঠাকুর লক্ষ্মণ।
রামের পালনে সুখী আছে প্রজাগণ॥
রাম হেন রাজা নাহি দেখি কোন যুগে।
পুত্র-পৌত্রাদি লোক আছে নানাভোগে॥
এত শুনি হরষিত লক্ষ্মণ ঠাকুর।
হেনকালে তথা এক আসিল কুকুর॥
রক্ত আঁখি কুকুরের সর্ব্বাঙ্গ ধবল।
পথশ্রান্তে উপবাসে হয়েছে বিকল॥

তিন পদে চলে তার এক পদ খঞ্জ।
দণ্ডের আঘাতে শিরে রক্ত পুঞ্জ পুঞ্জ॥

তিন পদে চলিয়া আসিল ধীরে ধীরে।
লক্ষ্মণে প্রণাম ক'রে ভাসে অশ্রুনীরে॥

কুক্কুরে জিজ্ঞাসা করে ঠাকুর লক্ষ্মণ।
কি কারণে কুক্কুর! হেথায় আগমন?

কুক্কুর কহিছে শুন ঠাকুর লক্ষ্মণ!
কহিব আমার দুঃখ শ্রীরামসদন॥
যদি আজ্ঞা দেন রাম ঘৃণা না করিয়া!
কহিব আমার দুঃখ সভামধ্যে গিয়া॥

লক্ষ্মণ গেলেন তবে রামের নিকটে।
কুক্কুরের বৃত্তান্ত কহেন করপুটে॥

দ্বারেতে কুক্কুর এক হৈল আগুসার।
সভাতে আসিতে চাহে কি আজ্ঞা তোমার?
কুক্কুরে আসিতে রাম কহেন সত্বর।
কুক্কুরে আনিল তবে রামের গোচর॥
রাজব্যবহারেতে কুক্কুর নমে মাথা।
অতঃপর স্তব ক'রে বলে নীতিকথা॥
তুমি ব্রহ্মা তুমি বিষ্ণু তুমি মহেশ্বর।
কুবের বরুণ তুমি যম পুরন্দর॥
তুমি চন্দ্র তুমি সূর্য্য তুমি দিক্‌পাল।
তোমার সকল সৃষ্টি তুমি পরকাল॥
তুমি বিষ্ণু-অবতার পতিতপাবনে।
সফল কুক্কুর-দেহ তোমা দরশনে॥
রাম বলে, কত স্তুতি কর বারে বারে।
কোন্ কার্য্যে আসিয়াছ কহ না আমারে॥
কাঁদিয়া কুক্কুর বলে অশ্রুজলে ভাসি।
বিনা অপরাধে মোরে মেরেছে সন্ন্যাসী॥
সন্ন্যাসীর দণ্ডাঘাতে হইয়া কাতর।
তিন উপবাসে আসি তোমার গোচর॥
কোন্ অপরাধে তিনি মোরে করে দণ্ড।
সন্ন্যাসীরে জিজ্ঞাসা করহ সভাখণ্ড॥
রাম বলে, সভাখণ্ড শুনিলে সত্বর।
সন্ন্যাসীরে শীঘ্র আন আমার গোচর॥
ভালমন্দ বিচার করহ সর্ব্বজনে।
সন্ন্যাসী হইয়া জীব হিংসে কি কারণে?
রামের আজ্ঞাতে দূত চলিল সত্বরে।
কুক্কুর আসিয়া দেখাইল সন্ন্যাসীরে॥
হাতে কমণ্ডলু স্কন্ধে মৃগছাল তার।
সন্ন্যাসীরে দেখে দূত করে নমস্কার॥
সন্ন্যাসীরে লয়ে গেল যথায় লক্ষ্মণ।
লক্ষ্মণ আনিয়া দিল রামের সদন॥
সন্ন্যাসীরে রঘুনাথ করেন জিজ্ঞাসা।
স্বধর্ম্ম ছাড়িয়া কেন কর জীবহিংসা?
অধর্ম্ম করিলে হয় নরকে নিবাস।
ক্রোধে অঙ্গ পরিপূর্ণ কিসের সন্ন্যাস?
পরনিন্দা পরহিংসা পরম পাতক।
হিংস্রক সন্ন্যাসী হ'লে বিষম নরক॥
কাম ক্রোধ লোভ মোহ যেবা করে ত্যজ্য।
এমন সন্ন্যাসী হয় সংসারেতে পূজ্য॥
সন্ন্যাসী হইয়া ক্রোধ কর অকস্মাৎ।
কি দোষেতে কুক্কুরে করিলে দণ্ডাঘাত?
যোড়হাতে কহে তবে সন্ন্যাসী ব্রাহ্মণ।
দোষাদোষ আমার শুনহ নারায়ণ!
সারাদিন সন্ধ্যা জপ করি গঙ্গাতীরে।
সন্ধ্যাকালে ভিক্ষা আশে যেতেম নগরে॥
ক্ষুধানলে পুড়ে অঙ্গ মেগে ফিরি ভিক্ষে।
পথ যুড়ে শুয়ে আছে কুক্কুর সম্মুখে॥
পথ ছাড় ব'লে ডাক দিই উচ্চৈঃস্বরে।
কপটে রহিল পথ না ছাড়িল মোরে॥
এক চক্ষে নিদ্রা যায় আর চক্ষে চায়।
ক্রোধে জ্বলে দণ্ডাঘাত করেছি মাথায়॥
এই কহিলাম আমি সভার ভিতরে।
যে হয় উচিত দণ্ড করহ আমারে॥
রাম বলে সভাখণ্ড করহ বিচার।
কাহার করিবে দণ্ড অপরাধ কার?
যোড়হাত করি তবে সভাখণ্ড কয়;—
আমাদের বুদ্ধি-সাধ্য এই কার্য্যে হয়॥
কার নহে রাজপথ রাজ-অধিকার।
উত্তম অধম পথে চলে ত সংসার॥
যদি শীঘ্র কাজ থাকে যাবে এক পাশে।
সন্ন্যাসী হইল দোষী আপনার দোষে॥
শ্রীরাম বলেন, তব শুন সভাখণ্ড!
ধর্ম্মশাস্ত্রে সন্ন্যাসীর করিব কি দণ্ড॥
যোড় হাতে রঘুনাথে কহে সভাখণ্ড।
গঙ্গাস্নান মানা করা সন্ন্যাসীর দণ্ড॥
কুক্কুর উঠিয়া বলে সভার ভিতরে।
কদাচিৎ দণ্ড না করিও সন্ন্যাসীরে॥
আমার বচনে কিছু কর পুরস্কার।
কালঞ্জরে সন্ন্যাসীরে দেহ রাজ্যভার॥
কুক্কুরের কথা শুনে সভাজন হাসে।
সন্ন্যাসীরে রাজা করে কালঞ্জর-দেশে॥
রাজ্য পেয়ে সন্ন্যাসী মাতঙ্গপৃষ্ঠে চড়ে।
রাজদণ্ডে সন্ন্যাসীর ঐশ্বর্য্য সে বাড়ে॥

আনন্দে সন্ন্যাসী যায় কালঞ্জর-দেশে।
সন্ন্যাসীর বেশ দেখে সর্ব্বলোকে হাসে॥
পরিধানে কৌপীন মস্তকে ছত্রদণ্ড।
রঘুনাথে জিজ্ঞাসা করেন সভাখণ্ড॥
আনিলে সন্ন্যাসী ধ'রে দণ্ড করিবারে।
কি কারণে রাজপদ দিলে সন্ন্যাসীরে॥
রাম বলে, রাজ্য দিনু কুক্কুর-বচনে।
ইহার বৃত্তান্ত কুক্কুর ভাল জানে॥
ইহা শুনি সভাখণ্ড জিজ্ঞাসে কুক্কুরে।
কুক্কুর বিনয় করি কহিছে সত্বরে॥
পূর্ব্বজন্মে কালঞ্জরে আমি ছিনু রাজা।
নিত্য নিত্য করিতাম সদা শিবপূজা॥
নীলবর্ণ শিবলিঙ্গ তথা অধিষ্ঠান।
রাজা বিনা অন্য জনে পূজিতে না পান॥
বিশেষ প্রকারে পূজা করিয়া শঙ্করে।
প্রসাদ খাইতে হয় প্রত্যহ রাজারে॥
রাজারে শিবের শাপ আছয়ে এমন।
মরিলে কুক্কুরযোনি না হয় খণ্ডন॥
কালঞ্জর দেশে শিব বড়ই নিষ্ঠুর।
রাজা ছিনু এবে আমি হয়েছি কুক্কুর॥
পাইয়া কুক্কুর-দেহ এতেক দুর্গতি।
তোমা দরশনে এবে পাইব নিষ্কৃতি॥
সবে বলে সন্ন্যাসীর বাড়িল বিষয়।
বিষয় এ নহে প্রভু বড়ই সংশয়॥
কালঞ্জরে যেই জন হয় সে রাজন্।
লোকান্তে কুক্কুর হবে না হয় খণ্ডন॥
কুক্কুর এতেক বলি রামে নমস্কারে।
বারাণসী কুক্কুর চলিল ধীরে ধীরে॥
প্রাণ ত্যজে কুক্কুর করিয়া উপবাস।
রাম-দরশনে লাভ হৈল স্বর্গবাস॥
সভাসনে রঘুনাথ বসিল দেওয়ানে।
পাত্র মিত্র সভাজন আছে বিদ্যমানে॥

লবণ বধ।

উপনীত লক্ষ্মণ রামের বিদ্যমানে।
প্রণিপাত করি কহে শ্রীরামের স্থানে॥
মহামুনি ভার্গব বৈসেন গঙ্গাতীরে।
তোমা দরশনে মুনি আসিলেন দ্বারে॥
রাম কহে ত্বরা আন দ্বারে কি কারণে?
বড় ভাগ্য আজি মম মুনি দরশনে॥
শ্রীরামের আজ্ঞা পেয়ে লক্ষ্মণ সত্বরে।
শিষ্য সহ মুনি আনে রামের গোচরে॥
নমস্কার করি রাম বন্দিলা চরণ।
পাদ্য অর্ঘ্য দিয়া দিল বসিতে আসন॥
ভার্গব বলেন, রাম! কর অবধান।
মহাদুঃখ নিবেদিতে আসি তব স্থান॥
পূর্ব্বে রাজগণে দিনু যত যত ভার।
রাজগণ পালিল আমার অঙ্গীকার॥
ত্রিভুবন রাখিলে সে মারিয়া রাবণ।
রাবণ হইতে এক আছে সে দুর্জ্জন॥
সত্যযুগে ছিল মধু দৈত্যের প্রধান।
হিরণ্যকশিপু পুত্র বড় বলবান্॥
সদা-শিব প্রিয় ভক্ত দৈত্য মহাবল।
শিবের বরেতে সে জিনিছে ভূমণ্ডল॥
জাঠা এক শিব তারে দিয়াছেন দান।
জাঠার তেজের কথা কি করি বাখান॥
মন্ত্র পড়ি মধুদৈত্য জাঠা যদি এড়ে।
জাঠামুখে ত্রিভুবন ভস্ম হয়ে উড়ে॥
হৈল মধুর পুত্র লবণ মহাবল।
জিনিল জাঠার তেজে পৃথিবীমণ্ডল॥
কুম্ভীনসী-গর্ভে জন্ম রাবণ-ভাগিনে।
তাহার সমান বীর নাহি ত্রিভুবনে॥
মহাদুষ্ট লবণ সে মথুরাতে ঘর।
জন্মাবধি মহাপাপ করে নিরন্তর॥
মধুদৈত্য মহাবীর হইল পতন।
তাহার সে জাঠাগাছ পাইল লবণ॥
জাঠাতেজে সে লবণ জিনে ত্রিভুবন।
লবণে মারিতে যুক্তি করহ এখন॥
জাঠাগাছ লয়ে দৈত্য যদি আসে রণে।
তাহারে রণেতে জিনে নাহি ত্রিভুবনে॥
লবণের সঙ্গে হবে দুর্জ্জয় সংগ্রাম।
তার কথা কহি কিছু শুনহ শ্রীরাম!

মান্ধাতা নামেতে রাজা জন্ম সূর্য্যবংশে।
অযোধ্যাতে রাজ্য করে ত্রিভুবন শাসে॥
ইন্দ্রে জিনিবারে গেল অমর-ভুবন।
ভয়ে ইন্দ্র পলাইয়া হৈল অদর্শন॥
মান্ধাতার প্রতি তবে কহে দেবগণে।
অর্দ্ধরাজ্য ভোগ কর পুরন্দর সনে॥
ধনেতে অর্দ্ধেক লহ এ অমরাবতী।
ইন্দ্রের সহিত যাও করিয়া পিরীতি॥
মান্ধাতা আছেন চাহি করিবারে রণ।
ইন্দ্রে জিনি স্বর্গ লব শুন দেবগণ!
পুরন্দরে জিনি আমি রাখিব পৌরুষ।
ত্রিভুবনে লোক যেন ঘোষে এই যশ॥
দেবগণ লয়ে ইন্দ্ররাজ যুক্তি করে।
বিনা যুদ্ধে পাঠাইব যমের দুয়ারে॥
ইন্দ্র বলেন শুন মান্ধাতা মহারাজ!
পৃথিবী জিনিতে নার বীরের সমাজ॥
পৃথিবী জিনিতে যেই রাজা নাহি পারে।
লজ্জা নাই আসিয়াছে স্বর্গ জিনিবারে?
আছয়ে লবণ-দৈত্য সে বড় কর্কশ।
রাক্ষসী-গর্ভেতে জন্ম জাতিতে রাক্ষস॥
নিষ্কণ্টকে রাজ্য করে মথুরার দেশে।
তারে জিনি তবে স্বর্গ জিন আসি শেষে॥
ইন্দ্রের বচনে লাজ পাইয়া মান্ধাতা।
মনোদুঃখে মান্ধাতা করে হেঁট মাথা॥
স্বর্গ ছাড়ি আসিল লবণ জিনিবারে।
দূত পাঠাইল সে লবণে জিনিবারে॥
ত্বরা করি গেল দূত লবণ গোচরে।
মান্ধাতা রাজন্ আসে তোমা জিনিবারে॥
লবণ শুনিয়া এত ক্রোধেতে কহিল।
লবণের ক্রোধ দেখি দূত চলি গেল॥
দূতের অপেক্ষা দেখি মান্ধাতা ভূপতি।
যুঝিবারে গেল বীর কটক সংহতি॥
মান্ধাতার তেজ যেন সূর্য্যের কিরণ।
মান্ধাতার তেজ দেখি রুষিল লবণ॥
জাঠা হাতে করিয়া লবণ বীর রোষে।
এড়িলেক জাঠাগাছ মান্ধাতা-উদ্দেশে॥
রথ অশ্ব কটক জাঠার তেজে পুড়ে।
মান্ধাতা জাঠার তেজে ভস্ম হয়ে উড়ে॥
পুনর্ব্বার জাঠা গেল লবণের হাতে।
পড়িল মান্ধাতা যত রাজা ভয়ে চিন্তে॥
পূর্ব্বপুরুষ তোমার সে মান্ধাতা ভূপতি।
মান্ধাতা মারিয়া দৈত্য রাখিল খেয়াতি॥
কত শত রাজগণে করিল সংহার।
লবণে মারিয়া রাম কর প্রতিকার॥
শুনিয়া মুনির কথা ভাই তিন জন।
যোড়হাতে দাঁড়াইল রামের সদন॥
যোড়হাতে কহেন ঠাকুর শত্রুঘন;--
তুমি ভাই লক্ষ্মণ! করেছ বহু রণ॥
আমারে কবহ আজ্ঞা মারিতে লবণ।
লবণ মারিলে যশ ঘোষে ত্রিভুবন॥
শত্রুঘ্নের বচনে রামের হৈল হাস।
লবণে মারিতে রাম করিল আশ্বাস॥
শত্রুঘন চলিলেন মারিতে লবণ।
কহেন ভার্গব মুনি শুন শত্রুঘন!
অযুত অযুত হস্তী মেরে খায় দিনে।
লবণের সঙ্গে যুদ্ধে থেকো সাবধানে॥
এত বলি ভার্গব গেলেন নিজ স্থান।
ভ্রাতৃগণ লয়ে রাম করে অনুমাণ॥
রাম বলে, শত্রুঘ্নে সে করিলাম রাজা।
লবণ মারিয়া পাল মথুরার প্রজা॥
লবণে মারিয়া তুমি হয়ে অধিকারী।
প্রজার পালন কর মথুরানগরী॥
শত্রুঘ্ন বলেন, প্রভো! কর অবধান।
জ্যেষ্ঠ সত্বে কনিষ্ঠের নহে বিধান॥
শ্রীরাম বলেন শুন ভাই শত্রুঘন।
তোমাতে আমাতে নহে প্রভেদ দুজন॥
চলিলেন শত্রুঘ্ন সে মারিতে লবণ।
রামে প্রদক্ষিণ করি বন্দিল চরণ॥
বিষ্ণু-অস্ত্র ছিল তার অস্ত্রের প্রধান।
লবণে মারিতে শত্রুঘনে দিলা দান॥
এক লক্ষ রথ নড়ে এক লক্ষ হাতী।
এক লক্ষ ঘোড়া নড়ে পবনের গতি॥

লবণে মারিতে বীর করিল সাজনি।
শত্রুঘ্নের নিজবাদ্য সাত অক্ষৌহিণী॥
লিখনে না যায় ঠাট কটক অপার।
শুনিয়া বাদ্যের শব্দ লাগে চমৎকার॥
হইল আষাঢ় গত শ্রাবণ প্রবেশে।
গেলেন যমুনাপার বাল্মীকির দেশে॥
বন্দিলেন শত্রুঘ্ন সে মুনির চরণ।
শত্রুঘ্নে দেখে সে মুনি হরষিত মন॥
শত্রুঘ্ন বলেন, মুনি! করি নিবেদন।
রামের আদেশে যাই বধিতে লবণ॥
কটক সহিত আমি আসিনু এ দেশে।
অদ্য রাত্রি তবাশ্রমে বঞ্চিব হরষে॥
এতেক শুনিয়া মুনি হরষিত-মন।
ব্রহ্ম-মন্ত্র বেদধ্বনি করিলা তখন॥
শত্রুঘ্নে করাল মুনি উত্তম ভোজন।
জানিল লবণ আজি হইবে নিধন॥
মুনি ও শত্রুঘ্ন দোঁহে কয় নানা কথা।
হেনকালে দুই পুত্র প্রসবিলা তথা॥
শিষ্যগণ কহে আসি মুনির সাক্ষাতে।
দুই পুত্র যমজ প্রসব কৈল সীতে॥
মুনি বলে গোপনেতে রাখ শিষ্যগণ!
এই কথা যেন নাহি শুনে শত্রুঘন॥
মতান্তরে আছে ইহা শুন সর্ব্বজন।
যমুনার তীরে মুনি করেন তর্পণ॥
মুনিকে সংবাদ দেয় শিষ্য এক জন।
প্রসব করিল সীতা যমজ নন্দন॥
আনন্দিত হয়ে মুনি কহিলেন শিষ্যে।
শিশুকে মাখাতে বল লবণ ও কুশে॥
শুনিয়া মুনির কথা কহিল সীতায়।
হরিষ হইয়া সীতা পুত্রেরে মাখায়॥
মুনি আসি জিজ্ঞাসিল সীতাদেবী তরে।
হাসি কহে তব পুত্রে দেখাও আমারে॥
লব আর কুশ নাম মুনিবর রাখে।
লবণেতে লব হৈল কুশে কুশ রাখে॥
দিনে দিনে বাড়ে দুই শিশু মহারথা।
এখন কহিব সে লবণ-বধ-কথা॥

এতেক বলিয়া মুনি আনন্দ-হৃদয়।
শত্রুঘ্ন ও মুনি দোঁহে কথাবার্ত্তা কয়॥
কথোপকথনে দোঁহে বঞ্চিলা রজনী।
প্রভাতে উঠিয়া যায় করিয়া সাজনি॥
মুনি প্রণমিয়া চলে শত্রুঘ্ন সে বীর।
ভার্গবের বাটী গেল যমুনার তীর॥
মুনি প্রণমিয়া করে যুক্তি সমুচিত।
মুনি বলে সুমন্ত্রনা করিব বিদিত॥
লবণ নামেতে দৈত্য সংগ্রামে দুর্জ্জয়।
কিরূপে মারিল তারে শত্রুঘ্ন সে কয়॥
মুনি বলে, অতিশয় দুষ্ট সে লবণ।
কহি হিত উপদেশ শুন শত্রুঘ্ন!
রজনী প্রভাতে যাবে মৃগের উদ্দেশে।
আপনা পাসরে বেটা ভক্ষণের আশে॥
জাঠাগাছ রেখে যায় শিবপূজা ঘরে।
ফিরে এসে নিবাসে দিবস দুপ্রহরে॥
হিত উপদেশ বলি শুনহ সত্বর।
মৃগয়াতে গেলে বেড়ে রহ তার ঘর॥
কোনমতে জাঠাগাছ না পায় রাক্ষস।
লবণে মারিতে তবে করহ সাহস॥
জাঠা বন্দী করিতে না পার শত্রুঘন।
না হবে তোমার শক্তি মারিতে লবণ॥
শত্রুঘ্ন পাইয়া তবে হেন উপদেশ।
লবণে মারিতে যায় মথুরার দেশ॥
প্রভাতে লবণ গেল করিতে আহার।
শত্রুঘ্ন সসৈন্যেতে যমুনা হৈল পার॥
জাঠাগাছের ঘর গিয়া কটকেতে বেড়ে।
মৃগভার স্কন্ধেতে লবণ আসে গড়ে॥
সৈন্যেতে সকল পথ রহিল আগুলে।
কুপিল লবণ বীর মৃগভার ফেলে॥
মধুদৈত্যপুত্র সেই মথুরাতে থানা।
বিক্রমে নাহিক অন্ত রাবণ ভাগিনা॥
লবণ বলে, যুড়িব মিছা ধনুর্ব্বাণ।
তোর মত কত বেটা লয়েছি পরাণ॥
কহিছেন শত্রুঘ্ন সে লবণ-বচনে।
কাটিব তোমার মুণ্ড এই ধনুর্ব্বাণে॥

মামা তোর বীর ছিল সেই অহঙ্কার।
আমার ভ্রাতার হাতে তাহার সংহার ॥
সে রামের ভাই আমি তোর বাক্যে ভুলি।
তোর মাথা কাটিয়া রামেরে দিব ডালি ॥
লবণ বলিছে ক্রোধে শুন যে শত্রুঘ্ন!
তোরে মারি ঘুচাইব মায়ের ক্রন্দন ॥
তোর জ্যেষ্ঠ সহোদর মামারে মারিল।
মায়ের ক্রন্দন শুনি অন্তর জ্বলিল ॥
সেই তাপে আজ তোর করি সর্ব্বনাশ।
মরিতে মানুষ বেটা! এলি মোর পাশ?
তোর বংশে যত রাজা তৃণ হেন বাসি।
মান্ধাতারে পোড়ায়ে করেছি ভস্মরাশি ॥
শত্রুঘ্ন কহেন আমি এসেছি সে কোপে।
তোর মাথা কাটিব রাখিবে কার বাপে ॥
মারিয়াছ সূর্য্যবংশে মান্ধাতা ভূপতি।
প্রতিশোধে পাঠাইব যমের বসতি ॥
রামের কনিষ্ঠ আমি বীর-অবতার।
তোরে মেরে শোধিব বংশের যত ধার ॥
শত্রুঘ্নের বচনেতে রুষিল লবণ।
মানুষ বেটার কথা সব কতক্ষণ ॥
হাতে হাতে চাপিয়ে দন্তের কড়মড়ি ॥
শীঘ্রগতি চলিল আনিতে জাঠাবাড়ি।
লবণের মন বুঝে শত্রুঘ্ন সে হাসে।
মনে কি করেছ বেটা ফিরে যাবে বাসে ॥
শুনিয়া লবণ বীর সিংহ যেন গর্জ্জে ॥
গর্জ্জন করিয়া আসে যুঝিবার সাজে ॥
গাছ ও পাথর মারে সঘনে উপাড়ি।
শত্রুঘ্নের মাথে মারে দুহাতিয়া বাড়ি ॥
সেই ঘায়ে শত্রুঘ্ন হইল অচেতন।
লবণ ভীষণ শব্দে করিছে গর্জ্জন ॥
শত্রুঘ্ন পড়িল সৈন্য করে হাহাকার।
ঘরে যায় লবণ লইয়া মৃগভার ॥
শত্রুঘ্ন উঠিল পরে সমরে দুর্জ্জয়।
ধনুক পাতিয়া যুঝে নাহি করে ভয় ॥
বিষ্ণুবাণ শত্রুঘ্ন সে যুড়িল ধনুকে।
স্থাবর জঙ্গম মেরু দিক্‌পাল কাঁপে ॥
উল্কাপাত হয় যেন সেই বিষ্ণুবাণে।
প্রলয় হইল দেখি ভাবে দেবগণে ॥
আচম্বিতে সৃষ্টিনাশ হয় কি কারণ?
শুনিয়া প্রলয়শব্দে কাঁপে দেবগণ ॥
কোন যুগে এমন যে শব্দ নাহি শুনি।
কি প্রলয় হইল নিশ্চয় না জানি ॥
ব্রহ্মা বলে দেবগণ! না করিহ ডর।
লবণে বধিতে গর্জ্জে শত্রুঘ্নের শর ॥
সৃজিলেন বাণ বিষ্ণু আপনার হাতে।
মৈল মধুকৈটভাদি সেই বাণাঘাতে ॥
বাণের উপরে বিষ্ণু হন অধিষ্ঠান।
সেই বাণাঘাতে কারো নাহি রহে প্রাণ ॥
বিষ্ণুবাণ-উপরেতে ব্রহ্ম-অগ্নি জ্বলে।
সে বাণ নাহিক ব্যর্থ হয় কোন কালে ॥
বিষ্ণুবাণ শত্রুঘ্ন সে এড়িল লবণে।
শূন্যমার্গে থাকিয়া দেখেন দেবগণে ॥
সিংহনাদ করি ডাকে বীর সে শত্রুঘ্ন।
কোথা আছ ওরে বেটা! দেহ আসি রণ ॥
বাণের গর্জ্জন শুনি লবণের ডর।
কহিতেছে শত্রুঘ্নে ত্রাসিত অন্তর ॥
ক্ষণেক বিরত রহ খাব কিছু আমি।
ফিরিয়া আসিয়া যুদ্ধ করিব এখনি ॥
মনে ভাবে জাঠা আছে দেবপূজা-ঘরে।
লইব সবার প্রাণ জাঠার প্রহারে ॥
তাহার মনের কথা বুঝিল শত্রুঘ্ন।
কহিতে লাগিল বীর করিয়া তর্জ্জন ;—
করিবি ভোজন তুই আমি উপবাসী।
দোঁহে উপবাসে যুদ্ধ আমি ভালবাসি ॥
এখন ভোজন আর উচিত না হয়।
ভোজন করিবি বেটা! গিয়া যমালয় ॥
কুপিল লবণ বীর দুর্জ্জয় প্রতাপ।
আহার করিতে নাহি দিলি মহাপাপ ॥
রঘুবংশে জন্ম তোর সর্ব্বলোকে জানে।
রঘুকুল উজ্জ্বল করিলি এত দিনে ॥
শত্রুঘ্নে মারিতে তবে আসিল লবণ।
সন্ধান পূরিয়া বাণ এড়ে শত্রুঘন ॥

মহাশব্দে যায় বাণ অনন্ত আগুনি।
লবণের বুকে বিন্ধি প্রবেশে মেদিনী॥
বিষ্ণুবাণ বুকে ঠেকি পড়িল লবণ।
দেবতার জাঠাগাছ গেল ততক্ষণ॥
শক্তিমান্ জাঠাগাছ গেল অন্তরীক্ষে।
পড়িল লবণ বীর সর্ব্বলোকে দেখে॥
জয় জয় শব্দ করে যত দেবগণ।
শত্রুঘ্ন-উপরে করে পুষ্প বরিষণ॥
স্বর্গেতে দুন্দুভি বাজে নাচে বিদ্যাধরী।
আনন্দে হইল মগ্ন যত সুরপুরী॥
শত্রুঘ্নের তরে ব্রহ্মা কহিল তখন।
বর মাগ মহাবীর। যাহা লয় মন॥
নিজ বাহুবলে বীর। লবণে মারিলে।
স্বর্গ মর্ত্ত্য পাতালের শঙ্কা নিবারিলে॥
যে বর মাগিবে তুমি দেবতার স্থানে।
সে বর তোমায় দিব যত দেবগণে॥
কহিছেন রামানুজ যুড়ি দুই পানি।
মথুরাতে বসতি হউক পদ্মযোনি।
তথাস্তু বলিয়া বর দিল ততক্ষণ।
বর দিয়া স্বর্গে গেল যত দেবগণ॥
দেশ বসাইতে বীর করে অনুষ্ঠান।
করিল মথুরাপুরী অদ্ভুত-নির্ম্মাণ॥
বাড়ীঘর নির্ম্মাইল আর সরোবর।
মৎস্য আদি নির্ম্মাইল নানা জলচর॥
বন উপবন ভাঙ্গি করিল বসতি।
বসাইল প্রজা যে মনুষ্য নানাজাতি॥
বৃক্ষোপরে পক্ষী সব করে মধুধ্বনি।
মুনি-মন হরে হেরে ময়ূর-নাচনি॥
রাজবাটী নির্ম্মাইল দেখিতে সুন্দর।
শত্রুঘ্ন সে রহিলেন তাহার ভিতর॥
নগরের মধ্যে যত সাধুলোক বৈসে।
অন্য দেশ হৈতে মথুরাতে আসে॥
পদ্মকোটি ঘর কৈল সুবর্ণ-গঠন।
ক্ষত্র বৈশ্য শূদ্র আসি বসিল ব্রাহ্মণ॥
দ্বাদশ বৎসর থাকে মথুরানগরে।
প্রজার পালন করে হরষ অন্তরে॥

মথুরানগরী সব করিল শাসন।
অযোধ্যায় চলিলেন রাম-সম্ভাষণ॥
কটক সহিত গেল বাল্মীকির দেশ।
সৈন্য সহ তপোবনে করিলা প্রবেশ॥
শত্রুঘ্নে দেখিয়া মুনি হরষিত মন।
শত্রুঘ্ন করিল তার চরণ বন্দন॥
মুনি বলে, মহাবীর তুমি শত্রুঘন।
লবণে মারিয়া রক্ষা কৈলে ত্রিভুবন॥
অনেক কষ্টেতে রাম বধিল রাবণে।
লবণে মারিলে তুমি দিনেকের রণে॥
মনুষ্য খাইয়া বেটা দেশ কৈল বন।
লবণে মারিয়া কৈলে নগর পত্তন॥
আলিঙ্গন দিয়া মুনি পরম আদরে।
রাখিলা সকল সৈন্য অতিথি-ব্যভারে॥
সুগন্ধি কোমল অন্ন পায়স পিষ্টক।
নানা উপহারে ভুঞ্জে সকল কটক॥
সোনার পালঙ্কে বীর করিল শয়ন।
মুনির বাটীতে শুনে গীত রামায়ণ॥
বীণার স্বরেতে নাদ হৈল আচম্বিত।
মধুস্বরে গান হয় রামায়ণ-গীত॥
দেশ ছাড়ি সীতা আর শ্রীরাম-লক্ষ্মণ।
গাছের বাকল পরি প্রবেশিল বন॥
শ্রীরাম যাইতে বনে কান্দে সর্ব্বলোক।
দশরথ মরিলেন পেয়ে পুত্রশোক॥
রাজার মরণে যত রাজরাণীগণ।
যেমতে করিলা তার শ্রাদ্ধাদি তর্পণ॥
রাম গেল বনে ভরত মাতুলপাড়া।
চারি পুত্র সত্ত্বে রাজা হেল বাসিমড়া॥
চৌদ্দবর্ষ রহিলেন পঞ্চবটীবনে।
সীতা হরি লইলেক লঙ্কার রাবণে॥
সবংশে রাবণে রাম করিল সংহার।
বহুযুদ্ধে করিলেন সীতার উদ্ধার॥
সুমধুর-স্বরে গীত করিলা যেক্ষণ।
সর্ব্বলোক মোহিত শুনিয়া রামায়ণ॥
দুই শিশু গীত গায় বাজিতেছে বীণা।
সর্ব্বলোকে শুনে যেন অমৃতের কণা॥

শত্রুঘ্ন চক্ষের জল নারেন রাখিতে।
দুই চক্ষে বারিধারা মুছেন দুহাতে॥
শ্রীরামের দুঃখ শুনে শত্রুঘ্ন বিকল।
মোহ সংবরিতে নারে চক্ষে পড়ে জল॥
পাত্রমিত্র বলে সব শুন মহামুনি।
এমত মধুর গান কভু নাহি শুনি॥
চারি প্রহর রাত্রি মধুর গীত শুনে।
সর্ব্বলোক নিদ্রা যায় নিশি জাগরণে॥
শত্রুঘ্ন বলেন, মুনি! করি নিবেদন।
কোথাকার দুই শিশু গায় রামায়ণ?
শুনিনু যে রামায়ণ মধুর সঙ্গীত।
কহ মুনি! এই গীত কাহার রচিত?
মুনি বলে, বার্ত্তা তুমি জিজ্ঞাস শত্রুঘন!
দুই শিশু গান করে শিষ্য দুই জন॥
আমি রচিয়াছি রামায়ণ সপ্তকাণ্ড।
শুনে লোক মোক্ষ পায় অমৃতের ভাণ্ড॥
কহিতে এ কথাবার্ত্তা প্রভাতা রজনী।
প্রভাতে চলিল বীর বন্দি মহামুনি॥
শত্রুঘ্ন সসৈন্যে সে যমুনা হৈল পার।
শত্রুঘ্নের সঙ্গে বাদ্য বাজিছে অপার॥
তিন দিনে গেল বীর অযোধ্যানগর।
যোড়হাতে রহিলেন রামের গোচর॥
শত্রুঘ্ন রামের কৈল চরণ বন্দন।
তোমার প্রসাদে প্রভু! মারিনু লবণ॥
মারিনু লবণে যুদ্ধ করিয়া বিশাল।
বসাইনু মথুরাতে প্রজা চালেচাল॥
বারো বর্ষ না দেখিয়া তোমার চরণ।
ধরিতে না পারি প্রাণ হৈল উচাটন॥
তব অদর্শনে প্রভু! জীবনে কি কার্য্য?
কি করিবে সুখভোগ মথুরার রাজ্য?
শত্রুঘ্নের তরে রাম দিলা আলিঙ্গন।
রাম বলে, ভাই। তব মধুর বচন॥
সবার কনিষ্ঠ ভাই গুণের সাগর।
তোমারে দেখিলে দুঃখ পাসরি বিস্তর॥
পঞ্চ দিন তরে ভাই! বঞ্চিব হরষে।
পঞ্চ দিন পরে যেও মথুরার দেশে॥
শ্রীরাম লক্ষ্মণ আর ভরত শত্রুঘ্ন।
চারি ভাই একত্রে হইল সম্ভাষণ॥
চারি ভাই পঞ্চ দিন একত্রে রহিলা।
শত্রুঘ্নেরে মথুরায় বিদায় করিলা॥
মথুরায় হইলেন শত্রুঘ্ন সে রাজা।
অযোধ্যায় শ্রীরাম পালেন সব প্রজা॥
শ্রীরামের রাজ্যে লোক সর্ব্বসুখে বৈসে।
উত্তরকাণ্ড গাহিল কবি কৃত্তিবাসে॥

বিপ্রপুত্রের অকালমৃত্যু ও শূদ্র তপস্বীর মস্তকচ্ছেদন।

অযোধ্যায় রাজা রাম ধর্ম্মেতে তৎপর।
অকাল-মরণ নাই রাজ্যের ভিতর॥
অকস্মাৎ এক বিপ্র আসিল কাঁদিয়া।
মৃত এক শিশুপুত্র কোলেতে করিয়া॥
পঞ্চ বৎসরের মৃত পুত্র তার কোলে।
শ্রীরামের দ্বারে আসি কাঁদে উচ্চরোলে॥
ধর্ম্মের সংসার মোর পাপ নাহি করি।
অকস্মাৎ পুত্রশোকে কেন পুড়ে মরি?
না করেন রাজ্যচর্চ্চা রাম রঘুবর।
ব্রহ্মশাপ দিব আজি রামের উপর॥
কি পাপে মরিল পুত্র কিছুই না জানি।
পুত্র কোলে করি কাঁদে ব্রাহ্মণ-ব্রাহ্মণী॥
বৃথা গর্ভে ধরি পুত্র পঞ্চবর্ষ পুষি।
অকালে মরিল পুত্র রামরাজ্যে বসি॥
মাতা পিতা রাখি পুত্র ছাড়ি গেল কোথা।
কোন্ দোষে মৈল পুত্র প্রাণে দিয়া ব্যথা॥
অধর্ম্মীর রাজ্যে হয় দুর্ভিক্ষ মড়ক।
কর্ম্মদোষে সেই রাজা ভুঞ্জয়ে নরক॥
অকালেতে মরে পুত্র শ্রীরামের রাজ্যে।
নহে অন্য দেশে যাব এই রাজ্য ত্যজে॥
এত বলি স্ত্রী-পুরুষে ভাসে অশ্রুনীরে।
লক্ষ্মণ সত্বরে যান রামের গোচরে॥
অকস্মাৎ প্রমাদ পড়িল রঘুমণি!
মৃত পুত্র লয়ে এল ব্রাহ্মণ-ব্রাহ্মণী॥
বয়সেতে বৃদ্ধ দোঁহে পুত্র নাহি আর!
ক্রন্দনেতে ব্যাকুল করিতেছে রাজদ্বার॥

দ্বিজ বলে, পাপ নাহি আমার শরীরে।
তবে অকালেতে মোর পুত্র কেন মরে?
এত বলি স্ত্রীপুরুষে করয়ে রোদন।
শ্রীরাম শুনিয়া হৈলা বিরস-বদন॥
ত্রাস পায় রঘুনাথ শুনিয়া বচন।
অকালে দ্বিজের পুত্র মরে কি কারণ?
পাত্রমিত্র সভাসদ করে হাহাকার।
রামের আজ্ঞাতে সব হৈল আগুসার॥
আসিল অগস্ত্য মুনি কুলপুরোহিত।
কশ্যপ নারদ আদি হৈল উপনীত॥
পাত্রমিত্র লয়ে রাম বসিল দেয়ানে।
ব্রাহ্মণের কথা রাম কহে সভাস্থানে॥
তোমা সব লয়ে আমি করি রাজকাজ।
অকালে মরিল শিশু পাই বড় লাজ॥
শুনিয়া রামের কথা সকলে নীরব!
শ্রীরামের পানে চাহি কহেন নারদ॥
মুনি বলে, রঘুনাথ! শাস্ত্রের বিচার।
সত্যযুগে তপস্যা দ্বিজের অধিকার॥
ত্রেতাযুগে তপস্যা ক্ষত্রিয়-অধিকার।
দ্বাপরেতে তপ করে বৈশ্যের বিচার॥
কলিযুগে তপস্যা করিবে শূদ্রজাতি।
তপস্যার নীতি এই শুন রঘুপতি!
অকালে অনধিকারে শূদ্র তপ করে।
সেই রাজ্যে অকালে দ্বিজের পুত্র মরে॥
কলিকালে শূদ্র আর পতিহীনা নারী।
তপস্যা করিয়ে সৃষ্টি নাশিবারে পারি॥
অকালে করিলে তপ ঘটায় উৎপাত।
অকাল-মরণ-নীতি শুন রঘুনাথ!
না মরে তোমার পাপে দ্বিজের কুমার॥
তপস্যা করিছে কোথা শূদ্র দুরাচার॥
এই হেতু মিথ্যা দোষী করয়ে তোমাকে।
ব্রাহ্মণ-ব্রাহ্মণী দ্বারে কাঁদে পুত্রশোকে॥
নারদের বচন রামের লয় মনে।
ডাক দিয়া সভামধ্যে আনেন লক্ষ্মণে॥
পাত্রমিত্র লয়ে ভাই! বৈসহ বিচারে।
প্রিয়বাক্যে ব্রাহ্মণেরে রাখহ দুয়ারে॥
যাবৎ না আসি আমি করিয়া বিচার।
তাবৎ রাখহ দ্বিজে না ছাড়িও দ্বার॥
নারায়ণ-তৈলে ফেলি রাখ দ্বিজসুতে।
দেহ তার নষ্ট যেন নহে কোনমতে॥
এত বলি কৈল রাম রথে আরোহণ।
পশ্চিমদিকেতে রাম করিলা গমন॥
পশ্চিমের যত দেশ করিয়া বিচার।
উত্তরদিকেতে রাম কৈল আগুসার॥
উত্তরের যত দেশ করি অন্বেষণ।
পূর্ব্বদিকে রঘুনাথ করেন গমন॥
পূর্ব্বদিক বিচরিয়া গেলেন দক্ষিণে।
এক শূদ্র তপ করে মহাঘোর বনে॥
করয়ে কঠোর তপ বড়ই দুষ্কর।
অধোমুখে ঊর্দ্ধপদে আছে নিরন্তর॥
বিপরীত অগ্নিকুণ্ড জ্বলিছে সম্মুখে।
ব্যাপিল বহ্নির ধূম সুবর্ণরাশিকে॥
দেখিয়া কঠোর তপ শ্রীরামের ত্রাস।
ধন্য ধন্য বলি রাম যান তার পাশ॥
জিজ্ঞাসা করেন তারে কমললোচন;—
কোন্ জাতি তপ কর কোন্ প্রয়োজন?
তপস্বী বলেন, আমি হই শূদ্রজাতি।
শম্বুক আমার নাম শুন মহামতি॥
করিব কঠোর তপ দুর্লভ সংসারে।
তপস্যার ফলে যাব বৈকুণ্ঠনগরে॥
তপস্যার বাক্যে রাম কোপে কাঁপে তুণ্ড।
খড়্গ হাতে কাটিলেন তপস্বীর মুণ্ড॥
সাধু সাধু শব্দ করে যত দেবগণ।
রামের উপরে করে পুষ্প বরষণ॥
ব্রহ্মা বলিলেন, রাম! কৈলে বড় কাজ।
শূদ্র হয়ে তপ করে পাই বড় লাজ॥
রামে তুষ্ট হয়ে ব্রহ্মা কহেন বচন।
মনোনীত বর মাগি লহ যে এখন॥
শ্রীরাম বলেন, যদি দিবে বর দান।
তব বরে জীয়ে যেন ব্রাহ্মণ-সন্তান॥

ব্রহ্মা বলে, এ বর না চাহ রঘুমণি।
শূদ্র কাটা গেল, দ্বিজ বাঁচিল আপনি॥
আপনা বিস্মৃত তুমি দেব নারায়ণ।
মারিয়া বাঁচাতে পার এ তিন ভুবন॥
দৃষ্টে সৃষ্টিনাশ কর নিমেষে সৃজন।
তোমার আশ্চর্য্য মায়া বুঝে কোন্ জন?
এত বলি বিরিঞ্চি হলেন অন্তর্দ্ধান।
শুনিয়া শ্রীরাম অতি হরষিত-মন॥
এখানে বাঁচিয়া উঠে দ্বিজের কুমার॥
দেখি সভাসদ লোকে লাগে চমৎকার॥
ভরত লক্ষ্মণে কহি দ্বিজ গেল ঘর।
রঘুনাথে আশীর্ব্বাদ করিয়া বিস্তর॥
হইল রামের হাতে তপস্বী বিনাশ।
স্বর্ণ-বিমানেতে চড়ি গেল স্বর্গবাস॥
ব্রহ্মার বচন শুনি শ্রীরামের হাস।
রচিল উত্তরকাণ্ড কবি কৃত্তিবাস॥

গৃধিনী-পেচকের দ্বন্দ্ব বিবরণ।

অযোধ্যাতে রঘুনাথ যান শীঘ্রগতি।
পাত্রমিত্র রাজ্যখণ্ড রামের সংহতি॥
মহামুনি অগস্ত্যের বাটী দক্ষিণেতে।
শ্রীরাম বলেন, সবে চল সেই পথে॥
অগস্ত্যের বাটী রাম যান দিব্যরথে।
পক্ষীর কোন্দল রাম শুনিলেন পথে॥
গৃধিনী-পেচকে দ্বন্দ্ব বাসার লাগিয়া।
আসিয়াছে বহু পক্ষী দুই পক্ষ হৈয়া॥
অনেক পক্ষীর ঘর বনের ভিতর।
নানাজাতি পক্ষী সব আছে একত্তর॥
সারস সারসী ডাকে কাক কাদাখোঁচা।
গৃধিনী কোকিল চিল আর কালপেঁচা॥
শারী শুক কাকাতুয়া চড়া মৎস্যরঙ্ক।
খঞ্জ ও খঞ্জনী ফিঙ্গে ধকড়িয়া কঙ্ক॥
বাউই পাউই শিখী পক্ষী হরিতাল।
কপোতক বাজ আর শিকল সয়চাল॥
বকা বকী বাদুড় বাদুড়ী মুড়ি টিয়া।
ঝাঁকে ঝাঁকে চামচিকে কাঠঠোকরিয়া॥
জলে স্থলে আছিল যেখানে যত পক্ষ।
করিতেছে মহাদ্বন্দ্ব হয়ে দুই পক্ষ॥
গৃধিনী কহিছে, পেঁচা! ছাড় মোর বাসা।
পরঘরে রহিবে কেমনে কর আশা?
পেঁচা বলে কোথা হৈতে আসিলে গৃধিনী।
এতকাল বাসা মোর তোরে নাহি চিনি॥
কোন্দল উভয়ে মেলি করে মারামারি।
শ্রীরামে দেখিয়া সবে কহে ধীরি ধীরি॥
গৃধিনী বলিছে, রাম! কর অবধান।
বিচারে পণ্ডিত নাহি তোমার সমান॥
যুদ্ধেতে জিনিলে তুমি দেব সুরপতি।
শশধর জিনি তব শ্রীঅঙ্গের জ্যোতি॥
দিবাকর জিনি তেজ বিশাল তোমার।
সাগর জিনিয়া বুদ্ধি গভীর অপার॥
পবন জিনিয়া তব ত্বরিত গমন।
অমৃত জিনিয়া তব মধুর বচন॥
পৃথিবী পালিতে তুমি দয়াল শরীর।
গুণের সাগর তুমি রণে মহাবীর॥
স্বর্গ মর্ত্ত্য পাতালে তোমার করে পূজা।
ত্রিভুবনমধ্যে রাম তুমি মহারাজা॥
রজোগুণ ধর তুমি সৃষ্টির কারণ।
সত্ত্বগুণে সবাকারে করহ পালন॥
সংসার নাশিতে তুমি তমোগুণ ধর।
আত্মনিবেদন করি তোমার গোচর॥
অনেক শক্তিতে আমি সৃজিলাম বাসা।
বলেতে পেঁচক মোর কাড়ি লয় বাসা॥
পেঁচা বলে রাম! তুমি বিষ্ণু-অবতার।
রজোগুণে সৃষ্টি কৈলে সকল সংসার॥
তুমি চন্দ্র তুমি সূর্য্য তুমি দিবারাতি।
অনাথের নাথ তুমি অগতির গতি॥
ধর্ম্মেতে ধার্ম্মিক তুমি পরম শীতল।
বিপক্ষ নাশিতে তুমি জলন্ত অনল॥

আদ্য অন্ত মধ্য তুমি নির্ধনের ধন।
সেবকবৎসল তুমি দেব নারায়ণ॥
অন্ধের নয়ন তুমি দুর্ব্বলের বল।
অপরাধী হই যদি দেহ প্রতিফল॥
সভা কৈল রঘুনাথ বসি বৃক্ষতলে।
পাত্র মিত্র সভাসদ বসিল সকলে॥
বশিষ্ঠ নারদ আদি এল মুনিগণ।
সুমন্ত্র কশ্যপ মুনি এল দুই জন॥
শ্রীরাম কহেন কথা সভাসদ শুনে।
হেনকালে দেবগণ এল সেইখানে॥
গৃধিনীরে কন রাম সভার ভিতর।
কত কাল হৈতে তোর এই বাসঘর॥
গৃধিনী কহিছে শুন বচন আমার।
মহাপ্রলয়েতে যবে হৈল নীরাকার॥
বিষ্ণুনাভিপদ্মমূলে ব্রহ্মার উৎপত্তি।
দেব দৈত্য বিধাতা সৃজিল নানাজাতি॥
তখন অবধি বাসা এ ডালে আমার।
কোন্ লাজে পেঁচা বেটা করে অধিকার?
ঈষৎ হাসেন রাম গৃধিনী-বচনে।
পেঁচারে জিজ্ঞাসে রাম বিচার-বিধানে॥
পেঁচা বলে, নিবেদন শুন রঘুবর!
বৃক্ষের উৎপত্তি হৈল ধরণী-উপর॥
তার পরে উৎপত্তি হইল যত ডাল।
এইরূপে বনমধ্যে যায় কত কাল॥
উড়িতে অশক্ত হৈনু হৈল বৃদ্ধদশা।
তার পরে এই ডালে করিলাম বাসা॥
রাম বলে, সভাখণ্ড করহ বিচার।
মিথ্যা দ্বন্দ্ব করে কেন এই বাসা কার?
সভাতে বসিয়া যেবা সত্য নাহি কয়।
কোটি কল্প বৎসর নরকমাঝে রয়॥
এক এক বৎসরে বন্ধন নাহি খসে।
তিন কুল নষ্ট হয় মিথ্যা সাক্ষ্য-দোষে॥
শ্রীরামের বচনেতে কহে রাজ্যখণ্ড।
গৃধিনীর উপরে উচিত রাজদণ্ড॥

চারিবেদ সর্ব্বশাস্ত্র তোমার গোচর।
সাক্ষাতে শুনিলে প্রভু গৃধিনী-উত্তর॥
প্রলয় হইল যবে সৃষ্টির সংহারে।
স্থাবর জঙ্গম কিছু না ছিল সংসারে॥
ত্রিভুবন শূন্য যবে একা নিরঞ্জন।
সেই নিরঞ্জন হৈল সৃষ্টির কারণ॥
জলেতে পৃথিবী ছিল করিয়া উদ্ধার।
পৃথিবী সৃজিয়া কৈল জীবের সঞ্চার॥
বিষ্ণুনাভিপদ্মে হৈল ব্রহ্মার উৎপত্তি।
দেবাদি নরাদি সৃষ্টি কৈল নানাজাতি॥
আগে জীব সৃজিলেন বৃক্ষ হৈল পিছে।
কিরূপে গৃহিনী আসি বাসা কৈল গাছে?
গৃধিনী অন্যায় বলে সভার ভিতর।
রাজদণ্ড অর্শে প্রভু গৃধিনী-উপর॥
সভামধ্যে মিথ্যা কহে নাহি ধর্ম্মভয়।
গৃধিনীর প্রাণদণ্ড উপযুক্ত হয়॥
দেবগণ কহে রাম! করি নিবেদন।
স্বাভাবিক গৃধিনী যে নহে এই জন॥
রয়েছে গৃধিনী পক্ষী হয়ে ব্রহ্মশাপে।
শাপমুক্ত কর পক্ষী না মারিহ কোপে॥
শ্রীরাম বলেন, কহ এবা কোন্ জন।
ব্রহ্মশাপ ভোগ করে কিসের কারণ?
দেবগণ কহে, এই ছিউ যে রাজন্।
প্রত্যহ করাত লক্ষ ব্রাহ্মণ ভোজন॥
দৈবে এক বিপ্র চুল পাইল অন্নেতে।
নৃপতিরে শাপ দ্বিজ দিলেন ক্রোধেতে॥
ব্রাহ্মণেরে মাংস দিয়া নষ্ট কৈলে ব্রত।
গৃধিনী হইয়া বঞ্চ খাও মাংস-রক্ত॥
শাপ শুনি ভূপতির বিরস বদন;
দ্বিজের চরণে ধরি করিল্য ক্রন্দন॥
শাপ-বিমোচন প্রভো করহ এখন।
কত দিনে হবে মোর শাপ-বিমোচন?
স্তবে তুষ্ট হয়ে বিপ্র কহিতে লাগিল।
শাপে মুক্ত হবে বলি আশ্বাস করিল॥

রঘুবংশে জন্মিবেন বিষ্ণু যেই কালে।
শাপে মুক্ত হবে তুমি তাঁরে পরশিলে॥
ব্রহ্মশাপে পক্ষিযোনি হইল ভূপতি।
গৃধিনীর বৃত্তান্ত শুনহ রঘুপতি॥
বহু দুঃখ পায় রাজা এতেক দুর্গতি।
তুমি পরশিলে হয় পক্ষীর সদগতি॥
দেবতার বাক্য শুনি রাম রঘুমণি।
গৃধিনীরে স্পর্শ তিনি করেন তখনি॥
পক্ষিদেহ পরিহরি নিজদেহ ধরি।
বিমানেতে ভূপতি চলিল স্বর্গপুরী॥
দিব্যরথে চড়ি রাজা গেল স্বর্গবাস।
গাহিল উত্তরকাণ্ড কবি কৃত্তিবাস॥

অগস্ত্যমুনির আশ্রমে শ্রীরামের গমন।

শ্রীরামেরে সম্ভাষিয়া যত দেবগণ।
সকলে চলিয়া গেল অমরভুবন॥
সৈন্য সহ রামচন্দ্র যান ততক্ষণ।
অগস্ত্যের আশ্রমে দিলেন দরশন॥
অগস্ত্যচরণ রাম করেন বন্দন।
পাদ্য অর্ঘ্য দিয়া দিল বসিতে আসন॥
যেই অলঙ্কার বিশ্বকর্ম্মার নির্ম্মাণ।
রত্ন-অলঙ্কার মুনি রামে দিলা দান॥
রাম বলে, শুন মুনি! না হয় বিধান।
ক্ষত্র হয়ে নাহি লয় ব্রাহ্মণের দান॥
অগস্ত্য বলেন, রাম! শুন মোর বাণী।
অবধান কর কহি ইহার কাহিনী॥
সত্যযুগে বিধি এই ব্রাহ্মণের পূজা।
ব্রাহ্মণের পূজা করে যত ক্ষত্র রাজা॥
স্বর্গে ইন্দ্ররাজ করে দেবের পালন।
পৃথিবীতে ক্ষত্র রাজা পালেন ব্রাহ্মণ॥
লোকপাল-স্থানে ক্ষত্র নামে খেপরাজা।
লয়ে গেল যত্ন করি ব্রাহ্মণের পূজা॥
ইন্দ্ররাজপুরে সে ক্ষত্রিয়ে দিতে দান।
লোকপাল-স্থানে রাম তুমি সে প্রধান॥
ক্ষত্রকুলে জন্ম তব বিষ্ণু-অবতার।
তোমারে করিতে দান উচিৎ আমার॥
তোমার শরীর-যোগ্য এই অলঙ্কার।
অলঙ্কার দিয়া মুনি কৈলা পুরস্কার॥
শ্রীরাম বলেন, মুনি! জিজ্ঞাসি কারণ।
কোথায় পাইলে তুমি এই আভরণ?
হেন অলঙ্কার নাই সংসার-ভিতরে।
কোথা পেলে এই রত্ন কহ না আমারে॥
অগস্ত্য বলেন, তবে শুন রঘুবর।
সত্যযুগে তপ করি বনের ভিতর॥
একেশ্বর তপ করি প্রফুল্ল অন্তর।
ঘোর বনমাঝে একা থাকি নিরন্তর॥
সে বনের গুণ কত কহিতে না পারি।
চারি ক্রোশ পথ যুড়ি আছে এক পুরী॥
পুরীখান দেখি তথা অতি মনোহর।
অনাহারে তপ আমি করি নিরন্তর॥
মনোহর সরোবর বনের ভিতরে।
নিত্য নিত্য স্নান করি সেই সরোবরে॥
এক দিন প্রত্যূষেতে করি গাত্রোত্থান।
সরোবর-তীরে যাই করিবারে স্নান॥
আশ্চর্য্য দেখিনু অতি গিয়া সেই ঘাটে।
শব এক প'ড়ে আছে সরোবর-তটে॥
শব হয়ে ক্ষয় নাহি অতি মনোহর।
বিষ্ণু-অধিষ্ঠান যেন পরমসুন্দর॥
চন্দ্রের কিরণ প্রায় সূর্য্য হেন জ্যোতি।
অতি মনোহর শব সুন্দর-মুরতি॥
হেন জন নাহি তথা জিজ্ঞাসি কারণ।
শবরূপ দেখিয়া বিস্মিত হৈল মন॥
সেই শব-রূপ আমি করি নিরীক্ষণ।
অমর আসিল হেনকালে এক জন॥
সুবর্ণের রথখান বহে রাজহাঁসে।
সাত শত দেবকন্যা পুরুষের পাশে॥
কেহ নাচে কেহ গায় বাজায় বা বাঁশী।
আসিলেম অবনীতে অমরনিবাসী॥

সেই সরোবরজলে অঙ্গ পাখালিল।
সুগন্ধি চন্দন দিয়া অঙ্গ-শোভা কৈল॥
সেই শব লয়ে তিনি করিল ভক্ষণ।
হরষেতে গিয়া রথে কৈল আরোহণ॥
রথে আরোহণ করি স্বর্গবাসে যায়।
হেনকালে যোড়হাতে জিজ্ঞাসিনু তাঁয়॥
দেবরথে চড়ি আছ দেব-অবতার।
দেবতা হইয়া শব করিলে আহার॥
ইহার বৃত্তান্ত মোরে কহ দেখি শুনি।
কহিতে লাগিল মোরে করি যোড়পাণি॥
স্বর্গ-রাজপুত্র আমি দৈত্য নাম ধরি।
পিতা বিদ্যমানে আমি স্বর্গে রাজ্য করি॥
পিতা স্বর্গবাসে গেলে কত দিন পরে।
রাজ্যভার দিয়া আমি কনিষ্ঠ সোদরে॥
অনাহারে তপ আমি করিয়া বিস্তর।
স্বর্গপ্রাপ্তি হৈল মোর ত্যজি কলেবর॥
ক্ষুধা তৃষ্ণা হৈলে আমি সহিতে না পারি।
জিজ্ঞাসিনু বিরিঞ্চিরে করযোড় করি॥
স্বর্গপুরে আসিলাম তপস্যার ফলে।
সতত আমার অঙ্গ ক্ষুধানলে জ্বলে॥
ব্রহ্মা বলিলেন, ভুঞ্জ আপনার ফল।
ক্ষুধার্ত্তেরে নাহি তুমি দিলে অন্নজল॥
যাহা দেয় তাহা পায় বেদের লিখন।
আপনি ভাবিয়া রাজা! বুঝহ এখন॥
আপনা করিলে তুষ্ট ভোজনের আশে।
নিজ অঙ্গ খাও তুমি মনের হরষে॥
না পচিবে না গলিবে মধুর সুস্বাদ।
সে শরীর খাইলে ঘুচিবে অবসাদ॥
ব্রহ্মার মুখেতে শুনি এতেক বচন।
এতেক দুর্গতি মোর খণ্ডন কারণ॥
কাতরে কহিনু ধরি ব্রহ্মার চরণে।
এই দুঃখ অবসান হবে কত দিনে?
ব্রহ্মা বলিলেন, কথা শুনহ রাজন্।
যেমতে হইবে তব পাপ-বিমোচন॥
তপ হেতু যাবেন অগস্ত্য মুনিবর।
করিবেন নিদাঘেতে তপ একেশ্বর॥
তোমার সহিত তাঁর হবে দরশন।
তাঁরে দান দিলে তব পাপ বিমোচন॥
বহু তপ করিয়াছ না করিলে দান।
অগস্ত্যেরে দান দিলে পাবে পরিত্রাণ॥
সে অবধি শবের শরীর খাই আমি।
এ হেন পাপেতে যদি রক্ষা কর তুমি॥
চারি যুগ শব খাই বিধির বচনে।
আজি শুভ দিন মম তব দরশনে॥
তোমা বিনা আমার নাহিক অন্য গতি।
তুমি ত্রাণ করিলে আমার অব্যাহতি॥
কৃপা কর মুনিবর! করি পরিহার।
তুমি দান নিলে হয় আমার উদ্ধার॥
স্তুতিবশে দান আমি করিনু গ্রহণ।
অঙ্গ হৈতে খসাইয়া দিল আভরণ॥
তার দান লইলাম, এই সে কারণ।
মৃতদেহ নষ্ট তার হইল তখন॥
অনাথের নাথ তুমি অগতির গতি।
তোমারে এ দান দিলে আমার মুকতি॥
মোরে দান দিয়া পাইয়াছে পরিত্রাণ।
মম পরিত্রাণ হয় তুমি লৈলে দান॥
অগস্ত্যের কথা শুনি শ্রীরামের হাস।
কহ কহ বলি রাম করেন প্রকাশ॥

দণ্ডকারণ্যের বিবরণ।

বিদর্ভ দেশেতে রাজা শ্বেত নরেশ্বর।
বনমধ্যে তপ রাজা করে নিরন্তর॥
সে বনেতে জন্তু নাই কিসের কারণ।
এমন আশ্চর্য্য বন শতেক যোজন॥
মুনি বলিলেন, রাম! তব পূর্ব্ববংশে।
নল নামে রাজা ছিল বিদর্ভের দেশে॥
পৃথিবী-বিখ্যাত রাজা ধর্ম্মে রাজ্য করে।
তাঁর পুত্র হইল ইক্ষাকু নাম ধরে॥

ইক্ষ্বাকু হইতে সূর্য্যবংশের প্রচার।
পৃথিবী-ভিতরে কারো নাহি অধিকার ॥

সত্য করাইয়া রাজা পাত্রে রাজ্য দিল।
তপস্যা করাইয়া রাজা স্বর্গবাসে গেল ॥

ইক্ষ্বাকু-কনিষ্ঠ ভ্রাতা নাম ঋষিদণ্ড।
ইক্ষ্বাকু জিনিয়া সেই লৈল ছত্রদণ্ড ॥

সূর্য্যবংশ জিনিয়া সে করে অনাচার।
পরাস্ত হইয়া তারে দিল রাজ্যভার ॥

ঋষ্যশৃঙ্গ পর্ব্বতে ভূপতি রাজ্য করে।
মধু নামে পুরী তথা বসায় নগরে ॥

পুরদণ্ড কৈল তথা সেই নরেশ্বর।
ইন্দ্রের অধিক সুখ ভুঞ্জে নিরন্তর ॥

সুখেতে থাকিতে তার দেবতা পাষণ্ড।
শুক্রের বাটীতে এক দিন গেল দণ্ড ॥

অজ্জা নামেতে আছিল শুক্রের কুমারী।
পুষ্প তুলিবারে এল পরমা সুন্দরী ॥

রূপে আলো করে কন্যা সুখে তুলে ফুল।
কন্যারে দেখিয়া রাজা হইল ব্যাকুল ॥

দেখিয়া কন্যার রূপ কামে অচেতন।
হস্তেতে ধরিয়া কহে মধুর বচন ;—

কাহার ঘরণী তুমি কন্যা বল কার ?
অবশ্য কহিবে মোরে সত্য সমাচার ॥

কন্যা বলে, শুন রাজা ! নিবেদন করি।
শুক্র-মুনি-কন্যা আমি অজ্জা নাম ধরি ॥

মোর পিতা হয় তব কুল-পুরোহিত।
আমার সহিত রঙ্গ না হয় উচিত ॥

রাজা বলে, তব রূপে প্রাণ নাহি ধরি।
প্রাণ রক্ষা কর মোর শুন লো সুন্দরী !

আমার ঘরণী হৈলে হব তব দাস।
তোমা বিনা আর নারী না লইব পাশ ॥

শত শত মহাদেবী ক'রে দিব দাসী।
সর্ব্বনারী জিনি হবে আমার মহিষী ॥

যদি নাহি শুন কন্যে আমার বচন।
বলে ধরি শৃঙ্গার করিব এইক্ষণ ॥

রাজার বচন শুনি ক্রোধে বলে অজ্জা।
মোরে বল করিলে মরিবে দণ্ডরাজা ॥

মোরে বল করিলে পিতার মনস্তাপ।
সবংশে মরিবে রাজা ! পিতা দিলে শাপ ॥

আমার পিতার অগ্রে লহ অনুমতি।
তবে আমি তব সঙ্গে করিব পিরীতি ॥

রাজা বলে, তব পিতা আসিবে কখন ?
তদবধি ধৈর্য্য নাহি ধরে মোর মন ॥

তোমা বিনা আর মোর নাহি আন।
পায়ে ধরি কন্যা ! মোরে দেহ রতিদান ॥

প্রাণ রক্ষা কর প্রিয়ে ! দিয়া আলিঙ্গন।
তব আলিঙ্গন বিনা না রহে জীবন ॥

যোড়হাতে ভূপতি পড়িল কন্যা-পায়।
উত্তর না দেয় কন্যা অশেষ বুঝায় ॥

দৈবের নির্ব্বন্ধ কন্যা তাঁরে দিল গালি।
বলে ধরি শৃঙ্গার করিল মহাবলী ॥

হাত-পা আছাড়ে কন্যা আলুলিত চুল।
শৃঙ্গার সহিতে নারে করে গণ্ডগোল ॥

শৃঙ্গারেতে শুক্রকন্যা কাতর হইল।
এতেক দেখিয়া রাজা সত্বরে ছাড়িল ॥

শৃঙ্গার করিয়া দণ্ডরাজা গেল ঘর।
কোথা পিতা বলি কন্যা কাঁদিল বিস্তর ॥

আসিলেন শুক্রমুনি লয়ে শিষ্যগণ।
হেঁটমাথা করি কন্যা করিছে ক্রন্দন ॥

কাঁদিছেন অজ্জা কন্যা সম্মুখে দেখিল।
ধ্যানস্থ হইয়া মুনি সকল জানিল ॥

ক্রোধান্বিত হইল মুনি যেন অগ্নিশিখা।
গুরুকন্যা হরে রাজা না করে অপেক্ষা ॥

অভিশাপ দিল মুনি সহ শিষ্যগণে।
পুড়িয়া মরুক রাজা অগ্নি-বরষণে ॥

অগ্নিবৃষ্টি করিল রাজারে সাত রাতি।
সবংশে পুড়িয়া মরে দণ্ডনরপতি ॥

ঘোড়া হাতী পুড়ে সর্ব্বে অনেক ভাণ্ডার।
শতেক যোজন পুড়ে হইল অঙ্গার ॥

সেইকোপেতে দণ্ডরাজা হইল বিনাশ।
শুক্রমুনি বসিলেন ছাড়িয়া নিশ্বাস॥
ব্রহ্মশাপে শযোজন না হয় বসতি।
দণ্ডধর বলিয়া সে বনের খেয়াতি॥
ব্রহ্মশাপে পশুপক্ষী নাহি মুনিগণ।
বনের বৃত্তান্ত শুন রাজীবলোচন!
বেলা অবসান হৈল উপনীত সন্ধ্যা।
সেই স্থানে দুই জনে করিলেক সন্ধ্যা॥
মিষ্টান্ন ভোজন মুনি করাইল রামে।
সেই দিন বঞ্চিলেক মুনির আশ্রমে॥
রজনী প্রভাতে রাম মাগিয়া মেলানি।
মুনিরে প্রণমি কহে সুমধুর বাণী ;—
তোমা দরশনে মোর সফল জীবন।
আরবার দেখি যেন তোমার চরণ॥
মুনি বলে, রাম! তব মধুর বচন।
তোমার বচনে তুষ্ট যত দেবগণ॥
অনাথের নাথ তুমি ত্রিদশের গতি।
তোমা দরশনে বড় পাইলাম প্রীতি॥
মুনির চরণে রাম নমস্কার করি।
উপনীত হইল গিয়া অযোধ্যানগরী॥
শুনিলে রামের গুণ সিদ্ধ অভিলাষ।
গাহিল উত্তরকাণ্ড কবি কৃত্তিবাস॥

ইলা রাজার উপাখ্যান

সভা করি বসিলেন কমললোচন।
ভরত শত্রুঘ্ন আসি বন্দিল চরণ॥
রাম বলেন, ভরত লক্ষ্মণ শত্রুঘন।
মন দিয়া শুন সবে আমার বচন॥
ব্রহ্মবধ করিয়া করেছি মহাপাপ।
তেকারণে পাই আমি বড় মনস্তাপ॥
রাজসূয় যজ্ঞ আমি করিব এখন।
তাহার উদ্যোগ কর ভাই তিন জন॥
এত শুনি তিন ভাই করে হাহাকার।
রাজসূয় যজ্ঞে হয় সবংশে সংহার॥
পূর্ব্বে রাজসূয় কৈলা রাজা শশধর।
গৃহ দ্বার পুড়ি লোক মরিল বিস্তর॥
রাজসূয় যজ্ঞ কৈল দেবতা বরুণ।
মৎস্য মকর পুড়ে মরিল তেকারণ॥
রাজসূয় যজ্ঞ কৈল দেব পুরন্দর।
সুরাসুর-যুদ্ধ তাহে হইল বিস্তর॥
সগর নৃপতি পূর্ব্ববংশেতে তোমার।
পৃথিবীর রাজা ছিল গুণে বশ যাঁর॥
রাজসূয় যজ্ঞ কৈল সেই মহাশয়।
বংশ মজাইল শেষে আপনি সংশয়॥
ভরতের কথা রামে লাগে চমৎকার।
বিনয়ে রামের প্রতি কহে আরবার॥
হরিশ্চন্দ্র নামে রাজা তব পূর্ব্ববংশে।
রাজসূয় যজ্ঞ করি দুঃখ পেল শেষে॥
হরিশ্চন্দ্র রাজা দান করিয়া পৃথিবী।
পুত্র আদি বিক্রয় করিল মহাদেবী॥
রাজ্য ছাড়ি হরিশ্চন্দ্র যায় বারাণসী।
দক্ষিণা চাহিল তারে বিশ্বামিত্র ঋষি॥
দণ্ডের আঘাতে মুনি করিল তাড়না।
স্ত্রী-পুত্র বেচিয়া রাজা দিলেন দক্ষিণা॥
এত দুঃখ তবু না পাইল স্বর্গবাস।
রাজসূয় যজ্ঞে হ'ল এত সর্ব্বনাশ॥
অন্তরীক্ষে ফিরে রাজা কর্ম্মের দোষেতে।
স্থান না পাইল স্বর্গ মর্ত্ত্য পাতালেতে॥
হেন রাজসূয় যজ্ঞে কেন কর মন?
রাজসূয় যজ্ঞ কৈলে সবংশে মরণ॥
অনাথের নাথ তুমি ত্রিজগৎপতি।
রাজসূয় যজ্ঞ কৈলে ঘটিবে দুর্গতি॥
রাজসূয় না হইল ভরত কারণ।
ভরতের বাক্যে শ্রীরামের অন্য মন॥
ভরতের বাক্য যদি হৈল অবসান।
লক্ষ্মণ কহেন তবে রাম বিদ্যমান॥
যোড়হাতে কহিলেন ঠাকুর লক্ষ্মণ।
অশ্বমেধ যজ্ঞ কর কমললোচন॥

পূর্ব্বে ব্রহ্মবধ কৈল দেব পুরন্দরে।
ব্রহ্মহত্যা এড়াইল অশ্বমেধ ক'রে॥

বৃত্রাসুর অসুর সে বিপ্রের নন্দন।
আপনার বাহুবলে জিনে ত্রিভুবন॥

বৃত্রাসুর-প্রতাপেতে কাঁপে আখণ্ডল।
ঠেকয়ে তাহার মাথা আকাশমণ্ডল॥

ধার্ম্মিক যে বৃত্রাসুর ধর্ম্মে রাজ্য পালে।
বিনাবৃষ্টি বরষণে নানা শস্য ফলে॥

পুত্রে রাজ্য দিয়া গেল তপস্যা কারণ।
অসুরের তপস্যাতে কাঁপে দেবগণ॥

দেবগণ লয়ে গেল বিষ্ণুর গোচর।
বৃত্রাসুর-তপঃকথা কহে পুরন্দর॥

ধার্মিক সে বৃত্রাসুর বলে মহাবল।
তার সম রাজা নাহি অবনীমণ্ডল॥

বহু তপ করে সে পুণ্যের নাহি সংখ্যা।
যাহা চাবে তাহা পাবে কারো নাহি রক্ষা॥

বিষ্ণুর চরণে সব করেন স্তবন।
বৃত্রাসুরে মারি রক্ষা কর দেবগণ॥

বিষ্ণু কহে, বৃত্রাসুর বড়ই চতুর।
আমার সেবাতে মান বেড়েছে প্রচুর॥

স্বহস্তে মারিতে কভু যুক্তি নাহি হয়।
প্রকারে বধিব তাবে ঘুচাইব ভয়॥

তিন অংশ হইব অসুর মারিবারে।
এক অংশে রব গিয়া পাতাল-ভিতরে॥

আর এক অংশে আমি রব মর্ত্ত্যপুরে।
আর এক অংশে রব তোমার শরীরে॥

তোমার শরীরে আমি হইমু দোসর।
বৃত্রাসুরে মারিবারে চলহ সত্বর॥

যুদ্ধেতে চলিল ইন্দ্র বিষ্ণুর বচনে।
প্রবেশ করিল গিয়া বৃত্রাসুর-রণে॥

বৃত্রাসুর দেখি দেবে লাগে চমৎকার।
ইন্দ্রেরে বলিল হব সহায় তোমার॥

বিষ্ণুতেজে বৃত্র অরি বহু শক্তি ধরে।
বজ্র হানিলেক বৃত্রাসুরের উপরে॥

বজ্র-অস্ত্র আঘাতেতে বৃত্রাসুর মরে।
ব্রহ্মবধ প্রবেশিল ইন্দ্রের শরীরে॥

ব্রহ্মহত্যাভয়ে ইন্দ্র ত্রাসিত অন্তরে।
বৃত্রাসুর মারি ইন্দ্রে মহাপাপে ঘেরে॥

পাপে পূর্ণ হয়ে ইন্দ্র ভাবেন বিষাদে।
বৃত্রাসুরে মারি আমি পড়িনু প্রমাদে॥

সকল দেবতা গেলা বিষ্ণুর সদন।
ব্রহ্ম-হত্যা-পাপ ইন্দ্রে কর পরিত্রাণ॥

বৃত্রাসুরে বধ ইন্দ্র কৈল তব তেজে।
ব্রহ্মহত্যা-পাপে রক্ষা কর দেবরাজে॥

বিষ্ণু বলিলেন, অশ্বমেধ আর পূজা।
অশ্বমেধ যজ্ঞ করুক ইন্দ্র দেবরাজা॥

ব্রহ্মবধ-পাপে ইন্দ্র হৈল অচেতন।
তপ জপ যজ্ঞ হোম ছাড়ে ত্রিভুবন॥

নদী স্রোত ছাড়ে আর যোগী ছাড়ে যোগ
রাজ্যচর্চ্চা ছাড়ে রাজা ছাড়ে উপভোগ॥

ব্রহ্ম-বধ-পাপে ইন্দ্র হইল অজ্ঞান।
ইন্দ্র অচেতন, যজ্ঞ করে দেবগণ॥

অশ্বমেধ যজ্ঞ আরম্ভিল দেবরাজা।
নানা ভোগ দিয়া সবে করে বিষ্ণুপূজা॥

অশ্বমেধ যজ্ঞ যদি হৈল অবসান।
ব্রহ্মবধ-পাপ নাহি থাকে সেই স্থান॥

এক অংশ ব্রহ্মবধ জলোপরি ভাসে।
আর অংশ ব্রহ্মবধ বৃক্ষোপরি বৈসে॥

আর অংশ ব্রহ্মবধ নারী রজঃস্বলা।
অগ্নিরূপ পাতালে প্রবেশে এক কলা॥

চারি ভাগ ব্রহ্মবধ রহে চারি স্থান।
ব্রহ্মবধ-পাপে ইন্দ্র পাইলেন ত্রাণ॥

ব্রহ্মহত্যা-পাপ নাশে অশ্বমেধ-তেজে।
রাজসূয় যজ্ঞ কৈলে সবংশেতে মজে॥

সংসারের কর্ত্তা তুমি পালিছ সংসার।
রাজসূয় যজ্ঞ কৈলে সকল সংহার॥

রাজসূয় যজ্ঞে ছিল শ্রীরামের মন।
অশ্বমেধ যজ্ঞে মতি দিল সর্ব্বজন॥

রাম বলে, রাজসূয় বাঞ্ছা ছিল আগে।
তোমা সবাকার বাক্যে করিলাম ত্যাগে॥

ভাল যুক্তি সভামধ্যে কহিল লক্ষ্মণ।
অশ্বমেধ করিতে হইল মোর মন॥

প্রজাপতি নৃপতির পুত্র গুণধর।
ইলা নাম ধরে সেই রাজ্যের ঈশ্বর॥

সর্ব্বগুণ ধরিয়ে সে প্রজাগণে পালে।
সর্ব্বলোক সম পূজ্য পৃথিবীমণ্ডলে॥

সুদিন প্রবেশে যবে এল মধুমাস।
মৃগ মারিবারে গেল পর্ব্বত কৈলাস॥

কৈলাসের প্রান্তভাগে বন মনোহর।
পার্ব্বতী লইয়া কেলি করেন শঙ্কর॥

পার্ব্বতী সহজে নারী শিব হয়ে নারী।
মনের আনন্দে দোঁহে জলকেলি করি॥

মহেশের শাপ তথা আছয়ে এমনি।
জলজন্তু বনজন্তু হয়েছে রমণী॥

পুরুষমাত্রেতে কেহ নাহি সেই বনে।
পার্ব্বতী শঙ্কর কেলি করেন দু'জনে॥

জলকেলি দু'জনে করেন কুতূহলে।
ইলা রাজা সেই বনে গেল হেনকালে॥

ইলা রাজা উপনীত তাঁহার সমীপে।
গতমাত্রে স্ত্রী হইল শঙ্করের শাপে॥

যত অনুচর ছিল রাজার সংহতি।
সৈন্য সেনাপতি সবে হইল স্ত্রীজাতি॥

দেখিয়া রমণীজাতি যত অনুচরে।
লজ্জা পেয়ে ইলা রাজা আপনা পাসরে॥

সর্ব্বাঙ্গ বসনে ঢাকে হইয়া স্ত্রীজাতি।
শঙ্করের চরণেতে কৈল বহু স্তুতি॥

উঠ উঠ বলিয়া ডাকেন মহেশ্বর।
পুরুষ করিতে নারি চাহ অন্য বর॥

স্ত্রীজাতি লইয়া আমি করি জলকেলি।
মোরে লজ্জা দিতে কেন এখানে আসিলি?

তোর সঙ্গে আসিয়াছে যত অনুচর।
পুরুষ হইয়া সবে আগু হৈল ঘর॥

পুরুষ হইয়া সবে চলি গেল দেশে।
তুমি থাক নারী হয়ে আপনার দোষে॥

শুনি রাজা মহেশের নিষ্ঠুর বচন।
পার্ব্বতীর পায়ে ধরি করিল রোদন॥

পার্ব্বতী বলেন, মম বাক্য নাহি আন।
মাসেক পুরুষ হবে করিব বিধান॥

মাসেক পুরুষ হবে না হবে অন্যথা।
মন দিয়া শুন তবে বলি এক কথা॥

যে মাসে পুরুষ হবে রবে সেইখানে।
নারী হৈলে সে কথা বিস্মৃত হবে মনে॥

যে যে মাসে পুরুষ হইবে নরপতি।
রমণী-মাসেতে তাহা হইবে বিস্মৃতি॥

পুরুষ হইয়া রাজা গেল নিজ দেশে।
নারী হয়ে আরবার বনেতে প্রবেশে॥

পুরুষ হইল রাজা সহ অনুচর।
রমণী হইয়া রাজা ভ্রমে একেশ্বর॥

এতেক শুনিয়া যত সভাজন হাসে।
নারী হয়ে কেমনে বঞ্চিল এক মাসে॥

পুরুষ হইয়া পুনঃ কিরূপেতে বঞ্চে?
এমন দারুণ দারুণ শাপ কত দিনে ঘুচে?

রাম বলে, রাজা নারী হৈল যেই মাসে।
লজ্জিত হইয়া গিয়া কাননে প্রবেশে॥

বনের ভিতরে আছে ব্রহ্ম জলাশয়।
বুধ তথা তপ করে চন্দ্রের তনয়॥

করেন কঠোর তপ বুধ মহাশয়।
পূর্ণিমার চন্দ্র যেন হয়েছে উদয়॥

রমণী দেখিয়া বাড়ে পুরুষের সঙ্গ।
বুধ হেন তপস্বীর হৈল তপোভঙ্গ॥

ইলারে সম্ভাষে বুধ কামে অচেতন।
কার কন্যা একাকিনী করিছ ভ্রমণ?

চন্দ্রের কুমার আমি বুধ নাম ধরি।
তোমার রূপেতে প্রাণ ধরিতে না পারি॥

বুধের বচনেতে ইলার হৈল হাস।
বুধের সহিত বনে বঞ্চে এক মাস॥

পুরুষের অষ্ট গুণ কামার্থী স্ত্রীলোকে।
বুধের সঙ্গেতে রহে শৃঙ্গার কৌতুকে॥
কেলিরসে মাসেক হইল অবশেষ।
হইল পুরুষ-মাস রাজার প্রবেশ॥
না জানে এ সব তত্ত্ব চন্দ্রের কুমারে।
আরবার তপ করে সরোবর-তীরে॥
আপনার রাজ্য রাজার হৈল স্মরণ।
পুত্র কন্যা জায়া ভেবে করিছে রোদন॥
বনবিন্ধ্য নামে পুত্র আছয়ে আমার।
শিশু হয়ে কেমনে পালিছে রাজ্যভার ?
ভাবিতে ভাবিতে তার গত এক মাস।
তপ ছাড়ি বুধ যে আসিল নৃপ পাশ॥
পরমা সুন্দরী ইহা হয়েছে যুবতী।
রাত্রিদিন কেলি করে বুধের সংহতি॥
দিবানিশি রঙ্গরসে দোঁহে কেলি করে।
কতদিনে গর্ভ হৈল ইলার উদরে॥
এক মাসে স্ত্রী হয় পুরুষ আর মাসে।
পুরুষ-মাসেতে নাহি যায় বুধ-পাশে॥
ইলা বনে বুধ গেল আপন ভবনে।
দেখিয়া ইলার রূপ সুখী মনে মনে॥
হইল পুরুষ মাস আর মাসে নারী।
ইলা লয়ে গেল বুধ আপনার পুরী॥
রঙ্গরসে ভূপতির এক মাসে গেল।
পুরুষ-মাসেতে রাজা স্থানান্তর হৈল॥
নয় মাসে এক পুত্র প্রসবিল ইলা।
পরমসুন্দর পুত্র রূপে শশিকলা॥
পুরুরবা নাম তার হৈল মহাতেজা।
শ্রাদ্ধকালে বিপ্রভাগে করে যার পূজা॥
আরবার পুরুষ হইল দশমাসে।
এ সকল কথা বুধ না জানে বিশেষে॥
একাদশ মাসে আরবার হৈল নারী।
বুধের সহিত বঞ্চে হইয়া সুন্দরী॥
আর মাসে পুরুষ হইল আরবার।
পুরুষ দেখিয়া বুধে লাগে চমৎকার॥
জিজ্ঞাসিতে ইলা রাজা দিল পরিচয়।
পুরুষ জানিয়া বুধে ঘৃণা বড় হয়॥
পুরুষে রমণী জ্ঞানে করেছি বিহার।
উপযুক্ত প্রায়শ্চিত্ত কি করি ইহার॥
দ্বিজরাজ চন্দ্র বুধ তাঁহার নন্দন।
আদেশেতে আসিল যতেক মুনিগণ॥
মুনিগণ লয়ে বুধ করিলা যুকতি।
কিরূপেতে ইলা রাজা পাইবে নিষ্কৃতি ?
আমি কিসে পরিত্রাণ পাব এই পাপে ?
বিবরিয়া মুনিগণ ! কহ ত স্বরূপে ?
মুনিগণ কহে, শুন চন্দ্রের কুমার !
অজ্ঞানে করেছ কর্ম্ম কি পাপ তোমার ?
অশ্বমেধ-যাগে তুষ্ট সকল অমর।
অশ্বমেধ-যাগ কর ইলা পাবে বর॥
মহাদেব-শাপে ইলার এতেক দুর্গতি।
মহাদেব তুষ্ট হৈলে পাবে অব্যাহতি॥
বুধ বলে যুক্তি বটে না করি নিষেধ।
বুধের আশ্রমে ইহা করে অশ্বমেধ॥
আপনি আসিল শিব যজ্ঞ দেখিবারে।
ইলা রাজা পুরুষ হইল শিববরে॥
যজ্ঞ সাঙ্গ করি স্তব করেন বিস্তর।
তুষ্ট হয়ে ইলারে মহেশ দিল বর॥
পুরুষ হইয়া গেল রাজ্যে আপনার।
আনন্দে আপন রাজ্য করে আরবার॥
শঙ্করের বরে তাঁর বাড়িল সম্পদ।
যজ্ঞফলে ভূপতি হইল নিরাপদ॥
শ্রীরামের মুখে শুনি ইলার চরিত্র।
ভরত লক্ষ্মণ দোঁহে হর্ষেতে মোহিত॥
কৃত্তিবাস পণ্ডিতের অমৃত-বচন।
গাহিল উত্তরকাণ্ডে গীত রামায়ণ॥

অশ্বমেধ যজ্ঞারম্ভ

রাম বলে, অশ্বমেধ করিলাম সার।
অশ্বমেধ যজ্ঞ সম ফল নাহি আর॥

এত যদি কহিলেন কমললোচন।
শুনিয়া প্রফুল্ল হৈল ভরত লক্ষ্মণ॥

রাম যজ্ঞ করিবেন ব্রহ্মা হরষিত।
ডাক দিয়া বিশ্বকর্ম্মে আনিল ত্বরিত॥

ব্রহ্মা বলে, বিশ্বকর্ম্মা! কর সংবিধান।
শ্রীরামের যজ্ঞস্থান করহ নির্ম্মাণ॥

চলিলেন বিশ্বকর্ম্মা ব্রহ্মার বচনে।
ভরত লক্ষ্মণ দোঁহে আছেন যেখানে॥

সেই খানে বিশ্বকর্ম্মা করিল গমন।
বিশ্বকর্ম্মে দেখি হরষিত দুই জন॥

নানা রত্ন আনি দিল বিশায়ের স্থানে।
যজ্ঞশালা বিশ্বকর্ম্মা করেন গঠনে॥

ভরত লক্ষ্মণ ঠাট দুই অক্ষৌহিণী।
ভাণ্ডার হইতে বস্ত্র বহিয়া যে আনি॥

ধাতু প্রবাল রত্ন শুনেন যেই দেশে।
সর্ব্বধন বহি আনে চক্ষুর নিমেষে॥

দিল মণি-মাণিক্যাদি প্রবাল বিস্তর।
বিশ্বকর্ম্মা যজ্ঞকুণ্ড নির্ম্মায় সত্বর॥

কুণ্ড চারি যোজন সে আড়ে পরিসর।
কুণ্ড চারি যোজন উভেতে পরিসর॥

করিল যে ছয় যোজন কুণ্ডের মেখলা।
দ্বাদশ যোজন ঘর বান্ধে যজ্ঞশালা॥

দধি দুগ্ধ ঘৃতের করিল সরোবর।
তিল যব ধান্য মুগের তিন কোটি ঘর॥

সোনার প্রাচীর ঘর স্বর্ণ আওয়ারী।
স্বর্ণ-নাট্যশালা বান্ধে স্তম্ভ সারি সারি॥

ইন্দ্র আদি করিয়া যতেক দেবগণ।
যজ্ঞঘর দেখিতে করিল আগমন॥

দেখিতে আসিবে যজ্ঞ পৃথিবীর রাজা।
ব্রহ্মা আদি করিয়া যতেক আছে প্রজা॥

দেখিতে আসিবে যজ্ঞ পৃথিবীর মুনি।
তা সবার ঘর করে মুকুতা গাঁথনি॥

আশী যোজনের পথ করে আয়তন।
তাহাতে বিচিত্র কুণ্ড করিল গঠন॥

এক মাসে পুরীখান করিল নির্ম্মাণ।
বিশ্বকর্ম্মা চলিয়া গেলেন নিজ স্থান॥

ইন্দ্র যম বরুণ যজ্ঞের হৈল হোতা।
হইল যজ্ঞের অগ্নি আপনি বিধাতা॥

বড় বড় যত মুনি আছেন ভুবনে।
একে একে সব মুনি আসি সেই স্থানে॥

জমদগ্নি আসিল ভার্গব পরাশর
সুবর্ণ কশ্যাপ আর এল মুনিবর॥

ভরদ্বাজ হস্তদীর্ঘ এল শীঘ্রগতি।
আসিল দুর্ব্বাসা মুনি বড় ক্রোধমতি॥

আসিল আস্তীক মুনি গৌতম ব্রাহ্মণ।
মৎস্যকর্ণ আসিলেন ঋষি সঙ্গোপন॥

পর্ব্বত হইতে এল দক্ষ মহামুনি।
ঐষিক কুশধ্বজ এল পরম জ্ঞানী॥

বিষ্ণুপদ মুনি এল ঔর্ব্ব ও চ্যবন।
সনাতন সনক আসিল দুই জন॥

কবিল শাণ্ডিল্য গর্গ মুনি আগুসার।
আসিল কপিল মুনি বিষ্ণু-অবতার॥

জৈমিনি দধীচি মুনি এল শরভঙ্গ।
চিত্ররিক কৌশিক সে আসিল মাতঙ্গ॥

আসিল দেবর্ষি যত পরম আনন্দ।
বিভাণ্ডক ঋষ্যশৃঙ্গ আর শতানন্দ॥

বিশ্রবা এল আর সেই জহ্নু মুনি।
পৃথিবীর মুনি এল অকথ্য কাহিনী॥

যত মুনি আসিলেন নাম নাহি জানি।
আসিলেন আদি-কবি বাল্মীকি আপনি॥

মুনিগণ সকলে করিল বেদধ্বনি।
যজ্ঞ করিবারে রাম বৈসেন আপনি॥

সস্ত্রীক হইয়া ধর্ম্ম করে এই জ্ঞানে।
স্বর্ণসীতা আনিল সে শাস্ত্রের বিধানে॥

সর্ব্বত্র হইল সে যজ্ঞের নিমন্ত্রণ।
পাত্রাপাত্র আসিল সে যজ্ঞে সর্ব্বজন॥

সুগ্রীব অঙ্গদ আদি শাখামৃগগণ।
মহেন্দ্র দেবেন্দ্র আর সুষেণনন্দন॥

শরভ কুমুদ আর মন্ত্রী জাম্বুবান ।
নল নীল আসিলেন বীর হনুমান ॥
সাগরের পার গেল এই নিমন্ত্রণ ।
তিন কোটী জ্ঞাতি সহ এল বিভীষণ ॥
দেশে দেশে চলিল যজ্ঞের নিমন্ত্রণ ।
নিমন্ত্রণ পাইয়া আসিল রাজগণ ॥
মিথিলা হইতে এল জনক রাজর্ষি ।
মহারাজ শাল্ব এল রাঢ়দেশবাসী ॥
নেপালের রাজা এল দুর্জ্জয় দুর্দ্ধর ।
রাজা গিরিরাজ্যের আইল ধুরন্ধর ॥
অঙ্গের অধিপ এল লোমপাদ নাম ।
বেহারের রাজা এল নাতগিরি ধাম ॥
বিজয় নগরী কাঞ্চি কলিঙ্গ কর্ণাট ।
চৌদিকের রাজা এল সঙ্গে কত ঠাট ॥
সদা রাজগণ থাকে শ্রীরামের কাছে ।
আরো কত নৃপগণ এল যত আছে ॥
হেলঙ্গ তৈলঙ্গ দেশ কলিঙ্গ গান্ধার ।
আটাইশ কোটি এল পশ্চিমের সার ॥
সিংহল সিদ্ধান্ত দেশে মনু নাম পুরী ।
আসিল সাতাশ লক্ষ অযোধ্যানগরী ॥
যতেক ভূপতি সে উত্তরদেশে বৈসে ।
আসিল সত্তরি লক্ষ শ্রীরামের পাশে ॥
যত যত রাজা আছে ভারত ভিতর ।
রাজচক্রবর্ত্তী রাম সবার উপর ॥
আসিল অনেক রাজা রামের নিকটে ।
রামের আজ্ঞায় তারা দণ্ডবৎ খাটে ॥
পৃথিবীতে রাজা আছে অযুত অযুত ।
শ্রীরামের দ্বারে আসি হল উপস্থিত ॥
অবধূত সন্ন্যাসী আসিল দেশান্তরী ।
গন্ধর্ব্ব কিন্নরী এল স্বর্গবিদ্যাধরী ॥
পৃথিবীতে যত ছিল দরিদ্র ব্রাহ্মণ ।
যজ্ঞের দক্ষিণা লৈতে কৈল আগমন ॥
স্বর্গলোক মর্ত্ত্যলোক আসিল পাতাল ।
দেবলোক নরলোক হইল মিশাল ॥
ত্রিভুবনে যত লোক আসিল অপার ।
শত্রুঘ্ন মথুরা হৈতে হইল আগুসার ॥
বশিষ্ঠ বিশিষ্ট আর সুমন্ত্র সারথি ।
যজ্ঞের যতেক দ্রব্য করিল সঙ্গতি ॥
যব ধান গোধুম যে আতপ-তণ্ডুল ।
দধি দুগ্ধ ঘৃত মধু আনিল বহুল ॥
সূর্য্য যেন বসিল সভায় সব ঋষি ।
পর্ব্বতপ্রমাণ চাহে তিল রাশি রাশি ॥
তিন কোটি বৃন্দ চাহে শ্রীফলের কাঠ ।
আসিল সকল দ্রব্য যথা যজ্ঞবাট ॥
বংশের প্রধান পাত্র সুমন্ত্র সারথি ।
ইঙ্গিতে সকল দ্রব্য আনে শীঘ্রগতি ॥
যখন ভরত রাজা যেই আজ্ঞা করে ।
সেই দ্রব্য শত্রুঘ্ন যোগায় অনিবারে ॥
শত্রুঘ্নের কটক যে দুই অক্ষৌহিনী ।
যজ্ঞের যতেক দ্রব্য বহিল আপনি ॥
যে রাক্ষস দেখিলে পলায় মুনিগণ ।
সে রাক্ষস মুনির যে ধোয়ায় চরণ ॥
নৃত্য-গীত মঙ্গল যে নানা বাদ্য শুনি ।
অখিল ভুবনে হয় রামজয় ধ্বনি ॥
বহু যজ্ঞ করিল ভূপতি কোটি কোটি ।
কাহারো না হইল এমত পরিপাটি ॥
তুরঙ্গনগর হৈতে আসিল তুরঙ্গ ।
তুরঙ্গ সওয়ার তার কত শত সঙ্গ ॥
শ্যামবর্ণ অশ্ব শ্বেতবর্ণ চারি খুর ।
নানা অলঙ্কার শোভে সুহার কেয়ুর ॥
লেজ শোভা করে হেন ধবল চামর ।
কপালে চামর তার অতি শোভাকর ॥
সর্ব্বগায় খানি খানি সুবর্ণ অদ্ভুত ।
জলদমণ্ডলে যেন খেলিছে বিদ্যুৎ ॥
স্বর্ণবর্ণ কর্ণ তার ধরে নানা জ্যোতি ।
দুই চক্ষু জ্বলে যেন রতনের বাতী ॥
গলে লোমাবলী যেন মুকুতার ঝারা ।
রাঙ্গা জিহ্বা মেলে যেন আকাশের তারা ॥

জয়পত্র ঘোড়ার কপালেতে লিখন।
দিলেন শত্রুঘ্ন বীরে ঘোড়ার রক্ষণ ॥
শ্রীরাম বলেন, শুন হে শত্রুঘ্ন ভাই।
যজ্ঞপূর্ণকালে যেন এই অশ্ব পাই ॥
দুই অক্ষৌহিণী ঠাটে যান সে শত্রুঘ্ন।
রঙ্গেতে সঙ্গেতে চলে শত শত জন ॥
বসিলেন রাম যজ্ঞস্থানে মুনিবেশে।
ছাড়িয়া দিলেন অশ্ব ভ্রমে দেশে দেশে ॥
পূর্ব্বদেশে গেল অশ্ব বহুদূর পথ।
নদ নদী এড়াইল উঠিল পর্ব্বত ॥
ঘোড়ার পশ্চাতে যান বীর সে শত্রুঘ্ন।
পর্ব্বত উপরে ভ্রমে স্বেচ্ছায় গমন ॥
পর্ব্বতের সেই নাম বিরূপাক্ষ গিরি।
মহাবল সে রাজা পর্ব্বত নামধারী ॥
রাজপুরে অগ্নিগড় জ্বলে চারিভিতে।
ঘোড়া গড় লঙ্ঘিয়া চলিল গগনেতে ॥
গড়ের ভিতরে ঘোড়া করিল প্রবেশ।
হেন কালে শত্রুঘ্ন গেলেন সেই দেশ।
সকল কটকে ঘোড়া চারিদিকে ঘেরে।
শত্রুঘ্ন কটক ল'য়ে রহিল বাহিরে ॥
শত্রুঘ্নের কটক যে দুই অক্ষৌহিণী।
নিবাইল সে সকল গড়ের আগুনি ॥
গড়মধ্যে প্রবেশ করেন শত্রুঘন।
শত্রুঘ্নের সহিত রাজার বাজে রণ ॥
রাম সম শত্রুঘ্ন বীর অবতার।
শত্রুঘ্নের বাণেতে রাজার চমৎকার ॥
মহাবল শত্রুঘ্ন বাণের জানে সন্ধি।
হাতে গলে সে রাজারে করিলেন বন্দী ॥
বান্ধিয়া পাঠায় তারে সুবীর শত্রুঘ্ন।
রাম দরশনে তার বন্ধন মোচন ॥
পূর্ব্বদিক জয় করি আসিল শত্রুঘ্ন।
উত্তরদিকেতে অশ্ব করিল গমন ॥
উত্তরদিকেতে গেল অশ্ব বায়ুগতি।
শত্রুঘ্ন কটক লয়ে তাহার সংহতি ॥

দিগ্‌দিগন্তরে অশ্ব যায় দেশে দেশে।
ছ-মাসের পথ যায় চক্ষুর নিমিষে ॥
জয়পত্র অশ্বের কপালেতে লিখন।
অশ্ব দেখি প্রাণ উড়ে যত রাজগণ ॥
মিলিল সকল রাজা আসিয়া তথাই।
পরাজয় মানিলেক শত্রুঘ্নের ঠাঁই ॥
হিমালয় পর্ব্বতের পার অশ্ব গেল।
সেই দেশী রাজা যেই বিক্রমে বিশাল ॥
অশ্ব দেখি রাজার ধরিতে গেল সাধ।
শত্রুঘ্ন রাজার সহ লাগিল বিবাদ ॥
কেহ কারে নাহি পারে তুল্য দুই জন।
দোঁহাকার বাণ গিয়া ঢাকে গগন ॥
বাছিয়া বাছিয়া বাণ এড়ে শত্রুঘন।
সে বাণ ফুটিয়া রাজা হয় অচেতন ॥
না পারে কহিতে কথা অত্যন্ত কাতর।
তারে বান্ধি পাঠাইল অযোধ্যানগর ॥
দর্শন দিলেন তারে কমললোচন।
তাহাতে হইল তার বন্ধন-মোচন ॥
সে ঘোটক আটক না হয় কোন কোটে।
পশ্চিমদিকেতে অশ্ব তারা যেন ছোটে ॥
এক দিকে ঘোটক না যায় দুইবার।
পশ্চিমদিকেতে গেল সিন্ধুনদী পার ॥
শত্রুঘ্ন ফাঁফর হৈল ঘোড়া নাহি দেখে।
সিন্ধুনদী পার গেল সকল কটকে ॥
বিকৃত আকার তারা হাতে চেরা বাঁশ।
হস্তী অশ্ব মারি খায় যত রক্তমাংস ॥
পিশাচ ভোজন করে পিশাচ আচার।
জীবজন্তু মারি করে তাহারা আহার ॥
সকল ব্যাধেতে ঘোড়া বেড়ে চারিভিতে।
কুপিল শত্রুঘ্ন বীর ধনুর্ব্বাণ হাতে ॥
মহাবল শত্রুঘ্ন সে বীর অবতার।
একবাণে সব ব্যাধ করিল সংহার।
আসিল শত্রুঘ্ন করি তিন দিক জয়।
ঘোড়া লয়ে শত্রুঘ্ন যজ্ঞ-কাছে রয় ॥

ত্রৈলোক্যবিজয় যজ্ঞ বড় পরিপাটী।
আতপ-তণ্ডুলে হোম করে কোটি কোটি॥

লক্ষ লক্ষ শুভ্র বস্ত্র ব্রাহ্মণের হাতে।
ইন্দ্র যম বরুণ যজ্ঞের চারিভিতে॥

প্রায় যজ্ঞ সমাপন হয় এইক্ষণে।
দৈবের নির্ব্বন্ধ ঘোড়া গেল সে দক্ষিণে॥

তুরগ পবনবেগে করিল প্রয়াণ।
উপস্থিত হইল বাল্মীকি মুনিস্থান॥

যে দিন যে হবে তাহা মুনি সব জানে।
লব কুশ দুই ভাই ডাক দিয়া আনে॥

মুনি বলে, লব কুশ! শুনহ বিশেষ।
তপস্যা করিতে যাই চিত্রকূট দেশ॥

তপোবন রক্ষা কর ভাই দুই জন।
তথায় বিলম্ব হবে বহুদিন মন॥

কারো সঙ্গে না করিও বাদ-বিসংবাদ।
মুনি সব জানে যত পড়িবে প্রমাদ॥

দুই ভাই প্রণাম করিল করপটে।
শিষ্যগণ সহ মুনি গেল চিত্রকূটে॥

বারো শত শিষ্য সহ গেল মুনিবরে।
দুই ভাই খেলাখেলি বেড়া দণ্ড করে॥

ধনুর্ব্বাণ হাতে দুই ভাই খেলা খেলে।
মৃগ-পক্ষী সব বিন্ধে বসি বৃক্ষতলে॥

সন্ধান পুরিয়া দুই ভাই এড়ে বাণ।
দেশ-দেশান্তরে বাণ ভ্রমে স্থানে স্থান॥

নদনদী বিন্ধে আর বিন্ধে যে পর্ব্বত।
এক দিনে যায় বাণ ছ'দিনের পথ॥

ষট্‌চক্র বাণ যে বেড়ায় দেশে দেশে।
লক্ষ লক্ষ মৃগ মারি পুনঃ তূণে আসে॥

এমন বাণের শিক্ষা নাহি ত্রিভুবনে।
কেবা শিখাইল বাণ কোথা হৈতে আনে॥

দুই ভাই বৃক্ষতলে নানা খেলা খেলে।
হেনকালে অশ্ব এল সে গাছের তলে॥

ঘোড়া দেখি প্রফুল্ল হইল দুই জন।
হেমপত্র তার ভালে দেখিল লিখন॥

রাজা দশরথের উৎপত্তি সূর্য্যবংশে।
তিনি সত্য পালিয়া গেলেন স্বর্গবাসে॥

তাঁর পুত্র রঘুনাথ ভুবন-ভিতরে।
অযোধ্যায় রাজ্য করে চারি সহোদরে॥

শ্রীরাম লক্ষ্মণ আর ভরত শত্রুঘ্ন।
অশ্বমেধ শ্রীরাম করেন আরম্ভণ॥

সে অশ্বমেধের অশ্ব রাখেন শত্রুঘ্ন।
দুই অক্ষৌহিণী ঠাট তাহার ভিড়ন॥

জয়পত্র দেখি দুই ভাই কোপে জ্বলে।
জিজ্ঞাসা করিয়া ঘোড়া বান্ধে বৃক্ষমূলে॥

দুই অক্ষৌহিণী ঘোড়া না পারে রাখিতে।
হেন ঘোড়া দুই ভাই বান্ধে ভালমতে॥

ঘোড়া বান্ধি মার কাছে গেল দুই জন।
মিষ্টান্ন প্রভৃতি দোঁহে করিল ভোজন॥

লব-কুশের যুদ্ধে শত্রুঘ্ন, ভরত ও লক্ষ্মণের পতন।

শ্রীরাম বলেন, ঘোড়া আন হে শত্রুঘ্ন।
যজ্ঞ সাঙ্গ হৈল পূর্ণ দিব ত এখন॥

সৌমিত্রি আগেতে দূত কহে বারে বার।
মহারাজ ঘোড়া বন্দী হইল তোমার॥

শুনিয়া সৌমিত্রি বীর করেন বিষাদ।
বিধির নির্ব্বন্ধ কিবা পড়িল প্রমাদ॥

বিষম দক্ষিণ দিক্ বড়ই সঙ্কট।
কোন্ বীর যাবে আজি দক্ষিণ-নিকট?

অনেক শক্তিতে আমি মারিনু লবণ।
না জানি কাহার সনে আর হয় রণ॥

এতেক চিন্তিয়া তবে বীর সে শত্রুঘ্ন।
ঘোড়ার উদ্দেশ হেতু করিল গমন॥

ঘোড়া লয়ে দুই ভাই খেলে বারে বার।
লব-কুশে দেখিয়া সকলে চমৎকার॥
লব-কুশ খেলা করে দেখিয়া শত্রুঘ্ন।
জিজ্ঞাসা করয়ে ঘোড়া বান্ধে কোন্ জন

কোন্ বেটা করিয়াছে মারিবার সাধ।
সবংশে মরিতে করে রাম সঙ্গে বাদ ?

শত্রুঘ্নের কথা শুনি দুই ভাই হাসে।
কি নাম ধরহ তুমি থাক কোন্ দেশে ?

শত্রুঘ্ন বলেন, মম জন্ম সূর্য্যবংশে।
চারি ভাই থাকি মোরা অযোধ্যা-প্রদেশে॥

দাশরথি আমরা যে ভাই চারিজন।
শ্রীরাম-লক্ষ্মণ আর ভরত-শত্রুঘ্ন॥

নিজে বিষ্ণু রঘুনাথ ত্রিলোক-বিজয়ী।
রামের বিক্রম-কথা শুন তবে কই॥

রামের বাণেতে মরে লঙ্কার রাবণ।
মরিল আমার বাণে দুর্জ্জয় লবণ॥

জ্যেষ্ঠ ভাই আমার যে রণেতে পণ্ডিত।
তাঁর বাণে অতিকায় মরে ইন্দ্রজিৎ॥

যে সব মরিল বীর ত্রিভুবন জিনে।
আর কোন্ বীর যুঝে মোসবার সনে ?

এতেক গরব করে বীর সে শত্রুঘ্ন।
রুষিয়া সে লব-কুশ করিছে তর্জ্জন॥

চারি ভাই তোমরা আমরা দুই ভাই।
আজি ঘোড়া লয়ে যাও মোরা তাই চাই॥

মরিবারে কেন এলে আমার নিকটে।
কেমনে লইবে ঘোড়া পড়িলে সঙ্কটে॥

খুড়া ভাইপোতে গালি কেহ নাহি চিনে।
গালাগালি মহাযুদ্ধ বাজে তিন জনে॥

নানা অস্ত্র দুই ভাই ফেলে চারিভিতে।
শত্রুঘ্ন কাতর অতি না পারে সহিতে॥

শত্রুঘ্ন বলেন সৈন্য কোন্ কর্ম্ম কর।
সকল কটক বেড়ি দুই শিশু মার॥

দুই অক্ষৌহিণী ছিল শত্রুঘ্নের ঠাট।
লব-কুশে বেড়িয়া করিল বন্ধ বাট॥

লব-কুশে বলে বীর না হও বিমুখ।
সকল কটকে মারি দেখহ কৌতুক॥

শত্রুঘ্ন বলেন, দেখি তোমরা বালক।
বালকের সনে যুদ্ধ হাসিবেক লোক॥

কটক থাকিতে কেন যুঝিব আপনি।
আমার সহিত ঠাট দুই অক্ষৌহিণী॥

কটকের ঠাঁই যদি জয়ী হও রণে।
তবে সে যুদ্ধের যোগ্য হও মম সনে॥

শত্রুঘ্নের কথা শুনি দুই ভাই ভাষে।
আগে মারি কটক তোমারে মারি শেষে॥

কুশ বলেন, লব! তুমি এইখানে থাক।
কটক সংহারি আমি তুমি মাত্র দেখ॥

লবের আগেতে কুশ পাতিল ধনুক।
ভ্রাতার সমরে লব দেখিছে কৌতুক॥

কুশের প্রধান বাণ বেড়াপাক নাম।
বেড়াপাক বাণে কুশ পূরিল সন্ধান॥

পৃথিবীতে ফিরে বাণ কুমারের চাক।
সকল কটকে বেড়ি মারে বেড়াপাক॥

বেড়াপাক বাণে কার নাহিক নিস্তার।
বেড়াপাক বাণে সব করিল সংহার॥

পড়িল সকল ঠাট নাহি এক জন।
সবে মাত্র একাকী সে রহিল শত্রুঘ্ন॥

ঠাঁই ঠাঁই কটক পড়িল গাদি গাদি।
সংগ্রামের স্থানে বহে শোণিতের নদী॥

ডাক দিয়া বলে কুশ শুন হে শত্রুঘ্ন!
কোথা গেল সৈন্য সব নাহি একজন॥

লবের কনিষ্ঠ আমি রণ নাহি টুটে।
লব ভাই যুঝিলে পৃথিবী নাহি আঁটে॥

কুশের বচন শুনি বলেন শত্রুঘ্ন।
পলাইয়া যাব কি তোমারে দিব রণ॥

পলাইয়া গেলে পরে থাকিবে অখ্যাতি।
যদি যুদ্ধ করি তবে নাহি অব্যাহতি॥

কুশ বলেন, শত্রুঘ্ন! যুক্তি কর দৃঢ়।
যেই ইচ্ছা লয় তব সেই যুক্তি কর॥

শত্রুঘ্ন বলেন, কুশ! কিছু মিথ্যা নয়।
যত কিছু বল তুমি সব সত্য হয়॥

তোমার সহিত যুদ্ধে অবশ্য সংহার।
বুঝিতে না পারি তুমি কোন্ অবতার॥

তোমার সংগ্রামে কুশ কার বাপে তরি।
একবার যুদ্ধ করি মারি কিংবা মরি॥

কুশ বলেন, শত্রু! মরণ দৃঢ় কর।
এই আমি বাণ এড়ি যাও যমঘর॥

লব বলেন কুশ! শুন আমার বচন।
তুমি সৈন্য মার আমি মারি সে শত্রুঘ্ন॥

কুশ বাণ যুড়িল লবেরে করি পাছে।
সন্ধান পূরিয়া গেল সৌমিত্রির কাছে॥

কুশ বলেন, হে সৌমিত্রি! এই বাণ ফেলি।
এ বাণ সহিতে পার তবে বীর বলি॥

সৌমিত্রি বলেন, আগে আমি বাণ মারি।
সহিতে পারিলে তোমা বীর জ্ঞান করি॥

তিন লক্ষ বাণ বীর শত্রুঘ্ন সে এড়ে।
আকাশ-গগনে বাণ উখড়িয়া পড়ে॥

দুই জনে বাণবৃষ্টি করে ধনুর্দ্ধর।
দোঁহে দোঁহা বিন্ধিয়া করিল জরজর॥

উভয়ের বাণ গিয়া গগনেতে উঠে।
উভয়ে বরষে বাণ উভয়েতে কাটে॥

নানা অস্ত্র দুইজন করে অবতার।
চারিদিকে পড়ে বাণ অগ্নির সঞ্চার॥

সৌমিত্রি এড়েন তবে মহাপাশ-বাণ।
অর্দ্ধ চন্দ্রবাণে কুশ করে খান খান॥

এড়িল সকল বাণ সৌমিত্রি নিপুণ।
ফুরাইল সব বাণ শূন্য হৈল তূণ।

বিষ্ণু অস্ত্র শত্রুঘ্ন বীরের মনে পড়ে।
তূণ হৈতে তাহা লয়ে ধনুকেতে যোড়ে॥

নিরখিয়া কুশ বীর চিন্তে মনে মন।
মহাবিষ্ণু-বাণ যুড়ে ধনুকে তখন॥

বাণ দেখি শত্রুঘ্নের লাগে চমৎকার।
মহাবিষ্ণু বাণে বিষ্ণুবাণের সংহার॥

কুশ বলেন, শত্রুঘ্ন! আরও বাণ আছে।
ফুরাল তোমার অস্ত্র আমি এড়ি পিছে॥

কুশেরে ডাকিয়া বলে বীর শত্রুঘ্ন।
তোমায় আমায় এই হইল যে রণ॥

কারো পরাজয় নহে উভয়ে সোসর।
রণে ক্ষমা দিয়া যাও দুই জনে ঘর॥

সৌমিত্রির কথা শুনি কুশ বীর হাসে।
অবশ্য মারিব তোমা না যাইবে দেশে॥

মহাপাশ-বাণ কুশ যুড়িল ধনুকে।
সিংহের গর্জ্জনে বাণ উঠে অন্তরীক্ষে॥

সকল পৃথিবী হৈল অন্ধকারময়।
নিরখিয়া শত্রুঘ্নের লাগিল সংশয়॥

অন্ধকারে যুঝিতে না পারে শত্রুঘ্ন।
যুঝিতে না পারে হয় মৃত্যু দরশন॥

একদৃষ্টে রহিল সে ধনুর্ব্বাণ হাতে।
শত্রুঘ্ন মারিতে বাণ চলিল ত্বরিতে॥

মহাপাশ-বাণ তবে যায় নানা ছন্দে।
হাতে গলে শত্রুঘ্নেরে অবশেষে বান্ধে॥

গলায় লাগিল পাশ মৃত্যু দরশন।
মহাপাশ-বাণাঘাতে পড়েন শত্রুঘ্ন॥

শত্রুঘ্ন পড়িয়া রহে রণের ভিতর।
মহানন্দে দুই ভাই চলিলেক ঘর॥

কহিতে লাগিল গিয়ে মায়ের গোচর।
দুই ভাই খেলিতাম এ দুই প্রহর॥

যত যত ভূপতি আইসে তপোবনে।
কৌতুকে খেলাই মাতা তা সবার সনে॥

দুই শিশু লয়ে সীতা করাইল স্নান।
অগুরু-চন্দনে অঙ্গ করিল সুঘ্রাণ॥

মিষ্ট-অন্ন করাল সে দোঁহারে ভোজন।
বিচিত্র পালঙ্কে দোঁহে করিল শয়ন॥

দুই শিশু লয়ে সীতা রহিল সন্তোষে।
শত্রুঘ্নের বার্ত্তা লয়ে দূত গেল দেশে॥

এত সৈন্যমাঝে এড়াইল সাতজন।
দেশেতে গমন করে করিয়া ক্রন্দন॥

পাত্রমিত্র সহ রাম আছে যজ্ঞস্থানে।
হেনকালে সাতজন গেল সেইখানে॥

সাত জন বার্ত্তা কহে গিয়া উর্দ্ধশ্বাসে।
দুই শিশু যুদ্ধ করে বাল্মীকির দেশে॥

লব কুশ নামে সে যমজ দুই ভাই।
ত্রিভুবন পরাজিত সে দোঁহার ঠাঁই॥
ভয় বাসি প্রভু! বলিবারে বিবরণ।
সৈন্য সহ সংগ্রামেতে পড়িল শত্রুঘন॥
শুনিয়া শ্রীরাম অতি চিন্তিত হইয়া।
জিজ্ঞাসা করেন তারে প্রমাদ ভাবিয়া॥
কহ দূত! কার সঙ্গে ঘটিল এ রণ?
কি আশ্চর্য্য শত্রুঘনরে সমরে পতন॥
দূত কহে, মহারাজ! দুই মুনিসুত।
যুদ্ধ করে সমরে সাক্ষাৎ যমদূত॥
তারা যদি যুদ্ধ করে তোমার সহিতে।
জিনিতে নারিবে প্রভু! হেন লয় চিতে॥
অশ্ব বন্দী করিল তাহারা দুই জন।
এতেক প্রমাদ পড়ে অশ্বের কারণ॥
সে কথা শুনিয়া রাম করেন চিন্তন।
প্রমাদ পড়িল দৈবে না যায় খণ্ডন॥
সূর্য্যবংশে জন্মিল যতেক মহারাজ।
সমরে পড়িয়া কেহ নাহি পাইল লাজ।
অনরণ্য মহারাজে মারিল রাবণে।
সে রাবণ সবংশে পড়িল মোর রণে॥
দুর্জ্জয় লবণ ছিল রাবণ-ভাগিনে।
দেব দৈত্য আদি যত কাঁপে সর্ব্বজনে॥
রাবণ হইতে কত বড় সে লবণ।
তাহারে মারিল মোর ভাই শত্রুঘন॥
রামেরে প্রবোধ দেন ভরত-লক্ষ্মণ।
ক্ষত্রিয়ের ধর্ম্ম এই যুদ্ধেতে মরণ॥
বিলাপ সংবর প্রভো! না কর বিষাদ।
কার দোষ নাহি দৈবে পড়িল প্রমাদ॥
পতিব্রতা সীতা তুমি বর্জ্জিলে যখন।
জেনেছি তখনি হবে বিধিবিড়ম্বন॥
দেবতা জানেন যে সীতার নাহি পাপ।
বিনা দোষে বর্জ্জিলে যে তেঁই পাই তাপ॥
আজি যদি শ্রীরাম! তোমার আজ্ঞা পাই।
শিশু ধরিবারে যাই মোরা দুই ভাই॥

এতেক বলিল যদি ভরত-লক্ষ্মণ।
শ্রীরাম দিলেন আজ্ঞা উভয়ে তখন॥
যাও ভাই! কল্যাণ করুন ত্রিলোচন।
সাবধানে দুই ভাই কর গিয়া রণ॥
শত্রুঘন ভ্রাতার শোক প্রবেশিল বুকে।
পাছে পাই আরো শোক মরি সেই দুঃখে॥
দুই ভাই ক'রো যুদ্ধ যদি যুদ্ধ ঘটে।
দুই শিশু ধরি এনো আমার নিকটে॥
বিদায় লইয়া যান ভরত-লক্ষ্মণ।
চারি অক্ষৌহিনী সৈন্য করিল সাজন॥
মুখ্য সেনাপতি গিয়া চড়িলেন রথে।
হস্তী অশ্ব ঠাট কত চলে তার সাথে॥
জাঠি ঝকড়া শেল ও মুষল মুদ্গর।
খাণ্ডা আর ডাঙ্গশ দেখিতে ভয়ঙ্কর॥
দুর্জ্জয় নামেতে হস্তী আরোহে ভরত।
ধনুর্ব্বাণ-পূর্ণ লক্ষ্মণের মহারথ॥
হস্তী হয় রথ সব চলিল অশেষ।
বাল্মীকির তপোবনে করিয়া প্রবেশ॥
কটক সমেত পড়ি আছে শত্রুঘন।
সেইখানে গেলেন ভরত ও লক্ষ্মণ॥
শৃগাল কুক্কুর আর শকুনি গৃধিনী।
কটকের মাংস লয়ে করে টানাটানি॥
ভরত লক্ষ্মণ দোঁহে করে অনুমান।
মহাযুদ্ধে আসিয়া হইনু অধিষ্ঠান॥
রণস্থলে দেখিলেন ভরত লক্ষ্মণ।
হাতে ধনু পড়িয়া আছেন শত্রুঘন॥
সৌমিত্রেরে দুই ভাই কোলে করি কাঁদে।
প্রাণ হারাইলে ভাই! শিশুর বিরোধে॥
যমুনার কূলে ভাই! মারিলে লবণ।
এখানে আসিয়া ভাই! হারালে জীবন॥
রণস্থলে কাঁদিছেন ভরত লক্ষ্মণ।
পাত্রমিত্র দেন উভে প্রবোধ-বচন॥
শোক করিবার বেলা নহে ত এখন।
সমরে আসিয়া শোক কর কি কারণ?

সেই দুই শিশু মারে পুরিয়া সন্ধান।
যুদ্ধস্থলে আসি শোক নহে ত বিধান॥

এতেক বচন শুনি ভরত লক্ষ্মণ।
ক্রন্দন সংবরে দোঁহে স্থির করি মন॥

যুদ্ধার্থে কটক রহে পুরিয়া সন্ধান।
লক্ষ্মণ ভরত দোঁহে দৈল আগুয়ান॥

চারিদিকে রামসেনা রহে সাবধানে।
কটকের মহারোল সীতাদেবী শুনে॥

সীতা বলিলেন, লব কুশ রে কেমন।
কি প্রমাদে পড়িয়াছ ভাই দুই জন?

কার সনে করিয়াছ বাদ-বিসংবাদ।
লব-কুশ! না জানি কি পাড়িলি প্রমাদ॥

শুনিয়া মায়ের কথা দুই ভাই হাসে।
মায়েরে প্রবোধ করে অশেষবিশেষে॥

লব-কুশ বলে মাতঃ! না জান কারণ?
মৃগয়া করিতে রাজা আসে তপোবন॥

যত যত রাজা আছে চন্দ্র-সূর্য্যকুলে।
মৃগয়া করিতে আসে সবে এই স্থলে॥

অবশ্য রাজার সহ আইসে সামন্ত।
রাজার সৈন্যের রোলে তুমি কেন চিন্ত?

আমা দুই ভাই মুনি রেখে গেল দেশে।
কোন্ রাজা আসিয়াছে না জানি বিশেষে॥

মুনির আজ্ঞায় মোরা রাখি তপোবন।
নাহি জানি আসিয়াছে কোন্ মহাজন?

আশ্রম হইলে নষ্ট মুনি দিবে দোষ।
বড় ভয় মানি মুনি করিলে মা! রোষ॥

প্রবোধিয়া মায়েরে তখন বাক্‌ছলে।
শীঘ্রগতি দুই ভাই যুঝিবারে চলে॥

তূণপূর্ণ বাণ লৈল ধনু লৈল হাতে।
মহাহ্লাদে দুই ভাই যায় সমরেতে॥

দুই ভাই গেল যথা ভরত-লক্ষ্মণ।
তৃণ জ্ঞান করে তারা দেখি সেনাগণ॥

লব-কুশ দেখি সেনা কম্পিত অন্তর।
গরুড়ে দেখিয়া যেন ভুজঙ্গের ডর॥

মনোহর দুই ভাই দূর্ব্বাদলশ্যাম।
সকল কটক বলে এল এই রাম॥

রাম যদি আসিতেন এখানে এখন।
তিন রাম এক স্থানে হইত মিলন॥

সেই তেজ সেই বল সেই ধনুর্ব্বাণ।
আকৃতি-প্রকৃতি দেখি রামের সমান॥

এক রাম জিনিতে না পারে ত্রিভুবন।
দুই রাম ইহারা জিনিবে কোন্ জন?

ভরত-লক্ষ্মণ দোঁহে পাইল বিস্ময়।
কে তোমরা দুই ভাই দেহ পরিচয়॥

হাসিয়া উত্তর করে দুই সহোদর।
জাতি কুলে মোদের তোমার কি বিচার?

বারো শত শিষ্য পড়ে বাল্মীকির ঠাঁই।
তাঁর শিষ্য আমরা যমজ দুই ভাই॥

সব শিষ্য লয়ে মুনি গেল পরবাসে।
আমা দুই ভাইকে রাখিয়া গেল দেশে॥

দশরথ ভূপতির পুত্র শত্রুঘন।
দেখ সৈন্যসহ তার সমরে পতন॥

দুই ভাই যুঝিলে পৃথিবী নাহি আঁটে।
কোন্ কার্য্যে আসিয়াছ মোদের নিকটে?

কটক লইয়া কেন এলে তপোবন?
পরিচয় দেহ এলে কিসের কারণ?

তাহা শুনি শ্রীভরত-লক্ষ্মণের হাস।
মুখেতে তর্জ্জন মাত্র অন্তরে তরাস॥

চারি ভাই আমরা সবার জ্যেষ্ঠ রাম।
তিনের কনিষ্ঠ ভাই শত্রুঘন সে রাম॥

মধ্যম আমরা দুই ভরত-লক্ষ্মণ।
শত্রুঘনকে মারিয়া কি রাখিবে জীবন?

এত যদি চারিজনে হৈল গালাগালি।
চারিজনে যুদ্ধ বাজে চারি মহাবলী॥

কুশে আর ভরতে বাজিল মহারণ।
মহাযুদ্ধ করে লব সহিত লক্ষ্মণ॥

ভরত লক্ষ্মণ সহ দুই অক্ষৌহিনী।
ভরত ডাকিয়া সৈন্যে বলেন আপনি॥

শিশু জ্ঞানে তোমরা না হও অন্যমন ।
দুই ভাগ হয়ে যুদ্ধ কর সেনাগণ ॥
দুই অক্ষৌহিণী যুঝে ভরতের কাছে ।
আর দুই অক্ষৌহিণী লক্ষ্মণের পিছে ॥
মধ্যে দুই শিশু যে কটক চারিভিতে ।
হস্তিস্কন্ধে ভরত লক্ষ্মণ মহারথে ॥
লবের বাণের শিক্ষা বড় চমৎকার ।
ধূম্রবাণ এড়ে দশ দিক্ অন্ধকার ॥
জগৎ হইল সব অন্ধকারময় ।
পলায় সকল ঠাট গণিয়া সংশয় ॥
তিমির হইল হেন চক্ষে নাহি দেখে ।
পর্ব্বতগুহার মধ্যে কেহ গিয়া ঢোকে ॥
পলাইয়া যাইতে কাহার পা পিছলে
ঝম্প দিয়া পড়ে কেহ নদ-নদী-জলে ।
কেহ কারে নাহি দেখে কেবা কোথা যায় ।
লক্ষ্মণে এড়িয়া যত কটক পলায় ॥
পলাইল সব ঠাট নাহিক দোসর ।
সবে মাত্র লক্ষ্মণ রহেন একেশ্বর ।
এমন বাণের শিক্ষা নাহি কোন স্থানে ।
কেবা শিখাইল কোথা হতে কেবা জান ॥
রাবণের কুমার সে বীর ইন্দ্রজিৎ ।
ত্রিভুবন যার বাণে হইত কম্পিত ॥
তাহারে মারিতে আমি না করিনু ভয় ।
হইল শিশুর যুদ্ধে জীবন সংশয় ॥
যে হউক সে হউক আজি রণ করি ।
না করি প্রাণের ভয় মারি কিংবা মরি ।
সাহসে করিয়া ভর যুঝেন লক্ষ্মণ ।
ধনুকে ব্রহ্মাগ্নি-বাণ যুড়েন তখন ॥
জ্বলিয়া ব্রহ্মাগ্নি-বাণ উঠিল আকাশে ।
অন্ধকার দূর হৈল পৃথিবী প্রকাশে ॥
অন্ধকার দূর হৈল ঠাট দূরে দেখে ।
সকল কটক এল লক্ষ্মণ সম্মুখে ॥
লক্ষ্মণের বাণ-শিক্ষা বড় চমৎকার ।
পলায়িত যত সৈন্য এল আরবার ॥

লক্ষ্মণের বাণ দেখিয়া লব পান ত্রাস ।
তার ত্রাস দেখিয়া লক্ষ্মণ পান আশ ॥
লব বলেন, লক্ষ্মণ ! কি কর অহঙ্কার ?
মোর ঠাই পড়িলে নিস্তার নাহি আর ॥
আছয়ে অক্ষয় বাণ তূণের ভিতর ।
সংখ্যা নাহি এড়ে বাণ শতেক বৎসর ॥
তোমার কটক আছে এই যে ভরসা ।
জল হেন শুষিব সে না রাখিবে আশা ॥
সংহারিব সকল তোমার বিদ্যমানে ।
অবশেষে তোমারে যে মারিব পরাণে ॥
এতেক বলিয়া লব যোড়ে ধনুর্ব্বাণ ।
সকল সামন্ত কাটি করে খান খান ॥
ষট্‌চক্র বাণ লব যুড়িল ধনুকে ।
সিংহের গর্জ্জনে বাণ উঠে অন্তরীক্ষে ॥
মহাশব্দে যায় বাণ তারা যেন ছুটে ।
এক বাণে লক্ষ্মণের সব সৈন্য কাটে ॥
ষট্‌চক্র বাণেতে এড়ায় সেই সব ।
সে সকল সৈন্য নাহি মারিলেন লব ॥
রক্তময় হইল সকল যুদ্ধস্থল ।
ভাদ্রমাসে গঙ্গা যেন করে টলমল ॥
ডাকিয়া বলেন লব শুন হে লক্ষ্মণ !
কোথা গেল সৈন্য তব নাহি এক জন ?
মারিলে যে ইন্দ্রজিৎ রাবণকুমার ।
তোমারে মারিয়া যশ রাখিব সংসার ॥
তোমারে মারিলে পরে মোর যশ রহে ।
বলিয়া লক্ষ্মণজিৎ সর্ব্বলোকে কহে ॥
লক্ষ্মণ বলেন, লব ! এ কি অহঙ্কার ।
মোর সনে যুদ্ধে তব নাহিক নিস্তার ॥
কুপিল লক্ষ্মণ-বীর এড়ে ব্রহ্মজাল ।
সংসার করিল আলো অগ্নির উথাল ॥
লব বীর বিষণ্ণ ভাবিছে মনে মন ।
ধনুকে বরুণ-বাণ যুড়িল তখন ॥
সন্ধান পূরিয়া লব সে বাণ এড়িল ।
সমুদ্র-তরঙ্গ যেন গগনে লাগিল ॥

ব্রহ্মজাল ব্যর্থ গেল চিন্তিত লক্ষ্মণ।
কি হবে আমার বুঝি সংশয় জীবন॥
লক্ষ্মণের যত শিক্ষা যত অস্ত্র জানে।
সন্ধান পূরিয়া বাণ এড়ে ততক্ষণে॥
সকল পৃথিবী হৈল বাণে অন্ধকার।
লক্ষ্মণের বাণ দেখি লাগে চমৎকার॥
চিন্তিত হইয়া লব ভাবে মনে মন।
অক্ষয় অজিত বাণ যুড়িল তখন॥
সন্ধান পূরিয়া বাণ এড়ে তারা যেন ছুটে।
সেই বাণে লক্ষ্মণের মহাবাণ কাটে॥
এই বাণ ব্যর্থ গেল চিন্তিত লক্ষ্মণ।
মনে ভাবে শিশু নহে, সাক্ষাৎ এ যম॥
অর্ব্বুদ অর্ব্বুদ বাণ লক্ষ্মণ যে এড়ে।
কত দূরে গিয়া বাণ উখড়িয়া পড়ে॥
দেখিয়া ত লক্ষ্মণের লাগে চমৎকার।
ফুরাইল সব বাণ তূণে নাহি আর॥
ফুরাইল অস্ত্র সব শূন্য হৈল তূণ।
দেখিয়া উদ্বিগ্ন বড় হইল লক্ষ্মণ॥
বলেন লক্ষ্মণ পরে লব-বিদ্যমান ;—
এত দূরে মোর যুদ্ধ হৈল অবসান॥
সর্ব্বশাস্ত্র জান তুমি, বিচারে পণ্ডিত।
বুঝিয়া করহ কার্য্য যে হয় উচিত॥
শুনিয়া তাহার কথা লব-বীর ভাষে ;—
অবশ্য মারিব তোমা না যাইবে দেশে॥
এক বাণ এড়ি আমি ভাবিও মন্দ।
যা হোক্ তা হোক্ সব থাকে যে নির্ব্বন্ধ॥
এই বাণে যদি তুমি পাও পরিত্রাণ।
হে সুধীর তবে তব না লইব প্রাণ॥
এ প্রতিজ্ঞা করিলাম শুনহ বচন।
এই বাণ ব্যর্থ গেলে না করিব রণ॥
পাশুপত-বাণ সে লবের মনে পড়ে।
তূণ হৈতে বাণ লয়ে ধনুকেতে যুড়ে॥
বাসুকি তক্ষক যেন বাণের গর্জ্জন।
পাশুপত-বাণে বিন্ধি পড়িল লক্ষ্মণ॥

লক্ষ্মণে জিনিয়া যায় ভায়ের উদ্দেশে।
হেথা যুদ্ধ বাজিল ভরত আর কুশে॥
কুশের সহিত লব নাহি করে দেখা।
লুকাইয়া দেখে যে কুশের অস্ত্র-শিক্ষা॥
শত্রুঘ্নে মারি কুশের বাড়িয়াছে আশ।
ভরতের সনে যুঝে নাহি করে ত্রাস॥
একা ভাই যদ্যপি জিনিতে নারে রণ।
নির্ম্মূল করিব যে না রহে একজন॥
এতেক ভাবিয়া লব লুকাইয়া থাকে।
ভরতের সহিত কুশের যুদ্ধ দেখে॥
ভরতের সনে ঠাট কটক বিস্তর।
চারিভিতে যুদ্ধ করে কুশ একেশ্বর॥
বেড়াপাক নামেতে কুশের এক বাণ।
সেই বাণে কুশ বীর পূরিল সন্ধান॥
বেড়াপাক বাণ সে প্রবেশে পাকে পাকে।
হস্ত-পদ কাটে কারো কারো কাটে নাকে॥
এক ঠাঁই মুণ্ড পড়ে স্কন্ধ আর ঠাঁই।
ভরতের ঠাট পড়ে লেখাজোখা নাই॥
এক বাণে অরি-সৈন্য করিল সংহার।
পর্ব্বতপ্রমাণ ঠাট পড়িল অপার॥
রক্তনদী বহিল সে সংগ্রামের স্থানে।
সব সৈন্য পড়ে এড়াইল সাত জনে॥
উচ্চস্বর করি তারা ভরতেরে ডাকে।
পালাইয়া যায় কেহ ফিরে ফিরে দেখে॥
ভাবে তারা পরিত্রাণ পাইব কেমনে।
ক্ষত্রিয়ের ধর্ম্ম নহে ভঙ্গ দিতে রণে॥
ভরত বলেন, কুশ! ক্ষান্ত কর রণ।
দেশে পলাইয়া যায় এই অষ্ট জন॥
কুশ বলে, হে বীর! না বল এ বচন।
কেমনে যাইবে দেশে এই অষ্ট জন?
সাত জন যাক্ দেশে রাজার গোচর।
বার্ত্তা পেয়ে রাজা যেন আসেন সত্বর॥
শুনহ ক্ষত্রিয় বীর! আমার উত্তর।
ক্ষত্রিয় হইয়া কেন হইলে কাতর?

মনে ভাব পলাইয়ে পাবে অব্যাহতি ?
যত কাল জীবে তব থাকিবে অখ্যাতি ॥
পলাইয়া গেলে যে থাকিবে অপযশ।
যুঝিয়া মরিলে থাকে অনন্ত পৌরুষ ॥
ভরত বলেন, কুশ! ইহা মিথ্যা নয়।
শ্রীরামের রূপ দেখি তেঁই বাসি ভয় ॥
শ্রীরামের তেজ বল তাঁরি ধনুর্ব্বাণ।
হারিলে তোমার ঠাঁই নাহি অপমান ॥
কুশ বলে, রাম বলি কত গর্ব্ব কর।
রাম কি করিবে যদি আজি তুমি মর ॥
তুমি আজি পড়িবে যে আমার সংগ্রামে।
অতঃপর আসিয়া কি করিবেন রামে ?
আমার সমরে যদি জয়ী হন রাম।
তবে ব্যর্থ ধরি মোরা লব কুশ নাম ॥
তোমারে ছাড়িয়া দিলে লব পাছে হাসে।
বলিবেন ভরতে কি না মারিলে ত্রাসে ॥
কোন্ কালে ভাই মোর মারিল লক্ষ্মণ।
তোমারে মারিতে যে বিলম্ব এতক্ষণ ॥
এক বাণ বিনা না এড়ি অন্য বাণ।
এক বাণে হে ভরত! লব তব প্রাণ ॥
ভরত বলেন, তব বুদ্ধি ভাল নয়।
শ্রীরামের রূপ দেখি তেঁই বাসি ভয় ॥
কুশ বলে, রাম হেন কোটি যদি আসে।
ফিরিয়া সে একজন নাহি যাবে দেশে ॥
ভরত বলেন, কুশ! কর বাড়াবাড়ি।
শ্রীরামের নিন্দা কর সহিতে না পারি ॥
শিশু হয়ে কুশ! তব এতেক বড়াই।
আছুক রামের কার্য্য জিন মোর ঠাঁই ॥
লব লব বলিয়া যে কর অহঙ্কার।
লক্ষ্মণের সমরে তাহার বাঁচা ভার ॥
লক্ষ্মণের বাণে কারো নাহিক নিস্তার।
অবশ্য লক্ষ্মণ প্রাণ লয়েছে তাহার ॥
লক্ষ্মণের বাণে লব যগুপি বাঁচিত।
আসিয়া তোমারে সে অবশ্য দেখা দিত ॥

ভরতের কথা শুনি কুশ বীর কয় ;—
কোন্‌কালে লক্ষ্মণের হইয়াছে ক্ষয় ?
লক্ষ্মণ লবের বাণে পাইলে নিস্তার ॥
ভরত! না হবে তবে তোমার সংহার ॥
এত যদি দুই জনে হৈল গালাগালি।
দুই জনে যুদ্ধ বাজে দোঁহে মহাবলী ॥
তিরাশী কোটি বাণ এড়িল শ্রীভরত।
দশদিক্ জলস্থল ঢাকিল পর্ব্বত ॥
ভরতের বাণেতে হইল অন্ধকার।
দেখিয়া কুশের মনে লাগে চমৎকার ॥
কুশ-বীর বাণ এড়ে ভরত-সম্মুখে।
ভরতের যত বাণ কাটে একে একে ॥
সব বাণ ব্যর্থ গেলে ভরত চিন্তিত।
ভরত গন্ধর্ব্ব অস্ত্র এড়িল ত্বরিত ॥
তিন কোটি গন্ধর্ব্ব জন্মিল এক বাণে।
কুশ সহ যুদ্ধ করে অতি সাবধানে ॥
গন্ধর্ব্বের বিক্রমে কুশের লাগে ডর।
এড়িল অজয়জিৎ বাণ সে সত্বর ॥
গন্ধর্ব্ব কুশের বাণে হইল সংহার।
দেখি ভরতের মনে লাগে চমৎকার ॥
কুশ বলে, ভরত! আর কত বাণ এড়।
এই আমি বাণ এড়ি যম-ঘরে নড় ॥
যুড়িল ঐষীক বাণ কুশ যে ধনুকে।
সিংহের গর্জ্জনে সে উঠিল অন্তরীক্ষে ॥
মহাশব্দ করি বাণ উঠিল আকাশে।
দেখিয়া ভরত ব্যস্ত হইলেন ত্রাসে ॥
ভরত কাতর হয়ে ঊর্দ্ধপানে চায়।
বায়ুবেগে পড়ে বাণ ভরতের গায় ॥
ফুটিয়া ঐষীক বাণ পড়িল ভরত।
পৃথিবীতে ধারা বহে রক্তস্রোত শত ॥
ভরত কটক সহ পড়িলেন রণে।
ধেয়ে গেল লব সে কুশের বিগুমানে ॥
রক্তে রাঙ্গা দুই ভাই করে কোলাকুলি।
জলে গিয়া যুদ্ধরক্ত ফেলিল পাখালি ॥

সংগ্রামের বেশ রেখে বৃক্ষের কোটরে।
শূন্য-হস্তে গেল দোঁহে মায়ের গোচরে॥
জানকী বলেন, বৎস! দেরী কি কারণ?
কোন্ কার্য্যে লব কুশ। ব্যাজ এতক্ষণ?
লব-কুশ বলে, মাতঃ! না জানি বিশেষ।
মৃগয়া করিয়া রাজা গেল নিজ দেশ॥
এতেক প্রমাদ সীতা কিছু নাহি জানে।
মিথ্যা কহি মায়েরে ভুলায় দুই জনে॥
কোন চিন্তা নাহি মা গো তোমার প্রসাদে।
তপোবন রাখি মোরা মুনি আশীর্ব্বাদে॥
মিষ্ট-অন্ন পান দোঁহে করিল ভোজন।
সুগন্ধি চন্দন মাল্য পরিল তখন॥
পরম হরষে ঘরে রহে দুই ভাই।
সাত জন পলাইয়া গেল রাম-ঠাঁই॥
মুনিগণ সহ রাম আছে যজ্ঞস্থানে।
হেনকালে সাত জন গেল সেইখানে॥
সাত জনে দেখিয়া শ্রীরাম চিন্তান্বিত।
জিজ্ঞাসেন ভরত ও লক্ষ্মণের হিত॥
কৃতাঞ্জলি সাত জন করে নিবেদন;—
কি কহিব রঘুনাথ দৈবের ঘটন॥
প্রমাদ পড়িল প্রভো! ভয়ে নাহি কহি।
সাত জন আসিলাম আর কেহ নাহি॥
চারি অক্ষৌহিণী পড়ে ভরত লক্ষ্মণ।
সবে মাত্র পলাইয়া এনু সাত জন॥
এই শিশু নর নহে বিষ্ণু-অবতার।
তোমার যতেক সেনা করিল সংহার॥
আপনি যদ্যপি প্রভো! যুঝ উভ সনে।
জিনিতে নারিবে প্রভো! হেন লয় মনে॥
ত্রৈলোক্যের নাথ তুমি জগৎ-পূজিত।
জিনিতে নারিবে রণ কহিনু নিশ্চিত॥
শুনিয়া মূর্চ্ছিত পরে কমললোচন;
চৈতন্য পাইয়া রাম করেন ক্রন্দন॥
কোথাকারে গেল ভাই ভরত লক্ষ্মণ।
আমারে ত্যজিয়া কোথা গেলে তিন জন?

পূর্ব্বেতে আমার প্রতি আছিলা সদয়।
রণস্থলে গিয়া ভাই! হইলা নির্দ্দয়॥
শ্রীরামের সর্ব্বাঙ্গ তিতিল নেত্রনীরে।
ভাগীরথী বহে যেন হিমালয়োপরে॥
তিন ভাই স্মরণ করিয়া বহুতর।
হায় হায় বিলাপ করেন রঘুবর॥
আমা লাগি লক্ষ্মণ যে রাজ্য পরিহরি।
বনবাসে গেল ভাই! বল্কল সে পরি॥
চতুর্দ্দশ বর্ষ দুঃখ পেলে তপোবনে।
ইন্দ্রজিৎ পড়িল তোমার তীক্ষ্ণবাণে॥
লক্ষণের তুল্য ভাই নাহি ত্রিভুবনে।
হেন ভাই পড়ে মোর বালকের রণে॥
ভরতের যত গুণ কহিতে না পারি।
আমি বনে গেলে হয়েছিল ব্রহ্মচারী॥
চৌদ্দ বর্ষ দুঃখ পেয়ে পরিল বাকল।
রাজভোগ ত্যজিয়া খাইল বৃক্ষ-ফল॥
শিশুর বিরোধে ভাই! গেলা রসাতল।
এতেক ভাবিয়া রাম হলেন বিকল॥
ভাই মোর শত্রুঘ্ন সে প্রাণের দোসর।
তব তুল্য বীর নাহি পৃথিবী-ভিতর॥
বহুদিন যুদ্ধ করি মারিনু রাবণ।
দিনেকের যুদ্ধে তুমি মারিলে লবণ॥
হেন ভাই পড়িল যে শিশুর সংগ্রামে।
যা থাকে কপালে তাহা ঘটে ক্রমে ক্রমে॥
নেত্রনীরে শ্রীরামের তিতিল বসন।
সুগ্রীব প্রভৃতি দেন প্রবোধ-বচন॥
আপনি শ্রীরাম তুমি বিচারে পণ্ডিত।
তোমার ক্রন্দন প্রভো নহে ত উচিত?
ক্রন্দন সংবর রাম! স্থির কর মতি।
দুই শিশু ধরি গিয়া চল শীঘ্রগতি॥
শ্রীরাম বলেন, যাই ভায়ের উদ্দেশে।
তিন ভাই গেল যদি আমি আছি কিসে॥
দুই শিশু মারিয়া শুধিব ভ্রাতৃ ধার।
অযোধ্যায় তবে আগমন করি আর॥

শুনিয়া রামের কথা সুগ্রীব রাজন্।
শ্রীরামের প্রতি কহে প্রবোধ-বচন॥

রাক্ষস বানর আর যত আছে সেনা।
সজ্জিত হইয়া মারি শিশু দুই জনা॥

সুমন্ত্রের তরে রাম করেন জ্ঞাপন।
বাছিয়া সাজাও রথ অপূর্ব্ব-দর্শন॥

পাইয়া রামের আজ্ঞা সুমন্ত্র সারথি।
কনকে রচিত রথ আনে শীঘ্রগতি॥

চড়েন পুষ্পক রথে শ্রীরাম প্রবীণ।
শুভযাত্রা করি রাম চলেন দক্ষিণ॥

চলিল ছাপান্ন কোটি মুখ্য সেনাপতি।
তিন কোটি চলে তাহে মদমত্ত হাতী॥

চলিল তিরাশী কোটি শ্রেষ্ঠ বলী ঘোড়া।
অক্ষৌহিণী সত্তর চলিল ভূমি যোড়া॥

তিন কোটি মহারথী চলিল প্রধান।
সর্বক্ষণ থাকে তারা রাম-বিদ্যমান॥

মহারথী চলিল যতেক রাজধানী।
পাত্র মিত্র সবে চলে করিয়া সাজনি॥

শ্রীরামের সেনা ঠাট কটক অপার।
দেখিলে যমের লাগে চিত্তে চমৎকার॥

সুগ্রীব অঙ্গদ চলে লয়ে কপিগণ।
গবাক্ষ শরভ গয় সে গন্ধমাদন॥

মহেন্দ্র দেবেন্দ্র চলে বানর সম্পাতি।
চলিল ছত্রিশ কোটি মুখ্য সেনাপতি॥

সত্তর কোটি সহিতে পবননন্দন।
তিন কোটি রাক্ষসে চলিল বিভীষণ॥

মহাশব্দ করি যায় রক্ষঃ কপিগণ।
আর যত সেনা যায় কে করে গণন?

বিজয় সুমন্ত্র নড়ে কশ্যপ পিঙ্গল।
শত্রুজিৎ মহাবল চলিল সকল॥

রুদ্রমুখ চলে আর সুরক্ত-লোচন।
রক্তবর্ণ মহাকায় ঘোরদরশন॥

রথের উপরে রাম চড়েন সত্বর।
মহাশব্দ করি যায় রাক্ষস বানর॥

কটকের পদভরে কাঁপিছে মেদিনী।
শ্রীরামের বাদ্য বাজে তিন অক্ষৌহিণী॥

কৃত্তিবাস কবি কহে অমৃত কাহিনী।
দুই বালকের জন্যে এতেক সাজনি॥

লব-কুশের সহিত রামের যুদ্ধ।

কটক হইল পার নদ-নদী-নীরে।
জল শুকাইল কটকের পাদভরে॥

নদী শুকাইল মাটী হৈল গুঁড়াগুলা।
গগনমণ্ডলে লাগে কটকের ধূলা॥

সমরে গেলেন রাম কমললোচন।
ভরত লক্ষ্মণ পড়িয়াছে শত্রুঘ্ন॥

আর পড়িয়াছে ঠাট ছয় অক্ষৌহিণী।
দেখিয়া উদ্বিগ্ন হইলেন রঘুমণি॥

লব কুশ দুই ভাই করে অনুমান।
এই বুঝি সৈন্য লয়ে আসিলেন রাম॥

সংগ্রামে পণ্ডিত অতি বিখ্যাত শ্রীরাম।
ইঁহাকে মারিতে পারি তবে থাকে নাম॥

এই যুক্তি দুই ভাই করে কানাকানি।
হেনকালে আসিলেন সীতা ঠাকুরাণী॥

জানকী বলেন, কিবা কব দুই ভাই।
কটকের মহাবোল শুনিতে যে পাই॥

কার সনে করিয়াছ বাদ-বিসংবাদ?
কোন্ দিন লব-কুশ পাড়িবে প্রমাদ॥

সীতাদেবী উভয়ে করেন সাবধান।
শত শত আশীর্ব্বাদ করেন কল্যাণ॥

অভাগীর পুত্র তোরা নির্ধনের ধন।
অন্ধের নয়ন তোরা মায়ের জীবন॥

কায়মনোবাক্যে যদি হই আমি সতী।
তোসবার যুদ্ধে কারো নাহি অব্যাহতি॥

তোসবার সনে যারা এসে করে রণ।
না যাবে ফিরিয়া দেশে তারা এক জন॥

অব্যর্থ সীতার বাক্য নহে অন্যমত।
যা বলেন যাহারে সে ফলে সেইমত॥

এতেক বলিয়া সীতা চলিলেন ঘর।
চরণ বন্দিয়া চলে দুই সহোদর॥
রামের সহিত যুদ্ধ করে এই মন।
সেইমত বেশ করিলেন দুই জন॥
তূণপূর্ণ বাণ লৈল ধনু লৈল হাতে।
যুঝিবারে দুই ভাই চলে আনন্দেতে॥
যেখানে শ্রীরাম তথা গেল দুইজন।
তিন রাম এক ঠাঁই দেখে সর্ব্বজন॥
এক বল এক রূপ একই সুঠাম।
একই বিক্রম সবে দেখে তিন রাম॥
রাক্ষস বানর আদি যত সেনাপতি।
অনুমান করে তারা বুদ্ধি বৃহস্পতি॥
পঞ্চমাস গর্ভবতী জানকী যখন।
সেকালে তাঁহারে রাম করেন বর্জ্জন॥
লক্ষ্মণ আনিয়া তাঁরে রাখে এই বনে।
ইহারা সীতার পুত্র হেন লয় মনে॥
সেই গর্ভে হইল যমজ সহোদর।
ত্রিভুবনজয়ী দুই বীর ধনুর্দ্ধর॥
এই কথা রঘুনাথ করে অনুমান।
নতুবা ইহারা কেন আমার সমান?
এ দুয়ের যুদ্ধে রাম না দেখি নিস্তার।
প্রাণ লয়ে দেশ প্রতি কর আগুসার॥
এই যুক্তি শ্রীরামেরে বলে সেনাপতি।
হেনকালে নিবেদয়ে সুমন্ত্র সারথি;—
পঞ্চমাস যখন জানকী গর্ভবতী।
হেনকালে তাঁহারে বর্জ্জিলা রঘুপতি॥
রাখিলাম তাঁহারে যে এই বনবাসে।
আমি ও লক্ষ্মণ দোঁহে ফিরে গেনু দেশে॥
অতএব রঘুনাথ! এই সে বন।
সীতার এ দুই পুত্র হেন লয় মন॥
যমজ দুই সহোদর বুঝি এ প্রকার।
পরিচয় লহ প্রভো! তোমার কুমার॥
সুমন্ত্রের কথা শুনি রামের বিস্ময়।
উভয়ের কাছে গিয়া দেন পরিচয়॥

রাজা দশরথের তনয় আমি রাম।
তোমরা আমারি মত ধর রূপ শ্যাম॥
তেজ ধর আমারি, আমারি ধনুর্ব্বাণ।
আকৃতি-প্রকৃতি দেখি আমার সমান॥
পরাক্রম আমারি, না হয় অন্য জ্ঞান।
অতএব কহি আমি বলহ বিধান॥
তেঁহ সে কারণে আমি পরিচয় চাই।
পরিচয় দেহ কে তোমরা দুই ভাই॥
পরিচয় দেহ কিবা আমার নন্দন।
এমন হইলে আমি না করিব রণ॥
না জানিয়া মারিব কি আপন তনয়।
যাবৎ না লই প্রাণ দেহ পরিচয়॥
শুনিয়া সে কথা দোঁহে করে কানাকানি।
কেমনে বলিব নাম নাম নাহি জানি॥
আজি গিয়া জিজ্ঞাসিব জননীর ঠাঁই।
কার পুত্র আমরা যমজ দুই ভাই॥
দুই ভাই যুক্তি করে কেহ নাহি শুনে।
ডাকিয়া রামেরে বলে তর্জ্জনে গর্জ্জনে॥
এতদিনে অবোধের সনে দরশন।
পরিচয় দিলে হবে কোন প্রয়োজন?
পুত্র হয়ে কেবা করে রণ পিতা সনে?
আপনার পুত্র বলি ভাব কেন মনে?
আমা দোঁহা দেখিয়ে যে কাঁপিলে অন্তরে।
পরিচয় তেকারণে চাহ বারে বারে॥
তোমারে কহিব শুন অবোধ শ্রীরাম।
বড় ভয় পাও তুমি করিতে সংগ্রাম॥
দুই ভাই চতুর না জানে পিতৃনাম।
ভাণ্ডাইল কপটে বুঝিলেন শ্রীরাম॥
পরিচয় নহিল হইল গালাগালি।
সর্ব্বসৈন্য বেড়ে লব-কুশ মহাবলী॥
শ্রীরাম বলেন, নাহি দিলে পরিচয়।
সাবধানে যুঝ সৈন্য না করিও ভয়॥
আমার ছাপান্ন কোটি মুখ্য সেনাপতি।
তিন কোটি আমার হে মদমত্ত হাতী॥

তিরাশী কোটি যে উত্তম বলিষ্ঠ ঘোড়া।
অক্ষৌহিনী সত্তর যাহাতে পৃথ্বী জোড়া॥

সুগ্রীব ও অঙ্গদের আছে কোটি সেনা।
যার যুদ্ধে দেব-দৈত্য কঁাপে সর্ব্বজনা॥

ভল্লুক অসংখ্য আছে রাক্ষস বানর॥
আমার অনেক ঠাট কটক বিস্তর॥

এতেক কটক পড়ে যদি আজি রণে।
তবে অপযশ মোর ঘুষিবে ভুবনে॥

বাছিয়া বাছিয়া বীর দেহ চারিভিতে।
বেষ্ট যেন দুই শিশু নারে পলাইতে॥

মন্ত্রিগণ সহ রাম করেন মন্ত্রণা।
বাছিয়া কটক দিল চারিভিতে থানা॥

হস্তী হয় চালাইল প্রথমতঃ রণে।
বিপক্ষ মরুক হয়-হস্তীর চাপনে॥

পাইয়া রামের আজ্ঞা কটকের ত্বরা।
চালায় প্রথম রণে হাতী আর ঘোড়া॥

রাহুত মাহুত ধায় শিশু ধরিবারে।

দুই ভাই দুই ভীতে ধনুর্ব্বাণ যোড়ে॥

লব বলে, কুশ ভাই! যুক্তি কর সার।
রামসৈন্য কাটিয়া করিব চুরমার॥

দুই ভাই কুপিয়া ধনুকে বাণ যোড়ে।
হস্তী-হয় কাটিয়া গগণে বাণ উড়ে॥

লব ত্যজিলেন বাণ নামেতে আহুতি।
এক বাণে কাটিয়া পাড়িল কোটি হাতী।

কুশ বাণ এড়িল, নামেতে অশ্বকলা।
কাটিল তিরাশী কোটি তুরঙ্গের গলা॥

চারিভিতে সৈন্য যুঝে লব কুশ মাঝে।
নানা অস্ত্র লইয়া সে দুই ভাই যুঝে॥

সৈন্য দেখি দুই ভাই চিন্তিত অন্তর।
কেমনে মারিব ঠাট কটক বিস্তর?

এত সৈন্য লইয়া যুঝিতে এল রাম।
ইহাকে মারিতে পারি তবে .থাকে নাম॥

সতী-পুত্র হই যদি থাকে মুনি-বর।
এখনি মারিয়া পাঠাইব যমঘর॥

মুনির আশিসে হয় সর্ব্বত্র কল্যাণ।
সন্ধান পুরিয়া লব-কুশ এড়ে বাণ॥

ষট্‌চক্র বাণ লব পূরিল সন্ধান।
ত্রিভুবন যুঝে যদি নাহি ধরে টান॥

কুশের প্রধান বাণ বেড়াপাক নাম।
বেড়াপাক-বানে কুশ পুরিল সন্ধান॥

হেন বাণ দুই ভাই যুড়িল ধনুকে।
সন্ধান পুরিয়া এড়ে উঠে অন্তরীক্ষে॥

সিংহের গর্জ্জনে বাণ তারা হেন ছুটে।
সত্তরাক্ষৌহিনী সেনা দুই ভাই কাটে॥

সমরে আসিয়াছিল ভল্লুক বানর।
হাতে করি কেহ গাছ কেহ বা পাথর॥

সুগ্রীব অঙ্গদ যুঝে বীর হনুমান্।
কোটি কোটি সেনাপতি যুঝে সাবধান॥

রাক্ষস ভল্লুক কপি রূপে ভয়ঙ্কর।
নানা অস্ত্র এড়ে তারা পাদপ পাথর॥

রাক্ষস বানর আর যতেক ভল্লুক।
নিরখিয়া কুশ-লব করিছে কৌতুক॥

লব বলে, কুশ ভাই! শুনহ বচন।
দেখ দেখ কটকের বিকট বদন॥

হেন সব মুখ কভু নাহি দেখি আর।
দেখিতে শরীর যেন পর্ব্বত আকার॥

বানর ভল্লুক বীর যুঝিছে বিস্তর।
নানা অস্ত্র এড়ে তারা পাদপ পাথর॥

রাক্ষসেরা বাণ এড়ে পুরিয়া সন্ধান।
লব-কুশ দেখিয়া না হয় আগুয়ান॥

লব বলে কুশ ভাই! কার মুখ চাই।
বিকট কটক মারি পাড়ি দুই ভাই॥

সেই দিকে দুই ভাই পূরিল সন্ধান।
সন্ধান পুরিয়া এড়ে তীক্ষ্ণ তীক্ষ্ণ বাণ॥

বাণে বিদ্ধ রাক্ষস বানর যত পড়ে।
যেমন কদলী-বৃক্ষ পড়ে মহাঝড়ে॥

লব বলে কুশের কি শিক্ষা চমৎকার।
রাক্ষস বানর আদি পড়িল অপার॥•

পরে যুদ্ধে আসিলেন সুগ্রীব বানর।
দ্বাদশ যোজন আনে পাথর সত্বর॥

ক্রোধভরে পর্ব্বত উপাড়ে দুই হাতে।
ইচ্ছা করে মারে লব-কুশের শিরেতে॥

বাণে কাটি লব-কুশ করে খান খান।
আর বাণে সুগ্রীবের লইল পরাণ॥

তবে ত অঙ্গদ বীর আসিল সত্বরে।
ধরিবারে চাহে দোঁহে আপনার জোরে॥

এতেক ভাবিয়া বীর লাফ দিয়া যায়।
লব-কুশ-বাণে পড়ি তার পুড়ে গায়॥

পড়িল অঙ্গদ বীর সেই বাণ খেয়ে।
হনুমান্ আসিলেন হাতে গদা লয়ে॥

পর্ব্বত পড়িল লব-কুশের উদ্দেশ্যে।
বাণে কাটি লব-কুশ ফেলায় আকাশে॥

কুশ বাণ মারে হনুমানের উপরে।
হনুমান মূর্চ্ছিত সে পড়িল সমরে॥

দেখিয়া হনুর দশা অপর বানর।
ত্রাসে পলাইয়া যায় হইয়া কাতর॥

বেড়াপাক বাণ কুশ পূরিল সন্ধান।
বেড়াপাকে সবাকার লইল পরাণ॥

রাক্ষস ভল্লুক সে পড়িল কপিগণ।
ইহার মধ্যেতে এড়াইল তিন জন॥

অমর কারণে এড়াইল তিন বীর।
দুই কটকের রক্তে বহে যেন নীর॥

রক্তেতে ভাসিয়া নদী হইল পাথার।
দেখিয়া রামের মনে লাগে চমৎকার॥

আছিল ছাপ্পান্ন কোটি শ্রীরামের সেনা।
হস্তী হয় ঠাট তার নাহি এক জনা॥

শ্রীরামের সেনাপতি বীর মহামতি।
গিয়াছিল রণস্থলে সৈন্যের সংহতি॥

শ্রীরামের আগে কহে যোড় করি হাত।
প্রাণ লয়ে দেশেতে চলহ রঘুনাথ॥

যদি রঘুনাথ! দেশে করহ গমন।
তবে ত সবার রক্ষা নতুবা মরণ॥

শিশু নহে দুই জন সাক্ষাৎ যে যম।
ত্রিভুবনে বার নাহি এ দোঁহার সম॥

শ্রীরাম বলেন, আসিলাম সৈন্য সাথে।
সব সৈন্য মজাইয়া যাইব কিমতে॥

মজাইয়া সর্ব্বস্ব কেমনে যাব ঘর।
সাবধানে যুঝ সৈন্য! না করিও ডর॥

সেনাপতি সকলে রামের আজ্ঞা পায়।
ধনুর্ব্বান হাতে করি যুঝিবারে যায়॥

একেবারে সব সৈন্য পূরিল সন্ধান।
সন্ধান পূরিয়া এড়ে তীক্ষ্ণ তীক্ষ্ণ বাণ॥

কোটি কোটি তীক্ষ্ণ বাণ সেনাপতি এড়ে।
লব-কুশে নিরখিয়া আগু নাহি সরে॥

সেনাপতি সকলে লাগিল চমৎকার।
পলাইয়া সব সৈন্য হৈল চক্রাকার॥

সেনাপতি ভঙ্গ দিল লব-কুশ হাসে।
ডাক দিয়া শ্রীরামেরে বলে লব-কুশে॥

যুদ্ধে ভঙ্গ দিল রাম! তব সেনাপতি।
হেন ঠাট কেন রাম! আনহ সংহতি?

পাইয়া শ্রীরাম লজ্জা করেন উত্তর।
যায় যাক্ ঠাট আমি আছি একেশ্বর॥

আমি আছি একাকী তোমরা দুই জন।
এক বানে পাঠাইব শমন-সদন॥

তিন জনে এত যদি গালাগালি হৈল।
সে সকল সেনাপতি আবার আসিল॥

লব-কুশে চারিদিকে ছাইয়া বেড়িলে।
লব-কুশ নিরখিয়া অগ্নি হেন জ্বলে॥

সেনাপতি সকলে যখন যোড়ে বাণ।
লব-কুশ দেখিয়া না হয় আগুয়ান॥

সেনাপতিগণের সে যত অস্ত্র ছিল।
ফুরাইল সব বাণ তূণ শূন্য হৈল॥

সেনাপতিগণে রণে করিল বিরথী॥
বলে লব-কুশ সেনা সকলের প্রতি;—

তোমা সবাকার যুদ্ধ হৈল অবসান।
মোরা দুই ভাই পূরি এখন সন্ধান॥

এড়িলেক বাণ গোটা তারা যেন ছুটে।
সেনাপতি ছাপ্পান্ন কোটির মাথা কাটে॥

বাসুকি তক্ষক যেন বাণের গর্জ্জন।
পড়িল সকল সৈন্য নাহি এক জন॥

পড়িল সকল সৈন্য নাহিক দোসর।
সবে মাত্র শ্রীরাম আছেন একেশ্বর॥

চিন্তা গণিলেন রাম হইয়া উদাস।
ডাক দিয়া লব-কুশ করে উপহাস॥

সর্ব্বলোকে বলে তোমা ধার্ম্মিক শ্রীরাম।
অলক্ষিতে যত তুমি করিলা সংগ্রাম॥

দু জনের প্রতি যদি তিন জনে রোষে।
ধর্ম্মনাশ হয়, মরে আপনার দোষে॥

হস্তী হয় ঠাট কটকের নাহি সংখ্যা।
সতীপুত্র আমরা যে তেঁই পাই রক্ষা॥

কহেন শ্রীরাম কিছু হইয়া লজ্জিত।
তোমরা যে কিছু বল নহে অনুচিত॥

পৃথিবীমণ্ডলে আমি রাজচক্রবর্ত্তী।
না জানি কতেক ঠাট আসিল সংহতি॥

কে পারে জিনিতে মোরে এই ত্রিভুবনে।
পুত্র বিনা আমাকে নাহিক কেহ জিনে॥

আমার পুত্রের স্থানে আছে পরাজয়।
পিতাকে জিনিতে পুত্র পারে শাস্ত্রে কয়॥

আমার আকৃতি দেখি তোমরা দুজন।
মম পুত্র হও যদি না করিও রণ॥

পরিচয় দাও কিবা আমার নন্দন।
লব-কুশ বলিয়া তোমরা দুই জন॥

রাবণ দুর্জ্জয় বীর ছিল লঙ্কাদেশে।
আমার সহিত রণে মরিল নিঃশেষে॥

শুনিয়া রামের কথা দুই ভাই হাসে।
ডাক দিয়া রামচন্দ্রে বলে অবশেষে ;—

শুনহ তোমারে বলি অবোধ শ্রীরাম।
বড় ভয় পাইয়াছ করিতে সংগ্রাম॥

পুত্র পুত্র বলিয়া চাহিছ পরিচয়।
হেন বুঝি সমর করিতে ভয় হয়?

কোথা শুনিয়াছ তুমি পিতা-পুত্রে রণ?
আপনার পুত্র বলি কেন ভাব মন?

রণেতে পণ্ডিত তুমি নিজে মহারাজ।
বারে বারে পুত্র বল নাহি বাস লাজ?

রাবণে মারিয়া কত আপনা বাখান।
পড়িলে বীরের হাতে ভালমতে জান॥

অধিক কি কব রাম শুনহ উত্তর।
ক্ষত্রিয় হইয়া কেন হইলা কাতর?

আমরা মুনির পুত্র সেই মত বল।
তুমি ত ধরণীপতি কেন কর ছল?

শ্রীরাম বলেন, শুন বলি লব-কুশ।
বালকের সহ যুদ্ধে কি হবে পৌরুষ?

তোমা দোঁহে দেখি যেন আমার আকৃতি।
পরিচয় নাহি দিলি তোরা অল্পমতি॥

কটক পড়িল, আমি না যাইব দেশে।
অবশ্য করিব রণ যেবা হয় শেষে॥

আমার সহিত যুদ্ধে কারো নাহি রক্ষা।
এখনি দেখাই যত অস্ত্রের পরীক্ষা॥

পিতাপুত্রে গালাগালি কেহ নাহি চিনে।
গালাগালি অন্তে যুদ্ধ বাধে তিন জনে॥

মহাক্রোধে রঘুনাথ করেন সন্ধান।
দুই শিশু-উপরে এড়েন মহাবাণ॥

নানা অস্ত্র এড়েন শ্রীরাম কোপান্বিত।
মহাব্যস্ত লব-কুশ পলায় ত্বরিত॥

দুই ভাই পলাইল রাম পান আশ।
তাঁহার বাণেতে গিয়া আবরে আকাশ॥

অন্ধকার হইল সংসার সেই বাণে।
আগু হয়ে যুঝিতে না পারে দুই জনে॥

এই মত দুই ভাই গেল পলাইয়া।
বিলাপ করেন রাম রথেতে বসিয়া॥

শ্রীরামের বিলাপ।

হরি হরি ক্ষুণ্ণ মন, দেখিয়া অদ্ভুত রণ,
ভূমিতে বসিয়া রঘুনাথ।
ভ্রাতৃ-মৃত্যু সৈন্য ধ্বংস, পরাভূত রঘুবংশ,
শোকানলে হয় অশ্রুপাত॥
দৈব যদি হয় বাম, সিদ্ধ নহে কোন কাম,
যজ্ঞ হৈল সংহার-কারণ।
তখনি জানিল মন, জিনিতে নারিব রণ,
যখন পড়িল শত্রুঘ্ন॥
সুদিন কুদিন দুই, বিধাতার সৃষ্টি এই,
এবে সেই বীর হনুমান্।
যে গন্ধমাদন আনে, কুম্ভকর্ণে জিনে রণে,
লোটায় শিশুর খেয়ে বাণ॥
সুগ্রীব প্রভৃতি বলে, সহায় সাগরজলে
মহাযুদ্ধ কৈল লঙ্কাপুরে।
হেন জনে শিশু মারে, অঙ্গদ দেবেন্দ্র মরে,
এত করাইল দৈবে মোরে॥
কত ব্রহ্মবধ কৈনু, যজ্ঞমধ্যে ভস্ম দিনু,
পাতক করিনু কত আর।
কত বড় নাম ছিল, দণ্ডমধ্যে ভস্ম হৈল,
পরাভব হইল আমার॥
যে বংশে সাগর রাজা, রঘুবীর মহাতেজা,
ভগীরথ বেণ মহাশয়।
হেন বংশে জনমিয়া, না করি বংশের ক্রিয়া
জিনে মোরে মুনির তনয়॥
মরিল যে তিন ভাই, মিত্রবর্গ কেহ নাই,
যে সবারে আনিলাম রণে।
মরিল যাহার পতি, অনাথা হইল সতী,
অকীর্ত্তি রহিল এ ভুবনে॥
বিধাতা নির্দ্দয় হয়ে, এত বড় বাড়াইয়ে
সর্ব্বনাশ করিলেক শেষে।
হায় হায় কি হইল, বংশে কেহ না থাকিল
পৃথিবী পুরিল অপযশে॥
মাতৃগণ আছে ঘরে, প্রাণ দিবে অনাহারে
শত্রুগণে নাশিবেক পুরী।
অযোধ্যা কিষ্কিন্ধ্যা লঙ্কা, হইল জীবনশঙ্কা,
পতিহীন হৈল সর্ব্বনারী॥
সূর্য্য বিনা দিক্ নহে, জল বিনা মৎস্য দহে,
অরাজক পুরীর সংহার।
এই সে থাকিল দুঃখ, না দেখি বন্ধুর মুখ,
কোথায় রহিল পরিবার॥
বিদরিয়া যায় বুক, না দেখি সীতার মুখ,
মজিল সে অযোধ্যার রাজ্য।
চারি ভাই এক মাসে, মরিলাম এক দেশে,
প্রতিকূল বিধির এ কার্য্য॥
দুই শিশু, যম সম নর বলি করি ভ্রম,
কুম্ভকর্ণ কিংবা দশানন।
জাতিস্মর দুই জন, করিতে আসিল রণ,
পূর্ব্ব বৈরী করিতে শোধন॥
কিংবা সে দূষণ খর, হইয়া আসিল নর,
পূর্ব্ব-বৈরী করিতে সংহার।
মারিল সকল জনে, সুগ্রীব শ্রীবিভীষণে,
যত সব সুহৃদ আমার॥
সুহৃদ আছিল যারা, প্রায় গতপ্রাণ তারা,
আর কারে করিব সহায়?
আজি দুই শিশু মারি, কিংবা যে আপনি মরি,
তবে ক্ষত্রধর্ম্ম রক্ষা পায়॥
আজি দুই শিশু মারি, সে রক্তে তর্পণ করি,
তবে আমি রঘুবংশ হই।
যুঝিব শিশুর সনে, এই দাঁড়াইনু রণে,
নাহি দেখি গতি ইহা বই॥
এতেক ভাবিয়া মনে, শ্রীরাম চলে রণে,
জীবনেতে হইয়া হতাশ।
রামায়ণ সুধাভাণ্ড, তাহার উত্তরকাণ্ড,
গাহিল পণ্ডিত কৃত্তিবাস॥

লব ও কুশের যুদ্ধে শ্রীরামচন্দ্রের পরাজয় ও মূর্চ্ছা।

কুশ বলে, লব !তুমি মোর জ্যেষ্ঠ ভাই।
সারিয়া চলিল রাম আমা দোঁহা ঠাই॥

একবারে দুই ভাই করিব সংগ্রাম।
চল শীঘ্র মারি গিয়া আমরা শ্রীরাম॥

কুশ হৈতে অস্ত্রশিক্ষা লব ভাল ধরে।
এড়িয়া চিকুর বাণ দিক্ আলো করে॥

লবের বাণেতে ব্যর্থ শ্রীরামের বাণ।
আকাশেতে অগ্নি জ্বলে পর্ব্বত সমান॥

লবের বাণেতে সব অন্ধকার ঘুচে।
সন্ধান পুরিয়া গেল শ্রীরামের কাছে॥

একেবারে দুই ভাই পূরিল সন্ধান।
বাণের প্রতাপ দেখে পাছু হন রাম॥

ক্ষণে রাম আগু হন ক্ষণে দুই ভাই।
বাণের ঠন্‌ঠনি শুনি লেখাজোখা নাই॥

হইল রামের বাণে ক্লান্ত দুই জন।
শঙ্কান্বিত লব-কুশ ভাবে মনে মন॥

যে অস্ত্র যোড়েন রাম করিয়া শৃঙ্খলা।
সে লব-কুশের গলে হয় পুষ্পমালা॥

লব-কুশ দুই ভাই যে যে অস্ত্র ফেলে।
রামের চরণ বন্দি প্রবেশে পাতালে॥

এইরূপে পিতা-পুত্রে বাজিল সমর।
স্বর্গেতে কৌতুক দেখে যতেক অমর॥

কেহ কারে নাহি পাবে সমান উভয়।
পিতার সদৃশ পুত্র কেহ ছোট নয়॥

দুই দিকে দুই ভাই রাম একেশ্বর।
বাণে বিদ্ধ শ্রীরাম হইলেন কাতর॥

নানা অস্ত্র দুই ভাই এড়ে দুই ভিত।
কোন্ দিক রাখিবেন শ্রীরাম চিন্তিত॥

চাহিতে লবের পানে কুশ এড়ে বাণ।
লব বিন্ধে যদ্যপি কুশের পানে চান॥

একেবারে দুই ভাই পূরিল সন্ধান।
মূর্চ্ছিত হইয়া ভূমে পড়েন শ্রীরাম॥

পূর্ব্বের নির্ব্বন্ধ যেই আছে ব্রহ্মশাপ।
সমরে পুত্রের হাতে হারিবেন বাপ।

লব এড়িলেন বাণ নামে অস্ত্রকলা।
ধনুর্ব্বান সহিত রামের বান্ধে গলা।

কুশ বাণ এড়িল অক্ষয়জিৎ নাম।
বুকেতে বাজিয়া ভূমে পড়িলেন রাম॥

ছট্‌ফট্ করে রাম প্রাণমাত্র আছে।
শীঘ্র গেল দুই ভাই শ্রীরামের কাছে॥

নড়িতে নারেন রাম বাণে অচেতন।
লব-কুশ কাড়ি লয় গাত্র আভরণ॥

কানের কুণ্ডল লৈল মাথার টোপর।
লৈল কেয়ুর হার হাতের ধনুঃশর॥

সংগ্রামের বেশ কাড়ি লয় দুই ভাই।
অস্ত্র-শস্ত্র ধনুর্ব্বাণ কিছু ছাড়ে নাই॥

হনুমান জাম্বুবান, উভয় অমর।
দুই জন নাহি মরে শত মন্বন্তর॥

উঠিবার শক্তি নাই বাণে অচেতন।
সেই পথ দিয়া লব-কুশের গমন॥

যাইতে দেখিল পথে বানর ভল্লুক।
মুখ দেখি উভয়ের বাড়িল কৌতুক॥

সঙ্গে বান্ধি উভয়কে লইলেক স্কন্ধে।
পণজয়ী দুই ভাই চলিল আনন্দে॥

সত্বর দিবসে দুই ভাই গেলা ঘর।
কাদিয়া জানকী দেবী অত্যন্ত কাতর॥

হনুমান জাম্বুবান দুর্জ্জয় শরীর।
দ্বারে না প্রবেশে তেঁই রাখিল বাহির॥

একদৃষ্টে চাহেন জানকী করি ধ্যান।
হেনকালে দুই ভাই গেল সেই স্থান॥

দেখিয়া জানকী হইলেন উতরোলা।
দুই ভাই লইল মায়ের পদধূলি॥

দুই ভাই বসিল মায়ের বিদ্যমান।
যুদ্ধ-কথা কহিতে লাগিল তাঁর স্থান॥

শ্রীরাম লক্ষ্মণ ও ভরত শত্রুঘন।
এ সবার সনে করিলাম বহু রণ॥

বহু অক্ষৌহিণী সেনা ভাই চারিজন।
ফিরিয়া সে দেশেতে না করিল গমন॥
এসেছিল যত সেনা কেহ তার নাই।
কহি যে অপূর্ব্ব কথা শুন মাতা! তাই॥
দুর্জ্জয় দুইটা জন্তু এনেছি বাঁধিয়া।
দ্বারে না আইসে মা গো! দেখহ আসিয়া॥
ধনুর্ব্বান আনিয়াছি রথের সাজন।
এই দেখ এনেছি মা! রাম-আভরণ॥
দেখিয়া জানকী দেবী চিনিলা তখন।
শিরে করি করাঘাত করয়ে রোদন॥
হায় হায় কি করিলি ওরে লব-কুশ!
পিতৃহত্যা করিয়া কি রাখিলি পৌরুষ?
কোন্‌খানে মারিলি সে কমললোচনে?
চল শীঘ্র পড়ি গিয়া প্রভুর চরণে॥
কেমনে দেখিব গিয়া শ্রীরাম-লক্ষ্মণ?
কেমনে দেখিব সে ভরত শত্রুঘন?
কোনখানে হয়েছিল সমর-প্রসঙ্গ।
শৃগাল কুক্কুর পাছে স্পর্শে প্রভু-অঙ্গ॥
ধেয়ে যায় সীতাদেবী কেশ নাহি বাঁধে।
তাঁর পিছে শিবে হাত দুই ভাই কাঁদে॥
সীতা আসি বাহিরে দেখেন বিদ্যমান।
হস্ত-পদ বাঁধা হনুমান্ জাম্বুবান্॥
মৃত প্রায় অচেতন বহে মাত্র শ্বাস।
দেখিয়া সীতার মনে হইল হতাশ॥
জানকী বলেন, লব! কি করিলি কর্ম্ম?
তোরা বিদ্যা শিখিয়া নাশিলি জাতিধর্ম্ম॥
তোমা হৈতে জ্যেষ্ঠ পুত্র হয় হনুমান্।
এই হনুমান্ মোর দিলা প্রাণদান॥
বানর হইয়া গেল সাগরের পার।
হনুমান্ পুত্র মোর করেছে উদ্ধার॥
ইহারে করিলি বধ অবোধ বালক!
শুনিলে এ সব কথা কি কহিবে লোক?
পিতা পিতৃব্যের তোরা বধিলি জীবন।
বিষপান করি প্রাণ ত্যজিব এখন॥
এখনি মরিব আমি প্রভুর সাক্ষাৎ।
কলঙ্ক না লুকাইবে হইবে বিখ্যাত॥
কোথায় মারিলে তাঁরে শীঘ্র চল দেখি।
এতক্ষণ প্রাণ আর কার তরে রাখি?
অশ্রুজলে জানকীর তিতিল বসন।
লব-কুশ প্রতি কত করেন ভৎর্সন॥
লব-কুশ! শীঘ্র এই ঘুচাও বন্ধন।
হনুমান্ জাম্বুবানে করহ মোচন॥
পাইয়া মায়ের আজ্ঞা ভাই দুই জন।
খসাইল উভয়ের দৃঢ় সে বন্ধন॥
উঠিয়া বসিল জাম্বুবান্ হনুমান্।
কহিলেন সীতাদেবী আসি বিদ্যমান॥
এক সত্য হনুমান্ করিও পালন।
কারো ঠাঁই না কহিও এ সব বচন॥
তোমার রামের পুত্র এই দুই ভাই।
না চিনে করিল যুদ্ধ ক্রোধ কারো নাই॥
যান সীতা মণিহারা ভুজঙ্গিনী প্রায়।
ক্রন্দন করিয়া তাঁর পিছে দোঁহে যায়॥
শ্রীরাম উদ্দেশে তবে চলে তিন জন।
উপস্থিত হইলেন যথা হৈল রণ॥
দেখিলেন সংগ্রামে পড়িল চারি জন।
শ্রীরাম শত্রুঘ্ন আর ভরত লক্ষ্মণ॥
হস্তী হয় ঠাট কত পড়েছে অপার।
দেখিয়া সে জানকী করেন হাহাকার॥
কাতর হইয়া সীতা করেন ক্রন্দন।
রামের চরণ ধরি কহেন তখন;—
হইয়া তোমার পুত্র মারিল তোমারে।
এ কেবল ঘটিল সে মোর কর্ম্মফেরে॥
মন্দর তোমার বাণে নাহি ধরে টান।
বালকের বাণে প্রভো! হারাইলে প্রাণ?
সর্ব্বলোকে বলিতেন অ-বিধবা সীতা।
আমারে বিধবা করে কেমন বিধাতা?
অগ্নিতে প্রবেশ করি ত্যজিব জীবন।
জন্মে জন্মে পাই যেন তোমার চরণ॥

শিরে হাত লব কুশ করিছে ক্রন্দন।
মায়ের চরণ ধরি বলিছে বচন ;—

ক্ষমা কর জননি গো! না কর ক্রন্দন।
মজিলাম ভাগ্যদোষে মোরা তিন জন॥

তুমি না বলিলে মাতঃ! রাম হন পিতা।
আপনার দোষে এত হইলে ব্যথিতা॥

পিতৃবধ করিয়া যে পাই বড় লাজ।
অগ্নিতে পুড়িয়া মরি প্রাণে নাই কাজ॥

এই মহাপাপে আর নাহিক নিস্তার।
অগ্নিতে পুড়িয়া আজি হইব অঙ্গার॥

সীতা বলে, আগে অগ্নি করিব প্রবেশ।
যাহা ইচ্ছা তাহাই করিও অবশেষ॥

তিনজন গেলা তারা যমুনার তীরে।
তিন কুণ্ড কাটিলেন দুই সহোদরে॥

তাহাতে আনিয়া কাষ্ঠ জ্বালিল অনল।
জ্বলিয়া উঠিল অগ্নি গগনমণ্ডল॥

স্নান করি পরিলেন পবিত্র বসন।
অগ্নি প্রদক্ষিণ করিলেন তিন জন॥

চিত্রকুট-পর্ব্বতে বাল্মীকি তপোধন।
দেখিয়া অগ্নির ধূম বিচলিত মন॥

রক্তেতে তর্পণ করে করে মুনির বিস্ময়।
তর্পণ করেন সব যেন রক্তময়॥

মুনি বলে লব-কুশ পাড়িল প্রমাদ।
দেশেতে চলেন মুনি করিয়া বিষাদ॥

ছ মাসের পথ এল চক্ষের নিমেষ।
তিন জনে দেখে অগ্নি করিছে প্রবেশ॥

অগ্নিকুণ্ড জ্বালিয়াছে মহামুনি দেখে।
হেনকালে গেল মুনি সীতার সম্মুখে॥

গৃধিনী শকুনি আর শৃগালের রোল।
কলকল ধ্বনি আর জলের হিল্লোল॥

দেখিয়া সীতার প্রতি জিজ্ঞাসেন মুনি ;—
কি প্রমাদ পড়িল মা! কহ দেখি শুনি?

জানকী বলেন, প্রভো! না জান কারণ।
লব-কুশ তোমার করিল মহারণ॥

পড়িলেন তাহাতে রাঘব চারি জন।
শ্রীরাম শত্রুঘ্ন আর ভরত লক্ষ্মণ॥

কেমনে কহিব কথা মুখে না আইসে।
পিতৃবধ করিলেক লব আর কুশে॥

এত দিন ভাল ছিনু তোমার প্রসাদে।
ধনুর্ব্বিদ্যা শিখায়ে যে পড়িনু প্রমাদে॥

তুমি শিখাইলে মুনি নানা অস্ত্রশিক্ষা।
ত্রিভুবন যুঝে যদি কারো নাহি রক্ষা॥

আপনি শ্রীরঘুনাথ ত্রিভুবন জিনে।
শিশু হয়ে সে রামেরে জিনে দুই জনে?

বাল্মীকি বলেন, সীতে! প্রাণ ত্যজ নাই।
বাঁচিবেন এখনি রাঘব চারি ভাই॥

শ্রীরাম শত্রুঘ্ন আর ভরত লক্ষ্মণ।
উঠিবেন পড়িয়াছে তাঁরা যত জন॥

ক্ষমা দেহ জানকি! তোমারে বলি আমি।
দুই পুত্র লইয়া আশ্রমে চল তুমি॥

জানকী বলেন, দেখি প্রভুর চরণ।
তবে আশ্রমে আমি করিব গমন॥

এতেক শুনিয়া মুনি বসিলেন ধ্যানে।
ত্রিভুবনে যত কথা মুনি সব কথা জানে॥

তপোবন-কুণ্ডে মৃতসঞ্জীবনী জল।
মুনি ধ্যান করিয়া সে জানিল সকল॥

মুনি বলে, শিষ্য! শুন আমার বচনে।
এই জল ছড়াইয়া দাও তপোবনে॥

মৃত সৈন্য পড়িয়াছে যত যত দূরে।
তত দূরে ছড়াইয়া দাও এই নীরে॥

জলে এক মন্ত্র পড়ি দিল মহামুনি।
তপোবনে ছড়াইয়া দিলেন তখনি॥

কটকের গায়েতে যতেক লাগে ছড়া।
অসংখ্য কটক উঠে দিয়ে অঙ্গ-ঝাড়া॥

মৃতসঞ্জীবনী জল হৈল পরশন।
শ্রীরাম লক্ষ্মণ আদি উঠিল তখন॥

উঠিল ছাপ্পান্ন কোটি মুখ্য সেনাপতি।
তিন কোটি উঠিলেক মদমত্ত হাতী॥

সুগ্রীব অঙ্গদ উঠে লয়ে কপিগণ।
ভল্লুক রাক্ষস যত উঠে ততক্ষণ॥
কটকের কোলাহলে হৈল গণ্ডগোল।
মুনি বলে, শুন সীতে! কটকের রোল॥
শ্রীরাম লক্ষ্মণ আদি যত যত বীর।
সৈন্য ও সামন্ত উঠে অক্ষত-শরীর॥
শ্রীরাম শত্রুঘ্ন আর ভরত লক্ষ্মণ।
দূরে হৈতে দেখি সীতা পাইল জীবন॥
রামজয় করিয়া ডাকিছে কপিগণ।
মুনি বলে, শুন সীতে আমার বচন॥
আমি হেথা থাকিলে না হইত এমন।
দুই পুত্র লয়ে ঘরে করহ গমন॥
সীতাকে চিনিয়াছিল পবননন্দন।
পাসরিল বাল্মীকির মায়াতে তখন॥
শ্রীরামের সঙ্গে মুনি করে সম্ভাষণ।
চারি ভাই করিলেক মুনিকে বন্দন॥
শ্রীরাম বলেন, মুনি! তোমার প্রসাদে।
রক্ষা পাইলাম সবে পড়িয়া প্রমাদে॥
কিন্তু মুনি! জানিতে বাসনা মনে হয়।
কাহার তনয় দুটি দেহ পরিচয়॥
মুনি বলে, রাম! আমি না ছিলাম দেশে।
কাহার তনয় সেই নাহি জানি বিশেষে॥
এখন সে বালকের না পাবে দর্শন।
দেশে লয়ে আমি তারে করাব মিলন॥
অশ্ব লয়ে রঘুনাথ! যাও নিজ দেশে।
যজ্ঞ পূর্ণ দেহ গিয়া অশেষবিশেষে॥
সকলের সহ রাম চলিলেন দেশে।
রচিল উত্তরকাণ্ড কবি কৃত্তিবাসে॥

বাল্মীকির সহিত শ্রীরামের নিকট লব-কুশের গমন ও লব-কুশ কর্ত্তৃক রামায়ণ গান।

এ সব গাহিল গীত জৈমিনি ভারতে।
সম্প্রতি যে কিছু গাই বাল্মীকির মতে॥
অশ্ব আনি করিলেক যজ্ঞ সমাপন।
নানা দেশী ব্রাহ্মণে দিলেন রাম ধন॥
বড় পরিপাটী যজ্ঞ করেন দুষ্কর।
শিষ্যসহ আসিল বাল্মীকি মুনিবর॥
মুনিরে দেখিয়া রাম সম্ভ্রমে উঠিয়া।
বসিতে আসন দেন পাদ্য অর্ঘ্য দিয়া॥
বারো গত শিষ্য এল মুনির সংহতি।
লব কুশ দুই ভাই মিশাইল তথি।
মুনির মিশালে আছে নাহি পরিচয়।
বিষ্ণু-অবতার দোঁহে রামের তনয়॥
শ্রীরাম বলেন শুন ভরত! এখন।
মুনি রহিবারে দেহ দিব্য আয়োজন॥
লব-কুশ দুই ভাই মুনির সংহতি।
দুই ভাই লয়ে মুনি করেন যুকতি॥
মুনি বলে, লব কুশ! শুন সাবধানে।
ধনুক-সংগীত-বিদ্যা পেলে মোর স্থানে॥
ধনুর্বিদ্যা দেখাইয়া আমার গোচর।
বিক্রমে দুর্জ্জয় হও দুই সহোদর॥
নিজে বিষ্ণু রঘুনাথ ত্রিভুবন জিনে।
শিশু হয়ে তাঁহারে জিনিলা দুই জনে॥
ধনুর্বিদ্যা তোমরা যে করিলা সুশিক্ষা।
সাক্ষাতে পেলাম আমি তাহার পরীক্ষা॥
গীত-বিদ্যা রামায়ণ শিখিলে দুজন।
শ্রীরামের আগে কালি গাবে রামায়ণ॥
অনেক দ্বীপের রাজা আসিল এ স্থানে।
রামায়ণ-গীত কালি গাহিবে দুজনে॥
দুই ভাই কর মোর কবিত্ব প্রচার।
ঘুষিবারে থাকে যেন সকল সংসার॥
যাহারে প্রসন্ন হন সরস্বতী দেবী।
আমি আদি করিয়া সকলে তারা কবি॥
সভা করি বসিবেন শ্রীরাম যখন।
সাবধানে গাহিবে তোমরা রামায়ণ॥
পরে জিজ্ঞাসিবে রাম সভার ভিতর।
বাল্মীকির শিষ্য হেন করিও উত্তর॥

আর যুক্তি বলি শুন তোমা দুই জন।
মিষ্ট-স্বরে উভয়েতে গাবে রামায়ণ॥
যখন গাহিবে গীত সীতার বর্জ্জন।
না বলিও শ্রীরামেরে কোন কুবচন॥
জগতের নাথ রাম পরম গর্ব্বিত।
কুকথা কহিতে তাঁরে না হয় উচিত॥
যখন যাইবে শুন রামের সভায়।
তখন করিবে বেশ তপস্বীর প্রায়॥

বিভাবরী প্রভাত উদিত ভানুমান।
দুই ভাই করেন বাকল পরিধান॥
শিরে জটা বান্ধিলেন দেখিতে সুঠাম।
পূর্ণচন্দ্র মুখবর্ণ দূর্ব্বাদলশ্যাম॥
হাতে বীণা করি দোঁহে করেন গমন।
মধুর ধ্বনিতে গান বেদ-রামায়ণ॥
হাটে মাঠে গীত গায় নগরে বাজারে।
শুনিয়া সুস্বর সবে আপনা পাসরে॥
কহিছে অমাত্যগণ রামেরে ত্বরিত।
শিশুমুখে মিষ্ট গীত শুনিতে উচিত॥
অমাত্যের প্রতি রাম করেন আদেশ।
যজ্ঞস্থানে দুই ভাই করিল প্রবেশ॥
বীণা হাতে করি তারা বসে সে সভায়।
রামায়ণ শুনিতে সকল লোক যায়॥
অবসর পাইয়া যজ্ঞের অবশেষ।
বসিলেন শ্রীরাম সভায় শুদ্ধ বেশ
স্বর্গ-মর্ত্ত্য-পাতাল-নিবাসী যত জন।
আগমন করিল শুনিতে রামায়ণ॥
দুই ভাই গীত গায় বাজাইয়া বীণা।
সর্ব্বলোক গীত শুনে অমৃতের কণা॥
বীণাযন্ত্র বাজে আর গীত গায় স্বরে।
শুনিয়া সকল লোক আপনা পাসরে॥
চারি ভাই রঘুনাথ গীতে দেন মন।
মোহিত হইল লোক শুনে রামায়ণ॥
সর্ব্বলোক সভায় করিছে কানাকানি।
রামের আকৃতি দুই শিশু অনুমানি॥
জটা আর বাকল যে এই মাত্র আন।
আকৃতি-প্রকৃতি দেখি রামের সমান॥
এই দুই শিশু সহ করিলেন রণ।
শ্রীরাম শত্রুঘ্ন আর ভরত লক্ষ্মণ॥
যুদ্ধ করে ত্রিভুবন না পারে সহিতে।
সংসার মোহিত করে রামায়ণ-গীতে॥
তপস্বীর বেশ দোঁহে ধরিল এখন।
শিশু নহে দুই জন সাক্ষাৎ শমন॥
শ্রীরাম হইতে দুই বালক দুর্জ্জয়।
শ্রীরামেরে ইহারা করিল পরাজয়॥
কোন্ বিধি নির্ম্মাণ করিল দুই জনে।
এত গুণ ধরে কোথা আছে ত্রিভুবনে॥

এই যুক্তি তারা সব কবে সর্ব্বক্ষণ।
ভুবন মোহিত হৈল শুনি রামায়ণ॥
যতেক সভার লোক অনুমান করে।
এ দুই রামের পুত্র কভু নাহি নড়ে॥
গাহিল প্রথম দিনে বিংশতি শিকলি।
সরল সুচ্ছন্দ সুপ্রসন্ন পদাবলী॥
দু-ভায়ের গীত যদি হৈল অবসান।
শ্রীরাম বলেন, কর গায়কের মান॥
লক্ষ্মণ শুনিয়া সেই রামের বচন।
অশীতি সহস্র তোলা আনেন কাঞ্চন॥
গায়কেরে দিলেন পূরিয়া স্বর্ণথালা।
পীতাম্বর অলঙ্কার আর পুষ্পমালা॥
উভয় গায়ক বলে, শ্রীরঘুনন্দন।
বস্ত্র অলঙ্কার সব কিবা প্রয়োজন?
কি করিবে ধনে বস্ত্রে আর অলঙ্কারে।
এই সব রাখ প্রভো! আপন ভাণ্ডারে॥
অতঃপর গীত গায় মাতৃ-বনবাস।
তখন দোঁহার হয় গদগদভাষ॥
শ্রীরাম শুনিয়া সেই রামায়ণ গান।
নিজ পুত্র বলিয়া করেন অনুমান॥
লব-কুশ সঙ্গীত গাহিল এক মাস।
রচিল উত্তরকাণ্ড করি কৃত্তিবাস॥

সীতাদেবীর পাতাল প্রবেশ।

এক মাস গীত পরে হইল বিরাম।
জিজ্ঞাসা করেন তবে দোঁহারে শ্রীরাম॥
আমি তোমা উভয়ে জিজ্ঞাসি বিবরণ।
কোন্ বংশে জন্মিলা বা কাহার নন্দন?
লব আর কুশ তবে শ্রীরাম-সাক্ষাতে।
ছলে পরিচয় দেন দোঁহে হেঁটমাথে॥
না জানি পিতার নাম মাতৃনাম সীতা।
বাল্মীকির শিষ্য মোরা নাহি চিনি পিতা॥
এই পরিচয় পেয়ে শ্রীরঘুনন্দন।
দুই পুত্র কোলে করি করেন ক্রন্দন॥
আর পত্নী না করিনু নহিল সন্ততি।
কোন্ দোষে ত্যজিলাম সীতা গর্ভবতী?
শ্রীরাম বলেন, হে বাল্মীকি জ্ঞানবান্।
জান ভূত ভবিষ্যৎ আর বর্ত্তমান॥
এতেক জানিয়া তুমি না কহ আমারে।
পরীক্ষা লইয়া সীতা আন মম ঘরে॥
যত লোক আসিয়াছে যেবা না আইসে।
শুনিয়া সীতার কথা আসিল হরিষে॥
স্ত্রী-পুরুষ আসিলেক সকল সংসার।
বৃদ্ধ শিশু কাণা খোঁড়া হৈল আগুসার॥
কুলবধূ যত আছে রাজার কুমারী।
সীতার পরীক্ষা শুনি এল সারি সারি॥
আসিয়া সকল নারী কহে পরস্পর।
শ্রীরাম কি না জানেন সীতার অন্তর?
তবে কেন সীতারে দিলেন বনবাস?
কেন বা পরীক্ষা লন এ কি সর্ব্বনাশ?
এইরূপে বামাগণ করে কানাকানি।
হেনকালে আসিলেন বৃদ্ধা তিন রাণী॥
কৌশল্যা কৈকেয়ী আর সুমিত্রা সতিনী॥
রামেরে বুঝান তিন রাজার গৃহিণী॥
লইলা পরীক্ষা এক সাগরের পার।
কি হেতু পরীক্ষা লৈতে চাহ আরবার?
সীতাকে জানিও তুমি কমলা আপনি।
নাহিক সীতার পাপ জানে সর্ব্বপ্রাণী॥
সীতারে লইয়া তুমি থাক গৃহবাসে।
জনক সন্তুষ্ট হয়ে যাক নিজ দেশে॥
শ্রীরাম বলেন, মাতঃ! না কর বিষাদ।
পরীক্ষা না নিলে দিবে লোকে অপবাদ॥
রাজা হয়ে স্ত্রীর যদি না করি বিচার।
স্ত্রীর অনাচারে নষ্ট হইবে সংসার॥
এত যদি রঘুনাথ বলেন নিষ্ঠুর।
কাঁদিতে কাঁদিতে তাঁরা গেলা অন্তঃপুর॥
শ্রীরাম বলেন, হে বাল্মীকি তপোধন।
আপনি আপন দেশে করহ গমন॥
সঙ্গে রথ লয়ে যাক সুমন্ত্র সারথি।
রথে করি আনহ সীতারে শীঘ্রগতি॥
মহামুনি শ্রীরামের অনুজ্ঞা পাইয়া।
স্বদেশে গেলেন মুনি সুমন্ত্রে লইয়া॥
মুনির চরণে সীতা করি নমস্কার।
মুনিকে জিজ্ঞাসা করে কহ সারোদ্ধার॥
পিতা-পুত্রে কেমনে হইল পরিচয়।
সে সব কহেন মুনি সীতার আলয়॥
শুনহ আমার বাক্য জনক-দুহিতে!
পূর্ব্বের নিবর্বন্ধ যাহা কে পারে খণ্ডিতে?
রামের আজ্ঞায় দেশে করহ গমন।
পরীক্ষা দেখিতে এল যত দেবগণ॥
প্রথম পরীক্ষা দিলে সংসারে বিদিত।
আবার পরীক্ষা তব ললাটে লিখিত॥
এক ঠাঁই হইয়াছে যত দেবগণ।
কারো বাক্য না মানেন শ্রীরঘুনন্দন॥
জানকীরে কহিলেন এইমত মুনি।
সীতার নয়নজল ঝরিল অমনি।
মুনির তনয়া বধূ তাপেতে আকুলি।
সে সবার সঙ্গে সীতা করে কোলাকুলি॥
বিদায় চাহেন সীতা করি নমস্কার।
মেলানি দেহ মা! দেখা নাহি হবে আর॥

মুনিপত্নী বলে, লক্ষ্মি ! ছাড়ি যাও কোথা ?
বুকে শেল রহিল, থাকিল মর্ম্মে ব্যথা ॥
জানকী বলিয়া মোরা না ডাকিব আর ॥
না শুনিব মধুর সে বচন তোমার ॥

রথেতে চড়িয়া সীতা করিল গমন ।
বাল্মীকির তপোবনে উঠিল ক্রন্দন ॥
মুনি-স্থান ছাড়ি যান জানকী সুন্দরী ।
যেই দেশে যান তিনি আলো সেই পুরী ॥
নিজ দেশ অযোধ্যায় করিলা গমন ।
জয় জয় হুলাহুলি লক্ষ্মী আগমন ॥
জগতের যত লোক অযোধ্যানগরে ।
হেনকালে সীতা গেল সভার ভিতরে ॥
ভূমিতে আছেন সীতা রথ হৈতে উলি ।
রূপে পুরী আলো করে ঢাকিছে বিজলী ॥
শ্রীরাম-চরণ সীতা করিল বন্দন ।
বাল্মীকি রামের প্রতি কহেন তখন ;—
চ্যবনের পুত্র যে বাল্মীকি নাম ধরি ।
মন দিয়া শুন রাম ! নিবেদন করি ॥
বহু তপ করিলাম বহু অনাহারে ।
আমি জানি পাপ নাই সীতার শরীরে ॥
সীতা যে পরম সতী জানে এ সংসার ।
সীতার চরিত্রে রাম ! মম চমৎকার ॥
পাপমতি নহে সীতা পরম পবিত্র ।
ধ্যানে জানিলাম আমি সীতার চরিত্র ॥
ঘরে লহ সীতায় কি করহ বিচার ।
লব-কুশ দুই পুত্র সীতার কুমার ॥
আমার বচন রাম ! না করহ আন ।
দুই পুত্রে লয়ে রাখ আপনার স্থান ॥
মুনি প্রতি শ্রীরাম কহেন যোড়হাতে ;—
সীতার চরিত্র আমি জানি ভালমতে ॥
অগ্নিশুদ্ধা হইবেক দেব-বিদ্যমানে ।
জানকীরে দেশে আনিলাম তেকারণে ॥
আমি জানি সীতার শরীরে নাহি পাপ ।
বিধির নির্ব্বন্ধ-এই ঘটিল সন্তাপ ॥
আর কিছু মহামুনি ! না বলিও মোরে ।
সীতার পরীক্ষা লব সভার ভিতরে ॥
শ্রীরাম বলেন, সীতা ! শুন এ বচন ।
দেখ ত্রিলোকের যে আসিল সর্ব্বজন ॥
প্রথম পরীক্ষা দিলে সাগবের পার ।
দেবগণ জানে তাহা না জানে সংসার ॥
পুনশ্চ পরীক্ষা দিবে সবাকাব আগে ।
দেখিয়া লোকের যেন চমৎকার লাগে ॥

এত যদি বলিলেন শ্রীরাম সীতারে ।
যোড়হাতে জানকী বলেন ধীরে ধীরে ;—
রঘুনাথ ! এ জীবনে কি কার্য্য আমার ।
প্রবেশ করিব অগ্নি বচনে তোমার ॥
পরীক্ষা দিলাম পূর্ব্বে দেব বিদ্যমানে ।
দেবেরা বলিল যাহা শুনিলে আপনে ॥
দেশেতে আনিলা তুমি দিয়া সে আশ্বাস ॥
অকস্মাৎ মোরে কেন দিলা বনবাস ?
মহাদেবী হইয়া মুনির ঘরে বসি ।
ফল মুল খাই আমি নিত্য উপবাসী ॥
পতিকুলে পিতৃকুলে নাহি পাই স্থান ।
অগ্নিতে পরীক্ষা দিয়া কর অপমান ॥
ব্রহ্মা বলিলেন, যত শুনিলে আপনি ।
মৃত পিতা তোমা কত বুঝালে কাহিনী ॥
সাক্ষাতে শুনিলে তুমি পিতার বচন ।
তবে সে আমারে লয়ে দেশে আগমন ॥
কুলবধূ নারী যত তারা থাকে ঘরে ।
সভাতে পরীক্ষা দিতে আসি বারে বারে ॥
সর্ব্বগুণ ধর তুমি বিচারে পণ্ডিত ।
বুঝিয়া পরীক্ষা লতে হয় ত উচিত ॥
অদেখা হইব প্রভো ! ঘুচাব জঞ্জাল ।
সংসারের সাধ নাই যাইব পাতাল ॥
আজি হৈতে ঘুচুক তোমার লাজ দুখ ।
যেন আর নাহি দেখ জানকীর মুখ ॥
জন্মে জন্মে প্রভু ! মোর তুমি হও পতি ।
আর কোন জন্মে মোর করো না দুর্গতি ॥

ইহা বলিলেন সীতা সভা-বিগুমানে।
মেলানি মাগিন্থু প্রভো! তোমাব চরণে॥

সীতার বচন যে শুনিল সর্ব্বলোকে।
লজ্জায় কাতর সীতা পৃথিবীকে ডাকে॥

মা হইয়া পৃথিবী! মায়ের কর কাজ।
এ ঝিয়ের লাজ হৈলে তোমাব যে লাজ॥

কত দুঃখ সহে মা গো! আমার পরাণে।
সেবা করি থাকি সদা তোমার চবণে॥

উদরে ধবিলে মোরে তা কি মনে নাই।
তোমার চবণে সীতা কিছু মাগে ঠাঁই॥

করিলেন সীতাদেবী পৃথিবীকে স্তুতি।
সপ্ত পাতালেতে থেকে শুনে বসুমতী॥

সীতা নিতে পৃথিবী কবিল আগুসার।
সপ্ত পাতাল হইতে হৈল এক দ্বাব॥

অকস্মাৎ উঠিল সুবর্ণ-সিংহাসন।
দশদিক আলো করে এ মর্ত্ত্যভুবন॥

নানাবিধ বসন ভূষণ পবিধান।
মূর্ত্তিমতী পৃথিবী উঠিল বিগুমান॥

মা! মা! বলি পৃথিবী সীতারে ডাকে ঘনে।
কোলে করি সীতারে তুলিল সিংহাসনে॥

পরীক্ষা লইতে চান লোকের কথায়।
লোক লয়ে রাম বাস করুক হেথায়॥

মায়ে ঝিয়ে দুই জনে থাকিব পাতালে।
সর্ব্বলোক শুনিল পৃথিবী যত বলে॥

নাহি চাহিলেন সীতা লব ও কুশেরে।
পাতালে প্রবেশে নিরখিয়া শ্রীরামেরে॥

প্রবেশিলা পাতালে তিলেক নাহি থাকি।
স্বমূর্ত্তি ধরিয়া স্বর্গে গেলেন জানকি॥

লক্ষ্মী স্বর্গে গেলেন প্রফুল্ল দেবগণ।
অযোধ্যানগরে হেথা উঠিল ক্রন্দন॥

শ্রীরামের ক্রন্দন হইল অনিবার।
হাহাকার শব্দ করে সকল সংসার॥

সীতার চরিত্র-কথা শুনে যেই লোকে।
পুত্র পৌত্র পুণ্য হয় পাপ নাহি থাকে॥

লব-কুশের রোদন।

লব-কুশ শুনিয়া হাতের ফেলে বীণা।
ভূমে লোটাইয়া কান্দে ভাই দুই জনা॥

কোথা গেলে জননি গো জনকদুহিতে!
আমরা তোমার শোক না পারি সহিতে॥

ক্ষুধা হৈলে অন্ন দেহ জল পিপাসায়।
সংসারে দুর্ল্লভ গুণ সে গুণ তোমায়॥

দশ মাস আমা দোঁহে ধরিলে উদরে।
যে দুঃখ পাইলে তাহা কে কহিতে পারে?

জনকের কন্যা তুমি শ্রীরামঘরণী।
অযোনিসম্ভবা লব-কুশের জননী॥

মাতৃহীন বালক সে সর্ব্বদা অস্থিব।
যার মাতা আছে তাব সফল শবীব॥

পাইয়া নিস্তার দুঃখে গেলে মা পাতালে।
লব-কুশে অনাথ করিয়া মাতা গেলে॥

লব-কুশ কাঁন্দিতেছে লোটাইয়া ধূলি।
ধূলায় ধূসর অঙ্গ ননীর পুতলী॥

পুত্রের ক্রন্দনে রাম হইয়া কাতর।
অন্তঃপুরে পাঠালেন মায়ের গোচর॥

কৌশল্যা কৈকেয়ী আর সুমিত্রা এ তিনে।
যতেক প্রবোধ দেন প্রবোধ না মানে॥

বিধির নির্ব্বন্ধ বৎস! আর কর্ম্মফলে।
এ সুখ এড়িয়া সীতা নামিল পাতালে॥

লব-কুশ! উঠ বৎস! কান্দ কি কারণ।
সীতার সমান যে আমরা তিন জন॥

মাতৃ সঙ্গে তোমাদের না হবে দর্শন।
আমা সবা দেখি বৎস! সংবর ক্রন্দন॥

দু ভায়ের নেত্রজলে তিতিল মেদিনী।
প্রবোধ করিতে নারে কোন ঠাকুরাণী॥

ভরত লক্ষ্মণ ও শত্রুঘ্ন তিন জন।
চলিলেন অন্তঃপুরে প্রবোধ কারণ॥

দুই ভায়ে বসাইয়া রত্নসিংহাসনে।
তিন খুড়া প্রবোধেন মধুর-বচনে॥

শুন লব ! শুন কুশ ! মোদের বচন ।
অস্থির না হও বৎস ! স্থির কর মন ॥
পিতা মাতা ভ্রাতা কার থাকে নিরন্তর ?
অনিত্য লাগিয়া কেন হইলা কাতর ?
কালি বা পরশু বৎস ! হইবে যে রাজা ।
অস্থির হইলে বৎস ! কে পালিবে প্রজা ?
গঙ্গা আনিলেন রাজা নাম ভগীরথ ।
তাঁর নাম গায় সদা সকল জগৎ ॥
তোমা সবে বর্জ্জিলেন জানকী নিশ্চিত ।
সর্ব্বলোকে গাইবেক সীতার চরিত ॥
তিন খুড়া প্রবোধেন, প্রবোধ না মানে ।
দুই বালকেরে দিল রাম বিদ্যমানে ॥
দুয়ের ক্রন্দনে রাম কান্দেন আপনি ।
তিনের নেত্রজলে তিতিল মেদিনী ॥
শ্রীরাম বলেন, ভাই আন ধনুর্ব্বাণ ।
পৃথিবী কাটিয়া আজি করি খান খান ॥
পৃথিবী বলেন, কোপ কর অনুচিত ।
অবশ্য ভুগিতে হয় ললাটে লিখিত ॥
কোন্ দোষে মম কন্যা দিলে বনবাস ?
বনবাস দিয়া কেন আন নিজ বাস ?
আমার নিকটে কন্যা তিলেক না থাকে ।
স্বমূর্ত্তি ধরিয়া তিনি গেলেন ত্রিলোকে ॥
বিষ্ণু-স্থানে হইলেন আপনি কমলা ।
নাগলোকে সীতা সঞ্চারিলা এক কলা ॥
মর্ত্ত্যে আছে যত লোক পূজেন দেবতা ।
এক কলা সেইখানে সঞ্চারিলা সীতা ॥
দৈবযোগে সীতা সঞ্চারিল তিন লোক ।
সীতার লাগিয়া রাম ! কেন কর শোক ?
এই লোকে সীতা সনে নাহি দরশন ।
বৈকুণ্ঠে লক্ষ্মীর সঙ্গে হবে সম্ভাষণ ॥
সে সীতা স্পর্শিল যেবা হইলেক সতী ।
তাঁহার সমান নহে লক্ষ্মী ভগবতী ॥
অসতী যতেক নারী করে অনাচার ।
সেই অনাচারে নষ্ট হয় ত সংসার ॥

এত যদি পৃথিবী রামেরে বলে বাণী ।
হেনকালে শ্রীরামেরে প্রবোধেন মুনি ॥
সীতার লাগিয়া কেন করহ রোদন ।
ভালমতে প্রভাতে শুনিও রামায়ণ ॥
প্রভাতে প্রভাতকৃত্য করি সমাপন ।
বসিলেন শ্রীরাম শুনিতে রামায়ণ ॥
সঙ্গীত শুনিতে রাম বসেন সভায় ।
রামের তনয় দু'টি রামায়ণ গায় ॥
হাতে বীণা করিয়া ললিত গীত গায় ।
শুনিয়া সকল লোক মোহিত সভায় ॥
যজ্ঞ-অবসানে গীত ছিল অবশেষ ।
গাহিতে লাগিল গীত তাহার বিশেষ ॥
বিপ্র সব তুষ্ট হৈল শ্রীরামের দানে ।
ধনী হয়ে মুনিগণ গেল নিজ স্থানে ॥
মেলানি করিয়া দেশে যায় বিভীষণ ।
সুগ্রীব অঙ্গদ চলে লয়ে কপিগণ ॥
বিদায় লইয়া চলে পৃথিবীর রাজা ।
নানা ধনে শ্রীরাম করেন সবে পূজা ॥
জনক রাজারে রাম করেন স্তবন ।
যজ্ঞের দক্ষিণা দেন বহুমূল্য ধন ॥
বাল্মীকি প্রভৃতি কবি যত মহামুনি ।
নিজস্থানে গেল সবে করিয়া মেলানি ॥
শ্রীরাম দেখেন শূন্য সীতার বিহনে ।
নেত্রনীর শ্রীরামের বহে রাত্রিদিনে ॥
পাত্রমিত্র মাতা যে বিমাতা ভ্রাতৃগণ ।
বিবাহ করিতে রামে বুঝান তখন ॥
কত স্থানে আছে কত রাজার কুমারী ।
অনুমান করিছে দিবস-বিভাবরী ॥
শ্রীরাম বিবাহ করিবেন এ নিশ্চয় ।
না জানি কে ভাগ্যবতী রামপত্নী হয় ॥
এই যুক্তি তারা সবে করে সর্ব্বক্ষণ ।
বিবাহে বিমুখ কিন্তু শ্রীরামের মন ॥
সীতা সীতা বলি রাম করেন ক্রন্দন ।
সীতা বিনা শ্রীরামের অন্যে নহে মন ॥

সীতা সীতা বলি রাম ডাকেন বিস্তর।
সীতা নাহি শ্রীরামেরে কে দিবে উত্তর ?
স্বর্ণ-সীতা পানে রাম একদৃষ্টে চান।
উত্তর না পেয়ে তাঁর আরো দুঃখ পান ॥
জগতের নাথ রাম এমনি বিকল।
তাঁহার ক্রন্দনে লোক কান্দিল সকল ॥
সীতাকে ভাবিয়া রাম ছাড়েন নিশ্বাস।
রচিল উত্তরকাণ্ড কবি কৃত্তিবাস ॥

কেকয় দেশে ভরত কর্তৃক তিন কোটি গন্ধর্ব্ব-বধ ও শ্রীরামাদির অষ্ট পুত্রের রাজা হওয়ার বিবরণ ।

এগার হাজার বর্ষ লোকের পালন।
পাত্রমিত্র সুখে আছে আর প্রজাগণ ॥
চারি ভাইয়েব মা মরে কাল অবসান।
ভাণ্ডার বিলায় রাম করে নানা দান ॥
কৌশল্যা কৈকেয়ী সুমিত্রা সুন্দরী।
দশরথ নৃপতির প্রিয় সহচরী ॥
ক্রমে মরিলেন আর সাত শত রাণী।
নিজালয়ে আনিলেন ক্রমে দণ্ডপাণি ॥
সুরপুরে কেলি করে চড়ি দিব্যরথে।
দশরথ ভূপতির সঙ্গে নানামতে ॥
যাঁর পুত্র ভগবান রাম মহামতী।
স্বর্গে বাস তাঁহার কে করে অব্যাহতি ?
পাত্রমিত্র সহ রাম আছে রাজকার্য্যে।
কেকয়দেশের দ্বিজ আসিল সে রাজ্যে ॥
দধি দুগ্ধ আর মধু কলসী কলসী।
সন্দেশ অমৃত তুল্য আনে রাশি রাশি ॥
মৃগ-পক্ষী জীব জন্তু আনে যত পারে।
অন্য অন্য দ্রব্য যত আনে ভারে ভারে ॥
বসন-ভূষণ আদি নানা অস্ত্র আনে।
রাখিল সকল দ্রব্য রাম বিদ্যমানে ॥
লোমশ গন্ধর্ব্ব রাজা সর্ব্বলোকে জানে।
রাখ্য আমার রাজ্যে করে রাত্রিদিনে ॥

আপনি আসিয়া তার করহ বিধান।
অথবা শ্রীরাম ! তুমি পাঠাও নন্দন ॥
মাতুল সংবাদ পেয়ে রাম হরষিত।
ডাক দিয়া ভরতেরে কহেন ত্বরিত ॥
শত্রাজিৎ মামা মোর কে না তাঁরে জানে।
পাঠালেন বার্ত্তা এই দ্বিজবর-স্থানে ॥
তিন কোটি গন্ধর্ব্ব সে বড়ই দুর্জ্জয়।
তাঁর রাজ্য নিতে চাহে বড় পাই ভয় ॥
দুই পুত্র তোমার সে সমরে প্রখর।
বিক্রমে দুর্জ্জয় তারা দোঁহে ধনুর্দ্ধর ॥
গন্ধর্ব্ব মারিয়া দুই পুত্রে কর রাজা।
রাজ্য বসাইয়া সে পালহ সুখে প্রজা ॥
গন্ধর্ব্ব সু-অস্ত্র ছিল রামের প্রধান।
সেই সে গন্ধর্ব্ব-অস্ত্র তাঁবে দেন দান ॥
দুই পুত্র লইয়া ভরত তথা যান।
ধায় প্রেত পিশাচ করিতে রক্ত পান ॥
সসৈন্যে ভরত যান মাতুলের ঘরে।
রহিল সামন্ত সৈন্য বাটির বাহিরে ॥
ভাগিনেয় দেখিয়া প্রফুল্ল শত্রাজিৎ।
ভোজন করিয়া দোহে বসিল সহিত ॥
এইরূপে প্রভাত হইল বিভাবরী।
তিন কোটি গন্ধর্ব্ব আসিল ত্বরা করি ॥
চারিভিতে মারে শেল জাঠি ও ঝকড়া।
অস্ত্র বিন্ধে পড়ে ভরতের হাতী ঘোড়া ॥
সাত দিন যুদ্ধ হৈল কারো নাহি জয়।
দেখিয়া অমরগণে লাগিল বিস্ময় ॥
গন্ধর্ব্ব না মারা যায় অতি ভয়ঙ্কর।
ভরত গন্ধর্ব্ব অস্ত্র ছাড়েন সত্বর ॥
একবাণে জন্মিল গন্ধর্ব্ব তিন কোটি।
ছয় কোটি গন্ধর্ব্বে লাগিল কাটাকাটি ॥
সহজে গন্ধর্ব্ব জাতি বড়ই দুর্নীত।
তাহাতে অধিক যুদ্ধ জ্ঞাতির সহিত ॥
ছয় কোটি গন্ধর্ব্বে উঠিল মহামার।
গন্ধর্ব্ব অস্ত্রেতে হয় গন্ধর্ব্ব সংহার ॥

গন্ধর্ব্ব মারিয়া তবে দেশ বসাইল।
দুই পুত্রে অভিষেক ভরত করিল॥
পুষ্করের জন্যে রাম দিল সেই পুরী।
পুষ্কর দেশের সে পুষ্কর অধিকারী॥
দ্বাদশ বৎসর বসাইয়া সেই পুরী।
আসিলেন শ্রীভরত অযোধ্যানগরী॥
মহাহ্লাদে শ্রীরাম করেন সম্ভাষণ।
শুনিয়া গন্ধর্ব্ব-বধ হরষিত মন॥
শ্রীরাম বলেন, যোগ্য ভরত-কুমার।
দুই ভাইপোয়ে দেন রাজ্য অলঙ্কার॥
চন্দ্রকেতু অঙ্গদ এ দুই সহোদর।
রামের আজ্ঞায় দোঁহে হৈল দণ্ডধর॥
অঙ্গদ পাইল মল্লদেশ-অধিকার।
অশ্বদেশ-অধিপতি চন্দ্রকেতু আর॥
লক্ষ্মণের দুই পুত্র হইলেক রাজা।
রাজ্য বসাইয়া পালে বিধিমতে প্রজা॥
শত্রুঘ্নের দুই পুত্র পরমসুন্দর।
শত্রুঘাতী সুবাহু এ দুই সহোদর॥
চারি ভায়ের অষ্ট পুত্র হৈল সুমতি।
শত্রুঘ্নের দুই পুত্র মথুরাধিপতি॥
লব-কুশ পাইল অযোধ্যা নন্দীগ্রাম।
অষ্ট জনে অষ্ট রাজ্য দিলেন শ্রীরাম॥
এগার হাজার বর্ষ রামের পালনে।
পাত্রমিত্র আদি সুখে আছে সর্ব্বজনে॥
কৃত্তিবাস-কবিত্ব অমৃতে আমোদিত।
গাহিল উত্তরকাণ্ডে রামের চরিত॥

অযোধ্যায় কালপুরুষের আগমন ও লক্ষ্মণবর্জ্জন

পরে কালপুরুষ সে সংসারবিনাশী।
অযোধ্যায় প্রবেশিল হইয়া সন্ন্যাসী॥
সভাতে বসিয়া রাম দুয়ারী লক্ষ্মণ।
রীতিমত বসিয়াছে পাত্রমিত্রগণ॥
হেনকালে আসিল কালপুরুষ বলিল।
আমি দূত ব্রহ্মার সে ব্রহ্মা পাঠাইল॥
লক্ষ্মণ! রামের কাছে কর নিবেদন।
তাঁহার সহিত আছে কথোপকথন॥
শ্রীরামের কাছে গিয়া লক্ষ্মণ সম্ভ্রমে।
যোড়হাত করি তাহা জানান শ্রীরামে॥
আসিল ব্রহ্মার দূত দ্বারে আচম্বিতে।
আজ্ঞা কর রঘুনাথ! উচিত আনিতে॥
শ্রীরাম বলেন আন করি পুরস্কার।
কি হেতু আসিল দূত জানি সমাচার॥
পাইয়া রামের আজ্ঞা লক্ষ্মণ সত্বর।
কালপুরুষের নিল রামের গোচর॥
পাদ্য অর্ঘ্য দিয়া রাম দিলেন আসন।
যোড়হস্তে জিজ্ঞাসেন কহ প্রয়োজন॥
সে কালপুরুষ বলে শুনহ বচন।
যে কথা কহিব পাছে শুনে অন্য জন॥
এ সময়ে যে করিবে হেথা আগমন।
ব্রহ্মার বচনে তারে করিবে বর্জ্জন॥
এই সত্য ব্রহ্মার যে করিবে পালন।
দ্বাররক্ষা হেতু তবে রাখ এক জন॥
শ্রীরাম বলেন, শুন প্রাণের লক্ষ্মণ!
সাবধানে থাক, না আইসে কোন জন॥
অধিক কি কহিব যে দ্বারপানে চায়।
তাহাকে ত্যজিব আমি জানিও নিশ্চয়॥
এই সত্য করিলাম দূতের গোচরে।
সাবধানে লক্ষ্মণ রহিবে তুমি দ্বারে॥
বিধাতার নিবন্ধ যে না যায় খণ্ডন।
কালপুরুষে সঙ্গে হয় সম্ভাষণ॥
সে কালপুরুষ বলে পরিচয় করি।
মর্ত্ত্যেতে রহিলে শূন্য বৈকুণ্ঠনগরী॥
সংসারের লোক নাশি মোর দূত আনে।
তোমারে লইতে আমি আসিনু আপনে॥
ব্রহ্মার বচন রাম! কর অবধান।
সংসার ছাড়িয়া তুমি চল নিজ স্থান॥
এগার হাজার বর্ষ অবতার করি।
ভুলিয়া রহিলে প্রভো! যেমন সংসারী॥

রহিবার যোগ্য নহে মর্ত্ত্যের ভিতর।
আমারে কি আজ্ঞা রাম! বলহ সত্বর॥
শ্রীরাম বলেন, যম! যে কহ এখন।
সংসার ছাড়িয়া আমি করিব গমন॥
দৈবের নির্ব্বন্ধ আছে না যায় খণ্ডন।
ব্রহ্মার মায়াতে দুর্ব্বাসার আগমন॥
রামের আদেশে দ্বারে আছেন লক্ষ্মণ।
মুনি বলে, গিয়া করি রাম-সম্ভাষণ॥
লক্ষ্মণ বলেন, কৃপা কর দাস ব'লে।
ব্রহ্মার সে দূত সনে আছেন বিরলে॥
যে কর্ম্ম সাধিবে করি রাম-সম্ভাষণ।
আজ্ঞা কর সাধি আমি সেই প্রয়োজন॥
কুপিল দুর্ব্বাসা মুনি লক্ষ্মণের প্রতি।
লক্ষ্মণের পানে চাহি কহে কোপমতি;—
লক্ষ্মণ! আমার শাপে কার বাপে তরি।
শাপ দিয়া পোড়াইব অযোধ্যানগরী॥
হত রাজ্যখণ্ড আজি করিব সংহার।
পোড়াইব অযোধ্যা করিব ছারখার॥
বালক বনিতা বৃদ্ধ আজি করি ধ্বংস।
দশরথ ভূপতিরে করিব নির্ব্বংশ॥
দেখিয়া মুনির কোপ লক্ষ্মণের ত্রাস।
ভাবেন আমার লাগি হয় সর্ব্বনাশ॥
বুঝি রাম করিবেন আমারে বর্জ্জন।
এড়াইতে নারি আমি ললাট-লিখন॥
বর্জ্জন মরণ দুই একই প্রকার।
আমা হেতু বংশ কেন হইবে সংহার?
আমারে বর্জ্জিলে আমি মরি এক জন।
পিতৃবংশ নাশ করি কিসের কারণ?
পূর্ব্বকথা লক্ষ্মণের পড়িলেক মনে।
এ বর্জ্জন সুমন্ত্র কহিল তপোবনে॥
কালপুরুষের সঙ্গে রামের কথন।
মুনিকে লইয়া তথা গেলেন লক্ষ্মণ॥
কালপুরুষের রাম করিয়া বিদায়।
প্রণাম করেন রাম মুনি দুর্ব্বাসায়॥

বিনয়ে বলেন রাম কোন্ প্রয়োজন।
দুর্ব্বাসা বলেন চাহি উচিত ভোজন॥
এক বর্ষ করিয়াছি আমি অনাহার।
দেহ অন্ন ব্যঞ্জন সে অমৃত সুসার॥
দুর্ব্বাসার কথাতে রামের হৈল হাস।
এক বর্ষ কেমনে করেছ উপবাস?
শ্রীরাম বলেন মুনি! এ নহে কারণ।
অনুমানে বুঝি সে মজিল পুরীজন॥
ভোজন দিলেন রাম অমৃত সুসার।
ভোজন করিয়া মুনি গেল নিজ দ্বার॥
শ্রীরাম বলেন, মুনি! পাড়িলা প্রমাদ।
কেমনে বর্জ্জিব ভাই, করেন বিষাদ॥
কালপুরুষের সঙ্গে আলাপ যখন।
দুর্ব্বাসার সঙ্গে গেল লক্ষ্মণ তখন॥
সত্য যদি লঙ্ঘি তবে ব্যর্থ এ জীবন।
সত্য পালি যদি হয় লক্ষ্মণ-বর্জ্জন॥
লক্ষ্মণে বর্জ্জিতে রাম অত্যন্ত বিকল।
বশিষ্ঠ নারদ আদি ডাকেন সকল॥
কেমনে করেন রাম সত্যের পালন।
সভামধ্যে শ্রীরাম কহেন বিবরণ॥
শ্রীরাম বলেন, সীতা আর রাজ্য ধন।
ইহার অধিক মোর ভাই যে লক্ষ্মণ॥
সকলি ত্যজিতে পারি জানকী সুন্দরী।
লক্ষ্মণ বিহনে আমি রহিতে না পারি॥
মুনিরা বলিছে, রাম! কি ভাবিছ মনে।
সত্য যদি পাল তবে বর্জ্জহ লক্ষ্মণে॥
যদি সত্য লঙ্ঘ হবে ব্যর্থ এ জীবন।
লক্ষ্মণে বর্জ্জিয়া কর সত্যের পালন॥
সত্য হেতু তব পিতা তোমা পুত্র বর্জ্জে।
সত্য পালি মরিয়া গেলেন স্বর্গরাজ্যে॥
ছত্রদণ্ড ধর তুমি হৈল অধিবাস।
পিতৃসত্য পালিতে যে গেলে বনবাস॥
অগ্নিশুদ্ধা ত্যজ তুমি জানকী সুন্দরী।
সত্য ভজি রাজ্য ত্যজ হয়ে ব্রহ্মচারী॥

এ সব বর্জ্জিতে রাম! না কর মন্ত্রণা।
লক্ষ্মণে বর্জ্জিতে কেন এত আলোচনা॥

হেনকালে শ্রীরামেরে বলেন লক্ষ্মণ;—
আমারে বর্জ্জিয়া কর সত্যের পালন॥

যদি সত্য লঙ্ঘ তবে বড় অনাচার।
তুমি সত্য লঙ্ঘিলে মজিবে এ সংসার॥

যত কিছু আজি রাম! আমার কারণ।
তোমার যে মায়া বুঝিবেক কোন্ জন?

সংসার ছাড়িলে রাম! ঘুচে মায়ামোহ।
দুই ভাই কোলাকুলি চক্ষে পড়ে লোহ॥

সভায় বলেন, রাম বর্জ্জিনু লক্ষ্মণ।
লক্ষ্মণ-পশ্চাতে আমি করিব গমন॥

এড়েন হাতের বেত্র গাত্র-আভরণ।
রামে প্রদক্ষিণ করিলেন শ্রীলক্ষ্মণ॥

বন্দিলেন শ্রীবশিষ্ঠ-নারদ-চরণ।
আর যত বন্দিলেক কুলের ব্রাহ্মণ॥

ভরতের পদদ্বয় করেন বন্দন।
ভরত কাতরে অতি করেন ক্রন্দন॥

প্রজা সমূহের প্রতি কহেন লক্ষ্মণ;—
সম্প্রীতিতে বিদায় করহ প্রজাগণ॥

প্রজাগণ বলে, শুন ঠাকুর লক্ষ্মণ।
তোমা বিনা কেমনে ধরিব জীবন?

লক্ষ্মণ রামের পদে করেন প্রণতি।
জন্মে জন্মে থাকে যেন ভক্তি তোমা প্রতি॥

লক্ষ্মণের বাক্যে রাম হইয়া কাতর।
অচেতন হইলেন নাহিক উত্তর॥

রাজ্যখণ্ড আদি করি সহ সর্ব্বজন।
সরযূ-নদীর তীরে করেন গমন॥

প্রার্থনা করেন তারে করিয়া প্রণাম।
আমাতে প্রসন্ন যেন থাকেন শ্রীরাম॥

সরযূর স্রোত বহে অতি খরশাণ।
লক্ষ্মণ নামিয়া স্রোতে ত্যজিলেন প্রাণ॥

নরদেহ পরিহরি গেলেন গোলোক।
অযোধ্যানগরে যে রাড়িল মহাশোক॥

হাহাকার রোদন উঠিল চতুর্দ্দিক।
বিলাপ করেন রাম বর্ণিতে অধিক॥

আমারে এড়িয়া গেলা কোথায় লক্ষ্মণ!
তোমা বিনা না রাখিব বিফল জীবন॥

সীতা বর্জ্জিলাম আমি লোক-অপবাদে।
তোমা বর্জ্জিলাম ভাই! কোন্ অপরাধে?

লক্ষ্মণ-বর্জ্জনে মোর মিথ্যা এ সংসার।
লক্ষ্মণ সমান ভাই না পাইব আর॥

লক্ষ্মণ বিহনে আমি থাকি কি কুশলে।
যে জলে নামিল ভাই নামিব সে জলে॥

যে দিনে লক্ষ্মণ গেল উত্তর সে দিক্॥
লক্ষ্মণ বিহনে প্রাণ রাখাই সে ধিক্॥

করিলা বিস্তর সেবা হইয়া সদয়।
তোমা বর্জ্জিলাম আমি হইয়া নির্দ্দয়॥

লক্ষ্মণের মরণে কাতর প্রাণ অতি।
ছত্রদণ্ড ধরিতে না চান রঘুপতি॥

ভরতে করিতে রাজা শ্রীরামের মতি।
ভরত কহেন কিছু শ্রীরামের প্রতি॥

এতকাল নানা সুখ করিলাম রাম।
তব সঙ্গে যাইতে এখন মনস্কাম॥

ভরতের কথা শুনি রামের উদাস।
হেঁটমাথা করি রাম ছাড়েন নিশ্বাস॥

শ্রীরাম বলেন, শুন আমার বচন।
শত্রুঘ্নে আনিতে দূত পাঠাও এখন॥

রামের আজ্ঞায় দূত পাঠাইল ত্বরা।
তিন দিবসেতে গেল নগর মথুরা॥

মহারাজ শত্রুঘ্ন! না ভাবিও মনে।
সত্বরে চলহ তুমি রাম-সম্ভাষণে॥

এত শুনি শত্রুঘ্ন করেন হেঁটমাথা।
পাত্রমিত্র আনিয়া কহেন সব কথা॥

সুবাহু পুত্রেরে করে মথুরার রাজা।
সাবধানে পালিতে কহেন সব প্রজা॥

দুই পুত্র প্রতি রাজ্য করি সমর্পণ।
অযোধ্যায় যাত্রা করিলেন শত্রুঘন॥

তিন দিবসেতে আসি অযোধ্যানগরী।
প্রণাম করেন শ্রীরামের পদ ধরি॥

শত্রুঘ্নে দেখিয়া রাম হরষিত মন।
পুনশ্চ রামের পদে বন্দে শত্রুঘন॥

তোমার চরণ বিনা আর নাহি গতি।
স্বর্গবাসে যাব প্রভো! তোমার সংহতি॥

যোড়হস্তে শ্রীরামেরে কহে সর্ব্বলোকে।
তোমার প্রসাদে রাম! স্বর্গে যাব সুখে॥

তোমার মরণে প্রভু! হবার মরণ।
তোমার জীবনে প্রভু! সবার মরণ॥

শুনিয়া শ্রীরাম করিলেন অঙ্গীকার।
আমার সহিত চল বাঞ্ছা থাকে যার॥

জীবনের আশা ছাড়ি সবার এ আশ।
শ্রীরামের সঙ্গে গিয়া করে স্বর্গবাস॥

তিন কোটি রাক্ষসে আসিল বিভীষণ।
সুগ্রীব অঙ্গদ এল সহ কপিগণ॥

নল নীল আসিল সে মন্ত্রী জাম্বুবান্।
মহেন্দ্র দেবেন্দ্র এল বীর হনুমান্॥

যত যত লোক ছিল পৃথিবী ভিতরে!
স্ত্রী-পুরুষ এল সবে অযোধ্যানগরে॥

রামের নিকটে এল সবে শীঘ্রগতি।
যোড় হাত করি সবে রামে করে স্তুতি॥

কতবার দেখিলাম দেব ত্রিলোচন।
কত শত দেখিলাম সিদ্ধ ঋষিগণ॥

গন্ধর্ব্বের গীত শুনিলাম মনোহর।
বিদ্যাধরী নৃত্য করে দেখিনু বিস্তর॥

তোমার বিহনে রাম! থাকি কোন্ সুখে।
তোমার পাছেতে মোরা যাব স্বর্গলোকে॥

পৃথিবীর যত লোক যোড় করে হাত।
একে একে সবারে বলেন রঘুনাথ॥

শ্রীরাম বলেন, শুন রাজা বিভীষণ।
মম সঙ্গে নহে তব স্বর্গে গমন॥

লইয়া লঙ্কার রাজা থাক চারিযুগে।
আর কিছু না বলহ-আজি মোর আগে॥

শুন বলি তোমারে সে পবননন্দন!
মম সঙ্গে নহে তব স্বর্গেতে গমন॥

যাবৎ আমার নাম থাকিবে সংসারে।
চন্দ্র-সূর্য্য যত কাল জগতে প্রচারে॥

তাবৎ থাকহ তুমি হইয়া অমর।
তোমার প্রসাদে মুক্ত হয় চরাচর॥

হনুমান বলে, নাহি চাহি স্বর্গবাস।
তোমার যে গুণ শুনি এই অভিলাষ॥

শ্রীরাম! তোমার নাম হইবে যেখানে।
সেইখানে সুস্থির থাকিব রাত্রিদিনে॥

হনু প্রতি বলেন শ্রীকমললোচন।
তুমি আমি এক দেহ করিবে গণন॥

আমা ভক্ত কপি তুমি পরম সুধীর।
যেই তুমি সেই আমি একই শরীর॥

ব্রহ্মার বরেতে চারিযুগে চিরজীবী।
আমার বদলে তুমি পালহ পৃথিবী॥

শুন বলি মহাজ্ঞানী মন্ত্রী জাম্বুবান্।
চারিযুগে মরিবে না ব্রহ্মার কল্যাণ॥

আরবার হৌক তব প্রথম যৌবন।
তোমারে জিনিতে না পারিবে কোন জন॥

আরবার আমি যদি হই অবতার॥
তোমার সঙ্গেতে দেখা হইবে আমার॥

আর যত মনুষ্য আসুক মোর সনে।
স্বর্গবাসে যাইতে যাহার থাকে মনে॥

দিলেন শ্রীরাম লবকুশে ছত্রদণ্ড।
হাতে হাতে সমর্পেণ যত রাজ্যখণ্ড॥

হনুমান্ জাম্বুবান্ মহেন্দ্র বানর।
লব-কুশ সনে দেন করিয়া দোসর॥

বিভীষণে আনি রাম করে সমর্পণ।
লব-কুশে রাজা করি করেন গমন॥

শ্রীরাম, ভরত ও শত্রুঘ্নের স্বর্গারোহণ।

সুযাত্রা করিয়া রাম ছাড়েন সংসার।
রাম গেলে পৃথিবী হইবে অন্ধকার॥

অযোধ্যা ছাড়িয়া রাম করেন গমন।
বশিষ্ঠ নারদ আদি সঙ্গে মুনিগণ॥

অবধূত সন্ন্যাসী চলিল সারি সারি।
ব্রাহ্মণ ক্ষত্রিয় বৈশ্য শূদ্র বর্ণ চারি॥

হাতে লড়ি করিয়া চলিল খোঁড়া কাণা।
শ্রীরামের সঙ্গে যায় না মানিল মানা॥

স্থাবর জঙ্গম চলে শ্রীরামের সনে।
গাছে পক্ষী না রহে না পশু রহে বনে॥

ভূত প্রেত পিশাচ চলিল অন্তরীক্ষে।
প্রফুল্ল হৈয়া সব যায় উত্তরমুখে॥

রাজ্যখণ্ড গেল সে হিমালয়-পর্ব্বতে।
এক চাপে যায় লোক ছ মাসের পথে॥

সংসার ছাড়িয়া রাজা যায় লক্ষ লক্ষ।
নপুংসক চলিল সে অন্তঃপুররক্ষ॥

চলিল সুগ্রীব রাজা শ্রীরামের মিত।
ছত্রিশ কোটি সেনাপতি চলিল ত্বরিত॥

ব্রহ্মা আনিলেন রথ রামকে লইতে।
বৈকুণ্ঠে আসিলেন প্রভু জগৎ সহিতে॥

তিন কোটি রথ এল দেবলোক দেখে।
আকাশ যুড়িয়া রথ রহে অন্তরীক্ষে॥

জাহ্নবী-সরযূ-নদী এক ঠাঁই বহে।
গঙ্গা এড়ি রঘুনাথ সরযূতে রহে॥

মুক্ত পূর্ব্বপুরুষ যে সরযূর জলে।
গঙ্গা এড়ি রঘুনাথ সরযূতে উলে॥

সরযূর স্রোত বহে অতি খরশাণ।
স্রোতে নামি তিন ভাই ত্যজিলেন প্রাণ॥

স্বর্গেতে দুন্দুভি বাজে পুষ্প বরষণ।
সরযূতে তিন ভাই ত্যজেন জীবন॥

নরদেহ ছাড়িয়া গেলেন তিন জন।
বৈকুণ্ঠে শ্রীবিষ্ণুরূপে দেন দরশন॥

শ্রীরাম ভরত আর শত্রুঘন লক্ষ্মণ।
মিলি হইলেন এক-দেহ নারায়ণ॥

সীতাদেবী আসিলেন শ্রীরামের পাশে।
লক্ষ্মীরূপা হইলেন সীতা অবশেষে॥

বৈকুণ্ঠের নাথ যদি এল ভগবান্।
ব্রহ্মারে ডাকিয়া কিছু কহেন বিধান॥

আমার সহিত যত আসিয়াছে প্রাণী।
কোথায় থাকিবে তারা কিছুই না জানি॥

বিরিঞ্চি বলেন, শুন রাজীবলোচন!
সন্তান নামেতে স্বর্গ করেছি সৃজন॥

সেইখানে আসিয়া রহিবে সর্ব্বজন।
বাঞ্ছা করে যেখানে থাকিতে দেবগণ॥

যেই জন রামায়ণ করিবে শ্রবণ।
পরলোকে এই স্বর্গে করিবে গমন॥

ভক্ত অনুরূপ স্বর্গ অনেক প্রকার।
গোবিন্দ ভাবিয়া লোক পায় তো নিস্তার॥

শ্রীরামের ভক্ত যে পাইল স্বর্গবাস।
ইহা দেখি ব্রহ্মার মনেতে হৈল ত্রাস॥

চতুর্ম্মুখ চতুর্ম্মুখে করিছেন স্তুতি।
তোমা দরশনে নাথ! পেনু অব্যাহতি॥

আগম পুরাণ যত মীমাংসা বেদান্ত।
তোমার মহিমা রাম! কে পাইবে অন্ত॥

আমা হেন কোটি ব্রহ্মা নাহি পায় সীমা।
এমনি অনন্ত তুমি অনন্ত মহিমা॥

পুণ্যবৃদ্ধি হয় যাঁর করিলে স্মরণ।
পাপী মুক্ত হয় যে শুনিলে রামায়ণ॥

চারিবেদ সহস্র নামে যে ফল হয়।
রামনামে তার কোটি গুণ ফলোদয়॥

রামনাম লইতে যে করে অভিলাষ।
সর্ব্বপাপে মুক্ত সে বৈকুণ্ঠে করে বাস॥

অপুত্র শুনিলে লোক পায় পুত্র ফল।
রামায়ণ শুনিলে অশ্বমেধের ফল॥

সপ্তকাণ্ড রামায়ণ অমৃতের খণ্ড।
এত দূরে সমাপ্ত হইল সপ্তকাণ্ড॥

সম্পূর্ণ।